小额信贷在中国

——国际实践中的小额信贷

《小额信贷在中国》丛书编委会　编

中国财政经济出版社

图书在版编目（CIP）数据

国际实践中的小额信贷/《小额信贷在中国》编委会编著．—北京：中国财政经济出版社，2013.3

（小额信贷在中国；5）

ISBN 978－7－5095－4343－6

Ⅰ.①国…　Ⅱ.①小…　Ⅲ.①农业信贷－信贷管理－经验－世界　Ⅳ.①F831

中国版本图书馆 CIP 数据核字（2013）第 042034 号

责任编辑：罗亚洪　　　　责任校对：王　英

封面设计：郁　佳　丁亚青

中国财政经济出版社 出版

URL：http：//www.cfeph.cn

E－mail：cfeph @ cfeph.cn

社址：北京市海淀区阜成路甲 28 号　邮政编码：100142

营销中心电话：88190406　北京财经书店电话：64033436　84041336

北京财经印刷厂印刷　各地新华书店经销

787×960　毫米　16 开　81.5 印张　1 550 000 字

2013 年 3 月第 1 版　2013 年 3 月北京第 1 次印刷

定价：265.00 元（共五册）

ISBN 978－7－5095－4343－6/F·3524

（图书出现印装问题，本社负责调换）

本社质量投诉电话：010－88190744

反盗版举报热线：88190492、88190446

《小额信贷在中国》丛书编委会

编写说明

本丛书由中国扶贫基金会组织专家编写，其中，《国际实践中的小额信贷》由潘席龙、王光龙编写，《农村信贷配给与小额信贷体系建设》由焦瑾璞编写，《艰难前行的公益小额信贷》由吴国宝编写，《以小额信贷促进社会公平》由康晓光、冯利、程恩江编写，《中国扶贫基金会小额信贷发展史》由何雪峰、张天潘、李响、陈建利编写。

总　序

小额信贷这个概念始于哥伦比亚和美国非盈利组织的微型金融公益探索。因为尤努斯在孟加拉乡村穷人银行大规模扶贫的成功试验，使其具有了鲜活的、与传统银行信贷业务完全不同的金融创新意义。它对传统信贷的创新达到了颠覆的程度，主要体现在：认为穷人是有信用和有能力的，因此可以作为正规金融服务细分市场的潜在客户，银行可以服务此类客户从而摈弃令人憎恶的嫌贫爱富形象；给这群客户提供服务可以不用传统金融信贷的项目风险评估、财产抵押和信用担保工具，而使用贷款成员组织的评估和相互信用保证工具，来达到控制信贷风险、保证还贷的目的；可以在令人憎恶的高利贷和大额贷款利率之间找到一个理性的利率区间，使得到服务的穷人和信贷机构找到双方均可持续发展的双赢平衡点，而不是将信贷机构的可持续发展建立在对服务对象落井下石、趁火打劫似的高利贷上。小额信贷的金融创新还同时带来了扶贫公益的创新，即原有的扶贫公益更多地通过赠予来推动受益贫困人群状况的改善和减贫，而小额信贷则开启了通过信贷服务跟穷人进行平等交易的经营性扶贫大门。这种方式把穷人从受扶助的弱者位置一下拉到了与资助者完全平等的合约地位，给穷人施加还款信用压力的同时也给他们注入了自立自强的勇气和信心。通过培训、互动、交流、经营、销售、还款、算账、再贷款的持续，这场扶助使受助穷人通过“干中学”的行为模式得到了能力的成长和提升，因而可以从根本上改变并摆脱贫困。正是这种金融创新和扶贫公益创新，使小额信贷实践在20世纪90年代以来的近二十年间，在国际公益扶贫舞台上大显身手，也使小额信贷这个概念在金融领域具有了独特的意义和内涵。尤努斯也因此获得了诺贝尔和平奖。

中国的小额信贷始于20世纪90年代中期，主要经由两种方式探索：其一是非盈利组织推动的扶贫公益小额信贷探索；其二是90年代末期政府拿出50亿委托农业银行和信用社进行扶贫小额信贷探索。第一种方式因为缺乏法

律和资金支持而发展缓慢；第二种方式则因为正规金融机构缺乏兼容小额信贷业务的机制与内生动力导致还款率低下，且没有社会问责，最后不了了之。最近几年，在全球金融危机和中国为解决农村金融服务不足及金融改革的背景下，演绎出了一幅小额贷款公司蓬勃发展的图景。2009 年中国的小额信贷公司迅速崛起，特别是 2011—2012 年因资金通过国有银行流入国营企业和地方政府融资平台后，在民营企业资金奇缺、人民币升值和劳动力价格上涨的三重夹击之下，信贷需求陡涨，小额贷款公司更是如雨后春笋般的飞速发展。2011 年全国小贷公司发展到 4,200 多家，资本金 3,000 亿元，贷款余额 3,900 多亿元；2012 年全国小贷公司发展到 6,000 多家，资本金 5,000 亿元，贷款余额 6,000 多亿元。同时，农村信用社宣称其小额信贷的业务已达到 6,500 亿元，农业银行小额信贷超过 1,000 亿元，国家开发银行小额信贷有 700 多亿元，邮储银行小额信贷超过 2,000 亿元，村镇银行小额贷款规模接近千亿元。从这些数字中似乎可以得出这样的结论：中国是全世界小额信贷后来居上的国家，迅速崛起，飞速发展，很快就解决了小额信贷的普及问题。

但是，这些统计数据都不来自独立第三方，全是当事人自身发布的，因此概念边界、统计口径、数据真实性、数据背后的可比性等都存在一些问题，无法进行可靠的认定、比较和衡量。我们显然也不能轻率地因这些数据而得出上述结论。

问题出在哪里？除了统计数据的真实性外，最大的问题是概念边界。什么是小额信贷，这是有普世定义的，即针对穷人的、含有扶贫公益性质的金融信贷创新。另外，一个很直接的概念就是单笔贷款规模。按照国际上一个通常的共识，单笔贷款规模不大于人均 GDP 两倍的，可算作小额信贷范畴。那么，中国小额信贷的贷款额度界限是多少？中国小额信贷运作方式又是否符合小额信贷的国际规范？显然，现在所说的那些数据肯定不是在同一范畴或同一可比标准之下的。小额贷款公司所谓小额信贷平均单笔贷款规模超过 150 万元，且单笔规模呈逐年快速提升趋势，最大的单笔贷款已超过 2,000 万元；信用社所谓小额信贷是指单笔贷款为 30 万元，农业银行单笔贷款则为 30 万元。而非盈利组织讲的小额信贷可能是单笔几千元，1 万元等。这样一些数字放在一起，能得出国际通行的小额信贷可比概念下的发展状况吗？这又能说明什么问题呢？

为什么会出现上述状况？就小额贷款公司而言，主要是因为“23 号文”所定的两个关键性政策变量：其一是小额贷款公司利率可以突破人民银行基准利率，上不封顶（司法解释是不超过央行基准利率的 4 倍）；其二是小额贷款公司单笔贷款最高限额不超过注册资本金的 5%。这两个政策变量吸引资本创办小额贷款公司并提升注册资本金。就某些国有银行而言，因为国际通行的小额信贷代表着扶贫和服务“三农”，这符合中央政府倡导的政策，所以在统计和上报业绩时倾向于增大小额信贷数据，以体现其服务“三农”的政绩，其行为取向也十分清楚。

当然很多人可能认为，大额度贷款对中小企业也很有价值，因此概念可以宽泛，不必让小额信贷的概念这么窄。中国的中小企业确实需要贷款扶持，很多机构为中小企业提供信贷服务更是无可非议。但这是两个完全不相关的问题：其一是什么是真正意义上的小额信贷；其二是小额信贷是否排斥农村中小企业贷款。就像人类创造了“家禽”概念，是因为它有有别于其他“家畜”的特征，我们不能因为“小猪”和“小牛”存在饲料需要就把它们统计到“家禽”中来。科学的发展依赖于分类的严格，只有如此才能促进新的发明和发现。政策制定的科学性在于政策所针对对象的科学分类和严格定义，混淆了分类和定义就不可能得出正确的判断和制定出理性的引导政策。

面对小额信贷的现状，确实需要进行深入的基本面研究和讨论，以使行业找到跟国际接轨的、在同一种语境中的交流语言和行业标准。正本清源，才能找到理性的行业政策扶持与监管方法，否则被无限宽泛化的“小额信贷”概念会鸠占鹊巢，形成政策误导，掩盖了低收入人群的自立扶贫和金融服务需求，避免用解决农村问题来掩盖农业问题、用解决农业问题来掩盖农民问题、用解决富裕农民的问题来掩盖低收入农民问题。若形成宽泛的小额信贷概念，而政府出台的小额信贷政策又不鼓励机构去做低收入人群的金融服务，那么，国际通行的小额信贷渠道会被中小企业贷款占据。为什么要把事情搞成如此局面？为什么要掺杂人为的混淆？在这样含混复杂的系统中又如何导入差别化的资金和利率管理、税收优惠、风险监管等政策措施？针对这些措施我们期待什么样的政策结果？不同的小额信贷运营主体应如何认识、面对自身所存在的问题并改进之？

正是为了理清小额信贷行业的上述问题，并寻求这些问题背后的答案，中国扶贫基金会资助出版了《小额信贷在中国》。该套书委托业内专家进行了认真的梳理与调查研究。这些专家包括中国人民银行长期从事农村金融研究与政策制定的焦瑾璞研究员、中国人民大学长期从事非盈利组织及行业研究的康晓光教授、世界银行长期从事小额信贷研究与咨询的资深研究员程恩江先生、中国社会科学院长期从事非盈利组织与小额信贷研究的吴国宝研究员、西南财经大学中国金融研究中心长期从事国际小额信贷研究的潘席龙教授，以及《南方都市报》资深记者和编辑何雪峰先生。他们的研究成果通过这套书呈现出来，其中包括：焦瑾璞先生及其团队的《农村信贷配给与小额信贷

体系建设》、康晓光先生和程恩江先生合作的《以小额信贷促进社会公平》、吴国宝先生及其团队的《艰难前行的公益小额信贷》、潘席龙先生的《国际实践中的小额信贷》以及何雪峰先生及其团队的《中国扶贫基金会小额信贷发展史》。

这些研究所体现的是这些专家观察和理解中国小额信贷领域现状与问题的不同视角。不同的视角得出不一样的结论是很正常的，而且正是这些不同的理解才会产生差异化和思想碰撞。作为发起和资助人，中国扶贫基金会无法对上述专家的研究作专业性评价，但我们相信这些从该领域著名专家学者库中筛选出的专家的能力和水平。他们具有独立思想和意志，研究方法严谨，注重调查研究结果，具有高深的数据处理能力和学术造诣。相信他们的研究、著述和观点能引起各方的关注和深入讨论，引发更深刻的发问、思辨以及进一步的研究，从而推动研究人员和政策制定者的理性思考，推动合理政策的出台，推动行业的治理改进，从而改变现状，理性发展。

为此，我谨代表资助方感谢参与该项研究的所有学者及其研究助手，是他们的独立思考、深入调研与辛勤劳作成就了这套书，让我们能在万马奔腾、泥沙俱下的蓬勃发展中冷静下来，分享独立观察与自由思考的盛宴，让我们全力奔跑时停下脚步回望印在沙滩上的串串脚印，从而引发我们的互动、思考与校正；同时，我也要感谢美国如新集团和世界银行国际金融公司，是他们的慷慨资助才使研究和出版工作得以顺利进行；我也要感谢我的同仁王行最、刘文奎，还有刘冬文、王静艳及其团队，是他们的努力与执行力使这套书得以面世。最后，感谢中国财政经济出版社的同志，是他们做了无数细致而琐碎的编校工作，才保证了这套书的出版质量。

研究是为了深入思考，思考是为了改变我们的行动，行动是为了改变我们，改变我们是为了影响和改变世界。让我们为小额信贷行业正能量的积累以及行业的健康理性发展而祈福！

何道峰

中国扶贫基金会执行副会长

2013年2月22日

目　录

前　　言

我国的小额信贷公司，自2005年开启试点时的不足10家，到2012年11月16日时已经接近6,000家，贷款余额达到了5,400亿元。在小额信贷机构迅速增加、贷款余额不断攀升的同时，也引发了对小额信贷行业的一系列思考：我国的小额信贷与国际上的微型金融有何异同？国际微型金融业发展的经验有哪些值得我们借鉴？应如何规划和引导我国小额信贷行业的发展？

上述问题构成了本书的两个基本目标：一是引进和介绍国际微型金融业的一些成功做法，并就其成功的基础和原因进行分析；二是希望从国际成功实践中找出一些值得我国学习和借鉴的内容，为国内同业提供参考和帮助。

正如书中所讨论的，虽然小额信贷是微型金融最重要的组成部分，但微型金融涉及的领域远比小额信贷更为宽泛。鉴于目前我国在微型金融领域做得最多、发展相对较好的是小额信贷，而我国的小额信贷与国际上微型金融领域的小额信贷又差别甚大的现实，本书讨论的内容集中在了微型金融领域的小额信贷问题。

在本书的撰写过程中，得到了世界银行集团国际金融公司（IFC）于2005年提供的赴孟加拉国参加“Bridging the Gap Between Micro and SME Finance”会议的机会和经费支持，以及在本书写作和出版过程中给予的支持和帮助。特别是国际金融公司的赖金昌先生和黄琳女士在本书的选题、内容安排及一些前沿观点的把握等方面，提出了大量非常有价值的指导意见。国际金融公司雷伟先生在本书早期酝酿阶段，提出过很多富有创见的建议。在此，谨致以诚挚的感谢！

同时，在本书的前期准备工作中，西南财经大学中国金融研究中心2006级、2007级的一些同学，做了大量的基础工作，这些同学有：贾艳辉、贺小花、赖学玲、王莉、李思冉、李威、李红艳、张彬、杨仁眉、姜生叶、姜成人、冉畅等。未能在他们毕业之前完成本书，深感遗憾和内疚。在此，特别对各位同学表示歉意和诚挚的感谢！同时，要特别感谢中共成都市委党校王光龙教授的积极参与，并完成了本书的第一章。

中国扶贫基金会的何道峰会长为本书定了基调，刘冬文副秘书长对内容的选择、张晶晶女士和李琦女士对写作中遇到的一些实际问题，都提供了帮助，在此也一并致谢！

感谢世界银行集团国际金融公司（IFC）对本书提供的出版经费支持！

感谢中国扶贫基金会和西南财经大学“211”工程项目对本书的研究工作提供的资助！

本书的内容和分工安排如下表，全书最后由潘席龙负责修订和审校，对书中出现的谬误和责任，均由潘席龙承担；任何批评和建议，请致函swufepan@hotmail.com。

章	标 题	完成人
1	微型金融概论	王光龙
2	小额信贷的特殊性及其政策含义	陈博之
3	代表性微型金融机构及其业务模式（上）	元 丹
4	代表性微型金融机构及其业务模式（下）	徐铭浩
5	微型金融批发机构	易 鑫
6	小额信贷联合组织	赵海明
7	小额信贷机构的技术解决方案	刘 旭
8	小额信贷机构风险管理	高佳敏
9	微型金融国际实践对我国的启示	陈 诗

西南财经大学中国金融研究中心　潘席龙

2013年1月5日于成都美岸

第一章 微型金融概论

过去二三十年来，微型金融领域的发展越来越受关注，作为向低收入家庭提供正规金融服务的方式，一方面有利于改善低收入家庭的生活条件，另一方面还可有效地促进经济增长和社会进步。一些微型金融机构商业化的成功经验还表明微型金融完全可以在财务上实现可持续发展，而不再是单纯依赖于政府的补贴和社会的捐助。近年来，微型金融已经逐渐发展成为一项全球范围内的运动，且不再局限于行业参与者，其他主体包括政府、捐助者、促进机构、银行、基金、企业、商业团体、社会团体、大学、研究人员、顾问、慈善家等，都越来越多参与到了这一行业中来。究竟是什么原因使如此众多的主体积极参与进来呢？是因为它是一笔能赚钱的好买卖？还是因为它是一项扶贫的有力工具？或者兼而有之？要回答这个问题，就必须先了解微型金融是什么、从哪里来、现状如何、未来会怎样等基本情况。

本章将对微型金融的概念、发展历程、体系、成就与不足、面临的机遇与挑战及未来展望等进行简要介绍和讨论。

第一节 微型金融概念

一、什么叫微型金融

微型金融（Microfinance）最初是作为支持低收入人群的一种经济促进措施发展起来的。按扶贫协商小组（The Consultative Group to Assist the Poor, CGAP）的解释，微型金融“是指向穷人提供的贷款、储蓄、汇款和微型保险等基础性金融服务”。“穷人，和其他人一样，需要多种多样的金融服务来经营生意、购置资产、稳定消费以及管理风险”[①]。这一名称泛指的是向低收入

① http://www.ogap.org/p/site/c/template.rc/1.11.947/1.26.1302/.

客户，包括个体经营者提供的金融服务。这些金融服务一般包括储蓄和贷款，但有些微型金融组织将保险和支付服务也作为微型金融服务的内容。除了金融中介职能外，许多微型金融机构还提供社会中介的服务，例如建立相应组织、提高人们的自信力、金融知识教育和对微小型企业主提供管理培训、小组成员的管理培训等。

因此，微型金融通常既包括金融中介的职能，也包括社会中介的职能。也就是说，微型金融并不是简单的银行服务，而是一种发展工具。微型金融业务通常包括以下一些内容：

（1）小额贷款，主要是流动资金贷款；

（2）对借款人及其投资项目的非正式评估；

（3）替代性担保，如小组互保和强制性储蓄；

（4）根据偿还情况，决定再贷款或扩大贷款；

（5）贷款的分期发放与监管；

（6）安全的储蓄产品服务；

（7）汇兑、保险等其他金融服务。

虽然有一些微型金融机构还提供企业主发展支持服务，例如，技能培训、营销培训和社会服务等，但一般情况下，这些服务并没包括在微型金融业务中。许多机构在提供微型金融服务的同时，辅以这些与社会发展、民众培训与教育等方面的服务，既有利于社会发展，也是为了提升借款人的盈利能力和生活质量，也就是说，这些服务与微型金融业务之间有着深层次的内在联系。

微型金融机构可以是非政府组织（Non - governmental Organizations, NGOs）、储蓄贷款合作组织、信用联合体、政府银行机构、商业银行、非银行金融机构等。微型金融机构的主要客户是城市和农村的个体经营户、低收入企业主。客户大多是商贩，街头小商户、小农场主、服务性小业主（如理发店、三轮车夫），工匠或小作坊主，如打铁铺或缝纫店。通常，这些客户的经营能获得较稳定的收入（常常不止一项活动）。虽然他们很贫穷，但他们通常并不是最为贫穷的一部分，而且具有一定的赚钱能力以确保他们能按期还本付息。

二、小额信贷与微型金融间的关系

顾名思义，小额信贷（Microcredit）是指小额度的贷款。按照小额信贷峰会的定义，小额信贷是指“发放小额度贷款给穷人使他们就业并创造收入，以更好地照顾他们自己及家庭的项目”[①]。小额信贷具有如下特征：

（1）规模：贷款规模小，甚至微小；

（2）目标客户：微型企业主或者低收入家庭；

（3）资金用途：创造收入、经营生意，同时也可用于日常开支（如医疗、教育等）；

（4）贷款条件：灵活、易懂，与当地情况相适应。

通常向银行或其他机构申请小额信贷的客户都没有担保物。他们或者个人，或者结成小组申请小额贷款[②]。

小额信贷是微型金融的一部分。微型金融，从字面来看，与传统的、经典的或当前主流的金融之间，只是规模上的区别，是指需求、规模较小的金融服务。如果按照 CGAP 的定义来解释，微型金融指的是基本的金融服务，其中包括了借款、储蓄、汇款和微型保险等多种金融服务。小额信贷只是“基本金融服务”中的一部分，着重强调的只是贷款业务。所以从范围上讲，微型金融包含了小额信贷；从历史的角度讲，小额信贷反应了微型金融的发展历程，因为微型金融业最初是从小额信贷逐步演变而来，并逐步扩大、延伸到了更大范围的金融服务。

三、容易混淆的其他概念

其他一些“金融”概念，很容易与微型金融相混淆，为了避免在进一步的讨论中可能引起的不必要的混淆，这里进行简要区分。

（一）中小企业金融

中小企业金融（SME Finance）又叫中间市场金融（Middle Market Finance），是为中小企业提供的金融服务。与其他金融服务的区别点是，其服务的主要对象为中小企业；而微型金融则主要服务于低收入的个人或家庭。与微型企业相比，中小企业的单笔资金需求更大。中小企业金融和微型金融的主要差别在于服务的主体不同，同时其业务需求的平均额度也有显著区别。此外，在具体的业务操作流程、业务处理模式上，小企业金融更偏向于传统的商业银行业务；而微型金融则与传统的商业银行业务有着显著的不同，具体的差异，将在后文中详细讨论。

（二）扶贫金融

扶贫金融是与促进贫困地区经济发展、为穷人增收相关的政策性金融行

① http：//www. gdrc. org/icm/what - is - ms. html.

② http：//www. yearofmicrocredit. org/pages/whyayear/whyarear_ aboutmicrofinance. asp.

为。扶贫金融通常伴随着财政扶持，例如对贷款进行贴息等。扶贫金融的性质是政策性、补贴性的，而微型金融是商业性的。换言之，扶贫金融的目标是扶贫，而微型金融的目标是营利。不过，在微型金融发展的早期阶段，微型金融也或多或少带有扶贫的色彩，使得两者看上去很相似。例如在20世纪70年代以前，大部分微型金融项目都强调政府的干预，以提高农民的生产力和增加他们的收入为目的，利率享受财政补贴优惠，远低于市场利率水平甚至是零利率。这种金融供给更多的是一种政策性行为，强调社会效应，应属于扶贫金融的范畴。

（三）普惠金融

前联合国秘书长科菲·安南在2003年曾说过："严酷的现实是世界上大多数穷人仍然无法获得可持续的金融服务，无论是储蓄、信贷或是保险。我们所面临的巨大挑战是如何消除阻挡人们全面进入金融领域的那些障碍……携起手来，我们能够而且必须建立普惠金融体系，帮助人们改善生活。"按照CGAP的定义，所谓的普惠金融（Inclusive Finance），即每个地方的穷人都能长期地享受到由各类机构通过不同方式提供的多种多样的高质量的金融服务。

表1-1　　普惠金融的主要产品、特点和业务渠道

产　品	特　点	业务渠道
支付（ATM/借记卡、政府支付、汇款、电子支付）	价格合理（最低金融要求、成本和手续费相对较低）	服务接入点（无网点化银行业务）
储蓄（储蓄账户、支票/活期账户、养老金、青少年储蓄、计划储蓄）	方便快捷（交易完成所需时间、文件、物理距离）	金融基础设施（支付和清算系统、征信系统、担保品登记系统）
保险（人寿保险、医疗保险、财产保险、小额保险、农业保险）	质量（价格透明、公平披露、负责任的金融实践、参与征信系统并根据征信信息进行风险管理和评估）	机构（银行/非银行、保险公司、信用合作社、小额金融机构）
信贷（个人贷款、消费贷款、信用卡、教育贷款、按揭贷款、装修贷款、微型企业贷款）		客户（任何需要金融服务的人，包括未曾或难以获得银行金融服务的贫困人口）

可以看到，普惠金融是一种人人都能享受到金融服务的愿景，强调的是在服务主体上的包容性、普适性和平等性；而微型金融是从业务额度相对较小且在服务对象上强调低收入者进行区分的，是一种小额的、专门针对低收入开展金融服务的体系与方法。两者在面向低收入对象时，有一定的交叉性；

微型金融可以是实现金融普惠目标的重要方式，但对某些领域，例如针对赤贫者的金融服务，可能就超出了微型金融的服务范围，而需要扶贫金融或政府的政策性金融来覆盖了。

（四）农村金融

农村金融（Rural Finance）意指在农村地区所开展的各项金融服务，其定义的重点在于区域限制，其服务对象不只限于低收入者，而是包括了在农村地区的所有主体，如各种不同收入水平的客户。微型金融是为贫困人口和低收入人群提供的储蓄、信贷、保险和支付等金融服务，其定义的重点在于数额和对象限制。两者不尽相同，存在一定的差异。例如：在农村地区向农民提供的小额贷款服务就既属于农村金融的范畴，又属于微型金融的范畴。要注意的是，在农村金融中，为农业相关的活动提供的金融服务又称农业金融（Agriculture Finance），这是根据贷款资金的用途进行区分的另一概念，与微型金融之间也存在交叉，但并不相同的情况，三者之间的关系，如图1－1所示。

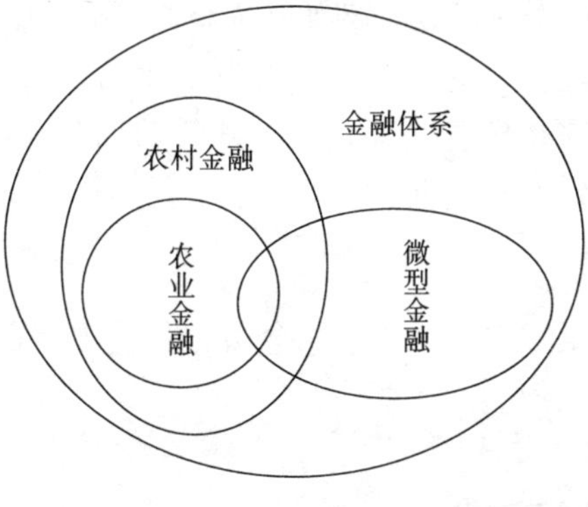

图1－1　微型金融与农村金融含义的联系与区分

（五）乡村金融

乡村金融（Village Finance），这一概念经常与农村金融不加区分使用，其定义的重点也是开展业务的区域。但农村与乡村相比，仍然存在一定的差别。农村泛指区别城市的区域，而乡村主要是指自然村落，例如一个山沟、一个群众的聚居点或仅凭人力或畜力容易达到的一定活动区域范围。可见农村的范围比乡村要大得多。只要不是城市就可以被认为是农村，甚至可以指全国的农村；而乡村则限定为某一自然或活动的区域范围的“村落”。因此，乡村金融泛指特定区域内的“村落”这样一个范围内的金融问题。虽然乡村金融这个概念目前使用不多，但在微型金融进一步发展的过程中，乡村这个特殊的经济活动空间可能会具有越来越重要的分析价值。

（六）非银行金融

非银行金融，是对那些由非银行金融机构开展的金融服务的统称。按一般的定义，凡是不能广泛吸收公众存款并进行信用创造的金融机构均属于非银行金融机构（Non－Bank Finance Institution）的范畴。银行与非银行类金融机构的本质区别在于能否广泛吸收公众存款。非银行金融业主要包括证券公司、保险公司、信托投资公司等，它们并不能向公众吸储。微型金融机构既有NGO、社区组织、储蓄信贷合作社等非银行金融机构，也有专业银行等银行类金融机构。因此，微型金融可能有银行金融，也可能有非银行金融；而非银行金融中，未必都是微型金融业务，比如，其中一部分民间非正规的金融业务，就不属于非微型金融业务。

（七）非正规金融

非正规金融（Informal Finance）也称为非正式金融，在概念上与正规金融相对应。非正规金融机构一般是指未经管理当局批准的、未纳入监管体系的组织或机构所开展的金融活动，例如私人借贷、合会、轮会、私人典当等。非正规金融一般是因经济交易的需要，自发形成的，具有内生性和自发性特征。非正规金融尚未获得监管当局认可，其活动也存在不规范、不合法的可能，因此常常以隐蔽的方式进行。

第二节　微型金融发展历程

一、微型金融从哪里来[①]

微型金融的思想有着悠久的历史：早在几个世纪以前，一些类似于储蓄信贷机构的组织就在世界各地经营着微型金融业务，如加纳的“susus”、印度的“chit funds”、墨西哥的“tandas”、印度尼西亚的“arisan”、斯里兰卡的“cheetu”、西非的“tontines”、玻利维亚的“pasanaku”以及为数众多的储蓄协会。

正式的储蓄信贷机构出现在18世纪初。其中，成立较早、寿命较长的一家小额信贷机构是由作家、民族主义者乔纳桑·斯威夫特（Jonathan Swift）

① The History of Microfinance, http：//globalenvision. org/library/4/1051/.

创建的爱尔兰贷款基金体系（the Irish Loan Fund System），它专门向农村的穷人提供无抵押的小额贷款。到19世纪40年代，该体系下的300多家基金会遍布爱尔兰，顶峰时期每年有20%的爱尔兰家庭成为其客户。

19世纪开始，欧洲出现了许多更大、更正式的储蓄信贷机构，如人民银行（People's Banks）、信用社（Credit Unions）和储蓄信贷合作社（Savings and Credit Co - operatives）。德国人弗雷德里希·威廉·赖夫艾森（Friedrich Wilhelm Raiffeisen）及其支持者提出并发展了信用社的理念，旨在消除穷人对放贷者的依赖并提高穷人的福利。从1870年开始，信用社在莱茵省（Rhine Province）和联邦德国的其他地区扩散开来，并迅速地传播到欧洲其他国家和北美。

在印度尼西亚，印尼人民信贷银行（BPR）于1895年成立，至今已成长为拥有9,000余个分支机构的全印尼最大的微型金融机构。

在20世纪早期，拉丁美洲的农村出现了一些新的微型金融机构。这些农村金融中介的职能通常限定在助力农业部门的现代化，所以通常有两个特定的目标：一是通过利用闲置资金和信贷投入以帮助农村部门的商业化，二是减轻因为债务问题而被迫的封建压迫关系。绝大多数情况下，这些新型的银行并不为穷人自己所有，而是由政府机构或者私人银行主导。这些机构通常效率不高。

20世纪50—70年代，政府和捐助者将重点放在了向农民提供小额农业贷款以帮助他们提高生产力和增加收入，强调政府干预。这些机构通常为国有开发性金融机构或者农民合作社的形式。其中的农业贷款常常享受利率优惠并低于市场利率水平。但是全球各地的实践表明：这种模式的效果并不理想，低利率和低还款率给这些机构造成了巨大损失，资金常常流向那些具有一定社会地位和关系的农民手中，而不是那些最需要帮助的贫民手中，以至于这类项目贷款大多以失败告终。

从20世纪70年代开始，孟加拉、巴西和其他一些国家出现了向贫穷妇女发放微小贷款以支持她们经营微小企业的试验项目，如拉美的行动国际（Action International）、印度的妇女自我雇佣协会（the Self - Employed Women's Association，SEWA）银行、孟加拉的格莱珉银行等，这类微型企业信贷常常要求借款者结成小组互保。这些微型企业借款特别注重为营利性活动提供资金支持（有些时候要求强制储蓄），贷款对象通常是赤贫人口（女性居多）。

从20世纪80年代开始，有明确对象、补贴性的农村信贷政策进入了缓慢发展时期。越来越多的证据表明，这些直接信贷项目的效果不佳，特别是还款率偏低、管理费用高企、农业发展银行的破产，以及补贴信贷优惠更多流向关系户而不是事先确定的目标客户，这种所谓有目的的、指导信贷法（Directed Credit Approach）受到了广泛的置疑。金融体系法（Financial Systems Approach）应运而生，这一方法认为信贷应是一种能自由定价以保证持续供应的金融服务，并认为利率上限和信贷补贴会阻碍金融中介的发展，从而倡导利率自由化和消除配给制度。同一时期，世界范围内的小额信贷项目蓬勃发展，也为理论界提供了新的观点。首先，实践证明绝大多数国家的穷人，尤其是女性，还款率非常高，甚至远高于传统金融部门，这消除了长期以来社会上广泛存在的认为穷人缺乏还款意愿的偏见；其次，这些经验还表明穷人愿意并且能够支付足以覆盖微型金融机构成本的高利率，这为打破利率上限限制奠定了实践基础。80年代中期，微型金融业出现了一个新的里程碑——印尼BRI银行的乡村银行单元。这家发展中国家最大的微型金融机构由国家控股，但实行村行自治，为2,200万个微型储户服务，成为转制的典范。

进入20世纪90年代，在需求与供给存在巨大缺口的背景下，人们开始探索微型金融的商业化，即微型金融业兼顾商业目标和社会目标的可能性。高还款率、成本可回收利率这两大特征使得一些微型金融机构实现了长期可持续经营，客户数量也越来越多。这些发展，打破了微型金融与扶贫紧密联系在一起的格局，许多国家的微型金融机构开始发展壮大、种类也逐步多元化。微型金融还出现了向城市和人口密集的农村集中的趋势。90年代中期，“微型金融”（microfinance）概念逐步取代了“小额信贷”（microcredit），其涵义也不再仅仅局限于信贷，同时将储蓄、保险、汇兑等其他一系列金融服务纳入了微型金融的范畴。

进入21世纪，微型金融迎来了崭新的发展机遇。联合国将2005年定为“国际小额信贷年”（the International Year of Microcredit），并将微型金融看成是实现千年发展目标（Millennium Developing Goals）的关键。2006年，致力于微型金融事业的孟加拉经济学家、银行家穆罕默德·尤努斯教授及其创立的格莱珉银行被授予了诺贝尔和平奖。诺贝尔委员会指出：持久和平只有在大量人口找到脱贫方法时才能实现，微型金融就是这样一种方法，并且，微型金融已被证明是促进民主和人权的有力武器之一。

二、微型金融机构设立的几种模式

现有的微型金融机构往往来源于三种模式：新设模式（greenfielding）、做大业务模式（upgrading）和做小业务模式（downscaling）。

（一）从无到有：新设模式

新设模式是指从头设立一家旨在以可持续的方式为排除在传统金融服务以外的人们提供金融服务的全新机构的方式。新设模式并不对机构的结构作任何的特殊限制，但要求新成立的机构应该能够发展成为长期生存和可持续发展的实体。

在微型金融行业蓬勃发展的大背景下，新设机构如雨后春笋般出现。仅在撒哈拉以南的非洲地区，CGAP 就确认了 22 家在 2007—2009 年之间新设的机构。这些机构以银行、非银行金融中介、信用合作社、NGO 等形式存在，往往专注于从事微型金融服务。在大多数情况下，是由一家国际性的控股公司，如 ProCredit，Advans，Access 和美兴（MicroCred）等，草拟商业计划，拟定法律协议，提供股权融资和技术援助。这些控股公司通常能在其他投资者和捐助者如欧洲投资银行、荷兰国家开发银行、国际金融公司和德国复兴信贷银行那里，获得股权融资和流动资金。

经营管理能力是一家新设机构能否成功的关键。在多数情况下，新设机构都会得到包括国外管理团队在内的技术援助。经过一段时间的发展，当地的微型金融从业者将能获得充分的培训，并逐步具备接管新设机构的能力。一般情况下，投资者希望新设机构在 18—36 个月之内就能达到财务自给自足，这导致了大多数新设机构的业务对象主要偏重于城市的微型企业主。

在没有稳定微型金融运营商的地方，新设机构填补了正规金融服务的空白，具有重要的意义。在已经有微型金融机构的地区，新设机构能带来竞争，促进微型金融服务质量的提升。

（二）从非金融机构转化：做大业务模式

做大业务模式是指由非政府组织（NGO）等非金融机构，转向持照的微型金融机构或商业银行等正规金融机构的一种发展模式。

在现代微型金融发展的早期，机构大多以 NGO 的形式存在。微型金融更加注重社会目标，认为微型金融机构应当是非营利组织，肩负着为穷人提供正规金融服务的社会使命。NGO 往往严重依赖于捐赠资金，不能满足日益增长的需求，资金来源匮乏成为制约 NGO 发展壮大的重要因素。在这些压力下，一些 NGO 开始向正规金融机构转制，并开始引入商业资金，演化为了正规的金融机构。升级模式的理念，在于充分运用金融体系和制度的力量来扩大覆盖面。

做大业务模式的一个实例是玻利维亚阳光银行（BancoSol）。BancoSol 成立于 1992 年，前身是 1987 年成立的非营利性组织 PERDEM，PERDEM 目的是通过提供信贷服务和培训，扩大就业和鼓励向小企业投资。PERDEM 主要采取连带小组贷款方式，其贷款运作颇为成功。到 1991 年底，已有 1.43 万个客户，资本金为400万美元，拖欠率几乎为零。但在当时，该组织方式面临着三方面的挑战：一是发展速度不能满足巨大的信贷需求；二是不能合法地向客户提供全方位的金融服务，尤其是不能吸纳存款；三是不能采取以市场为导向的方式提供小额信贷服务。这些限制制约了BancoSol的进一步发展。

经过充分的可行性论证和转制筹备以及资金投入，阳光银行于1992得到玻利维亚有关当局正式批准，成为第一家专业从事小额信贷业的私人商业银行。在筹建过程中，PERDEM作为非政府组织仍然投入了大部分的资金，其余部分由商业基金和私人投资参股。阳光银行只持有玻利维亚银行业1%的资产，但其服务的借款客户却占整个银行业全部客户的1/3以上。

做大业务后的微型金融机构往往能够实现盈利，取得相当高的资产收益率（ROA）和权益收益率（ROE）。以拉美的一些做大业务模式转化而来的金融机构为例，与机构所在国金融部门平均水平对比，如表1－2所示，除了在金融体系相对更为发达的哥伦比亚，Finamerica的表现略低于平均水平外，绝大多数做大业务机构的财务表现都显著优于金融部门的平均水平。

表1－2　做大业务模式微型金融机构与该国金融部门平均水平财务表现对比

国家	机构	ROA（%）	ROE（%）
玻利维亚	BancoSol	1.3	11.0
	金融部门平均水平	0.4	4.2
哥伦比亚	Finamerica	1.9	11.3
	金融部门平均水平	2.6	24.5
萨尔瓦多	Banco ProCredit	1.3	11.0
	金融部门平均水平	1.0	9.6
墨西哥	Compartamos	20.0	54.0
	金融部门平均水平	1.0	15.6
尼加拉瓜	Banco ProCredit	4.0	25.1
	金融部门平均水平	2.1	26.8
秘鲁	MiBanco	5.8	33.9
	金融部门平均水平	1.5	21.3

来源：An Inside View of Latin American Microfinance, sec1：57。

做大业务之后的微型金融机构在覆盖面上也显著扩大。表格 1－3 对比了 BancoSol、Banco ADEMI，Banco ProCredit，MiBanco 做大业务前后的借款户数、贷款余额、存款户数、存款余额（转制后取 2006 年的数据）。

表 1－3　微型金融机构转制前后覆盖面对比

	BancoSol	Banco ADEMI	Banco ProCredit	MiBanco
转制时活跃借款户数	22, 743	18, 000	12, 662	32, 000
转制后活跃借款户数	76, 904	51, 045	72, 048	124, 526
增长百分比	238%	184%	469%	289%
转制时贷款余额（美元）	4, 500, 000	30, 300, 000	4, 200, 000	14, 000, 000
转制后贷款余额（美元）	113, 321, 650	80, 848, 212	128, 470, 572	161, 192, 317
增长百分比	2, 418%	167%	2, 959%	1, 051%
转制后存款户数（美元）	68, 051	26, 502	64, 240	48, 248
转制后存款余额（美元）	96, 000, 000	51, 045, 000	89, 318, 034	55, 712, 479

来源：Commercialization in Microfinance, p11。

（三）从大金融机构缩减：做小业务模式

做小业务模式是指传统银行等金融机构通过各种各样的方式参与到微型金融行业中来。例如，商业银行通过设立独立的小额贷款部门，向那些传统上无法充分获得银行服务或仅能通过专门的微型金融机构才能获得服务的客户提供金融服务，就是做小业务模式的一种。

做小业务模式出现的最主要原因在于大金融机构寻求新的利润增长点。在传统市场利润率受到激烈竞争而下滑的情况下，大金融机构有足够的动力去开辟新的市场。特别是许多国家还没有建立起正规的微型金融体系之前，潜在的市场份额巨大，这一新兴领域也就理所当然地成了大金融机构追求快速增长和高额回报的新天地；如果再考虑到一些国家对商业银行贷款利率有严格的利率管制，而对微型金融领域的利率管制相对宽松甚至没有管制时，就更是如此。此外，进军新的领域还可以满足贷款资产多样化的要求，且可以对一些情况下过剩的流动性进行分流。大金融机构进入微型金融行业至少在以下方面拥有先天的优势：技术基础，如现成的自动取款机（ATMs）、信息管理系统（MIS）等；人力素质，拥有信息技术、市场、法律等相关领域的人才；品牌效应，高的市场占有率和品牌认同感；成本控制，能通过吸储获得低息资金等。

大金融机构可以直接或间接地参与微型金融市场。Action International 总结了做小业务模式的四种模式：内部单元（internal unit）、财务子公司（financial subsidiary)、服务公司(service company)以及战略联盟(strategic alliance)。

内部单元模式是指金融机构创建一个部门或者就以现有的某个部门直接从事微型金融服务。内部单元虽然不是一个独立于金融机构的法律实体,但一方面可以避免支出高额的起步资金,另一方面还可根据金融机构管理的需要,灵活赋予该部门或多或少的自主权限。不过,这种模式也面临着如何区分微型金融部门与主流银行员工以及如何克服部门缺乏独立治理权利等问题。内部单元模式的典型实例是巴西的国有商业银行 Banco do Nordeste 参与的 Crediamigo 项目、坦桑尼亚的 Akiba 商业银行、埃及的开罗银行、厄瓜多尔的 Banco Solidario 和肯尼亚的合作银行。

财务子公司模式是指金融机构专门设立一个子公司来独立运作微型金融。子公司是一个独立于原有金融机构的法律实体。这种模式很大程度上克服了内部单元模式的弊端,更加透明、更易独立治理。建立子公司需遵从当地法律条文的规定,一般需要取得执照并接受银行当局监管。财务子公司模式的典型实例是秘鲁、智利、印尼的几家银行于 1996 年在秘鲁成立的子公司 Solución Financiera de Crédito del Perú(SFC)、约旦国家银行的 AHLI 微型金融公司、牙买加 National Building Society 的 JN 小型业务贷款有限公司以及智利的国有商业银行 BancoEstado 的微型金融子公司。

服务公司模式是指由一家非财务公司向金融机构提供微型金融服务。服务公司运作与信贷相关的一切工作,不过,贷款计入金融机构的账面。服务公司通过自己的信贷管理等服务向银行收取相应的费用。与子公司相比,服务公司最大的特点在于不直接控制和拥有信贷资产,不是金融机构。服务公司模式的典型实例是厄瓜多尔的 Banco del Pichincha 银行于 1999 年设立的促进微型金融发展的服务公司 CrediFe Desarrollo Microempresarial S. A.(CDM)和巴西的 Banco do Nordeste's CreditAmigo。

战略联盟模式是指银行与现有从事微型金融业务的非金融机构结成战略同盟。这种模式十分简便,成本也较低。结成战略联盟最简单的方式是银行提供直接贷款给微型金融机构。战略联盟模式能否实施取决于当地的法律和监管框架。微型金融机构的法律地位决定了商业银行能否向其提供贷款,是否需要抵押。战略联盟模式的其他可能形式是银行和非银行机构达成协议,由非银行机构具体开展微型金融业务,并获得部分利息收入或者固定费用。战略联盟模式成功的关键在于银行能否选取恰当的合作伙伴以及合作细则的合理制定和遵照执行。战略联盟模式的典型实例是玻利维亚的 Banco Sol 和西班牙的 La Caixa 等机构的合作,以便于国外的玻利维亚人向国内汇款。

第三节 微型金融的综合发展

在微型金融的早期发展中，往往是基层微型金融机构在“单打独斗”，缺乏更高层次机构的支持，因而在扩大覆盖面、进行业务扩张时常常显得力不从心。这使人们意识到发展微型金融，不应只是依赖于零散的基层机构、“草根”项目，还需要为他们提供足够多的支持。于是，批发机构、促进机构等组织也逐渐进入人们的视野。在一些国家，微型金融已经形成了自己的体系，实现了产业化经营。

一、自成一体的微型金融体系

在微型金融产业较为完善的国家，微型金融早已不再局限于单独的、零星的基层机构的“小打小闹”，而是已经形成了一个自上而下的微型金融体系(如图1－2)。在这个体系中，“草根”层次是各式各样的基层微型金融机构，他们直接与客户打交道，了解客户的需求、提供微型金融产品。在中间层次，是一些微型金融批发机构，他们向基层组织提供批发资金、技术服务等，支持基层机构的发展。在更高层次，主要是为中层批发机构服务的更高层次的、专门服务于微型金融机构的国际性大型专业银行、促进机构，以及微型金融机构所参与的资本市场等。这些机构之间通过资金、信息、技术、人才等方面的交流，已经形成完整的微型金融体系。

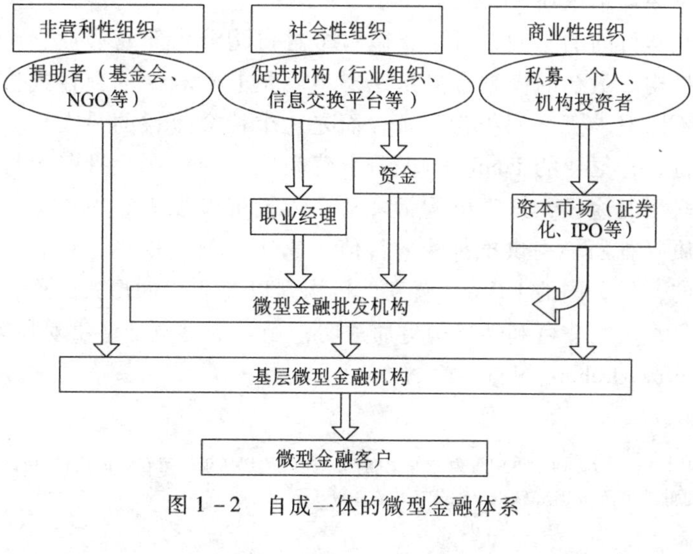

图1－2 自成一体的微型金融体系

二、微型金融机构

在微型金融体系中，与客户直接打交道的就是微型金融机构（Microfinance Institutions，MFIs），他们处于体系的基层。绝大多数微型金融机构服务于一个国家或国家内的特定地区，小部分为洲际性的机构。微型金融及其支持机构类型多样，按照组织形式、资金来源以及经营目的的不同，可以将其分为不同的类型。

按照组织形式的不同，可以将微型金融机构分为正式、半正式和非正式的机构。正式的机构，受到与银行类金融机构同样严格的监管，如营利性专业银行、乡村银行、已发展出小额金融业务线的商业银行等。半正式的机构，须遵守通行的、商业的法律规定，但比正式机构的监管环境宽松，如小额贷款公司、合作社、部分非政府组织等。非正式的机构，存在于法律监管之外，如部分小额贷款项目、互助小组、轮转基金，甚至包括我国目前没有明确监管方式的P2P贷款机构等。

按照资金来源的不同，可以将微型金融机构分为“用别人的钱”、“用社员的钱”和“用公众的钱”的机构。“用别人的钱”的机构一般是非政府组织，其资金往往来源于捐助或政策性资金，在捐助或优惠资金内发放小额贷款。“用社员的钱”的机构包括合作社、信用社等类型，其资金来源于该机构的社员或会员等成员的储蓄。“用公众的钱”的机构可以向公众吸收存款，属于银行类微型金融机构。资金来源的不同，决定了机构自身的风险承受能力和对金融系统风险传导的不同，其受到的监管程度也会有相应的区别，在以后的章节中会详细论述。

按照经营目的的不同，可以将微型金融机构分为非营利性、半营利性和营利性的机构。最初的微型金融组织类型就是非营利性的项目或机构，非营利性机构不以追求资金回报为目标，而是追求社会效益的最大化，如早期的格莱珉银行、肯尼亚的Jamii Bora[①]。半营利性机构旨在为投资者与需要借贷的人提供联系的途径，这类机构常常从个人投资者那里获得资金，并根据借款者的资质（如所能提供抵押物的价值）来决定放贷规模，它们本身可能是非营利性的，如美国的KIVA。营利性机构则以商业化的形式运作，以追求商业利润为主，较之非营利性机构更加透明，相对来讲更加注重对风险的控制，如瑞士的Blue Orchard银行。

① Jamii Bora在斯瓦西里语中意为“好家庭”，成立于1999年，旨在帮助该机构的社员及其家庭脱贫，过上更好的生活，其85%以上的贷款均在100美元以下。

国际典型微型金融机构类型一览
协会组织。穷人自己建立的，向自己提供微型金融服务的社区组织。协会可以根据社员共同的性别、宗教、政治文化立场等组建，然后共筹资金、内部使用。如印度的互助小组（Self Help Groups, SHGs）。
信用担保机构。由捐助者或政府机构向微型金融银行或商业银行担保，以帮助个人或团体获得微型贷款。强制储蓄也可以归为这一类。如毛里求斯的 AfriCap Microfinance Fund，巴基斯坦的 Microfinance Credit Guarantee Facility 等。
社区银行/格莱珉银行/乡村银行。是正式版的"协会"，由希望提高生活水平和创造就业的社员创建，其目标是通过微型金融服务促进社区发展。社员往往结成小组，实行组内共同担保以获得贷款。如孟加拉的格莱珉银行、坦桑尼亚的 MuCoBa。
合作社。与"协会""社区银行"非常相似，但所有者往往不是穷人，而是由经济状况稍好的人出资建立。如英国的 Co - operative Bank，菲律宾的 Cooperative Rural Bank of Bulacan。
信用社①。社区成员筹措资金并以低息发放给需要的社员。与社区银行相比，信用社更小且一般是非营利组织。利率一般较低，维持在支撑信用社可持续性经营的水平。如危地马拉的 Unión Progresista Amatitlaneca，加拿大的 Vancity Credit Union。
非政府组织（NGOs）。与社区类的机构相比，是"外源组织"，向穷人提供微型金融服务，兼顾培训、教育和研究。NGOs 也可能成为穷人与捐助机构（如联合国、亚洲发展银行、世界银行）的中介人，可以是地区性的，也可以是全球性的。如拉美行动国际（Action International）、总部设在美国的 KIVA。
营利性银行。向穷人提供金融服务以寻求投资回报的商业银行或微型金融专业银行。与其他形式最大的不同是以商业目标为主。如墨西哥的 Banco Compartamos。
轮转基金（ROSCAs）。数人（通常为女性）结成小组，成员定期投入固定的资金，供其中一名成员在本期使用。这种形式的优点在于匹配成员的现金流，无利息，无抵押，低成本。
由于微型金融理论与实践正处于快速发展的历史进程之中，上述机构可能并未包括完所有的机构类型。

三、微型金融批发机构

在基层微型金融机构之上，存在着一些微型金融批发机构（wholesale），他们处于体系的中层。批发机构是一个从事批发销售的二级组织，往往不直接向客户提供信贷服务，而是通过专门向基层的微型金融机构提供批发资金，然后再由微型金融机构发放给客户。这种批发机制在一定程度上为第一线的微型金融机构解决了资金不足、技术落后方面的问题，促进了微型金融行业的发展。

尽管微型金融机构越来越多，但是大多数穷人却仍不能获得服务。究其

① 这里指的信用社，是真正意义上的信用合作组织，不是我国更类似于商业银行的城市和农村信用社。

原因，资金缺口成为重要因素。客观上，就需要一个处于广大微型金融机构之上的组织向零售机构提供批发资金。微型金融批发机构的主要职能就是从政府或者国外获得资金，然后以相对较低的利率贷给微型金融机构，起到承上启下的作用。此外，批发机构也常常向基层机构提供技术支持。

全球范围内每年有 20 多亿美元的公共资金通过批发基金或地方批发机构进入微型金融领域，然后再由批发机构将资金提供给微型金融机构，大多数是以补贴贷款的形式，但偶尔也有赠款。批发机构为微型金融机构提供的资金量相当于捐助者和投资者 2007 年全年为整个微型金融部门提供的资金总额（约 25 亿美元）。数额之大，表明批发机构是公共资金进入微型金融的一个重要手段。2009 年 2 月，CGAP 的一项关于批发机构的调查表明，全世界有 76 家微型金融批发机构。这类机构在南亚和拉丁美洲尤其普遍（分别占 2007 年批发机构提供资金总额的 69% 和 29%），过去 5 年里，非洲的批发机构数量也大幅度增加，2003 至 2008 年之间成立了 8 个批发机构。在向 MIX 提供数据的 47 家批发机构中，2006 年提供资金总额为 18 亿美元，2007 年为 23 亿美元。2007 年，15 家最大的批发机构平均每家投放资金为 1. 51 亿美元。

批发机构的资金来源于公共资金，其组织形式多种多样，可以是开发银行、非政府组织、捐助项目、私营商业银行以及特别的政府项目或捐助项目。大多数批发机构的资金既有来自国际公共融资机构［多为双边和多边机构以及发展金融机构（DFIs）］的，也有来自政府的。约有四分之一的批发机构完全由所在国政府提供资金。对政府而言，支持批发机构既可以表明政府对普惠金融的承诺，也可借助这种方式向那些通常被银行和商业投资者所忽视的微型金融机构注入资金。国际公共融资机构常常把批发机构看做是支持微型金融部门、协调资金供给的一个手段：一方面为小型的微型金融机构提供快速动用大量资金的机会，同时，有些批发机构还为小型的微型金融机构或商业投资者提供资金和技术援助。

以尼泊尔的农村微型金融发展中心（Rural Microfinance Development Centre，RMDC）① 为例，其基本业务就包括：

（1）将国内外的资源通过微型金融机构传递至农村穷人家庭，尤其是女性；

（2）向起步阶段的机构提供资金和技术支持以帮助其实现可持续经营；

（3）帮助有潜力的微型金融机构的发展，拓展这些机构向未获得服务的

---

① RMDC 成立于 1998 年，由尼泊尔政府和亚洲发展银行共同牵头建立，是一家达到授权从事向尼泊尔微型金融机构批发借贷的机构。

农村人口提供优质服务的能力和范围；

（4）支持微型金融实践和产品创新的科研活动；

（5）促进微型金融领域的政策和法律出台。

四、微型金融市场

在批发机构之上，还存在一些更大型、更专业的非政府组织、促进机构或商业组织，以及微型金融基层机构及批发机构可以参与的资本市场，它们位于体系的高层。高层的机构通常着眼于全球微型金融行业的发展，它们是资金技术、行业标准、科研创新等方面的领导者，在建立新机构、制定标准、批发资金、提供技术服务、实施知识管理以及引导政策改革等方面有重要作用。

1. 促进机构

包括行业组织和信息交换平台等。行业组织如扶贫协商组织[①]（CGAP），是一家国际性的政策和研究机构，向政府、微型金融机构、捐助者和投资人提供市场动态、咨询顾问等服务。此外，CGAP 还致力于制定行业标准，促进技术创新等工作。信息交换平台如微型金融信息交换网[②]（MIX）是一个通过提供数据来源、基准和监控工具，为建立微型金融市场基础设施提供帮助的非营利性组织，也包括专门信息服务。这些促进机构通过各自的工作，旨在全方位地促进微型金融行业的发展，以更好地为穷人和低收入者提供金融服务。此外，如非洲农村和农业信贷协会（AFRACA）等区域性微型金融协会，也在世界各地对地区性的合作伙伴机构或成员组织进行监督。

2. 商业组织

主要指大型专业银行、国际性金融机构（International Financial Institutions, IFIs）、微型金融投资商（Microfinance Investment Vehicles, MIVs），它们常常为微型金融批发机构服务，给予资金和技术支持。为批发机构融资最多的 5 个国际机构是：德国复兴信贷银行、世界银行、美洲开发银行、国际农业发展基金和欧盟。此外，还有与微型金融机构共同开展业务的大型金融集团，比如与 FINCA 联合推出了微型保险和人身保险的美国国际集团（AIG）。

3. 资本市场

在微型金融商业化水平不断提高的基础上，虽然资本市场等基础设施并不专门为微型金融服务，但也应纳入微型金融体系中。一方面，越来越多的

① http：//www. cgap. org/p/site/c/home/.

② http：//www. themix. org/.

微型金融机构成为资本市场的一部分；另一方面，资本市场也为微型金融机构提供了大量资金。比如，在亚、非、拉美都出现了微型金融机构的股票在当地或区域性的证券交易所上市流通的案例，这些微型金融机构已经成功通过资本市场进行融资。

第四节 微型金融在世界各地的发展

现代微型金融从孟加拉发源之后，在第三世界国家广泛发展起来，随后迅速扩展到全球。总体来讲，亚洲、拉丁美洲、东欧是微型金融最发达的地区。非洲的微型金融机构虽起步较早，但受限于落后的基础设施而难以开展，近几年才开始快速发展。在德国、美国等西方发达国家，同样存在着微型金融模式。

一、微型金融在亚太地区的发展

现代微型金融发源于亚洲。孟加拉国的格莱珉银行、印度尼西亚的人民银行都因其微型金融服务而闻名于世。格莱珉银行采取小组连带责任和强制性存款担保形式发放贷款，取得了巨大的成功，被称为GB模式，在国际上被多个国家和地区模仿和借鉴。印度尼西亚的人民银行则在全国建立了超过4,000个村行（unit），是世界上为农村提供金融服务的最大国有商业性金融机构，被称之为BRI模式。近年来，印度的自助小组模式、马来西亚模式、泰国模式也在快速发展中。从覆盖面的角度上说，亚洲的微型金融机构和微型金融客户是最多的。

不过，在亚洲国家，对微型金融的需求也是最多的。在中国、印度、印尼和巴基斯坦等人口稠密的国家，虽然微型金融项目很多，但尚未享受到基本金融服务的人却更多。全球发展中国家有26亿人口无法获得基本的金融服务，小额贷款服务在总人口中的普及率平均仅为2.85%，超过40%的贫困人口生活在中国和印度。在印度的11亿人口中，约有26%仍处于贫困线以下，仅有10%—12%的穷人能从互助小组、NGO、合作社等微型金融机构得到服务，而且四分之三的客户集中在4个南方省（市），北部和东北部的大部分省（市）仍然未被覆盖。在印尼的2.45亿人口中，超过4,000万人陷入贫困。在巴基斯坦的1.64亿人中，32%的人口生活贫困，尽管NGO、银行等微型金融机构越来越多，但覆盖面仍不足100万人。仅在这四个人口最多的国家，微型金融的需求就十分巨大。

太平洋地区的国家人口相对较少，但大部分人生活在贫困线以下。以巴布亚新几内亚为例，全国600万人口中有37%处于贫困中。这个区域的微型金融项目往往很小，覆盖面相当有限，效果还很不理想。如何扩大覆盖面成为太平洋地区微型金融机构关注的焦点。

二、微型金融在非洲的发展

非洲的贫困问题受到全球关注。长久以来，许多非洲人民都被饥饿和营养不良所困扰，撒哈拉以南的非洲地区贫困集中度更是令人吃惊。

这种状况也为非洲微型金融的发展提供了契机，尤其是东非的微型金融更是在快速发展之中。为当地低收入客户服务的机构多种多样，包括非政府组织、非银行金融机构、合作社、信用社、农村银行、轮转基金、邮储机构以及商业银行。在国家层面，肯尼亚、乌干达、埃塞俄比亚和塞内加尔的微型金融都较为发达，机构数量多，覆盖面较广。非洲地区微型金融机构的成功典范是乌干达的国际社区资助基金会（FINCA），其首创的乡村银行（village banking）也是一种主要模式，被世界各国约3,000个组织采用。

卢旺达、赞比亚、坦桑尼亚的微型金融发展也越来越快。而尼日利亚、加纳、利比里亚、塞拉利昂、利比亚、突尼斯、喀麦隆、安哥拉以及莫桑比克等国家的微型金融机构则很零散，尚未能形成完整的微型金融体系。

在莫桑比克等国家，农村地区人口密度低，基础设施薄弱，农民收入少、参与经济活动的机会少，很难建立一套可持续的微型金融系统。政治动荡、艾滋肆虐等社会问题也阻碍了微型金融的进一步发展。

三、微型金融在阿拉伯国家的发展

阿拉伯国家的微型金融发展也很迅速，从1997年客户尚不足1万人，到2006年就突破了100万人，近十年间增长了100倍。其中，摩洛哥的微型金融最为发达。

不过，据估计，阿拉伯国家仍有超过2,000万的潜在客户未被覆盖。这一区域的典型特征是微型金融项目主要集中在城市，大多数微型金融机构是NGO，依赖于捐赠资金。在突尼斯、约旦、埃及和叙利亚，都出现了一些大型的政府资助项目，不过效果并不理想。因此，如何充分发挥民间和市场的力量，建立可持续的微型金融机构是不仅必要的，而且发展空间也很大。

四、微型金融在拉丁美洲和加勒比地区的发展

与亚洲和非洲不同的是，拉丁美洲的穷人主要生活在城镇中。但农村地

区的贫困率高达62%，城镇地区也达到38%。微型金融项目一方面高度集中在城镇区域，另一方面农村地区的需求也很大。

拉丁美洲最著名的微型金融机构是玻利维亚阳光银行（BancoSol）。阳光银行也实行团体贷款制度，但更强调商业化经营理念，首要关注盈利和可持续发展，而不是社会使命。阳光银行商业化运作取得了巨大成功，使微型金融从财务上的不可持续逐步走向了可持续，是微型金融商业化的典范。目前，拉丁美洲其他国家均借鉴阳光银行模式。

现有的微型金融服务提供者包括NGO、商业银行等，绝大多数设立在城镇中。在玻利维亚、巴西、哥伦比亚、多米尼加共和国、危地马拉、海地、洪都拉斯、尼加拉瓜、秘鲁等国家，贫困人口众多，城镇和农村的发展前景都很广阔。在较大的国家中，阿根廷的微型金融最为落后，需求最大。

五、微型金融在欧洲和北美的发展

在欧盟成员国中，约有12%的家庭生活贫困，借力微型金融来促进穷人的自我雇佣，不仅有必要，而且前景广阔。在德国、法国、荷兰、意大利、挪威、西班牙、阿尔巴尼亚、波斯尼亚和科索沃等国家和地区，微型金融项目非常多，覆盖面较广，大部分穷人都能够享受到正规的金融服务。德国的微型金融发展历史相当长，早在19世纪就出现了大型的信用社。目前较为著名的是IPC微小企业贷款信贷技术。IPC并不是一家银行，而是一家咨询公司，主要业务和目标是为那些以微小企业为主要客户的银行提供咨询等一体化服务。IPC的业务不局限于德国，而是在世界各国广泛开展。比如在我国，国家开发银行在开展微型金融服务时就与IPC公司有业务上的合作，一方面聘请IPC的专家进行实地悉心指导、总结实践经验，另一方面引进IPC先进的风险控制技术和人才培养计划。

在美国，富国银行是微型金融行业的代表。富国银行基于美国的征信体系和社会信用记录，将信用评分技术引入微小企业贷款业务中，多数贷款决策由计算机自动做出，极大地降低了费用，更好地应对激烈的市场竞争。此外，富国银行还开发了行为评分和催收评分等模型，作为信用评分的补充，提高决策效率和准确性。富国银行的微型金融业务市场占有率高，坏账率低，一直是行业的龙头。目前，美国有近12%的人口生活在贫困线以下。尽管微型金融被美国政府作为一个扶贫工具，它的覆盖面仍然十分有限。据估计，在美国提供微型金融服务和相关培训服务的NGO中，绝大部分是社会福利项目，不能收回成本，成本回收率达到70%就算表现较好的。加拿大的情况与美国类似，贫困率还略高，约为16%。因此，在北美仍然面临着建设可持续微型金融项目的挑战，同时也意味着巨大的机遇。

第五节　微型金融发展现状

进入21世纪以来，微型金融受到人们越来越多的关注。微型金融行业的迅猛发展，使得越来越多的人得到了正规的金融服务，微型金融已成为社会发展的重要力量之一。与此同时，微型金融的专业化不断增强，商业化进程在如火如荼地进行中，金融普惠成为行业的焦点；成功的微型金融机构开始实现可持续经营，吸引了越来越多的投资者参与到微型金融领域。从这些方面来讲，微型金融取得了显著的成就。

不过，最近几年也发生了数起国家级的微型金融危机。人们开始意识到在微型金融高还款率的背后，过度负债、交叉融资等问题也不容忽视。商业资金更倾向于投向盈利性好、风险性低的大型微型金融机构，投资过于集中化。一些机构为了实现商业目标，打着微型金融的旗号，实则青睐富裕的客户；过分追求商业利益而忽视了社会发展的宗旨，违背了微型金融的初衷。如何将商业目标和社会目标有机统一，是相当长一段时间微型金融业必须面对的问题。

一、微型金融所取得的成就

（一）微型金融行业发展迅速

微型金融行业迅猛发展，已出现在全球大多数发展中国家，为大量的微型金融客户提供服务。截至目前，有来自全球105个国家的2,767家微型金融机构向MIX报告了2011年度的基本情况（见表1-4）。这些向MIX报告的机构，资产共计1,163亿美元，为全球近1亿的借款人和7,000多万存款人提供了正规的微型金融服务。世界范围内的人均贷款规模为490美元。同时，也不难看出，拉丁美洲及加勒比、东亚及太平洋、东欧及中亚等地区，微型金融发展相对更为迅速一些。

需要指出的是，表1-4中所反映的只是向MIX报告数据的机构的情况，还有很多机构没有向MIX报告数据，相应的情况也就没有包含在表中。早在2006年国际小额信贷峰会的主题报告中，就曾预计当时全球有超过1万家微型金融机构，服务的穷人超过1亿人。相信经过这几年的发展，微型金融机构的覆盖面又有了大幅增长。不过，在向MIX报告的2,767家机构中，基本包括了全球最“大”的那些微型金融机构，因此仍然是很有代表性的。

表 1-4　　微型金融行业现状一览（截止到 2011 年）

地区	国家数量	微型金融机构数量	活跃借款者（百万人）	贷款数量（亿美元）	人均贷款（美元）	资产（亿美元）	存款（亿美元）	储户数量（百万人）
非洲	33	784	5.8	77	473.8	109	74	18.9
东亚及太平洋地区	14	418	15.0	316	418.6	464	307	14.7
东欧及中亚地区	20	464	2.5	103	1,861.8	139	70	2.9
拉丁美洲及加勒比地区	21	532	18.3	279	1,030.0	346	181	16.6
中东及北非地区	10	85	2.1	13	606.1	19	2.47	68,704（人）
南亚	7	484	50.1	79	155.0	86	28	19.3
合计	105	2,767	93.8	867	488.52	1,163	662.47	72.4

来源：根据 MIX 分地区数据整理而成。

（二）已知道如何实现可持续经营

20 世纪七八十年代，小企业和农村金融机构是主要的直接信贷服务提供者，服务对象是小农场主和其他可以享受贴息贷款的群体；许多机构的经营规模较小，还无法实现自负盈亏，也不能为穷人服务。这些机构提供的贷款，许多享有利率补贴，而且是以非市场方式提供的，所以不仅难以有效为穷人服务，还可能扰乱了当地的金融市场，甚至遭受高呆（坏）账的损失，其结果印证了一句俗话“为好不得好”。究其原因，我们认为是违背了市场规律。如今，经过多年的实践与发展，一些典型的微型金融机构根据客户的需求设计产品，通过有效的贷款或储蓄产品成功地改善了客户的经济条件，也实现了机构自身的可持续经营。在这些机构的示范和引导下，新设的微型金融机构实现财务可持续的速度已经显著加快。在 2005 年的一项研究中发现，60 家 20 世纪 90 年代后期建立的微型金融机构平均 4 年就能实现盈利；与之对比的是，90 年代早期建立的微型金融机构需 9 年、80 年代建立的微型金融机构需 13 年才能实现可持续经营。

（三）微型金融专业程度在不断增强

微型金融产业的专业程度在不断增强，已经达到了很高的水平。与最初的靠零星的机构提供服务相比，现在微型金融已经实现了产业化和专业化。宏观上，许多国家已经有了专门的微型金融相关法律；中观上，出现了大量的降低微型金融成本的技术创新；微观上，微型机构自身的能力建设也有了完整而清晰的路径和成熟的方法。

许多国家都有专门的微型金融促进机构，以促进本国微型金融部门的专业化。例如，乌干达的微型金融论坛（Microfinance Forum，MFF），其宗旨就是促进乌干达微型金融行业的专业化以提高其效率。MFF 由高层委员会（The Apex Committee）、游说委员会（The Lobbying Committee）、数据和统计委员会（Data and Statistics Committee）组成，在引导政府出台微型金融政策和监管方针、机构的能力建设、表现监测、扩张战略的制定以及机构间信息共享方面做出了巨大的贡献。

（四）资本市场开始关注微型金融

快速发展的微型金融日益受到资本市场的青睐，私募股权投资机构、债券发行机构等纷纷进入微型金融领域，有的微型金融机构还成功在资本市场公开发行了股票，有的则成功将自己的信贷资产进行了证券化（securitization）。资本市场的关注促进了微型金融的商业化，扩展了微型金融机构的资金来源，使得基层机构有了扩张的可能。近年来，资本市场投资微型金融的方式也越来越多。为了规避汇率风险，许多投资甚至直接使用了微型金融机构所在国的货币进行投资。对资本市场巨大的吸引力，源自迅猛发展的微型金融机构在盈利性、成长性方面的良好表现。

微型金融机构进入资本市场主要方式一览

私募股权投资（PE）。私募股权投资对起步阶段的微型金融机构尤为重要。第一支微型金融商业股权基金 ProFund 成立于 1995 年，并按计划于 2005 年退出投资，将利润分配给投资者，取得了巨大成功，引发了私募基金对微型金融的兴趣。2007 年，闻名于世的风投公司红杉资本（Sequoia Capital）对微型金融机构 SKS 投资 1,150 万美元，再次掀起了私募股权基金投资于微型金融领域的热潮。

债券发行（Bond Issues）。微型金融领域发行债券始于 2001 年，哥伦比亚的微型金融机构 Finamerica 发行了 200 万美元的债券。随后，非洲、东欧的一些微型金融机构也发行了债券。微型金融机构的成功也吸引了越来越多的主流投资者对债券的投资热情。以秘鲁的微型金融机构 MiBanco 于 2002—2003 年间的三次债券发行为例，在 2002 年 9 月的第一次发行中，得到了促进机构 USAID 50% 的担保支持；在 2003 年 9 月第二次发行时，虽然也有 50% 的担保支持，但由当地银行提供，利率更低；到同年 10 月的第三次发行时，已不再需要信用担保。因为前两次发行已经为其赢得了市场信誉，已在市场上展现出了微型金融投资的潜力。第一次发行的债券投资者主要是养老基金，到后两次发行时，共同基金、企业、养老基金、银行和保险公司都纷纷参与，足见其市场认可度的改善。

首次公开发行（IPO）。印度尼西亚人民银行（BRI）的股票于 2003 年在雅加达、新加坡和其他股票交易所上市发行，成为微型金融行业的首例。后来，肯尼亚的权益银行（Equity Bank）、印度的 SKS 等微型金融机构也纷纷公开上市。值得一提的是，2007 年在墨西哥股票交易所上市发行的 Banco Compartamos 的股票，这次首次公开发行有两点引起了人们的注意：一是发行的高溢价。这次 IPO 价值 4.86 亿美元，引发了来自墨西哥、美国、欧洲和南美的 5,920 家机构和个人投资者的哄抢。二是本次发行更确切地看，是一次二级发售（Secondary Offering），因为所有的股份都是由以前的投资者售出，这意味着微型金融资产的流动性提高，对投资者的吸引力增强。

证券化（Securitizations）。微型金融领域的证券化最常用的是担保债务凭证（CDO）的方式。其做法是：由发起人将能产生现金流量的资产汇集成池，然后进行包装和分割，转移给特殊目的公司（SPV），再由特殊目的公司以私募或公开发行方式卖出固定收益证券或受益凭证。这里的资产池资产主要就是微型金融机构发放的小额贷款。微型金融领域的第一例证券化出现在2004年，由美国的投资公司Developing World Markets和瑞士的投资公司BlueOrchard共同完成。在进行微型金融资产的证券化时，通常将数家机构的小额贷款打包在一起发行。比如在2007年由摩根士丹利和BlueOrchard Finance操作的证券化中，就涉及13个国家的21家微型金融机构①。

（五）金融普惠成为整个行业的焦点

联合国在宣传2005年国际小额信贷年时广泛使用了“普惠金融”这一词汇，其基本含义是：能有效、全方位地为社会所有阶层和群体提供服务的金融体系。事实上，普惠金融在概念上与微型金融、小额信贷是一脉相承的。这个新的、更宏大和更复杂的愿景吸引了诸多目光，成为备受关注的话题。

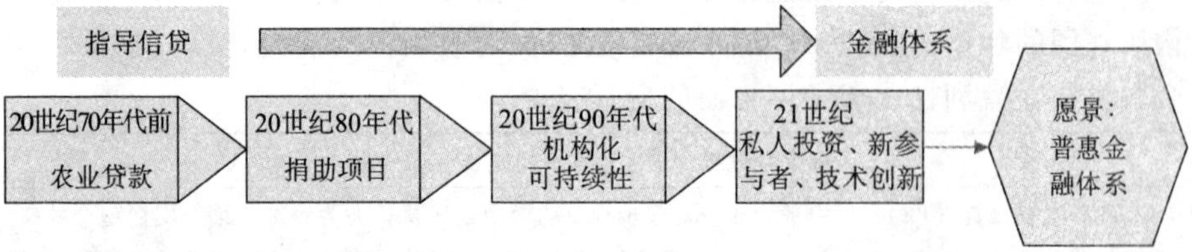

自“金融普惠”的概念提出以来，人们逐渐意识到发展较低层次金融体系是必要的。不少政府将“金融普惠”写进了国家政策中去，并运用多种手段促进多元化金融体系的发展。一些国际组织也对如何实现普惠金融，微型金融能起到什么作用进行了大量的研究。CGAP曾对“2015年的普惠金融——微型金融的未来”开展了情景规划，以帮助预测影响微型金融未来走势的全球人口、政治和技术力量等因素，并为其做好准备。比如，人口因素如何影响发展中国家和转型国家，无线技术是连接还是分离，激进政府是朋友还是敌人，新的参与者是如愿以偿还是走向幻灭，国际法规又会如何影响安全和可获得性，等等。金融普惠和微型金融成为行业的焦点。

① 这次证券化由标准普尔公司评级，21家微型金融机构分别来自阿塞拜疆、波斯尼亚、柬埔寨、哥伦比亚、格鲁吉亚、加纳、肯尼亚、蒙古、黑山、尼加拉瓜、秘鲁、俄罗斯和塞尔维亚。这显示了拉丁美洲、东欧和中亚仍是微型金融最发达的地区，非洲和东南亚的微型金融机构也正在快速发展。

二、微型金融存在的不足

（一）交叉融资和过度负债

在一些国家，微型金融发展过快，控制措施不到位，出现了客户交叉融资和过度负债的问题。经常被引用的例子包括1999年出现在玻利维亚、2008年在波黑和摩洛哥的案例。所谓的“交叉融资”（Cross Financing），就是俗称的借新账还旧账。在许多国家，出现了微型金融投资过热的情况，借款者可以在不止一家的微型金融机构借贷，一些借款者“拆东墙补西墙”，在前一家机构的贷款需要偿还时，就去后一家机构申请贷款以偿还旧账。这种交叉融资的循环，表面上看借款者每次都按期偿还了本息，但在高还款率的背后，却是债务的“雪球”越滚越大，以至过度负债（Over Indebtedness）。不过，过度负债的原因并不仅仅限于交叉融资：在微型金融的资金来源越来越丰富时，一些机构“不差钱”，授予客户的信贷额度过高，也可能导致过度负债。如果微型金融机构在贷后管理、呆坏账管理方面存在欠缺，且政府在债务纠纷中的司法成本高昂或效率低下时，容易使借款人在心理上产生对“通过努力挣钱去还款”的排斥感，进而形成一种“不管能否还款，有钱干嘛不借”的社会风气，这将严重破坏借款人和微型金融机构间的信任关系，造成微型金融机构和借款人“两败俱伤”的后果。如果过度负债不能得到有效控制，风险积聚到一定程度，就会引发微型金融危机，投资者也会退出微型金融领域，给微型金融行业带来更大的危害。

（二）数个国家出现了微型金融危机

进入21世纪以来，印度、波斯尼亚、萨尔瓦多、摩洛哥和巴基斯坦等国的微型金融部门都爆发过地区性甚至国家性的危机。在以往，资金的稀缺是阻碍贷款规模扩大的最重要因素。近年来，微型金融行业迅猛发展，吸引了国内外资金等丰富资源，微型金融机构有了进行扩张的条件。在这种大环境下，微型金融机构为了扩大覆盖面、追求股东日益增长的投资回报，纷纷选择扩大贷款规模。在21世纪之初的几年，全球微型金融行业都实现了快速增长，上述发生危机的国家发展速度甚至还高于平均水平。但在经历了几年迅速扩张之后，违约风险开始集中出现并逐步扩散。2007年之后，这些国家的微型金融机构在险资产（Portfolio - at - Risk, PAR）急剧增加，到2008年底甚至超过了贷款资产总额的10%，信贷质量急剧下降。微型金融机构蒙受了巨额损失，微型金融危机爆发。

微型金融危机原因浅析

2007—2009年，正是全球金融危机泛滥的时间段，人们往往将微型金融危机爆发的原因归咎于全球经济衰退的宏观大背景下。此外，一些地方势力的阻碍，如政界人士认为穷人没有义务必须还款等观点，在客观上也对微型金融危机的发生做出了“贡献”。不过，微型金融行业内部出现的问题才是危机爆发的根本原因。

1. 过于激烈的市场竞争和交叉融资

在这些国家，微型金融行业的竞争非常激烈。微型金融机构往往集中于某些地区，造成了局部市场饱和，激烈的竞争为客户在两家或两家以上的机构之间“投机取巧”提供了机会。摩洛哥中央银行估计，在危机爆发之初交叉融资的客户超过40%（如表1－5）。过于激烈的市场竞争还导致了一些微型金融机构在深度和广度上的盲目扩张，超过了客户的还贷能力，严重影响贷款组合的质量，违约风险激增①。

表1－5　危机国家的客户交叉融资情况

国家	有交叉融资行为的活跃客户比例（%）
尼加拉瓜	40（2009年）
摩洛哥	40（2007年）
	39（2008年）
	29（2009年）
波黑	40（2009年）
巴基斯坦	21（2009年）全国水平
	30（2009年）爆发危机的地区

来源：Growth and vulnerabilities in microfinance. P7。

2. 微型金融的过度扩张和控制不足

在商业资金的注入下，微型金融达到前所未有的扩张速度。在短时间内，机构招聘了大量的新员工，许多人并没有得到充分的培训；快速扩张赋予了中层经理更多的职责，新提拔的经理常常能力不足；内部控制不到位，跟不上机构扩张的步伐。过分关注市场竞争，忽视了机构自身能力的建设，忽视了适当的风险管理，为危机爆发埋下了伏笔。

3. 信贷纪律的不严明

微型金融的特殊性决定了在贷前、贷后都有着特定的管理要求。微型金融机构过于追求短期利益，以丧失信贷纪律为代价来实现快速增长和扩大市场份额。比如，为了降低成本，贷前不对客户做充分的调研，贷后又减少小组会议的频率，客户的道德风险增大。这种信用风险积累到一定程度，大规模的坏账爆发也就不足为奇了。

（三）目标偏移

从20世纪90年代微型金融商业化趋势出现以来，关于微型金融目标偏移（Mission Drift）的争论就没有停止过。大部分微型金融机构通过商业化增

① 在金融创新研究中心（CSFI）发布的三次微型金融行业风险（Microfinance Banana Skin）的报告书中，2007年信用风险仅位列第八位，2009年和2011年则上升到第一位，成为威胁微型金融行业的最重要因素。

加了权益资本，改善了公司的治理结构。不过，在“盈利性”目标的驱使下，一些微型金融机构抛弃了穷人和低收入者，而倾向于贷款给富人。富人在客户中所占的比例越来越大，微型金融机构就改变了原来为穷人服务的初始目标，这就出现了服务对象的目标偏移。这不仅严重损害了微型金融的声誉，也偏离了国家的政策预期。一方面，在大多数国家，银行类金融机构准入门槛非常高，而微型金融机构所面对的政策环境则相对宽松，人们有理由怀疑微型金融机构在钻政策的空子，变相获取银行业执照，打着“扶贫”的旗号为自己小机构谋利益；另一方面，传统商业银行的贷款利率受到严格的限制，而微型金融的支持政策之一就是允许适当的高利率，这又不禁使得人们怀疑部分微型金融机构成了披着“合法”化外衣的高利贷者。

（四）定价的低透明度与高利率

近年来，随着微型金融的商业化，机构在财务表现方面的透明度显著提升。不过，对于微型金融产品的定价标准却缺少对社会的明确的公示或足够的沟通和交流。产品定价的不透明会导致一些扭曲的市场结果：其一，滋生了一些效率低下的机构，它们通过收取高利率，将高额的成本转嫁给客户；其二，容忍了一批大发横财的机构，他们通过远高于市场水平的定价，获取难以想象的高额利润；其三，还可能引致逆向选择，因为信息不对称凌驾于市场逻辑之上，会严重影响客户的选择和投资者的决定。因此，微型金融定价的低透明度与高利率一直饱受质疑。定价的透明在市场经济中非常关键，它可以提升效率、促进良性竞争和创新。对于一个期待可持续和繁荣的金融市场来说，高透明度是必不可少的。

（五）投资过于集中

对于基层微型金融机构来说，其业务往往集中在相对发达的地区。在这些地区，市场很快达到饱和状态，比如印度南部；但在其他地区，却出现了微型金融服务的空缺，且批发机构的资金流向不均加剧了基层机构的地域集中。无论机构业务的集中，还是区域上的过分集中，都会造成资源浪费。事实上，商业资金的集中程度更高，MIV 的资金倾向于投资给少数盈利性高、风险性小的大型、有执照的微型金融机构。据 MIX 统计，2010 年，MIV 投向基层机构的资金约为 50 亿美元。不过，33 家微型金融机构就吸收了其中 50% 的资金。前 100 家机构的占比为 75%，前 200 家机构为 90%。剩余 400 多家微型金融机构所使用的资金占比不到 10%，如图 1－3。这使得少数微型金融机构流动性过剩、效益低下、无法覆盖那些迫切需要服务的地区，而对那些业务集中的地区，则又出现了过度供应和恶性竞争等问题。

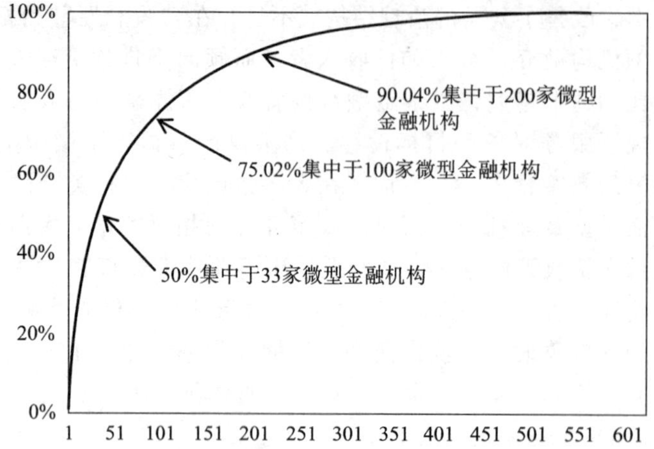

图 1－3　2010 年 MIV 资金投向 MFI 集中度情况

来源：经 MIX 数据整理而成。

第六节　微型金融发展所面临的机遇

一、中国农村金融市场供求状况分析

在 2005 年国务院发展中心农村经济研究部的一项调查①中，绝大多数农户的金融需求是存款、贷款、保险等方面。农村金融机构所提供的存款和汇兑结算等金融服务，基本覆盖了 90% 以上的行政村，相对来讲，农户存款需求基本得到满足。农户的信贷需求则以小额借款为主，但资金需求量不断增大，不同收入水平和不同类型农户借贷需求存在较大的差异性。调查结果显示，农户贷款难问题依然严峻。我国正规金融对农户信贷需求的满足还远远不够，具体表现在资金需求缺口大、贷款成本偏高、期限不合理、手续繁琐以及农户难以满足抵押和担保条件、对获得贷款缺乏信心等方面。农户的保险需求则几乎得不到满足。

在农村金融的供给方面，以信贷为例。虽然提供服务的机构种类越来越

① 此次调查覆盖全国 29 个省（市、自治区），获得 1,962 份农户有效调查问卷，其中东部地区有 773 户，中部地区 483 户，西部地区 706 户；133 个村庄的调查问卷；216 份企业有效问卷，其中东部地区 91 个，中部地区 48 个，西部地区 77 个；103 份农村信用社调查问卷，其中东部地区 43 个，中部地区 23 个，西部地区有 37 个；以及 15 个民间金融组织。调查覆盖面广，结果比较权威。

多（如表 1 - 6），但从总体上看，仍然是供小于求，预计在中国至少还有 8, 000 万农户的贷款需求未得到满足。在 2007 年中国人民银行研究局和国家统计局农村司的“农户借贷情况问卷调查”中，截至 2006 年末，我国农村金融市场仍然存在较强的金融抑制（financial repression）问题，农村正规金融体系还不能满足农户的信贷需求，从我国正规农村金融机构获得贷款的农户，占全部农户的比重仅为 15. 5%，占有信贷需求的农户比为 31. 67%；已经获得贷款的农户，所获得贷款的平均额度仅为有效需求额度的 43. 1%（如图 1 - 4）。即正规金融对农户的信贷约束包括：一是有现实的信贷需求却不能获得正规贷款；二是虽然获得了正规贷款，但正规贷款的规模小于实际资金需求规模。

表 1 - 6　　农村金融机构一览

性质	名称	实例
银行类金融机构	国家开发银行	
	中国农业银行	
	地方性商业银行	哈尔滨商业银行、台州商业银行、包商银行
	农村商业银行、合作银行	
	邮政储蓄银行	
	农村信用社	
	新型农村金融机构	村镇银行、贷款公司、农村资金互助社
	外资银行	汇丰、渣打、花旗在华的农村金融项目
非银行类金融机构	小额贷款公司	
政府组织与非政府组织	扶贫贴息贷款	
	中国扶贫基金会	
	非政府组织	
其他机构	典当行	民品典当、汽车质押、房产抵押
	担保公司	流动资金贷款担保、个人经营性贷款担保
	民间金融	民间自由借贷、合会、钱庄

来源：通过《中国小额信贷蓝皮书（2009/2010）》整理而成。

二、农村经济发展所带来的机遇

近年来，中国农村经济取得了较大的发展。在第一产业方面，2010 年全国粮食总产量达到 54, 641 万吨，比上年增长 2. 9%，实现自 2004 年以来连续

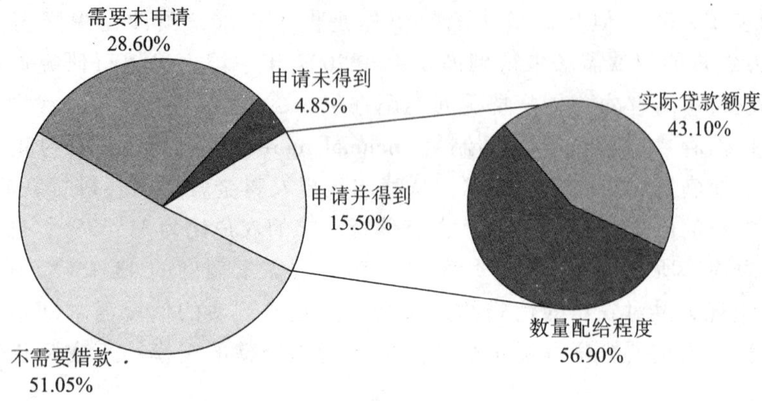

图 1－4 农村信贷需求和正规金融机构供给

来源：《中国小额信贷蓝皮书（2009/2010）》。

7 年增产、自 2007 年以来连续 4 年稳定在 5 亿吨以上。中国农业连续增产，得益于农业综合生产能力的提高，2010 年，科技对农业增长的贡献率达到 52%，农业耕种收综合机械化水平也达到 52%，农业灌溉用水有效利用系数提高到 0. 50，农作物良种覆盖率达到 96%，种子统供率达到 66%。农产品贸易快速增长，2010 年，中国农产品进出口总额为 1, 219. 6 亿美元，比上年增长 32. 2%。乡镇企业快速发展，全年实现增加值 10. 63 万亿元，比上年增长 11. 4%；实现利润 2. 62 万亿元，增长 11. 6%；上缴税金 1. 12 万亿元，增长 11. 8%；固定资产投资突破 4 万亿元，增长 20% 左右；出口交货值 3. 54 万亿元，增速由负转正，比上年增长 12. 3%。农民收入实现较快增长，人均纯收入达到 5, 919 元，比上年增长 14. 9%，扣除价格因素，实际增长 10. 9%，增速提高 2. 4 个百分点，创 1985 年以来增长最快记录。同时，农村居民人均纯收入增长速度超过城镇居民人均可支配收入 11. 3% 的名义增长幅度和 7. 8% 的实际增长幅度，这是 1998 年以来的第一次。由此，城乡居民收入之比由上年的 3. 33∶1 缩小到 3. 23∶1。①

农村经济的活跃势头，特别是乡镇企业的发展和农民收入的增多，势必会带来更多样化的金融需求，为农村金融的发展带来了巨大的机遇。农村金融市场本来就存在供小于求的状况，现有的金融机构因为种种原因更加不能满足日益增长的金融需求，制度创新和改革已是必然，这为微型金融的发展

① 本节数据来源：陈劲松："2010 年中国农村经济形势分析与 2011 年展望"，《中国农村经济》，2011 年第 2 期。

带来了契机。

此外，在政策的倾斜上，国务院出台了降低民间资本进入金融业门槛的政策，财政部和国家税务总局出台了对涉农小额贷款等实行税收优惠的政策，财政部出台了对农村金融机构给予定向费用补贴的政策，也为农村金融市场的发展创造了有利的政策环境。

三、城镇小商业、微型企业等发展所带来的机遇

美国90%以上的企业为小企业和微型企业，创造了美国40%以上的国内生产总值，雇佣了半数以上的劳动力，有专家断言，“美国新经济”实际上是创新型小企业经济。在我国，城镇小商业、微型企业的发展也逐渐受到重视。政策制定者开始意识到小型和微型企业在促进经济增长、增加就业、科技创新与社会和谐稳定等方面具有不可替代的作用。

城镇小商业、微型企业的发展离不开金融的支持，但小微企业“融资难”是个不争的事实。虽然高层一直在研究制定支持小型和微型企业发展的金融、财税政策和措施，但效果一直不理想。传统的金融机构倾向于贷款给大企业，对小微企业的金融支持不够。仅仅依靠传统金融机构拿出小部分资金投放给小微企业“完成任务”是远远不够的，而建立一批专注于服务小商业、微型企业的微型金融机构是非常必要的。城镇小商业、微型企业的快速发展，为微型金融的发展提供了良好的市场基础。

第七节　发展微型金融所面临的挑战

微型金融的发展需要多层次的建设，大致可分为微观层面的金融服务供应商、中观层面的支持服务与基础设施，以及宏观层面的立法、规制和监管方面的建设（如图1－5）。

一、微观层面

微观层面需要促进强有力的零售机构的发展。与客户直接打交道的是微观层面的零售机构，他们最了解客户的需求。事实上，缺乏稳健的零售供应者仍然是穷人的金融服务扩展的主要“瓶颈”，尤其是在农村地区。强有力的零售机构的发展也是目前的当务之急，其中，建立良好的产权和治理结构是决定金融服务提供者获得成功的关键因素。在充分了解客户需求的基础上，微型金融零售机构还需要考虑盈利性以覆盖资金成本和运营成本，从而保持

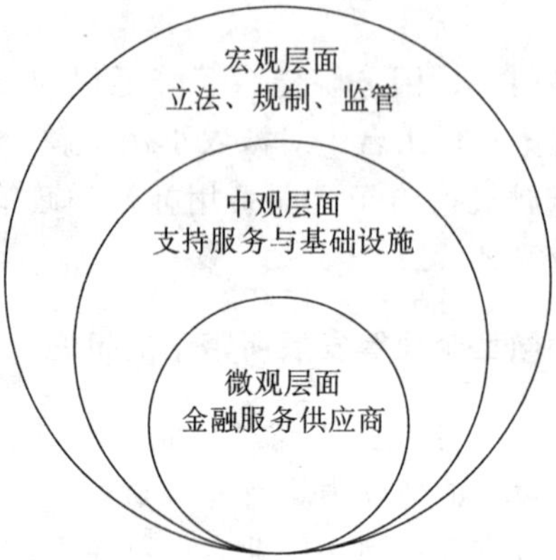

图 1-5 微型金融体系的三个层次

财务的可持续性。财务的可持续性是将服务延伸至广大贫困人口的关键，也是实现长期社会效益的关键。

促进稳健的微型金融服务供应商的发展，需要机构在明晰产权治理结构、实现财务可持续性、提高效率和透明度等方面不断改进和提高。

产权治理结构的模糊限制了微型金融机构的发展。公共捐助者通常不是金融机构理想的所有者，因为他们一般不具有相应的专业技术能力来确保机构拥有完善的治理，而将信贷项目作为大型多部门捐助者项目的一部分，业绩往往很差，项目结束就意味着信贷支持的结束，很难为穷人提供长期的金融服务。[①] 然而，专业的微型金融机构拥有足够且专业合格的工作人员，能够处理产权和治理的问题。对新兴的或规模尚小的许多微型金融机构而言，机构的治理问题，如董事会的结构、风险管理、信用责任及可能的利益冲突等，应从一开始就予以充分关注，应及时设立主要的董事会专门委员会（如：审计、赔偿、投资），并确保管理层与董事会之间合理的制衡关系。

财务可持续性是将服务覆盖面扩展的关键。利率要能够完全覆盖成本，从而确保机构的盈利性和成长性。一直靠从捐助者那里吸收资本的外部资助型机构通常还款率低下，几乎总是失败的。对于新设立或尚未实现可持续性的微型金融机构来说，虽然实现财务可持续性的时间取决于一国国情、当地市场条件、机构的资本结构以及市场细分状况等多种因素，但是限定一个时间期限是非常有效的管理方式之一。捐助者也应该对机构限定时间期限以促

① 明晰产权治理机构并不是排斥捐助者和投资者。事实上，他们针对微型金融机构发展的特定阶段（如：启动阶段、成长阶段等）提供资金支持，是非常重要的。

进补贴资金得到最有效的利用。利率高企只是暂时的；长期来看，竞争、高效率和对结果的责任心的提高都有助于降低成本，并最终降低小额信贷的利率。

提高效率和透明度可以增强机构的信誉和可靠性。提高微型金融操作效率的结果就是向穷人提供质量更高、成本更低的服务。通过投资于高质量的管理信息系统、技术改进和员工素质的提升，都有助于提高机构的效率、降低业务成本。提高定价、财务报告的透明度也是十分重要的，如财务报告要遵循国际财务报告标准（IFRS）、国家规章制度和CGAP《微型金融共识指南：微型金融财务术语、比率及调整的含义》，确保报告与捐助者、投资者以及监管者的要求一致。引入第三方机构对自身进行绩效评估和评级、对机构的运作进行分析、征询改进意见和管理建议等，在微型金融机构发展早期，都是很有效的措施。

此外，微型金融机构也应当在产品设计和发展、市场营销和客户满意度、人力资源管理等方面有所提高。

二、中观层面

中观层面指金融体系的基础设施和微观层面所需要的支持服务。市场基础设施有限或缺乏适合的市场基础设施都会严重影响零售机构向贫困客户扩展其服务的能力。中观层面的参与者通常是在区域，甚至是在国家范围内开展工作。在中观层面所提供的支持旨在将已有的服务扩展到微型金融领域，将微型金融融入主流而不是将其边缘化。专门为微型金融创建市场基础设施通常成本耗费太高，这既没有必要，也不可持续。

（一）发展微型金融所需的服务支持

对微型金融的服务支持，主要指由外部提供的有助于微型金融机构开展业务、提供服务的辅助性、支持性的软件和硬件设施，以及人员、信息、渠道等。这些服务支持主要包括：外部信用评级，如评级机构、审计机构、征信机构等；融资渠道支持，建立批发或二级批发机制，如批发贷款机构、商业银行等；科学研究支持，如从事微型金融研究的机构、大学、培训和技术支持机构、专家顾问等。建立支持性服务市场，对分散微型金融机构的风险、保持零售金融机构的长期可持续性至关重要。

评级机构。无论是在提高微型金融机构的效率，还是在为投资者、监管者提供参考信息方面，评级机构都起着重要的作用。现有的评级机构在对微型金融机构评级时大都存在着门槛较高、标准模糊等问题。业界提出了两种解决之道：一是利用现有的信用评级机构，组建专业团队并建立一套专门针对微型金融行业的评级方法；二是由微型金融促进机构（Microfinance Promotion Agency，MPA）建立一个评级基金，对在这一领域有经验、有声誉的机构的评级服务提供部分资金支持。现有的一些评级机构或系统包括：世界信用社理事会（WOCCU）的 PEARLS，行动国际（Action International）的 Action Camel，PlaNet Finance 的 Girafe，CGAP 的 MicroBanking Bulletin 和 Microfinance Rating and Assessment Fund 等。[①]

审计机构。与其他机构一样，微型金融机构定期向相关利益主体说明运营情况。这就需要外部审计机构来核实信息的真实性。外部审计机构独立地审核微型金融机构的财务报告、记录、交易和运营信息，确保报告的真实性或者指出内控的不足。审计机构可以提供一系列的审计服务，包括财务报告审计、特殊目的审计、商定程序（Agreed－upon Procedures）、审计复核（Reviews）和汇编审计（Compilations）。

批发机构。批发机构主要是为基层机构解决资金严重不足的问题。商业银行等批发贷款机构在资金和技术等方面对基层机构起到支持的作用，使得基层机构能更好地开展微型金融业务。同时，批发机构还可以在重大项目方面起到发起者、组织者的作用，以协调多家微型金融机构开展一些涉及面广、影响范围大的工作。

研究机构。研究机构包括大学、培训和技术支持机构、专家顾问等。这些科研机构涉足微型金融领域的理论和实践研究，向政府、行业组织、基层机构、群众提供涵盖政策建议、知识普及、技术推广、管理技能、能力建设等多方面的研究成果。

（二）微型金融机构的行业组织问题

微型金融行业组织可以在促进信息交换、提升机构能力、宣传相关知识、寻求资金支持、制定行业标准、加强国际化合作等方面起到重要的作用。譬如：建立国家级的微型金融协会，专门为微型金融行业服务。可以：（1）通过协会建立行业平台，采集会员机构的经营数据，方便机构进行信息交换，起到国家级的微型金融信息交换的功能；（2）组织培训项目、技术援助、实地指导、标准发布和技术分享来支持零售机构的能力建设，弥补人力资源短缺；（3）向群众宣传微型金融知识，提供微型金融政策、机构、服务和产品等信息；（4）协助寻求国家、地区以及国际层面的项目资金，或者调节批发机构资金流向；（5）制定行业标准，如通过编制标准化的报告和审计来鼓励

① 更多信息可浏览全球发展研究中心关于微型金融评级的介绍。网址为，http：//www.gdrc.org/icm/rating/index.html。

使用财务标准，为微型金融机构制定绩效指标；（6）及建立与其他国家协会之间的联系，加强国际化的经验交流与合作等。

（三）发展微型金融所需的基础设施

微型金融所需的基础设施，是指微型金融机构开展业务所需要依赖的物质工程设施、公共服务系统和平台。这些基础设施不仅包括交通、通讯、网点等有形的“硬设施”（hard infrastructure），也包括管理信息、支付清算等无形的“软设施”（soft infrastructure）。

交通网络。微型金融机构一般倾向于坐落在人口较为稠密、交通相对发达的地方。良好的交通状况使得人们更多地接触到实体机构，也更容易接受并使用机构提供的服务。

通讯网络。微型金融机构能够借助发达的通讯网络应用新技术。比如国外兴起的手机银行，手续简便，交易成本低，深受欢迎。手机银行技术就依赖于通信运营商的无线通讯网络。

网点分布。微型金融机构的网点既包括传统的“店铺”，也包括机构使用的 ATM 机、POS 机等固定设备，还包括以移动银行、流动银行等替代技术为基础的“无形”网点。替代技术对减小微型金融机构的成本、扩大业务覆盖面起着至关重要的作用。

管理信息系统（MIS）。在“合适的时间”、“合适的地点”拥有“合适的信息”无疑有利于做出正确的决策。微型金融机构的信息系统大都是半自动系统甚至是人工系统，不仅耗费大量人力、物力，而且容易出错，信息不安全。智能化的信息管理系统能在信息获取、储存、更新以及传递等方面都更为便利，且能降低交易成本，减少失误的风险。市场上已经出现了适应微型金融专业性的信息管理系统，全面推广和普及好的信息管理系统，也便于微型金融机构向行业组织汇报必要的信息。

支付清算系统（Payment and Clearing System）。有经济活动即有资金运动，有资金运动就需要支付体系的支撑。有安全、高效的支付清算系统的支持，才能确保金融交易和结算的有序进行。

征信机构。征信机构搜集个人的各种信用情况，诸如负债、还贷、商业信用等当前的和历史的数据。微型金融机构可以在征信机构调取客户的信用状况，以确定是否发放贷款和以什么利率发放贷款。同时，微型金融机构也有义务向征信机构报告已有客户的信用状况。征信机构必须保证数据的准确与安全，将信息误用的风险降至最低。

金融和资本市场。开放、发达的金融和资本市场既是微型金融机构重要的平台，又是获取市场第一手信息的重要渠道。微型金融机构所参与的金融和资本市场主要包括投资基金市场、债券市场和股票市场等。

在发展基础设施时，应避免重复性工作，要通力协作制定分享技术平台和管理信息的标准。

三、宏观层面

宏观层面主要涉及一个国家的经济环境和政策环境。这不可避免地会涉及政府在发展微型金融中的角色定位。目前业界正逐渐形成的一种共识是：政府的主要任务是为金融服务（尤其是信贷服务）创造条件，而不是作为直接提供者。政府应在支持建立服务于贫困人口的金融体系的工作中起到建设性的作用，因为在建设微型金融市场和政策环境方面，政府是唯一的供给者；在保护消费者免受掠夺或欺诈侵害方面，政府又是最为权威的仲裁者。政府为微型金融创造的宏观环境主要包括经济环境、立法、规制、监管等方面，其中，通货膨胀和利率上限是宏观层面影响微型金融最重要的两个因素。

政府最重要的任务是保持宏观经济的稳定性，严重的通货膨胀将导致微型金融机构的成本激增，从而影响其服务提供；政府有责任确保法律及监管体系有助于微型金融市场的健康发展和稳健运行，包括对存款微型金融机构的审慎监管和对非存款微型金融机构的适度监管；政府不应制定过低的利率上限，利率上限太低会影响微型金融机构的财务可持续性，进而影响穷人的金融服务可得性。

（一）经济环境

一个国家的宏观经济形势对微型金融的发展具有重要影响。良好的经济环境有利于微型金融的健康发展；反之，则会阻碍微型金融的发展。

通货膨胀是影响微型金融发展的重要因素之一。首先，微型金融机构在定价时必须考虑通货膨胀因素，通货膨胀成本必须由贷款利息覆盖，否则就会影响机构的财务可持续性；其次，微型金融机构通常会借入他国货币资金，高的通货膨胀导致本币贬值，需要更多的本国货币去还款，导致机构亏损；最后，如果通货膨胀率过高，储蓄账户的收益不能得到保证，人们更倾向于将财富以不随通胀贬值的黄金、牲畜等实物形式持有，也会导致可吸储机构的存款减少。因此，通货膨胀给机构和客户造成的是实际的损失。稳定、适中的通货膨胀率，有利于微型金融的发展。

经济稳定增长能促进对金融服务的需求，微型企业势必会发展得更好；即使在失业率较高的时期，更多的人可能选择开办微型企业，也会成为微型金融服务的潜在市场。反之，经济不稳定会影响金融机构和微型企业的风险水平和他们的投资决策，对微型金融发展极为不利。

此外，一个国家的市场经济状况、商业往来水平、经济发展潜力等也会影响微型金融的发展。

（二）政策环境

政策环境主要指政府在微型金融领域的立法、规制和监管。

利率上限是影响微型金融发展最为重要的政策。为了覆盖成本，微型金融机构必须收取高于传统银行的利率。有些国家有着严格的高利贷法，且所限定的利率上限又过低，这会严重制约微型金融机构的持续发展，甚至直接导致信贷服务供应的中断，影响穷人的金融服务可获得性。这反而不利于对穷人的金融支持。

有效的法律框架也能促进微型金融的发展。例如，建立强制还款的法律框架对于微型金融的成功操作虽不是决定性因素，但肯定是非常有益的。明确的物权法和有效的合同法，也有助于将法律程序设计的成本最小化。尤其针对个人小额贷款操作而言，在大多数情况下，即使微型金融机构不行使法律追索权，也可以作为一种有效的威慑。

合理的政策支持有利于微型金融的发展。适度掌握金融市场的准入门槛，保持行业的适度竞争，是在普惠水平和机构发展持续性之间权衡的重要措施。此外，如何掌握微型金融机构吸收存款的条件，如何向微型金融机构开放国内的资金市场，如商业银行借款、存款单、债券以及股票市场，如何给微型金融机构以税收优惠政策扶持等，都需要仔细斟酌、平衡。

建立有效的存款保护制度（Deposit Protection Scheme）。赋予微型金融的储户有着和银行储户相同的法律地位和经济权利，将微型金融机构纳入存款保险制度，能为微型金融机构存款人提供有效的保障，也是微型金融机构获取低成本资金的关键。

高效的监管体系有助于微型金融行业树立良好的声誉。政府有责任确保法律及监管体系能为微型金融组织的稳定性提供支持和保证，包括对吸收公众储蓄的金融机构的审慎监管，从而营造良好的社会声誉，赢得人们的信任。

除了经济环境和政策环境之外，政治形势、人口密度、贫困程度、文化程度等社会环境因素也是宏观层面影响微型金融发展的重要因素。

第八节　微型金融未来展望

纵观当前微型金融业的发展趋势，出现了日趋商业化、产品多样化、信息科技化、投资来源多样化和政策规范化等特点。

一、日趋商业化

从20世纪90年代开始，微型金融步入了商业化进程。到现阶段，微型金融行业的商业化水平已经较高。在未来，商业化将更加明显。更多的非营利组织、NGO将面临转型，商业化运作将成为微型金融领域的主旋律。更多的商业银行、国际性金融机构将会参与微型金融的批发与零售业务。微型金融不仅是一项扶贫工具，而完全可能是新的、重要的投资领域。电信公司等非金融机构也可能更多地参与到微型金融服务中，技术革新给微型金融带来更多的便利，方便、快捷、安全的手机银行业务等新方式将会被更广泛地采纳。另外，现在的微型金融机构良莠不齐，商业化必然导致落后的机构被淘汰，先进的机构则在资金、技术方面越来越强势，因此极有可能会出现机构之间的兼并浪潮。

二、产品多样化

微型金融的内涵不仅仅局限于信贷，储蓄、支付、保险等领域对微型金融机构而言还是一片“蓝海”。目前，微型金融的发展主要还集中在小额信贷领域，微型储蓄、小额支付、微型保险和其他更为综合的金融服务，还远远跟不上市场的需求。理论上讲，微型储蓄在平稳穷人的现金流中起着与小额信贷同等重要的作用，但受限于对吸储严格的监管政策，许多地方的穷人仍不能获得储蓄服务。未来，随着更多成功的先例出现，有理由预期全球范围内的政策环境变得宽松、微型金融机构也必将提供更多信贷之外的产品。微型金融的产品将会更加多样化，为客户提供全方位的金融服务。

三、信息科技化

信息科技的广泛应用，有助于微型金融机构提高效率、更准确地跟踪经营活动、增加透明度和服务更多的新客户。流动银行、手机银行、无网点业务、代理人、征信系统等替代技术使得微型金融机构的业务成本大大降低。在发达国家，直接银行业务如互联网银行和自动柜员机（ATM）处理业务的成本只相当于人工成本的十分之一左右；在巴西，银行使用销售终端设备（POS机），如银行卡读卡器，可在各零售店和邮局的网点开展账单传输、储蓄、信贷、保险以及资金转账等多种业务。通过这种方法，巴西已经成功地把金融服务扩展到了几乎每一个行政区域。而建设这些终端系统的成本，只相当于建立一个标准银行分支机构成本的0.5%。在未来，随着科技和基础设施的不断进步，越来越多的机构会采用这些替代技术，越来越多的新技术会被应用到微型金融领域。

现有的新技术如何使微型金融机构获益?[①]

1. 获得更多的信息，从而做出更好的决策

先进的信息系统能提供及时、准确的数据，使得经理们可以持续地评估经营情况，更好地预测现金需求，及时识别风险并快速做出反应。例如，印度的 Spandana 机构在对信息系统升级之后，管理层可以获得所有 45 个分支机构的准确、及时的信息，并监控它们的日常运营。

2. 灵活性增强

厄瓜多尔的 Cooperative 23 de Julio 机构通过使用拨号（dial - up）和 VSAT 连接技术，实现了在分支机构网络内部即时传递信息，这比传统的实物传输数据快得多、也便宜得多，方便了客户在任何一个分支机构办理业务。

3. 经营成本更低

秘鲁的 Mibanco 机构通过一种预测客户还款行为的评分卡（scorecard）系统，不仅提高了贷款申请和批准的速度，还降低了 10% 的贷款发放成本。

4. 报告更优质

巴基斯坦的 First Microfinance Bank 开发了一套信息系统，确保了经理们能提交更准确、更符合行业和国家标准的财务报告。

5. 储蓄增加

玻利维亚的 Prodem 在交通便利的地区安装了简单易用的 ATM 机，客户只要手头有现金，无论金额大小，都可以随时存起来。

6. 客户更方便

乌干达 Cerudeb 的客户可以通过 POS 机，在当地的零售网点使用银行卡取现，而不必在分支机构排长队。

7. 覆盖面增加

南非的 Standard Bank 施行了一项最小余额、简便易行的“e 计划”。银行在农村地区安装有人操控的 ATM 机，当地人可以在 ATM 机上开设 e 计划账户。这种替代技术使得银行大大减少了开设分支机构的高昂成本，显著提升了其业务覆盖能力。

四、投资来源多样化

微型金融在实现社会目标之余展现了实现商业目标的潜力，私募股权基

---

① 译自 G. Ivatury, N. Pasricha. Funding microfinance technology. CGAP DONOR BRIEF No. 23, 2005.

金，投资银行的债券发行部门、IPO部门和资产证券化部门，都争相给微型金融机构投资。大型的国际性金融机构，如传统的商业银行，也通过批发资金等方式参与到微型金融行业。投资者队伍出现了逐步扩大并呈多样化的趋势。在未来，我们有理由相信，将会有更多的微型金融机构参与到资本市场中，以获取更多的投融资机会。

五、政策规范化

政策的规范化，主要体现为：一是政策的明晰化；二是政策的一致性；三是政策的法制化。

首先，政策的明晰化体现在对微型金融政策规范的明确。比如对于放贷许可，在一些法律体系中，未经禁止的行为即意味着许可。在这种情况下，只要没有法律明令禁止，非政府组织或其他未经登记的实体就被默许有权放贷；但在其他法律体系中，除非法律明确授权其可从事此类业务，一个机构的放贷权力——至少作为基本业务——是不明确的。政策的明晰化迫切需要实现。

其次，政策的一致性主要指政策的连贯性、协调性。政府对微型金融的政策思路不清晰，导致了政策之间的不一致性问题。这种不一致性主要表现在两个方面：一是现有政策之间不协调、相互冲突；二是随着时间的推移，政府的目标和导向发生变化，新旧政策之间也存在不连贯的问题。

最后，微型金融政策趋于法制化。微型金融的历史不长，相关的立法还很薄弱，一个国家需要将微型金融纳入规范化、法制化的体系，为微型金融发展提供法制保障；在全球范围内，不断增多的国际金融标准和法规也势必会影响到微型金融体系。

只有保证政策的规范化，才能促进微型金融领域的健康发展。可以预见，全球范围内微型金融政策的规范化将是一大趋势。

参考文献

一、英文

1. Ali Ahmad. Management Information Systems (MIS) for Microfinance. The First Microfinance Bank Ltd.

2. Ashok Sharma. DEVELOPING SUSTAINABLE MICROFINANCE SYSTEMS. ADB.

3. Berger, Marquerite. An Inside View of Latin American Microfinance. IDB,

2006.

4. Chen, Rasmussen and Reille. Growth and Vulnerabilities in Microfinance. CGAP FocusNote No. 61, 2010.

5. CSFI. Microfinance Banana Skin 2008 \ 2009 \ 2011. Centre for the Study of Financial Innovation, 2009 \ 2010 \ 2012.

6. D. Wenner, S. Campos. Lessons in Microfinance Downscaling: The Case of Banco de la Empresa, S. A. 1998.

7. E. Duflos, M. El - Zoghbi. Apexes: An Important Source of Local Funding. CGAP, 2010.

8. Eva Terberger. Microfinance institutions in the development of financial markets. CEPAL REVIEW 81, 2003.

9. Francesca Majorano. An evaluation of the Rural Microfinance Development Center as a wholesale lending institution in Nepal [M], 2007.

10. G. Ivatury, N. Pasricha. Funding microfinance technology. CGAP DONOR BRIEF No. 23, 2005.

11. G. Ivatury. Using Technology To Build Inclusive Financial Systems. CGAP Focus Note No. 32, 2006.

12. Gaamaa Hishigsuren. Transformation Of Micro - finance Operations from NGO to Regulated MFI [M].

13. H. I. Latifee. The Future of Microfinance: Visioning the Who, What, When, Where, Why, and How of Microfinance Expansion Over the Next 10 Years. Bangladesh, 2010.

14. Isern, Abrams and Brown. Appraisal Guide for Microfinance Institutions. CGAP, 2008.

15. Jessica A. Haeussler. The Case for Pricing Transparency. MICROBANKING BULLETIN, ISSUE 19, 2009 (12).

16. Karin Ask, Arne Wiig, Erland Sigvaldsen. Repayment of Old loans through New loans. Is " Cross - Financing" a Problem for the Grameen Bank?. Chr. Michelsen Institute, 1997.

17. Littlefield, Helms and Portrous. Financial inclusion 2015: four scenarios for the future of the microfinance. CGAP Focus Note No. 39, 2006.

18. Managing Commercial Microfinance: The People and Institutions Behind the Asset Class, MicroCapital Institute, 2004.

19. Milford Bateman and HA - JOON CHANG. The Microfinance Illusion.

20. MIX Microfinance World: Sub – Saharan Africa Microfinance Analysis and Benchmarking Report 2010. CGAP and MIX, 2011.

21. Operational Risk Management for Microfinance Institutions. CGAP, 2008.

22. Petra Dacheva. Commercialization in Microfinance-A Study of Profitability, Outreach and Success Factors within the Latin American Context.

23. R. Christen, R. Rosenberg. External Audits of Microfinance Institutions, vol. 1. CGAP, 1998.

24. V. Kappel, A. Krauss, L. Lontzek. Over – Indebtedness and Microfinance – Constructing an Early Warning Index. University of Zurich, 2010.

25. William Langer. The Role Of Private Sector Investment In International Microfinance And The Implications Of Domestic Regulatory Environments. 2008.

二、中文

1. 陈劲松："2010年中国农村经济形势分析与2011年展望"，《中国农村经济》，2011第2期。

2. 韩俊、罗丹、程郁："农村金融现状调查"，《农村金融研究》，2007年第5期。

3. 微型金融远程课程：《联合国资本发展基金》，2002年。

4. 吴晓灵、焦瑾璞等：《中国小额信贷蓝皮书（2009/2010）》，经济科学出版社2011年版。

5. 中国人民银行小额信贷专题组：《2009/2010年小额信贷通讯合集》，北京：经济科学出版社2010年版。

第二章　小额信贷的特殊性及其政策含义

第一节　小额信贷的特殊性

小额信贷在很多方面均具有其特殊性，譬如服务对象、双重目标、业务大小、业务类型、业务成本以及实际做法等。理解这些方面的特殊性对明晰小额信贷的概念是十分重要的。

从以下的示例中，可能更容易体会到小额信贷的不同之处：卡里平时为人诚实守信，孝顺父母。不过她最近失去了工作，又没有积蓄。为了生计，她准备开始贩卖蔬菜。假设每周的进货成本为150美元，交通费10美元，摊位租金10美元，卖掉蔬菜的销售收入为210美元。不过，卡里被银行拒之门外，亲朋好友也无法在资金上对她提供支持。她不得不寻求高利贷，每周初按照“5/6”[①] 的还款方式借贷150美元进货，周末还本并支付30美元的利息。卡里每周的简易现金流量如表2-1：

表2-1　　卡里每周的现金流（高利贷）　　单位：美元

收入		摊位租金	-10
货物销售	210	贷款利息	-30
支出		毛利	10
货物成本	-150	家庭支出	-5
交通费	-10	净利润（储蓄）	5

表面上看，卡里的经营能够覆盖周息20%的高利贷利息，每周还能有所结余。不过，这种经营并不稳定。一方面，非正规的高利贷并不能提供稳定的现金流，它的利息随时可能上涨。在其他条件不变的情况下，如果周息提

① 这里的“5/6”是指借款人周初借5美元，周末需还款6美元。这样的方式周息可达到（6-5）/5，即20%。

高到26.67%，卡里的毛利将下降为零。超过这个临界值，卡里的生意将无法继续下去。另一方面，就算高利贷的利息稳定，卡里的储蓄也是很少的，不足以为其提供突发事件的资金支持，例如菜价的突然变化、天气原因导致蔬菜一时卖不出去而烂掉等，卡里的生意和生活都将受到威胁。

当引入小额信贷之后，卡里的情况就会有所改观。假设卡里可以在小额信贷机构每周稳定获得本金150美元、周息2%的小额贷款，同样是每周还款。在其他条件不变的情况下，卡里的现金流将会得到改观（如表2-2），从表中可以看到，卡里从微型金融得到的好处不仅仅局限于利息的降低，这还包括卡里蔬菜生意的现金流将更为稳定，这主要源于小额贷款在每周还款额、长期稳定的放贷渠道、贷款的及时发放等方面与高利贷的不同。由于利润率的提高，卡里的抗风险能力得到了显著的提高。

表2-2　　卡里每周的现金流（小额信贷）　　单位：美元

收入		摊位租金	-10
货物销售	210	贷款利息	-3
支出		毛利	37
货物成本	-150	家庭支出	-5
交通费	-10	净利润（储蓄）	32

一、小额信贷是否为“穷人”服务

（一）小额信贷服务于怎样的“穷人”

小额信贷的商业性决定了小额信贷机构不是慈善机构，不可能对所有的穷人都敞开大门。为了自身的财务可持续性，小额信贷机构只能支持那些有经济发展机会、能够按时还本付息的穷人。因此，小额信贷机构的主要客户是城市和农村的个体经营户、低收入企业主，所以客户大多为商贩、街头小商户、小农场主、服务性小业主（如理发店、三轮车夫）、工匠或小作坊主（如打铁铺或缝纫店）。通常，这些客户的经营能获得较稳定的收入，有能力按时偿还小额贷款的本息。虽然他们很贫穷，但他们通常并不是最为贫穷的那部分人。真正赤贫的，不懂得如何去“赚钱”的穷人，属于政策性、慈善性或扶贫金融服务的对象，不应由小额信贷机构来承担，尤其不应以行政强制的方式要求商业性质的小额信贷机构来承担。

在本节的例子中，卡里就是一个小额信贷可以支持的“穷人”。她虽然处于贫困之中，但经营贩运蔬菜的生意使她能够获得比较稳定的收入、负担小额信贷机构的利息。因此，卡里就是一个拥有经济发展机会的人，是小额信贷的潜在客户。

“穷人”是与富人相对的一个概念，更多的是考虑人们当前的财务状况。而金融考察的，更多是人们将来的发展前景。考虑到“穷人”这一词带有一定的贬义色彩，在后文中，凡涉及这种含义时，我们将统称为“低收入人群”。

要说明的是，狭义的小额信贷本身并不创造经济机会。只有贷款人、存款人、企业家这些经济主体才能创造经济机会，微型金融提供的只是把这些机会变成现实的支持和条件。正如在本书第一章中讨论到的，广义的微型金融则不仅是作为将机会变成现实的条件，还需关注经济机会的创造和如何推动社会进步等问题。

（二）低收入人群靠什么获得金融支持

无论是微型金融还是常规金融，都会把对借款人未来预期现金流的关注放在十分重要的位置；但决定是否贷款的根本标准，却不是现金流本身。因为现金流也只是借款人的还款能力的一种表现，真正最重要的，是借款人的还款能力。判断借款人还款能力的基本标准，是要看其还款意愿、经营获利的能力和发展潜力等，但绝对不是只看借款人现在是“穷”还是“富”。因借款人的能力和努力不同，当前的穷与富，是在不断转换和变化的。低收入人群当前的经济状况虽然不理想，但并不代表着他们未来仍然只能获得“低收入”。低收入人群通过自己的努力经营，只要能够获得较为稳定的收入，足以负担贷款利息，就有望能改变现有经济状况实现脱贫致富。这样的“低收入人群”也是良好的贷款对象，理应获得金融支持而不是被排除在外。

从本节的例子中可以看到，卡里现在虽然很穷，但是经营的菜贩生意能够为她带来比较稳定的收入，按时还款付息的可能性非常大，理应得到支持。可为什么传统金融不能为她提供支持呢？一方面，卡里缺乏的是启动资金，这不符合传统信贷经营中，只针对“现实的、看得见的利润”发放借款的要求；另一方面，卡里难以提供足够的担保品，也不符合传统信贷标准中的“担保”要求。而小额信贷：一方面，看中的是她赚钱的能力、脱贫的希望，看到的是她的将来而不仅是现在，所以能够支持；另一方面，小额信贷机构也能够按时收到本息，覆盖成本之后获得商业收益，因此这是经济上的“双赢”。

进一步分析卡里的例子：假设经过一段时间的经营后，她已经有足够的储蓄去进货而不需要再依赖小额信贷，看上去这似乎让小额信贷机构失去了一个好客户，但如果卡里希望扩大经营，她完全可以再次借助小额信贷；同时，即使她不愿意扩大经营，确实不再需要小额信贷机构的贷款，这也是帮助了一个客户脱贫的成功。收回的本息完全可以用于支持新的客户，这本身又是小额信贷机构的成功。如果卡里还需要继续借款，因为曾每周按时还款积累了良好的信用，可以从小额信贷机构获得更高的授信额度[①]，她将可以利用这样的借贷机会实现更大规模的经营，甚至开始雇佣工人。横向来看，社会中有很多很多像卡里一样的低收入者，他们的资金需求各不相同。小额信贷机构就应该针对个体的需求更好地推出产品和项目，更好地匹配穷人的现金流状况，增加客户按时还款的可能性。微型金融机构可以方便地提供人性化的服务。比如，可以设定不同的还款周期、不同的本金额度等，方便借款人按照自己的实际情况取得贷款和还本付息，并最终实现脱贫。

（三）穷人的信用记录看什么

小额信贷对象的一大突出特征就是借款人信用记录的缺失。由于大多数客户一直被银行系统排除在外，因而在传统的征信系统中缺乏记录，如果沿用传统的信用分析方式，就可能陷于无从入手的尴尬境地。不过，低收入人群也生活在社会中，有着各种各样的社会信用和其他信息。比如，为人是否诚信，是否出现过有借无还的情况，是否孝敬父母，是否尊重他人，是否能干，在周围人群中的口碑如何等。

当低收入人群申请过小额信贷业务之后，相应的信用历史也随之建立。比如，上文提到过的递增贷款，就是建立在对信用信息的记录、分析和研究基础上的一种制度安排。当客户按时还本付息、积累良好的信用后，就能在下一次的贷款申请中被授予更大的信用额度。

之所以许多金融机构如此强调信用记录以及财务报告，归根结底是因为信贷业务中存在严重的信息不对称。有一种听上去很对、实则不然的看法：低收入人群与金融机构间的信息不对称问题比其他人群更大。多数低收入者虽然缺乏信用记录，也没有财务报表等形式上的东西，但他们的家底却是可以一眼就看清的，难以造假；相反，那些形式上的报表之类，反而更容易造假。之所以有这一伪问题的存在，是因为部分金融机构试图沿用处理大企业的方法去处理小额信贷问题，总是主观地希望通过看报告来评估低收入者的信用级别。只要看一看非传统金融组织如何处理小额信贷项目中的信息不对称问题，我们就会发现：并非信息不对称问题阻碍了传统金融机构的小额信贷服务，而是传统金融机构的传统信贷处理方式使得本来简单的事情变为更

---

① 这种逐渐给予良好信用借款人更高授信额度的方式是小额信贷的典型制度安排之一，国外称之为“递增贷款（Progressive Iending)”。

为复杂。这是传统金融机构自己造成的问题，而不是客观的信息不对称难题。

（四）低收入人群的财务分析与非财务分析要并重

由于低收入人群信用记录不完善，主流金融的那一套通过资产负债表、现金流量表等会计工具所进行的财务分析往往受到限制，因此，应该针对低收入人群的实际，更多地将重点转到客户收入流及其稳定性等方面来。同时，一些非财务因素的分析可能更为重要，甚至成为主要的分析内容，例如借款人的人品，如是否诚实、是否孝顺、有没有违法记录等，也可以考虑其家庭背景，如家庭及社会关系如何、业务关系如何等。又如，可以通过借贷双方的地缘或人缘关系，利用他们之间相互比较了解的特点；接受一些银行不能接受的土地、房屋、农机，以及其他资产作为抵押；主动帮助借款人防范风险，增强抵抗风险能力，缓解特殊成本或风险等，都可以更好地对小额借款人的风险情况进行掌握。

因此，在对低收入人群发放贷款时，要注意财务分析与非财务分析并重。在前面卡里的例子中，卡里能够顺利获得小额信贷服务的原因，不仅仅在于她未来的收入流较为稳定，也得益于她诚实守信的良好品质。

二、小额信贷绝不只是为了赚钱

小额信贷最初是作为一种扶贫工具发展起来的，它的对象是低收入者。既然客户的生活都陷入贫困中了，那么小额信贷是不是就不应该赚钱呢？如果小额信贷要赚钱，能不能像普通企业一样追求利润最大化呢？小额信贷赚钱的商业目标和不赚钱的社会目标之间有什么样的关系呢？

（一）小额信贷业务能不能不赚钱

小额信贷的对象是低收入人群，那么为了更好地扶贫，小额信贷业务是否就不需要赚钱呢？答案是否定的。

虽然如 CGAP 这样的组织，不是以盈利为目的，而且也确实有许多非政府组织，不以盈利为目的参与了扶贫工作，但许多事实表明，纯粹的非盈利组织并不一定能有效提高低收入者的经营能力，并不一定能从根本上解决贫困问题。相反，以这种方式的服务，常常表现为短期行为，容易在短期内收到一些治标的“业绩”，却很难治本。

不能简单地将小额信贷等同于无私奉献。有些小额信贷机构自觉或不自觉地将自己幻化为“天使”，去拯救那些穷苦的人们；有些机构，拿着别人捐的钱或政府的钱，充当“慷慨”的拯救者角色；有些提供小额信贷服务的人，因为觉得是在拯救别人，所以根本没把自己和低收入者放在同一个层次上进行公平交易，自认为比那些“需要拯救的人”高一等。所有这些错觉和误解，都会导致低收入者的抵触。有时，一些扶贫组织想把钱贷给低收入人群，这些人却并不愿意接受。其背后很重要的原因之一，就是他们觉得未得到应有的尊重。

另一方面，这些错误的印象会让商业机构看不见利润来源、失去推动小额信贷业务的兴趣和信心。这种将商业机构自觉不自觉排除在外的做法，使小额信贷业务在经济上缺乏自我推动的动力和后劲，将极大地阻碍小额信贷和微型金融事业的发展。如果小额信贷机构不赚钱，不具有财务可持续性，那么仅仅靠社会捐赠所提供的服务是很难稳定而持久的。这反过来也会影响低收入人群持续获得金融服务的机会。

此外，捐助而来的资金非常有限，是面对全体低收入人群的。但任何信贷都不可能是平均、同时的资源分配，凡事总有先后顺序。如果优先取得这些稀有资源的人不付出应有的代价，小额信贷机构不能从这些业务中收获业务经营的相应成本，且获得必要的利润，这不仅是对其他未能优先获得金融支持的人的不公，更会严重影响他们获得支持的机会。

因此，小额信贷业务可以而且应当赚钱，也只有这样，才能更好地给予低收入人群长久而持续的金融支持。

（二）小额信贷业务能不能只为赚钱

既然小额信贷机构是商业机构，那么小额信贷业务可不可以一心只为追求利润最大化，只为赚钱呢？答案仍然是否定的。

诚然，弗里德曼曾提出过“企业有且只有一个责任，就是在游戏规则规定的范围内，利用它们的资源参与到提高利润的活动中去”的经典判断。我们暂且不论这种论断是否还适用于一般的现代企业，单从小额信贷来说，由于其对象具有特殊性，肩负有服务低收入人群、支持农村发展等社会责任，如果只为赚钱，小额信贷机构就很容易发生目标偏移：“一心向钱看”而忽视了对低收入人群的支持和对社会进步的推动，比如，一些小额信贷机构就已经出现了富人在客户中的比例越来越大的情况。国外常常采用“平均贷款规模”的指标判断小额信贷机构是否发生了目标偏移，这主要是基于富人和一些企业特别是大中型企业所要求的资金规模一般都较大的假设，所以，如果小额信贷机构平均贷款规模增加，就表明小额信贷机构在向富人或者大中型企业的方向转移，也就意味着出现了目标偏移。

应当说，小额信贷的特殊性，特别是在享有税收优惠、管理上的宽松政策等方面的特殊性，决定了小额信贷机构必须有明确的社会目标，不能只为赚钱。

（三）小额信贷机构商业目标与社会目标间的关系

小额信贷机构具有追求商业利益和承担社会责任的双重目标，但两者并不矛盾；商业利益和社会责任是相辅相成的。CGAP 曾经提出过“双赢”倡议：“按照良好的银行业务原则进行操作的小额信贷组织，也将是能够削减赤贫的小额信贷组织。”

一方面，商业目标的实现能让小额信贷机构更好地承担社会责任。非营利机构，如很多非政府组织（NGO），只关注社会目标，在扶贫的过程中，都遇到了发展中的后续资金和能否持续的“瓶颈”。这些组织对捐赠或补贴的依赖过大，在财务上常常难以持续，一旦获得的捐助减少就难以持续地为低收入人群提供支持。而且，由于利益机制不清晰，NGO 的组织治理结构难以避免陷于混乱，造成了效率低下等弊端。这种不可持续的组织要始终承担起社会责任是难以想象的。从国内外的实践来看，NGO 等非营利组织都面临着商业化的转型。可以说，小额信贷商业化的发展趋势十分明显。商业化带来了开源节流的好处，有利于小额信贷机构的健康发展，并持续承担社会责任。

另一方面，承担社会责任又是小额信贷机构实现商业利益的必要条件。小额信贷的特殊性决定了机构不能只顾追求商业利润。一些小额信贷机构拿着社会资金用高利率去放贷，实在有钻政策的空子、将高利贷“合法”化之嫌；还有一些机构实际上主要面对中小企业或微小企业中的高端部分，也背离了小额信贷最初的理念，这是对原来小额信贷经营模式的改变，引发了一个新的问题：这时的小额信贷，还能不能继续沿用这一名称？如果继续使用这一名称，会不会引起混乱？

三、信贷业务大小之辩

小额信贷，顾名思义，是指小额度的贷款。那么，究竟多大额度之下的信贷业务算是小额呢？小额信贷的市场需求小吗？

（一）单笔多小算是小

额度小是小额信贷的最重要特征，不过，多小算是小？关于单笔业务大小的临界值在学术上还没有一个定论。事实上，每个地区的实际情况不一样，也很难给出一个统一的标准。一般情况下，在相对发达的地区，低收入者的资金需求会相对大一点，而在相对落后地区，资金需求会小一些。在实践中，笔者认为可以考虑结合当地的人均收入来制定标准。例如，以当地人均收入的 4 倍为限，低于这一金额算小额信贷，高于这一金额不再算小额信贷。

（二）整体需求非常大

虽然单笔贷款规模小，但是小额信贷的整体需求却是非常大的。据统计，在发展中国家大约有 26 亿人无法获得基本的金融服务。主要发展中国家占全球58%的人口，其中73%生活在贫困线以下，小额信贷服务在总人口中的普及率平均为2.85%。

表2-3　　主要发展中国家金融服务普及情况（2010年）

编号	国家	总人口（百万）	靠每日不到2美元维生的人口（百万）	金融普及率 借款人/低收入者（%）
1	中　国	1,320	478.5	0.19
2	印　度	1,124	850.3	5
3	印度尼西亚	226	121.4	20
4	巴　西	192	24.3	2
5	巴基斯坦	163	98.0	3
6	孟加拉	159	128.9	41
7	尼日利亚	148	124.2	3
8	俄罗斯	142	2.8	1
9	墨西哥	105	5.1	21
10	菲律宾	88	39.6	11
11	埃塞俄比亚	79	61.3	5
12	埃　及	75	13.9	7
13	土耳其	74	6.7	0.03
14	南　非	48	20.5	—
15	摩洛哥	31	4.3	—
	合　计	3,973	2,886	—

数据来源：Paul Luchtenburg，2011年10月17日，中国成都，课程讲义。

在本节的例子中，卡里个人单笔的贷款需求150美元就较小。但是，在世界上有很多像卡里一样的人，所以小额信贷市场整体需求非常大、前景非常广阔。

四、小额信贷机构不只做贷款

小额信贷机构的业务范围是否仅限于做贷款？在做贷款业务时是否只是简单地放款？除了信贷，还有其他业务吗？

（一）以小额信贷为主，兼做其他业务

小额信贷机构的主要业务是为低收入人群提供小额度的贷款。对个人，有个人贷款、消费贷款、信用卡、教育贷款、按揭贷款、装修贷款、卫生贷款、耕牛贷款、茶树贷款等具体的业务形式，也有针对微型企业的小额贷款。不过，小额信贷机构往往并不局限于发放贷款。国际劳工组织提出了信贷增值服务（Credit Plus Approach）的概念，指在除提供金融服务之外，还需要向客户提供技能培训、企业经营和营销培训、市场信息等相关服务。其目的在于提高客户的素质，不仅“授之以鱼”，更要“授之以渔”，从而间接地提高其还贷能力。比如对于给农民的信贷，如何帮助他们挖掘经济机会，找到赚钱的途径，有时比给予他们资金支持还要重要。这在客观上就要求有相应的机构或人员去组织低收入者进行生产、提炼产品的特色、进行产品推广、建立流通渠道等。小额信贷批发机构在理论上应有这方面的优势，由这类商业化机构去制定产业规划、建立市场标准、控制风险，并向农民提供正规的金融服务，往往事半功倍。

（二）小额信贷机构的非信贷业务

小额信贷机构的非信贷业务主要有储蓄、支付和保险。在对小额信贷扶贫效应的分析中，往往认为储蓄与信贷同等重要。为未曾或难以获得银行金融服务的贫困人口提供储蓄服务，可以有效地帮助他们更合理地安排收入与支出，减小突发事件对家庭经济造成的冲击。小额信贷机构提供的储蓄服务主要有储蓄账户、支票/活期账户、养老金、青少年储蓄、计划储蓄等。储蓄业务的开展，还有利于小额信贷机构随时、更准确地了解客户的现金收支情况，降低与客户之间的信息不对称性。支付业务，也是小额信贷机构所提供的重要金融服务，主要包括 ATM/借记卡、政府支付、汇款、电子支付等。保险服务方面，主要是小额保险，也可以按照保险标的分为人寿保险、医疗保险、财产保险、农业保险等。

可见，小额信贷机构，虽然名义上只是信贷机构，实际上，其经营的业务远远不只信贷业务。这既是为了更好地满足低收入者综合金融需求，也是为了增强机构的服务能力和赢利能力。

五、小额信贷业务成本之辩

小额信贷的对象决定了所发放贷款的小额性和分散性，这势必会增加小额信贷的业务成本。单笔业务的不经济，是否意味着整个市场也不经济呢？小额信贷如何赚钱呢？

（一）相对企业大额贷款，单位资金的业务成本的比较分析

任何贷款都需要经过贷款申请、信贷调查、审核额度、确定还款周期和期限、发放贷款、贷款回访、收回贷款等必要步骤。每一个环节都是要花费成本的。小额信贷业务的单位成本高于传统的银行信贷。举例来讲，一笔10万美元的贷款，如果发放给企业，只需要对一个客户走流程；如果分成1,000笔，每笔100美元的小额贷款，就需要对1,000个客户逐个分析，需要的信贷员更多，仅人工成本就会远高于大额贷款。

小额信贷的成本结构

以正文中的例子来做对比。假设资金成本均为10%的市场利率，面临的违约率均为1%。这样，大、小额信贷员都需要向其客户收取11%（10% +1%）的利率来覆盖资金成本和信贷风险。

管理成本的大小则差异明显。发放一笔10万美元的贷款可能需要花费大额信贷员3,000美元的成本（即贷款额度的3%），包括人工费用和其他与评估客户信用、发放贷款，监督贷款使用和回收贷款等方面相关的费用。大额贷款的利率只需达到14%（11% +3%）就可以覆盖成本。然而，对于小额信贷员来说，每笔100美元贷款的管理成本远远高于贷款额度的3%。小额信贷员为每个借款人花费的可不是3美元，而是20美元甚至更高。大额信贷员只需面对单独的一个借款人，而小额信贷员则必须应付1,000个没有任何抵押和担保、没有财务报告或信用机构资信记录的借款人。向这种类型的客户发放和回收贷款要求人与人之间的直接接触和交流，因而需要耗费更多的时间和精力。

假如大额信贷员每季度回收一次贷款，那么信贷员一年有4次收款活动。小额信贷的客户则可能是每月甚至以更频繁的频率还款，那么信贷员每年至少有12,000（12 ×1,000）次的收款业务。如大额信贷的管理成本是每年3,000美元，小额信贷的管理成本至少是2万美元一年。也就是说，为了覆盖成本，小额信贷的利率需达到33%（11% +20%）。

（二）单笔不经济与市场整体的经济性

与大额贷款的成本相比，小额信贷的单笔贷款无疑是不经济的。每个潜在客户的情况都不尽相同，每个家庭的金融需求在金额、期限、使用方向等方面，都各有差异，逐笔分析成本极高，但仔细分析、求同存异后，就会发现，虽然千家万户各不相同，却可能存在许多共同特征。例如，在金额上，普通农户基本都在10,000元以下；期限上，普遍是在半年到一年，以一个农业生产周期为限；使用方向上，无非用于种植、养殖、子女教育、婚丧嫁娶、建房置业等几个方面。小额信贷机构应该从这些需求的共性出发，紧紧抓住这些需求的共同特征，并根据这些特征设计出适合绝大多数需求的产品，这个市场就变得可以把握了。

因此，小额信贷的程序一般比较简便，这既是出于适应客户文化低的需要，也是出于控制贷款成本的需要。小额信贷的方式大同小异，客户越多，单位成本就会减少。小额信贷机构在发展业务的过程中能不断减少单位成本，实现规模经济。CGAP的一项研究表明，国外小额信贷机构的单位成本与机构的存续时间强相关，这正是规模经济的效果。所以，市场整体具有经济性。

小额信贷的另外一个优势在于风险分散。当单笔大额贷款出现违约时，金融机构的损失往往较大。小额信贷相当于将资金分散投资，并且好的小额信贷机构坏账率都能控制在2%以下，可见，小额贷款的整体风险其实并不是许多人想象的那么高，甚至在总体上还会低于一些中小企业贷款。

六、小额信贷做法有何不同

小额信贷的特殊性决定了其业务的开展方式有所不同。小额信贷究竟是个人、家庭还是家族贷款？小额信贷涉及的担保，有哪些不同性质的抵押，是谁为谁在担保？小额信贷业务的代办是怎么回事？我们身边有哪些微型金融机构在提供服务？

（一）究竟是个人、家庭还是家族贷款

小额信贷到底是贷给谁的，换句话说，由谁来承担债务？这是一个非常有意思的话题。在不同文化背景下，小额信贷的名义主体似乎是个人，但真正主体可能是家庭，甚至是一个家族。在西方，受尊重个人自由、崇尚个体独立的文化影响，债务往往由申请人个人承担，属于个人贷款。而在家庭观念比较浓重的地方，比如东亚，财产和债务则往往是夫妻共同所有，更多属于家庭贷款的性质。更有甚者，比如在中国、韩国，常见的基于亲缘关系的家族企业内，以及基于地缘、业缘、学缘、神缘等关系的泛家族企业，一个人或一家人的贷款，就可能成为整个家族的共有债务。当然，究竟是哪种性质的贷款，还要受到当地的法律和风俗习惯的影响，应具体问题做具体分析。

真正弄清谁是真正的借款人，并弄清相应债务的承担方式，对贷款的决策、贷后的监管和催收等，具有重要意义。

（二）谁为谁担保，拿什么来保

小额信贷在解决信息不对称问题时，一种常见的方法就是采用小组互保的机制。客户自主选择成员，自愿结成小组，小组成员间有偿还债务的连带责任。小组成员能否贷到款取决于其他成员是否按时还款。小额信贷机构希望以这种社会裙带关系作为传统物质担保的替代品，克服逆向选择的问题，提高还款率。这种制度安排要求小组的每个成员都有独立承担法律义务的能力，否则担保就将成为一纸空谈。由于成员都缺乏担保品，因此，小组成员间更多的是通过相互的信任与监督、未来的现金流入、再次贷款的可得性等来实现互保；他们靠人格、名誉等方面的保证来代替实物担保。

不过，互保机制也存在弊病。由于小组成员的生产经营活动大多是同质的，系统性风险较大。比如，10 位农户结为互保小组，当遇到天灾时，所有家庭都可能遭遇重大损失，这时谁也无力偿还贷款，小组互保也就无从谈起了。此外，正如前面谈到的，如果联保小组的成员无力承担相应的法律责任，也容易造成担保落空；同时，由于联保小组成员的不稳定性，因为外出打工、疾病或其他因素的影响，都可能导致联保机制无法正常运转。

（三）小额信贷业务的代办

出于成本和便利等方面的考虑，小额信贷业务常常交由代理人代办。一般所说的代理人是指与小额信贷机构签订代理协议、规定为客户服务内容的第三方。代理人在自己的经营区域代小额信贷机构为客户提供账户开设、存款取现、账单支付、余额查询等银行服务。

POS 机一般被用于处理支付交易。它可以是一个读卡器、一部移动电话，也可以是一台个人电脑、一个条形码扫描器，或是任何可以识别客户，并接受指令转移一定金额的硬件设备。安装 POS 机系统和移动电话比安装 ATM 机成本要低，零售网点使用这些设备的成本也仅限于通讯费和交易费。此外，在无法提供持续通讯和电力供应的地方，许多 POS 机设备也可以使用。因此，它们是农村地区非常理想的金融工具。

全球范围内，正兴起一股小额信贷机构使用代理人向客户提供服务的热潮。

在巴西，约有 16 万代理人遍布全国 5,564 个城镇。这些代理人多数是彩票销售点、邮局网点、超市、零售商店、加油站以及一些零售网点，甚至在一些非常偏远的地区，也有大量的代理人在代理小额信贷相关业务。在小商店里，常常由店主直接为客户提供某些银行服务，而在大一些的商店里，通常设有专门的雇员负责操作 POS 机。2006 年，巴西主要银行的代理人处理的业务量为 15 亿宗，交易总额约为 1,040 亿美元。到 2010 年，交易笔数达到了 31 亿宗，占到银行交易总额的 6%，其中 28.5 亿雷亚尔涉及资金转移[①]。而在巴基斯坦，约有 1.75 万位（家）代理人，仅在 2011 年第三季度就实现了 1,588 万笔交易，共计 587.1 亿卢比（约合 6.74 亿美元）。在肯尼亚，移动运营商 Safaricom 于 2007 年 3 月启动了 M - Pesa 移动银行业务，现已成为了 50% 肯尼亚人的主要汇款方式。至 2010 年，M - Pesa 已拥有 900 万客户、1.7 万代理人，2010 年 1 月的交易金额达到 3.1 亿美元。超过 97% 的客户认为 M - Pesa 比其他服务更快、更方便、更安全，五分之四的用户认为如果没有 M - Pesa，将会对他们的生活造成“严重不良的影响”。

代理人的使用可以大大地增加小额信贷机构的覆盖面，向更多的人提供储蓄、支付、汇兑和保险等金融服务。更重要的是，代理人可以为客户带来极大的便利。

（四）金融服务人员与机构，就在身边

据 MIX 统计数据，截止到 2011 年底，全球范围内约有 2,800 家微型金融

① 账单支付是代理人提供的首要服务。其他的 2.5 亿笔交易不涉及资金的转移，如余额查询业务。

机构，为近1亿的借款人和超过7,000万的存款人提供服务，贷款组合总额达867亿美元。这些金融机构遍布全球大多数国家，在欧亚大陆和拉丁美洲微型金融机构的历史较长，但现在正迅速向亚洲和非洲部分地区延伸。

在本书第一章已经提到，各式各样的微型金融机构在中国农村和城镇运营。近年来，小额信贷机构在中国的发展较快。以小额贷款公司为例，中国人民银行公布的数据显示，截至2012年6月末，全国共有小额贷款公司5,267家，贷款余额4,893亿元，上半年新增贷款977亿元（如图2-1）。

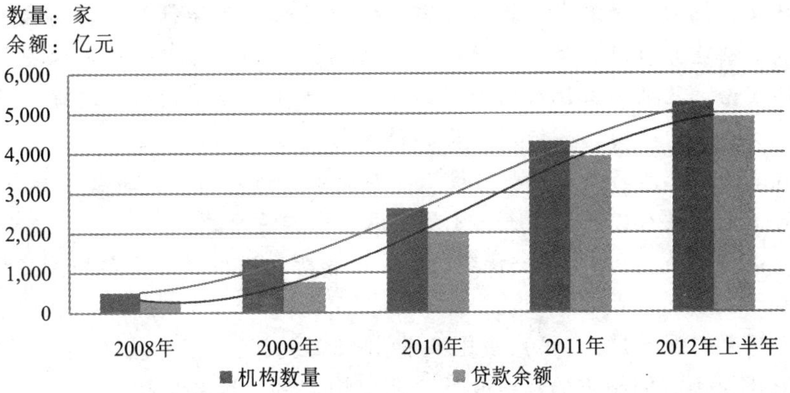

图2-1　我国小额贷款公司数量及贷款余额统计

第二节　小额信贷对社会的贡献

首先，小额信贷赋予了低收入者享受金融服务的权利，对社会的发展进步做出了巨大的贡献。其次，小额信贷被广泛看做是扶贫的利器，但小额信贷不仅仅局限于扶贫，它还在促进农村发展、民间金融正规化方面具有重要作用。最后，人们也常常将普惠金融体系与小额信贷紧密联系在一起。微型金融不仅仅关注经济发展，更关注社会的全面进步。

一、小额信贷有助于扶贫，但不限于扶贫

贫困是一个备受关注的话题。据亚洲发展银行的一个报告，2010年2月至2011年，全球食品价格增长幅度超过30%。食品价格的上涨对贫困的影响非常大。食品价格每增长10%，亚太地区就会增加6,440万贫困人口。食品

价格30%的增幅意味着亚太地区的致贫率（Poverty Incidence）将从27.1%增长至32.9%，即新增约1.932亿贫困人口。印度农村、老挝、孟加拉、乌兹别克斯坦、柬埔寨、东帝汶、中国农村等国家和地区将深受影响，中等收入国家的情况则稍好。扶贫成为许多政策、行动、计划的目标，在联合国新千年发展的八大目标①中，前六项都与扶贫息息相关。为了“对症下药”，人们一直在努力寻找产生贫困的原因。

> 贫困并非由穷人引起。因此我们不应视他们（穷人）为罪魁祸首，相反，他们是受害者。贫困是由我们制定的经济和社会制度引起的，是我们创建并引以为豪的制度引发了贫困，比如，其中一些用以理解现实的理论，就很容易让人们产生误解，也很可能把人们引入歧途，并成为人类疾苦的缘由。我们用理论解释人与制度的相互关系，并由此归纳出政策法规，然而正是这些法规给人类带来了新的问题。高层人士的失职，而不是底层人民的无能——才是贫困的根本原因。②
>
> ——穆罕默德·尤努斯，2006年诺贝尔和平奖获得者

尤努斯的观点是：（1）贫困并非由穷人引起；（2）穷人也是受害者；（3）贫困是由我们制定的经济和社会制度引起的。因此，扶贫应当改革现有的经济制度、社会制度。在许多国家，特别是发展中国家，绝大多数银行都不会为穷人、农村居民、文化程度低的人服务，一些国家的银行还受风俗习惯的影响将女性排除在外。这样一来，穷人就失去了参与正规金融服务的途径，这无疑限制了他们经营小生意、购置资产、抵御疾病灾难等突发情况的能力。得不到正规服务的穷人不得不转而寻求向亲戚、朋友，甚至地下钱庄、高利贷等非正规金融渠道借贷。可以说，正是这种被尤努斯称为“金融种族歧视”的做法加剧了贫困。

小额信贷弥补了传统金融的不足，通过满足低收入者的小额贷款需求等途径，为被传统银行排除在外的低收入者提供了正规的金融服务。在一些国家，小额信贷还提供组织帮扶、培训、安全网、财务和一些其他服务。小额

① 新千年发展目标为：（1）1990—2015年极端贫穷人口（靠每日不到1美元维生的人口）减半；（2）2015年普及小学教育；（3）促进两性平等并赋予妇女权力，2005年在小学教育和中学教育中消除两性差距；（4）1990—2015年，5岁以下儿童的死亡率降低三分之二；（5）产妇死亡率降低四分之三；（6）2015年使所有人得到健康服务；（7）2005年将可持续发展原则纳入国家政策和方案，2015年扭转环境资源的流失；（8）全球化合作。

② 节选自：“2015年贫困减半——我们能够实现”，尤努斯2003年英联邦讲演稿。

信贷组织可以弥补低收入者的资金缺口，提高其收入和消费水平，提升其福利水平。

小额信贷的扶贫功能显然依赖于低收入者利用所提供资源的能力。贫困不是同质的。不同的低收入者有不同的致贫原因：可能是因为居住在过于偏远地区，资源稀缺、交通不便；也可能是因为年龄、健康、居住环境、职业的关系；也可能是因为宗教信仰、社会风俗的原因；也可能仅仅因为是女性或残疾。虽然具体原因不尽相同，但直接原因都表现为收入太低。因此，在个体层面，扶贫最重要的一环是为贫困人口创造就业的机会以助其增收。需要特别指出的是，虽然在传统经济学中只将双方的工资雇佣关系看做就业，而将自我雇佣排除在外；但面对在许多发展中国家工资雇佣就业岗位（salaried or wage - paying jobs）严重不足的现实，自我雇佣是为贫困人口创造就业机会最快捷的途径。对于低收入者，特别是那些倾向于从事家庭劳动的女性来说，自我雇佣更加容易，而小额信贷被证明是增加自我就业最为强有力的工具之一。

但是，小额信贷的贡献并不仅仅局限于扶贫；关注社会其他领域的进步与发展，也是小额信贷重要的社会责任。譬如，小额信贷最终客户的80%为女性，在促进两性平等、赋予妇女权利方面起到了重要的作用；在东南亚一些国家，小额信贷对普及小学教育起到了关键作用；在非洲，小额信贷机构在与艾滋病、疟疾以及其他疾病的对抗中做出了独有的贡献。

二、小额信贷与农村发展

（一）小额信贷促进的不仅是经济，还有社会发展

传统经济学在阐述经济发展的时候，特别注重对资金、劳动、土地、技术等要素的论述。在农村地区，最缺乏的要素之一就是资金。资金的缺乏成为影响农村经济发展的“瓶颈”。传统的商业性金融机构认为，农村金融风险过高、收益又太低，并且往往不能通过涉农保险[①]等方式进行风险转移，所以没有足够的激励开展农村金融服务工作。这就导致了农村地区服务网点少、资金量小、信贷条件苛刻以及服务手段落后等诸多问题。然而，农村金融风险未必大，收益未必低。在农村地区提供金融服务，针对实际情况灵活选择方式、方法显得尤为重要。理论上，小额信贷机构最贴近于农户，在充分了解客户需求的基础上设计出适宜的产品，通过小组联保等方式控制风险，通

① 涉农保险风险高、收益低，往往是亏本的买卖，因此保险公司不愿意提供涉农保险。

过流动银行等技术降低成本，往往能够取得成功。在实践中，格莱珉银行的坏账率就长期维持在2%以下，自成立起一直处于盈利状态（1983年、1991年、1992年等因一些特殊原因的年份除外）。至少在方法论上，小额信贷完全可以很好地弥补传统农村金融的不足。

农村发展的另一个问题在于规模不经济。在广大农村，农民辛苦耕作，但往往缺乏生财之道。单纯地发展农村金融效果不甚明显，主要原因在于：单个农民很少能够创造出好的经济机会，也就难以覆盖借贷成本甚至取得收益。上文提到过的信贷增值概念，就特别指出了，小额信贷机构在提供金融服务之外，还需要向客户提供技能培训、企业经营和营销培训、市场信息等附加服务。其目的在于提高农户的素质，从而提高其还贷能力。小额信贷批发机构在制定产业规划、建立市场标准、控制风险，并向农民提供正规的金融服务等方面，完全可以发挥出更大的作用。小额信贷批发机构还能为农民引入现代化技术，比如出资购买单个农民难以购置的机器设备，再租赁给农民，提高农作效率。

小额信贷促进的不仅是经济的增长，更关注社会的发展。如果仅仅关注农村的经济发展，而不重视社会的全方位发展，经济增长可能就是短暂的。因为社会不公、制度缺陷等，会使经济增长迅速回落。小额信贷至少在农村基础设施、人的发展等方面起着重要作用。比如，格莱珉银行在发放小额贷款之余，还鼓励借款人完成一些社会领域、教育领域和健康领域的目标，即被称为“十六个决策”的努力，如不送嫁妆、子女的教育、卫生厕所、植树、鼓励儿童食用蔬菜以防止夜盲症、提供清洁饮用水等。而且，通过小额信贷，帮助农民开始或扩展各自的微型经营活动，使他们得以通过一种“受尊重的道路”来摆脱贫困境地，而不是接受政府的“施舍”。信贷增值法也带给农民接受培训、综合提高个人素质、实现“人”的发展的机会。

（二）案例：印度BASIX生计金融

BASIX倡导的“生计金融”

BASIX是印度的一家非银行类小额信贷机构，成立于1996年。目前，BASIX的业务已辐射至17个州223个区39,251个村，拥有350万客户，其中超过90%的客户为农村贫困家庭，城市贫民窟居民占比10%左右。BASIX的员工超过10,000名，其中80%扎根在小城镇和村庄。[①]

① http://basixindia.com.

BASIX 倡导的理念，除了单纯地提供金融服务之外，更重要的是采用多种方法来扶贫，如提供教育、医疗和基础设施，投入资金、技术支持等作为信贷服务的外延和拓展。这就是 BASIX“授之以渔”的“生计金融”思想。

低收入人群往往因为缺乏经营的能力和相应的技术，而不善于经营长期项目。如果仅仅提供资金借贷服务，往往会陷入低收入循环，即消费项目下的低收入→存款少→投资少→难以充分投资→收入低，这不是长久之道。在印度农村地区，贫困户大多没有具体的商业项目从而没有稳定的资金收入，缺少正规的抵押担保，贷款风险较高。BASIX 在 GB 模式的基础上，针对印度的实际情况，创新性地将“生计金融”的思想融入小额信贷业务中。其基本理念就是在提供资金支持的同时，也提供技术帮助，使客户处在“金融服务伞”之下。整个脱贫和发展计划是一个“金融服务 + 技术服务 + 升级促进”的“大包裹”。BASIX 有 7 个层面的参数作为考核指标，简称“7I”指数（如表 2 – 4）。

表 2 – 4　“7I”指数

Image	定位客户	贫困和中低收入人口，如小店主、工匠、小摊贩、果木种植、蔬菜贩运等，他们不仅是获益者，更是需要技术援助的人群。
Independence	独立性	没有不适当的政策干预。
Interest Rate	利率	存款利率：可以吸引客户；贷款利率：可以覆盖成本。
Incentive	动机	对员工：提供优质服务，谨慎监管；对客户：增加储蓄，按时还款。
Intermediation	中介	存在于借款者与储蓄者之间，当地市场需要和非当地金融市场之间。
Increased Capital	资本追加	业务规模化；建设客户信息系统和内部监管；合规性。
Integration	整合	社会协助和技术支持（如非政府组织和政府倡导型的小额信贷组织）。

BASIX 业务内容主要分为三个模块，由下至上分别为金融普惠服务、农业/商业发展服务和机构发展服务（如图 2 – 2 和表 2 – 5）。这些业务构成了 BASIX 小额信贷业务的“金字塔”，被命名为“生计三部曲”（Livelihood Triad）[①]。

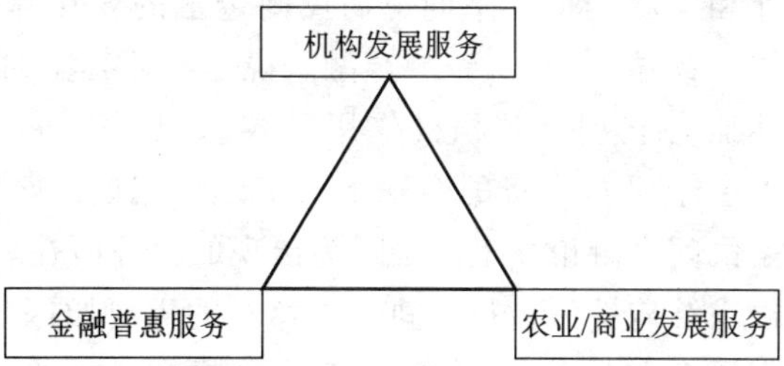

图 2 – 2　BASIX 小额信贷业务的金字塔模式

① http://www.basixindia.com/index.php?option=com_content&task=view&id=47&Itemid=61.

表 2-5 **BASIX 的生计三部曲**

金融普惠服务（FINS）	农业/商业发展服务（Ag/BDS）	机构发展服务（IDS）
存款（直接存款、作为客户）	提高生产效率（增加收益；减小成本）	个体意识培养、技能和企业精神提升、团结信任精神构建
信贷（农业、非农贷款；住房、饮水及卫生、职业训练贷款）	风险防范（与保险区分，如为家畜接种疫苗）	小组、联盟、合作社、互惠互利等组织的建立
保险（健康险等寿险；作物、家畜、微型企业资产等财险）	价值提升（如棉花轧花、牛奶冷藏）	会计和信息管理系统
汇款（外出务工人员等）	市场接轨（供给；销售）	各类机构的长期合作
产品衍生	农业与非农业的多样化经营	职能部门、政策规划

其基本原理为：小额信贷本身对经济发展较好地区的有雄心的低收入者是有帮助的。而稳重一些的家庭在获得小额信贷之前，则希望能先增加储蓄、获得保险服务以控制其风险。然而，在相对落后的地区，低收入者在获得微型金融服务之余，还需要一整套的农业/商业发展服务，比如提高其生产力、风险防范、在当地社区内的价值提升、市场接轨等。要想经济地提供这些服务，限于单个低收入家庭是不可能的，只能将这些家庭组织起来，成立小组、非正式协会、合作社甚至生产者公司。这些小组的构建和良好运转，又需要机构提供发展服务。

三、小额信贷与民间金融正规化

（一）民间金融存在的原因

如本书第一章提到的，民间金融是相对于官方金融而言，游离于政府监管之外的金融交易活动及其形成的体系。爱德华·肖（1988）认为，在发展中国家广泛存在着金融市场的二元结构，正是农村金融市场二元结构的存在给民间金融的萌芽和发展创造了空间，而民间金融的存在弥补了正规金融在农村金融活动中的“缺位”，这对正规金融来说是一种有益的补充，有助于改善正规金融的整体服务状况，其积极作用不容忽视。Kellee Tsai（2001）认为，民间金融是内生于民营经济的金融形式，政策扭曲、金融抑制和信息不对称现象的存在是民间金融市场上违法行为出现的根源所在。

可见，资金供求结构性失衡是民间金融存在的重要原因。在发展中国家，传统金融的盲区广泛存在。金融机构的信贷资金倾向于投给城里的优质客户，而最需要得到贷款的中小企业、微型企业却往往被排除在外。小、微企业的贷款需求不能通过正规途径得到满足时，就会寻求其他的融资渠道。形式灵活的民间金融恰好能适应小、微企业的资金需求特点，两者大有相辅相成、并肩发展之势。在正规金融不能完全满足社会需求的情况下，民间金融这种自发的资金市场化配置手段就必然地产生和发展起来。

（二）民间金融存在的问题

民间金融一般较分散、隐蔽，利率高低不一，借款形式不规范，风险较大。民间借贷的形式大致包括以下几种情形：一是口头约定型。这种情况大都是在亲戚朋友、同乡、同事、邻居等熟人之间进行，他们完全依靠个人间的感情及信用行事，无任何手续，一般数额较小，而且双方关系密切。二是简单履约型。这种借贷形式较为常见，大都仅凭一张借条或一个中间人即可成交。一般数额不太小或双方关系不十分密切，借款期限或长或短，借款利率或高或低，凭双方关系的深浅而定。三是高利贷型。部分放贷人将资金以远高于银行利率借给急需资金的个人或企业，从而获取高额回报。

正是由于程序、手续的不规范，导致了民间金融的不正规，使得民间金融蕴藏着很大的风险，不出问题则已，出现问题时又往往受不到法律保护。民间金融最容易滋生的违法行为就是非法集资和高利贷。非法集资和高利贷的危害不仅仅局限于经济层面，它们往往夹杂着黑恶势力等，风险极高，极易引发社会问题。

（三）小额信贷如何促进民间金融正规化

民间金融，常以地下钱庄之类合理但不合法的形式而广泛存在。究其原因，这还是因为个人或小、微企业的资金需求通过正规渠道得不到满足而造成的。有需求才有供给。民间金融在资金分配上起到了一定的积极作用，但是风险也极大。正规化的民间金融模式能够在很大程度上规避由于不规范而引致的风险。

小额信贷机构能以合法、合规、合理的方式去经营资金供求两端。在一些国家，允许小额信贷机构吸收公众存款，并按照银行类机构的监管标准进行严格监管。由小额信贷机构去进行资金吸纳，并且受到央行等监管，存款就得到法律的保护。在资金放贷时，小额信贷机构也更专业、更高效。小额信贷机构通过规范的程序、手续为个人和小、微企业提供信贷，能在很大程度上规避非法集资和高利贷的风险。这样，小额信贷的正规化，必然促使民间金融从“地下”走到“地上”。

小额信贷能够以民间金融的形式存在。例如，乡村银行、农村信用社、农村合作基金等，实收资本可以完全由合作社社员和企业的股金构成，这类机构或组织的产权是明晰的，属于入股的社员、企业共同所有，属于民间金融的范畴。

虽然可以利用微型金融的模式促进民间金融正规化，但由于民间金融的存在有其经济与社会的原因，在促进民间金融正规化的过程中，切不可盲目“一刀切”，搞行政运动式换牌子的正规化；相反，应本着促进有条件、有意愿正规化的民间金融组织正规化，和非正规化的民间金融形成有效的竞争，促进非正规化的民间金融健康、有序地发展。

四、小额信贷与普惠金融

（一）小额信贷能促进普惠，但普惠不能只靠小额信贷

在本书第一章已经讨论过普惠金融的概念，是指人人都应该享有接受多样化正规金融服务的权利。传统的、主流的金融机构倾向于向富人和高收入群体、大企业提供服务，而将穷人和低收入群体排除在外。因此，为穷人和低收入群体提供正规的金融服务就成为实现普惠的关键。小额信贷、微型金融契合了普惠金融的理念，而普惠金融则是小额信贷、微型金融等概念的延伸，是将零散的金融机构和服务有机整合为一个系统，意味着小额信贷、微型金融本身就是正规金融体系的一部分（见表2－6）。

表2－6　　普惠金融的主要方面

<table>
<tr><th>产　品</th><th>特　点</th><th>渠　道</th></tr>
<tr><td>支付（ATM/借记卡、政府支付、汇款、电子支付）</td><td>价格合理（成本、最低金融要求、手续费）</td><td>服务接入点（无分行化银行业务）</td></tr>
<tr><td>储蓄（储蓄账户、支票/活期账户、养老金、青少年储蓄、计划储蓄）</td><td>方便快捷（交易完成所需时间、文件、物理距离）</td><td>金融基础设施（支付和清算系统、征信系统、担保物权制度）</td></tr>
<tr><td>保险（人寿保险、医疗保险、财产保险、微型保险、农业保险）</td><td rowspan="2">质量（价格透明、公平披露、负责任的金融实践、参与征信系统并根据征信信息进行风险管理和评估）</td><td>机构（银行/非银行、保险公司、信用合作社、微型金融机构）</td></tr>
<tr><td>信贷（个人贷款、消费贷款、信用卡、教育贷款、按揭贷款、装修贷款、微型企业贷款）</td><td>客户（任何需要金融服务的人，包括未曾或难以获得银行金融服务的贫困人口）</td></tr>
</table>

小额信贷的对象是有挣钱机会的穷人，成功的小额信贷机构在为穷人提供正规金融服务方面积累了大量的经验。小额信贷机构为客户提供了信贷、支付、储蓄、保险等全方位的微型金融服务，客户数量也在逐年增加。小额信贷促进了普惠。

金融服务在扶贫方面起着关键作用。长期获得金融服务能使贫困家庭从为养家糊口而奔波发展到为未来生活进行规划，获得物资和金融资产，并投资于提高营养、改善生活条件以及孩子的健康和教育状况。可持续的金融服务使贫困人口可以长期享有这些益处而不是依赖间断的捐助。

早在1997年的小额信贷峰会上，就确立了2005年小额信贷覆盖1亿贫困家庭的目标，业已实现。高峰组织会议确立的第二阶段即到2015年（同时也是新千年发展目标的最后一年）需要达到的两个新目标：第一是在2015年前，使全球1.75亿贫困家庭，尤其是家庭中的妇女获得帮助，实现她们自谋职业，或获得金融和商业服务的信贷。如果按照平均一个家庭5个人计算，则这个项目将使全球8.75亿人受惠。第二个目标是在2015年年底以前，保证全球1亿贫困家庭的日收入从1美元以下提高到1美元以上。如果按照平均一个家庭5个人计算，则这个项目将使全球5亿人口的日均收入提高到1美元以上。这意味着新千年发展目标中没有“绝对贫困”这一目标的达成。

不过，普惠这一愿景的实现，需要多种多样的方法和工具。小额信贷只是促进普惠的工具之一。事实上，很多时候小额信贷都是无能为力的。譬如，对于赤贫人口或者丧失劳动能力的人，小额信贷常常不适用，这些人应当通过政府救助或慈善机构来帮助。因为，小额信贷很重要的一点就是要保持其商业可持续性，对于没有经济机会的人来说，常常无法按期还贷，为他们服务会影响到小额信贷机构的财务状况，进而影响提供服务的稳定性。这虽然照顾了少数赤贫人口的需求，却会“连累”大量可以依靠自己力量过上更好生活的人。所以，这样做只是对少数人“普惠”了，却可能使更多需要帮助的人失去“普惠”机会；对这些受影响而无法得到帮助的人，这反而又是不公平的。

（二）小额信贷促进普惠（案例）

印度尼西亚人民银行及其村行在促进普惠中的作用

印度尼西亚（以下称“印尼”）位于亚洲和澳洲大陆之间，是世界上最大的由群岛组成的国家。2009年，印尼人口超过2.3亿，其中60%居住在农村，是一个传统意义上的农业国。与其他发展中国家一样，中小型企业在印尼经济中扮演了重要的角色。在400万企业中，有99%为中小型企业。中小型企业在创造就业和减少收入差距方面发挥了重要的作用，雇佣人数达到数百万人。在私营企业工作的工人中，有99.45%是在中小企业。中小企业对经济总量的贡献也十分巨大，其产值占整个国民生产总值的比重高达54.74%就是最好的证明。

在这种背景下，印尼小额信贷的发展有相当长的历史。印尼采用正规金融作为小额信贷的运作主体。在很久以前，小额信贷机构就开始吸收商业存款。印尼小额信贷机构的规模是其余国家无法比拟的。印尼有超过5万家小额信贷机构，它们的形式多样，包括商业银行、农村银行、合作社、基金会、信用社、国有开发银行以及国有典当行。其中最为著名的就是印度尼西亚人民银行（BRI）及其村行系统（BRI Units）。

BRI的村行系统始建于1969年，作为集约式水稻发展计划的重要组成部分开始试点。20世纪60年代，印尼的投资和生产开始下降，农业部门无法生产出足够的食品满足人们的需要，国内的通货膨胀率超过600%。印尼采取了一系列稳定经济和经济复苏的政策，首要目标是增加食物，特别是稻米的产量。在金融供给理论①的指导下，政府以补贴贷款的形式诱导农民增加对农业新技术的需求。村行的一大作用就是将政府的补贴信贷发放给种植水稻的农民。几年后，村行被允许吸收存款和提供其他贷款服务。不过，到1982年，由于持续亏损，村行已经无法维持，政府停止了该项目。BRI村行被迫走上市场化经营的道路。1984年，村行从渠道机构重组为金融中介，贷款利率提高到足以覆盖成本。运行两年后，贷款业务取得了圆满的成功。

BRI村行的核心业务是提供小额贷款并吸收自愿储蓄，在发展过程中遵循了三项原则：符合客户的需求、简便性以及赢利性。截止到2009年底，BRI在全国范围内共有6.4万名员工、6,360个村行。为了方便客户，BRI着力发展ATM网络等电子化渠道，共设置了3,778个ATM机、60个综合业务亭（Kiosks）、20个现金存款机（CDMs）、6,398个电子数据采集设备（EDC），并且提供了24小时服务的电话银行、网上银行等电子银行业务。2009年，BRI实现7.31万亿印尼盾的净利润，同比增长22.66%。权益收益率（ROE）达到35.22%，资产收益率（ROA）达到3.73%，财务表现良好②。

如今，BRI拥有印尼最庞大的网络，其总行、地区分行、支行、次级支行、村行和乡村服务站为超过3,200万名客户服务，是世界上为农村提供金融服务的最大国有商业性金融机构。BRI及其村行系统为印尼的普惠做出了巨大的贡献。

五、微型金融与社会进步

（一）社会进步的含义及衡量

社会进步不仅仅局限于经济的发展，而是涉及社会、经济领域的各个方面，如教育、健康状况、妇女地位、国防、经济、人口、地理、政治参与、文化、福利成就等。当前，很多国家依然把GDP作为衡量经济表现和社会进步的一个主要指标，局限性非常大。

事实上，人们既关心经济增长，也关注包括环境质量在内的生活质量。人们当前的幸福感，既与经济资源（比如收入）有关，也与人们生活的非经济面（他们做什么和能做什么，他们有什么感觉，以及他们生活的自然环境）有关。

① 第二次世界大战之后，随着乡村信贷的发展，与其对应的金融供给理论也相应发展起来。该理论认为，乡村地区的经济发展需要进行金融诱导，这样才会取得快速的发展。

② 参见《BRI年度财务报告（2009）》。

法国的经济表现和社会进步衡量委员会①在一份报告中建议：评价物质幸福感要着眼于收入和消费，而非生产；要重视家庭角度；要综合考虑收入、消费和财富，并更加重视收入、消费和财富的分布；要把收入标准扩大至非市场活动；要从多维角度测量幸福，并着眼于幸福感的客观和主管方面；生活质量取决于人们的客观条件和能力，应该采取措施更好地衡量健康、教育、个人活动和环境状况；要重视社会联系和不安全感等这些能够用于预测生活满意度的因素，制定并实施可靠的衡量标准；衡量生活质量的所有指标都应该对不平等状况做出评估；应该根据一组精选的实物指标对环境的可持续性进行单独研究，尤其是建立一个明确的目标，显示我们离危险级的环境损害（比如气候变化和自然资源的消耗）有多远。

美国宾夕法尼亚大学的理查德·J. 埃斯蒂斯（R. J. Estes）教授在国际社会福利理事会的要求和支持下于1984年提出了社会进步指数（Index of Social Progress，ISP），涉及10个有关的社会经济领域，选择了相应的36项指标。1988年埃斯蒂斯在《世界社会发展的趋势》一书中又提出了加权社会进步指数（Weighted Index of Social Progress, WISP）。该指数将众多的社会经济指标浓缩成一个综合指数，以此作为评价社会发展的尺度。

（二）以社会进步促经济发展（沛丰、FINCA案例）

国际社区资助基金会②（FINCA，The Foundation for International Community Assistance）由约翰·哈奇（John Hatch）教授于1984年创建，现已发展成为一家国际性的非营利微型金融组织，在拉丁美洲、加勒比地区、非洲、东欧、高加索地区以及东亚有21家分支机构。FINCA发明的乡村银行方法被广泛认为是现代微型金融理论的重大创新之一。乡村银行通过独特的小组模式，将团体担保和个人贷款模式相结合，有效利用社区信息和团体压力来解决信息不对称问题。

FINCA以“向世界上最低收入的企业家提供金融支持，以帮助他们创造就业、购置资产、提高生活水平”为使命。FINCA关注社会进步的各个领域，并以此来扶贫、促进经济发展。FINCA将乡村银行看做是实现千年发展目标的一个关键方法。

① 在探索如何设计更为准确的衡量经济表现和社会进步指标体系的问题上，法国萨科奇政府进行了一些积极的尝试。在萨科奇的要求下，于2008年2月成立了以诺贝尔经济学奖获得者约瑟夫·斯蒂格利茨和阿玛蒂亚·森以及法国经济学家让·保罗·菲图西为首的经济表现和社会进步衡量委员会。

② http：//www. finca. org.

> 我是一个经济学家。我关心的是经济结果。我可以一个接一个地举出许多仅仅用50美元的贷款投入就可以产生100%、150%甚至200%收入的例子。然而当你和人们交谈的时候，他们却很少提及经济收益，取而代之，他们往往会说“我的家庭更巩固了”，“我们的社区开始协助我”以及“我觉得自己开始受到尊重了”，等等。赋予人们力量，这才是小额贷款真正的益处。
>
> ——John Hatch，FINCA的创始人

（1）消除极端贫困和饥饿。每年约有5%的客户脱贫。

（2）普及小学教育。在海地等国家，微型金融客户在子女的教育方面有更多的投资。在乌干达，超过半数的微型金融客户能够从微型企业中获得足够支持子女教育费用的收入。

（3）促进男女平等。FINCA的客户中女性占比超过70%，获得金融服务使得女性获得更多自信以及经济自主权，在家庭中的地位显著提高。

（4）降低儿童死亡率。加入微型金融意味着更多的收入，也意味着更好的营养。一项研究表明，参与微型金融的赤贫家庭有更多的机会食用高营养食品（猪肉、鱼、鸡肉、牛奶），儿童在5岁前的死亡风险降低。

（5）提高母亲健康水平。FINCA的客户在提高收入之后，将余钱花在相似的地方：用于提高家庭生活和医疗健康水平。在穷人家庭，如果母亲能够控制生育，孩子的状况将会更好。研究显示，微型金融客户的避孕率为59%，高于非客户的43%。更多的收入使得家庭可以对这些方面给予更多关注。

（6）抵抗艾滋、疟疾和其他疾病。FINCA与AIG联合推出了针对乡村银行客户的微型保险和人身保险。FINCA还为艾滋携带者提供了健康保险。

（7）确保环境可持续。

（8）倡导全球化合作。

可以看到，FINCA不仅仅局限于简单的放贷，而是关注穷人、社区、社会的全面发展。这一点与联合国的千年发展目标相契合。实践表明，微型金融应当关注社会的全面进步，并以此来促进经济发展。

第三节　小额信贷促进政策

小额信贷兼顾商业效益和社会责任，绝大多数国家都会在政策上予以倾斜。小额信贷的利率是应该管制还是自由化？对小额信贷业务的税收优惠如何实行？对资金来源不同的小额信贷机构，怎样进行分类监管？准入条件一

般有哪些？风险容忍度有何不同？

一、小额信贷利率之争

（一）利率固有的缺陷

传统经济学认为，利率可以通过市场这只无形的手调节到适宜的水平。不过，斯蒂格利茨和韦斯（Stiglitz and Weiss，1981）在《美国经济评论》上发表文章《不完全信息市场中的信贷配给》时，指出了在信息不对称的市场中利率所固有的缺陷，并经典性地证明了信贷配给能实现长期均衡。

在信贷市场中，信息不对称问题广泛存在，银行在事先很难确定借款者的违约风险。银行的预期收益与贷款组合的利率和风险息息相关。重要的是，风险与利率不是独立的。利率会通过逆向选择（adverse selection）和道德风险（moral hazard）的机制影响贷款组合的风险。具体来说，当提高利率时，就会使低风险者退出信贷市场（逆向选择行为），或者使客户选择高风险的项目（道德风险行为）。在这两者的共同推动下，贷款组合的平均风险上升，预期收益下降。因此，理论上就存在某个最优利率值，银行的预期收益最高。当市场供求状况决定的贷款利率高于银行的最优利率时，贷款市场会因为银行面临的高风险而不能实现出清。银行的最优决策是实行信贷配给，将部分借款人排除在信贷市场之外，在使利率维持在最优点的情况下，消除超额需求而达到平衡。

（二）小额信贷高利率与高利贷的区分

从19世纪70年代现代小额信贷诞生以来，其比传统银行高出不少的利率就一直饱受批评。这种质疑随着2007年4月墨西哥的一家小额信贷机构Compartamos以惊人的高价公开发行股份，造就了一批小额信贷行业的百万富翁而达到了顶峰。Compartamos能高价发行股份的重要原因之一就是它的小额贷款利率高，其年化利率高达85%（不包括客户还需支付的15%的税率），权益收益率高达55%。据此，有人认为小额信贷不过是披着“合法化”外衣的“高利贷”。不过，小额信贷的高利率与高利贷有着本质的区分。

小额信贷机构要实现财务可持续，利率就必须高到足以覆盖所有成本。小额贷款利率一般由四个主要部分组成——资金成本、贷款风险损失、管理费用、利润。其中，资金成本和管理费用过高是小额信贷利率高企的重要原因。在市场上，由于小额信贷机构的财务杠杆远低于商业银行，所以投资人对小额信贷机构的资本要求收益率也会比传统银行高；另一方面，如前文论述的那样，小额信贷资金的单位管理成本也更高，在2006年时占到贷款组合的11%左右，是利率的最大组成部分。因此，小额信贷的高利率大部分是出于覆盖高成本的缘故，而不是像高利贷那样“高利润决定高利率”。

墨西哥 Compartamos 的 85% 只是一个极端的例子。据统计，实现财务可持续的小额信贷机构利率逐年降低，从 2003 年开始，平均每年降低 2.3%，远快于银行利率的下降速度，至 2006 年利率约为 26%。而且与低收入借款人的其他资金来源，如消费卡、信用卡、非正规渠道相比，利率明显更低。

（三）小额信贷利率自由化与利率管制

在早期，为了防止出现极端的漫天要价，小额信贷利率常常是受到严格管制的。比如，20 世纪 70 年代，巴西的流动资金贷款利率被固定在 17% 的水平，而当时巴西的通货膨胀率在 20%—40% 之间，造成了实际利率为负的情况，反而生出一系列的弊端。如果利率上限无法覆盖小额信贷机构的成本，将使得向低收入人群放贷变成一项严重依赖于补贴的经济活动，商业性小额信贷机构将无以为继，只有那些受政府补贴的机构才可能存活下来。这一状况还可能造成权力“寻租”，使资金更多地流向非贫穷的家庭和政治精英，这样做反而会阻碍贫困人口获得这种金融服务。金融服务的质量低下，规模也受限于政府预算。此外，许多机构虽名义上满足利率上限的规定，但通过收取额外的费用来获得更高的利率，使一些本应“阳光化”经营的业务，变成了不能“见光”的事，使一些金融风险被掩盖起来，对金融业的健康发展极为不利。

可以看到，利率管制，尤其是过于严格的利率管理，将严重阻碍小额信贷的发展。因此，许多学者提出了放弃利率管制、促进利率自由化的观点。这一观点的逻辑是：大多数借款者愿意并且能够支付商业利率；为了扩大覆盖面，小额信贷机构不能仅靠捐赠，必须吸引投资者，而要吸引投资者，就必须首先实现可持续发展，因此，也必须按商业原则收取维持商业可持续性的最低利率。

利率自由化又必然带来利率多少为“合适”的争论。尤努斯认为：“一个真正的小额信贷机构必须将利率保持在尽可能接近于资金成本的水平……我自己的实践表明，小额信贷利率应当控制在资金成本上浮 10% 之内，最多不超过 15%。”另一些人则认为利率应该更高一些。他们的结论基于两个观点：一是资本的边际收益随规模递减，急需资本的低收入者理应有较高的边际收益，所以愿意支付高利率；二是低收入家庭获得小额信贷之前的贷款利率非常高（如年息 100% 的高利贷），所以如果能保证穷人的经营，减半的利率即使高一点（如 50%）也会大受欢迎。不过，这种观点也常常被质疑。首先，资本边际收益递减的假定忽视了生产过程中的非理性和非资本变量如管理技能和人力资本的影响；其次，Morduch（2010）认为，提高利率在理论上可能会加剧道德风险和逆向选择，造成还贷率降低，还会因此将最可靠的客户排除在外。因此，利率究竟多高算合适，不是简单的理论争论或道德判断可以确定的，更多地，还是应该留给市场来解决。

二、小额信贷业务的税收优惠

对小额信贷业务，许多国家都有税收优惠方面的支持。那么，税收优惠给了谁？如何进行优惠？如何防止小额信贷滥用税收优惠呢？

（一）优惠给了谁

在优惠对象上，各国有不同的规定。有的国家直接将优惠给了小额信贷机构，有的国家对从业人员有所照顾，有的国家则对投资者进行税收减免。

在中国，根据《财政部、国家税务总局关于农村金融有关税收政策的通知》（财税［2010］4号）规定，自2009年1月1日至2013年12月31日，对金融机构农户小额贷款的利息收入在计算应纳税所得额时，按90%计入收入总额。所称“农户”，是指长期（1年以上）居住在乡镇（不包括城关镇）行政管理区域内的住户，还包括长期居住在城关镇所辖行政村范围内的住户和户口不在本地而在本地居住1年以上的住户，以及国有农场的职工和农村个体工商户。本通知所称“小额贷款”，是指单笔且该户贷款余额总额在5万元以下（含5万元）的贷款。

在新加坡，对符合条件的小额信贷机构，视情况给予免税或减税（5%—10%）的优惠；对符合条件的小额信贷机构经理，可以少缴纳10%的收入税。

在比利时，为了使投资小额信贷更有吸引力，对连续持有财政部认可的发展基金的名义股60个月以上，且投资额在350欧元以上的投资者，减免5%的税收。

不管将税收优惠给了谁，小额信贷的客户都将因此而受益。对机构进行税收减免，可以减少成本，从理论上讲，也可以降低利率。对高管和投资者的税收优惠，则将鼓励更多的人才和资金进入小额信贷领域，带来更激烈的竞争，推动小额信贷机构向客户提供更优质的服务。

（二）如何进行优惠

对小额信贷机构税收优惠的主要方式是直接优惠，即减少应纳税额的基数和调低税率。如在我国，对金融机构农户小额贷款的利息收入免征营业税，且在计算应纳税所得额时，按90%计入收入总额，这就减少了应纳税额的基数；在约旦，对传统金融机构征收35%的所得税，对小额信贷机构则享受分档的调低税率，多数情况下所得税全免。也有一些政策方式属于间接优惠的方式，如对于小额信贷机构给予贷款损失准备金税前扣除政策，也可降低其税负。

（三）如何防止滥用小额信贷税收优惠

在现实中，存在着一些商业机构假借小额信贷之名享受税收优惠的情况。这不仅背离了政府扶持小额信贷的初衷，同时也扰乱了小额信贷市场，危害性极大。对于如何防止滥用小额信贷税收优惠，大致有以下一些做法。

1. 对优惠对象进行合理、严格的选择

有些机构名称中带有“小额信贷”的字样，却不一定真正在做小额信贷业务。要让税收优惠的“好钢”用在“刀刃”上，就必须区分真正的和冒名的小额信贷机构。在荷兰，只有符合一定条件，注册为公益机构（ANBI）的慈善团体才能享受赠与税的减免，否则将缴纳高达30%—40%的遗产税和赠与税。这些硬指标包括50%以上的慈善活动面向公众、不能吸收多于持续经营所必需的净资产，以及性质是非营利机构等。而在乌兹别克斯坦则规定只有NGO才能享受税收优惠。

2. 改直接优惠为间接优惠

直接优惠的方式主要是税率的调低和税额的减免，强调的是事后的利益让渡。这种方式是对企业整体经营利润而言的，非小额信贷业务享受了相同的税收减免。间接优惠的方式则主要有加速折旧、投资减免、费用扣除、亏损结转等，主要表现为对企业税基的减免，强调的是事前的调整。如美国对高新技术企业的税收优惠，就以间接优惠为主，通过对高新技术产业的固定资产实行加速折旧、对技术开发基金允许税前列支，以及高新技术产业可享受投资抵免等措施来调整税基，激励企业采用先进技术和加强科技开发来享受相应的税收优惠，达到国家产业升级和优化产业结构的目的。小额信贷的税收优惠可借鉴这些理念。

三、小额信贷机构的存贷之争

（一）按资金来源不同来划分小额信贷机构类型

世界银行按照其资金主要来源的不同，将小额信贷机构划分为“用别人的钱”、“用社员的钱”以及“用公众的钱”三大类。

“用别人的钱”的机构多以NGO的形式存在，又可细分为三小类：（1）传统的只限于捐助资金的NGO，这类非营利组织通常以自助组织（Self-help Organization，SHO）或志愿组织（People's Voluntary Organization，PVO）的形式架构，主要资金来源为捐赠；（2）可有限吸储的NGO，组织形式与第一类相似，也可能是协会、基金会，是通过对客户的强制储蓄或向银行申请少量借贷来扩大资金来源；(3) 由 NGO 转制而成的公司，通过发行商业票据或批发存款来扩大资金来源。

"用社员的钱"的机构多以信用社、储蓄信贷合作社的形式存在，是以社员裙带关系为基础的正规微型金融机构。一般而言，大部分资金来自社员的储蓄和入股的股金。

"用公众的钱"的机构可分为三小类：(1) 得到监管当局许可注册的企业，以专业银行、有限吸收存款公司、可向公众有限吸储的财务公司等形式运营，一般有最低资本金要求；(2) 成员共同所有的特许银行；(3) 股份制银行。后两类小额信贷机构受到审慎监管，需满足最低资本金和资本充足率要求、强制的存款准备金和存款保险要求、资产组合账龄、贷款分类和贷款损失准备金要求以及定期的公告要求和披露标准。

可以看到，区别不同小额信贷机构的重要因素在于负债端而不是资产端。负债的结构表明了小额信贷机构的资金来源是公众还是私人。这些资金可以来源于权益资本、捐助资金、优惠贷款、商业借贷、社员储蓄、机构投资者及公众储蓄。

（二）如何按资金来源不同进行分类监管

资金来源不同的小额信贷机构面临的风险有所不同。"用别人的钱"和"用社员的钱"的小额信贷机构属于非银行类微型金融机构，不能吸收公众的储蓄，风险较小，监管环境可适当宽松；"用公众的钱"的小额信贷机构属于银行类微型金融机构，可以进行存款创造活动，风险容易扩散到整个金融系统，受到的监管理应更严格。对小额信贷机构的分类监管框架如表 2－7 所示。

表 2－7　小额信贷机构分类监管框架

机构类型	决定监管形式的活动	外部监管形式	监管机构
• "用别人的钱"			
1. 传统非盈利 NGO	在捐助或优惠资金内发放小额贷款	不需要—在行业自律组织自愿注册	无，或行业自律组织
2. 可有限吸储 NGO	对客户的强制储蓄、强制存款计划	不需要—在行业自律组织强制注册	行业自律组织
3. NGO 转制为公司	筹措资金的发行工具（商业票据、大额可转让存单等）	注册为法律实体；得到监管机构授权（规模、期限、商业票据工具交易许可）	公司注册处；银行监管当局；证券交易机构

续表

机构类型	决定监管形式的活动	外部监管形式	监管机构
• “用社员的钱”			
4. 信用社、储蓄信贷合作社①	对社员客户吸收储蓄②	向监管机构申报、注册；独立信用评级机构的评级	合作社当局；银行监管当局；或由信用评级机构进行市场化监督
• “用公众的钱”			
5. 专业银行、存款机构、财务公司	向公众有限吸储（超过银行法规定的免监管存款限额）；比 NGO 更集中、但比银行规模小的小额信贷活动	向监管机构注册，符合限制条款（低存款资本比、高流动准备金、对资产活动的限制）	银行监管当局
6. 特许合伙制银行 7. 特许股份制银行	向公众无限制吸储活动，包括通过商业票据和大额存款等吸收资金	在监管机构注册并得到许可；符合资本总额、资本充足率、贷款损失准备金以及全面审慎监管规定	银行监管当局

分类监管的基本思想是：

（1）1—2 类的小额信贷机构属于微型金融机构中非正式的部分，如轮转基金（ROSCAs）、乡村银行等非正式机构。捐助者、政府机构、商业银行等出资人理应有能力做抉择，因此不需要外部监管。这是一种市场选择的监管模式。

（2）3—7 类的小额信贷机构需要受到外部监管，需符合涵盖从设立到监管的标准化注册要求。不过，没有必要为小额信贷机构专门设计建立一套监管体系，可以借用现有的审慎监管准则。

（3）银行法规监管向公众吸储，同时也应该监管其他类型的资源，如非存款类金融证券和工具。许多国家的银行法规将“公众”定义为超过一定数量的在法律上不相关的人。银行法规应当仅仅监管自愿储蓄，不应涉及贷款合同中的强制储蓄或者强制存款计划。

（4）银行和其他受监管的机构通过资本市场活动，如批发贷款、发行商

① 需要特别指出的是，这里所讲的信用社、合作社，资金来源仅限于特定的社员范围内，不向公众吸储。我国的农村信用合作社，实质上与商业银行非常相近，不是国际意义上的合作社。

② 也有一些信用社或合作社向非社员吸收存款，不过，只能向社员发放贷款。

业票据和证券化等手段，提高非存款类资金的流动性。在银行和证券法规的合理监管下，这种活动是可行的。在许多国家，独立的信用评级机构都扮演了重要的以市场为基础的监管角色。不应该对这类机构实现特殊化管理。

（三）怎样的机构才有资格吸储

各国纷纷对可吸储的小额信贷机构设置了较严的准入条件，一般会颁发专门的执照。只有在主体资格、营业地点、资本充足率、流动性、治理结构等方面均符合本国监管当局（一般是中央银行或专门的银行监管部门）规定的小额信贷机构相关条件时才有资格吸储。

（1）主体资格。大部分国家要求开展吸储业务（Deposit Taking Business）的主体是在依照本国公司法的规定，成立的主营业务为吸储的公司或银行和其他金融机构的全资子公司，一些国家还要求公司的名称中带有“吸收存款类微型金融机构”（Deposit Taking Microfinance）或其简称“DTM”的字样。

（2）营业地点。小额信贷机构营业地点的开设、搬迁、关闭，均需得到中央银行的书面批准。对总部、分支机构的开设、搬迁、关闭，代理人及销售终端的开设，均有相应的规定。

（3）资本充足率。对最低资本要求有专门的规定，小额信贷机构的最低资本比率要求一般高于大型金融机构。对表内业务和表外业务的风险权重做了相应的规定。要求小额信贷机构在规定的时间内向银行监管当局汇报。

（4）流动性。要求机构具有完善的流动性风险管理计划，包括管理结构和信息系统、净资金要求的测量和监测、意外事件应对方案、对流动性管理的内部控制等内容。各国对流动资产与存款负债的比率也有各自的规定。

（5）治理结构。对机构董事会的人员构成，委员会①的成员、角色、职能，监事会的成员、角色、职能，首席执行官的任命，欺诈活动的种类，对高管所持有股权的交易限制，单个贷款人借款限制等做出明确的规定。

此外，在内部控制、审计、财务报告规范、信息披露、贷款审查、贷款重组、贷款核销、存款保险等方面也有相应的规定。

四、怎样才能开设小额信贷机构

（一）开设小额信贷机构的前提

对金融机构有审慎与非审慎监管。从理论上讲，对于吸储的小额信贷机构，应当实行审慎监管，开设吸收存款类小额信贷机构必须实行核准制，机

① 常见的国外央行要求设立的委员会有审计委员会、信用委员会、资产负债管理委员会等。

构必须向监管部门证明自己符合相关的要求；而对于只贷不存的机构，则适宜进行非审慎监管，监管部门只提供指导原则和指引性标准，可实行注册制，即投资者只要充分披露了有关信息，在监管当局备案申报后的规定时间内未被拒绝注册，就可以开设，无须再经过批准。

不过，在现实中，大多数国家对只贷不存的小额信贷机构同样实行审慎监管，规定了一系列的准入条件，主要包括：公司的主体资格，如股东人数、持股集中度、最低注册资本要求等；股东资格及义务，如股东的条件、股份的转让限制等；机构资金来源，如融入资金的方式及限额；业务范围和资金运用，如经营的地域、贷款集中度等；公司治理，如完善的股东大会、董事会、监事会、高级管理层结构、专业治理委员会等；内部控制，如收支记录、会计审计制度、资产损失准备、计算机系统、信息披露制度等；监督管理，如主管部门、社会监督、日常监督等。

申请设立小额信贷机构，应向主管部门报送的材料主要包括：筹建申请书，可行性研究报告，筹建工作方案，出资人关于出资设立小额信贷机构的股东协议，出资人关于出资设立小额信贷机构的承诺书，出资人之间的关联关系情况说明及相关证明材料，联系人及联系方式，律师出具的合法、合规性的法律意见书，主管部门要求的其他材料。

（二）小额信贷网络布局规划

与小额信贷的社会目标和商业目标一致，网络布局规划也应该同时兼顾普惠性和商业性。在构建传统的实体网点时，因其成本较高，更多应考虑市场容量和市场属性，如选定在人口较为稠密、经济较为活跃的地区，避免错误选址和重复设置。而在人口分散或者偏远地区，则可以考虑使用替代技术建立“新型网点”。比如，在通讯网络覆盖的地区，开通手机银行服务，既方便快捷又节约成本；在通讯网络无法覆盖的地区，可以考虑设置 POS 机，也能提供多种多样的小额信贷服务（如表 2 -8）。

五、小额信贷机构的风险容忍政策

（一）与大金融机构相比，小额信贷机构风险具有的特殊性

与大金融机构相似，小额信贷机构也面临着各种外部风险和内部风险。内部风险又常常划分为机构性风险、经营性风险和财务管理风险。

外部风险常常不受小额信贷机构控制，包括监管风险、竞争风险、客户特征风险、自然灾害风险和宏观经济风险等。由于对象的特殊性，小额信贷机构的客户特征风险有着显著差异。小额信贷客户往往居住分散，并且没有完善的信用记录，导致了机构与客户间严重的信息不对称。信息不对称导致

了较高的交易成本和损失风险。自然灾害风险也比较特殊。小额信贷更多地投向农业生产，与工业生产相比，受自然因素影响更大。客户经营同质化比较严重，比如遇到干旱的自然灾害，就可能造成所有农户的损失，从而出现大面积的坏账。

表 2-8　　　　使用 POS 机开展银行业务①

战略	具体业务经营	提供的服务	实例
借助商店提供服务	·发放银行卡	·购买	·印度 Corporation Bank
	·在零售商处安装读卡器	·提现*	·塔吉克斯坦 AgroInvest Bank
基本银行服务	·发放银行卡	·购买	·乌干达 CERUDEB
	·在零售商处安装读卡器	·查询余额	·巴西 Lemon Bank
		·取现/发放贷款	·南非 WIZZIT
		·储蓄/偿还贷款	·南非 Teba Bank
		·开设账户*	·菲律宾 CARD
		·汇款*	·菲律宾 RBAP
扩大覆盖面	·发放银行卡	·购买	·博茨瓦纳 Savings Bank
	·在零售商处安装读卡器	·查询余额	·哥伦比亚 Fundacion Social
	·与微型金融机构进行"服务代理"合作，对贷款进行评估和监控	·取现/发放贷款	·巴西 Caixa Economica Federal
		·储蓄/偿还贷款	·巴西 Banco Popular
		·开设账户	·巴西 Banco Postal
		·汇款	
		·保险产品*	
		·贷款评估	

注：*代表并不是总能提供这种服务。

内部风险中，经营性风险被认为是最特殊的风险。经营性风险是小额信贷机构在日常经营中面临的信用风险、担保风险以及自身的低效率等。由于信息不对称给监管客户行为造成的困难，小额信贷机构面临的信用风险较大金融机构更高。大笔小额资金的流出流入、机构地域上的分散、快速增长的业务对系统的压力、缺乏小额信贷信息系统等因素，都导致了小额信贷机构的信用风险。

（二）不同类型小额信贷机构的风险容忍度

① 译自 G. Ivatury. Using Technology To Build Inclusive Financial Systems. CGAP FocusNote No. 32, 2006.

由于不同类型的小额信贷机构在金融体系中所处的地位不同，对它们的风险容忍度也不尽相同。对于只贷不存的机构，即使倒闭，除了不能继续提供服务外，不会危及客户的利益，也就不可能对金融体系造成威胁。因此，对这类机构的风险容忍度，也就是在设置其可容忍的最高风险暴露值时，可以适当高一些，甚至没有必要进行监管。然而，吸收公众存款类机构的倒闭则会直接损害储户的利益，同时还可能挫伤公众信心和破坏金融体系而波及其他机构，对这类机构的所能容忍的最高风险暴露值就必须低一些。对于只吸收会员存款的小额信贷机构，由于储蓄资金来源有限，即使破产也不会对公众利益造成损害，而且会员本身也能起到监管者的作用，因此可以放宽对它们的风险容忍限制，介于前两类机构之间。

在我国，时任银监会主席刘明康曾于2010年末提出，银行业的不良贷款率控制在2%左右较为真实和合理。考虑到小额信贷机构对金融体系的冲击相对较小，风险容忍度可以适当放宽，比如，适当放宽到4%—8%，应该是可以接受的。

参考文献

一、英文

1. Abbassi. Access to Finance: Microcredit and Branchless Banking in The Hashemite Kingdom of Jordan. 2009.

2. Allen & Overy. Microfinance Bulletin 2009 - 09.

3. Arnold. On the Possibility of Credit Rationing in the Stiglitz - Weiss Model [J] . University Of Regensburg Discussion Papers in Economics, No. 403.

4. B. Armendárizeatriz and J. Morduch. The Economics of Microfinance, 2nd ed. MIT Press, Cambridge, 2010.

5. B. Lawsky. Money for nothing: charitable deductions for microfinance lenders. 2008.

6. Brigitte Young. From microcredit to microfinance to inclusive finance: a response to global financial openness [J] . 2010.

7. CGAP. Operational Risk Management. Participant Course Materials, 2003.

8. G. Ivatury. Using Technology To Build Inclusive Financial Systems. CGAP Focus Note No. 32, 2006.

9. Helms and Reille. Interest Rate Ceilings and Microfinance: The Story So far. Occasional Paper NO. 9, 2004.

10. Isern, Abrams and Brown. Appraisal Guide for Microfinance Institutions. CGAP, 2008.

11. J. Morduch and B. Haley. Analysis of the Effects of Microfinance on Poverty Reduction [J]. NYU Wagner Working Paper, 2002.

12. Kellee Tsai. Beyond banks: the local logic of informal finance and private sector development in China [J]. John Hopkins University, 2001.

13. Lauer, Dias, Tarazi. Bank Agents: Risk Management, Mitigation, and Supervision. CGAP Focus Note No. 75, 2011.

14. Lehner, Maria. Group versus Individual Lending in Microfinance. Munich Discussion Paper 2008 – 24.

15. Megan Yuenger. Policy brief: microfinance as an economic development tool in.

16. Microfinance policy framework for Nigeria. Central bank of Nigeria, 2011.

17. R. Rosenberg, A. Gonzalez and S. Narain. Are Microcredit Interest Rates Excessive? [J]. CGAP, 2010.

18. SHAHID KHANDKER. Does Micro – finance Really Benefit the Poor? Evidence from Bangladesh [J]. Asia and Pacific Forum on Poverty, 2001.

19. The Microfinance (deposit – taking microfinance institutions) Regulations, 2008. Central bank of Kenya, 2009.

二、中文

1. 《北京市小额贷款公司试点实施办法》。

2. 储小平："家族企业研究：一个具有现代意义的话题"，《中国社会科学》，2000 年第 6 期。

3. 哈里斯：《2006 国际小额信贷峰会运动主题报告》。

4. 微型金融远程学习课程：《联合国资本发展基金》，2002 年。

5. 吴晓灵、焦瑾璞等：《中国小额信贷蓝皮书（2009/2010）》，经济科学出版社 2011 年版。

6. 席琼玉："印度小额信贷问题研究"，《小额信贷通讯》，2008 年第 3 期。

7. 尤努斯：《2015 贫困减半——我们能够实现》，2003 英联邦讲演。

8. 张伟：《微型金融理论研究》，中国金融出版社 2011 年版。

第三章　代表性微型金融机构及其业务模式（上）

第一节　孟加拉格莱珉银行

“穷人总会还款的。”正是这样的信念，支撑着穆罕默德·尤努斯（Muhammad Yunus）创办了格莱珉银行，建立了格莱珉经典模式和格莱珉第二代模式，掀起了以小额信贷消除贫困的全球运动。格莱珉银行是小额信贷的起源，它建立的原则和模式为之后的小额信贷发展奠定了基础。

一、起源与发展

孟加拉格莱珉银行创建于 20 世纪 70 年代中后期，是世界金融史上第一家真正属于穷人的“草根银行”。它从 27 美元的微小贷款起步，发展到现在拥有 2,566 个分支机构、838 万借款人，累计放贷 110 亿美元。目前，格莱珉银行模式已成为国际小额信贷的主要模式之一，被许多国家复制和推广，帮助了数百万贫困人口脱离贫困，而其创始人穆罕曼德·尤努斯也因此在 2006 年获得诺贝尔和平奖。

1976 年，在孟加拉国乔布拉村，当时身为吉大港大学（University of Chittagong）经济学教授的尤努斯遇到了制作竹凳的工人苏菲娅·卡图（Sufia Khatoon）。苏菲娅从贷款者那赊购原料然后加工卖回给贷款者，一个竹凳 2 美分的微薄利润令她难以养活 5 口之家。只因为借不到 22 美分（除了可以借高利贷，但那样会使情况更糟），苏菲娅就无法摆脱当时的恶性循环。尤努斯深受触动，他随即展开调查，发现当地有 42 个人由于总共欠贸易商 27 美元而处境悲惨。尤努斯自掏腰包让他们还清了借款。不久后，27 美元被全额偿还，这让尤努斯相信穷人是有信用的，他们有着还钱的意愿和能力。于是，尤努斯开始积极与各大金融机构联系，劝说他们向穷人发放贷款。

1977 年，孟加拉国中央银行决定资助尤努斯在坦盖尔区进行试点，经过 5 年的发展，小额信贷的客户数达到了 2.8 万户。1983 年，孟加拉国政府颁布了《1983年特别格莱珉银行法令》，格莱珉银行诞生，正式开始以金融机构的身份提供小额信贷服务。

从此，格莱珉银行中那些被人津津乐道的经典开始被一一创造：无抵押贷款，使得拥有少量资产或者无资产的人们可以获得贷款；每周一次、期限一年的分期还款，使得人们有能力逐步还清贷款，更容易被贷款双方所接受；小组贷款，使得小组成员之间形成了相互的担保和监督机制；小组基金，小组的一个小型银行，使成员学会了储蓄；主要贷款于女性，因为女性维护家庭完整和子女利益的意志更强；提出了金融机构在提供金融服务的同时，还应肩负关注客户的健康、住房和教育等社会发展的使命。

但是经典也会遇到冲击和困难。1998年，孟加拉国发生了历史上最严重的洪灾，格莱珉银行中71%的分行、58%的中心和52%的会员受到了洪灾的影响。为帮助借款人，格莱珉银行允许他们从小组基金中提款，并向他们提供新的贷款、免息现金等。但当洪灾过后，格莱珉银行的借款人面临着同时还新贷款、旧贷款以及补充小组基金的沉重负担。经典的格莱珉银行模式因缺乏足够的灵活性而无法应对这样的危机，很多借款人与银行失去联系，还款率急剧下降，这迫使尤努斯和银行管理层寻求变革和创新。为了更好地应对危机和灾难、更好地为借款人家庭提供金融服务，银行上下通过努力打破了原来经典的格莱珉银行模式，创造了第二代格莱珉银行。新的格莱珉银行不再采取小组贷款，而是每一个成员都可以同时获得贷款，且拥有更灵活的贷款方式，小组基金也被废除，取而代之的是每个贷款者单独的储蓄账户。第二代格莱珉银行还引进养老金储蓄计划，开展乡村电话项目，向乞丐贷款并大力发展教育贷款等服务。

十年过去了，时间已经证明，第二代格莱珉银行模式非常成功。现在格莱珉银行模式也开始风靡全球。

二、内部结构与治理

1983年，格莱珉是一家由政府拥有的银行，政府持有60%的股权，借款人拥有余下的40%。但是尤努斯相信，只有产权上为穷人所有才能更好地为穷人所用。于是，在经典模式下，作为贷款的一个强制条件，每个借款人都需要购买1股的银行股份，股份面值是100塔卡，小组基金的第一个100塔卡用来购买银行股份；在第二代模式下，每个借款者必须将每笔贷款的一部分存入特别储蓄账户，这些账户最初3年不能支取，但是可以用来购买银行股份。目前格莱珉银行90%的股份为借款人拥有，10%为政府所有。

作为银行的大股东，借款人有权选举董事会成员。格莱珉银行董事会13

名成员中9名都由借款人选举产生，这9名均为女性，其余4名由政府委派及格莱珉前任执行董事担任。董事会成员中借款人代表占更大比例，确保了借款人利益能得到很好保护（如图3－1）。

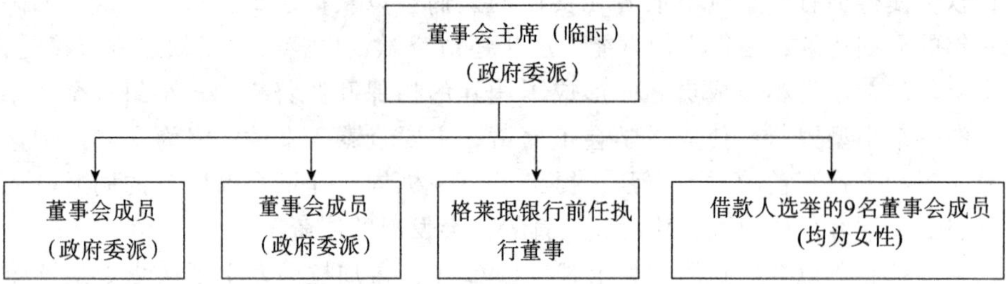

图3－1 格莱珉银行董事会

在管理结构上，格莱珉银行呈金字塔形，分为总部—大区行—地区行—分行四层。其中基层管理单元是分行，通常包括1名分行经理，1名高级助理，几名银行工作人员，以及1名信差兼保安。1家分行通常管理80个中心，每个中心又包括6—8个小组。1名银行工作人员（又被称为“中心管理员”）负责10个中心。银行经营中上一个管理层级是地区行，它管理着10家分行。10个分行构成一个大区行。大区行由位于首都达卡的总行管理。①

分行从成立第一天开始就被授权从会员及非会员中吸收储蓄存款，以确保其能迅速地实现盈利并做到自求发展。中心管理员每周会召开一次中心会议，其管理的小组都需要参加，在中心会议上，还款和存款都当众收讫，以便防止银行职员私吞款项或者借款人撒谎，保持金融交易的透明度。另外，银行职员还可以介绍新产品并第一时间得到借款人的反馈，借款人也能随时提出问题与银行职员或其他人交流。

总部每年召开1—2次大区行经理会议，总行所有的人员和各大区行的经理及审计官都会参加，会上大家探讨银行面临的各种重大问题并做出相应决策。借款人也可以通过选举的董事会成员向管理层传达银行或者借款人遇到的重大问题（如图3－2）。

这种决策权下放和垂直的管理结构，使得格莱珉银行整个体系信息畅通，管理成本较低，管理效率较高。

---

① 阿西夫·道拉、迪帕尔·巴鲁阿：《穷人的诚信》，朱民等译，中信出版社2007年版，第26页。

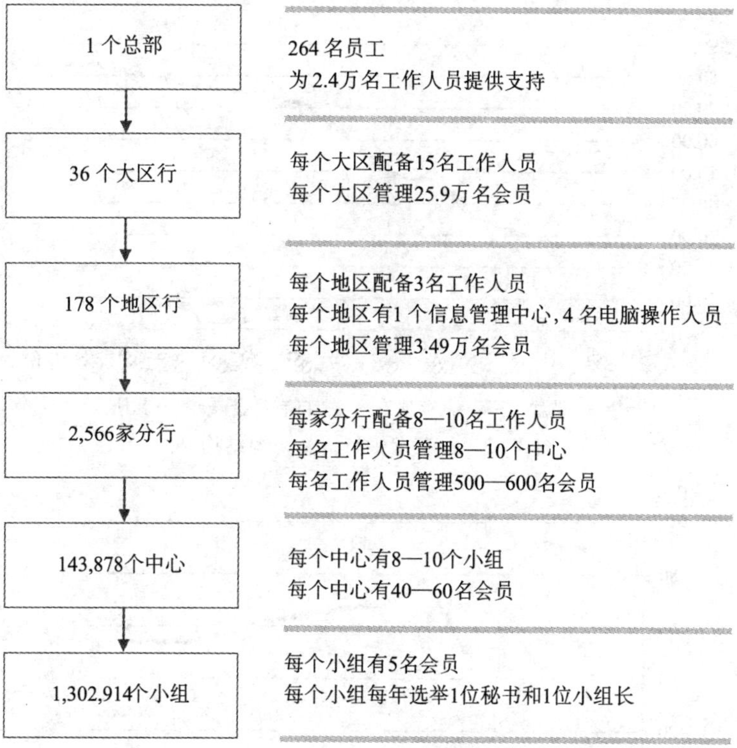

图 3－2　格莱珉银行的组织结构

三、资金来源

成立之初，格莱珉银行的资金主要来源于政府补贴贷款和捐赠机构的捐赠，其中包括 1,600 万美元的捐赠和 8,100 万美元的低息贷款。20 世纪 90 年代中期，格莱珉银行的大部分资金来自政府和银行发行的债券，其中政府资金是以优惠利率提供的，而债券的利率也低于市场水平。

1995 年，格莱珉银行决定不再接收捐助资金，开始自力更生。随后，银行通过开发和销售新的储蓄产品，资金自给率不断提升。截至 2012 年 1 月，格莱珉银行自有资金占未偿贷款的 17%，存款占未偿贷款的 151%。在格莱珉银行资金来源结构中，存款比例不断上升，成为其最主要的资金来源（图 3－3）。而在存款资金中，只有约一半来自借款人（即成员），另一半来自对非成员的储蓄吸纳（图 3－4）。从图 3－4 中，可以看到，成员的存款占比有不断下降的趋势，这一方面说明格莱珉银行存款类产品开发和销售的成功，另一方面，也体现出该银行在非成员人群中的认可度在不断上升。

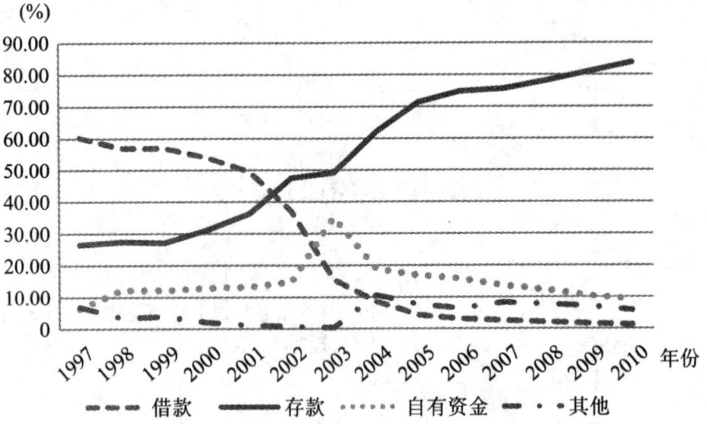

图 3－3　格莱珉银行资金来源结构①

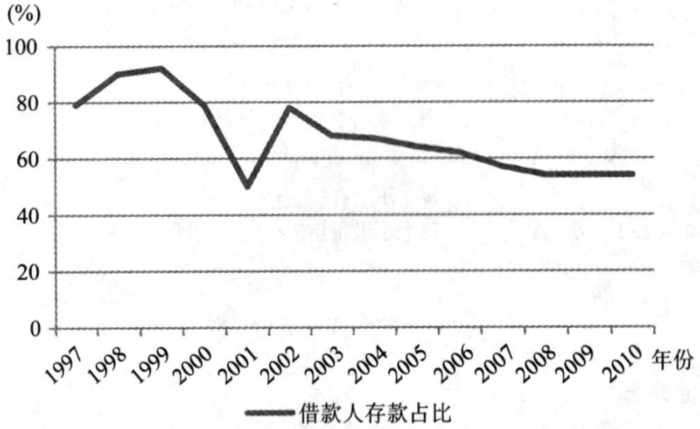

图 3－4　格莱珉银行借款人存款额占总存款比例②

四、主要业务

（一）服务对象

格莱珉银行的贷款业务只针对穷人。通俗来讲就是，除了赤贫者之外，你拥有得越少，也就越容易获得贷款。最初，格莱珉银行根据借款者拥有的财产价值来判断是否满足标准，具体为拥有不超过半英亩中等质量的可耕种土地，或财产价值不超过 1 英亩中等质量土地的家庭。后来，格莱珉银行创

① 数据来源：http：//www. grameen－info. org/。

② 数据来源：http：//www. grameen－info. org/。

立了10项指标（见BOX 1①）来计算借款者的贫困程度，借款者满足的指标越少就越贫困，从而越容易得到贷款。在性别上，格莱珉银行更关注女性。因为在孟加拉国，妇女的社会和经济地位都相对低下，格莱珉银行希望可以通过贷款及其他服务提高妇女的能力。此外，研究表明女性在改善生活状况和孩子教育方面做得比男性好得多。目前，该银行96%的成员都是女性。格莱珉银行的储蓄业务则向所有人开放，包括非会员（即非借款人）。

BOX 1　10项指标

1. 会员及其家人居住在有马口铁皮制屋顶的房子里，或房屋价值至少在25,000塔卡以上，家庭成员睡在床上，而不是睡在地上。

2. 会员喝来自管道的干净水，开水，或使用明矾、净化物质、净化容器提纯的不含砷的水。

3. 会员所有家庭成员身体和智力正常，并且6岁以上的子女要么在上小学，要么已经毕业。

4. 会员每周至少还款200塔卡。

5. 会员的所有家庭成员使用卫生清洁的厕所。

6. 所有会员的家庭成员日常生活中有足够的衣服。而且，全家均有过冬的衣服，如用旧衣服改制的外套、长袍、羊毛衫、棉被、毯子等使他们御寒，同时还有蚊帐以使他们躲避蚊虫的叮咬。

7. 家庭还有额外的收入来源，比如：菜地、果树等，当他们需要额外的收入时可以依赖这些资源。

8. 借款人在其储蓄账户中年均保持5,000塔卡的余额。

9. 借款人有能力全年为全家人提供一日三餐；全家人基本上不会面临饥饿的困境。

10. 所有家庭成员清楚自身的健康状况。当家庭任何成员生病时，他们能够立刻采取行动进行正确的治疗并能够支付医疗费用。

（二）典型业务模式

自第二代格莱珉银行模式创建以来，格莱珉银行贷款业务不再使用小组联保模式，即小组不再对其成员的个人贷款负责。成员可以同时得到贷款并且每一个借款人都有自己的贷款上限，每一个成员也拥有自己的储蓄账户，而不是之前的小组基金。这意味着格莱珉银行现在将焦点聚集在每一个成员上，每个成员都可以根据自身情况获得最合适的金融服务。但这不代表小组这个概念被废除，成员依旧要5人一组，并且要参加每周一次的中心会议。格莱珉银行会根据成员—小组—中心三方表现来确定成员的贷款上限，表现良好的还会给予奖励。而小组的中心会议仍然是成员形成资本、与其他成员共享促进家人健康、社会发展相关信息的重要平台。同时，中心会议还有助于突破家庭成员间狭窄的“信任半径”，让成员更好地参与到社会和经济活动

① 阿西夫·道拉、迪帕尔·巴鲁阿：《穷人的诚信》，朱民等译，中信出版社2007年版，第175页。

中去。[1]

与传统银行不同的是，格莱珉银行实行的是无抵押贷款，并且还款方式更加灵活。还款是否分期、分多少期以及分期还款额都可以根据借款人经营环境的不同进行调整，以便能最大限度满足借款人需求。

格莱珉也向社会开放储蓄业务，通过储蓄业务吸收资金然后贷款给借款人是其作为银行的本能盈利模式。在鼓励自愿存款的同时，为了培养穷人客户的长期规划能力，特别设计了强制养老金储蓄，即借款人被要求定期向一个养老金存款账户存入固定数额的款项。

（三）主要代表性产品

格莱珉银行的信贷产品包括基本贷款、灵活贷款、特别投资贷款、住房贷款、教育贷款以及最具创新的"乞丐贷款"。

基本贷款是格莱珉银行最重要的一类贷款，期限从3个月到3年不等。期限在1年以内的贷款可以一次性还清，或者根据借款人确定的还款计划进行。借款人还可以进行按每1个月，或2个月或多次的较大额度的分期还款。而分期还款额可以根据借款人经营环境不同而进行调整，比如经营高峰期还款额可以较高，经营非高峰期还款额可以降低，但是每次分期还款的最低还款额不得低于贷款总额的1%。

除此之外，成员还可以将其在贷款期限内前6个月内偿还的金额再次借出，并将新借出的金额加在未偿还的贷款中，使得贷款再次达到全额，使这种贷款表现出循环融资的特征。这使得在出现投资机会时，成员不必等待过长时间便可获得新的资金。贷款上限的确定有两种标准：第一是全部累计储蓄金额的150%。第二是取决于个人、所在小组及中心的表现，如果借款人按完全按协议做好还款和储蓄并且参加了每次的中心会议，则贷款上限上浮10%；如果借款人偿还了全部贷款但是错过几次分期付款和中心会议，则贷款上限上浮5%。银行将以上两种标准的较高金额作为成员的贷款上限。

灵活贷款是对基本贷款的一种缓冲，当按原来还款条件还款有困难时，借款人可以将基本贷款转为灵活贷款。灵活贷款允许借款人可以减少分期还款额，延长贷款期限，不过最长不可以超过3年。另外，如果借款人按时还款、按时储蓄并定期参加中心会议，则可以将首6个月或首26个星期的贷款借出2次；如果借款人首6个月还款不定期，但之后按期还款、按期存款、按期参加中心会议，则借出比例为175%；如果只是按期还款和参加中心会

---

① Asif Dowla, "In Credit We Trust: Building Social Capital by Grameen Bank in Bangladesh," *Journal of Socio - Economics*, vol. 19, no. 2, (2006), p. 102.

议，则基础比例为 150%；如果只是按期还款，则借出比例为 125%；如果都不定期，则借出比例为 100%。如果归还灵活贷款也出现问题，借款人还有机会签订新合约。不过在灵活贷款下，借款人储蓄账户的资金只能用以还款，不能支取他用。当借款人按计划还清灵活贷款后，会进入 3 个月的观察期，如果表现合格，借款人将重新拥有基本贷款的借款资格。

特别投资贷款，又被称为"特别投资项目"或者"微型企业"贷款，是为独特和重要的项目提供的融资。这类项目通常需要更大规模的资金，比如租赁业务、家畜贷款业务以及乡村电话业务等。以乡村电话业务为例，在贷款之前，借款人有 1—2 个月的预备期。在预备期，银行对借款人进行资格审核，借款人必须在银行有两年及以上的良好信用记录，会识字或子女会读写，能够理解英文及数字，有能力至少经营一个月，并且需开设一个乡村电话的储蓄账户。预备期后，借款人通过格莱珉银行的融资租赁方式从其集团公司——格莱珉电信公司买入电话机的所有权。贷款期间，银行拥有电话机的所有权，融资租赁期限最长为两年，贷款清偿后电话机归借款人所有。借款人以 50% 的折扣向格莱珉电信公司购买通话时间，然后向客户提供电话服务、收取电话费并维护电话机。借款人每周还款并记录每日的电话使用情况。银行每周收款并将 75% 存入其储蓄账户，电信公司从借款人储蓄账户扣收电话费和其他费用。

住房贷款在 1984 年就已经被引进，目的是保护借款人规避自然灾害损失，因此其年利率为较低的 8%。住房贷款的最长期限是 5 年，最高金额是 1.5 万塔卡，借款人一般每周还款。用贷款修建的房屋必须满足一定的最低标准，并且只能自用，不能出租。

教育一直是格莱珉银行关注的问题。目前格莱珉银行推出了 2 类教育贷款。第一类是高等教育贷款，对象是加入银行 1 年以上成员的子女。贷款包括高等教育从入学到毕业的所有费用，学费和其他费用按年度转入，食宿费按季度转入。银行根据借款学生在校表现情况决定是否给予下一学年的贷款。在校期间，贷款是无息的。自毕业后第一个月起，贷款开始计息，利率为 5%。不同学科学生有不同的最高还款期限，学生可以和银行商定每月还款数，学生也可以提前还清。第二类是辅导贷款，面向上大学预科的成绩优异的学生。这类贷款只包括学费，并且从第一天开始就要计息，利率为 5%。如果学生考入大学后还需要高等教育贷款，则可与辅导贷款合并。如果学生未考入大学或者不再贷款，则需要在辅导贷款获得后一年内分期归还。

乞丐贷款是格莱珉银行开展的一个面向极度贫困人群的项目，旨在向最贫困人群提供信贷资源来帮助他们减轻贫困。在这个项目中，分行被要求制定出该地区乞丐的名单和可以帮助他们不再乞讨的方法。乞丐成员拥有一系列特权，比如不需要加入任何小组，不需要存款、定期还款和参加会议。乞丐贷款是免息的，其平均额为普通成员贷款的1/10—1/5，不必执行分期还款，也没有还款期限。归还方式及期限由借款人自己选择，并且在13周之后便可以再借款。银行会和乞丐成员保持日常联系，并且帮助他们经营小本生意来自食其力。这类贷款：一方面，更多体现的是对赤贫人口中那些想改变自己生存状况的人的一种人道帮助；另一方面，由于格莱珉除了提供贷款外，还为这些乞丐提供经营方面的帮助和辅导，体现出格莱珉不仅是“授人以鱼”，更是“授人以渔”的一种经营理念。

（四）信贷外业务

尽管吸收储蓄不是格莱珉银行的主要目标，但仍是其核心业务之一。目前，格莱珉银行开展的储蓄业务有GPS（Grameen Pension Scheme）、定期存款、“七年翻番”以及月度收入储蓄计划。格莱珉银行存款人的收入是免税的。

GPS是针对成员的强制性养老计划，成员每月存入一笔固定金额的存款，存满5年或者10年之后，累积的本息和将以整笔或月付的形式返还给成员。每月存入的金额根据成员的借款额确定，借款额5,000塔卡以下每月强制性存款为最低50塔卡，借款额5,000塔卡以上每月强制存款最低为100塔卡。存款的金额在10年内会翻番，这保证了成员在年老时能有收入维持生计。

定期存款和“七年翻番”计划向非成员及成员开放，以便他们为了大额预期费用，如子女上学或结婚等而储蓄。定期存款的期限为1—3年，“七年翻番”为7年，两类业务都是1,000塔卡起存，存款金额必须是1,000塔卡的倍数，“七年翻番”的利率要高于定期存款（一般略高于10%，以保证存款额7年后翻番），提前支取时，将会受到利息扣减，甚至完全没有利息的惩罚。

月度收入计划也向所有人开放，期限为5—10年，起存数为2万塔卡，存款金额必须是1万塔卡的倍数，存款人可以每月收到利息。

格莱珉银行还将之前累积的小组基金发起成立了一个共同基金——格莱珉1号共同基金。基金投资于资本市场，收入用来为成员提供人寿保险、灾后减灾以及支持一些改进成员福利的活动。该基金在首次公募时获得了9.5倍的超额认购，并于2008年5月进行了增发。

五、社会贡献及发展趋势

孟加拉国是世界上人口密度最大、最贫穷的国家之一，约80%的人们生活在农村。据世界银行统计，孟加拉国约有50%的人口生活在贫困线以下，其中34%的人口生活在极度贫困线以下。2010年，孟加拉人均GDP为638美元。减贫一直是这个国家发展的重要目标，同时也是格莱珉银行的首要目标。据Hossain的调查显示，格莱珉银行92%的借款人收入都得以增加，同一村庄，格莱珉成员比非成员的经济条件改善的速度更快。

格莱珉银行贷款给女性，对妇女收入、就业、消费、生育以及决策权力等方面都有积极的影响，给女性贷款也改善了儿童的营养状况。格莱珉的乡村电话项目不但提高了借款人的收入，还减少了“信息贫困”，为用户节省了时间和金钱，提供了市场价格和市场趋势方面的信息，减少了从乡村地区和中东地区汇款转账的风险。另外，电话使人民更好地为自然灾害做好准备，提高了时效，并且由于在农村地区甚至在国外的家庭成员之间能够保持联系，还使社会关系更加紧密。[①] 教育贷款增加了穷人子女接受高等教育的机会，格莱珉设立的奖学金也提高了借款人子女的考试成绩。而通过向乞丐贷款，格莱珉银行将该国最贫困的人们包括进来，通过向他们提供贷款及服务来帮助他们。截至2012年1月，格莱珉银行乞丐成员数量达到86,298名，其中大部分都不再乞讨，开始自力更生。

格莱珉银行的储蓄计划挖掘出了贫困人民的储蓄潜力，让她们脱离了低储蓄的陷阱。截至2012年1月，格莱珉银行的存款额达到13.88亿美元，越来越多的人开始运用储蓄手段来预防未来的灾害或大额支出，养老金计划也使得人们能老有所依。可以说，格莱珉银行培养了穷人们的长期眼光。

对全球小额信贷业来说，格莱珉银行无疑做出了重大的贡献。其经典模式已被世界一百多个国家效仿，而其创新的第二代格莱珉银行模式也被土耳其、赞比亚和印度等国借鉴。格莱珉银行业也一直积极地给希望仿效格莱珉模式的组织提供金融和技术支持，以求推动全球小额信贷发展。

虽然格莱珉银行目前保持着“一直被模仿，从未被超越”的状态，但是随着格莱珉银行经典和第二代模式被越来越多地复制，格莱珉银行的优势也在一点点减少。而在如今的孟加拉国，小额信贷业竞争日益激烈，客户从一家转到另一家十分容易，并且贷款发放的等待期也越来越短。面对竞争，格莱珉银行在今后的发展中必须提高效率，不断找到和创造客户的需求，努力提供差异化产品和服务。

不仅如此，其创始人尤努斯与政府之间的纠纷也让人担忧。政府要国有化格莱珉银行究竟只是猜想还是事实，现在尚不清楚。但是面对市场的竞争，

---

① 阿西夫·道拉、迪帕尔·巴鲁阿：《穷人的诚信》，朱民等译，中信出版社2007年版，第76页。

面对不确定因素，格莱珉银行的未来仍是任重而道远。

第二节 2010南美综合排名第三：巴西的Credi Amigo

Credi Amigo是巴西的商业银行——巴西东北银行开展的小额信贷业务，商业银行众多的网点有利于小额信贷业务拓展，而巴西东北银行为Credi Amigo专门建立的简洁的管理结构和创新的基层组织人员外包的方式使得小额信贷业务免于大银行繁杂结构与程序的拖累，减少了成本，提高了效率。巴西的Credi Amigo是商业银行开展小额信贷业务的代表，值得我们借鉴和学习。

一、起源与发展

一般来讲，银行业是讲究门当户对的。大银行是没有兴趣，也没有能力做好小额信贷业务的。因为在大银行眼里，小额信贷费时费力，而且大银行复杂的结构和相对呆板的模式不适合开展小额信贷。但是随着小额金融商业模式的日渐成熟，其服务弱势群体的理念、巨大的市场潜力和稳定的回报，正吸引越来越多的大银行投身其中，开创出许多成功的介入之道。

巴西的Credi Amigo就是一个例子。Credi Amigo是巴西东北银行的一个小额信贷项目，至2010年累计发放贷款约12.3亿美元，拥有客户约738万人。在2010年南美小额信贷排名中，Credi Amigo以其综合实力位居第三。巴西东北银行于1954年成立，是一家国有商业银行，银行业务网点涵盖巴西9个州，是巴西东北部最大的金融服务机构。

巴西东北银行原本像大多数商业银行一样，并不针对小额信贷需求者开展业务。20世纪90年代，巴西宏观经济的变革促使巴西东北银行开始推进内部改革，而新上任的总裁是一个致力于发展微型企业的人物。巴西东北银行开始从业务的权限管理和业务流程、人力资源、技术手段、强调对客户的责任感和提高工作效率方面进行了系统的改革。通过改革，东北银行为发展微型金融创造了一个良好的环境。此时，世界银行也看到了巴西小额信贷市场的机遇，特别是巴西东北部巨大的小额信贷需求，吸引着世界银行积极寻求合作者。巧的是，世界银行正想探索与商业银行，而不是之前的NGO，合作的模式。在这样的天时地利人和下，Credi Amigo项目于1997年12月率先在巴西东北银行的5个分支机构内开展。

开展最初，Credi Amigo只有一种产品：90天个人贷款；贷款人需5人以上成立一个小组，小组内互相担保；每半个月还款一次；利率高于巴西东北银行的普通贷款，但要远低于民间借贷利率；鼓励提前还款，新贷款将在24小时内发放。在最初的4个月，项目进展得非常顺利，极大地鼓舞了银行管理层，同时也激起了管理层扩张的欲望。银行开始决定将试点从5个分支机构扩张到50个，并提出一年内10万个客户的目标。急于扩张、忽视风险的行为导致贷款损失率一路飙升，2年后，贷款损失达到200万美元，银行管理层意识到事态的严重性，开始叫停扩张行为，并开始全面关注贷款质量，经过半年的努力，贷款损失率终于回归到正常水平。

在银行急于扩张前，世界银行给过风险提醒；而在银行扩张时，世界银行暂停了资金资助；但在最后，世界银行还是和巴西东北银行合作，继续给予了资金和技术支持。很重要的一个原因是，银行管理层坚定地致力于发展小额信贷的信念，这使得银行能把焦点转回到贷款质量和可持续性上。世界银行也因此继续与巴西东北银行的合作。2001年，Credi Amigo完全实现了财政可持续。

随后，巴西东北银行开始积极学习各国先进的微型金融经营之道，并与NGO机构纷纷建立合作关系。利用巴西东北银行强大的分支网络，Credi Amigo现被巴西人民亲切地称为“平民银行”。

二、内部结构与治理

Credi Amigo虽然是巴西东北银行开展的一个项目，但是其内部结构与治理和巴西东北银行并无太大联系。Credi Amigo由总裁的参谋长直接管理，这确保了项目在各个分支机构开展及分权时可以得到总裁无条件的全力支持。最初，Credi Amigo由20多个银行总部员工管理，随着项目的发展，逐步开始了从各个分支机构中选取高级管理人员。

为了避免银行公会集体谈判制度可能导致的Credi Amigo劳资纠纷等问题，银行将其信贷员和其直属上司外包给其他公司。目前，外包人员占到项目员工总数的80%。Credi Amigo的员工相当于工作在与银行独立的部门，简洁和一体化的结构使得Credi Amigo效率更高、反应能力更快。而Credi Amigo的管理模式也影响着巴西东北银行，特别是在员工激励和“低拖欠文化”的建设方面。这种将基层组织外包的组织模式，是很值得认真研究和借鉴的。

三、资金来源

最初，Credi Amigo的资金主要来自巴西东北银行及外部机构和组织的支持。自2001年实现了财政可持续性后，Credi Amigo的资金已经更多的是依靠自身业务取得的收入（见图3-5）。

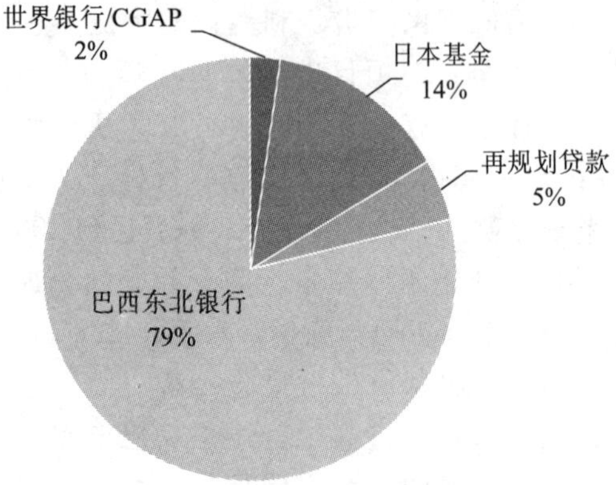

图 3-5 Credi Amigo 资金来源

四、主要业务

（一）服务对象

Credi Amigo 的客户都是自我雇佣、个人企业家或者经济部门互助团体中的人们。Credi Amigo 还为那些有兴趣开展生产性活动的人提供信贷服务。在客户性别方面，Credi Amigo 像大多数小额信贷项目一样，以女性为主，其中 65% 的客户为女性；按家庭收入来分，76% 的客户家庭年收入低于 893.5 美元；在年龄层上，由 36 岁到 50 岁最多；而贷款发放的领域，则以商业贸易类为主（见图 3-6 和图 3-7）。

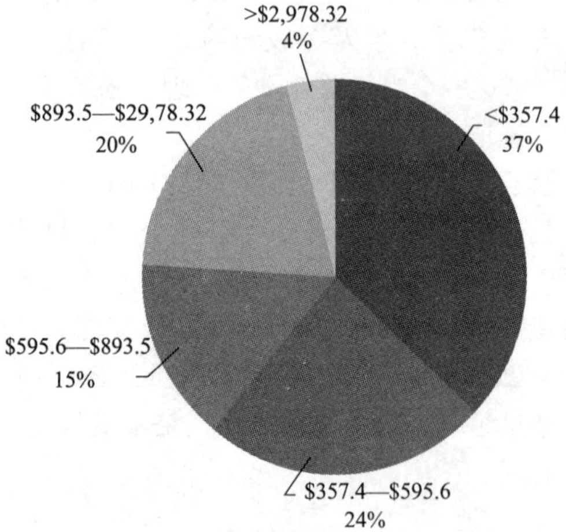

图 3-6 Credi Amigo 客户家庭收入分布①（单位：美元）

① 数据来源：Credi Amigo 2010 年年报。

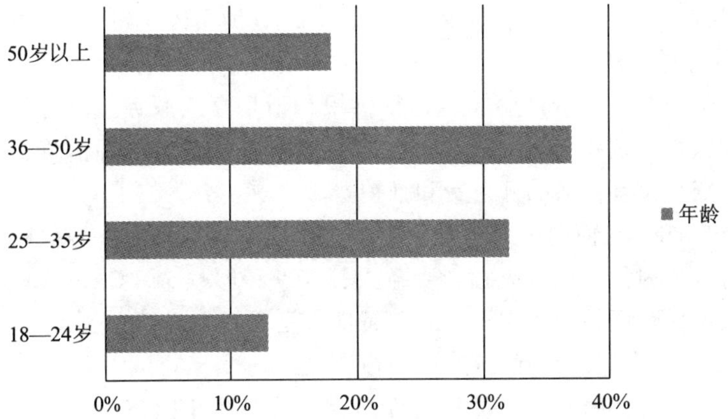

图 3－7 Credi Amigo 客户年龄分布①

（二）典型业务模式

从一开始，Credi Amigo 就选择采用互助小组的业务模式。成员自愿组成小组，小组中每一个成员的诚信都会影响小组所有成员的贷款获取能力，大家共同承担偿还责任。成员之间的这种隐形担保有利于业务的开展和风险控制。采用这种模式，Credi Amigo 成为南美最大的小额信贷项目，使得企业家们可以获得从传统金融体系得不到的信贷。2005 年，随着 Credi Amigo 社区的实施，该项目已经把其服务扩大至更低收入的领域。

（三）主要代表性产品

Credi Amigo 推广型增长贷款：向社区银行和互助团体提供贷款，用于购买原材料和小型设备。社区银行贷款范围从 100 美元到 1,100 美元，互助团体贷款范围从 100 到 2,000 美元；期限由 4 个月到 1 年不等；月有效利率为 0.64%；还款方式为每月等额还款；社区银行需要 15 到 30 人担保，互助团体需要 3 到 10 人担保。

Credi Amigo 个人增长贷款：直接向个人提供贷款，但个人需要与他人组成一个 15 到 30 人的小组，并且必须已经开展了 6 个月的商业活动。此贷款用于购买机器设备和装修；贷款范围从 300 美元到 8,000 美元；期限为 36 个月，无宽限期；月有效利率为 0.64%；每月等额还款方式；采取小组内互相担保形式。

Credi Amigo 补充贷款：用于购买原材料和商品。贷款金额从 2,100 美元到 15,000 美元；期限最长为 12 个月；月有效利率为 1.2%；每月等额还款方

① 数据来源：Credi Amigo 2010 年年报。

式；担保方式为社区银行中15到30个人，或互助团体3到10人。

（四）信贷外业务

除了信贷业务，Credi Amigo还提供银行活期存款服务。银行所有的客户都可以在银行办理借记卡，可以开支票，以方便接受和处理信贷，提高贸易便利性。账户没有任何的开户费和维护费。

Credi Amigo还面向个人、企业或者非此项目客户开展人寿保险业务。无论保单持有人因何种原因死亡，受益人都能获得赔偿金。Credi Amigo的人寿保险是微型保险领域中的先锋产品，而且也是市场上最便宜的人寿保险产品。截至2010年，有超过8万的客户认购此产品。

另外一个特色的业务是债权人保险，目的是防止因债务人在经营期间死亡而造成损失。

Credi Amigo的客户在收到贷款时还会收到一个小册子，上面是Credi Amigo为客户提供的关于创业方向和创业环境的基本知识，具体到销售、计划、信贷以及财务控制等，之后的内容则会根据贷款评估和客户的反馈做出相应调整。

五、社会贡献及发展趋势

在巴西东北银行实施小额信贷计划之前，巴西全国共计约有1,570万人在非正规的经济部门就业，其中包括广大非正规微型企业主和个体户，其规模远远超过正规企业主，两者之间的比例超过3:1。据统计，约有93%的人是在从事营利性的业务，然而，只有84%的人有机会获得信贷资源。而巴西东北部又是巴西最贫穷的区域，其非正规微型企业和个体户与正规企业主的比例远远高于3:1。另外，由于当地极端贫困，使得广大企业主和个体户可以获得的金融资源更是极度匮乏。[①]

Credi Amigo经过多年的努力，取得了很大的经济和社会效益。近年来，Credi Amigo的客户数不断增长，贷款量不断上升。虽然由于2002年巴西经济的停滞使得当年数据不是非常乐观，但是Credi Amigo的经营和财政都一直保持着可持续性，贷款的违约率也维持在一个很低的水平。同时，Credi Amigo依附巴西东北银行广阔的网点，不断满足巴西东北部微型金融市场需求，显著地提升了当地非正规微型企业和个体户的福利水平。据统计，Credi Amigo客户的平均家庭收入增长率为52%。

---

① 项俊波：《国际大型涉农金融机构成功之路》，中国金融出版社2010年版，第370页。

另外，Credi Amigo 项目的成功也为大型国有商业银行开展小额信贷业务做出了表率。清晰的战略目标、审慎的规划试点、强大的风险及成本控制能力，这些都值得其他商业银行学习。可以说，Credi Amigo 在小额信贷领域开辟了新的道路，对于其他国家商业银行很有借鉴意义。

在未来的发展中，Credi Amigo 像大多数成功的小额信贷机构一样，面临着将重点更多放在如何满足个人客户需求，以及如何才能进一步丰富小额信贷产品线从而更好地满足客户日益增长的需求上。另一方面，在更好地为现有客户服务的基础上，开拓极端贫困金融需求这一市场领域也是未来发展的重点领域和发展趋势。

第三节 印度 Swayam Krishi Sangam（SKS）机构

SKS 原本是一家非政府机构，只为扶贫而不考虑盈利性。然而没有经济上的可持续性，扶贫的初衷也难以维持。为此，SKS 在发展一段时间后转变成了非银行类金融企业，后来又发行股份上市成为一家上市公司，开创了印度小额信贷公司 IPO 之先河。

一、起源与发展

SKS 创建于 1997 年，起初作为一家非政府机构（NGO）为印度南部安得拉邦的居民提供小额信贷服务。经过十几年的发展，SKS 现拥有分支机构 2,349 个，员工 22,733 名，业务拓展至 378 个地区，借款人（成员）数达 730 多万，成为印度最大的小额信贷机构。2010 年，SKS 通过 IPO 募集了 15.5 亿美元的资金，成为印度第一家、全球第二家向公众发行股份的小额信贷机构。

1997 年 12 月，SKS 协会在安得拉邦成立并于次年开始经营。但是经过几年的运行后，非政府机构的缺陷开始凸显，其非盈利的商业模式大大限制了 SKS 协会在全印度提供小额信贷服务的能力，于是在 2003 年，SKS 协会决定转变其商业经营模式，以私人有限责任公司的身份出现。

这次转变并不像换个名字那样简单。SKS 协会首先设立了 5 家互惠信托（Mutual Benefit Trusts，MBTs），然后由这 5 家互惠信托向新成立的 SKS 小额信贷企业（简称 SKS）注资。5 家互惠信托的受益者都是 SKS 协会的成员，它们的总体目标是促进和加强贫困妇女群体的社会经济福利。2003 年，5 家互惠信托共持有 SKS 99.5% 的股份，成为其最大的投资者。2005 年，SKS 注册成为一家非银行类金融企业（Non - Banking Finance Company，NBFC），开始从非盈利机构转变成盈利性企业。

在接下来的4年中，SKS为了自身发展进行了4次摊薄发行，商业投资者成为SKS最大股东，5家MBTs的股份占比降至16%。2009年，SKS凭借其贷款总量、成员数及分支机构数目排名印度第一、世界第二。

2010年7月28日，SKS做出了一件让大家震惊的事情：首次公开发行（IPO）。虽然IPO对于企业来讲很常见，但在微型金融领域，这还是第二家在证券交易所上市的企业。IPO最后很成功，超额认购高达13倍，并吸引到了像摩根士坦利、JP摩根、索罗斯的量子基金等全球领先的投资团体，5周后开始交易时，股价上涨了42%。这是印度市场上一个开创性的交易，SKS不但满足了自身的融资需求，还为其他企业进入主流资本市场开辟了道路，并提供了一个可比较的基准。

二、内部结构与治理

IPO后，SKS的股权结构发生巨大变化，公众成为SKS的最大股东。截至2011年12月，公众共持有SKS 63.71%的股权，其余由SKS集团公司持有，而SKS公众股份又大部分由企业、银行、基金和保险公司持有。在这种股权结构下，如何保持投资者尤其是中小投资者的利益，是SKS公司治理的重心。

为了保持董事会的独立性，SKS董事会成员由执行董事、非执行董事和独立董事组成。如图3-8所示，董事会成员共有7名，除了CEO为执行董事外，其余均为非执行董事。独立董事有3名，占到1/3以上。由于创始人兼前任董事会主席维克拉姆·阿库拉已于2011年11月辞职，现在董事会主席由董事会成员拉维·库马尔临时担任。

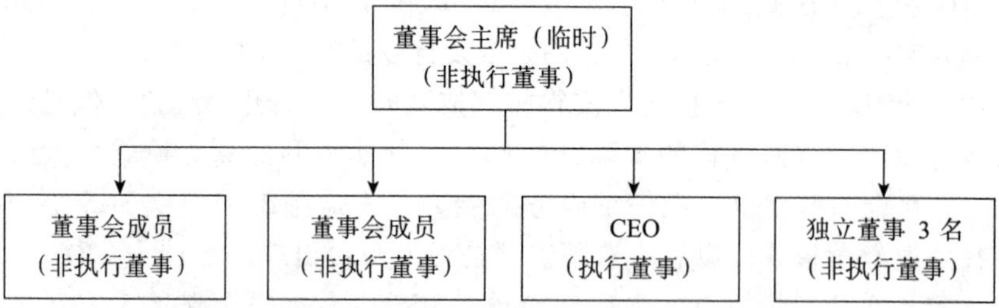

图3-8 SKS董事会

SKS的管理结构呈现出典型的上市公司特征（见图3-9），董事会旗下分别是首席执行官CEO、财务总监CFO以及营运总监COO。另外，从SKS具体部门设置来看，SKS风险意识比较强，除了风险管理部，还专设内部审计部及危机管理部。

SKS 还设有 6 个委员会：

（1）投资者申诉委员会，由董事会主席、CEO 和 1 名独立非执行董事组成，其职能是处理关于股份、债权等转让和分配的相关决定和纠纷。

（2）审计委员会，由董事会主席、1 名非执行董事和 1 名独立非执行董事组成，目的是监督管理人员并监测财务报告，以期确保提供准确、及时和完整的财务报告及披露。

（3）财务委员会，由董事会主席、CEO 和 1 名非执行董事组成，职能是审查贷款、预算和流动性等财务信息。

（4）风险管理委员会，由董事会主席、CEO 和 1 名非执行董事组成，职能是审查操作风险、信息技术风险、内部风险并制定相应战略以减轻公司相关风险。

（5）薪酬委员会，由 1 名独立非执行董事和 2 名非执行董事组成，目的是批准和评估执行董事及公司高管的补偿计划、政策和程序。

（6）提名委员会，由 2 名独立非执行董事和 1 名非执行董事组成，作用是确保提议及现在的董事会成员的合适性，委任董事和填补董事会空缺。

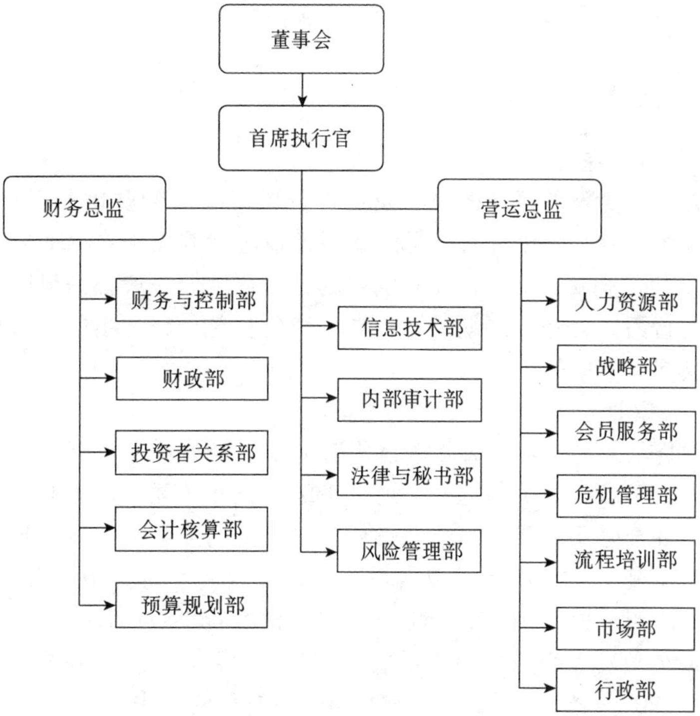

图 3－9　SKS 的组织结构

三、资金来源

一直以来，借款是SKS的主要资金来源。即便是开始在股市上公开募集后，SKS如今59%的资金也是来源于向印度的银行及金融机构的借款。因SKS是一个非银行类小额贷款机构，不能通过储蓄筹备资金，因此其一直拥有着较高的负债权益比（见图3－10）。

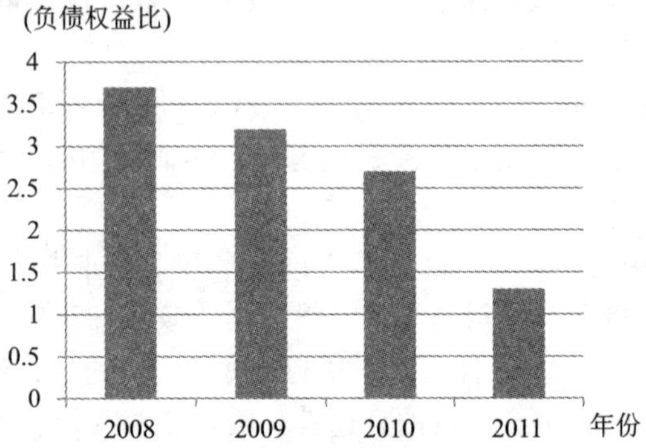

图3－10　SKS负债权益比

四、主要业务

（一）服务对象

SKS为在印度数以万计的乡村及城市贫民区生活的贫困妇女提供服务。一般是这样统计的，虽然贷款所得的款项是被包括其丈夫在内的家庭成员运用，但SKS相信妇女更能积极地影响家庭，而且她们一般都是风险规避者并能更好地进行团体合作、定期举行会议、偿付贷款。SKS相信以这种方式可以提高妇女在家庭中的地位。

（二）典型业务模式

SKS的贷款采取的是小额贷款最普遍也是最经典的小组联保模式。他们相信这种模式可以确保信贷纪律，通过小组成员间的无形压力来确保各个成员审慎地开展金融业务并能迅速地偿还贷款。个别成员的违约会导致其整个组的成员得不到贷款。小组可以自由组合，但据调查研究最佳人数为5人。一个村庄的小组形成一个中心。中心有权力批准新小组的成立，并对旗下小组的每个成员负责。当一个中心形成时，业务就开始开展。在第一周，每组只发放2项贷款，之后贷款发放采取成员交错进行的方式。

（三）主要代表性产品

SKS 主要代表性产品有收入贷款、中期贷款、房屋贷款以及具有特色的移动贷款、森格姆店贷款和黄金贷款。

收入贷款，是为自我雇佣的妇女提供的资金援助，以支持她们开展经营活动，如畜牧业、本地零售商店“Kirana”、裁缝和其他各类行业。第一笔收入贷款的范围是 2,000 卢比到 12,000 卢比，随后的贷款额根据借款人过去的信用情况进行调整，但最高不超过 14,000 卢比。贷款的期限是 50 周，每周分期支付本息。年利率为 12.5%，手续费率为 1%。

中期贷款，是收入贷款的一个补充，用途与收入贷款一样。在还完收入贷款的 20 周后，借款人可以申请中期贷款。每年在每个收入贷款周期内可贷款 2,000 卢比到 10,000 卢比，随后的贷款上限由借款人信用情况决定，最高达 14,000 卢比。每周期贷款期限是 50 周，每周偿还本息，年利率 12.5%，手续费率 1%。

房屋贷款，是为了给妇女建造新的房屋或者改造现有房屋的融资。借款人合格完成 3 次收入贷款才有资格申请。贷款额从 50,000 卢比至 150,000 卢比，期限为 3 到 5 年，每月偿还本息。年利率为 11.9%，在贷款发放时预先扣除 2% 的手续费。

移动贷款是为成员手机和电话服务提供的融资，贷款金额从 1,800 卢比至 3,000 卢比，年有效利率为 26%，手续费率为 1%，期限为 25 周。

森格姆店贷款是免息贷款，期限只有 7 天，贷款金额从 2,500 卢比到 12,500 卢比。森格姆店贷款为拥有和经营“kirana”商店的成员提供流动资金，使得成员能从全国批发商处以批发价格购买消费品、食品杂货等商品。

黄金贷款面向成员及非成员，提供以黄金首饰为抵押的个人或商业贷款，以满足人们短期流动性的需求。贷款金额的范围从 2,000 卢比到 100,000 卢比，期限最长为 12 个月。非会员在获得第一笔贷款时要收取 0.5% 的会员费。以下是 SKS 黄金贷款的方案：

表 3-1　　SKS 黄金贷款方案

方案名称	年利率	每克黄金价值的贷款比例
A	12%	50%（贷款期限 1 个月）
B	18%	60%
C	21%	70%
D	24%	80%
E	27%	82.5%
F	30%	85%

（四）信贷外业务

除了提供贷款外，SKS 还向成员提供微型人寿保险。5 年内，成员每周支付 20 卢比，若成员死亡，则 SKS 发放给受益人 5,000 卢比加上账户价值，其中账户价值等于保费的本息和扣除管理费；若成员是意外身亡，则受益人可收到 10,000 卢比加上账户价值；若在到期后 5 年内成员都还健在，则成员将收到账户价值。

SKS 还开展葬礼援助业务，购买了保险的成员需在 14 天内提交其家庭人员死亡的信息，SKS 将给予成员 1 笔 1,000 卢比的援助。资金不是以现金方式支付，而是在成员最后还款的本金中扣除，即成员在最后还本金时可少还 1,000 卢比。

近几年 SKS 也开始关注极度贫困人群，专门开展了一个 18 个月极度贫困毕业计划，模仿孟加拉国的极度贫困项目，目的是使得她们有能力自力更生、自我发展。目前，已经有 416 名极度贫困的妇女从这个计划中毕业，她们现在已经进入了主流的社会经济活动中。

五、社会贡献及发展趋势

在印度，穷人的比例一直很高。其中许多穷人的工作都是农业、半技术的劳动者、微型企业家和低收入的工人。根据印度政府 2008 年的报告，收入排名最低的 25% 人群中，只有 34.3% 的人有储蓄，17.7% 的人有银行账户；相比之下，收入排名最高的 25% 的人群中，92.4% 的人有储蓄，86% 的人有银行账户。此外，穷人一直被排斥在金融体系之外，得不到正式的信贷来源。

SKS 旨在填补这一空白，希望可以通过其分销网络给穷人提供需要的产品及服务。截至 2011 年底，SKS 成为印度第一大小额信贷机构，有分支机构 2,379 个，成员约 731 万名，其中有 600 多万名成员通过 SKS 的小额信贷改善了生活。SKS 使得他们能够赚取收入，增加资产，这意味着家庭可以吃得更好，支付得起医疗保健，孩子们更可能获得教育。这反过来又促进了整个国家的经济发展。SKS 的 IPO 也给予了全球小额信贷机构一个发展的模板，通过运用资本市场来自我发展是 SKS 对全球小额信贷发展思路的一大贡献。

SKS 经营一直坚持 3C 原则：一是 Capital（资本），只有能不断吸引商业资本，使得投资者可以获得预期回报，小额贷款才能持续发展；二是 Capacity（能力），SKS 向麦当劳和星巴克等食品连锁领域巨头积极学习管理能力和经验，使得其在快速扩张的同时能保证产品服务的质量；三是 Costs（成本），SKS 将科技视为降低成本的主要手段，它是最早开发和部署行业标准技术平台的小额信贷机构，也建立了基于 web 的商务智能门户，现在 SKS 正在投资建立一个世界级的数据备份中心来支持跨分支管理，以提高服务的连续性、提高服务质量、降低成本。

有“拿来主义”，也有勇于创新，SKS很好地把小额信贷、资本和科技融为一体。但目前印度正在经历日益严重的小额贷款危机，甚至出现居民因无力还款而自杀的惨剧。究其原因，是资金的高回报率吸引了大量热钱及私人资本流入，而同时贷款机构资金多来自金融市场，资金成本也高，加上牟利动机，使得小额贷款利率偏高，客户普遍负担较重。一方面不加重客户负担、保持还款的可持续性；另一方面能维持自身的盈利性，如何做到两全其美，怕是SKS在此后发展中的重点和难题。

参考文献

一、英文

1. 2011 Microfinance 100：Latin America and the Caribbean，*IDB Group*，2011.

2. Annual Report – Informe Annual：Crediamigo 2010，*Banco do Nordeste*，2011.

3. From skepticism to success：The World Bank and *Banco do Nordeste*，*CGAP*，2003.

4. India Top 50 Microfinance Institutionss，*CRISIL RATINGS*，2009.

5. Indian Microfinance Goes Public：The SKS Initial Public Offering，*CGAP*，2010.

6. Scaling up poverty reduction：Case Studies in Microfinance，*CGAP*，2004.

7. SKS Annual Report 2010 – 2011，2011.

8. SKS Microfinance Limited Draft Red Herring Prospectus，2010.

9. The story of MIF at Banco do Nordeste in Brazil，*CGAP*，2011.

二、中文

1. 阿西夫·道拉、迪帕尔·巴鲁阿：《穷人的诚信》，朱民等译，中信出版社2007年版。

2. 穆罕默德·尤努斯：《穷人的银行家》，吴士宏译，三联书店2006年版。

3. 项俊波：《国际大型涉农金融机构成功之路》，中国金融出版社2010年版。

第四章　代表性微型金融机构及其业务模式（下）

第一节　尼泊尔微小农民合作社

尼泊尔微小农民合作社，旨在通过小额信贷的方式消减尼泊尔农村的贫困问题，卓有成效的工作模式和良好的自我维持能力使其成为世界微型金融领域具有代表性的机构。其独特的会员制小组式的经营模式和经营理念值得我们借鉴和学习。

一、从农户合作到农户持股：起源与发展

SFCL（Small Farmer Cooperative Ltd.）即微小农民合作社，最初是以尼泊尔农村金融改革的角色出现的，其目标是为尼泊尔农户提供多元金融服务。1975 年，尼泊尔农业发展银行（Agricultural Development Bank of Nepal，即 ADBN）在国际粮农组织的资助下试点开展微小农民发展项目（Small Farmer Development Project，即 SFDP）。当时国际粮农组织正在东南亚及南亚的 7 个国家推广这一项目，他们试点运作的两个点都非常成功，于是尼泊尔农业发展银行将这一项目引入了尼泊尔，在尼泊尔的 75 个地区一共建立了 422 个试验点，总共覆盖了 18.8 万户农民家庭。作为尼泊尔微型金融事业的起源，微小农民发展项目在为尼泊尔的农村扶贫事业做出巨大贡献的同时，由于其快速发展的过程中政府主导色彩浓厚，导致其管理费用高企，出现了大量不良贷款，项目经营出现危机，自身难以实现可持续发展。1988 年，尼泊尔与德国国际合作机构（German Technical Co - operation，即 GTC）合作建立了尼泊尔农村发展计划（Rural Finance Nepal）。在这一计划下，通过德国国际合作机构的技术和资金帮助，尼泊尔将微小农民发展项目转变成微小农民合作社（SFC），并努力使合作社在财务上实现可持续发展。1993 年，4 家微小农民合作社注册成为微小农民合作社有限公司（SFCL），合作社开始转变为由农户持股的组织。在此之后更多的 SFCL 相继出现，现在总共有 228 家

SFCL分布在41个地区，拥有13.94万名会员和11.15万名借贷者。在这其中，有11家SFCL是完全由妇女管理的[①]。2005年SFCL模式被国际小额贷款评级机构CGAP授予创新大奖（PPIC），以表彰其在社会扶贫上做出的突出贡献。

二、从批发贷款到存款与股金：SFCL的资金来源

尼泊尔农业发展银行在SFCL的发展过程中起了非常重要的作用，包括早期的技术和资金支持[②]。在众多的SFCL建立后，由于没有银行牌照，不能吸收公众存款，而农户也普遍贫穷，入股的资本金也不多，所以SFCL用于贷款的资金主要来自尼泊尔农发行的批发贷款。但是随着SFCL的发展，来自农户会员的存款和股本金（包括未分配利润）增多，甚至有些SFCL获得了有限制的银行牌照，可以吸收社会公众的定期存款，使得SFCL在一定程度上摆脱了对尼泊尔农发行的依赖，经营独立性得到了提高。我们可以通过以下几个图来直观感受这一变化。

图4-1显示了33家典型SFCL的自我维持能力。可以看出，在1998—1999年，这33家的平均自我维持能力超过100%，也就是其收入可以覆盖管理运行成本和不良贷款损失，而在这之前的收入是远远不能覆盖成本的，需要来自尼泊尔农发行的补助。自我维持能力的增强表明SFCL已进入良性发展轨道，可以实现自身可持续发展。从图4-1中我们还可以看出，这种能力在1997—1999年期间上升的速度超过之前，而且刚成立的SFCL甚至可以在一年左右的时间就实现自我维持，这表明了这一模式在尼泊尔已经越来越成熟。

图4-2显示了33家典型SFCL的平均存款余额情况。我们可以看到，平均存款余额是逐步增加的。存款余额的增加：一方面使SFCL减少了对尼泊尔农发行的依赖，这有助于增加其经营的独立性和灵活性，减少尼泊尔农发行对其经营的干涉，可以根据当地情况设计产品；另一方面，存款是一种低成本的资金来源[③]，能有效提高其盈利水平。

---

① 妇女往往被认为信用良好，所以大多数微型金融机构把妇女作为主要客户。

② 这种资金支持不仅包括批发贷款，还包括政策补助，因为在初期，大多数SFCL的收入无法覆盖成本。

③ 一般来说，SFCL支付给会员的存款利率为8%—10%，而尼泊尔农发行的借款利率一般为12%。

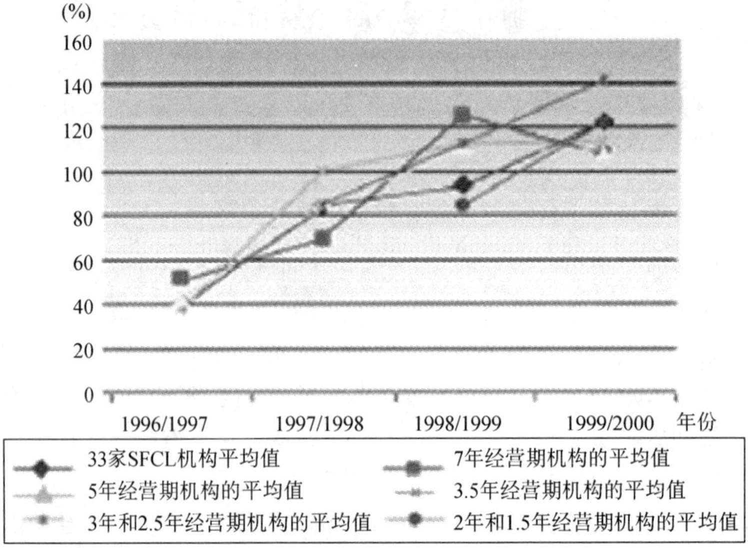

图 4－1　SFCL 营运资金的自给率

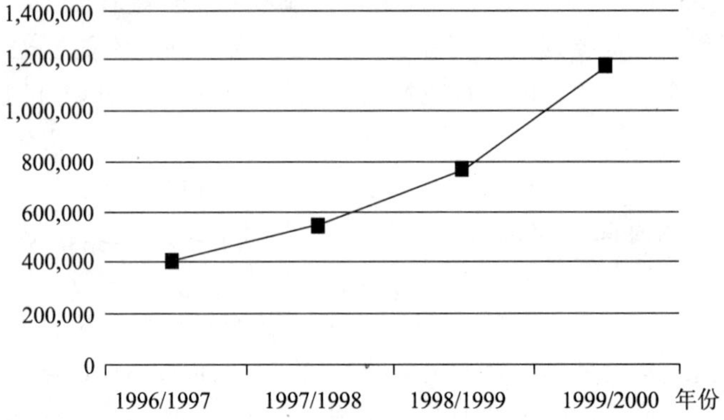

图 4－2　SFCL 的平均存款余额

图 4－3 可以更直观地看到 SFCL 的资金来源中尼泊尔农发行的贷款占比在逐年下降，而内源资本（包括存款和资本金）的占比在逐年上升。从图 4－3 中可以看到，似乎这种比例的下降并不是很快，这是因为 SFCL 发展很快，需要的资金量在逐年提高。虽然内源资本在增加，但是对外部的贷款需求量还是很大。还有一个原因是，即使是经营很好的 SFCL，为了保持与尼泊尔农发行的联系、维护长期合作的关系，也会向其贷款。

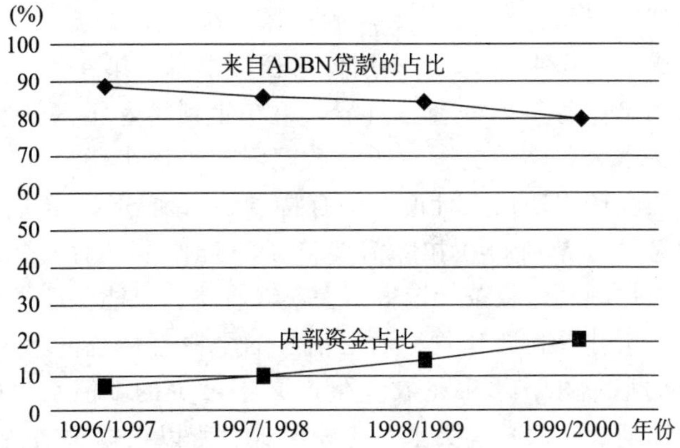

图 4－3　SFCL 对外部资金的依赖性

三、典型的产品与服务

各地的 SFCL 并不是一个统一的组织，他们是各自独立的法人，所以不同地区 SFCL 的产品并不完全相同，而是会根据当地实际情况设计出地方性的产品，这也是 SFCL 一个重要的特点。在 SPO① 时期，SPO 提供的是尼泊尔农发行统一设计的产品，并没有考虑地区差异，在成功改制为 SFCL 后，更多的资金来自内部积累，经营体制更为灵活，这时设计的产品开始更多考虑从当地的实情出发，不同地区的 SFCL 的产品逐步有了差异性。当然，不同地方 SFCL 的产品之所以有很大的不同，这既和当地的不同经济状况有关（贷款周期往往要和生产周期匹配），也与农户在每年股东大会上的谈判能力、农户的经济状况（这会影响到还款方式和时间）以及当地 SFCL 的运营能力等都直接相关。以下，我们选取一些不同地区 SFCL 有特色的产品加以介绍。

（一）因地制宜的贷款类产品

茶叶贷款。茶叶是尼泊尔传统的经济作物，所以很多地区的 SFCL 都有针对茶叶生产的贷款。尼泊尔的 Prithvinagar 地区，位于尼泊尔与印度的边境，是尼泊尔的传统茶叶产区。因为茶叶的生产需要资金量大、期限长，在之前由于 SFCL 提供的贷款额度小，期限短，不足以支持农户扩大茶叶的生产，所以根据这种情况，当地 SFCL 创新地提供了一种长达 8 年期的贷款，申请这样

① SPO 即 Sub－Project Office，是尼泊尔农发行设立的微小农民发展项目（Small Farmer Development Programme）的管理机构，是 SFCL 的前身。

的贷款需要得到农户联合会[①]全体农户的担保，额度是开办一个面积大约0.6公顷的小茶场成本的3/4。头3年不用偿付任何本息，第4年和第5年，每3个月支付一次利息，将贷款的利息付清。第6年到第8年，每半年偿付一次本金，分6次将本金付清。这种给予贷款宽限期，逐步偿还本息的方式，是专门针对茶叶的生产周期而设计的，很有特点。当地SFCL还提供营销服务，和农户一起卖茶，卖茶所得在扣除需要偿还的贷款本息后，余款归还农户，这样既能保证农户顺利地将茶叶销售出去获得收益，也能保证贷款的安全。

水牛贷款。茶叶是丘陵作物，而尼泊尔的平原是传统的稻米产区，在机械化尚未普及的尼泊尔，水牛是农业生产必不可少的。但水牛的价值较大，农业生产回报周期长，农户购买水牛比较困难。所以根据这一情况，SFCL设计出一种水牛贷款。位于Bhumistan地区的SFCL为当地从事农业生产的农户提供购买水牛的贷款，期限为3年。在头9个月，贷款农户每3个月归还一次贷款本息，但额度不大，然后暂停归还贷款，等2年后再一次付清所有的贷款本息。这样做的原因就是给贷款农户留出足够的缓冲期，在2年后这头水牛已经充分发挥它的经济价值，甚至可能已经有牛犊出生，这时还款对农户的压力不大，贷款可以得到及时归还。通过这种还款时间方式的创新，既保证了贷款的安全收回，又促进了当地的农业生产，提高了农户收入。

人力车贷款。Anandava地区的SFCL为当地失地农户提供一种帮助他们再创业的人力车贷款，鼓励他们通过购买人力车跑运输而脱贫致富。这种贷款与其他的SFCL的贷款产品不同，不是SFCL的会员也能申请，他们同样是组成一个贷款小组，互相担保。贷款无抵押，期限是12个月，利率为7%（如果6个月内归还，利率为3.5%），每周分期归还贷款。贷款的现金并不会发给贷款户，而是由SFCL购买人力车后将实物交给贷款户。

从以上3个例子可以看出，SFCL立足当地实际，不拘泥于现有的金融机构运作模式，特别是一家SFCL只固定在一个地区经营，由当地农户入股组成的经营模式，使得它可以根据当地情况，创新提出符合当地实情的金融产品，使广大农村地区的贫困农户也享受到现代金融服务，对当地的社会发展做出了巨大的贡献。SFCL也会根据当地情况提供优惠贷款，比如为推广新能源而发放的低息贷款，以帮助改善当地的生态卫生状况。

SFCL还会根据资金的来源设计不同的贷款产品。一般来说，如果贷款的资金来源是尼泊尔农发行的话，SFCL是鼓励提前还贷的。因为尼泊尔农发行

① SFCL组织结构分为三级，从上而下具体是执行委员会、农户联合会和农户小组，这也是其特色之一。

同样也鼓励SFCL向其提前还贷。农户提前还贷可以在利率上享受一定的折扣，当然如果逾期还款的话，也会被罚息。如果贷款的资金来源是SFCL的资本金或存款，一般不会鼓励提前还款，只是要求按时偿付贷款即可。当然这种情况对农户来说是不合理的，他们并不关心贷款的资金来自哪儿，而只关心贷款的利率是多少。尼泊尔农发行在2000—2001财年将其贷款区分为短期、中期和长期贷款，这样的划分不可避免的会影响到SFCL贷款产品的设计，因为SFCL在产品设计时必须考虑资金期限的匹配问题。随着SFCL的逐步发展，很多地区贷款的主要资金来源已经不再是尼泊尔农发行的批发贷款，而是来自自有的资本金和吸收的存款了，这为SFCL在贷款的利率、期限、条件等方面进行灵活处理创造了条件。农户获得贷款的可能性也大大提高，有些贷款甚至在农户小组内就可以得到批准。

（二）因人而异、有保障功能的负债类产品

SFCL有传统的定期和活期存款产品，但其农户普遍贫穷的现状，使得持有货币的预防性动机很强，储蓄意愿不高。针对这种情况，为了吸引更多的农户储蓄，减少他们的后顾之忧，SFCL的很多存款产品是兼具储蓄和保障功能的，下面就介绍几种这样的产品。

妇女储蓄产品。位于Anandavan地区的SFCL是尼泊尔较大的合作社。它们有一款比较独特的储蓄产品——妇女储蓄产品（Pewa savings），它针对的是加入SFCL的妇女①，特别是无地的贫困妇女成员。她们会被要求每个月储蓄25—100卢比②，储蓄享受10%的年利率，这笔储蓄至少要5年后才能提取，以帮助她们为自己的老年生活储蓄一笔钱。这款产品的独特之处在于，加入这一存款计划的妇女可以获得优惠贷款，政府会补贴大部分的贷款利息③，这也体现了SFCL将贷款和存款综合在一起进行产品设计的特色。

老年人互助小组储蓄。老年人互助小组储蓄（The Elder Age Group Savings）是一种典型SFCL模式的储蓄产品，其目标人群是50—65岁的农村老年人，主要是为了满足老年人的意外支出、宗教活动或者朝圣旅行等，还可以防止这些老年人在年老时受到高利贷者的剥削。其模式是50人组成一组，开立账户，每人每月向小组账户存入固定的钱，比如100卢比。组员可以向小组申请贷款，由小组成员决定贷款的条件，SFCL每年会向小组账户支付8%

① 会员家庭的其他非会员贫困女性也能参加，这个在尼泊尔引起了巨大争议，认为当地SFCL超范围经营，但是SFCL认为它们是可以面向非会员吸收存款的，因为它们具有银行牌照。

② 1印度卢比约等于0.0195美元。

③ Anandavan地区会补贴12%的利息，这样妇女只用支付5%的利息。

的利息，小组账户的最低余额为500卢比。

儿童储蓄（Child Box Savings）。位于Kumroj地区的SFCL推出一种儿童储蓄，面向的是5—16岁的小孩，在他们的父母同意后，SFCL会为这些小孩开设一个账户，以帮助他们从小养成储蓄习惯，并为他们今后的教育储蓄资金。存款账户里最低额度为500卢比，SFCL为这些存款支付8%的利息。在推广这项产品的过程中，SFCL发现孩子们的储蓄意愿往往还比较强，他们会更倾向于将零花钱储存起来。

目前，一些经营较好的SFCL已经获得了银行牌照。虽然这些牌照多是受限的牌照，但是毕竟可以面向非会员吸收存款了。有些合作社还专门成立了独立的银行部来开展储蓄业务，所筹集的资金，也将主要用于向会员贷款。目前这部分的业务量还不大，合作社的主要资金来源还是来自会员的储蓄。主要的原因是，SFCL的银行牌照是受限的，有很多的银行业务是不能开展的，比如不能吸收活期存款就是一项很严格的限制。但是位于Prithvinagar地区的SFCL推出了一种可以转让的个人储蓄产品（Negotiable Personal Savings），提高了定期存款的灵活性，满足了储蓄产品对灵活性的需求。SFCL的存款利率间接地受到尼泊尔农发行批发贷款利率的影响，两者同向变化，SFCL的存款利率一般高于尼泊尔其他商业银行的存款利率。[①] 在尼泊尔，微型金融机构在吸收公众存款之前，必须具有明确的产权结构，机构的所有权和控制权配置必须合理，不能存在“所有者缺位”的现象。这是因为产权关系不清的机构，面临着巨大的体制风险，如果允许其吸收存款，监管当局就难以保障存款人的权利。

（三）已经起步的保险产品

到目前为止，整个SFCL只有一种保险产品——家禽保险。这个产品的运作方式也很有SFCL的特色。所有参加这种保险的农户推举出几人组成委员会，由该委员会来负责审核家禽的健康状况和价值，然后根据审核的情况决定保险费，保险的持续期最多为3年，在第一年政府会补助参保农户一半的保费。如果在保险期内家禽死亡（排除人为故意疏忽等情况），则SFCL最高会赔偿保额的80%。SFCL也会为参保农户提供额外的兽医服务，普及家禽卫生知识，降低家禽非正常死亡率。当然目前还有些地方也在尝试推出创新的保险产品，不过由于各种原因，还没能普及开来。未来SFCL准备推出更多的保险产品，比如针对人身意外、疾病、死亡和自然灾害的保险产品。而且随

① 尼泊尔商业银行的存款利率为6%—8%。从前面存款产品的介绍可以看出SFCL的存款利率高于此。

着风险管理能力的增强，SFCL可以推出流动性更强的产品以更好地满足农户的金融需求。现在SFCL的很多产品，规则显得过于复杂，很多农户难以清楚了解具体的规定。SFCL应该对产品进行优化升级，使得产品规定更加简洁明了，便于产品的推广。

（四）其他金融业务和非金融类服务

目前大多数的SFCL也提供汇款业务，这有利于外出打工人员将收入汇回家。SFCL往往还结合当地实际，提供金融产品以外的一些服务。比如举办金融知识讲座，向农户普及理财和风险管理知识，帮助农户更合理地规划自己的收入；开展卫生健康讲座，免费提供体检机会；提供农业产业服务，例如，位于Dumarwana地区的SFCL就为当地的奶牛养殖户提供收集和储运服务（当然不是免费的），帮助联系市场并促进销售；公益活动，捐资帮助当地修建道路、饮用水工程、学校和寺庙；协助政府和其他公益组织在当地开展活动，比如技术推广，农业生产资料的援助，家禽疾病的防治等。

四、组织管理结构

（一）三级自治组织

SFCL是农户的自治组织，其所有权归全体农户会员，所以从一定程度上讲，农户会员既是SFCL的客户，也是其“主人”。SFCL与一般的金融机构有着类似的组织结构，即有一个管理机构负责日常运营，有一个类似于董事会的委员会负责决策，同时代表广大股东的权益。每年一次的股东大会保证了合作社的权利最终是掌握在股东手里的。SFCL与一般金融机构不同的地方是其独特的三层结构：农户小组（Small Farmer Groups，SFG）、农户联合会（Inter-Group，IG）、执行委员会（Main Committee，MC）。执行委员会由农户联合会的主席和其他从联合会中选举出来的代表组成。

三层结构既是一种管理结构，也是SFCL的业务开展平台。若干农户组成基层的农户小组，若干农户小组再组成农户委员会，小组的负责人由选举产生，再由此选举产生农户委员会的负责人，最后由农户委员会选举产生执行委员会，统筹决策。同时，SFCL存款的吸收，贷款的发放及其他业务服务的开展都离不开这一结构。我们可以举一个例子——组间联合担保贷款（Inter-Group Guarantee Loan）。在很多地区的SFCL都有额度很大的贷款产品，比如前面提到的茶厂贷款（Tea Farming Loan），这样的项目往往需要的资金很大，SFCL为保证资金安全需要担保，而且由一个小组来担保往往是不够的，这样就会由多个小组或者一个联合会来担保，如果逾期不还，整个联合会的贷款都会被暂停。SFCL为了奖励参与担保的农户，会返还贷款额1%作为奖励，由此可以看出这种结构在日常业务中的作用。这些小组、委员会定期聚会[1]，负责办理会员的贷款申请和吸收存款等事务。SFCL的各种讲座也是以小组或者委员会为单位开展的。实际上，SFCL建立的是一种双层结构，一层是传统银行的上下级结构，上级负责业务决策和监管，下级负责具体的运作；另外一层结构是普通的会员也可以参与日常的决策和运作。在小组中通过相应的议事规则，比如根据会员的储蓄和股金的多少，由会员来决定某些种类贷款的对象和额度。这实际上相当于在传统的银行体制中加入了若干个独立运作的实体，将一部分合作社机构承担的职能转移给小组。比如贷款用户的初步筛选和贷款的回收等，如果由机构来完成这些工作，不仅成本较高，而且还会由于信息不对称而难以提高效率。SFCL采用了返还部分贷款利息的方式，将这些工作转移给了小组完成，则可以有效规避由SFCL直接完成这些工作时面临的困难。所以小组模式的建立，一方面，可以提高业务的灵活性，提高服务质量；另一方面，可以减少SFCL在面对客户时的信息不对称问题，降低不良贷款率。这种小组模式实际上就是孟加拉的格莱珉银行模式，包括将强制储蓄和贷款密切结合的做法也是借鉴格莱珉模式（帮助穷人养成储蓄的习惯，而不是让他们因为无法储蓄而把所有的钱都消费掉），当然在一些具体做法上已经根据尼泊尔的实际情况做出了调整。

（二）日常运作机制

SFCL每年会召开股东大会（General assembly）审核上一年度的财务报告和下一年度的预算报告，并讨论新产品的细则等。执行委员会负责平时的决策，在其下还设有具体负责日常工作的机构。具体而言，在执行委员会下有一个总经理，他对执行委员会负责，由总经理负责日常的管理。总经理需要列席执行委员会的会议，但是没有投票权。在总经理下还有副总经理以及财务总监协助总经理管理合作社的事务。上述高管除了必须具备良好的文化背景外，还需要在SPO或者SFCL工作一定的年限，并且需要来自SFCL所在的地区，以保证合作社的经营更符合当地的实际情况。

此外，SFCL还有一些重要的委员会起着内部监督的作用。首先是贷款审核委员会，它是由执行委员会主席、总经理和各农户联合会的负责人共同组成的。它迅速、灵活地处理由各个农户联合会汇总上交的贷款申请，发挥着非常重要的作用。另外一个重要的委员会是会计和监管委员会，它的成员由股东大会选举产生，包括一个主任和两个委员，主任必须来自执行委员会，

① 会员是否参加集会会成为其信用考核的一个指标，影响其申请贷款。

而两个委员可以是合作社的任意成员，但前提是必须懂一些财务知识。该委员会是负责合作社内部控制的重要组织，每个季度会审核一次会计报表，并向执行委员会报告。除了这些委员会外，不同地区的SFCL还灵活设置了自己的一些委员会，比如Kumroj的SFCL就设置有咨询委员会，委员会由当地有名望的人和合作社退休高管组成，他们可以列席执行委员会会议，提出相关的建议。SFCL的常见管理结构如图4-4所示。

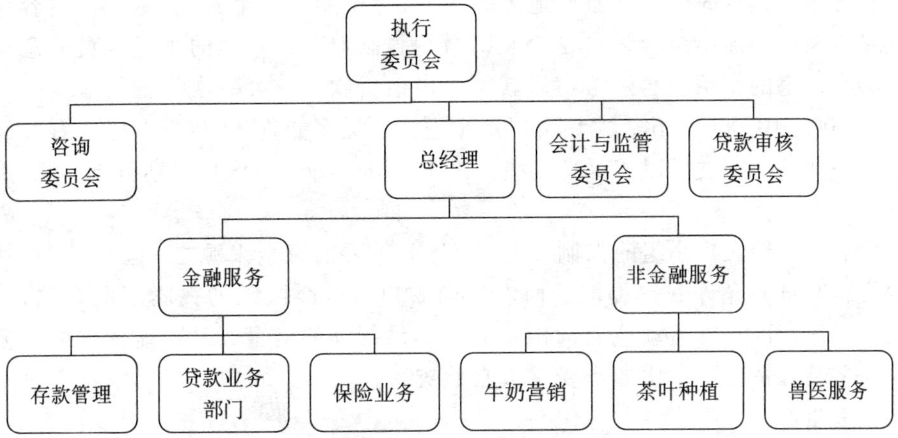

图4-4 SFCL的典型组织结构

（三）怎样成为SFCL的会员

要成为SFCL的新成员，首先，必须是真的“穷”，年收入必须低于尼泊尔人均年收入的一半。如果拥有良田，则不能超过0.5公顷；如果是薄田，则不能超过1公顷。尼泊尔农业发展银行会定期调查农户的经济状况，SFCL可以借鉴这些数据来判断申请加入的农户是否真的“穷”。如果说来自上级的审查比较好造假，但周围的邻居很容易了解农户的真实情况：除了农户联合会和执行委员会会审查农户的资格外，农户小组的成员也会参与决定是否接纳该农户加入。由于需要小组成员为贷款提供担保，而造假将直接关系到他们的担保责任，所以这可以很好地杜绝弄虚作假的问题，确保对农户资格审查的严肃性和真实性。其次，每一个新加入的会员要向农户联合会缴纳一笔费用。因为原先的会员已经缴纳了一笔费用用于联合会的公共活动开支，所以新加入的成员必须补交与旧成员同等额度的费用[①]，这样才能享受相同的权

① 实际是一种类似于股金的储蓄，付息但不能支取，可用于公共活动开支。遇突发情况会员也可申请支取。

利。当然一次付清这些费用对很多农户来说有困难，所以 SFCL 允许分期缴付。农户还可以申请成立新的农户小组，但这需要得到上级农户联合会的许可，执行委员会还会进行审查。

因为 SFCL 是其成员共同所有的，所以新加入的成员还必须购买一定数额的股份，当然数额不大，最低情况下只要 100 卢比，这对大多数农户来说不会构成太大的负担。成为新成员并不意味着你可以马上贷款，你需要接受考察，考察期最少 3 个月（有些地区的 SFCL 考察期为 8 个月），考察的内容包括是否及时参加小组会议，是否及时缴纳强制储蓄，其他的小组成员的意见也会有一定的作用。通过考察后就可以申请贷款了，第一次贷款的额度一般为 5,000—10,000 卢比，之后可以逐步增大，最多能贷 30,000 卢比（有些经济好一些地区额度可以相对高一些，比如 Prithvinagar 地区可以达到 60,000 卢比）。

农户交给农户小组的强制储蓄是 SFCL 重要的资金来源之一。SFCL 对其要支付利息并允许农户提取。而农户向农户联合会缴纳的钱属于股金储蓄，是用于组织的日常活动或者向困难农户提供帮助的资金，是不能提取的。但在一些特殊情况下，比如遭受重大自然灾害损失时，农户可以提取这笔钱用于恢复生产。

（四）会员获得贷款的条件

在每个财年开始前，农户需要根据自己的情况提出年度贷款计划，这些计划会根据用途细分为不同的小类，比如水稻贷款、茶贷款、蔬菜贷款等。这些贷款计划会在各自的农户小组内进行讨论，申请者需要解释如何使用这笔钱，包括需要购买什么生产资料、在哪里购买、价格，以及为该项生产做了哪些准备等。根据其陈述，农户小组会做出是否批准的决定，经批准的申请会提交到农户联合会，申请者还需到场陈述，联合会会参考其账户和信用状况做出决定；农户联合会批准后会将申请材料提交到执行委员会，由执行委员会最后做出是否批准贷款的决定。如果贷款者在财年中追加申请新的贷款，审批会比初次申请快捷和方便得多。

（五）对信用风险的防范措施

为了防止贷款出现信用风险，SFCL 采取了一系列的防范措施：

（1）根据申请的贷款事由，按照农户的准备程度，将贷款资金分期支付给贷款者，并要求其将资金存于合作社内，这样 SFCL 可以随时监控其资金使用情况，并可以及时对异常情况进行处理。

（2）农户小组的其他成员有义务监督借款人对贷款的使用情况（比如在 Prithvinagar 地区，如果贷款者滥用贷款资金，可能会暂停 1—2 个月向其所在的农户联合会的所有农户发放贷款）。因为小组成员往往相互非常了解，只要不存在整个小组的成员全部互相勾结的情况，这种监督通常都是很有效的。如果借款人不按照申请时陈述的理由使用资金，将会被要求立即归还贷款，并按相对较高的利率支付利息。所以来自其他成员的压力和自己对社会声誉的看重，都有助于贷款者重视自己的信用，按规使用贷款并及时归还。

（3）在贷款额度比较大的时候，需要贷款者抵押其土地产权证。如果是失地农户的话，需要抵押其身份证（如果有正当理由需要身份证时，可以从SFCL暂时借回）。

（4）组成贷款催缴工作组。农户联合会的代表和SFCL的工作人员组成贷款催缴工作组。他们每年至少两次会去欠款者的家里催缴欠款，欠款者的情况也会在农户联合会里通报（在之前，甚至会将相关信息发布在当地报纸上，不过现在这种做法已经比较少了），这些做法将对欠款者形成舆论压力，让他们充分体会到"信用危机"。

（5）SFCL会要求会员定期储蓄一定量的资金，这既能扩大SFCL的资金来源，也有助于防止坏账的产生。CGAP在1997年的一份文件中认为，强制储蓄和自愿储蓄反映了两种截然不同的理念：要求强制储蓄的小额信贷机构，被认为是在帮助贫困者学会储蓄，学习相关的金融知识，这有助于提高其收入；而提供自愿储蓄的小额信贷机构，则被认为其经营的重点是如何满足客户的需求和服务。强制储蓄还有助于增强客户对小额信贷机构"所有权"的理解，从而认同对小额信贷机构的还贷义务，当然强制储蓄本身也是一种贷款担保机制，有助于降低不良贷款率。鉴于此，世界上大多数的微型金融机构都有强制储蓄或类似的规定。

第二节 墨西哥Compartamos银行

一、从NGO到上市银行：起源及发展过程

Compartamos是墨西哥NGO组织Gente Nueva在1990年，以试点项目的形式建立起来的，现在已经发展成为墨西哥的主要金融机构之一，也是目前拉丁美洲表现最好的小贷机构之一，其分支机构遍布包括墨西哥首都墨西哥城在内的墨西哥大部分地区。截至2011年底，Compartamos总资产9.9亿美元，贷款余额8.4亿美元。截至2012年3月，Compartamos共有29,541名存

款客户，234.14万名贷款客户[①]，主要的客户是从事手工艺和餐饮业的低学历妇女个体户。Compartamos在1997年实现了收支平衡，并开始了从NGO公益组织向商业性金融机构的转变。在2000—2007年，提供给投资者大约50%的年股权回报率[②]，Compartamos银行成为墨西哥最成功的金融机构之一。2000年，Compartamos开始吸收包括国际金融公司（IFC），ACCION，Gateway Fund以及墨西哥的一些私人投资者等的投资。2002年6月，Compartamos开始以发行债券的方式进行融资，首期在墨西哥资本市场募集了2,000万美元。2006年，墨西哥政府向Compartamos颁发了商业银行牌照，批准了Compartamos面向社会公众吸收存款。2007年4月20日Compartamos在墨西哥成功上市，上市首日股价上涨22%，包括CGAP在内的国际基金管理者和其他商业投资者是股票的主要购买者，这表明了市场对Compartamos优良的业绩和卓越的管理能力的认同，也表明了资本市场对微型金融盈利模式的认可，成功地为微型金融业务找到了新的融资渠道。这次IPO的成功不仅对Compartamos，而且对于整个微型金融业来讲都是一个里程碑。

2001年2月，Compartamos被美洲开发银行（Inter American Development Bank）授予最佳微型金融奖（非银行类金融机构）；2005年1月，被微型金融评级机构CGAP授予2004年度最透明金融机构，以表彰其在信息披露方面的努力；2005年10月，被美洲开发银行在拉美地区微型金融机构年度颁奖会上授予最佳微型金融机构。

二、主要的产品

Compartamos虽然在2006年就获得了商业银行牌照，可以向社会公众吸收存款，但是直到2010年才开始开展存款业务，而且规模不大，所以这儿主要介绍其贷款产品。

（一）妇女信贷（Woman Credit）

目前Compartamos的大部分顾客为低学历的贫困妇女，所以我们首先介绍妇女贷款。妇女贷款是提供给妇女个人而不是其家庭，主要用于其经济活动，也可以用于其生育的一种贷款。妇女贷款主要用于手工业或者餐饮业等个体经营，而不能用于消费。贷款的妇女一般会以10—50人为一组，采取小组式贷款的方式，每人贷款额度为1,500—27,000比索[③]，贷款期限为4个月，小

---

① 数据来自 http：//www.mixmarket.org/mfi/Compartamos - banco.

② 数据来自 CGAP 的 Reflections on the Compartamosinitial Public Offering.

③ 1墨西哥比索约等于0.0781美元。

组成员间互相担保，每周或每两周等额还款①，可就近选择 Compartamos 的分支机构或者 Compartamos 授权的机构还款。Compartamos 规定如果贷款人死亡，未还贷部分将不再追偿。这项产品同时还包括了贷款的妇女可以免费获得 1.5 万比索的生命保险。妇女贷款的申请资料包括身份证、3 个月以上的住址证明等。信用良好的妇女贷款用户可以额外申请附加贷款，即如果前两次贷款的信用良好，从第三次开始可以申请家庭改善贷款②。而附加贷款申请的资料则包括身份证、不少于 2,000 美元的妇女贷款金额、已经完成两次妇女贷款且信用记录良好、在小组内至少有一位活跃用户为其担保③。

（二）家庭改善贷款（Home Improvement Credit）

这一贷款产品主要是用于信用状况良好的妇女贷款用户改善、扩大或者重建其住房，包括修复地板和屋顶，增建房间，改善厨房、卫生间或者排水等用途。贷款额度一般为 5,000—30,000 比索，期限为 6—24 个月，每两周或每个月还款。如果贷款人死亡，未还贷部分可以不再偿还。如果正常到期归还后可获得进一步的贷款。这种贷款实际上是对信用良好的妇女贷款客户的一种激励，可以降低妇女贷款的不良率。申请的资料主要包括：房屋确需改善的证明材料、已经完成两次妇女贷款且信用良好、房屋所有权证明或者在该地 5 年及以上居住证明、在妇女担保小组内有一担保人和重建或扩建房屋的预算方案。

（三）小企业贷款（Merchant Credit）

小企业贷款是由 5—8 个企业家组成小组，互相担保，不需要抵押品，无手续费。贷款额度为 3,000—17,000 比索。该产品属于短期贷款，期限为 4 个月或 5 个月，还款方式为每两周还款一次。如果贷款人死亡，未还贷部分可以取消。贷款到期归还后可获得进一步的贷款。该产品还为贷款人及其配偶提供人身保险。

（四）企业成长贷款（Grow Your Business Credit）

企业成长贷款是向企业提供的用于企业流动资金补给，包括扩大经营、购买原材料及设备等用途的贷款，可以是个人信用贷款，但有时也需要担保才能贷款。贷款额度为 8,000—100,000 比索，期限为 4—24 个月，每两周或

---

① 还款是从贷款初期就开始了，所以实际利率是高于名义利率的。

② 另一种贷款产品，其用户来自妇女贷款的用户，下面将介绍。

③ 这一贷款产品包括下面介绍的贷款产品的贷款条件均来自 Compartamos 的官方网站 www. Compartamos. com/.

每个月还款一次。如果贷款人死亡，未还贷部分可以不再偿还。贷款到期偿还后可获得进一步的贷款。该产品同样为贷款人及其配偶提供人身保险。申请条件：身份证、3个月以上的住址证明、经营时间持续两年以上、家庭状况保持稳定。同很多微型金融机构一样，Compartamos也提供保险产品。这既能降低贫困人口在贷款后所面临的意外风险，也可部分转移银行所面临的坏账风险。

（五）人身保险（Life Insurance）

针对妇女贷款用户的人身保险，由贷款人自主决定是否购买。保障范围主要包括投保人死亡后的丧葬费、维持经营的费用和子女抚养费等，防范投保人自然或意外死亡所带来的风险，但不能用于支付投保人的债务，所有保险金只能支付给指定的受益人。该保险产品不需体检，无年龄限制。针对的对象为至少完成一次妇女贷款的妇女，保障时间为19周，保费在贷款前一次付清。投保人只能指定一个符合法定年龄的受益人，保险的购买需得到该受益人的同意。

（六）配套人身保险（Integral Life Insurance）

由申请小企业贷款、家庭房屋改善贷款的客户自愿购买。保障范围主要是投保人死亡、残疾、生病后的各项费用，包括医疗费、丧葬费及维持经营所需要的费用等。其主要目的是，规避在贷款期间借款人可能出现的人身风险，所以，其经常作为贷款的配套业务，或一定程度上被作为申请贷款的基础条件或信用增级条件之一。这类保险的保障时间为一年，保费可以在贷款前一次性支付，也可在贷款期间内分期支付。

三、Compartamos上市引发的一些争议和思考

（一）上市简介

对于Compartamos而言，不仅仅是其出色的业绩举世瞩目，作为全球第一家成功上市的微型金融机构，其在2007年的上市也备受关注。虽然Compartamos的上市并不是一般意义上面向社会公众增发新股，而是将老股东的股份拿出来定向转让①，但这并不影响其在微型金融发展史上里程碑的意义。Compartamos上市时的认购额超过了发行额的13倍。2007年4月20日上市首日，股价上涨了22%，主要购买者是国际投资基金和私人投资者。

图4-5所示的投资者在1998—2000年的初始投资金额大约为600万美

① 当然这些股份随后可以在二级市场上转让。

元，截至上市前的2006年，这些投资所对应的股票账面价值已达1.26亿元，据此估计投资者的投资回报率高达每年50%左右[①]，这样的投资回报是惊人的。而上市后，Compartamos的市值约为15亿美元（Compartamos的上市形式并不是增发新股票，而是老股东以4.5亿美元的价格出售30%的股份给新投资者，银行并没有募集额外的资金，所以可以得出银行的市值大约为15亿美元），这样算下来投资者的年回报率约为100%。这样惊人的回报一方面是因为公司基本不分红，每年超过80%的利润留在公司用于扩大贷款规模和拓展业务；另外一个原因则是其较高的贷款利率。数据表明，Compartamos的贷款平均年利率大约为86%（要说明的是，在墨西哥小额信贷市场上，无论是商业机构还是公益组织，很高的贷款利率是很普遍的）。

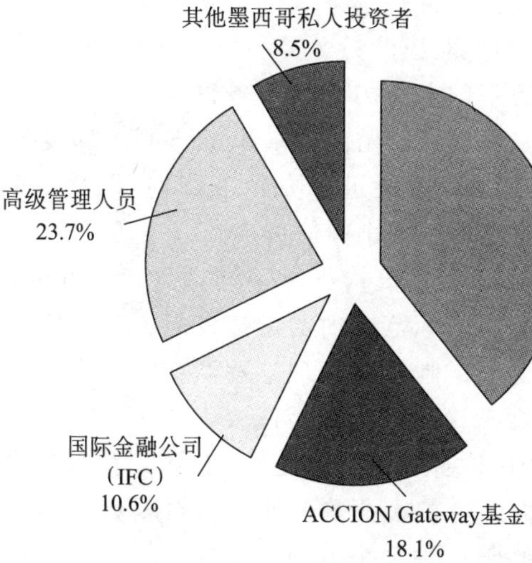

图4－5　Compartamos 2007年上市前各股东的持股比例

（二）上市引发的一些争议

惊人的回报使得Compartamos的上市引发了一些争议，这些争议主要在于：

（1）Compartamos的高利率以及由此带来的高利润是否违背了其服务社会底层人民的目标，是否违背了当初建立这一机构的初衷；

（2）Compartamos从公益组织获得的援助资金是否使用不当，成为少数人谋利的工具；

① 平均投资期限按从1999年起，复利计算，$600\times(1+0.53)^7\approx11,778$。所以大概回报率在50%。

（3）IPO 后是否会对公司的盈利模式产生影响，公司是否会更偏重于商业目标，而忽视了其原先的社会目标。

IPO 貌似引发了上述争议，但是实际上前两个争议都与 IPO 没有直接关系，因为无论其是否上市，都会产生类似的争议，只是上市使这些争议较之前更加明显。

（三）对小额信贷机构可持续性的思考

最初的小额信贷大多以消除社会贫困为目标，从事小额信贷的主要是 NGO 组织，这些组织以社会发展为已任，通过向贫困社区提供小额金融服务以及其他非金融社会服务如技术培训、教育、医疗等，以实现经济增长和减贫的目标。在将首要目标定位于社会发展的同时，这些组织也努力通过员工激励和严格财务制度等手段实现可持续发展的目标。这类小额信贷组织被称为“福利主义小额信贷”。与此对应的另一类小额信贷组织则首先关注商业可持续性，并在商业可持续的基础上努力扩大业务覆盖率，以期为更多的低收入人口提供金融服务，如玻利维亚阳光银行（BancoSol）、印度尼西亚人民银行村行系统（BRI—UD）、孟加拉社会进步协会（ASA）以及 Compartamos 等，这类小额信贷机构被称为“制度主义小额信贷”。

福利主义和制度主义微型金融机构秉承不同理念，双方争论由来已久。事实上，随着小额信贷机构在国际范围内的迅速发展，对机构可持续性的关注逐渐得到了广泛的国际认同，制度主义理念逐渐在争论中占据了上风。制度主义坚持“双赢”的社会承诺，希望能为低收入社区的发展和减贫问题找到“简单解决方案”。小贷机构对可持续性发展的追求，使得政府关于财政可行性的考虑、公众和国际捐助者扩大扶贫的愿望和对弱势群体福祉的强调以及小贷机构对于市场原则的坚持等多个方面，罕见地达成了一致，同时承载了各方的期望。

可持续发展的目标之所以具有如此魅力，第一个原因是财务上完全可持续的小额信贷能够对商业资本的注入产生足够的吸引力，从而为机构的扩张和发展提供资金来源。亚洲开发银行在其《小额信贷的商业化：来自南亚和东南亚的观点》的研究报告中指出，商业化后的小额信贷机构所表现出的盈利能力吸引了新机构的进入，并且在某种程度上刺激了部分商业银行缩减其业务规模。第二个原因是对财务可持续的追求，对机构形成了“财务硬约束”，这有助于缓解人们对于受到补贴的机构因为“财务软约束”而引发浪费、低效甚至腐败问题的担忧。第三个原因和人们希望快速推广成功模式的愿望有关，因为只有那些财务上完全可持续的小额信贷项目及其经验，才能被迅速复制和仿效。同样是在亚洲开发银行的《小额信贷的商业化：来自南亚和东南亚的观点》的研究报告中指出，印尼和菲律宾的商业化小额信贷机构的经验表明，在商业化水平增加后，微型金融机构没有偏离为贫困阶层服务的宗旨，同时其网点覆盖的深度还有所提高。报告还推断，贫困人口将从小额信贷的商业化中获益。

所以实现由福利主义向制度主义的转变，将不可避免地要求小贷机构有效降低业务成本。事实上，国际范围内的小额信贷实践者已经意识到，为了削减成本，他们应该根据具体的环境进行积极而恰当的试验和创新，从而在管理机制和金融工具方面进行更多的探索和尝试。随着时间的推移，小额信贷机构在创新和管理金融产品、维护和发展稳定的客户关系方面会积累更多的经验，成本也会逐渐下降。这有助于商业可持续目标的实现。

（四）高利润与机构宗旨的争议

关于 Compartamos 的高利率以及由此带来的高利润是否违背了其服务社会底层人民的目标，是否违背了当初建立这一机构的初衷这一争议，其真正的关注点在于 Compartamos 为其股东，特别是私人股东带来的高额利润是不是合理的。从 Compartamos 建立之初，包括国际公益组织在内的所有参与者就非常清楚，要实现业务的可持续发展就必须将 Compartamos 转化为盈利性组织，所以虽然 Compartamos 致力于为社会底层人民服务，但是也是应该有利润的。这不仅是机构自身发展的需要，也是长久、持续和在更大范围内为穷人提供更多服务的需要。而机构的维持和发展，特别是向更广阔的市场空间拓展时，吸引社会私人资本的进入是非常必要的。Compartamos 的上市不仅增加了新的融资渠道，还使机构的产权更加清晰。新的私人产权主体的引入带来的外部压力，可以有效提高机构的运行效率。因为商业性资本介入的前提是要求机构具有足够的盈利能力，除了有效覆盖成本和保证储蓄安全之外，还要提供富有竞争力的资本回报率。因此，适当的资本回报，是兼顾投资人经济效益和机构社会效益的基础，过分偏向哪一边，都会影响机构的正常发展。那么 Compartamos 如此高的利润是否合理呢？可能那些支持小额信贷机构商业化的人，也会觉得 100% 的年回报率太高了。要分析一个公司或团体的利润是否合理，我们需要看看这些利润的来源以及用途：这些利润是从穷人的口袋中拿出来的么？

与墨西哥其他的小额贷款机构相比（见表 4 – 1），Compartamos 的贷款利率确实比较高，但并不是最高的。

小额贷款利率较高是全世界的普遍现象，原因很简单：一是高利率可以阻止有权有势的人通过“寻租”获得便宜的资金，使贷款能真正惠及穷人。二是不能使用传统企业所用的投资回报率来衡量利率的高低，因为穷人贷款

表 4-1　与墨西哥本土其他机构进行比较①

贷款机构	利　率	年　份	来　源
Compartamos	86% **	2005	MBB database, with permission
其他小额信贷机构			
FINCA	89% ***	2005	MIX Market database
FINCOMUN	103% ***	2005	同上。
Caja Popular	23% ***	2005	同上。
Pro-Mujer	67% ***	2005	同上。
Finsol	81% **	2006	Mexican Banking and Securities Commission (www.cnbv.gob.mx)
Pronegocio	46% **	2006	
Consumer Lenders 消费贷款			
Independencia	74% **	2006	Mexican Banking and Securities Commission (www.cnbv.gob.mx)
Familiar	79% **	2006	
Credit Cards 信用贷款			
HSBC	75% ***	2006	CONDUSEF
Bancomer	59% ***	2006	同上。
Citibank/Banamesx	47% ***	2006	同上。
Inbursa	33% ***	2006	同上。
Scotia Bank	27% ***	2006	同上。
Merchant Credit 商业信贷			
Grocery Stores	30%/month	2002	Caskey, Ruiz Duran, and Solo: The Unbanked in Mexico and the United States (World Bank 2004), p. 41
Chain Stores (consumer durables)	15%/month	2002	
Layaway Plans	30%/month	2002	
Other Lenders 其他贷款者			
Pawnbrokers	27%—200%		Communication from J. Armah, CHF
Credit Unions	11%—27%		
Other Informal Lenders	4%—48% monthly		

注：①* —MIX Market 数据库报告，由于他们包含了投资的利息收入，所以稍有高估。

②** —这些数据没有包含增值税（value-added taxes），所以低估了借款者 13% 的税收成本。

③*** —包含了所有费用的信用卡利率。

时并不会像企业一样考虑众多的成本，比如一般都不会考虑自身的人力成本和机会成本，而且按照资本边际收益递减的规律，小额贷款的资本收益率一

① 数据来自 CGAP 的报告：CGAP Reflections On The Compartamos Initial Public Offering.

般会高于企业的大额贷款，所以计算其回报率可能是惊人的。三是小额贷款一般额度小，风险高，相对而言其管理费用就高。如果考虑到小额信贷机构较高的管理费用，我们衡量利率高低时就不能仅与总贷款规模相比，而要看人均贷款。Compartamos 的人均贷款额仅为墨西哥年人均收入的 5.4%（2005 年数据），这样使得每一比索贷款所对应的管理费用很高。上述原因表明小额贷款的利率并不是高得离谱。我们可以看看图 4-6。

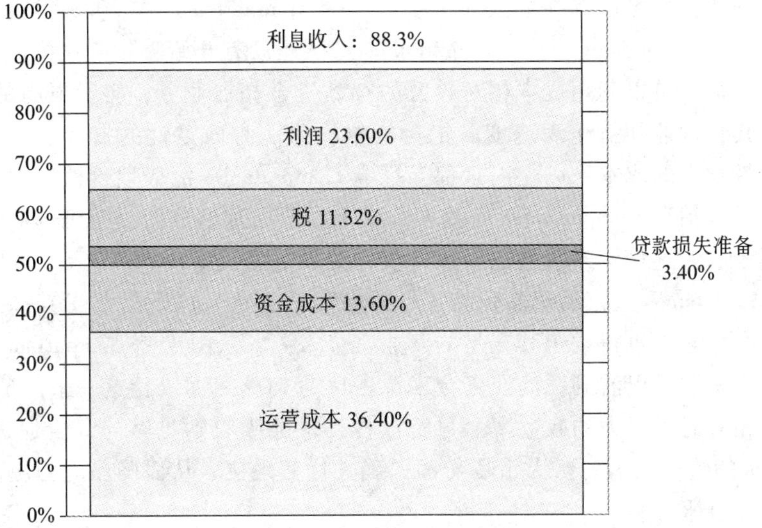

图 4-6　利息分配图

还有一种方式可以帮助我们理解高利率和高利润率之间的关系。即使我们假设股权回报率下降为 15% 甚至是 0，必要的保本利率依然很高，因为只是成本部分，就达到了 60% 左右。见图 4-7。

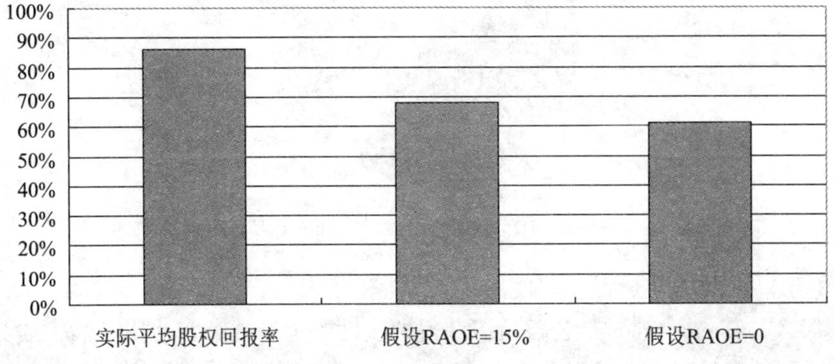

图 4-7　利润对利率的影响

可以看出，Compartamos 的利率虽然高，但主要是高昂的成本所致。随着机构的发展、规模效益的出现，以及资金的主要来源逐渐转为低成本的存款，贷款利率是完全可以慢慢降下来的。

Compartamos 的成功上市，首要原因自然是其良好的业绩，但其他的一些成功因素也不能忽略：一是墨西哥证券市场缺乏竞争，能够为公司带来实际价值以外的溢价。二是国际投资者出于在全球分散投资的目的，需要配置墨西哥的证券，而可供选择的公司太少。三是 Compartamos 在 2006 年获得的银行资格（Banking License）。Compartamos 虽然还没有开始吸收存款，但投资者有理由相信其可以利用成本相对较低的存款资金拓展业务，实现更高的利润，所以对其长远业绩持乐观态度。银行资格作为一种政策性的资产，并不会直接抬高借款人的成本。以上因素都会推高 Compartamos 的股票价格，但这部分溢价并没有抬高 Compartamos 借款人的成本，所以这部分回报与机构的发展目标并不矛盾，这种资本收益也不违背机构的发展宗旨。

Compartamos 上市后仍然保持了非常高的增长率。这既得益于其高利润带来的资本积累，也得益于其充足的商业资金来源。从图 4－8Compartamos 上市前的资金来源可以看到，商业资金来源占比为 41%，而维持这一来源的前提，是保持相对有吸引力的收益率。只有这样，才能吸收到足够的资金促进 Compartamos 的快速发展、扩大市场份额、确立优势地位，从而确保能为更多的穷人提供金融服务。

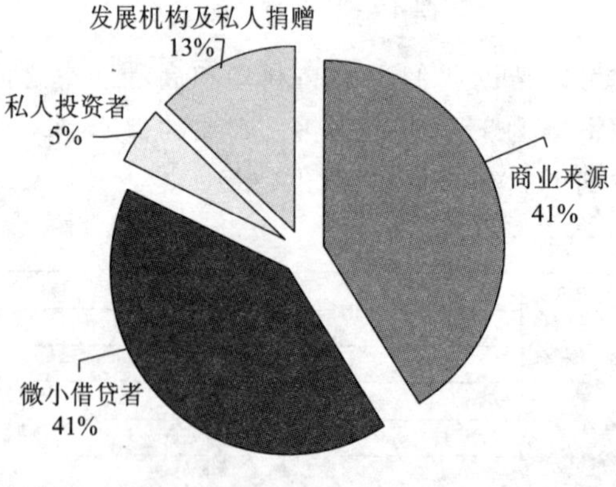

图 4－8　Compartamos 资金来源（2006 年 12 月 31 日）

（五）援助资金是否合理使用

那么，Compartamos 从公益组织获得的援助资金是否存在使用不当，成为少数人获利的工具呢？这可先看一看 Compartamos 获得捐赠的情况，如表 4－2：

表 4－2　Compartamos 的资金来源

年　份	资金来源	数额（万美元）
1990	USAID	5
1993	IDB grant	15
1993	IDB loan（near－grant terms）	50
1995	Alfredo Harp & family	130
1995—1998	Other private Mexicans	30
1996	CGAP	200
2000	USAID（to ACCION）	200
总　计		630

结合图 4－5 所示上市前股东持股比例可以看到，公益组织的捐赠已经在 Compartamos 商业化后转为了股份，所以，最大的股东是 Compartamos AC 占 39.2%，其实这是一个 NGO 组织，其资金主要来自 CGAP 和 USAID/ACCION 的捐赠；其次是 ACCION Gateway 基金占股 18.1%，IFC（International Finance Corporation）占股 10.6%，这些都是公益组织。公益组织占绝大股份，可确保 Compartamos 将会继续服务于公益目标。例如，Compartamos AC 的资本利得就继续留在了 NGO 组织中用于公益事业，其投入 100 万美元用于墨西哥穷人的疾病防治等。而 ACCION 卖掉了其大部分股份后得到近 1.35 亿美元，这部分资金则是用于支持世界其他地区小额信贷机构项目的发展。而 IFC 获得的 4,000 万美元，其 5/8 用在了机构的发展目标上。也就是说，Compartamos 商业化前所获得的捐赠，并没有落入后来加入的私人投资者手中；相反，在 Compartamos 项目上获得的利润和收益，更好地促进了这些公益组织的发展。

（六）IPO 对公司社会目标的影响

IPO 后是否会对公司目前的盈利模式产生影响，使得公司难以兼顾社会目标和商业目标？这个争议并不是上市后才出现，而是 2000 年 Compartamos 开始商业化的时候就出现了。社会目标是微型金融机构存在的价值，而商业目标是微型金融机构可持续发展的前提。如果 Compartamos 放弃其服务社会底层民众的宗旨，就意味着其失去了在墨西哥金融体系的比较优势，也就意味着失去了其存在的价值。同时 Compartamos 还面临其他微型金融机构的竞争，促使它必须更好地为底层民众服务，提高竞争力。例如，目前 Compartamos 所面临的最大竞争者 Finsol，就已经拥有 1.75 万个客户，而且也是在农村地区发展，都采用了类似乡村银行的模式。同 Compartamos 一样，Finsol 的利率（平均为 81%）和利润率（44%左右）同样很高。可以想像的是，随着市场竞争的加剧，微型金融机构的贷款利率会逐步下降，服务水平会逐渐提高，底层人民得到的实惠更多。微型金融机构只有不断创新产品，提高服务质量才能在竞争中保持地位。

微型金融机构上市是微型金融发展史上的一个里程碑，表明微型金融的运作模式已经逐渐成熟，得到了资本市场的认可。最初以扶贫为目标出现的微型金融机构，其社会目标理应贯穿在微型金融机构发展的整个过程中，虽然上市后可能会带来一些问题，但是通过适当的制度安排，可以有效地降低可能的负面影响。对于条件成熟的微型金融机构，在具备一定的外部和内部环境条件后，应鼓励其上市，这既有益于微型金融机构的可持续经营，也有利于全社会参与对微型金融机构的监督。对于优秀的微型金融机构，上市还能成为对高管层的有效激励，更好地吸引优秀人才投身微型金融事业，促进微型金融业更健康地发展。

第三节　摩洛哥 Al Amana

一、制度变革为基础：起源与发展

Al Amana 是摩洛哥目前最大、最成功的微型金融机构，在摩洛哥微型金融领域占有 40% 的市场份额，也是北非乃至全球领先的微型金融服务机构，为摩洛哥中低收入群体提供高质量、创新性、持续性的金融服务。

Al Amana 成立于 1997 年 1 月 1 日，是以美国国际开发总署（USAID）1,050 万美元的援助为基础建立的。当时，美国国际开发总署为了促进摩洛哥的扶贫工作，决定帮助摩洛哥发展其微型金融业，当时的方案：一是用 8 年时间培养一家新的、可自我维持[①]的、有一定规模的微型金融机构；二是帮助摩洛哥建立一套有助于发展微型金融的制度体系。

Al Amana 就是在这样的背景条件下建立的，美国国际开发总署的资金和技术支持使得 Al Amana 发展迅速，而国内政策环境的改变也为 Al Amana 的发展提供了良好的外部环境。1999 年美国国际开发总署促成摩洛哥制定了关

① 按照一般观点，小额信贷机构的“可持续性”标准可以由低到高经历如下四个阶梯：第一，最低层次的可持续，业务收益不能弥补资金成本，也不足以弥补运营成本，要依靠捐助和补贴才能运行；第二，业务收入仅能弥补运营成本；第三，业务收入可以弥补运营成本和软贷款（soft loan）或者低息补贴资金的资金成本；第四，业务收入可以弥补包括运营成本和商业性资金成本在内的所有成本，这是最高程度的可持续发展的概念，被称为“财务可持续”。

于微型金融的新法律，即允许 NGO 组织提供小额信贷服务，且利率不像银行一样受到管制。截至 2011 年 12 月，Al Amana 的总资产从 1997 年的 55 万美元增加到 2010 年的 3.287 亿美元（如图 4 －9 所示）；贷款余额由 1999 年的 297.5 万美元增加到 2010 年的 2.75 亿美元（如图 4 －10 所示）；活跃客户数从 1997 年的 1,495 人增至 2011 年的 30.7 万人（如图 4 －11 所示）；分支机构由 1998 年 27 家发展到 2011 年 454 家；营业利润由 1997 年的 1.65 万美元增加到 2010 年的 6,441 万美元（如图 4 －12 所示）；员工数由 1997 年的 22 人增加到 2011 年的 2,069 人（如图 4 －13 所示）。这一串数据真切地反映了 Al Amana 的快速发展情况，也展现了微型金融的广阔发展空间。美国国际开发总署原本计划要用 8 年时间使 Al Amana 实现财务可持续，但 Al Amana 在 2000 年就实现了运营成本的自我维持，2002 年实现了财务上的可持续发展，比预定计划提前了 2 年。

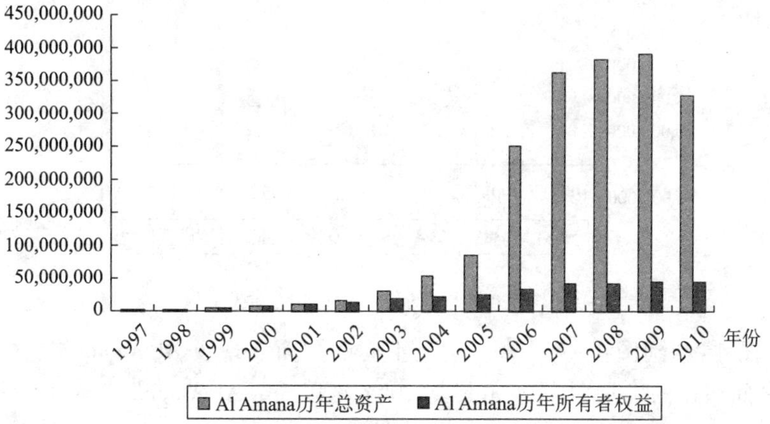

图 4 －9　Al Amana 历年资产与所有者权益（单位：美元）

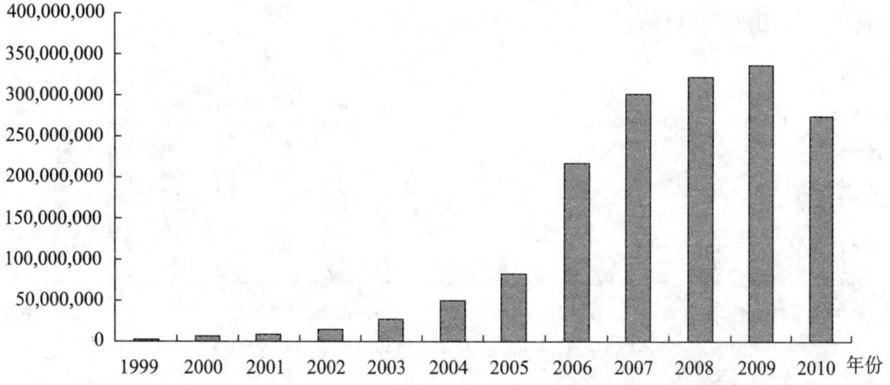

图 4 －10　Al Amana 历年贷款余额（单位：美元）

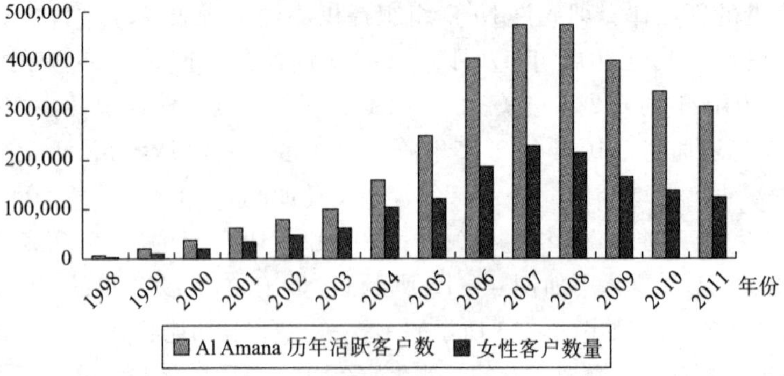

图 4－11　Al Amana 客户数量（单位：人）

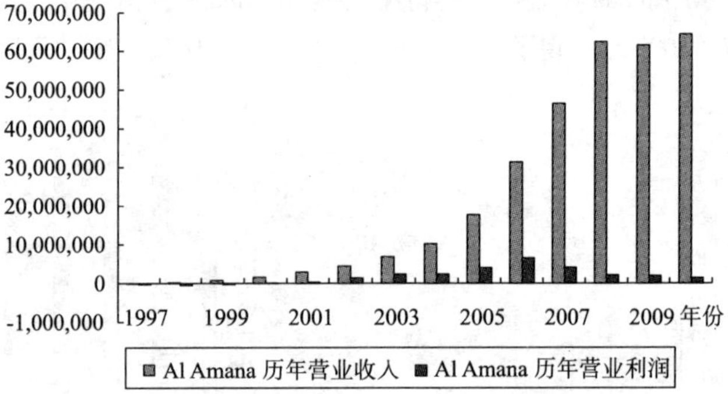

图 4－12　Al Amana 营业收入与营业利润（单位：美元）

从图 4－9 到图 4－13①，分别从不同的方面展现了 Al Amana 在它成立的 14 年之间快速的发展过程，尤其是 2004 年以后，Al Amana 进入了发展的快车道，发展速度远远超过了之前。在 2009 年后 Al Amana 的发展速度减慢下来，甚至有一定的下降，这主要受到从 2008 年开始的金融危机影响，而并不是其经营上出现了问题。

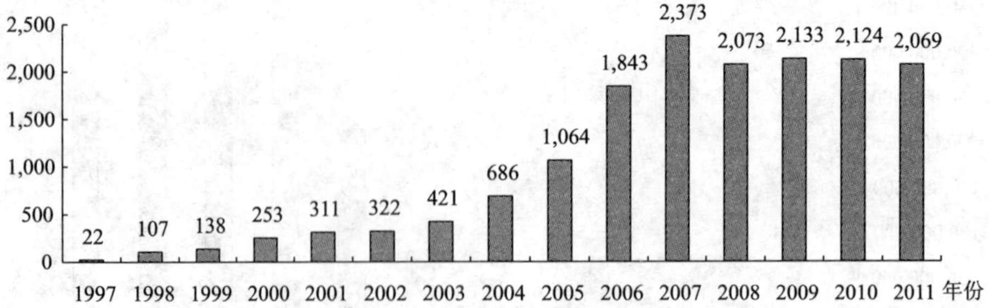

图 4－13　Al Amana 历年员工人数（单位：人）

① 本组图例数据均来自 http：//www. mixmarket. org/.

二、机构资金来源

目前 Al Amana 在法律上还是一家 NGO 性质的微型金融机构，所以它还不能吸收公众存款，其贷款资金的主要来源是捐赠资金、来自其他机构的低息或者免息贷款、商业银行的贷款和股东的资本投入，从 2007 年起 Al Amana 还发行了次级债筹集资金。在成立初期，美国国际开发总署的援助资金是 Al Amana 的主要资金来源，在 1998—2002 年间，美国国际开发总署分几次将 1,050 万美元的资金注入 Al Amana。2002 年后 Al Amana 实现了财务上的可持续后，援助资金不再是主要的资金来源，前期的援助资金转化为了股权，Al Amana 开始大规模地对外借款，借款成为主要的资金来源，而且比例相对稳定，这些借款有效地支持了 Al Amana 的快速发展。从图 4－14 中可以看出各种资金来源的占比情况[①]：

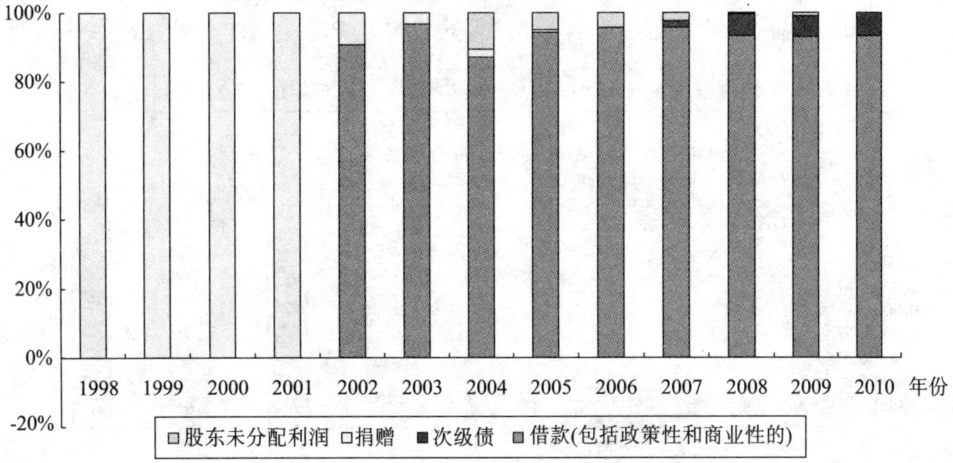

图 4－14　Al Amana 各种资金来源的占比

图 4－14 显示了各种资金来源的数量对比，可以看到，2006 年以后，对外借款在规模上远远超过了其他的资金来源，成为最重要的资金来源。再结合前面的图 4－9 到图 4－14 可以看出，在最近 5 年的大规模借款后，Al Amana 无论是总资产、贷款余额还是客户数都有很大的发展。但其营业利润并没有同比例增加，反而有下降的趋势（见图 4－13）。对于这个问题，可能与大

① 本组图例数据均来自 http：//www.mixmarket.org/.

量借款所造成的高额利息有关①，我们可以从图4－16中看出，Al Amana近几年的利息支出都较高。存款是成本比较低的资金来源，而现在大多数的微型金融机构并不能吸收公众存款，很难获得这类低成本的资金，所以不得不以更高的贷款利率来覆盖高昂的资金成本。显然，对那些所有权清晰、经营业绩优秀、内控健全有效的微型金融机构，应该允许他们在一定地理范围、面向特定对象、以一定的方式吸收存款。对更为优秀的机构，甚至可以完全放开允许他们像商业银行一样吸收存款，以有效降低微型金融机构的资金成本。

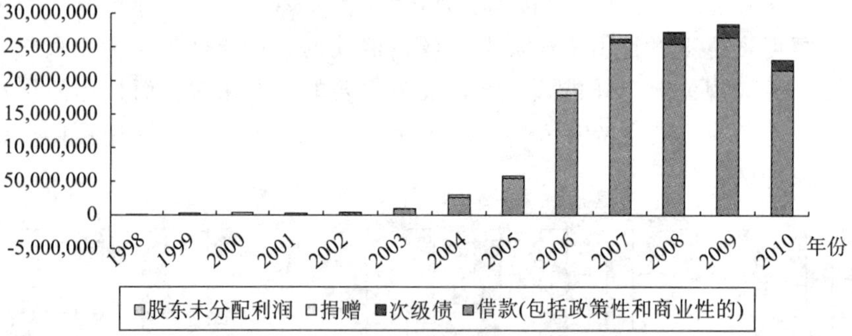

图4－15　Al Amana贷款资金来源（单位：美元）

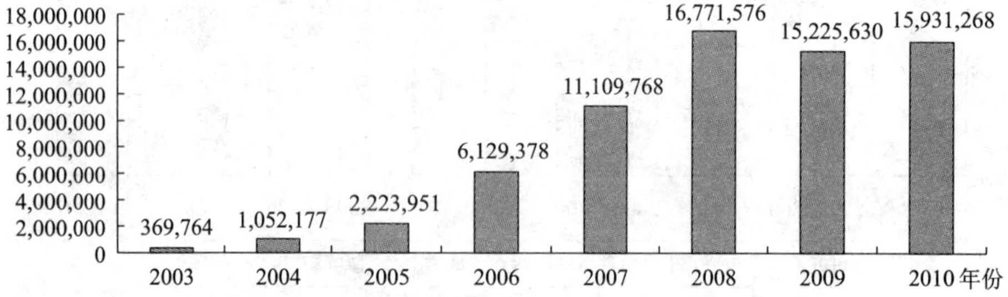

图4－16　Al Amana历年利息支出（单位：美元）

三、Al Amana在治理和管理上的特点

在管理上，Al Amana由董事会负责总体的决策和监管，包括对外融资和对分支机构的技术支持工作。454家分支机构散布于摩洛哥各地，负责具体的业务运营。目前Al Amana还只能开展信贷业务，所以其员工主要是信贷员。

① 作者没有找到关于借款中政策性低息无息贷款和商业性贷款的比例，这只是根据相关资料而进行的合理猜测。

信贷员负责接受贷款申请、贷款的初步核查以及贷款的及时回收。Al Amana为了控制信贷风险，还在全国建立了12个地区管理中心（Regional Coordinator），对信贷员提交的贷款申请进行审查。Al Amana建立了规范的贷款审核制度，在发放贷款时，不仅看是否有担保，更需要综合评估借款人的借款目的和还款能力。Al Amana内部建有审计制度，主要任务之一，就是保证贷款发放的合规性。这些审计制度要求：在贷款发放前需要将贷款的详尽信息告知客户，包括利率、期限、可能的风险和费用等，这些做法可以有效避免信贷员片面追求业绩而导致贷款质量下降的情况。Al Amana保持着严格的风险标准，包括对贷款期限的控制（见图4－17）和坏账准备的计提（见图4－18和表4－3），这会在一定程度上导致利润率的下降。

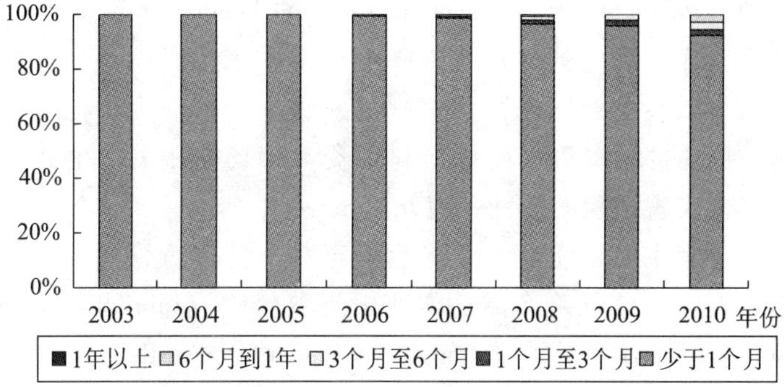

图4－17　贷款期限比例图

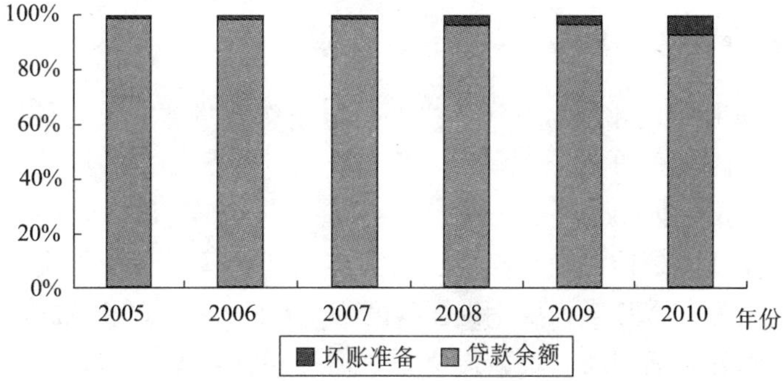

图4－18　坏账准备占比情况

表4－3　Al Amana的坏账计提标准

贷款逾期时间	8—30天	31—180天	180天以上
坏账准备计提比例	33%	67%	100%

可以看出，Al Amana 计提的坏账准备，相对贷款余额的比例近年来在不断增加，这可以在一定程度上防范坏账风险。此外，Al Amana 还结合贷款的特点采取了一些有针对性的风险防范措施。干旱是摩洛哥最常见的气候灾难，几乎每 2—3 年就发生一次，且近年来旱情日益频繁和严重，给农业与养殖业带来了越来越大的破坏，严重影响了农户和养殖户的偿贷能力。根据 2007 年 Al Amana 一份关于农村贷款风险的分析报告，52% 的农牧贷款存在风险；与农牧有关的坏账占全部坏账的比例大约为 40%。为此，Al Amana 专门发展了干旱管理工具以确保农牧贷款的安全。其基本方式是：自我管理（self - management）和协作管理（management through partnerships）。

自我管理的方法又分为两类：区域管理（the management in the field ）和总部融资管理（the financial management from the headquarters）。区域管理，一方面是通过贷款成员职业的多样化来降低旱情带来的影响；另一方面，由区域信贷员作为“农村生产顾问”为客户的农牧生产活动提供技术指导来降低旱情的影响。而总部融资管理则是指利用资本市场的相关衍生品转移农牧贷款所面临的气候灾害风险的一种管理办法。

协作管理，则主要是联合农业保险公司对旱情进行管理。具体做法：方案之一是提供农业天气保险产品，如降雨指数保险（rainfall < or vegetation > - index insurance）、谷物干旱（drought programs for cereals）及牲畜死亡保险（cattle mortality insurance）；方案之二，是与政府一起合作，对与农业和养殖业相关的资源，如河流、水库水利建设等进行持续管理。

四、典型的产品与服务

Al Amana 提供的小额信贷产品主要是微小企业贷款、农业贷款和房屋贷款。以下逐一简要介绍。

（一）微小企业贷款

微小企业贷款是针对微小企业主扩大经营，购买设备所需资金的一种贷款。贷款期限为 6 个月至 5 年，贷款额度为 1,000—48,000 迪拉姆①，可以选择每两周或每月分期归还，贷款需要提供适当担保。Al Amana 对于信用良好的微型企业主还可以提供企业流动资金支持，额度上限为 5 万迪拉姆。

（二）农业贷款

农业贷款一般采用团体贷款的形式，要求团体内成员间互相担保，并且贷

① 1 迪拉姆约等于 0.2722 美元。

款期限较其他贷款种类短，一般为3—18个月，贷款额度为1,000—30,000迪拉姆。可以选择每周、每两周或每个月分期偿还。一般来说，其他种类的贷款在开始贷款的当月就需要开始还款，而农业贷款可以在贷款2个月后才开始还款。

（三）房屋贷款

这种贷款是用于改善贷款用户的居住条件的，可用于补充自建、改建和购买住房的资金。贷款期限从6个月至7年不等，贷款额度为1,000—48,000迪拉姆，可以选择每月或每2个月分期偿还。一般而言，这种贷款需要根据客户的实际情况提供适当的担保，包括信用担保或者房屋抵押。

上述三种贷款可以是团体贷款，也可以是个人贷款，一般还需要提供担保，包括担保人或者财产担保。团体贷款的成员必须是18—70周岁之间、有一年或以上的工作经验、居住稳定、收入能满足日常需求才能申请。个人贷款时，个人年龄必须在21—70周岁之间，有一年以上的工作经验，居住稳定，且必须提供由国家或者企业开具的收入证明。房屋贷款客户还需提供房屋产权证明和购房合同。

（四）其他金融业务和非金融类服务

除了这些产品以外，Al Amana还提供一些金融类或者非金融类的服务。比如针对企业员工的医疗保险、贷款客户的意外伤亡保险、金融知识教育、职业安全教育和企业创立的前、后期支持等。下面简要介绍一种非金融类的服务——预防童工行动（Fight against the Work of Children with the beneficiaries of Al Amana）。这一项目也反映了Al Amana的公益性质。

Al Amana在与大量的微型企业打交道的过程中，发现很大数量的微型企业存在雇佣童工且工作条件极为恶劣的现象。于是在2007年1月Al Amana启动了预防童工这一项目。该项目的一个主要目标就是教育其客户关注童工问题。2007年2月，Al Amana在摩洛哥的20个地区进行了试点，建立了监管其客户雇佣童工情况的系统，信贷员接受了专门的培训，以帮助微型企业主规范其用工行为。自2007年项目设立以来，40多万客户接受了关于童工问题与童工权利的教育，童工的数量得以减少，其工作条件也得到了提高。

（五）业务结构的转型

正如很多微型金融机构一样，Al Amana采用的是孟加拉的格莱珉模式，在贷款时主要采用团体贷款的形式，但是这种贷款模式实际上会限制新贷款种类的出现①，而且相对而言，个体贷款客户的贷款额度更高，服务成本更

① 因为团体贷款往往需要信用状况类似，且财务状况彼此不互相影响的人组成，所以选择面不如个体贷款客户广。

低，机构的收益更大。同时，推出更多的个人贷款种类也可以更好地满足那些需要更大发展空间的微型金融客户的需求。所以随着业务的不断发展，现在 Al Amana 也在积极发展个人客户，一个主要方法就是从之前的团体贷款客户中发掘有价值的个人贷款客户，这是一个比较有特色的方法，具体如下：

首先，根据现有资料，Al Amana 依照其团体客户的经营状况与增长潜力把他们分成五类：

第一类：收入下降且不稳定，而且没有可用于抵押的资产。

第二类：收入状况好于第一类，但工作和收入仍不是很稳定。这类客户往往全家都在从事劳动，可满足家庭的日常开支，但可能不足以偿还贷款。

第三类：客户往往以家庭为单位从事某种稳定的工作，比如餐饮业，他们处在事业的上升期，对微型金融的需求很旺盛。

第四类：收入稳定，有注册登记的实体，拥有一定数额的资产，偿债能力较强。

第五类：开设有自己的微型企业，企业状况良好、业务稳定、偿债能力强，需要资金扩大经营。

这种分类实际上是将不同的客户按照风险情况进行了甄别，第一、二类往往是限制贷款的对象，第三类则更适合做团体贷款，而后两类客户是个人贷款的目标客户群体。根据分类，Al Amana 可以有针对性地发展个人贷款客户。

其次，Al Amana 为发展个人贷款业务还做了一些组织上的调整，包括从业务上把团体贷款业务和个人贷款业务分开、有一个董事会成员专门负责个人贷款业务、组成跨部门的团队来制定个人贷款产品和政策等。Al Amana 还制定了专门的营销计划，刺激现有客户对个人贷款产品的需求，并鼓励信贷员将符合条件的团体贷款客户发展成个人贷款客户。

最后，Al Amana 成立了一个核心管理团队，对其信贷员进行了有关个人贷款业务的三个阶段的培训。

第一阶段：课堂培训（Classroom training）。为期两个星期的课程，通过讲座、案例研究等方式学习个人信贷技术的概念和原则，目的是让信贷员熟悉筛选客户的方法。

第二阶段：业务培训（Field training）。由高级贷款管理人员组成核心团队，通过 10 个客户业务合约的案例对信贷员进行培训。培训合格者会实际操作从个人客户筛选到合约签订的整个流程，整个过程会在相关机构的监督下完成，以确保工作质量。

第三阶段：业务轮换（Transfer to the branch）。在完成大约 15 个个人客户合约之后，信贷员就已经掌握了处理个人贷款申请的有关技能和工具。信贷员将轮换到其他岗位或者分支机构中，在业务主管的监督下正式开始处理个人贷款业务。这样的监督会持续两个月，经审查合格后信贷员就可以独自开展个人贷款业务了。

当然 Al Amana 需要在发展个人贷款客户和服务低收入人群的宗旨之间进行平衡，目前 Al Amana 的主要贷款还是以团体贷款形式向低收入人群发放的。随着市场情况的不断变化，Al Amana 需要不断创新其产品和服务的形式，在帮助客户发展的同时，实现自身持续、健康地发展。

参考文献

一、英文

1. Biggs Stephen, Messerschmidt. 2005. "Social Responsibility in the growing Handmade Paper Industry of Nepal", Elsvier, World Development, Vol. 33 No. 11.

2. CGAP: Reflections on the Compartamos Initial Public Offering.

3. Cull, Robert, David McKenzie, and Christopher Woodruff. 2007. "Experimental Evidence on Returns to Capital and Access to Finance in Mexico." Washington, D. C., World Bank, February 2007.

4. http://siteresources. worldbank. org/INTFR/Resources/Experimental_Evidence_on_Returns_to_Capital_and_Access_to_Finance_in_Mexico. pdf.

5. http://www. alamana. org.

6. http://www. cgap. org/portal/binary/com. epicentric. contentmanagement. servlet. ContentDelivery – Servlet/Documents/Brief_MFIV. pdf.

7. http://www. Compartamos. com.

8. http://www. econ. yale. edu/growth_pdf/cdp932. pdf.

9. http://www. mixmarket. org.

10. http://www. mixmarket. org/mfi/Compartamos – banco.

11. Jared Miller, 2005, "Enabling Growth: An Analysis of Compartamos' Expansion", Microbanking Bulletin, March 2005.

12. Monique Cohen, Ruth Goodwin – Groen. 2003. "Vision and Consistency: USAID Support of Al Amana and the Law on Microfinance in Morocco", CGAP April 2003.

13. Reille, Xavier, and Ousa Sananikone. 2007. "Microfinance Investment Vehicles." CGAP Brief. Washington, D. C., CGAP, April 2007.

14. Stefan Staschen, "Financial Technology of Small Farmer Co - operatives Ltd. (SFCLs), —Products and Innovations", Working Paper No. 2. January 2001.

15. Udry, Christopher, and Santosh Anagol. 2006. "The Return to Capital in-Ghana." New Haven, Conn., Yale University.

16. Ulrich Wehnert, Roshan Shakya, "Are Small Farmer Co - operatives Ltd. (SFCLs) Viable Microfinance Organisations? —A Comprehensive Financial Analysis of 33 SFCLs", Working Paper No. 1. January 2001.

17. World Bank. "Workers' Remittances: An Importance and Stable Source of External Development Finance." In Global Development Finance: Striving for Stability in Development Finance. Washington, DC: World Bank, 2003.

18. Yaron, J. "Rural Finance: Issues, Design, and Best Practices." Environmentally and Socially Sustainable Development (ESSD) Studies and Monographs Series 14. Washington, DC: World Bank, 1998.

二、中文

1. 亚洲开发银行:《小额信贷的商业化:来自南亚和东南亚的观点》。

第五章 小额信贷批发机构

第一节 小额信贷批发机构的产生

小额信贷发展之初成立了大量的零售机构，它们持有自有资金，独立设计产品，直接面对微小企业和低收入人群。但是随着小额信贷发展的不断深化，各国政府监管的加强，提高了进入小额信贷行业的门槛。这一方面使已经进入行业的一些小额信贷机构面临资金流转和产品多元化的困难；另一方面使一部分金融机构，甚至是资金雄厚的商业银行不能涉足小额信贷领域，将来可能导致小额信贷行业的萎缩，无法达到普惠的社会效应。在这种情况下，小额信贷批发机构应运而生。它通过资金支持、产品设计、监管培训或提供其他服务方式投资于大批的零售机构，维持小额信贷的第一层级——传统微型金融机构的运营。小额信贷由此发展成图 5－1 模式。

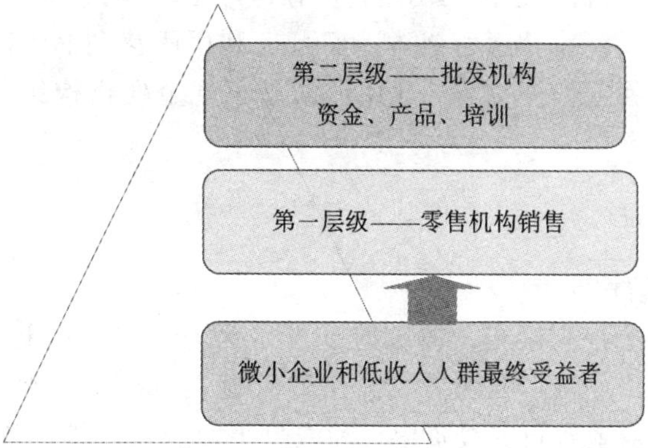

图 5－1 小额贷款模式的三个层级

批发机构的出现和发展，拆分了零售机构的运营，使得整个小额信贷行业操作流水线化，从而可以在帮助已有机构扩大市场的同时让更多机构参与到小额信贷中来，扩大传统微型金融机构的影响力，提高整个系统的运作效率，促进金融深化。下面我们选取四家不同类型的小额信贷批发机构，就不同的批发机构模式进行介绍。

第二节　印度尼西亚 BRI 批发银行：批发银行中的产品提供者

一、发展历程

印度尼西亚人民银行小额信贷部（Bank Rakyat Indonesia - Unit Desa，简称 BRI - UD）成立于 1970 年，最初主要是为政府实施的稻农补贴贷款项目服务。当时 BRI 是唯一的一家服务于农村经营的国有商业银行，并将机构设立到乡镇一级。但是补贴贷款的发放效果并不理想，农户无法真正从中受益。1982 年，政府允许 BRI 作为金融中介组织自定利率提供信贷服务，并在两年内持续提供资金，但要求 BRI 开展的小额信贷项目在这两年之内做到自负盈亏。于是 BRI 银行从 1984 年开始发放高利率并与客户紧急需求相联系的一般农村贷款（KUPEDES），同时 BRI - UD 也开始经营自愿储蓄业务。到 1986 年，BRI 开展了一种称为 SIMPEDES 的农村储蓄项目并获得成功。至此，政府已经不再需要为 BRI 执行的小额贷款项目提供财政补贴。BRI 通过其 3,700 多个村行（UD）分支机构组成的网络作为盈利中心，通过存贷利差所获的信贷服务收入不仅可以覆盖其运营成本，而且还利用所获利润不断扩展金融服务的广度和深度，就这方面而言，BRI 可谓是正规金融机构经营小额贷款业务的典范。

二、内部治理

（一）组织结构

BRI 作为国有商业银行，被政府赋予了为农村和农业提供服务的使命，因此拥有分布最广的网点和网络。它有 23 个运营部门，分别承担四项主要业务：零售银行、商业银行、投资银行和农村小额贷款。村行系统从 1986 年开始盈利，近年来一直是 BRI 利润的主要贡献者。它从上至下有四层：第一层是位于首都雅加达的总部，第二层是 15 个地区分行，第三层是 230 个地区的支行，第四层是 4,057 个村行和乡村服务站。在这四层组织结构中负责 BRI 批发银行业务的是总部，它设计产品和制定利率；分行和支行出售产品。

1. 总部 —— 批发银行职能的承担者

BRI 村行总部的职责是开发产品，运行和控制村行系统。它下设 4 个处：

（1）产品管理处：负责识别和开发新产品，分析产品的营利性；开发市场，推出新的概念和项目，并提供该领域的培训，因此产品管理处是 BRI 批发银行属性的主要承担者。

（2）村行研究和发展处：承担村行产品、市场、客户、人力资源、组织和运行状况的研究，评估村行发展活动的效果，帮助策划村行的发展和区域战略。

（3）信息系统处：负责计算机硬件和软件的开发、维护和改进。

（4）国际考察项目处：负责计划和陪伴考察者进行实地考察，准备培训的有关资料，介绍村行的国际经验。

2. 分行 —— 信息中介

BRI 的分行一般设立在省会城市，不处理任何具体业务，只是对本地区的支行业务进行协调、监督和领导，汇总和分析各类数据并向总部报告，向支行传达和报告总部的信息，招募村行员工。它下设两个处：行政处和自动化处。

3. 支行 —— 初级监测

BRI 支行设立在区中心，负责银行的商业和零售银行业务，具有初级监督和检测的职能。每个支行一般负责 10 个村行。支行经理除了负责村行的工作外，还负责支行其他的商业和零售业务。支行另设两个员工小组（行政部门和候补部门）直接参与村行管理工作，分别负责事务性工作和人事管理。

4. 村行 —— 零售职能的承担者

BRI 村行直接与小额信贷的客户接触，出售批发机构设计的产品，通常位于农村乡镇的中心位置或市场附近。一个村行覆盖 16—18 个村庄，服务 4,500 名储户和 700 名贷款客户；每个村行有 4 名职责明确的员工：经理、信贷员、出纳和会计。单个村行的人数规定不超过 12 名员工。

村行实行高度自治：大部分贷款决定由村行经理做出，并在征询信贷员意见后发放；村行的员工特别是经理，要对村行的盈亏负责，衡量指标包括效益、流动性、组织资金的记录、是否符合总部政策等。

（二）管理报告制度

BRI－UD 开发了一种简单、透明的贷款会计和报告制度。该管理报告系统使用收付实现制，向村行经理提供所需信息，迅速地逐级向上反映，避免过多繁杂的报告。支行监测人员会在每个月最后 2—7 天得到村行的报告，分行职员通过电子系统得到汇总数据，总部工作人员在此后两周中汇总全国

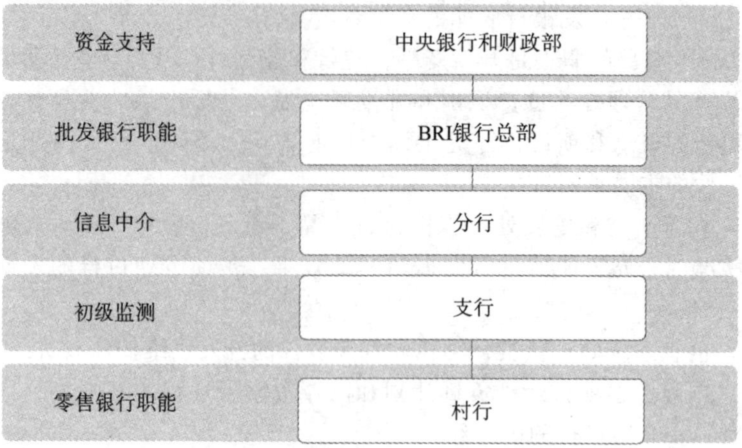

图 5－2 BRI 银行组织层级及职能

3,600 个村行数据，包括贷款报告、村行发展报告、项目抵达目标报告、月资产负债表和月损益表。村行系统每个月要提出所有报告，信息逐级上报，不得逾级，但仅适合于某一级的管理材料不再上报。总部的报告只包括全国和各分行的数据。这样的一种管理报告制度可以看做是一项风险管理措施，它使基层的信息可以及时地得到反映。村行系统虽然存在几层结构，但信息仍能较快地向上流动。总部的批发机构也能够根据信息的反馈迅速了解到市场的变化，从而改变产品的设计。这种制度既可以及时获得信息、降低风险，又可以使得批发机构很好地监督、指导零售机构的运作。

（三）人事制度

1. 层级设置

BRI－UD 完全归政府所有，因此由金融管理部任命董事长和 6 位执行董事管理。董事长的任命必须经过总统的同意，执行董事对银行的操作人员负责，每个执行董事分管 BRI 23 个营业区中的 3 个。3 人组成的董事会由金融管理局任命，但只有监督管理权，不参与银行的直接管理。BRI－UD 职员的待遇相当于政府公务员。

职员设置反映出银行的权力下放：在分行以上机构工作的职员只占不到 1.1%；如果不包括计算机管理和开发的技术人员，只有 0.6% 的员工从事银行分行以上的业务和行政管理。这种机构设置是建立在四个基础上的：一是简洁、标准化的管理程序；二是每个银行的独立性和自负盈亏；三是直接和持续的监测，减少了向高层提供详细报告的需要；四是总部批发银行职能的发挥、产品的设计和资金的管理不由村行负担。

2. 招聘制度

BRI 的村行制定职位，职位随时间而变化，依据是技术水平的变化和村行活动效果的阶段性研究。如果村行营业进展顺利，招聘应是建立在提前计划的基础上。员工到位的时间较长，从招考到经过培训进入岗位大概需要 10 个月。由于村行员工很少，一旦员工缺失，收款纪录会迅速变差，影响到银行业绩，因此在支行设置了候补人员，当村行出现职位空缺时，支行职员立刻候补，以确保村行的正常运营。除村行外，BRI 对人招聘的基本态度是库存而不是现进现出，也就是说招聘不是满足现存的空缺，而是考虑今后发展可能出现的需求。这种提前计划以及定编使得人员招聘井然有序，同时也避免了人员短缺的问题。

3. 培训

BRI 投入了大量资金培训员工，以保证高水平的任职资格和标准化的运营程序。担任批发职能的总部设立了 5 个分行培训中心，负责各村行的培训，包括入职培训、晋升培训，以及每个阶段的培训。所有雇员都需要定期接受培训。虽然 5 个中心都提供一样的课程，使用同样的教材，但是会根据业务的需要而更新课程。这种系统培训的内容和方式都是针对微型金融的，使得职员的知识不至于老化，同时也可以学习其他国家和银行的经验。

经验：BRI 薪酬和晋升制度

村行是独立核算的经营单位，实行利润分享计划，每年机构净利润的 10% 在下年初分配给职员，根据职位不同发放不同的额度，约为月薪的 2.5 倍。职员的大部分工资是由村行所创造的利润决定的。业绩突出还可获得半年的现金激励。职员的工资和奖金与当地标准相比高得多，支行的监督官员和支行经理根据下属村行的绩效，可以得到不超过 1.6 月工资数额的奖金。除了年终奖，村行每半年进行一次经营情况的比赛，依据下述标准和权重评价每个村行的经营情况：营利性 30%，贷款质量 20%，管理有效性 20%，扩大贷款户 10%，增加贷款余额 10%，吸收储蓄量 10%。评分最高的村行获得奖励，奖金由村行员工和上级支行的全体员工共享。

三、主要业务

BRI 批发银行主要负责产品设计和制定利率政策。

（一）产品设计

1. 一般农业贷款（KUPEDES）

一般农业贷款是用来发展和改善小型企业的贷款。它的最终客户是农户，是为农户提供额度从 5 美元到 5,000 美元不等的各类贷款服务。产品的推销和审批都在分行及以下层级的银行中完成，批发银行只涉及衡量贷款质量的部分，它包括三个方面：

（1）业务状况。把每月预期的分期贷款本金的数量和全部本金余额进行比较，如果只是由村行层级的来完成，可能会过高估计分期付款的风险。因此批发机构负责业务状况的审核可以控制贷款的风险，确保整个银行运营的安全性。

（2）长期亏损率。把累计的预期贷款和村行开业以来从未偿还过的贷款相加，同预期贷款总量相比，衡量村行开业以来的绩效。

（3）短期亏损率和长期亏损率结合。既可以衡量变量短期内的变化，又可以有一个足够长的期限来比对，避免短期指标的不稳定性，反映业务变化的趋势。

虽然只有一款贷款产品，但该贷款产品根据借款人的现金流来确定，偿还设计很灵活。这样既能及时发现借款人现金流的问题，同时也减轻了借款人的还款压力。贷款的审核是根据项目借款人当前的现金流而不是借款后的现金流，这样就降低了银行贷款风险。另一方面，银行对借款人不进行监督和培训，也不干涉借款人对资金的使用，使得银行成本下降。

2. 储蓄产品

村行根据客户需求特点——安全性、方便性和流动性，设计了四种储蓄产品：SIMPEDES，SIMASKOT，DEPOSITO 和 TABNANAS。对储蓄利息的计算是基于储蓄额而不是储蓄时间，这一方面部分解决了小额储蓄成本高的问题，另一方面也可以通过储蓄利率的设计达到稳定存款的目的。

（二）制定利率政策

根据批发机构利率政策的基本原则：小额度、高利息、多层次、广范围，政策具体实施方式有以下三点：

（1）利率政策不受中央银行的利率管制，利率结构每个月由总行批发机构和银行资产负债协调委员会进行一次总结。利率调整主要根据资金市场变化、整个银行的资金流动情况及支付实际利息的需要。

（2）以贷款利率覆盖所有成本和未来发展所需要的利润。总部批发机构根据该行的成本，确定发放贷款的有效利率，再根据贷款期限、还款方式等确定名义利率。

（3）发挥利率的杠杆效应，促进资金回笼。批发机构设计了 36 种还款方式组合供借款人选择，在贷款发放后的一定期限内不允许借款人提前还贷。

四、BRI 批发银行对 BRI 银行的意义

BRI 村行作为整个 BRI 的一部分，它从其他部门获得的服务主要是流动性管理和分行储蓄的投资、人事后勤以及自动化服务、法律和内审服务等，

其他部门提供非正式的服务给村行。村行只是提供微型金融服务，批发机构也只是承担产品设计和政策制定的角色，因此不同于其他部门提供的商业银行和零售银行的业务，具体见图5－3。

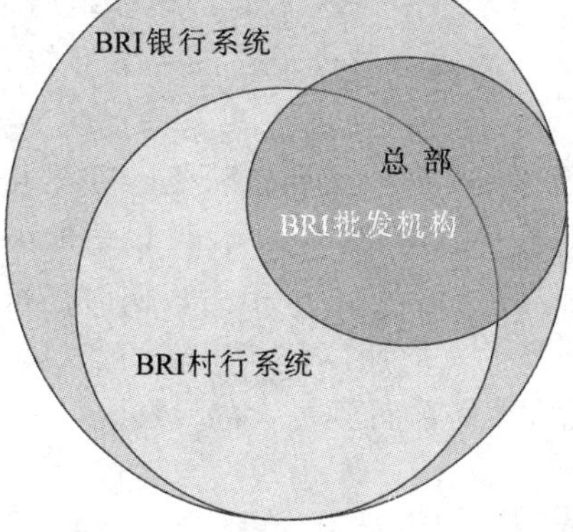

图5－3　BRI批发银行与BRI银行系统的关系

五、政策扶持

BRI－UD虽然作为国有银行的一个部门而存在，但是后来成为独立的盈利中心，资金来源也是主要依靠储蓄转为贷款融资，通过贷款和储蓄之间的利差来获利。这是传统商业银行的盈利模式，从而使得BRI－UD实现了完全商业化运作。政策扶持主要体现在银行建立的初期，包括：1969年BIMAS（集约式水稻发展计划）；1973年总统4号令扩展村行系统；1983年放松对银行部门的管制，并且对农贷业务提供国家补贴等。

六、成就及前景

BRI－UD目前是国际上开展微型金融范围最大的一个模式，也是国有银行开展微型金融很成功的模式之一。它的成就主要体现在两个方面：政府支持和管理制度。

从政府支持来看，BRI批发银行是作为国有银行BRI的一个部门存在，计算盈利率的时候不会扣除税收，同时在运作的过程中得到银行其他部门的支持，产品设计也向村行定向销售。这些支持保证了批发银行的良好运作和较高盈利。然而这种银行集团内部批发机构和村行同存的模式虽然使得BRI－UD在印尼微型金融竞争不激烈的情况下可以运作得很好，但由于批发银行设计的贷款产品单一，随着越来越多的批发机构和零售机构的建立以及小额信贷产品的多元化发展，微型金融市场竞争加剧，这一模式在未来有可能面临巨大的挑战。

BRI－UD 的另一成就体现在标准化、扁平化的管理制度上。批发银行设计产品和统一规划整个体系，具体的业务操作主要是在村行进行，因此村行的利润是批发银行、支行和分行的盈利来源。这种组织结构一方面使得上层的管理成本降低了，另一方面使得村行运作的灵活性较大，体现了标准化和灵活性相结合的特点。

由于这一模式的特色和基础在于透明、快捷的管理报告制度，因此 BRI－UD 未来的发展依赖于 IT 联网的建设。它不仅可以增加小型分支机构的盈利，大大改善服务质量，增加对原有客户的吸引力；同时还可以减少 IT 设施及其运营维持成本，加快对市场的反应速度，获得新的商机。若 IT 设施在未来几年建设完毕，BRI 的产品和服务将得到极大的发展。

第三节　孟加拉国 PKSF 批发银行：批发银行中的资金提供者

孟加拉国的小额信贷发展得相当完善：一方面，小额信贷市场渗透力较高，覆盖的贫困人口是世界之最，还形成了一大批著名的微型金融机构，如 GB，BRAC，ASA 等；另一方面，市场集中度极高，虽然在孟加拉国有众多的微型金融机构，但是排名前十位机构的储蓄占比达到了全国总储蓄的 87%，贷款占比达到了全国总贷款的 81%。尽管孟加拉国的微型金融已经发展得比较好，但大量的中小型小额信贷零售机构由于资金缺乏而无法做大做强。这里就介绍一种区别于零售式微型金融机构的批发式金融机构：孟加拉农村就业支持基金会（PKSF）。

一、发展历程

为了向小型非政府机构和其他小额信贷机构提供资金，使得没有土地的人可以获得非农部门生产性就业贷款，并且吸引国外的捐赠资金，孟加拉国政府于 1990 年建立了 Palli Karma Sahayak Foundation，简称 PKSF。它的目的在于通过政府、当地组织和扶贫性质的非政府机构向农村穷人提供贷款，帮助他们自我就业，改善生活状况。PKSF 自身并不向贫困者直接提供贷款，而是通过合伙机构（零售式微型金融机构）来帮助穷人。这一批发过程还可以帮助提高合伙机构的业务拓展能力，鼓励创新和多模式共同发展。

二、内部治理

(一) 组织架构

PKSF 的组织结构分为三个层级：决策机构，理事会和理事会下设部门。

1. 决策机构

决策机构一年举行一次会议，制定 PKSF 接下来一年的政策。决策机构规定人数最多为 25 人，其中政府指定的成员分别来自政府机构、自愿者组织和个人，且不超过 15 人。另外 10 人是合伙机构成员和其他相关人士。

2. 理事会

理事会成员规定人数为 7 人，由政府指定主席和两名成员，主席必须是非政府公务员，任期 3 年；决策机构任命总经理和 3 名理事会成员。

3. 理事会下设部门

理事会下设四个部门：一是贷款操作部，它负责选择合伙机构、发放和回收贷款、监管和评价项目、向合伙机构提供培训和咨询等服务；二是行政管理和财会部；三是审计部，直接向理事会报告；四是研究培训部，研究贫困问题，向合伙机构提供培训。

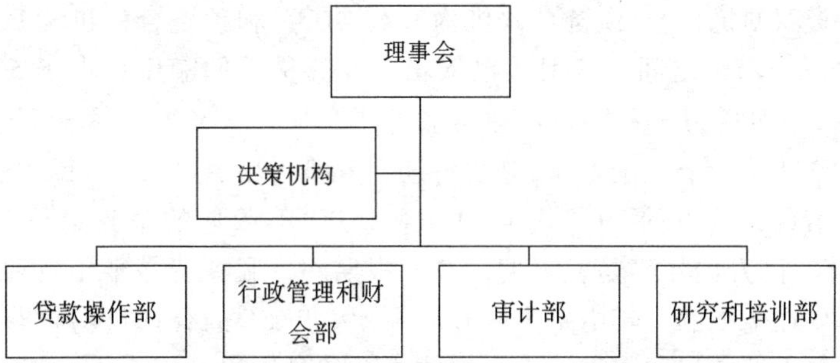

图 5－4　PKSF 各部门组织结构

(二) 人力资源管理

PKSF 的人力资源管理很大程度上决定了它的成功。

1. 招聘政策

PKSF 开发了有关人力资源管理的服务规则，如招聘来自重点大学的毕业生，该政策对提供高质量的服务、建立良好的公司文化和专业水准起到了很重要的作用。同时它还设计了一个审查程序对招聘过程进行监督，确保了招聘的透明化和公信度。

2. 职员培训

培训项目的目标是培训职员信贷项目管理、审计技术和公司管理的经验和专业知识。PKSF 向职员提供理论和实践经验在职培训，包括在公共管理培训中心学习和合伙机构培训两部分。培训中最有效的一部分，是每一个职员都会由一名高级职员带领访问合伙机构，这样职员可以全方位地学习合伙机构的评价程序、审计技术、风险管理和公司文化等。机构还会定期举办讲习班和研讨会讨论不同的问题，如小额贷款的政策和法律等，以加强合作机构的信贷操作水平。

3. 薪酬

PKSF 职员的工资略高于正式公务员和大型非政府机构员工的工资，这有效防止了人才的流失。

三、主要业务

（一）信贷项目——核心业务

PKSF 目前向 199 个合伙机构发放贷款，它的主要信贷项目包括四个：农村小额信贷、城市小额信贷、微型企业信贷和赤贫信贷。这四个贷款项目主要发放给三类合伙机构：OOSA——Organizations operating over a small area（小区域内发放贷款的机构），BIPOOL——Big PO operating over a large area（大区域内发放贷款的机构），预备合伙机构。对 OOSA 和预备合伙机构每年收取服务费在 3%—4.5% 之间，该费率也依赖于发放贷款的额度：小于 500 万达卡费率是 3%，500 万—7,500 万达卡费率是 4%，7,500 万达卡以上费率是 4.5%。OOSA 和预备的合伙机构偿付期都是 3 年，刚开始 6 个月是宽限期，服务费和本息在余下的 30 个月偿付。对 BIPOOL 收取的服务费是 5%，偿付期是 10 年，刚开始 4 年是宽限期，在宽限期间，服务费是半年收取一次，服务费和本息在余下的 6 年中每半年收取一次。PKSF 的合伙机构将获得的贷款发放给没有土地产权和资产的人。这些贷款的最终受益者 5 人组成一个小组，所有小组成员居住在一个村庄，小组成员有类似的经济地位且相互信任。合伙机构向小组成员收取的贷款利息取决于合伙机构的实际情况，偿付期为 52 周。实施信贷项目的相关支出和管理费用通过收取服务费弥补。

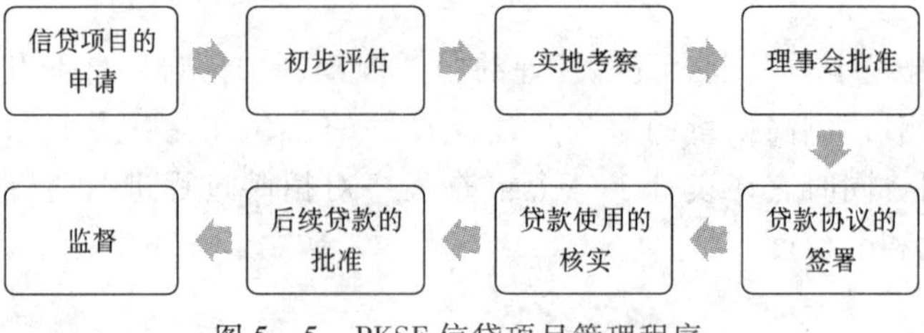

图 5-5 PKSF 信贷项目管理程序

经验：PKSF 对合作机构后续贷款批准的决定因素

- 前次贷款使用满意度；
- 基层运营保持高还贷率（98%）；
- 向 PKSF 提交定期报告；
- 贷款项目有扩张潜力；
- 能按期向 PKSF 还贷，额度不超过 250 万塔卡的后续贷款的申请由贷款委员会批准，超过 250 万塔卡的贷款则由理事会批准。

经验：PKSF 的监督制度

- 收集项目信息，PKSF 每月使用标准报表收集借贷者、储蓄、贷款发放和回收变化的信息。
- 财务状况，合伙机构提交累计和每月的收支和现金流量，了解其财务健康状况。
- 合伙机构定期向 PKSF 发送借贷者的名册，包括新贷款和再循环贷款在内。
- 现场考察，PKSF 官员每 3 个月考察一次，对于规模较大或者经营多样化的机构，由一个考察组前往。在考察期间，将核实合作伙伴已提交的信息和资料，并提出工作改进意见。
- 内部审计，PKSF 对每个合伙机构每年都进行审计，审计报告直接交送给 PKSF 的 CEO；外部审计，由外部审计公司对选定的合伙机构进行外部审计，核实内部审计的结果。

（二）机构开发项目——与合伙机构可持续发展的关键

机构开发项目意在提高合伙机构持续向穷人提供服务的能力，主要培训 PKSF 和合伙机构的员工、开发管理信息系统、为合伙机构提供用于购买基本固定资产的无息贷款。

1. 培训

PKSF 将培训看做是对合伙机构的小额贷款项目机构化的一部分。它培训自己的员工、管理人员和合伙机构的工作人员，提高员工的专业技术和能力。PKSF 培训团队在 PKSF 的培训中心开展高度定制化的培训，主要针对实际操作，除此以外的其他培训课程，则外包给培训机构。PKSF 现已开发了 22 种培训模式，7 种针对自身员工，15 种针对合伙机构员工。PKSF 还定期举办跨合伙机构的案例研究、经验共享以及现场培训项目。同时 PKSF 定期实地访问监督合伙机构的项目运作，并向合伙机构提供小额信贷运作和管理各个方面的建议。

2. 会计和审计制度

PKSF 特别重视 PKSF 与合伙机构会计和审计系统的开发，并与国际会计准则保持一致，其金融交易都由内部审计团队提前进行审计。

3. 为合伙机构购买固定资产提供无息贷款

1997 年开始，PKSF 实施了一个针对提升合伙机构管理能力的贷款项目，为合伙机构购买计算机、摩托车、自行车等基本交通工具和复印机等固定资产提供无息贷款，同时提供建造办公室和培训中心等建筑的软贷款。

4. 研究项目

PKSF以监督和评价小额贷款项目和改善穷人生活状况为导向，极其重视小额信贷机构发展方面的研究。为指导该研究项目，PKSF成立了研究资讯委员会，由杰出的经济学家和研究人员组成。

PKSF为合伙机构和参与到小额贷款中的相关人员编写了一系列的指导方针和标准，并且根据政策和项目的变化不断调整指导方针和标准的具体内容。另外，PKSF定期接受来自国内外的实习生，就小额信贷项目进行研究。

5. 其他业务项目

PKSF的其他业务项目包括：构建计算机化的合伙机构管理信息系统和会计系统；建立信用数据库；绘制小额信贷覆盖地图；设立灾难与突发事件基金，向其合伙机构提供1,000万塔卡补助建立灾难管理资金，每一个合伙机构也把服务费收益的一部分投入到该基金，用于提高全国小额贷款客户处理灾难的能力；向政府和非政府组织提供技术援助；颁布土著少数民族小额信贷融资政策。

四、政策扶持

孟加拉国对PKSF的政策扶持主要体现在资金支持上。PKSF当局授权其管理层可以以贷款、捐赠等不同形式从政府、私人机构、外国政府、国际捐赠者、贷款机构和资本市场上筹措资金。PKSF建立之初主要是依靠政府的资金，后来也接受了其他来源的资金。目前它的资金组成是：①捐赠款，政府2,160万美元，世界银行500万美元，美国国际开发总署1,270万美元；②贷款，政府1,000万美元，世界银行1亿美元，亚洲开发银行1,800万美元；③其他60万美元。资金总计1,679亿美元。

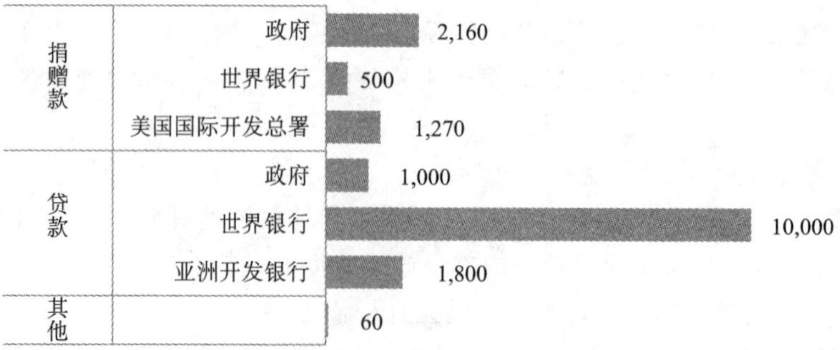

图5-6 PKSF资金结构（单位：万美元）

五、成就与前景

PKSF自1990年成立后每年都吸收零售式小额信贷机构作为合作伙伴。它的合作伙伴分布在国内64个省的62个省中。它的主要成就之一是对合作伙伴机构发展方面的贡献。它的绝大多数合作伙伴只从PKSF借贷，以进行零售小额信贷扶贫业务，而且它们能够成功地以信贷服务收入覆盖经营成本，并且其中不少已经达到金融自负盈亏。除此之外，由于获得PKSF的培训、咨询服务和机构发展建设服务，例如各类培训、财会知识和管理信息系统的开发、对改善管理的跟踪建议等，PKSF的合作伙伴现在的管理能力正在不断提高。PKSF为合作伙伴的负责人举办了若干次研讨会，目的在于向合作伙伴介绍统一的运作和管理制度。同时，PKSF也为合作伙伴的工作人员准备了多种培训，包括为信贷工作人员提供的财会和管理信息系统的培训班。

经验：PKSF的合伙机构应该满足的条件

- 组织：组织应该有法律基础，如非政府组织和自愿组织，应该在适当的地方登记注册。
- 组织人：组织人或创始人应该有社会声誉，有诚意为穷人服务，组织人应该被员工、小组成员和社区所接受，组织人应该有能力和意愿开发有关组织发展的未来前景和战略规划。
- 管理：组织应该有组织架构，主管应该是全职并且是愿意长期工作的，行政长官应该具备良好的素质和灵活的领导能力，并能显示好的管理能力，能够形成有组织的战略规划，有足够的全职和定期工作人员以保证小额贷款项目的正确实施。行政长官在职员、小组成员和社区有良好的声誉并且能被他们所接受。
- 人力资源：组织应该有意识培训技术人力以维持完善的会计系统。
- 工作区：应该有很好的通讯网络、银行设施以及易接近市场的条件，贫困农村地区优先，同时避免在同一地区复制其他机构的同类活动。
- 实地工作：组织成员必须是没有土地产权或者没有任何资产的人，这些人的共同特征是：拥有的土地不到0.5英亩，或拥有的资产价值不超过1英亩地的价值。成员组织成小组，并且有一个小组长对小组负责，定期举行小组会议。储蓄成员必须至少储蓄6个月，组织至少有400个组员，20万塔卡的未清偿的信贷业务以及有至少6个月的成员小额信贷运作经验。有组织的成员的数量要同组织的运营资本相匹配。如果当地组织的总部在操作区域内，该组织必须有至少98%的贷款回收率。
- 过去表现：组织确保具有在能够正确利用贷款资金的基础上保持较高贷款回收率的经验，有承接的项目成功运作的经验。
- 管理信息系统：具备可以从小组成员和办事处等地收集信息的能力和条件，以便为小额信贷运作提供充足的信息。
- 会计制度：维持一个健全、系统、正确、详细和透明的会计制度，没有任何非法或者不正当抽回资金的案例，所有账务应该审计并且更新，监督报告妥善整理。

第四节 肯尼亚批发机构吉特格米信托：以 M - Banking 为支持的后起之秀

肯尼亚小额贷款市场历史没有东南亚和南亚地区的历史长，但是却依靠 M - Pesa 系统的创新和利率透明化成为微型金融的后起之秀。一方面，肯尼亚国内的所有的小额贷款机构都已经建立或正在建立移动银行（M - Banking）平台，以拓展支付渠道，扩大市场；另一方面，肯尼亚是非洲唯一参与微型金融明化调查的国家：调查数据来自 21 家微型金融机构的每月利率报价，加上额外费用和其他成本。虽然肯尼亚的微型金融发展较快，但是国内的监管非常严格，只有两家微型金融机构（MFI）成功获得执照可吸收存款。这种环境催生了肯尼亚一些小额贷款批发机构的产生。它们以贷款形式为零售机构提供资金支持，确保大批零售机构正常运营，促进小额信贷市场的深度发展。这里就介绍肯尼亚最大一家批发机构：吉特格米信托有限公司（Jitegemee Trust Limited，JTL）。

一、发展历程

Jitegemee Trust Limited 是肯尼亚最大的微型金融批发机构。它成立于 1998 年，服务对象包括为低收入人群提供小额信贷服务的各种规模的微型金融机构，如微型金融零售机构、信贷联盟（SACCOs）[①] 和非政府机构（NGOs）等。它最初是 Netherlands 地方政府 Arid and Semi - Arid Lands（ASAL）发展项目的一部分，旨在为无法获得主流金融服务和人口众多的农村地区提供小额贷款，随后被肯尼亚政府扩展到 Kajiado，Keiyo，Marakwet 和 Laikipia 地区。现在 Jitegemee Trust Limited 已经成为一个独立的小额信贷批发机构，为小额信贷零售机构提供多样化的金融专业服务。它的核心价值观包括：

（1）变革：相信低收入人群可以改变他们的命运。

（2）整合：社会责任和专业性的结合。

（3）品质：持续追求提供高品质的产品和服务。

（4）创新：致力于支持小额信贷模式的创新。

（5）成长：让企业和员工共同发展。

---

① 具体解释见主要业务关于客户群体的部分。

（6）共赢：寻找长期且有责任感的金融机构，实现共赢。

案　例

Jitegemee Trust Limited 最近同 Adok Timo（一个总部在 Kisumu 向 Nyanza 省中 5 个地区的穷人提供微型金融服务的零售机构）成为合作伙伴。一个从 Adok Timo 受益的团体就是 Ahero Widows Gtoup，其中有 250 多个寡妇。JTL 通过提供资金的方式让这些寡妇和她们的孩子从事可维持生计的农业活动，帮助他们脱离贫困。

二、内部治理

JTL 的管理决策和组织结构由董事会决定。董事会成员由来自政府部门和与小额信贷相关的私人部门的人员组成。职员设置包括董事长、财务总监、秘书长和 3 名常任董事。机构的日常管理分给四个部门：CEO 及其办公室，CFO*及财务部，战略发展部和行政部。

三、主要业务

（一）客户群体

当前 JTL 的客户包括各种规模的信贷联盟以及注册登记过的传统微型金融机构。

1. SACCOs 和传统 MFIs

当前 JTL 的客户 60% 都是 SACCOs，只有不到 30% 的是传统微型金融机构。然而由于传统 MFIs 比 SACCOs 有更广的客户面，超过 90% 以上的收益都是来自 MFIs，剩下的少于 10% 的收益才来自 SACCOs。通过零售机构，JTL 间接贷款给了 33 万个客户，人均贷款规模达到了 1.2 万肯尼亚先令。

小知识

信贷联盟（SACCO）是 Saving and Credit Co - operative 的简称。它是在一个国家或者地区范围之内的成员互助的一种联盟。联盟中每个成员有相同的股份，他们共同管理联盟中的资金。成员承诺将他们的资金聚集到一起，以大家都可以接受的利率放贷给其中有资金需求的成员。放款利率要覆盖资金的管理成本和存款利率。成员选举出一个管理层轮流负责联盟的日常经营活动。管理层的人数一般在 10—15 人。成员还需要选举出一个监管委员会对管理层的管理进行内审。

2. 客户分类

JTL 依据零售机构的客户数目、运营规模和监管等因素，将客户分成了如表 5 - 1 的几类。

表 5-1 JTL 客户分类指标

客户分类	最终受益客户数量	信贷结构	信贷规模	占比
大型客户	≥20,000	成熟	覆盖全国	30%
中型客户	≥5,000	发展良好	至少覆盖一个地区	30%
小型客户	≥500	刚开始发展	地区内	40%

3. 客户甄选

（1）经济指标。信贷联盟和传统微型金融机构申请成为 JTL 客户的条件几乎相同，都需要提供以下资料：一份表明资金需求的正式信函；最近 3 年的审计报告；当年的还未审计的利润表；发展规划，且要以当年度的预算和能够抵补贷款的现金流作支持；公司注册的附件或者具有同等法律效应的文件；商业计划（包括机构历史、治理结构、信贷渠道和信贷结构、董事会构成、当前所覆盖区域的运营情况，以及产品种类、结构、还款方式和销售情况）；资金来源；今后两年的运营计划；过去 3 年的运营数据（包括客户总量、放款总金额、人均贷款规模、信审员数量）。只是 SACOOs 要求在提供过去 3 年的运营数据时还需要提供存款总量、职员人数和违约金额。

（2）非经济指标。所有成为 JTL 合作伙伴的零售机构都必须满足以下条件：支持 JTL 其他已有合作伙伴，并且与其他合作伙伴有基本相同的服务成本；发展多元化贷款产品的意愿；对职员素质定期培训；有完善管理体制的计划；在法律的监管下扩展信贷渠道。

（二）信贷业务

1. 普通贷款

普通贷款的目标市场是符合甄选条件的各种规模的金融中介，最终旨在为低收入人群提供他们所需要的资金。它的最低金额是 500 万肯尼亚先令，还款期限为 2—4 年，依据中介的现金流回收期不同而有所变化。

2. 资产贷款

它只提供给发展成熟、信贷结构比较良好的传统微型金融机构。

3. 合伙风险贷款

提供给合伙伙伴中规模最大的一部分微型金融机构的贷款，它的金额一般较大，并且有特殊的协议规定。

（三）辅助业务

JTL 的资金只支持从事实业活动的人群。所谓的“实业活动”，主要是指能产生收入的种植活动，一般不包括渔业、牲畜饲养和副业等。为了让低收入人群真正受益于小额信贷资金，JTL 的合作伙伴必须公示放款规模。但是由于很多机构还处于发展阶段，很可能为了追求盈利提高利率或者改变目标市场，因此 JTL 采取一些措施在保证低收入人群的利益的同时支持合作伙伴的成长，这些措施包括：

(1) 增强信贷渠道的效率和透明度；

(2) 以市场为基础提高零售机构职员的管理能力和专业水平；

(3) 颁布明确的扶贫政策；

(4) 保证政策实施的连续性；

(5) 在法律监管和保护下确保整个体系的平稳运作；

(6) 每季度分地区以自己设计的问卷进行调查，评价目标群体是否真正获得了贷款。

(四) 售后业务

由于贷款金额的增长并不一定表明业务的扩张，而更高比例的再次贷款和贷款产品的多元化才能确保机构的长期发展和达到扶贫的目的，因此 JTL 会定期对它提供的产品和服务进行评价。途径有以下两种：

(1) 合作的零售机构的数量是否有增长，零售机构服务的最终客户的数量是否有增长；

(2) 最终客户获得并且有效偿还的贷款金额，贷款偿还后是否续贷，续贷的金额同前次比较是否更大。

四、成就及前景

到 2011 年为止，JTL 有 150 多个微型金融机构和 4,678 个 SACOOs 成为它的客户，前者服务的低收入人群超过 35 万名，后者人数超过 200 万名，两者总计放贷金额超过 1,100 亿肯尼亚先令。鉴于小型零售机构在肯尼亚未来的需求还会加大，JTL 的发展将以市场为指引，更加关注快速发展的小型 SACCOs 和微型金融机构；加强对农村地区小规模 SACCOs 和微型金融机构的支持力度；实施更加严格的申请程序和流程，降低信贷风险，提高运营效率；扩展抵押品种类，提供储蓄产品和中期贷款产品以迎合市场需求的扩大。

第五节　菲律宾 PCFC 批发机构：定向贷款的致力者

一、发展历程

1995 年，在 261 号法案和 148 号行政命令的指引下，菲律宾人民信贷金融公司（The People's Credit and Finance Corporation，PCFC）成立。随后1998年的148号公共法案和反贫困社会运动进一步加强了PCFC为穷人提供流动性小额贷款服务的国有企业职能。PCFC致力于为低收入人群提供微型金融服务，扩展他们进入信贷行业的途径，提高他们的经济地位。在此宗旨下，它向传统微型金融机构批发短期和中长期的贷款。只要是为穷人提供贷款服务，无论是村镇银行、商业银行，还是非政府组织、企业财务公司，都在PCFC的客户范围之内。它的核心价值观包括：

（1）专业：形成高产、透明和精英化的运营风格。

（2）品质：为客户提供最好的服务和产品。

（3）与时俱进：对变化的市场环境迅速做出反应。

（4）团队协作：同客户、政府同心协力。

二、主要业务

（一）合作对象

PCFC的合作对象主要分为村镇银行、财务公司、商业银行、非政府组织和企业五大类。合作对象中村镇银行的放款量是合作对象中比例最高的，如图5-7，达到了35%；其次是非政府组织和企业。惠及低收入人群比例中2011年村镇银行的占比最高，如图5-8，达到了44.99%；但是通过村镇银行惠及的最终客户累积数量占比只有27.28%，由非政府组织服务的低收入人群累积占比过半，如图5-9。

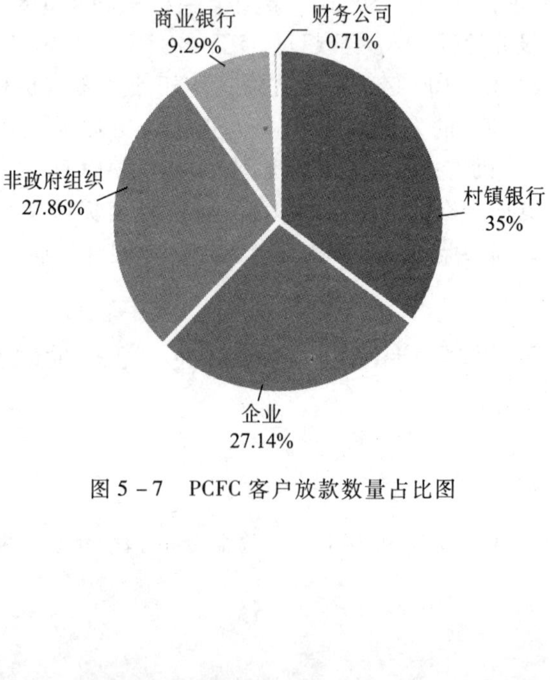

图5-7　PCFC客户放款数量占比图

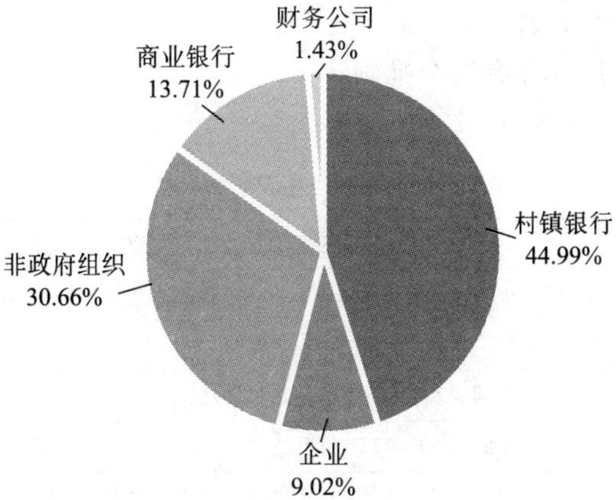

图 5－8 PCFC 客户惠及低收入人群数量占比（2011 年）

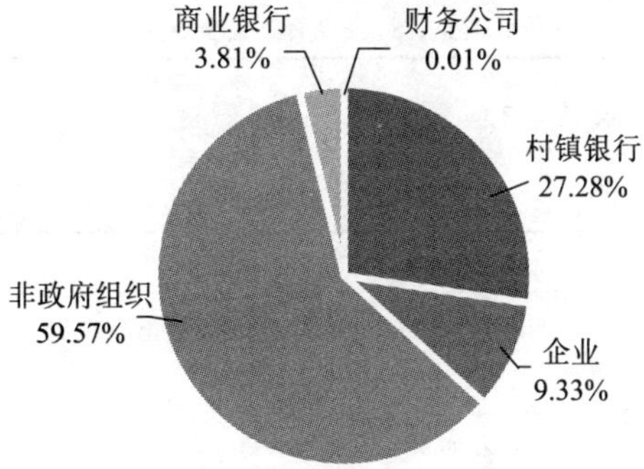

图 5－9 PCFC 客户惠及低收入人群累计占比

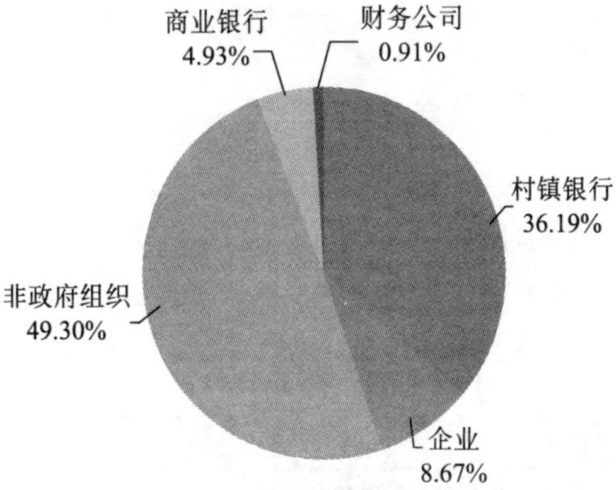

图 5－10 PCFC 客户类型数量分布图

（二）甄选合作伙伴

PCFC 甄选合作伙伴有两个准则。

1. 信贷准则，如表 5－2。

表 5－2　　信贷准则

法人资格	在非律宾合法注册的机构或者企业
门槛	至少有 3 年的小额信贷业务经验或者机构的主要领导人有至少 3 年从事短期小额信贷业务的工作经验
董事会成员	接受国家和法律监管约束的自然人
核心管理团队	全职的 CEO、审计和出纳
员工发展	有完整的小额信贷和微型金融培训计划和实施方案
运营体系	有完整的会计核算和内部控制系统
信贷和背景调查	没有负面消息，过去没有不良贷款记录

2. 运营准则，如表 5－3。

表 5－3　　运营准则

A. MFI 总体运营指标	
资金来源	至少 500 万比索的运营资金，为防止缺口出现，每年要提取 5% 的坏账准备
净资产	至少 200 万比索
流动性： 流动比率 现金比率	 不少于 25% 至少 200%
杠杆率： 风险资本资产比率	 至少 10%
资产组合质量： 逾期率 贷款估值准备	 不高于整个机构运营资本留存的 15% 遵从机构自己的规定
盈利性： 净收入 总负债应付票据比率	 过去 3 年都盈利 不超过 80%
B. 小额信贷业务运营指标	
业务范围	至少有 500 个最终贷款者
储蓄流动性	有产生储蓄的项目

续表

B. 小额信贷业务运营指标	
资产组合质量： 风险资产组合比率 贷款估值准备比率 收缴率	 不超过 5% 遵从机构自己的规定 年收缴率至少 95%
盈利性： 净利润	 除开营业外收入和营业外支出的净收入

（三）贷款种类

PCFC 的产品分为针对购买房屋的小额贷款、针对购买能源的小额贷款和员工专用的小额贷款三类。除小额一般贷款以外，其余的三类贷款都分别专门制定了批发机构对零售机构的政策，以及零售机构对最终贷款者的政策。通过明确制定的政策，可以利用产品变相监管整个信贷过程，保证贷款真正用于帮助穷人，实现社会性和营利性的双赢。

1. 针对购买房屋的小额贷款

为了支持政府提高穷人生活质量的努力，在 DPUCSP 的协助下，PCFC 推出了微型房屋贷款，专门用于低收入人群房屋翻修和扩建。PCFC 向合作伙伴提供房屋信贷额度和额度续杯，合作伙伴需要将财务状况和额度使用报告反馈给 PCFC。具体要求见表 5－4 和表 5－5。

小知识

DPUCSP，全称 Shelter Finance for Low Income Communities Sector Project of the Development of Poor Urban Communities Sector Project，含义是穷人社区发展项目下的低收入社区发展融资，这是在政府引导下由房屋及城市发展委员会（HUDCC）和菲律宾发展银行（DBP）协助，并由亚洲发展银行（ADB）集资创建的一个项目，目标是为改善菲律宾穷人的居住环境提供金融服务。

表 5－4　　PCFC 房屋贷款对微型金融机构的要求

贷款门槛	获得批准成为信贷机构后运作了至少 1 年的信贷业务
合格的贷款者	微型金融机构
贷款目的	使微型金融机构能够向低收入人群发放贷款，改善房屋居住水平
贷款金额	以贷款者最终信贷需求的 85% 为基准
贷款期限	最高贷款期限为 5 年
还款方式	每季度本息等额还款
利率和服务费	一年及一年内贷款：年利率 11% 加上 1% 服务费……一年以上贷款：年利率 12% 加上 1% 服务费
安全要求	向 PCFC 公开到期的支票、贷款合约和贷款抵押品
附加要求	需要向 PCFC 上交房屋贷款计划书（HAP）

表 5－5　PCFC 规定的微型金融机构对最终借款者贷款必须遵守的要求

贷款门槛	城市和农村中的低收入家庭
贷款目的	贷款用于房屋修缮和扩建
贷款金额	由零售机构的信贷政策和依据最终还款者现金流状况确定的还款能力而定，但最高不能超过 15 万比索，这个上限不仅指包括房屋贷款，还包括同一零售机构中获得的其他类型小额贷款。
贷款期限	依据零售机构的信贷政策而定，但最高不能超过 5 年
还款方式	依据零售机构的信贷政策而定
利率和服务费	依据零售机构的信贷政策而定
安全要求	依据零售机构的信贷政策而定
附加要求	贷款必须有证据，或者是家庭收入支出说明，以证明确实是生计需要

2. 针对购买能源的小额贷款

PCFC 发放微型能源贷款的目的是让农村地区能够使用上可靠和安全的太阳能。它只针对农村地区的小型太阳能源建设。这类贷款由世界银行协助，并获得了菲律宾产业和能源部门的投资。具体要求见表 5－6 和表 5－7。

表 5－6　PCFC 能源贷款对微型金融机构的要求

贷款门槛	获得批准成为信贷机构后运作了至少 1 年的信贷业务
合格的贷款者	微型金融机构
贷款目的	使微型金融机构能够向农村低收入人群发放贷款，获得生活所必需的能源
贷款金额	根据最终贷款者信贷需求的 85% 为基准
贷款期限	最高贷款期限为 5 年
还款方式	每季度本息等额还款
利率和服务费	一年及一年内贷款：年利率 11% 加上 1% 服务费 一年以上贷款：年利率 12% 加上 1% 服务费
安全要求	向 PCFC 公开过期的支票、贷款合约和贷款抵押品
附加要求	需要向 PCFC 上交能源贷款计划书（SAP）

表 5－7　PCFC 最终借款者贷款对微型金融机构的要求

贷款准入条件	农村中的低收入家庭，尤其是 Barangays 地区的低收入家庭
贷款目的	用于低收入家庭太阳能源设备的购买和修缮
贷款金额	由零售机构的信贷政策和依据最终还款者现金流状况确定的还款能力而定，但最高不能超过 15 万比索，这个上限不仅指包括房屋贷款，还指包括从同一零售机构中获得的其他类型的小额贷款。
贷款期限	依据零售机构的信贷政策而定，但最高不能超过 5 年
还款方式	依据零售机构的信贷政策而定
利率和服务费	依据零售机构的信贷政策而定
安全要求	依据零售机构的信贷政策而定
附加要求	贷款必须有证据或者是家庭收入支出说明是生计需要

3. 员工专用小额贷款

PCFC 的微型员工专用贷款作为一种员工激励政策，同零售机构员工的工作绩效挂钩。员工为菲律宾小额贷款事业发展的贡献越大，可以申请的专用贷款额度也就越高。具体要求见表 5－8 和表 5－9。

表 5－8　PCFC 员工专门贷款对微型金融机构的要求

贷款门槛	获得批准成为信贷机构后运作了至少 1 年的信贷业务
合格的贷款者	微型金融机构
贷款目的	解决 MFI 员工的资金需求困难问题
贷款金额	根据最终贷款者信贷需求的 85% 为基准
贷款期限	最高贷款期限为 3 年，5 年，包括 6 个月的承兑票据本金宽限期，承兑票据期限至少需要两年
还款方式	每季度本息等额还款
利率和服务费	一年及一年内贷款：年利率 11% 加上 1% 服务费 一年以上贷款：年利率 12% 加上 1% 服务费
安全要求	向 PCFC 公开过期的支票、贷款合约和贷款抵押品
附加要求	需要向 PCFC 上交表明贷款用途的支票，合同、契约或者是抵押品证明

表 5－9　PCFC 最终借款者贷款对微型金融机构的要求

贷款门槛	至少在 MFI 工作了 1 年的员工
贷款目的	为员工提供多种形式的贷款，如生计贷款、工资贷款、教育贷款、紧急贷款、房屋贷款、医疗贷款等
贷款金额	依据员工的收支或者是所在家庭的现金流而定，但是不能超过 5 万比索/人
贷款期限	依据零售机构的信贷政策而定，但最高不能超过 3 年
还款方式	等额本息从工资中每 15 天扣除一次，直到还清为止
利率和服务费	依据零售机构的信贷政策而定

三、政府支持

政府对 PCFC 的支持主要体现在两个方面：员工激励和政策。对那些为小额信贷事业做出贡献较多的员工，菲律宾政府出资以专门贷款的方式进行奖励。贷款额度的大小与员工平时的绩效挂钩。另一方面，政府为了促进批发机构的发展，从 PCFC 成立以来还颁布了大量的法案和政策：

（1）1994 年和 1995 年，总统 Ramos 签署了 148 号和 261 号行政法案，成立了信贷扶贫会。信贷扶贫会同菲律宾大陆银行（LANDBANK）共同发起了两个扶贫项目，其中之一就是成立了 PCFC 小额贷款批发机构。

（2）1998 年，前总统 Joseph Estrada 签署了 11 号法案，批准 9 亿比索对 PCFC 注资的计划，扩大 PCFC 的运营规模。

（3）2001 年，总统 Gloria Macapagal Arrouo 将微型金融作为国家扶贫的重中之重，更多的小额信贷项目付诸实施。

四、成就及发展

到 2011 年底为止，PCFC 的总资产达到了 36.25 亿比索，总负债 24.40 亿比索，净利润 6,228 万比索，利润水平在菲律宾的微型金融机构中名列前茅。另一方面，PCFC 业务伸展到了菲律宾 131 个行政区中的 129 个，覆盖了行政区下 1,497 个自治区中的 1,235 个，覆盖率高达 82%，合作伙伴的数量达到了 142 个，惠及 314.89 万个最终客户，放款总量达到 344.26 万比索。在自身盈利增加的同时，PCFC 也积极开展社会公益活动，如在全国范围内举行农业小额信贷信息征集活动，为聋哑人提供信贷咨询等。未来 PCFC 将会着重开展对零售机构信贷能力的培训，提高整个小额贷款体系的效率，使更多的低收入人群受惠。

第六节　批发机构的模式和作用

一、商业投资如何进入批发型微型金融机构

商业投资进入批发型微型金融机构主要通过以下三种模式：

基金式	•由非政府组织或者政府以及国际援助成立的扶贫基金建立，首要目标在于帮助低收入人群发展实业，而较少考虑商业营利问题。 •非洲的大部分批发机构都是从此种模式获得投资。代表机构有肯尼亚的Jitemegee Trust Limited和孟加拉国的PKSF银行。
联合贷款式	•一批信用社组成一个联盟，联盟寻找到战略合作伙伴以后，各自提供50%左右的资金放款给最终受益者。 •运用此模式的批发机构较少，只有巴西的Bansicredi旗下的Progresemos采用此种模式。
商业银行式	•原本是商业银行的金融机构同时设立小额信贷批发机构和零售机构，资金来源于商业银行其他的利差或者是所设立的村行吸收的存款，这种模式在注重普惠效应的基础上更加关注银行的营利性。 •印尼的BRI银行是此类模式的代表。

案例：巴西 Progresemos 的联合贷款模式

◇ Progresemos 提供最少不低于 50% 的贷款资金，提供信息技术支持和放贷标准。

◇ 战略合作伙伴提供最多不超过 50% 的贷款资金，管理贷款组合、监控和清收贷款。

◇ 联合贷款让 Progresemos 无需对基础设施大量投资即可实现贷款组合的增长，提高运营效率，增加对市场的了解。

◇ 联合贷款让战略合作伙伴在资本有限的环境中能持续运作，为客户提供良好的服务，并且能使用 Progresemos 提供的信息技术平台和放贷标准。

二、批发型金融机构对于小额信贷的作用

批发型金融机构成立的对于小额信贷最大的作用，在于能向微型金融机构提供资金、技术、产品等方面的支持，有利于这些微型金融机构平稳地发展、提高和扩张，使更多的微小企业和低收入人群能够进入金融市场，摆脱贫困。它不会牺牲零售机构的稳定性和利润，且可以保证零售机构有更高的贷款规模，提高贷款的流动性，使常规的小额信贷机构更好地发展微型金融，扩大小额信贷市场参与度；另一方面，还可以加速建立新的微型金融机构，提供相应的资金、技术支持，深化小额信贷市场，帮助小额信贷市场更好地成长。

（一）批发金融机构对小额信贷机构客户的绩效进行评估

大部分批发机构都对机构客户的贷款质量进行评估，89% 的批发机构对机构客户可持续性进行评估，84% 对经营效率进行评估。一些批发机构评估时采用 CAMEL（资本充足率、资产质量、管理水平、流动性管理）绩效标准。此外，社会绩效指标也被越来越多的批发机构纳入考核指标体系。

（二）批发金融机构能够帮助小额信贷在不同发展阶段市场上运营

批发机构在早期市场和发达市场都存在，因为所有市场都存在低收入人群对小额信贷的基本需求。2002 年的 CGAP 批发基金研究报告曾指出，批发基金在那些没有足够多小额信贷机构的国家是不可能成功的。然而 LID 和 MISFA 两家批发机构在起初并不发达的市场却都促进了小额信贷机构的发展。至 2007 年停止运营时，LID 已经成功投资了波黑 8 个资本雄厚、可盈利的小额信贷机构，这些机构已经能吸引来自当地银行、发展金融机构的商业投资

以及私人投资。

在早期市场，小额信贷机构可能更需要严格的监控。对初级市场中的批发机构来说，最好投资少量的小额信贷机构，并对其开展大量的技术援助以构建和完善机构能力，同时注意防范不确定性风险，而不能盲目推广和应用成熟市场中小额信贷机构的运营方法。

在成熟市场，应注重满足增长快、信誉好的小额信贷机构金融需求。成熟市场的批发机构会选择风险小的小额信贷机构发放大部分贷款。PKSF 在众多申请贷款的客户中选择规模大、运营好的进行投资，仅有十分之一的申请者获得 PKSF 资助。而 SIDBI 的大部分投资都流向了较大的小额信贷机构。

（三）多数批发机构促进了小额信贷的可持续发展

PKSF、LID、SIDBI 和 Bancoldex 对可持续的小额信贷机构的投资，促进了这些机构在各自市场中显著地扩大了覆盖面。马里的 BMS 促进了小额信贷部门的发展；阿富汗的 MISFA 在 2003—2005 年冲突过后成功地加快了小额信贷跨越式发展；SFD 已经投资了埃及 500 多家小额信贷机构，其中大部分为社区 NGO，在世界银行的支持下，SFD 调整政策以重点支持 10—15 家潜力大的小额信贷机构。

（四）大多数批发机构提供能力建设支持

批发机构的主要职责是向零售小额信贷机构提供批发贷款，但是向初创的小额信贷机构提供补贴也是其目标之一。如 MISFA、PKSF、SIDBI、BMS 和 LID 都提供了一定期限的补贴，通过培训和技术援助、处理固定资产和运营赤字来扶持新建小额信贷机构。事实表明，在增强小额信贷机构能力方面，批发机构能获得显著的回报，尤其是在早期市场。

（五）部分批发机构重视发展“责任金融”

所有的批发机构都关注基本的社会绩效指标，如覆盖的客户数和女性借款者的比例等。例如：机构 MISFA，目前正在开发客户贫困度和贫富变化指标。另外，安得拉邦小额信贷危机发生后，SIDBI 提高了责任金融的重要性，它要求所有机构客户执行一系列体现小额信贷核心价值观的行为规则，包括坚守职业道德、避免客户过度负责、增强透明度和加强金融教育等，这些规则已写入 SIDBI 的贷款协议，并要求所有机构客户遵守并接受评审。

（六）批发机构能够促进商业投资

一些批发机构本身就有促进商业投资的明确目标。例如 SIDBI 有一项政策规定，投资额不得超过小额信贷机构需求的 15%—20%。它还建立了一个有 40 多家国内银行参与的贷方论坛，与这些银行共享小额信贷机构的绩效和 SIDBI 自身的信用评级信息，并安排自由资金来填补机构的股本金空缺，便于银行贷款给机构；又例如 Bancoldex 也有相似的政策，对小额信贷机构的投资控制在贷款余额的 40%；PKSF 也已经开始帮助它的小规模机构客户同商业银行建立关系。

这些批发机构的发展表明，一个强健的批发机构最终转变为无补贴机构是有可能的；批发机构冒先期风险进入小额信贷领域会形成示范效应，从而推动私人资本进入。

第七节　国外批发机构的经验对中国的借鉴意义

一、在我国设立小额信贷批发机构的必要性

批发机构的基本功能是为开展小额信贷活动但缺少投融资渠道的零售金融机构提供投融资服务，以及为这些机构的能力建设提供技术支持。我国开展小额信贷的机构，无论是商业性的还是公益性的，目前多处于初创期，多数机构在治理结构、人员素质、管理水平、风险防控能力等方面存在较大缺陷，获得银行融资的难度很大，急需批发机构的投融资服务和全方位的专业技术学习以及能力建设培训、指导和支撑。

"只贷不存"的公益性小额信贷组织在我国已有一定程度的发展并发挥了积极的作用。公益性扶贫小额信贷组织绝大多数设立在国家和省重点扶贫开发县，现有 100 多家，公益性扶贫（NGO）小额信贷机构已经遍及全国 26 个省、市、自治区，占全部省、市、自治区的 76.5%。目前大多机构基本实现自负盈亏，进入或者即将进入可持续发展阶段，有效推进了中国扶贫事业进步。

公益性扶贫小额信贷组织目前仍面临三个主要困难：没有适合的法律地位、缺乏制度性的融资渠道、机构自身的经营管理水平较低。通过建立公益性小额信贷批发机构，可以示范性地解决机构面临的融资和经营管理能力问题。实际上，如果这两个问题能够得到有效缓解，那么机构面临的法律地位问题也能得以弱化。

到 2012 年 6 月末，我国"只放贷不吸储"的商业性小额贷款公司全国共有 5,267 家，贷款余额 4,893 亿元，上半年新增贷款 977 亿元，这些机构绝大多数都自负盈亏。虽然政策规定其可以从两个商业银行获得不多于自身注册资本金一半的贷款，但实际上大多数小额信贷公司很难获得贷款，而且融资比例也太低，无法满足机构规模扩张的需求。因此，批发机构是其融资的渠

道之一，尤其在初创期和发展期，更有现实性，可以作为政策选项之一。

另外，至2011年底，三类新型金融机构中，村镇银行发展到726家，贷款公司10家，农村资金互助社50家，总共786家。已开业机构各项贷款余额有1,316亿元，80%以上用于“三农”和小企业。多数机构也都面临吸储难、融资难问题。

总之，建立小额信贷批发机构将有利于我国小额信贷的健康发展，推动普惠金融体系的建立。

二、我国应如何建立起批发金融机构体系

（一）批发基金的设立

1. 进行深入的市场调研

批发机构管理者和投资者需要深入了解小额信贷市场。一般来说，市场调查关键是依托小额信贷专家对申请贷款的小额信贷机构进行评估，考察其选址的合理性、治理结构、运营质量、管理水平、人力资源状况以及可持续发展的可能性等。

2. 明确批发机构的目标是支持小额信贷机构的可持续发展

小额信贷机构可持续发展，是指能有效地回收贷款，在没有补贴的情况下，利用商业银行借款、存款和国内外投资及其他市场投资运营，所得利润足够扩大经营规模。批发机构希望把优质服务尽可能延伸至低收入人群，但是对小额信贷机构来说，中短期内主要应集中精力建立和完善制度体系。

3. 建立规范透明的公开报告制度，披露批发基金与机构客户的绩效信息

大多数人认为小额信贷机构定期披露自身财务和社会绩效，不仅有益于机构投资者，而且有助于改善小额信贷机构自身的绩效。同样的原则也使用于批发机构，批发机构与投资对象的财务报告都应遵循本国会计准则或者国际财务报告准则。

（二）早期市场的工作重点

1. 做好全面指导和能力建设工作

小额信贷机构初创时期，会存在多方面的绩效问题。在此背景下，批发机构管理者和员工应制定并开展高效的能力建设计划。批发基金应该拥有适当的配备，充足的人力、物力，以向小额信贷机构提供高质量的指导和能力建设支持。

2. 向零售机构提供有期限的补贴以弥补初期损失

随着小额信贷运营经验的积累，新成立的小额信贷机构能更快实现盈利。然而，这些小额信贷机构一般需要几年时间才能实现收支相抵，因此，批发

机构可以提供运营补贴，以覆盖小额信贷机构的早期损失。

3. 优先建立市场基础设施和报告制度

批发基金与一个成长性小产业的合作往往有助于其在该产业早期的建构和完善工作，包括建立报告制度和相关问题定义的标准等，并有利于为审计和监管提供标准。

（三）对小额信贷机构的选择和监督

1. 挑选机构客户应根据该投资对象未来实现可持续发展的可能性而定

培育一个可持续的小额信贷行业，应由经验丰富的专家和实力强的机构管理者们共同对机构绩效水平和管理质量进行评估。

2. 关注核心绩效指标，开展综合评估，并依据考核结果调整投资决策

一方面，如果批发机构的目的是使小额信贷机构走向或者保持可持续性，那么该计划就应当量化并被囊括进贷款或者补贴协议中，以最低绩效门槛的形式作为关键指标；另一方面，由于每年都需要对每个合作的小额信贷机构开展至少两次综合的绩效评估，要注意将监督重点放在投资对象的总体机构绩效上，而不仅仅是运营的一些环节。

3. 采用专业测试来评估机构的贷款质量

贷款回收问题是小额信贷提供者面临的最大市场风险，且大多数小额信贷机构失败就是源于贷款回收问题；另一方面，贷款余额作为小额信贷机构财务报表的一部分，最容易出现重大错报风险。所以需要定期进行专业化测试来评估贷款质量，以较早发现过热市场中酝酿着而并未完全暴露的问题。

4. 通过招聘和培训，加大对批发机构员工能力的培养

批发机构挑选和监管小额信贷机构的“小官”依赖于员工和管理者的技能、经验。

（四）合理配置批发贷款有利于小额信贷机构的发展

1. 安排部分贷款作为小额信贷机构的流动资金贷款

一些批发机构要求小额信贷机构再次借款前必须先偿还全部贷款，如果机构正在使用这笔贷款，将会对其产生很大的不便。如果采用信用额度或者并发贷款的方式而不要求借款前将先前贷款全部清偿，也许会更受到客户欢迎。

2. 确保批发贷款拨付及时、可靠

小额信贷机构如果没有可靠的流动资金来偿付后继贷款，将很快遇到还款问题。相对于正常的抵押贷款人，对小额信贷的流动性管理更为重要。

3. 简化程序，避免不合理的报告要求

小额信贷机构对批发机构最大的抱怨是批发机构贷款条件苛刻，而且与

批发机构交易的成本非常高。因此，批发机构应努力避免在向机构贷款时附加不必要条件。任何超过财务报告标准的要求都应向机构客户予以说明，并指出这种报告会影响哪些决策。

4. 谨慎设定产品条款、贷款方法和目标市场等限制条件

零售小额信贷机构往往比批发贷款者更了解客户需要何种服务、如何以较低成本提供服务以及寻找适合服务的市场。批发机构和投资者都应该尊重小额信贷机构的客户选择。

5. 加强投资者之间合作

在许多小额信贷市场，投资者之间缺乏协调配合，以及报告标准要求存在冲突，从而造成资金闲置和浪费。捐赠者如果能满足政策连贯性、协调投资、统一绩效标准和报告要求，实现共享信息、紧密合作，效率将会更高。

参考文献

一、英文

1. Claudio Gonzalez – Vega. Microfinance Apex Mechanisms: Review of the Evidence And Policy Recommendations. The Ohio State University. 1998.

2. Dr. Salehuddin Ahmed, Creating Autonomous National and sub – Regional Microcredit Funds, 2001, 1.

3. Dr. Salehuddin Ahmed, Creating Auronomous National and sub – Regional Microcredit Funds, 2001, 1.

4. Fred D. Levy. 小额信贷的批发机构 . 世界银行扶贫协商小组（CGAP）不定期论文第 6 篇 . 2005. 12.

5. Global microscope on the microfinance business environment 2010, Economist Intelligence Unit.

6. http://www. bri. co. id/.

7. http://www. cgap. org/p/site/c/.

8. http://www. entrephelp. mixph. com/? p =220.

9. http://www. jitegemeetrust. co. ke/index. php.

10. http://www. microcapital. org.

11. http://www. mixmarket. org/.

12. http://www. saccol. org. za/what_is_sacco. php.

13. M. A. Hakim . Micro Credit Program of Palli Karma Sahayak Foundation: A Case Study. The Asian Regional Conference. 2000.

14. Marguerite S. Robinson. The Microfinance Revolution – Volume 2: Lessons from Indonesia. The World Bank. 2002.

15. Marguerite S. Robinson. Why the Bank Rakyat Indonesia Has the World's Largest Sustainable Microbanking System and What Commercial Microfinance Means for Development. BRI's International Seminar on BRI's Microbanking System. 2005. 4.

16. Mario Villalpando – Benitez and Claudio Gonzalez – Vega. Financial Apex Organizations: Experiences from Mexico. Economics and Sociology.

17. Occasional Paper No. 2500. 1998.

18. Occasional Paper No. 2503. 1998.

19. R. Marisol Ravicz. Searching for Sustainable Microfinance: A Review of Five Indonesian Initiatives. Rural Cluster Development Economics Research Group.

20. Robyn Cornford. Microcredit, Microfinance or Access to Financial Services What Pacific People Need? 2001.

21. Salehuddin Ahmed . Coping with Disaster in Bangladesh: PKSF Experience of Flood 1998 And Microcredit. The Asian Regional Conference. 1998.

22. Sarah Foster, Eric Duflos and Richard Rosenberg. "A New Look at Microfinance Apexes" . Focus Note. CGAP. 2012.

23. Sasha Muench. Brief Review of Indonesian Microfinance and Key Terms. Mercy Corps. 2005 (4) .

24. Sergio Navajas and Mark Schreiner. APEX ORGANIZATIONS AND THE GROWTH OF MICROFINANCE IN BOLIVIA. Economics and Sociology.

25. The Second Story, Whole Microfinance in Latin America, Inter – American Development Bank, Sustainable Development Department Best Practices Series.

二、中文

1. 杜晓山："孟加拉 PKSF：一个成功的自主性批发小额信贷基金机构案例"，《农村金融研究》，2010 年第 10 期。

2. 杜晓山、滕超："孟加拉农村就业支持基金会（PKSF）及对我国小额信贷发展的启示"，《农村金融研究》，2010 年第 11 期。

3. 杜晓山："印尼的经验表明：小额信贷和非政府组织能经受金融危机的考验"，《农村金融研究》，2010 年第 10 期。

4. 菲律宾 PCFC 批发机构网站 http：//www. pcfc. ph。

5. 拉美及加勒比海地区微型金融经验，Terence Gallagher，IFC。

6. 李宪忠："小额信贷发展路径探析"，《金融理论与实践》，2006 年第

9 期。

7. 汪三贵、李莹星："印尼小额信贷的商业运作"，《银行家》，2006 年第 8 期。

8. "微型金融出资人良好实践指南"，CGAP，2006 年 10 月，第二版。

9. 熊德平：" 农村小额信贷：模式、经验与启示"，《财经理论与实践》（双月刊），2005 年第 2 期。

10. 中国人民银行小额信贷专题组："印尼人民银行的微型银行体系"，见《2008/2009 年小额信贷通讯合集》，经济科学出版社 2009 年版。

11. 张永青："我国小额信贷商业化发展研究"，西南财经大学 2006 年硕士学位论文。

第六章　小额信贷联合组织

20世纪90年代，小额信贷机构在迅猛发展的同时，也出现了诸多的问题，比如，小额信贷机构之间的过度竞争、缺乏信息沟通以及小额信贷机构的无序发展等，这些问题直接影响到小额信贷行业的发展前景。这些问题的产生在很大的程度上是由于小额信贷机构之间缺乏有效的联系机制。而随着时间的推移和现实的需要，小额信贷机构之间的联系越来越紧密，一些小额信贷联合组织相继出现。例如：小额信贷机构合作组织、小额信贷机构协会、小额信贷联盟、小额信贷评级机构以及小额信贷信息共享机构。这些机构与组织既有着或多或少的共同点，也有着许多的不同点。

根据联系的紧密程度，这些机构可以做三种区分：①小额信贷机构合作组织。这是三者之间联系程度最低的组织，在共同的合作框架下，小额信贷机构之间只是就某些项目进行合作；②小额信贷机构协会。它的合作程度比合作组织更为紧密，通常有共同的协会章程，小额信贷机构之间也不再单单是进行某些项目的商业合作，更多的是共享特定的行业信息，在业务开展中取得必要的协调，比如，在营业网点的布局上、相关顾客群体的划分上等；③小额信贷机构联盟。这是小额信贷机构之间联系最为紧密的组织，在共同的联盟规则下，小额信贷机构在进行信息交流、项目共担的同时，还可以实现小额信贷机构之间的资金调节、利益共谋、风险分担。此外，同一联盟中的小额信贷机构在制度安排上，可能出现趋同的倾向。

除了一国之内的合作组织、协会以及联盟之外，为了更好地适应现实世界的需求，一些相关的国际小额信贷联合组织也相继出现。其中，小额信贷评级机构和小额信贷信息共享机构的表现尤为突出。小额信贷评级机构出现得较晚，但在21世纪初发展得非常迅速。尽管小额信贷评级的方法、标准和指标在世界范围内还没有实现统一，但是小额信贷评级机构却适应了小额信贷的发展趋势。小额信贷信息共享机构的出现时间与小额信贷评级机构出现的时间相近。这些机构是专业从事信息收集、分析、共享的组织，这些机构的出现，有效地解决了收集、分析和共享微型金融业相关信息的低效率和高成本问题，以及小额信贷机构之间信息无法有效沟通的问题。

第一节 小额信贷机构合作组织

一、国际小额信贷机构合作组织的产生

国际小额信贷机构合作组织是这样一类机构，它致力于向世界范围内的小额信贷机构服务，包括为小额信贷机构提供资金、技术帮助和发展机会，在通常情况下，这些小额信贷机构合作组织会以帮助世界上最贫穷的人，尤其是妇女为己任。

小额信贷合作组织的发展经历了两个阶段：第一个阶段主要是由其他机构逐步发展出小额信贷机构合作组织功能；第二个阶段是以专门从事于小额信贷机构合作组织职能的专门机构的出现为标志。

第一个阶段，以联合国开发计划署的工作为代表。联合国开发计划署是联合国技术援助计划的管理机构，于1965年11月成立，其前身是1949年设立的“技术援助扩大方案”和1959年设立的“特别基金”。总部设在美国纽约，其宗旨是帮助发展中国家加速经济和社会发展，向它们提供系统的、持续不断的援助。联合国开发计划署的援助项目是无偿的，资金主要来源于各国政府的自愿捐款，由联合国开发组织、联合国粮农组织、联合国技术合作部、世界卫生组织、联合国教科文组织、贸易和发展会议等30多个机构承办和具体实施。联合国开发计划署本身不负责承办援助项目或项目的实施，它主要是派出专家进行发展项目的可行性考察，并委托专家担任技术指导或顾问。在成立之初，联合国开发计划署并不是专门为小额信贷机构服务的合作组织。在20世界70年代，随着小额信贷机构的出现和大规模地发展，联合国开发计划署才逐步开始为小额信贷机构服务。在一定程度上成为小额信贷机构合作组织[①]。此外，德国国际合作机构也具有这样的性质。

第二个阶段，以格莱珉基金会的发展为代表。格莱珉基金会成立于1997年，在成立之初，格莱珉基金会的目标就是：让贫穷的人，特别是最贫穷的人可以获得微型金融和技术的帮助，以便他们能自力更生地摆脱贫困。格莱珉基金会自成立以来，就一直以小额信贷、信息服务以及经济机会为主要手段帮助最穷的人群摆脱贫困。其中，最为人们所津津乐道的就是小额信贷和

---

① 参照 http：//baike. baidu. com/view/83980. htm.

手机服务。格莱珉基金会是专门从事于小额信贷机构合作组织职能和作用的组织。[①] 此外，这方面的典型机构还有结果教育基金（Results Educational Fund）。

二、国际小额信贷机构合作组织的主要功能

无论是专门从事于为小额信贷机构合作提供服务的组织，还是兼有为小额信贷机构合作提供服务的组织，在为世界上最贫穷的人摆脱贫困中都发挥了重要了作用。一般情况下，国际小额信贷机构合作组织都具备以下功能：

第一，为小额信贷机构提供必要的资金。在国际小额信贷的发展过程中，小额信贷机构的资金来源一直是一个最大的挑战：小额信贷的需求巨大，但是大量小额信贷机构本身不能吸收存款，资金来源十分有限，导致供求的资金缺口很大。国际小额信贷机构合作组织，一方面，可以作为资金供给者与资金需求者之间的桥梁，以资金批发等方式为小额信贷机构提供资金；另一方面，也可为小额信贷机构发行债券、出售自己的贷款资产等提供担保或保证，帮助小额信贷机构融资。[②]

第二，为小额信贷机构提供信息服务。国际小额信贷机构合作组织长期致力于为各国的穷人服务，掌握大量各国贫困人口的相关信息，可以帮助微型金融机构和组织确定这些人口的金融需求，帮助这些机构提高效率、规避风险。另一方面，世界上的贫穷在很大程度上是由于信息的匮乏引起的，例如，关于产品、市场、人才、管理等方面的信息匮乏，是许多人陷于贫困的重要原因。在致力于减少贫困的时候，国际小额信贷合作组织非常注意帮助小额信贷解决信息贫穷的问题。例如，格莱珉基金会就非常注重信息问题。格莱珉基金会在贫困的乌干达农村地区大力推广移动手机项目，这不仅是进一步推动移动银行业务的需要，同时也是解决农村地区信息匮乏、信息交换成本过高和不便的重要举措。[③]

第三，为穷人提供经济机会。在世界上很多的贫困地区，贫困的根本原因是没有致富的途径和方法。如果没有致富的有效方法，单纯的资金投入有时反而更为危险。因为如果不能通过贷款获得必要的利润，贷款的收回就失去了保障，而且由于利率较高，还容易把一些穷人陷于贷款困境中难以自拔。

---

① 参照 http：//www. grameenfoundation. org/who – we – are.

② 参照 Grameen Foundation and Grameen Capital India Facilitate US＄7 Million in Funding for Cashpor Micro Credit. pdf. Cashpor – Apr. , 2011.

③ 参照 livelihoods and the mobile phone in rural Uganda. pdf. Burrell – need – assessment – final – 1, 2010 – 2011 Annual Report Creating Solutions for the poorest. pdf. Grameen Foundation AR2011. PDF.

摆脱贫困最为有效的途径就是授人以渔，而不是授人以鱼。国际小额信贷合作组织在解决贫困的过程中，在提供致富途径和方法中有着自己的比较优势，因为他们具备其他许多国内机构所不具备的专业的知识和广阔的思维，并了解多个国家的经济需求和供给情况。①

第四，为小额信贷机构间的沟通和交流提供帮助。国际小额信贷机构合作组织通常为许多国家和地区服务，很容易在不同国家和地区间建立起沟通和交流的平台或桥梁，让这些微型金融机构之间共同分享各自的经验和教训、相互帮助、共同发展。

三、国际小额信贷机构合作组织发展的问题

国际小额信贷机构合作组织在为世界上的贫困人口的减少方面发挥了重要的作用，但国际小额信贷机构合作组织在发展过程中也暴露了不少的问题和挑战。

第一，国际小额信贷机构合作组织在消除贫困时的方法往往面临着“水土不服”的现象。由于贫困人口在世界上的分布广泛，并且国际小额信贷机构合作组织的服务范围往往超出一个国家，由于各个国家及每个地区的特殊性，使得国际小额信贷机构合作组织在消除贫困时，所采取的种种措施往往面临着“水土不服”的现象。这种现象是不可避免的，但在很大程度上会影响国际小额信贷机构合作组织在消除贫困时的效果。

第二，国际小额信贷机构合作组织在与当地微型金融机构合作时，缺乏信息交流与沟通。由于微型金融机构是盈利性的商业组织，在向最穷的人提供服务的同时，小额信贷机构往往还会追逐自身利益的最大化。在缺乏有效监督的情况下，微型金融机构往往会表里不一，打着为穷人服务的旗号来敛财。在实际操作过程中，国际小额信贷机构合作组织在向当地微型金融机构提供资金、信息以及技术的帮助时，一定要强化事后的监督、监管和评价，以确保其支持的项目达到预期的效果。

四、国际小额信贷机构合作组织的发展趋势

正如前面看到的，国际小额信贷机构合作组织在发挥重要作用的同时，也暴露了许多的问题。综合多方面的实践经验，我们认为在以后的发展过程中，国际小额信贷合作组织会有以下一些发展趋势。

① 参照 http：//www. grameenfoundation. org/what - we - do.

第一，国际小额信贷合作组织在开展项目的时候，会更多地关注基层机构、组织和民众的需求。国际小额信贷合作组织在开展项目时，往往出现自己制订的方案不符合那些需要小额信贷服务的人群的实际情况。重要的原因之一，就是在制订方案的时候，仅仅是按照小额信贷机构的草案制订，而缺乏对当地小额信贷市场有效的实地调研和考察。随着经济的发展，国际小额信贷合作组织在开展项目时，会越来越重视市场调研和实地考察，以使制订的方案更加符合实际的需要。

第二，国际小额信贷合作组织在今后会加大力度促进各地区政策法律环境的改善。国际小额信贷合作组织在不同的国家开展工作时，面临的最大问题之一，是一些国家对小额信贷有着政策上和法律上的限制。如何更好地与各个国家和地区的政府积极沟通，建立并完善各国的小额信贷政策和法律，是有效促进微型金融业发展的重要基础。

第三，积极促进类似小额信贷协会的合作组织的发展。国际小额信贷合作组织仅仅是实现了项目共担与技术支持，但只有国际合作组织，是难以同时在各国有效开展工作的，需要各国有对应的机构或组织来配合。随着小额信贷机构的发展和现实的需要，国际小额信贷合作组织将加大对建设各国小额信贷协会等类似机构的支持，与这些机构共享相关信息，协调这些机构和其他国家相关部门间的关系。

五、国际典型小额信贷机构合作组织：格莱珉基金会

格莱珉基金会成立于1997年，是一个非营利性的组织，它的总部设在美国西雅图。格莱珉基金会是在格莱珉银行的帮助下建立起来的，旨在向世界传播格莱珉银行的经营思想。但是，格莱珉银行和格莱珉基金会在财务和机构上并没有直接联系。格莱珉基金会在南撒哈拉地区、亚洲、中东以及美洲等地发挥了很大的作用。格莱珉基金会在全球范围内，与各个国家的当地组织和协会开展合作，以帮助他们把金融和技术服务更好地带到穷人中去。

格莱珉基金会的目标非常简单：让贫穷的人，特别是最贫穷的人可以获得微型金融和技术的帮助，让他们可以摆脱贫困、自力更生地过上更好的生活。格莱珉基金会想创造这样一个世界：在这个世界里，贫穷不再受传统的贫穷循环的影响，贫穷的人可以生活得更加有尊严。

格莱珉基金会的使命：使得穷人，尤其是最穷的人摆脱贫困，创造一个没有贫穷的世界。

格莱珉基金会的核心价值观：第一，格莱珉基金会致力于使世界上的穷人，尤其是最穷的妇女，具备摆脱贫困的能力。第二，格莱珉基金会在日常

的活动中，确保机构业绩和社会绩效的透明度和可衡量。第三，格莱珉基金会崇尚创新，创新会对穷人的生活产生重要的影响。第四，在能完成我们使命的组织单独行动之前，格莱珉基金会首先与他们建立合作伙伴关系。第五，格莱珉基金会尊重那些在当地投资和促进当地经济发展的社会企业家和当地企业。第六，格莱珉基金会重视团队的团结，非常尊重员工和志愿者的意见。

格莱珉遗产与系列公司

格莱珉基金会是在孟加拉国的格莱珉银行的鼓励与帮助下建立起来的。格莱珉基金会建立的初衷就是促进微型金融能够更好地为穷人尤其是妇女服务。1976 年，尤努斯教授（Professor Yunus）用仅仅 27 美元就开始了他的微型金融事业，发展至今，成就了举世瞩目的格莱珉银行，为超过 7,000 万的贫穷家庭提供着贷款、储蓄和其他的金融服务。多年来，该银行一直是世界范围内微型金融机构的典范。在 2006 年，尤努斯教授和他的格莱珉银行一并获得了诺贝尔和平奖。尽管格莱珉基金会和格莱珉银行是独立的组织，但他们一直保持着持久的关系。尤努斯教授是格莱珉基金会董事会创始成员和现任名誉董事。格莱珉基金会致力于将格莱珉银行的精神发扬光大和在全球内实现其愿景，所以积极与世界范围内那些赞同基金会愿景与价值观的微型金融机构和反贫困组织开展合作。

以格莱珉银行为轴心，现已诞生了许许多多的公司。这些公司无论具体分布在哪个领域，都充分坚持和发扬着格莱珉银行的“为了一切的穷人、为了穷人的一切”的企业精神。例如，格莱珉信托（Grameen Trust），就一直致力于支持和促进世界范围内以反贫困为核心的微型金融项目。通过广泛的交流与沟通、培训，以及技术援助等，不断地追寻着格莱珉的愿景。截止到目前，格莱珉信托已经支持了 38 个国家的 141 个合作伙伴。

美国格莱珉（Grameen America），美国格莱珉是一家微型金融公司，它致力于为低收入工薪阶层，尤其是妇女提供金融服务项目（例如，小额贷款和储蓄）来帮助他们缓解贫困。

格莱珉信贷东方汇理基金会（Grameen Credit Agricole Foundation），它致力于为微型金融机构和社会企业和项目提供金融支持和技术服务。

除此之外，格莱珉家庭还包括卡延格莱珉（Grameen Kalyan）、沙克蒂格莱珉（Grameen Shakti）和施克哈格莱珉（Grameen Shikkha）。

格莱珉基金会的功能和作用：第一，格莱珉基金会向世界上最穷的人，尤其是女性提供小额贷款、重要信息以及商业机会，以帮助他们摆脱贫困、提高生活水平。其中，最为人们所津津乐道的是小额信贷和移动电话。第二，格莱珉基金会为穷人提供经济机会。例如，格莱珉基金会在乌干达开展项目的时候，会分析乌干达经济的实际情况，进而在可行性的基础上推行小额信贷，即在实行小额信贷的时候，不仅仅提供资金，更会为接受小额信贷的人提供创业建议。第三，向贫穷地区的微型金融机构提供资金，由这些微型金融机构把这些资金贷放给那些有能力发展小型商业，或开展其他经营的人。第四，在世界范围内的发展中国家中建立了大规模的、可以轻松复制的摆脱贫困的方法。例如，由于发展中国家在贫穷的处境上有着众多的相似原因，比如信息贫困、创业机会缺乏等，因此，格莱珉基金会推行的小额信贷和手机银行业务可以在众多的发展中国家推行。第五，当客户偿还小额信贷时，格莱珉基金会所提供的资金就可以循环成新的小额信贷，通过循环信贷，可以帮助更多的人。第六，向其他机构提供技术支持。格莱珉基金会开发并传播了一系列的微型金融业务软件，并且还提供了许多软件的源代码，以方便相关机构进行二次开发。这些技术和软件极大地提高了相关机构的服务效率、降低了业务成本。其中，以移动电话为基础的技术项目，不仅是开展移动银行业务的基础平台，也是消除“信息贫困”、向贫穷的的企业家提供商机的重要手段。第七，充分利用当地合作伙伴的知识和专长，提高相关解决方案的有效性。第八，通过支持当地组织的发展，提高了融资效率，对贫穷地区经济发展产生了积极引导作用。

格莱珉基金会在衡量消除贫困的效果和传递消除贫困结果方面，一直引领着行业的发展。格莱珉基金会所提出的消除贫困指数（Progress Out of Poverty Index），就成功地以很简单的形式，准确地衡量出了38个国家的贫困水平。这对微型金融机构和组织把握客户需求、评价相关项目的效率，以及预测解决某些贫困问题所需要的时间，以及需要耗费的资金和精力等，都具有一定的帮助。

格莱珉基金会的合作范围。目前，格莱珉基金会在四大区域、35个国家有着广泛的合作项目。其合作范围可以具体地划分为亚洲、美洲、中东以及北非、撒哈拉以南地区四大区域，这些地区是世界上贫困人口最为集中的地区，其中，共有35个国家与格莱珉基金会保持着密切联系（如表6－1）。

表6－1　　格莱珉基金会的合作国家

格莱珉基金会合作地区	格莱珉基金会合作国家
亚洲	孟加拉国、印度、中国、柬埔寨、尼泊尔、巴基斯坦、印度尼西亚、菲律宾、越南
美洲	玻利维亚、多米尼加共和国、厄瓜多尔、海地、洪都拉斯、墨西哥、秘鲁、美国

续表

格莱珉基金会合作地区	格莱珉基金会合作国家
中东以及北非	埃及、约旦、黎巴嫩、摩洛哥、巴基斯坦、突尼斯、也门
撒哈拉以南地区	喀麦隆 、埃塞俄比亚、加纳、肯尼亚、马里、马拉维、尼日利亚、卢旺达、塞内加尔、坦桑尼亚、乌干达

第二节　小额信贷机构协会

一、国外小额信贷机构协会的产生

国外小额信贷机构协会是顺应行业发展趋势而逐步产生的。不仅仅是微型金融业，几乎所有行业，都会随着其发展而出现行业协会或类似的组织。20 世纪八九十年代，世界上小额信贷迅速发展的地区开始出现小额信贷机构协会。这一方面反应了小额信贷蓬勃发展的现实情况；另一方面，这些协会的出现也更好地促进了各个国家小额信贷事业的发展。

国际小额信贷协会的产生有不同的背景。一些国际小额信贷协会的产生，是因为大量的小额信贷机构感到自己在很多方面需要一个机构或者组织来协调和提高行业的服务水平，从而自发组织起来。另外一些国际小额信贷协会是在捐赠者的推动下建立起来的。这是因为许多捐赠者需要一个权威性的协会来确保所捐助的资金能得到合理分配和利用，而国际小额信贷机构协会往往被捐赠者看做是传播和宣传捐赠者技术和资金的最有效的方式。

二、国外小额信贷机构协会的主要功能

小额信贷协会在小额信贷组织的发展过程中发挥了重要的功能，这主要包括为小额信贷机构提供培训、技术支持、信息分享、自律管理、筹资、政策倡导以及学术促进等多个方面。

第一，为小额信贷机构提供培训。微型金融的迅速发展，首先遇到的挑战就是缺乏专业人才。由各个微型金融机构独自开发、培训和招聘人才，不但会造成各种成本的迅速上升，还会引起微型金融领域内各种标准、规则、业务处理方法等的不统一，对微型金融业的后续发展非常不利。因此，几乎在每一个国家都会出现由政府牵头，建立或引导设立的小额信贷协会，承担协调培训工作。

第二，为小额信贷机构提供技术支持。小额信贷机构在发展过程中由于资金的匮乏和经验的缺乏，常常面临技术问题，且这些分散的机构所面临的问题具有很强的相似性，这为小额信贷机构协会组织和协调这些分散的微型金融机构、统一解决类似问题、争取规模效应提供了绝好的机会。这不仅仅可以节约各个小额信贷机构的成本、时间，还可以统一协会成员机构间的技术标准，为进一步的交流和沟通提供方便。

第三，在小额信贷机构之间进行信息共享。小额信贷机构协会可以通过自身的平台，促进小额信贷机构之间的业务交流、经验分享和信息交换。由于小额信贷机构规模小、空间上又相对分散，所以在发展过程中往往面临着同行业之间信息的不对称，很容易造成小额信贷机构的无序发展和恶性竞争，不利于小额信贷行业的健康、稳定发展。小额信贷机构协会通过发布行业报告、举办研讨会和学术交流会等方式，可以有效促进小额信贷行业的有序发展。

第四，在小额信贷机构之间进行自律管理。自律功能是指行业协会通过制定并实施自律规则（如行业规则）和团体内的公共政策（如团体章程、业务规则、职业道德准则和专业约束标准）来实施的组织自我规范、自我管理、自我控制和自我约束。虽然这些并不是国家制定的，不具有法律的权威性和强制性，但是，一般情况下，它们是在遵守法律的前提下制定的，其内容就是相关法律在本行业的具体化，或者是在法律尚没有涵盖的领域由自律性团体制定的行业自律规则。由于小额信贷机构协会与小额信贷机构联系密切且熟悉小额信贷机构的运作方式，所以在制定这些自律管理规则方面，小额信贷机构协会有着无与伦比的优势。

第五，为小额信贷机构筹资。小额信贷机构进行规模扩张和业务拓展时，面临的最主要的问题之一就是资金问题，而单个小额信贷机构通常没有足以证明其融资能力的实力或商誉，以致在捐赠者、投资者与小额信贷机构之间常常存在严重的信息不对称问题。小额信贷机构协会的出现可以加强投资人、捐助者和协会、机构之间的沟通，降低信息不对称的影响，从而拓展成员机构的融资能力、解决小额信贷机构发展过程中面临的资金短缺问题。

第六，政策倡导。小额信贷机构协会在成立之初就具有沟通和协调政府监管部门与小额信贷机构的“桥梁”作用。小额信贷机构协会可以深入小额信贷机构的具体实践中，因此对于小额信贷机构发展面临的问题、“瓶颈”以及监管规则的法理依据等，都有很好地理解和体验，这种优势可以确保协会能为政府在制定相关的政策时提供符合实际需要的建议。同时，小额信贷协会可以很好的宣传政府的相关政策，例如，政府政策在制定、颁布、实行之后，各成员机构对各项政策的理解不一定准确和统一，而小额信贷协会可以充分地发挥行业组织的优势，进行政策倡导和宣传，更好地促进政府相关政策的实施。

第七，学术促进。微型金融和小额信贷在国际上虽然经历了近40年的发展，但对于很多相关概念仍然存在许多争议。这种学术上的“不统一”造成了很多的问题。最典型的现象之一，就是很多并没有从事小额信贷业务的机构也在利用小额信贷的名义。比如，在中国许多公司被称为小额贷款公司，而其经营的业务中，真正意义上的小额贷款业务占比连10%都不到。小额信贷协会可通过举办各种形式的研讨会、学术沙龙、交流会等，更好地促进各行各业对微型金融相关概念的理解，以避免因为概念差异而造成的不必要麻烦。

第八，对小额信贷机构进行审计。小额信贷机构协会可根据协会章程对协会内的小额信贷机构进行审计，对小额信贷行业的发展状况进行预估，及时发现并解决存在的问题，预防可能出现的风险。

三、国外小额信贷机构协会发展的问题

自从各个国家的小额信贷机构协会建立以来，小额信贷机构协会的作用日益显著，但是，一些不可忽视的问题也日益受到关注。

第一，小额信贷协会的可持续发展成为一个不容忽视的问题。一般情况下，小额信贷协会往往是由一部分机构和组织发起建立的。这虽然可以让协会获得最初的发展资金，但协会的运营仍然需要资金的后续支持。一般情况下，小额信贷协会对会员收取少量的会费，同时还会利用所收集的数据和资料进行加工并销售，或以这些资料为基础进行有偿培训等。但是，收取会费很大程度上会削弱协会的覆盖范围，特别是过去许多协会不分机构规模而收取同样费用的做法，将许多小规模的小额信贷机构排除在外；如果过多考虑机构规模，又会让规模较大的机构获得过多的话语权。所以协会机构的安排中，如何在协会的规模、收费的标准、协会的决策机制等规则之间进行平衡，就成了关键。

第二，小额信贷机构协会内部矛盾重重。小额信贷协会成员较为复杂，包括小额信贷机构、捐赠者、政府机构、专家、学者等，而且性质和目标也不尽一致。成分的复杂性导致不同主体有着不同的利益诉求。协会一方面成了各方利益妥协的场所，另一方面也可能成为冲突的场所。如何建立起科学、合理的利益协调机制，减少冲突，增进合作，是协会面临的重要挑战。

四、国外小额信贷机构协会的发展趋势

随着小额信贷机构在世界范围内的繁荣，小额信贷机构协会也将不断地发展，呈现出新的发展趋势。

第一，职能多样化。目前，小额信贷机构协会已经具备多项职能，比如成员机构的人员培训、技术支持、信息共享、自律管理、筹资、政策倡导、学术促进以及内部审计等。随着小额信贷机构的进一步发展，协会的职能也将越来越多元化。

第二，小额信贷机构协会可能出现多个层次。目前，在国际上，一个国家内往往存在一个全国性的小额信贷机构协会，但随着时间的推移，在保持全国性的小额信贷机构协会的基础上，可能会衍生出地区性的小额信贷机构协会，以充分适应各地区特定的需要，从而形成多层次的协会组织。即：在全国性的小额信贷机构协会下，各主要的地区有地区性的小额信贷机构协会。当然，这样的层次只有在小额信贷产业发展到一定程度后才会出现；这种层次性的结构，对协调全国性的统一标准和地方性的特殊需求将发挥重要作用。

五、国外小额信贷机构协会——ICMF①

ICMF 的全称是 India Collective for Micro - Finance，其含义是印度小额信贷联盟。它是印度最为古老的小额信贷协会。在 1997 年 2 月，印度小额信贷峰会决定建立一个专门的协会组织来协调全国范围内的小额信贷活动。这个协会的主要成员是政府机构、非政府机构、银行、捐赠组织、专家、研究中介等，它们都是旨在通过小额信贷来消除印度境内的贫困。ICMF 的目标和主要宗旨是：

第一，审慎评估国际组织、政府以及非政府组织在微型金融方面的政策，促进有利的微型金融政策（尤其是关于妇女的微型金融政策）的制定和实施。

第二，对会员机构各项能力建设提供帮助，协调各成员机构对微型金融活动和小额信贷机构的管理。

第三，作为政府组织和非政府组织信息交流的中介，向最贫穷的人们及时提供各种微型金融信息；通过电子手段、音频、视频以及书面报告的形式，在成员机构之间传播信息和交流经验。

第四，作为国际非政府组织、双边以及多边机构的联系中介，以更好地

---

① 参照 http：//dir. indiamicrofinance. com/india - collective - microfinance/.

促进“为贫困人口服务”的微型金融目标。

第五，把印度全国范围内与微型金融相联系的各种各样的组织和机构汇聚在一起，进而通过举办讲习班和出版物等进行相关知识和信息的传递，帮助各机构逐步形成统一的认识和看法。

第六，协助关于微型金融方面的议题的实施，拓展与基层组织间的联系。

六、特殊类型的小额信贷协会：小额信贷联盟

目前，世界范围内有着众多的小额信贷协会，这些协会多以 association 命名，另一些机构，则称为 alliance，其基本含义是联盟。例如：圣地亚哥小额信贷联盟（San Diego Microfinance Alliance）、科罗拉多小额信贷联盟（Colorado Microfinance Alliance）、芝加哥小额信贷行动联盟（Microfinance Alliance of ACCION Chicago）、加勒比小额信贷联盟（Caribbean Microfinance Alliance）、校园小额信贷联盟（Campus Microfinance Alliance）等。

尽管它们的名字中带有“联盟”的意思，但是，许多机构和组织在实质上仍然是协会，主要的职能仍然是信息共享、技术支持、资金筹集、学术促进等，并不具备真正意义上的联盟的功能：风险共担和利益共享。风险共担、利益共享的联盟主要是指：一些小额信贷机构通过结成一种较为松散的组织来实现利益的共谋。这些联盟中的机构都是独立的法人实体，只是希望通过结成联盟实现规模优势，共同开发、培育市场与业务，共同利用技术设施，共同承担小额信贷风险，共同维护联盟形象，以及共同地享受收益。与前面的合作组织的区别点在于：单纯的合作更多是建立在项目基础上的，一旦项目完结，其合作关系也就结束；而联盟间的合作，是长期、稳定、持续的合作。

第三节 小额信贷机构的评级

国际小额信贷机构在第二次世界大战后得到了迅猛的发展。国际小额信贷机构在不断为穷人服务以及增进社会福利的同时，也出现了一些不尽如人意的情况：国际上一些小额信贷机构陆续出现破产；个别小额信贷机构打着小额信贷的招牌高息放贷，甚至出现滥贷；社会公众对小额信贷机构缺乏信心等，所有这些问题都或多或少地影响了正规小额信贷组织的发展，也损害了相关投资者和借贷者的利益。要解决这些问题，小额信贷机构就必须要非常清晰地明白自己的经营状况，同时投资者和相关监管者也必须知道这些小

额信贷机构的经营和管理水平。小额信贷评级机构正是顺应这种趋势而逐渐成长起来的。通过独立的第三方来对小额信贷机构进行评级，可以在资金供给方、需求方与小额信贷中介之间进行更加快捷且有效的沟通，进而更好地解决微型金融发展过程中的信息不对称问题。

一、小额信贷机构评级的内涵

对公司信用进行评级有着悠久的历史。1900 年，约翰·穆迪第一次对第一铁路债券进行了评级；自此以后，评级得到了迅速的发展。然而，对国际小额信贷组织进行评级却是最近几年伴随着国际范围内小额信贷机构不断发展才出现的。自从世界上第一家小额信贷公司——格莱珉银行——建立以来，小额信贷机构得到了极大的普及。对小额信贷机构进行评级随之出现。然而，伴随着小额信贷机构的发展，对小额信贷机构评级的内涵也在不断演变。

在 21 世纪初，小额信贷评级并没有引起足够大的重视，很多人把小额信贷评级等同于对小额信贷机构的审计。其实，小额信贷机构评级与对小额信贷机构的审计是完全不同的概念。对小额信贷机构的审计主要是根据小额信贷机构以往的经营数据来分析评估小额信贷机构以往的经营状况，不需要对小额信贷机构未来的发展进行系统的评估。而评级是指既要评估小额信贷机构当前的经营绩效，又要评估小额信贷机构未来的管理能力、风险控制能力，以及提高经营绩效的能力。通过对审计和评级的比较，我们可以看出，对小额信贷机构的审计虽然可以作为对评级工作的有效补充，但鉴于审计侧重于过去，而评级侧重于未来，审计显然是不可能替代小额信贷评级的。

具体来看，小额信贷评级的内涵分为两个部分：机构评级和社会绩效评级。第一种是机构评级。机构评级是指对小额信贷机构的长期可持续性进行评估。在机构评级中，小额信贷机构的财务报表是非常重要的，这是机构评级的主要依据。在机构评级中，看重的是小额信贷机构作为机构本身的表现。在这方面的评级研究相对较多，过去 10 年中已经总结出了多套的评级体系。第二种是社会绩效评级。社会绩效评级与机构评级是完全不同的。它考察的是小额信贷机构实现其社会目标的能力。我们知道，对于小额信贷机构来说，他们是有目标和使命的。小额信贷机构的目的就是要弥补正规金融体系的不足，把微型金融服务带给那些因缺少金融服务而贫穷的人。因此，在实现盈利的同时，增进社会福利就是小额信贷机构义不容辞的责任。

二、小额信贷机构评级的标准

目前，世界范围内的小额信贷机构评级没有统一的标准。自从 1996 年，世界上第一个小额信贷评级机构建立以来，国际小额信贷评级机构不断涌现。由于缺乏有效的引导和协调，目前，几乎每一家小额信贷评级机构都有自己的评级标准。

比如，信用合作社世界理事会（World Council of Credit Unions，WOCCU）创立的PEARLS评级标准，国际行动组织（ACTION International）创立的ACTION Camel，沛丰评级机构（Planet Rating）创立的长颈鹿评级标准（Giraffe rating system），达米安·冯·施陶芬贝格的MicroRate创立的微型金融评级标准（MicroRate），援助最贫穷者协商小组（Consultative Group to Assist the Poorest，CGAP）资助的微型银行评级项目标准，美洲开发银行（Inter - American Development Bank，IDB）和CGAP合作开发的CGAP微型金融评级和评级基金，标准普尔（S&P）小额信贷评级标准，以及M - CRIL卫星金融评级标准。[①]

这些不同的标准在对小额信贷机构进行评级时，有着共同特点：它们都将注意力放到了小额信贷机构的营运能力、盈利能力、风险管理能力、信息处理能力以及对金融产品组合管理等方面，并且，这些评级标准都运用了相关的指标（比如ROA、ROE、运营费用比以及成本收入比等）来量化这些方面。同时，基本上每一个评级标准都或多或少地涉及了社会绩效评级。

尽管如此，这些评级标准在具体操作过程中都有着自己的特色。具体衡量指标以及比例在不同的体系下是不一样的。即使是在同一个体系下进行评级，在不同的地区这些指标的含义也是不一样的。这些各具特色的标准在适应世界范围内小额信贷机构要求的同时，也带来了一个棘手的问题，即不同的机构之间没有客观的、公正的比较标准。

三、小额信贷机构评级的典型机构：沛丰评级

目前，国际上有很多的小额信贷机构评级机构。根据CGAP的统计，截止到2010年，就业务量和重要性来说，世界上有着四个最重要的信贷评级机构，它们分别为M - CRIL、微型金融评级（MicroRate）、沛丰评级和微型金融（Microfinana）。这四个评级机构在把注意力关注到小额信贷评级的准确内涵——机构评级和社会绩效评级——的同时，也开创了自己独特的信贷机构评级标准和方法，有着自己独立的小额信贷机构评级业务操作。在这四个最

---

① 参照 http：//www. gdrc. org/icm/rating/index. html.

重要的评级机构之中，沛丰所创造的评级方法和标准得到了广泛的认同和实施。

沛丰在对小额信贷机构评级过程中，创造了自己独特的评级方法。在机构评级中，创造出了独特的长颈鹿（GIRAFE）评级方法，其中单独列出了机构的社会绩效评级。

（一）机构评级

1. 机构评级的方法

在机构评级过程中，沛丰创造了一个被广泛认同的评级方法——长颈鹿评级方法。长颈鹿评级方法是由吉尔·嘎鲁德克（Gilles Galludec）于1999年创立的。自从长颈鹿评级创立以来，该评级方法得到了投资者、捐款者、监管者、微型金融咨询机构以及微型金融提供者的普遍认同。截止到2010年12月，沛丰已经累计在75个国家实施了超过500多次评级。长颈鹿评级方法通过评估小额信贷机构的关键风险因素，来判断小额信贷机构的长期金融活动的可持续性。随着小额信贷机构的发展，该评级方法也不断升级与更新。在2006年下半年，沛丰评级创立了一个由它的技术运营官艾曼纽（Emmanuelle）领导的工作小组来对沛丰评级方法进行重新评估与测验。经过评估，新的GIRAFE评级方法得到了更新，最新的GIRAFE评级见图6－1。

评级的决定因素	比重	
Government 治理	24%	定性分析
Information 信息	10%	
Risk Management 风险管理	10%	
Activity 业务活动	20%	定量分析
Finance 融资能力	14%	
Efficiency 效率	22%	

图6－1　长颈鹿评级

目前，长颈鹿评级方法包括6个重要的评级领域以及17个评级因素。每个领域包括不同的评级因素，并且每一个评级领域具有不同的权重，具体情况见表6－2。

表 6-2 长颈鹿评级（GIRAFE）的基本框架

六个主要的评级领域	17 个评级因素	所占评级权重
G 治理与决策 （Government and Decision）	决策机制（Decision making） 计划（Planning） 管理团队（Management team） 资源管理（Resource management）	24%
I 信息与系统 （Information and System）	信息与系统（Information and system）	10%
R 风险管理 （Risk Management）	内部控制（Internal control） 内部审计（Internal audit）	10%
A 业务活动 （Activities）	金融服务管理（Financial Services） 信用风险水平（Credit risk level） 信用风险保护情况（Credit risk coverage）	20%
F 融资能力与流动性 （Financial Services）	资本充足性及融资战略 （Capital adequacy and funding strategy） 市场风险（Market risk） 流动性风险（Liquidity risk）	14%
E 效率与盈利 （Efficiency and Profitability）	资产收益率（ROA） 收入质量（Revenue quality） 运营效率（Operating efficiency） 资产发展（Asset development）	22%

长颈鹿评级机构把小额信贷机构评级分为 6 个主要的领域并分别赋予了不同的权重，这些领域的划分及其所占的权重，都会随着实际情况的变化而变化。

第一，治理与决策（Governance and Decision Making）。在这个评级领域中，主要是对小额信贷机构的治理和决策机制等进行评估。首先，决策过程（主要包括决策者的权力、责任的平衡，监管信息的质量以及实施政策的能力），其中，小额信贷机构的战略以及战略是否能够得到有效实施需要首先得到评估。其次，要对小额信贷机构的管理团队及核心人员的能力进行评估。最后，还要对小额信贷机构的机构章程、规章制度等进行评估。这个领域在整个机构评级中所占的权重为 24%。

第二，信息与系统（Information and System）。主要是对机构获得信息的机制、方式、信息交换和分享的流程、信息获取的数量、信息的精确性、信息控制及其安全性、机构信息系统的完善程度和安全性等进行的评估。这需要和外部审计者进行专业合作。这一部分在整个机构评级中所占的权重为 10%。

第三，风险管理（Risk Management）。这一领域主要是评估小额信贷机构风险管理的质量，这包括对小额信贷机构领导者、内部审计者和其他利益相关人能否及时地发现所面临的风险、对风险进行科学评估，并采取有效措施进行防范、控制或转移。评级过程中，通常需要跟小额信贷机构董事会下的风险控制委员会、风险管理部门，包括内部审计人员、风险管理的主要人员，必要时还可能需要与机构的员工进行合作，以了解真实情况。这一领域在整个机构评级中所占的权重是 10%。

第四，业务活动（Activities）。这一领域评估的焦点，主要是小额信贷机构开展金融业务的服务质量、管理水平，以及贷款组合的质量。评估的具体内容包括信贷业务标准、信贷程序、信贷适用范围、信贷资产质量及其控制措施等。评级者在具体评估时，不仅需要与信贷主管进行沟通，必要时还可能需要和信贷客户进行沟通，以从不同角度了解更为真实的情况。这一领域在整个机构评级中所占的权重为 20%。

第五，融资能力与流动性（Financial Services）。这一领域主要包括对小额信贷机构的资本机构、融资战略以及资产的流动性管理方面的情况进行评估。资本的充足性、必要时的应急融资能力、资产的流动性等，直接关系到机构的抗风险和处理危机的能力，所以在整个机构评级中所占的权重为 14%。

第六，效率与盈利能力（Efficiency and Profitability）。主要是对小额信贷机构的市场地位、小额信贷机构的竞争力、小额信贷机构的运营效率以及其资产和资本回报率进行评估。这种分析有助于确定小额信贷机构目前的业务可持续性，在整个机构评级中所占的权重为 22%。

2. 机构评级的指标

虽然统一的评级方法和指标会极大地促进世界范围内小额信贷机构评级的发展，然而，由于小额信贷机构之间差异明显，所以到目前为止，还没有形成全球统一的评级方法和指标。其中，沛丰评级在小额信贷机构评级中所创立评级方法与评级指标，正不断地得到世界范围内小额信贷评级机构的认可。

关于小额信贷机构评级的指标体系，目前国际上主流的评级指标有三种，分别是标准普尔指标、穆迪指标以及惠誉指标。沛丰指标与这些指标既有相似之处，也有显著的区别。例如，这三个主流的评级指标在 A 级层次上就有 7 个不同的级别。又如穆迪的指标在 A 级层次上就有 Aaa、Aa1、Aa2、Aa3、A1、A2 和 A3 这 7 个级别，而沛丰指标则在此 7 个级别的基础上又增加了“+ +”这个级别。其目的是说明这么一种情况：一个具有 B + 评级的小额信贷机构在2007年已经做出了相应的努力，但是到2008年，这种进步离A-仍然还有一定的距离，这个时候就可以给予B++的评级。沛丰评级的评级指标的详细内容，请见表6-3。

表6-3　沛丰评级的评级指标

评级指标	指标简介
A++	当前机构的运营表现、业务活动的表现是最好的，短期内没有下降的风险。中长期计划执行良好，相关目标可以确保完成。短期和中期风险很小且已经处于有效管控之下。长期风险经常被检查且在可以预期的范围内。机构对经济环境、政治环境以及社会环境的变化有着很强的适应性。
A+ A A-	与行业标准相比较，当前机构运营表现、业务活动表现优秀。中长期计划能得到较好的执行。相关的目标实现可能性很大，中、短期和风险很小且得到了有效管理。对长期风险有常规的全面检查且处于可以预期的范围内。小额信贷机构对经济环境、政治环境以及社会环境的变化有着较强的适应性，面对变化时，小额信贷机构可以迅速做出战略调整并采取切实有效的行动。
B++ B+ B	与行业标准相比较，当前机构运营表现、业务活动表现令人满意。中长期计划执行尚可。相关的目标有可能实现。中、短期风险较小且管理有效。小额信贷机构知道可以进步和提升的地方且正在努力。小额信贷机构对经济环境、政治环境以及社会环境的变化有一定的适应能力。
B-	当前机构运营表现、金融活动的表现接近于行业标准。中短期项目风险是适度的，但是这些风险都没有被全部处理。计划执行能力是不平衡的。小额信贷机构的一些目标可能不会实现。小额信贷机构在应对经济环境、政治环境以及社会环境的重大变化时是脆弱的。
C++ C+ C C-	当前小额信贷机构运营表现以及金融表现在行业标准之下。中短期项目风险是较高的。虽然小额信贷机构存在着管理程序和管理系统，但是这些程序和系统是需要更新和升级的。小额信贷机构在应对经济环境、政治环境以及社会环境的重大变化时是很脆弱的。
D	高风险。小额信贷机构在运营表现和金融表现上有着很重大的缺陷。小额信贷机构高度脆弱，具有潜在的违约风险。在几个重要的评级领域表现是很差的。
E	即刻存在信用违约的风险。现存的运营表现、金融表现以及战略缺陷造成小额信贷机构巨大的违约风险。在很多评级领域表现是非常差的。

（二）社会绩效评级

在不断完善长颈鹿评级方法的基础上，沛丰评级也在不断地摸索社会绩效评级的标准，现在沛丰评级已经建立了完整的社会绩效评级方法和评级标准。这套标准倾向于评价小额信贷机构是否全部，且有效地完成了他们的社会目标。他们所提出的评级方法和标准完善了小额信贷机构的评级体系，通过这些标准，小额信贷机构可以更为有效地向利益相关者（董事会、管理层、资金提供者以及监管主体）提供更加全面的信息，所以，近年来这套标准受到了很多国际小额信贷机构的欢迎。

1. 社会绩效评级方法

沛丰评级的社会绩效评级主要集中于三个重要的领域：

第一个评级领域是小额信贷机构制度化的社会使命。在这个评级领域内，沛丰评级主要关注的是整个机构的利益相关者是否有公认、清晰而明确的社会目标，且这一社会目标的具体内涵是否细化成为指导整个机构的每个员工特别是高管具体的行为准则。

第二个领域是小额信贷机构的定位和所提供的服务。其中，包括小额信贷机构是否已经有了明确的目标人群，这些人群是不是那些未被正规金融体系所覆盖的人；小额信贷机构提供的金融服务是不是适应了目标人群的需求，以及这些目前人群的满意程度如何；小额信贷机构是不是在尽最大的努力降低相应服务的成本。

第三个领域是小额信贷机构的责任。在该领域，沛丰评级主要关注的是，小额信贷机构的运行体系能否有效保障目标客户群体的尊严；是不是所有小额信贷机构的员工都认可与客户之间的平等权利；小额信贷机构有没有以其他非金融的手段致力于社会的发展；小额信贷机构的业务活动是否对自然环境有着积极影响。

2. 社会绩效评级指标

沛丰评级在社会绩效评级方法的基础上创立了相对应的评级指标，共分为五个等级，具体如表6－4。

表6－4　　沛丰评级的社会绩效评级指标

评级指标	具体内涵
5＋ 5	高级（advanced）：长期致力于社会目标的实现，在社会表现和社会责任风险方面的管理有效，该机构很有可能发挥出积极的社会影响。
4＋ 4	令人信服（convincing）：机构有着明确的社会目标承诺，对社会表现和社会责任风险有着合理的管理，机构有可能发挥出积极的社会影响。
3＋ 3	有进步（in progress）：机构有着明确的意图来实现社会目标，且正在建设有着社会表现的管理体系。
2＋ 2	初期（incipient）：机构有着明确的意图来实现社会目标，该机构的社会绩效管理能力很弱。
1＋ 1	无形（intangible）：该机构的社会目标仅仅是口头协议，该机构社会绩效管理能力很弱，几乎看不出其社会表现。

四、国外小额信贷机构评级存在的问题及发展趋势

（一）存在的问题

经过十几年的发展，国际小额信贷机构评级已经相当完善，可以提供商业性的机构评级服务了。不过，国际小额信贷评级仍然面临一系列需要解决的问题。

首先，到目前为止，国际小额信贷评级还没能形成统一的评级标准。由于先天的原因，小额信贷评级机构众多，且有着各自的评级方法、评级标准和评级操作流程，虽然也有一定的相似之处，但目前差异仍然十分明显。缺乏统一的评级标准和评级指标给小额信贷机构的评级带来了一系列的问题：第一，小额信贷的相关利益者（投资者、捐赠者、借贷者、监管者，甚至小额信贷机构本身）缺乏对小额信贷机构进行横向比较的基础，一方面，这意味着投资者缺乏选择小额信贷机构进行投资的依据；另一方面，意味着不同国家或地区的监管者缺乏对小额信贷机构进行监管的依据。前一种情况的后果是投资者对小额信贷的投资将更为谨慎，导致微型金融业因为信息不对称而出现资金紧张；而后者的后果则是政府可能会采取过分谨慎的微型金融发展战略。无论哪一种情况，都会严重阻碍微型金融业的正常发展。此外，在缺乏横向比较统一标准的情况下，小额信贷机构很难准确定位自身的行业地位，很容易产生小额信贷机构决策失误并造成不必要的风险。第二，没有统一的评级标准，使传统的投资者很难接受小额信贷行业的评级结果。一些传统投资者，比如养老金、私人投资基金、大型公司、私人投资者等，都还没有接受国际小额信贷机构的评级。如果这些评级结果长期得不到业内的认可，小额信贷的专业评级机构可能会面临被抛弃的风险。

其次，社会绩效评级中主观评价因素所占比例过高。社会绩效评级并不像财务绩效评估那样有着客观的定量指标，而是以检查小额信贷机构是否实现了其社会使命为依据，所以很多情况下，只能通过社会调查问卷、与小额信贷机构的交流，以及收集小额信贷机构所服务的目标人群的反馈信息等方式为评估奠定基础，而所有这些方式都带有明显的主观因素。

最后，小额信贷评级机构中还缺乏大型基础数据库的支持。这相对于传统的评级机构在几十年的实践中已经建立了相对完善的数据库而言，小额信贷评级方面的数据库还存在不系统、不完整、不准确、不标准等重要缺陷，这是当前全球小额信贷评级机构形成全球统一标准的主要障碍之一，也是各评级机构及相应的政府和相关组织必须尽快夯实的重要基础。

（二）发展趋势

经过几十年的发展，小额信贷评级日益呈现出一些新的发展趋势。

首先，小额信贷机构评级的方法和标准正在不断得到统一。尽管各个评级机构目前使用不同的评级方法、评级标准以及评级指标，但一些大型的评级机构已经认识到在世界范围内统一评级方法和标准的重要性，而且有一些大型评级机构已经开始了在个别地区统一评级标准的工作，比如，标准普尔2008年在拉丁美洲地区实施的评级项目，为拉丁美洲的不同国家的不同小额信贷机构之间的横向比较提供了一种可能。随着微型金融业及评级机构的不断发展，在世界范围内统一小额信贷评级的标准，将是大势所趋。

其次，世界范围内的小额信贷评级机构之间会共同合作建立起共享型的大型数据库，信息技术将会在小额信贷评级中得到更大范围的应用。随着相关利益主体对小额信贷机构评级数据的大量需求以及评级标准的逐步统一，建立关于小额信贷机构的大型数据库这一重中之重的基础必然得到强化。这种数据库的技术条件已经成熟，目前存在的主要障碍是评级标准以及评级方法的不同和评级机构尚不成熟、积累的数据还很不完善。数据库建设可能是将来较长一段时间的发展"瓶颈"。

最后，小额信贷机构评级服务将逐步商业化。目前，对小额信贷评级大多是由国际组织和相关基金（比如美洲银行）资助的评级机构提供的、带有公益性质的服务。这是因为，目前每年仅有不到300件小额信贷评级业务，整个业务量相当于250万美元。这一服务领域的利润空间很小，所以在很大程度上，这些专业小额信贷评级机构还无法实现财务上的可持续发展，只能由一些组织和基金赞助。但随着小额信贷评级市场的不断扩大，小额信贷评级机构也将会逐步实现自营和商业化。

第四节　小额信贷信息共享机构

一、小额信贷信息共享的现状

小额信贷机构在发展过程中，面临的信息问题日益突出：小额信贷机构不仅仅需要相关的行业数据确定自身的战略定位，更需要在全球范围内获得公正、客观、透明的行业分析报告来了解行业的发展动态。前面介绍的一些合作机构，如小额信贷合作组织、小额信贷协会、小额信贷机构联盟以及小额信贷评级机构都做出过许多贡献，但与小额信贷机构的要求仍然有显著的距离。合作组织、协会、联盟只是各个小额信贷机构联系的桥梁，是小额信贷机构之间进行沟通的平台，但是却不能对整个行业和各个不同的机构进行全面的评估。小额信贷评级机构可以很好地为各个机构进行评级，但是，却不能有效地引导整个行业的发展；评级机构也不是专门的从事信息收集、处理、分析与共享的组织，其评级信息服务的范围也有限，而且常常是有偿服务，这让一些小机构难以承受其高昂的成本。因而小额信贷的信贷共享组织就应运而生，当前公认比较成功的组织是小额信贷信息交流中心（Microfinance Information eXchange，MIX）。

二、小额信贷信息共享的作用

作为处理微型金融信息的小额信贷信息共享组织，对微型金融事业的发展有多方面的积极作用，这主要表现在：

首先，减轻小额信贷机构获取信息的成本和压力。如果没有这些专业机构，小额信贷机构就必须依靠自身的力量，每年要拿出大量的时间和精力来收集、分析、处理和发布相关的数据和信息。据 MIX 测算，平均每个小额信贷机构一年要发布 20—30 份报告。如果由专门的机构和组织来处理这方面的信息将会大大减轻小额信贷机构的负担，小额信贷机构可以把更多的精力真正放到业务的拓展上；不仅如此，由专门的信息共享组织来处理数据还可以提高报告的及时性、客观性和准确性，提高各项报告的可信度。

其次，小额信贷信息共享组织做出的客观、透明的报告有利于投资者和客户做出合理的决策。小额信贷信息共享组织是一个专门的、独立的处理微型金融领域数据的组织，其出具的报告可以在客观性和透明性方面做得更好。由于大多数小额信贷信息共享组织属于非营利性组织，收集的数据涵盖了很多地区的很多机构，而且大多数的报告都是可以免费获得的。这无疑为广大的投资者了解小额信贷机构提供了重要的参考信息来源。

最后，小额信贷信息共享组织通常还要对机构的社会绩效进行分析，可以为人们考察小额信贷机构的社会贡献提供参考。世界上一些小额信贷信息共享组织，比如 MIX 都引入了对小额信贷机构社会绩效评级分析体系，这些指标可以充分反映出小额信贷机构在履行社会使命方面的情况，可以有效避免一些小额信贷机构挂着小额信贷的“羊头”，卖传统商业银行借款“狗肉”的现象。

总之，小额信贷信息共享机构作为独立于政府的非营利性的组织，在收集、处理数据，发布相关报告方面有着巨大的优势，不仅可以大幅度地降低小额信贷机构的数据处理成本，还可以有效地提高数据的独立性、客观性、公正性和透明度。

三、小额信贷信息共享的典型组织：微型金融信息交换中心（MIX）

MIX 的全称是微型金融信息交换中心（Microfinance Information Exchange），成立于 2002 年。它是一家独立的、非政府性的非营利性组织。其总部设在美国华盛顿，且 MIX 在秘鲁、阿塞拜疆以及印度都设有分支。目前，MIX 主要提供数据收集、数据分析以及数据发布方面的服务。

MIX 是一个很成功的信息共享组织。对全世界的微型金融行业做出了重大的贡献。截止到 2010 年 9 月 30 日，MIX 的数据库涵盖了大约 1,800 家微型金融机构，为 110 个国家的大约 8,240 万个贷款者和 7,850 万个储蓄者服务。有大约 200 家在行业内领先的微型金融机构向 MIX 提供中期财务报告，MIX 也正是利用这些数据随时在更新着自己的数据库①。

四、小额信贷信息共享机构的组织形式

小额信贷信息共享组织一般由合作者以及组织管理者两部分构成。其中，合作者包括全球合作伙伴、项目合作伙伴以及数据合作伙伴，而组织管理者则包括共享组织的董事会、员工以及科技顾问组等部门。

下面以 MIX 为例介绍小额信贷信息共享机构的组织形式（见表 6－5）。

表 6－5　MIX 的组织构成

合作者	全球合作者	比尔 & 梅琳达·盖茨基金会（Bill & Melinda Gates Foundation），奥米迪亚网络（OMIDYAR NETWORK），万事达卡基金会（The MasterCard Foundation），花旗银行基金会（City Foundation），IFAD，迈克尔 & 苏珊戴尔基金会（Michael & Susan Dell Foundation）
	项目合作者	麦格劳希尔公司（The McGraw－Hill Company），福特基金会（Ford Foundation），思科基金会（ CISCO FOUNDATION）
	数据合作者	埃塞俄比亚小额信贷协会（AEMFI），阿富汗小额信贷投资支持基金公司（MISFA LTD），加拿大媒体基金（CMF），菲律宾小额信贷协会（MCPI），资源和替代品的小额信贷创新中心（MICRA），绩效管理网络（PMN）等
组织管理者	董事会	
	员工	
	科技顾问组	

资料来源：http：//www. mixmarket. org/about/mix－team－and－partners/board－of－directors

① 参照 http：//www. themix. org/

MIX的全球合作者是其最为重要的核心成员机构。它们主要为MIX提供经济上或者其他方面的资助。这些核心成员机构都是有志于促进微型金融行业透明化的组织。作为一个信息共享机构，数据合作者对于MIX自然非常重要。目前，MIX与数量众多的微型金融网络机构和服务供应商有着广泛的合作。这些数据合作者大多都支持MIX的目标：提高微型金融行业的透明度、促进小额信贷机构履行其社会使命。目前，这些数据合作者遍布于亚洲、非洲、中东、拉丁美洲、加勒比地区、东欧以及中亚地区。

MIX的董事会由非执行董事构成，是投资者利益的代理机构。

MIX的科技顾问组（TAG）由MIX之外的具有技术背景的专家组成。科技顾问组会向MIX提供技术方面的决策建议，包括用户体验、网站框架、数据标准、应用软件开发以及技术基础设施建设等。

五、小额信贷信息共享的业务运作

小额信贷信息共享组织的业务运作主要包括三个方面：数据的收集、数据的分析和数据的发布。

首先，小额信贷信息共享组织收集和验证来自世界范围内各个地区的关于微型金融机构的财务、运行、产品、客户以及社会绩效方面的数据，并且在收集数据的同时，将数据进行转换、标准化，以便进行比较。

其次，小额信贷信息共享组织对收集的数据进行分析和处理。处理完毕后，将数据进行组织和结构化，然后存入数据库，方便使用者查阅。

最后，小额信贷信息共享组织进行数据发布。要发布的报告一般分为两大类：一类是面向公众用户的，这类是免费信息；另一类是面向专业优质用户的，这类报告往往是要收取费用的。

下面以MIX为例，介绍小额信贷信息共享的业务流程。

(1) 数据收集。不仅仅是简单地搜集零星的数据，还包括从业务系统或共享的系统中提取数据。MIX收集的信息主要是贷款-存款组合数据和财务数据，同时也包括小额信贷机构的社会绩效数据和运营数据。大多数这样的数据来自小额信贷机构与顾客间的业务活动。在这个环节，数据的收集很大程度上需要靠手工方式完成；在部分业务自动化程度较高的地区，也可以从核心业务系统获得大部分直接的业务和财务数据。

(2) 分析数据。数据的分析，主要是根据分析的目的和要求，对各项数据进行比较，找出相关数据间可能存在的联系，从而得出一定的管理建议。之后，把分析的过程和结果按一定的标准和格式，做成各类报告。

(3) 发布数据。MIX形成的报告可以分成两类：一类是免费提供给公共用户阅读的报告；另一类是面向高级优质用户的、需要收费的报告，如表6-6。MIX有多种渠道和方式发布其数据和报告，例如：Facebook、Twitter、E-mail、网站以及纸质书面报告等。

表6-6　　MIX的客户分类

	MIX初级会员	MIX白银会员	MIX黄金会员
	免费	3,500美元	联系MIX
个人数据服务 Personal Dashboard	不能访问My MIX	可以实时在My MIX中访问微型金融机构和市场数据	根据客户提出的报告标准，监控客户所选定的微型金融机构和目标市场
特征报告 Reporting Features	通过各种比较、趋势分析以及微型金融融资的看法，评估个人和微型金融机构的表现	运用强大的基础性和复合性工具，监督微型金融机构的产品组合	可以充分利用基础性和复合性工具和强大的MIX数据库、定制追踪变量，对相关情况进行跟踪监控
市场情报 Market Intelligence	一站式访问100个以上国家的市场情报，既包括MIX数据又包括外部数据	通过季度性的市场数据更新和国家间的互动分析，保持对当前市场水平的观察、对未来发展趋势进行预测	可以与MIX专家和微型金融的专业人士互动，加深对微型金融行业市场发展趋势的理解
数据访问 Data Access	查看所有最新的年度和中期市场数据	可以利用2,000个微型金融机构的所有中期和年度数据	可以把自己的投资组合报告与MIX的数据结合起来，然后存入MIX的数据库中，形成自己个性化的"数据库"

资料来源：http：//www.themix.org/

六、小额信贷信息共享的经济保障机制

多数小额信贷信息共享组织是非营利性的，但这些组织的运作成本高昂，因此，如何在经济上保障这些组织的持续服务，是必须面对的问题。一般来讲，这些组织有两种资金来源：一是投资者投资与捐赠者捐赠来源，二是业务收入来源。

投资与捐赠。作为公益性组织，小额信贷信息共享机构在建立之初和早期运行阶段，一般都能得到相关机构、组织、基金会等的投资与资助。这常常是这些机构早期阶段最重要的资金来源。MIX在成立之初就获得了CGAP

的大量资金资助，在后续运营之中，更是得到了比尔和梅林达·盖茨基金会（Bill & Melinda Gates Foundation），万事达卡基金会（The MasterCard Foundation），花旗基金会（City Foundation），迈克尔和苏珊·戴尔基金会（Michael & Susan Dell Foundation）的资助和投资。并且，MIX 还专门成立了一个非执行董事组成的董事会作为投资者的代表。

业务收入。为了维持信息共享组织的正常运行，对微型金融数据更为专业、深入的分析报告适当收费，既是必要的，也是可行的。比如，MIX 就把客户分为了三类：初级会员、白银会员以及黄金会员。初级会员是免费的，但是可以得到的服务有限制；白银会员的收费是每年 3,500 美元；黄金会员的收费要与 MIX 进行直接磋商，MIX 会根据会员的实际情况进行差异化定价。这种业务安排既可以很好地处理各类各户的需求，又可以为小额信贷信息共享机构的长期运作提供经济保障。

七、小额信贷信息共享的法律政策保障机制

由于小额信贷信息共享机构属于公益组织，所以在其发展历程中，得到了联合国开发计划署、世界银行和其他国际性组织的大力支持；同时，各国和各级政府通常也有一系列相关的政策来鼓励和支持这类机构的发展，例如在税收政策、人力资源政策、用地政策上，可能都有一些特殊的政策支持。

八、小额信贷信息共享的技术保障机制

小额信贷信息共享机构的技术要求很高，无论是数据的收集、数据的分析还是数据的发布等都需要高科技的支持，所以这些机构一般都会成立自己的科技顾问部门来开发所需要的技术、维持机构的正常运行。比如 MIX，就广泛地从世界银行和美国金融业监管局（FINRA）等聘请了相关领域的大量专家组成了自己的科技顾问组，从事技术开发和日常运营。另外，MIX 还花费了大量的资金来保障自己所需的技术，其中，2010 年 MIX 就花费了 29.54 万美元来购买设备、花费了 14.76 万美元来建设相关的技术设施，分别从人力资源和资金两个方面为小额信贷信息共享机构提供技术保障。

参考文献

1. Adrian Gonzalez and Emmanuelle Javoy, 2011, Microfinance and the Role of Policies and Procedures in Saturated Markets and During Periods of Fast Growth, *Microbanking Bulletin*, Published by MIX.

2. Alex Counts and P. Martiz, 2011, Creating Solutions for the poorest, *2010 - 2011 Annual Report of GrameenFoundation*, Published by GrameenFoundation.

3. Bryan Barnett, 2011, Uderstanding MFIs's Reporting Burden, *Microbanking Bulletin*, Published by MIX.

4. Cecile Lapenu, 2008, Progress in Social Performance by Microfinance and Its Application in Europe, *Microfinance Europe*, 3 (6), pp. 4 - 7.

5. Fabio Malanchini, 2008, Social Rating: Assessing the Capacity of Microfinance Institutions to Put Their Social Mission into Practice, *Microfinance Europe*, 3 (6), pp. 15 - 17.

6. Jacques Attali, 2008, *Activity Report 2008 of Planet Rating*, Published by Planet Rating.

7. Manoranjan Sharma, 2008, Rating of MicroFinance Institutions: Issues and Implications, *CAB Calling*, 10, pp. 21 - 25.

8. Patricia N. Mechael, 2009, Motech: Mhealth Ethnography Report, *The Final Report of Grameen Foundation*, Published by Grameen Foundation.

9. Sanjay Sinha, 2006, *David and Goliaths in International Microfinance: the Challenge for Specialized Raters*, Published by Micro - Credit Ratings Internattional Ltd.

第七章　小额信贷机构的技术解决方案

虽然相比于大型商业银行，小额信贷机构的规模较小，但现代金融业务的高效运转，仍然离不开相应技术的支持。由于小额信贷机构的客户在空间上更为分散，而且业务额度更小，为了确保财务上的可持续性，一定程度上，小额信贷机构对某些领域的技术的要求，例如移动银行技术，可能比大型商业银行还要高。

鉴于小额信贷公司通常规模不大，如果完全依靠自身的力量构建其技术解决方案，既不经济、也无必要，所以许多小额信贷机构以外包方式，从外部获得技术服务，包括软（硬）件技术与平台构建、技术咨询、技术培训、技术更新与升级等。

第一节　小额信贷业务对技术的依赖性

一、小额信贷机构能否直接使用商业银行的技术方案

由于小额信贷机构在规模、客户、业务内容和开展业务的方式等方面，都不同于传统商业银行，所以，直接沿用或套用商业银行的主流技术解决方案时，可能存在一些不足，这主要体现在适用条件难以满足和成本控制两个方面。

商业银行的技术平台和系统，通常对适用的条件有很高的要求，例如，对硬件和软件、对操作人员、对通信条件等，都存在较为苛刻的要求。这是商业银行审慎监管模式下，出于安全要求的必然选择。而小额信贷机构更多是为贫困人群服务的，其网点和业务人员所分布的地区，常常难以满足商业银行技术平台开展业务的条件要求。虽然小额信贷机构可以通过增加投入满足商业银行技术方案运行所需要的条件，但这必然导致营运成本的攀升。小额信贷机构本身的特殊性使得其成本较高、利润较低，应用商业银行主流技术方案带来的成本攀升必然会影响其盈利能力和财务可持续性，进而影响其

长远的发展。因此，小额信贷机构必须根据自身的实际情况设计自己的技术解决方案。

二、小额信贷机构对技术方案的特殊要求

小额信贷对技术方案有着特殊的要求，这些特殊的要求使小额信贷机构在构建自己的技术方案时，需要遵循“7C”的原则：小额信贷机构需求驱动（Client Demand Driven）、环境（Context）、明确的结果（Clearly Defined Results）、可审查性（Checkability）、专注于变化（Focus on Change）、成本效益（Cost Effectiveness）、责任（Accountability）。

（一）小额信贷机构需求驱动

小额信贷机构的需求驱动原则，指技术解决方案要按小额信贷机构的需求而定，在决定是否需要某些技术，以及需要什么样的技术等的时候，小额信贷机构应该始终处于中心位置，在整个方案的制订和选择过程中，小额信贷机构拥有决策的自主权和主动权，而不是被动地接受供应商的技术方案。

小额信贷机构的技术需求，主要由三部分组成：一是用于自我评价的技术解决方案，二是为获得技术解决方案而需要的资金，三是选择最合适的技术解决方案所需要的相关信息。

这里所说的根据自己的需要决定所需要采纳的技术方案，并不是说每家机构都需要单独设计且与别的机构完全不同；相反，为了有效降低成本，对于相同或相似的需求，外部供应商更应进行方案的标准化处理，这既是降低成本的需要，也是为了考虑不同的小额金融机构之间在技术上的兼容性和扩展性，便于不同机构之间的技术交流和业务互通。可以看到，在方案的选择与实现过程中，必须同时充分考虑小额信贷机构的独特需求和进行标准化处理两方面的问题，最终的方案，必然是寻求两者之间的平衡。

（二）环境

环境原则，指小额信贷机构处在这样一个环境里面，即包括众多类似的合作机构、通信网络、业务关系网络，以及一些特定的组织、文化、经济和政治环境条件。任何企业的运作，都离不开特定的环境，而好的技术方案，是否具有现实性、可操作性，就必须充分考虑小额信贷机构所处的特定环境。

环境原则除了考虑通信网络等硬件环境之外，一些软环境条件，例如对小额信贷机构管理的规章制度，与主要利益相关者之间的责、权、利关系，机构的治理结构、信息披露制度，所处的政治与经济环境等，在选择技术方案时，也必须充分体现。

（三）明确界定的结果

明确界定的结果原则，指技术方案供应商的技术方案必须有清晰的、确定时间的明确的结果，这包括3个层次：一是相关人员个人的知识水平、技能或者态度等；二是整个系统的表现和功能；三是供应商整个机构本身，以及小额信贷机构如果采纳这些方案时，能具体实现怎样的目标或达到什么样的结果。

在对结果进行界定时，小额信贷机构和技术方案供应商应尽可能多地提供必要的细节。只有对技术方案要实现的结果或要达到的目标越具体，小额信贷机构才越能更好地判断这些技术是否真正切合自身的需要。对供应方而言，对其技术方案的定义越明确、越具体，也才越能更好地把握相应的技术细节，避免走不必要的弯路。

明确界定的结果这一原则，与下面要讨论的可审查性原则和专注于变化原则一起，是小额信贷机构技术选择时的核心原则。这三个原则分别涉及对技术方案的结果界定、对结果的衡量方法和标准，以及采用何种基准测量方法对变化进行监控的问题。

（四）可审查性

可审查性原则，指相应技术方案的效果必须能够随时进行检查和验证，以判断是否达到了预期结果，并能找出差异存在的原因和改进或完善的措施与手段。

在接受与提供某项技术方案前，小额信贷机构供应商必须就方案测量的具体指标和要求达成一致，这既包括一般性或通用性的方法，也包括一些有特定针对性的更为严格和精确的方法，并且应能对两类方法及其结果加以明确区分。具体方法的选择取决于技术方案、系统要求、指标体系和预算情况等多种要素。

设计指标时，要注意定量的和定性的指标对于测量技术方案的结果都很重要。虽然量化指标便于机构自身的跨时期比较和机构之间的比较，但并不是所有重要的因素都能量化和进行定量检测的。有些指标可能难以量化，但仍然是非常重要的。例如，核心业务系统界面的美学特征，即界面是否符合人体工学要求，是否与多数人的审美习惯一致等就很难量化，但会直接影响系统的家用性和在市场上的接受程度。

（五）专注于变化

专注于变化原则，指在技术方案实施过程中，所有状况并非是一成不变的。随着技术方案的不断实施，有些方面会发生相应的改变，而小额信贷机构必须要能对这种变化进行度量。这一原则要求小额信贷机构把注意力集中在需要改进的方面，对一些重要的指标，应建立基准指标，并对指标的变化随时予以监控。运用这个原则就意味着必须真实而准确地对以下情况进行记录和监测：一是员工成员的基本知识、技巧、实践和态度等；二是基准绩效和系统的运行情况；三是小额信贷机构的制度的绩效和表现。

这一原则的应用，还意味着小额信贷机构有收集、整理和提供相关基准数据的责任和义务。应用基础数据在对技术进步的效果进行检验时，最大的受益方首先就是小额信贷机构自己。同时，系统一旦投入应用，就掌握在小额信贷机构手中，加之考虑到数据保密等原因，只有小额信贷机构自己才有机会、有权利和条件系统地收集相关基础数据。由这些机构自己收集和准备数据的成本，也远比供应商从外部获取这些数据的成本更低，因此基础数据及后期运行情况的相关数据的记录、收集、整理等工作，都应由小额信贷机构负责完成。

（六）成本效益

成本效益原则，指整个技术方案实施过程中应本着同等绩效要求下尽可能降低成本，或在成本一定的条件下，技术方案应尽可能获得好的绩效。技术方案的实施，涉及的成本不仅包括直接成本，如费用、交通、住宿、手册等，还包括间接成本，即因为实施技术方案而导致的其他领域的成本增加。不论哪方面的成本，实施过程中，最好都要透明化，这样才能更清楚地衡量技术方案所取得的经济效益。

对于小额信贷机构来说，如果有人为其获得的技术方案买单，而自己不用付出就可以达到目标，为什么还要知道总的成本呢？这主要是因为以下两个原因：一是捐赠者目前还对小额信贷机构获得技术方案提供一定比例的资助，但这种情况会逐渐减少。可以确定的是，在不久的将来，小额信贷机构将会完全由其自己对这种技术方案买单，而不会有任何资助，在知道这些方案的成本后，小额信贷机构就可以将其纳入财务计划中。二是当小额信贷机构变得越来越成熟并且独立于捐赠者和技术方案提供方时，它们需要获得管理自己技术方案需求的技巧。它们只有明白了所有技术方案的成本时，才会对这种转变做好准备。

当然，如果有两个以上的参与方，由于每个参与者都会基于自身利益的考虑，这就使得总成本的计算变得较为困难；如果是由小额信贷机构自己来支付的话，则会变得容易得多。

（七）责任

责任原则，是指小额信贷机构和技术供应商之间建立确保双方相互负责的机制，既包括激励制度，也包括约束制度。双方在协商技术方案合约时，应明确在出现哪些可能的结果或难以预料的结果时，分别应由哪一方、按何种方式承担多少责任的问题。

有时，一些技术解决方案实施时间较长，可能出现许多难以预料的情况，比如，一国出现政局不稳、全球出现经济危机，或技术领域出现重大的技术突破等，都会对相关技术方案造成严重的影响，这些情况都应事先尽可能地考虑周到，并就其责任加以明确。

要注意的是，即使对某些所谓“免费”的技术服务，也必须有相应的责任条款或责任界定。这是因为：一方面，任何一项技术出现问题，都可能牵一发而动全身，影响到整个业务系统的运作，或影响到机构整体的声誉。如果只是为了节约一点小的成本，而最终付出的是多倍的、更大的成本，实在不值。另一方面，表面上免费的技术或服务，本质上供应方要么是从其他项目或模块中获得了收入，要么是寄希望于扩大业务与合作，争取更多的商业利益，通俗地讲是“羊毛出在羊身上”，小额信贷机构实质上是支付了相应的费用或代价的。所以，小额信贷机构，对于那些所谓的“赠送”的，或者“附加”的服务或产品，也要理直气壮地明确相应的责任条款。

第二节　移动银行技术

一、移动银行技术概述

(一) 什么是移动银行

移动银行，通常指的就是手机银行，即通过手机来完成一些我们在银行窗口或者 ATM 机上完成的银行业务（如账户查询、转账支付、查询利率与汇率等)。严格意义上的移动银行其实并不仅仅指通过手机来完成的银行业务，还包括通过诸如 PDA（个人数字助理设备，类似于掌上电脑)，iPad 等移动终端设备来完成有关银行业务，但我们通常仅指通过手机完成的银行业务，这是因为手机的普及率比其他移动终端高得多[①]。

通过无线传输网络与银行建立起连接关系，客户就能在手机上完成相应的银行业务，而不必到银行去。因此，移动银行的最突出的优势就是：不再受时间和地理空间的限制，只要有无线网络的地方，无论是在家里、在田间、

① 据国际电信联盟（ITU）最近的一份报告，到 2011 年年底时，全球手机用户已经达到了 59 亿户，占到了全球 79 亿人口的 84%。若从手机的用户数量和人口的总数量对比来看，目前全球手机的普及率已经达到了 79%。

在公交车上，还是在公园里，都可以通过这些联网的数据终端完成相应的银行业务。这种突破时空限制的银行业务方式，其最重要的基础就是移动通信技术，是银行业务通过移动通信技术扩展到有移动通信能力的各种终端上的结果。

（二）移动银行的工作原理

移动银行业务主要涉及三方面的主体：一是客户，二是移动运营商，三是银行。首先，客户运用手机通过无线网络向银行发出处理相关业务的请求；其次，移动运营商接受到这种请求后经过一定的处理或转换后将其通过互联网传达给银行；最后，银行做出相应的回应后再沿着这条“道路”反向把信息传递给用户。用户在接收到银行的信息之后又做出相应的反应……这个过程不断重复，只是每次的内容不同，直到客户要办理的业务结束为止。这一过程可以简单地表示为图 7－1。

图 7－1　移动银行实现过程

技术上，当前应用较多的主要有基于无线应用协议（WAP）的技术模式、基于短信息（SMS）的技术模式和基于无线二进制实时处理（BREW）技术模式等，其中前两类的应用最为广泛。基于无线应用协议（WAP）技术模式中，客户通过手机上网，将想要办理的银行业务内容通过无线网络发送至类似于中转站的地方，在那儿经过转换后发送到银行，银行再按业务程序做出相应回复；如此不断重复，直到完成客户想要办理的银行业务。而在基于短信息（SMS）的模式中，客户先将想要办理的业务通过无线网络以短信的方式发送至移动运营商的信息处理中心，信息处理中心进行相应处理后再通过互联网转发给银行，银行做出的回复，通过互联网发送到移动运营商的信息处理中心，信息处理中心再通过无线网络以短信的方式将结果返回给客户，同样，这个过程不断重复，直到完成客户想要办理的业务。

（三）移动银行的业务范围

从理论上来说，不涉及实物凭证的银行业务都可以转移到移动银行。但由于受到技术以及其他条件的限制，目前移动银行可以办理的业务范围有以下几类。

（1）账户业务。人们可以通过移动银行办理的账户业务包括：账户余额查询、交易明细查询、转账等业务。这就将银行传统的账户业务转移到了移动银行，给人们带来了极大的方便。

（2）经纪业务。比如炒股、黄金买卖、外汇交易等投资理财业务。通过移动银行，客户可以查看证券行情，可以进行股票的买卖等。移动经纪业务还有一个优势就是：它可以为客户传递实时信息。这对于那些对消息更新要求较高的客户来说则是一个不错的选择。比如，刘先生是一位热衷于炒股的人，那么股市及时行情对他来说就显得十分重要，如果不能根据及时的信息作出相应的决定，刘先生很可能就会遭受沉重的损失，而通过移动银行，刘先生则可以随时随地查看股市及时行情，并据此来作出相应的决策，从而避免遭受损失。

（3）支付业务。主要指通过移动银行进行手机话费、上网费、水电费、保险费等缴费以及电子商务支付等业务，这是一项有着十分广阔前景的业务。其最大的优势便是可以随时随地、方便快速地进行支付，并且成本较低。这项业务最先出现在美国，随后传入日本、韩国等国，并取得迅猛发展。随着手机用户的不断增加，人们对于支付方式的要求越来越高，加之移动支付便捷、快速的优点适用于现代电子商务，因而移动支付在支付这一行业中扮演着越来越重要的角色。

（4）现金业务。主要包括现金存取业务以及现金汇款业务等。人们不再需要去传统银行窗口，只需要通过手机等移动设备来完成相应的操作就可以实现存取款以及汇款等。不同之处还在于，此类业务的办理通常需要通过银行等机构①的代理来完成。若客户需要存入现金，则需到代理人处将现金交给代理人，然后代理人通过移动银行将等额款项转移至客户的账户；若客户需要取出现金，则需将所要支取的金额转入代理人账户，然后在代理人处领取等额现金。汇款业务的操作类似，只是取款者要在当地代理人处凭汇款短信凭证领取现金。这项业务给人们带来了极大的便利，尤其是对于边远地区、缺乏银行网点地区的人们而言，这有效地解决了其现金结算支付的难题，极大地满足了他们对金融服务的需求。

（5）其他业务。这包括每个不同银行提供的特色服务以及查询利率、汇率、银行政策等公共信息。另外还可以通过银行与第三方的合作，实现订餐、订座、订票等业务。随着移动通信技术的发展以及银行创新业务的推出，未

① 这里并不仅仅指银行等金融机构，还有非银行机构，如肯尼亚的 M－Pesa，则是一家移动运营商：Safaricom 公司。

来可以通过移动银行办理的业务会更多，而不仅仅局限于传统银行业务。

（四）移动银行的优（缺）点

移动银行的优点，主要体现为：

第一，方便、简单。只要你拥有一部手机并且会进行上网操作，或者只要会收发短信，移动银行业务就是“小菜一碟”。因为，这时办理银行业务只需要动动手指就可以了。

第二，极大的灵活性。移动银行业务突破了空间的限制，只要银行的业务系统支持，你完全可以在凌晨三点起来为你的手机话费充值，也可以查询你的银行账户里还有多少钱，甚至可以查看美国股市行情；如果需要，也可以在去异地旅游的大巴上办理目的地的住宿订票业务，也可以在电梯里进行股票的买卖交易。

第三，24 小时不间断服务。与传统银行业务不同的是，移动银行作为传统银行的延伸与拓展，不仅在空间上有了更大的灵活性，而且在时间上也具有连续性。除了部分不支持的业务外，其他业务都可以做到 24 小时连续服务。

正如一位哲人所说，“任何事物都有其两面性”，“这个世界上永远没有完美的东西”，移动银行也不例外。移动银行虽然有上述优点，但在某些方面并不让人省心：

第一，安全性。这是大多数人所担忧的问题，也是移动银行迟迟不能广泛被所接受的重要原因。从前面所说的工作原理中可知，通过移动银行办理业务时，所有的信息传递都要经过无线网络的传输，它对所有人都是开放的，只是你没有办法知道而已。但是，某些别有用心之人则可以通过一定的办法获取这些传输的信息，从而可能给用户带来损失。也就是说，由于技术条件以及其他一些原因，信息在传输过程中有可能缺乏足够的保护。其次，我们的手机也并不像电脑那么“聪明”，在办理这些业务的时候，不能像电脑那样使用更加安全和可靠的方法，这也是移动银行的不安全之处。

第二，理想与现实的差距。移动银行一再引以为自豪的就是其方便、快捷的特点，但有时，这些特点难以实现。众所周知，通过移动银行办理相关业务时，对无线网络有了极大的依赖性，如果无线网络信号不好或者在无线网络没有覆盖的地方，移动银行业务就无法开展。

第三，标准问题。全世界有众多的移动运营商，不同的运营商的技术标准不仅不完全一样，有时还存在很大的差异，甚至同一运营商的不同子公司的技术标准也会有所差异。这在一定程度上可能会影响移动银行的业务推广。

二、移动银行的信息安全与对策

（一）移动银行的信息安全

由于移动终端在功能方面的限制，以及无线网络传输的特殊性，移动银行在信息安全方面有其特殊性：

（1）保密性问题。保密指信息传输没有第三方能够获得或者知道，传输的信息只会在用户和银行等金融机构之间实现交换。但是，由于移动银行是通过无线传输来进行信息传递的，这种方式具有相对公开的特点，这就使得其对于信息的保密难以做到周全，恶意的攻击者可以通过某些特殊的方式或者设备来截取传输的信息。显然，如果传输的是某些比较重要的信息（如密码），则有可能给客户造成重大损失。

（2）完整性问题。包括两个方面，一是由于无线网络信号等原因导致的信息传输不完整；二是由于保密性问题所引起的信息被修改，如删减、恶意篡改等。这就导致发送方发送的信息与接收方接收的信息不一致，进而引起一系列的问题，比如使得用户无法办理相关业务或者相关业务被错误办理等。

（3）病毒问题。同电脑病毒相似，通过手机等移动设备进行移动银行业务操作也可能受到病毒的攻击。虽然到目前为止，并未发现对移动银行业务造成实质性损失的病毒，但网络的发展日新月异，今天没有，不代表将来不会出现，因而对病毒的防范仍然十分重要。

（二）移动银行的信息安全防范对策

毫无疑问，对于这种涉及大量资金交易的移动银行业务来说，安全性是十分重要的。移动银行信息安全防范对策主要有：

（1）信息加密。对信息进行加密，使得信息只会在发送方和接收方之间实现交换，而不被第三方所获取，例如，当前用得比较多的 AEC 和 ECC [①]加密技术。对信息进行加密后，可对信息进行有效地保护，可以防止信息被中途窃取，这些加密技术也会不断进步，为无线传输的信息安全提供有效保障。

（2）身份认证。类似于银行卡密码，当你把卡插入 ATM 机后，必须输入正确的密码后才可进行转账、取款等操作，移动银行的身份认证也是如此。密码只是身份验证方式的一种，其他还有服务工具包（STK）[②] 卡方法及指纹、声音和视网膜人体特征等方法。使用密码进行身份验证相对更为简单，

---

① 因为涉及比较专业的知识，这里只是简单提及。若有兴趣深入了解，请参阅相关资料。

② 一种智能卡，可以理解为是我们通常所用的手机 SIM 卡的升级版，可将用户的身份信息与手机号码进行唯一绑定，目前许多银行采用这种方法。

成本也低，但也最容易受到攻击者多种方式的攻击；STK 的安全性相对于密码更好一些，但由于一张 STK 卡的成本高达 80—100 元，限制了这一技术的推广，尤其是对低收入人群，很难被接受；人体指纹、声音等特征识别的方法在理论上来说具有高度的安全性和可靠性，但同样受设施和设备昂贵、不便等的限制，在微型金融业务中短期也难大面积推广。

(3) 其他的方法。除了以上所述，还有数字签名、无线公钥体系（WPKI）技术、多重检验、无线安全传输层（WTLS）及安全套接层（SSL）等多种方式对信息进行加解密处理，也可有效增强无线信息传输的安全性。

简单地说，这些都是对传输的信息以及用户身份信息进行保护的技术方法，这些技术方法的应用，可以大大提高移动银行信息传输的安全性。

第三节　移动银行技术的扩展应用：肯尼亚的 M - Pesa

除了前面的移动银行形式外，以移动通信为基础还有其他一些业务形式，例如肯尼亚的 M - Pesa、泰国的 TrueMoney、菲律宾的 G - Cash 和 SmartMoney、印度的 EKO、坦桑尼亚的 ZPESA、塞内加尔的 Obopay、巴基斯坦的 Easypaisa、阿富汗的 M - Paisa、南非的 WIZZIT、哥伦比亚的 WING Money 等，这些新的业务模式，不仅可以处理前述的银行业务，而且可以处理现金业务。

肯尼亚的 M - Pesa，其名称中的 M 代表手机等移动设备，Pesa 则指的是资金，其含义是通过移动电话进行资金转移。这一业务模式由 Safaricom 公司在 2007 年推出。使用 M - Pesa 的客户，并不一定需要开立银行账户，消费者只需购买一张由 Safaricom 公司提供的 SIM 卡，并在 M - Pesa 代理商（通常是商店、药店或者加油站）处进行身份登记后即可开通此项业务。在使用这项业务时，用户用 PIN 码[①]和密码来控制自己账户的安全。Safaricom 公司推出这项业务最初是为了方便用户[②]以 Safaricom 话费的形式进行资金的转移，比如还款或是收款等，后来逐渐演变为转账汇款业务。

Safaricom 接受用户的现金存款，只要用户拥有 Safaricom 手机 SIM 卡并且注册成为 M - Pesa 用户。注册非常简单，只需要一个官方的身份证明就可以（通常只需要人人都有的国家身份证，或者护照），而不像银行那样开启账户还需要其他一些证明文件。通常，与现金存款对应，Safaricom 提供“电子现

① SIM 卡的个人认证密码，可以防止用户自己的 SIM 卡被他人使用。

② 主要指小额信贷者。

金流”，度量单位和钱币一样，电子现金流由用户账户持有。这一账户由 M - Pesa 操作并管理，记录给定时间内一个用户拥有的电子现金的数量。存钱没有手续费，但在取钱时会按比例收取一部分费用（如取 100 元钱收 1 元钱）。图 7 - 2 是通过 M - Pesa，Western Union 以及邮政汇款时所需要收取的费用的示意图。M - Pesa 收取的费用包括取钱的费用，并且根据转账接收者是否是注册用户而有所区别。可以看到，通过 M - Pesa 进行资金汇兑的成本，特别是用户之间的资金汇兑成本，是很低的，这是微型金融业可以用于降低经营成本的重要手段之一。

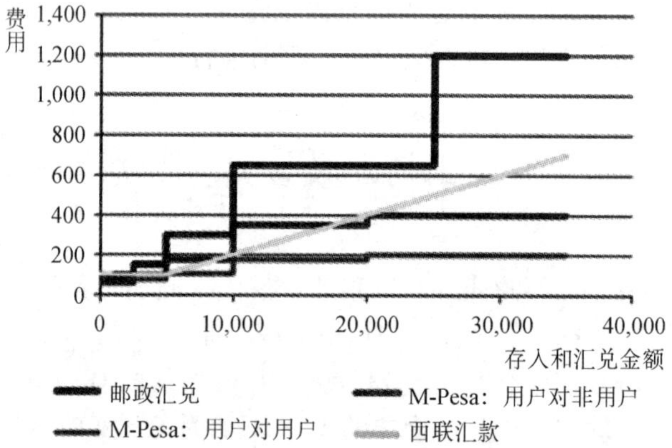

图 7 - 2　通过 M - Pesa，Western Union 以及 Postapay 转账时所需要收取的费用[①]

电子现金可以使用 SMS 技术从一个客户的 M - Pesa 账户转移到另外一个客户的 M - Pesa 账户，或者卖回给 Safaricom 换回钱。最初，电子现金主要用于汇款，但现在，尽管汇款仍然是 M - Pesa 的一项主要业务，但电子现金转移更多是用来直接为产品和服务付费，从电费账单到出租车账单。支付电子现金的人需要收取 40 美分费用，但接收电子现金的人只在取钱时才需要付费。

并不是所有人或机构都可以成为代理人。Safaricom 通过一系列严格的标准[②]来选择合格的 M - Pesa 代理人，并且会对其进行相关培训，合格之后才可以成为真正的代理人开展相应业务。为了防范和管理道德风险、操作风险等代理风险，Safaricom 采取实地考察的做法来对代理人进行监督。其雇用 Top Image 公司对其代理人进行定期检查，通常是至少两周一次。Top Image 选取

① http：//www. 10xapp. com/745

② Agent Management Toolkit，CGAP，2011 和 Guideline on Agent Banking，CGAP，2011.

了 10 项严格的标准对代理人进行考查，如果达不到相应的要求，代理人就会受到惩罚，甚至是被取消代理资格。

用户开通此项业务后，并不需要到银行去，只需到 Safaricom 公司的 M - Pesa 代理人处就可以办理基本的银行业务，因为“银行就在你的手机里”。M - Pesa 创造了一种为“e - float”的虚拟资金，其与真实的现金是等值的，即一单位的 e - float 代表一肯尼亚先令，若你要存入现金，则只需把现金交给代理人，然后代理人会通过手机将其账户上的等额 e - float 转账至客户的账户；如果你想支取现金，则只需将要等额的 e - float 转账至代理人账户，然后代理人便会支付你等额现金。如今，虽然转账汇款业务仍然是 M - Pesa 的一项重要的应用，但用户也经常应用 M - Pesa 来购买商品以及支付各种服务，如在超市购买食物，交电费，支付出租车费等。在不久的将来，Safaricom 公司还将与更多的第三方合作，推出 M - Pesa 用户与银行账户之间的相互转账、企业工资支付、申请信贷以及保险产品等服务，使得 M - Pesa 的应用变得更加丰富，也给人们带来更多的便利。此外，Safaricom 公司还将其业务拓展到海外，通过与其他欠发达国家的移动运营商合作，向这些国家的人们提供类似的移动支付业务。当然，Safaricom 公司并不免费提供这些服务。其通过收取手续费来获取利润。对于不同金额、不同用户以及不同服务，Safaricom 公司会收取不同的手续费。Safaricom 公司推出这项业务对于身处偏远地区的贫困者来说的确是一件值得高兴的事。因为那些地方的人由于比较贫穷、没有银行账户，享受不到银行转账汇款以及存款等银行服务。而且由于地处偏远，网络也不发达，应用网络也不现实，但是，利用 M - Pesa，只需要拥有一部手机，所有这些困难都可以迎刃而解。

为了让购买和出售电子现金更为方便，M - Pesa 在肯尼亚维护着一个非常广阔的网络，其中有超过 1.2 万个代理。在图 7 - 3 中可以看到，这个代理点网络增长速度在 M - Pesa 营业第一年远远低于用户增长速度，每个代理点的用户数量增长了 5 倍，从 200 个人到 1,000 个人。但自 2008 年中期以后，由于代理点增长速度加快，现在每个代理点用户数量降回至大约 600 个人。

M - Pesa 注册用户可以在代理点存钱或支取现金（比如买卖电子现金），代理点可以按比例收取一定费用。M - Pesa 代理点在自己的手机上保留账户收支情况，从 Safaricom 那里或者用户那里购买电子现金，并在自己那里维持部分现金。因此代理商们需要面临一个很大的管理问题，即在保证安全操作的同时，预测需要现金的时刻。

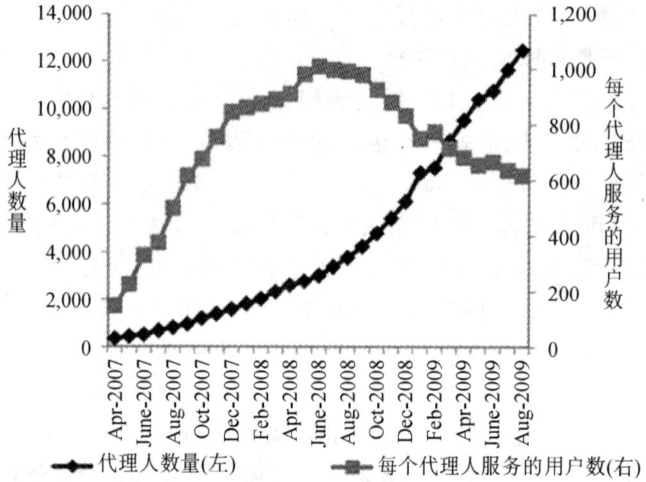

图 7－3　代理网络的扩张

在实践中，代理商被组织成小组。最开始，M－Pesa 要求代理商小组至少有三个不同地方的代理商组成，这样小组内收支不平衡的可能性就可以最小化。现在实际上有三种代理小组模式存在。

第一种模式，代理小组的一个成员（总代理）直接和 M－Pesa 打交道，其他的子代理被这个总代理管辖，并在总代理管理范围内管理现金和电子现金。总代理和子代理都可以和 M－Pesa 用户直接交易。

第二种模式，代理商通过“社群模式”（Aggregator modal）组成小组。这种模式和第一种非常类似，社群中的每一个成员都可以作为总代理直接和 Safaricom 进行交易，并管理整个小组内的现金和电子现金。不同之处在于这种模式下每个代理商都是独立实体（不存在管理与被管理的关系），只是互相之间签署有合同。

第三种模式，也是最近出现的一种模式，是让一个银行分支机构，也被称为“超级代理”，作为第二种模式中的 Aggregator。这个银行分支机构管理一个 M－Pesa 小组中的现金和电子现金，但是和前面两种模式不同的是，银行不会直接和 M－Pesa 用户进行电子现金交易。

这个超级代理模式是将 M－Pesa 服务整合到银行系统中的一个例子。另外也有和银行系统整合的例子，如在某些商业银行中（在我们的数据中，大约 72% 的用户至少有一个银行账户），用户可以在银行账户和他们的 M－Pesa 账户中进行转账，转账操作通常是通过 ATM 机进行。

M－Pesa 收集起来的用于兑换电子现金的钱存在 Safaricom 在银行的账户

中。开始，所有资金都放在非洲商业银行（Commercial Bank of Africa）的一个账户中，但最近，Safaricom 在另外一些银行也开启了一些账户以降低风险。这些账户是普通资金账户，Safaricom 对资金的存取都不受限制。

相比以前的移动银行业务，M－Pesa 最大的优势在于：其并不需要复杂的技术，其转账汇款以及现金存取业务都基于简单的短信技术，并且 M－Pesa 用户并不需要拥有银行账户，用户只需发送短信就可完成转账，现金存取也只需到 M－Pesa 代理人处就可办理。M－Pesa 支付简单，技术也不复杂，其得以流行的关键在于其发达的代理网络，到目前为止，M－Pesa 的代理人已经超过 2 万个，并且这个数量还在不断增加。虽然发达的代理网络使得其获得成功，但如何组织与管理成千上万的代理人也成为 Safaricom 最大的难点。代理人不仅在办理现金存取业务方面发挥着重要的作用，而且在开发新客户方面也扮演着重要的角色。Safaricom 主要依靠雇用一些大公司[①]、银行以及一些小公司或个体来对其代理网络进行管理。这种分层管理的模式虽然可以减少管理的复杂性以及改善现金管理，但却要为此付出高昂的管理成本。比如对成千上万的代理人进行实地考察，这样做虽然可以取得较好效果，但毫无疑问，付出的代价却是巨大的。M－Pesa 在肯尼亚是成功的，在其推出的短短 4 年的时间里，就有超过 1500 万肯尼亚人成为 M－Pesa 的用户，其交易额达数十亿肯尼亚先令，其中，2009 年 8 月时，每天新增注册的 M－Pesa 用户就多达 1 万人[②]。如今，M－Pesa 已被推广到坦桑尼亚、阿富汗以及南非等国家，印度还处在试验阶段。

第四节　流动银行服务（Moving Banks）

一、流动银行概述

流动银行是相对于我们传统意义上的固定银行而言的。比如，将银行办在汽车上，汽车开到哪里，银行就办到了哪里。在一定技术支持下，其办理的业务与传统银行完全一样，却可以实现将整个银行业务“流动化”。

要注意将流动银行和移动银行相区别开来。两者的相同之处是都办理银行业务，都需要以移动通信为基础。不同之处在于办理业务的方式不同：流

① 如 Top Image.

② http://www.10xapp.com/727.

动银行与传统银行相似，都是窗口办理业务的方式，只是这个窗口是流动的；而手机银行则是通过手机等移动终端进行业务处理的。

流动银行通常以汽车的形式存在，即在特定的汽车内，配备成套的银行业务设备，通过无线网络与银行的服务器相连接，同时把汽车内部改装成类似于银行柜台和服务窗口的形式，汽车开到哪里，银行服务就办到哪里，所以有时也被称为“上门服务的机构”。

流动银行①

在美国纽约的一个叫坤树镇的小镇上，有一家“节约储蓄社”。该社同其他储蓄社的不同之处在于其拥有一辆流动服务车，可以在其服务的范围内向居民提供定时、定点的服务，比如借款、储蓄、兑换等，而且方便、快捷，当地居民亲切地称之为“流动银行”。

在印度的西部沙漠地区，也存在着一种类似美国坤树镇的“流动银行”，只不过这种流动银行使用的交通工具不是汽车，而是由骆驼牵引的类似于马车的交通工具，它的职责就是巡回于那些交通不便的偏远村落，为当地的人们提供基本的金融服务。此外，还可以为旅途中的游客兑换货币，办理外汇业务，深受欢迎。

（一）流动银行的业务范围

流动银行不仅能够流动、独立地办理银行业务，而且业务范围几乎包括了所有能在银行柜台办理的业务（除了一些特殊的业务，如大额现金的支取、外汇换取等特殊情况）。根据服务对象以及服务范围的不同，流动银行还可分为单一流动银行和综合流动银行。前者主要是针对于某一类客户提供特定类型的服务。如针对企业、机构等的贷款服务，以及为有钱人提供的专业理财服务、为偏远地区的人们提供的服务等。比如内蒙古等地区，那里的人们到银行办理业务常常要走几十里的路程，而流动银行可以给他们极大的方便，被当地人亲切地称为“心”的服务。

（二）流动银行的优势和劣势

相比于手机银行，虽然都可以方便地办理各种银行业务，但流动银行可以有效地同客户进行面对面交流，尤其在处理一些咨询内容或信息交流要求较高的业务时，流动银行的效率会更高，而且可以更人性化。在处理现金业务时，虽然通过代理人等方式，可以一定程度上克服移动银行业务的缺陷，但受制于代理人财力的限制或额度限制，其现金业务的额度通常会远低于流动银行业务所能处理的现金限额。

流动银行的劣势主要表现在：一是其流动性远不如移动银行，因为汽车等交通工具所能达到的空间毕竟是有限的，远不如移动终端设备只要有无线

① 智民：“流动银行”，《中国城乡金融报》，1998 年 10 月 28 日。

网络覆盖的地方，都可以办理业务。二是流动银行的业务办理还会有时间和空间局限，这是因为流动银行业务通常需要由人员参与办理。三是流动银行的业务成本通常会远高于移动银行，流动银行服务车的人员、车辆的交通成本，安全维护成本等，都会推高流动银行业务的成本。所以，相对来讲，流动银行模式更适合针对金额较大、业务办理时间和空间相对集中的市场。比如边远地区，3—5 个乡镇配一台流动服务车，在某个乡镇赶集的时候就把车开到那里开展银行业务，这样，就可以避免设立过多、规模上不经济的网点的问题，而且可以扩大银行服务的覆盖面。

相比于传统银行，流动银行的主要优点在于：一是可以低成本完成几乎全套的银行业务，更有利于业务的拓展，特别是在处理应急性、展会性质的集中服务，临时性集中服务等方面，具有显著的优势。二是流动银行的流动性，使银行在提供金融服务的同时，还能有效地起到宣传和推广作用，有利于银行树立良好的服务形象。三是在业务内容的选择上，流动银行可以针对不同区域的客户的需求，灵活提供服务的项目，比如对一些集贸市场周边地区，人们对现金业务的需求就相对较多，而对其他金融服务需求则较少，流动银行就可以有针对性地以现金服务为主。

GS - Moving Bank

GS - Mobile 有限股份公司是一家主要为银行机构设计、生产和销售流动服务车的厂商。其主要致力于根据市场以及客户的需要来设计相应的流动服务车设备，以使客户能够获得最好的金融服务。

流动服务车的个性化的设计以及设备选择，创设了一种真正意义上的现代银行的流动分支机构：一个在办理标准业务的同时还能鼓励客户交流，并且为他们提供及时的建议和指导的机构。

在 GS 看来，分支机构仍然是银行接触其客户的一个重要的途径。即便当今网络发达，人们可以通过手机银行、网上银行等办理银行业务，而不需要专门去银行窗口办理业务，但这个银行分支机构仍然赢得了客户的喜欢和支持。这不仅仅是因为人们怀旧。事实证明，通过流动分支机构面对面地帮助客户，在他们处理资金问题的时候给予他们建议、帮助，并且以他们为中心，银行收获的不仅仅是客户的尊重以及支持，更重要的是获得了他们的忠诚，拓展了客户基础。

GS 设计的流动服务车根据使用的地区以及银行客户对象的不同，在功能设计以及设备配置方面有所不同，从而被分为多种不同的类型。比如，在道路条件以及安全环境等较差的地区，则对设备的安全保障会有更高的要求；对客户存取款或者结算服务需求较多的地区，则需要配备更多的自主设备以及服务窗口。秉着人性化设计的理念，GS 的流动服务车不仅为办公人员提供了舒适的办公环境，而且还设置了银行柜台系统以及配备 ATM 等自动服务设备来满足客户的多样化需求。

GS 未来的规划便是设计一种即便在环境较为恶劣的条件下也能用于实现自主服务和银行服务的流动服务设备，并且还计划使用在线连接和更加综合的安全标准，使流动服务车具备处理更多业务的能力，使流动服务车成为真正意义上的流动银行，而不仅仅是“轮子上的 ATM”。

第五节 无网点银行制度与技术

无网点银行，是一套通过银行授权被选定的代理人代理银行业务的制度与技术体系的银行业务运作模式。其基本特征是：(1) 使用银行卡或是移动通信技术对客户进行识别，交易的所有内容都以电子的方式进行记录并保存；(2) 通过第三方作为代理向客户提供金融服务；(3) 除了一般的支付转账等服务外，还可提供现金存取服务；(4) 有银行等正规金融机构的支持。

无网点银行的制度核心，是银行与其业务代理人之间的委托关系。什么样的人、在什么情况下才能作为什么级别的代理人，具体可以代理哪些业务，如何对代理人进行考核与奖惩等，是开展无网点银行业务的基础。

一、代理人资格

代理人，指那些与金融机构签订合同并被监管部门批准可以代表金融机构提供相应的金融服务的个人或机构，比如小商店的老板、邮局、药店或其他大的商店等。代理人与委托人之间，通常有书面的代理协议、服务协议或者其他类似的协议，以明确界定各自的权、责、利关系。在许多国家，无论代理者的行为是否有明确授权，均是由委托方，即金融机构对代理人的行为承担法律上责任。当然，责任的大小，会与相关协议的界定和代理人的行为责任等直接相关。

根据代理人可以代理的业务范围，可以把代理人分成许多不同的种类。比如：有些金融机构代理人只能办理取款和存款等现金业务，因而常被称为“资金商人”；还有一些代理人则不仅可以办理存、取款现金业务，还可以办理其他诸如贷款、开户、转账支付等业务。具体的分类，在不同国家会有所不同。

究竟什么样的人才有资格成为代理人呢？

各国对代理人资格的具体规定，通常是由各国的中央银行或专门的监管机构规定的。例如，在印度，就明确规定了那些注册为非银行微型金融机构不得作为代理人，而一些非营利机构、邮局、零售店、退休教师等，则可能获得代理人资格。在肯尼亚，只有营利性实体才有可能获得代理人资格，而诸如非政府组织、教育机构、宗教组织等非营利性实体则不能获得代理人资格。在巴西，则排除个人申请代理人的资格，其他的非个人的任何实体都可以。在不同国家，对代理人资格在空间上的要求也可能不同，比如在巴西，考虑到代理银行机构会对当地的银行的分支机构造成威胁，所以限制了申请者的实体不能位于有银行分支机构的地区①。而在其他国家，则还没有类似规定。

从金融机构的角度来看，要开展无网络银行服务，需要经过两个阶段：第一个阶段是获得代理网络的资格；第二个阶段是相应的代理人需要获得相应的执业资格②。

二、代理网络

在金融机构寻求代理人代理其办理业务活动之前，金融机构必须首先获得经营代理网络的资格，在肯尼亚，这需要向中央银行提出申请，申请时通常需要提交以下资料：

（1）每个地区3年期间所需要的代理人员数量；

（2）关于以下内容的政策和程序，这包括：对代理人员尽职调查、所提供的服务的代理运作流程，需要涉及技术、风险管理、应对恐怖主义融资和反洗钱的政策；

（3）代理的业务范围；

（4）一份草拟的标准代理合同，并详细描述将来可能需要进行修改的条款；

（5）所代理服务的风险评估报告，包括为了控制已识别的风险而采取的措施；

（6）内部审计报告，包括为了准备设立代理网络而实施的内部控制调整；

（7）机构的商业策略，包括开展业务的渠道以及让代理人如何进行适应的策略；

（8）代理人未来运作以及发展的商业规划，且至少应该包含以下信息：代理的地理以及经济服务区域、对相关市场的概述、准备采用的代理人管理模式、关于授权代理人所办理的业务的财务计划。

在递交这些材料后，监管部门通常会在30天内书面给出批准与否的答复。若没有通过申请，也会明确告知拒绝的理由。申请者被拒绝后仍可以继续申请，直到满足条件为止。

---

① 直到2000年，这一限制才得以放宽。

② 参考 Mark Flaming. et al. Building a Viable Network of Branchless Banking Agents. CAGP.

三、代理人资格的申请

在获得了代理网络申请的批准后，便可以就具体的代理人资格进行申请了，需要提供的信息如下：

（1）代理人的全称；

（2）其所在的区域、GPS坐标、邮寄地址、电话号码；

（3）从申请日起的过去一年里，代理人所参与过的商业活动的描述；

（4）本机构对标准合约的任何修改；

（5）代理人可以提供的服务以及所受到的限制；

（6）机构的首席执行官（即CEO）的声明，或者是机构高层对于找到合适代理人的正式声明；

（7）支付相应的申请费用，在肯尼亚是每个代理人1,000肯尼亚先令。

一个机构可以在一年当中的任何时间一次申请多个代理人，且可以只需要发表一份声明。同代理网络申请一样，在递交以上资料后，中央银行会在30天内给予书面答复。当央行批准了任何代理人的申请后，会发送一封信件给申请者，告诉他们已经获得了代表金融机构办理相关业务的许可。如果被中央银行拒绝后再申请时，可能会要求其补充相关资料或考察其是否达到了相应的要求，才能申请。

从代理人的角度来看，要获准成为代理人，需要满足以下条件：

（1）申请前一年里的商业经营活动持续且良好；

（2）在签订代理合约前的一年里，未曾被认为是有缺点的、多疑的、不守信用的借贷者，并且有条件证明其在执行代理合约期间能保持这种良好的状况；

（3）拥有不错的物质条件和人力资源，确保能提供安全有效的服务；

（4）满足以上条件后，具体的代理人申请还需提供以下信息：申请者的名字或者机构全称、机构团体等申请者的执照、注册证书、在申请前一年里所策划的商业活动，并拥有经营许可；

（5）对于公司团体，还需提供内部的财务审计报告，对于单独的经营者或者是合伙人需提供财务状况良好的证明、当地官员或宗教首领的推荐信和良好行为证明，且在正规金融机构拥有银行账户；

（6）申请者所在的区域、GPS坐标、邮寄地址、电话号码以及工作时间；

（7）拥有足够的资金实力来证明可以经营代理活动；

（8）金融机构所需要的其他可能的信息。

满足以上条件并提供所需要的信息后，申请者与金融机构签订合同后便具有代理资格，就可以开始代理所授权的业务了。

四、代理人的考核与升降

代理人是受银行委托代理商业银行的业务，其行为直接代表着银行。代理人是否能严格按照代理协议履行其义务、其业务绩效是否足够良好，必须有严格而清晰的考核制度，并配合进行奖励和惩罚，把不合格的代理人淘汰出去，并支持优秀的代理人进一步发展，这些对无网点银行模式的良性发展至关重要。

（一）代理人的考核

在肯尼亚，对代理人的考核主要从以下几个方面进行：一是道德方面，主要是考核代理人是否有偏离或者违背金融机构目标的行为，比如损害金融机构名声、办理业务时收取额外的费用等。同时，还要考察代理人在代理期间有无不良记录等。二是服务方面，主要是通过服务评价和投诉率两方面进行考察，也就是看客户是否满意，以及满意或不满意的主要原因。三是业务能力方面，主要是考察代理人能否提供安全、有效的服务，即是否真正具有代理的能力。同时，还会从其所办理的业务进行考察，比如办理的存、贷款业务的数量和质量等。四是一些其他方面的考核，比如，从代理人是否能持续经营自己原来的业务、是否具有良好的人际关系、是否具有不良习惯等。

上面各方面的考核内容，具体在整个考核中所占的比重，以及具体的评分标准，各家机构可能会有所差异，但基本架构还是相对一致的。这种一致性，有利于不同机构之间的比较，也有利于代理人在不同机构之间的流动和竞争。

（二）升降

对代理人进行考核之后，必须将考核的结果和对代理人的奖惩措施相结合，这样的考核才具有严肃性和内在的利益驱动性。常用的一些奖惩措施主要体现在以下几个方面：

（1）头衔，包括给予不同代理级别的称号、取消代理资格，或者是允许其发展次级代理等；

（2）代理的区域的变化，包括扩大或是缩小其所代理的区域；

（3）业务范围，增加或是减少其所能代理的业务种类；

（4）业务规模，提高或是降低所能办理的单笔业务限额，以及每日所能办理的业务总量的限额等；

（5）业务提成，增加或减少其业务提成比例，这会直接增加或减少其手续费收入；

（6）其他方面，对于表现较好的代理，还可提高其工资、给予其物质上的奖励，如赠送购物券、提供培训机会和旅游机会、VIP会员服务等奖励，以及其他激励措施。

（三）无网点银行的优点与缺点

相对于传统的商业银行业务模式，无网点银行模式具有其自身的特点。从优点来看：

（1）可以有效提高金融服务效率。通过代理可以提高银行向人们，尤其是偏远地区的人们提供金融服务的覆盖范围和运作效率。人们不用去银行排队或是走很远的路去银行的营业网点办理业务，只需在代理人那儿即可办理，而且代理通常不止一个，这既能大大节省人们办理业务的时间，还可以通过代理人之间的竞争，提高他们的服务效率和服务质量。

（2）能显著地降低金融机构的业务成本。使用代理不仅可以实现金融机构的网点延伸和服务范围的拓展，而且还大大降低了其成本，包括开始新业务的初始成本和持续经营所需要付出的后续成本。例如，在巴西，开设一家新的银行分支机构的固定成本在50万到100万里拉尔之间，而新设一家代理银行网点，最多只需5,000里拉尔的初始投资即可，而且每月的运营费也只有400里拉尔，远低于一家银行网点的开支。

（3）更具有灵活性。金融机构可以根据不同地区的业务需求来设置或取消代理网点，而不用像开设新的分支机构那样很难决策。由于开设分支机构的成本太高，任何机构在新设或取消分支机构时都会非常慎重，但有时不必要的“慎重”容易导致金融机构失去拓展市场的良机，或者冒了不必要的风险。而通过代理网点就灵活得多，比如，某个地区对于支付业务的需求较多，那么则只需向代理网点提供POS、电脑等设备即可，而无需提供其他不必要的设备。

当然无网点银行模式也有其缺点：

（1）监管方面的问题。就肯尼亚的金融机构而言，原则上①对于任何满足条件的申请者都可以成为代理人，比如个人、彩票投注站、零售店、理发店、邮局、旅馆以及药店等实体都可以成为代理者，但这些实体都分别属于不同的部门，因而由谁来监管便成了关键的问题。尽管有些国家的法律规定代理人所开展的业务由中央银行来监管，但对于这些代理人的监管，并没有统一、明确的规定，这有可能导致监管混乱或者监管不到位，导致不必要的

① 不同国家会有所不同，可参考上文。

风险。

（2）安全问题。代理人虽然能更方便、更低成本地提供金融服务，但是其安全性却大不如银行等分支机构。虽然对于一些涉及现金业务的代理人，银行可能会提供防弹玻璃等安全防护装置，但对于其他方面的安全保护却不容易做得好，比如代理人为了满足客户提取现金的需求，就要携带现金往返于银行和代理人的家或店之间，出于成本方面的考虑，银行也不可能为每个代理人提供运钞车以及警察保护，所以代理人在往返途中的安全就难以得到有效保障。

（3）代理问题。主要是指代理人面对种种诱惑时，有可能做出损害银行利益的行为。比如发放贷款时审核不严，或者是办理业务时收取高于规定的手续费等。还有，就是代理人认为他们的付出与银行机构等的工作人员差不多，理应得到相同的待遇，导致其可能会做出一些“蠢事”[①]，或影响他们办理代理业务的积极性。

五、巴西的代理银行制度

巴西是世界上较早实行代理制度的发展中国家，这些年来，在政府支持推动下，取得了显著的成就。

（一）定义

巴西中央银行把代理银行制度定义为：为农村以及边远贫困地区的客户提供基本的金融服务的一种方式和手段。由于农村以及边远贫困地区经济不发达，银行等金融机构在那些地方开设网点难以实现财务上的可持续经营，因而这些地方十分缺乏，甚至是完全没有银行等金融机构的分支机构，这些地方的人们也就难以获得基本的金融服务。而通过代理方式，商业银行就可以很容易实现网点的延伸和服务内容和范围的拓展。

（二）发展状况

巴西在20世纪70年代便有了代理银行的雏形，不过直到20世纪末，才在政府的积极推动下而获得了极大的发展，如今已取得了不错的成就。目前，巴西的银行已经拥有近16万个代理机构，提供金融服务的地区达5564个，基本覆盖了巴西所有的城镇和农村地区。据统计，在2010年通过银行代理进行的业务量达31亿美元，约占巴西所有银行业务总量的6%。其中28.5亿美元为资金交易业务。到目前为止，巴西通过代理方式经营的资产占整个银行

① 在巴西，银行支付给代理网点的工资只有银行职员的一半。

系统总资产的比例，已经达到了 18% 左右[①]。相比哥伦比亚、印度、肯尼亚、墨西哥、巴基斯坦、秘鲁等银行代理应用比较普遍的国家来说，虽然不算很高，但也是很不错的成绩了。

（三）业务范围

实行代理银行制度以后，银行等金融机构则与那些地区的加油站、零售店、药店、邮局、旅馆以及私人诊所等签订协议，通过这些商业实体作为其代理（也可以看成其另一种形式的营业网点），向人们提供基本的金融服务。

代理机构开展业务不仅要获得银行的批准，还必须获得巴西中央银行的授权。目前来看，巴西的代理机构可以办理的业务大致分为四类：信息传递业务、信息处理业务、现金业务、电子转让支付业务。信息传递业务主要包括向客户提供账户信息（如账户余额、银行对账单）以及接受贷款申请等；信息处理业务主要包括账户处置（通常是开户）和贷款申请，对申请者的信用记录以及其他信息进行分析，其中贷款等业务由于其本身具有高风险的特点，因而银行对代理机构办理此类业务的限制十分严格，并且还需经过严格的审查；现金业务主要是指存取款，但通常金额都比较小；电子转账支付业务主要包括发放政府津贴和养老金、工资以及账单支付等。除此之外，代理机构也做一些小额保险销售之类的中间业务。

在巴西，不同的地区会有不同的业务特点。据统计，在乡村地区，代理所办理的现金存取业务比城镇多得多，而城镇地区的代理办理的业务主要是账单支付。在乡村地区，虽然业务量小，但是利润却高。城镇虽然业务量大，但利润却低。

（四）基础设施

银行与上述代理机构签订协议后，会向代理机构提供相应的设备，比如 POS 机、办公用的电脑、网络设备、ATM 机等。代理机构则可以办理相应业务，比如转账支付、存取款等。对于一些涉及大量现金的业务，还会安装如防弹玻璃等安全防护措施。

（五）代理报酬

代理机构代理银行业务并非无偿的，其通过收取手续费来获得报酬。这些手续费是办理业务时客户所缴纳的，并且只是一部分，剩余部分则由银行支付。至于具体应该获取多大比例的手续费，这就取决于双方在签订合约时的规定了。一般而言，这与代理人的业务规模、业务质量、业务内容等直接

---

① 这是截至 2010 年 12 月的数据。

相关。

（六）对这种代理模式的评价

从积极方面看，银行业务的代理方式不仅实现了银行等金融机构的网点延伸和服务范围的拓展，使农村以及边远地区的贫困人们能享受到基本的金融服务，对于带动当地的经济发展也起到了积极的作用。这主要表现为：

1. 获得了多赢的效果

对于银行等金融机构来说，这种模式改变了其向低收入群体提供金融服务的方式、极大地降低了增设新网点和拓展市场的成本。据统计，通过代理机构，巴西的银行每年新增的客户可达100万户左右，对于代理机构等来说，这可增加了他们的生意收入，特别是交叉销售的收入。据统计，约有54%的客户来办理银行业务的时候会同时购买其他商品，而且开办代理业务后，还能减少代理人的现金持有量，这可增加他们来自银行的手续费收入。对于客户来说，在代理机构那儿办理业务非常便利，而且节约时间，人又熟悉、很有人情味，还可免去长途旅行时的安全风险。所以，在巴西，90%的人们选择了通过代理人办理相关的金融业务。

鉴于银行业务代理模式的特点，这些业务的开展对农村以及偏远地区来说尤其重要。这不仅能促进当地的金融尤其是微型金融[①]的发展，弥补这些地区金融服务的空白，而且还能活跃当地的经济，促进这些地区的经济发展。

当然，巴西的代理银行制度也面临一些问题和挑战。一是监管问题，主要是监管主体和技术方案两个问题。就监管主体来讲，主要是指对于众多的代理银行机构来讲，究竟该由谁来监管？虽然代理银行业务必须经过巴西中央银行批准才可以开展，但对于这些机构究竟由谁监管，巴西法律并未做出明确规定。巴西法律明确规定不允许个人作为银行业务代理人，但在实际中，却很难阻止个人代理人代理银行业务，其中主要的原因就与监管主体不明确有关。在技术方案方面，对于代理银行所面临的各种风险，由于并没有现成的技术解决方案或是比较成功的模式可以参考，所以如何对代理机构提出统一、标准化的监管要求，使其更加完善、科学，且成本上可接受、系统上更可靠，仍然还处于不断探索的阶段。二是制度经济学所称的“代理人”问题。

---

① 根据巴西金融监管部门的规定，银行必须将其吸收的存款的2%用于发放小额信贷，而银行由于缺乏必要的技术条件等原因，使得小额信贷业务的开展主要通过代理银行完成。在过去的几年里，巴西商业银行的小额信贷业务的迅速扩张也主要归功于银行代理人的努力。据统计，在过去的5年里，巴西银行业的信贷业务大幅增加了500%，从2003年的540亿美元增长到2009年的2,520亿美元，其中不乏银行代理人的巨大贡献。

其中首屈一指的是代理人或代理机构的安全问题。据统计，巴西的所有代理机构中，约有41%曾被抢劫过，风险很高；其次，就是代理机构的道德风险问题，即代理人为了自身利益，而可能做出不顾甚至背离银行利益，联合客户进行欺诈或者是在办理业务时收取高于规定的手续费等的情况，这无疑会增加银行所面临的风险。三是如何进一步放宽业务范围。巴西自1999年放宽银行代理人经营的业务范围以来，到目前其业务范围已经包括了储蓄账户的开设、存取款、转账支付、发放政府津贴和养老金、代理申请银行贷款以及收集客户信息等领域。其他业务，如外汇交易、个人理财、结构化产品的销售与服务等暂时还没有向代理人开放，以后是否会逐步开放，或者只是向部分高级的代理人开放等，正是银行业务代理领域需要进一步研究的问题。

第六节　小额信贷核心业务系统

对于小额信贷机构而言，为了实现其财务上的可持续性以及机构自身的长远发展，建立一套科学的核心业务系统非常重要，尤其是对其两大核心业务——存、贷款业务更是如此。小额信贷机构最初的核心业务系统，指的就是其会计记账系统。诚然，会计记账系统如今仍然是小额信贷机构核心业务系统中不可或缺的一部分，但现在的核心业务系统包括了小额信贷机构开展的各项金融服务的基础平台，既是业务平台，也是信息的记录平台、分析平台、信息发布平台，甚至机构的决策平台。

一、小额信贷核心业务系统的基本要求

小额信贷机构核心业务系统，至少应当满足以下一些基本要求：

（1）相关性，即通过这个系统可以知道相关的有用信息，系统必须与小额信贷机构的业务直接相关；

（2）可理解性，即以一种简单、易懂的方式来提供信息，能让人“一看便知、一看便懂”，清晰、明了；

（3）可信性，即所提供的信息都是正确的、可靠的；

（4）完整性，即应该包括所有的信息，而不是零散的信息；

（5）时效性，即提供的是最新的、有时效性的消息；

（6）一致性，即提供的信息应该可以和以前的信息相比较；

（7）可接受性，即对于外部人员（尤其是审计机构、资助人和政府相关部门）来讲，系统所提供的信息是他们可以理解和接受的。

就基本的核心业务系统来讲，最基本的要求就是：简单、详细、有逻辑性、有时效性，并且对于每一笔交易都有详细的记录。

二、小额信贷核心业务系统基本架构

从小额信贷机构最基本的架构来看，主要包括两个方面：一是决定提供财务信息的项目，二是如何匹配收入和支出。

提供财务信息的项目即为会计科目表。这些项目必须同机构预算的项目保持一致，也就是说不能无中生有、随意编造项目。这些项目都有固定、不同的编码，并且对应于不同的收入和支出。此外，这些项目还必须有特定的意义，和其业务是直接相关的。

同样重要的是，如何匹配收入和支出。无论核心系统多么简单，都必须能科学、合理、有效地匹配其收入和支出。即，需要能说明机构的收入或支出源自哪里，相互间有何关系，各自的比例是否科学、合理，与预算之间是否一致，如何为进一步的管理提供决策依据等。

三、小额信贷核心业务系统的基本功能

简单地说，核心业务系统主要有以下基本功能：一是基本信息管理，主要是对收入项目、支出项目以及账户进行管理；二是流水账管理，主要包括收入记账、支出记账、转账取款、借出记账、借入记账、借出收款、借入还款等。对每天、每一笔交易都必须能进行详细的记录，以便于对收入和支出进行实时的监控以及管理者能对机构每天的经营活动加以了解和掌握。提供统计报表，比如账户余额报表：一目了然显示当前账户余额、指定时间段内的收支数据、借贷统计表、详细提供所有的借贷款记录等。通过这些统计报表，可以清楚地知道机构目前的财务状况，并以此为基础制订机构未来的财务规划。

四、代表性的小额信贷核心业务系统：T24 核心业务系统

T24 核心业务系统是 TEMENOS 公司开发的一款先进的银行核心业务系统。目前正被世界上 120 多个国家的 700 多家金融机构所使用。由于具有良好的扩展性以及可以重新设置参数，因而这个系统可以通过灵活的调整来适应任何银行机构的需求。“24” 的意思是指这个系统可以每天 24 小时连续不停地运转，可以应付不断变化的用户需求、提供其所需要的解决方案。它具有强大且丰富的功能，不仅适用于零售、批发、私人银行，还可以满足各种中小型银行的需求。

凭借着多年与微型金融机构打交道的经验，TEMENOS 公司在将 T24 系统应用到小额信贷业时，对系统进行了专门的调试和设置，以确保系统能为小额信贷机构提供现成的、打开就可以用的基本功能：

（1）客户关系管理（Customer Relationship Management，CRM），即对客户信息的收集、记录与管理，并通过与客户的交流来发现、了解客户的需求，进而通过不断改善自身服务以及设计新的产品或者方案，以更好地满足客户需求。

（2）业务处理功能，主要包括现金业务、支付业务、存贷款业务等的处理。通过 T24 系统来处理这些业务，不仅可以使小额信贷机构更加科学、合理地对每一笔业务进行会计处理和记录，而且系统所提供的实时报表信息，还可以让机构即时、准确地掌握自己的财务状况，从而可以更好地进行决策并调整自己的战略目标。

（3）信息管理。除了对机构的各种信息进行科学、系统的管理以及提供实时的信息外，这个系统还能根据管理层的需要，有针对性地提供一些专项的、专门的信息，比如，在分析是否需要对某一客户发放贷款时，就可以通过这一系统，查询该客户相关的信用记录以及账户情况等，作为决策的支持和依据。

（4）风险管理。通过设定的监测指标，系统能根据设定的标准进行实时预警。一旦超过设定的指标范围，系统就能随时进行风险提示，确保及时发现潜在的风险并采取必要的措施。

（5）系统维护与升级。主要是软件方面的问题处理以及升级，比如所运用的技术问题的处理，或是对系统的技术升级和对新技术的应用等。

随着科学技术的不断发展，T24 核心业务系统也在不断改进。2011 年 2 月，T24 系统的供应商发布了运行于微软 Windows Azure 平台的 TEMENOS T24（T24），使 T24 系统在云环境下运行成功，这不仅对于 TEMENOS 来说迈出了重要的一步，对整个小额信贷机构的核心业务系统来说也有着重大的意义。因为，在云环境下运行 T24 系统，不仅可以降低成本、提高效率，还能灵活地根据客户需求而扩大对系统的使用量。

参考文献

一、英文

1. BRANCHLESS BANKING AGENTS IN BRAZIL：Building viable networks. CAGP,2010.

2. Branchless Banking for Inclusive Finance. CGAP Technology Program, 2007.

3. Chrissy Martin. Cash Transfers and Mobile Money: Making it Work [EB/OL] (2011 - 09 - 15). http://technology.cgap.org/2011/09/15/cash - transfers - and - mobile - money - making - it - work/.

4. Core Banking In The Cloud. TEMENOS.

5. Core Performance Indicators for Microfinance.

6. Guideline On The Appointment And Operations of Third Party Agents By Deposit Taking Microfinance Institutions (Dtms) - Cbk/Dtm/Mfg/1.

7. Janet Shapiro. Financial Control and Accountability Toolkit.

8. Janet Shapiro. Financial Control and Accountability Toolkit. [1] Janet Shapiro. Financial Control and Accountability Toolkit. [1] Janet Shapiro. Financial Control and Accountability Toolkit.

9. Kate Lauer, Denise Dias, Michael Tarazi. Bank Agents Risk Management [M]. Wshinigton. [s. n.]2011.

10. Mark Flaming, Claudia Mckay, Mark Pickens. Agent Management [M]. Washington. [s. n.],2011.

11. Mark Pickens. Which Way? Mobile Money and Branchless Banking in 2011 [EB/OL] (2011 - 03 - 09) http://technology.cgap.org/2011/03/09/which - way - mobile - money - and - branchless - banking - in - 2011/.

12. Notes on Regulation of Branchless Banking in Brazil. CAGP, 2008. [10] Guideline on Agent Banking - Cbk/Pg/15. 2010.

13. Peter Goldstein & Caldwell Bishop. Tracking Mobile Money Use in Haiti [EB/OL] (2011 - 11 - 22) http://technology.cgap.org/2011/11/22/tracking - mobile - money - use - in - haiti/

14. Regulating Banking Agents. CGAP Technology,2011.

15. Ruth Goodwin - Groen et al. The 7 Cs for Improving Technical Service Delivery to Microfinance Institutions[M]. New York:[s. n.],2003.

16. Sarah Rotman. Beyond Payments or Just Different Payments? [EB/OL] (2011 - 11 - 15) http://technology.cgap.org/2011/11/15/beyond - payments - or - just - different - payments/.

17. T24 for Microfinance and Community Banking. TEMENOS.

18. Terence Gallagher. Branchless Banking Agents in Brazil: Building Viable NetWorks. CAGP Technology,2010.

19. Terence Gallagher. Branchless Banking: Brazilian Correspondent

Banking. CAGP,2006.

二、中文

1. 范伟珍："流动银行与特色金融服务"，《浙江金融》，2000 年第 6 期。

2. 李东卫："我国移动银行业务发展的现状与建议"，《贵州农村金融》，2011 年第 2 期。

3. 李伟、吴庆华、廖卫国："WPKI 移动银行安全技术模式研究"，《湖北工学院学报》，2004 年第 10 期。

4. 聂进、胡现玲："移动银行的信息安全及防范对策"，《武汉大学学报》，2008 年第 5 期。

5. 帅旭："巴西代理银行制度实践及启示"，《区域金融研究》，2011 年第 6 期。

6. 王辉良："移动银行的技术实现"，《电脑与信息技术》，2000 年第 6 期。

7. 许翠苹："挡不住的移动银行"，《通讯世界》，2009 年 4 月 15 日。

8. 于洪涛："移动银行随身行"，《人民邮电》，2006 年 7 月 11 日。

第八章　小额信贷风险管理

风险管理是关系金融业发展的命脉。而对处于快速发展期的小额信贷来说，风险管理更是至关重要的。经过30余年的发展，小额信贷机构的业务规模和覆盖面不断扩展，业务复杂程度也越来越高；另一方面，机构面临的外部监管环境也在发生变化。小额信贷机构的发展承受着来自内部风险和外部风险的双重压力。风险管理已经成为小额信贷可持续发展的关键。本章将讨论小额信贷的风险管理相关问题。

第一节　小额信贷管理制度和合规管理

一、小额信贷风险管理的特殊性

小额信贷是小额信贷商业模式的核心，具有其独特性。业务的独特性构成了小额信贷独特的风险特征，并表现出与许多传统商业银行风险很不相同的特点。

（一）传统风险管理模式下的高成本

小额信贷是小额信贷商业模式的核心，具有其独特性。例如在产品设计、客户档案和劳动力密集的承销方式等方面，都与商业银行很不相同。这些差异构成了小额信贷独特的风险特征。因此，小额信贷机构的风险管理方案要根据机构的交易类型和规模有针对性地制定，而且还要避免过分增加相应管理费用的问题。

以最主要的信用风险为例，小额信贷业务的信用风险明显不同于传统的商业银行。小额贷款往往具有高度的分散性，同时，信贷委员会是否审批贷款，在很大程度上取决于信贷员和管理员获得及时、准确信息的技术水平和信息完整程度，而不是借款人是否提供了充分的资产担保。在小额信贷业务中，对信贷员的监督是有效信用风险管理的关键。由于额度小且高度分散，商业银行繁琐而严格的信贷审批制度在小额信贷业务中可以进行适当的简化。

与此同时，小额信贷机构对信贷员的综合素质提出了更高的要求，信贷员必须能收集和分析客户提供的财务数据，并且能识别和判断客户的还款能力。也就是说，小额信贷机构信用风险管理的关键在于对信贷员的培养和监督。

（二）机构自身对风险管理认识不足

国际上很多小额信贷机构都是从 NGO 转变而来的。例如，柬埔寨影响最大的微型金融银行之一——ACLEDA 银行，巴基斯坦第一家私有受监管的小额信贷机构——第一微型金融银行 FMFB，其初始资金来源大都是捐助性质的，工作人员也多是非金融专业人士，他们对风险管理认识不足。这种先天性的认识缺陷，可能造成这些机构对建设风险管理文化的忽视，例如没有专门的风险管理部门、数据收集滞后、缺乏全面风险管理方案、只局限在信用风险等传统风险种类等。

近几年来，小额信贷机构在业务规模、业务覆盖面等方面都实现了迅速发展。

与此同时，小额信贷机构风险的内涵也在发生变化。关注度最高的信用风险和流动性风险会随着微型金融机构规模的增大而复杂化。与此同时，来自竞争、社会责任、政治目的等属于小额信贷机构的特定风险，也会随着小额信贷机构的发展壮大而变得越来越重要。然而，令人遗憾的是，很多机构的管理者们却未能及时对此给予足够的关注。2006 年，印度安德拉邦当局关闭了当地两家大型小额信贷机构，原因是这两家机构滥用高利率等优惠政策谋取暴利。这一事件显示了对政治风险的防范在小额信贷可持续发展中的重要地位。

很多学者都认为，小额信贷机构在早期所取得的巨大成功很大程度上要归功于对信用风险的管理。成功的小额信贷机构都保持了很高的贷款偿还率，一般都达到了 95% 以上。这一高偿还率受到了投资者的青睐。社会资本的大量涌入推动了小额信贷机构的迅猛发展。但是近年来，很多成功的小额信贷机构都有效地将偿还率维持在了较高水平，却对不断提高的风险贷款比例（Portfolio at Risk，PAR）① 束手无策。

Nimal A. Fernando（2008）认为，“市场竞争的加剧，更长期限的信贷产品的研发，个人贷款领域的开拓以及规模扩大带来的操作复杂度提高等都是导致这一现象的原因。”②

---

① 风险贷款比例 PAR = 风险贷款/贷款余额，小额信贷风险贷款 = 当期逾期贷款 + 未到期贷款。小额信贷机构按照风险贷款账龄提取贷款准备金。PAR_{30} 即贷款逾期 30 天。

② Nimal A. Fernand, Asia Development Bank ADB, Management Microfinance Risks – some observations and suggestions.

表 8－1　贷款损失率和风险贷款率

	机构类型	贷款损失率（%）			风险贷款率 PAR_{30}（%）		
		2008 年	2009 年	2010 年	2008 年	2009 年	2010 年
1st vally bank	商业银行	1.13	0.83	0.73	0.26	10.48	11.39
ABWA	非政府机构	0	0	0	1.55	4.99	4.99
ASA India	非银行金融机构	—	0	0	0.09	1.24	1.89
BASIX	非银行金融机构	—	0.4	4.13	1.25	2.51	37.78
BFL	信用合作组织	0.08	0	—	1.65	3.51	5.99

（三）专业人员、技术和研究的缺乏

风险管理是公司治理的重要内容之一，也是董事会和经理层最重要的职责之一。然而，所有权不明晰一直是困扰小额信贷机构治理的难题。NGO 机构的捐款人、信用互助组织的发起人，包括客户和员工等都是机构的所有者。所有权过于分散也可能导致责权不清。例如非盈利股东，在运行效率和资本要求方面缺乏充分的激励，就可能导致董事会和经理层的渎职风险，并在具体经营中忽视小额信贷机构的风险管理。

经过 30 余年的发展，小额信贷机构正面临着管理层由创建者向继任者的过渡。在机构早期的成长阶段，领导者的个人风格对小额信贷机构的成功具有决定性的影响。对于 NGO 类的机构，几乎所有的中高层人员都有很强的使命感和责任感。所以，这时机构的风险管理主要靠的是员工的责任感。这种以责任感为基础的风险管理，在早期取得了卓越的成就。但正是这种“成功”，阻碍了将风险管理形成一种制度文化融入机构治理的进程。如今，初具规模的小额信贷机构越来越多地被纳入国家的金融监管体系中，建立专门的风险管理部门、切实加强风险管理，已经成了小额信贷机构未来发展的基础和前提，而专业人员的稀缺和行业指导性文件的匮乏使小额信贷机构的监管很难真正有所突破。

许多致力于微型金融领域研究的专家、学者，在小额信贷机构蓬勃发展的第二个十年之初，就开始关注到这一问题，纷纷联合国际合作组织构建项目组，以图共同解决这一难题。例如，2000 年，德国技术合作组织（German Technical Cooperation，GTZ）和 Microfinance Network 合作推出了《微型金融机构风险管理框架（A Risk Management Framework for Microfinance Institutions）》，提出了微型金融机构风险管理的一些指导性原则。但是，这些研究报告都只是提出了框架性的意见，如要真正落到实处，还有待进一步探索和研究。

二、小额信贷机构面临的主要风险和管理的一般原则

小额信贷机构面临四大主要风险，即机构风险、信用风险、财务风险和操作风险；而作为风险管理指导的原则，也有其特殊之处。

（一）小额信贷机构面临的主要风险

在微型金融的初始发展阶段，绝大多数的小额信贷机构仅仅关注财务风险，甚至在财务风险中也是几乎将所有的注意力都集中到了信用风险。然而，随着贷款需求的急剧增长，流动性风险、操作风险等也逐渐引起了管理者的注意。

目前，国际上对于微型金融行业的风险分类主要有两种。2000 年，GTZ 在“A Risk Management Framework for Microfinance Institutions”中提出了三大风险：财务风险、操作风险和战略风险。2006 年，Churchill 和 Frankiewicz 在他们的著作[①]中，将风险分为了四大类：机构风险、操作风险、财务管理风险和外部风险。

表 8－2　　小额信贷机构面临的主要风险分类

GTZ（2000）	财务风险： 1. 信用风险 2. 流动性风险 3. 市场风险（包括利率风险，外汇风险和投资组合风险）	操作风险： 1. 操作性交易风险 2. 舞弊风险 3. 监管合规风险	战略风险： 1. 治理风险 2. 声誉风险 3. 外部风险	
Churchill and Frankiewicz（2006）	财务管理风险 1. 资产和负债 2. 效率 3. 系统	操作风险 1. 信贷 2. 舞弊 3. 安全 4. 人事	外部风险 1. 监管 2. 合规 3. 人口 4. 宏观经济 5. 环境 6. 政治	机构风险 1. 社会责任 2. 商业目标 3. 战略 4. 声誉

从表 8－2 中，我们可以看出两种分类虽然在具体类别上有些差异，但实质上却非常一致。结合小额信贷机构和业务的特点，本章将主要讨论四种风险：机构风险、信用风险、财务风险和操作风险。

小额信贷机构对风险的管理，核心的工作就是如何及时、有效地识别和

① Churchill, Craig and Cheryl Frankiewicz, 2006. Marking Microfinance Work: Managing for Improved Performance. Geneva: International Labour Office（ILO）.

衡量这些风险，以及如何控制、化解或转移这些风险。

（二）小额信贷风险管理的一般原则

风险管理的目标，是将未来可能出现的损失控制在一个“可接受”的范围内，并降低经营中的不确定性。虽然不同微型金融机构，因为各自具体情况的差异，其风险管理方案会有所不同，但都会遵循一些共同的基本原则。这些原则中，有些是所有金融机构都须共同遵循的，有些是专门针对微型金融机构的。具体来看，包括以下一些方面。

1. 适合自己的才是有效的

虽然有一些公认的管理原则，但却不存在放之四海而皆准的具体管理方法，特别是差异很大的微型金融机构。很多发展不久的小额信贷机构往往“偷懒”，直接照搬其他机构所谓的“最佳实践”，运用过程中却忽视了自身的特殊性。任何运作良好的微型金融机构，其治理通常都是顺畅的。而许多表面上的管理问题，都是源于治理机制没有处理好。微型金融机构当然可以借鉴其他机构的成功做法，但一定要结合机构自身的实际，而不是盲目照搬。比如，不同机构的风险组合不同、规模不同、当局的监管要求不同、业务的复杂程度不同、资产负债的结构不同，这些差异都要求所执行的风险管理方案必须具有明确的针对性，也就是说，并不存在某种可以随意套用的“最好”的风险管理办法。微型金融机构只能根据自身的实际选择适合自己的策略才可能收到实效。

2. 简单、明了，可操作性强

相比大型商业银行，小额信贷机构的员工素质相对较低（从人力资源成本的角度讲，也没有必要使用素质“过高”的员工）。比如，印度乡村银行的基层员工大多只是高中或与其相当的学历文化水平，而商业银行的员工多数为大学本科以上学历。因此，在设计风险管理方案时，必须要考虑易于理解、便于执行。风险管理部门必须将复杂、深奥的原理、复杂的运算等，转化为简单、清晰的比率或公式，甚至是图表，并将其与员工的绩效考核结合起来，确保其不折不扣地得到执行。

3. 客户风险管理是风险管理的有机组成部分

这是小额信贷机构与主流金融机构的重要差异之一，主要表现为：很多国际上的小额信贷机构在向客户提供贷款的同时，还会举办关于金融理论知识的培训讲座，向客户普及一些风险管理的基本知识，甚至有些金融机构还会提供健康方面的教育。这是因为：（1）小额信贷的客户对象多为低收入家庭，而且这些贷款多为无担保、无抵押的信用贷款，微型金融机构因而承担着更大的风险。一旦客户的工作或从事的小生意出现问题，甚至家庭成员的健康出现问题，都会导致贷款逾期无法偿还的违约风险。（2）低收入家庭被主流金融体系“拒之门外”，而小额信贷机构肩负着社会公平的历史重任。（3）低收入家庭的收入之所以低，除了缺乏金融支持之外，更多时候缺乏的是生财之路、致富之道。对客户风险进行管理，特别是通过教育、培训等方式，提升低收入人群的工作能力和效率，增强他们在市场上的竞争能力，提高他们赚钱的能力，才是从根本上帮助他们走出账务困境的办法。

4. 以市场为导向，适时调整

随着各个国家扶持政策的出台和小额信贷利润空间的挖掘，越来越多的资金和人员正涌入微型金融领域，这种竞争态势的改变，必然要求风险管理方案也必须与时俱进、应时而变、适时调整。国际、国内经济形势的变化，市场的竞争状况，客户生命周期、健康状况、经济状况等的变化，都会要求微型金融机构及时调整自己的风险管理策略。

三、审慎监管和宽松环境的平衡问题

一直以来，如何为小额信贷构建一个有利的成长环境，是学术界和实务界关注的问题。监管作为外部政策的重要组成部分，更是关注的焦点。“监管真空”或“监管过度”无疑都会影响到小额信贷的长远发展。

（一）监管目标的双重性和监管机构的多样化

金融监管的目标是维护金融机构以及整个金融系统的稳定，切实保护社会公众，特别是存款人和投资人的利益。而小额信贷机构的监管，除了上述目标外，还有一个重要的目标就是：金融普惠（Financial Inclusion）。这一概念是相对于金融排斥（Financial Exclusion）而言的，其含义是让被主流金融体系排斥在外的社会成员和家庭（比如穷人个人和低收入家庭）也能经济、便利地享受到全方位的金融服务。从21世纪初开始，越来越多的学者乃至政界人士开始关注这一领域。其中，英国是最早意识到普惠金融重要性的国家之一。在2004年，英国政府就一同公布了推动金融普惠的报告和政府预算报告。2005年，成立了专门的普惠金融工作小组，其职责是监督这项事业的进程并推动其发展。发展中国家在最近几年也越来越多地意识到普惠金融的重要意义。很多发展中国家的中央银行将金融普惠作为政策目标之一。事实表明普惠金融在发展中国家尤为重要，因为在发展中国家，被主流金融体系排斥在外的不只是穷人，还有很多微小企业，而这些微小企业，正是解决就业和社会福利问题的关键。

2010年8月30日，巴塞尔银行监管委员会正式发布了《微型金融和有效银行监管核心原则》，突出强调了传统零售银行业和微型金融业在适用《有效银行监管核心原则》时的重要差别，概括了核心原则在适用于微型金融时需要调整的问题和如何调整的方法。

适用于银行和其他从事小额信贷活动的吸收存款机构的核心原则包括：原则1（目标、独立性、权力、透明度和合作）、原则4（大笔资金转移）和原则5（重大收购）。其他三项原则也同样适用，包括原则12（国家与转移风险）、原则24（并表监督）和原则25（母国和东道国的关系），但大多数小额信贷市场的发展现状致使这些原则的适用性非常有限。

与传统零售银行业务相比，大多数原则在执行过程中要求进行某种程度的变动。这些原则主要包括：原则2（许可的业务范围）、原则3（发照标准）、原则6（资本充足率）、原则7（风险管理程序）、原则9（问题资产、准备金和储备金）、原则13（市场风险）、原则14（流动性风险）、原则15（操作风险）、原则16（银行账户利率风险）、原则19（监管方式）、原则20（监管技术）、原则22（会计处理和披露）和原则23（监管当局的纠正和整改权力）等。其中，变动的内容包括：监管人员具有识别和衡量小额金融，特别是小额信贷风险的专业水平，有效分配监管资源的努力；协调的监管框架。

这一文件的发布标志着各国就微型金融监管达成了基本共识：小额信贷作为微型金融的核心，应是监管的重要内容；对吸收存款的非银行机构，有效银行监管的核心原则强调了这些机构必须受到与其交易类型和业务模式相适应的监管。这里所指吸收存款的非银行机构，主要指两类机构：非政府组织和信用合作社（严格意义上的信用合作社，不同于我国类似商业银行的有名无实的信用合作社）。这类小额信贷非政府组织在与借款人签订借款合同时，常常强制要求借款人存入一定数量的现金作为担保，即所称的“强制性储蓄”①。而信用合作社本就是建立在向社员吸收存款基础上，再利用这些存款为社员（通常是限于社员）提供金融服务的。因此，这两类机构所吸收的存款都是限于特定对象、在特定范围内进行的。即使是对看上去很像存款的强制储蓄，其杠杆效应也远不及真正的储蓄。鉴于其保证金性质，有些国家甚至不允许微型金融机构利用这类资金发放贷款。可见，这两类吸收存款的微型金融机构，其风险总体上显然小于银行，在监管方面理应区别对待。本

① 强制储蓄往往不必支付存款利息。大部分的强制储蓄必须一直存放在小额信贷机构，有时这些资金存放在第三方银行或低风险证券机构，直到客户贷款还清为止。强制性储蓄账户对借款者构成了交易成本。

章对监管的讨论，将主要围绕银行类和非银行类两类微型金融机构展开①。

（二）监管方法的多样性

鉴于小额信贷机构的多样性，小额信贷监管很难用“一刀切”的方法。因为这样做不仅会扼制创新，而且可能导致监管无效。另外，仅凭政府力量，也很难实现整个市场的有效运作，因此引入一些市场化的机构，比如评级机构、担保机构等，并充分发挥这些机构的作用是有必要的。

从目前来看，对小额信贷机构实行分类或分层监管，在国际上已达成共识，南非、蒙古等很多国家都是如此。这里所说的分层监管，并不只是局限于立法监管范围内的银行和非银行机构，而是针对所有小额信贷机构，从更广阔的范围来讲的。分层监管的基本思路，是针对不同层次、不同类型的微型金融机构，分别按不同的标准和要求进行监管。这种监管模式，一方面为机构选择遵守的监管模式提供了不同的、灵活的选择；另一方面，也可以更好地将不同层次、不同类型的微型金融机构按不同的要求纳入正规的监管之下，从而避免一些机构在“地下运行”。分层监管主要涉及三个方面的问题：一是监管框架如何构建，是在现有的金融监管法规上修改②，还是新制定一套专门针对小额信贷的法规？二是监管机构如何设置，银行和非银行金融机构的监管机构是否需要单独设置？三是如何制定主要的监管方法和准则？

1. 监管框架的构建

目前，监管框架的构建方式主要有两种：建立新规和调整旧规。建立新规是指监管当局为小额信贷建立一套专门的监管框架。而调整旧规指的是在原有的金融监管框架上，针对小额信贷做一些适用性的调整。建立新规的优点在于针对性强、简单明了，缺点是监管成本高。而调整旧规的优点在于监管成本低、适用范围广，缺点是后续修改工作量大，易造成对行业发展的限制。2011 年 8 月，巴塞尔银行监督委员会的小额金融小组制定了核心原则指南，目的就是帮助各国制定统一的小额信贷监管架构。核心原则建议，无论是针对银行类或非银行类的吸收存款机构，都应该仔细权衡小额信贷的监管成本和小额信贷在促进金融普惠之间的利弊。因此，各国在选择建立新规还是调整旧规时，也要从监管成本和促进金融普惠角度出发，而且必须立足于本国小额信贷业发展的实际情况。例如，在考虑现有的监管框架是否值得调

---

① 关于小额信贷机构的分类，世界银行曾在“A Framework for Regulating Microfinance Institutions”中将机构类型分成三大类，NGO 为一类，Saving & Credit Unions 为一类，Bank 为一类。这种分类实质上与本书吸收存款的银行和非银行机构的两类分法是一致的。

② 一个主要的调整方法就是“Tiered Banking”，分层银行。

整时，首先要研究现有条款是否限制了小额信贷的发展，比如过高的进入门槛等。如果确实限制了小额信贷的发展，且原有的框架需要做根本性的变革时，重新设立专门的微型金融监管架构可能是更好的选择。在制定新的监管框架时，“过紧”固然会限制微型金融机构的发展，但“过分”有利的环境，也可能会诱使一些机构为享受优惠政策而借用“小额信贷”之名，从事非小额的金融业务之实。

2. 谁来监管

监管框架确定后，监管机构的执行力就显得非常重要了。对于银行机构来说，监管的职责可以由现有的银行监督机构来履行，这一点毋庸置疑。而在监管法规范围内的非银行小额信贷机构，蒙古的做法值得探讨。2006 年，蒙古成立了金融监管委员会，负责监管非银行金融机构。该委员会由议会直接领导。在蒙古，银行部门和非银行部门发展极不平衡，银行部门占绝对地位，金融监管委员会的设立无疑对促进非银行部门的健康发展具有重要意义。这也表明，由于银行和非银行金融机构在监管标准、监管要求以及监管成本等方面都存在显著差异，将银行和非银行部门加以区分并分别监管，有其内在的合理性。此外，在诸如肯尼亚、菲律宾和加拿大等一些国家，储蓄和信用合作社都归公司法体系监管，而不归银行法体系监管。这些国家认为，信用社符合合伙公司的定义，相对商业银行，其风险也小些，所以可置于公司法体系下进行监管。不过，纳入统一监管体系也有一定的好处：一方面便于监管；另一方面，监管可被视为一种发展的导向性，促使信用合作社这些机构专注于提供多元化、深层次的金融服务①。而对于在监管框架之外的一些机构，例如非营利的 NGO，或者一些政府金融项目，可以考虑设立类似行业自律组织的机构来进行管理和监督。

评级机构是小额信贷机构监管中一支不容忽视的重要力量。虽然评级不能对机构构成法律上的约束，但当评级机构具有充分的独立性和可信度时，这些机构（例如，穆迪，标普等）的评级报告，将足以影响投资者对微型金融机构的态度和市场的信心。这种市场约束方式既适用于银行，也适用于非银行机构，对小额信贷行业的发展壮大具有培育和推动作用。比如，在世界信用合作社委员会（World Council of Credit Unions，WOCCU）和 CGAP 的帮助下，危地马拉的信用社就建立起了一家私有的、自主管理的评级机构，面向全国的信用合作社提供评级服务。

---

① 南非的做法具有创造性：在银行法案中，设置了一些例外条款，符合条件的信用社，就可以免于适用于银行的严格监管要求。

3. 审慎监管与非审慎监管

审慎监管是针对吸收公众存款的小额信贷机构，包括采取资本监管、贷款分类和提取损失准备金等措施，目的是保证小额信贷机构保持良好的财务状况，防止小额信贷机构的存款流失，防止客户对小额信贷体系失去信心。审慎监管是一套非常严格的监管制度，监管成本也很高，但对那些吸收公众存款的小额信贷机构的健康发展非常重要。如果不加区分，对只有“强制储蓄①”的机构或存贷款范围有限制的信用社也进行审慎监管，其成本可能就太高，反而不利于这些机构的发展了。同时，对那些只贷不存的小额贷款机构，显然更不宜进行审慎监管。非审慎监管关注的重点，是对客户的保护和信息的透明度；机构的财务状况不是监管的重点。所以，其监管成本低、措施也相对容易实行。需要指出的是，审慎监管和非审慎监管并不是决然分离的。客户保护的措施同样有助于保证贷款资产的质量，有助于资产负债表的改善，而且随着小额信贷机构业务，特别是存款业务范围的拓展，以前适用于非审慎监管的机构，可能会逐步被纳入审慎监管。也就是说，两类监管不是看机构的名称，而要看他们具体在做什么，尤其是要关注他们是否可以公开吸收任意第三方的公众存款。

4. 机构监管与功能监管

机构监管，是以机构性质来确定其适合的监管措施；而功能监管，则是以其业务和产品为导向决定其适用的监管措施。前者简便易行，而后者成本高但效果更好。一些国家的大型银行或中小银行，为了追求小额信贷业务盈利性，或者为了响应监管当局的号召和政策要求，纷纷开展小额信贷业务。大多数这些大中型银行都是通过单独设立小额信贷机构开展小额信贷业务的，也有一些在机构上并不完全独立。这时，如果按机构管理，就会出现将主流商业银行业务和微型金融业务不加区分的情况，显然是不妥的。所以，一般各国对单设的小额信贷机构都实行机构监管，而对于主流银行业中的小额信贷业务，则实行功能监管。

（三）具体的监管工具

在《微型金融和有效银行监管的核心原则》指导下，结合各国的监管经验，本节内容探讨主要的监管工具，并简要介绍无网点银行监管的特殊之处。

1. 专门的发照标准和程序

---

① 有些国家的机构将“强制储蓄”继续用于放贷。针对于此，监管当局对这类机构也实行审慎监管；否则，仍适用于非审慎监管。

大多数国家都是由银行监管机构或中央银行为吸储的小额信贷金融机构颁发执照，且多数情况下，这些发照机构也就是监管机构。那些仅仅为社员开展业务的合作社倾向于由银行监管机构或中央银行以外的政府机构，如财政部、劳工部进行核准或注册，实行非审慎监管。很少有国家对仅提供贷款的小额贷款公司提出发照要求；即使发，也是由银行监管机构、中央银行和财政部以外的公共机构来完成。在很多国家，对银行和吸储的小额信贷机构的高级管理人员都有任职资格方面的要求。对吸储的小额信贷机构，很多国家还要求在提出申请时提供商业计划、可行性研究报告、主要股东的身份、融资能力、适配性和管理经验等方面的资料。

2. 较低的发起资本要求

考虑到微型金融机构运营的复杂程度、业务范围和规模，相对于商业银行，吸储微型金融机构发起资本的要求理当更低，尤其是在农村地区。绝大多数国家对吸储的小额信贷机构都设定了最低发起资本要求这一“门槛”：一方面，要足够高，以规避不合格的申请人的进入，并确保机构数量保持在可监管的范围内；但过高的资本准入要求，过分限制业内的竞争，不利于行业效率的提升和微型金融业的健康发展。另一方面，针对一些特定地区，例如偏僻山区，发起资本要求可以放低，同时通过限制吸储的小额信贷机构的业务范围或业务形式，如限制进行同业资金大额拆出，更低额度的单笔贷款限制等，以达到规避风险的要求。这些业务限制应通过法律和规章明确加以界定，并与机构规模和机构的风险管理水平直接挂钩。在一些中低收入国家，相同类型的机构（包括银行），其最低资本水平可能取决于该机构所处的地理位置，例如，印度尼西亚农村银行最低资本标准由雅加达到爪哇和巴厘岛省会城市的距离远近决定，最低资本标准区间为 5 万美元到 50 万美元；当然，地理位置在这里只是这些机构经济实力、管理水平的一个表征变量，或只是监管部门在具体监管过程中的一个工具变量。而在阿根廷，合作金融机构的发起资本不仅与地理位置有关，还与其分支的数量有关。在对信用社的监管方面，绝大多数国家只对规模较大的信用社进行全面监管，对规模较小的，一般并不纳入监管体系监管。至于规模大小的标准，各国则不尽相同。在智利，对资本在 1,400 万美元以下的成员制合作社不予监管。在墨西哥，资产低于 190 万美元的机构也不予监管。南非对存款在 260 万美元以上的合作银行由银行监管机构实施监管，对在 10 万美元至 260 万美元之间的合作银行实施授权监管，对 10 万美元以下的合作银行不予监管。

3. 较高的资本充足率要求

大多数国家倾向于为吸储的小额信贷机构设定高于银行的资本充足率。

这是因为小额信贷平均持续期更短，还款频繁，资产质量恶化速度比商业贷款更快，加之，小额信贷机构的管理层和工作人员可能缺乏参与正规金融领域的经验，投资者和股东也未必能及时做出反应而在资本规模上进行灵活调整。例如，墨西哥就要求吸储的小额信贷机构的市场风险管理，须要根据其业务复杂度采取梯度管理的办法。

4. 培育金融消费能力和保护消费者权益相结合

实现普惠金融很重要的一个方面就是要提高低收入人群的金融消费需求和消费能力。但是在加大金融消费能力培育力度的同时，也必须注意对消费者权益的保护。由于低收入人群通常处于弱势地位且金融知识匮乏，一些机构过分片面地重视短期利益，存在掠夺性贷款、纵容过度借贷、不合理收费及不公平条款等现象，严重损害了低收入人群消费者的利益。一些国家已经开始制定相应的消费者权益保护法规，维护低收入阶层合法权益，以帮助客户通过适度借贷挖掘发展潜能，积累资产，提高收入，有尊严地享用借贷权利；避免被拖入债务“泥潭”、背上沉重的债务包袱。

5. 定期披露，提高透明度

小额信贷机构应定期向监管当局披露自身的经营和财务状况，包括财务报表、审计报告、趋势分析报告等，以确保充分的信息透明度。然而，信息披露成本高昂，因此监管者也需考虑披露的成本效益比，特别是对规模较小的机构，可以采取适当宽松的披露要求，减少披露的次数，以降低其披露的成本负担。微型金融机构所请的外部审计师必须具备小额信贷服务的专业知识；在会计准则的选择上，监管者应与机构管理者、会计准则制定机构进行协商，以确保会计准则运用的稳健性和统一性。

6. 无网点银行的监管

所谓“无网点银行”，是指银行或非银行金融机构利用一些通信设备，比如移动电话（即手机银行）或 POS 机，或者一些当地的零售机构，向客户提供转账、付款等金融服务。这种服务形式不仅可以有效降低设立网点时在人员和设备等方面的高昂成本，还可以迅速进行低成本的网络扩张，特别是在一些人烟稀少的偏远地区，无网点银行模式具有很高的推广价值。

对于无网点银行的监管重点，在于：明确界定银行和非银行机构开设无网点银行的条件。比如：对于非银行机构滞留在银行账户上的“存款”所产生的利息的处理问题，消费者保护条款，支付体系未来联网的监管空间等。

第二节　小额信贷的机构风险管理

一、小额信贷机构面临的主要风险

小额信贷身负商业利润和社会责任的双重目标，如何实现这两个目标之间的和谐共生却是一个很有挑战的难题。这就好比一艘船行驶在海面上，目标是达到社会公平的彼岸，而旅途中充满风雨和阻力，克服这些困难就必须用商业的“帆”来提供动力，而且必须随时控制好前进的方向。对微型金融机构管理，就是为了更好地确保其正确的方向，航向的偏差可能会导致跟目标渐行渐远，而且动力越足，偏得越快。本节将重点讨论微型金融机构三个方面的主要风险：治理风险、市场风险与合规风险。

（一）治理风险

Corposol/Finansol Crisis

1996 年，肯尼亚的一家金融机构，Finansol，遭受了贷款组合质量严重恶化的危机。机构的快速发展和薄弱的风险管理之间的矛盾是危机的根源所在。另外，Finansol 与唯一 NGO 股东 Corposol 之间不透明、不隔离的财务关系使这一矛盾雪上加霜。1995 年，Finansol 的贷款组合从 1.1 亿美元猛增到 3.5 亿美元，由此带来了多方面的问题：首先，大批“不合格”的信贷员走上了工作岗位，在薪酬的刺激下，大力推销三种还未经过市场调研的、严重同质性的产品，管理信息系统（Management Information System，MIS）也没能很好地去管理产品的多样性；其次，对借款人的审查过于宽松、流于形式，很多借款人从同一个机构贷了多笔款项，出现了严重的过度负债风险；再次，当贷款质量开始出现下降时，机构的管理者们并没有去研究如何解决问题，而是选择扩大贷款规模去掩盖损益表上因巨额准备金的计提而出现的亏损。根据当地的监管要求，小额信贷机构资产规模的月增长率不能超过 2.2% 。而 Finansol 的增长速度远远超过了这一限制，为了逃避监管，他们就将超出限度的资产转移到了 Corposol 的资产负债表上，使本应能及时发现的风险被隐藏了起来。

直到 1996 年 7 月，ACCION 组织对全球范围的小额信贷机构运营进行评估时，问题才被发现。后来，通过解除 Corposol 和 Finansol 之间的关系、引进新的投资者重组，1997 年新成立了 Finamerica，S. A 才重新走上正轨。截至 1998 年，其客户拥有量为 9,800 户，资产规模达到了 1.34 亿美元。

来源：Maria Eugenia Lglesias and Carlos Castello," Corposol/Finansol" in Establishing a Microfinance Industry，Craig Churchill（Ed），pp. 14 – 18.

从上述案例可以看出，Finansol 在人员培训、产品研发和推广以及客户甄别等方面都出现了问题，而这一切，与其治理结构中深层次的弊病直接相关，即 NGO Corposol 一股独大且产权缺乏严格财务约束的治理结构。虽然小额信贷机构的社会目标让很多热心公益的人士心生向往，愿意参与这些机构的运作和管理，而且其中不乏一些金融领域的专业人士，但是这股力量并不稳定，而且缺乏利益和责任的激励与约束。真正全职从事小额信贷工作的，大多是非金融或管理类的专业人士，管理也很难跟得上机构发展的速度。治理上的先天不足，加上管理的后天不足，使得 Finansol 出现问题也就不足为奇了。

此外，Finansol 作为从 Corposol 衍生出来的微型金融机构，与许多其他类似的机构一样，即使转变为了商业性质的金融机构以后，也仍然受“母体”NGO 的控制，而 NGO 作为非盈利组织的管理思维局限常常成了商业转型失败的重要原因。

在另一类在农村中广泛存在的信用合作组织中，董事会成员和借款人身份的重合，也是需要克服和解决的重要治理缺陷。治理结构加上知识的局限，容易导致他们更关注如何获得优惠的贷款而不是机构的未来。不解决这些治理结构上机制性的问题，小额信贷机构只能实现短期的繁荣，而潜在的风险积累越久，可能意味着爆发时也将更为猛烈。

（二）市场风险

2008 年的金融危机让华尔街上的各大投行经历了一场重生的洗礼，小额信贷机构也在这次危机中受到了冲击。但这也是一个重新洗牌的过程，适者生存、强者更强。CGAP 在 2009 年 3 月就全球 400 多家小额信贷机构在危机中受到的冲击进行了调查①。结果显示，58% 以上的机构表示受到较大影响，通货膨胀和经济萧条使借款人的收入大幅下降，还款问题凸显。贷款规模增幅下降、贷款资产质量出现恶化、流动性风险和信用风险都不断攀升，服务于“脆弱”的低收入人群的小额信贷机构感受到了巨大的生存压力。出人意料的是，受访的机构管理者们大多对前景持乐观态度，认为业绩至少能与往年持平的占到了四分之三。这说明很多机构已经对危机做出了应对和补救，不管是事前的预防还是事后的补救措施，都表明了小额信贷机构在危机中得到了完善和成长，事后的结果也回报了他们的努力。2008 年，在新兴市场资本流出率整体高达 20% 的情况下，十大微型金融投资基金的资产规模却反而增长了 32%。微型金融成为 2008 年少数盈利的金融领域之一②。小额信贷机构不仅承受住了这次危机的考验，而且显示出了这个行业区别于传统金融业独特的魅力和巨大的发展潜力。

① The Impact of the Financial Crisis on Microfinance Institutions and Their Clients, Results from CGAP's 2009 Opinion Survey.

② Microfinance Funds Continue to Grow Despite the Crisis, Xavier Reille and Jasmina Glisovic - Mezieres, May, 2009.

（三）合规风险

根据新巴塞尔协议的定义，“合规风险”指的是：银行因未能遵循法律法规、监管要求、规则、自律性组织制定的有关准则及已经适用于银行自身业务活动的行为准则，而可能遭受法律制裁或监管处罚、重大财务损失或声誉损失的风险。随着各国围绕微型金融的立法活动相继展开，小额信贷机构的合规风险也日益凸显。值得一提的是，合规风险给小额信贷机构带来的声誉损失相对大型商业银行来说更为严重。小额信贷机构资产规模小，发展历史短，公众对他们的信心很“脆弱”。一旦声誉受损，挤兑更容易发生，重建成本更大。1998 年 6 月，肯尼亚的一家信用合作组织，Solidariors Financial Co-operative 发生挤兑，最后不得不因流动性匮乏而关闭[①]。而引发挤兑潮的，是 1997 年 3 月政府部门的一项公告：一些政府基金未经批准投资于一些包括信用社在内的金融机构。其实，Solidariors 并不是这起丑闻的参与者，但是公众对金融机构信心的急剧下降，迅速波及 Solidariors。致命之处在于，他没有和监管者建立良好的沟通关系，资本充足率也没有达到监管要求，因而失去了缓冲的时间和机会。虽然 Solidariors 本身并没有接受政府基金的投资，似乎是其他机构违规经营的受害者，但缺乏与监管部门的有效沟通、资本充足率不达标，也是自身合规风险控制不好的生动表现。

二、灵活、高效内部治理结构的构建

从广义上讲，内部治理包含了规则、关系、制度和程序，直接关系到机构的经营目标和未来发展的方向，是股东、董事会和经理层三者之间联系的纽带和桥梁。一个灵活、高效的内部治理结构对小额信贷机构的发展至关重要。这主要体现在三点：一是良好的内部治理结构是扩大覆盖面、拓展业务范围的前提；二是随着小额信贷的日益壮大，来自监管方面的压力也将越来越大，只有透明的内部治理才能应对外部环境的变化，满足监管者的要求；三是稳定的盈利增长是吸引投资者的重要条件，但投资者除了关注利润，还会关注机构的治理、合规和经营的稳健。

（一）法人结构对内部治理的影响

由于不同所有权人在行为能力、行为目标、行为方式上有所不同，所以所有权结构会直接影响金融机构的治理。在微型金融领域，所涉及的主要所有权和机构类型如表 8 - 3 所示。

---

① Gloria Almeyda, Colombia - Solidariors Financial Cooperative (Caill), Case Studies in Microfinance, World Bank, 1998.

表 8-3　　小额信贷机构的四种所有权类型

所有权类型	所属机构类型	机构目的
公有制	国有银行	提供贴息贷款，服务于政治利益
私有制	商业银行	盈利性和机构可持续性
会员制	信用合作社	为会员服务
无所有权	NPO，NGO	对机构本身的使命负责，非盈利

目前，小额信贷中最普遍的情况，是以非营利的非政府组织为主导、主体的法人结构。非营利的非政府组织，其目标不是营利而是肩负某种社会使命，这与金融机构的商业目标差异很大；加之，这些机构没有利润考核，其工作效率也难得到保证。最重要的是，由这些机构作为金融机构的产权代表，机构本身并不具有行为能力，而且这些机构的代表与机构的效益之间缺乏必然的利益机制相联系，其与小额贷款机构之间的关系也就很不稳固，对机构的持续、健康发展极为不利。

（二）小额信贷机构的组织结构

1990 年 Sharp 最早提出了关系型银行理论。关系型银行的经营模式是，缺乏具体的财务报表和数据支持，其决策更多地依赖一些潜在的“软信息”，多以本土化、分散化的方式进行信贷决策，其信贷模式比较灵活、机动而没有固定的模式。与之对应的交易型银行①，主要依赖财务报表等相关硬指标和公开披露的信息，以集中的形式发放贷款，且一般以量化模型，如 Credit Metrics 模型、VaR 模型、压力测试等进行信贷风险的管理②。

小额信贷业务的一个主要特点是信贷员与借款人的密切关系。信贷员是贷款业务中重要的一环，他们通过长期与借款人的交往和熟悉，拥有客户的“硬信息”和“软信息”。而且，小额信贷的服务对象对资金的需要一般表现为金额不大但时间很急。在这种关系下，银行必须赋予信贷员更多的贷款权利和贷款责任。但是，这种对信贷员的“依赖”，又极易造成“合谋”，最终形成风险。小额信贷机构要把监督信贷员作为风险防控的重点。因此，小额信贷机构的组织结构的设计：一方面，管理层级要少，防止过度授权；另一方面，控制力要集中，防止信贷员“滥权”。因此，扁平式的管理更适合小额信贷机构。

① 交易型银行和关系型银行的划分首先由 Sharp（1990），Diamond（1991）和 Rajan（1992）提出并经过论证。

② 李镇西在《微型金融：国际经验与中国实践》中指出，“关系型银行更适合于财务报表不健全、抵押不充分的中小企业，也就是微型金融的支持对象。”

（三）风险管理委员会

风险管理委员会是风险管理工作中某项重要的内部传导机制。它直接对董事会负责，对董事会的决策有否决权。风险管理委员会的成员应具备专业的法律、金融背景，并在风控领域有一定的实践经验。此外，委员会和业务之间应有严格的隔离机制，委员们的薪酬必须与经营业绩和风控绩效挂钩。

三、小额信贷机构风险的内部管理

小额信贷机构的内部管理包涵人力资源管理、内部控制系统和管理信息系统三部分内容。

（一）人力资源管理

小额信贷面对的往往是从事小微型商业活动的贫困客户，从业人员要在实地调查的基础上，分析并确定客户的信贷资格，在贷款后还必须完成一系列后续的跟踪和收款工作。与传统的信贷工作相比，小额信贷工作更加繁琐、辛苦，个人的责任和压力也更大。微型金融机构社会和商业双重目标的实现，很大程度上取决于员工的执行力，而员工的执行力一定程度上又取决于机构的内部管理制度。比如，单一的贷款问题考核标准，就可能会错误地引导员工为了贷款数量而忽视贷款质量。所以如何提高员工的积极性、如何培育员工的社会责任感、如何招聘、如何培训、如何使用薪酬激励、如何绩效考核等，事关人才的去留及能否发挥其长处，也直接影响微型金融机构的生存与发展。

普惠金融的目标赋予了小额信贷机构不同于其他金融机构的特殊性，这项伟大的社会使命的完成，离不开每一个成员对这一使命的认可和接受，从管理层到普通员工是不是都能了解机构的社会和商业价值、认可机构的核心理念，并愿同整个机构、整个行业一起成长。这种价值文化的培育应渗入员工的招聘、培训、考核、激励每个流程。

在招聘员工时，除了对应聘者进行常规的专业知识测试和综合素质考核外，还应考察应聘者对小额信贷这份事业的热爱程度。

对员工进行培训时，风险管理文化和企业文化的树立和培养是除业务培训外的重要环节。让新员工融入机构的文化中，增强他们的归属感和自豪感，是成功企业的标志之一。

人才的激励和约束制度是人力资源管理的核心。绩效考核机制适用于小额信贷机构数量庞大的信贷员，即收入与信贷业绩挂钩。责任追究制度促使信贷员既要非常关注贷款的规模，又要高度重视信贷资产的质量。当信贷员的不良资产率过高时，激励机制应能鼓励信贷员积极地去收回贷款，减少放款，促使不良贷款率的下降。中层管理人员除了业绩指标外，应提高对其管理技能的要求。小额信贷正蓬勃兴起，小额信贷机构更要为员工提供个人发展的平台，让员工们有理由相信他们能随这个行业共同成长，拥有广阔的发展前景。

（二）内部控制系统

内部控制系统是一系列规章制度和操作程序的集合，是小额信贷机构有序、有效运行的保证。内部控制包括用于贷前、贷中和贷后的风险监督、及对吸收存款等业务风险的控制机制。这些制度和规程已经充分考虑了风险管理的要求，可以将机构的风险降至最低。确保机构的每个员工遵守机构的规章制度和操作程序也是内部控制系统的一部分。

在风险管理战略中，管理层与利益相关者都有动力来实施内部控制。管理层需要加强控制以提高经营效率，保证贷款质量，以及增加业务量和扩大覆盖面。利益相关者，也都会要求机构以安全、稳健的风格进行经营。就小额信贷机构内部而言，其控制和管理主要包括以下各方面：

（1）融入文化的内控环境。整个机构对内控的认知和重视程度直接决定了内控的有效性。内控的思想都应融入每个员工的一言一行中。只有这样，内控的思想才能根植于机构的灵魂中，并成为每个员工在工作和生活中自觉遵守的行为准则。

（2）诚实、合格的员工。一切制度和规程都需要人去修订和执行，没有诚实守信、有能力、有责任感的员工，一切就只是空谈。

（3）清晰的岗位说明书。每一个岗位都应该有详细的权、责说明，人事管理制度要做到公开、公平、公正。

（4）科学的分权和授权。合理的分权有利于提高管理效率，也可以有效地避免舞弊、合谋的发生，尤其是会计系统和信息系统的授权对内控有着重大的影响。

（5）所有业务流程的文本化。所有的交易都应该存档，便于查阅。

（6）对资产和文本档案的保管。资产和文件都应有相应的安全保管措施，合理的授权才能杜绝随意使用的情况。文本档案还要注意存档备份。

（7）独立、定期的审查。管理层可以采用定期和不定期两种方法对各个部门的内控执行情况进行检查。内部审计委员会的设立就能起到一个很好的监督作用。

（三）管理信息系统

一个机构能否及时、准确、有效地获取贷款、收入和成本方面的信息，往往是其发展道路上重要的影响因素之一。管理信息系统是可持续小额信贷经营的基础条件：信息系统采集数据并生成提交给管理层的报告，是供管理层作出决策并采取措施的基础。

良好的管理信息系统承担了处理小额信贷机构的会计、金融产品和客户数据等方面信息的职能，为机构的各层次人员提供及时、准确的信息。对于分支机构的职员来说，管理信息系统能够更好地监测贷款，以改善经营状况。对管理层来说，它能提供战略信息以帮助他们判断问题所在，并集中精力加以解决。

四、小额信贷机构风险的外部管理

机构风险的外部管理可以理解为外在的约束，主要由两方面构成：市场约束和监管约束。监管约束包括监管环境、法律法规和监管当局，这部分内容在第一节已经有详细讨论。在这里，我们主要讨论市场约束。

有效的市场约束依托于一个成熟的资本市场，评级机构、审计机构等第三方服务机构是对微型金融机构进行市场约束的中坚力量。

（一）评级机构

评级机构依据经审计的财务报表和小额信贷机构提供的其他文件和资料，从其经营管理能力、资产质量、风险状况、社会贡献等方面评定其资信水平，并为投资人、债权人和管理部门提供可供比较的参考意见。相对于项目评价或机构评估，评级更侧重于风险，尤其是贷款管理中的内在风险。

由于评级机构正常情况下都保持公正、公开、中立、客观、准确等基本的职业操守，所以其评级结果已经越来越成为捐赠者、投资者、监管者、其他利益相关者和小额信贷机构重要的参考。评级机构的评级报告不仅为投资者和监管者提供了可信的参考信息，还为整个行业提供了一个标杆式的参照。小额信贷机构的管理者们可以进行横向和纵向的比较，找到机构自身的定位，并以此来制订发展目标。

（二）审计机构

由于小额信贷机构通常规模较小，而鉴于审计工作较强的专业性，审计费用也必然较高，所以有不少的小额信贷机构认为外部审计花费了大量的人力、物力，却看不到能给机构带来什么直接的好处。从表面上看的确如此：审计本身并不产生利润，而成本却很高。然而，外部审计可以提高小额信贷机构财务信息的可信度，可以提供给股东有关资产的保值增值情况，让捐赠者对资金的使用放心，也能让监管者对机构经营的合规性有及时、准确的了解。而这些，对小额信贷机构未来的融资和扩大覆盖面都具有深远意义。此外，通过外部审计，还可以有效地检讨机构内部管理的漏洞和内控上的不足，以规避一些可能的风险。

要注意的另一个问题是，当前许多审计机构往往对小额信贷业务认识不足、缺乏经验。对小额信贷机构的贷款组合风险和内部管理机制同传统商业银行间的巨大差异不了解或不甚了解，仍然沿用传统的商业银行审计程序来审计小额信贷机构，导致其审计意见缺乏针对性和实用性。目前，国际上还没有专门的小额信贷财务准则和审计准则，再加上小额信贷机构内控和报告系统也不尽完善，这是目前小额信贷机构在审计中遇到的主要困难，但相信不久的将来，这些困难也是完全可以克服的。

表 8-4　　针对小额信贷机构的几种外部审计业务

服务类型	目标	性质	审计结果
年报审计	确认年报没有重大错误，并且真实、公允地反映了机构的财务状况	对账户余额的实质性审计	附有审计意见的审计报告
管理层申明	了解管理层对现状的改进措施和对未来发展的规划	属于年报审计的副产品	管理层申明
特殊目的审计	满足利益相关体的特殊要求，比如捐赠者要求的对资金使用状况的审计	对特定事项进行审计	特定的审计意见和报告
商定审计	在同客户商定的基础上对某些账户或交易事项进行审计	商定的审计程序	不出具审计意见，只提供执行结果

第三节　小额信贷机构的信用风险管理

一、小额信贷机构信用风险的特殊性

小额信贷产品、客户端文件和贷款承销方式的独特性构成了小额信贷业务信用风险的特殊性，这又具体表现为以下几个方面。

（一）高利率的相关风险

贷款数额小、期限短、无抵押、还款频繁、利率高于传统银行贷款就是小额贷款的特点。小额贷款属于劳动密集型贷款，其单位贷款的成本高昂，因此许多小额贷款机构都要求较高的利率以收回成本。高利率和高频率还款的结合，容易对客户的现金流造成压力，并演变为信用风险。为此，信贷员必须要深入了解客户的经营情况，为客户设计合理的还款计划，而不能用简

单、“一刀截”的方式机械地把为某一个客户所做的还款计划套用到其他客户头上。另一方面，民间高利率与“高利贷”的等同，特别当出现经营不善时，很容易出现以高利率为由而恶意拖欠贷款的可能，这也应引起足够重视。

（二）信用记录缺失

大多数发展中国家并没有征信机构，即使拥有征信机构的国家，由于小额借款人往往被正规金融体系排除在外，他们的信用状况也常常未被纳入主流、正规的信用数据库。在有的国家，其主流的正规信用数据库还可能不向小额信贷部门开放。因此，在小额信贷领域，借款人的相关信息主要来自信贷员对借款人生意状况的实地考察及对其家庭和邻居等的访问。借款人往往缺乏正规的财务报表，因此信贷员需要使用预期现金流和净资产来确定摊销进度和贷款数额，以准备信贷文件。此外，借款人的性格和偿还意愿也会在实地考察中进行评估，但单凭一面之缘就下定论的方式，主观性较强，容易出现甄别错误的风险。

（三）信贷员综合素质的挑战

小额信贷是一个高度分散的过程，信贷的审批、监督和事后管理等大部分责权掌握在信贷员手中，审贷委员会的信贷评审严重依赖于信贷员所提供的信息。这对信贷员的综合素质就形成了巨大的挑战。信贷员的不尽职、不合格，或与借款人的“串谋”，甚至信贷员的冒名贷款[①]等都增加了贷款的信用违约风险。2007 年，国家开发银行聘请德国国际项目公司（International Project Corporation，IPC）[②] 公司微贷专家进驻我国 12 家城市商业银行，为其小企业贷款尤其是微贷业务提供技术指导和员工培训，协助建立可持续运行的小企业贷款部门，已取得很好的成绩。

（四）联保贷款的传染效应

小额信贷机构往往会采用联保贷款的方法。贷款发放给联保小组的部分成员，其他成员为这些贷款提供信用担保。联保小组的成员相互间的监督有助于确保贷款的偿还。因为一个成员的违约会对其他成员取得贷款不利。但是另一方面，在某些情况下（例如，出现重大自然灾害），个别贷款质量的恶化可能会“传染”组合的其他贷款。随着贷款机构违约率不断上升，其他借款人判断这些机构因为信贷质量问题将来不太可能提供贷款，因此即使有能

① 在中低收入国家和低收入国家的小额贷款业务特别是信用合作社从事的小额贷款业务中，由信贷员操作的冒名贷款时有发生。

② IPC 推崇通过培养信贷员来获取客户的信息，与客户交谈、实地点货、交叉检验、银行自制财务报表、注重现金流分析等是这种模式的主要特征。

力偿还，也有可能停止偿还现有贷款。

（五）递增贷款引起的过度负债

缺少其他融资渠道的客户通常更加依赖持续方式获取贷款。小额信贷采用还款激励方法，信用良好的借款人可获得未来优惠政策的奖励，获取更大贷款金额（有时是有利的还款期和低利率）。但若借款人的风控意识没有逐步加强，这会引起借款人过度负债的风险，从而增加信用风险。同时，这也影响到了利率风险管理。

（六）政治影响

小额信贷在一些国家被视为政治工具，在经济萎缩时期诱导政府要求金融机构容忍或原谅不良客户贷款。一些国家，常常以政治上的需要强制性要求金融机构片面地以政治为重，而不顾金融机构自身的利益，毫无理由地要求金融机构承担额外的损失。这表面上是在“帮”一些低收入者，但事实上，这种“溺爱”反而会“惯坏”一些投机的借款人，甚至会影响整个小额领域的信用文化，这对整个国家来讲是得不偿失的。

二、小额信贷贷款质量的控制

贷款是小额信贷机构最大和最重要的资产。由于未来偿还的不确定性，任何贷款都含有一定的内在违约风险。因此，需要对贷款的风险程度进行定期的监测和分析。有效的风险监测要求小额信贷机构编制和使用贷款报告，以提供贷款规模、发放、偿还、逾期、账龄、本金冲销以及其他能确认风险程度和跟踪贷款质量的详细信息。

（一）小额信贷贷款监测

信贷经理有责任充分掌握贷款信息，包括贷款用途和还款情况。小额信贷的借款对象风险承受能力较弱，所以需要保持更直接、更频繁的关系。对于按时还款的小额贷款，如果没有拖欠，信贷员就没必要再去拜访。对于存在拖欠迹象的客户，信贷员要在到期前进行拜访，具体了解借款人的情况。对于新客户和处于宽限期的贷款，信贷员要在贷款初期进行实地考察。

（二）小额信贷机构贷款质量标准

一些机构将收款率或还款率作为贷款质量的指标予以公布。但是这些比率是基于一定时期的现金流来计算的，因此它们并不能反映积累的逾期贷款额。在大多数情况下，维持 98% 的还款率并不等于有 2% 的贷款损失率，还款率并不能充分反映贷款的风险水平。它只能衡量一定时期的现金流，而不能说明累积的损失或那些拖欠贷款未来可能增加的风险。利用历史还款率可预测现金流，但用来衡量贷款质量则很危险，甚至可能带有欺骗性。

1. 贷款余额和平均贷款余额

贷款业务的收入是小额信贷机构最主要的经营收入。因此，对于管理者、分析人员和投资者而言，精确计算当期贷款总余额是最基本的工作。下面这个公式列出了当期贷款总余额的计算方法：

当期贷款总余额 = 期初贷款总余额 + 贷款发放额 - 本金偿还额 - 冲销额

定期贷款余额（日、周、月、季度、年）确定后，可计算出这一时期的平均贷款余额（Average Outstanding Portfolio，AOP）。AOP 运用某一确定期间（周、月、季度或年）的信息按下列公式进行计算：

$$平均贷款余额 = \frac{期初余额 + 各期间期末余额总和}{期间数 + 1} \quad (8-1)$$

期间代表了整段时期中划分的相同和固定的子区间。在计算一年的 AOP 时，可以选用一个季度、一个月、一周甚至是一天作为一个期间。一条重要的标准：选择的期间越多，计算出来的 AOP 就越精确。从公式中也可以看出，如果最后一期贷款余额突然增加，则上述方法得到的平均值将高估真实的 AOP。总体而言，对小额信贷机构而言，平均数和 AOP 在指标和比率计算中非常重要，它们提供了给定时期内机构的业务情况。

2. 逾期率和风险贷款率

本金偿还和利息收入都依赖于未来的还款情况，放款人必须评估借款人是否具有能力偿还（即未来是否有必需的现金流）以及是否有偿还意愿（即还款积极性）。

这种内在的风险意味着小额信贷机构及其管理层必须密切关注借款人的还款行为以评估贷款风险。逾期率和风险贷款率是评估贷款风险时两个常用的指标。

逾期率衡量的是分期还款总额占贷款总余额的比例，公式如下：

$$逾期率 = \frac{逾期的分期还款总额}{贷款总余额} \quad (8-2)$$

作为贷款风险指标，这个公式只考虑了借款人的当前行为（即实际已逾期的分期还款总额），而没有考虑其未来的行为。当期或过去存在拖欠还款意味着未来的分期还款比正常情况下的风险要大。由于逾期率并没有反映出拖欠贷款在未来具有的高风险，所以该比率低估了还款的异常风险。例如，对小额信贷机构来说，出现 3 次分期还款拖欠的借款人，其风险比仅当期未还的借款人要大得多。

风险贷款率（PAR）衡量的是拖欠贷款总余额占贷款总余额的比例，公式如下：

$$风险贷款率 = \frac{拖欠贷款总余额}{贷款总余额} \qquad (8-3)$$

这个比率的分子不仅包括当期和过去未偿还的分期还款，而且还包括所有未偿还贷款额。比如，某机构中一客户贷款12,000元，每月应还本金1,000元。该客户第1个月按时还款1,000元，但第2月到期未还，则拖欠额为1,000元，风险贷款为所有未还的11,000元。假设贷款余额为100万元。风险贷款比例PAR = 风险贷款/贷款余额 = 1.1%。若用户第3个月仍然没还，则风险贷款账龄30天，即PAR_{30} = 1.1%。这种方法能更好地捕捉拖欠贷款未偿余额的异常风险。国际小额信贷信息平台（Microfinance Information Exchange，MIX）也用风险贷款比例PAR来衡量和比较各机构的风险。MIX一般要求小额信贷机构披露PAR（1，30，60，90）等4个指标[①]。

3. 风险贷款账龄法

风险贷款账龄法（Aged Portfolio at Risk，Aged PAR）是国际小额信贷通用的风险管理工具，大部分从事小额信贷的机构都采用了这个方法。

风险贷款账龄法就是以PAR为基础的提取贷款损失准备金的方法，账龄以贷款拖欠的逾期天数来测量，分类范围从短期拖欠（<30天）到可能成为坏账的拖欠（>90天）。大于30天的风险贷款提取30%坏账准备，大于60天的提取60%，大于90天的提取100%。[②] 而目前传统商业银行采取五级分类的办法来确定贷款的风险，分别为：正常、关注、次级、可疑、损失。风险贷款指：次级、可疑、损失三类。一般来说，逾期在90天内的贷款属于关注，并不属于风险贷款。显然，相比逾期率，PAR是更为严格的风险控制指标，按照风险贷款提取坏账准备，成本更高。风险贷款指标可以督促小额信贷机构加强对客户的日常跟踪管理，及时发现问题并加以解决，而不能等到所有贷款到期时才采取措施。

更为严格的风险贷款账龄法是与小额信贷的特殊性相关的。其中主要有以下几个因素：

（1）无抵押，不可能用抵押和担保的执行来减少风险；

（2）整贷零还，而不是整贷整还，因此产生逾期贷款与风险贷款的差别与联系；

---

① 在实际操作中，PAR衡量预定拖欠水平的风险状况，通常以逾期30天作为基准。在这种情况下，PAR_{30}表明所有逾期30天或以上的未清偿贷款余额。

② CGAP（Consultative Group to Assist The Poor）认为，0 < PAR < 30是属于正常贷款，不需要提取准备金。

（3）额度小，不值得法律诉讼；

（4）大数定律，类似保险业，拖欠率具有一定的统计概率，只要控制这个概率，并以利率覆盖风险，则可以设定坏账注销政策。在小额信贷行业，为减少催收成本，一般设定较短的风险账龄加以注销①。

PAR 是一种很好的衡量信用风险的指标。但是同时，机构管理者特别是监管者要注意到，PAR 也有被操纵的可能。核销呆账来减少风险贷款额或新发贷款来增加贷款总额，甚至在印度的一些小额信贷机构为实现“零 PAR”，出现信贷员坐在借款人门口，直到借款人将欠款偿还的现象。这些是人为故意操纵的手段。另一方面，还涉及技术和标准的问题。很多机构都采用了管理信息系统，PAR 的计算也由系统自动生成。系统能否及时确认贷款的逾期问题，分期偿还在时间上和数量上的科学安排等问题都可能影响到 PAR 的准确性。

4. 贷款损失率

贷款损失率（Loan Loss Rate，LLR）用于衡量过去不可回收贷款的损失。它使用给定时期的贷款冲销额来计算，公式如下：

$$\text{贷款损失率} = \frac{\text{贷款冲销总额（给定时间）}}{\text{平均贷款余额（同期）}} \tag{8-4}$$

冲销额 = 贷款损失预提费用（期间）+ 贷款损失准备金余额（期初）－贷款损失准备金余额（期末）

需要关注的是：分母使用的是一个平均值，而不是一个时点上的值。用平均值是因为在给定的一段时期内贷款额度不断地变化，小额信贷机构会发放新贷款和收到偿还的贷款。同样，冲销额与这段时间内的贷款活动有关，而与期末的贷款余额无关。更简单地说，12 月末的贷款冲销额主要反映的是过去已发放贷款的风险，而不是当期贷款的风险水平，尤其在贷款拖欠了很长时间的情况下，未偿贷款的违约风险是很大的。因此，对于当前贷款风险水平而言，计算 PAR 指标更为有效。

三、小额信贷机构的客户信用评分

个人信用评分是一种统计或定量方法，用于预测贷款申请者或现存借款人将来发生违约或拖欠的概率。信用评分会影响一个人的融资能力。一个具

① 当小额信贷机构不受中央银行关于贷款损失准备金的管制约束时，它可以从营业历史记录中得到以前的贷款损失类型和损失比率的信息，计提贷款损失准备金。但是刚开始营业的小额信贷机构则应该根据自己提供的贷款产品种类与结构特征，采取谨慎的行业标准。

有较高信用评分的人，往往容易以较低的成本成功融到资金。

（一）个人信用评分的三大方法

1. 传统信用评分

传统信用评分方法，也称经验法。这是一个定性的信用评分方法，由专业的授信人员凭借个人经验，以主观的判断作为贷款批准的依据。这种方法执行上比较容易，弹性也比较大，但容易受到个人主观判断的影响，缺乏客观性，容易造成偏差和误差。但这种方法易于观察到借款人的“软信息”，而客户的“软信息”对于小额信贷机构来说，是衡量客户信用风险的一个重要因素。

2. 综合信用评分

综合信用评分产生于20世纪80年代，由Moody提出的，是目前世界各大评级公司普遍采用的方法。综合评分法是将反映借款人信用状况的定量因素和定性因素综合考察后，对借款人的信用状况做出全局性、整体性的评价，并用通俗易懂的指标和符号的形式表现出来。综合评分方法以定性分析为主、定量分析为辅。综合信用评分参考数据多，指标选取主观性强，信息全面但工作量大。小额信贷机构大多不具备相应的信息处理能力。

3. 现代信用评分

现代信用评分方法是指以数理技术为基础的信用风险评价系统，它可以对信用风险进行更为精确的度量。信用风险度量模型是利用统计学方法或运筹学方法，以大量的历史数据为基础，找出具有某种属性的客户的特征，总结出分类规则，建立数学模型，运用此模型预测某种性质的事件发生的可能性，为信贷决策提供依据。目前这类方法的应用是最有效的。建立评分模型的方法概括起来有线性回归方法、Logistic回归方法、Probit回归方法、数学规划方法、判别分析方法等。目前，国际上最为流行的个人信用评分系统是由美国Fair Isaac Company推出的，即FICO评分。FICO评分主要用于贷款方快速、客观地度量客户的信用风险，缩短授信过程。这迎合了小额信贷机构的发展所需。

（二）FICO信用评分

FICO评分在美国应用得十分广泛。人们能够根据得分，更快地获得信用贷款，甚至有些贷款，可以直接通过网络申请，几秒钟就可以获得批准，缩短了交易时间，提高了交易效率，降低了交易成本。FICO评分系统得出的信用分数范围在300—850分之间。分数越高，说明客户的信用风险越小。但是分数本身并不能说明一个客户是“好”还是“坏”，贷款方通常会将分数作为参考，来进行贷款决策。

FICO 评分模型中所关注的主要因素有五类，分别是客户的信用偿还历史、信用账户数、使用信用的年限、正在使用的信用类型、新开立的信用账户。这五类因素在信用评分中的权责如图 8－1 所示。

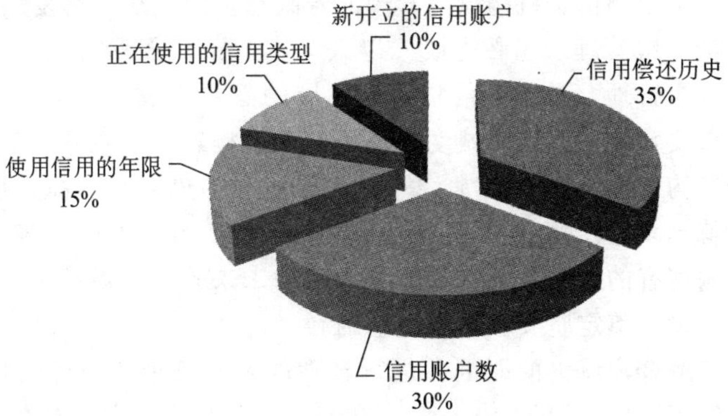

图 8－1 FICO 评分关注的主要因素

数据来源：www. myfico. com.

FICO 评分系统依据的是客户的历史信息，分析判断得出最后的信用分数。这充分体现了以事实为依据，不靠主观判断的特点。但并不是所有的客户信息都能被纳入 FICO 的信用评分系统，而这些信息却跟客户的还款能力有关，如工资、职业、婚姻状况、头衔、雇主、受雇历史等。由此可见，FICO 评分系统虽然具备科学、公正和客观的评估系统，但它根植于美国，小额信贷机构不能奉行“拿来主义”。无法量化的“软信息”有时往往是客户的重要信用资产，在这里，信贷员的经验判断显得至关重要了。

（三）现代信用评分技术的国际实践

信用评分技术的运用极大地依赖于建模数据的可获得性和有效性。因此，数据库的获取、整理和分析是小额信贷机构建立信用评分模型的前提和基础。目前，发展中国家的个人征信系统和企业数据库均不完备，数据库的建立难度较大。但随着市场环境和基础设施的逐步完善，这些难题是可以克服的。另一方面，“信贷员复审”环节是小额信贷采用现代信用评分法的关键。2007 年，微型企业基金（Microenterprise Fund for Innovation, Effectiveness, Learning and Dissemination, FIELD）和两家小额信贷机构合作专门针对“评分法”在小额信贷机构的适用性进行了研究。研究表明，小额信贷机构客户的信用分数低但机构的违约损失率并不高。原因在于，客户具备高质量的“软信息”，其实际信用分数高于模型计算的结果。因而，信贷经理或信贷员可为信用分数低的客户提供一些“软信息”保证，从而使分数低但信用好的客户也可以获得贷款。

四、小额信贷机构的客户关系管理

信贷管理是小额信贷机构风险管理的着眼点。但是从长远发展来看，“以产品为本”的风险管理思想必将被“以人为本”的思想所代替。因此，从信贷管理转向客户管理，是小额信贷机构发展的必要手段，也是为客户提供个性化服务的重要转变。客户忠诚度是小额信贷机构客户关系管理的量化指标，对小额信贷机构的意义非同寻常。一方面，客户的忠诚度越高，机构对客户信息掌握得就越多，从而有助于信用风险的管理。另一方面，客户忠诚度不仅体现了机构现有的资源价值，且蕴含了机构未来收入、规模扩张的可能性，为机构的平稳发展奠定坚实、必要的基础。

因此，了解客户流失的原因并进行合理的客户管理对小额信贷的发展与推广有重要作用。Jacqueline Requizo（2006）以信贷参与主体对客户流失进行了如下分类。

（一）高度竞争引起客户流失

小额信贷正以“井喷式”的速度发展，行业特征类似于完全竞争市场。这个局势设定了较低的行业准入门槛，更加剧了小额信贷行业的发展势头。然而，各机构间的高度竞争却加剧了客户流失。Jacqueline（2006）对客户流失后的客户融资去向做了统计，在相对成熟的美洲中部小额信贷市场，转向其他小额信贷机构的客户占总客户流失量的13%。而在竞争激烈的南美市场，这一比率翻了一番多，高达28%。两家甚至多家机构同时竞争同一客户的情形时有发生。而与此同时，单个机构的客户流失很大程度上影响了行业的客户流失。仍就前文数据进行分析，在整个美洲，除转向同业融资之外的剩余客户流失量在总客户流失中平均占比高达70%以上，即行业的高度竞争对整个小额信贷行业的客户留存造成了负面影响（见图8-2）。

（二）产品满意度下降引起客户流失

影响客户对产品的满意度有多方面因素，例如贷款额度、还款期限、利率、担保等。小额信贷由于风险较大，因此各国政策中对这些机构的限制居多。这些信贷机构要在保证合法、合规的基础上进行产品创新，难度很大。现有的小额信贷产品大多是标准化的产品，缺乏灵活性；而缺乏灵活性的产品设计就无法高效地对不同客户提供“量身化”的产品服务，导致客户的流失风险增大。

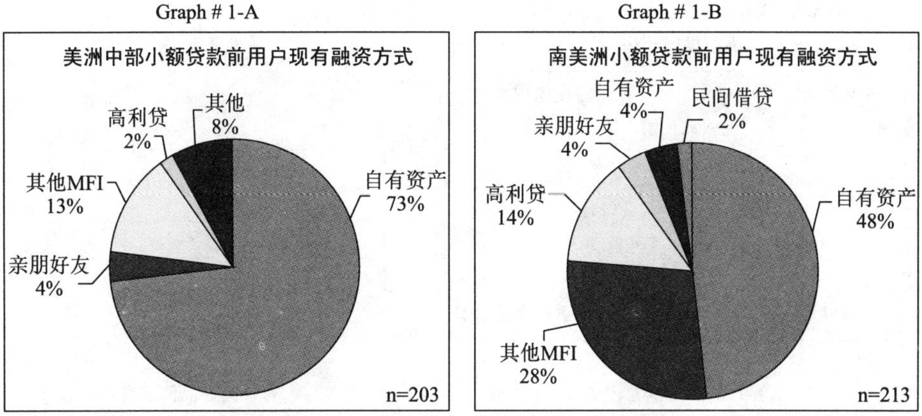

图 8－2　美洲地区小额信贷前用户现有融资方式

数据来源：www. accion. org.

（三）违约客户的主动流失

客户的主动流失主要是由于其无法按时还款或无法按时还款的事件，即违约风险加大，客户为躲避债务而选择“离开”。因此，客户管理需要重点关注贷款管理，即能在发放贷款、贷款使用、贷款回收三个阶段对客户档案进行合理管理。

针对前两类客户流失的起因，小额贷款机构应从产品和服务上进行突破。一方面，突破同质化的限制，是小额信贷机构提高客户忠诚度的一大手段。小额信贷属于信贷需求的低端市场。它所面对的是一个不稳定、不确定以及开发不充分的市场。如果不能进行异质化服务以及产品推广，该机构不仅会失去需求不断变化的客户，也将被挤出小额信贷这个行业。另一方面，小额贷款机构应当加强影响客户满意度的各个变量的管理。Jacqueline（2006）对两个地区（美洲中部和南美）影响客户满意度的几个变量做了相关性的检验。以小额信贷发展成熟的美洲中部为例，还款频率和期限是对客户满意度重要性最大且相关性高的两个因素，需要信贷机构的重点关注与管理；而纸质档案和再贷款是对客户满意度重要性不大而相关性较高的两个因素，由于其对客户满意度的边际效应较大，信贷机构需对这类因素引起重视。如图 8－3 所示。

在服务方面，与客户建立情感联系是小额信贷机构客户关系管理的一大特色。小额信贷独特的业务模式更容易使信贷员和客户形成亲密的情感联系。在节假日送上一句真挚的问候、有困难时尽力提供帮助、时时为客户提供最新的信贷相关信息等措施增加了小额信贷机构服务的人性化色彩，有助于提高客户的忠诚度。

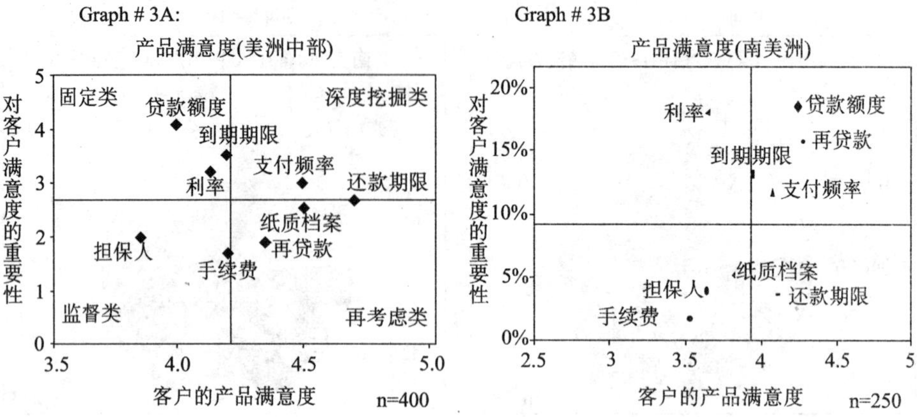

图 8－3　小额信贷产品满意度结构图

数据来源：www. accion. org.

正向激励和负向激励是解决客户主动流失的重要举措。还款激励措施是小额信贷机构使用最多的一项正向激励措施。印尼村行针对普通农贷就设计了一项按时还款的激励措施（IPTW）。根据该措施，25%的利息将被返还给客户以奖励他们按时还款。任何期限的贷款，只要客户在6个月内每月都能按时还款，IPTW将会返还给客户。6个月的IPTW相当于每月还款额的30%，所以它能很大地激励客户按时还款。

黑名单制度是针对这类客户的典型负向激励。信用是小额信贷机构客户申请贷款时的最重要担保。进入“黑名单”意味着客户的信用资产丧失，这对客户的影响是深远的。因此，我们不能对“黑名单”的认定实行“一刀切”。“黑名单”的后期管理也应是动态变化的。比如：一旦客户信用状况改善，仍然可以再次申请贷款，这其中涉及黑名单冻结期限和解冻后的额度管理，合理的制度设计才能获得惩罚和激励并行的效果。

第四节　小额信贷机构的财务风险管理

一、资产负债管理

小额信贷机构规模小，业务相对单一。其虽然资产负债结构相比商业银行，更为简单，但特殊性却不容忽视。表8－5列示了不同类型小额信贷机构的资产结构和收入来源。

表 8－5　　不同类型的小额信贷机构的资产结构和收入来源构成

类型	收入构成来源（%）			资产构成（%）			平均资产回报率（%）	
	贷款组合	其他资产	其他服务	贷款组合	其他资产	固定资产	贷款组合	其他资产
银行	82	8	10	66	32	5	32	4
信用社	87	5	8	76	21	6	26	3
非存款机构	91	3	6	76	22	4	36	2
非政府组织	92	3	5	76	22	5	36	3
乡村银行	85	9	6	76	38	4	33	4
平均	90	4	6	74	24	5	34	3

数据来源：www. themix. org

（一）“不到期”的贷款组合

贷款是大多数小额信贷机构的核心业务，贷款组合也就成了小额信贷机构的主要资产。不断增长的贷款组合显示出了小额信贷机构蓬勃的成长力。维持贷款组合在一个稳定的水平，意味着到期本金的偿还又重新变成新的贷款放出去。贷款组合规模不断扩大，则需要源源不断的新的融资。事实也是如此，很多机构都推行了还款激励措施：如果借款人在当前的借款合同中表现良好，及时还款，那么他就可以享受更高的贷款额度或更优惠的利率水平。在这种条件下，贷款规模自然不断扩大。所以，尽管小额信贷从单独的合同来看，还款频率高，期限短，属于短期资产，但其实质上已经成为了长期资产。长期资产需同长期负债相匹配，例如资本金，定期存款等。因此，小额信贷机构的管理者和监管者们不能单独以贷款合同为基础来进行缺口分析。它掩盖了真实的期限结构，易引起融资策略的失误。

（二）偏重于积极的负债管理

小额信贷机构的资金来源呈现多元化，从最先的捐助、政府拨款到目前商业性质的存款、批发贷款、债券等。资产负债表的负债方变得丰富，复杂程度也相应提高了。而作为资产方的主力军——信贷，却倡导以简单、标准化、易于理解的方式存在。这当然是为了小额信贷的服务对象而设计的。这些客户金融消费能力低，风险管理知识缺乏，不同于商业银行可以根据客户差异化的风险承受能力来设计不同风险回报的产品。因此，小额信贷机构的管理者要将重点放在积极的负债管理上，同资金提供者协商争取更多的优惠，或者设计更丰富的负债结构，而不是效仿商业银行将过多的精力放在研发复杂的新产品上。

（三）借款、自有资本和存款

资产负债管理的目标是通过对资产和负债在余额和期限上的匹配将资产

负债表上的内在财务风险降到最低。资产负债管理的重点就在于准确分类，这是一个动态的过程。缺口分析就是将资产负债表上的资产和负债根据期限进行分类。这里指的“期限”不是合同规定，而是根据实际的现金流来确定的。① 前文已经讨论了小额信贷机构的资产项目，接下来从融资角度出发，重点讨论负债项目。

小额信贷机构的融资来源主要有三类：借款、自有资本和存款。作为资产的对应方，借款和存款是负债类，而自有资本属于权益类。当然，权益资本也可以看做是“长期”的负债，只有在机构解体的时候，才需要清偿。

在过去的3年里，借款融资占到了小额信贷机构资金来源的三分之一，相比同期增加了70亿美元。但是，从图8－4看到，2010年，尽管总量相对保持稳定，但比例出现了下降。全球金融危机使得投资者们“自身难保”，纷纷撤出投资。

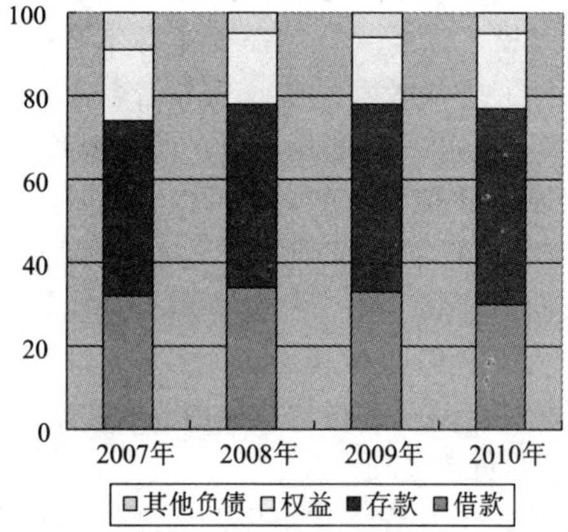

图8－4　融资来源（%）（2007—2010年）

数据来源：www. themix. org.

图8－5还显示小额信贷机构的融资结构与所在地区和国家以及机构类型相关。在大多数国家和地区，借款融资的比例都达到30%以上。非银行机构和NGO因吸收存款受限而对借款融资的依赖度最大。

① 缺口分析的用法很广泛，视具体的风险而定。下面介绍的进行利率风险的缺口分析师，就是以利率敏感性来进行分类的。

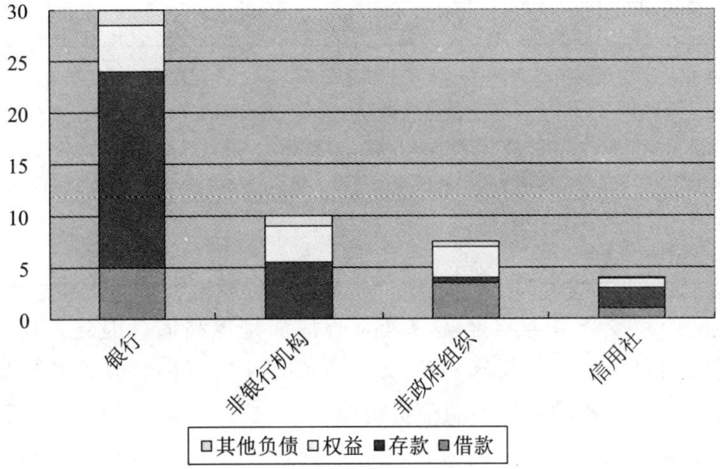

图 8－5　不同小额信贷机构的融资结构（%）

数据来源：www. themix. org.

小额信贷机构近年来的发展壮大得益于外部融资、政府的政策，以及国内外投资者的青睐，带来大量资本的涌入。特别是一些非存款机构的发展最为明显，但问题随之而来。

不同的资金来源的期限和融资成本是不一致的。从表 8－6 中可以看出，金融机构是最主要的融资来源，逐利的本质决定了它期限短和成本高的特点；基金次之。而且，这两种融资来源的再融资风险相对较高。DFI 因带有促进金融发展的宗旨，所以相对更优惠些。政府资金无疑是性价比最高的融资来源，期限长、成本低，不足之处是规模小，仅仅依靠这些资金来源，小额信贷机构是很难成长壮大的。

表 8－6　　　不同融资来源融资金额、成本和期限比较

融资来源	小额信贷机构机构数量（个）	融资总金额（美元）	平均金额（美元）	加权平均融资成本	加权平均融资期限（月）
开发金融机构（DFI①）	317	2, 894, 739, 865	327, 667	8. 09%	68
金融机构	462	5, 850, 221, 697	452, 948	9. 93%	40
基金	372	3, 253, 255, 262	900, 901	8. 87%	49
政府	269	1, 174, 012, 638	219, 979	4. 91%	101
其他	381	1, 241, 000, 914	129, 722	8. 29%	60

数据来源：www. themix. org

① Developmental Financial Institution 的简写。

Bosnian 的困境

Bosnian 的小额信贷机构在2006—2008年间快速扩张，其中非存款机构最受瞩目。它们不能吸收存款，而且根据 Bosnian 的相关规定，大多数机构也不能接受权益投资。因此，负债融资就成为他们的主要资金来源。在2007—2008年的高峰期，当地银行和海外投资基金争相为这些机构融资。2008年金融危机的爆发使得这种发展模式的弊端显露无疑。借款合同一旦到期，国内外投资者均相继撤出资金。小额信贷市场急剧萎缩。

来源：www. cgap. org

金融机构和投资基金的再融资风险通常都是较高的。因此，我们在分析负债融资的期限结构时，要区分资金提供者的性质，再结合外部环境考察再融资风险。例如，如果一家小额信贷机构负债融资中以金融机构的资金为主，管理层在作新一轮的融资筹划时，需要考虑整个市场的流动性、利率期限结构以及资金的供求情况后，才能进行相关资产的匹配。

事实上，从几家典型的小额信贷机构的财务数据来看，缺口往往为负，即长期资产余额大于长期负债余额，也即利用短期负债为长期资产融资。“不到期”的信贷资产是主要原因。因此，机构管理者们应积极扩充长期融资渠道，比如扩大存款规模，从批发机构获得商业贷款等补充发展所需要的资金。

二、流动性管理

“现金为王”是财务管理中的重要特点。对金融机构来说，流动性风险是财务风险中最重要的一部分：机构无法偿还到期债务可能意味着非常严重的后果，流动性缺乏可能导致资产优良的企业在短期内破产。在这里，针对小额信贷机构，流动性风险的定义还需进行扩展。小额信贷机构快速成长带来的资金需求，以及客户面对自然灾害时的“脆弱性”，都可能造成小额信贷机构的资金缺口，这些特质决定了小额信贷机构对流动性的要求会更高。

流动性风险的衡量也需要用到资产负债管理中的缺口分析，范围则缩小到短期资产和负债的分析。但是，小额信贷机构的资产绝大部分是流动性较差的长期的信贷资产，缺口分析和管理并不能很好地控制流动性风险，引入流动性比率等指标，将有助于对流动性风险的管理。

（一）流动性负债占总负债的比率

短期负债融资成本低，但受市场环境影响大。过分依赖短期融资导致再融资风险加大，小额信贷机构的经营将受到影响。随着资产负债规模的不断扩大，短期负债的比率应随之进行调整。

（二）流动性资产占总资产的比率

小额信贷机构的流动性资产构成较为简单，以现金和债券投资为主（主要是安全性高的政府债券）。利息和1年内到期的贷款可以作为短期资产，但是不能作为流动性资产，因为他们又会成为新的贷款。

（三）存贷比

存贷比可以用来衡量机构的存款支持了多少的贷款资金。我国商业银行存贷比的监管"红线"为75%，上市中小银行的存贷比在70%—75%之间。而不同小额信贷机构的存贷比却千差万别，从高达80%到90%，这是不同性质的机构的资金来源不同造成的。

很多小额信贷管理者认为自身并不吸收存款，所以不需要充足的流动性。虽然这些机构不存在对借款人的偿还风险，但是这并不意味着不会出现流动性短缺。在2008年的金融危机中，小额信贷机构相互之间的存款风险大大增加，一个机构的流动性短缺可能引来整个系统的连锁反应，造成整个行业的流动性急剧下降。

到期的贷款本金和利息不能作为流动性资产，因此，现金是小额信贷机构流动性资产的重要组成部分。对于流动性管理来说，现金流管理是重点。

Christen 曾提出了现金管理计算公式：

$$现金周转率=\frac{现金供给}{经调整后的现金需求} \tag{8-6}$$

现金供给=(12个月流动性资产余额的总和)/12；

流动性资产包括现金和短期投资；

经调整的现金需求=运营成本+预计的贷款发放+本金的支付-到期的贷款本金和利息。

管理层应根据机构的风险承受能力，确定一个现金周转次数的临界值。在此基础上，对现金周转率实施动态管理。

每个小额信贷机构的商业模式、产品组合以及风险承受能力都是不一致的，流动性管理也有着各自的特点。无论是流动比率还是现金周转率，都应根据机构自身情况而定。

三、利率风险管理

利率风险是指市场利率变动的不确定性给商业银行造成损失的可能性。巴塞尔银行监管委员会将利率风险分为重新定价风险、基差风险、收益率曲线风险和选择权风险四类。这其中，与小额信贷机构最相关的是重新定价风险[①]。重新定价风险产生于资产和负债头寸重新定价时间和到期日的不匹配。

① 这里所指的重新定价风险不包括因竞争或客户信用状况改变而重新定价的风险。

某一时间段内，利率敏感型的资产和负债之间的差额称为“重新定价缺口”。利率出现变动时，机构将面临利率风险。

（一）利率风险管理的特殊性

小额信贷市场日趋激烈，小额信贷机构为留住和吸引更多的客户纷纷降低贷款利率，却忽视了同期融资成本的高低。小额信贷机构目前利润的主要来源是净利息差，融资成本决定着盈利能力。

当融资成本增加时，商业银行能快速地将增加的成本通过提高贷款利率转移到客户身上。而小额信贷机构的成本则不能转移，这也是小额信贷部门同商业银行的又一重要差异。小额信贷机构的信贷产品往往设计成简单、易懂的结构，以满足客户的资金需求（比如定期等额的还款方式）。及时还款并保持良好还款记录的客户往往期望得到更优惠的贷款条件，他们并不了解也不愿接受越来越高的借款利率。所以，即使市场上融资成本增加，小额信贷机构的贷款利率水平仍很少做出相应的变动。

（二）利率风险的管理

利率风险管理的关键是确定资产和负债项目的重新定价时间。利率敏感性是衡量重新定价时间的基础。信贷产品是小额信贷机构的主要资产，其重新定价时间受机构自身的贷款政策影响，弹性较大。负债项目的重新定价时间如表 8 - 7 所示。

表 8 - 7　　不同负债项目的重新定价时间

	本金到期一次性偿还	本金分期摊销偿还
固定利率	到期日	分期支付日
浮动利率	到期日	分期支付日

重新定价时间确定后，可按期限对资产负债表分类，经过匹配和调整，将利率风险控制在机构可承受的范围。

分析利率风险对盈利能力的影响是利率风险管理的另一重要方面。Karla Brom（2009）提出了三种评估方法：净利息敏感性分析、经济价值法以及久期缺口分析法。这三种方法从不同角度分析了利率变动对机构净利润的影响。净利息敏感性分析将利息的变动同缺口变动联系起来，得出净利息的变化。这种方法简单、易懂，可操作性强。经济价值法侧重于机构价值的变化，引入了现值的概念。利率的波动使得资产和负债的价值也发生了变动，机构的价值也随之而变。这种方法更能体现出利率风险的长远影响，但难于掌握。久期缺口法适用于资产组合中拥有大量固定收益证券的机构。利率对盈利能力的影响确定后，管理层可以将结果同预期的盈利目标进行比较，在风险和回报之间做出权衡。

四、汇率风险管理

小额信贷机构的汇率风险，主要源于资产和负债项目在币种上的不匹配。这是由小额信贷特殊的资产负债结构决定的。资产多以本国的货币表示，而负债却可能涉及多国货币，这是由融资来源的多样化决定的。根据 CGAP 的一份小额信贷机构海外融资调查报告①显示，2010 年，小额信贷机构的海外融资为 240 亿美元，比 2010 年增长了 13%。因此，小额信贷机构的汇率风险主要集中于海外债务的汇率折算风险。汇率风险的管理同利率风险有很多相似之处。币种和期限是汇率风险缺口分析的分类基础。

（一）净汇率头寸

外汇资产和外汇负债的差额即为净汇率头寸。外汇资产大于外汇负债就形成了该币种的多头，意味着该机构需要将外币资产产生的收益兑换为本币；外汇资产小于外汇负债就形成了该币种的空头，意味着该机构需要将本币资产兑换为外币去偿还外币负债。事实上，大部分小额信贷机构是“本币资产+外币负债”的结构，因此通常产生外币的空头。而且，小额信贷机构在发展中国家拥有大量的市场，而融资却主要来源于发达国家的公募或私募资金。这些新兴市场的货币往往面临着更大的贬值风险。尽管在过去的几年，新兴国家经济发展迅速带动了本币升值，但是管理者仍需采取谨慎的策略管理汇率风险。

那么，小额信贷机构将汇率风险控制在什么范围才是安全的呢？很多国家的监管者和投资者把某外币的净汇率头寸占净资产比作为一个指标，并且将“单个货种的净汇率头寸占净资产比为 10%、总净汇率头寸占比为 25%”作为判断的临界值。这种评判标准背后的逻辑在于净汇率头寸的损失是由净资本来消化的。另外一种判断的方式同利率敏感性分析类似，汇率的波动导致净汇率头寸的变化，从而带来收益的变化，以预期利润目标值为基准，将损失控制在合理范围。

（二）基于期限的汇率风险分析

将净汇率头寸再按期限进行分类，可获得关于汇率风险更精确的估计。小额信贷机构就能更准确地模拟出汇率风险对盈利能力的影响，从而更好地

---

① CGAP Cross – border Funder Survey 2011.

计划套期保值策略。

在资本市场发达的国家，套期保值工具是规避汇率风险的主要工具。但是小额信贷机构却主要集中在资本市场并不发达的发展中国家，通常其资本流动会受到限制且汇率也受到管制。在这种情况下，小额信贷机构在管理汇率风险时，就要结合本国的宏观经济环境和货币政策。如果汇率是有管理的浮动，那么汇率波动分析中更为重要的，是对本国货币政策走向的研究。

基于此，一些机构就采取以外币贷款的方式来规避汇率风险。风险转嫁到了借款人的身上，却仍然停留在金融体系内。一旦本币贬值，借款人就需要更多的本币去兑换外币来偿还贷款，偿债风险就随之提高了。况且，客户的风险管理能力同机构相比，可能更弱。因此这种表面上的风险转移，最终还得回到机构身上来。

五、存款风险管理

CGAP 在 2007 年的一份研究[①]显示，绝大多数的小额信贷机构认为存款是成本最低、最稳定的一种融资方式。但是，也有一些机构认为存款的成本很高，用大量的费用和最低余额的要求将一些穷人“拒之门外”。

对小额信贷机构来说，存款确实存在风险。存款的来源、成本以及对应的监管是存款风险管理面临的三个问题。

（一）存款的来源

一般来说，小额信贷机构的存款来源可分为公众存款和非公众存款（强制储蓄、会员或成员储蓄）。但从风险管理角度，按存款人的意愿将存款来源分为交易型存款、预防性存款和理财型存款更为合理。交易型存款主要是因交易而产生的存款，如周转资金、临时性或季节性的节余性存款，主要表现为活期存款。这类存款稳定性差但融资成本低，是小额信贷机构客户的初始存款类型。预防性存款主要是为了应付未来支出，如重大财务安排类存款、养老性存款等，主要表现为定期存款。这类存款期限稳定，但融资成本相对较高。理财型存款的目的就是赚取利息收入，也是小额信贷机构存款业务的未来重点发展方向。对于小额信贷机构来说，这类存款的特点是积少成多，是未来小额信贷机构存款的主要来源。完善小额贷款的金融服务，培育小额客户的理财意识，是不断扩大理财型存款规模的重要保障。

（二）存款的成本

① MFI Capital Structure Decision Making: A Call for Greater Awareness, CGAP Brief, August 2007.

2007 年，CGAP 运用作业成本法①对五类不同性质的小额信贷机构的存款成本进行了分析。这份分析报告的目的在于让机构管理者们了解吸收存款的成本构成；更为重要的是从成本动因出发，尽量地降低成本。

5 家机构的相关情况如表 8 - 8 所示（5 家机构来自 5 个国家，接下来的表述是以国家名代替机构名）：

这 5 家机构中，埃塞俄比亚的账户数量、分支机构和员工数量都是最多，但单笔存款规模小，操作成本最低。资产规模相对于存款总额来说很小，因此资产回报率最高。秘鲁的存款总额和平均账户余额最大，操作成本仅高于埃塞俄比亚。而其他 3 家机构在各项指标上均不突出，既没有账户数量的优势，也没有存款总额的优势，从而操作成本高，资产回报率低。

表 8 - 8　　不同机构的存款情况

	埃塞俄比亚	秘鲁	巴基斯坦	菲律宾	孟加拉
机构类型	非银行金融机构	市属非银行金融机构	商业银行	合作银行	非政府组织
存款账户数量	582, 783	165, 960	27, 937	11, 859	9, 960
资产（千美元）	52, 680	168, 304	24, 295	3, 495	408
存款总额（千美元）	19, 905	122, 539	10, 887	2, 531	229
平均账户余额（美元）	34	738	390	213	23
员工人数	1, 890	406	258	27	90
分支机构数	175	23	27	3	8
资产收益率	7.9%	6.9%	0.1%	1.8%	1%
操作成本/贷款收益	6%	8.3%	38.5%	21.5%	35.3%

注：Caja 是一家非银行金融机构。5 家机构中，除了巴基斯坦和菲律宾拥有银行牌照，可以吸收公众存款外，其他机构的存款只能针对特定客户。数据截至 2005 年 12 月。

相关研究表明，单笔存款规模越小，管理成本就越高。而单笔存款额度小也是小额信贷机构的一大特点。对比图 8 - 6 中 5 家的存款成本，可以发现存款账户数量最大而额度小的埃塞俄比亚，存款成本占存款余额的 5.8%，而额度最小同时账户数量最小的孟加拉这一比重高达 34.4%。可见，当存款账户数量达到一定规模时，大批量的操作可以带来节约成本的规模效应，抵消

① 作业成本法（activity - based costing，简称 ABC），是一种以作业为基础，通过对所有作业活动进行动态追踪，根据各项作业费用的消耗情况将成本进行合理分配的一种成本计算方法，它是对传统成本计算方法的创新。

了原本额度小成本高的劣势。其他的 3 家机构单笔额度均较大，总成本占存款余额的比重相当。

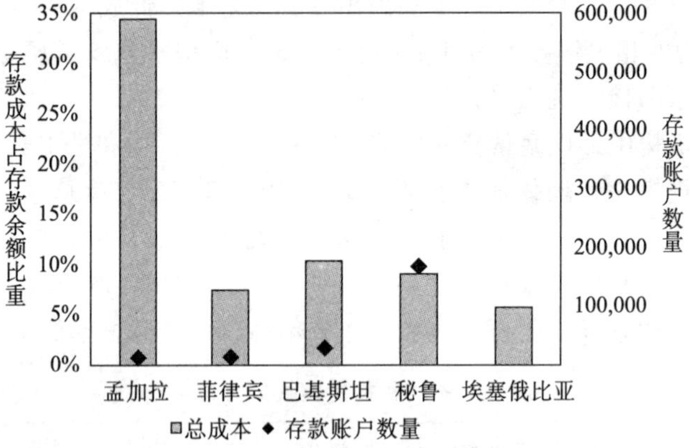

图 8－6　存款总成本和存款账户数量对比图

数据来源：www. themix. org.

除了规模效应，利息支出是小额信贷机构存款风险管理的另一关注点。利息支出是存款成本的主要组成部分，很多机构管理者将存款成本的控制聚集在利率的设定上（见图 8－7）。

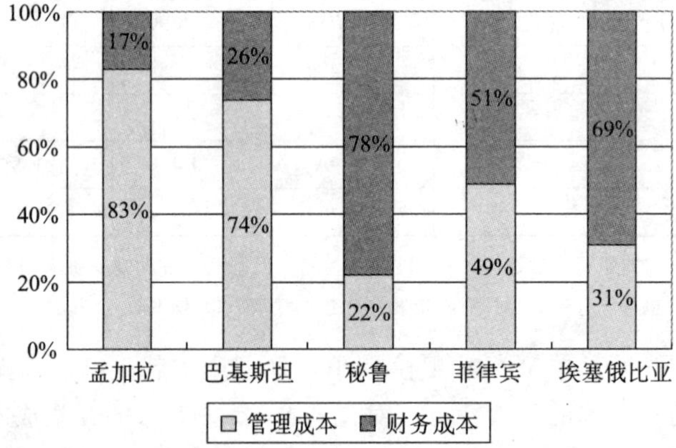

图 8－7　存款成本中利息支出和管理成本构成

数据来源：www. themix. org.

5 家机构的成本中，利息支出的部分从 17% 到接近 80%。对比存款成本占存款余额比例，我们发现，利息支出在 50% 以上的机构的全部存款成本却最低。这说明降低存款利率并不能对控制存款成本起决定作用。储蓄产品主要有两类：定期和活期。定期存款人都是利率敏感型的，对这类存款给予较高的利率可以吸引更多的存款从而能够减少总的管理成本。而活期存款人因交易频率高，对交易成本和服务质量更为看重，将部分资源从现有的利息支出转移到增值服务上来，经济效益和社会效益会更好。

因此，从成本角度来看，存款账户数量与平均余额和存款利率水平是小额信贷机构的存款风险管理的关键所在。

（三）对存款的监管要求

对存款的监管主要出于两方面的考虑：信息问题和流动性问题。机构作为借款人，客户作为放贷者，两者在信息占有上往往不对等。一方面，高息揽储可能产生逆向选择问题；另一方面，一旦客户将存款放在银行里，就很难监督银行的行为，引发道德风险问题。流动性问题发生在客户提款时，机构因自身的贷款清偿等原因而可能出现的流动性短缺，无法及时全额返还储户存款的风险。再加上信息不对称的问题，当现有客户无法了解小额信贷机构是否是存放资金的安全场所时，可能导致“机构挤兑”，即所有储户一次性提取全部存款的情况。当对一家机构的信心受挫时，还可能波及其他机构，甚至造成全国性的金融灾难。

（四）存款准备金和存款保险

存款准备金，是指金融机构为保证客户提取存款和资金清算需要而准备的在中央银行的存款，中央银行要求的存款准备金占其存款总额的比例就是存款准备金率（Deposit Reserve Ratio，DRP）。因此，凡是广泛吸收公众存款的小额信贷机构都应该缴纳存款准备金。很多国家的监管机构对小额信贷机构的存款准备金率采取同大型商业银行“一视同仁”的做法。但事实上，小额信贷机构的品牌效应和客户信心度与大型银行仍有较大差距，保持更高水平的存款准备金率才能增强客户的信心，稳固小额信贷机构的品牌。对于吸收非公众存款的小额信贷机构，监管机构可以对这部分存款进行监测，来预防流动性短缺问题。比如有些国家不允许利用强制储蓄发放贷款。微型银行手册（MicroBanking Bullrtin，MBB）提出了储蓄流动性比率，以现金及现金等价物来代替存款准备金，用来监测吸收非公众存款的小额信贷机构。

存款保险可以作为政府监管的配套措施由政府提供，也可以由代表政府实施监管的非官方机构提供。保险的方案可以是提供纯粹的储蓄保险，其作用只是当储蓄机构倒闭时偿还小储户的损失，或者是运作一笔稳定的基金来给小额信贷机构提供紧急清偿资金，还可以给那些资不抵债而又愿意采取积极补救措施的小额信贷机构提供资本金支持。吸收公众存款的小额信贷机构受到政府当局的正式监管，可以参与金融体系内的储蓄保险。而其他小额信贷机构可以联合建立小额信贷联盟，建立保险基金，从而得到存款保险。

第五节　小额信贷机构的操作风险管理

一、小额信贷操作风险的特殊性

操作风险是指内部操作过程不完善或有问题的人员、系统或外部事件等原因，而导致的直接或间接损失的可能性，例如：职员办理业务或内部管理出了差错、内部人员监守自盗或外部人员欺诈得手、信息系统硬件或软件发生故障、通信或电力中断等，都可能给小额信贷机构造成损失。与信用风险相似，小额信贷机构独特的业务操作模式也使得其操作风险具有特殊性。这些特殊性主要体现在业务模式、人员、技术等三个方面。

（一）业务模式的特殊性

小额信贷客户对象多、单笔金额小、高度分散，贷款风险有一定的隐蔽性，必须通过内查外对才有可能发现风险。因此，在贷前，信贷员必须保持与客户的长期交往，才能掌握客户不愿意对外公开的内部信息，从而据此对客户进行遴选；在贷后，信贷员还要对客户进行回访，监督其贷款用途、经营情况等。可见，信贷员的工作量非常之大。并且，小额信贷往往要求高效率，从时间和成本上考虑，不可能按照商业银行那样对每一环节进行重新检验。一旦贷款程序不明晰，或信贷员疏忽，就容易集聚风险。

（二）员工整体素质不高

小额信贷机构在最近十年中发展迅速，但与大型金融机构相比，薪资、福利、前景等还不具优势。高素质的金融专业人才往往倾向于在商业银行任职，刚毕业的大学生也大多不愿从事小额信贷工作。在一些发展中国家，小额信贷机构基层组织的员工大都来自当地，没有受过高等教育，金融、信贷知识欠缺。这种人员结构具有较低成本和较好利用“社会网络资源”的优点，但缺陷也十分明显：他们往往拥有较多的“软信息”，但处理“硬信息”的能力却有所欠缺。如果出现过度依赖“软信息”，就容易出现信息不对称，风险就可能扩大。随着信贷产品的复杂度越来越高，部分素质存在欠缺的员工，如果不更新自己的知识储备、提升自己的能力，将会面临严峻的挑战。

（三）技术风险

信息管理系统作为支持小额信贷机构有效运行的重要基础，主要作用之一就是为决策者提供分析内部数据并提出决策建议的数字化平台。但过分依赖于信息系统，也有可能会面临技术风险。

对于大多数小额信贷机构来说，信息管理系统的初始投入和维护成本太高，以致有些小额信贷机构在这一领域的投资严重不足；另一方面，员工整体综合素质不高，特别是一些机构之前都用手工操作，他们对信息系统可能存在畏难和抵触情绪。这很容易造成手工操作和信息系统之间衔接或整合不好，就容易出现管理上的漏洞。

此外，一些小额信贷机构采取将信息系统的建设外包给技术支持公司的方式。外包对于自身建设能力不够的机构来说是一种很好的选择，但这也带来了操作管理上的隐患：小额信贷机构自身对系统的了解程度低、风险识别能力也不高，一些系统的漏洞难以及时地被发现和识别，还可能造成客户资源被泄露的风险。

二、人员风险的管理

小额信贷机构的人员风险可归结为两方面：操作失误和道德欺诈。风险来源不同，管理方式也不尽相同。

（一）操作失误管理

员工职业技能不合格、工作态度松散、业务流程不明晰等都可能造成操作上的失误。管理操作风险最好的方法就是提高员工的综合能力。员工能力的培养不仅能提高业务质量，还是培育核心竞争力和塑造机构文化的关键。

世界妇女银行（Women's World Banking，WWB）在 2007 年的一份报告[①]中提到，WWB 在帮助 4 家小额信贷机构建立胜任特征模型（Competency Model）后，总结了小额信贷机构建立该模型的经验。胜任特征模型，旨在为机构提供判断自己是否具有支持业务运作所需要的能力的标准、方法和过程，同时，也为小额信贷机构提供了一套衡量员工能力的方法和标准。它关注的不仅仅是结构，更是机构的整体能力水平和持续的竞争力。

胜任特征模型的第一步是根据小额信贷机构自身的发展战略来定义能力需求。比如，与世界妇女银行合作的 AL Amana 是一家快速发展中的小额信贷机构，开拓市场就是其目前主要目标之一。营销战略、推广和客户服务就是对应市场开拓的三大能力要求。

第二步是将能力需求具体化，最好办法就是落实到个体行为上。考虑到小额信贷机构多样化的组织结构，世界妇女银行提出了去结构化的能力水平图（见图 8－8）。

① Building Human Resources Capacity：Developing Competencies for Microfinance Institutions.

图 8－8　小额信贷机构人力资源架构的金字塔图

从金字塔的底端到顶部，意味着能力和职位的提升。位于底端的往往是刚就职的新员工，比如信贷员，他们还处于帮手的阶段。在积累了一定的经验后，他们通常具备某项能力，成为某个部门的主管。再往上一层则是分支机构的管理者，他们具备了协调各方的能力。金字塔的顶端是整个机构的管理者，掌握了整个机构的命运。

胜任能力模型的最终结果是各个岗位的职位说明，但是区别于传统的职位说明。在该模型下，职位说明不仅仅是对职位本身的界定，更关注的是怎样去实现这个职位所需要的各项功能。另一方面，职位说明应涵盖技能、人事和组织各个层面的综合能力。

FWWB 的岗位说明

FWWB 是印度的一家小额信贷机构，在它的岗位说明中，就融入了机构未来的发展目标：成为信贷管理、机构建设、小额信贷零售业务以及部门发展领导者。因此，岗位的能力要求不仅体现了目前的发展阶段，还反映了未来的发展趋势。

（二）道德欺诈风险管理

信贷人员和客户的道德欺诈，可能会给小额信贷机构带来严重的损失。信贷员擅自扩大授信额度，然后按“规定”在此额度内放贷，以实现形式上的“合规”；客户随意改变贷款用途，将资金用于个人享受，甚至用于偿付赌债；内外勾结利用小额信用贷款操作中本身存在的薄弱环节，在建档中造假，评级授信凭关系，采取化整为零、顶名贷款等违规方式骗取资金；将贷款投向高风险的行业，如房地产等，都属于欺诈风险。

对道德缺失、违规操作的风险管理，可以从以下方面进行考虑：对外不仅检查潜在客户的经济状况，还要重视其个人品质，如是否诚信，是否存在吸毒、酗酒、赌博等恶习；对内采取预防性的措施，完善内控体系，规范制度和流程，落实每一环节的相关责任人，奖惩分明。此外，还要关注员工的动态，对个人资金困难、家庭经济危机等面临重大压力的员工等，适当给予人文关怀，或必要时允其临时休假或暂时调离敏感岗位。

三、业务系统风险的管理

机构的业务系统风险主要集中于贷款业务。贷款审批程序和贷后监测是小额信贷机构贷款业务系统风险管理的两个重要方面。

（一）贷款程序管理

小额贷款分为抵押贷款和信用贷款。抵押贷款的关键是取得合理的所有权凭证，在这里不作重点讨论。对于信用贷款，则应重点管理贷款程序。

小额信贷一般采用“登记、建档、评级、授信、监督、回收”的放贷程序，任何环节出现问题都有可能导致风险点凸现。信贷人员由于管理的客户数量较多，对额度小、距离远的客户往往重视不够。若过分依赖客户经理，贷款程序不明晰，受理中掺杂个人感情色彩，容易导致信息严重不对称，最终形成风险。

印度非银行小额信贷机构 BASIX 在贷款程序的设计上步骤非常明晰（见图 8-9），从整体上区分了信贷职能部门和风险部门，并强调了贷后的监管工作。信贷流程作为内部操作和管理重要的基础，是规范小额信贷前、后台的关键。程序化、标准化，步骤清晰、简单明确是减少违规操作的重要措施。

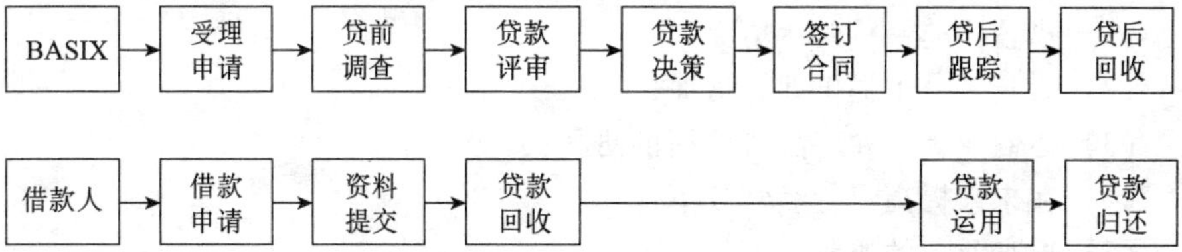

图 8-9　BASIX 的贷款程序设计

贷款审批时，风险控制主要体现在对目标客户的严格筛选以及现金流的分析等方面。这就要求目标客户必须具备改善生活的能力和愿望，必须能保证稳定的现金流可用于未来的还款。在此基础上，信贷员还应严格控制贷款额度上限，保证客户每月还款额度不至于影响其正常生活开支，并通过科学、合理分析，将客户贷款期限尽量缩到最低。

（二）标准化工作流程

标准化工作流程（Standard Operational Procedures，SOPs），包括操作流程和工作手册（见图 8－10）。

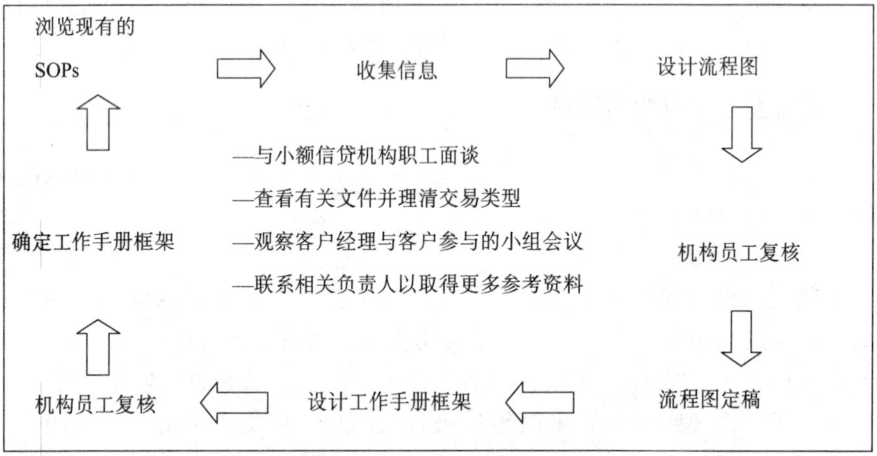

图 8－10 开发标准化工作流程的步骤

业内人士经常将银行或其他的任何一种金融机构描述成一个充满数字和运算技术的复杂系统。而小额信贷却是另外一种形象：信贷员骑着自行车挨家挨户地拜访。小额信贷的这种工作模式容易造成管理层对业务流程的疏忽，并导致违规操作。

SOPs 旨在建立小额信贷组织架构和业务流程的细节，它与机构的关系就像基石和整栋大楼的关系。SOPs 在以下几个方面都有着十分重要的作用：

（1）描述当前银行营运情况；

（2）为新老员工提供即时培训；

（3）为商业计划和产品研发提供便利；

（4）在未来提高银行经营效率；

（5）提高业务的透明度。

（三）贷款质量的监测

贷款发放后，应建立信贷人员的定期回访制度，实施动态监控。回访的内容包括了解客户的资金使用情况、经营状况以及现金流等。家庭状况也是重点关注的问题，疾病、意外等变故往往对低收入家庭带来巨大的伤害，短期内都无法恢复。每次回访后，信贷人员要做好回访纪要，做好存档，最好能录入信息系统。在特定的情况下还应要求客户提供书面材料，或对客户进行全面的财务数据调查。如果存在重大影响还款能力的情况，信贷人员要及时向信贷经理和风控部门报告，风控部门作出风险评估后，应提出相应的应对措施和建议。除此之外，信贷经理和风控部门应定期查阅会议纪要和实地抽查借款人的还款情况。

贷款质量管理中一个很重要的方面是对逾期贷款的度量和管理（在信用风险管理章节我们已经介绍过）。小额信贷机构可以结合国际操作管理，制定出适合自身实际的风险贷款分类标准，以及相应的坏账准备和冲销标准。长期、短期损失率，不良贷款率等衡量贷款质量的指标，无论是手工操作还是信息系统生成，都应由风控部门定期直接向董事会报告，为管理层提供清晰、真实的贷款质量变化趋势。

第六节　管理信息系统对小额信贷风险管理的重要性

一、小额信贷机构管理信息系统的基本架构

管理信息系统是后台管理的重要组成部分。任何前端应用如果没有强大的管理信息系统做支撑的话，就犹如空中楼阁，十分危险。目前，全球共有超过 3,000 家机构在提供小额信贷业务，覆盖超过 1 亿人的低收入人群。但是比起全球 20 亿人的贫困人口，占比仅 35%，小额信贷任重道远。

（一）管理信息系统的现实应用状况

小额信贷机构的两个重要目标是扩大覆盖面和可持续发展。而借助管理信息系统，小额信贷机构可以运用较之传统方式更为经济、有效的方式将小额信贷服务传递到更多的人群。CGAP 的网站上列有近 60 种管理信息应用系统，但是在现实中完全采用管理信息系统操作方式的机构主要是银行和受监管的小额信贷机构，超过半数的小额信贷机构仍然采用的是半自动化的模式，电子表格是最常用的工具。

应用管理信息系统的阻碍主要来自软件和硬件两方面。不同于主流金融机构拥有上百年的历史积淀，小额信贷机构在业务上，工作流程、交易类型、客户特征、监管要求等方面，还未形成标准化的模式，这使得其管理信息系统在建设上必然存在先天的不足。一方面是小额信贷机构自身的能力还不足以研发合适的管理信息系统；另一方面，要从外部找到完全适合自己的现成

产品也是非常困难的。在一些偏远贫困地区，受通信、电力等基础设施的限制，管理信息系统的建设和应用就更难。

（二）未来业务模式提出的挑战

随着小额信贷整个产业的发展，竞争越来越激烈，创新也层出不穷。手机银行、无网点银行等以科技为依托的业务模式不仅降低了交易成本，扩大了覆盖面，而且还给消费者带来了便利。但是，这也给小额信贷机构的管理带来了巨大的挑战。带给管理信息系统的则是集成和整合这些业务体系的挑战。如果管理信息系统没有预留发展空间，例如没有预留相应的接口、扩展模块时，小额信贷机构就不得不继续使用电子表格或手工操作对不同的业务模块进行整合。这样的管理信息系统，就很难促进管理方式上的改进，也难以实现机构整体管理水平的提升。因此，必须以一种长远的眼光去看待管理信息系统的建设，为未来发展留足空间。

（三）管理信息系统的核心框架

管理信息系统的功能就是把数据加工成对决策有用的信息。数据库和应用软件就是管理信息系统的核心组成部分（见图 8 – 11）。数据库集合了所有与机构有关，对决策有用的数据，以结构化的方式储存在不同子数据库中。数据库可以分为本地数据库和客户端/服务器数据库，他们的优缺点比较如表 8 –9 所示，小额信贷机构可以根据自身需要选择合适的数据库。

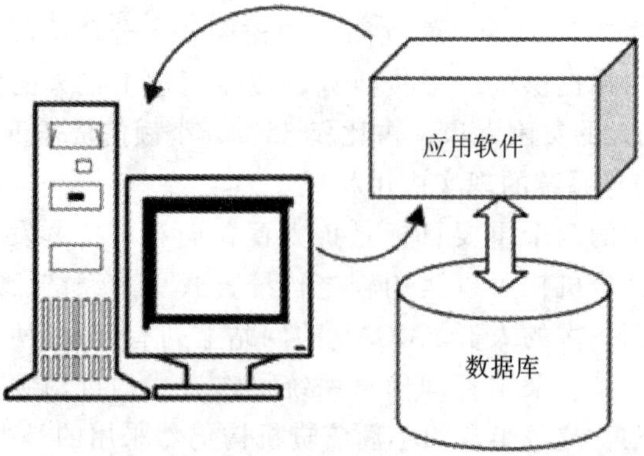

图 8 – 11　小额信贷机构管理信息系统的核心架构

应用软件由用户界面、业务流程、操作程序、报告、控制以及查询部分组成。在核心架构建立好后，所有其他的应用系统都可以加进去。

管理信息系统对小额信贷机构有着战略上的重要意义。在建立系统之前，机构管理者要对机构目前和未来发展的信息需求做出详细、周全的评估。系统的灵活性、可扩展性和稳健性依赖于后台构成的强大。很多小额信贷机构的管理信息系统无法处理机构不断变化的需求，原因之一在于后端的结构设计不合理。

表 8 - 9　　数据库比较图

	优　点	缺　点
本地数据库（Microsoft Access，FoxPro，Paradox 等）	设置简单，成本低	无法处理大型数据库
	对硬件要求低	数据的安全性和稳定性差
	对处理简单的数据库十分有效	无法对数据进行回转等管理上的操作，硬件不可扩展
客户端/服务器数据库（Oracle，DB2，SQL Server 等）	处理大型数据库能力强	设置复杂、成本高
	数据安全性高	用户均需付费才可使用
	能对数据库进行回转、修正等管理功能，硬件扩展性强	高端的硬件要求
	在网络环境中的应用很强大	操作人员的技能要求高

一个高效的管理信息系统可以为后端数据库提供及时、准确的数据，实现数据、渠道和流程经济、有效的集合，给决策者提供一种全局的视野（见图 8 - 12）。

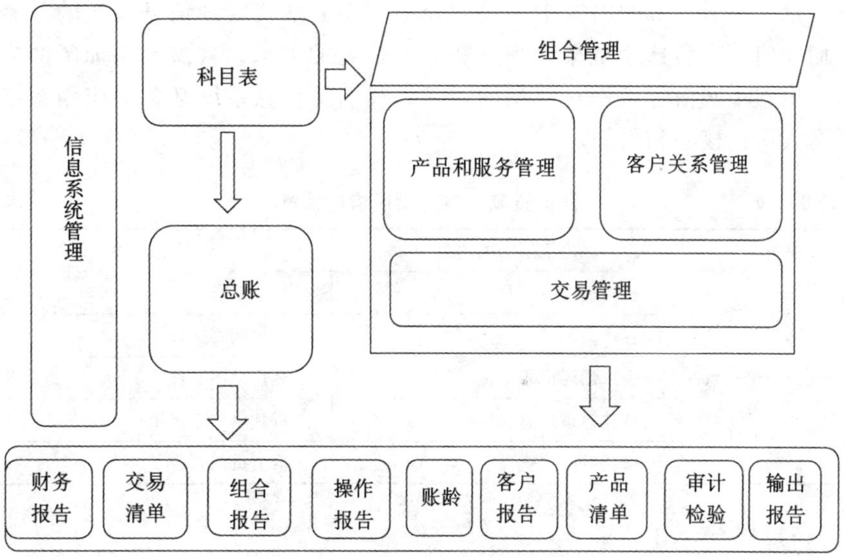

图 8 - 12　管理信息系统的基本结构

（四）管理信息系统的其他影响因素

1. 物理架构

物理架构包括基础的电线、电缆，也涉及建筑、电脑以及声音图像等传播媒介。偏远不发达地区的小额信贷机构往往会受到此类基础设施的限制。

2. 网络

网络环境有三个层次组成：单机环境、局域网和广域网。三级架构的设计可以满足机构内部和分支机构间的数据传递和分享。

3. 硬件

硬件的类型取决于网络环境的要求。客户端/服务器的网络环境就要求配置服务器和转换器。硬件决定了终端机与服务器的连接性能的连接。

二、小额信贷机构管理信息系统的必备功能

管理信息系统将不同来源的数据收集、加工成有用的信息储存起来，然后以决策所需的形式输出。完备的管理信息系统要能满足不同信息使用者的需求。小额信贷机构不同层次的信息使用者对信息的要求是不同的。信贷经理可能对某位客户的分类账感兴趣，并以此来评判客户的财务和信用状况。风险控制则更关注机构的整个贷款余额以及变动情况。

从表 8－10 我们可以看出，这一项决策涉及财务、客户资料和管理层报告等信息。在上一节的内容中，我们介绍了小额信贷管理信息系统的基本架构。而如何去丰满这个框架，满足我们对信息的需求，就需要添加新的应用体系。根据小额信贷机构对信息的需求，我们将信息系统必备的应用系统分成了两大块：核心和附加。

表 8－10　　做出贷款发放决策所需的信息

决策	决策所需的信息	信息来源
是否发放一笔贷款	机构现金流分析	会计系统
	客户类型	客户档案文件
	客户偿还记录	客户档案文件
	贷款申请信息	贷款申请表记录
	信贷员的调查	信贷员的报告

（一）核心应用

1. 会计系统

这里所指的会计系统，不仅仅局限于财务报表；还可以指为机构提供自

如地运用财务数据获得各种可能需要的信息。比如，分析每种产品、每位客户或者每个分支机构或地区的成本效益比来进行有效的成本控制；对比不同资金来源的成本和风险，寻找“最便宜”的融资手段。而会计系统与其他贷款、存款等应用体系间的一体化能力也是衡量系统有效性的基础。高效的会计系统不仅能满足机构管理者的财务分析和管理需求，而且还能增加机构透明度，为内部审计和外部审计提供便利。

2. 贷款组合

贷款组合体现在信息系统上的不仅仅是一个数字金额。每笔明细后面都应该能追踪到贷款人的信息，以及申请记录和信贷经理的审批意见。贷款组合管理的一个重要方面是对不良贷款率的控制。信息系统应能及时跟踪每笔贷款的还款记录、到期时间，便于做出正确的账龄分析，逾期贷款率、风险容忍度的计算。借款人的现金流状况对小额信贷的还款有着直接影响，信息系统上还应储存信贷员每次对借款人的回访记录。

3. 存款模块

每个存款产品的历史数据对分析存款人的行为，了解每个存款产品的成本效益以及新产品的研发都有着很大的作用。小额信贷机构的存款模块还应区分强制储蓄和公众存款。信息系统可以方便地提供更多信息，例如，为了减少交易成本和提高管理效率，区分活跃和非活跃账户。

4. 客户信息

对客户信息的了解要做到详尽性、真实性、连续性和及时性。目前，小额信贷机构所在的大多数发展中国家还未建立起统一的征信体系。小额信贷机构往往难以接触到客户在其他机构的信用记录。小额信贷机构自身的客户信息系统同其他业务模块的同步性是确保客户信息及时性和真实性的关键。因此，管理信息系统在客户模块的兼容性和同步性上还有很大的提升空间。

（二）附加功能

1. 人力资源

随着小额信贷机构的成长，员工队伍也不断壮大。建立流程化的人员招聘和考核制度是发展趋势。员工信息以及业绩的电子化档案是公平、合理的绩效薪酬激励制度的保证。

2. 内部控制

内部控制的思想体现在系统的每一步操作中。每一步程序都应考虑员工舞弊和管理漏洞的可能性，将内部控制风险降到最低。自动化的信息系统降低了小额信贷机构内部人工操纵的可能性，但是系统一旦遭到黑客侵袭或电力中断，带来的损失将会更大。合理的授权、密码的设置等措施都是提高内部控制力的有效手段。

3. 管理报告

每个子系统模块都可以生成各自的报告，供决策者使用。但是，各个子系统间的联系也很重要。比如，贷款组合和客户信息的结合可以分析每个客户的资金需求和还款能力，财务信息，贷款、存款情况和员工信息的结合可以评价每个员工的业绩。信息的逐级传递也是管理报告系统的一项重要功能。各个层级间报告传递的时间和信息量都要有合理的设置，既要满足每一层级的决策需求，又要避免过于繁多的报告，造成时间和空间的浪费。系统还应能提供常规报告以外的信息，如贷款规模的趋势、担保的类型、逾期的时间等数据，便于机构的管理者随时查阅。

参考文献

一、英文

1. A guide to regulation and supervision of microfinance [J], CGAP, 2011.

2. Ali Ahmad Microfinance information system for microfinance [J], the first microfinance bank Ltd.

3. Andrea Berger, Marisa Barrera, Livingston Parsons, Joyce Klein, Credit Scoring for Microenterprise Lenders [J], 2007.

4. Association of Supervisions of Banks of the Americas, Guidelines of Principles for Effective Regulation and Supervision of Microfinance Operations [J], 2010.

5. CGAP，微型金融出资人良好实践指南，CGAP，2006.

6. Craig Churchill, Dan Coster Microfinance Risk Management Handbook [J], 2001.

7. Greg Chen, Stephen Rasmussen, Xavier Reille. Growth and Vulnerabilities in Microfinance, 2010.

8. Hennie van Greuning, JoselitoGallardo, BikkiRandhawa, A Framework for Regulation Microfinance Institutions [J], The World Bank, 1998.

9. Information system for microfinance [J] CGAP participant course materials.

10. Jacqueline Urquizo, Improving and Monitoring Customer Retention, Microcredit Summit, 2006.

11. Karla Brom Asset and liability Management for Deposit - Taking Microfinance Institutions [J], 2009.

12. Microfinance activities and the core principles for effective banking supervi-

sion [J], Basel committee on banking supervision august, 2010.

13. Nimal A. Fernando . Managing Microfinance Risks [J] . Asian Journal of Agriculture Development, Vol. 4, No. 2. .

14. NyamaaTogtokhbariul Microfinance Regulation and Supervision in Mongolia [J] , 2007.

15. Rachel Rock, Maria Otero, Sonia Saltzman. Principles and Practices of Microfinance Governance. A USAID – funded project, 1998.

16. Saleh Khan, Enterprise – wide Risk Management in Microfinance Institutions – the ASA Experience. Working paper of "4th annual microfinance conference" organized by the central bank of Nigeria in January 2010 at Abuja, Nigeria.

17. The true cost of deposit mobilization CGAP deposit costing project draft report [J], CGAP 2007.

18. WoldayAmha, Corporate Governance of the Deposit Taking Microfinance Institutions (MFIs) in Ethiopia [J] .

19. Women's World Banking, Building Human Resources Capacity: Developing Competencies for Microfinance Institutions [J], 2007.

二、中文

1. 金小刚："微小金融监管的国际经验"，《甘肃金融》，2011 年第 8 期。

2. 微型金融远程学习课程：联合国资本发展基金。

3. 张伟：《微型金融理论研究》，中国金融出版社 2011 年版。

4. 中国人民银行西安分行金融研究处："小额信贷和有效银行监管的核心原则"，《西部金融》2011 年第 6 期。

5. 中国人民银行小额信贷专题：《2007 年小额信贷通讯合集》，中国财政经济出版社 2007 年版。

6. 中国人民银行小额信贷专题组：《2008/2009 年小额信贷通讯合集》，经济科学出版社 2009 年版。

7. 中国人民银行小额信贷专题组：《2009/2010 年小额信贷通讯合集》，经济科学出版社 2010 年版。

第九章　微型金融国际实践对我国的启示

第一节　微型金融准入制度对我国的借鉴作用

一、不同类型微型金融机构的准入条件

按照分类监管的要求，国际上常将微型金融机构分为吸储的微型金融机构和非吸储的微型金融机构。由于这两类机构在资产流动性、管理以及防范风险方面有着显著的差异，国际上对于这两类机构的准入要求也就各不相同。

印度 2011 年 12 月颁布的对非银行金融机构监管法则中，对非银行微型金融机构准入条件为①：

1. 非吸储微型金融机构应满足以下条件

净自有资金不低于 5 千万卢比（对于在东北部地区注册的非银行微型金融机构的净自有资金不低于 2 千万卢比），且净资产中至少有 85% 满足“合格资产（qualifying assets）”要求。

2. 其他审慎性的准入条件还包括

（1）资本金要求。非吸储微型金融机构应保持由一级和二级资本构成的资本充足率不低于机构总风险加权资本的 15%，且二级资本的总量不应超过一级资本的 100%。

（2）资产分类的要求。标准资产是指没有本金与利息偿还风险以及在交易过程中没有道德风险的资产；对利息或者本金已经被延期 90 天或者 90 天以上的资产，则统一被分为无息资产。

（3）准备金要求。贷款准备金的提取应保持不低于存量贷款组合的 1%，或者已经逾期 90 天以上 180 天分期贷款总量的 50% 以及逾期 180 天的分期贷

① Reserve Bank of India Department of Non – Banking Supervision.

款总量的100%。

3. 其他准入条件

（1）贷款价格。①非微型金融机构的总利差不高于12%。利息成本以每两周的存量贷款余额的平均值计算，利息收入以每两周的存量贷款组合余额计算。②单笔贷款的年利息不能超过26%。③交易费用的收取不能超过总贷款数量的1%。

（2）利率的透明度。①贷款价格只能包括三个部分，即利息、交易费用和保险费；②对于延期偿还的贷款不能收取罚金；③非吸储微型金融机构不能收取客户的抵押品或者保证金；④贷款合同应该规范化；⑤非吸储微型金融机构向客户提供的贷款合同中应包括以下内容：支付的有效利率、与贷款有关的所有其他地区条款和条件、客户的信息、所有还款信息（包括分期还款与最终支付额）、贷款合同里的所有条目都应用简单明了的方式表达；⑥非吸储微型金融机构所收取的有效利率，应在机构的办公地点的显著位置进行公示，同时还要以文字的形式在机构的网站上发布。

（3）机构治理。有关非银行金融机构的公司治理的法案都适用于非吸储的微型金融机构。

（4）效率的要求。非吸储微型金融机构应该定时审查运营情况，投资必要的信息技术系统以获得更好的内控力，简化操作流程和降低成本。

2008年，肯尼亚微型金融法案、中央银行以及金融部长共同出台了一部关于吸储微型金融机构的准入要求条款①，有以下一些规定：

1. 成立吸储微型金融机构的申请中应包括以下信息

（1）机构的名称中含有“吸储微型金融（Deposit Taking Microfinance）”的字样。

（2）对高管人员或者对机构具有实质控制权的人所进行的专业性、合格性测试的结果。

（3）可行性研究以及在肯尼亚进行有关吸储业务的3年期计划，计划应对任务、运营业务的范围和性质、营利性分析、内部控制和审查的流程等做出详细的描述，其中包括：①预期股权结构；②预期组织结构；③国内经济状况以及其对机构运营情况可能造成的影响、金融环境分析和对机构将参与的市场所进行的市场分析；④初始投资计划，包括建立或者发展机构的所有支出；⑤预计三年的资产负债表、利润表以及现金流量表。

---

① The microfinance Act, Kenya.

（4）申请机构的风险管理政策以及内部控制系统，包括董事会和高层管理者的监督计划、有形的基础设备、地理位置、技术信息的应用等。主要有：①流动性存款计划以及市场战略；②借贷实施政策指南；③人力资源发展指南；④投资政策指南；⑤偿债能力以及筹资管理政策；⑥管理信息系统；⑦资本计划和预算；⑧内部审计和内部控制指南。

（5）每个主要股东以及管理者的个人信息。

（6）当银行或者金融机构的子公司申请成为吸储微型金融机构时，还须提供关于董事会决议的复印件以及中央银行批准的复印件。

2. 资本充足率要求

（1）保持满足规定的最低资本金要求。

（2）满足表内各项所规定须达到的资本充足率。

（3）表外业务要以现金或者现金等价物做保障。

3. 流动性要求

（1）设立每个阶段的流动性要求的计划，其中包括：①管理结构和信息系统；②测量和监督净筹资需求；③意外事故应急方案；④流动性管理的内部控制方案。

（2）流动性资产最低应保持在存款保证金、已经到期以及短期负债的 20%。

4. 治理要求

（1）吸储机构应成立董事会，董事会中三分之二的成员须为非执行董事；董事会必须至少包括一个审计委员会；董事会对影响机构运营的经济环境进行研究并对机构管理提出指导方针。

（2）每一个委员会至少有三名成员，其中两名必须为机构的非执行董事，且具有财务、审计、信息技术、银行业、经济或在法律方面的专业知识。

（3）成立管理委员会，对资产和负债委员会实施管理。

（4）董事会任命一名执行总监，执行总监只能由董事会的任命书规定，当解聘或在更换执行总监时须经过中央银行的批准。

5. 内部控制要求

（1）机构必须成立一个有效的内部控制系统，这个内部控制系统要能对机构所处环境的变化做出及时的反应，机构成立的内部控制系统以及控制活动应该成为机构日常活动的一个重要组成部分。

（2）任命一位内部审计人员。

（3）内部审计计划。

6. 机构贷款业务要求

（1）经过董事会批准的书面形式的贷款组合以及机构贷款职能描述。

（2）对贷款组合的标准合理分类，并确定与之相对应的损失准备金，其中最低准备金要求为：①“正常”贷款：1%；②“关注”贷款：5%；③“次级”贷款：25%；④“可疑”贷款：75%；⑤“损失”贷款：100%。

二、微型金融市场准入的控制要点

1. 最低资本金的比率

对于非吸储的微型金融机构，最低自有资本以及最低净资产的要求是很必要的。在印度的非银行金融机构监管法则中明确指出：成立微型金融机构，净自有资金不低于5千瓦卢比（在东北部地区注册的非银行微型金融机构的净自有资金不低于2千万卢比），而且净资产中至少有85%满足“合格资产”的条件。

在肯尼亚的微型金融法案中，对于吸储的微型金融机构除满足了最低资本金要求外，还必须满足表内各项目相应的资本充足要求。针对某些特殊情况下的微型金融机构还必须满足更高的最低资本金要求。

2. 人员资格

在董事会的构成上，对董事会成员的数量以及成员的专业技能都有一定的要求。为了能合理制定机构的政策以及向小额机构管理层提供指导，董事会中应有金融、审计、信息技术、银行、经济和法律等方面的专业人士担任非执行董事。

执行总监应该是有一定工作年限的，具有在银行、经济、法律或在金融行业的工作经验，而且应有在微型金融行业的实践经历，有把握宏观经济大局的能力。

3. 内部控制

一套有效的内部控制系统，应能够处理微型金融机构表内、表外业务的复杂性以及内在风险。机构在成立初期，就必须具备一套财务、操作、外部市场以及机构运营等方面的数据和信息库，为机构的决策提供支持；在员工之间须建立有效的沟通渠道，能让员工充分理解与其责任有关的政策和流程，以保证相关信息能准确无误地传递给与之相关的人员。

机构有效的内部控制还应包括一套完整的员工薪酬与激励方案和健全的内部审计系统。因机构的市场定位和文化等方面的差别，每个机构的薪酬和激励方案可能各有特色，不一定能有完全统一的标准。但对于内部审计系统而言，各机构间通常会有一些共同的、必要的最低要求。内部审计的流程方面，每个机构也可能各不相同，但在审计计划等方面，必须有严格、统一的标准。机构的审计计划应包括：审计的范围、审计的对象、审计的时间、审计的频率、审计资料的来源等。审计后的报告中，应该包括调查结果和对机构未来发展的建议等内容。

4. 组织结构

准入要点从组织机构上应该把握以下几点：

（1）微型金融机构组织结构上要能分工明确。

（2）组织机构的设计须确保分支机构数量的最小化。

（3）要能增强机构的有效性和提高机构业务的效率，要尽可能使机构在最低成本下运作。

（4）职员的数量要能满足客户的需求。

（5）组织机构须有助于提高监管效率。

（6）分支机构的组织框架和管理，必须满足机构的整体有效性和高效率要求。

（7）对于吸储的微型金融机构，特别强调组织结构的合理与合法性：董事会成员的组成、执行总监的聘请，以及具有内控能力的内部审计部门的建立。

如图 9－1，尼泊尔某微型金融机构组织结构如下：

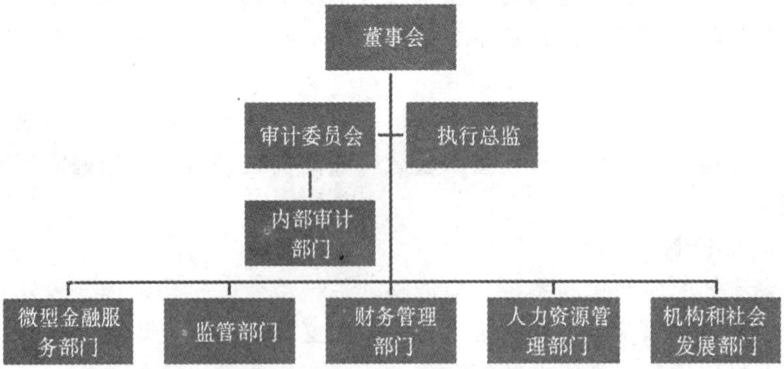

图 9－1　尼泊尔某微型金融机构的组织结构图

机构董事会由 7 个非执行董事（其中一个是 NRB 的代表）以及 5 个来自商业银行和独立组织的代表组成。董事会的主席由董事会选举产生，任期 4 年。董事会负责制订机构的目标和政策。董事会最基本的职能是制订业务计划和财务和运营计划、审核年度预算、审查大笔贷款、对机构业绩进行常规性审查。

审计委员会由 3 名非执行人员组成。委员会每季度召开一次会议，主要是对内部审计报告、外部审计报告以及 NRB 的检查报告等进行复核分析；同时也对机构的财务绩效报告进行复核。

执行总监和管理队伍主要负责机构的日常活动。执行总监须具备从事主要部门工作的专业技能和丰富经验，机构人员通常由专业人员和指导代表组成。

5. 风险控制

和传统的商业银行一样，微型金融机构也存在信用风险、操作风险、市场风险和流动性风险。国际上一般要求微型金融机构应建立风险控制的回馈圈：机构首先要有风险控制的意识，能及时对风险进行识别、分类；运用适宜的方法对风险进行测量；针对各种特殊的风险，制订消除风险的策略；对策略的实施结果以及消除风险的有效性进行测量；对消除风险的策略进行改进。这就要求微型金融机构的风险控制应是一个及时、准确以及连续的过程，机构不但要有风险意识，还要有控制风险以及反馈结果的能力。

第二节　微型金融概念在实践中的确切含义

一、究竟如何理解小额之“小”

在微型金融业务活跃发展的拉丁美洲和加勒比地区国家微型金融机构的平均贷款余额情况如表 9－1[①]：

表 9－1　拉丁美洲和加勒比地区国家微型金融机构的平均贷款余额情况

单位：个，美元

国家名称	样本中微型金融机构数量	人均贷款余额	人均国民收入	人均贷款余额/人均国民收入
墨西哥	44	367	7,870	4.7%
玻利维亚	24	164	1,100	14.9%
厄瓜多尔	41	1,124	2,840	39.6%
尼加拉瓜	23	714	1,000	71.4%
秘鲁	49	934	2,920	32%

① MIX：2008 年拉丁美洲微型金融分析与基准报告。

在东欧和中亚地区的整个国家所有微型金融机构的平均贷款余额情况如表9－2：[①]

表9－2 东欧和中亚地区的整个国家所有微型金融机构的平均贷款余额情况

单位：个，美元

国家名称	服务客户数量	微型金融机构数量	平均贷款余额
阿尔巴尼亚	88,606	5	3,830
波士尼亚和黑塞哥维那	440,161	13	2,279
克罗地亚	2,348	2	2,844
科索沃	145,788	10	5,016
马其顿	50,077	4	4,852
黑山共和国	78,987	2	3,121
塞尔维亚	121,448	3	5,184
亚美尼亚	295,960	32	1,949
阿塞拜疆	270,377	74	1,779
格鲁吉亚	160,880	31	2,974
白俄罗斯共和国	7,280	20	8,975
保加利亚	72,950	23	8,559
摩尔多瓦	148,278	447	1,354
波兰	1,872,454	64	1,286
乌克兰	2,768,620	837	554
吉尔吉斯斯坦	293,584	544	1,111
蒙古	392,251	5	1,541
塔吉克斯坦	201,338	104	1,135
俄罗斯	613,930	2,770	4,450

东欧和中亚地区所有微型金融机构的人均贷款余额为2,177美元，人均国民收入为3,780美元，人均贷款余额与人均国民收入的比例为68%。

亚洲地区的国家微型金融机构的平均贷款余额情况如表9－3[②]：

① 东欧和中亚2009年微型金融分析以及基准报告。

② MIX：2008年亚洲微型金融分析和基准报告。

表 9-3　亚洲地区的国家微型金融机构的平均贷款余额情况　单位：个，美元

国家名称	样本小贷机构数量	平均贷款余额	人均国民收入	人均贷款余额/人均国民收入
阿富汗	14	203	323	62.9%
孟加拉	20	81	493	16.6%
柬埔寨	15	514	480	90.9%
中国	5	388	2,010	16.7%
印度	59	144	820	15.1%
印度尼西亚	38	672	1,420	44.1%
尼泊尔	14	163	341	47.8%
太平洋群岛	3	240	840	26.3%
巴基斯坦	8	187	770	22.5%
菲律宾	50	186	1,671	11.2%
斯里兰卡	5	244	1,447	18.7%
越南	11	94	792	11.8%

二、与我国的小额贷款公司中的“小额”的区别

我国央行对小额贷款公司的定义为：小额贷款公司是由自然人、企业法人与其他社会组织投资设立，不吸收公众存款，经营小额贷款业务的有限责任公司或股份有限公司。省级政府必须明确一个主管部门（金融办或相关机构）负责对小额贷款公司监督管理，并愿意承担小额贷款公司风险处置责任，方可在本省（区、市）的县域范围内开展组建小额贷款公司试点。小额贷款公司的主要资金来源为股东缴纳的资本金、捐赠资金以及来自不超过两个银行业金融机构的融入资金；单一自然人、企业法人、其他社会组织及其关联方持有的股份，不得超过小额贷款公司注册资本总额的10%。

首届中国微型金融机构联席会发布的《2010 中国微型金融蓝皮书》和《2010 中国信贷机构竞争力发展报告》中显示中国的小额贷款公司已从 2008 年的几百家增长到目前的 2,300 多家。截至 2010 年 10 月底，全国小额贷款公司共 2,348 家，从业人员 24,742 家，实收资本 1,521 亿元，贷款总额 1,623 亿元，利润总额 73 亿元，所有者权益达 1,600 亿元。根据 15 省（市、区）的 1,425 家小额贷款公司（占全国总数的 61%）填报的数据来看，小贷公司平均贷款额度是 42 万元，单笔贷款平均小于 10 万元的只有 10.2%，大部分都在 10 万—50 万元之间，50 万—100 万元的占 22%，100 万元以上的

占39%。

根据央行对小额贷款公司服务对象的指导原则“小额贷款公司在坚持为农民、农业和农村经济发展服务的原则下自主选择贷款对象，按照市场化原则进行经营。”然而，大多数小额贷款公司都自主地选择了中小企业作为自己的服务对象，极少涉及低收入者或者单个农户的小额贷款业务。在《关于吉林省小额贷款公司发展情况的研究报告》中显示，截至2009年，吉林省已经展开业务的52家小额贷款机构中，累计发放贷款18.6亿元，其中10万元以下贷款0.84亿元，占4.3%；10万—50万元贷款4亿元，占21.5%；50万元以上贷款13.8亿元，占74.2%①。在《农村小额贷款公司营运成效与发展方略：以山东省为例》中的数据显示，在2010年上半年，山东省43家小额贷款公司累计发放贷款余额49.65亿元，其中单笔贷款规模小于等于10万元的为1.27亿元，占2.56%；大于10万元小于等于50万元的为25.51亿元，占51.38%；大于50万元小于等于100万元的为8.36亿元，占16.83%；大于100万元的为14.52亿元，占29.23%②。

从MIX的统计数据来看，截至2009年，中国微型金融机构累计贷款总额1,043.07万美元，约合6.59亿元人民币，平均贷款余额为388美元，约合2,451.04元人民币③。微型金融公司的平均贷款余额只能算小额贷款公司单笔贷款余额的“冰山”一角。不管从贷款余额还是贷款总额来看，与我国微型金融机构相比，小额贷款公司的“小”可是一点都不“小”。

三、“咬文嚼字”的意义何在

我国小额贷款与国际上的微型金融机构有着较大的不同。我国对设定微型金融机构的最低资本金要求较高。2008年中国人民银行发布的《关于小额贷款公司试点指导意见》（以下简称《指导意见》）中对小额贷款公司的设立要求中明确指出，小额贷款机构为有限责任公司的注册资本不得低于500万元，股份有限公司的注册资本不得低于1,000万元。而我国《商业银行法》中规定，设立商业银行的注册资本最低限额为10亿元人民币；城市合作商业银行的注册资本最低限额为1亿元人民币；农村合作商业银行的注册资本最

---

① 鲁雪岩：“关于吉林省小额贷款公司发展情况的研究报告”，中国人民银行长春中心支行金融研究处。

② 王家传、冯林：“农村小额贷款公司营运成效与发展方略：以山东省为例”，《农业经济问题》，2011年第7期。

③ MIX：2008年亚洲微型金融分析和基准报告。

低限额为5,000万元人民币。

在《指导意见》中对小额贷款公司的资金运用方面指出："小额贷款公司在坚持为农民、农业和农村经济发展服务的原则下自主选择贷款对象。小额贷款公司发放贷款，应坚持'小额、分散'的原则，鼓励小额贷款公司面向农户和微型企业提供信贷服务，着力扩大客户数量和服务覆盖面。"然而上述规定与大多数小额贷款公司的商业属性有冲突。在商业化逐利性本能的驱动下，在资本金需求不能得到满足的情况下，商业性小额贷款公司都趋于将贷款投向规模较大、盈利能力强、风险相对更低的中小企业，而不是数额小、风险大、管理成本高的农户。事实上，很多小额贷款公司都没有严格按照《指导意见》的规定执行，中小企业的大额贷款仍然是公司的重点投放对象。如江苏省宿迁市24家小额贷款公司2011年1—6月累计发放贷款48.36亿元，其中只有17.48%投向农户，58.25%投向了中小企业①。而国际上的微型金融机构的服务区域大多数都在农村地区，且服务对象大多数是穷人或者低收入者。

这里的咬文嚼字不在于咀嚼所谓"小"的具体数字，在各个国家，在具体的经济发展水平下，这个"小"字的大小都不尽相同。事实是，拘泥于"大小"的绝对数字并无太多实际意义，关键是机构是否能真正秉持为"穷人"服务的宗旨，在考虑自身利益的同时，真正兼顾到社会效应、真正支持低收入人群的发展。特别要小心的是，要防范某些机构打着"小额"的招牌，干的却不是小额贷款的事，只是为了享受政府各部门对小额贷款机构的扶持和其他优惠政策。

第三节　国际微型金融利率政策对我国的借鉴作用

一、利率限制情况统计

微型金融机构收取的高利率引起了政策制定者的关注：为什么为了帮助穷人而设立的机构却收取如此高的利率？从政治的角度看，政府能不能支持这种自由利率政策？许多国家的政府，都使用了强制性的利率限制的政策。如今，大约40个发展中或者处于转型期的国家已经设立了这种利率上限。然

① 乔明阳："苏北农村小额贷款公司发展状况调查及对策建议"，《中国财政》，2011年第23期。

而，实践表明，利率限制政策使得穷人更难获得金融服务。因为利率限制使得正规的或者半正规的小额借贷机构很难或者根本不能收回其经营成本，其客户要么根本不能获得金融服务，要么就只有转向非正规的借贷市场。

由于利率水平是微型金融机构双重目标——非盈利性的社会目标和盈利性的商业目标——之间的平衡点和具体体现，微型金融机构贷款利率的形成机制和确定方式，自然成了各方利益主体最为关注的焦点。一方面，微型金融机构为其小规模的贷款业务付出了较高的交易成本，为了弥补成本以及保持机构的可持续性和盈利性①，其利率高于传统商业银行贷款利率是可以理解的。另一方面，执政者为了获得低收入人群的政治支持，却倾向于限制微型金融机构的利率。由于一般大众不了解行政性的利率限制对微型金融机构发展所造成的巨大阻碍，更多是从同情、慈善等角度来看微型金融机构的利率问题，所以，即使利率既没有表现出低效率、也没有出现过分的逐利性，还是会有很多人潜意识或习惯性地反对微型金融的高利率。而专业的研究人员普遍认为，利率限制降低利率带给低收入人群的好处，远不如利率限制所造成的资金供给不足所造成的“坏处”。②

1. 巴西的利率限制情况

由于微型企业家信用公司（Microentrepreneur Credit Companies）以及公益非盈利组织（Public Interest NonProfit Organization）不受巴西的高利贷法的限制，对微型金融机构的利率限制使得微型金融机构只能从巴西社会和经济发展国民银行（Brazilian National Bank for Social and Economic Development）筹集资金。对于一笔高于1,000巴西雷亚尔③（约合600美元）且不超过10,000巴西雷亚尔的借款，借款利率被限制在月利率不超过4%，当借款金额低于1,000巴西雷亚尔时，月利率被限制在2%以下。

与现行的2%至4%月利率限制相比，在微型金融机构一定的业务量下，月利率可能要达到4%至8%的水平才能使机构收支平衡。这些利率限制政策使得微型金融机构难以盈利，加剧了小贷机构对公众筹资的依赖度。巴西社会与经济发展国民银行也指出，对微型金融的利率限制会阻碍微型金融机构的健康发展。

2. 印度的利率限制情况

① Kate Druschel, The Ultimate Balancing Act: Investor Confidence and Regulatory Considerations for Microfinance, MicroReport.

② Christen, supra note 108 at 13.

③ 巴西在1994年7月1日采用的新货币——雷亚尔。

在印度，私有微型金融机构包括非银行金融机构、地区 25 公司（Section 25 Companies）、合作银行不受人民银行监管下的利率限制约束，人民银行一方面支持微型金融机构收取能覆盖其成本的利率，与此同时也评判了一些微型金融机构对吸储的过分要求。即使各省、市政府制定了自己的高利贷限制法律，私有微型金融机构依然只受央行的监管，也可不受省、市法律关于利率限制的约束。然而，非政府组织的微型金融机构，如社会团体和信用合作社，却可能被纳入高利贷限制法律的监管范围，一些省、市的法规还允许当地政府控制它们的利率上限。

最近一个关于利率上限最典型的例子，发生在印度的安得拉邦的一个县（克里须那地区），该地是微型金融的中心，因道义收债、非法吸储等原因，地方政府关闭了 4 家微型金融机构的 50 家分支机构。

研究了多家微型金融机构后发现，微型金融机构对于客户的贷款有效年利率为 15%—24%，然而民间放贷者、地主和商人的有效年利率却能达到 48%—150%。

表 9－4 显示了 6 个国家在 2003 年商业银行、微型金融机构、非正规金融渠道贷款的有效年利率。

表 9－4　商业银行、微型金融机构、非正规金融渠道贷款的有效年利率

国家	商业银行有效年利率	微型金融机构有效年利率	非正规金融渠道贷款有效年利率
印度尼西亚	18%	28%—63%	120%—720%
柬埔寨	18%	45% 以下	120%—180%
尼泊尔	15%—18%	18%—24%	60%—120%
印度	12%—18%	20%—40%	24%—120%
菲律宾	24%—29%	60%—80%	120% 以上
孟加拉		20%—35%	180%—240%

案例：巴西的利率限制

2003 年 6 月，“PPCP” 项目在巴西发起，该项目向微型金融机构提供 170 亿美元的低利率资金。只有联邦银行能直接取得该资金。其他的机构需要向巴西发展银行申请获得该资金。巴西发展银行要求微型金融机构以每个月不超过 2% 的利率向外界贷出该笔资金，然而如此低的利率根本无法弥补微型金融机构的成本。巴西发展银行与微型金融机构之间的僵局使得巴西国内的微型金融活动停滞不前；巴西发展银行没有贷出任何资金。巴西微型机构组织联盟 ABCred 的主席 Jose Caetano Lavorta Alves 评价是：“不受欢迎的产品根本就没有市场。” 最终迫于 ABCred 以及最大的微型金融机构的压力，政府重新制定了该项目的利率上限。

二、利率限制政策的社会效应

利率上限设置得太低，虽然从表面上看有利于降低低收入人群的融资成本，事实上，却因为会造成微型金融机构无法维持自身可持续发展，致使向低收入者的资金供给减少，反而限制了穷人获得金融服务的机会。由于传统商业银行融资的比例远大于微型金融机构，所以，政府在设定社会融资利率上限时会更多地以业务量大得多且成本低得多的商业银行等主流金融中介为基础，考虑“多数人”的利益。这种不区分传统主流金融中介和微型金融机构的管理模式，显然不利于微型金融机构的发展。

1. 限制性的授信

当利率上限设得过低时，微型金融机构将不得不放弃一部分市场，尤其是一些成本相对较高的偏远山区的农村市场。例如，当2001年尼加拉瓜国会对非政府组织微型金融机构实施利率上限时，就导致了当地市场的严重紧缩，微型金融机构的年资产增长率从30%下降到了低于2%，好几家微型金融组织退出了风险和交易成本都较高的农村市场。

在西非，区域性银行正在多个国家的微型金融机构推行一项新政策，其目标是将非银行贷款机构利率上限限制在27%以下。据报道，其结果是，几家大型的微型金融机构已经将服务转向交易成本较低的城市地区，停止了向贫困偏远地区提供贷款。而南非的微型金融机构，则是提高了它们的平均贷款数量，减少了向贫困客户提供贷款。然而这些努力仍然不足以应对27%的利率限制，例如，在马里的24家注册的微型金融机构中，有22家已经无法继续保持其财务稳定性。在其他区域的银行面临着前所未有的最低利率上限：18%。

ACCION最近的研究表明，哥伦比亚的利率上限挫伤了非政府组织的微型金融机构向注册金融机构转化的热情，抑制了商业微型金融机构的发展；[①] 在肯尼亚，利率上限的规定使得肯尼亚合作银行停止了在微型金融市场大举扩张的计划。[②]

很难证实没有利率上限的特殊市场会是怎样的。但是在23个设置利率上限的国家与7个没有设置利率上限的国家之间进行的对比显示，没有利率上限的国家的市场渗透率显然更高：有利率限制的国家，平均市场渗透率仅为4.6%，而没有利率限制的国家，则达到了20.2%。

---

① Trigo Loublere, Devaney and Rhyne, Lessons on Microfinance Regulation, 7 – B.

② Wright and Alamgir, Microcredit interest Rates in Bangladesh, 17.

2. 缺乏透明度

受利率上限约束的微型金融机构试图通过收取费用来弥补成本：当利率限制政策不是太强硬或者只对补贴性贷款实施利率限制时，金融机构一般都会将利率设置为上限值，再收取各种非利率的费用，例如手续费、服务费、咨询费等，而这些费用的一个共同特点，就是缺乏透明度，包括对收取的标准、收取的时间、具体的计算方法等，在机构之间常常缺乏可比性，这无疑会直接影响低收入人群对贷款方式和机构的选择。

许多国家对利率的定义，特别是与贷款成本相关的其他费用及其算法缺乏清晰的规定，这会导致利率政策在执行时出现偏差和不透明。即使有计算利率的明确规则，且使用了总成本来计算贷款成本，合理利率上限的制定仍然面临许多困难。比如：小额贷款有不同的贷款期限（1 个月、4 个月、6 个月、12 个月）以及不同的还款方式（每日还款、每周还款、每月还款，或最后一次性还款等）。只要其中一个变量发生了变化，贷款产品的有效利率就会发生变化。可见，不管利率上限是否存在，单独通过利率高低来比较贷款产品是不科学的、没有道理的，利率只有和其相应的风险相结合，才具有比较的意义。

再例如，为了应对利率上限的约束，尼加拉瓜的微型金融机构附加了许多费用去弥补成本：微型金融项目 FDL 就以附加管理费的方式向客户多收费①；而南非在 2003 年由微型金融监管委员会与商贸部合作，对消费者贷款法案进行的复审中也发现，一些机构通过征收贷款保险或者其他费用的方式，绕开利率上限限制，这极大地降低了贷款成本的透明度②；即使在立法相对完善的美国，其法案也没有一个统一的利率计算公式；在制定利率上限时，也没有明确指出是否应将其他费用算作利率的一部分。其结果就是，几乎所有的小额贷款机构都强行收取了各种各样的费用。利率限制对社会的影响，如表 9－5 所示。

三、对我国的借鉴作用

从前面各国的实践经验可以看到，利率限制会阻碍微型金融机构的发展，减少微型金融机构向贫困人口提供的金融服务。从表面上看，对利率采取不干涉的政策在政治上似乎是不可行的，但是在政治层面上设定利率上限却又不能根治高利率的顽症，甚至还会给低收入人群带来更大的福利损失。

---

① 对 Julio Flores（FDL 的执行总监）进行的采访，2003 年 12 月。

② 南非商贸部：“调查结果总结”。

表 9－5　　利率限制对社会的影响[①]

供给方	需求方
贷款机构被迫降低利率； 过度需求诱发信贷员的寻租行为； 向贫困人口放贷的可行性降低； 向贫困人口放贷获取的利润减少； 向贫困人口放贷的积极性下降； 为向贫困人口扩大贷款而增加投资意愿下降； 向贫困人口放贷的政策风险增大； 对潜在投资者发出消极的信号； 向小额贷款机构发放贷款的风险加大； 商业银行进入微型金融市场意愿下降。	短期 设定利率上限促使贷款需求增加； 设定利率上限诱使一些潜在客户寻求贷款； 设定利率上限将使贷款需求过度增加； 某些已拿到贷款的人所支付的利息下降； 部分借款人比以前支付更多的交易成本。
中长期 微型金融机构的信誉受损； 微型金融机构从市场融资的价格上升； 微型金融机构的利润减少； 捐赠机构提供的优惠资金减少； 部分微型金融机构退出微型金融市场； 向贫困人口提供的贷款减少； 向贫困人口提供的金融服务质量下降； 微型金融机构向存款支付的利率下降； 微型金融机构的小额存款的交易成本增加。	中长期 部分借款人转向非正规的商业信贷市场； 随着信贷供给的减少，许多以前的借款人的生活状况比以前更差； 违约增多。

在我国这样一个典型的发展中国家，以下一些经验和教训是值得我们借鉴的：

（1）必须制定出可持续降低小额贷款利率的、市场化的措施。比如，营造有助于微型金融机构发展的社会与经济环境，鼓励国内外各种机构进入该行业，建立起一个更具有竞争力的市场，通过市场竞争而不是行政强制的方式，逐步降低微型金融的市场利率。

（2）政府对微型金融的利率制定政策时表达的意图一定要明确、清晰。明确的政策意图能降低政策风险，能促使金融机构增加投资和新的投资者进入该市场，改善市场竞争状况。

（3）中央银行应对微型金融行业进行深入研究，找出影响其可持续发展的制约因素，要向中央、省和市级领导提供研究成果，要特别注意告知地方

① 尼玛尔·费尔南多："对亚太微型金融高利率的理解及处理办法"，《金融发展评论》，2006 年第 5 期。

行政部门，设定利率上限可能带来的严重后果。

（4）各地区的管理者应该为国内外投资者对当地的微型金融机构的投资创造一个自由宽松的外部环境。

具体而言，政府应该向微型金融机构征求意见，了解阻碍微型金融机构发展的基础设施“瓶颈”，并想方设法改进落后的基础设施条件。

物力与人力基础。如道路修建、桥梁架设、电力的可靠供应和金融知识的普及等，都可以降低微型金融机构的运营成本。政府与微型金融机构应加强沟通、了解微型金融机构的需要，想方设法改进其落后的基础设施条件。政府还应加强影响微型金融机构应用新技术的相关基础设施建设，加强客户教育，在贫困以及低收入家庭中普及基础性金融知识等。政府应更好地了解降低微型金融机构的运营成本情况，高昂的运营成本是微型金融利率居高不下的主要根源，区分导致高利率的主要和次要原因，确保所制定的政策更加合理。

而对于微型金融机构本身来讲，必须找到创新途径以提高其生产率和效益，降低运营成本。地方政府可以通过奖励创新者，进而鼓励进一步创新的良性循环，并广泛宣传那些更具有效率的微型金融机构的成功做法，以促进整个行业的发展。

第四节　国际微型金融支持政策对我国的借鉴作用

一、国际微型金融主要的支持政策

（一）征信信息共享

由于微型金融机构的日益发展壮大，竞争越来越激烈，越来越多的微型金融机构已经意识到共享客户信息的重要性与经济性。在阿拉伯地区的许多国家都已建立了征信系统，例如，在摩洛哥和巴基斯坦，征信系统是由中央银行创立和管理的，而在埃及则由私人部门运营。

2005年，埃及25家银行与社会发展基金共同创建了埃及第一家私人征信机构Iscore，由于当时成本太过高昂，埃及的非政府组织的微型金融机构没有加入。后来，埃及的微型金融协会在社会发展基金的资金支持下，与埃及汇丰评级机构签订了建立信息共享系统的合约，解决了将微型金融机构纳入征信系统的问题。

尽管约旦政府在2003年就颁布了征信法，但约旦在当时并未真正建立起正式的征信机构。后来，约旦政府和国际金融公司签订了建立征信机构的合同，这个征信机构在全国范围内共享征信信息；同时，约旦的微型金融机构通过分享以往客户历史数据的方式建立了一个共同的数据库，并于2008年开始运行。至今，约旦9家微型金融机构共享着这个数据库的征信信息，有效地避免了可能发生的重复借款。

2009年前，巴基斯坦还没有私人建立的征信机构，而巴基斯坦的货币管理局只收集贷款额超过10,000美元的信用信息。2009年在巴基斯坦货币管理局向中央银行转型的过程中，将征信部门分离出来成立了专门的征信机构，并与国内6大微型金融机构签订了备忘录，允许这6家微型金融机构进入征信系统。

（二）税收优惠政策

出于支持微型金融机构公益服务性质的目的，政府往往在税收方面给予微型金融机构一定的优惠或者减免，比如，尼日利亚的增值税法案就对社区银行实行税收减免政策。在尼日利亚央行颁布的微型金融指导原则中，就着重强调“应该实施必要的财政政策以向微型金融机构提供税收优惠，例如，减免贷款增值税、减免利息收入税等。对于任何将全部净利润再投入具有盈利目的的企业的微型金融机构，对其利润实行免税政策①。”而尼日利亚当局在对手机银行微型金融业务征收5%的增值税时发现，即使这5%的税率与世界上其他国家的增值税率相比是微乎其微的，但增值税政策依然大大降低了人们使用手机银行进行自主贷款服务的积极性，这使得贷款服务不得不继续依赖于人工方式去完成。为了降低微型金融的运营成本支持普惠金融的发展，尼日利亚出台了一系列对手机银行业务的管理方案，方案明确提出了对手机银行的贷款业务不增收增值税以及其他税种。

（三）培训政策②

在许多国家，由NGO以及合作社等发展而来的微型金融机构急需专业方面的培训，因为这些机构的许多人员，以前并不是从事金融工作的。比如，在尼泊尔，截至2009年10月，政府已经向207家微型金融机构提供了微型金融实践培训，这些机构大部分为NGO或者信用合作组织。其中超过60家微型金融机构在完成这些培训后在机构建设以及业务开展上得到了提高。

---

① CBN, Microfinance Policy, Regulatory and Supervisory Framework in Nigeria, Sections 12.1 and 12.2.

② 12th Annual Report 2009/10, RMDC.

二、支持政策的必要性和合理性

作为普惠金融最重要的组成部分，微型金融坚持向所有需要金融服务的人，包括过去那些难以得到金融服务的贫困和偏远地区的人们提供金融服务。微型金融最突出的特点之一，就是在实现自身财务可持续性的同时，有着显著的社会效益。

而微型金融机构的可持续发展，一方面取决于微型金融机构的自身业务水平和能力的建设，另一方面取决于宏观政策环境。但目前我国在这两个方面都还很不够。鉴于微型金融机构的社会效益，政府显然应当给予必要的鼓励和支持，这样才可能吸引更多的国内外机构、社会人士、资金以及技术投入到微型金融领域，更好地促进行业发展和社会进步。

三、我国制定相关支持政策应注意的问题

针对不同地区、类型的微型金融机构，支持政策也应有所差别，并充分考虑各方利益的平衡问题。

从宏观层面上看，政府首先要解决的，是对微型金融机构进行分类监管。基本的分类标准，应以机构实际完成的业务和对低收入人群、农村地区，特别是偏远贫困地区的支持程度、业务的平均规模、普惠程度等进行分类，将真正做“小额”信贷业务的机构，与本质上与商业银行并无差别的、打着微型金融招牌的机构区分开来。分类是监管的前提，也是执行政策优惠的前提。针对真正的微型金融机构，可以在税收政策、优惠贷款等方面予以支持。另外，还需要根据经营好坏、机构的资产质量、管理水平等进行评级，从而为分级管理奠定基础。

在中观层面上，应首先考虑为经营良好的微型金融机构构建融资渠道。微型金融机构，特别是非存款性质的微型金融机构，资金来源是其发展的主要“瓶颈”。相关部门可以考虑建立一套微型金融机构评级管理办法，根据不同级别分别设置不同程度的融资权限，以解决风险监管和微型金融机构资金“瓶颈”之间的矛盾。

此外，还应考虑以下方面：

（1）国家还可为微型金融专门拨款，解决国际资金进入或投资微型金融机构的政策限制，更好地引进国外的投资资金；像孟加拉的批发微型金融机构 PKSF 一样，设立我国专门的微型金融批发基金，或在政策性银行里面设立类似的微型金融批发基金，以更好地解决微型金融行业的资金需求。

（2）对于在一定年限内的绩效连续表现优良的机构，可考虑在他们以自

身优质的贷款资产为质押的前提下，按贷款资产的一定比例（比如50%）从商业银行或其他机构进行融资。

（3）按微型金融机构承担的社会责任大小，分别予以不同的级别的税收优惠政策；对于社会贡献特别大的微型金融机构，甚至可以在取得贡献之后给予一定的财政补贴，以鼓励微型金融机构承担更多的社会责任。

（4）为了鼓励微型金融机构分散风险，应及时出台并完善微型金融机构发行资产担保债券的相关政策，包括资产质量的评价、资产第三方托管或质押托管、资信评级、信用增级、税收政策等诸多环节。

（4）鼓励微型金融机构自主成立微型金融的行业协会，对微型金融业务实行自律监管。微型金融协会可以：开展微型金融政策研究，为微型金融的发展和监管政策的制定提供决策依据；根据国际经验，制定微型金融的操作指南；制定微型金融行业标准；为微型金融机构提供培训等的技术支持；要求协会成员定期公布财务信息和经营状况，组织评级机构对成员进行评级；为微型金融机构提供技术支持、为人员提供培训等。要特别说明的是，微型金融协会，应由微型金融机构自主设立，国家政策可以支持和帮助，但不宜过分进行政策干预；否则，可能会影响行业自律监管的内在动力和效率，甚至被办成又一个监管部门或行政机构。

第五节　国际微型金融监管对我国的借鉴作用

一、国际上对微型金融机构的分类

在国际上，一般根据微型金融机构的资金来源将其分为三大类7小类：

第一大类为非正式组织形式的非盈利性机构（NGO）。其资金主要来自他人的投资或捐助，按资金来源具体又可分为三小类：①类似于自助组织的非盈利性机构，由会员自发组成，其贷出的资金主要来自捐助者的捐赠；②由民间志愿组织发起的非盈利性机构，能吸收少量会员的存款以及从商业银行获得有限的借款；③由非盈利性机构转变而来的公司，它通过发放商业票据或者批发贷款集聚大批资金，当然它的资金也来源于会员少量的存款、商业银行的贷款、捐赠以及政府提供的优惠性贷款。

第二大类：使用机构会员资金的、有正式组织形式的微型金融机构，这些会员包括与机构有会员基础的信用社、只为会员服务的储蓄和信用合作组织，以及只限或者优先服务于其会员的正式微型金融机构。它的资金主要包括会员的储蓄和派发的股利。

第三大类：使用公众资金的、有正式组织形式的微型金融机构，具体又可分为三个小类：①采取与专业银行和金融公司相同经营模式的公司，是由专门的监管机构批准的注册商业公司。它的运营方式类似于专业银行，是限制存款的公司或者能接受少量公众存款的财务公司。监管机构通常对这类机构设立最低资本化杠杆，以限制它们的吸储能力。②股权由全体会员持有的银行，或股份由所有会员共同持有的一般性银行。③股权由私人投资者持有的一般银行，它可以向普通公众吸收存款。

二、国际微型金融监管的主要监管模式

对微型金融机构分类的目的之一，是对其进行分类监管。国际上现在较为流行的是“以风险为基础”的方法（risk - based approach），其关注点与机构中称职的管理者的关注点基本一致，除了以机构的资本为中心，这种方法有助于分析和阐明在机构所面临风险中，哪些是需要进行审慎性监管的。

“以风险为基础”的监管方法还可分为管理层的内部监管和监管机构的外部监管。这两种监管方法是密切联系的，外部监管的有效性取决于内部监管是否有效。董事会代表股东、会员或者捐赠者的利益，对机构进行内部监管并对小贷机构的运营承担责任。

微型金融机构的外部监管方式，包括从零监管到全面审慎监管的不同模式。关于监管方法适用性的一个基本思路，即所谓银行业分层监管（tiered banking）或分级监管（graduated regulation）法，其特点是充分考虑了不同微型金融机构的差异。在一个银行业分层监管的监管模式下，不同风险层次、不同管理水平、不同资金来源结构的金融机构，将受到相应层次的监管，在监管的宽严程度、监管的指标设计与要求、处罚力度等方面，都会充分体现出层次性差异。其监管的基本目标，是维护金融体系的稳定、安全，确保机构之间的公平竞争和运作效率。

另一种是以资本市场为基础的适应性监管模式。其特点是运用市场上的信用评级机构开展以市场为基础的监管。虽然这些信用评级机构（如标准普尔）没有行政权威，但只要市场上的投资者或者借款人相信评级机构的独立性和可信度，评级机构就能在市场上发挥出巨大的监管作用。例如，在危地马拉，一些发展较好的信用联社，就在 WOCCU 和 CGAP 的帮助下，设立了一家以私人投资为基础、进行自主管理的信用评级机构。

微型金融机构的内部治理，可以被视为机构内部主要利益相关者，包括股东、高管人员、员工、消费者等之间进行利益平衡的制度框架，其目标是

防止任何部门或个人侵害机构的利益，而治理的有效性是确保管理效率的前提和基础。许多治理问题可能表现为管理上的不足，但却很难完全依靠管理的改善去解决。“治标而不治本”能收到暂时之效，而无法解决长久之忧。

与前面第一大类的微型金融机构管理着来自个人、组织和政府机构的捐助或慈善性资金相比，第三大类微型金融机构——专业性银行、吸储组织或者常规性银行，使用的大部分资金来自一般大众，必须首先确保存款人资金的安全，因此其内部治理要求也会更加严格。

由于金融行业与外部监管机构之间存在广泛的信息不对称，完全依靠监管部门进行外部监管，其效率并不高。而行业协会等行业自律组织的建立和成功运作，可以在很大程度上弥补这方面的缺陷。一些非盈利性微型金融机构已经在一些国家或者地区形成了一种伞形组织（umbrella groups），其目的是共享技术、提高内部自我监管的效率，以及制定行业标准等。不过，无论是伞形组织或其他形式的自律组织，都只有在大量的机构能处于伞形组织的管辖之内，而且违反自律规则后会被严格制裁的情况下，自律组织的监督才会有效。

三、分类监管的必要性和必然性

对微型金融机构进行分类的目的之一，是为了使监管更有针对性，使有限的监管资源得到更有效的配置。通过分类监管，有助于机构业绩的量化、差距的比较。在对微型金融机构分类监管时，其具体的分类方式如下：

（1）有些非营利性微型金融机构，已经开始通过批发存款或者存款等价物筹集资金（如第一大类第 3 小类的机构），这类微型金融机构应该满足证券交易所的证券注册要求。当机构发行批发性金融工具（如商业票据和投资参与证）时，则还须满足特定的财务要求，且必须具备足够的投资和人员配置。

（2）第一大类中的第 2、3 小类，及第二大类的机构中的一部分，在其贷款合同中可能具有强制存款条件，但其吸收存款的范围仅限于已有的客户，所以，只要将这些机构吸收存款的范围和额度加以控制即可，不必将其置于一般银行法中进行审慎监管，也不必经过特别的审批。

（3）与那些只吸收会员存款的微型金融机构相比，吸收非会员存款、向信用合作社或者信用组织吸储的微型金融机构，其风险更大（如第二大类的机构中的一部分）。这些机构可能会在特定区域内广泛吸收会员，这既扩大了经营范围，也增加了存款数量，但相比于真正意义上的商业银行，其吸收存款的范围和额度仍然是很有限的，所以，对这类机构的监管会比前一类机构更严，但比真正意义上的商业银行更宽松。

(4) 第三大类中，第1小类的机构，其运营类似于非银行中介机构、财务公司、专业或者特殊银行。这种机构可以向公众吸储，它吸储数量的大小一般被限制在它的总合格资产的一定比例以内，且其吸储活动被限制在特定范围以内。其中第三大类第1小类与第2、3小类的主要区别在于，类型1小类的机构要受限于资产比例方面的管制，所获得的存款也可能被要求保留固定金额，而不能全部用于放贷。比如，第三大类的第1小类的机构必须达到资本充足率的要求；如果服务和运营受到限制时，其资本充足率的要求还可能更高。有限吸储能力特权，产生了对其流动性风险和存款运营能力的必然要求。

(5) 第三大类的第2、3小类的机构，作为共有的（mutual - ownership）银行，可以吸收公众存款、通过承兑票据创造存款等，与典型的银行已经基本一致，所以应受到与银行一样的审慎监管。监管部门会关注它们的资本充足率、风险资产的分类、负债的分类以及准备金提取标准、负债和存款的集中度、存款保险的登记情况等全面的风险情况。

四、如何制定我国微型金融机构的有效监管框架

近年来，小额贷款公司在我国发展迅速，在扶贫及支持中小企业发展方面发挥了积极的作用。随着我国小额贷款公司的迅速发展，小额贷款公司的监管问题也逐步出现，因而建立有效的监管框架是有必要的。综合国际实践的经验，我们认为监管框架的建立应满足以下要求：①灵活性。即监管框架必须适应微型金融机构运行机制的特征，采取比较灵活的、更具弹性的措施。②激励兼容。监管框架应有利于调动微型金融机构、投资人、捐助人的积极性。③成本收益相平衡。即监管框架必须考虑到监管的成本和给被监管机构增加的成本，应与所预期的收益之间取得平衡。④适应性。监管框架必须与现有各类微型金融机构的实际性质和类别相适应。⑤内、外监管相结合。基于风险的自我监管和外部强制管理相结合。应鼓励微型金融机构在监管框架中多进行自我监管，或使其更有动力在内部风险管理的基础上进行自我监管。⑥鼓励自律。在控制监管成本的基础上，应鼓励行业性自律协会对微型金融机构进行信用评级、业务监督和信息披露。

具体在建设相关监管框架时，可参考以下思路：

(1) 应明确小额贷款公司与银行金融机构间的差异。在我国，金融机构分为银行金融机构和非银行金融机构两大类。银行金融机构以营利为目的，以吸收存款、发放贷款为主要的业务，包括在我国境内设立的商业银行、城市信用合作社、农村信用合作社等金融机构以及政策性银行。非银行金融机构包括金融资产管理公司、信托公司、企业集团财务公司、金融租赁公司等。

小额贷款公司经营贷款业务，应将其归为金融机构，但是当前的小额贷款公司不能吸收存款，也不能办理转账和结算业务，与商业银行有着显著区别，所以应该将其明确为非银行金融机构。诚然，如果其他微型金融机构将来发展到可以吸收会员或客户的存款，以至可以吸收公众存款时，对这些机构的区分，就不能只看机构的名称，而是要看这些机构是否能吸收存款，以及吸收存款时在主体与对象、范围、额度限制等方面的具体情况，在作具体分析后分别采取不同的监管措施。

（2）确定小额贷款机构的监管主体。对于微型金融机构的监管部门，现在流行的主要有三种看法：一是由地方政府监管；二是由银监会监管；三是成立专门的微型金融监管部门来监管。根据国际经验，结合我国的国情，我们认为，设立专门的微型金融机构监管部门，可能是较好的选择。虽然银监会作为我国唯一法定的银行金融机构的监管者，但鉴于微型金融机构与商业银行之间的巨大差异，特别是对商业银行执行的严格的审慎监管模式与对非银行金融机构执行的非审慎监管模式之间所存在的显著不同，我们认为由银监会监管非银行金融机构并不好，很容易出现直接套用商业银行模式进行监管的可能。

（3）明确监管目标。微型金融的监管，除了维护金融系统的稳定、控制风险等之外，还有一个重要的目标就是：金融普惠。特别是对于以自有资本为借贷资金而不吸收存款的微型金融机构，其资金安全性不应是监管的重点，因为投资主体自己会加以控制。此时，这些机构应该把如何促进社会进步作为监管的重要内容。

（4）建立和完善微型金融相关法律制度。目前我国小额贷款公司的发展处于尝试阶段，法律制度的缺失已经成为制约小额贷款机构发展的“瓶颈”，构建适当的法律制度就成为推动其健康、持续发展的关键。考虑我国的实际，我们认为应出台专门的《微型金融机构监管法》，就微型金融机构的法律地位、监管的规则和内容、法律责任等制定明确的规则。

（5）对微型金融机构的分类监管。

①对银行性质类微型金融机构的审慎监管。对公开吸收非特定对象存款的、本质上与商业银行无异的微型金融机构，应同商业银行一样进行审慎监管，其主要监管的内容、项目、指标等，可比照商业银行监管进行。主要监管内容至少应包括但不限于：注册资本、资本充足率、资产分类，以及贷款损失准备金的计提、风险集中度、流动性要求等。

②对不能公开吸收存款的微型金融机构，应采用非审慎性监管模式，并应根据机构吸收存款的对象、范围、额度限制等的具体情况，分别使用不同

水平的监管制度。监管的主要内容包括但不限于：业务的准入标准、客户保护、会计处理等。

第六节　国际微型金融机构内部风险管理对我国的借鉴作用

一、国际微型金融机构内部风险管理的主要措施

微型金融机构面临的内部风险包括机构风险、操作风险和财务管理风险等多个方面。其中，机构风险主要指威胁到机构的社会目标或者商业目标的风险，主要包括目标客户群的变化以及对捐赠资金的持续依赖等；操作风险主要指在机构日常的业务操作过程中面对的风险，主要包括信用风险、违约风险、低效率、安全性；财务管理风险，则主要包括资产负债管理、流动性管理以及系统整合方面的风险。

国际上，内部风险管理的对策通常包括三种不同的机制：内部控制、内部审计和外部的审计。内部控制问题在前面已经讨论过，这里不再赘述。

在内部审计过程中，内部审计人员、管理层和董事会将分别承担不同的责任，如表 9－6 所示。

表 9－6　微型金融机构内部审计系统的职责分配

内部审计人员	一般管理层	董事会
• 按董事会要求设计综合年度工作计划，包括工作计划和预算表。 • 设计覆盖整个微型金融机构的审计工作计划以及相关的审计标准。 • 做清晰陈述审计工作成果和结论的工作报告。 • 定期向董事会做审计报告以及协助董事会承担与审计有关的责任。 • 确保审计工作独立于管理层，但又要与管理层进行适当的沟通。	• 制定微型金融机构的营运政策。 • 创造一个使微型金融机构的内部控制得到充分重视的环境。 • 帮助审计人员在机构内部展开工作。 • 接收审计报告，并进行必要的工作改进和调整。 • 补充和完善内部审计人员的工作报告。	• 监督审计人员行使职能。 • 对风险进行监控。 • 建立一个功能齐全的审计委员会。 • 任命审计委员会的主席。 • 对审计人员的表现进行表彰。 • 审查审计报告。 • 对审计报告做出必要的纠正。 • 审批年度内部审计工作计划。

二、外部审计：对机构的控制和运作状况进行外部评价

国际微型金融机构聘请外部审计人员或机构，对微型金融机构进行定期或专项的审计，目标是以独立的、第三方的、专业的眼光，对微型金融机构运作状况、财务状况、风险管理等进行系统分析，并出具审计报告，以期及时发现机构存在的问题并提出相应的解决方案。

国际上，对微型金融机构进行外部审计的一般步骤为：

（1）设立基准条款，即由微型金融机构董事会制定审计要求、标准、目标、流程等关于如何开展外部审计、要审计些什么和按什么标准进行审计的工作。

（2）挑选符合标准的审计机构。合格的机构，应具有严格、客观的审计原则，具有开展审计工作的能力，能够对微型金融机构所处的环境和面临的挑战有独到的见解。

（3）商谈审计费用。

（4）重审合同或者委托函，这是为了保证最终的合同能够满足基准条款中的要求。

（5）为审计做准备。订立审计的日期，列出审计人员所需要的信息，筹划对分支机构的审计。

（6）协助审计工作的开展。准备需要的文件和其他信息，认真报告审计人员提出的问题。

（7）审查初步报告。仔细检查由审计机构提交的初步报告，在提交给董事会之前，对审计的初步报告作出评论或提出疑问。

（8）执行审计结果。执行审计报告中提出的中肯建议。

三、微型金融机构内部风险管理评估及其标准

由 ACCION 创立的 ACCION Camel 评级体系中，对微型金融机构的内部风险管理的评估设立了 5 个标准：

（1）内部治理。机构执行委员会运作顺畅，包括其成员拥有的各种专业技能；机构管理的独立性强，能灵活有效地制定策略。

（2）人力资源管理。人力资源部门能为员工的工作提供清晰、明确的指导和支持，包括新员工的招聘和培训、员工的激励机制、员工绩效评价机制。

（3）控制和审计。机构内部的核心流程正式化、机构能有效控制风险。

（4）信息技术系统。计算机信息系统运作有效、计算机信息系统能及时准确地提供管理报告。

（5）策略计划和预算。机构能综合、全面地制定短期和长期财务预算、根据需要更新计划并在决策过程中进行实际应用。

在由 PlanetFinance 创立的 GIRAFE 评级系统中，对微型金融机构进行内部风险管理的评估，被分为了内部控制和内部审计两个方面，设计的主要内容包括：管理者、内部审计人员，以及其他核心人员能准确地识别与他们工作有关的风险；现有的内部控制措施能有效地覆盖这些风险；内部流程、内部审计过程、员工间所有的风险管理方法都是有效且合理的。

在标准普尔对微型金融机构的内部风险进行评估的过程中，主要是对机构的操作风险和信用风险两类内部风险进行了评估。其中，操作风险主要涉及：微型金融机构所制定的综合政策、工作流程等，能覆盖机构业务的所有风险，且这些政策和流程本身必须是明确和清晰的；机构制定的政策和流程能持续且不折不扣地得到贯彻和实施，能有效测定可能发生的人为错误①；机构能有效地管理和控制其分支机构；IT 系统能及时准确地提供信息，且反馈和存储功能健全，管理者能准确识别 IT 系统的不足之处。

对于信用风险，主要考察是否重大风险都已经经过分散化处理；高质量、及时的管理信息报告，机构的贷款损失是否在合理范围内等内容。

在 M－CRIL 评级体系中，则有 6 个标准对微型金融机构进行评估，分别为：牢固的一线和二线管理、有效的内部控制和审计制度、强有力的风险管理、合格的资产组合质量、合理的委员会设置、持久的竞争力等。

四、如何建立我国的微型金融风险管理制度

风险管理，是对微型金融机构风险进行系统性评估、测量、监控和管理的持续过程。有效的风险管理，可以确保机构避免在面临紧急需求时失控。有效的风险管理体系，是一个从普通工作人员到最高层管理者，如董事会的"互动反馈圈"。只有这个互动反馈圈能实现有机闭合并互相制衡时，才可能确保政策和策略的合理性，且风险水平处于机构设立的风险范围内。图 9－2 表示的就是微型金融机构风险管理循环的基本情况。

总而言之，风险管理反馈圈包括识别需要控制的风险、设定和实施策略以控制风险以及评估他们的有效性。如果结果显示风险并没有得到有效的控制，策略将会被重新制定，然后再执行、再测试、再重估。

---

① 较低的员工更换率以及成功的员工培训计划可以降低人为错误的风险。

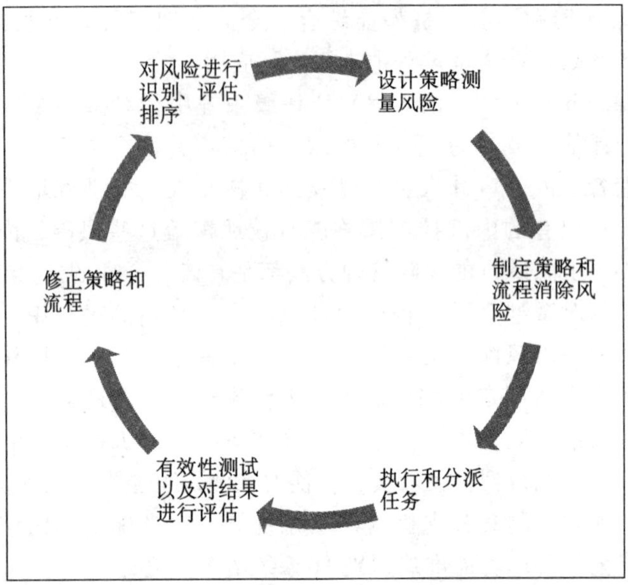

图 9－2 微型金融机构风险管理循环示意图

五、我国微型金融评级体系和机构的建设

我国现有真正从事以服务低收入人群为主的微型金融机构，大多都采用扶贫型运作方式。这为扶持特定群体的发展提供了有力的支持，但是很多机构自身却面临着资金来源枯竭或者在可持续发展上面临挑战等问题。我国非政府组织微型金融机构和项目能真正达到财务要求以及操作可持续性的很少，大多数微型金融机构的贷款资本金越来越少，若没有进一步的资金来源，很多 NGO 微型金融机构会无法开展业务，甚至不得不停止运营。中国微型金融机构发展面临阻碍的原因较多，其中之一就是没有行业评级机构以及公布经营业绩、增加透明度的平台（国际上现在较为流行的信息交流平台，如 MIX、CGAP）；再就是评级产品的开发滞后；还有就是缺乏评级基金的支持。

（一）建立微型金融信息交流平台

在投资者进行投资时，都会对微型金融机构做进一步分析，如果能有一个信息交流平台评级中介将投资者和微型金融机构联系起来，并进行信息共享和传递，这将有助微型金融机构融资的顺利开展。在平台的搭建上，可以完全由我国的微型金融机构自主从头建设，也可以通过加入国际上已有的类似组织，例如 MIX、CGAP 等，将自身的财务信息公开化，这不仅有助于提高机构的透明度，还能促进机构业绩的发展，有助于在投资方获得充分信息的情况下进行投资，从而扩大机构的融资机会。对于涉及机构竞争战略或者核心信息方面的顾虑，可以考虑按一定时间推迟发布的方式，以期在透明度和保护商业机密方面保持平衡。此外，类似美国KIVA一样的P2P网络微型金融平台，能将微型金融业务双方的信息都公布在网站上，可以更好地提高微型金融业务的透明度。①

（二）发展微型金融评级机构

我国目前还没有专门的微型金融评级机构，但可以学习和借鉴国际上已有的一些评级体系，结合我国的具体情况建立既符合国际最佳实践惯例，又符合我国实际的微型金融评级机构。例如，沛丰的评级指标设计合理、具有总体一致且高度综合的特点，该评级体系的五大类指标具有一定的代表性，清晰、易懂，可以借鉴。要说明的一点是，国外的评级机构多以私立或私营为主，而我国目前出现的一些评级活动，多以具有政府背景的微型金融协会等机构为主导开展，这种背景对将来会面对的许多民间、民营的业务，一定程度上可能存在不匹配或低效率的问题。在政府背景的评级机构发展的同时，如果能同时引入民间机构进行竞争，将有利于提高评级机构的效率、客观性和独立性。此外，对于一些规模很小的微型金融机构，评级的费用太高，可能不愿主动聘请外部评级机构对其进行评级。这可通过建立评级基金等方式，鼓励微型金融机构主动参加评级活动。此外，商业性评级机构通过出具销售评级报告、提供咨询等服务可以获得补偿，进而有助于实现对所有微型金融机构，无论规模大小都可进行系统、完整的评级。

第七节　利用微型金融促进社会公平

一、微型金融双重目标间的平衡

在微型金融发展初期，多是以其社会目标为主要目标，而随着微型金融机构的不断发展，财务可持续变得越来越重要，并形成了一个相对一致的观点：微型金融机构应具有社会和财务可持续性的双重目标。就如何同时兼顾这两大相互冲突的目标引发了广泛的争论。

① 杨雪、王玮、缪军："评级促进微型金融机构商业化"，《银行家》，2008年第2期。

微型金融福利主义者认为，实现微型金融机构的社会目标比实现财务可持续性目标更为重要，坚持自给自足和取消政府补贴的方式会迫使微型金融机构放弃为农村地区的穷人服务，尤其是那些信贷成本和风险很高或难以覆盖的低收入人群。同时，福利主义者认为，微型金融机构实现商业可持续时的利率往往高得让低收入者难以承受，而且当小贷机构过分重视财务可持续目标时，可能会偏离最初的社会目标。所以，福利主义者认为，完全由微型金融机构自主决策利率、完全的商业化运作是不可行的。

而制度主义者则认为，微型金融的多重目标是共存的，也是相容的。因为只有可持续的微型金融机构才能不断扩大服务范围、更好地为低收入者服务。如果微型金融项目的融资完全是通过客户储蓄和以商业利率从正规金融机构借贷的方式完成的，并且其收费和利息收入完全覆盖其交易成本，那么财务可持续是可以实现的。小贷机构服务于低收入者的远期社会目标与财务可持续目标之间，是完全可以实现平衡的。

虽然两种观点各有道理，但总体上看，制度主义提出的双重目标兼容观点在国际上占据主导地位，已经为世界银行扶贫协商小组（CGAP）和美国国际开发总署（USAID）等重要机构所遵循和采用。

二、从福利主义到制度主义和双赢主义

最初的小额信贷大多是从非政府组织形式开始的，如孟加拉乡村银行等。这些组织以社会发展为己任，通过向贫困社区提供小额金融服务，以及其他非金融社会服务如技术培训、教育、医疗等，来努力实现经济增长和减贫目标。在将首要目标定位社会发展的同时，这些组织也努力通过员工激励和严格财务制度等手段来实现“可持续发展”的目标。这一类微型金融组织被称为“福利主义微型金融”。与此对应的另一类微型金融组织则首先关注商业可持续性，并在此基础上努力扩大业务覆盖率，实现为更多的低收入人口提供金融服务，如印度尼西亚人民银行村行系统、墨西哥 Financiera Compartamos 等，被称为“制度主义微型金融”。

随着微型金融机构的迅速发展，对可持续性的首要关注逐渐得到了广泛的国际认可，这意味着制度主义理念逐渐在争论中占据上风。对可持续性发展的要求，使得政府关于财政可行性的考虑、公众和国际捐助者关于可持续扩大扶贫的愿望以及学者关于弱势群体福祉的强调或者市场原则的坚持，达成了一致意见。有研究显示，世界上最好的微型金融机构，在剔除通货膨胀和所有补贴因素的影响之后，其权益回报率超过全球前 10 名商业银行的平均水平，这样的业绩水平比起商业银行也毫不逊色。这表明微型金融机构在盈

利水平方面，是完全可以吸引到国内外金融市场各方投资人的。比如，墨西哥的 Financiera Compartamos 于 2002—2004 年先后 4 次发行国内债券共筹资 3,700 万美元；印度尼西亚人民银行于 2003 年 11 月在纽约证券交易所上市时获得了高达 16 倍的超额认购；BRI 被《亚洲货币》评为当年最佳上市公司，外国投资者持有 BRI 的股份达到了 40% 左右。

国际微型金融实践表明，制度主义更符合微型金融商业化要求，理应成为国际微型金融主流的发展趋势。福利主义强调从根本上提高贫困人群改善生活水平的理念值得提倡，尤其是福利主义者坚持在开展微型金融业务的同时，也为贫困人口提供技术培训、教育、医疗等社会服务的理念，从根本上提升低收入者的素质、能力等，这方面是值得我国认真借鉴和学习的。对那些商业性微型金融机构无法覆盖的、纯粹的社会公益性质的项目，则应由政府机构来承办。20 世纪 60—70 年代福利主义观念下的微型金融业，正转向双重目标的制度主义，共赢已经成为当今世界微型金融业发展的主流。

参考文献

一、英文

1. CBN, Microfinance Policy, Regulatory and Supervisory Framework in Nigeria, Sections 12.1 and 12.2.

2. Christen, Supera note 108 at 13.

3. Kate Druschel, the Ultimate Balancing Act: Investor Confidence and Regulatory Considerations for Microfinance, MicroReport.

4. RMDC, 12th Annual Report, 2009/10.

5. Trigo Loublere, Devaney and Rhyne, Lessons on Microfinance Regulation, 7 – B.

6. Wright and Alamgir, Microcredit interest Rates in Bangladesh, 17.

二、中文

1. 尼玛尔·费尔南多：“对亚太微型金融高利率的理解及处理办法”，《金融发展评论》，2006 年第 5 期。

2. 鲁雪岩：“关于吉林省小额贷款公司发展情况的研究报告”，《金融发展评论》，2010 年第 11 期。

3. 乔明阳：“苏北农村小额贷款公司发展状况调查及对策建议”，《中国财政》，2011 年第 23 期。

4. 王家传、冯林："农村小额贷款公司营运成效与发展方略：以山东省为例"，《农业经济问题》，2011 年第 7 期。

5. MIX：2008 年亚洲微型金融分析和基准报告。

6. 杨雪、王玮、缪军："评级促进微型金融机构商业化"，《银行家》，2008 年第 2 期。

小额信贷在中国

——以小额信贷促进社会公平

《小额信贷在中国》丛书编委会　编

中国财政经济出版社

图书在版编目（CIP）数据

以小额信贷促进社会公平／《小额信贷在中国》编委会编著.—北京：中国财政经济出版社，2013.3

（小额信贷在中国；3）

ISBN 978-7-5095-4343-6

Ⅰ.①以… Ⅱ.①小… Ⅲ.①农业信贷-贷款管理-研究-中国 Ⅳ.①F832.43

中国版本图书馆 CIP 数据核字（2013）第 042163 号

责任编辑：罗亚洪　　　　责任校对：王　英

封面设计：郁　佳　丁亚青

中国财政经济出版社 出版

URL：http：//www.cfeph.cn

E-mail：cfeph@cfeph.cn

社址：北京市海淀区阜成路甲 28 号　邮政编码：100142

营销中心电话：88190406　北京财经书店电话：64033436　84041336

北京财经印刷厂印刷　各地新华书店经销

787×960 毫米　16 开　81.5 印张　1 550 000 字

2013 年 3 月第 1 版　2013 年 3 月北京第 1 次印刷

定价：265.00 元（共五册）

ISBN 978-7-5095-4343-6/F·3524

（图书出现印装问题，本社负责调换）

本社质量投诉电话：010-88190744

反盗版举报热线：88190492、88190446

《小额信贷在中国》丛书编委会

编写说明

本丛书由中国扶贫基金会组织专家编写，其中，《国际实践中的小额信贷》由潘席龙、王光龙编写，《农村信贷配给与小额信贷体系建设》由焦瑾璞编写，《艰难前行的公益小额信贷》由吴国宝编写，《以小额信贷促进社会公平》由康晓光、冯利、程恩江编写，《中国扶贫基金会小额信贷发展史》由何雪峰、张天潘、李响、陈建利编写。

总　序

小额信贷这个概念始于哥伦比亚和美国非盈利组织的微型金融公益探索。因为尤努斯在孟加拉乡村穷人银行大规模扶贫的成功试验，使其具有了鲜活的、与传统银行信贷业务完全不同的金融创新意义。它对传统信贷的创新达到了颠覆的程度，主要体现在：认为穷人是有信用和有能力的，因此可以作为正规金融服务细分市场的潜在客户，银行可以服务此类客户从而摈弃令人憎恶的嫌贫爱富形象；给这群客户提供服务可以不用传统金融信贷的项目风险评估、财产抵押和信用担保工具，而使用贷款成员组织的评估和相互信用保证工具，来达到控制信贷风险、保证还贷的目的；可以在令人憎恶的高利贷和大额贷款利率之间找到一个理性的利率区间，使得到服务的穷人和信贷机构找到双方均可持续发展的双赢平衡点，而不是将信贷机构的可持续发展建立在对服务对象落井下石、趁火打劫似的高利贷上。小额信贷的金融创新还同时带来了扶贫公益的创新，即原有的扶贫公益更多地通过赠予来推动受益贫困人群状况的改善和减贫，而小额信贷则开启了通过信贷服务跟穷人进行平等交易的经营性扶贫大门。这种方式把穷人从受扶助的弱者位置一下拉到了与资助者完全平等的合约地位，给穷人施加还款信用压力的同时也给他们注入了自立自强的勇气和信心。通过培训、互动、交流、经营、销售、还款、算账、再贷款的持续，这场扶助使受助穷人通过“干中学”的行为模式得到了能力的成长和提升，因而可以从根本上改变并摆脱贫困。正是这种金融创新和扶贫公益创新，使小额信贷实践在20世纪90年代以来的近二十年间，在国际公益扶贫舞台上大显身手，也使小额信贷这个概念在金融领域具有了独特的意义和内涵。尤努斯也因此获得了诺贝尔和平奖。

中国的小额信贷始于20世纪90年代中期，主要经由两种方式探索：其一是非盈利组织推动的扶贫公益小额信贷探索；其二是90年代末期政府拿出50亿委托农业银行和信用社进行扶贫小额信贷探索。第一种方式因为缺乏法

律和资金支持而发展缓慢；第二种方式则因为正规金融机构缺乏兼容小额信贷业务的机制与内生动力导致还款率低下，且没有社会问责，最后不了了之。最近几年，在全球金融危机和中国为解决农村金融服务不足及金融改革的背景下，演绎出了一幅小额贷款公司蓬勃发展的图景。2009 年中国的小额信贷公司迅速崛起，特别是2011—2012 年因资金通过国有银行流入国营企业和地方政府融资平台后，在民营企业资金奇缺、人民币升值和劳动力价格上涨的三重夹击之下，信贷需求陡涨，小额贷款公司更是如雨后春笋般的飞速发展。2011 年全国小贷公司发展到 4,200 多家，资本金 3,000 亿元，贷款余额 3,900 多亿元；2012 年全国小贷公司发展到 6,000 多家，资本金 5,000 亿元，贷款余额 6,000 多亿元。同时，农村信用社宣称其小额信贷的业务已达到 6,500 亿元，农业银行小额信贷超过 1,000 亿元，国家开发银行小额信贷有 700 多亿元，邮储银行小额信贷超过 2,000 亿元，村镇银行小额贷款规模接近千亿元。从这些数字中似乎可以得出这样的结论：中国是全世界小额信贷后来居上的国家，迅速崛起，飞速发展，很快就解决了小额信贷的普及问题。

但是，这些统计数据都不来自独立第三方，全是当事人自身发布的，因此概念边界、统计口径、数据真实性、数据背后的可比性等都存在一些问题，无法进行可靠的认定、比较和衡量。我们显然也不能轻率地因这些数据而得出上述结论。

问题出在哪里？除了统计数据的真实性外，最大的问题是概念边界。什么是小额信贷，这是有普世定义的，即针对穷人的、含有扶贫公益性质的金融信贷创新。另外，一个很直接的概念就是单笔贷款规模。按照国际上一个通常的共识，单笔贷款规模不大于人均 GDP 两倍的，可算作小额信贷范畴。那么，中国小额信贷的贷款额度界限是多少？中国小额信贷运作方式又是否符合小额信贷的国际规范？显然，现在所说的那些数据肯定不是在同一范畴或同一可比标准之下的。小额贷款公司所谓小额信贷平均单笔贷款规模超过 150 万元，且单笔规模呈逐年快速提升趋势，最大的单笔贷款已超过 2,000 万元；信用社所谓小额信贷是指单笔贷款为 30 万元，农业银行单笔贷款则为 30 万元。而非盈利组织讲的小额信贷可能是单笔几千元，1 万元等。这样一些数字放在一起，能得出国际通行的小额信贷可比概念下的发展状况吗？这又能说明什么问题呢？

为什么会出现上述状况？就小额贷款公司而言，主要是因为“23 号文”所定的两个关键性政策变量：其一是小额贷款公司利率可以突破人民银行基准利率，上不封顶（司法解释是不超过央行基准利率的 4 倍）；其二是小额贷款公司单笔贷款最高限额不超过注册资本金的 5%。这两个政策变量吸引资本创办小额贷款公司并提升注册资本金。就某些国有银行而言，因为国际通行的小额信贷代表着扶贫和服务“三农”，这符合中央政府倡导的政策，所以在统计和上报业绩时倾向于增大小额信贷数据，以体现其服务“三农”的政绩，其行为取向也十分清楚。

当然很多人可能认为，大额度贷款对中小企业也很有价值，因此概念可以宽泛，不必让小额信贷的概念这么窄。中国的中小企业确实需要贷款扶持，很多机构为中小企业提供信贷服务更是无可非议。但这是两个完全不相关的问题：其一是什么是真正意义上的小额信贷；其二是小额信贷是否排斥农村中小企业贷款。就像人类创造了“家禽”概念，是因为它有有别于其他“家畜”的特征，我们不能因为“小猪”和“小牛”存在饲料需要就把它们统计到“家禽”中来。科学的发展依赖于分类的严格，只有如此才能促进新的发明和发现。政策制定的科学性在于政策所针对对象的科学分类和严格定义，混淆了分类和定义就不可能得出正确的判断和制定出理性的引导政策。

面对小额信贷的现状，确实需要进行深入的基本面研究和讨论，以使行业找到跟国际接轨的、在同一种语境中的交流语言和行业标准。正本清源，才能找到理性的行业政策扶持与监管方法，否则被无限宽泛化的“小额信贷”概念会鸠占鹊巢，形成政策误导，掩盖了低收入人群的自立扶贫和金融服务需求，避免用解决农村问题来掩盖农业问题、用解决农业问题来掩盖农民问题、用解决富裕农民的问题来掩盖低收入农民问题。若形成宽泛的小额信贷概念，而政府出台的小额信贷政策又不鼓励机构去做低收入人群的金融服务，那么，国际通行的小额信贷渠道会被中小企业贷款占据。为什么要把事情搞成如此局面？为什么要掺杂人为的混淆？在这样含混复杂的系统中又如何导入差别化的资金和利率管理、税收优惠、风险监管等政策措施？针对这些措施我们期待什么样的政策结果？不同的小额信贷运营主体应如何认识、面对自身所存在的问题并改进之？

正是为了理清小额信贷行业的上述问题，并寻求这些问题背后的答案，中国扶贫基金会资助出版了《小额信贷在中国》。该套书委托业内专家进行了认真的梳理与调查研究。这些专家包括中国人民银行长期从事农村金融研究与政策制定的焦瑾璞研究员、中国人民大学长期从事非盈利组织及行业研究的康晓光教授、世界银行长期从事小额信贷研究与咨询的资深研究员程恩江先生、中国社会科学院长期从事非盈利组织与小额信贷研究的吴国宝研究员、西南财经大学中国金融研究中心长期从事国际小额信贷研究的潘席龙教授，以及《南方都市报》资深记者和编辑何雪峰先生。他们的研究成果通过这套书呈现出来，其中包括：焦瑾璞先生及其团队的《农村信贷配给与小额信贷

体系建设》、康晓光先生和程恩江先生合作的《以小额信贷促进社会公平》、吴国宝先生及其团队的《艰难前行的公益小额信贷》、潘席龙先生的《国际实践中的小额信贷》以及何雪峰先生及其团队的《中国扶贫基金会小额信贷发展史》。

这些研究所体现的是这些专家观察和理解中国小额信贷领域现状与问题的不同视角。不同的视角得出不一样的结论是很正常的，而且正是这些不同的理解才会产生差异化和思想碰撞。作为发起和资助人，中国扶贫基金会无法对上述专家的研究作专业性评价，但我们相信这些从该领域著名专家学者库中筛选出的专家的能力和水平。他们具有独立思想和意志，研究方法严谨，注重调查研究结果，具有高深的数据处理能力和学术造诣。相信他们的研究、著述和观点能引起各方的关注和深入讨论，引发更深刻的发问、思辨以及进一步的研究，从而推动研究人员和政策制定者的理性思考，推动合理政策的出台，推动行业的治理改进，从而改变现状，理性发展。

为此，我谨代表资助方感谢参与该项研究的所有学者及其研究助手，是他们的独立思考、深入调研与辛勤劳作成就了这套书，让我们能在万马奔腾、泥沙俱下的蓬勃发展中冷静下来，分享独立观察与自由思考的盛宴，让我们全力奔跑时停下脚步回望印在沙滩上的串串脚印，从而引发我们的互动、思考与校正；同时，我也要感谢美国如新集团和世界银行国际金融公司，是他们的慷慨资助才使研究和出版工作得以顺利进行；我也要感谢我的同仁王行最、刘文奎，还有刘冬文、王静艳及其团队，是他们的努力与执行力使这套书得以面世。最后，感谢中国财政经济出版社的同志，是他们做了无数细致而琐碎的编校工作，才保证了这套书的出版质量。

研究是为了深入思考，思考是为了改变我们的行动，行动是为了改变我们，改变我们是为了影响和改变世界。让我们为小额信贷行业正能量的积累以及行业的健康理性发展而祈福！

何道峰

中国扶贫基金会执行副会长

2013年2月22日

目　录

第一章 导 言

第一节 研究背景

在国际上，产生于20世纪70年代的小额信贷（Microcredit）是专门针对那些很难从正规金融机构获得贷款服务的贫困或低收入人群或底层人群而设的贷款服务，其目的是为了消除贫困、改善生计、促进社会公平。随着小额信贷业务拓展出现了微型金融（Microfinance），指专门针对贫困、低收入人口和微型企业提供的小额金融服务，不仅包括小额信贷，还包括小额储蓄、汇款和小额保险等。在微型金融的概念最早引入中国时，有关学者将其译为小额信贷，这实际上是一种与中国的社会现实紧密结合的译法。[①] 在中国，小额信贷与微型金融的概念及实践并未严格区分，通常都使用小额信贷这一说法。与小额信贷相近的概念还有小额贷款，但小额贷款不强调针对低端客户，仅指提供额度较小的贷款服务。

小额信贷在世界各国都有实践，但是由于各国国情不同，小额信贷的运作方式及路径具有差异性。各国提供小额信贷服务的机构也有多种，包括国有机构、国有政策性银行、商业银行、非政府组织、信用合作组织及社会团体等。国际上有许多颇有影响的提供小额信贷服务的机构，例如孟加拉乡村银行、印度尼西亚人民银行及其乡村信贷部、玻利维亚阳光银行、ASA等。

小额信贷作为一种提供金融资源和服务的准公共物品，既具有商业属性、以金融产品存在，也具有公益属性。小额信贷是缓解贫困的有效方法。既可以由利己性主体提供，如商业性小额贷款机构，也可以由利他性主体提供，如公益性小额信贷机构。由于具有小额、方便快捷、程序简单等特点，小额信贷更贴近低收入群体特别是农村贫困人群的信贷需求，因而成为缓解贫困、

① 赵冬青、王康康，《微型金融的历史与发展综述》，《金融发展研究》，第1期。

促进社会公平的有力工具。由公益性小额信贷机构提供小额信贷更有可能发挥其公益性。在世界范围内，理论和实践均已证明，小额信贷，特别是公益性主体提供的小额信贷，能够有效地发挥为低收入人群提供金融资源，保证他们的金融发展权利，促进社会公平的积极功能。

国际上的小额信贷强调的是公益性的瞄准（瞄准低收入人群）与商业性运营相结合，以提高效率，为低收入人群提供可持续的金融服务。小额信贷为公益性活动带来的最大启示是：带有社会公益意义的项目（包括政府和捐赠人资助的项目）也必须讲求效率和成本，可持续性非常重要。可以把一些商业性的原则和做法引入到公益领域，以提高其运作效率。

新中国成立以来，我国的金融体系一直呈现出明显的金融管制过严、金融垄断、行业效率低下等问题。1979 年以后，金融体制改革开始逐步推进，其宗旨是希望打破金融垄断，促进金融市场开放，提高行业竞争力和效率。承担服务“三农”职能的农村金融机构，亦在此金融改革之列。在此背景下，贴近农户需求的小额信贷，作为完善农村金融体系的有效途径之一，不断得到政府、学界和社会的关注，并逐渐发展起来。

从 20 世纪 90 年代初起，小额信贷开始在中国农村进行试点。这些试点项目主要受孟加拉乡村银行格莱珉模式的影响，由各类社会组织，利用国际资金进行小范围试验，为难以获得金融服务的贫困人口及低收入人群提供金融服务，发展生产，解决生计和贫困问题。90 年代后期起，政府及部分正规金融机构开始积极推动和操作小额信贷。2005 年中央一号文件提出推进农村金融改革，发展承担支持“三农”义务的政策措施。2005 年，中国人民银行决定在山西、陕西、贵州、四川、内蒙古五省区开展“只贷不存”的商业性小额信贷公司试点。2006 年中央一号文件中进一步指出“大力培育由自然人、企业法人或社团法人发起的小额信贷组织，有关部门要抓紧制定管理办法。”2008 年 4 月 24 日，银监会出台的《关于村镇银行、贷款公司、农村资金互助社、小额贷款公司有关政策的通知》中，对四类新型农村金融机构就存款准备金率、存贷款利率、支付结算等支持政策予以了明确。2008 年 5 月 4 日，银监会和中国人民银行联合发布了《关于小额贷款公司试点的指导意见（银监发［2008］23 号文件）》（简称 23 号文件），鼓励小额贷款公司的发展，小额贷款公司在全国 31 个省市区迅速发展。至 2011 年 6 月 30 日，全国已有 3, 366 家小额贷款公司，截至 2012 年 6 月末，全国已有 5, 267 家小额贷款公司。①

① 中国人民银行《2012 年上半年小额贷款公司数据统计报告》。

然而，小额信贷在中国的发展面临着一系列问题，比较突出的是：

一、提供小额信贷的机构概念混乱，操作不同，追求目标及对社会公平的贡献大相径庭

目前，非银行类、没有接受审慎监管的提供小额信贷的机构主要可分为两类：（1）商业性小额贷款机构，有着合法的工商注册的身份，以追求股东利益最大化为目标，主要指依据23号文件成立的小额贷款公司。商业性小额贷款机构不是真正意义上的“小额”信贷机构；其贷款对象多为中小型企业；不少商业性小额贷款机构的贷款地域多为相对发达的地区；贷款用途一般不是支持“三农”；贷款方式不一定是信用贷款。（2）公益性小额信贷机构，目前有两种。一种是无合法身份，以民间组织形式运作的公益性小额信贷组织，以改善低收入人群或贫困人口经济状况和促进社会公平为目标；贷款额度是真正意义上的“小额”；贷款地域大多为欠发达地区或贫困地区；贷款用途为改善生计，减贫或脱贫。另一种是有着合法的工商注册的身份，以企业形式运作的公益性小额信贷机构，类似于社会企业。目前商业性小额贷款机构与公益性小额信贷机构在中国并存，其定位、目标、操作、对社会公平的贡献各不相同。此外，商业性小额贷款公司发展迅猛，而公益性小额信贷机构日渐衰落，即便是以企业形式运作的公益性小额信贷机构发展态势令人乐观，但数量很少，目前在市场上的作用还相当有限。小额信贷服务低收入人群具有促进社会公平的功能被大大偏离，或者被忽视和淹没了。

二、小额信贷行业缺乏促进社会公平的行业组织

作为首家全国性的小额信贷行业协会——中国小额信贷联盟，承诺致力于为小额信贷机构服务，促进行业规范、标准的建立，提高行业整体能力和水平，为没有充分享受金融服务的群体（特别是贫困和低收入人群）提供普惠金融服务。然而，目前联盟仍然没有法律身份，注册一直面临困难。同时，联盟拟定转型为混合型行业联盟，把不同的商业性“小额”贷款公司、商业银行等吸纳进来成为会员，会员类别复杂，可能影响其代表公益性小额信贷的利益，追求目标一定程度上可能存在偏离其当初的承诺和本应发挥的功能（促进会员机构服务底层人群）的风险。而中国小额信贷机构联席会以及各地的小额信贷协会目前则更多关注其主要成员——商业性“小额”贷款公司的利益。

三、政府有关小额信贷的政策初衷及执行情况存在问题，并没有有效地推动社会公平

政府希望通过建立小额贷款公司引导资金流向农村和欠发达地区，解决这些地区金融服务供应不足的问题，从而有效配置金融资源，促进农业、农民和农村经济发展。而从目前出台的政策来看，它更多的只是希望通过小额贷款公司，尝试允许民间资本进入金融领域，逐步放开金融市场。此外，政策本身误用“小额信贷”概念，尤其是对“小额”的界定。国际上，对小额信贷的额度规定一般都为几百美元。1999 年，IFPRI（International Food Policy Research Institution）对世界小额信贷机构做的一项调查中显示，在这些被调查的小额信贷机构中，它们提供的贷款额度都非常小，平均低于 300 美元，适合穷困人口的需求。而在我国，对于小额贷款公司，规定同一借款人的贷款余额不得超过小额贷款公司资金净额的 5%。甚至，有些地方更放宽了这一规定。有的公司注册资本上亿元，单笔贷款额度突破 500 万元，宁夏规定的单笔贷款额度可以达 5,000 万元，大大超出了国际上对小额的定义。这实际上是对小额信贷的错误理解和运用。再者，政策规定小额贷款公司在坚持为农民、农业和农村经济发展服务的原则下自主选择贷款对象。小额贷款公司发放贷款，应坚持“小额、分散”的原则，鼓励小额贷款公司面向农户和微型企业提供信贷服务，着力扩大客户数量和服务覆盖面。但实际操作中，商业性小额贷款公司在选择贷款对象时倾向于中小企业，在贷款额度上并不“小额”，并没有体现政策所规定的“小额”、服务三农的宗旨和原则。商业性小额贷款公司，追求利益最大化而不是追求公益目的，这是合理合法、情理之中的，并非其自身出现问题，而是由于政策存在问题。当然它也解决了中小企业贷款难问题，相应解决就业问题。另外，政策没有对商业性和公益性小额信贷机构进行区别对待，这对于公益性小额信贷机构非常不公平且对其发展有害。最后，在政策上不仅缺少对发挥公益功能的公益性小额信贷机构的激励性措施，还设立了限制。例如，在准入条件方面，银监会下发的《关于小额贷款公司试点的指导意见》中规定，注册资本金不得低于 500 万元。而实际上各省自己又分别在注册资本金方面作了规定，如北京为不得低于 5,000 万元，四川为不得低于 1 亿元等等，大部分都高于《关于小额贷款公司试点的指导意见（银监发［2008］23 号文件）》中规定的 500 万元；单一自然人、企业法人、其他社会组织及其关联方持有的股份，不得超过小额贷款公司注册资本总额的 10%，致使部分公益性小额信贷机构因准入要求高而难以合法化；而规定小额贷款公司不得跨区域经营，一定程度限制了公益性小额信贷机构以合法化的身份在多个地区开展业务。此外，业务范围单一，只贷不存；融资渠道和比例被严格限制，只能从不超过 2 个银行业金融机构获得融入资金，但比例不得超过资本净额的 50%；综合税负重，这些都制约了公益性小额信贷机构的发展，不利于社会公平的实现。

小额信贷作为一种准公共物品，受市场失灵的影响，单靠利己性主体提供是不能满足需求的。政府作为促进资源第二次分配的实施者应该成为推动公平的主导者，应该利用政策手段等供给准公共物品的小额信贷机构，有效起到弥补市场失灵的作用，以平衡资源的分配，促进社会公平。而从目前的情况来看，政府还有待于发挥这样的作用，处于部分政府失灵的状态，小额信贷的供给严重不足，其他利他性主体，如公益性小额信贷机构供给小额信贷还受到各种约束。

与此同时，学术界、社会认知及舆论也存在一定的问题。在学术界，缺少对利己性商业小额贷款公司以追求股东利益最大化为目标的理性经济人身份的看待，很少关注是否应区分商业性小额贷款机构和公益性小额信贷机构及其分别对应的市场。社会对商业性小额贷款机构及维护社会公平、服务低收入人群的公益性小额信贷机构均缺乏认识。

鉴于以上问题，我们设立本项研究。期望通过本项研究，揭示我国的小额信贷正在迷失而且越来越严重的现状。期望呼吁人们关注推动社会公平的小额信贷能够使最需要的人群受益，引起政策制定者的关注，并付诸实践，以此促进中国小额信贷的良性发展，使其在中国持续壮大且富有成效。

第二节 研究内容

鉴于上述存在的问题，下一步该怎么做？小额信贷作为一种准公共物品，如何清晰界定？哪些机构在真正提供小额信贷产品给低端客户或低收入人群？真正提供小额信贷产品的机构又存在什么现实问题？面临什么障碍？造成这一切的原因有哪些？需要有何种相应的对策来解决？

本项研究将从我国小额信贷的供给者出发，梳理现在声称在提供小额信贷的各类供给者到底在做什么，他们对低收入人群的服务程度如何，对推动社会公平的作用有多大，剖析背后的原因，找到使小额信贷真正发挥作用的出路，"正本清源"，维护社会公平。

我国与小额信贷有关的供给者可以分为两类，分别是利己性主体和利他性主体。利己性主体为商业性小额贷款机构、银行、放贷的个人。利他性主体有以企业形式运作的公益性小额信贷机构（社会企业）和以民间组织形式运作的公益性小额信贷组织，以及有利于利己性和利他性主体提供小额信贷的行业协会及政府。其中，可以把行业协会和政府看作是前两类主体的外部环境（参与者）。

本项研究将对直接提供小额信贷的利己性主体和利他性主体，以及行业协会和政府进行研究，基本内容包括：（1）剖析我国商业性小额贷款机构是否真正做小额信贷，它们对社会公平的贡献有多大，剖析其内部及外部原因；（2）剖析我国以企业形式运作的公益性小额信贷机构对社会公平的贡献如何，存在什么风险，面临什么问题，剖析其内部及外部原因；（3）剖析我国以民间组织形式运作的公益性小额信贷组织对社会公平的贡献如何，为什么由原来的轰轰烈烈走向萎缩，并剖析其内部及外部原因；（4）最后，分析目前我国的小额信贷如何走向正确的道路，政府角色和功能如何体现。具体而言，第一，对真正服务低收入人群、追求社会公平、运营良好的小额信贷机构进行政策倾斜，首先赋予其合法身份，再给予多方面政策扶持；第二，对现在称之为“小额贷款公司”的商业性小额贷款公司进行“正名”，并明确其政策初衷并非服务低端客户而是金融市场向民间资本开放的手段；第三，从政策上明确区分三种模式小额信贷机构，形成统一的政策架构，分类指导，分类扶持、促进，使其和谐健康发展；最后，从学术界、媒体及社会认知的角度，呼吁学界、社会舆论、公众对小额信贷机构给予更多的关心和支持，以促进其发展。

第三节 研究方法

一、研究涉及的概念及相关理论

（一）社会公平

“公平”一词从字面上讲是“公正、平等”的意思。根据《现代汉语词典》的解释，公平是指“处理事情合情合理，不偏袒哪一方面”①。仅从词典中辨析“公平”的标准涵义是不够的，因为公平的概念显然随着社会历史发展和学科变迁而不断发生着变化。古希腊哲学家柏拉图认为，公平就是“给每个人以恰如其分的报答”；亚里士多德认为，“所谓‘公平’，它的真实意义主要在于平等”，“相等的人就该配给到相等的事物”；美国著名哲学家罗尔斯认为，公平正义关键在于平等分配各种基本权利和义务，在最大最小化原则下使最少受惠者福利最大化。总结起来，公平主要有以下几层含义：一是

① 《现代汉语词典》，北京：商务印书馆，1983，P384。

法律公平，在法律上每个人都是平等；二是机会公平，在社会活动中每个人的机遇是公平的；三是结果相对公平，对社会的弱者要给予适当的帮助；四是创造一套让每个社会成员都获得可行公平能力的制度。[①]

公平是人类社会基本价值偏好之一，是社会文明进步的重要体现，也是人类社会的不懈追求。不同文明的人们都关注公平问题，而且越来越关注。《世界银行2006年发展报告》的主题就是“公平与发展”，表明公平问题已成为全世界共同关注的话题，并成为一种趋势。胡锦涛总书记在党的十七大报告中指出：实现社会公平正义是中国共产党人的一贯主张，是发展中国特色社会主义的重大任务。并在省部级主要领导干部专题研讨班讲话中指出：“只有切实维护和实现社会公平和正义，人们的心情才能舒畅，各方面的社会关系才能协调，人们的积极性、主动性、创造性才能发挥出来”。2010年9月16日，胡锦涛在第五届亚太经合组织人力资源开发部长级会议上把包容性增长与社会公平结合起来加以论述，“我们应该坚持社会公平正义，着力促进人人平等获得发展机会，逐步建立以权利公平、机会公平、规则公平、分配公平为主要内容的社会公平保障体系，不断消除人民参与经济发展、分享经济发展成果方面的障碍。”

而社会公平是针对社会而言的，不是单一的经济的公平。社会公平是指一种状态，在此状态下，特定的社会中的所有的人或者孤立的群体在某方面具有相同的地位。至少，社会公平包括法律规定平等的权利，例如安全、投票权、言论自由和集会自由、财产权利，以及平等地获得社会的商品和服务的权利。然而，它也包括经济权益，例如，获得教育、医疗保健和其他社会保障的权利。它也包括平等的机会与义务，涉及整个社会。[②] 机会平等通常是社会公平中的关键内容之一，它规定所有的人应该被同等对待，不受到人为或偏见或偏好的阻碍，除非有明确的理由加以特别区分。完美的社会公平是一种理想状况。由于种种原因，在当今世界中任何一个社会都不存在完美的社会公平。其中缘由被广为争论。

根据社会公平的内涵，在金融活动中，每个主体的金融权利应该是平等的，都应该拥有获得金融发展的权利，从而实现金融资源配置社会福利最大化。在该领域中，仅仅依靠提供私人物品的金融服务机构来满足所有人群的金融服务需求是不可能的，这就需要专门为低端人群提供准公共物品性质的金融服务，需要为此建立低端人群容易获得的金融服务产品、原则、流程和

---

① 丁灿、许立成、徐志坚，《中国金融公平建设：理论与实践》，《现代管理科学》，2010年06期。

② http：//en. wikipedia. org/wiki/Social_ equality

方法，通过这种差别对待，防止相对强势的人群抢夺资源，从而保证低端人群的权利，维护公平。

尤努斯在《小额信贷：面向贫困人口的无抵押贷款》中提到，世界上三分之二的人口无法获得传统金融机构的金融服务。我们提供金融服务时系统性地将贫困人口排除在外，这无异于金融的种族歧视。通过向那些贫困和极端贫困人口以适合于他们的条件提供金融服务，比如小额信贷，构成了对现有社会不公平体系的挑战。

在正规的金融市场中，低收入人群难以或缺少分享金融服务的机会，他们是处于社会底层的弱势群体，缺少足够的途径或方法接近金融机构，在利用金融产品或金融服务方面存在诸多困难和障碍。这种状态被认为是一种金融排斥。因此，在金融领域，金融排斥强、金融包容弱是社会不公平的表现。与大多数发展中国家农村金融市场的情况相似，我国农户尤其是贫困农户也面临一定程度的金融排斥，即缺少足够的途径或方式接近金融机构，在利用金融产品或金融服务方面存在诸多困难和障碍。[①] 对全国 29 个省（市、自治区）农村金融现状的调查结果也证实，大量农户由于对正规贷款的获得不抱乐观预期和缺乏信心，而没有尝试过从正规金融机构申请贷款。究其原因，有 17% 的农户觉得自己在金融机构没有“关系”，11.1% 的农户不懂正规贷款的申请程序，5.9% 的农户觉得自己不能够满足信用社的抵押和担保要求。于是，在这样的预期之下，农户在选择借贷方式时，便主动放弃了正规金融机构的贷款申请。从而，也就被迫把自己排除在从正规金融机构获得金融服务的范围之外。这种自我排斥的产生，有地理因素的基本背景，也是信贷资源配置所致。[②]

陈贺在描述金融排斥时指出，金融排斥排除了农民获得金融服务的机会，导致农民不能有效参与生产、交换、消费等经济活动，使贫者愈贫，拉大了贫富差距。缺乏金融支持的农户，没有改善自身境况最基本的启动资金，只能日复一日地徘徊在低收入水平上，即使出现增加收入的有利机会，也难以真正抓住。大量的资金流向富裕阶层，较好的资信状况和广泛的社会关系使富裕阶层更容易获得金融服务，社会财富向富裕阶层倾斜速度加快，贫富差距不断拉大。作者认为，在金融排斥的情形中，农民被排除的不仅是获得金

① 朱央央，《从金融排斥到金融介入：农户小额信贷影响因素研究》，《经济论坛》，2011 年 7 月，总第 492 期，第 07 期。

② 蒋润祥、谢欣，“金融排斥与农村金融服务空白的消除”，中国改革论坛，http://www.chinareform.org.cn/Economy/finance/Forward/201010/t20101011_46019.htm

融服务的机会，一起被排除的还包括获得其他社会资源的权利和机会，也就是所谓的“社会排斥”。有研究者认为，无法获得金融服务的社会群体通常也无法获得其他关键性的社会资源，并且，“金融排斥”通常还会恶化“社会排斥”的程度。因为农民如果没有机会利用信贷市场进行融资，那么他所遭受的这种机会剥夺，会通过各种因果关系引致其他形式的剥夺，如缺乏社会权利、削弱社会支持、被排除在社会保险制度和社会福利制度之外等。①

金融排斥（financial exclusion）是近十年来才出现的一个新概念，最早是从社会排斥里分化出来的一个概念。早期对金融排斥的研究是从金融地理学角度进行探讨的，即研究居民到金融服务网点的实际距离对居民获得金融服务便利性的影响。相关研究主要集中于三个方面：大量金融零售网点在贫困社区的撤并；银行和住宅互助协会的分支机构在贫困社区的关闭；贫困社区居民因到金融服务网点较远和交通不便而获得金融服务的难度。通过多年的研究，Kempson 和 Whyley 提出了判定金融排斥的五个指标②：

（1）金融资源排斥性（access exclusion），如通过风险评估程序和地理条件限制了客户接近金融资源；

（2）条件排斥性（condition exclusion），即附加于金融产品的条件不适合某些人群；

（3）价格排斥性（price exclusion），即一些人难以支付获得金融产品所需要的价格；

（4）市场营销排斥性（marketing exclusion），即一些人被排除在金融机构产品营销目标市场之外；

（5）自我排斥性（self - exclusion），即人们认为申请获得金融产品的可能性很小，被拒绝的可能性很大，自动把自己排除在获得金融服务的范围之外。

现实数据显示，我国的金融排斥比较明显，社会不公平现象比较严重。李明贤 2008 年从广度和深度两个方面对中国农村金融服务覆盖面进行衡量表明，就中国农村贷款服务看，首先，贷款服务广度很低，每万名农户才有 1.08 个农信社网点，作为最主要的贷款提供机构，农信社网点对行政村的覆盖率只有 12.6%，使得农信社与农户之间的联系和相互了解程度降低。其次，不管是农户还是乡镇企业，其在农村信用社贷款中所占比例并不高，贷款对农户的覆盖率只有 32%，对乡镇企业的覆盖率占 52.9%。第三，贷款服务覆

① 陈贺，《农村金融排斥问题分析》。

② 同上。

盖深度也不够，尽管有贷款需求的农户55.6%得到了贷款，但是贷款对其资金的满足率并不高，整个农村地区农户的人均贷款额只有741元，不足农民年纯收入的1/4，农户从正规金融市场得到的贷款只占贷款资金总量的53.5%，剩下的46.5%需要从非正规金融市场上获得。乡镇企业所获资金的满足率更低，只有44.9%。中国农村贷款覆盖面各衡量指标值见表1-1所示。[①] 与此同时，农村正规金融机构不但无法向农村经济提供足够的金融服务，而且事实上成为农村资金外流的渠道。

表1-1　　中国农村贷款覆盖面各衡量指标值

指标	数值
贷款服务覆盖广度	
❶贷款农户/农户总数	32%
❷农村信用社网点/行政村总数	12.6%
❸农民每万人拥有的网点数	1.08
❹贷款乡镇企业数/农村乡镇企业总数	52.9%
❺贷款农户数/有贷款需求的农户数	55.6%
贷款服务覆盖深度	
❶农民人均贷款额	741元
❷农户正规金融机构贷款额/农户借贷资金总量	53.5%
❸农户贷款额/农村地区贷款总额	26.7%
❹乡镇企业贷款额/农村地区贷款总额	24.4%
❺乡镇企业正规金融机构贷款额/乡镇企业借贷资金总额	44.9%

金融包容与普惠金融在英文中均为inclusive finance，其本意是包容，中文翻译为“普惠”，“普”就是金融体系及金融服务的外延要扩大，即将需要金融服务的所有人都纳入金融服务的范围之内。“惠”就是需要金融服务的所有人都能得到合适的金融服务，即通过金融形式改善经济状况、脱贫致富。因此，普惠金融体系或者金融包容的基本含义就是为社会所有人，特别是贫困和低收入者提供的金融服务体系，也就是达到金融包容的状态。普惠金融体系强调不仅要巩固现有的运行良好的金融机构，还要将一个个零散的微型金融机构和服务有机地整合成一个系统，并将这个系统融入金融整体发展战略中去，让金融在促进国民经济发展中发挥更大作用。从目前国外的研究文

① 李明贤，《对我国农村金融服务覆盖面的现实考量与分析》，2008年。

献来看，很少就金融包容这一概念进行直接界定，而是通过对金融排斥的界定来阐释金融包容的内涵。总的来讲，金融包容是一个与金融排斥含义相反的概念，是一种非金融排斥的状态。金融包容可以界定为，使所有人都有可能接近并获得一定金融服务的状态。换句话说，如果说金融排斥性降低了金融系统服务社会的覆盖率，那么金融包容性发展的目标就在于将"无金融服务"人群纳入正规的金融系统，从而使他们能够有机会得到储蓄、支付、信贷和保险等金融服务，进而弥补或增强金融系统的服务功能和社会覆盖率，实现金融资源配置的公平性。[①] 金融包容性与社会公平呈现正相关关系。缓解金融系统中的金融排斥性，提高其服务的金融包容性，可以通过两种途径，一是力图使现有的金融体系尽可能地向所在社区中的所有居民提供金融产品和服务，二是发展新的金融机构和替代中介机构向受到金融排斥的居民提供和传递金融服务。

实际上，在现代金融高度发达的今天，金融服务已经深入到我们经济生活的方方面面，大多数人都在享受着不同形式的金融服务。金融包容目标就是要进一步完善现代金融体系，扩大金融服务的广度和深度，为需要金融服务的所有人提供平等享受金融服务的机会和途径，运用金融手段，改善民生，促进共同富裕，构建和谐社会。面对低端人群提供准公共物品性质的小额信贷产品，可以改变金融排斥的状态，促进金融包容状态的形成，是建立普惠性金融体系的过程，也是促进社会公平的过程。因此，本文从小额信贷服务覆盖社会低端人群角度来判断该主体对社会公平的贡献程度。

（二）公共物品、准公共物品、私人物品及其供给者

1. 公共物品、准公共物品和私人物品

比较系统地对公共物品进行的研究开始于 19 世纪 80 年代的奥意财政学派。1954 年，美国经济学家保罗 · A. 萨缪尔森（Paul A. Samuelson）发表的《公共支出的纯理论》一文首次明确使用了"公共物品"这个概念。萨缪尔森指出，在理论上市场机制可以有效地解决私人物品的供给和配置，但有一类物品的供给和配置市场机制办不到，而必须从税收中通过预算支出来解决。公共选择学派的奠基者布坎南把公共物品界定为"任何由集体或社会集团决定，为了任何原因，通过集体组织提供的物品或服务"。萨缪尔森与威廉 · D. 诺德豪斯（Will D. Nordhouse）在他们合著的《经济学》中指出："与来自纯粹的私有物品的效益不同，来自公共物品的效益牵涉到一个以上的不可分割

① 何德旭、饶明、王智杰，《论社区银行与金融包容性发展》，《中共中央党校学报》，2011 年第 5 期。

的外部消费效应。相比之下，如果一种物品能够加以分割，因而每一部分能够分别按竞争价格卖给不同的个人，而且对其他人没有产生外部效果的话，那么这种物品就是私人物品。公共物品常常要求集体行动，而私人物品则可以通过市场被有效地提供出来。”斯蒂格利茨在其著作《经济学》中指出：“公共物品是这样一种物品，在增加一个人对它的分享时，并不导致成本的增长（它们的消费是非竞争性的），而排除任何个人对它的分享都要花费巨大成本（它们是非排他性的）。”世界银行在《1997 年世界发展报告》中给公共物品下了更明确的定义：“公共物品是指非竞争性的和非排他性的物品。非竞争性是指一个使用者对该物品的消费并不减少它对其他使用者的供应，非排他性是指使用者不能被排除在对该物品的消费之外。这些特征使得对公共物品的消费进行收费是不可能的，因而私人提供者就没有提供这种物品的积极性。”

国外学者提出的有关公共物品的观点各有侧重。休谟和亚当·斯密等人在早期提出的观点属于政治学和伦理学的范畴，没有涉及经济学领域的研究。因为公共物品和政府、政治有着直接的关系，所以早期的学者对公共物品或公共服务的研究更多倾向于政治领域。后期萨缪尔森与诺德豪斯对公共物品的研究则是从经济学角度进行探讨的，他们在概念中重新对比了公共物品的不同之处。同样斯蒂格利茨也是从经济学的角度分析公共物品的，他提出的公共物品的定义与后来世界银行在《1997 年世界发展报告》中提出的定义是相通的，都提及了公共物品的非竞争性和非排他性。

国内对公共物品的研究起步较晚，大多数理论都是基于国外学者对公共管理学以及公共经济学的研究基础上提出的。国内学者陈振明在其著作《公共管理学》中对公共物品的定义是：“具有消费的非竞争性和非排他性、自然垄断性以及收费困难等特征的物品。”上海行政学院曾峻教授对公共物品所下的定义为：“由公共资金或资源投入用于满足社会公共需要的物品。”这是从公共物品的投入角度来定义的。根据上述国内外学者的理论基础可得出一个公共物品的定义：公共物品就是具有非竞争性和非排他性，且分割或分开消费不可能或成本太高的用于满足社会公共需要的物品。①

基于上述公共物品理论，按照是否具有非排他性和非竞争性，可以将物品分为私人物品（private goods）、纯公共物品（public goods）和准公共物品（quasi public goods）。私人物品消费具有竞争性和排他性，一般是由利己性的

① 转引自彭蕾蕾，《公共物品的内涵和外延综述》，《中国市场》，2011 年第 2 期（总第 613 期）。

主体（企业或个人）提供。公共物品是指公共使用或消费的物品，是与私人物品相对应的一个概念，消费具有非竞争性和非排他性特征，一般不能或不能有效通过市场机制由利己性的主体（企业或个人）来提供，主要由利他性的主体（政府和非营利性组织）来提供。严格意义上的公共物品具有非竞争性和非排他性。如果某种物品同时具有消费的非竞争性和非排他性，这种物品无疑就是纯公共物品，很容易与私人物品区别开来。可是，在很多情况下，这两个特征不一定同时存在。如果某种物品只存在一个特征，或存在有限的非竞争性或局部的排他性，介于纯公共物品和纯私人产品之间，可称其为准公共物品。准公共物品具体可分为俱乐部物品和公共池塘资源物品。俱乐部物品特征是在一定成员内部有非竞争性，公共池塘资源物品特征是非排他但达到一定程度会有竞争性出现（见表1－2）。[①]

表1－2　　根据非排他性和非竞争性对各类物品进行分类[②]

	排他性	非排他性
竞争性	私人物品 private goods 例如食物、衣服、车、个人电子产品等	公共池塘资源物品 common goods/common-pool resources 例如煤炭、木材资源、海洋资源等
非竞争性	俱乐部物品 club goods 例如电影院、私人公园等	纯公共物品 public goods 例如空气、国防等

注：表中的俱乐部物品和公共池塘资源物品属于准公共物品。

2. 公共物品、准公共物品和私人物品的供给者

由于准公共物品具有一定程度的排他性和竞争性，介于私人物品和公共物品之间，因此准公共物品的供给者存在市场失灵和政府失灵的问题。公共物品的非排他性和非竞争性决定了市场机制不能直接或完全实现供给公共物品，即市场失灵。其一，市场机制对资源的配置是以消费者的偏好为依据的，生产者根据市场发出的信号更多更快地生产出消费者偏好较强的商品和服务，但对于那些消费者偏好在市场上反映不出来的商品和服务，即公共物品，市场机制不能对这种资源发挥其配置作用，由此出现公共物品供给方面的失灵。其二，公共物品存在非排他性，即某种物品对于潜在的消费者无法排除或者排除成本较高，那么每个人都会受到激励寻求“搭便车”，而不是在市场上支付。在一个经济社会中，只要有公共物品存在，“免费搭车者”就不可避免。

① 郑书耀，《准公共物品私人供给研究》，辽宁大学博士学位论文，2007年。

② Joseph E. Stiglitz, Economics of the Public Sector。

这样，出于利己性动机的私人企业如果提供公共物品，就无法收回成本。同时，由于公共物品的个人消费“量”是不确定的，价格机制不能有效发挥作用，竞争市场上，出于利己性动机的主体一般无法提供这类产品，就像经济学家所说的，竞争性的市场不可能达到公共物品供给的帕累托最优，无法满足社会对这类产品的需求。[①] 政府失灵是指政府的特性决定公共物品供给的作用有限。利他性主体政府包揽公共物品的供给一定程度上可以矫治市场失灵，但是，政府供给公共物品的有效性是基于一系列的完美假设，而现实与理想之间的差距导致政府失灵的存在。其一，公共政策决策的失误。传统假设认为政府能够准确认知每个群体所需求公共物品的种类、数量、质量等。但是，政府对社会经济活动的干预实际上是一个涉及面很广、错综复杂的决策过程。正确的决策必须以充分可靠的信息为依据，政府对公共物品信息掌握的不完全就有可能导致公共物品供给的失灵。其二，权力寻租行为。过去认为政府是出于利他性动机，是公共利益的化身，能够秉持公仆精神为公众提供公共物品。但是用理性人假设来分析政府，政治家的追求是最大化选票，他们的行为就难免与公共利益的趋向发生偏离，而信息不对称、委托代理等更会诱发化公为私的寻租现象的产生。其三，政府公共权力的扩张。由于政府权利的不断扩大，一些必须由私人部门提供的公共物品不能合理分配，也就导致公共物品供给的失灵。其四，政府对公共物品供给的垄断也导致低效率。由于政府内部的激励机制和约束机制是制度构建的难题，而且没有外部市场参照，公共物品生产绩效也无从评价，生产效率低下、人浮于事以及缺乏回应性等几乎成为公共部门的标签。[②] 基于上述两种原因，介于私人物品和公共物品之间的准公共物品既无法完全依靠市场上的出于利己性动机的私人企业供给，也不能在没有任何约束政府行为的情况下靠利他性政府供给，需要利己性主体和利他性主体共同供给。

利己和利他动机中的“利”是使动用法，可译为“使……获利”，而名词性的“利”可解释为“利益”。利己性动机和利他性动机可以分别解释为“使自己获利的动机”和“使他人获利的动机”。“利益”具有相当广泛的外延，既包括物质资源，又包括精神资源；既有眼前利益，又有长远利益。社会主流价值观对精神和长远利益的重视程度日益显著，因此在进行动机分析时也很有必要对其有相当关注。[③] 利己性和利他性是同时存在的，是人性中的

---

① http：//www. help99. com/read/63/dajiadejingjixue/80. html

② 李媛媛、张聪玲，《公共物品供给失灵的原因、表现及对策》，百科论坛。

③ http：//www. newsmth. net/pc/pccon. php？ id = 4522&nid = 120271

两面。斯密的一生留下了两部完整的名著：《道德情操论》与《国富论》。在《道德情操论》中，他从同情心出发论述了利他主义的伦理观，但在《国富论》中，他从物质利益出发论述了利己主义的经济观，是著名的“斯密悖论”，这种矛盾的本身论证了利己性和利他性动机是人性中的两面。关于人的利己性，斯密主要是在他的《国民财富的性质和原因的研究》中以“理性经济人”来概括的，“理性经济人”是市民社会和商品经济的基本单位，经济中的个人是为了自己的以财产所有权为核心和保证的利益而自由竞争的，这个过程充分体现着利己价值观。自由竞争的过程提高了社会生产力，促进了经济繁荣，从而使所有人都从总体上得到利益。在对理性经济人及其自由竞争的论证中，斯密贯彻着唯物主义的因利己而利他的观点。但是行为主体为了利己的目标而产生了利己的动机，并且在实现自己的利己目标过程中发现这一利己目标的实现是需要某些利他行为为手段的，这种“发现”的过程成为利他行为发生的直接推动因素，这便是怎样由利己动机导致利他行为的主要机理，从而解释了企业从利己性动机出发，迫于外部压力，为了更好地满足股东利益，履行社会责任的原因。

由此，可以得出以下结论。私人物品具有竞争性和排他性，在生产产品方面，竞争性意味着利己性主体应该提供这种产品，因为只要允许利己性主体以某种价格提供竞争性产品，就可以确保人们在作出生产和使用产品的决策时，适当地考虑成本和收益。将竞争性产品留给市场，就可以提高经济效率。排他性意味着市场愿意提供这种产品。总之，利己性主体应该并且愿意提供私人产品。[①] 准公共物品介于私人物品与公共物品之间，具有一定程度的竞争性和排他性，可以由利己性主体基于利己性动机自愿供给，但是，由于准公共物品的公共物品的属性存在，存在市场失灵，不可能完全由利己性主体满足。而依赖利他性主体政府供给，又存在政府失灵的问题，使得供给准公共物品效率低下。在两者均不能满足供给准公共物品的情况下，需要利他性主体即公益性的组织来供给，以弥补利己性主体和利他性主体中政府的供给不足。

（三）作为准公共物品的小额信贷及其供给者

1. 小额信贷

目前国际国内对于小额信贷并没有统一定义。20世纪70年代，穆罕穆德·尤努斯在孟加拉国创办了孟加拉农业银行格莱珉（Grameen，意为

---

① http://wiki.mbalib.com/wiki/%E7%A7%81%E4%BA%BA%E7%89%A9%E5%93%81

乡村）试验分行，孟加拉格莱珉小额信贷模式开始逐步形成。尤努斯提出对资本主义进行改革，原始的资本主义提倡的是竞争和资本追逐利润的本性，尤努斯提出改变原有的资本模式理论。首先，任何人都有作为企业家的潜质，即使是一个非常贫困的人，也同样拥有作为企业家的基本潜质，所以作为企业家或者资本家，他们无权享有比贫困者更优惠的政策，例如税收政策，土地政策等等。否则对社会上的每个人来说都是不公平的，由于马太定律的存在，这会导致贫困者更贫，富人更富，两极差距逐渐拉大，从而造成社会的不稳定。其次，社会价值最大化应该取代现有的利润最大化。应该建立社会价值的取向，使得企业不仅仅局限于贪婪地为股东获利。在这种理论基础上，尤努斯成立了格莱珉银行，提倡贷款应成为一种人权，要建立一个普惠式的金融服务体系。由于资源天然地倾向资本，富人可以利滚利，而贫困者没有第一笔钱，就很难摆脱贫困。格莱珉银行提供这第一笔钱，并且相信个人的创造力和潜力，而不需要贫困者提供任何担保。他构建体系，让贫困者结成五人小组进行贷款，利用一层层的信任——邻里亲朋的信任、格莱珉对贫困者的信任——提高还贷率。1979 年 6 月，在孟加拉中央银行的指导下，每一家国有银行都应提供三家分行启动格莱珉银行项目。1983 年，孟加拉国议会通过了《1983 年特别格莱珉银行法令》，正式成立了格莱珉银行。2006 年 10 月，尤努斯因其成功创办孟加拉乡村银行——格莱珉银行，荣获诺贝尔和平奖。

尤努斯对小额信贷的定义是：为贫穷的人提供小额贷款，使他们能够通过个体经营获得收入来照顾自己和家人。[①] 国际上，主流观点也认为小额信贷是指专向中低收入阶层提供小额度的持续的信贷服务活动，这些人群通常很难从正规金融机构获得相关的金融服务。如 CGAP 对微型金融的定义是指对贫困者提供诸如贷款、储蓄及其他的金融服务以满足他们的经营、生产、消费等方面的需要。该定义包涵小额信贷。1997 年 Morduch 认为，小额信贷是一种扶贫到户的有效方式，向贫困农户直接提供较高利率的无资产担保的小额贷款且保持较高的还贷率。从这个角度上看，国际上对小额信贷的界定是从服务对象出发的。

1998 年国务院扶贫办小额信贷调研小组认为，小额信贷是通过小额信贷机构向具有一定潜在负债能力的低收入人群或贫困人群所提供的信贷服务，以帮助他们摆脱贫困。我国学者姚先斌、程恩江认为小额信贷是指贷款和存

---

① 英文原文：programmes extend small loans to very poor people for self - employment projects that generate income, allowing them to care for themselves and their families。

款两方面的小规模的金融服务，其服务对象是城乡低收入阶层。[①] 杜晓山认为，小额信贷是在一定区域内，在特殊的制度安排下，按特定目标向贫困人口直接提供贷款资金及综合技术服务的一种特殊的信贷方式。另外一些学者则从贷款金额较小这一特性对其进行界定。[②]

国际上小额信贷的发展大致经历了四个不同阶段：探索阶段、发展阶段、商业可持续运作阶段和多元化模式并存阶段。探索阶段强调客户群体是贫困者，发展阶段强调客户群体是贫困者及部分中低收入者，商业可持续运作阶段强调客户群体是包括贫困者在内的所有中低收入人群，多元化模式阶段强调小额信贷逐步融入金融体系。在探索阶段，资金来源是捐赠资金，发展阶段资金来源以捐赠资金为主，商业可持续运作和多元化模式阶段以商业渠道资金为主、捐赠资金为辅。不论哪个阶段，小额信贷的理念没有发生变化，即向难以获得金融服务的弱势人群提供金融服务的方式，并没有淹没小额信贷对推动社会公平的作用。更广泛地讲，小额信贷是一场以实现在世界范围内，使尽可能多的低收入人群获得永久性的、高质量的金融服务为目标的发展运动。由小额信贷发展而来的微型金融提供的金融服务除了贷款，还有存款、保险、资金调拨等。

学者对国际范围内小额信贷发展趋势进行的研究主要集中在三个方面。一是有关小额信贷可持续发展的判断，二是小额信贷的制度主义倾向，三是小额信贷提供多样化的金融服务。王群琳（2003）指出，从发展进程看，国际小额信贷主要可分成三个层次，第一阶段是早期的追求信贷项目的高还贷率阶段，第二阶段是追求收入弥补成本，实现机构运作的可持续性阶段，第三阶段是追求商业渠道资金，实现赢利，达到金融意义上的可持续阶段。焦瑾璞（2003）认为，国际范围内小额信贷发展趋势有以下几个方面：从小额贷款（Microcredit）向微型金融（Microfinance）转变，即从单一的信贷服务向为公众提供更多的金融服务转变；从福利主义到制度主义转变，即国际小额信贷机构正从扶贫性质的机构向商业性企业转变：国际上关于小额信贷（行业）监管原则的一致意见正在形成，即区分审慎性监管和非审慎性监管：逐步放松有关小额信贷的利率管制。杜晓山（2004）认为，在亚洲，印度的小额信贷已开始起飞，一些商业银行与传统的以社区为基础的自助小组合作，向贫困客户群体提供金融服务。拉丁美洲有开展商业化、可持续小额信贷的传统。在多数金融机构集中开展小额信贷的同时，一些领头的机构则越来越

① 姚先斌、程恩江，《小额信贷的概念、原则及在中国的实践》，《中国农村经济》，1998 年第 4 期。

② 转引自李文政、唐羽，《国内外小额信贷理论与实践研究综述》，《金融经济》，2008 年第 16 期。

注意提供多样化的金融服务。东欧和中亚地区小额信贷机构未来可持续发展的主要威胁是机构运作的高成本，以及能否脱离对捐助的依赖，而转为与金融体系连接。在非洲（撒哈拉以南地区），近年来正规银行已开始进人小额信贷市场。中东和北非小额信贷发展速度快，以年均50%的速度增长。

在中国的小额信贷领域的实践中，许多人容易混淆小额信贷与微型金融、小额贷款、小微企业贷款，需要进行澄清。

（1）微型金融。微型金融是专门针对贫困、低收入的人口和微型企业而建立的金融服务体系。包括小额信贷、储蓄、汇款和小额保险等基础性金融服务。微型金融一词最早由世界银行在全球推广，其发起成立的“扶贫咨询委员会”（CGAP）是国际权威的微型金融研究和推广机构。自20世纪70年代诞生，微型金融就在全球获得了迅速发展，成为许多发展中国家正规金融的有效补充。微型金融的服务对象为无法获得正式金融机构服务的低收入群体，主要是贫困的人群和一些经济上脆弱的非贫困人群，他们一般有持续的、规则的收入和较好的偿付能力。在乡村，通常是指小农场主和从事小型低收入劳动的人群，比如，他们种植庄稼、饲养牲畜、进行食品加工和小买卖。在城市，客户类型更加多样化，包括零售商、服务提供者、街头小贩等。但是，极度贫困且无收入来源的与无家可归的人不在微型金融的服务范围内，他们主要依靠国家减贫项目的救济等获得最基本的生活保障。

微型金融的行业规模从1997年开始，以40%的速度迅猛发展，从1997年的618家机构、1,300多万客户到2004年底全球已有3,000家机构在为8,000万名客户提供金融服务。就我国微型金融的发展而言，2000年以前处于初期的小额信贷尝试和经验借鉴扩展阶段，2000年以后，政府主导下全面试行并推广微型金融活动，管理部门开始鼓励民营和海外资本进入，试行商业性微型金融业务，拉开了我国微型金融创新发展的大幕。2005年由国家开发银行支持，首先在包商银行开展以微贷为核心的微型金融项目，是我国第一次由正规金融机构实施的基于商业可持续原则的微型金融业务。2007年底，微贷业务扩大到12家城市商业银行，覆盖全国各省的100个以上的城市。到2010年为止，基本形成了以农村信用社为主体、辅以近期发展起来的邮政储蓄银行、村镇银行、贷款公司、农村资金互助社、小额贷款公司等新型农村金融机构的发展格局。①

与小额信贷进行比较，微型金融是小额信贷金融多样化和持续化的结果。

① http://baike.baidu.com/view/4620527.htm

微型金融的概念比小额信贷宽泛，包括微型储蓄、微型保险、支付服务、汇费服务等。有的小额信贷机构提供的产品已经包括除贷款之外的金融产品，如保险等。小额信贷与微型金融的根本差别在于小额信贷强调从社会公平的角度出发，面对低端客户，客观上具有反贫困、促发展的作用，而微型金融强调从金融体系完善、客户细分、市场细分的角度出发，将金融服务覆盖市场细分的底层人群（见图1－1）[①]。

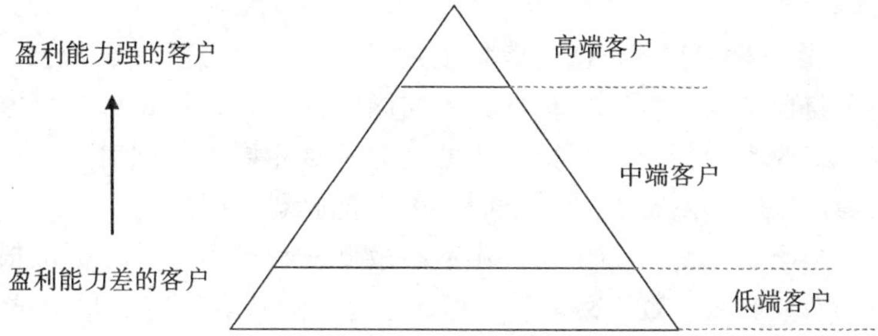

图1－1　金融服务市场细分

（2）小额贷款。小额贷款从字面上理解，不强调针对低端客户，也不强调信用贷款，仅指提供额度较小的贷款金融服务。但是，对于具体多少额度算“小额”并没有明确定义。如果用23号文件中对小额贷款公司的单笔贷款额度的规定：同一借款人的贷款余额不得超过小额贷款公司资本净额的5%。在目前小额贷款公司注册资本金不断攀高，许多达到几亿元的情况下，如果注册资本金1亿元，那么单笔贷款可达到500万元甚至更高。根据免税政策“5万元以下农户小额贷款业务免征营业税、所得税按90%减记收入[②]”的规定，可以认定我国将小额贷款额度限定在5万元内。“5万元以下，才是真正的农户小额贷款，超过5万元，都可以成为小企业贷款了！”2009年，在一次农村金融论坛上，中国社科院农村发展研究所副所长杜晓山直率地表达了自己的观点。[③]

以5万元作为小额贷款的“小额标准”在我国银行业也是通行的。农村信用社对小额贷款规定是，5万元以下（含5万元）的各类贷款，主要是针对本辖区的农户，也就是农业户口（除存单质押贷款）。一般乡镇的信用社的

① http：//wiki. mbalib. com/wiki/% E9% A1% BE% E5% AE% A2% E9% 87% 91% E5% AD% 97% E5% A1% 94% E6% A8% A1% E5% 9E% 8B

② http：//www. ctaxnews. com. cn/xinwen/csxw/200911/t20091116_ 1553343. htm

③ http：//www. chinaacc. com/new/184_ 187/2010_ 4_ 16_ ma3804971261401021080. shtml

贷款主要是农户的种植、养殖、农产品加工销售等涉及农业的贷款，一般期限不超过一年，额度不超过5万元；再有就是个体工商户贷款，一般是5万元到50万元不等。与小额信贷比较，小额贷款不强调采用信用担保发放贷款，不强调针对低端客户，但是，实践中可能具有覆盖低端人群、促发展的作用，与小额信贷的概念范围存在一定程度的交叉。然而，根本性的差别在于，小额贷款是私人物品性质的小额度贷款服务，而小额信贷是准公共物品性质的金融服务。

（3）小微企业贷款。小微企业贷款是指针对小微企业提供贷款。对小微企业的界定目前还没有统一的标准，不同国家或地区，根据各自国家的经济发展状况、行业类型等，对小微企业的划分不尽相同。我国对中小微企业的划分，可参考工信部发布的《关于印发中小企业划型标准规定的通知》中的规定划分：中小企业划分为中型、小型、微型三种类型，具体标准根据企业从业人员、营业收入、资产总额等指标，结合行业特点制定。其中对农、林、牧、渔业行业规定，营业收入50万—500万元为小型企业，营业收入50万元以下的为微型企业。营业收入50万元以下的为微型企业。其中对工业行业规定，从业人员20人以下或营业收入300万元以下的为微型企业，从业人员20—300人，且营业收入300万—2,000万元为小型企业。欧盟根据企业员工数量、年营业额和年度资产负债总额三个方面，对微型、小型、中型企业进行界定，其中微型企业是指员工数在10人以下，年营业额和年度资产负债总额不超过200万欧元的企业。小型企业是指员工数在50人以下，年营业额和年度资产负债总额不超过1,000万欧元的企业。中型企业是指员工数在250人以下，年营业额不超过5,000万欧元，年度资产负债总额不超过4,300万欧元的企业。[①]

关于小微企业贷款的额度范围，目前也没有统一的标准。ACLEDA银行自己的标准是：小型企业贷款额度为1,500—10,000美元，贷款期限最长可达24个月[②]；中型企业贷款额度分三种：（a）贷款期限最长为36个月，额度为10,000—30,000美元；（b）贷款期限最长为60个月，最低额度为30,000美元；（c）贷款期限最长为72个月，最低额度为30,000美元[③]。

与小额信贷比较，小微企业贷款强调贷款对象为小微企业，解决的是小微企业融资难的问题，与小额信贷的贷款对象仅有少部分的交叉。小微企业

---

① http://europa.eu/legislation_ summaries/enterprise/business_ environment/n26026_ en.htm

② http://www.acledabank.com/kh/eng/bb_ crsmallloan.php

③ http://www.acledabank.com/kh/eng/bb_ crmediumloan.php

贷款是私人物品性质的贷款产品，可以完全由利己性主体供给，而小额信贷产品是准公共物品性质的金融服务，仅由利己性主体供给是不足的。二者着眼点不同，小微企业的着眼点在于解决小微企业融资难，而小额信贷着眼点在于面向低端人群提供金融服务，实际操作中具有覆盖低端客户、促发展的作用。

本文中小额信贷的定义是指针对低收入人群或低端客户，如面向贫困人口、低收入人群、微型企业提供的准公共物品性质的金融服务，特别是那些没有得到金融服务或金融服务需求没有得到满足或满足不充分的客户群，客观上具有反贫困、促发展作用。我们认为，促发展、推动社会公平是小额信贷的主要作用。小额信贷具有明显或很强的消除或减缓金融排斥的作用，我们把此称为“公益”功能，即“公益性”，当然，这也是中国习惯的说法。

小额信贷面对的是特殊的客户群体——低端客户或低收入群体，他们是社会弱势群体，缺少机会和资源；他们因没有符合条件的抵押和担保而无法获得传统的信贷服务。针对这一群体的小额信贷服务有着特殊的经营理念。

首先，小额信贷的信用基础不是抵押担保，而是建立在客户与机构的诚实、承诺、相互信任、勤奋精神和自立能力基础之上。小额信贷不是简单的货物或资金交易，而是客户与机构共同参与的能力建设过程。小额信贷机构应该与客户建立起朋友、邻居和合作伙伴的关系，而不是简单的交易关系。如果小额信贷机构仅把客户当做交易对象，想方设法从客户那里赚取更多的利润，则客户也会与小额信贷机构进行交易，用他们的才智谋求最大的利益。在这种游戏中，客户冒名顶替垒大户和向多个机构借款就是一种合理的交易行为，但对小额信贷机构来说却是致命的风险因素。

其次，小额信贷满足的是社会金字塔低端客户的基本生存与发展需要，他们需要的是温饱、住房、教育、健康和家庭的快乐。这应该建立在生产和自力更生基础上。小额信贷机构应该首先提供生产贷款，以提高客户家庭收入，实现生活的可持续改善。如果为了交易而人为放大客户的生活需要，刺激和诱导客户的信贷需求，甚至为缺少收入来源的客户提供消费贷款，则客户的风险最终会由小额信贷机构承担。拉丁美洲小额信贷在世纪之交出现过严重的危机，其根源是小额信贷机构受消费信贷的高额利润诱惑，纷纷向客户提供消费贷款，结果造成严重的贷款损失。著名的玻利维亚团结银行（BANCO SOL，也称阳光银行）不幸卷入危机。他们忍痛割掉了消费贷款业务，直到2003年才从危机中恢复过来。

第三，小额信贷客户一般以家庭为单位，家庭是社会的细胞。客户家庭既是生活单位，又是生产单位。他们的生活和生产又以一定的社区为范围。

客户最了解他们自身的需求和计划，也最了解他们生产和生活所处的社区和市场。他们有足够的才智和信息帮助他们作出正确的决策。而且，他们的决策也是最人性化的，不仅考虑到个人的利益，也会充分顾及整个家庭（包括后代）以及社区的利益。因此，小额信贷机构应该充分考虑客户家庭和社区的关系和利益，应该尽可能融入他们的社区，对每个家庭做邻居式的接触，才能对他们有充分的了解。

第四，众所周知个体信贷市场的一大障碍是信息不对称，而公开透明的服务方式和持续的沟通是克服这一困难的方法。这要求小额信贷机构要向客户如实介绍服务产品，特别是贷款利率和各种贷款条件。产品虽可多样化，但应力求简单，让缺少金融知识的客户一目了然。这也是获得客户信任的基础。

第五，与上述特点相关，小额信贷非常强调对客户的教育和培训。小额信贷客户虽然不缺少能力，但缺少知识、经验和技术。提高客户能力既是小额信贷机构的目标，也是小额信贷机构持续发展的条件。花旗银行和许多国际组织正在全球倡导金融教育，客户保护运动也将开展金融教育作为一种手段。很多小额信贷机构在提供信贷服务的同时，也提供创业和技能培训等非金融服务。

2004 年 G8 峰会上提出了小额信贷的未来发展建议：

- 低收入人群需要的不仅仅是贷款，还有存款、保险、资金转账等金融服务；
- 小额信贷必须有助于贫困家庭增加收入，增加家庭资产和储蓄以应对突发状况；
- 来自于外界的捐赠和政府的补贴是少量而不确定的，因此，小额信贷要能“自我造血”，实现可持续的良性循环发展；
- 小额信贷通过建立永久的地方性的机构来实现操作；
- 小额信贷肩负着将低收入人群的金融需求整合到整个国家的金融体系中的任务；
- 政府的角色是使这些金融服务成为可能，而不是去提供金融服务；
- 小额信贷发展的主要瓶颈是缺乏专业有效的机构和管理者，因此应注重机构自身的能力建设；
- 过高的利率损害了低收入人群的利益；
- 小额信贷机构应该评估并公开自身的各项操作。

尽管“小额”没有绝对的数值要求，但是在世界范围内，小额信贷所指的“小额”还是有一定限制的。这是由于低端人群在贷款额度方面的需求是

“小额”所决定的。中国目前一般贷向个体的额度定在6,000—8,000元左右，最高2万元；贷给微型企业的额度一般不超过5万—10万元。在国际上，小额信贷信息交流平台（MIX）在小额信贷定义中明确提到小额信贷额度不超过人均国民收入（GNI）的2.5倍，[①] 白澄宇也提到，国际主流观点认为小额信贷有明确的定义和业务范畴，是指贷款额度在当地人均国内生产总值（人均GDP）2.5倍以下的小额信用贷款。[②] 由于我国通常并习惯采用人均国内生产总值考察经济发展情况，[③] 本项研究采用了“单笔贷款额度/人均GDP”来衡量是否小额。

在小额信贷出现之前，普通贷款服务具有竞争性和排他性，属于私人物品，主要靠市场资源配置的竞争机制，由利己性主体提供。纯粹靠竞争机制向处于弱势的低端人群提供金融产品，他们不容易获得。嫌贫爱富是资本的天性，理性的银行家做利差生意一定是盯着利润来源最大的市场，比如大额交易、对公业务或者城市金融等。但是，小额信贷是一种准公共物品，因额度低具有一定程度的非竞争性和排他性。对那些没有能力实现资金流的增值而偿还贷款的人群或家庭，需要政府供给公共物品性质的社会保障来帮助他们[④]。其余的弱势人群，他们虽然贫困，但具有劳动和创业能力，可以通过劳动、创业等实现财富增值，从而有能力偿还借贷，需要低额度的、又具有非竞争性的准公共物品性质的小额信贷产品。小额信贷作为准公共物品，可以作为扶贫的有效工具，对于推动社会公平有积极的作用。低收入人群或贫困人口拥有获得金融发展的权利，拥有平等地获得金融产品的权利，而小额信贷能够帮助他们实现这些权利。因此，小额信贷具有推动社会公平的意义和价值。

2. 小额信贷的供给者

具有准公共物品性质的小额信贷可以有多元化的供给方式，按照主观动机划分为利己性主体和利他性主体。根据国内小额信贷领域的实际情况，利

---

① Specifically, the average outstanding balance of microfinance products is no greater than 250% of the average income per person (GNI per capita). http://www.themix.org/about/microfinance#ixzz1svpk6mNP

② 白澄宇，“中国小额信贷：比数字找差距”，http://finance.sina.com.cn/money/bank/bank_hydt/20111130/032310905118.shtml

③ 国民总收入（GNI）等于国内生产总值（GDP）加上来自国外的净要素收入，是个收入概念。国内生产总值（GDP）是个生产概念。从我国历史数据看，两者之间数量差异不到2%。http://www.cinic.org.cn/site951/jryw/2011-05-23/481225.shtml

④ 过去，对贫困人口或低收入者和农业的贷款主要由国有银行用补贴性的贷款进行。由于治理差，再加上是补贴，结果贷款既到不了他们手中，得到贷款的又不还款，妨碍了小额信贷的发展。

己性主体（追求商业目的）包括商业性小额贷款机构、商业银行、放贷的个人；利他性主体（追求公益目的）包括以民间组织形式运作的小额信贷组织、以企业形式运作的小额信贷机构（社会企业）、互助资金组织，政府，行业协会等。其中，政府主要通过提供公共物品而鼓励和促进其他主体有效地提供准公共物品。

在国际上，将小额信贷供给者分为福利主义和制度主义。我们认为，福利主义的小额信贷机构属于利他性主体，制度主义的小额信贷机构有利己性主体和利他性主体。利他性主体是以尤努斯教授为代表的公益派（或称“福利主义”），其出发点是扶贫济困和改善民生的社会目标，同时主张以财务的自负盈亏追求覆盖面的扩大和这一事业的可持续发展。公益派强调小额信贷不能以营利为目的，利率定价应该以成本为依据。尤努斯提出的方案是，小额信贷利率要以成本加10%为上限。但是，由于小额信贷的经营成本高，在实践中，仅覆盖成本的利率也往往高于普通商业贷款利率，因此，尤努斯经常处于腹背受敌的境地。一方面要抵制高利贷，同时也要面对来自政府的救济式低利率原则的质疑。特别是当国际发展援助资金因向小额信贷领域倾斜而动了政府权力的奶酪时，对小额信贷高利率的责难就更加激烈。[①]

小额信贷福利主义和制度主义的交锋在2008年达到高潮。2007年4月，墨西哥最大的小额信贷机构COMPARTAMOS银行成功上市，成为全球第一家上市的小额信贷机构。该机构虽是银行，但因历史原因始终没有开展储蓄业务，上市是其筹集资金的有效途径。为了满足投资者要求的市盈率，该银行向客户收取了80%—100%的利率。汇丰银行参股的墨西哥排行第二的小额信贷机构“独立财务公司”（FinancieraIndependencia）也随之作出了上市的计划，其贷款利率为60%。如此高的利率，引起了小额信贷领域广泛的争论。尤努斯认为，这简直就是高利贷。他说，小额信贷的初衷是为了帮助贫困人群摆脱高利贷的剥削，如此高的利率是在剥削他们，与小额信贷的目标和原则背道而驰。公益派发起了小额信贷客户保护运动——SMART COMPAIN。2008年10月，国际上34家小额信贷组织联合签署了小额信贷《客户保护原则》文件，作为行业自律规则。内容包括：避免客户过度负债；透明和有社会责任的利率定价；适当的收款方式；员工的行为道德；投诉有门的机制；客户信息的隐私权。这六项原则可谓高瞻远瞩，不仅旗帜鲜明地反对高利贷，还明确指出了小额信贷领域与客户保护相关的关键因素。如果印度的小额信

① 白澄宇，“小额信贷是块不能乱动的奶酪”，http：//finance. jrj. com. cn/2011/01/2416049063998.shtml

贷机构能遵照这六项原则调整发展策略并改善管理，今日的危机也许可以避免。印度小额信贷危机发生期间，SMART COMPAIN 加大了《客户保护原则》的宣传推广，并准备在全球开展小额信贷机构客户保护评估，进而提出要用这些原则对小额信贷机构甚至是投资机构进行资质认证。[①]

（1）利己性主体。利己性主体是由利己性动机出发的供给者，是“理性经济人”身份，追求自身利益最大化，既可以供给私人物品也可以供给准公共物品。利己性主体以利己性动机为驱动力，追求股东利益最大化，在当前中国私人物品性质的普通贷款产品供给不足的情况下（如中小企业贷款难问题），必然大量供给私人物品性质的普通贷款产品，少量供给准公共物品性质的小额信贷产品，因此贷款很难覆盖低端人群，金融包容性弱，对社会公平的贡献小。作为利己性主体的商业性小额贷款机构是以利己性动机为驱动力，以营利为目的，追求股东利益最大化的非银行类、不接受审慎监管、注册形式为公司的机构。我国利己性主体商业性小额贷款机构受益群体（或客户）主要包括城市中高收入群体、大中型企业，有的少量包括低收入人群。在中国，商业性小额贷款机构主要是指依据《关于小额贷款公司试点的指导意见》（23 号文件）成立的小额贷款公司，不吸收公众存款、经营小额贷款业务的有限责任公司或股份有限公司。《关于小额贷款公司试点的指导意见》（23 号文件）政策初衷是解决“三农问题”。[②] 2004 年中央 1 号文件提出，要“继续扩大农户小额信用贷款和农户联保贷款。通过吸引社会资本和外资，积极兴办直接为‘三农’服务的多种所有制的金融组织”。2005 年 2 月，中央第一次明确提出：“在有条件的地方，可以探索建立由自然人或企业发起的小额信贷组织。”同时，还产生了第一批小额贷款试点公司。2005 年 10 月，中国人民银行正式决定，在中西部地区民间融资比较活跃的山西、陕西、四川、贵州、内蒙古 5 省（区）进行民间小额贷款试点，只确定基本原则，具体实施方案由各地根据实际情况制定。从 2005 年开始，中国的农村首先出现了小额贷款公司的牌子。试点成立的小额贷款公司是应以服务三农、支持农村经济发展为重点，为农户、个体经营者和微小企业提供小额贷款的机构。其资金来源为自有资金、捐赠资金或单一来源的批发资金，不吸收存款，不跨区经

① 白澄宇，“小额信贷是块不能乱动的奶酪”，http：//finance. jrj. com. cn/2011/01/2416049063998. shtml

② 由于中国大量贫困人口还在农村，据对全国 31 个省（自治区、直辖市）6. 8 万个农村住户的抽样调查，2010 年全国农村贫困人口为 2, 688 万，贫困发生率为 2. 8%。三农问题的本质是农民收入低，破解三农问题的关键是“资金回流、资本流入”。

营，贷款利率由借贷双方自由协商。试点期间小额贷款公司备受国内外金融界的关注，我国也开始进入商业性小额贷款公司的新阶段。2008 年银监会和央行联合发布《关于小额贷款公司试点的指导意见》，对小额贷款公司的资金来源作了比较严格的规定，明确小额贷款公司的主要资金来源为股东缴纳的资本金、捐赠资金，以及不超过两个银行业金融机构的融入资金。小额贷款公司从银行业金融机构获得融入资金的余额不超过资本净额的 50%。2009 年 6 月初，银监会发布《小额贷款公司改制村镇银行暂行规定》，对小额贷款公司改制为村镇银行进行了制度上的规范：小额贷款公司在有银行业金融机构作为主发起人的前提下，在法人治理、内部控制、经营管理及支农服务等方面符合一定要求，可改制成为村镇银行。这表明政策在朝着逐步开放的方向行进。[①]《经济观察报》刊文指出，我国微型金融、农村金融改革迟迟无法有效突破、争议颇多、政策成效不大，原因是"三缺三不缺"。一不缺钱，缺的是一套把有钱人的钱送到真正资金需求者手里的融资机制；二不缺为有钱人服务的金融机构和金融业务，缺的是为社会底层服务的金融机构和金融业务；三不缺政策，缺的是有关部门要沟通协调认真贯彻落实。[②] 当然，我们认为此处所说的不缺政策，更多指的是中央一号文件有关小额信贷的政策引导，相对于中国低端人群的金融服务的需求量及需求的紧迫性，政府政策还是严重缺乏的。

利己性的银行主要包括自主开办小额信贷业务的金融机构，如开办小额信贷业务的信用社[③]、城市商业银行、少量承担政府小额贷款项目的银行[④]等。

利己性主体放贷的个人是指以利己性为驱动力，追求自身利益最大化的发放小额贷款的个人，包括民间私人借贷、高利贷等。

（2）利他性主体。利他性主体是由利他性动机出发的供给者，是"道德人"身份，追求社会利益最大化，必然大量供给准公共物品和公共物品。利他性动机出发的小额信贷供给者包括公益性小额信贷机构、行业协会和政府。

在中国，公益性小额信贷机构是非银行类、不接受审慎监管的从事小额

---

① 李东，《小额贷款在中国》，《中国党政干部论坛》，2010 年第 6 期。

② 中国人民银行小额信贷专题组，《小额信贷通讯》，2009 年第 1 期，《2009/2010 年小额信贷通讯合集》，经济科学出版社，2010 年 10 月。

③ 从 2000 年起，在中国人民银行的推动下，小额贷款活动全面试行并推广，农信社作为农村正规金融机构逐步介入和快速扩展小额信贷试验。

④ 政府包括具有政府职能的社团组织的小额贷款项目。1996—2000 年，政府从资金、人力和组织方面积极推动，借助小额贷款推进农村扶贫和帮助下岗职工。但在扶贫政策力度不断加大的同时，信贷资金操作的矛盾日益显现，政府小额贷款扶贫项目始终存在体制和宏观政策方面的困境。

信贷业务的机构。公益性小额信贷机构的受益群体（或客户）主要是低端客户，是指城市或农村的低收入群体、贫困人群或赤贫人群及个体工商户或微型企业，他们在现有的商业银行操作模式下，没有办法或者不能或者不易得到贷款。公益性小额信贷机构主要供给准公共物品性质的小额信贷产品，少量或不供给私人物品性质的普通贷款产品，主要服务对象为低端客户，金融包容性强，对社会公平的贡献大。在其他国家，一般从事公益性小额信贷的机构包括正式的金融机构、非政府组织、社区组织、政府机构和国际组织。我国的公益性小额信贷机构中，按照注册形式不同可以划分为以企业形式运作的公益性小额信贷机构和以民间组织形式运作的小额信贷组织。

在中国，以企业形式运作的小额信贷机构，以利他性动机为驱动力，以公益为目的，追求社会价值最大化，兼顾财务可持续，注册形式是企业，类似社会企业，从风险控制角度考虑，服务对象不包括无还款能力的贫困人群和赤贫人群。社会企业的概念由英国兴起，目前并无统一的定义。社会企业的目的是解决社会问题，而不是纯粹为了盈利，所得利润有限制地用于分配，而不是追求最大利益，并且利润需要用于相关或不相关的社会机构（如传统的非营利组织），或是企业本身就是以解决社会问题为目标存在，如雇用残障人士或是借贷金钱给一般主流借贷者不会考虑的人（小额信贷）。[①] 按经济价值与社会价值这一二元价值划分，社会企业被认为具有下列特征：运用商业工具和方法实现社会目标；社会资本与商业资本相混合，社会方法与商业方法相混合；创造社会和经济价值；通过商业活动创收所得为社会项目提供资金；市场驱动和使命导向；令人满意的财务表现和社会影响；以有利于公共利益的方式实现财务目标；通过无限制地获取收入实现财务自由；为完成使命而有策略地组建企业。以企业形式运作的公益性小额信贷机构（社会企业）采用商业化的运作模式，可以高效率地为低收入人群供给小额信贷服务。然而，值得我们警醒的是，它与一般的商业企业的本质区别在于利他性动机，追求社会价值最大化，运营模式与一般商业企业并无二致。一旦所有者的意志发生变化，利他性动机转变为利己性动机，社会企业追求的社会价值最大化将被股东利益最大化取代，可能转而主要供给私人物品性质的普通贷款产品，减少供给准公共物品性质的小额信贷产品，服务客户上移，金融包容性变弱，对社会公平的贡献变小。

以民间组织形式运作的小额信贷组织属于非营利组织，受益群体（或客

---

① http：//zh. wikipedia. org/wiki/%E7%A4%BE%E4%BC%9A%E4%BC%81%E4%B8%9A.

户）主要是低端客户，是指城市或农村的低收入群体、贫困人群或赤贫人群及个体工商户或微型企业，他们在现有的商业银行操作模式下，没有办法或者不能或不易获得贷款。它们专注于提供准公共物品性质的小额信贷产品，与社会企业相比，能够覆盖最底层人群，金融包容性强，对社会公平的贡献大。我国早期的公益性小额信贷机构是国际援助和社会捐赠开办的小额信贷组织。在联合国20世纪80年代援华项目中，我国进行了初期的小额贷款扶贫试点实践，吸纳了其中的个别技术或组织环节。从90年代初开始，在部分贫困地区先后开展的小规模的小额贷款试验，主要着眼于解决我国贷款资金扶贫工作中的一些突出问题。这一时期的资金来源主要是国际捐助。

行业协会是一种非营利性组织，它不属于政府的管理机构，它是政府与企业、NGO的桥梁和纽带。行业协会属于我国《民法》规定的社团法人，是我国社会团体的一种。美国的《经济学百科全书》中说，行业协会“是一些为达到共同目标而自愿组织起来的同行或商人的团体”。日本经济界人士认为，行业协会是“以增进共同利益为目的而组织起来的事业者的联合体”。英国权威人士指出，“行业协会是由独立的经营单位所组成，是为保护和增进全体成员的合理合法利益的组织”。[①] 行业协会是社会中介组织，它的产生和发展是社会分工和市场竞争日益加剧的结果，反映了各行业的企业自我服务、自我协调、自我监督、自我保护的意识和要求。具体说来，行业协会的形成及其作用应该包含以下内容：一是必须以同行业的企业为主体；二是必须建立在自愿原则的基础上；三是必须以谋取和增进全体会员企业的共同利益为宗旨；四是一种具有法人资格的经济社团。行业协会为非行政机构，属于非营利性组织，通过激励、推动、规范等供给公共物品。它通常通过四种职能发挥作用，包括组织职能、协调职能、服务职能和监管职能。就组织职能而言，行业协会对行业的组织与管理具有独到的作用，它可以依据共同制定的章程体现其职能，例如增强会员机构的核心竞争力，增强其抗风险的能力；成为行业整体的代表，利用自己的实力处理和协调各类关系，减少单个会员机构的运作成本，提高其效率；通过为会员机构提高各类专业服务，如咨询、培训、交流、信息发布等，维护成员的利益，推动公正公平的自律性机构的建立，提高整个行业的声誉；通过制定或推动行业的政策和法规，通过奖励和批评好和差的会员机构，通过一定的权威性来维护会员机构的共同权益，成为会员机构的利益代表，规范行业行为，调配行业资源，创造良好的行业

① http：//zhidao. baidu. com/question/33626634. html

发展所需的政策环境及舆论环境。

小额信贷领域内的行业协会以会员利益为宗旨，为会员供给准公共物品性质的服务，其对社会公平的贡献与其代表的主体（会员）一致。

政府是利他性主体，主要供给公共物品和准公共物品。政府如果能够有效地引导，使小额信贷产品覆盖低端客户或低收入人群，即能达到金融包容性强的目的，对社会公平的贡献大；如果不能有效引导，而使小额信贷服务难以覆盖低端客户，则会达到金融包容性弱的结果，对社会公平的贡献小。之所以会出现后一种状况，我们可以从公共选择理论中找到答案。

公共选择理论认为，在经济市场和政治市场活动的是同一个“人”——理想的“经济人”，经济市场和政治市场的“善恶二元论”是不成立的。因此，政治市场中的主体——政治家、政客、选民和利益集团，与经济市场中的主体——消费者和生产者的行为目标并无本质差别。其差别只是，在经济市场交易的是私人物品，而在政治市场交易的是公共物品。前者的最大化目标表现为效用和利润的最大化；后者的最大化目标表现为公共利益和政治支持的最大化。公共选择理论把政府当作是一个具有自身利益的实体，政府失败或失灵是不可避免的。因此，如若提高政府效能、使其表现为公共利益最大化，不能只是指望谋求公共利益的代理人的觉悟和努力，更重要的是制定约束政府运转的规则。这在一定程度上揭示了政府决策过程的真实的一面。

利益集团理论是西方公共选择学派的一个理论分支。利益集团理论认为，所谓利益集团又称压力集团，就是“那些具有某种共同的目的，试图对公共政策施加影响的个人的有组织的实体”。利益集团的成员可以是普通公民、非营利性组织、公共部门组织，也可以是寻利的厂商。不同的利益集团在其规模、资源、权利和政治倾向等方而存在着明显的差别。公共政策的制定是一个由政府主导的各公共政策主体之间的利益冲突、协调、妥协的交易过程，包括政策制定阶段和后政策制定阶段。

公共选择把方法论上的个人主义运用于自身，它表明，“人是一个自利的、理性的、追求效用最大化的人”，而政府只是在个人相互作用基础上的一种制度安排，所以，政府也并不是我们所想象的一个抽象实体，政府也并不是我们所想象的那样，总是一心一意地追求社会总体福利最大化目标。虽然政府的存在纯粹是为了提供公共利益给广大民众，但却有可能有许多利益团体出于私利而进行游说活动，推动政府实行一些会带给他们利益却牺牲了广大民众的错误政策。在另一方面，这些效率低下的政策所造福的只是一小群分享共同利益的团体，而这些团体也因此会继续进行游说以维持自己的利益。

中国的决策模式是典型的精英决策模式，党和政府机关在政策制定中起主导作用，强势集团在政策制定上处于优势，在公共政策的制定过程中扮演着不可忽视的角色。我国的农民人数虽多，但组织松散，不占据权力，也不拥有资本，难以形成有力的利益集团。作为弱势群体的农民根本无能力争取和维护自己的权利，对公共决策的影响力很小，其利益很容易受到侵害。而代表弱势群体利益的非营利组织或公益性小额信贷组织（甚至这类组织的行业协会）相对于企业（甚至企业行业协会）而言，也处于相对弱势的低位，就金融体系的改革而言，相对强势的集团是那些拥有资本的人，他们构成了强势集团，通过游说政府与政府政策制定者形成共识——无论是中央政府还是地方政府，落实到政府官员则需要政绩说话，政府及其官员为了实现经济增长，更愿意支持中小型企业的发展，解决其融资难问题，而私人资本更愿意投入能够获利的方面，于是，现在的中国小额信贷政策便形成了只解决了民间资本进入金融领域的问题，实际却没有实现较强的金融包容性，对社会公平的贡献较小。

因此，仅仅依靠政府行为的自律来约束决策主体显然是不够的，政府官员与其他社会成员一样都追逐个人效益最大化。利益集团的形成是必然，但问题是强弱发展不平衡，弱势群体没有形成利益集团，强势集团互相之间没有公开的制衡机制。中国目前最需要的是通过学界、非营利组织、公众的呼吁，通过建立规范的法律、法规及政策环境，控制强势集团，扶持弱势集团，使之逐渐平衡。从而遏制强势利益集团的负面影响。

由此可见，小额信贷产品的供给者可以分为利己性主体和利他性主体两类。基于利己性动机，供给者主要提供私人物品，在本项研究对象中为商业性小额贷款机构。基于利他性动机，供给者主要供给准公共物品和公共物品，在本项研究中主要为以企业形式运作的公益性小额信贷机构（社会企业）、以民间组织形式运作的公益性小额信贷组织、行业协会和政府。

（四）利己性主体与利他性主体的相关要素

利己性主体和利他性主体如果是以组织形式存在，它们必然具有组织的一些相关要素。

1. 所有权

所有权是古代罗马私法中的一个极为重要的概念。在罗马法中，所有权是物权（权利人直接行使于物上的权利，与债权相对应）中最重要也最完全的一种权利，具有绝对性、排他性、永续性三个特征，具体内容包括占有、使用、收益、处置等四项权利。所有权具备四个特征。第一，所有权具有完整性。所有权是完整的物权。所有权与其他物权区别的主要表现在于所有人对财产享有占有、使用、收益和处分的完整权利，而其他物权只是具有所有权的部分权能。但所有权人享有上述四个方面的权利，并不意味着所有人必须实际行使各项权能，他可以将四项权能中的一项或数项权能分离出去由他人享有并行使，从而更好地实现其意志和利益。第二，所有权是一种绝对权。所有权的权利主体是特定的，作为特定权利主体的所有权人，他对权利的行使不需要任何其他人的协助，通过自己的行为，即可直接实现对其财产的占有、使用、收益与处分。所有权的义务主体是不特定的，所有人之外的任何不特定的民事主体都负有不作为的义务，都属于义务主体。第三，所有权具有排他性。所有权可以依法排斥他人的非法干涉，不允许其他任何人加以妨碍或者侵害。而且所有权实行一物一权。任何财产只能有一个所有权。不能形成双重所有权，这也是所有权排他性的体现。第四，所有权具有存续上的永久性。所有权因标的物的存在而永久存在，不能预定其存续期间。①

所有权结构是组织中股本各构成部分之间比例关系的体现。无论是利己性动机还是利他性动机驱动，是以财产的所有权为核心来保证实现的。只有通过对组织的所有权的控制，财产的所有权人的意志，才能够通过对财产的处分得到实现。

商业性小额贷款机构的所有权属企业法人。《公司法》第三条规定：公司是企业法人，有独立的法人财产，享有法人财产权。公司以其全部财产对公司的债务承担责任。有限责任公司的股东以其认缴的出资额为限对公司承担责任，股份有限公司的股东以其认购的股份为限对公司承担责任。股东一旦将其资金或财产投入企业法人，就丧失了对这部分财产的所有权而同时取得股权。确切地讲，股权是一种弱化的所有权，在占有上，股东拥有的只是“虚拟化”的股权证书而非货币或实物资产；在使用上，股东唯有通过股票表决运用这种权力；在收益上，单个股东不能主观决定红利率的高低；在处置上，任何股东都不能单独处置法人财产，股份只能转让，不能退股，而这种转让只引起股东的变化，并不影响企业法人财产的独立性和完整性。股权还是一种间接的所有权，股东与企业法人的唯一联系是股票，他通过股票可以定期获得股息，也可以通过股东大会对企业法人的行为提出看法，至于企业法人是否采纳，则是其两大机构——股东大会和董事会的事情。在现代股份

① http：//wiki. mbalib. com/wiki/%E6%89%80%E6%9C%89%E6%9D%83

公司中，由于法人拥有股东数量的无限扩大，股东大会已日趋演变为法人的意识机关，而董事会这一并非完全由大股东组成的机构则成为法人的执行机关，任一股东对董事会不采纳自己的意见，除将股票转让于他人之手外没有别的选择。对企业法人来说，它既不在意其股票易于何人之手，也不担心企业的经营管理者与劳动者如何变动，只专注于维持企业的财务可持续和盈利。因此，商业性小额贷款机构必然要求机构追求商业利润，不强调小额信贷覆盖低端人群，对社会公平的贡献小。

以企业形式运作的公益性小额信贷机构（社会企业）所有权属企业法人，但它却是利他性主体。股东的意志通过股权来实现，追求社会价值最大化的个人、企业或 NGO 拥有股权，强调小额信贷覆盖低端人群，对社会公平的贡献大，然而企业法人作为法律上的“人”自身必然追求企业的财务可持续，因此社会企业需要在追求社会价值最大化和财务可持续之间取得平衡，当其强调小额信贷覆盖低端人群时，对社会公平的贡献大。

以民间组织形式运作的公益性小额信贷组织的所有权属公益产权，组织本身是利他性主体。出资者不享有财产的所有权。出资者将财产投入组织后，便失去了对该财产的占有、使用、收益、处分以及管理、经营的权利。公益性民间组织作为受托人来经营管理社会的公益资产，出资人不享有对捐赠资产的剩余索取权。基于公益性社会组织的财产基础是基于各种形式的社会捐赠，财产的产权属性是公益产权，每个组织都必须要有明确的利他的、非营利性的组织宗旨，表明它承担的社会或一定范围内公共事务的责任。社会组织的资产和产生的利润不得以任何形式转变为私人财产。它的公益产权性质决定组织的资产不属于任何人，侵占民间组织的任何形式的资产都是公然侵占公益资产，应受到法律制裁。同时，组织在运作过程中产生的任何形式的利润都不得分配；当一个民间组织解散或破产的时候，其剩余资产不能分配，只能转交给其他公共部门继续用于公益目的。①民间组织运作的小额信贷组织的所有权实际上归属社会所有，必然追求社会价值最大化，强调小额信贷覆盖底层人群，对社会公平的贡献大。

行业协会是非营利性组织中的互益型组织，是利他性主体。公益性社会组织和互益性社会组织都不以营利为其主要目的，都不可以像营利性组织那样将组织的利益在其成员间分配。然而，二者在终止时是否可以向其成员分配资产是有所区别的。由于互益性社会组织的财产主要来源于会费（在日本

---

① http://baike.baidu.com/view/4690535.html? fromTaglist

为了将之区别于公司股东的股份或出资而称之为基金或者社会捐助），其享有的税收优惠待遇也比较有限，因而组织一旦解散，财产可以在成员中间分配，或者由成员大会决定处分的方式，国家一般不得干涉。虽然行业协会的所有权不归属会员，也是归社会所有，是利他性主体，但是与公益性组织不同，行业协会是互益性组织，代表会员利益，其对社会公平的贡献与所代表的会员利益一致。

2. 资金

资金不论对哪种类型的机构都具有重大的意义。这是因为，资金与所有权密切相关。机构设立的动机不同，吸引的资金也不同。由上述动机分析，可以明确，利他性动机驱动的资金来源更多，利他性动机驱动的资金来源虽然少量，但不会没有。

商业性小额贷款机构主要吸引股东投资和银行融资。投资商业性小额贷款机构的股东追求商业利益。银行为商业性小额贷款机构提供贷款也是出于“理性经济人”角度追求商业回报。商业性小额贷款机构的资金来源方要求商业利益最大化。

以企业形式运作的公益性小额信贷机构主要吸引股东投资、银行融资和社会捐赠。投资商业性小额贷款机构的股东出于利他性动机投资，追求社会价值最大化。但是一旦其动机发生转变，可能追求商业利益，可能将机构转变成为商业性小额贷款机构。

以民间组织形式运作的公益性小额信贷组织的主要资金来源为政府支持或公共部门支付，包括政府直接拨款资助，专项服务的合同支付以及公共部门支付的相关费用或报偿；民间捐赠，包括个人、法人、基金会直接或间接的捐赠。以民间组织形式运作的公益性小额信贷组织的资金来源方同样出于利他性动机，追求社会价值最大化。

行业协会是互益性组织，资金来源主要为会员，代表会员的利益。

政府的资金来源主要为强制性税收，追求社会利益最大化，本应对社会公平的贡献大。但是受到利益集团的影响，其追求目标和所作所为可能发生偏离。

3. 治理

在我国，理论界对公司治理具有代表性的定义有吴敬琏、林毅夫、李维安和张维迎的观点。吴敬琏的观点认为公司治理结构是指由所有者、董事会和高级执行人员即高级经理人员三者组成的一种组织结构。要完善公司治理结构，就要明确划分股东、董事会、经理人员各自权力、责任和利益，从而形成三者之间的关系。[①] 林毅夫是在论述市场环境的重要性时论及这一问题的。他认为，“所谓的公司治理结构，是指所有者对一个企业的经营管理和绩效进行监督和控制的一整套制度安排”，[②] 他还指出，人们通常所关注或定义的公司治理结构，实际指的是公司的直接控制或内部治理结构。李维安和张维迎都认为公司治理（或公司治理结构）有广义和狭义之分。李维安认为狭义的公司治理，是指所有者（主要是股东）对经营者的一种监督与制衡机制。其主要特点是通过股东大会、董事会、监事会及管理层所构成的公司治理结构的内部治理；广义的公司治理则是通过一套包括正式或非正式的内部或外部的制度或机制来协调公司与所有利益相关者（股东、债权人、供应者、雇员、政府、社区）之间的利益关系。[③] 张维迎的观点是，狭义的公司治理结构是指有关公司董事会的功能与结构、股东的权力等方面的制度安排；广义地讲，指有关公司控制权和剩余索取权分配的一整套法律、文化和制度性安排，这些安排决定公司的目标，谁在什么状态下实施控制，如何控制，风险和收益如何在不同企业成员之间分配这样一些问题，并认为广义的公司治理结构是企业所有权安排的具体化。[④] 以上论述的关注点不同，但是都体现出治理是对所有权实现的保证，治理的内涵包括对机构的控制。非营利组织面临所有权缺位的问题时，更需要注意内部治理效果如何来保证。治理结构是保证治理实现的整体制度安排。

商业性小额贷款机构的内部治理通过股东大会和董事会实现，股东的意志委托代理董事会实现。商业性小额贷款机构的董事一般由股东或高级管理层组成，关注的重点是商业回报。

以企业形式运作的公益性小额信贷机构的内部治理通过董事会实现，股东的意志委托代理董事会实现。企业形式运作的公益性小额信贷机构的董事会一般不仅包括股东、高级管理层，还包括外聘专家等，一定程度上保证机构的利他性。当然，这是相对理想的治理状况。

以民间组织形式运作的公益性小额信贷组织的内部治理通过理事会实现。基于“委托—代理”理论，理事会代表社会行使对机构的监督和控制权，以保证机构的利他性，追求社会价值最大化。但是由于社会不可能为某民间组

---

① 吴敬琏，《建立现代企业制度一定要规范化》，《上海经济研究》，1994 年第 01 期。

② 林毅夫、李周，《现代企业制度的内涵与国有企业改革方向》，《经济研究》，1997 年第 3 期。

③ 李维安，《国际经验与企业实践——制定适合国情的中国公司治理原则》，《南开管理评论》，2001 年第 01 期。

④ 张维迎、马捷，《恶性竞争的产权基础》，《经济研究》，1999 年第 6 期。

织产生理事会而进行投票选举，因此理事会的产生往往由发起者主张成立，造成理事会不必然代表社会利益。与此同时，加上没有利己性动机的激励，理事会成员是否尽责则关系到机构目标的实现和工作效率。因此理事会成员的责任心、责任能力则至关重要。当然，需要机构本身自律和机构外部的监督来保证机构的利他性及效率。

行业协会的内部治理通过理事会实现。理事会由会员代表组成，追求会员利益最大化。

4. 服务对象

服务对象是指机构供给物品的对象。商业性小额贷款机构出于利己性动机，主要为能够且有利于其赚取最大利润的对象提供私人物品。以企业形式运作的公益性小额信贷机构和以民间组织形式运作的公益性小额信贷组织均出于利他性动机，主要提供能够且有利于其实现社会利益最大化的对象提供准公共物品。行业协会出于利他性动机，主要服务对象是会员，会员的权益就是其追求的目标。政府的终极服务对象是大众、社会，需要保证大众利益。

5. 产品和服务

产品和服务是指上述各类主体为其服务对象所提供的具体的产品和服务。不同的服务对象，产品设计原则、产品类型、服务内容有所不同。

6. 信息

信息包括信息搜集和调查的原则、方法、内容，以及侧重点等。信息搜集的方法包括信息系统的建立和运用，对客户的实地调查、资料审查等。信息搜集内容包括客户的个人情况、家庭情况、经营场地情况、实际经营情况，客户贷款前后经济、生活是否发生了变化，发生了哪些变化等。搜集信息的原则体现了机构的动机和追求的目标。信息系统具备以下功能：及时提供小额信贷机构的实际运营信息，以备决策；能运用数学模型预测未来业绩；针对不同管理者提供不同基本信息，方便管理；辅助管理中进行监督和控制，以提供效率。

7. 人力资源

机构的人力资源通常包括人力资源规划、招聘与配置、培训与开发、薪酬与福利、绩效管理、激励与惩罚、团队文化等方面。人力资源管理，就是预测组织人力资源需求并作出人力需求计划、招聘选择人员并进行有效组织、考核绩效支付报酬并进行有效激励、结合组织与个人需要进行有效开发，从而保证组织目标实现与成员发展的最大化。通常情况下，有效的人力资源管理，可以使组织招聘、选拔到其所需的人员；通过团队文化、信息沟通、人际关系和谐等有效整合组织内部资源，发挥集体优势，提高组织的生产力和效率；通过合理的薪酬、考核、晋升等方式，保持员工积极性、主动性，从而推动组织效率和利益的提高。

8. 财务可持续

财务可持续是指机构依靠自身运营财务上是否有利于组织持续发展下去。

二、理论框架

本项研究主要探讨中国的小额信贷对促进社会公平的作用，探讨各类供给者是否、如何供给准公共物品性质的小额信贷，供给结果如何，是否起到促进社会公平的作用，其内部及外部原因是什么。为此，我们需要建立一套既能够描述、分析中国小额信贷的现状、又能够解释这种现状并进一步提出对策建议的指导中国小额信贷进一步发展的理论分析框架。

我们的研究思路是，从公共物品理论中的三类物品入手，将物品分为私人物品、准公共物品、公共物品，其中小额信贷属准公共物品。不同类型的主体提供的物品各有侧重。其中，利己性主体商业性小额贷款机构主要提供私人物品，少量提供准公共物品；利他性主体中的以企业形式运作的公益性小额信贷机构主要提供准公共物品，少量提供私人物品；以民间组织形式运作的公益性小额信贷组织主要提供准公共物品；利他性主体行业协会提供准公共物品；利他性主体政府提供公共物品。此外，对商业性小额贷款机构、以企业形式运作的以及以民间组织形式运作的公益性小额信贷组织来说，协会和政府又是其发展的外部环境。

不同的主体提供不同的物品时，所发挥的作用和产生的结果不同。如果所提供的产品和服务有助于社会低端人群能够有足够、便捷的途径或方法获得，在利用金融产品或金融服务方面面临很少的障碍和困境，即有助于消除或缓解金融排斥问题，利于金融包容，我们称之为对社会公平的贡献大；反之，则不利于金融包容，对社会公平的贡献小。此处所指的“贡献大”既是一个绝对的概念（即某类主体在消除或缓解金融排斥方面贡献大，特别是相对其他主体或组织所作的贡献大），又是一个相对的概念（即低端客户或低收入人群在其服务对象中所占比例高）。

上述内容构成了本项研究的理论分析框架（见图1－2）。

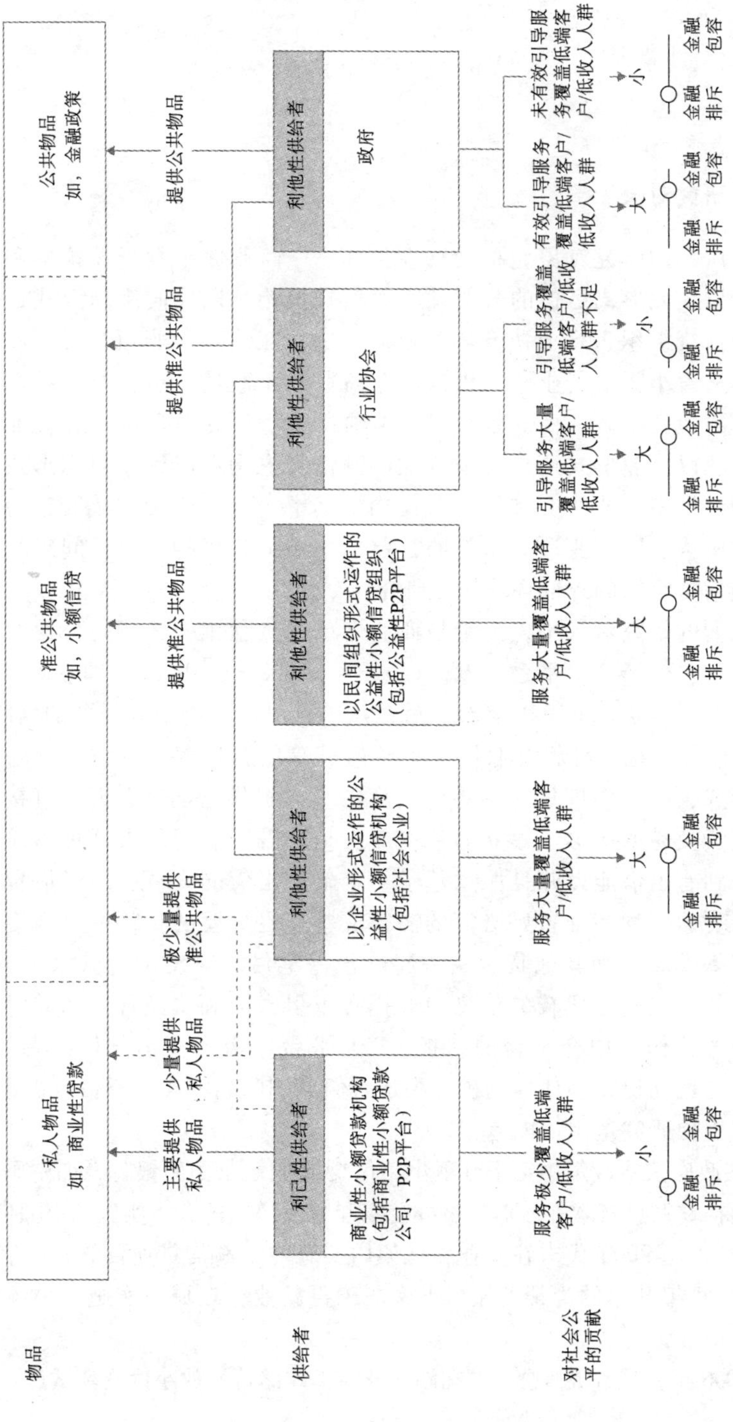

物品
供给者
对社会公平的贡献
私人物品 如，商业性贷款
准公共物品 如，小额信贷
公共物品 如，金融政策
主要提供私人物品
少量提供私人物品
极少量提供准公共物品
提供准公共物品
提供准公共物品
提供公共物品
利己性供给者
商业性小额贷款机构（包括商业性小额贷款公司、P2P平台）
利他性供给者
以企业形式运作的公益性小额信贷机构（包括社会企业）
利他性供给者
以民间组织形式运作的公益性小额信贷组织（包括公益性P2P平台）
利他性供给者
行业协会
利他性供给者
政府
服务极少覆盖低端客户/低收入人群
服务大量覆盖低端客户/低收入人群
服务大量覆盖低端客户/低收入人群
引导服务大量覆盖低端客户/低收入人群
引导服务覆盖低端客户/低收入人群不足
有效引导服务覆盖低端客户/低收入人群
未有效引导服务覆盖低端客户/低收入人群
大
小
金融排斥
金融包容

图 1－2 理论分析框架

第四节 研究方案

一、研究对象

本项研究的研究对象包括利己性主体——商业性小额贷款机构和利他性主体——以企业形式运作的公益性小额信贷机构、以民间组织形式运作的公益性小额信贷组织、行业协会和政府。其中，在我国，非银行类、不接受审慎监管、从事小额信贷业务的机构仅有商业性小额贷款机构和公益性小额信贷机构，不包括个人、商业银行等。本项研究将研究对象限定在商业性小额贷款机构、以企业形式运作的公益性小额信贷机构、以民间组织形式运作的小额信贷组织、行业协会和政府范围内。其中，行业协会和政府作为商业性小额贷款机构、以企业形式运作的公益性小额信贷机构、以民间组织形式运作的小额信贷组织的外部环境切入研究。

在我们的研究对象中，无论是商业性小额贷款机构，还是公益性小额信贷机构，均包含了 P2P 平台。P2P（Peer - to - Peer lending），即点对点信贷或称个人对个人信贷。而 P2P 平台，就是从事点对点信贷中介服务的网络平台。P2P 小额信贷，是一种将互联网、小额信贷等创新技术、模式紧密联系的民间借贷形式，极大限度地为熟悉或陌生的个人提供透明、公开、直接、安全的小额信贷交易的机会。建立的基本前提是，需要借贷的人群可以通过网站平台寻找到有出借能力并且愿意基于一定条件出借的人群。网络借贷中介帮助确定借贷的条款和准备好必需的法律文本。更重要的是，中介网络平台可以帮助贷款人通过和其他贷款人一起分担一笔借款额度的方式来分散风险，也帮助借款人在充分比较的信息中选择有吸引力的利率条件。而同时，收取一定的服务费作为中介平台的回报。P2P 平台作为小额信贷供给者的动机，即具有利己性动机或利他性动机，决定它们分别归属哪类小额信贷机构。

不在本项研究范围内的有：

1. 在政府扶贫政策推动下开展小额信贷或贷款业务的银行，如中国农业银行（利用扶贫贴息贷款在政府扶贫办公室和财政部门配合下实施的小额信贷）。

2. 20 世纪 90 年代末在商业化框架内实施的小额信贷项目的农村信用社。

3. 2004 年开始的为帮助城市下岗职工再就业，在城市实施了小额信贷项目的城市商业银行。

4. 2006 年 3 月自银监会批准在湖北开办邮政储蓄发放小额贷款试点，后向其他省份推广的面向农户和商户（小企业主）提供小额贷款业务的邮政储蓄银行。

5. 2006年底，银监会宣布在6省36个县开展村镇银行、贷款公司和农村资金互助社三类金融机构。

二、工作流程及具体执行情况

本项研究从三个层面展开：小额信贷供给者的实际运作状况、对社会公平的贡献及原因分析，对策建议。这将在不同的章节中分别展开描述。我们采用的工作流程为：

1. 了解现实需求，确定研究目的。
2. 根据研究目的设定研究内容。
3. 针对研究内容进行概念梳理。
4. 针对研究内容，在前人研究的基础上，创建理论研究框架，并在研究过程中不断完善该理论研究框架。
5. 针对研究内容和理论研究框架的要求，设计覆盖所需信息的调查方案。
6. 按照调查方案，实施田野调查，获取完成研究所需经验资料。
7. 运用理论研究框架，分析第一手经验资料和第二手文献资料，完成基础研究任务，包括现状研究和成因分析。
8. 在现状研究和成因分析的基础上，提出对策建议。

社会科学的任务是准确地描述现实，揭示现实背后的因果机制（成因），在此基础上，才有可能制定合理的对策，并通过实施对策解决问题，达到期望的结果。所以，有必要设计一套科学的方法获取经验数据（反映研究对象真实客观状态的信息）。本项研究采用文献研究和典型案例调查的方法。经验资料包括第一手资料和第二手资料。通过文献收集获取第二手资料，包括国内外各类文献。通过典型调查获取第一手资料。它们依次进行，前者是后者的基础，每个步骤同时涵盖所有研究内容（见图1-3）。

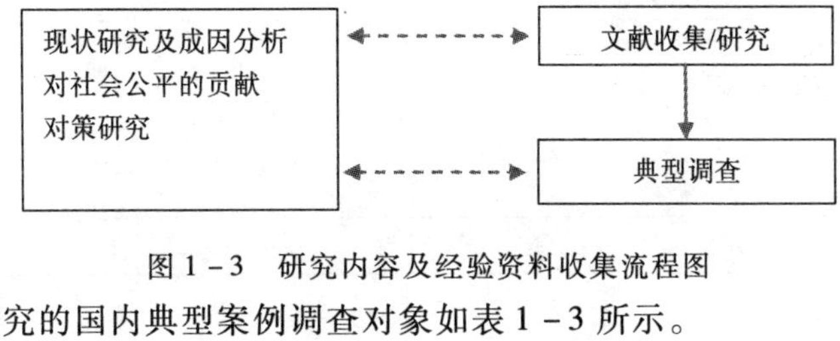

图1-3 研究内容及经验资料收集流程图

本项研究的国内典型案例调查对象如表1-3所示。

表 1-3 国内典型案例调查对象

动机	所属主体类别及名称	所在地	成立时间	注册资本/资金规模（元）
利己性主体	商业性小额贷款机构（包括商业性 P2P 平台）			
	成都市锦江区瀚华小额贷款有限公司	四川	2009 年 5 月	注册资本 3 亿
	海宁宏达小额贷款股份有限公司	浙江	2008 年 9 月	2011 年注册资本增资 4.1 亿
	湖州吴兴万邦小额贷款股份有限公司	浙江	2008 年 10 月	2011 年注册资本增资达 3 亿
	宜信集团	北京	2006 年	—
利他性主体	❶以企业形式运作的公益性小额信贷机构（社会企业）			
	中和农信项目管理有限公司	北京	2008 年 11 月	累计注册资本 1.4375 亿
	永济市富平小额贷款有限责任公司	山西	2009 年 5 月	注册资本 3,000 万
	南充美兴小额贷款有限责任公司	四川	2007 年 9 月	2010 年初增资后达到 1 亿
	宁夏惠民小额信贷有限公司	宁夏	2008 年 10 月	注册资本 2,000 万
利他性主体	❷以民间组织形式运作的公益性小额信贷组织（包括公益性 P2P 平台）			
	国际计划小额信贷项目与五家妇女可持续发展协会	陕西	2002 年 6 月①	总资产 571 万，负债 363 万
	仪陇县乡村发展协会	四川	1995 年 11 月	截至 2010 年 12 月底，总资产为 1,217.31 万
	河北易县扶贫经济合作社	河北	1993 年 10 月	截至 2011 年 12 月底，贷款余额为 2,839.3 万
	临县湍水头富平小额贷款基金项目	山西	1993 年 9 月	截至 2011 年 11 月底，资金规模约为 160 万
	我开	北京	2007 年 6 月	—
	❸行业协会			
	中国小额信贷联盟	北京	2005 年 11 月	—
	中国小额信贷机构联席会	北京	2011 年 1 月	—
	❹政府			
	永济市推进小额贷款公司试点工作领导小组	山西	2009 年 9 月	—
	南充市金融办	四川	—	—
	浙江省金融办	浙江	—	—

① 佳县协会成立。

其中，典型案例的基本情况简述如下。

1. 成都市锦江区瀚华小额贷款有限公司（以下简称成都瀚华）

成都市是我国重要的商贸城市之一。2010 年，城镇居民人均可支配收入 20,835 元，农民人均纯收入 8,205 元。2010 年末，四川省中小企业达 34.5 万户，在工商部门登记注册的个体工商户主体达到 79 万余户（含吊销和 2 年以上未验照）。目前，在成都地区提供小额贷款产品的主体主要有：农业银行、邮政储蓄银行、农村信用社等；渣打银行、包商银行；小额贷款公司。截止到 2011 年 9 月 30 日，四川省批准成立的小额贷款公司共 61 家，实际开业运营的有 40 多家。成都的小额贷款公司共 33 家①。在这 33 家小额贷款公司中专注于微型金融，提供微贷服务的只占 10%，其余 90% 基本上以经营中小企业的过桥资金贷款、上下游企业贷款为主，平均贷款额度高达几百万元，甚至几千万元。

成都瀚华经四川省政府金融办批准，于 2009 年 5 月 19 日成立，是成都地区第一家面向中小企业、个体工商户、个人创业者，为他们解决融资难问题的商业性小额贷款公司，注册资本 3 亿元。

2. 海宁宏达小额贷款股份有限公司（以下简称海宁宏达）

海宁市经济发达，第二、三产业发展迅速。2011 年全市按常住人口计算人均 GDP 约为 65,832 元。据不完全统计，到 2010 年底，全市农村低收入困难家庭 4,016 户，9,897 人，占居住在乡村人口数量 2.4%。海宁市金融服务总量较大，但小额贷款金融服务需求没有得到满足。2010 年末，海宁全市银行业金融机构总量为 15 家，小额贷款公司两家。除了海宁宏达小额贷款公司，还有海宁嘉宝小额贷款公司。全市金融机构存贷比为 71%。海宁市中小企业数量众多，资金需求难以得到满足。2009 年，海宁市有 6,295 家企业，其中 95% 以上是中小企业②，另有 3 万多个体户。当地银行只能满足大约 1,000 家企业的贷款需求。大部分中小企业和个体户难以从银行贷到款。从金融机构信贷投向来看，针对三农、小企业的放款比例不高。在中国人民银行引导金融机构把更多资金投入实体经济，特别是三农和中小企业的方针指引下，海宁金融机构对制造业、新兴行业、新农村建设的信贷支持力度明显加大。

海宁宏达经浙江省人民政府金融办公室、浙江省工商局、浙江省银监局、人民银行杭州中心支行审核批准，于 2008 年 9 月 28 日正式对外营业，浙江省

① 截止到 2011 年 10 月底，数据由成都瀚华工作人员提供。

② “关于金融支持中小企业的实践与思考”，http：//www.hnsrd.gov.cn/wzxt/show.asp？id=2947

第一家获得营业执照并正式开业的商业性小额贷款公司，初始注册资本为1.6亿元，2010年增资到2.5亿元，2011年增资到4.1亿元。公司位于与海宁市市政府毗邻的宏达大厦内。海宁宏达的董事长沈国甫同时也是浙江省小额贷款协会的会长。海宁宏达定位于服务中小企业和三农，为它们解决融资难及短期资金需求问题。2008年5月，中国人民银行和银监会联合下发《关于小额贷款公司试点的指导意见》，同年7月，浙江省人民政府办公厅发布了《关于开展小额贷款公司试点工作的实施意见》，宏达控股集团抓住政策机遇，由其控股成立了海宁宏达小额贷款股份有限公司，进行主要针对中小企业的小额贷款业务。

3. 湖州吴兴万邦小额贷款股份有限公司（以下简称吴兴万邦）

湖州市是环太湖地区唯一因湖而得名的城市，是一座具有2,300多年历史的江南古城。湖州经济发展比较快、生态保持比较好、城乡发展比较协调、城乡居民收入差距较小，2010年城乡居民人均收入比为1.94:1，低于全省和全国平均水平。根据《吴兴区2010年第六次全国人口普查主要数据公报》，全区常住人口为582,687人，常住人口中区外流入人口为165,455人，占28.40%。常住人口中居住在城镇的人口为380,858人，占65.36%，居住在乡村的人口为201,829人，占34.64%。2007年，吴兴区由于因病因残、缺少主要劳动力和生产资金、子女上学负债等原因，年人均纯收入低于2,500元的低收入农户共计2,747户，人数6,436人，其中五保户84户、低保户1,822户①。湖州市金融服务总量较大，政府重视“支小支农”，但小额贷款金融服务需求仍然没有得到满足。湖州市中小企业数量众多，按照年销售收入或资产总额5亿元以下的标准划分，湖州中小企业约占企业总数的99%，提供了95%以上的就业岗位，实现了90%以上的生产总值和税收②。但是，由于银行对中小企业的歧视，设定的贷款条件苛刻等因素，大部分中小企业很难从银行得到贷款。

吴兴万邦为浙江省首批、湖州市首家定位于服务中小企业和三农的商业性小额贷款公司。于2008年10月8日正式成立，为浙江省首批、湖州市第一家获得营业执照并正式开业的小额贷款公司。湖州吴兴万邦小额贷款股份有限公司坐落于湖州市民营经济较为发达、中小企业相对集中的湖州市吴兴区织里镇。织里镇是我国的童装名镇，拥有国内童装市场25%的市场份额，并

① “吴兴区积极实施低收入农户奔小康工程大力推进低收入农户脱贫帮扶工作”，http://www.zjagri.gov.cn/programs/database/agriInformation/view.jsp?id=126140

② 汪炜红，《湖州中小企业融资问题初探》，《浙江经济》，2010年22期。

培育了童装和棉坯布两大市场，已成为全国最大的童装产销基地和棉坯布集散中心。其营业场所设立于湖州市吴兴区织里镇织里北路72—10A，拥有1,000多平米的营业场所。吴兴万邦的总经理叶细毛同时也是浙江省小额贷款协会的副会长，湖州市民营企业协会金融创新委员会[①]会长。

4. 宜信集团（以下简称宜信）

宜信集团是采用P2P方式为出借人和借款人提供信用贷款服务的商业性小额贷款中介机构。宜信成立于2006年，总部位于北京，并在上海、广州、深圳、沈阳、大连、哈尔滨、济南、青岛、武汉、长沙、昆明、杭州、南京、苏州、西安、成都、重庆、郑州等全国30多个城市建立了全国性的服务网络。目前，集团旗下有宜信卓越财富投资管理（北京）有限公司（以下简称宜信财富）、宜信普诚信用管理（北京）有限公司（以下简称宜信普诚）、宜信惠民投资管理（北京）有限公司（以下简称宜信惠民）、宜信普惠信息咨询（北京）有限公司（以下简称宜信普惠）。涉及的业务包括财富管理、信用风险评估与管理、信用数据整合服务、小额贷款行业投资、小微贷款咨询服务与交易促成、公益助农小额信贷平台服务等。

5. 中和农信项目管理有限公司（以下简称中和农信）

中和农信项目管理有限公司是我国第一家工商注册（不受金融办监管）以企业形式运作的公益性小额信贷机构，可谓“四是而非”——是扶贫，非传统扶贫；是慈善，非一般慈善；是金融，非传统金融；是企业，非营利性企业。其小额信贷业务的发展可以以2008年为分界线，分为第一时期（1996—2008年期间）由扶贫基金会以项目形式运作的小额信贷业务、第二时期（2008年至今）由中和农信项目管理公司运作的小额信贷业务。

中和农信认为贫困人群并不缺乏生存和发展的智慧，一旦获得一定的信贷资金支持和相关服务，他们完全能够通过自己的努力改变自己的生活；扶贫不应该成为一种资源消耗，而应将资源转换成可持续生产力。赠款的确可以救助贫困人群，但往往是一次性的，而且会增加被救助者的依赖性。中和农信通过小额贷款的扶贫方式激发了贫困人群自我发展、自我创造的动力，培养他们的理财观念与能力，发展信用文化，而从改变他们生产方式，并赢得自尊和自强。目前，中和农信已在13个省或直辖市开设了共52家分支机构。其中20个在国家级贫困县，占总分支机构的38.5%；21个在省级贫困县，占比40.4%；6个在省级贫困地区，占比11.5%；1个在城郊地区，占比

---

① 行使湖州市小额贷款公司行业协会职能。由于湖州市小额贷款公司数量不足行业协会注册申请标准，因此并未进行注册。

1.9%；4 个在受灾地区，占比 7.7%。

6. 永济富平小额贷款有限责任公司（以下简称永济富平）

永济市属于传统农业市。2010 年，农业人口占总人口比重 66.4%。永济近年来发展了粮、棉、果、菜（包括大棚蔬菜、芦笋、双孢菇）、畜五大主导产业和"四养、四种、两栽植"（养鸡、养猪、养牛、养鱼，种芦笋、蘑菇、棉花、蔬菜，栽植速生杨、栽植干鲜果）十大特色产业。但是，永济市农村小额信贷金融服务供应不足。第一，从存贷比来看，永济市全辖区金融机构资金总量不足，存贷比一直比较高，贷款需求供给不足。据永济市人民银行统计，2010 年 3 月末，永济全市金融机构存款余额为 57.6 亿元，各项贷款余额为 52.2 亿元，存贷比为 90.7%。在永济市发放贷款的主要有下列机构：工商银行、农业银行、中国银行、建设银行、农业发展银行、邮政储蓄银行、农村信用社、永济联信小额贷款公司、永济富平小额贷款有限责任公司等。第二，从机构网点分布和贷款对象来看，针对农户、微小企业放款的金融机构非常少。四大国有商业银行和农业发展银行仅在市区设立网点，工商银行、中国银行、建设银行和农业发展银行根本不对农户发放贷款，农业银行虽然针对部分农户发放了"惠农卡"[①]，但是，真正获得农业银行授信并得到贷款的农户较少[②]；邮政储蓄银行和农村信用社在乡镇设有营业网点，邮政储蓄银行在乡镇的网点数为 13 个，只有 1 个为邮政储蓄银行直属网点，设在蒲州镇，其余均为邮政储蓄的网点，农村信用社在乡镇的网点数为 16 个，联信小额贷款公司设在市区，只有富平小额贷款公司的机构网点设置在村里。[③] 针对农户、微小企业的放款者仅有邮政储蓄银行、农村信用社、联信小额贷款公司和富平小额贷款公司。第三，从贷款产品适应来看，农户的小额信贷需求难以得到满足。邮政储蓄银行贷款担保要求严格，仅提供保证贷款和联保贷款。保证贷款的贷款额度在 2 万元（含 2 万元）以内的，需一个担保，2 万以上的需要 2 个保证人。保证人必须是当地公务员、事业单位或国有企业的正式员工，具有稳定的经济收入。保证人需要工作单位开具工作证明。不少需

① 惠农卡的基本条件为农业户口，信用良好，具备还款能力，3 户以上联保，贷款额度最高额为 3 万元，可以循环使用 3 年，每笔贷款期限不超过 1 年，利率为基准利率上浮 30%。

② 小额信贷专家王灵俊在《P2P 是金融创新，需要包容，加强行业自律》中提到"农业银行 2010 年说用惠农卡将小额信贷做到 1,000 亿，但是就我来看，很不理想。就我调研的三个村子看，很多家 2009 年就办了惠农卡，到现在还拿不到钱，所以我认为现有金融体系还远远满足不了中低端客户的现实需求。"

③ 何广文、杨虎锋、张群、谢昊男、宋冀宏，《商业性小额贷款公司怎么实现对于农户和微小企业的服务？——基于山西永济富平小额贷款公司案例的分析》，《中小企业融资》，2011（1）P78－79。

要贷款的农户难以找到适合的担保人。联保贷款的联保小组由3户组成，小组成员相互承担连带保证责任。小组成员之间不能有直系亲属关系，经调查审核后，联保小组成员才可轮流申请贷款。农村信用社开展启用了信用管理系统，并对申请小额信贷的农户进行评级和展开授信，提供信用贷款，提高了农户贷款的可获得性，但是，农村信用社鼓励借款人入股①，对入股农户实行优惠利率②，入股增加了农户贷款成本，并且对农户贷款的70%—80%的部分都是集中在第一季度发放的，其余季度放款一般较少，第四季度集中收款。联信小额贷款公司仅对关系农户（粟海集团养殖户）提供信用贷款，对其他农户的贷款要求提供担保。因此，农户贷款难的问题仍然存在。

23号文件出台后，永济富平小额贷款有限责任公司成立，是以企业形式运作的公益性小额信贷机构。永济富平的注册地址和公司总部设在村子里——永济市蒲州镇寨子村聚才胡同10号。③ 1993年9月，经济学家茅于轼教授、林毅夫教授与汤敏博士等在山西省吕梁地区临县湍水头镇龙水头村成立的"龙水头扶贫基金"（湍水头富平小额贷款基金前身），以500元开始小额信贷实验，重点针对贫困农户提供贷款，这是中国最早完全由民间私人出资兴办的扶贫小额贷款。2002年，社会发展机构北京富平学校成为这一项目的管理方。2006年3月，北京富平学校与山西省永济市蒲州镇果品协会开始，在永济进行小额贷款合作，向协会会员提供农耕生产性贷款，项目贷款规模40万元。该项目实行无抵押，无担保，单笔额度2万元以下。到2009年的3年间，这一项目累计发放贷款1,687笔，累计贷款总额近700万元，1,000多个农户家庭受益。④ 2009年5月18日，北京富平学校发起设立的北京富平社会投资有限责任公司，注册成立永济富平，注册资本3,000万，以小额贷款公司的形式开展大规模的小额贷款业务，规模化的为永济农村经济发展提供农户小额贷款服务。经运城市人民政府、运城市工商局批准，永济市富平小额贷款有限责任公司栲栳分公司、虞乡分公司分别于2010年12月、2011年10月注册成立，将业务范围扩展到永济全境。目前，永济富平下设三个分支机构：蒲州镇分所（公司总部）、栲栳镇分所、虞乡镇分所。

---

① 2010年以前（不含），由于扩充资本金的要求，信用社要求借款人必须按照贷款金额5%—10%入股。2010年以后采取鼓励自愿入股的政策，设定差别利率，鼓励没有向农村信用社入股的借款农户入股。

② 例如，2010年5月10日，蒲州农村信用社对于向农村信用社入股的农户，放款利率为月息8.85‰，而没有入股的农户放贷利率为9.3‰。

③ 2012年9月19日。永济富平公司总部从永济市蒲州镇寨子村迁至蒲州镇西街。

④ http：//bbs.careerchina.cn/baike/viewthread.php？tid=26332

7. 南充美兴小额贷款有限责任公司（以下简称南充美兴）

南充地处四川内陆，是四川省第三大城市，全市人口仅次于成都。南充除了农业较发达之外，还是川东北地区最大的商品集散地，目前有丝绸大世界、西门综合批发市场、川北粮油批发市场、光彩大市场等一批规模大、辐射力强的商品交易市场。发达的商品贸易带动了南充的个体经营。据统计，目前在工商部门登记注册的个体户共有113,000多户。且这些个体工商户、微型企业对短期资金的需求非常大。南充地区提供小额贷款产品的主体主要有以下几类：国有银行，如农业银行、邮政储蓄银行、农村信用社等；普通

表1-4　　　　南充地区小额贷款公司发放贷款情况

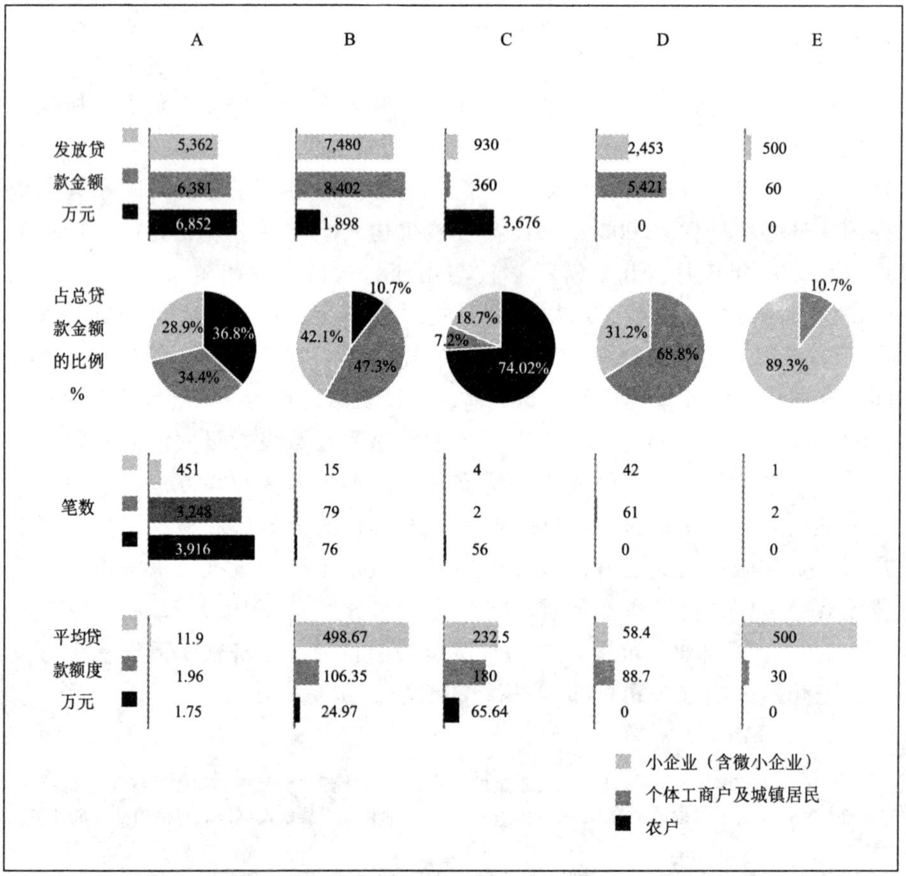

注：数据截止日期为2011年10月底。当地政府对贷款对象“农户”的贷款情况统计方式为非城镇户口即为农户。据当地小额贷款公司负责人称，有关“三农”的统计并不统一，大家在报数据时的口径并非完全一致。上表中C小额贷款公司农户单笔贷款额度为65.64万元。

商业银行，如农商行等；以及小额贷款公司。表 1－4 为截止 2011 年 10 月南充小额贷款公司情况的统计表，其中 A 为南充美兴。从表中看出，这 5 家小额贷款公司中，真正坚持小额、分散原则的，只有南充美兴，其余 4 家平均每笔贷款额度都比较大，且倾向于中小企业贷款。

南充美兴是中国第一家为个体工商户、农户和中小微型企业服务的外资商业性小额贷款公司。南充美兴于 2007 年 9 月 3 日落户于南充市嘉陵区。总部位于南充市嘉陵区光彩大市场。当时的嘉陵区还没有撤县改区，属于南充市下辖的一个贫困县。目前南充美兴共有 8 家分支机构，分别为南充嘉陵区办事处、南充顺庆区办事处、南充高坪区办事处、西充县办事处、南部县办事处、阆中市办事处、蓬安县办事处、营山县办事处、仪陇县办事处。这些办事处有的在贫困县，有的在个体工商户、中小微企业等需求比较多的县。

8. 宁夏惠民小额信贷有限公司（以下简称宁夏惠民）

宁夏惠民总部所在的盐池县，位于宁夏回族自治区东部、毛乌素沙漠南缘，土地沙化严重，是宁夏唯一的革命老区，国家扶贫的重点县。据资料显示，到 2011 年末，盐池县总人口约 60,515 户，其中，农业人口 134,324 人，约占总人口的 80%。城镇居民人均可支配收入 14,379 元，农民人均纯收入 4,149 元。2011 年全县金融机构存款余额为 390,863 万元，贷款余额为 200,986 万元，存贷比约为 51.4%，其中短期贷款余额 122,373 万元，中长期贷款余额 77,738 万元。①

宁夏惠民的成立经过了 10 年多的历程。1998 年，参照孟加拉格莱珉银行模式，爱德基金会向宁夏扶贫与环境改造中（Ningxia Center for Environment and Poverty Alleviation，以下简称“宁夏 CEPA”）提供了 13 万元启动资金，开始了小额信贷的实验工作。首先，他们成立了盐池县农村发展协会作为小额信贷的执行机构。与格莱珉的理念相同，小额信贷服务只给妇女贷款，并且侧重于贫困妇女。1999 年，在爱德基金会的支持下，宁夏 CEPA 成立了“盐池县小额信贷服务中心”。经过不断的探索和实验，小额信贷项目在盐池地区取得了良好的社会和经济效果。根据对贷款者的跟踪调查，申请贷款的贫困妇女们通过养殖、生产等方式，提高了收入水平，改善了生活质量，并且还款率高达 100%。小额贷款取得了初步的成功。基于小额贷款项目的良好运作，2007 年 8 月，盐池小额信贷中心获得了国家开发银行宁夏分行的 1,000 万元政策性贷款支持，极大地扩充了发放贷款的资本金。

① “盐池县 2011 年国民经济和社会发展统计公报”，http：//xxgk. yanchi. gov. cn/detial. asp? id = 1652

2008年，盐池县小额信贷服务中心经宁夏回族自治区金融办的批准成立了宁夏惠民，成为以企业形式运作的公益性小额信贷机构。公司的性质是以公益力量为主导的、从事小额贷款服务的股份制金融企业。这是我国现有公益基金控股的小额信贷机构中第一家获得政府批准成立公司的机构，首次在金融机构政策准入限制中实现了质的突破。宁夏惠民下设盐池县和同心县两个小额信贷中心，同心县小额信贷中心于2008年10月注册成立，2009年3月正式在同心县开展工作。截止2009年6月底，公司总资产达3,000万元，其中包括注册资本金2,000万（盐池妇女发展协会出资790万元；三家非政府机构注资588万：宁夏扶贫与环境改造中心100万、爱德基金会188万、嘉道理基金会300万；两家企业出资622万：宁夏绿海苜蓿草产业有限公司322万、宁夏众工电器工程有限公司300万），国家开发银行宁夏分行的政策性贷款1,000万元。

9. 国际计划项目及五家协会

国际计划是全球最大的以儿童为中心的发展组织之一。1999年，国际计划与陕西省妇女联合会（妇联）建立了新的合作伙伴关系。13年来，国际计划的项目范围已扩大至全国。项目覆盖健康、水与环境卫生、儿童保护与权利、教育和家庭生计五大方面，目前在中国16个省市自治区开展工作。

国际计划小额信贷项目属于家庭生计项目，除榆阳区外项目开展地均为国家级贫困县。国际计划可持续生计项目（家庭生计项目）的目标是推动社区居民参与社区事务；增加妇女获取高质量的以社区为基础的教育、信息、技术和培训的机会；增加社区居民获取金融资源的安全性；促进民工融入城市社区，帮助政府推广成功的可持续生计的实践经验。其中，小额信贷项目有助于实现家庭的可持续生计。自2002年以来，国际计划小额信贷项目陆续在陕西省创办了5家以民间组织形式运作的公益性小额信贷组织，分别位于佳县、榆阳区、蒲城县、西乡县、淳化县。其目标是为当地小额信贷机构提供能力建设，帮助其向着更好地满足社区需求的方向发展；增强当地社区居民的金融获取和使用能力；扩大项目地区金融服务的可及区域和受益人群。其中，（1）佳县位于陕西省榆林市的东南部，东隔黄河与山西省临县相望，为国家级贫困县。（2）榆阳区与佳县同属地级市榆林市管辖，位于榆林市中部，与内蒙古自治区的乌审旗以及市内的横山、米脂、佳县、神木相毗邻，在陕西省全部24个市辖区中排名第8，占全省GDP比重2.46%[①]，人均GDP

① “盐池县2011年国民经济和社会发展统计公报”，http://xxgk.yanchi.gov.cn/detial.asp?id=1652

约为 48,892 元，城镇居民人均可支配收入达到 18,868 元，农民人均纯收入 6,605 元，经济总量居全市第三。(3) 蒲城县位于关中平原东北部，属地级市渭南市管辖，经济总量处于陕西省前列，却为国家级贫困县。全县总人口 76 万，其中农村人口 63 万，占全县总人口的 87%，贫困人口占农村人口 26.8%。蒲城农村自然条件恶劣，十年九旱，冰雹、霜冻等自然灾害频繁发生，尤其全县 90% 以上贫困人口集中区域——“二滩（南部卤泊滩、东部洛河滩）一带（中部旱腰带）一区（北部沟壑区）”，占全县总面积 35.5%，自然条件更为恶劣。(4) 西乡县位于陕西省的南部，汉中盆地以东，属地级市汉中市管辖，为国家级贫困县。(5) 淳化县位于陕西省咸阳市北部，是一个典型的山区农业县、革命老区县和国家新一轮扶贫开发重点县。5 个项目（五家协会）开展地区的经济发展情况见表 1-5 所示。

表 1-5　　项目开展地区经济发展情况

	国家级贫困县（是/否）	人均 GDP	农业人口比重（%）	全省县（市辖区）GDP 排名位次	GDP 占全省比重（%）
佳　县	是	8,387	91.4	66	0.22
榆阳区	否	48,892	64.16	8	2.46
蒲城县	是	11,034	87	16	0.83
西乡县	是	8,800	83.8	48	0.36
淳化县	是	18,369	85.3	51	0.32

项目开展地金融服务供给不足。第一，从存贷比来看，正规金融机构金融服务供给不足。2011 年上半年，陕西省金融机构存贷比为 61.3%，陕西省政府对全省银行机构信贷指导计划为新增贷款 2,200 亿元，而各银行机构实际新增信贷计划额度仅为 1,618 亿元，信贷需求与实际之间差额高达 580 多亿元①。截至 2009 年 9 月末，榆林市金融机构各项存款余额达到 1,147.78 亿元，各项贷款余额达 651.84 亿元，存贷比为 56.8%，低于全省平均水平。第二，从机构网点和贷款对象分布来看，针对贫困地区放款的金融机构非常少，全市仍有 14 个乡镇没有金融机构网点。目前，榆林市共有银行业金融机构 5 类、21 家，包括 1 家政策性银行——农业发展银行；4 家大型股份（国家控股）商业银行——中国工商银行榆林分行、中国农业银行榆林分行、中国银行榆林分行、中国建设银行榆林分行；3 家银行类农村合作金融机构——榆阳

① 摘自《娄勤俭常务副省长在 2011 年上半年全省金融形势分析会暨全省金融系统工作座谈会上的讲话》，陕政通报第 126 期。

农村合作银行、神木农村合作银行、府谷农村合作银行；9家县级农村信用合作联合社；3家股份制商业银行——长安银行榆林分行、交通银行榆林分行、招商银行榆林分行；1家邮政储蓄银行——中国邮政储蓄银行榆林分行。其中面向农村市场服务的金融机构为农村合作银行、农村信用社、邮政储蓄银行和农业银行。全市金融机构共有营业网点544个，其中农村合作银行和农村信用社325个，邮政储蓄银行79个，农业银行61个，占总营业网点的85.4%。从分布情况看，主要集中在经济发展相对较快的榆阳区、神木、府谷、定边、靖边和横山县，占总营业网点的69.4%。全市仍有14个乡镇没有金融机构网点。全市平均每0.6万人拥有一个银行网点资源，城市网点密度大于农村。另外，榆林市小额贷款有限责任公司共16家，目前正在申报的小额贷款公司有34家。农业银行逐步撤离县域农村地区；农业发展银行只为棉粮油收购提供贷款；农村合作银行资金实力有限，难以满足农村多种资金需求；小额贷款公司仅在部分经济发展相对较快的地区进行试点，没有覆盖相对较为贫困的地区；农村信用社和邮政储蓄银行虽然涉农比例相对较高，但其资金实力有限，难以覆盖所有人群①。第三，从贷款产品适应来看，小额信贷需求难以得到满足，民间借贷比较频繁。邮政储蓄银行贷款担保要求严格，仅提供保证贷款和联保贷款。农村信用社开展启用了信用管理系统，并对申请小额信贷的农户进行评级和展开授信，提供信用贷款，提高了农户贷款的可获得性，但是，目前其多沿用传统农业贷款方式和发放办法，发放1年期以内的短期流动资金贷款与农业生产的长周期、季节性的特点不相适应，而且由于国有商业银行逐步从农村市场退出，农村信用社的区域垄断定价能力得以增强，其信贷供给价格不断提高，贫困人口贷款难的问题仍然存在。据报道，榆林小额贷款公司贷款资金流向已经形成“从小额贷款公司放款—还银行贷款—向银行贷款—还小额贷款公司贷款”典型的“过桥”贷款，服务对象显然并非贫困人群②。因此，贫困人群的小额信贷需求难以得到满足。民间金融市场活跃，高利贷发生频繁，月息1分—5分（月利率1%—10%）。

国际计划小额信贷项目在陕西省四个国家级贫困县和一个市辖区试点小额信贷项目，目标为将5个协会打造成为可持续发展的服务贫困人群的小额信贷机构。2002年6月，国际计划与当地妇联合作，开始在陕西省佳县进行

① 陕西省榆林市政协财经和农村工作委员会：《榆林市农村金融业调查报告》，http://www.hexieshaanxi.com/news/snzx/2010/1/13/99166596J22E3HD5IF5FK4J.html

② 《榆林民间借贷调查：到底有多大风险?》，《中国经济报》，2011年12月6日，http://news.xinhuanet.com/fortune/2011-12/06/c_122382751.htm

小额信贷试点项目，在民政局依法注册成立佳县妇女可持续发展协会（以下简称佳县协会）。项目带来了很好的成果，妇女通过金融帮助发展了他们的家庭经济，增加了家庭收入，逐渐脱贫致富。为了促进可持续的、普惠的和能够满足客户需求的金融服务的发展，为较大范围的贫困人群，特别是妇女服务，提供可以增进家庭经济安全性和对儿童有社会影响的产品和服务，国际计划和另 4 个县（区）的妇联在 2005 年、2006 年在民政局依法注册了 4 家妇女可持续发展协会。并确立了把这 5 家协会转变成可持续发展的小额信贷机构的目标。与佳县同属一个地级市的榆阳区妇女发展协会（以下简称榆阳协会）成立于 2005 年 7 月；蒲城县妇女可持续发展协会（以下简称蒲城协会）成立于 2005 年 8 月 12 日；西乡县妇女发展协会（以下简称西乡协会）成立于 2005 年 10 月 8 日；淳化县妇女发展协会（以下简称淳化协会）成立于 2006 年 6 月 21 日。目前 5 家协会都已经实现了可持续运营。之所以选在上述地区开展项目是因为国际计划在 5 家协会所在地已经成立国际计划县级办公室，与当地妇联也有了深入合作，具备很好的合作基础，由此合作成立上述协会。2009 年之前，国际计划直接参与 5 家协会的小额信贷项目管理，协会对国际计划依赖性很强，包括治理、资金来源及日常管理。随着外部环境的变化，中国经济发展水平的提高，国际 NGO 开始减少对中国的援助[①]，2009 年以后，国际计划对 5 家协会的支持由全面干预转为以能力建设支持为主，5 家协会逐渐走向独立发展的道路。其中以西乡协会发展最为突出，本书主要以西乡协会为例进行说明。

9. 仪陇县乡村发展协会（以下简称仪陇协会）

仪陇县位于四川省南充市东北部，属四川盆地东北部低山与川中丘陵过渡地带，是一个拥有百万人口的农业大县，农村人口占全县人口的 90%。由于资源匮乏，交通不便，基础脆弱，社会和经济发展十分缓慢，仪陇整体经济社会文化状况都比较落后，是一个典型的国家级贫困县。1985 年以来，仪陇县相继被列为首批国家级重点扶持贫困县、老少边穷贫困县和国家外经贸部重点帮扶的两个贫困县之一。仪陇不仅是重要的粮棉油猪蚕商品基地县、传统农业大县，而且是重要的劳动力资源输出县，常年在外务工人员达 26 万人，几乎户均一人常年外出务工，农业的再生产依附于男性青壮年在外劳务收入，而妇女成为了农村的主要生产力量。截止 2000 年底，全县尚有贫困乡镇 36 个，贫困人口 23.4 万人。目前，在南充地区提供小额贷款产品的主体

① 一方面，国际计划是儿童发展组织，更擅长儿童发展方面的项目；另一方面国际计划是公益组织，需要创新来吸引资助。新的议题，比如气候变化、救灾等更容易吸引资助人进行捐助。

主要有以下几类：农业银行、邮政储蓄银行、农信社等以及仪陇协会（见表1－6）。

表1－6 南充市部分金融机构的小额贷款产品

贷款机构	农村信用合作社	邮政储蓄	仪陇县乡村发展协会
客户对象	农户	农户、小工商户	农户、小工商户、普通家庭（助学）
提供产品方式	• 信用贷款； • 个人/联保，联保需要不少于5名农户组成联保小组。 • 联保贷款期限根据借款人生产经营活动的周期确定，但最长不得超过联保协议的期限。	• 信用贷款（需有效担保） • 联保/保证；农户联保贷款需要3—5名农户，商户联保贷款需要3名商户组成联保小组 • 贷款期限：1—12月； • 一次性偿还/等额偿还	• 信用贷款； • 无抵押； • 贷款期限：3个月、半年期、一年期、三年期； • 按月分期还款
贷款产品	根据农户信用评定、农户资金需求情况、当地居民收入等状况确定贷款额度。	商户最高10万元； 农户最高5万元	纯农业生产贷款，最高3,000元； 农业生产＋商业经营贷款，最高10,000元； 集镇商业经营，最高30,000元； 助学贷款，最高30,000元
贷款用途	农村土地耕作或其他与农村经济发展有关的生产经营活动	生产经营资金	生产经营资金、教育资金、消费资金
贷款利率	—	15.84%	统一执行年固定利率10%

仪陇协会是我国第一个以民间组织形式运作的公益性小额信贷组织。我国于1993年起由社会科学院农村发展研究所首先引入孟加拉小额信贷的GB模式，成立了“扶贫经济合作社”，在河北省易县、河南省虞城县和南召县、陕西省丹凤县建立了效仿GB模式的小额信贷扶贫社。1995年开始，联合国开发计划署（UNDP）和中国国际经济技术交流中心在我国17个省的48个县（市）推行以扶贫、可持续发展等为目标的小额信贷项目。仪陇县是该48个县（市）中的一个，协会正是在这样的背景下，于1995年11月注册成立的非营利性社团组织，是我国第一个从事小额信贷项目的公益机构。其最初的做法也主要是借鉴小额信贷孟加拉GB模式。经过十多年的发展、探索，协会不断进行调整，包括治理、人力资源、信息、客户定位、产品设计等。2011

年，协会针对前一阶段机构出现的问题，进行了一次较为重大的内部改革。这一年是协会的过渡年，也是协会的机遇年。

10. 河北易县扶贫经济合作社（以下简称易县扶贫社）

易县位于河北省中西部，太行山北端东麓，华北平原西北边缘，为河北省保定市下辖县。全县总人口约 56 万，其中农业人口 50 万，占总人口的 89.3%，总面积约 2,534 平方公里，其中山区 1,414 平方公里，占全县面积的 55.83%，丘陵 929 平方公里，占 36.68%，平原仅有 190 平方公里，占 7.49%，属我国政府划分的老、少、穷、旱地区。1988 年被河北省定为重点贫困县，1994 年被列入国家实施“八一”扶贫攻坚计划重点扶持的国定贫困县，2001 年再次被列为省级贫困重点扶贫开发县。2010 年易县人均 GDP 为 12,165 元，城镇居民人均可支配收入为 12,622 元，农民人均纯收入为 3,678 元，全县各项存款余额 81.1 亿元，贷款余额 26.8 亿元。[①]

易县扶贫社，是在中国社会科学院农村发展研究所、美国福特基金会和地方政府支持下，于 1993 年 10 月在易县民政局注册成立的民间社团组织，是最早以民间组织形式运作、借鉴孟加拉乡村银行模式在全国开创小额信贷扶贫试验的单位。易县扶贫社旨在借鉴国际先进扶贫经验，并结合易县农村的实际情况，向广大农村贫困户提供小额信贷服务，使广大贫困农户能够直接和持续的获得稳定性的生产经营性资金，最终实现脱贫致富。目前，合作社共有员工 37 人，其中信贷员 20 人，共设有分支机构 6 个，业务覆盖易县 22 个乡镇。截止到 2011 年 12 月 31 日，易县扶贫社的贷款余额为 2,839.3 万元，有效客户 5,093 人，平均单笔贷款额约为 5,575 元，其中单笔最高贷款额为 10 万元。

11. 富平临县基金（以下简称临县富平）

山西省吕梁市临县地处黄河中游晋西黄土高原吕梁山西侧，境内山峦起伏，沟壑纵横、98% 的国土面积属干旱贫脊山区，自然条件十分恶劣、基础设施落后、自我发展能力先天不足。截止至 2010 年 1 月，临县总人口 62.17 万人，其中农业人口 56.84 万人，占总人口的 91.43%，2009 年贫困发生率 72%。[②] 临县农村也存在小额信贷金融服务供给不足问题，这归因于：第一，临县金融机构的信贷投放量低。截止 2009 年 11 月，全县金融机构各项存款余额 425,103 万元，金融机构各项贷款余额 100,648 万元，贷款余额不足存款

① “保定市易县 2011 年政府工作报告”，http：//www. bdajb. gov. cn/chinfo/user/list. asp? small_id = 30&page = 2

② 数据统计截止至 2009 年。

余额的1/4，且主要集中在几家国有企业和部分龙头企业，个别银行贷款发放余额甚至为零。例如，截止2008年底，工行临县支行各项存款余额7.61亿元，较年初净增2.47亿元，但各项贷款余额为9,900万元，较年初仅增加4,500万元，存贷比为13%，这意味着87%的存款没有用于本地金融服务。第二，从机构网点分布来看，针对农户提供服务的金融机构非常少。临县现有工行临县支行（分支机构2家）、农行临县支行（分支机构2家）、农发行临县支行、信用合作社（分支机构35个）、邮政储蓄银行、扶贫互助合作社6家[①]，湍水头富平小额贷款基金项目。除了信用合作社、扶贫互助合作社和湍水头富平小额贷款基金项目，其他金融机构均集中在县城，真正为广大农户服务的金融机构甚少，金融机构网点覆盖率很低。第三，农村信贷业务发展十分缓慢，信贷供给明显不足，与农村信贷需求差距甚大。截止2006年底，临县农信社评定信用乡、镇3个，仅占乡、镇总数的13%，评定信用村176个，仅占总数的27.8%，评定信用户61,210户，占全县148,385户总数的41%，小额信用贷款户达到28,840户，仅占总数的19.4%，累计投放小额信用贷款21,895万元。6个扶贫互助合作社仅覆盖6个村，截止至2008年底累计发放借款155.6万元，扶持农户286户。湍水头除了临县富平项目，还有农信社、邮政储蓄、高利贷提供农户贷款。农信社贷款需要抵押和担保，还需要入股，形成较高的贷款成本。有村民说："信用社利息是7—9厘，算上乱七八糟的回扣、送礼，成本会很高，还需要抵押和担保，担保人最好是老师，老师工资由信用社发，他们可以随时抵扣。"此外，如果村民从信用社贷款1,000元，却只能拿到900元左右，剩下100元被扣除，归入农信社作为村民的股金。村民说"农信社很久没有分红，这两年他们正把外面零散的股本金收购回去。"而邮政储蓄2009年从湍水头撤出，不再向当地发放贷款，还带走200万存款。由于农户贷款需求强烈，而在正规的金融机构获得贷款困难情况下，湍水头当地私人之间的借贷比较频繁，其中有息借贷利息介于月息2%至5%[②]。

---

① 为了提高扶贫资金的使用效率，实现输血性扶贫到造血性扶贫的转变，提高贫困农村自我发展、持续发展的能力，国务院扶贫办和财政部于2006年起，在山西省吕梁市临县6个乡（镇）的6个行政村（具体为：丛罗峪镇堡子峪村、玉坪乡玉荐村、兔坂镇周家焉村、白文镇张家湾村、碛口镇白家山村和城庄镇城庄村），开展了"贫困村村级发展互助资金"试点，每个试点村成立一个扶贫互助合作社，由中央财政安排专项资金15万元作为启动资金，对本村农户发放小额信贷，实行"民有、民管、民借、民用、民还"的管理办法，以小额贷款的方式发放贷款。

② 谢云山，《我国小额信贷组织的现状与出路——以山西省临县湍水头镇扶贫基金会为例》，《中国金融》，2005年第24期。

湍水头富平小额贷款基金项目是我国较早的小额贷款实践。为了实现扶贫资金的良性循环，经济学家茅于轼先生于1993年9月10日出资500元，在临县湍水头镇龙水头村设立了“龙水头村扶贫基金会”，通过吸收各界捐赠资金对农民提供小额信贷服务，帮助农民改善生活和发展生产。2001年9月15日，在借鉴龙水头村基金会经验的基础上，茅于轼先生及汤敏、丁晋川又在湍水头镇湍水头村和小寨上村发起成立了“湍水头村扶贫基金会”和“小寨上村扶贫基金会”。2005年6月，三个“基金会”转到北京富平学校①小额贷款事业部（又称富平微型金融发展中心）管理。2008年11月，原三村组织合并，统一名称为“湍水头富平小额贷款基金”（以下简称临县富平），服务范围由2008年的6个村扩大到全镇所有的村庄，统一为全镇集中办理借款的发放业务。管理上以分片经营为主。

12. 我开（Wokai）

我开②的创始人魏可欣和孟康妮是两位致力于通过P2P（人对人）小额信贷模式帮助中国扶贫的美国女孩。魏可欣，来自美国旧金山，2006年以优异的成绩从经济金融系毕业后，来到中国进行考察，并决定在中国做公益事业。孟康妮，这名学信贷专业的女孩来自芝加哥，当时已经在中国做了3年的小额信贷工作。同样的背景和志趣让她们越走越近，她们在周游中国农村的旅途中，目睹了成千上万中国农民窘迫的生活现实——极端贫困，缺乏机遇。她们认为，要想真正帮助那些偏远地区的贫困农民，最好的办法不是捐款捐物，而是“授人以渔”——为其提供起步资金，让他们自力更生去创业。她们决定用她们的热情和所学的金融知识，采用P2P小额信贷模式，投身于中国的扶贫事业。2007年6月，她们筹集了30,000美元创立了“我开”（wokai）。“我开”的含义是：“我开创（企业）”，是指我开通过小额贷款为贫困农民提供创业机会。

我开是一家美国501（c）3形式的非营利性机构，通过工商注册设立中国代表处，是中国第一家为捐赠人与贷款者（P2P，人对人）搭建信息交流平台，进而使农户和贫困农户获得小额信贷产品的公益组织。小额信贷的关键是资金，我开搭建该平台的一大功能是筹措资金，另一大功能是为捐赠者提供足够翔实的信息。目前我开的大部分资金来源（捐赠者）主要来自海外，2007年6月，魏可欣在美国奥克兰注册了501（c）3形式的非营利性机构美

① 富平学校成立于2002年，是一家正式注册于民政部门的致力于扶贫和可持续发展的本土非营利机构，由著名学者，企业家和发展工作者茅于轼、汤敏等创办。

② http://gongyi.ifeng.com/news/detail_2012_05/09/14410691_0.shtml

国我开有限公司，并于2008年6月12日在北京工商局登记设立了美国我开有限公司北京代表处。我开在香港也注册了一个分支机构，2011年，我开与中国人口福利基金会（CPWF）签署了一项合作伙伴关系协议，成立我开基金，便于在中国开展募捐。美国、中国大陆和香港三个国家和地区的捐款都可以用于免税。我开是一个线上P2P平台，通过开设网站便于来自世界各地的人们为生活在中国农村的贫困农民提供捐赠。我开以捐赠的方式通过与当地合作伙伴进行合作，为农户发放小额信贷。资助者可以上网选择一个申请贷款者进行捐赠，我开与当地的合作伙伴会及时更新获得贷款者的情况。合作伙伴将获赠资金贷给申请贷款者，并依据本机构的方式和我开的要求，收集贷款户分期还款和监控各项业务的进度。我开在中国与内蒙古赤峰召乌达妇女发展协会（简称赤峰协会）和四川仪陇县乡村发展协会（简称仪陇协会）建立了合作伙伴关系，它们的主要角色是提供贷款者动态信息、将获赠资金贷给农户。遗憾的是，2012年5月9日《公益时报》报道，我开宣布结束各项业务。

13. 中国小额信贷联盟（China Association of Microfinance，以下简称CAM）

CAM，最初名为“中国小额信贷发展促进网络”，成立于2005年11月，酝酿于2004年，是我国第一个小额信贷行业协会。成立公益性小额信贷机构间的行业组织，与当时国内公益性小额信贷机构的发展状况、国际小额信贷发展背景、我国相关的政策法规、学者的建议及业内的舆论等息息相关。当时国内公益性小额信贷机构处于自生自灭，逐渐衰退的状态，国际援助机构/项目陆续撤出中国，留下的小额信贷机构/项目面临严峻的资金和技术压力；同时，中国政府不重视公益性小额信贷的发展，政策不完善，也缺乏相应的制度性支持。在这种背景下，CAM应运而生。CAM的使命是推动公益性小额信贷行业发展，促进行业自律，倡导政府给予相应的政策支持。其提供的服务主要包括政策倡导、信息交流、技术培训与支持、行业自律和筹资服务五大方面。

14. 中国小额信贷机构联席会（China Microfinance Institute Association，以下简称联席会）

在农村金融体制改革的政策背景下，2008年5月银监会和人民银行出台《关于小额贷款试点的指导意见》，之后，全国各地热情高涨，小额贷款公司试点工作进展顺利。随后，开始在全国范围内推广小额贷款公司。截止至2011年底，全国小额贷款公司超过4,000家，商业性小额贷款公司急剧增加，发展异常迅猛。商业性小额贷款公司在迅速发展的同时也面临着宏观层面法律、法规政策的诸多限制，特别是在国家层面没有统一的主管单位，很难从整体上规范商业性小额贷款公司，同时，也缺乏从整体上为小额贷款公司发展而进行政策倡议，并在各小额贷款公司之间发挥网络和协调功能的组织。各省在商业性小额贷款公司出现的同时，陆陆续续成立了地方性小额贷款协会，它们为本省小额贷款公司的自身发展及外部环境的建构扮演了一定的角色。在这种情况下，需要全国范围内的组织，如全国性行业协会以非官方的形式统筹相关工作。2011 年 1 月 6 日，在北京香格里拉饭店召开“首届中国小额信贷机构联席会高峰论坛暨《2010 中国小额信贷蓝皮书》、《2010 中国小额信贷机构竞争力发展报告》发布会”，宣布联席会揭幕成立。

15. 山西省永济市推进办公室（以下简称“永济市领导组”）

根据永济市人民政府《永政办发［2009］142 号文件》，永济市推进小额贷款公司试点工作领导组（以下简称“永济市领导组”）于 2009 年 9 月 21 日成立。永济市第一家小额贷款公司——永济市富平小额贷款有限责任公司（以下简称永济富平）于 2009 年 5 月 18 日成立，成立时间先于领导组。永济富平是北京富平学校发起设立的北京富平社会投资有限责任公司作为主要投资人注册成立的，注册资本 3,000 万元，以小额贷款公司的形式开展大规模的小额贷款业务，规模化的为永济农村经济发展提供农户小额贷款服务。永济市政府为了进一步加快金融体制改革和创新步伐，切实做好小额贷款公司试点和管理工作，决定成立永济市推进小额贷款公司试点工作领导组作为本地小额贷款公司的主管部门，建立联席会议制度，统筹安排小额贷款公司试点实施和推广工作，协调处理试点工作中出现的各类问题。

16. 四川省南充市金融办

南充市政府一直非常重视小额贷款公司的发展，并给予了相应的帮助和配合。2008 年，四川省发出了扩大小额贷款公司试点工作的通知后，2009 年初，南充市政府便向四川省提交了一份《南充市扩大小额贷款公司试点工作方案》，积极推动南充地区小额贷款公司的发展。南充市政府希望通过支持小额贷款公司的发展，起到以下几方面的作用：第一，改善南充地区农村金融服务薄弱的问题。由于中农工建等大型金融机构在县域地区大量撤并分支机构，使得南充市的很多县及以下地区几乎没有这些正规金融机构的分支机构。这些县域，尤其是农村地区，金融服务非常匮乏。第二，缓解一部分金融需求。最近 5 年来，南充经济得到了飞速发展，GDP 每年都保持两位数的增长，吸引了大量资本进入南充投资，各县市都形成了自己的工业园区。经济飞速发展伴随而来的是各县市（包括农村地区）出现大量的资金需求。而南充美兴为个体工商户、农户、小微企业提供的创业资金、发展资金，使得南充市政府看到并坚信小额贷款公司对解决这类群体的资金需求非常有帮助，对填补农村金融服务市场的空白确实具有现实意义。

南充市金融办负责统筹整个南充地区的金融产业发展，与小额贷款公司有关的具体指导、监督、服务等工作由金融办中的地方金融科负责完成。作为政府的一个组成部门，南充金融办主要起行政服务职能，它是整个南充市小额贷款公司的主管部门，负责小额贷款公司设立的报批和行业管理。合规经营和风险防范处置方面，由市金融办与人民银行南充市中心支行、南充银监分局、南充市财政局、南充市工商局等部门合作，一起对小额贷款公司进行监督检查。

17. 浙江省金融办

浙江属中国的发达地区，但是浙江的经济发展面临着诸多困扰，如中小企业融资难问题；民间资本市场混乱，高利贷、高利息等乱象丛生；农村金融服务市场相对欠缺；民营企业面临转型升级压力等。因此，浙江省政府高度重视小额贷款公司的发展，在确保小额贷款公司审慎、有序发展的前提下，希望其能为浙江的经济发展起到一定的积极作用。2008 年以来，浙江省政府陆续出台了各类适合浙江省情况的与小额贷款公司相关的政策法规或政府文件。发展三年多来，得益于富裕的民间资本、活跃的经济主体、适宜的政策引导和较完善的监管体制，浙江省小额贷款公司发展总体健康有序，逐渐找到自己的市场定位，较好地服务了“三农”和小企业，缓解了部分民营企业融资难问题等。

浙江省小额贷款公司的监督管理采用联席会议制度，由浙江省金融办作为省级牵头部门负责全省小额贷款公司试点的审核和管理、考核评价工作，指导和管理小额贷款公司行业协会工作，并会同省工商局、浙江银监局和人行杭州中心支行建立联席会议。联席会议的主要职能为：共同制定试点工作实施意见及相关的管理办法；对市、县（市、区）试点申报方案进行审核；沟通信息，指导县（市、区）政府及相关部门做好监督管理和风险处置工作；有关政策研究。

三、本书篇章结构

需要说明的是，我们最关心的问题是，小额信贷供给者真正使哪些人受益？社会公平如何体现？本项研究中社会公平是通过金融排斥和金融包容两种相对状态来反映。具体来说是指研究对象是否帮助到了低端客户或低收入人群。通过综合考虑判断，分析小额信贷机构、行业协会和政府在服务低端客户或低收入人群方面存在哪些问题，分析需要什么样的行业协会，分析需要什么样的政府，哪些政策相对好或不好，未来需要什么样的国家政策和法律环境，如何针对社会公平的贡献不同的小额信贷机构给予不同的政策支持。

依据上述说明，全书分为六章，主要内容和篇章安排如下：

第一章，主要内容是提出问题，确定研究内容，进行概念梳理，构建理论框架，确定研究方案，交代执行情况和全书的篇章布局。

第二章，主要内容是展示并剖析商业性小额贷款机构对社会公平的贡献如何，内部原因和外部原因是什么。

第三章，主要内容是展示并剖析以企业形式运作的公益性小额信贷机构对社会公平的贡献如何，内部原因和外部原因是什么。

第四章，主要内容是展示并剖析以民间组织形式运作的公益性小额信贷组织对社会公平的贡献如何，内部原因和外部原因是什么。

第五章，主要内容是介绍和借鉴国际上小额信贷领域的相关经验。

第六章，主要内容是总结上述分析，并给出本项研究的对策建议。主要目的是从促进社会公平的视角出发、为中国小额信贷提出对策建议，为迷失的中国小额信贷的发展提供思路。

第二章　商业性小额贷款机构与社会公平

中国的商业性小额贷款机构出现于 2005 年。当年 10 月，中国人民银行决定在山西、四川、贵州、内蒙古、陕西五省区各选择一个县（区）进行小额信贷公司试点。12 月 27 日，“日升隆”和“晋泰源”两家小额贷款公司在山西省平遥县同时挂牌成立，由此揭开了小额贷款公司在我国的发展序幕。至 2006 年 10 月，五省区先后成立了 7 家小额贷款公司，除了上述两家外，还有全力、华地、信昌、大洋汇鑫、融丰。① 2008 年 5 月，人民银行和银监会共同发布了《关于小额贷款公司试点的指导意见》（银监发［2008］23 号）（以下简称 23 号文件），文件指出“小额贷款公司是由自然人，企业法人与其他社会组织投资成立，不吸收公众存款，经营小额贷款业务的有限责任公司或股份有限公司。”23 号文件的出台，赋予了各类资本投资成立小额贷款公司的合法性，小额贷款公司进入了高速发展期。

统计数据显示，截至 2011 年 6 月底，全国小额贷款公司数量突破 3,366 家，与去年 6 月相比增加了 1,426 家。② 据人民银行统计，至 8 月底全国小额贷款公司数量已经达到 3,600 多家，比 6 月底增加了 300 多家。其中，内蒙、辽宁、江苏等民间资本较为活跃的地区发展尤为突出，是全国小额贷款公司数量最多的省份。机构数量前八名的省份数量合计占到全国小贷公司总数的百分之五十③。至 9 月 30 日，全国小额贷款公司达 3,791 家。2011 年 6 月底的 3,366 家小额贷款公司，2011 年上半年累计新增贷款 894 亿元，贷款余额 2,875 亿元，与去年 6 月底的余额 1,248.9 亿元相比，增幅高达 130.18%，连续两年来保持了高速增长的态势。④ 小额贷款公司数量增长状况见图 2－1 所示。

---

① 汪合黔主编，《创新与发展中的小额贷款公司》，北京师范大学出版集团，安徽大学出版社，2010 年，第 39 页。

② 中国小额信贷联席会，http：//www.china－mia.org/html/Article/20110922/783.html

③ 焦瑾璞，“全国小额贷款公司现状及未来发展”，http：//www.guopeiwang.com/Article/7500.html

④ 中国小额信贷联席会，http：//www.china－mia.org/html/Article/20,110922/783.html

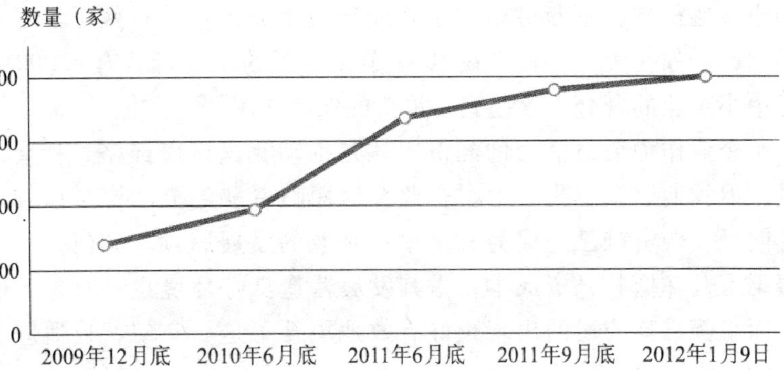

图 2－1　商业性小额贷款公司数量增长情况

人们通常把小额贷款公司的发展历程划分为两个阶段：2005 年 5 月—2008 年 5 月，是小额贷款公司的萌芽阶段，在这个阶段，中国的小额贷款公司经历了从无到有的突破；经过 3 年的探索，第一批试点的 7 家小额贷款公司获得了社会各界的重视，实现了商业化经营的可持续发展，2008 年以后是小额贷款公司的蓬勃发展时期，小额贷款公司试点在全国迅速发展。

国内和国际上普遍认为，微型金融体系应该是全面的、多层次的、多样化的，应该存在以下若干层次的市场参与者：（1）各种小额信贷项目；（2）未受监管的小额信贷公司（低于某一规模）；（3）受监管的小额信贷/小额金融公司（高于某一规模）；（4）主要为微型和小型市场服务的“小额金融银行”（microfinance bank）；（5）信用合作社/信用联盟（credit union）；（6）已发展出小额金融业务线的（downscaled）商业银行或非银行金融机构。除此之外，还应有另一类市场参与者，即服务于整个行业的各类组织（控股公司、投资基金、培训机构、评级机构、咨询公司、IT 服务公司等）①。我国金融体系中出现的新生力量——小额贷款公司，实际上属于上述微型金融体系市场参与者中的第（3）类，即接受非审慎监管的小额信贷/小额金融公司。大量新生的小额贷款公司对完善我国金融体系作出了贡献。小额贷款公司是一种过渡性制度安排和金融增量改革的产物。它的出现和蓬勃发展，缓解了一部分市场中中小企业、微型企业等的金融需求。

“三农”和小微企业融资难是一个世界性难题，在我国，由于体制、政策及市场综合因素的影响，这一问题更为凸显。其实，中小企业融资难问题过去在美、日、韩等发达及其他新兴国家也同样存在，只是这些国家通过大力

① 引自赖金昌先生在公益性小额信贷机构领导人工作坊（2012 年 3 月 15 日）上使用的资料《NGO 小额金融机构的商业可持续转型》。

发展中小金融机构，不断健全中小企业金融服务体系，有效缓解了中小企业融资难问题。如在美国，资产在10亿美元以下的小银行就有7,000多家，这对满足中小企业的资金需求起到了重要的保障作用。[①]

中小企业作为最富活力的经济实体是推动我国国民经济、社会发展的重要力量。但长期以来，我国中小企业普遍面临着缺乏流动资金以及难以产业升级等问题，融资难已经成为我国中小企业的发展瓶颈。如何拓宽中小企业的融资渠道，降低其融资成本，为其发展营造良好环境也一直是政府面临的问题。而小额贷款公司的出现正好有效地填补了这一空缺，也适应了社会经济发展的切实需要。

我国存在实际上的金融垄断，国有大银行占主导地位。在政府政策和地方政府的影响下，加上在金融业监管方面存在的问题，我国国有大的商业银行和全国性的股份制银行，更愿意向国有的大中型企业发放贷款，对支持民营的小微企业和三农兴趣不大。在这种情况下，期望能够针对中小企业提供金融服务的小额贷款公司应运而生。

2006年3月召开的亚太地区小额信贷论坛上，时任中国人民银行副行长吴晓灵指出[②]，2005年中国政府对小额信贷给予更多的关注。其中，关注之一是中国银监会2005年7月发布《银行开展小企业贷款业务指导意见》，通过引导银行业金融机构建立利率风险定价机制、有效的激励约束机制和违约信息通报机制等“六项机制”来推进小企业金融服务。此外，她提到小额信贷组织不会成为农村金融的重要组成部分，但它的确是激活农村金融的催化剂。对于拟议中的小额贷款公司，我们不允许它吸收公众存款，而是只能运用来自有限几个股东的自有资金和来自一个机构的批发性融资开展相关业务，而与资金运用相关的风险，要由小额贷款公司的股东和资金批发机构来承担。这样，即使运作失败，也不会给社会带来外部危害。而一个运作良好的小额贷款公司，将会赢得社会的信任，其融资渠道最终也可望逐步放宽，或为设立某种新的金融机构创造条件。可见，小额贷款公司实质上是解决中小企业融资难的一种举措，是一种过渡性的制度安排。是合理引导民间金融的措施。研究也表明，许多小额贷款公司的演变路径反而偏向了另一个“难题”——

① 汪合黔主编，《创新与发展中的小额贷款公司》，北京师范大学出版集团，安徽大学出版社，2010年，第36页。

② 2006年3月22日，人民银行行长助理易纲先生代表吴晓灵副行长发表演讲，http://www.chinamfi.net/pub/news.asp? ctyp = NEWS&catid = 2369&ctxid = 5129

中小企业融资难。①

小额贷款公司为客户提供的贷款缓解了客户的资金需求，帮助他们解决了生产经营中遇到的资金瓶颈，对其可持续生产经营起到了积极作用，使他们实现了更好的效益，对客户生活和经济状况的改善起到了帮助作用。对其贷款对象起到了一定的积极作用。另外，通过支持中小企业、微型企业和个体工商户，为当地解决了一定的就业问题。商业性小额贷款公司的主要客户是中小企业，这有助于带动就业，缓解就业压力。例如江苏省第一家小额贷款公司——宿迁市宿豫区国际机遇农村小额贷款有限公司，自2009年3月23日开业至2010年11月，运营状况良好，支持了和带动了当地23,000个就业岗位。② 同时，一些公司规定或明确说明不贷款给高污染、高能耗的企业或项目，对客户所从事的行业是否会对环境产生污染有一定考量，如成都瀚华。其市场总监说："对于环境可持续方面，我们是提到非常高的高度来做的。涉及到高污染、高能耗方面的企业，我们要求客户必须能提供环保部门批准的资质。比如牛仔布料加工，涉及到洗染，如果没有排污资质我们坚决不做。另外一些高能耗也不介入，像冶金厂、电镀厂等。理事会没有要求，是公司自然而然的社会责任。对食品企业，要求有QS证，没有这个证不做。"海宁宏达的工作人员说："我们在贷款调查的时候，会有环境方面考虑，如果是不环保的企业，我们不支持。"对环境可持续也有一定的间接贡献。针对性别平等及赋权这一方面，公司通常不关注，也不强调。

《指导意见》规定"小额贷款公司是由自然人、企业法人与其他社会组织投资设立，不吸收公众存款，经营小额贷款业务的有限责任公司或股份有限公司"，这规定了小额贷款公司的公司属性。2009年6月出台《小额信贷公司改制设立村镇银行暂行规定》的答记者问中，银监会负责人认定小额贷款公司为从事放贷业务的商业性机构，属于一般工商企业。注册为小额贷款公司的数量有如此增长速度，是世界上任何一个国家都无法比拟的。目前以每月100多家的增速前行。在国际上，采用"小额信贷"名称的主要定位于公益目的，追求社会价值，即便采用商业模式，也是为了可持续地实现该目的，这样的机构即便盈利，但不是以股东利益最大化，通常以保本微利为原则。而在我国，这些注册为小额贷款公司的机构，除了个别由非营利定位的机构发起成立小额贷款公司外，如四川南充美信、永济富平等，其他均定位于追求股东利益最大化。严格地讲，中国新生的小额贷款公司是金融改革的重大

① 王树春，"小额贷款公司发展的变异"，http://www.doc88.com/p-80092597823.html

② http://www.zgjrw.com/News/20101125/home/457677683900.shtml。

举措，而不是大规模为低端客户提供可及的金融机会、推进社会公平的胜利，也不是国际小额信贷历史使命在中国的良好延续。很多业内人士都会讲这么一个简单明了的道理：同样是做企业贷款，做一个小企业，一年就几十万，而做一个大企业一年就是几千万元的贷款。大企业风险并不比小企业大，而信贷员耗费的精力相同，当然愿意选择做大企业。

某地金融办的一位负责人说，“从目前我们本地的小额贷款公司发展状况来看，我们这里只有一家小贷公司属于《指导意见》期望建立的小贷公司，它真正符合了‘小额、分散、灵活、服务三农’的宗旨，其他都不是。政策初衷并没有实现。当然，现在的小贷公司的确对当地小企业融资有所帮助。过去这些小企业在银行贷款需要担保和抵押，在小贷公司却不用，而且时间较短。”① 简言之，商业性小额贷款公司作为利己性主体，追求利益最大化，大部分提供私人物品性质的贷款产品，仅个别机构提供准公共物品性质的小额信贷产品。

第一节　对社会公平的贡献不足

一、大部分商业性小额贷款公司不服务于低收入人群

从第一批试点的7家小额贷款公司来看，小额贷款公司并没有解决农民贷款难问题。小额贷款公司不会因农户的需求而调整贷款条件，而是设立符合自身利益的贷款条件，将农户排除在外。大部分小额贷款机构定位于服务中小企业，少量服务微型企业、个体工商户、农户等群体，以此与银行形成差异化服务，提高自身竞争力，从而获得丰厚的商业回报。商业性小额贷款机构作为市场活动的参与者和竞争者，通过结合外部市场环境和内部自身优势，瞄准特定的客户群体，并设计和提供适合该目标群体的产品和服务，从而实现准确的市场定位，提高自身的竞争优势，最终获得最大化的利益。此外，市场上对小额贷款公司目前提供的产品需求很大，中小企业信贷资金需求量大，给予小额贷款公司的回报也高，风险相对低，管理成本相对低，在这种情况下，小额贷款公司更多把钱用于中小企业。即便大量做小额产品的小额贷款公司，例如某小额贷款公司2011年贷款余额中，80%的客户是个体

① 引自作者对某地金融办工作人员的访谈记录。

工商户，但2/3的资金量用于中小企业客户。公司针对中小企业客户专门建立了“中间客户部”团队服务于他们。负责人说：“我们这些小额贷款公司都建在城市，怎么可能为贫困人口服务？”

小额贷款公司的贷款对象有一类在城市，以中小企业、微型企业和个体工商业者为主，另一类在农村，以小企业、微型企业和农户为主。其中，城市贷款对象主要包括中型、小型、微型企业（包括大学生创业）和个体工商业者，贷款用于解决流动性资金短缺。农村贷款对象主要包括小微企业，如养殖企业、种植企业和一般农户，贷款用于养殖、种植、日常消费、教育、疾病。2009年6月末，安徽省小额贷款公司的贷款对象主要以中小企业为主，对企业、个体工商户、农户贷款占比分别为48.7%、34.5%、16.6%。而在贷款用途方面，安徽省小额贷款公司农业贷款只占23.2%，非农贷款占76.8%。非农贷款包括工业贷款、商业贷款和服务业贷款。①

被视为服务“三农”的一种重要制度创新的小额贷款公司实际的主要服务对象是中小企业，大部分未为低端客户或低收入人群服务，它们演变为主要针对中小企业贷款的金融机构。据《2010中国小额贷款蓝皮书》统计，截至2009年12月底，全国小额贷款公司企业平均贷款额度高达100万元，农业贷款余额217.44亿元，仅占28.37%，江苏、山西、浙江和河北四省农业贷款余额占比分别为49.2%、29.0%、25.2%和18.9%。②《2011中国小额信贷机构竞争力发展报告》显示，竞争力百强小额贷款公司的贷款对象中，截止2011年10月31日小额贷款公司的贷款余额中，个人贷款、个体工商户贷款及企业贷款占比分别为32.9%、22.5%和44.6%。其中，在企业贷款中，中小型及以上企业占比88.6%，微型企业贷款仅占11.1%，其他组织贷款占0.4%。③

① 中国人民银行小额信贷专题组，《小额信贷通讯》，2009年第4期，第240页。《2009/2010年小额信贷通讯合集》，经济科学出版社，2010年10月。

② 银监发［2007］246号《涉农贷款专项统计制度》中涉农贷款采集的类型包括农、林、牧、渔业贷款情况，农户贷款情况，农村企业及各类组织贷款情况，城市企业及各类组织涉农贷款情况。中央财经大学银行业研究中心主任郭田勇表示，“涉农贷款现在感觉总量很大，只要是县级以下贷款，无论发放给谁，都属于涉农贷款，其实严格意义上不一定都是，这就是统计口径的问题。”一方面是因为《制度》采用全口径涉农贷款统计概念，宽于单一的“三农”贷款统计范围。另一方面，《制度》还将注册地作为涉农贷款划分的主要依据，也容易导致涉农贷款统计规模虚增。即“除地级及以上城市的城市行政区及市辖建制镇之外的区域”的企业及各类组织的所有贷款均归结为“涉农贷款”。（资料来源：http：//bank.jrj.com.cn/2010/04/1601317302571－1.shtml）

③ 中国人民银行研究生部、国培中心，《2011中国小额信贷机构竞争力发展报告》，p29页。该统计数据中某一个统计数据有误，因各项占比总计为100.1%。

我国一些地区小额贷款公司贷款对象偏向中小企业情况见表2－1①。

表2－1　　我国典型地区小额贷款公司贷款对象偏向中小企业情况

地区	服务对象分布情况（例举）
贵州省	从2009年8月截至11月初，仅贵阳市5家小额贷款公司已发放贷款16,302万元，其中57%的资金直接借贷给了市内中小企业。②
内蒙古	作为全国小额贷款公司数量最多、规模最大的省区，2009年上半年内蒙古全区小额贷款公司发放中小企业贷款87亿元。③
山西省	截至2009年底，太原市已开业的9家小额贷款公司累计发放贷款3.81亿元，其中涉农贷款占39%，中小企业贷款占49%。④
重庆市	以重庆41家小额贷款公司中较为成功的瀚华小额贷款公司为例，开业9个月累计发放贷款1.8亿元，中小企业占比达57.14%。⑤
湖南省	湖南省已有17家小额贷款公司正式挂牌营业，已发放的小额贷款中，农户占15%，个体户占53%，中小企业占32%。⑥

某两家公司的目标客户群中，中小企业和个体工商户所占比例分别为84%和65%（见表2－2和表2－3）。

表2－2　　某公司的目标客户群⑦

目标客户	中小企业和个体工商户	种养殖户	弱势群体
平均贷款额度（万元）	85	25	10
平均贷款额度/人均GDP	约12.9倍	约3.8倍	约1.5倍
实际贷款额度（万元）	10—600	1—100	0.5—25
有效贷款笔数	约800笔（约100户个体工商户）	约100笔	约50笔
目标客户数量/总客户数量	84%	11%	5%

① 张正平、梁毅菲、唐倩，《小额贷款公司“偏向”中小企业：争议与辨析》，《经济研究参考》2011年第20期。

② 工新伟，《贵州贵阳市小额贷款公司为中小企业发展添活力》），中国经济网，2009年11月19日。

③ 小额贷款公司难解中小企业融资难题，《中国证券报》2009年10月28日。

④ 司勇，《小额贷款公司助推太原中小企业发展》，载于《山西日报》，2010年4月20日。

⑤ 《小额贷款公司纾困重庆样本》，载于《21世纪经济报道》，2009年7月18日。

⑥ 易博文，《湖南全省已有17家小额贷款公司挂牌营业》，载于《湖南日报》，2010年4月12日。

⑦ 表中数据截止至2011年末，部分数据为被访工作人员口述总结，可能存在微小误差。

续表

目标客户	中小企业和个体工商户	种养殖户	弱势群体
贷款余额（元）	约6.43亿	约4,200万	约1,500万
贷款余额/总贷款余额	91.90%	6%	2.10%

注：中小企业和个体工商户短期实际贷款额度最高达到过2,050万元；“弱势群体”是该公司的叫法。

表2－3　　某公司的目标客户群①

目标客户	中小企业和个体工商户		三农客户		弱势群体
	流动资金需求中小企业	临时贷款需求中小企业	流动资金需求种养殖户	临时贷款需求种养殖户	主要为大学生创业需求
平均贷款额度（万元）	70—80	200	60—70	200	30—50
平均贷款额度与人均GDP比较	约13倍	约35倍	11倍	约35倍	约7倍
实际贷款额度（万元）	10—600	最高1,000	3—1000	600—1,000	8—1,000
有效贷款笔数	300多笔	10多笔	70—80笔	10多笔	70—80笔
客户数量/总客户数量	62%	3%	16%	3%	16%
贷款余额（元）	约3.8亿	约1.2亿	约2,000多万	2,000多万元	约3,000多万
贷款余额/总贷款余额	67%	21%	3%	3%	6%

注：“弱势群体”是该公司的称法。

表2－2和表2－3中可以看出，不论是从贷款笔数还是贷款余额的占比情况来看，它们的主要客户群都为中小企业。前者84%的客户为中小企业和个体工商户，且91.9%的贷款资金发放给了中小企业和个体工商户；后者65%的客户为中小企业和个体工商户，且发放给这类群体的贷款余额占总贷款余额的88%。这两家小额贷款公司中的种养殖户（三农客户）与弱势群体客户仅占较少比例。

某公司的目标客户群中，尽管中小企业只占20%，个体工商户占80%，但是其贷款总金额中2/3发放给了中小企业，资金的主要受益者仍然是中小企业（如图2－2所示）。

虽然23号文件对涉农比例有明确要求，但小额贷款公司实际中仍然没有按要求做到。根据中国人民银行《涉农贷款专项统计制度》对农村区域的界定，农村区域指除地级及以上城市的城市行政区及其市辖制镇之外的地区，

① 表中数据截止至2011年末，部分数据为被访工作人员口述总结，可能存在微小误差。

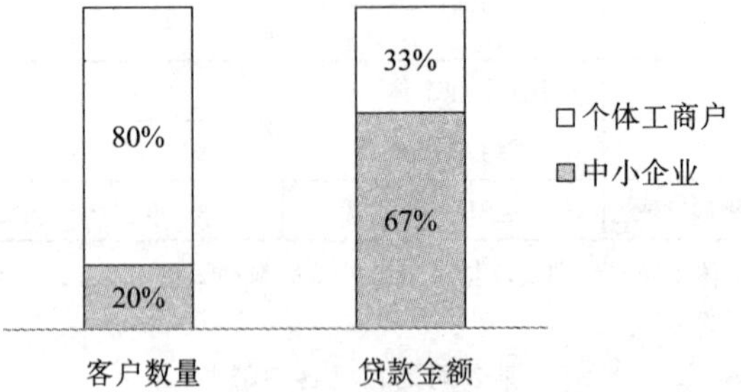

图 2-2 某公司的客户数量与贷款金额的占比情况①

农村区域内金融机构向辖区内农户、各类组织和企业发放的贷款均为涉农贷款。《2011 年小额信贷机构竞争力发展报告》指出，涉农贷款比例是指参评小额贷款公司发放的涉农贷款余额与总贷款余额的比例，该比例越高，说明小额贷款公司的贷款构成中涉农贷款占比较高，其服务越能惠及农村地区。在小额贷款公司竞争力百强名单中的所有公司，涉农贷款比例平均仅为三成多，占 36.75%。② 某公司的工作人员坦白地告诉我们："涉农比例的统计口径有很多种。实打实地说，我们涉农贷款肯定少，因为我们是在城市经营的小额贷款公司。如果要靠的话，涉农比例 60%、70% 都能靠上去。"

商业性小额贷款机构主要提供私人物品性质的贷款产品，服务于中小企业和少量微型企业，金融包容性弱。个别企业出于企业社会责任的考虑提供少量准公共物品性质的小额信贷产品，使得一部分个体工商户、农户，及其他低收入群体得到了金融服务，具有一定的金融包容性。如图 2-3 为商业性小额贷款公司的受益人群及金融包容性状况。

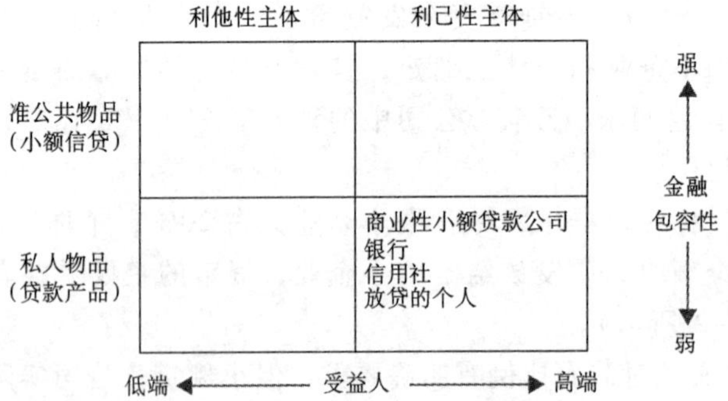

图 2-3 商业性小额贷款公司的受益人群及金融包容性

① 图中数据截至 2011 年年末，数据为被访工作人员口述，可能存在微小误差。

② 中国人民银行研究生部、国培中心，《2011 中国小额信贷机构竞争力发展报告》，p45 页。实地访谈时，一些被访对象认为涉农统计比较模糊，只要贷款用于县级层面，即被认为是涉农贷款。

二、商业性小额贷款公司的产品设置自动排斥低收入人群

（一）贷款额度大，自动排斥低收入人群

我国大部分小额贷款公司并非严格意义上的小额贷款公司，其贷款额度属于大额范围。自小额贷款公司产生之后，“小额”概念遭到了破坏。截止2008年年末，中国人民银行统计数据表明，全国小额贷款公司贷款平均额度主要集中在50万—100万元之间。单笔贷款最高达1,500万元，是由重庆涪陵区金城小额贷款股份有限公司发放的。[①] 南联信小额贷款股份有限公司开业第一天贷出的两笔，一笔是200万元，一笔是500万元。这一额度与我们在国际上看到的“小额”贷款大相径庭。广州2010年小额贷款公司统计结果显示，当年广州小额贷款公司累计投放贷款1,778笔，累计投放金额26.67亿元，平均每笔贷款金额150万元。2009年平均每笔贷款金额为199.27万元。[②] 广西壮族自治区截至2011年2月末，全区各小额贷款公司开业至今发放贷款累计4,297笔，金额累计33亿，平均每笔贷款金额77万元。[③] 2010年浙江全年累计平均每笔贷款额度为118万元，2009年为111万元[④]。龙马兴达小额贷款公司2010年正式挂牌营业，注册资本8亿元，是目前全国最大的小额贷款公司。成立仅3个半月，龙马兴达就向泸州老窖的产业链上下游企业及泸州市的中小企业、个人客户发放贷款共计7.9831亿元，单笔贷款额约为1,600万元。这几乎就是一家小型城市商业银行的贷款规模！[⑤]

即便是不发达地区，小额贷款公司的贷款额度也是大额。某个并不发达地区的五家小额贷款公司的贷款情况如图2-4所示。我们从该地仅有的正在运营的这五家小额贷款公司的贷款额度可以看出，农户、低收入人群不是它们的服务对象。

在实际操作中，小额贷款公司有关“小额”的概念被模糊处理。中国人民银行小额信贷专题组提供的数据显示，截至2008年年末（12月31日），全国小额贷款公司单笔贷款额度在2,000元—1,500万元之间[⑥]，单笔平均额度

---

① 中国人民银行研究生部、国培中心，《2011中国小额信贷机构竞争力发展报告》，45页。实地访谈时，一些被访对象认为涉农统计比较模糊，只要贷款用于县级层面，即被认为是涉农贷款。

② 广州金融，http://www.gzjr.gov.cn/scyx/d6d5d6df8978bd4011af309f4bab308f.htm

③ http://msn.finance.sina.com.cn/cjyw/20110428/152462253.html

④ http://www.lawtime.cn/info/danbao/dydk/2011102148698.html

⑤ 新浪财经，http://finance.sina.com.cn/china/jrxw/20110623/170710037931.shtml

⑥ 中国人民银行小额信贷专题组，《小额信贷通讯》，2009年第1期，第7页，《2009/2010年小额信贷通讯合集》，经济科学出版社，2010年10月。

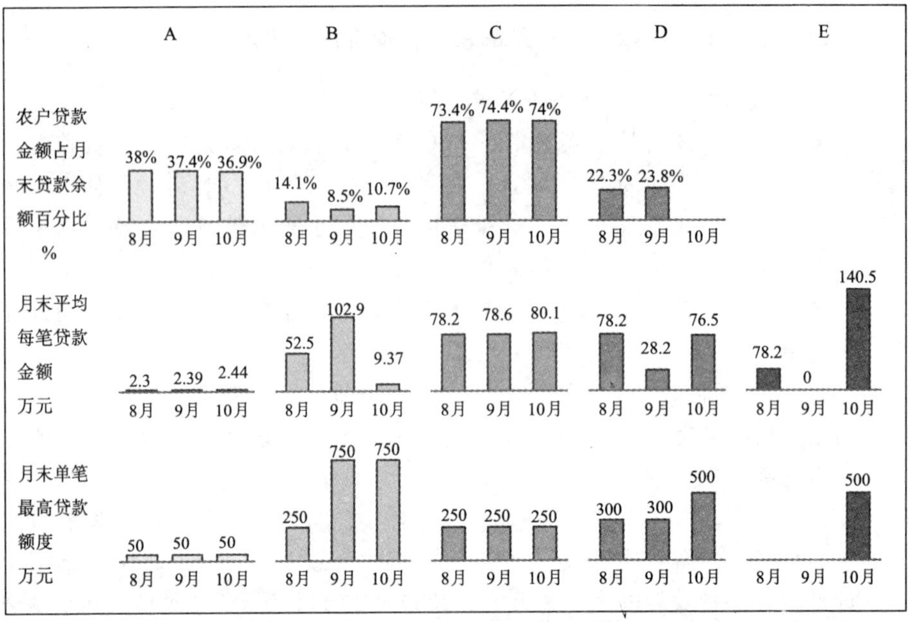

注：1. 当地政府对贷款对象"农户"的贷款情况统计方式为非城镇户口即为农户。据当地小额贷款公司负责人称，有关"三农"的统计并不统一，大家报数据时的口径并非完全一致。上表中 C 小额贷款公司，8—10 月农户贷款金融占月末贷款余额比例在 74% 左右，但是单笔贷款额度却在 78—80 万元之间。2. 其中，E 公司部分数据未知。

图 2-4 2011 年某地五家小额贷款公司三个月贷款统计情况①

最大的为最小的 7,500 倍，两者之间的跨度极其大。据 2010 年上半年统计数据显示，山西全省 84.5% 的贷款都在 50 万元以上，最高单笔贷款达到 2,000 万元。② 浙江省相关部门已对小额贷款公司做了大量的调研工作，2011 年上半年浙江省审计厅对该省 47 家小贷公司开展了专项审计调查，这也是国内省级审计机构首次对小贷公司进行专项审计。结果显示，47 家小贷公司资产总额 164.86 亿元，负债总额 46.3 亿元，资本净额为 118.56 亿元，累计发放贷款 842 亿元、64,888 笔，笔均贷款金额为 129.8 万元。③ 某公司的贷款产品如表 2-4 所示。截止到 2011 年 10 月末，公司在贷客户数为 1,600 多个，平均

① 统计数据由该地金融办提供。

② 上海小额贷款协会，报道同时指出，小贷公司的大额化经营造成贷款偏离支持"三农"方向，也很容易形成风险。http://www.samc.org.cn/news/news_ show.asp? id=485

③ 审计报告表明，虽然小贷公司在治理结构和风险管理等方面存在不足，但整体上小贷公司为中小企业和个人提供了新的融资渠道，发挥了金融"毛细血管"作用，为地方金融创新、民间融资阳光化及抑制非法集资等提供了新思路。http://stock.sohu.com/20111115/n325608813.shtml

每笔贷款额度为30万元左右。截止至2012年2月1日，另一家公司的实际最低贷款额为500元[①]，最高为2,050万元，一般100万元以上都是短期，其平均贷款额度为83万元。截止至2012年2月3日，某公司实际贷款100万元以上贷款30%多，100万元以下贷款60%多，暂时突破浙江省规定100万元以下贷款占比70%的上限[②]，平均每笔贷款额度为120万元左右。

表2-4　某公司的贷款产品

客户类型	贷款额度	贷款条件
中小企业	最高为1,500万元	年销售额或营业额100万元以上
个体工商户	最高为250万元	具有合法有效的个体经营资格，有固定经营场所或生产场地，且持续经营须达1年以上
个人	最高为50万元	年龄25—55周岁之间，在成都或所属分支机构范围内居住或工作1年以上，月工资2,500元以上，信用记录良好

有人认为，中国经济发达，贷款额度当然要提高，发达地区的情况应该特殊处理。然而，新华网广州2010年6月22日电报道，因区域发展、城乡发展不平衡，广东全省当前仍有316万农村贫困人口，占全省农村人口6.14%，高于全国4.6%的贫困发生率。而广州的小额贷款公司主要的服务对象却是中小企业，小额贷款公司不应该忽视这么庞大的农村贫困人口。重庆的贫困发生率为6.3%，2009年重庆市小额贷款公司注册资金周转2.28次，累计发放贷款87.31亿元，其中投放中小企业的贷款占到六成[③]。

结合注册地人均GDP情况来看，小额贷款公司的单笔贷款额度也远远超出小额的范围。《2011年小额信贷机构竞争力发展报告》以平均每笔贷款金额与注册地人均GDP的比例作为小额贷款公司的服务深度指标，统计结果显示，竞争力百强小额贷款公司的贷款深度指标相对较大，最小为1.3，最大的为210.5，平均值为34.8。表2-5是几个省市小额贷款公司每笔贷款的平均额度（2009年的数据），与当地人均GDP 2.5倍的数值相较，远远超出了小额的范围。

---

① 由于浙江商人卡不限金额的特点，一些客户可能会抱着试探的态度借款，因此出现少量类似500元的贷款额度。

② 受浙江省民间借贷危机影响，2011年年底该公司大量收回可能存在风险的贷款。为避免影响收益，收回的贷款再次放款主要选择风险较小的100万元以下大额贷款，因此突破“三七比例”限制。

③ 重庆贷款网，http：//www.3g210.com/2010/0503/604.html

表 2-5 几个省市小额贷款公司的平均单笔贷款金额

省市	小额贷款公司数量	平均单笔贷款金额（万元）	当地人均 GDP（美元）	当地人均 GDP（2.5 倍）[①]（万元人民币）
廊坊	41 家	98.37	10,298.30[②]	17.25
温州	8 家	87.11	6,582.88[③]	11.03
贵州	17 家[④]	63.62	1,350.98	2.23
江苏	75 家[⑤]	自然人： 苏南，35.66 苏中，24.88 苏北，12.97 小企业： 苏南，194.04 苏中，86.79 苏北，64.30	苏南，10,142 苏中，7,005 苏北，498	苏南，17.0 苏中，11.7 苏北，0.83

注：数据截止日期为 2009 年 8 月末。

可以看出，小额贷款公司平均单笔贷款金额一般在几十万元到一两百万元之间，这种额度符合中小企业、少量微型企业、个体工商户和农户等目标服务对象对资金量的需求。一般认为，单笔贷款小于或等于人均 GDP 的 2.5 倍的可称为小额贷款。按照该标准，小额贷款公司发放的贷款不属于小额贷款的范畴。小额贷款公司的设立意在为没有能力提供抵押物、被长期排斥在正规金融服务机构之外的广大农户、个体工商业者、微小企业提供小额信贷服务。[⑥] 然而，小额贷款公司设定的贷款额度范围适合中小企业，少量微型企业、个体工商户和农户需求，自动将低收入人群排除在外。中国扶贫基金会执行副会长兼中和农信董事长何道峰认为，单笔额度超过 5 万元的，就已经不是小额贷款公司了，“在世界范围内，小额贷款公司都是跟低收入人群联系在一起，现在发展到几百万元的规模有些离谱”。“因此，绝大多数的小额金融机构与农民无关，如果控制规模，超过 5 万的贷款额度不叫小贷公司，那

① 美元—人民币汇率以 1：6.7 计。
② 采用 2009 年北京的数据。
③ 采用 2009 年浙江的数据。
④ 指首批开业的 17 家。
⑤ http：//www.17net.net/Article/508/16304.html
⑥ 中国人民银行研究生部、国培中心，《2011 中国小额信贷机构竞争力发展报告》，p47 页。

肯定有很多机构不愿意做。”[①] 央行一位部门领导公布的一组数据显示，全国4,300多家小额贷款公司，抽样调查的结果是，5万元以下的贷款占1.86%，而50万元以上的贷款占到86%。[②]

（二）贷款额度越来越大，进一步远离低收入人群

部分小额贷款公司的贷款额度向大额发展趋势越来越严重。2009年《中国小额信贷蓝皮书》统计，小额贷款公司平均单笔贷款额度为60万元。据银监会的数据显示，2010年小额贷款公司平均单笔贷款额度达120万元。[③] 佛山市金融局给出的统计数据显示，截止2011年10月30日，全市小额贷款公司本年累计发放各项小额贷款共3,700余笔，累计发放贷款超过35亿元，贷款余额约20亿元。从统计情况来看，佛山12家小贷公司的平均单笔贷款额度为120万元。佛山市禅城集成小额贷款公司，截止2011年11月份，发生业务220笔，累计发放贷款总额超过6亿元，平均单笔贷款额度为272.73万元。[④]

王树春以东营地区小额贷款公司为例，研究了定位于“三农”的小额贷款公司是如何变异的。作者发现，小额贷款公司自创办以来，贷款方向发生转移，贷款结构发生转变，中小企业客户增多。在贷款结构中，单笔授信额度低于等于10万的额度在2009年一季度时占比为4.43%，随后各季度占比逐渐减少，至2010年二季度占比只为0.26%。而单笔授信额度超过50万元的额度则呈相反趋势变化，2009年一季度时占比为29.30%，至2010年二季度占比为57.17%。随着贷款方向的转移，三农占比大幅下降。[⑤]

（三）产品设计原则自动将低收入人群排斥在外

大部分小额贷款公司对客户的生产经营年限、年销售额、固定资产等有一定要求，而低收入人群通常达不到该要求，被自动排除在外。例如，某小额贷款公司对申请者的要求为：对中小企业要求，必须持续经营达1年以上，且年销售额或营业额100万元以上，最高贷款额达到1,500万元；对个体工商户要求，具有合法有效的个体经营资格，有固定经营场所或生产场地，且持续经营须达1年以上，最高贷款额达250万元；对个人要求，年龄25—55周岁之间，在机构范围内居住或工作1年以上，月工资2,500元以上，信用记

---

① 小额信贷发展模式未清晰，摇摆于公益与商业之间，http：//www.gdcct.gov.cn/market/macronews/201,106/t20110624_ 511,830.html

② http：//www.brjr.com.cn/thread－84193－1－1.html

③ “21世纪经济报道”，http：//www.21cbh.com/HTML/2011－6－24/2NMDAwMDI0NjQ2NQ_2.html

④ 集成贷款，http：//www.fsjcdk.com/shownews.asp？id＝240

⑤ 王树春，“小额贷款公司发展的变异”，http：//www.doc88.com/p－80092597823.html

录良好，最高贷款额达50万元。而低端客户则很少有固定的经营场所以及达到一定规模的营业额。这样的产品设计一开始便将低端客户排除在外。

此外，小额贷款公司主要采用抵押、担保贷款方式，信用贷款只占很小比例。农村人口一般没有信用记录，低收入人群或/贫困人口又很难找到保证人或者能够补偿的抵押物。这样一来，虽然没有明确排除低端客户或低收入人群的说明，但设计的创新产品全部适用于中小企业，明显不是为低收入人群而设计。这样的产品设计一开始便将低端人群排除在外了。

商业性小额贷款机构中，小额贷款公司主要提供私人物品性质的贷款产品，少量提供准公共物品性质的小额信贷。而其提供的贷款产品通常采用联保、抵押、质押、信用和保证的贷款方式。大部分小额贷款公司以担保贷款为主，信用贷款占一定比例，但比例较小。以安徽省小额贷款公司为例，2009年6月末统计安徽省小额贷款公司共59家挂牌营业，有一家发放的全部贷款为信用贷款（芜湖市长荣小额贷款股份有限公司），信用贷款的小额贷款公司数量占全省小额贷款公司数量只有1.7%。安徽省小额贷款公司信用贷款为3.85亿元，占全部贷款的17.4%，非信用贷款包括抵押贷款、质押贷款和担保贷款，全省小额贷款公司非信用贷款占全部贷款82.6%。贷款方式采用了自然人联保、不动产抵押等多重形式。①

《2011中国小额信贷机构竞争力发展报告》显示，竞争力百强小额贷款公司的信用贷款占比分布为，信用贷款仅为13.21%，质押贷款占比为4.75%，抵押贷款占比为25.59%，保证贷款占比为56.05%（注：合计99.6%，见图2－5）。②

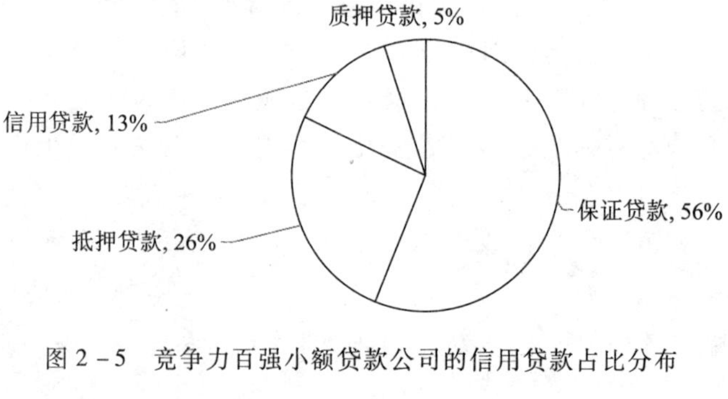

图2－5　竞争力百强小额贷款公司的信用贷款占比分布

① 中国人民银行小额信贷专题组，《小额信贷通讯》，2009年第4期，第240—241页。《2009/2010年小额信贷通讯合集》，经济科学出版社，2010年10月。

② 中国人民银行研究生部、国培中心，《2011中国小额信贷机构竞争力发展报告》，第29页。

三、人力资源激励机制以服务高端客户为导向

到2011年8月底，全国小额贷款公司从业人员接近4万。[①] 小额贷款公司发起人多为当地龙头企业，高级管理人员多数拥有银行从业经验，风险防范意识较强，对内控制度建设较为重视，普遍建立了与贷款风险防范有关的内控制度。中国人民银行上海总部对沪浙闽三地2009年6月30日以前成立的小额贷款公司的调查显示，小额贷款公司56.6%的创始股东具有金融从业经验，94%的主要股东或实际控制人对小额贷款业务有一定了解，96.7%的高级管理人员来自金融机构，其中86.7%来自银行。[②] 但是，其他地区创始股东并不具有金融从业经验，一些小额贷款公司的管理人员同时在创始股东的企业工作，老板说把钱贷给谁就贷给谁。这种情况主要是贷给关联企业。

大部分小额贷款公司信贷员较少，人均管理贷款金额相对较高，人均管理贷款笔数相对较少。中国人民银行合肥中心支行金融研究处对安徽省开展的小额贷款公司试点工作基本情况的调查结果表明，安徽省小额贷款公司人力资源配备以服务"大客户"为主。截止2009年6月末，安徽省共有59家小额贷款公司挂牌营业，员工人数共507人，平均每家公司员工人数不到9人，其中应该包括了总经理、财务主管、信贷员和后台人员。[③] 该项调查进一步指出，小额贷款公司内控机制不完善，其中一个表现是人员少，如全省最大的小额贷款公司，注册资本金1.2亿元，编制6人，实际到位人员只有2人。其次，人员业务素质不高，内部管理难度大，许多业务人员未从事过金融业务，没有经过系统的业务培训。

《2011年小额信贷机构竞争力发展报告》调查结果显示，竞争力百强小额贷款公司的信贷员人均管理贷款笔数为22.7笔，最少的公司信贷员人均仅管理4.50笔贷款，最多的为131.3笔。报告进一步指出，根据国际小额信贷机构的经验，优秀信贷员一般能够管理250—300笔左右的贷款，仅从贷款笔数来看，国内小额贷款公司的员工生产率与国际小额信贷机构还有一定距离，但需要注意的是小额贷款公司的单笔贷款金额要远大于国际小额信贷机构。因此，虽然信贷员管理的贷款笔数较少，但管理的资金总额相对较大。更有

① 焦瑾璞，"全国小额贷款公司现状及未来发展"，http：//www.guopeiwang.com/Article/7500.html

② 邢早忠，《小额贷款公司可持续发展问题研究》，《上海金融》，2009年第11期。

③ 中国人民银行小额信贷专题组，《小额信贷通讯》，2009年第4期，第238页。《2009/2010年小额信贷通讯合集》，经济科学出版社，2010年10月。

甚者，截至2011年10月31日，竞争力百强小额贷款公司的信贷员人均管理贷款金额2,000多万元，达2,831.0万元，最多的达到亿元，为19,079.0万元。①

大多数小额贷款公司的人力资源考核标准是贷款发放量、日均贷余额等。海宁宏达以日均贷款余额为指标进行绩效考核，吴兴万邦以贷款发放量和日均贷款余额为指标。以这些指标进行考核，能保证客户经理持续不断地积极主动寻找大客户，增加自身业绩，最终使公司获得良好的商业利益。多数小额贷款公司营造的公司文化都是以追求利润、实现公司经营效益最优为目标。同时，大部分员工都是为了挣工资或看中公司提供的良好职业发展前景而选择在这些商业性小额贷款机构中工作。帮助、服务底层人群并不是他们进入商业性小额贷款机构工作的动力。

四、营业网点的设置基本远离低收入人群

小额贷款公司大多建立在相对发达的地区，或者建立在城镇，大部分没有向生活在农村的农户开放。一些省份的小额贷款公司分布高度集中，设立在经济相对发达的地区。例如，“云南省小额贷款公司报告（2009年一季度）”指出，小额贷款公司分布高度集中，影响了国家政策效应体现。小额贷款公司试点是国家完善农村金融服务体系，增强农村金融服务功能，支持“三农”，小企业和县域经济发展进行的探索。云南省已成立的8家小额贷款公司，均分布在经济发达的昆明、玉溪两地（云南省16个州市，目前仍有14个州市小额贷款公司属于空白）。这会导致云南省大部分地区特别是经济欠发达的边远民族地区的“三农”和微型企业不能享受到小额贷款公司提供的信贷服务，从一定程度上影响到小额贷款公司这一国家政策效应在云南的更好体现。② 中国农业大学金融系主任何广文教授在2009年中国金融形势分析、预测与展望专家年会暨第五届中国金融（专家）年会上发言时说，“现在新型农村金融机构的发展，如村镇银行、贷款公司，不能够解决农村金融服务的问题，不能解决服务于中低收入群体或者农村领域的弱势群体的问题，我们可以看一下，不管是村镇银行还是贷款公司，都建在什么地方呢？建在经济比较发达的地区或者城市里，或者是经济欠发达地区里的经济发达地区。它能解决在农村领域数量众多的中低收入群或者微小企业的金融需求吗？答案

---

① 中国人民银行研究生部、国培中心，《2011中国小额信贷机构竞争力发展报告》，p37页。

② 中国人民银行小额信贷专题组，《小额信贷通讯》，2009年第1期，第95—96页。《2009/2010年小额信贷通讯合集》，经济科学出版社，2010年10月。

是肯定不能。"我们今天的小额贷款公司也存在上述问题，政府出台政策的初衷是希望小额贷款公司把资金引入农村、回流农村，但事实却大相径庭。[①]

中国扶贫基金会会长、原中央农村工作领导小组办公室主任段应碧先生在2011年1月6日在北京召开的由中国人民银行研究生部指导、中国小额信贷机构联席会主办、国培机构承办的"首届中国小额信贷机构联席会高峰论坛暨《2010中国小额信贷蓝皮书》、《2010中国小额信贷机构竞争力发展报告》发布会"上说："但是我们现在的小额贷款公司绝大多数还是在县一层，或者更大的范围内，重点是为中小企业、微型企业提供金融服务。为农户提供金融服务的不是很多。就整体而言，贫困农户贷款难的问题尤为突出。"

第二节　成因分析

商业性小额贷款机构为什么不服务于低收入人群，对社会公平的贡献有限？其中既有内部因素，也有外部政策、行业协会、舆论因素。

一、内部因素

（一）由利己性所决定

商业性小额贷款机构作为利己性主体，其天然属性是追求利益最大化，不会选择服务低收入人群。目前，我国的商业性小额贷款机构包括金融办批准的小额贷款公司和非金融办批准的管理公司、中介服务公司、咨询公司等两类。这些机构成立的动机是一致的，即由出于赚钱目的的个人或企业注册成立小额信贷股份有限公司或有限责任公司。一些小额贷款公司成立前身是担保公司，或者由当地企业入股成立，或者由当地房地产商、餐饮娱乐业商、经营煤矿或其他矿业的老板入股成立。大部分入股者对小额贷款公司并不了解，只是听说赚钱，可以把资金投到小额贷款公司试试。这种以赚钱为目的，追求利益最大化的小额贷款公司占绝大多数。

这些小额贷款公司均经过金融办或当地分管小额贷款公司的政府部门批准后，在工商局注册为小额贷款公司。它们中有一部分是由地下金融转化而来。某地五家小额贷款公司成立背景及三个月贷款统计情况如表2－6所示。

---

① 同上，第99页。

表 2-6　2011 年某地五家小额贷款公司成立背景及三个月贷款统计情况

公司名称	成立背景	10 月末单笔最高贷款额度（元）	贷款对象
A	外资	50 万	当地个体工商户或微型企业
B	房地产商	750 万	关系企业
C	煤矿经营者	250 万	关系企业
D	房地产商	500 万	关系企业
E	房地产商、餐饮、娱乐业商	500 万	关系企业

成都瀚华、海宁宏达和吴兴万邦成立的目的是希望通过市场细分，与银行形成差异化的服务，增强自身的商业竞争力，占据一定市场份额，获取商业回报。宜信尽管运营方式和公司类型略有不同，但是其目的是一致的，股东是为了获得商业回报才出资。宜信并不属于 23 号文件规定下的“小额贷款公司”，它采用 P2P 方式从事信贷中介服务，本身并不直接经营发放贷款等金融业务，而是为借款人和出借人牵线搭桥，提供中介服务。大部分公司未来都希望扩大经营规模、经营效益、扩大行业影响力，针对小额信贷公益功能的发挥并没有特别关注和强调。翰华担保旗下共有 4 家小额贷款公司，分别设在成都、重庆、沈阳和天津。第 5 家准备在南宁设立，已经拿到批文，正在筹建。期望在行业内不断扩大影响力，成为提供金融服务的典范。

海宁宏达除了希望维持目前运营状况，稳步扩大经营规模和效益之外，还期望能转制成为村镇银行。海宁宏达对全公司和全体员工的要求是按照政策规范经营，希望能满足政策规定的条件，抓住未来的政策机遇，转制为村镇银行。同处浙江省的吴兴万邦与海宁宏达类似，也希望公司扩大经营规模和效益的同时，将来能转制成为村镇银行。

以 P2P 方式运作，从事小额信贷中介服务的宜信集团也不例外。目前，宜信已在北京、上海、广州、深圳等全国 30 多个大中型城市建立了分支机构，员工多达数千人。相关报道显示，宜信目前的月贷款成交额已经超过 1 亿元。下一步在保证这些网点业务继续增长的情况下，宜信将加大力度深入中小型城市，形成覆盖全国一、二、三线各级城市的覆盖面更广的全国性服务网络。

当然，小额贷款公司这种追逐利益最大化的动机是合理合法的。23 号文件中有关小额贷款公司性质的规定为：“小额贷款公司是企业法人，有独立的法人财产、享有法人财产权……小额贷款公司股东依法享有资产收益、参与重大决策和选择管理者等权利……小额贷款公司应执行国家金融方针和政策，在法律、法规规定的范围内开展业务，自主经营，自负盈亏，自我约束，自担风险，其合法的经营活动受法律保护，不受任何单位和个人的干涉。”除此之外，《中华人民共和国公司法》（以下简称《公司法》）也明确规定“公司是企业法人，有独立的法人财产，享有法人财产权……公司股东依法享有资产收益、参与重大决策和选择管理者等权利……公司的合法权益受法律保护，不受侵犯。”23号文件和《公司法》从法律上明确了小额贷款公司可以是追求利益最大化的企业法人，入股者享有资产收益等权利，其合法经营活动受法律保护。因此，小额贷款公司出于追逐利益目的而设立，吸引逐利性资金，确保股东权益，是合理合法、顺理成章的事情。

（二）由所有权及股东意志所决定

商业性小额贷款公司的所有权归个人或企业所有，小额贷款公司的所有者为股东，即出资人，股东享有的权利和义务与其所持股份的比例成正比。所有者意志决定商业性小额贷款机构的发展目标、定位和方向。大多数小额贷款公司的股东都有较为雄厚的资金实力，如海宁宏达和吴兴万邦，其股东均为当地上市民营企业；宜信引入了国际几大知名投资银行。除了以追求商业回报为主要目的外，部分小额贷款公司同时希望将来能转制为村镇银行获得更大的利益。宜信引入几大投资银行，表明它们所追求的是在中国小额金融市场获取商业利润。

成都翰华由3个股东出资成立，其中大股东为翰华担保（股权占比＞75%），另外2个股东为自然人（股权占比＜25%）。翰华担保一直以来定位于服务中小企业，为它们解决融资难及短期资金需求问题。2008年5月，中国人民银行和银监会联合下发《关于小额贷款公司试点的指导意见》后，瀚华担保抓住政策机遇，由其控股成立了成都瀚华，开展针对中小企业和个体工商户的小额贷款业务。

海宁宏达的大股东和主发起人为宏达控股集团有限公司。海宁宏达由12个企业股东和3个自然人股东共同出资成立，其中大股东为宏达高科控股股份有限公司（以下简称宏达控股）（股权占比20%）。宏达控股集团成立于2005年12月，是当地的骨干民营企业，以宏达高科控股股份有限公司、宏达教育集团、同济大学浙江学院、中国家纺城、宏源房产、宏盛投资、宏达小额贷款等10多家子公司为核心，涉及民办教育、市场（房产）开发、经贸投资、金融、标准厂房等领域，是经国家工商总局核准的综合型集团，资产总值35亿元。核心企业宏达高科控股股份有限公司前身为浙江宏达经编股份有限公司，始创于1985年。2007年8月在深圳证券交易所挂牌交易上市，成为中国经编行业首家上市公司。2010 年 8 月实施并购重组（经国家工商总局核准），更名为宏达高科控股股份有限公司。

吴兴万邦公司大股东和主发起人为美欣达集团有限公司。吴兴万邦由 7 个法人股东和 8 个自然人股东共同出资成立，其中最大股东和主发起人为美欣达集团有限公司（简称美欣达）（股权占比 30%）。占比达 10% 的法人股东为大港纺织集团有限公司（简称大港）和浙江大东吴集团（简称大东吴）。其他企业股东分别为浙江金冶实业有限公司（简称金冶）、浙江飞剑控股有限公司（简称飞剑）、浙江家业控股集团有限公司（简称家业）、湖州中瑞税务师事务所有限公司（简称中瑞）。吴兴万邦的股东均为当地的骨干民营企业。美欣达集团创始于 1993 年 6 月，从一家小型民营企业起步，历经十六年创新创业，逐步发展壮大成为科技型、品牌型、集约型的较大规模民营企业集团，是上市公司，实力较强。主要从事纺织印染、环保能源、房地产开发、医药化工等产业的生产经营和新兴产业的投资发展。集团公司下属核心层一级子公司 4 家，二级子公司 20 家，紧密层投资参股企业 4 家。大港纺织集团有限公司位于湖州市吴兴区织里镇，成立于 1994 年 8 月，是集工、商、贸、房地产开发于一体的跨行业集团。集团公司下属十五家企业，公司总资产 10 亿元，其董事长朱新康是湖州市三位全国人大代表之一。吴兴万邦通过签订内部代持股协议的形式实现全员持股，由一位员工代全体员工持股（总股权占比达 10%），代理持股人作为 8 个自然人股东之一。

宜信引入风险投资机构作为股东。2010 年，引入凯鹏华盈基金（Kleiner Perkins Caufield & Byers），是投资宜信的第一家投资银行。2011 年，又陆续引入了 IDG 资本（IDG Capital Partners）和摩根士丹利（Morgan Stanley）两家投资银行。

股权结构影响小额贷款公司的发展目标、定位、方向。为了防止一家独大，规范经营，控制风险，证监会规定“单一自然人、企业法人、其他社会组织及其关联方持有的股份，不得超过小额贷款公司注册资本总额的 10%”，实际上，这条规定形同虚设，很多公司已将这一比例提高到 30%，甚至 40%，甚至通过委托他人代持从而变相提高持股比例。各省金融办在监管过程中，纷纷做了调整。山东省主发起人持股比例由最初的不超过注册资本总额的 20% 调整为原则上不超过 30%，但坚持股东本地原则，本县（市、区）股东持股比例不低于 60%，原则上不吸收省外股东入股；重庆最大股东或主要发起人及其关联方的持股比例放宽到不超过注册资本总额的 30%。广西、黑龙江、深圳等地均已有条件的允许独资设立小贷公司，但大多数省份仍然保留最大持股比例的限制，业内人士透露，很多企业为了规避限制就委托他人代为持股，大股东们忙于股权转让规避监管，持股比例限制成为了一条虚设的“马奇诺防线”。有些小额贷款公司由一些大的机构出资成立，希望以此进入金融业。有的股东太大，股权不够分散，很难保证小额贷款公司会坚持做小户贷款。[①] 如阿里巴巴集团旗下有两家小额贷款公司，第一家为浙江阿里巴巴小额贷款公司，阿里巴巴集团控股70%，复星集团、银泰集团、万向集团三家浙商各自持股10%。第二家为重庆阿里巴巴小额贷款公司，其股权结构和浙江公司类似。重庆小额贷款公司注册资金2亿元，主要为阿里巴巴B2B及淘宝商户提供贷款。贷款额度可达50万美元。股东数量的减少一定程度强化了持股者的权力。一位小额信贷专家指出，做小额贷款公司，背后目的各种各样。有的上市公司资金充裕，只是想在高涨的民间借贷中分一杯羹，未来信贷宽松之后也许又转做别的；有的则是希望当成一个长期的事业来做，通过成立小贷公司进入金融行业；当然也有房地产、钢铁企业，设立小贷公司服务于上下游企业。什么样的股东决定什么样的小贷公司，小贷公司发展的方向和面对的客户群体，都和股东的考虑有关系。如果股东想赚一桶金就走的话，一定是面对大客户。

（三）由所吸引的资金类型所决定

商业性小额贷款公司所吸引的股东投资、外部融资等均为逐利性资本，为获取商业回报而来。为了满足出资者追逐利润的要求，商业性小额贷款公司不会选择服务收益低的低收入人群。大量逐利性民间资本跃跃欲试想要进入金融领域，小额贷款公司作为允许民间资本进入金融领域的试水之一，只要闸门打开一点，巨大的逐利性民间资本就如洪水般纷纷涌入其中。据媒体报道，目前我国民间资本总量约为30多万亿元。[②] 2011年4月发布的《鄂尔多斯民间资本投资趋势报告》显示，保守估算内蒙古鄂尔多斯汇集在民间金融系统的资金量至少在2,000亿元以上，当地民间金融系统规模已远远超过当地银行存款存量规模。[③] 而在民营经济发达、民间金融活跃的温州，其金融办认为温州民间资本总量超过6,000亿元，且每年以14%速度增加。[④]

从全国的实际情况来看，小额贷款公司的主要资金来源为股东的实收资

---

① 中国人民银行小额信贷专题组，《小额信贷通讯》，2009年第1期，第11页。《2009/2010年小额信贷通讯合集》，经济科学出版社，2010年10月。

② “三十万亿民间资本该向何处流?” http://news.xinhuanet.com/fortune/2011-09/25/c_122084586.htm

③ “民间资本调研显示：民间资金量在2,000亿元以上” http://money.163.com/11/0428/02/72MO9R2I253B0H.html

④ “温州各界热议金融综合改革：民间资本的春天来了，” http://finance.people.com.cn/GB/70846/17529949.html#

本金，少量来自银行融资，捐赠资金非常少，几乎为零。这些资金提供方与小额贷款公司的目的几乎一致，为了获取商业利益。表2-7为商业性小额贷款公司的资金来源情况。无论是经过金融办批准的小额贷款公司，还是未经金融办批准的投资或咨询公司，与资金来源方的关系都是为资金来源方实现资金收益最大化。据统计，截止到2011年9月30日，全国3,791家小额贷款公司的实收资本为2,823.82亿元，贷款余额为3,358.85亿元。虽然有最高融资额不得超过50%的限制，但是来自银行的资金还是能获得的。2010年，浙江省小额贷款公司向银行融资金额显著增长，截至12月底，向银行融资余额88.8亿元，比上年增加166.9%，约占总资本净额的35.5%，比2009年底提高11.5个百分点。截至2010年末，各银行金融机构对浙江省小额贷款公司资金供给分布情况如图2-6。

表2-7 商业性小额贷款公司资金来源情况

是否经金融办批准	注册名称	追求股东利益最大化或社会利益最大化	数量	日常资金来源	与资金来源方的关系
是	小额贷款公司	追求股东利益最大化	大量	个人或企业、银行	为资金来源方实现资金收益最大化
否	投资公司 咨询公司	追求股东利益最大化	少数	个人或企业、银行	为资金来源方实现资金收益最大化

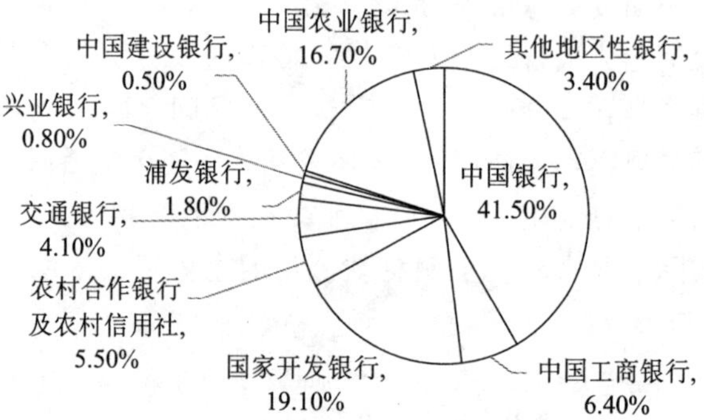

图2-6 各银行金融机构对浙江省小额贷款公司资金供给分布情况

银行是否向小额贷款公司提供资金主要考虑小额贷款公司是否有能力、安全地偿还银行贷款，以保证银行自身利益不受损失的前提下为其带来最大化的商业利益。成都翰华的资金来源包括股东缴纳的资本金和银行融资。成都翰华初始注册资本为1亿元，2010年和2011年分别增资一次后，目前注册资本为3亿元。目前，总共获得了2家银行共1.5亿元融入资金，分别为国家开发银行的1.5亿元和招商银行的5,000万元。目前小额贷款公司的资金来源主要为股东投资和银行融资。成都翰华资金来源方对公司的要求是商业回报，瀚华给予资金来源方的回报是商业利润。翰华担保作为大股东，其投资目的是希望成都翰华通过与银行形成差异化的服务，提升竞争力，从而获得商业回报。而另外两个自然人股东也是因为看好这个行业，相信该新兴行业所蕴藏的机遇，因此将一些富余资金投入进来。无论是大股东还是小股东，实现商业利益是他们对成都瀚华的最根本要求。而国开行和招商银行为成都瀚华提供融资，也完全是追求商业回报的理性经济人行为。在贷款利率上它们并没有对成都瀚华给予优惠，完全按市场化操作。

海宁宏达的资金来源于股东缴纳的资本金和银行融资。海宁宏达初始注册资本为1.6亿元，2010年增资到2.5亿元，2011年增资到4.1亿元。由宏达控股集团作为大股东，抓住民间资本进入金融领域的机遇，涉足金融服务领域，其投资目的是希望海宁宏达通过与银行形成差异化的服务，提升竞争力，从而获得丰厚的商业回报。无论是大股东还是其他股东，实现长远的商业利益是他们对海宁宏达的最根本要求。而银行为海宁宏达提供融资，也完全是追求商业回报的理性经济人行为。在贷款利率上它们并没有对海宁宏达给予优惠，完全按市场化操作。

我们看到小额贷款公司吸引了大量的逐利性资金，包括股东投资、日常资金等。23号文件对小额贷款公司性质、所有者权益及允许其追求利益最大化的明确规定和保护，使得大量逐利性资金瞄准并纷纷涌入小额贷款公司。这些资金来源包括股东投资、日常融资等。它们选择进入小额贷款公司，就是希望通过小额贷款公司为其带去最大化的商业利益。

（四）由治理目标所决定

从小额贷款公司的治理目标来看，商业性小额贷款机构的治理目标是为了保证公司有效运营，最大化地追求商业利益，而公司的决策权通常掌握在以营利为目的股东手中。商业性小额贷款机构的治理情况目前有两种：一种治理结构清晰，分权明确；另一种治理结构模糊，分权不清晰。前者，既能有助于实现股东利益最大化，又符合法律要求；而后者，没有严格按照法律法规的要求，但这样的方式更方便其为股东牟利。这两种情况的决策权都掌握在寻求利益最大化的出资人手中。小额贷款机构采取何种治理方式很大程度上取决于股东及股权结构。

成都瀚华、海宁宏达、吴兴万邦都采用了决策和管理分开的公司治理模式。这种清晰的治理结构，明确了公司股东、管理层及普通员工之间的权责关系，同时一定程度能实现董事会与管理层之间的权力分配和相互制衡，从而保证公司的顺利运行及股东利益的实现。

二、外部因素：政府

科斯的交易费用理论认为，任何经济活动都会产生交易费用。交易成本高可以部分解释为什么正规金融机构不愿意为居住分散、贷款额度小的贫困农户提供信贷服务；同时，贫困农户向正规金融机构申请贷款时又要经历一系列复杂、繁琐、漫长的手续，甚至“支付”贷款时的回扣费用或其他手续费。致使农户宁可向高利贷借款，也不向不一定能贷到款的金融机构申请贷款。然而，一些人认为，市场会自动对需求进行调节，随着中国小额贷款公司的开放，小额贷款公司数量增加后，彼此就存在市场细分与竞争关系，有的会把市场上移，服务高端客户、中小企业；有的会服务低端客户，服务微型企业或个体工商户、一般农户甚至更低收入的家庭或贷款者。这一逻辑听起来很有道理，但事实上并非如此。为农户或低收入人群提供金融服务，成本会增加，利润减少，这是小额贷款公司不会做的事情。再加上，现在中国中小企业、微型企业贷款难问题一直存在，这样的需求足以使小额贷款公司在这样的服务对象身上花功夫，赚足够的钱，他们不会放弃高利，而去追逐低利、微利。

由于准公共物品具有特殊的意义，受“市场失灵”的影响，需要利他性主体政府作为主导者，在准公共物品的供给方面发挥重要作用，弥补市场失灵，保障公民权利，提高资源利用效率，维护社会公平。政府不仅需要运用公权力，通过行政命令等方式发挥一定作用，同时还要作为协调者，协调企业、消费者等各方面的关系，广泛征询意见，满足公众的利益诉求（特别是底层人群的利益诉求），优化资源配置，实现准公共物品的供求平衡。尽管小额信贷的供给主体多元化，但是并不代表政府的责任可以减轻和消失。不仅如此，政府在准公共物品的供给过程中，应该起到主导者作用。这是因为，准公共物品的公共性基本要求及理性经济人的特点，使得在缺乏一定制度约束的情况下，容易导致某些违反公共利益的行为。政府主要提供公共物品，其管理职责在这里可以体现为：一是要为准公共物品的供给者提供制度保障和激励，创造良好的制度环境；二是政府要颁布相关的法律法规，建立有关财政补贴或其他优惠政策规范制度；三是在准公共物品供给过程中，对于可能出现某些负外部性的问题，政府必须进行规范和制约；四是对于准公共物品的消费者，政府要给予他们适度的保护。

（一）政策设置的初衷并未明确要求小额贷款公司服务于底层人群

1. 中央层面有关农村金融服务惠及底层人群的政策实际效果并不理想

中央层面的政策导向体现了促进农村金融服务惠及底层人群。中央层面的小额信贷政策的出发点是，有效配置金融资源，引导资金流向农村和欠发达地区，改善农村地区金融服务，促进农业、农民和农村经济发展，支持社会主义新农村建设，期望引导和发展的方向是能够构建功能完善、分工合理、产权明晰、监管有力的农村金融体系，解决农村和欠发达地区的金融服务供应不足的问题。自 2004 年至 2012 年，每年的中央 1 号文件（2011 年中央 1 号文件《中共中央　国务院关于加快水利改革发展的决定》除外）均提出发展小额信贷，促进三农。2004 年中央 1 号文件《中共中央　国务院关于促进农民增加收入若干政策的意见》提出“通过小额贷款的形式，支持农民和企业购买优良畜禽、繁育良种，通过发展养殖业带动粮食增值”，要求“继续扩大农户小额信用贷款和农户联保贷款”，并“鼓励有条件的地方，在严格监管、有效防范金融风险的前提下，通过吸引社会资本和外资，积极兴办直接为‘三农’服务的多种所有制的金融组织”，中央文件中首次明确提出小额贷款、小额信用贷款和农户联保贷款等金融服务形式。2005 年中央 1 号文件《中共中央　国务院关于进一步加强农村工作提高农业综合生产能力若干政策的意见》提出“有条件的地方，可以探索建立更加贴近农民和农村需要、由自然人或企业发起的小额信贷组织。”2006 年中央 1 号文件《中共中央　国务院关于推进社会主义新农村建设的若干意见》提出“大力培育由自然人、企业法人或社团法人发起的小额贷款组织，有关部门要抓紧制定管理办法”，“对小额信贷组织的登记注册要区别对待，商业性组织要在工商部门注册，公益性组织在民政部门注册，并统一由金融监管部门登记备案。[①]”2007 年中央 1 号文件《中共中央　国务院关于积极发展现代农业扎实推进社会主义新农村建设的若干意见》提出“加快制定农村金融整体改革方案，努力形成商业金融、合作金融、政策性金融和小额贷款组织互为补充、功能齐备的农村金融体系，探索建立多种形式的担保机制，引导金融机构增加对“三农”的信贷投放。”“大力发展农村小额贷款，在贫困地区先行开展发育农村多种所有制金融组织的试点。”2008 年中央 1 号文件《中共中央　国务院关于切实加强农业基础建设进一步促进农业发展农民增收的若干意见》提出“积极培育小额信贷组织，鼓励发展信用贷款和联保贷款。”2009 年中央 1 号文件《中

① “解读中央一号文件：农村改革如何深化”，http：//www. curb. com. cn/pagerd. asp? id_ forum =007154

共中央　国务院关于2009年促进农业稳定发展农民持续增收的若干意见》提出“鼓励和支持金融机构创新农村金融产品和金融服务，大力发展小额信贷和微型金融服务，农村微小型金融组织可通过多种方式从金融机构融入资金。”2010年中央1号文件《中共中央　国务院关于加大统筹城乡发展力度进一步夯实农业农村发展基础的若干意见》提出“积极推广农村小额信用贷款。加快培育村镇银行、贷款公司、农村资金互助社，有序发展小额贷款组织，引导社会资金投资设立适应‘三农’需要的各类新型金融组织。”2012年中央1号文件《中共中央　国务院关于加快推进农业科技创新持续增强农产品供给保障能力的若干意见》提出“继续发展农户小额信贷业务，加大对种养大户、农民专业合作社、县域小型微型企业的信贷投放力度。”

但是，政策设置的初衷尽管体现了金融服务惠及农村底层人群的导向，但没有实质性的进展。从2004年到2012年，针对小额信贷政策，中央一号文件一直持鼓励态度，不断微调政策并在一定程度上有所进步，例如，敦促有关部门抓紧制定办法、规定可以从金融机构融资等，但是却老生常谈，没有实质性的政策进展，甚至有所偏离，并未明确规定小额贷款公司服务底层人群（见表2-8）。

表2-8　　各年度中央1号文件小额信贷政策梳理

年份	文件表述	关键词	说明
2004年	继续扩大农户小额信用贷款和农户联保贷款。 鼓励有条件的地方，在严格监管、有效防范金融风险的前提下，通过吸引社会资本和外资，积极兴办直接为“三农”服务的多种所有制的金融组织。	“小额信用贷款” “多种所有制的金融组织”	针对农户； 仅提到发展小额信用贷款； 虽然提到多种所有制的金融组织，并未直接提到鼓励发展小额信贷组织。
2005年	有条件的地方，可以探索建立更加贴近农民和农村需要、由自然人或企业发起的小额信贷组织	“探索” “自然人或企业发起的小额信贷组织”	提到贴近农民和农村需要 政策首次提到小额信贷组织。
2006年	大力培育由自然人、企业法人或社团法人发起的小额贷款组织，有关部门要抓紧制定管理办法	“大力培育” “自然人、企业法人或社团法人发起的小额贷款组织” “有关部门抓紧制定管理办法”	从“探索”至“大力培育”、敦促有关部门抓紧制定管理办法，体现了政策进步。然而，所谓管理办法直至2008年才最终出台，而且与中央一号文件政策初衷有偏离，成为民间资本进入金融领域的金融改革政策工具。

续表

年份	文件表述	关键词	说明
2007 年	加快制定农村金融整体改革方案，努力形成商业金融、合作金融、政策性金融和小额贷款组织互为补充、功能齐备的农村金融体系，探索建立多种形式的担保机制，引导金融机构增加对“三农”的信贷投放	“整体改革方案” 增加对“三农”的信贷投放	整体改革方案至今没有出台，小额贷款组织的地位尚不明确。 明确信贷投放为“三农”。
2008 年	积极培育小额信贷组织，鼓励发展信用贷款和联保贷款	“积极培育”	仅提出积极培育和鼓励，是一个方向性意见，并未有实质政策进展。
2009 年	鼓励和支持金融机构创新农村金融产品和金融服务，大力发展小额信贷和微型金融服务，农村微小型金融组织可通过多种方式从金融机构融入资金	“大力发展” “农村微小型金融组织” “从金融机构融入资金”	提到农村微小型金融组织，据推测，可能是以此来区别根据 23 号文件注册的商业性小额贷款公司。 明确为小额贷款组织的融资渠道问题打开出路，属于政策进步。
2010 年	积极推广农村小额信用贷款 加快培育村镇银行、贷款公司、农村资金互助社，有序发展小额贷款组织，引导社会资金投资设立适应“三农”需要的各类新型金融组织	“积极推广” “有序发展”	两个关键词体现了中央一号文件对小额贷款组织的政策引导为鼓励和审慎监督。
2011 年	本年度中央一号文件主要涉及水利方面，没有涉及小额信贷内容。		
2012 年	继续发展农户小额信贷业务，加大对种养大户、农民专业合作社、县域小型微型企业的信贷投放力度	“继续发展” “种养大户、农民专业合作社、县域小型微型企业”	对比 2007 年度信贷投放为“三农”的规定，可以看出，中央一号文件在小额信贷组织服务对象规定上显著变化，更偏向“三农”中相对富裕和强势的那部分对象，在扶贫的初衷上有所偏离。

然而，中央层面的小额信贷政策的实施情况并不理想。中央一号文件是指导性意见，在一定程度上反映了当年中央政策导向和财政等资源分配情况，对涉及的相关领域具有巨大的推动作用。然而，由于中央一号文件是指导性意见，需要具体配套政策和资源投入加以落实。具体操作时，中央各部委和相关部门都会进行积极响应，最起码形式上有所行动，“中央的政策性文件指明了中国金融体制改革的方向，为有关部委和地方政府制定小额信贷发展政

策、部门规章和地方性法规确立了指导思想，对小额信贷行业的发展起到了无可替代的推动作用。”① 但是有时实际政策落实效果不一定理想，甚至有所偏离。这是由于两个方面的原因造成的。其一，由于中央一号文件以一般性要求表述为主，几乎没有实施细则，存在各部门利益、地方利益博弈空间。其二，面对复杂的“三农”问题现状，政策执行存在周期问题和政策持续性问题，“差不多需要执行三五年才能看出效果。”② 中央一号文件中涉及小额信贷的内容的执行实际效果主要受到第一个原因的影响。

2. 23 号文件有关小额贷款公司身份的设置，决定了小额贷款公司可以合理合法地以追求企业利益为目标

根据中央一号文件的指导，中国银监会和人民银行 2008 年 5 月公布的《关于小额贷款公司试点的指导意见》，体现了农村金融监管的新趋势。国家对小额贷款公司的定义为小额贷款公司是由自然人、企业法人与其他社会组织投资设立，不吸收公众存款，经营小额贷款业务的有限责任公司或股份有限公司。小额贷款公司是企业法人，有独立的法人财产，享有法人财产权，以全部财产对其债务承担民事责任。小额贷款公司股东依法享有资产收益、参与重大决策和选择管理者等权利，以其认缴的出资额或认购的股份为限对公司承担责任。小额贷款公司应执行国家金融方针和政策，在法律、法规规定的范围内开展业务，自主经营，自负盈亏，自我约束，自担风险，其合法的经营活动受法律保护，不受任何单位和个人的干涉。③

3. 23 号文件有关小额贷款公司的贷款额度要求放任小额贷款公司做大额贷款

小额贷款公司做大额贷款，定位于追求股东利益最大化，这不是公司本身的问题，而是政策误用“小额”一词。新生的小额贷款公司，除了最初公益定位的小额贷款机构转为的小额贷款公司外，大部分小额贷款公司不是国际意义上推动社会公平的小额贷款机构，小额贷款机制在中国的这一实体并没有得到很好的体现。他们更确切地说，是“提供贷款的商业机构”。其原因不在于小额贷款公司，追求商业利益，追求股东利益最大化，是这类机构天然的属性。某些小额贷款公司“贷富不贷穷”，偏离小额贷款的社会意义和社会价值。当然，期待民间资本主动地推动社会公平是不现实的。但是，政府却给了它们一个错误的出生证。可以说，政府使用“小额”概念，允许小额贷款

① 引自《央行开闸小额贷款》，http：//news. mycollect. net/info/70809. html

② http：//roll. sohu. com/20120206/n333880844. shtml

③ 《关于小额贷款公司试点的指导意见》银监发（2008）23 号。

公司发放大额贷款，致使小额信贷的概念在中国被扭曲和异化。相信，这是国际上任何一个国家不想看到的。政府只应该给定位于公益、追求社会目标最大化，而不是股东利益最大化的真正从事小额信贷业务的机构以“小额信贷”或“小额贷款”出生证，允许它们以此命名。某地方负责人说，政府政策中规定小额贷款公司在工商注册，而工商注册本身就是要实现商业利润最大化，小额贷款公司追求商业利益最大化合理合法。中国的小额贷款公司与小额信贷实际上是南辕北辙，同时，政府也没有使真正的小额信贷机构发扬光大，对公益定位的小额信贷机构的忽略，致使其相对热闹的提供贷款的商业机构而言，日渐萎缩。王树春在其研究报告中指出，小额信贷“成本—收益的衡量比较下变异发生”是必然的。[①] 的确，逐利是定位于赢利的小额贷款公司的本性。

小额贷款公司弃“小额”逐“大额”，与政策限定的最高贷款额度、注册资本等设置有关。杜晓山、聂强、张军在“江苏小额贷款公司发展中的经验与问题”一文指出，按照江苏省的界定，苏南50万元以下，苏中30万元以下，苏北20万元以下，均属小额贷款。而在全省范围内，贷款额度偏大是普遍的问题。迄今为止，全省小贷公司的平均贷款额度在每笔80万至100万之间。50万元以上的贷款额度，占了71.0%；苏南更甚之，达到78.6%；苏中次之，达到68.8%。但在目前的监管体系下，由于上报资料完全由小额贷款公司自己把握，部分公司存在将大额度贷款拆分上报的现象，掩盖了部分贷款额度趋大化的问题，故实际的贷款额度问题，可能比表中反映的更为严重。[②]

小额贷款公司实际操作中偏离“小额”原则，除了有小额贷款公司天性趋利的缘故，更多也与政府政策的设置有关。《指导意见》规定，同一借款人的贷款余额不得超过小额贷款公司资本净额的5%。政府在坚持“小额”方面，并没有对其采取严格的限制。甚至，有些地方更放宽了这一规定（见表2-9）。有的公司注册资本上亿元，单笔贷款额度突破500万元，宁夏规定的单笔贷款额度可以达5,000万元。这一规定使注册资本或实收资本高的小额贷款公司合法地提供大额、高额贷款，与小额信贷的小额原则远远偏离。我们从这一规定中可以看出政策对“小额”概念的挫伤。

---

① 王树春，“小额贷款公司发展的变异”，http://www.doc88.com/p-80092597823.html

② 杜晓山、聂强、张军，《农村金融研究》，2010年5月，第36页。

表 2-9　　小额贷款公司注册资本要求

	有限责任公司（万元）		股份有限公司（万元）	
省（市、区）	最低	最高	最低	最高
四　川	10,000	—	10,000	—
北　京	5,000	—	10,000	—
天　津	5,000	20,000	10,000	30,000
河　北	5,000	10,000	8,000	10,000
山　西	5,000	—	10,000	—
浙　江	5,000	20,000	8,000	20,000
福　建	5,000	30,000	10,000	30,000
山　东	5,000	15,000	7,000	15,000
江　苏	3,000	20,000	5,000	20,000
江　西	3,000	20,000	5,000	20,000
湖　北	3,000	—	5,000	—
广　东	3,000	20,000	5,000	20,000
海　南	3,000	—	5,000	—
陕　西	3,000	30,000	6,000	30,000
辽　宁	2,000	20,000	3,000	20,000
上　海	2,000	—	5,000	—
安　徽	2,000	—	4,000	—
河　南	2,000	20,000	4,000	20,000
湖　南	2,000	20,000	3,000	20,000
重　庆	2,000	—	3,000	—
吉　林	1,000	—	2,000	—
黑龙江	1,000	—	2,000	—
云　南	1,000	—	2,000	—
甘　肃	1,000	10,000	2,000	10,000
青　海	1,000	—	2,000	—
宁　夏	1,000	100,000	2,000	100,000
内蒙古	500	—	1,000	—
广　西	500	—	1,000	—
贵　州	500	—	1,000	—
新　疆	500	—	—	1,000

注：有些省份未对小额贷款公司注册资本做特殊限制。

在30个省（市区）中，小额贷款有限责任公司和股份有限公司在宁夏单笔贷款额度可以达到5,000万。白澄宇在回顾中国小额信贷政策时记录了以下事实[①]：

"1996年，陕西、云南等省扶贫办开始在省内推广小额信贷，并取得了很好的效果。1996年后，国家在实施87扶贫攻坚计划时，明确将小额信贷作为扶贫贴息贷款的主要方式，并由中国农业银行负责投放。后因农行缺少基层机构和信贷员，很多贷款难以回收，到2000年基本终止。2003年，联合国开发计划署通过商务部交流中心与人民银行合作，开展了小额信贷政策研究项目。当时负责这个项目的是人行货币政策司司长戴根友先生、曹子娟女士和高玉泽先生。人行发动全国分支机构对当时国内的小额信贷机构、小额信贷项目和有关业务进行了大面积普查，收集了较全面的信息，并建立了一个信息库。同时收集、翻译、整理了大量国际小额信贷的文献，包括有关政策和监管方式的资料。在调研基础上，人行以曹子娟女士名义出版了《中国小额信贷发展报告》，成为国内第一个小额信贷的官方研究报告。这个报告按照国际公认的概念，将小额信贷定义成为贫苦、低收入和微型企业提供的信贷服务。报告高度评价了小额信贷这种金融创新的作用，也提出了国内小额信贷存在的问题，其中主要是不可持续。报告建议政府应出台政策和监管措施，大力推动小额信贷的发展。从2004年开始到2010年，每年中央一号文件都提到要大力发展农村小额信贷和小额信贷组织。2004年后，因人行内部机构调整，人行负责小额信贷研究的人员先后离开了货币政策司，人行研究局开始将小额信贷纳入农村金融政策研究范围之内，并逐渐成为人行负责小额信贷政策的研究和制定部门。世界银行、亚行等国际机构先后与人行研究局开展了一系列小额信贷领域的合作项目。时任人行副行长、负责农村金融工作的吴晓灵女士，责成人行研究局加紧小额信贷政策研究。2005年，在人行推动下，银监会开始着手制定小额贷款公司的试点方案。最初的方案中，小额贷款公司的注册资金为500万元人民币，单笔贷款额不得超过注册资金5%。若按500万算，单笔贷款仅为25万。当时我就提出不同意见，认为这个额度有些高，不符合当时国内的试点经验和国际经验。但为尽快推动政策出台，杜晓山先生和我并未就此进行过多争论。后因某种原因，银监会退出了小额贷款公司试点政策的制定和实施，人行单方面继续加以推动，并于2005年底促成山西平遥第一家小额贷款公司的开业。人民银行、银监会在研究和推动小额贷款公司政策时，并没有把小额信贷仅仅当作扶贫信贷加以研究。当时人行推动小额信贷的大背景是农村金融改革和发展，主要有三个政策目标：（1）促进资金回流农村，促

---

① 摘引自白澄宇，"中国小额信贷的前世今生"，http://www.douban.com/group/topic/18164292/

进服务三农的金融服务；（2）通过机构创新，增加农村金融市场竞争，促使农信社改善管理；（3）最后才是为农户和贫困户提供信贷。这可能是后来小额信贷被泛化的最主要的政策因素。尽管如此，人行研究局在推动小额贷款公司试点初期，还是倾向于将小额信贷定义成为贫困、低收入和微型企业提供的金融服务。这从《小额贷款公司试点指南》中可见其详。该书第三章直接引用了联合国开发计划署扶贫小额信贷的管理制度和会计手册。由于众所周知的原因，人民银行无法单方面出台全国的小额贷款公司试点办法，且不能直接成为小额贷款公司的监管机构，这就造成了小额贷款公司的分散决策状态，各地主要根据自己的理解和利益诉求筹建试点机构，完全漠视了小额信贷真正的概念和方向。虽然2008年人行和银监会终于达成协议，出台了小额贷款公司试点意见，但将监管权下放到了省政府，而各省政府金融监管部门并没有把小额信贷当作一种与扶贫相关的特殊的金融业务，而只是当作一种新的金融机构加以对待。而投资者更是看到这个难得的跻身金融行业的机会，纷纷投资小额贷款公司，很少顾及小额信贷的概念和发展方向，最终造成了如今的混乱局面。这个局面既然已经形成，作为将小额贷款公司当作农信金融改革措施加以推动的人民银行，乐得看见小额贷款公司迅速发展，顺水推舟，将小额信贷泛化为包括中小企业贷款在内的概念。”

小额贷款公司做大客户也是监管框架中的设置造成的。小额贷款公司现在的融资额只能是50%，导致小额贷款公司的资金成本很高。运营成本必须压得低低的，不论是杠杆的作用，要针对大客户是一个合理的选择，因为大部分的小额贷款公司都是做大的，做大的必须有抵押和担保，这样跟银行做的一模一样，这是目前监管框架导致的一个结果”。①

（二）地方政府模糊处理中央政策的调子，鼓励小额贷款公司解决中小企业融资难问题，激活当地经济

中小企业是促进当地经济发展的主力军，对解决当地就业和农村劳动力转移方面发挥着重要的作用。中小企业也成为中国经济中越来越引人瞩目的力量。2010年的数据显示，中小企业占中国企业总数的99%以上，对GDP的贡献超过60%，对税收的贡献超过50%，提供了近70%的进出口贸易额，创造了80%左右的城镇就业岗位。中小企业融资难是个普遍现象。国内金融体制中处于主导地位的仍然是国有金融机构，其主要服务对象是国有大中型企业，专门为小企业服务的中小金融机构绝对数量本来就少，近年来为数很少

① http://news.zgjrw.com/News/2009723/09SpecialReport/774951274100.shtml

的机构“嫌贫爱富”趋势严重。例如，银监会数据显示，截至2007年年底，我国未设金融机构的乡镇为2,686个，仅有一家银行金融机构网点设的是8,901个乡镇，两者共约1.2万个乡镇，即约占全国6万个乡镇总数20%的乡镇得不到充分的金融服务。[①]《经济观察报》的文章指出，“……银监会、央行联合发布的《关于小额贷款公司试点的指导意见》，该文件是继3年前央行旨在解决‘三农’金融供给不足问题，在全国5省（区）推动试点，成立7家小额贷款公司后一次里程碑式的提速。所不同的是，如今的小额贷款公司在信贷从紧的宏观环境下更多地被寄予了解决小企业贷款难的使命。”[②]

数据显示，目前我国的中小企业已达1,060万户，注册登记的个体户约3,000万户，生产性农户2亿户。尽管近年来支持小企业的各类金融机构发展迅速，金融服务供需失衡状况有所缓解，但长期以来，大量的金融服务资源向大企业、大客户集中，中小企业获得金融服务的能力相对被削弱。这在一定程度上制约了中小企业的发展，影响了中小企业社会作用的发挥。[③] 事实上政府也期望民间资本的进入能够帮助解决企业融资难问题。

小额贷款公司在工商注册，但需获得地方政府的批准，批准机构为当地金融办。地方政府往往把小额贷款公司视作为解决当地企业融资难问题的通道，促进民间资金进入金融领域。小额贷款公司经由政府批准的这一制度设计，决定了小额贷款公司受政府利益驱动的影响，成为政府推动当地经济或激活当地经济的工具。

例如，浙江省政府对小额贷款公司的态度，便是希望通过小额贷款公司服务当地中小企业，从而带动当地经济的发展。浙江省政府希望通过：（1）发展小额贷款公司，以补充对小企业和“三农”的资金供给，缓解其融资难问题。民营经济发达，民营企业数量多，一直以来都是浙江省经济发展的特色。截至2011年底，浙江省个体工商户达230万户，民营企业总量达到72万户。虽然浙江省金融机构总体比较完善发达，但是仍不能满足民间创业行为对资金的需求，尤其是小企业和“三农”对资金的需求。对于大型金融机构来说，由于小额贷款业务的经营管理成本较高，它们一般不愿意涉足或专心去做50万元或100万元以下的小额贷款。因此，小企业和“三农”的融资难问题一直无法得到很好地解决。（2）发展小额贷款公司，以帮助中小企业快

① 中国人民银行小额信贷专题组，《小额信贷通讯》，2009年第1期，第9页。《2009/2010年小额信贷通讯合集》，经济科学出版社，2010年10月。

② 同上，第10页。

③ 金融时报，http://www.financialnews.com.cn/zhjj/txt/2011-11/12/content_406545.htm

速发展。浙江省大部分小额贷款公司的股东都来自于民营企业，他们多数经历了创业初期资金匮乏的困境，因此小额贷款公司在资本构成上就先天具有帮扶中小企业发展的能动性。目前，浙江省中小企业正面临转型升级、努力提升综合竞争力的关键时刻，众多小企业通过承受合理的资金成本，获取小额贷款公司的金融支持来维持自身的发展，反过来这些小企业也构成了小额贷款公司成长的土壤。2010 年 1—12 月浙江省小额贷款公司累计向个体工商户、微型企业发放贷款 399 亿元，占全部贷款比例的 34.3%，各地小额贷款公司努力解决中小企业资金困难，积极助推区域经济转型升级，如武义县以山区经济为主，农林产品加工业是当地的支柱产业，武义三美小额贷款公司了解到当地某木业公司由于短期资金周转困难、设备基础薄弱而不得不选择放弃外贸订单的情况后，当天就为公司发放了订单贷款，并提供后续资金帮助企业征地建厂进行技术改造、扩大经营规模。随着企业资产结构的调整，2010 年该企业首次获得银行授信贷款 800 万元，小额贷款公司既扶持了该企业的发展，也为银行培养了优质客户，真正起到了激活、帮扶的作用。新昌三花小额贷款公司针对该县轴承行业的发展需求，通过提供为客户量身定制担保方案、根据资金回笼时间确定贷款期限等个性化服务，在今年的贷款业务中加大了对轴承行业的支持力度，积极为中小轴承企业技术改造、原材料储备、融资周转等提供贷款服务，有力促进了当地中小轴承企业的升级发展。2012 年前 10 月，该公司累计为中小轴承企业发放贷款 24,800 万元，占公司全部放贷量的 44%，比去年同期提高 12 个百分点。① （3）发展小额贷款公司，以加快块状经济向现代产业集群转型升级。浙江省政府提出，未来十年全省要初步建成一批产业竞争能力强、要素利用效率高、创新能力提升快、生态环境建设美的产业集聚区。这需要充分发挥区域金融优势，构建包括小额贷款公司在内的金融支撑体系。浙江省小额贷款公司自成立以来，不断投身于支持产业集群发展的融资体系中，如在舟山普陀海洋产业聚集区，普陀区汇润小额贷款公司 2010 年前 9 个月发放贷款资金 3 亿元，占当地前三季度渔业总产值的 13%；在纺织产业发达的绍兴县，绍兴县汇金小额贷款公司通过加强与政策性担保公司的合作，为 80 多家中小企业发放搭桥贷款 1,100 多笔，累计放贷 20 多亿元；杭州市拱墅区集中了建华五金机电市场、钱江小商品市场等众多专业性市场，市场内个体商户资金需求旺盛，融资困难，拱墅区建华小额贷款公司积极服务市场经营户，开业至今累计发放贷款 248 户，

① 引自《2010 年度浙江省小额贷款公司运行及监管报告》。

19,325.5 万元，其中市场商户（个体工商户）96 户，占比 39%，金额 3,652.5 万元，占比 19%；杭州市滨江区近年来着力打造高新产业发展基地，辖区内东冠小额贷款有限公司每年专门安排 2,000 万贷款资金用于支持创业阶段的高新企业发展，为推动块状经济向现代产业集群升级转型起到了一定的积极作用。(4) 发展小额贷款公司，以促进"创业富民、创新强省"总战略的实施。基于浙江人善于创业的特点，希望小额贷款公司的发展能为普通人创业提供创业资金，帮助老百姓度过创业起始阶段，顺利创业，从而为浙江的经济发展添砖加瓦。(5) 发展小额贷款公司，以促进民间资本阳光化，规范引导无序、盲目的民间融资，抑制民间高利贷、高利息现象。据有关部门测算，目前浙江省的民间资本总量已超过万亿元。一方面民间资本雄厚，另一方面民间融资非常活跃。活跃的民间融资确实一定程度上解决了许多小企业、"三农"，以及创业者对资金的需求。但是由于缺乏有效的监管，民间融资风险大，隐患多，尤其是 2011 年温州民间借贷危机的发生，使得政府和有关监管部门更加关注对民间融资的规范和引导。浙江省政府积极推动小额贷款公司的发展，是看到了小额贷款公司有助于让一部分民间融资阳光化，能为规范和引导民间融资提供一条出路。同时，富裕的民间资本也为组建规模适度的小额贷款公司提供了大量的资金来源。

（三）缺乏有效的引导和监管

1. 小额贷款公司无视政策对三农的要求，与监管不到位直接相关

尽管中央一号文件要求"抓紧时间制定管理办法"，但是小额贷款公司的中央主管单位却始终悬而未决。2005 年 5 月，央行启动"商业性小额贷款公司试点"工作，试点强调在全国统一规定之内，发挥地方政府和民间资本的积极性。此后一年间，山西、陕西、四川、贵州、内蒙古 5 个试点省份先后成立了 7 家商业性小额贷款公司。直至 2008 年 5 月 8 日，央行和银监会联合下发了《关于小额贷款公司试点的指导意见》(下称 23 号文件)，对小额贷款公司的性质、资金来源、资金运用、监督管理和终止等环节进行了规定。"这个指导意见实际上是对 2005 年底人民银行做的小额贷款公司试点的一个官方确认，因为 2005 年央行推小额贷款公司试点时，是单方面推动的，没有得到银监会确认，这些公司就没有合法地位，"白澄宇说。[①] 该指导意见并未在中央层面为小额贷款机构指定统一主管单位，而是将监管权限下放到地方政府，23 号文件中的表述为"凡是省级政府能明确一个主管部门（金融办或相关机

---

① 引自"央行开闸小额贷款"，http://news.mycollect.net/info/70809.html

构）负责对小额贷款公司的监督管理，并愿意承担小额贷款公司风险处置责任的，方可在本省（区、市）的县域范围内开展组建小额贷款公司试点。”民间资本雄厚的浙江省成为首个对23号文件迅速作出反应的省份，2008年7月2日，浙江省人民政府发布《关于开展小额贷款公司试点工作的实施意见》。而有些省份至今没有颁布省级小额贷款公司实施细则。

“人民银行和银监会实质上都不管，目前只有一份23号文件，不足以起到监管作用。有的金融办工作人员就一人，还是兼职。金融办自己也胆小，谁都惹不起，成立小额贷款公司的人一些有背景，哪里敢惹？”某小额贷款公司工作人员说。再者，监管者的心态也不一样。银监会几乎没有什么监管，而金融办监管也采取“粗放”方式。内蒙古金融办主任宋亮说，小贷公司目前不是银行，企业家拿出自己的钱去放贷，承担了巨大的风险，要以保护服务为主，而不是监管为主。对于金融办而言，就是把日常的监管，经常性的、连续性监管变成不连续的监管，不是控制整个过程。比如说不非法吸储，不高息放贷，不暴力收贷……只管几个大的原则和底线。[①]

根据央行的数据统计表，截至2010年末，在全国各地区中，总共有4个地区的小额贷款公司贷款余额超100亿元。其中，江苏省小额贷款公司贷款余额为374.12亿元，浙江省为337.23亿元，内蒙古为212.89亿元，位列前三。该统计表也显示，小额贷款公司数量居全国之首的是内蒙古，共有286家，其从业人员也位居全国第一，有2808位从业人员。而辽宁省与江苏省，小额贷款公司的数量分别为204家和194家。专家分析，像内蒙古等以资源性行业（比如钢铁、化工）为主、产业链比较长的地区，围绕产业链的上下两端中小企业比较多，信贷需求比较旺盛，在通胀的大背景下，资源、原料行业的效益比较好，现金流、还款能力强，很多小额贷款公司愿意对之进行放贷。早在2009年内蒙古自治区甚至向全国介绍其“创新”模式。2009年7月27日，内蒙古自治区金融办透露，为有效解决中小企业融资难问题，促进中小企业快速发展，内蒙古对小额贷款公司业务模式进行了全面创新。自治区金融办以开展小额贷款公司试点为契机，通过重点支持产业集团、物流集团、农牧业产业化龙头企业、大型商会组建小额贷款公司，为其上下游关联中小企业贷款，并利用核心企业的良好信用向银行融入启发资金再进行零售。[②] 民间资本合法化后的一个表现是，在政府的鼓励和支持下，民间资本再

---

① 新浪财经，http://finance.sina.com.cn/china/jrxw/20110623/170710037931.shtml

② 中国人民银行小额信贷专题组，《小额信贷通讯》，2009年第5期，第271页。《2009/2010年小额信贷通讯合集》，经济科学出版社，2010年10月。

次跑到了大集团、大企业手中，低收入人群和贫困人群根本还是摸不着。2009 年，内蒙古自主划定的贫困人口标准为农区人均年收入低于 1,560 元、牧区低于 1,800 元，比国家标准分别高出 360 元和 604 元。2009 年贫困人口 55 万人。截止 2009 年 6 月，内蒙古自治区有小额贷款公司，其中包括一家外资小额贷款公司。注册资本金总和为 140 亿元，注册资本最高为 10 亿元，最低为 2,000 万元，注册资本金亿元以上公司占 30%，5,000 万以上占 90%。内蒙古小额贷款公司累计发放贷款 60 亿元。从贷款投向看，"三农"贷款只占全部贷款余额的 10%，个体工商户和小企业贷款占全部贷款余额的 90%。[①] 该项创新模式与这些贫困人口没有什么直接关联，它与推动社会公平功能的发挥并不直接相关。

另外，"三农"统计口径不同，统计结果出入大。当地政府认为，即便现在的小额贷款公司的定位、产品及服务对象与《指导意见》出台时期望看到的小额贷款公司有所差异，对金融市场发挥了很大的作用，中小型企业融资难成了当地政府头疼的事情，不仅直接影响到经济总量，还影响到就业。政府认为只要小额贷款公司的风险控制好，就是好事。至于这样的公司是否、如何为低收入人群、贫困人群，甚至极端贫困人群提供服务，不是政府现在想的事情。

限定小额贷款公司的业务区域，鼓励发放涉农贷款。根据中国人民银行《涉农贷款专项统计制度》对农村区域的界定，农村区域指除地级及以上城市的城市行政区及其市辖建制镇之外的地区，县域内金融机构向辖区内农户、各类组织和企业发放的贷款均为涉农贷款。为了引导民间资金回流农村和欠发达地区，增加涉农贷款的供给，将小额贷款公司的业务区域限定在县域内，不得跨区域经营。为了明确小额贷款公司面向"三农"发放贷款的责任，北京、陕西、甘肃、宁夏还要求小额贷款公司的三农贷款最低占比不得低于年度累计贷款额的 70%，云南规定的比率为 50%（见表 2－10）。

将小额贷款公司的业务范围限于县域，有利于小额贷款公司发放涉农贷款，支持县域经济发展，但业务范围局限于单一区域，一方面限定了小额贷款公司的市场发展空间，尤其是对于注册资本相对较大的小额贷款公司，必然会对小额贷款公司的可持续经营产生负面影响，同时也使小额贷款公司面临一定的系统性风险。为了克服以上问题，部分省区允许满足一定条件的小额贷款公司开设分支机构，一方面有利于小额贷款公司做大做强，另一方面也可为小额贷款公司的跨区域监管进行探索，为小额贷款公司的监管积累经验。从各省区的政

---

① http：//www. cndca. org. cn/performDuties/participation/suggestion/201102/t20110224 70266. html

策规定来看，开设分支机构的政策主要针对经营管理水平较高、风险控制能力较强、资金实力雄厚的小额贷款公司，相对而言这些公司处理跨区域发展中各种风险的能力较强，能够通过跨区域发展实现自身的更快发展。

表 2－10　各省区对小额贷款公司开设分支机构所设定的条件

省份	业务区域	设定的条件	其他要求
天津	天津市域内	—	—
内蒙古	本盟市内跨旗县	经营小额贷款业务一年以上；公司资本净额不少于5,000万元；最近一年无违法违规经营记录；不良贷款率在5%以内；最近一年盈利；自治区金融办要求的其他条件	对各分支机构拨付不少于1,000万元营运资金；拨付各分支机构营运资金总额不得超过总公司资本净额的50%。
	跨盟市	经营小额贷款业务一年以上；公司资本净额不少于1亿元；最近一年无违法违规经营记录；不良贷款率在5%以内；最近一年盈利；自治区金融办要求的其他条件	
江苏省	本县（市、区）尚未设立农村小贷公司的乡镇	开业1年以上、运行情况良好、资本金规模较大、风险管控严密	苏南地区资本金在5,000万元以上的，每超过3,000万元可增设1个分支机构；苏中地区资本金在3,000万元以上的，每超过2,500万元可增设1个分支机构；苏北地区资本金在2,000万元以上的，每超过1,500万元可增设1个分支机构
海南	全省范围内	—	—
陕西	全省范围内	注册资本金达8,000万元人民币及以上；连续两年盈利、净资产收益率大于5%	—
新疆	全省范围内	经营小额贷款业务一年以上；公司资本净额不少于1亿元；无违法违规经营记录；不良贷款率在5%以内；最近一年盈利；国家及自治区规定的其他条件	对各分支机构拨付营运资金，有限责任公司不得低于500万元，股份有限公司不得低于1,000万元；拨付各分支机构营运资金总额不得超过资本净额的50%

2. 政策对小额贷款公司有最高贷款额度限制，但实际监管、执行并不理想

各地对小额贷款公司在最高贷款额度方面有一定的限制（见表2－11）。

表2－11　各省区小额贷款公司资金运用及合规经营

省份	最高贷款额	小额贷款要求
北京	资本净额的3%	—
天津	资本净额的5%	70%的资金用于50万元以下的小额贷款
河北	资本净额的5%	—
山西	资本净额的5%	—
内蒙古	资本净额的5%	
辽宁	资本净额的5%（集团企业客户20%）	—
吉林	资本净额的5%	—
黑龙江	资本净额的5%（集团企业客户15%）	—
上海	资本净额的5%	50%以上的借款人贷款余额不超过50万元
江苏	资本净额的5%且不超过500万元	—
浙江	资本净额5%	70%的资金用于50万元以下的小额贷款
安徽	资本净额5%	—
福建	资本净额5%	70%的资金用于100万元以下的小额贷款
江西	资本净额5%	70%的资金用于50万元以下的小额贷款
山东	资本净额5%	70%的资金用于50万元以下的小额贷款
河南	资本净额5%	—
湖北	资本净额5%	70%的资金用于50万元以下的小额贷款
湖南	注册资本的5%	单笔贷款不超过注册资本的1%
广东	资本净额的5%且不超过500万元	—
广西	注册资本的5%	—
海南	注册资本的5%	—
重庆	资本净额的5%（集团企业客户15%）	—
四川	20万元	单笔贷款不超过20万元
贵州	资本净额的5%（集团企业客户15%）	—
云南	资本净额的5%且不超过500万元	—
陕西	资本净额1%	单笔贷款不超过30万元
甘肃	资本净额的5%	每户不超过30万元，70%的用于小额贷款
青海	注册资本的5%	—
宁夏	资本净额的1%	—
新疆	资本净额的5%	—

然而，政策虽然限定了小额贷款公司的最大贷款额度，鼓励发放小额贷款，但由于监管不力，实际执行效果并不理想。为了鼓励小额贷款公司面向农户、微小企业发放小额贷款，防止出现贷款集中、大额度贷款的情况，23号文件提出应坚持“小额、分散”的原则，同一借款人的贷款余额不得超过小额贷款公司资本净额的5%。各省区在23号文件的基础上对小额贷款公司的贷款额度进行了明确限制。四川、陕西分别规定了小额贷款公司的最大贷款金额，分别为20万元和30万元；北京、陕西和宁夏分别规定同一借款人贷款余额不得超过小额贷款公司资本净额的3%、1%和1%。按照1亿元的资本净额计算，北京、陕西和宁夏的小额贷款公司的最大贷款金额分别为100万元、100万元和300万元，按照5%的比例计算，则最大贷款金额可达到500万元。天津、浙江、上海、福建、江西、山东、湖北、甘肃等省区还规定了发放小额贷款在全部贷款中所占的最低比例，辽宁、黑龙江、重庆、贵州还规定了单一集团客户授信占资本净额最高比例，分别为20%、15%、15%、15%。各省区希望通过这些政策的规定，限制小额贷款公司发放大额度的贷款和贷款的过度集中。

目前，各省小额贷款公司相关的政策有一些动态变化。例如，山西省为了促进山西省小额贷款公司健康发展，将构建小额贷款公司“四位一体”监管体系。“四位一体”监管体系即由省金融办牵头统筹监管；市小额贷款公司监管机构日常监管；工商、公安、人行等部门按职能要求进行分类监管；小额贷款公司行业协会，自律监管。而其中，金融办为主要的日常监管部门，也有部分省份日常监管由工商部门负责，如浙江省。在实地调研中，我们发现，无论是从监管能力、监管方法、监管专业性，还是到人员配置等方面，各地金融办实际上很难对小额贷款公司起到严格有效的监管作用。例如，南充市的情况，该市小额贷款公司的日常监管由南充市金融办的地方金融科负责，而该科室目前只有1名全职员工（2011年10月份，原科长被调走，截止到我们调研时，新科长还没到位，只有1名科员负责科室的所有工作）。日常的监管手段主要依靠查看小额贷款公司上报的业务报表和资产负债表，还没有运用电子信息系统对全市的小额贷款公司进行联网监管。而小额贷款公司手动上报的数据是否真实反映其经营情况，值得质疑。这种较为简单的监管方式，实际上很难起到对小额贷款公司真实、有效力的监管效果。在贷款额度方面，南充市金融办按照《四川省小额贷款公司管理暂行办法》的规定执行，原则上要求小额贷款公司的资金应用于发放贷款余额不超过20万元的小额贷款，对超过20万元的贷款，只是要求小额贷款公司向市金融办报备。这种报备方式，实际上如同虚设，起不到限制发放“大额”贷款的作用。除此之外，金融办实际的监管权力受到诸多限制，很难有效发挥。我们实地调研的几个省市的金融办中，有工作人员直言道：“我们这里的很多小贷公司都跟市里领导、市政府有关系，就算查出来他们发放的贷款有问题，我们也没有办法严格地处罚他们。”

三、外部因素：行业协会

小额贷款公司在各地陆续出现之后，各地陆续成立了当地的小额贷款公司协会，会员主要是当地商业性小额贷款公司。全国性的小额信贷行业协会目前只有中国小额信贷机构联席会一家，它是代表小额贷款公司利益的会员机构，同时扮演着协调会员与政府之间利益的桥梁作用。无论是各地的小额贷款公司协会，还是全国性的小额贷款公司协会，它们以维护会员利益为目标。这些都决定了各类小额贷款公司的行业协会不会以服务低端客户或低收入人群为导向。再者，任何协会都不具有强制功能，它们不会、也不可能强制其会员服务于低端客户或低收入人群。

（一）全国小额信贷联席会代表追求利益最大化的商业性小额贷款机构的利益

联席会实际是我国商业性小额贷款机构的全国性行业组织。会员主要是追求利润最大化的商业性小额贷款机构，联席会是商业性小额贷款机构的利益代言人。联席会的成立宗旨是在国家法律、法规和相关政策指导下，为全国小额信贷机构搭建“课题研讨、业务交流、联谊协作、考察培训、创新发展、自律维权”服务平台。以打造和发展具有中国特色的小额信贷市场为己任，引导小额信贷行业健康、有序、可持续发展；愿景是发展成为中国小额信贷机构的服务中心、信息中心、学习中心、交流中心和小额信贷机构之家。从现实状况中我们可以看出，“具有中国特色的小额信贷市场”指的是商业性小额贷款市场，从服务对象、贷款额度、贷款抵押担保等各方面实质上偏离了国际上对于小额信贷机构的概念界定，因此联席会定位于服务商业性小额贷款公司是毫无疑问的。联席会主要强调商业性小额贷款公司的规范和可持续发展。

《中国小额信贷机构联席会章程》第7条规定：凡是各省金融办、中小企业局等，及其管辖下的小额贷款公司、小额信贷业务突出的商业银行、小额贷款项目、公益性小额贷款（NGO），或愿意加入本会的专家、学者、研究人员、法人或自然人，自愿加入本会，遵守本会章程，并能按时缴纳会费的，均可成为本会会员。随着联席会影响力增强，联席会对会员入会要求更为严格，有意愿入会的单位必须在合规经营的前提下，由两个会员单位推荐以及当地金融办或主管单位批准才可以加入联席会。未来会采用地方性小额信贷协会整体加入的策略吸收新会员。截止至2012年2月22日，联席会有会员77家，其中常务理事单位47家，理事单位两家，普通会员单位28家。金融办和中小企业局等单位为指导单位。77家会员中至少70家以上为商业性小额贷款公司，另外的几家为从事小额信贷业务的商业银行。会员单位中并无章程中提及的公益性小额贷款（NGO）。

会员对于联席会的认可度很高，很多小额贷款公司积极加入，一方面是因为国家层面没有商业性小额贷款机构的统一主管单位，联席会可以部分承担国家层面政策呼吁以及行业监管的责任。另外一方面，由于联席会具备人民银行研究生部的背景、其会长和秘书长在金融领域具备影响力，商业性小额贷款机构希望借助联席会平台扩大自身影响力，从而促进业绩提升。

（二）全国小额信贷联席会目前并不致力于推动会员服务于低收入人群

联席会只强调商业性小额贷款机构的合规经营和企业的社会责任，并不强调会员组织应服务于低收入人群，追求社会公平。联席会推动贷款标准颁布、小额信贷机构评级、从业人员资格认证等事宜，引导小额贷款公司守法诚信，遵守国家法律法规，提升职业道德，加强自律管理，积极承担社会责任，并及时的向政府有关方面反映商业性小额贷款机构的合理诉求。联席会在《中国小额信贷机构竞争力发展报告》中包含了社会责任的评价指标。2010年度《中国小额信贷机构竞争力发展报告》占据总权重20%的社会责任指标仅规定涉农贷款比例，2011年度《中国小额信贷机构竞争力发展报告》社会责任指标包含了涉农贷款比例和服务深度①。

联席会提出《中国小额信贷行业公约》，引导小额信贷行业健康、有序和可持续发展。建立了以下准则：我们决心是做中国小额信贷行业的先行者和实践者；我们的责任是审慎发展并完善中国小额信贷市场；我们的义务是诚信、自律、规范、可持续经营和发展；我们的目标是运用小额信贷技术和手段帮助弱势群体脱贫致富，践行企业社会责任。关于社会责任，某小额贷款公司负责人说："我国做小额贷款有两种机构，一种是慈善机构，包括NGO那些。一种是商业机构，我们做的这个是完完全全的商业机构，我们是利润最大化的商业机构。我要分开讲社会责任。我们商业机构，当然NGO和慈善机构就先不谈。谈小额贷款商业机构，我们最大的社会责任是什么？就是不贷款给那些不道义的企业、打架闹事的企业、不交税的企业、污染严重的企

① 平均单笔贷款额度/人均GDP。

业、搞黄色的企业，除了这个之外，我们不以黑收贷，不违法乱纪，在这个前提下，我们最大的社会责任就是一定要把公司利润做好，利润最大化，这个是最大的责任。这个好象听起来太残酷，但是为什么这样做？你帮助弱势群体，你别最后先把自己搞成弱势群体了。利润最大化，让你的公司做得非常强壮，在社会上口碑也很好，信誉也很好，这是很重要的。所以，我是这么看待社会责任的，我们一定要把公司做强、做好，做到非常高的利润。[1]”

四、外部因素：舆论导向

（一）大部分舆论倾向于赞扬小额贷款公司缓解了中小企业贷款难问题

自从小额贷款公司出现以来，舆论导向大多从金融改革的角度出发，单一地赞赏小额贷款公司缓解中小企业融资难等贡献，而对小额贷款公司服务三农、小额信贷服务低收入人群方面的舆论引导只字不提或较少提及。对小额信贷服务低收入人群，推动社会公平方面的舆论引导极少，即使有，也力量薄弱，没有引起社会关注。

（二）舆论过于赞扬商业性小额贷款公司的公益行为而冷落公益性小额信贷机构的公益行为

舆论在赞誉个别机构提供小额信贷产品造势的程度以及对商业性机构的青睐令人难以置信，而一直以来真正坚持为低收入人群服务的公益性小额信贷机构所从事的小额信贷，却没有得到如此热忱的待遇。某公司推出一项针对贫困地区农村妇女的公益性小额信贷项目，有 4 名全职人员负责该项目。项目自 2009 年推出以来，贷款总额仅六百多万，公司非公益性项目的月贷款成交额超过 1 亿元，整个公司员工有 8,000 多人。相比之下，该公司的公益投入微不足道。但是，由于报刊杂志到处报道转载公司的公益行为，称其为“中国式尤努斯”，大力宣扬其公益性，公司从中得到了巨大的收益。事实上，同大多数理性经济人一样，对该公司而言，投入一定的精力、财力作公益，一定程度上讲是为了更好地树立品牌，更好地获得商业利益。

（三）大部分舆论搞不清小额贷款公司做的不是小额信贷

国际上发展轰轰烈烈、备受关注的小额信贷，在我国却异常冷清、不被关注，社会对公益性小额信贷知之甚少，这种怪现象令人寒心，而其中舆论引导者应负有很大一部分责任。有些报道根本搞不清什么是小额信贷，搞不清小额信贷的特殊含义以及历史渊源，“小额信贷”一词被混乱地使用，以为

---

① 引自访谈实录。

公司名称中包括“小额”的即是小额信贷，殊不知公司名称中的“小额”本身存在混淆视听的问题。一些媒体不负责任地认为商业性的“小额”贷款公司就是做小额信贷的公司，甚至还把这些公司与国际上服务于社会底层人群、推动公平的小额信贷混为一谈，进一步放大这种效应。

商业性小额贷款公司出于利己性动机，追求股东利益最大化，对推动社会公平的贡献有限，这主要是由内部因素决定，外部因素对其也有重要影响作用，图 2－7 对商业性小额贷款公司对推动社会公平方面所具有的优劣势进行了分析。

优势 Strengths

- 企业社会责任

劣势 Weaknesses

- 追逐利益最大化的利己属性
- 追求利益最大化的所有者及股东意志
- 吸引追逐利益最大化的资金类型
- 治理目标追求利益最大化

机会 Opportunities

- 市场需求大
- 允许较高的贷款利率

威胁 Threats

- 政策设置的初衷并非明确希望小额贷款公司推动社会公平
- 地方政府模糊处理中央政策的调子，鼓励小额贷款公司解决中小企业融资难问题，激活当地经济
- 缺乏有效的引导和监管
- 全国小额信贷联席会代表追求利益最大化的商业性小额机构的利益
- 全国小额信贷联席会并不致力于推动会员服务于低收入人群
- 舆论导向未鼓励服务低收入人群

图 2－7　商业性小额贷款机构对推动社会公平的优劣势分析

综上所述，商业性小额贷款公司对社会公平的贡献不足。这与其自身有关，也与其外部环境有关。图 2－8 展示了利己性主体——商业性小额贷款机构与社会公平的关系。总的来看，最重要的原因是外部环境，其中最重要的是政府。因为，商业性小额贷款公司追逐利益，做大额贷款，忽视低端客户或低收入人群的需要，无可厚非。

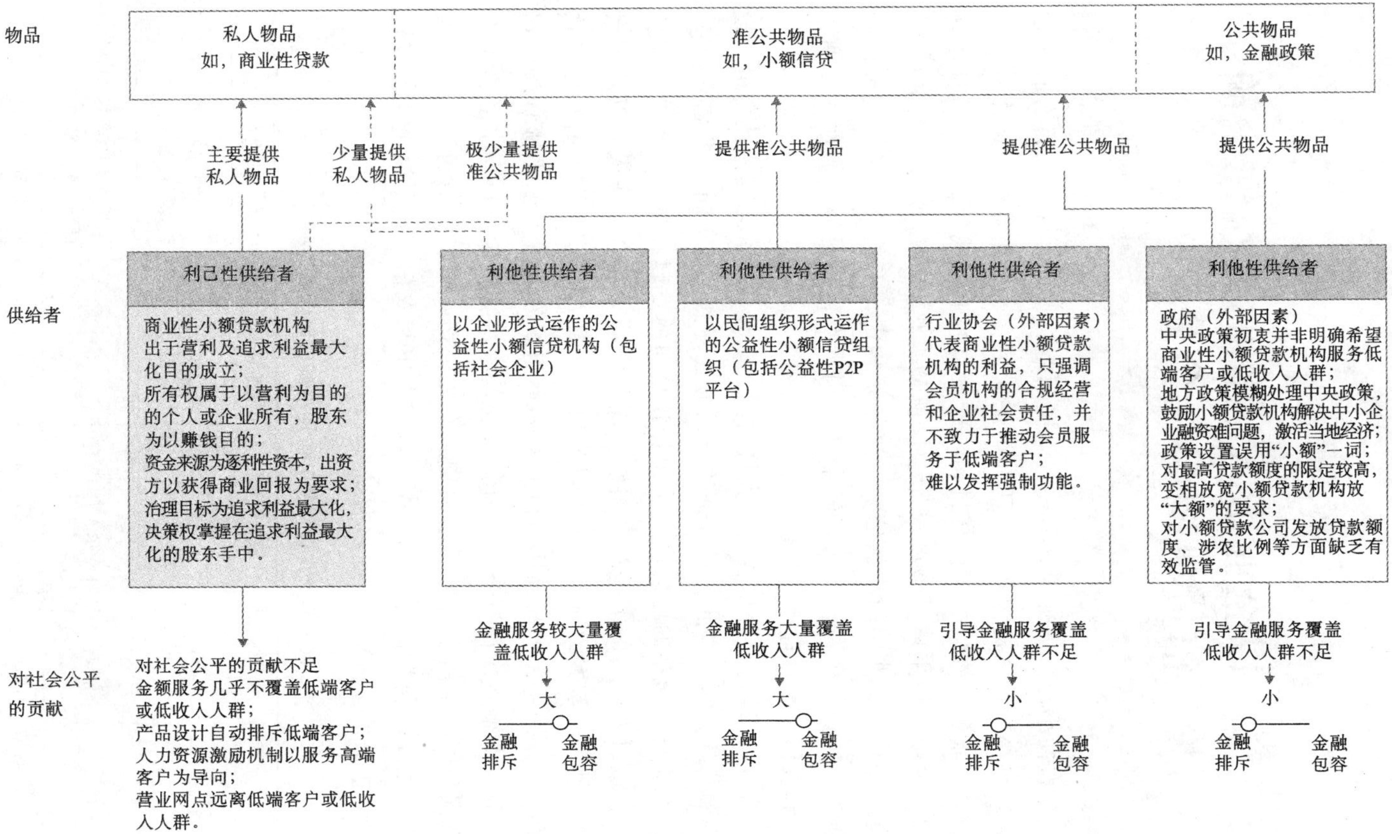

图2-8 商业性小额贷款机构与社会公平的关系

第三章　以企业形式运作的公益性小额信贷机构与社会公平

我国公益性小额信贷机构有两种：以民间组织形式运作（大部分在民政部门注册）的小额信贷机构和在工商部门注册成立、以企业形式运作的小额信贷机构。与非政府组织小额信贷机构一样，以企业形式运作的公益性小额信贷机构作为利他性主体，是追求社会价值最大化和可持续运营双重目标，主要提供准公共物品性质的小额信贷。这类机构中，有的获得了金融部门批准，注册为小额贷款公司；有的未经金融部门批准，注册为一般性的工商企业，如中和农信项目管理有限公司。

2008 年中央 23 号文件出台后，允许自然人、企业法人与其他社会组织投资成立小额贷款公司。自此，小额贷款公司轰轰烈烈，如火如荼地发展起来。但是，23 号文件中包括的可以成立小额贷款公司的发起者中，从数量和资产规模上讲，最引人注目的不是社会组织，而是自然人和企业法人，以及与之相关的逐利性私人资本的涌入。截止到 2011 年 9 月 30 日，全国共有小额贷款公司 3,791 家，据笔者所知，其中由非营利性组织发起成立的小额贷款公司仅有南充美兴小额贷款有限公司、内蒙古安信永小额贷款公司、宁夏惠民小额信贷有限公司、山西永济富平小额贷款有限公司 4 家，其余的均为自然人或企业法人，以营利为目的而发起成立。加上中和农信，我国以企业形式运作的公益性小额信贷机构有 5 家（见表 3 – 1）。

表 3 – 1　　　以企业形式运作的公益性小额信贷机构

名称	注册地	成立时间	注册资本（元）	成立背景
中和农信	北京	2008 年 11 月 18 日	1.4375 亿	由中国扶贫基金会小额信贷项目部转型
永济富平	山西	2009 年 5 月 18 日	3,000 万	由北京富平学校永济小额贷款项目转型
南充美兴	四川	2007 年 9 月 3 日	1 亿	外资投资设立

续表

名称	注册地	成立时间	注册资本（元）	成立背景
宁夏惠民	宁夏	2008 年 10 月	2,000 万	由盐池县小额信贷服务中心转型
安信永小额贷款公司	内蒙古	2010 年 2 月 5 日	3,000 万	外资投资设立

国际上，以企业形式运作的公益性小额信贷和小额信贷银行正成为公益性小额信贷发展的一大趋势。我们看到，在中国，以企业形式运作公益性小额信贷，的确一定程度解决了以民间组织形式运作的小额信贷普遍面临的可持续经营和规模扩张的问题，它们可以同时实现可持续经营、为低收入人群提供金融服务，推动社会公平的目标。

第一节　对社会公平的贡献大但存在风险

一、对社会公平的贡献大

（一）服务于低端客户，且覆盖面大

公益性小额信贷机构的服务对象一般是低端客户。有的服务对象为贫困户，有的则包括区域内的所有农户，但对社区中的贫困农户给予一定的照顾和优惠。有的目标客户有所拓展，为区域内的农户及微型企业。

在实际操作中，以企业形式运作的公益性小额信贷机构一般不对贫困农户给予优先待遇，也不把他们与一般农户区分开来，他们认为区别对待难度较大。一是因为缺乏简单易行的区分标准和方法，二是机构自身出于财务自负盈亏的考虑，往往让中等收入的农户也得到、甚至容易得到小额信贷服务。

以企业形式运作的公益性小额信贷机构服务对象一般包括：（1）农户；（2）个体工商户、微型企业。其中，个别机构强调贫困户、特困户或妇女。[①] 中和农信 80% 以上的客户都是贫困地区的人口。公司分支机构开展业务时，不依据客户的贫困程度进行优先选择。公司认为，如果依据客户贫困程度进行优先选择，理论上很有意义，但在当地实际操作时难度很大。一是准确识别存在困难，二是给予相对贫困的客户优惠时容易引起纷争。在客户定位以及对扶贫的服务理念方面，中和农信坚持“给低收入人群机会，激发他们的

① 有的将个体工商户并入微型企业或小微企业，有的则分开。另，数据来源在分类上并不严格。

能力，让他们自己发展起来。”① 中和农信目前的客户群体及贷款用途见表3－2。

表3－2　　中和农信的客户群体

<table>
<tr><td>客户类型</td><td>❶小组客户❷个人客户</td></tr>
<tr><td>贷款用途</td><td>纯农业生产、小商业经营、小作坊加工等</td></tr>
<tr><td>贷款用途所涉及的行业及所占比例</td><td>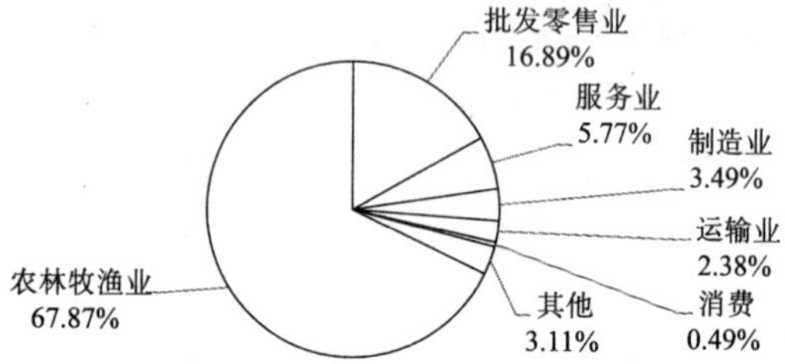
</td></tr>
<tr><td>客户数量及所占比例</td><td>80%以上的客户为农户，大部分资金用于农林牧渔业；
截止到2010年底，小组贷款客户占8.2%，个人贷款客户占91.8%。②</td></tr>
</table>

南充美兴的服务对象主要为小微企业、农户和个体工商户。公司希望通过小额贷款帮助客户改善经营状况，提高客户的生活水平。因此，其目标客户并不是最贫困的人群，而是有创收、创造能力的人才有可能成为其客户（见表3－3）。

表3－3　　南充美兴的目标客户

客户类型	具体类型	形态	市场范围	举例	客户数量所占比例
小型企业	—	工厂、手工作坊	—	面粉加工厂、米粉加工厂	微型企业贷款占6%
农户	—	—	—	水稻养殖大户、水果种植大户	个体贷款占94%
个体工商户	零售商	小店、商铺	社区	干杂店、小超市	
	批发商	摊位、铺位	批发市场、集中卖场	建材批发市场（光彩大市场）	

① 引自作者对中和农信项目管理有限公司工作人员的访谈。

② 截止至2011年年底

永济富平的服务对象是以家庭为单位的农户。公司开业之初，宣传资料上说明的服务对象为微型及小型企业、个体工商户和农户，但开展业务之后，公司管理层决定还是应该向农户倾斜，以农户为主。一方面考虑要多为农户服务，另一方面也是出于风险考虑，农户比城市企业和个体工商户更加稳定。因此，目前贷款要求以农户为单位，并要求必须是夫妻、父子、或者其他直系亲属两人同意的情况下才可以申请贷款，需成年家庭成员两人共同承担还款责任。因此，贷款对象均为农户，或者做小生意的个体工商户，不包含企业。在目前100%的农户贷款对象中，公司没有进行客户优先性划分，原因是由于农户家庭收入不透明，没有办法依据客户家庭收入对低、中、高收入的家庭进行划分，难以优先给更贫困的农户提供贷款或者提供利率优惠。因此只要是农村户籍，符合贷款条件，就可以申请贷款。二是如果对农户进行划分，给予部分贫困农户优惠条件，可能引起其他农户不满，导致冲突。为了避免冲突发生，不进行客户优先性区别对待。

以企业形式运作的公益性小额信贷机构提供准公共物品性质的小额信贷，服务微型企业、个体工商户、农户及其他低收入人群，表现为金融包容性强，对推动社会公平的贡献大（见图3－1）。

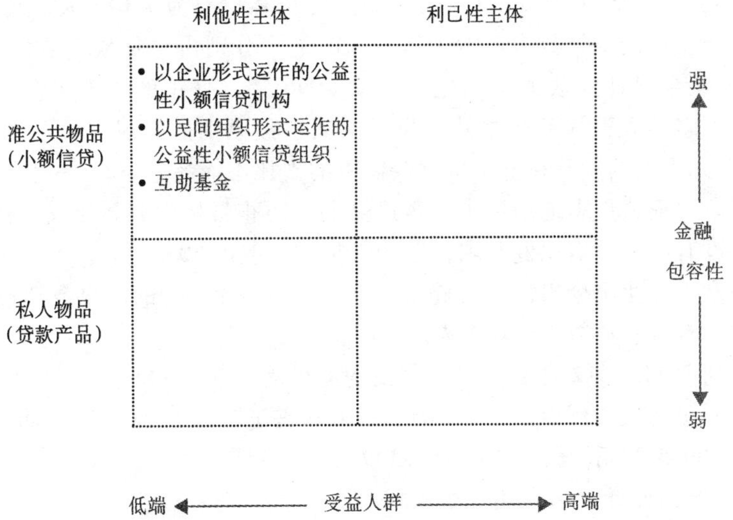

图3－1　以企业形式运作的公益性小额信贷机构的受益人群及金融包容性

除了定位于服务低收入人群外，以企业形式运作的公益性小额信贷机构还坚持小额、覆盖面广的原则，它们所服务的有效客户数普遍较多。例如，到2006年底，中和农信有效客户数为15,052人；2007年底，达到24,735

人，比 2006 年增长了 64.3%；2008 年底为 26,878 人，比 2007 年增长了 8.7%；2009 年底 36,428 人，比 2008 年增长了 35.5%；2010 年底达到 67,241 人，比 2009 年增长了 84.6%；到 2011 年底，有效客户数 106,491 人，比 2010 年增长了 58.4%。2006—2011 年，有效客户数增加了 91,439 人，翻了 7 倍多。图 3－2 为 2006 年以来，中和农信小额信贷的有效客户数情况（其中包括公司成立前以项目形式运作的数据）。

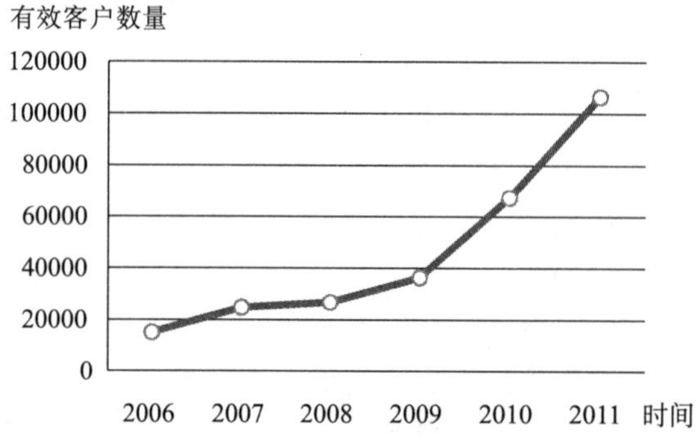

图 3－2　2006 年以来中和农信小额信贷项目的有效客户数

截止到 2011 年 10 月 31 日，南充美兴在贷客户数为 7,615 人，其中个体贷款和微型企业贷款笔数为 7,164 笔和 451 笔，分别占总贷款笔数的 94% 和 6%，开业至今累计发放的贷款笔数为 22,096 笔，真正的体现了分散原则，覆盖到了更多的人群。除此之外，为了保证小额原则的实现，南充美兴明确规定 10 万元以上的贷款在整个贷款余额中的占比不能超过 30%。这样的资金分配，可以保证钱更多地用到小额客户身上，防止目标偏离。涉农比例方面，南充美兴没有明确设定比例要求，但涉农贷款一般占 50% 左右。

永济富平开业至今累计发放贷款 5,208 笔，累计支持的客户数超过 3,000 个，目前的有效客户数为 1,661 人。

截止到 2011 年 12 月底，宁夏惠民的有效客户为 7,686 人，且 90% 以上为妇女。公司贷款余额为 9,534.3 万元，其中普通贷款为 2,897.8 万元，发展贷款为 5,489.5 万元，微企贷款为 1,147 万元。

（二）产品设计自动瞄准低端客户

1. 贷款额度小，自动瞄准低端客户

中和农信目前提供两类贷款产品：扶贫模式类产品和救灾模式类产品。[①]

① 数据来源于中和农信。将贷款产品分为扶贫模式类产品和救灾模式类产品为中和农信的分类方法，非学术上的分类。

这两类模式的贷款额度都较低，一般在 5,000—50,000 元之间（见表 3－4）。截止到 2011 年 10 月 31 日，中和农信的平均单笔贷款额度约为 6,249 元，有效客户数为 104,449 人。50% 以上的贷款资金属于 8,000 元以下的小额贷款。其不同额度贷款的资金占比情况见图 3－3。

表 3－4　　扶贫模式和救灾模式中的贷款产品

贷款类型	扶贫模式	救灾模式	
		安居贷款	创业贷款
贷款对象	贫困地区的低收入人群	地震中房屋倒塌或者受损，需要修缮与重建经费的农户	开展创收性活动的灾民
贷款额度	每户 12,000 元以下	每户 5,000—20,000 元	每户 5,000—50,000 元

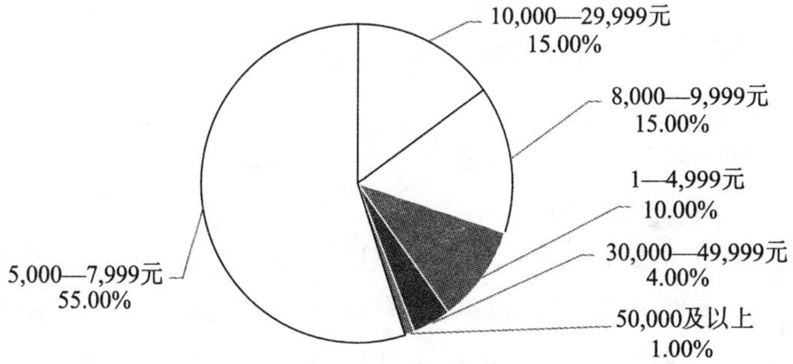

图 3－3　中和农信不同额度的贷款资金占比情况①

永济富平提供的贷款额度在 1,000—30,000 元之间。南充美兴的贷款额度相对较高（见表 3－5）。这与它定位于服务小微企业和个体工商户有关，这样的额度设置更符合这类群体的资金需求。

表 3－5　　南充美兴的贷款额度设置

产品名称	贷款金额（元）	贷款方式	使用对象
美兴“金贷宝”	2,000—10 万	信用贷款	农户、个体工商户及微小企业
美兴“银贷宝”	2,000—10 万	担保贷款/抵押贷款	有一定资产规模和资金实力的经营者

① 数据来源于中和农信 2010 年年报。

续表

产品名称	贷款金额（元）	贷款方式	使用对象
美兴“金商宝”	10万元（不含）—30万	信用贷款	资金优良，信誉良好的中小、微型企业
美兴“银商宝”	10万元（不含）—50万	担保贷款/抵押贷款	经营状况良好，有一定还款能力的中小、微型企业

2. 产品设计原则自动瞄准低端客户

以企业形式运作的公益性小额信贷机构，在进行产品设计时，从以下几方面着手，保证产品自动瞄准低收入人群：

（1）贷款产品类型符合低收入群的需求，类型一般包括生产性、经营性贷款，教育助学贷款，也有部分消费性贷款。

（2）贷款原则、方法和流程符合低收入人群的实际情况。贷款原则包括：

（a）小额、分散。针对农户的贷款额度一般在几千到几万元之间，针对微型企业和部分个体工商户的额度一般以几万元为主，少部分达到几十万元，以符合这类客户的实际需求。

（b）还款周期短。贷款期一般为一年。每周或每两周还一次款，有的每月还一次款。实际利率在10%以上。

（c）采用信用贷款、抵押、联保，且以信用贷款为主，符合低收入人群缺乏有效抵押品和担保品的现实。其中，有的不再采用小组联保，由于当地人口流动频繁，小组联保搞不起来，也不召开中心会议。有的则仍然在采用小组联保的方式，例如中和农信的扶贫模式类贷款采用小组联保形式。通常采用五户联保的方式，五户组成互助、互督、互保的小组，再成立一个贷款中心。小组成员在选择贷款项目、按时还本付利息或/和管理费，实施动态监督的方式承担连带责任。小组五户之间有相互依存的关系，也有相互监督、连带的关系。因此，通常有直系亲属关系的人不在一个组内，防止因亲属关系影响联保作用。除此之外，大部分采用信用贷款，即便是抵押或担保贷款，一般对客户的抵押品或担保品要求相对较低，符合这类群体缺乏有效担保品的实际情况。

（d）贷款审核严谨，便捷。其中，进行的审核流程通常为客户初步审查和实地调查相结合。客户初步审查内容包括对客户提交资料进行核实，包括进行实地初步调查，如：个人资料、婚姻状况、家庭财产和收入等。实地调查内容包括生产和经营场所考察，居住地考察，居住稳定性考察，以进一步进行贷款风险评估，确定贷款额度是否合适等。大部分机构还对贷款对象个人的品德进行考察，包括贷款者的口碑、是否文明礼貌，是否违法乱纪等。

不仅需要有效全面地掌握客户信息，控制风险，还要实现推动家庭和睦、社区和谐的目的。

（3）产品针对低收入人群的适应性较强。公益性小额信贷机构向贷款者提供的是“准公共物品”，他们在进行产品设计时较关注产品的适应性。产品适应性体现在产品设计的方方面面，如：

（a）针对低收入人群没有财产抵押的现状，采用保证人贷款和小组联保，无需提供抵押品。

（b）针对低收入人群的现实需要，采用分期还款形式，降低贫困人群还款难度。

（c）针对低收入人群对申请贷款便捷性和时效性的要求，贷款流程较为简单，一般2—3天客户就能拿到贷款。

（d）针对低收入人群抗风险能力弱的现状，规定贷款用途，帮助他们更好地利用贷款，为家庭增收，改善生活水平。

（e）针对低收入人群现实需求，提供丰富多样的社区发展服务和个人能力建设服务。

中和农信的贷款产品分为两类：扶贫模式类产品和救灾模式类产品。其中，扶贫模式是从1996年项目一落地便采用并沿用至今的模式，以服务贫困地区低收入人口为首要目标。项目区大多为国家或省级扶贫工作重点县。该模式采用五户联保的小组贷款方式，提供单笔12,000元以下的信用贷款，无需任何抵押或担保，贷款期限为6—12个月，每月等额本息还款。救灾模式于2008年“5.12汶川大地震”后设立，旨在通过向灾区的居民提供长期、可持续的小额信贷，支援灾区的灾后重建工作，帮助灾区居民恢复生计，发展生产，改善生产生活条件，并实现可持续发展的模式。目前，中和农信在四川地震灾区绵竹、什邡、德阳市旌阳区成立了三家分公司，为灾区居民提供无需抵押、无需公职人员担保的个人信用贷款。根据贷款用途的不同分为安居贷款和创业贷款。扶贫模式和救灾模式的贷款产品说明见表3-6。

表3-6　　中和农信扶贫模式和救灾模式的贷款产品

贷款类型	扶贫模式	救灾模式	
		安居贷款	创业贷款
贷款对象	贫困地区的低收入人群	地震中房屋倒塌或者受损，需要修缮与重建经费的农户	灾后进行创收性活动的居民
贷款额度	每户12,000元以下	每户5,000—20,000元	每户5,000—50,000元

续表

贷款类型	扶贫模式	救灾模式	
		安居贷款	创业贷款
贷款方式	以五户联保为基础的小组贷款； 信用贷款，无需抵押或担保。	个人信用贷款，无需抵押、无需公职人员担保	
贷款期限	6—12个月	分为12个月、24个月、36个月	分为6个月、12个月、18个月、24个月
贷款利率	平均年利率13.4%	一年期：8%/年，两年期：8.8%/年，三年期：9.9%/年	半年期：10%/年，一年期：10.4%/年，一年半期：11.3%/年，两年期：12.4%/年
还款方式	每月等额本息还款	均采用等额本息还款方式，从获得贷款后的第一个月开始还款，每月还款一次。	
贷款条件	女性，已婚，年龄在20周岁至65周岁； 本地常住人口，有相对固定的经营场所或住所； 收入稳定，具有可以观察与监测的现金流，具有按期偿还本金与交纳用管费的能力； 本人及其家庭成员在公司无贷款余额，也不是公司任何有效客户的连保小组成员或担保人。	需提供申请人的婚姻状况证明，申请人及配偶的身份证明，占地审批表，如是原址重建需有村委会证明，并提供两名担保人。	需提供申请人的婚姻状况证明；申请人及配偶身份证明；从事经营项目超过3个月，如有营业执照需要出示营业执照原件及复印件；需提供1名担保人，并提供借款人或担保人的固定住所房产证明。

在这两类贷款模式中，主要以扶贫模式为主。截止到2010年12月31日，在贷款笔数中，扶贫模式为67,448笔，占97%；救灾模式为1,767笔，占3%。贷款金额方面，扶贫模式的贷款金额占总贷款金额的92%，救灾模式占8%。有效客户数方面，也以扶贫模式类客户为主，共65,121人，占97%；救灾模式的有效客户数为2,120人，占3%。

表中可以看出，在产品适应低收入人群方面，中和农信做得较好，体现在四个方面：

（1）扶贫模式中的小额及小组贷款方式能自然瞄准低收入人群。

（2）救灾模式的开发适合灾区居民对资金的需求。与普通的项目县不同，很多灾区地处城市，既有农户又有城镇居民，个人贷款的方式更适合灾区。另外，在“5.12 地震”中，很多家庭不仅失去了亲人、家园，同时财产也受到了重大损失。他们对资金的需求量大于其他项目县的低收入人群，因此，救灾模式中将最高额度提高至 50,000 元以尽量满足灾区家庭的灾后重建工作。

（3）全部采用信用贷款的方式符合低收入人群的现实状况。一般低收入人群都缺少抵押品或难以找到担保人而无法从银行等金融机构得到贷款。中和农信采用信用贷款的方式，能解决低收入人群的这一难题，从而保证贫困人群能有机会得到贷款。

（4）项目区的选择很大程度上保证了资金能真正用于贫困人口和灾区居民。在选择扶贫模式的项目县时，中和农信首选贫困县（包括省级贫困县和国家级贫困县）。目前的 52 个分支机构中，有 4 个地处灾区县，47 个地处贫困县。灾区模式的项目区，全部为 5.12 地震的重灾区域。

南充美兴目前的贷款中，每个月 85% 以上为信用贷款，抵押贷款非常少，大概每个月占 2%—3%，剩下的则为担保贷款。产品设计时，以小额、分散，同时兼顾维持财务可持续。作为一家以企业方式运作的追求社会目标的小额贷款公司，这样的身份，决定了其在追求社会目标的同时必须实现财务可持续，从产品使用对象可以体现出来，如：

（1）提供四个档次的贷款：2 万元以下、2 万—5 万、5 万—10 万、10 万元以上；在信用贷款、抵押贷款、担保贷款三类贷款方式中，信用贷款占绝大多数，占 85% 以上。其次，在资金分配方面，公司明确规定 10 万元以上的贷款在整个贷款余额中的占比不能超过 30%，以保证钱更多地用到小额客户身上。

（2）美兴“银贷宝”的使用对象为有一定资产规模和资金实力的经营者；美兴“金商宝”的使用对象为资金优良、信誉良好的中小、微型企业；美兴“银商宝”的使用对象为经营状况良好，有一定还款能力的中小、微型企业。可以看出，南充美兴在选择贷款对象时，会优先考虑经营状况好、资金良好的相对优质客户。首选优质客户，实际上就是其为了控制风险，保证财务可持续。经过 4 年多的发展，南充美兴不仅实现了财务可持续，而且还获得了较好的利润。因此，下一步其将会着重追求社会目标。例如，向产品多样化发展，面向边远的农村地区或者更贫困的人群，覆盖更多的低收入人口。

永济富平的贷款产品，期限灵活，分为半年期和一年期两种。贷款无需担保，属于信用贷款。贷款额度为1,000—30,000元。由于当地经济水平的发展和通货膨胀作用，未来公司可能会提高贷款额度上限达到50,000元或者100,000元。贷款不限制贷款用途，客户如实提供贷款用途信息即可，不仅有助于发展生计，还可以帮助农户日常救急。目前贷款用途包括种养殖业、商品流通业、物流运输业、子女教育、家庭消费、医疗支出等。截至2011年11月30日，贷款用途生产型占比约28%，经营性占比约45%，消费型占比约27%。同时，其还款方式灵活，可以提前还款。贷款客户可以选择到期一次还本付息，也可提前部分或者全部还款，但需缴纳违约金（相当于还款额度的15天利息）。[①] 信贷员会定期回访，手中也有记录本，能够随时查看还款日期、金额等。由于每个客户都有确定的还款日，在贷款到期前1个月信贷员也会通知客户，提醒准备还款资金。在还款日，客户到信贷大厅办理还款手续，且必须在还款日下午4点之前办理完毕。但是，对于提前还款加收利息，农户的意见很大。还贷一周之后可以再次提出贷款申请。在产品适应性方面，永济富平的贷款产品基本符合当地农户的资金需求和贷款习惯，体现为：在能够承受的范围内，尽量为服务农户、促进社区发展提供方便作为产品设计理念和原则。作为社会企业，兼顾社会目标和商业可持续是其必然的选择，永济富平也不例外。因此，这样的使命和追求必然会植入到产品的设计理念和原则中。而要实现这样的使命和追求，体现在产品设计中便是根据目标客户的特点进行产品研发。此外，贷款额度设计自动瞄准相对贫困农户，目前永济富平的额度设计为最高3万元，未来可能增加到5万元。小额信贷真正小额以后，会帮助越来越多的农户脱贫致富，不至于偏离最初的方向。上述提到的贷款产品和服务的特色：

（a）针对农户没有财产抵押的现状，采用信用贷款，无需提供抵押；

（b）针对农户的现实需要，例如养猪等，贷款期限灵活，根据客户需求确定期限3个月和半年不等；

（c）针对农民对申请贷款便捷性和时效性的要求，贷款流程限制在5个工作日内完成；

（d）针对农民抗风险能力弱的现状，不规定贷款用途，解决农民最急迫

① 公司开业时规定提前还款需要加收违约金（相当于还款额度1个月的利息），由于农民对此意见很大，目前违约金数额改为相当于还款额的15日利息。永济富平的对提前还款加收违约金的原因如下：一是成本压力，从银行押运取钱需要押运费用；二是打乱公司运营计划；三是希望培养农民遵守合同的诚信意识。

的资金需求；

(e) 强调社区发展、家庭和睦，例如，在贷款产品和贷款流程上，需要夫妻双方共同前来贷款。

宁夏惠民目前提供3种贷款产品（详见表3－7）。

表3－7　宁夏惠民小额信贷公司贷款产品信息

贷款产品	普通贷款	发展贷款	微企贷款
启动时间	2008年	2009年	2010年
单笔金额（元）	5,000	20,000	20,000
贷款期限	6个月，12个月	12个月	12个月
担保方式或其他条件	小组联保	担保人担保	担保人担保
还款方式	现金	现金	现金
还息方式	季度清息	季度清息	季度清息
贷款利率	12.00%	15.30%	18%
其他费用	无	无	无

注：截止到2011年12月，宁夏惠民的平均每笔贷款额度约1.2万元，其中单笔最高贷款为4.5万元。

3. 为低端客户提供金融服务和非金融服务

以企业形式运作的公益性小额信贷机构不仅为贷款对象提供金融产品，还提供非金融类服务（社会服务），这与商业性小额贷款公司及传统银行有着本质的区别。它们为贷款对象提供的服务不仅仅是贷款服务，还包括金融方面的知识，以及与其生产、经营、生活相关的其他服务。所提供的服务类型和提供方式有：生产技术培训；市场信息服务讲座；改善妇女地位、保护女性权利、举办男女平等与家庭和睦讲座、培训、活动；收支状况分析、经营策略督导等。

中和农信除了提供小额贷款，还免费为贷款客户提供法律、生产技术和经营管理等方面的培训，提升客户的增收还款能力。此外还包括：

(1) 小额保险。自2009年起，通过与中国人民人寿保险股份有限公司合作，中和农信开始尝试引进商业保险，为客户提供保险业务。项目给贷款客户免费赠送保险，一旦贷款客户出现死亡或意外伤残，保险公司可以代为偿还剩余债务。

(2) 农业技术培训。受知识结构和传统生产习惯的限制，许多贷款农户往往在选择项目和发展生产时缺乏足够的信心和相应的专业知识。因此，中和农信在日常工作中，随时关注农户的想法和困境，为农户提供相应的技术培训，既提高了农户的自信心，又拓展了农户的知识，使这些农户有足够的信心和技能来发展创收项目。

（3）金融教育。中和农信为项目区农户免费提供金融知识普及教育和理财咨询等工作，以帮助贷款客户掌握理财观念，开源节流，降低风险，扩大收益。另外，还通过编制材料、现场交流等培训方式提升客户与金融机构的沟通能力，引导客户合理使用各项资金，平衡收支，强化保险意识，从而实现家庭的可持续发展。

（4）信息技术培训。从2003年起，中国扶贫基金会与微软（中国）有限公司合作，在部分小额信贷项目区建立社区学习中心，为贷款客户提供信息技术培训和市场信息查询等服务。

南充美兴虽然目前只经营贷款业务，但公司计划从2012年1月开始增加保险产品，同时为客户提供一些如何管理财务、如何认识市场等方面的培训，帮助客户拓展经营能力，提高抗风险能力。永济富平在提供贷款业务的同时，其信贷员个人有时候会为客户提供一些其他服务，包括生产技术培训、中介信息、生活扶持等。例如，当养猪的客户寻求销路信息的时候，信贷员帮忙联系等。

这些以企业形式运作的公益性小额信贷机构所提供的服务除了金融产品外，所提供的非金融辅助性服务，有助于提高低收入人群的抗风险能力和生产经营能力等。

（三）人力资源管理以服务低端客户和兼顾可持续经营为导向

1. 既注重员工的业务能力，也强调其社会责任感

以企业形式运作的公益性小额信贷机构在聘用和培养员工时，不仅看重其业务能力，同时更强调其具有社会责任感，认同服务低端客户的理念。

南充美兴在招聘员工时，不强调应聘者一定要有银行工作经验，而更关注个人的学习能力和认同公司服务基层低端客户的理念。公司现任总经理何良刚先生曾任中欧项目小额贷款专家，具有基层小额信贷工作经验，对小额信贷的发展历史、操作原理、操作方式等都非常了解。从公司成立之初到现在，南充美兴的人力资源政策做了较为明显的调整。公司前期聘请了很多银行出身的员工，但是由于长期在银行工作，这些人喜欢坐在办公室，不喜欢外出找客户、与客户交流、回访客户，而南充美兴强调与客户之间的互动。除此之外，在前期，公司也聘用了很多经验丰富的高端人才。但是他们一般期望都很高，而公司主要开展的是基层工作，刚开始员工流失率很高。经过一段时间的探索后，南充美兴调整了人力资源政策。如今，在招聘时并不强

调一定要有银行工作经验和很高的学历背景，只要大专以上，有一定工作经验就行。但是，特别强调员工勤奋、努力、诚实、学习能力强，并且要认同公司服务低端客户的理念。

永济富平在组建管理层和招聘普通员工时从实现社会目标和可持续经营两大原则出发。公司副总经理郑冰作为当地农协的会长，对当地农村社区发展极为有经验，其他管理人员对小额信贷业务熟悉，具备丰富经验。部分管理人员参与北京富平小额信贷项目业务多年，积累了丰富的经验，产品研发部的新招员工也具备海外留学经历和银行从业背景。但是，由于永济富平的现实情况，地理位置偏僻，公司设在村子里，公司规模和影响力不大，因此在招聘管理人员方面遭遇很大的困难，很难招到经验丰富或者优秀的人才。“我们曾经在电视上打广告，打电话来咨询的很多，一听说我们在村子里就都不来了。农村出来的大学生毕业可能因为父母面子或其他原因，不愿意回到农村，其实我们工资并不比永济城区的金融机构低。现在都是招一些教育背景还可以，人不错的没有经验的员工，慢慢培养，我们带着往前走，但是，财务方面还是需要一些有经验的人来做以及与税务部门沟通，我们最近招的2名财务人员也仅有2年财务工作经验，还需要慢慢培养，未来还是希望招聘到有经验的员工。”永济富平的负责人如是说。对信贷员不仅关注其业务能力，还特别强调他们的社区责任感。信贷员招聘主要由总经理郑冰负责。最初的信贷员都是当地农协的，信贷员一般生在农村，了解农村，热爱农村的当地人，对农户的需求和贷款用途判断更为准确。招聘的首要条件是家庭和睦。永济富平对信贷员的培训主要是三个方面，一方面是社区责任感的培训，强调公司的目的不是营利，而是服务农户和对社区的贡献。郑冰在培训信贷员的时候曾说过这样的话“在你们把贷款交给农户的一刹那，心有没有跳一下？”这种“心跳”的感觉就是社区责任感。第二个方面是信心的培养，由于当地黑贷（高利贷）盛行，人们普遍对贷款具有恐惧心理，而目前信贷员几乎都是当地农村妇女（只有3个男信贷员），没有经验，对回收贷款有顾虑。前期培训需要帮助信贷员认识到90%的百姓都是善良的，是愿意还款的，为她们开展业务树立信心。第三个方面是技术方面的培训和工作总结，主要内容是与农户打交道的技巧，包括用什么字词等。经过培训，土生土长的农村妇女信贷员走出农田，在父老乡亲的开心和赞许中体会着自己工作的价值和意义。

2. 人力资源考核多以发放笔数、客户数量为衡量指标，以持续服务更多的低端客户

南充美兴对客户经理的考核看重其发放了多少笔贷款和覆盖面有多广，

在此基础上再对客户经理的不良贷款率进行考核。这种风险与绩效挂钩的考核方式，既能保证大部分的资金发放给小额客户，又能很好地控制风险，保证资金安全不流失。另外，公司未来还将把社会绩效方面的指标纳入对客户经理的考核中，例如多少客户是真正的低收入人群、多少客户是没有享受过正规银行服务的等等。

永济富平的考核目标也类似，以瞄准小额客户为优先原则，同时兼顾贷款安全和可持续经营。因此对信贷员的考核指标包括以下三个方面：

（1）客户数量。相较于传统银行以贷款金额为考核指标，以客户数量为指标的考核模式能够激励信贷员寻找开发小额、相对贫困的客户，瞄准目标客户群体，避免倾向大额富裕客户，保障公司追求的社会目标。

（2）逾期率。一旦有客户逾期，将对相应的信贷员和信贷主任按照9:1的比例进行罚款。以逾期率作为考核指标，是为了保证贷款安全发放和收回，保证资金的安全，从而维持可持续经营。

（3）贷款金额。以贷款金额为考核目标，能够激励信贷员积极开发客户，维护客户关系，保证公司可持续运营。公司根据信贷员的业绩和个人能力，将信贷员分为实习信贷员、见习信贷员、信贷员、信贷主任助理、信贷主任等五个等级，并与信贷员的基本报酬结合起来，给予了信贷员职业上升与发展的通道和空间，以有效激励信贷人员。这种将客户数量和贷款金额挂钩的考核方式，能保证在贷款总额不变的情况下，尽可能保持贷款额度在小额的范围内，体现了公司对社会绩效方面的考虑，在追求社会目标与追求商业效率之间取得了平衡。

3. 营造追求可持续经营和社会目标的组织文化

以企业形式运作的公益性小额信贷机构大多营造的是同时实现可持续经营和社会价值双重目标的组织文化。这些组织中的工作人员，基本都把小额信贷当作自己的事业在做，而不只是为了谋生、挣工资而加入进来。

南充美兴刚成立的时候，很多人加入进来，但是他们并不了解南充美兴的小额信贷方式及目标，以为这里与银行业务没有区别，只是为了赚钱谋生而已。后来，公司不断地对员工进行培训，告诉他们在南充美兴从事小额贷款是非常高尚的职业，公司强调小额贷款的社会价值，通过小额贷款，可以帮助小商户、农户和小企业主缓解经济压力，改善生活状况，是一种帮助他人的行为。“现在，大多数员工都很喜欢这个工作，喜欢这个岗位，喜欢这个公司。他们都把小额贷款当作自己的事业，而不只是谋生手段，整个团队非常有朝气。”①

永济富平强调可持续经营，同时兼顾社会责任和对社区贡献的组织文化。这种组织文化的构建经历了一段时间。由于投资方是北京富平，采用规范的公司管理制度，员工认为自己是给北京的公司打工，不是在为当地的公司工作。对永济富平的认同度不够理想。由于目前的贷款利率比信用社和邮政储蓄高，员工认为公司更强调盈利，而不是为农户服务。当农户对贷款利率有疑问时，信贷员的解释通常是“这是北京那边的规定，我们也没有办法”。但是，随着公司的发展和新招聘员工的加入，管理层非常希望员工能够认同公司“不是追求盈利的公司，而是一家在农村社区服务农户的公司”的定位，在日常的管理和培训中反复强调，员工对于服务农户的认同感逐渐增强。员工逐渐认识到永济富平如何在农村开展工作，团队文化在慢慢建立，员工认同感在增强。

（四）营业网点基本靠近低端客户，并提供上门服务

以企业形式运作的公益性小额信贷机构的营业网点大多设在贫困地区的县城、乡镇或农村。南充美兴总部位于南充市嘉陵区中光彩大市场。公司成立之时的嘉陵区还没有撤县改区，属于南充市下辖的一个贫困县。其他8家分支机构，分别设为南充嘉陵区办事处、南充顺庆区办事处、南充高坪区办事处、西充县办事处、南部县办事处、阆中市办事处、蓬安县办事处、营山县办事处、仪陇县办事处。这些办事处有的在贫困县，有的在个体工商户、中小微企业等需求比较多的县域。中和农信的客户均分布在国家级或省级贫困县、省级贫困地区、城郊地区、受灾地区。在选择项目开展地域时，优先选择国家级或省级贫困县。分支机构办公点通常设在县里。目前，中和农信已在13个省或直辖市开设了共52家分支机构。其中，20个在国家级贫困县，占总分支机构的38.5%；21个在省级贫困县，占比40.4%；6个在省级贫困地区，占比11.5%；1个在城郊地区，占比1.9%；4个在受灾地区，占比7.7%。52家分支机构的具体分布情况见表3-8。②

永济富平总部设在村子里——永济市蒲州镇寨子村聚才胡同10号，另外2个分支机构设在永济市栲栳镇和虞乡镇，靠近当地农户，便于在农户中直接开展业务。

由于低端客户一般居住较为分散，为了更好地为他们提供服务，以企业形式运作的公益性小额信贷机构均为客户提供上门服务。永济富平的信贷员

① 引自本书作者对南充美兴小额贷款有限公司总经理何良刚的访谈。

② 数据由中和农信提供，从管理的角度对区域进行划分。

并非“坐商式”经营，他们大多在村子里，到农户家或者经营场所，把业务做到村里，做到家里。

表 3－8　　中和农信 52 家分支机构的分布情况

区域	序号	分支机构	省份	性质
华北地区	1	左权县农户自立服务社	山西	国家级贫困县
	2	怀安县农户自立服务社	河北	国家级贫困县
	3	尚义县农户自立服务社	河北	国家级贫困县
	4	武邑县农户自立服务社	河北	国家级贫困县
	5	万全县农户自立服务社	河北	国家级贫困县
	6	平泉县农户自立服务社	河北	国家级贫困县
	7	承德县农户自立服务社	河北	省级贫困县
	8	涞源县农户自立服务社	河北	国家级贫困县
	9	顺平县农户自立服务社	河北	国家级贫困县
	10	唐县农户自立服务社	河北	国家级贫困县
	11	阜城县农户自立服务社	河北	省级贫困县
	12	和顺县农户自立服务社	山西	国家级贫困县
	13	榆社县农户自立服务社	山西	省级贫困县
	14	围场满族蒙古族自治县农户自立服务社	河北	国家级贫困县
	15	滦平农户自立服务社	河北	国家级贫困县
	16	青龙满族自治县农户自立服务社	河北	国家级贫困县
	17	献县农户自立服务社	河北	国家级贫困县
	18	海兴县农户自立服务社	河北	国家级贫困县
	19	广宗县农户自立服务社	河北	国家级贫困县
	20	舟曲县农户自立服务社	甘肃	受灾地区
	21	中和农信项目管理有限公司门头沟分公司	北京	城郊地区
东北地区	22	康平县农户自立服务社	辽宁	省级贫困县
	23	新宾满族自治县农户自立服务社	辽宁	省级贫困县
	24	清原满族自治县农户自立服务社	辽宁	省级贫困县
	25	北票市农户自立服务社	辽宁	省级贫困县
	26	朝阳县农户自立服务社	辽宁	省级贫困县
	27	绥中县农户自立服务社	辽宁	省级贫困县
	28	库伦旗农户自立服务社	内蒙古	国家级贫困县

续表

区域	序号	分支机构	省份	性质
东北地区	29	彰武县农户自立服务社	辽宁	省级贫困县
	30	阜新蒙古族自治县农户自立服务社	辽宁	省级贫困县
	31	义县农户自立服务社	辽宁	省级贫困县
	32	建昌县农户自立服务社	辽宁	省级贫困县
	33	喀喇沁左翼蒙古自治县农户自立服务社	辽宁	省级贫困县
	34	凌源市农户自立服务社	辽宁	省级贫困县
	35	建平县农户自立服务社	辽宁	省级贫困县
	36	西丰县农户自立服务社	辽宁	省级贫困县
	37	兴城市农户自立服务社	辽宁	省级贫困地区
	38	北镇市农户自立服务社	辽宁	省级贫困地区
	39	开原市农户自立服务社	辽宁	省级贫困地区
	40	昌图县农户自立服务社	辽宁	省级贫困地区
	41	岫岩满族自治县农户自立服务社	辽宁	省级贫困县
华南地区	42	福安市农户自立服务社	福建	省级贫困地区
	43	霞浦县农户自立服务社	福建	省级贫困地区
	44	六枝特区农户自立服务社	贵州	国家级贫困县
	45	双牌县农户自立服务社	湖南	省级贫困县
	46	昌江黎族自治县农户自立服务社	海南	省级贫困县
	47	兴国县农户自立服务社	江西	国家级贫困县
	48	宁都县农户自立服务社	江西	国家级贫困县
	49	连南瑶族自治县农户自立服务社	广东	省级贫困县
西南地区	50	中和农信项目管理有限公司绵竹分公司	四川	受灾地区
	51	中和农信项目管理有限公司什邡分公司	四川	受灾地区
	52	中和农信项目管理有限公司德阳分公司	四川	受灾地区

（五）实现财务可持续可为低收入人群提供持续而长久的服务

可持续经营是公益性小额信贷机构面临的一个重大课题。2000 年前，公益性小额信贷机构主要以民间组织形式运作，面临财务可持续经营的问题。以企业形式运作的公益性小额信贷机构的出现和发展，重要的原因之一是为了解决公益性小额信贷机构可持续运营问题。也就是说，这种类型的公益性小额信贷机构都是为了实现财务绩效和社会绩效双重目标而成立。事实证明，以企业形式运作，确实一定程度弥补了以民间组织形式运作的小额信贷机构在治理、管理、人力资源等方面的问题，大部分能实现财务可持续和社会价值双重目标。本项研究中，以企业形式运作的中和农信、南充美兴、永济富平、宁夏惠民都实现了财务可持续，且略有盈利，所得盈利继续投入用于发放贷款，同时实现了可持续运营和社会价值。截止 2011 年 10 月 31 日，中和农信的总资产收益率（ROA）为 2.78%，南充美兴实现了 11% 的资本收益率，至 2011 年底，中和农信的总资产收益率（ROA）为 2.59%。

二、存在风险

（一）存在服务对象上移的风险

为了保证财务可持续，降低管理成本，提高贷款安全性，这类机构会倾向于风险相对低、运营成本相对低、利润相对高、还款能力相对强的个体工商户、微型企业，甚至中小企业发放贷款，减少向最低端人群贷款的数量，从而存在目标上移的风险。例如，提高贷款额度的上限、提高高额度贷款的资金占比等。南充美兴最初的贷款额度最高为 30 万元，现在提升到 50 万元；永济富平目前的最高贷款额度为 3 万元，但未来公司可能会提高贷款额度上限至 5 万元或者 10 万元。虽然存在随着经济发展水平提高、通货膨胀、客户对资金额度的要求会不断上升的因素，这类机构提高贷款额度上限有一定的合理性，是应对现实状况作出的调整，但是，这种调整同时会带来服务对象上移的风险。如提高贷款额度的上限之后，信贷员为了省事、追求绩效，会自然而然地倾向于还款能力强、贷款额度高的相对上层客户，如个体工商户、微型企业，甚至中小企业，而忽略或抛弃最底层的客户群体。

（二）存在追逐利润而偏离社会目标的风险

以企业形式运作的公益性小额信贷机构，部分资金是非公益目的的资金，这类小额信贷机构需要给予与其他商业性小额贷款公司同样的商业回报。因此，如果这样的资金所占比例不断增加，小额信贷机构就容易面临追求商业可持续目标的同时，是否能有效保证社会目标的问题。Humle 和 Mosley 认为由于每一笔金融服务存在固定成本，对低收入人群提供小规模存款和贷款服务将增加金融服务的成本，小额信贷目标覆盖面比可持续发展更加重要，对利润的追求将会使小额信贷公司的注意力不再集中在提高低收入人群和弱势群体利益这一方面，而是会使原定的社会目标发生偏移。①

① Hulme, D. , and P. Mosley. Finance Against Poverty, Volumes 1 and 2, Routledge: London. 1996。

第二节　成因分析

一、对社会公平贡献大的原因

（一）内部因素

1. 由利他性所决定

以企业形式运作的公益性小额信贷机构作为利他性主体，都以追求实现社会价值，为无法从正规金融系统获得服务的低端客户提供金融服务和金融发展机会，推动社会公平的实现为目标。

中和农信认为贫困人群并不缺乏生存和发展的智慧，一旦获得一定的信贷资金支持和相关服务，他们完全能够通过自己的努力改变自己的生活；扶贫不应该成为一种资源消耗，而应将资源转换成可持续生产力。赠款的确可以救助贫困人群，但往往是一次性的，而且会增加被救助者的依赖性。中和农信通过小额贷款的扶贫方式激发低收入人群自我发展、自我创造的动力，培养他们的理财观念与能力，发展信用文化，赢得自尊和自强，从而改变他们的一生。

南充美兴的成立旨在为无法从传统金融机构获得服务的低收入人群和微型企业提供金融服务，以达到缓解贫困、改善人们生活，实现可持续性发展的目标。它是我国第一家为农户、个体工商户和微型企业提供贷款服务的外资小额贷款公司。

永济富平成立的目的是希望以小额贷款公司的形式开展大规模的小额贷款业务，规模化地为永济农村经济发展提供农户小额贷款服务。1993 年 9 月，经济学家茅于轼教授、林毅夫教授与汤敏博士等在山西省吕梁地区临县湍水头镇龙水头村成立的“龙水头扶贫基金”（湍水头富平小额贷款基金前身），以 500 元开始小额信贷实验，重点针对贫困农户提供贷款，这是中国最早完全由民间私人出资兴办的扶贫小额贷款。2002 年，社会发展机构北京富平学校成为这一项目的管理方。2006 年 3 月，北京富平学校与山西省永济市蒲州镇果品协会开始，在永济进行小额贷款合作，向协会会员提供农耕生产性贷款，项目贷款规模 40 万元。该项目实行无抵押，无担保，单笔额度 2 万元以下。到 2009 年的 3 年间，这一项目累计发放贷款 1,687 笔，累计贷款总额近 700 万元，1,000 多个农户家庭受益。[①] 2009 年 5 月 18 日，北京富平学校发起

① http://bbs.careerchina.cn/baike/viewthread.php? tid=26332

设立的北京富平社会投资有限责任公司，注册成立永济市富平小额贷款有限责任公司，注册资本3,000万，以小额贷款公司的形式开展大规模的小额贷款业务。经运城市人民政府、运城市工商局批准，永济市富平小额贷款有限责任公司梼栳分公司、虞乡分公司分别于2010年12月、2011年10月注册成立，未来将业务范围扩展到永济全境。

另外，从各机构未来发展的设想看，以企业形式运作的小额信贷机构其发展动机和成立动机目前来看是一致的。南充美兴对自身的发展设想是：

（1）注重公司社会责任的实现，加强社会绩效方面的评估。经过4年多的发展，南充美兴不仅实现了财务可持续，还获得了不少的利润。因此，下一步将把重心放在公司社会责任的实现上。"2011年过去的几个月，公司对目标、价值观这些做了研究和讨论，将来肯定会更注重公司的社会责任这块。比如：将社会绩效方面的一些指标纳入到考核范围。如多少客户是低收入人群、多少客户是没有享受过正规银行服务的等等；如果客户的项目对环境有污染或者对社会有害的，要进一步的规避或规范，同时要对客户进行一些培训。2012年1月份开始，马上就要进行社会绩效方面的评估。"①

（2）"往下走"和"往上走"的拓展思路。南充美兴准备开设更多的分支机构，向边远的农村地区深入，覆盖更多低端客户。南充美兴现有的8个分支机构，一般都设在县城中心。下一步计划在农村地区开一些小分部，以资助离县城较远、没有金融机构的农村地区的低收入人群，缓解当地的需求。目前，已经在仪陇县（国家级贫困县）金城镇设了小分部，作为试点。6个月该小分部就实现了财务可持续。公司对这种小分部的模式非常有信心，未来打算继续推广。同时，采用"往上走"思路，在非农村地区开设更多的分部，覆盖更多的微小企业。"微小企业的资金需求非常大，它们生存很艰难，银行不愿意与它们接触、交流，不愿意给它们贷款，而它们又非常需要钱，需要发展。因此，这一块也是我们未来要关注的。"② 可以看出，对公司未来前景的设想上，南充美兴非常注重小额信贷公益功能的发挥。

永济富平希望通过建立分支机构在3—5年在永济市实现农户全覆盖。目前，永济市拥有7万多户农户家庭，永济富平至成立以来覆盖3,000多户。现在，公司主要在农协的基础上发展小额信贷业务（模式一），未来需要考虑在没有农协的背景下，发展公司业务（模式二），两种模式在发展的同时，目标一致，边建所还要兼顾社会发展。在第二种模式成熟的情况下，向周边县

① 引自本书作者对南充美兴小额贷款有限公司总经理何良刚的访谈。

② 引自本书作者对南充美兴小额贷款有限公司总经理何良刚的访谈。

市扩张规模。关于公司未来的前景，永济富平主要考虑如何更多服务农户。

除此之外，一些本身规模较大、影响力较强的公益性小额信贷机构，如中和农信，还致力于希望通过政策倡导等方式，促进有利于公益性小额信贷发展的相关政策的出台，从而推动整个公益性小额信贷行业的发展。具体包括：

（1）公司希望未来能获得免税的金融许可证，使公司及其他从事小额信贷业务的公益机构拥有合法的放贷资格。“目前，大部分公益机构运作的小额信贷规模都比较小，因此，国家监管层面没人来管。但是一旦规模做大了，很多部门就开始来查了。我们现在一个县的规模达到了几千万，当地工商、税务就会来查。工商会查机构是否符合放贷款的条例；税务会来征税，而税又很高。我们一直在推动针对公益组织运作小额信贷能发一个免税的金融许可证，这是公益小额信贷长期走下去所必须的。”①

（2）公司期望能够推动“放贷人条例”的出台。“中国的金融法制体系是不完善的。在国外，金融市场是有层级的。首先会有个‘放贷人条例’，中国到现在都没有出来这个条例。只要这个条例出来了，就能明确什么人可以放贷款，每个级别相应可以放的贷款数额、范围、享受的政策等等分别是什么。这些都完善了，金字塔体系就出来了。那么以中和农信为代表的公益性小额信贷机构的服务对象就在金字塔底层。这样层级分明，也能明确保护和监管。只有体系建起来了，我们才能比较良好地发展。”②

2. 由所有权和股东意志所决定

从所有权来看，以企业形式运作的公益性小额信贷机构，归个人、企业或社会组织所有。在以企业形式运作的公益性小额信贷机构的股东中，有些股东立意于社会价值和公益目的，有的则可能追求商业利益，但是，目前我们看到的以追求公益目的的股东数量或所占股权比例相对更高，以此来主导董事会所做的决策，决定机构朝着推动社会公平的方向发展。

中和农信有3个股东，大股东为中国扶贫基金会，股权占61%，另外两个股东占股权39%，这两个股东投资中和农信的目的不在于追求利润回报，类似于社会投资，与基金会追求的使命一致，同时承诺8年内不求回报。

南充美兴的股东全部为外资背景，都是专业的微型金融服务机构，旨在为无法从传统金融机构获得服务的低收入人群和中小微企业提供金融服务，以达到缓解贫困、改善人们生活，实现可持续性发展的目标。这些股东包括

① 引自作者对中和农信项目管理有限公司工作人员的访谈。

② 引自作者对中和农信项目管理有限公司工作人员的访谈。

美兴集团①、世界银行国际金融公司（IFC）②、德国复兴信贷银行（KFW）③。

永济富平最初由5个股东共同出资成立，其中大股东为北京富平社会投资有限责任公司（股权占比>70%），另外4个股东为北京资和信担保有限公司、丁健先生、林荣强先生、田溯宁先生（股权占比<30%）。2008年5月，中国人民银行和银监会联合下发《关于小额贷款公司试点的指导意见》后，北京富平抓住政策机遇，由其控股成立了永济富平，成为运城市首家小额贷款公司，立足于服务永济地区"三农"经济发展。但是，由于有关政策对股东占股比例的限制，股权变动为6个股东。目前的大股东仍为北京富平（股权占比40%），其他5个股东为信然集团（股权占比20%）、南都集团（股权占比10%）、资和信（股权占比10%），两个自然人（股权占比共20%）。

3. 由所吸引的资金类型所决定

从资金来源来看，以企业形式运作的公益性小额信贷机构所吸引的资金，有追求社会价值最大化的非逐利性资本，也有追逐商业回报的逐利性资本，但以非逐利性资本为主。大部分出资方力求社会目标的实现。

中和农信的资金来源主要有三类：（1）股东投资。中和农信由基金会发起成立，2008年成立时，注册资本为5,000万元，2009年和2010年基金会分别增资4,500万元和4,875万元，累计注册资本为1.4375亿元。目前基金会所占股权61%。（2）银行融资。2006年12月，基金会小额信贷项目从国家开发银行获得1亿元的授信支持，成为中国第一家从银行获得批发资金的小额信贷组织。2008年1月，基金会小额信贷项目获得了渣打银行的2,000万元贷款。2009年，中国农业银行为基金会小额信贷项目提供了2亿元的贷款。（3）捐赠资金。目前，中和农信获得了来自壳牌、耐克、如新、摩根大通、

---

① 它是一家致力于创建微型金融服务机构的投资公司，通过创建微型融资银行和小额贷款公司，向无从获得传统金融服务的低收入人群和微小企业提供金融服务。美兴集团由法国沛丰协会（PlaNet Finance）、世界银行国际金融公司（IFC）、比利时安盛集团（AXA Belgium）和法国兴业银行（SG）投资设立。另外，法国开发署（AFD）和欧洲投资银行（EIB）于2007年加入美兴集团成为其股东。环球发展基金公司（DWM）于2008年10月加入（一家致力于对全球发展中国家和地区的小额信贷机构提供融资，推动当地经济发展的投资公司）。美兴集团现已在尼日利亚、马达加斯加、塞内加尔和中国等发展中国家设立了11家分支机构，专门进行小额信贷业务。该集团计划未来5年在越南、老挝、菲律宾、阿根廷和巴西等亚非拉国家投资设立15家小额信贷机构。

② IFC创建于1956年，是世界银行集团的成员之一，也是全球性投资机构和咨询机构，旨在促进发展中成员国的可持续性项目，使其在经济上具有效益，在财务和商业上具有稳健性，在环境和社会方面具有可持续性，从而达到减少贫困和改善人们生活的目标。

③ KFW成立于1948年，总部位于法兰克福，是德国最大的银行，也被视为德国最成功的商业银行。其主要定位于为小型或中型企业提供金融服务。

赠与亚洲等多家跨国公司或国际机构的捐款。同时，还有嘉道理基金会和达能集团提供的长期无息贷款作为贷款本金。另外，还有小部分企业和公众个人捐赠。

中和农信的另外两个股东占股权39%，承诺8年内不求回报；公司的捐赠方不要求中和农信给予分红回报，大部分捐赠方也不苛求贷款的逾期情况或者项目是否可持续，只要把钱用在其捐助的项目上就可以；而银行方面，则对中和农信发放的小额贷款质量有明确要求，中和农信要有能力偿还银行的贷款。与此同时，中和农信通过与捐赠方进行协商，兼顾资金来源方的诉求和机构本身的发展目标。有的捐赠方在提供捐赠资金时提出的要求会与机构本身的使命和发展战略发生一定的冲突。一方面，是因为他们对小额信贷及其追求的目标并不了解；另一方面，部分捐赠方是企业，他们更多会考虑自身的捐赠意图（为了完成其CSR进行的社会捐赠有一定的特殊要求）。每个企业的诉求不同，自然会影响受助方。这两方面导致，捐赠方提出的要求往往不能完全与受助方本身的使命和目标吻合，而很多受助方为了获得捐赠资金不断调整机构的发展战略，尽力去完成捐赠方的要求，顾此失彼，实际上不利于项目和整个机构的稳定发展。在这方面，中和农信有比较鲜明的立场，明确捐赠方只是合作伙伴，机构是主导者。如果捐赠方提出的要求与机构的使命目标有冲突，宁可不接受其捐赠资金。同时，通过协商的方式，尽量达成捐赠方与中和农信都满意的合作方案，实现双赢。“捐赠方对项目的发展肯定有帮助，但是在项目质量方面，有时他们对小额信贷项目不了解，尤其对公益方式操作的小额信贷；另一方面，他们也是为了完成企业的CSR。任何一个机构都必须清楚自己要什么，不能受外界的影响。合作伙伴对机构肯定有帮助，但是机构要明确自己的主线，不能被合作伙伴牵着鼻子走。这对公益机构很重要。”①

南充美兴的资金来源主要为股东投资和银行融资两个渠道。（1）股东投资方面，目前南充美兴总注册资本为1亿元，其中初始注册资本为5,500万港币，2010年初增资后达到1亿元。其股东包括美兴集团、世界银行国际金融公司（IFC）、德国复兴信贷银行（KFW）。它们全部为外资背景，都是专业的微型金融服务机构，都旨在为无法从传统金融机构获得服务的低收入人群和中小微企业提供金融服务，以达到缓解贫困、改善人们生活，实现可持续性发展的目标。（2）银行融资方面。其中，股东对南充美兴不要求分红回

① 引自作者对中和农信项目管理有限公司工作人员的访谈。

报，它们更强调社会目标的实现。而银行融资方面，则完全是商业行为。到目前为止，南充美兴还没有给股东分过红。“他们从来没有要求分红，或者要求我们尽量多赚钱。像 IFC、KFW 都更强调社会目标的实现，只要求我们能可持续经营就行了。赚了的钱继续投放进去，扩大贷款规模。”银行融资方面，国家开发银行给南充美兴的贷款需要收取利息，并且利息方面没有给予任何优惠，利率完全按市场原则来确定。

永济富平的资金来源包括股东投资和银行融资。股东投资永济富平不以营利为目的，主要希望能够帮助农户，回馈社会。虽然公司章程规定股东按照持股比例分红，但是股东们约定三年不分红。北京富平是一家社会企业，作为大股东，其投资目的是希望永济富平能够提供符合当地农民需求的小额信贷产品，满足当地农民的小额信贷金融需求，从而帮助当地农村人群。其他股东也是如此。一个股东曾经说“投资永济富平的这笔钱本身就不是为了赚钱的，直接给钱是扶贫，这也是一种扶贫方式”。无论是大股东还是小股东，投资永济富平不是为了商业利益，而是为了帮助贫困人群，回馈社会。而民生银行提供融资，完全是追求商业回报的理性经济人行为，在贷款利率上并没有对永济富平给予优惠。

4. 由治理目标所决定

对于以企业形式运作的公益性小额信贷机构，其治理模式相对清晰，董事会与管理层分权明确。董事会进行决策，确定机构所追求的目标是追求社会目标为主，同时兼顾可持续经营。日常运营通常采用职业经理人制，股东不直接参与，职业经理人负责向董事会提交报告。董事会决策内容中甚至包括防止目标偏离的规定。例如，南充美兴的董事会为了防止公司目标偏离、过分关注利润获得，对各类额度的贷款设定了比例限制，明确规定 10 万元以上的贷款在整个贷款余额中的占比不能超过 30%，从而保证大部分的资金能用到小额客户中。这样的治理目标，与股东背景和公司理念息息相关。由于股权结构比较复杂，可能包括私人投资者、非营利投资者、政府公共部门等，每类股东都有他们各自关心的问题。私人资本投资于小额信贷是在近几年一些小额信贷机构实现赢利后才出现的，大部分私人投资者的主要目的是获取投资回报。一些 NGO 或非营利组织会持有小额信贷机构的股份，它们的主要目的是平衡机构的赢利目标和为低收入人群服务的社会目标。而政府公共部门拥有股权更多的是出于政策的考虑，参与扶贫。我们所研究的几个个案中，这类小额信贷机构的股东通常更关注社会目标，本身也讲求效率和商业可持续经营。因此，他们强调的不仅仅是为低收入人群提供一次性或者短期性的帮助，而是希望通过这种金融服务，持续地帮助低收入人群提高自身能力，以实现可持续性的发展。

以企业形式运作的公益性小额信贷机构往往被视作社会企业。社会企业的作用是把公司与公益结合，兼顾企业的效率和社会目标，避免了企业一味地追求利益而公益机构又没人管的弊病。第一，目标是公益；第二，治理和管理方式是兼顾社会目标的企业方式。公益机构没有人负责，但是社会企业从法律上保障了出资人的权益，决策权和管理权，因此就有积极性。公益机构的出资人没有权力管理，是合同管理，没有治理权限和管理权限，而社会企业公司的治理结构有明确的权益，有明确的法律依据。管理层不能胡作非为，决策也必须执行，法律保护出资人的利益。因此避免了机构没人管的问题，也没有企业的弊病，企业追求利益最大化，但是其出资人关心的社会目标，兼顾了这两点。例如，向给中和农信、美兴、永济扶贫投资的一些机构或个人本身是非营利的。或者，有些投资者即便追求利润，但是所占股份较少，不影响以企业形式运作的公益性小额信贷机构追求社会利益。

（二）外部因素：政府

政府对以企业形式运作的公益性小额信贷机构给予了一定的支持与激励，比如给予合法身份、进行税收减免、拓宽融资比例等。但是，需要指出的是，这些全部为特殊性的支持政策，只是针对个别机构给予的特殊待遇，并不具有普遍性。具体的支持性政策大致有以下两种情况：

1. 给予合法身份

23 号文件的出台，使公益性小额信贷机构可以合理合法地注册为小额贷款公司，为低收入人群提供贷款服务。23 号文件中，明确地规定了小额贷款公司是由自然人、企业法人与其他社会组织投资设立，不吸收公众存款，经营小额贷款业务的有限责任公司或股份有限公司。这样的规定为社会组织注册为小额贷款公司提供了合法性。南充美兴和永济富平都经过当地金融办批准，并在当地工商部门注册为小额贷款公司，在当地合理合法地为低收入群体提供贷款业务。

2. 给予优惠政策

政府对以企业形式运作的小额信贷机构给予一定的税收减免、放宽融资比例和允许跨县域经营等优惠。例如，

南充市金融办给予南充美兴一定的优惠激励，如允许其跨县域经营，并增加其银行融资比例至 100%。南充美兴是四川省第一家真正获得 100% 融资比例的小额贷款公司，共从国家开发银行获得了 1 亿元的融资。根据 2008 年人民银行和银监会联合下发的《关于小额贷款公司的指导意见》和四川省人民政府下发的《四川省小额贷款公司管理暂行办法》的规定，“小额贷款公司

从银行业金融机构获得融入资金的余额，不得超过其资本净额的50%”。也就是说，按照这个规定，南充美兴从银行获得的融资，最多为其注册资本的50%，即5,000万元。而实际上，它从国家开发银行获得了1亿元的融资。一是因为2011年7月，四川省金融办对5家（南充美兴、成都瀚华小额贷款公司、富登小额贷款公司、泸州龙马兴达小额贷款公司等）小额贷款公司给予特别批准，将它们的银行融资比例由50%提高至100%。但是在实际操作中，只有南充美兴一家真正获得了100%的融资。这与南充美兴真正小额分散式的正规操作，风险比较小等因素有关。南充美兴总经理这样说到，“为了控制风险，银行并不会简单地提高对小额贷款公司的融资比例。但是国家开发银行比较认可我们，觉得我们是真正的小额、分散，风险比较小，所以还是给了100%的比例。”

永济富平注册成立时永济市政府给予了较大支持，如专门成立永济市推进小额贷款公司试点工作领导组（以下简称“永济市领导组”）帮助永济富平顺利注册及开展业务。当然，永济市领导组的成立，除了为推动永济富平成立外，其更主要是希望以此推动永济市商业性小额贷款公司的发展，为当地中小企业提供资金支持，帮助当地经济发展和政府财政增加。

中和农信获得了特批的免税优惠政策。例如2010年5月13日财政部、国家税务总局下发《关于中国扶贫基金会小额信贷试点项目税收政策的通知》。《通知》规定，一、中和农信项目管理有限公司和中国扶贫基金会举办的农户自立服务社（中心）从事农户小额贷款取得的利息收入，按照《财政部国家税务总局关于农村金融有关税收政策的通知》（财税［2010］4号）第一条、第二条规定执行营业税和企业所得税优惠政策。二、中和农信项目管理有限公司和中国扶贫基金会举办的农户自立服务社（中心）应对符合条件的农户小额贷款利息收入进行单独核算，不能单独核算的不得适用本通知规定的优惠政策。三、已征的应予免征的营业税税款，在以后的应纳营业税税额中抵减或者予以退税。请遵照执行。

二、存在风险的成因分析

（一）内部因素

1. 引入少部分追求商业利润的股东会一定程度影响机构追求社会价值最大化的发展目标

追求商业利润的股东，即便股权所占比例少，仍然拥有一定的发言权和决策权，对机构的发展目标、定位和方向会产生一定的影响。尤其，很多机构的董事会采用1人1票制时，董事会成员的发言权和决策权不再与股权比例挂钩，这种情况下，追求商业利润的股东即便股权占比很小，但其所拥有的决策权与其他大股东是相同的，对机构确定发展目标和发展方向同样具有重要的影响力。

2. 引入部分逐利性资金容易使机构偏离追求社会价值最大化的发展目标

这类机构吸引的资金中包括非逐利性资金和逐利性资金，如银行融资、部分追求商业回报的股东投资或其他投资等。虽然，目前非逐利性资金占大部分比例，但少部分逐利性资金的存在，还是容易使这类机构偏离追求社会价值最大化的发展目标。机构往往会为了满足这部分逐利性资金的要求，而出现过度追逐商业利润的行为，抛弃部分导致其运作成本高、收益低的低收入客户，而偏离推动社会公平的目标。

永济富平最初由5个股东出资成立，其中大股东为北京富平社会投资有限责任公司（以下简称北京富平）（股权占比>70%），另外4个股东为北京资和信担保有限公司、丁健先生、林荣强先生、田溯宁先生（总股权占比<30%）。后来，由于有关政策对股东占股比例的限制，股权变动为6个。目前的大股东仍为北京富平（股权占比40%），其他5个股东为信然集团（股权占比20%）、南都集团（股权占比10%）、资和信（股权占比10%），两个自然人（股权占比共20%）。可以看出，非逐利性资金的主要提供者北京富平，虽然仍为大股东，但其股权占比已由70%以上下降到了40%，而其他类型的资金提供者股权占了绝大多数，达到了60%。另外，在公司章程中也明确规定了股东可按照持股比例分红，虽然股东们约定三年不分红，但是如果三年期一到，股东开始要求分红，公司势必会为了满足股东的分红诉求，而存在偏向追逐商业利润的风险，忽略或抛弃部分相对不利于其盈利的低收入客户，存在偏离追求社会价值最大化发展目标的风险。

（二）外部因素：政府

1. 现行政策无法阻止机构的服务对象上移而偏离追求社会价值最大化的发展目标

建立小额贷款公司的政策初衷的核心是提高微小企业、农户等微小客户的贷款可得性。微小企业和农户的信贷需求多为小额贷款，而贷款额度是影响小额信贷机构管理费用的重要因素之一（Getaneh Gobezie，2009），发放一笔小额贷款所支付的固定成本与较大额度贷款相差无几，因此，小额贷款需要支出更高的成本，要实现财务可持续需收取更高的利率，在利率相同的情况下，为了追求更高的收益，小额信贷机构有提高贷款额度的冲动，进而出现目标的上移，已有相当多的证据证明了这一观点（Morduch，1999；Henry et al.，2003；Karnani，2008；Roodman and Morduch，2009）。目前23号文件规定的单笔贷款额度太大，无法控制其服务对象上移。以企业形式运作的小额信贷机构是企业，有些股东投资小额贷款公司的首要目标是实现满意的投资回报，提高贷款额度进而降低管理成本支出是小额贷款公司提高投资回报的方式之一，因此，以企业形式运作的小额信贷机构为了追求更好的投资回报有发放大额贷款的倾向。

2. 缺乏有效的监管

（1）缺乏针对性的监管主体

对以企业形式运作的公益性小额信贷机构，政府通常将其看作一般的工商企业或商业性小额贷款公司进行监管。监管主体通常与普通工商企业或商业性小额贷款公司的监管部门相同，一般包括工商、金融办、银监、人民银行、税务、公安等部门。

（2）监管部门监管能力不强

除了中和农信外，以企业形式运作的公益性小额信贷机构的上级主管部门自身监管能力不强，很难对以企业形式运作的公益性小额信贷机构进行有效日常监管，更不要说对追求社会价值最大化目标的监管和约束。

南充市金融办的监管人员的专业能力有限，工作人员数量很少。目前，市金融办的地方金融科只有1名全职员工（2011年10月份原科长被调走，目前新的科长还没到位，只有1名科员负责科室的所有工作）。永济市推进小额贷款公司试点工作领导组，办公室设在人民银行，实质上是人民银行系统内进行监管。具体负责人只有1人，为永济市领导组办公室副主任，既永济市人民银行副行长。他们对如何监管这类机构并没有特殊办法。

（3）缺乏针对性的监管内容

由于以企业形式运作的公益性小额信贷机构追求的目标不同，对这类机构的外部监管必须与商业性小额贷款机构区分开来，需要特别加强对其是否偏离使命（惠及低收入人群、追求社会目标）的监管和约束。目前，政府未对这类机构有特殊监管，而与商业性小额贷款机构同等看待，只对其进行金融方面的监管，确保他们不触犯四个“底线”或“红线”。即，不非法集资、不非法吸储、不发放高利贷、不暴力收贷。对其是否切切实实地、有效地为低收入人群提供金融服务，是否真正地致力于推动社会公平等并不在其监管范围之内。因此，目前对这类机构的政府监管处于空白。在缺乏外部严格约束和监管的情况下，难以控制和处罚这类机构偏离使命、转而追求商业利益的行为。

目前对南充美兴进行主要日常监管的部门为南充市金融工作办公室（以下简称南充金融办）。南充金融办将其与一般的商业性小额贷款公司同等对待，监管内容主要有：（a）公司的经营管理，包括团队建设（如要求管理层员工必须有银行等金融工作经验）、内控机制、制度建设等；（b）公司的合规经营，包括是否触犯四大政策“红线”、单笔20万元以上的贷款是否向金融办报备[①]、是否存在单笔贷款超过注册资本5%的情况。

永济富平主要接受永济市推进小额贷款公司试点工作领导组（以下简称永济领导组）的监管。永济市推进小额贷款公司试点工作领导组作为其监管单位，更多考虑是小额贷款公司能够为当地经济发展和财政收入有所贡献，不考虑对其追求社会价值最大化的目标进行日常监管和约束。永济市领导组认为：永济富平既然作为公司，必须考虑商业利益最大化；同时希望引导永济富平为中小企业提供资金支持，以帮助当地经济发展和政府财政收入增加。领导小组成员所在机构除人民银行还包括工商部门、公安部门等，但都没有对追求社会价值最大化的目标进行约束。工商部门按照管理普通工商企业的方式管理小额贷款公司，负责监控非法集资情况。公安部门主要负责防止小额贷款公司出现暴力收贷等情况的出现。

（三）外部因素：行业协会

国内两大全国性小额信贷行业协会——全国小额信贷联席会和中国小额信贷联盟都不是专门代表以企业形式运作的公益性小额信贷机构的行业协会。前者主要代表商业性小额贷款机构的利益，后者，虽然主要代表了国内公益性小额信贷机构的利益，并提供相应的服务，但是主要为以民间组织形式运作的公益性小额信贷组织服务，为此类机构的政策倡议、能力建设、资金筹措、行业自律和行业监督方面所发挥的作用有限。

（四）外部因素：舆论导向

大部分舆论没有把以企业形式运作的公益性小额信贷机构和商业性小额贷款公司区分开来，将两者混淆在一起，甚至混为一谈，淹没了前者与后者的本质区别。

以企业形式运作的公益性小额信贷机构类似于社会企业，由于国内对社会企业的认知度不高，再加上也没有严格的界定社会企业的方法，有时人们会过于夸大社会企业的作用，有时则会忽略社会企业本身隐含的风险——以商业方式运营时如何保证社会目标的实现。

中和农信、南充美兴、永济富平等得到了舆论的关注和支持，但更多不

① 《四川省小额贷款公司管理暂行办法》中规定“原则上小额贷款公司的资金应用于发放贷款余额不超过20万元的小额贷款，对超过20万元的贷款，由小额贷款公司向市（州）政府指定的小额贷款公司的主管部门报备。”

是出于舆论引导的目的，更多因为这些企业成立本身具有新闻点。例如，中和农信的大股东为中国扶贫基金会[①]；南充美兴的股东为著名的国际机构，如世界银行旗下的国际金融公司（IFC）、德国复兴银行等。公司开业时，世界银行行长佐利克亲临现场，在当地引起了不小的轰动，引起舆论的关注和支持。但是，这类企业为数太少，舆论能够发挥的作用很有限。

综上所述，以企业形式运作的公益性小额信贷机构对社会公平的贡献大，但是存在对社会公平贡献减弱的风险。这是由其内部因素决定的，外部因素对其也有重要的影响作用。图 3－4 对以企业形式运作的公益性小额信贷机构对社会公平的贡献的优劣势进行了分析。

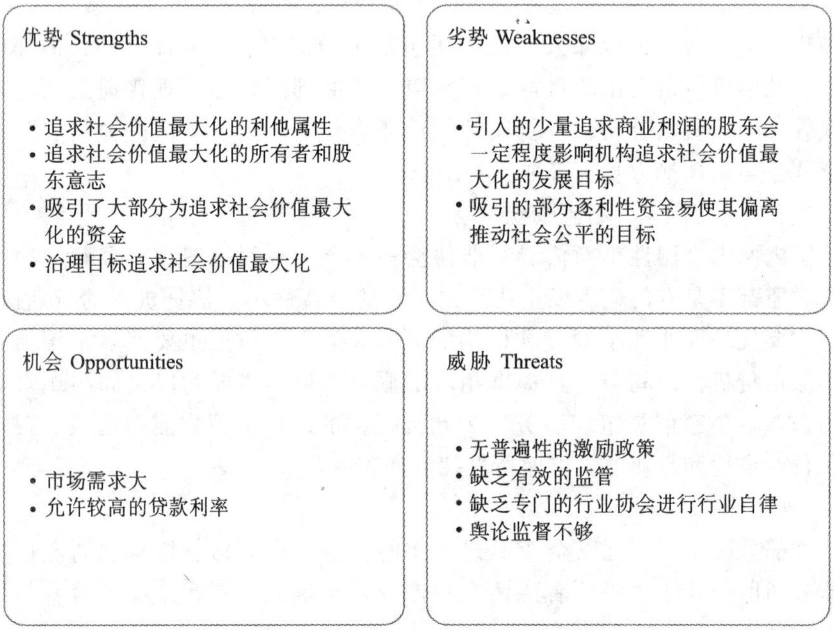

图 3－4　以企业形式运作的公益性小额信贷机构优劣势分析

以企业形式运作的公益性小额信贷机构能同时实现财务可持续和社会价值双重目标。一方面为低端客户提供金融服务和金融发展机会，且覆盖面广；另一方面，在有效的治理和管理下，机构实现了财务可持续，甚至产生盈余，盈余一般继续投入用于扩大贷款规模。这种双重目标的达成，能使机构可持续地为低收入人群提供服务，不断地推动社会公平。但是，与此同时，由于

① 《中国扶贫基金会：贫困地区企盼公益性小额信贷》，《人民日报》，2012 年 3 月 25 日，http：//finance. sina. com. cn/china/20120325/074311671274. shtml

这类机构的部分资金来源于追求商业回报的股东或资金，虽然目前在各机构所占比例较小，但是仍然对机构的发展目标和方向存在一定的影响，存在偏离社会目标的风险。另外，就其发展的外部环境而言，政府对这类机构的支持和监管都很有限。政府所给予的支持只是针对个别机构的特殊性政策，不具有普遍性。对这类机构的监管仅限于金融层面的合规经营，未对其社会绩效进行监督，舆论也未有相应的引导。因此，想要有效地发挥这类机构的优势，政府应同时加大对其引导、支持和监督。图 3 -5 展示了利他性主体——以企业形式运作的公益性小额信贷机构与社会公平的关系。

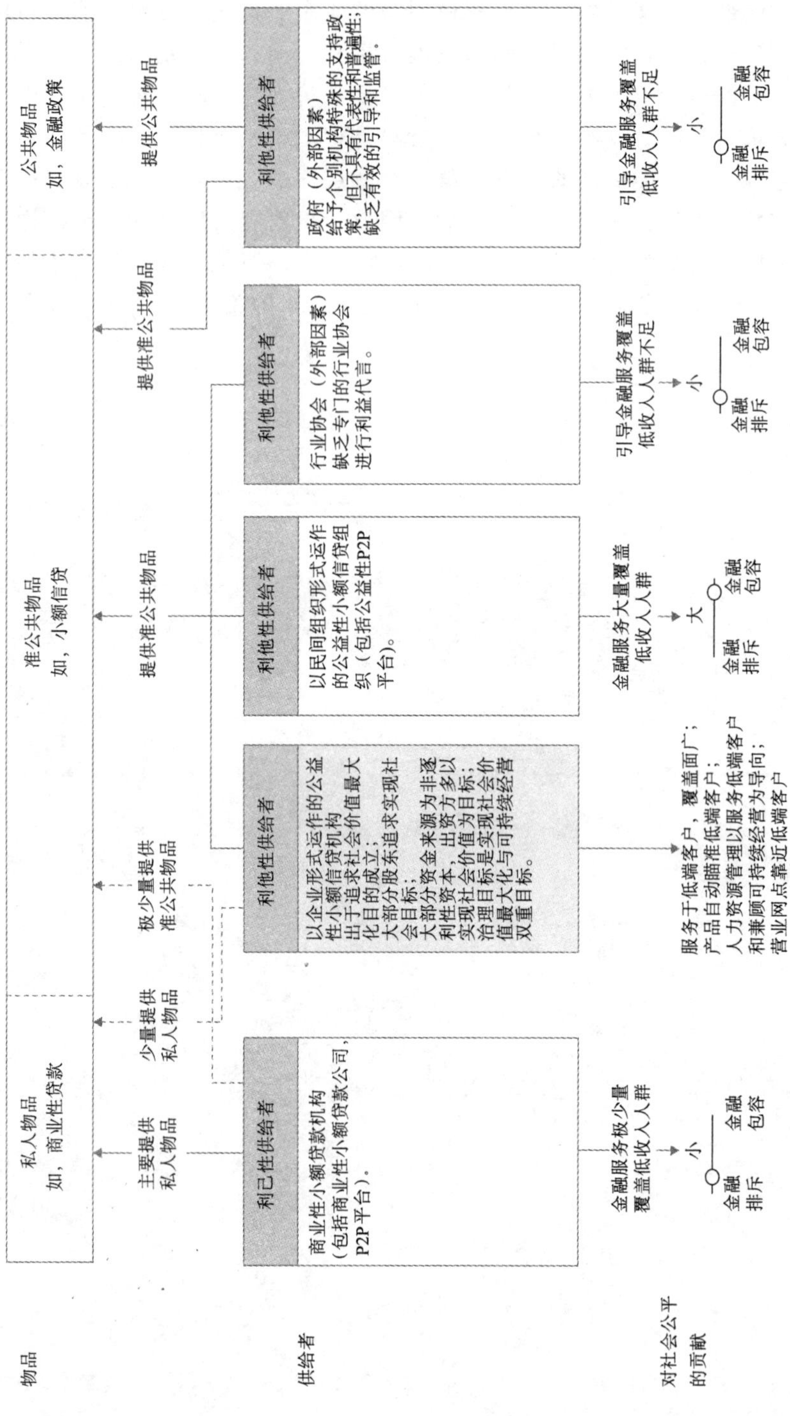

图 3－5 以企业形式运作的公益性小额信贷机构与社会公平的关系

第四章　以民间组织形式运作的公益性小额信贷组织与社会公平

以民间组织形式运作的公益性小额信贷组织是中国小额信贷的开拓者和实践者。他们与商业性小额贷款机构存在着本质的区别，彼此所追求的目标不同。商业性小额贷款机构以实现股东利益最大化、追求利润为目标，而以民间组织形式运作的公益性小额信贷组织以实现社会价值最大化、追求社会利益为目标，为利他性主体。前者主要提供私人物品性质的贷款产品，这种贷款产品具有竞争性和排他性，公益功能难以体现；后者提供的是准公共物品性质的小额信贷，具有一定程度的非竞争性和排他性，有助于低收入群体获得该金融服务，推动社会公平的实现。

中国的小额信贷最初是在20世纪80年代由联合国援助机构引进的，用于妇女发展、促进就业和扶贫等事业。以民间组织形式运作的公益性小额信贷组织在中国经历了两个阶段：（1）20世纪90年代初—1999年。以项目形式或专门做小额信贷的组织形式运作，资金来源于国际或国内捐赠资金或软贷款，国际资金多于国内资金，依赖政府执行渠道，运作中的管理技术和管理水平相对低，信息化程度低；这一阶段小额信贷作为扶贫手段被广泛使用，倾向于向最贫困的农户家庭贷款，多被用于改善妇女地位和扩大就业机会，改善医疗和生育卫生条件，实现金融包容，对社会公平的贡献大。（2）2000年至今，仍然以项目形式或专门做小额信贷的组织运作（个别于2008年以后注册为小额贷款公司，成为追求社会价值最大化的以企业形式运作的小额信贷机构），资金来源于国际或国内捐赠资金或软贷款，国内资金开始增加，但相对政府更加独立运行，运作中的管理技术和管理水平相对高，信息化程度高。这一阶段贷款对象拓展为低收入人群，包括非贫农户也可成为贷款对象，其目的除了脱贫，还有农户的生计改善、生活质量的提升，以及农村社区的改善，同样实现金融包容，对社会公平的贡献大。

在这两个阶段的交界期间，即20世纪90年代末和21世纪初，一些大型国际会议和政府首脑集会纷纷开始讨论新世纪全球发展方向，并确立了一些比较明确的目标，如“促进两性平等”、“确保环境的可持续性”等，称之为

"国际发展目标"。2000年9月，联合国将这些目标整合并重新命名为"千年发展目标"，以此作为二十一世纪全球发展规划的具体指引。消除贫困一向是联合国的重要工作之一，在"千年发展目标"中，"根除极度贫困和饥饿"被列在首位，突显了联合国对贫困和低收入人口的重视和关切，以及消除贫困、改善人们生活状况的决心。同时，以印尼人民银行（BRI）乡村银行体系与玻利维亚的阳光银行（BancoSol）为主要代表的制度主义小额信贷，在有效地向低收入人口提供信贷服务的同时，也获得了巨大的商业成功，被援助赤贫者磋商小组（CGAP）及其主要成员组织世界银行等作为"最佳实践"总结推广。在此背景下，小额信贷作为扶贫的有效手段和攻坚力量，开始进入联合国的规划视野。1998年12月，联合国会员大会指定2005年为国际小额信贷年，并正式宣布这一年将成为促进小额信贷计划贯彻全球的一个重要机会。2004年11月18日，国际小额信贷年在联合国总部美国纽约正式启动，目标是到2015年，全球每天收入1美元以下的贫困人口比例比1990年减少一半。[①]"国际小额信贷年"的五个主要目标之一是支持对金融服务的可持续发展性评估。国际小额信贷出现商业化潮流并成为主流，投资机构开始成为这个领域的主导，追求社会价值和财务可持续双重目标、双重底线成为人们关注的。2005年以后，国际援助机构开始退出中国小额信贷领域，这些试点性质的小额信贷机构难以得到更多的资金投入，目前存续的100家左右与小额信贷有关的民间组织主要由国内几个系统来维系，包括社科院农村发展研究所、商务部中国国际经济技术交流中心、中国扶贫基金会和全国妇联，还有当地自发的组织。

国际援助的小额信贷项目逐渐结束，为了保证小额信贷可以持续、长期地帮助中低收入人口发展生产，脱贫致富，国际组织支持这些小额信贷项目不再仅作为政府的临时项目运作，而是以相对独立的组织形式运作，由独立的法人机构来运作。这样，有些小额信贷项目转成不同的民间组织形式，即非政府组织（NGO），如社团、事业单位、民办非企业单位和基金会等；有的没有转，继续依靠传统的政府背景的组织，如妇联；少数依然作为政府的项目办公室存在。

以民间组织形式运作的公益性小额信贷组织是国际小额信贷的先驱和重要组成部分，全球一万多家小额信贷机构中70%是NGO。2007年福布斯首次发布全球小额信贷机构50强榜单，位居榜首的就是一家NGO（孟加拉国的

---

① 白澄宇：《2005国际小额信贷年》，http：//biz. cn. yahoo. com/051220/16/er56. html

ASA），ASA 当时有 3300 多家分支机构、2.5 万名员工和 540 多万个活跃客户，还款率高达 99.77%。但是，在中国，从事小额信贷的 NGO 机构数量并不多，早期曾达到 300 多家，它们通过向低收入群体提供无抵押的小额贷款，达到增加收入、增进低收入人口福利的作用，对推动社会公平具有重要的作用。原来由政府部门运作的小额信贷，逐渐转给或转化为相对独立的小额信贷组织运作，目前国内追求公益目的的小额信贷机构仍然以 NGO 运作为主。即从数量上看，以民间组织形式运作的公益性小额信贷组织数量占公益性小额信贷机构的绝大部分。

然而，截至 2006 年底，依据中国小额信贷联盟 2009 年年报会员数据以及我们掌握的数据，推测目前以民间组织形式运作的、政府部门运作的、以及以项目形式运作的与公益性小额信贷相关的机构仅剩 103 家，其中实际操作小额信贷的机构不足 100 家，各省分布情况见表 4－1。甚至有专家认为，在这 100 多家中，真正实现双重目标的只有十几家，情况不容乐观。

第一节　对社会公平的贡献大但处境艰难

一、对社会公平的贡献大

（一）服务对象主要是低收入人群

以民间组织形式运作的公益性小额信贷组织服务对象是低收入人群或者贫困人口，服务定位明确，只向当地低端客户或低收入人群发放贷款，尤其是妇女。不仅解决了他们生产生活的资金问题，对他们脱贫致富发挥了一定的作用。小额信贷已经成为中国农村扶贫的一种重要手段。同时，贷款给妇女，增强了妇女的自信心，使其有机会利用金融产品改善家庭收入，提高她们在家庭和社区中的地位，改善她们参与社会生活的程度与机会，提高她们的社会经济地位。

初期的小额信贷多被用于改善妇女地位和扩大就业机会，改善医疗和生育卫生条件。20 世纪 80 年代末以后，小额信贷作为扶贫手段被广泛使用，倾向于向最贫困的农民家庭贷款。目前，贷款对象有所拓展，基本为低收入人群，包括非贫农户也可成为贷款对象，其目的除了脱贫，还有农户的生计改善、生活质量的提升，以及农村社区的改善。

有的 NGO 定位于服务最穷者，把贫困的农户单独区分出来作为目标客户。有的 NGO 目标客户是区域内的全体农户，但对社区中特别贫困的农户给

表 4－1　公益性小额信贷组织/项目办相关机构名录①

河南
河南濮阳市农村贷款互助合作社
河南省南召县扶贫经济合作社
河南省虞城县扶贫经济合作社
全总/UNDP 小额贷款项目河南办公室
河南省妇联妇女发展部
河南省漯河市妇联城乡工作部
河南省济源市妇联
河南省商丘市妇联
河南省兰考县贺村资金互助合作社
河南省舞阳县妇联
河南省信阳新县外资项目办公室/LPAC 项目办

云南
云南省社科院云南山地生态系统生物多样性保护项目
云南省保山市龙陵县人民政府 SPPA 项目办
云南省金平自治县农村合作发展促进会
云南省麻栗坡县乡村经济发展协会
省携手困难群体创业服务中心
云南昆明妇女再就业服务中心（小额信贷工作站）
云南省玉龙县扶贫小额信贷办公室
云南昆明妇女再就业服务中心（小额信贷工作站）
云南省保山市龙陵县人民政府 SPPA 项目办
云南省金平自治县农村合作发展促进会
云南省麻栗坡县乡村经济发展协会

甘肃
甘肃省景泰县城乡发展协会
甘肃皋兰县城乡发展协会
甘肃省白银市靖远县城乡发展协会
甘肃省积石山县乡村发展协会
甘肃省定西市安定区城乡发展协会
甘肃省通渭县乡村发展协会
甘肃省武山县县域发展协会
甘肃省渭源县贫困地区儿童规划与发展项目办
甘肃省和政县乡村发展协会
甘肃省国际经济技术合作民间促进会

陕西
陕西省西乡县妇女发展协会
陕西省蒲城县妇女可持续发展协会
陕西省佳县妇女可持续发展协会
陕西省榆林市榆阳区委妇联
陕西省淳化县妇女发展协会
陕西省安康市汉滨区 LPAC 项目办公室
陕西安塞县 UNDP 项目办
陕西妇源汇性别发展培训中心
陕西国际计划中国国家办公室

北京
商务部中国国际经济技术交流中心 CICETE
中欧天然林管理项目小额信贷项目办
美国大自然保护协会中国项目部绿色乡村信贷项目
全国妇联妇女发展部
北京市农发扶贫基金会（中国社科院农发所扶贫经济合作社总部）
中国扶贫基金会②
中国妇女发展基金会
我开

四川
四川省仪陇县乡村发展协会
四川大巴山生态与贫困问题研究会
四川省黑水县乡村经济发展协会
四川省茂县乡村发展协会
四川省潘县乡村发展协会
四川通江县农户自立能力建设支持性服务社
成都市青羊区青年就业创业服务中心
四川省贫困乡村经济发展促进会

青海
青海省国际经济合作促进中心
青海省大通县 LPAC 项目办
青海省贵德县乡村发展协会
青海省贵南县 LPAC 项目办
青海湟源 UNDP 援助项目办公室（县乡村发展协会）
青海省尖扎县 LPAC 项目办
青海同仁县乡村发展协会

贵州
贵州省乡村发展协会
贵州兴仁县农村发展协会
贵州省紫云县农村发展协会
贵州省关岭自治县乡村发展协会项目
贵州省草海国家级自然保护区管理局
贵州省世界宣明会榕江项目办

---

① 数据不仅包括实际开展小额信贷业务的公益性小额信贷机构/项目，还包括筹资、监管机构。

② 中国扶贫基金会原小额信贷项目部门实际操作业务已转入中和农信。中国扶贫基金会小额信贷项目部现关注小额信贷领域的方式为筹资、组建论坛，协调行业交流、促进公益性小额信贷的发展。

续表

贵州普定 UNDP 项目办 **广西** 广西隆林县 UNDP 项目办公室 广西大化县 UNDP 项目办公室 广西都安瑶族自治县乡村发展协会 广西平果县小额信贷扶贫总社 广西忻城县农村妇女信贷扶贫社 **福建** 福建省妇联妇女发展部 福建省三明地区永安市建兴笋竹专业合作社 福建省建宁县妇联 福建省宁化县妇联 福建省清流县妇联 **山西** 山西省晋中市乡村扶贫发展协会 山西湍水头富平小额贷款基金 山西省临县龙水头扶贫基金会 **内蒙古** 内蒙古赤峰市昭乌达妇女可持续发展协会 内蒙古乌审旗贫困地区社会发展小额信贷管理中心 内蒙古自治区乌审旗苏力德苏木贫困地区社会发展项目 **新疆** 新疆布尔津县妇联 LPAC 项目办 中加合作新疆妇女创收项目皮山县项目管理办公室 新疆和田地区扶贫开发协会墨玉分会 **天津** 天津妇女联合会 天津市妇女创业发展促进会	**河北** 河北保定市易县扶贫经济合作社 河北省涞水县扶贫经济合作社 **宁夏** 宁夏回族自治区固原市原州区河川乡经济发展协会 宁夏泾源县外援项目办公室 **山东** 秦皇岛市创业者协会 **重庆** 重庆开县开发扶贫社小额信贷项目办 **吉林** 吉林梨树县百信（阎家村）农民资金互助合作社 **江西** 江西省山江湖可持续发展促进会 **江苏** 江苏省盐城市阜宁县城乡发展经济合作社 **湖北** 湖北省孝感市妇女联合会 **湖南** 湖南湘西自治州凤凰县乡村发展协会

数据来源：主要来自中国小额信贷发展促进网络《2009 年年报》，部分来自项目成员资料搜集。

予一定的照顾和优惠。有的目标客户是区域内的农户及微型企业。从我国实施的小额信贷项目的设计原则来看，大部分目标定位是第一种，但在实际操作中，把最贫困农户区分出来难度较大。一方面缺乏简单易行的确定标准，或者机构自身出于财务自负盈亏的考虑，往往让中等收入的农户也得到、甚至容易得到贷款。有公益组织认为，目标客户界定不明确、不严格，这会偏离其预先设定的目标。

总的来看，我国以民间组织形式运作的公益性小额信贷组织实际贷款对象包括：（1）农户；（2）个体工商户；（3）微型企业；（4）低收入人群；（5）贫困人口；（6）特困户；（7）妇女等。

中国小额信贷联盟2010年年报统计数据显示，44家非政府组织小额信贷机构和农村资金互助社（会员）总的贷款客户数为75,575人，平均每家贷款客户数约为1,717人。

仪陇协会客户定位和客户选择的原则是，为那些很难从银行、信用社等正规金融机构得到贷款的人群提供贷款机会。目前，协会主要为农村集镇小工商业户、纯农业生产者、经营农业同时兼营小商业和小作坊的农户提供经营性贷款。另外，还面向所有家庭为其子女上学提供助学贷款。协会的目标客户群体见表4－2。

表4－2　仪陇协会的客户类型

<table>
<tr><th>客户类型</th><th>地域范围</th><th>举例</th><th>客户数量所占比例</th></tr>
<tr><td>农村集镇小工商业户</td><td>乡镇</td><td>干杂店、小超市</td><td rowspan="4">针对不同客户的数量及所占比例协会没有进行专门的统计，但是在选择客户时，协会优先贷给额度小、家庭收入低的客户。</td></tr>
<tr><td>纯农业生产者</td><td>农村</td><td>粮食种植</td></tr>
<tr><td>经营农业同时兼营小商业和小作坊的农户</td><td>农村、乡镇</td><td>水果种植＋经营干杂店</td></tr>
<tr><td>有助学贷款需求的所有家庭</td><td>农村、乡镇</td><td></td></tr>
</table>

我开确定的目标客户主要为农村贫困地区的客户，县城贫困地区客户为辅。我开的目标客户无疑是中国的贫困人群，但是接触客户和满足目标客户需求的任务主要由合作伙伴承担。赤峰协会和仪陇协会是我开的合作伙伴。赤峰协会的目标客户为当地贫困妇女，仪陇协会目标客户为当地农户。赤峰协会是妇女发展类公益组织，必然以妇女作为主要服务对象。仪陇协会不强调扶贫，主要强调社区发展，当地农户均为其服务对象。我开追求对客户进行贫困程度优先性划分，希望覆盖到赤贫客户，但实施时却无法实现。在目前的贷款对象中，赤峰协会优先为妇女提供贷款，仪陇协会不强调贫困客户优先性划分。我开的工作人员曾有一个设想：实施目标市场组合策略，其中20%为低端贫困人群，50%—60%为一般性贫困人群，20%为高端人群。合作伙伴可从高端客户获得的利润来弥补服务低端客户时的成本压力，维持可持续运营。但由于小额信贷机构的可持续运营的压力，很难真正去服务低端贫困客户。

30岁的付亚军是我开的客户[①]，她和丈夫以及两个儿子一起住在四川。她中学辍学，和成百上千的其他年轻人一起来到广东。在广东，她是一个生产鞋的工人。这里的生活和她的想象相差太远；低且不稳定的收入很难果腹。“为别人工作，让我们看不到未来”，她告诉CNN的记者，“那次经历以后，我和丈夫决定回家乡，开始我们自己的生意。”他们的家不到30平方米。受到另一个家庭的鼓舞，他们开始从事蘑菇生意，亚军的命运也开始改变。被亚军和她丈夫的吃苦精神感动，另一个从事蘑菇生意的家庭和亚军分享了他们的经验和技术。亚军和丈夫认真学习，艰苦工作，终于在2007年的时候用他们的存款开始了他们自己的蘑菇生意。自己做生意是很辛苦的，亚军和丈夫每天四点起床，照料作物。最终，他们的辛苦工作有了回报，他们所种植的蘑菇经常供不应求。付亚军感到快乐。她不再拘束于艰苦的生活。她的蘑菇生意开始盈利，最终能给家庭带来可观的收入。为了家庭的长期发展，付亚军和她丈夫希望能扩大生意。虽然他们的生意非常红火，但是他们需要比现在更多的资金，而且也没有其他的筹资的途径。付亚军和邻居沮丧地谈到了她的困境。亚军的邻居是小额信贷的受益者，于是她推荐亚军申请小额信贷。通过我开捐助人的帮助，亚军已经得到了400美元的资助，扩大了蘑菇的生意。她的利润增长，使得家庭能够负担教育和医疗支出。用亚军的话来说，“我开”帮助她和她的家庭有了“更好的生活”。通过蘑菇生意的利润，亚军和她的家人正在计划未来。未来3到5年内，亚军预计她和她的家庭将永久地走出贫困，收入稳定，子女也能够接受教育。

以民间组织形式运作的公益性小额信贷组织为低收入群体提供贷款有助于金融排斥问题的解决和普惠性金融体系的建立。小额信贷不仅仅能够通过有效的商业设计实现盈利，还是建立普惠性金融体系的创新与实践，是解决金融排斥问题的有力手段。普惠性金融体系强调的是使所有需要金融服务的人，包括过去难以得到金融服务的贫困群体、赤贫群体或边远地区的人们都能获得应有的金融服务，对他们生产、生活给予金融支持，使得有愿望、有能力的低收入者提高收入、摆脱贫困、改善生活成为可能。贷款可得性对于对于其生存、发展和生活至关重要。金融体系不服务于弱势群体，使得弱势群体缺乏贷款权利，不是合理、公平的金融体系。

以民间组织形式运作的公益性小额信贷组织针对农村或其他相对落后地区，以及妇女在家庭和社会中通常处于弱势地位，受到不平等待遇的状况，重视妇

① 引自《我开2010年年报》。

女赋权和社会发展。贷款给妇女，不仅有助于赋权于妇女，提高妇女在家庭中的地位，而且妇女流动性低、违约率低，同时她们为了提高家庭收入，改善家人和孩子的生活，贷款后会更辛苦地劳作。贷款给妇女的效果也较为明显。以民间组织形式运作的公益性小额信贷组织一般倾向于优先为妇女提供信贷服务，通过这种方式，一方面可以更好地保证资金的有效利用，另一方面可以提高妇女在家庭和社会中的地位，有助于性别平等和妇女发展的实现。

国际计划支持的5家妇女可持续发展协会目标客户群主要为贫困妇女，包括进城务工、下岗失业、失地的妇女和农村贫困妇女，协会部分目标人群包括城镇小商户。目前5家协会95%以上的贷款客户均为妇女。一方面考虑为妇女和儿童发展提供支持，另一方面也是出于防范风险考虑，贷款给妇女使得贷款更加稳定。因此，原则上要求必须是妇女才可以申请贷款。除非家中没有妇女，才可以由男性申请贷款。西乡的贷款客户中妇女比例为98%，蒲城协会为99%，榆阳协会96%，淳化协会97%，佳县暂无统计数据。在目前的贷款对象中，协会没有进行客户优先性划分。例如，西乡协会规定，只要是本辖区内60岁以下的已婚妇女，从事农业生产、家庭种植和养殖、小型加工业、服务业、小工商业等的经营者均为目标客户群。

国际计划是儿童发展组织，其发展小额信贷项目是因其认为由于家庭收益的改善，最先获益的是儿童，妇女会把获得的收益用于扩大再生产和儿童的健康和教育投资。另外，通过给客户发放教育贷款，增加了儿童获得优质教育的机会。例如，西乡协会的客户变化非常明显，项目开展以后，当地贷款客户中80%以上的家庭经济得到发展，80%的妇女掌握了1－2门实用技术，50%的农户由单一的农业生产发展为多种经营①。图4－1反映了客户主观上对自身贫困程度的认识的变化情况。

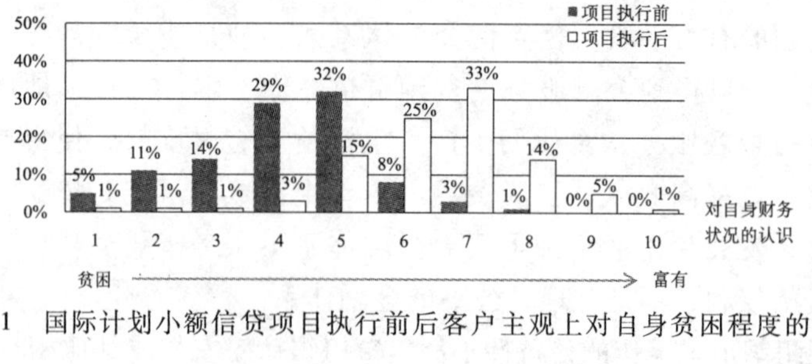

图4－1 国际计划小额信贷项目执行前后客户主观上对自身贫困程度的认识②

① http://gongyi.qq.com/a/20110223/000057.htm

② 本图摘自国际计划小额信贷项目社会绩效评估报告。基于这样两个问题：1. 国际计划项目开始之前您的贫困程度如何？2. 现在您的贫困程度如何？（1－10打分）。

图4-1表示客户在国际计划小额信贷项目执行前和执行后客户主观上对自身贫困程度的认识。横坐标表示客户主观上所认定的自身的财务状况，选择1、2和3代表客户认为自身财务状况属于贫困；选择4、5和6代表客户认为自身财务状况属于一般情况；选择7、8、9和10代表客户认为自身财务状况属于富有。纵坐标为客户数量百分比。样本客户来自于五个协会的贷款对象。调研结果显示，主观上认为自身财务状况变好（认为自身变得相对富有）的客户数量有所增加。由客户对自身贫困程度的主观感受的对比情况可以看出，项目开展以后的贫困程度明显比项目未开展时有所进步。国际计划小额信贷项目对于改变客户贫困程度具有一定的作用。

易县扶贫经济合作社的服务对象为农村贫困户或其他低收入人群，尤其是贫困妇女。通过为他们提供小额信贷服务，使他们能够获得持续而稳定的生产经营性资金，最终摆脱贫困。截止到2010年12月底，易县扶贫社已累计向20941户农户发放小额信贷，其中妇女比例占80%以上，使67%以上的农户实现了脱贫，33%以上借款农户实现了脱贫致富。[①]

另外，以民间组织形式运作的公益性小额信贷组织给予低收入人群更完善的客户保护措施。中国小额信贷联盟所发起的《中国小额信贷机构客户保护原则自律公约》中强调维护贷款客户利益，以负责任的态度向贫困和低收入客户提供可持续的、负责任的金融服务，帮助他们提高创收能力，改善生活水平。《中国小额信贷机构客户保护原则自律公约》强调[②]：适当的产品原则、避免客户过度负债原则、信息透明原则、合理定价原则、公平公正原则、客户资料的隐私性原则、客户投诉机制原则。

以民间组织形式运作的公益性小额信贷组织在产品设计时主要考虑三个方面：(1) 服务的透明度。在贷款利率、贷款额度、贷款期限、额外收费、合同等方面是否向客户说明，以确保客户（尤其是文化程度较低的）对上述信息充分理解。(2) 是否有明确的客户投诉与赔偿机制。(3) 客户隐私保护。此外，大部分客户保护还体现在不进行暴力催款以及避免使贷款者过度负债。

仪陇协会非常注重客户保护，体现为：(1) 坚持透明服务。信贷员必须向客户说明贷款利率、贷款额度、贷款期限、额外收费、合同内容等信息。(2) 开通了投诉热线。有明确的投诉热线接受客户投诉。(3) 保护客户隐私

① http://vip.endiva.com.cn/chinamfi/common/MemberDetail.asp?ctyp=PERSON&ctxid=5470

② 由中国小额信贷联盟发起的《中国小额信贷机构客户保护原则自律公约》维护贷款客户利益，以负责任的态度向贫困和低收入客户提供可持续的、负责任的金融服务，帮助他们提高创收能力，改善生活水平。

是基本的职业操守。协会对每个客户承诺对其隐私进行保密。但是保护客户隐私的条款目前还没有纳入合同中，未来，协会将在合同中体现该条款。除此之外，协会通过分析客户的财务信息表后，给客户提供一些建议。例如，在给客户发放贷款时，协会工作人员根据客户的经营能力和还款能力，为客户计算出一个合适的贷款额，以免因为借太多反而增加客户的资金压力，最后对客户造成损失，尤其对低收入家庭和贫困家庭。

我开的客户保护措施比较独特。由于目前 P2P 小额贷款模式需要在 P2P 平台上准确描述客户信息，难以做到对客户信息隐私性原则的彻底执行。然而，我开基于客户让渡隐私权给予补偿。例如，给予赤峰协会的我开项目客户比其他贷款者上浮 1,000 元的优惠措施，给予仪陇协会的我开项目客户减免 2% 的利率优惠。因此，信贷员需要明确询问客户是否愿意接受我开的贷款，明确告知需要贷款者的照片并会在网上披露详实信息，可能还被要求接受访谈等。

以民间组织形式运作的公益性小额信贷组织为低收入群体提供贷款，帮助了一些过去想贷款而贷不到款的农户或微型企业。过去他们会求助于民间高利贷者，有些使他们背负还款重压。同时，公益性小额信贷组织尽可能避免和减少贷款者的贷款压力，使他们进行理性贷款。

以民间组织形式运作的公益性小额信贷组织提供准公共物品性质的小额信贷，服务于农户、妇女、贫困人群、赤贫人群、个体工商户、微型企业等低端客户或最低端客户，金融包容性强，对推动社会公平的贡献大（见图 4－2）。

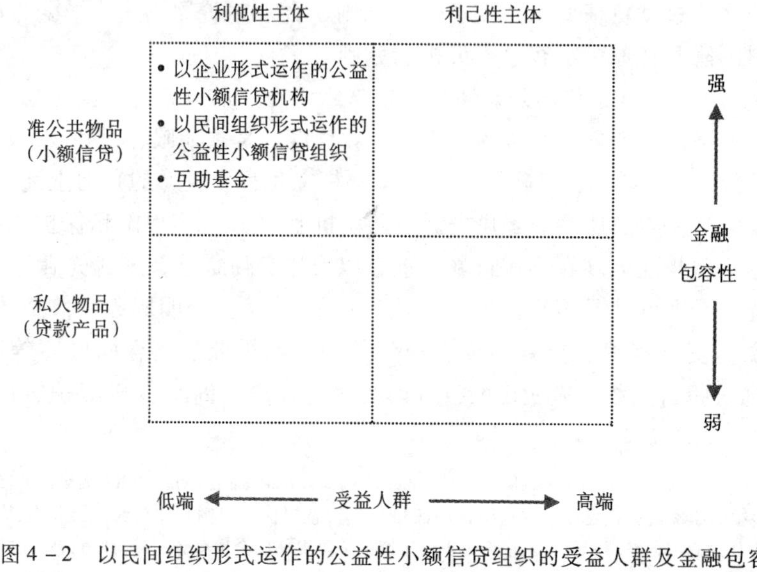

图 4－2　以民间组织形式运作的公益性小额信贷组织的受益人群及金融包容性

（二）产品和服务设置自动瞄准低收入人群[①]

以民间组织形式运作的公益性小额信贷组织产品和服务自动瞄准低收入人群，并以服务低收入人群为导向。同时，一定程度推动了扶贫方式的转变。扶贫中很难解决的一个议题是“瞄准”问题，即扶贫是否真正能扶到该扶的人，需要被扶贫的人是否真正能够直接受益。瞄准问题一直是扶贫方式中最为人们关注的。以民间组织形式运作的公益性小额信贷组织可以做到“扶贫到户”、“扶贫到人”。什么样的人需要贷款，需要的额度有多少，需要的频率，以哪种方式获得，以民间组织形式运作的公益性小额信贷组织可以解决这些问题：（1）贷款额度较小，自动瞄准相对弱势的低收入人群；（2）贷款利率较高，自动瞄准相对弱势的低收入人群；（3）贷款产品设计原则自动瞄准低收入人群。如以生产性贷款为主，激励他们发展生计；采用信用贷款或小组联保，符合低收入人群无财产抵押的现实；灵活的还款方式和周期，符合了日常无积蓄（但养成随时积蓄的习惯），却能还得起款的人的特点；（4）提供辅助性的非金融服务。这还避免了农户过去“等、靠、要”的依赖思想，提高了扶贫的效率，推动了扶贫方式的转变。

1. 贷款额度较小，自动瞄准低收入人群

1993 年，中国社科院发展研究所首先将与国际规范接轨的孟加拉“乡村银行”模式的小额信贷引入了中国，成立了“扶贫合作社”，先在河北省的易县，河南省的虞城县和南召县以及陕西省的丹凤县建立了以孟加拉乡村银行的小额信贷为贷款模式的小额信贷扶贫社。1995 年开始，联合国开发计划署（UNDP）和中国国际经济技术交流中心在全国 17 个省的 48 个县（市）推行以扶贫等为目标的小额信贷项目。开发计划署后来在天津和河南的部分城市开展了针对下岗职工的城市小额信贷项目。之后，还有一些国际组织相继在我国开展了一些小额信贷项目。以民间组织形式运作的公益性小额信贷组织的每笔贷款额度有的在 3,000—8,000 元之间，有的低于 15,000 或 20,000 元。国际上认定小额信贷的平均贷款额度为不高于当地人均 GDP 的 2.5 倍。这是因为富人不需要额度低的贷款，从而使得贷款可以到达低收入人群手中。中国小额信贷联盟 2010 年年报统计数据显示，44 家非政府组织小额信贷机构和农村资金互助社（会员）总的贷款客户数为 75,575，平均每家贷款客户数约为 1,717。有限的资金量支持了较多的低收入人群。

---

① 国际计划的工作人员认为贷款额度小于或等于本地区人均 GDP 的 0.3 倍，就是为低收入人群服务。杜晓山在接受《21 世纪经济报道》采访时提到，国际上主流观点（包括著名的 CGAP）认为，单笔放贷额小于或等于本国本地区人均 GDP 的 2.5 - 5 倍的贷款，可以称之为小额贷款。

临县富平的额度设计最高为5,000元，未来可能增加到2万元，平均每笔贷款额度为3,323元，相当于2010年人均GDP的70%。国际计划小额信贷项目的5个协会由于经济水平的发展不同，贷款额度不等。贷款额度上限为8,000—10,000元，最高20,000元。西乡协会纯农业生产的首次贷款限额在3,000元以下；农户经营小商业（含种植和养殖、小型加工业、服务业等）贷款最高限额在10,000元以下；城镇最高贷款限额在20,000元以下，对守信用的客户，还清贷款后可持续申请贷款①。5家协会的平均贷款额度见表4－3。

表4－3　5家协会平均贷款额度与当地人均GDP

名称	平均贷款额度（元）	当地人均GDP（元）	平均贷款额度/当地人均GDP
佳县协会	-	8,387	-
榆阳区协会	3,566	48,892	0.073
蒲城县协会	2,494	11,034	0.226
西乡县协会	农村：2,998 城镇：8,405	8,800	农村：0.341 城镇：0.955
淳化县协会	农村：3,325 城镇：6,230	18,369	农村：0.181 城镇：0.339

截止到2010年12月底，仪陇协会的平均单笔贷款额为4,820元。另外，协会的平均单笔贷款额度与人均GDP的比值较小，协会平均贷款额度/仪陇县人均GDP约为65%。

易县扶贫社共提供3种贷款产品，贷款额度在1,000—100,000元之间（见表4－4）。

表4－4　易县扶贫经济合作社的贷款产品额度

贷款产品	产品1	产品2	产品3
贷款额度（元）	1,000—100,000	1,000—50,000	1,000—20,000
平均单笔贷款额度（元）	9,700	17,800	15,000
贷款方式	小组联保	1+1信用担保	1对1信用担保

从表中看出，易县扶贫社产品2和产品3的贷款上限较低，分别为5万元

① 国际计划的工作人员认为贷款额度小于或等于本地区人均GDP的0.3倍，就是为低收入人群服务。杜晓山在接受《21世纪经济报道》采访时提到，国际上主流观点（包括著名的CGAP）认为，单笔放贷额小于或等于本国本地区人均GDP的2.5—5倍的贷款，可以称之为小额贷款。

和2万元，产品1的贷款上限为10万元，相对较高。但是，产品2和产品3均为个人贷款，而产品1为5户小组贷款，凡是符合要求的小组，其5户组员均可同时获得贷款，平均单笔贷款额度低。截止到2011年12月31日，易县扶贫社的贷款余额为2,839.3万元，有效客户5,093人，平均单笔贷款额约为5,575元。到2010年12月底，易县扶贫社的平均单笔贷款额为3,586元，与当年易县人均GDP的比值约为29.4%。

我开的平均每笔贷款额度较低。合作机构赤峰协会最高为7,000元，仪陇协会最高为6,000元，两家合作机构贷款项目的平均每笔贷款额度为3,600元，相当于2010年赤峰人均GDP[①]的15.3%，相当于2010年仪陇人均GDP[②]的40.4%。

由以上五家机构的数据可以看出，我国以民间组织形式运作的公益性小额信贷组织的平均贷款额度一般小于当地人均GDP，是真正的小额信贷，能够惠及低收入人群。

2. 较高的贷款利率自动瞄准低收入人群

从小额信贷目前的实践看，小额信贷的利率制度有两种：一种是至少能够覆盖项目运作成本的相对较高的利率制度；一种是以政府补贴为前提的低利率制度。除政府推动型小额信贷实行财政贴息的低利率政策外，由民间组织运作的小额信贷基本上实行较高利率政策。一是因为小额信贷的运作成本较高，因而一般小额信贷的利率要高于正规金融机构同期限贷款的商业利率。二是采用较高的利率可以使贷款对处于强势的人群丧失吸引力，使得贷款能够到达处于弱势的低收入人群。当然，除小额信贷的运作成本以及服务对象的特殊性外，小额信贷资金的供求状况、小额信贷资金的风险程度和小额信贷项目可持续发展要求，也是决定和影响小额信贷利率高低的因素。临县富平、易县扶贫社、国际计划支持的5家协会、我开的合作伙伴的贷款利率见表4-5。

表4-5　临县富平、易县扶贫社、国际计划支持的5家协会、我开的合作伙伴的贷款利率

名称	贷款利率	其他费用
临县富平	年利率18%（2005年以前为12%）；客户贷款逾期后，按照年利率20%加收逾期贷款利息	无
易县扶贫社	产品1的年利率为12%；产品2的年利率为16.5%；产品3的年利率为12%	无

① 2010年，赤峰的国内生产总值1,080亿元，人口总数460万，人均GDP约为23,478元。

② 2010年，仪陇县人均GDP为8,903元

续表

名称	贷款利率	其他费用
国际计划支持的5家协会	根据当地贫困人群的接受程度和农信社利率而定，一般比当地农信社利率略高，基本为10—12%之间	除了收取每年几元钱的会员费外，不收取除了利息之外的其他任何费用
我开的合作伙伴	赤峰协会实际年利率为14%，成本利率为11%—13%； 仪陇协会实际年利率16%，仪陇协会的成本利率为12%	无

3. 产品设计原则以服务低收入人群为导向

以民间组织形式运作的公益性小额信贷组织向贷款者提供的是准公共物品，在进行产品设计时以服务低收入人群为导向，较强调产品的适应性。例如，与国际计划合作的五家协会，其产品强调针对贫困人群没有财产抵押的现状，采用保证人贷款和小组联保，无须提供抵押；由于以促进妇女和儿童发展为目标，优先为妇女提供贷款；针对贫困人群的现实需要，采用分期还款形式，降低贫困人群还款难度；针对农户对申请贷款便捷性和时效性的要求，贷款流程较为简单，信贷员在小组会议可以直接把贷款送到农户手中；针对农民抗风险能力弱的现状，规定贷款用途，促进贫困人口将贷款用于家庭生计，从而根本上改变生活环境；针对贫困人群现实需求，提供丰富多样的社区发展服务，促进妇女儿童和社区的发展。

目前，以民间组织形式运作的公益性小额信贷组织基本运作模式仍然以信用贷款为主，但不是完全依据乡村银行模式进行贷款。基本以个人信贷、小组联保、分期还款、动态激励方式进行操作，其产品设计具有的特点是：

（1）贷款产品类型。贷款产品有生产性、经营性贷款，也有消费性贷款，教育贷款。

（2）贷款涉及的原则、方法和流程。由于贷款对象为农户，或低收入人群或贫困人群，有的强调贷款对象为女性。贷款涉及的原则包括：

（a）小额、分散。每笔贷款额度有的在3,000—8,000元之间，有的低于15,000或20,000元。

（b）信用贷款、抵押、联保。其中，有的不再采用小组联保，由于当地人口流动频繁，小组联保搞不起来，也不再召开中心会议。有的则仍然采用小组联保的方式，例如国际计划早期资助的五个协会采用联保方式，五户组成互助、互督、互保小组，再成立一个贷款中心。小组成员在选择贷款项目、按时还本付利息或/和管理费，实施动态监督的方式承担连带责任。小组五户之间有相互依存的关系，也有相互监督、连带的关系。因此，通常有直系亲属关系的人不在一个组内，防止因亲属关系影响联保作用。

（c）还款周期短。贷款期一般为一年。每周或每两周还一次款，有的每月还一次款。实际利率在10%以上。

（d）贷款审核严谨，便捷。其中，进行的审核流程通常为客户初步审查和实地调查相结合。客户初步审查内容包括对客户提交的资料进行核实，并进行实地初步调查，如个人资料、婚姻状况、家庭财产和收入等信息。实地调查包括生产和经营场所考察，居住地考察，居住稳定性考察，进行进一步贷款风险评估，确定贷款额度是否合适。大部分机构还对贷款对象个人品德进行考察，包括贷款者的口碑、是否文明礼貌，是否违法乱纪等。不仅需要全面有效地掌握客户信息，控制风险，还要推动家庭和睦、社区和谐。

4. 部分组织除了为低收入人群提供金融服务，还提供非金融服务

部分公益性小额信贷机构除了为低收入群体提供金融服务外，还希望通过为他们提供培训、咨询、赋权、社区发展等非金融服务（社会服务），提高他们的抗风险能力、生产和经营能力，以及参与社区、参与社会的意识和能力，从而帮助他们实现可持续发展，这与商业性小额贷款公司及传统银行有着本质差异。为贷款对象提供的服务不仅仅包括金融方面的知识，还包括与其生产、生活相关的其他服务。由于贷款客户身处边远地区或欠发达地区，甚至极端贫困地区，交通闭塞，信息和技术水平相对落后，要实现减贫、增加收入、改善生计的目的，纯粹提供贷款远远不够。很多客户可能难以衡量自己的还贷能力而多贷；可能有的客户得到贷款后因不善于管理和经营而无力还款，反而背负债务，境况更糟。公益性小额信贷组织往往基于客户情况提供针对性的辅助服务。所提供的服务类型和提供方式有：（1）生产技术培训；（2）市场信息服务讲座；（3）提高妇女地位、女性权利、男女平等与家庭和睦讲座、培训、活动；（4）收支状况分析、经营策略督导；（5）环境保护的培训、活动；（6）远离毒品侵害的培训、活动等。

国际计划小额信贷项目非常重视社区发展，其支持的5家协会通过小组活动平台，提供生产技能培训、社会性别培训，妇女参与公众事务的培训等，有些协会甚至会组织客户去外地参观，增长见识。协会之所以对除小额贷款之外的服务也非常重视，一是因为国际计划社区发展理念促使协会必然为社区提供有益妇女、儿童发展的各项服务；二是因为本身具有妇联背景，妇联有提供服务的能力和技术；三是国际计划和其他机构在资金方面也有支持。因为妇联本身做妇女发展的工作，与其他机构也有联系，可以争取外部资助

来做社区发展。

有的公益性小额信贷组织还提供一定的捐赠，用于受赠户的生产或生活设施的改善和建设。这些非金融类服务需要更多的时间、精力和人力，以及经费投入。但是，这种金融服务与非金融服务相结合的方式，对于客户非常重要。有人认为小额信贷组织不需要承担社会服务的职能，但是，我们认为以民间组织形式运作的公益性小额信贷组织对于低端客户，不仅应该承担社会服务的职能，也是与商业性、追求商业利益最大化的机构的本质区别之一。

（三）人力资源管理以服务低收入群体为导向

民间组织运作的小额信贷的人力资源管理以服务低收入人群为导向。这类小额信贷机构的人力资源通常不是专业的金融工作者，大部分不具备在金融机构工作的知识背景和从业经历，有些高中毕业，有些是当地农村居民。相较于商业性小额贷款公司的人力资源，人员结构及知识、从业经历相对欠佳。其中原因是，首先这些机构开展业务大多在农村，受过高等教育的从业者不愿意到农村工作；其次，这些机构的工资及奖励相对较低，难以吸引到高端人才；再者，这些机构的工作性质更强调工作人员的社会责任感、社会关怀，以及奉献精神，由于一些 NGO 本身不是金融机构，人才选择也并不注重有金融背景，他们更多是在运作和执行社会发展或社区发展项目的同时执行小额信贷业务（或小额信贷项目）。另外，小额信贷员数相较其服务对象及服务内容而言任务较重。《中国小额信贷联盟 2010 年年报》对 44 家非政府组织小额信贷机构和农村资金互助社（会员）的统计结果显示，小额信贷员数总计 438 人，如果按每家平均计算的话，每家平均接近 10 位信贷员。

公益类小额贷款信贷员的工作方式更贴近贷款对象，与贷款对象沟通、交流次数及时间多，交流内容不仅仅包括与贷款者生产经营相关的事情，重要的是还把社区发展的理念融入其中。信贷员大多是从当地村民中选拔、招聘而来。例如，仪陇县乡村发展协会的信贷员会教贷款户了解家庭经营状况，学习制作自家的资产负债表，帮助贷款户一起分析市场前景，分析自身的经营能力，同时找人专门提供相关培训。

临县富平的人力资源管理充分体现了服务低收入人群的导向，与银行等金融机构具有本质差异，不同于传统银行等金融机构保证机构高效率、低风险、高盈利的目标，在人力资源资质和工作方式方面更加强调本土化和公益精神。临县富平项目的监督员李乃伟曾是湍水头镇一所小学的校长，雒玉鳌是龙水头村唯一的高中生，还有一位出纳员本身是村会计。这些管理者非常熟悉本地村民，借款人的信用状况好或者不好，他们都非常清楚。这样也保证了贷款的还款率，降低了贷款的风险。信贷员均为当地人，信贷员都生在农村，了解农村，热爱农村，招聘当地农民为信贷员是因为农民信贷员更加了解农村，对农户的需求、贷款用途和风险判断更为准确。会计、出纳和监督员的选举机制在不断完善，由村里德才兼备的人来担当（特别是监督员），并接受广大村民的监督，要求做到：（a）三公，为人公正、办事公平、账务公开；（b）三不，不吃请、不收礼、不摆架子。对信贷员也按照“三公”、“三不”进行考核，并接受广大村民的监督，能够体现服务低收入人群方面的考虑。临县富平团队文化强调扶贫目的，因此公益氛围的打造和规范透明的管理都需要强调。临县富平在开展经营活动的同时积极参加当地的扶贫活动，例如设立教育扶贫基金会①及困难补助金等，形成了以公益精神为主体的团队文化。而创办诚信节（每年9月15日），营造诚实守信的信用环境，提高村民的信用意识的同时也提醒自身的员工诚实守信，为项目规范透明的管理创造良好舆论环境。诚信节采取在会场周围和村子显要位置张贴标语，出“诚信节专刊”板报，由管理员宣传“人人都讲信用，大家都得好处”及“谁不讲信用，谁就不会有好结果”的道理等方式来营造诚实守信的氛围。

国际计划小额信贷项目持续为5家协会提供信贷员能力建设支持。自2002年以来，国际计划非常重视小额信贷机构的能力建设。即便停止资金支持（2009年之后），能力建设支持也没有停止。国际计划在能力建设方面的投入约为资本金投入的两倍。5家协会管理层由接受国际计划社区发展理念的当地妇联主持组建，目标为扶贫和妇女、儿童发展。国际计划的工作人员告诉我们“小额信贷项目是以扶贫和妇女、儿童发展为目的的，国际计划之前与当地妇联合作过扶贫项目，他们对社区发展理念完全接受，在此基础上发展创立的协会，管理层由当地妇联主持组建。”5家协会还建立了激励机制，强调瞄准小额客户（低收入群体）。对信贷员的考核指标同时考量3个方面，这三个方面互相制衡：（a）客户数量，以每个信贷员300名客户为限，不同于传统银行以贷款金额为考核指标。以客户数量作为考核指标能够激励信贷员寻找、开发相对贫困客户，瞄准目标客户群体，避免倾向大额富裕客户。设立客户数量上限能够避免员工一味追求扩大客户数量，而忽视贷款质量和客户维护的情况，一旦信贷员服务客户数超过300个，其上门回访次数便很难保证。（b）贷款质量——逾期率。以逾期率作为考核指标，是为了保证贷款安全发放和收回，保证资金的安全，从而维持可持续经营。（c）贷款金额。

---

① 其职能是：小学教师工资补助；对优秀教师进行奖励；对贫困学生进行帮助；给当地小学购置教具设备、音体器材。“教育扶贫基金会”的基金来源除茅于轼先生筹集和当地政府资助外，主要从扶贫基金会利息盈余中提取。

以贷款金额为考核目标，能够激励信贷员积极开发客户，维护客户关系。采用客户数量和贷款金额挂钩控制了在贷款总额不变的情况下，尽可能保持贷款额度在小额的范围内，体现了协会服务低收入人群的目标导向。

我开经过4年的发展，建立了完善的人力资源管理制度。我开对自身人力资源的要求很高，渗透了为低收入人群服务的理念。在招聘方式及培训方面，我开以小额成本和志愿服务起家，但是我开逐渐认识到，长期的、全职的和有经验的员工是我开规模扩大和持续发展的关键。我开依靠自身理念和模式吸引了来自世界各地的富有知识、技术和经验的人才，其中包括来自中国建设银行、英国首个社会企业市场以及美国能源部的人才。我开是一家公益组织，追求扶贫的社会目标。在绩效考核方面，我开不依赖绩效考核对员工进行激励。在与我开的工作人员交流中，我们了解到，我开的工作经费并不十分充裕，员工待遇未必很好，员工辞去待遇优厚的职位来到我开工作更多是为追求一种人生理想。“我们是一个新生的组织，在中国探索有效的小额信贷的模式，我们在不断探索团队文化的意义。”① 今天，我开虽然关闭，其团队文化已经产生了一定的影响。

（四）信息跟踪以服务低收入群体为导向

公益性小额信贷机构进行信息搜集时，除了以保证贷款安全不流失为原则外，同时以保证贷款发放给真正需要钱的低收入群体、并且他们能发生一定的变化为原则。信息搜集的内容，除了客户的基本情况、家庭情况、经济情况、还款能力之外，还注重搜集客户贷款前后的生活变化情况，及时了解客户是否出现了新的需求或困难，贷款是否对客户起到了帮助作用，客户对机构的产品和服务满意或不满意等等。另外，由于公益性小额信贷机构的服务对象很多文化程度较低，机构会要求工作人员反复、耐心地为客户讲解产品信息、贷款流程、还款方式等等，以确保客户充分了解与贷款相关的信息，保证客户知情权。

仪陇协会2011年改革之前为客户提供如何进行财务管理的培训，但由于机构信息技术和员工能力有限，服务跟不上，服务效果并不明显。改革后，协会最新信息系统为每个客户建立一份电子档案即客户家庭财务表（服务对象信息表 、客户家庭经营/消费情况表、客户资产负债表、客户损益表）。实时记录的信息一方面帮助协会搜集客户信息，另一方面帮助客户及时了解其资产、经营消费、财务等情况，慢慢地使客户意识到记账的重要性，并学会

① 引自《我开2010年年报》。

如何有效地记账，实际上帮助客户更好地进行理性家庭理财。仪陇协会进行客户信息搜集的重点是客户贷款前后经济生活状况发生了哪些变化。不仅如此，协会还不断地探索能够更好地展现客户变化的方式。以前考察客户变化的方式主要以信贷员实地考察或者受益者口述为主，比较感性。现在，协会正在尝试以图、文、数字相结合的方式来展示客户变化。其中，数字是客户家庭财务表中的数据；文是对客户贷款前后生活、经济等方面变化的描述；图能反映客户居住条件、经营场所状况的照片。

我开要求合作伙伴及时提交贷款客户信息和客户还款信息。客户信息包括贷款人基本信息、贷款用途、家庭经济情况、贷款额度等，强调对客户贷款前后是否发生变化方面的信息搜集和跟踪，合作伙伴的信贷员在更新还款信息的同时需要总结客户变化。客户变化在我开网站“我进度中的更新”栏目中有描述。该栏目有一段描述：“3月29日，2011年。现在我的老公又到外面打工去了，家里就只剩下我和两个上学的孩子，我努力地发展养殖业，这样就会多一些收入，让孩子专心地学习。”“12月29日，2010年。我老公现在也已经回来了，看见我在家里养了几头猪，心里很是高兴，得到老公的夸奖我心里美滋滋的！”“9月29日，2010年。我叫郑玉华，我去年8月份在我开机构借的钱用来买猪，进行饲养。用我在工地上做小工赚来的钱全部还清了，猪也在6月份就出栏卖了，这也给我家带来了一笔不小的收入。现在我想把我家的养殖扩大，但是我的资金还不够，我希望我开机构能够继续给我支持和帮助。”从这样的记录中可以看到客户因小额信贷所发生的变化。

（五）业务开展地域基本为贫困地区

大部分公益性小额信贷组织不是单纯地开展小额信贷业务，通常其被视为扶贫工作或农村社区发展或农村发展的手段之一，同时还开展各类与提高自立能力、缩短信息差距、改善生计或改善农村公共物品（如缓减环境压力和环境状况）有关的培训、活动。例如，宣明会在云南一些边境地区，帮助当地贫困农民抵制毒品侵害，同时开展小额信贷项目。

徐忠和袁国良曾对主要的非政府小额信贷机构进行抽样调查（抽样比例中UNDP资助的小额信贷机构占64%，社科院的扶贫社占100%，中国扶贫基金会的占83%，全部样本数67个）结果显示，小额信贷项目和机构主要以扶贫、妇女、儿童为目标。80%以上的项目地位于国定贫困县，不少在交通不便的山沟里。选择的项目乡镇（44个）中，47.7%选择最贫困的乡镇，36.4%选择经济水平较差的乡镇，15.9%选择在经济水平一般的乡镇。到调查时（2005年），未明确要求借款户必须是贫困户的县增加到8个，其中，6个县明确要求借款户不要贫困户。除个别县外，项目都要求借款户必须有劳动能力。每个贷款户的平均贷款额度小也说明项目明确的扶贫目标。[①]

本项研究所调研的个案也基本体现了这一特点，即公益组织业务开展地域以国家级贫困县、省级贫困县或者欠发达地区为主，如临县富平所在临县和仪陇协会所在仪陇县均为国家级贫困县，易县扶贫社所在的易县为河北省省级贫困县，国际计划支持的5家协会选址均为贫困县（见表4－6）。公益组织的业务开展地域为贫困地区，即使不明确要求贷款户为低收入人群（由于在操作上存在一定的难度），较小的单笔贷款额和较高的贷款利率可一定程度自动实现瞄准低收入人群或贫困户。

表4－6　　　　五家协会小额信贷项目点情况

	国家级贫困县（是/否）	人均GDP（元）	农业人口比重（%）	全省县（市）GDP排名位次	GDP占全省比重（%）
佳县	是	8, 387	91.4	66	0.22
榆阳区	否	48, 892	64.16	8[②]	2.46
蒲城县	是	11, 034	87	16	0.83
西乡县	是	8, 800	83.8	48	0.36
淳化县	是	18, 369	85.3	51	0.32

二、处境艰难

（一）整体数量日益萎缩、规模停滞

从1993年起，小额信贷开始在我国的一些欠发达农村地区进行试点。当时，主要引用孟加拉乡村银行（Grameen Bank，GB）模式，资金来自于国际援助机构及少数国际慈善机构的援助项目。这些小额信贷援助项目的周期一般为3—5年，期满后这些机构便撤出中国，一部分项目留给商务部中国国际经济技术交流中心（简称CICETE）继续执行，一部分交给地方政府接管，还有一部分因为无人接管、没有后续资金支持等各种原因消失了。在1993—2004年十年多时间里，我国公益性小额信贷机构/项目做得热闹非凡，但是到2004年公益性小额信贷机构只剩下一百多个，公益性小额信贷由辉煌至衰退，甚至到了几乎是自生自灭的状态。[③]

以民间组织形式运作的公益性小额信贷组织越来越少，从曾经的300多

① 《中国非政府组织小额信贷的实践与评价》，《上海金融》，2007年03期。

② 为全省市辖区GDP排名位次。

③ 国内很多学者认为，当时公益性小额信贷就是这种局面。

家，到现在100多家，数量上日益萎缩。2009年底，王灵俊针对中国小额信贷可能出现爆发性的发展局面说，此时此刻，最郁闷的当属以民间组织形式运作的公益性小额信贷组织。以民间组织形式运作的公益性小额信贷组织机构已经从鼎盛时期（2003年前后）的三百多家萎缩到目前的一百家，并且仍在进一步萎缩当中。[①] 他们受各方面的因素制约处在停滞萎缩的状态，但却是真正符合国际标准服务低端客户的。[②]

以民间组织形式运作的小额信贷机构规模上处在停滞状态，许多组织资金量一直没有增长，甚至有所减少。从中国小额信贷联盟2005年—2010年的年报统计的会员信息来看，这类组织在规模上处于停滞状态，其历年资产总额状况也不乐观（见表4－7）。

表4－7　以民间组织形式运作的公益性小额信贷组织资产总额情况（2005—2010年）

年份	会员数量[③]（家）	资产总额最大值（元）	资产总额最小值（元）	资产总额总计（元）
2005	68	23, 601, 860. 60	50, 000. 00	—
2006	64	10, 238, 712. 98	101, 350. 00	—
2007	42	26, 884, 587. 84	585, 257. 00	178, 760, 753. 44
2008	54	25, 871, 118. 28	104, 033. 10	225, 843, 014. 88
2009	49	53, 224, 157. 96	80, 532. 85	50, 304, 268, 633. 4
2010	52	87, 949, 759. 23	186, 970. 00	428, 206, 521. 67

根据中国小额信贷联盟《2010年年报》统计，中国小额信贷联盟会员单位中，以民间组织形式运作的公益性小额信贷组织资金规模很小，52家机构资金总额总计仅4亿多元，相较于单个商业性小额贷款机构动辄几亿元的注册资金规模而言，全国以民间组织形式运作的公益性小额信贷组织的资金规模极小，处于停滞萎缩状态。

（二）大部分组织面临财务可持续经营困境，个别组织实现了财务可持续目标

1. 大部分组织财务可持续性面临挑战

财务可持续性是公益性小额信贷组织面临的一个重大课题，很多人对以民间组织形式运作的公益性小额信贷组织不看好，认为NGO基本上运作不好

① http：//www. douban. com/group/topic/8996215/

② 同上。

③ 该数据包括了政府部门运作的小额信贷机构以及农村互助社。

小额信贷，甚至认为继续以公益项目形式运作或者继续以非营利组织的形式运作的话，只会越做越小，甚至会消失。陈晓雪早期分析指出，“目前，大多数公益性小额信贷机构的财务自立能力较弱，缺乏可持续发展能力。在300家左右的公益性小额信贷机构和项目中，能正常运行的不到五分之一。真正能达到操作可持续性的机构屈指可数，能达到财务可持续性的机构更是微乎其微”。①

中国小额信贷发展促进网络对我国2005年27家具有代表性的公益性小额信贷组织财务报表的统计数据显示，这些公益性小额信贷组织贷款拖欠率平均为11.2%，最高达到55%；风险贷款率平均为11.9%，最高达到55%，远远超出了公认的合理界线，我国公益性小额信贷组织的贷款质量总体上不好。② 2005年以后，以民间组织形式运作的公益性小额信贷组织处境艰难，大部分面临财务可持续挑战，在这个过程中，许多机构在财务上不可持续，甚至逐渐消失，表4-8为中国小额信贷联盟2005—2010年会员还款率统计结果。

表4-8　　中国小额信贷联盟2005—2010年会员还款率③

年份	会员数量④（家）	还款率低于90%（家）	还款率低于50%（家）	最低还款率机构名称及最低还款率
2005	69	17	5	陕西西乡妇女发展协会⑤，贵州省紫云县农村发展协会，0%
2006	64	5	0	青海湟源UNDP援助项目办公室（县乡村发展协会），64%
2007	42	9	2	贵州省普定UNDP项目办，14%
2008	54	2	0	甘肃省积石山县乡村发展协会，53%
2009⑥	49	3	2	甘肃省积石山县乡村发展协会，40%
2010	52	1	1	甘肃省靖远县乡村发展协会，24.66%

公益性小额信贷被认为存在“三难”，即“难复制、难持续、难推广”。追求社会目标的同时，兼顾财务可持续成为人们讨论的重点。

① http://bank.hexun.com/2011-08-12/132393155.html

② 周孟亮、李明贤，《小额信贷扶贫与财务可持续性：作用机制与协调发展研究》，《上海经济研究》2009年第9期。

③ 该数据仅包括政府部门运作的以及民间组织运作的小额信贷组织。

④ 该数据未剔除政府部门运作的小额信贷机构以及农村互助社。

⑤ 陕西西乡发展协会成立于2005年10月8日，发放的贷款尚未回收。

⑥ 平均还款率82.75%。

2. 个别组织实现财务可持续目标

一些以民间组织形式运作的公益性小额信贷组织经过多年的运作，不仅能够实现财务平衡，还获得了一定的利润。这样的组织并非没有。因此，我们不能否定以民间组织形式运作的公益性小额信贷组织的功能及实际的运作能力。例如，中国小额信贷发展促进网络《2009 年年报》数据显示其中 12 家以民间组织形式运作的公益性小额信贷组织达到 100% 还款率，不仅实现了财务平衡，也获得一定的净利润（见表 4－9），还有 9 家达到 99% 以上的还款率。[①]

表 4－9　　12 家还款率为 100% 的组织情况

机构名称	贷款客户数	贷款余额（元）	信贷员人数	还款率	资产总额（元）	2009 年净利润（元）
福建省三明地区永安市建兴笋竹专业合作社	31	77,000.00	1	100%	80,532.85	3,859.70
甘肃省定西市安定区城乡发展协会	1351	4,637,000.00	6	100%	6,383,270.50	74,678.46
广西忻城县农村妇女信贷扶贫社	5	50,000.00	6	100%		
湖南湘西州民富鑫荣小额信贷服务中心	21	941,641.00	3	100%	959,912.16	46,760.11
内蒙古赤峰市昭乌达妇女可持续发展协会	3638	10,592,240.00	15	100%	11,929,420.42	171,709.87
内蒙古乌审旗贫困地区社会发展小额信贷管理中心	1178	3,614,000.00	12	100%	3,588,805.79	188,135.61
青海省贵南县 LPAC 项目办	980	228,000.00	3	100%	1,619,694.25	
陕西省佳县妇女可持续发展协会	716	1,533,000.00	4	100%	1,707,694.95	30,584.21
陕西省蒲城县妇女可持续发展协会	1663	2,597,400.00	6	100%	3,066,819.50	74,583.46
陕西西乡妇女发展协会	1509	3,386,247.04	9	100%	3,451,033.00	43,210.13

① 本文作者依据中国小额信贷发展促进网络《2009 年年报》数据统计计算所得。

续表

机构名称	贷款客户数	贷款余额（元）	信贷员人数	还款率	资产总额（元）	2009 年净利润（元）
陕西省榆林市榆阳区委妇联	865	1, 980, 600. 00	4	100%	1, 992, 298. 55	24, 505. 22
陕西省淳化县妇女发展协会	1034	1, 732, 600. 00	4	100%	1, 823, 370. 64	31, 743. 22

研究结果显示，民间组织能够运作好小额信贷项目，难复制、难持续、难推广问题一定程度是可以得到解决的。据《2010 年度中欧天然林管理项目小额信贷基金监测报告》显示，所监测评估的三类模式①（社区天然林管理协会模式、森工企业模式、非政府组织模式）均体现了可持续发展能力。评估者使用“经营自负盈亏率”和“年度资金周转率”两个指标衡量这三种模式的可持续发展能力，评估发现，三种模式都实现了操作上的盈亏平衡，其中操作自负盈亏率最高的是社区天然林管理协会模式，为 123. 97%，其次是国有森式企业模式，为 113. 35%，最低的是非政府组织模式，为 105. 2%；年度资金周转最快的是国有森工企业模式，为 1. 16，其次是非政府组织模式，为 1. 11，周转最慢的为社区天然林管理协会模式，为 0. 85。② 无论哪种模式，其目标都是追求公益目的，对以民间组织形式运作的公益性小额信贷组织而言，可持续性并非必然是问题。本项目中所调研的几个个案，也全部实现了可持续经营，并具有可持续经营的能力。

---

① 中欧天然林管理项目是欧盟针对中国实施的天然林资源保护工程而设计的一个技术援助项目。项目于 2003 年 7 月启动，执行期 7 年，由欧盟和中国政府共同投资 2, 290 万欧元（折合人民币 2. 29 亿元），其中欧盟无偿援助 1, 690 万欧元。项目执行单位为国家林业局天然林保护工程管理中心，项目区涉及四川、湖南、海南 3 省的 6 个县 12 个乡（镇）58 个村，以及 4 个大型国有森工企业和两个县级国有林场。小额信贷在该项目中是促进社区发展的重要手段，其目的是通过建立地方组织机构，为项目区内没有金融机构贷款或不能提供足够的抵押物而无法从银行获得贷款的农户和森工企业职工提供小额贷款，使他们能够开展创收活动，达到可持续发展的目的。同时，设立“小额信贷基金”通过能力建设、创造机遇和增加收入达到改善目标群体生活的目的。中欧天然林管理项目小额信贷基金是一种“森林小额信贷”，而不是单纯的扶贫手段，贷款活动的选择非常注重“绿色”，即所有贷款都必须应用到有利于天然林资源的活动当中去。小额信贷面向项目区 12 个乡（镇）58 个行政村的农民和 6 家国有森工企业和林场的职工，重点是比较贫困的人群。目前，项目已经开展了 3 种小额信贷模式，即非政府组织（NGO）模式、社区天然林管理协会模式和国有森工企业循环基金模式。三类模式中，社区天然林管理协会模式实际上也是一种非政府组织模式，该协会是由当地村民自发形成，并独立运作，由村民管理的协会。此处所指的非政府组织模式是指非当地村民运作的 NGO。

② 《2010 年度中欧天然林管理项目小额信贷基金监测报告》，国家天然林保护，http：//trlbh. forestry. gov. cn2011 年 05 月 11 日，来源：天保办。

临县富平不良贷款率低，能够达到财务平衡。截止至2011年11月30日，项目已累计发放的贷款笔数4,240笔，累计贷款额1,408.78万元，有效客户数量为116个，现有的贷款余额149.6万元左右。逾期贷款的统计方式采用5级分类方法，逾期贷款金额20,320元，逾期笔数7笔，还款率达到95%以上。

国际计划支持的5家协会不良贷款率为零，实现可持续运营。例如西乡协会，截止至2011年11月30日，协会已累计发放的贷款笔数7,950笔，累计贷款额26,387,000元，有效客户数量为1,446个，现有的贷款余额5,579,619.65元。逾期贷款的统计方式"零容忍"，逾期1日即为逾期贷款，目前无逾期贷款，还款率达到100%。贷款用途农业种养殖生产型占比约90%以上，农村经营性占比约10%，城镇贷款小型经商等创业的占98%以上。

仪陇协会贷款规模较小，收益率低。截止到2010年12月底，协会的总资产为1,217.31万元，资产回报率（ROA）为0.95%。从开办到现在，累计发放的贷款额约为1.5亿元。2011年4月份起，协会开始进行内部整顿和调整，业务基本上停了下来，其中有三个月没有放一笔款。4月份时，贷款余额为九百多万，而到2011年12月3日，贷款余额约为605.9万。[①] 由于正处于改革时期，协会基本停止了贷款业务，2011年的经营规模和业绩出现萎缩。

我开依靠10%的管理费用和专门用于管理费用的定向捐赠维持机构的可持续运营。还款率98%，我开不回收贷款利息，收取的利息由合作伙伴支配。截止至2011年12月27日，我开在合作伙伴的项目累计发放的贷款笔数1,466笔，其中赤峰协会1,064笔，仪陇协会401笔，累计贷款额537万元。截止至2011年12月29日，有效客户数量为659个，现有的贷款余额1,426,884元。逾期贷款的统计方式采用PAR>30的方法，逾期笔数7笔，还款率达到98%以上。

第二节　成因分析

一、对社会公平贡献大的成因分析

（一）内部因素

1. 由利他性决定

以民间组织形式运作的公益性小额信贷组织是利他性主体，有着明确的

① 另据机构负责人说，文中提到的数据具有一定的误差，还款率与资产回报率可能欠乐观。

社会目标——追求社会价值最大化，以服务低收入人群为宗旨。初期的小额信贷多被用于改善妇女地位和扩大就业机会，改善医疗和生育卫生条件。20世纪80年代末以后，小额信贷作为扶贫手段被广泛使用，倾向于向最贫困的农民家庭贷款。目前，贷款对象有所拓展，低收入人群，包括非贫农户也可成为贷款对象，其目的除了脱贫，还有农户的生计改善、生活质量的提升，以及农村社区的改善。大部分组织开展小额信贷业务时，通常不是单纯地把小额信贷看做金融工具，而是开展扶贫工作或农村社区发展或农村发展的手段之一，其他手段还有各类与提高自立能力、缩短信息差距、改善生计或改善农村公共物品（如缓减环境压力和环境状况）有关的培训、活动。

临县富平是我国较早的NGO小额信贷，是为实现扶贫资金的良性循环，为当地农民提供持续性小额信贷服务而发起，追求社会价值最大化的目标。由经济学家茅于轼先生于1993年9月10日出资500元，在临县湍水头镇龙水头村设立了“龙水头村扶贫基金会”，通过吸收各界捐赠资金对农民提供小额信贷服务，帮助农民改善生活和发展生产。2001年9月15日，在借鉴龙水头村基金会经验的基础上，茅于轼先生及汤敏、丁晋川又在湍水头镇湍水头村和小寨上村发起成立了“湍水头村扶贫基金会”和“小寨上村扶贫基金会”。2005年6月，三个“基金会”转到北京富平学校[①]小额贷款事业部（又称富平微型金融发展中心）管理。2008年11月，原三村组织合并，统一名称为“湍水头富平小额贷款基金”。

国际计划小额信贷项目出于利他性动机，为促进可持续的、普惠的和能够满足客户需求的金融服务的发展，为较大范围的贫困人群，特别是妇女服务，提供可以增进家庭经济安全性和对儿童有社会影响的产品和服务，在陕西省四个国家级贫困县和一个市辖区试点小额信贷项目。项目带来了较好的成果，获得金融帮助的妇女增加了家庭收入，逐渐脱贫致富。

仪陇协会是我国第一家以社团组织形式从事小额信贷项目的公益机构。1995年联合国开发计划署（UNDP）和中国国际经济技术交流中心在我国17个省的48个县（市）推行以扶贫、可持续发展等为目标的小额信贷项目，仪陇县是其中之一。协会正是在这样的背景下，于1995年11月注册成立的非营利性社团组织。机构最初的做法主要借鉴孟加拉GB模式，坚持以人为本的乡村扶贫与可持续发展为宗旨。从根本上来讲，协会是一个从事农村发展的公益机构，而小额信贷是开展农村发展业务的其中一个方面。协会的主要活

① 富平学校成立于2002年，是一家正式注册于民政部门的致力于扶贫和可持续发展的本土非营利机构，由著名学者，企业家和发展工作者茅于轼、汤敏等创办。

动领域包括农民组织建设、小额信贷服务、乡村扶弱济困与妇女参与、社区能力建设与推进乡村可持续发展。

2007年6月，魏可欣在美国奥克兰注册了501（c）3形式的非营利性机构美国我开有限公司，2008年06月12日在北京工商局登记设立了美国我开有限公司北京代表处。我开在香港也注册了一个分支机构。2011年，我开与中国人口福利基金会（CPWF）签署了一项合作伙伴关系协议，成立我开基金，便于在中国开展募捐。美国、中国大陆和香港三个国家和地区的捐款都可以用于免税。我开是一个平台，主要功能是募捐，开设网站便于来自世界各地的人们为生活在中国农村的贫困农民提供捐赠。我开以捐赠的方式通过与当地合作伙伴进行合作，为农户发放小额贷款。资助者可以上网选择一个申请贷款者进行捐赠，我开与当地的合作伙伴会及时更新获得贷款者的情况。合作伙伴将获赠资金贷给申请贷款者，并依据本机构的方式和我开的要求，收集贷款户分期还款和监控各项业务的进度。

以上几家机构的成立背景显示了以民间组织形式运作的公益性小额信贷组织出于利他性动机，以追求社会目标为宗旨。它们涉及的服务领域包括扶贫、妇女发展、农村社区发展、农村经济发展等方面。这些公益性小额信贷机构所提供的不仅仅是金融服务，更多的是社会服务；它们所发挥的不仅仅是金融功能，同时还有社会功能，对推动社会公平意义重大。

另外，从机构未来发展的设想来看，以民间组织形式运作的公益性小额信贷组织发展动机和成立动机始终保持一致。它们期望进一步扩大规模，拓展覆盖面，为更多的农户或贫困户提供金融服务和社会服务。临县富平对机构未来发展的设想是，扩大资金规模，实现全镇农户全覆盖。目前，临县湍水头镇人口17,165人，临县富平成立以来累积发放贷款4,240笔，还有很大的发展空间。5家妇女发展协会的未来发展主要考虑如何在保证扶贫目标的前提下，实现可持续运营，并扩大规模，关注的重点在小额信贷的公益功能的实现，如何利用小额信贷的商业功能为协会创造更多的商业利益不是协会的追求。仪陇协会坚持以公益的方式运作小额信贷，扎根农村，为更多无法从正规金融机构获得服务的农村低收入人群提供金融服务。协会相信，只要管理到位、规模做起来，小额信贷就能实现可持续。

2. 由所有权性质决定

以民间组织形式运作的公益性小额信贷组织的所有权归社会所有，必然追求社会价值最大化。中华人民共和国公益事业捐赠法第七条规定，公益性社会团体受赠的财产及其增值为社会公共财产，受国家保护，任何单位和个人不得侵占、挪用和损毁。而社会公共财产在法律上的所有权并没有明确规定。只要是社会组织，产权都归社会所有。

3. 由所吸引的资金类型决定

从资金来源看，以民间组织形式运作的公益性小额信贷组织所吸引的资金大部分为追求社会价值最大化的社会捐赠，这些出资者不是为了商业回报而来，而是为了追求一定的社会目标。我国的小额信贷最初的资金来源主要是国际机构的无偿资助。在中国国内较早开展和资助小额信贷项目和机构的包括多边捐赠机构，如联合国的机构，世界银行，国际农发基金，欧盟等；双边援助机构，如加拿大发展援助署，澳大利亚发展援助署，荷兰政府等；国际非政府组织和国内的非政府组织，如中国扶贫基金会和社科院在县级成立的扶贫社。而扶贫社和中国扶贫基金会也是受到国内外捐赠者资助的。从项目覆盖的县数和资金投入总量来看，在国际多边和双边捐赠机构中，国际农发基金，UNDP，联合国儿基会，联合国人口基金组织和澳发署是最重要的捐赠机构。①

目前，公益性小额信贷机构的资金来源有：（1）国际机构或国际人士的捐赠或低息贷款；（2）国内机构捐赠或国内个人捐赠或低息贷款；（3）政府无偿资助；（4）软贷款（如世行、GT、GF－USA 等）；（5）银行贷款。

大部分资金提供者对资金回报的要求也体现了公益性。国际机构以及个人与公益性小额信贷机构的关系表面上是简单的捐赠与被捐赠、资助与被资助的关系，更深层的关系是共同为低收入人群或贫困人口提供包括金融在内的服务，而公益性小额信贷机构对国际机构的回报也是相同的。政府与公益组织的关系，更多把公益组织作为传递服务的渠道，一般出于政策需要，由公益组织完成政府一部分工作，如扶贫。以前，在开展小额信贷业务的地方，一些政府还出面接受捐赠，现在转为由社会组织接受捐赠并直接运作小额信贷业务。

资金来源除了捐赠资金外，还有小部分负债融资。捐赠资金方出于公益目的而提供捐赠，负债融资的提供者兼顾商业目的和公益目的，他们收取的利息一般较低，且负债融资在这几家公益性小额信贷机构资金中所占比例较小，因此，能保证其追求社会价值的目标不因资金来源方的诉求和压力而发生偏离。

① 《中国非政府组织小额信贷的实践与评价》，《上海金融》2007 年 03 期。作者进一步说明，我们一般把国际农发基金在中国的项目看做是农业发展项目，而非小额信贷项目。主要原因是国际农发基金的项目由县级政府机构执行和负责偿还，一般是通过县、乡、村级政府机构发放与回收，对农户贷款的利率低，期限长，和一般的小额信贷不一样。

临县富平项目资金来源于无偿捐赠和付息基金。1993 年 9 月至 1998 年 8 月，资金来源全部为无偿捐赠。从成立之初茅于轼先生捐赠的 500 元，到汤敏先生捐赠 200 元，再到国际银行的杨昌伯先生投入 500 元的资金，以后又有各界人士陆续进行捐赠，如亚洲开发银行驻中国代表处汤敏先生 6 次出资 6,900 元、大连林淑玉老师 9 次投入 11,500 元，新加坡华运海先生 4 次投资 6,760.50 元，北大林毅夫教授捐资 1,400 元等，截止到 1998 年 8 月，共 31 人（含团体），捐赠 51 笔，金额 36,240 元。1998 年 8 月以后，基金会由单纯的接收捐赠，发展为按年息 6%（2005 年 1 月 1 日起，年息调整为 4%，2006 年 1 月 1 日起，年息调整为 3%）给部分出资人付息。“付息基金”融资管理办法规定分期限为付息基金计息，基金入账满一年的按年利率 3% 计息，基金入账满半年而不满一年的按年利率 1.5% 计息；基金入账不满 6 个月的，不计付利息。对于投资人不提取利息的，经与投资人协商后，转入投资人投资本金。1998 年 8 月到 2001 年 9 月 15 日，捐资人和出资人达到 41 人，基金总额达到 131,530.5 元，其中本地农民的付息基金 19,000 元，占 14.4%。在扶贫基金中，无息基金 60,570.5 元，付息基金 65,960 元，利息结转 5,000 元，付息基金超过了捐赠资金，占比达 50.15%。截至 2005 年 6 月底，基金规模达到 1,296,480.10 元，其中无息资金 274,985.10 元，占 21.21%，付息基金 1,021,495 元，占 78.78%，付息基金成为新增基金的主流资金①。截止至 2011 年 11 月 30 日，临县富平的资金规模约为 160 万。

捐赠人资金投入临县富平的目的是为农民提供小额贷款服务，帮助农民改善生活和发展生产。付息基金出资人投资临县富平的目的是获取利息收益的同时兼做公益。捐赠人和不提取利息的付息基金出资人为临县富平无偿提供资金，显然不是为了商业利益，而是为了帮助当地贫困人群脱贫致富。付息基金的出资人只能获得年利息 3% 的存款收益，相较于正规金融机构 3.5%②的一年期存款利率来说放弃了一定的商业回报。

五家妇女可持续发展协会的资金来源由国际计划全额捐赠转变为社会捐赠和负债组合形式。以西乡协会为例，国际计划分三年累计向协会捐赠资本金 164.4 万元，配备办公设备 4.53 万元，提供与培训和管理相关的费用 17.3 万元。2009 年以后，随着西乡协会的发展，资金不足的问题促使协会逐渐面向社会筹集资金，资金来源转变为社会捐赠和负债的组合形式，总资产 567

① 谢云山，《我国小额信贷组织的现状与出路——以山西省临县湍水头镇扶贫基金会为例》，《中国金融》，2005 年 24 期。

② 2011 年 7 月 7 日数据。

万，负债363万。其中，捐赠占比55%（国际计划164万占比31%，中国妇女发展基金会50万占比10%，汉中市妇联10万占比2%，企业及个人68万占比12%）；低息贷款占比45%（友成企业家基金会100万[①]占比19%，宜信集团25万占比5%；国家开发银行50万占比10%；招商局慈善基金会100万[②]占比11%），合计捐赠及负债567万[③]。协会能够获得一定的资金有三个原因：一是协会自身的努力赢得出资人的信任；二是协会有国际计划创立并支持的背景，捐赠人，尤其是国外的机构，基于对国际计划的信任愿意与协会合作。例如，美国九〇学社曾向蒲城协会进行捐赠；三是由于县级妇联与省级妇联的上下级关系，陕西省妇联愿意为小额信贷协会提供担保，基于这种担保，许多借款人愿意为协会提供资金支持。捐赠人对资金回报不以赢利为目的，而以公益为目的。负债资金的出借方虽然要求一定收益，但是仍以公益目标为主。捐赠资金的性质决定其必然以公益为目的。"捐赠人对资金的用途是有要求的，是以扶贫为目标的，不可能像商业公司那样追求利润，"国际计划的工作人员告诉我们。负债资金的资金出借方以公益目标为主，体现在其对资金利率的要求上。例如，北京宜信公司提供的借款来自于宜农贷[④]项目，出借人仅获取年利率2%的利息，低于银行1年期存款利率3.5%，出借人让渡一部分收益。

仪陇协会的资金来源主要为各类援助资金，另外还有其他一些经费来源，如各项创收性服务活动收入、收取协会会员的会费等。援助资金主要包括以下几类：（1）引进的国际上对贫困地区乡村经济开发和社会事业建设的资助，如UNDP的援助资金；（2）国际民间组织的捐赠，如我开[⑤]提供的近100万元的援助资金；（3）政府及其他机构提供的资金或资助。

我开截至2011年12月31日，累计转让捐赠资金为200万以上，网站捐赠约占15%，线下捐赠约占85%，线下捐赠主要依靠我开在世界各地的几十家由志愿者组成的分支机构，线上捐赠依靠我开在互联网上开设的网站（ht-

---

① 年利率3%。

② 暂不收取利息。

③ 关于小额信贷协会的具体数据，均为国际计划提供。数据之间存在稍许出入可能为笔误，待详细考证。

④ 宜信P2P信贷助农平台——"宜农贷"是北京宜信公司于2009年推出的平台板块。通过宜农贷平台，有爱心的出借人可以直接、一对一地将富余资金出借给那些远在贫困地区需要贷款资金支持的农村借款人。出借人收取2%的年利息（名义利率），北京宜信公司收取1%利息（名义利率）的管理费用，其余利息由协会获得。

⑤ Wokai（中文名"我开"，www.wokai.org）是中国第一家资助农村民间创业者自助脱贫的P2P小额信贷服务平台。

tp：//zh. wokai. org)。我开来自境外的捐赠约占90%以上，这与其创立的背景有关。捐赠人对我开的捐赠不能回收，只能不断滚动。一旦贷款被100%还清，资助人可以登录到自己在“我开”的账户，重新分配捐赠以支持新的申请者。我开将筹集到的资金捐赠给合作伙伴，并不收取任何费用。一方面由于外汇管制政策，资金不允许回流到我开；另一方面基于我开的理念，愿意帮助当地合作伙伴成长。我开的工作人员告诉我们“我开没有任何收益，实际上就是捐款，合作伙伴认为我开是捐赠方。限制资金的用途只能用于贷款，不能用于合作伙伴其他费用，利息可以由合作伙伴自行支配，但是我开会有记录。”

4. 由治理目标决定

以民间组织形式运作的小额信贷组织的治理目标是社会价值最大化。中华人民共和国公益事业捐赠法第七条规定，公益性社会团体受赠的财产及其增值为社会公共财产，受国家保护，任何单位和个人不得侵占、挪用和损毁。以民间组织形式运作的小额信贷组织所有权决定了其治理目标必然是社会价值最大化。当然，实际操作中，公益性小额信贷机构的治理存在一定的问题，如治理结构模糊，分权不清晰，理事会并没有有效发挥决策权，少量组织治理结构清晰，分权明确。不论是哪种治理状况，民间组织均不以谋利为目的，但治理不善会影响治理效果，特别是财务可持续目标的实现以及社会目标的持续追求。①

对于没有政府背景的以民间组织形式运作的公益性小额信贷组织，或者相对独立的小额信贷组织，其理事会成员大多无金融背景，主要关心资金是否贷给了低收入人群，他们希望机构为无法从传统金融机构获得服务的低收入人群和微型企业提供金融服务和金融发展机会，以达到缓解贫困、改善生活、实现可持续性发展的目的。

我开的治理结构清晰，决策权与经营权分离。采取董事会领导下的职业经理人负责制。董事会由CEO、创始人和国际小额信贷专家构成，约6—7人。董事会主要任务是对合作伙伴的资格进行审核，选择与机构目标一致的合作伙伴。CEO对董事会负责并向董事会提交报告。

2009年以前，国际计划直接参与5个协会的治理。2009年以后，国际计

① 在国家层面，外援资金管理机构认为，外援小额信贷资金是国有资产，他们监管小额信贷资金的使用是分内的工作和责任。地方政府认为，国有资产也可以归地方政府所有，外援资金既然是援助我们扶贫，就应该归我们所有，而且在某些地方外援扶贫项目实际上已经成为当地财政的一个重要补充。

划专门为协会做过关于如何设立理事会以及理事会与执行层关系的深入培训。目前5家协会决策权与经营权分离，治理结构清晰。协会采用理事会领导下的秘书长负责制。重大决策由理事会负责，理事会成员分别来自国际计划、协会管理层、县政府部门领导（作为理事长，带来外部资源）、出资人，另外还有独立理事，包括技术专家（技术支持）、法律专家（法律支持）等，协会理事会人数平均为7—9人，理事会成员构成多样化。日常经营则采用秘书长负责制，秘书长负责向理事会提交报告，除了经营业绩、运营情况方面，还有社会绩效，包括社会变化。5个协会秘书长最初由当地妇联主席兼任，妇联对协会的影响很大。5个协会中3个协会的秘书长退离妇联主席职位后，继续任秘书长，妇联仅为协会的主管单位，行政干预减少。

（二）外部因素：行业协会

中国小额信贷联盟（CAM）在推动会员服务于低收入人群方面发挥了积极作用。小额信贷作为一种有效的扶贫方式和一种金融创新，在中国经历了十多年的实验、示范和推广过程。作为最初一批从事小额信贷实验的国内小额信贷机构大部分是依靠国际组织援助或当地政府支持建立起来的一些非政府、非营利的组织，它们为中国小额信贷的发展起了积极的推动作用，为扶贫事业作出了很大贡献。但是由于政策法律方面的限制、小额信贷机构本身体制和能力的局限以及资金来源不足等方面原因，这些机构很难可持续发展。作为一种有效扶贫手段的小额信贷，只有纳入我国金融改革和发展的整体框架，才能可持续发展，也才能有长效的作用。CAM意愿承担起推动小额信贷行业的发展责任，实行行业自律，倡导政府提供一定的政策支持。CAM的上述宗旨体现了推动以民间组织形式运作的公益性小额信贷组织服务低收入人群，实现金融包容及社会公平的决心和意愿。

《中国小额信贷联盟自律公约》提到中国小额信贷联盟及其会员机构愿意以负责任的态度向贫困和低收入客户提供可持续的、负责任的金融服务，帮助他们提高创收能力，改善他们的生活水平。这是一种严肃的承诺，尽管自律公约更多属于道义上的倡议，不具有严格的约束力，但是对于公益性小额信贷组织则是需要坚守的。即，贫困和低收入人群是这些组织至始至终的服务对象。CAM倡议中国小额信贷机构遵守的道德准则是诚信、透明、公平、合理。中国小额信贷机构应同时遵守客户保护原则：（1）适当的产品原则：小额信贷机构应根据客户需要设计贷款产品和贷款发放渠道，不能损害客户利益。产品与发放渠道的设计应考虑不同客户的特点。（2）避免客户过度负债原则：小额信贷机构在提供信贷服务时应确保客户有偿还能力且不会出现过度负债的情况。应实施防止客户过度负债的内部管理系统，并积极参与征信体系建设。(3) 信息透明原则：小额信贷机构应使用客户容易理解的方式和语言，与客户进行明确、充分和及时的沟通，让客户在信息充分的情况下作出决策。尤其要注意有关产品定价、条款与条件方面的信息透明。(4) 合理定价原则：小额信贷机构产品的定价、条款与条件应按照客户可负担且机构可持续的方式进行设定。(5) 公平公正原则：小额信贷机构应公平公正地对待客户。不得有任何歧视行为。应建立有效的制度，及时发现和纠正员工在贷款发放和回收过程中的腐败或不当行为。(6) 客户资料的隐私性原则：小额信贷机构应根据国家有关法律法规，尊重与维护客户的隐私权。客户数据只能在与本机构业务相关或法律所允许的范围内使用，除非与客户另有约定。(7) 客户投诉机制原则：小额信贷机构应制定投诉应对机制，系统收集客户意见，切实解决问题并不断改善产品与服务。这 7 项客户保护原则中的第一个"适当的产品原则"至关重要，因为"非适当"的产品原则，可能会使小额信贷组织的服务对象上移，偏离其服务对象和机构宗旨，从而使贫困和低收入人群得不到贷款。当然，其他原则彼此之间相辅相成，成为保护客户的重要原则。目前已加入该倡议的机构有 32 家。尽管众所周知，自律公约更多属于倡议，没有严格的约束力。但是，与以往相比，已经向前迈了一步，特别是在小额信贷组织纷纷为了确保财务绩效上移服务对象的今天。

（三）外部因素：舆论导向

自从尤努斯获得诺贝尔奖后，舆论开始关注小额信贷的扶贫功能，宣传小额信贷起源于非政府组织，它以扶贫为宗旨，以创新的金融理念、制度和手段，开展服务于弱势群体的经济、社会活动。截至目前，小额信贷已经在发展中国家成功推广，在帮助贫困人口脱贫方面取得了巨大的成功，并且以其独特的制度设计成为各类扶贫贷款形式中，最具活力的一种。其受益群体包括城市或农村的低收入人群，操作方式为现有传统商业银行操作模式下不能惠及或难以惠及的人群。小额信贷不仅仅为他们提供金融服务，更重要的是，促进了社会公平，体现了一种社会价值观。

何广文认为，"'公益性'小额信贷机构把这种信贷变成了一种服务，它不纯粹是一种交易，更多的是利用参与的方式进行服务，它体现的是一种扶持和服务的概念。"① 我们的研究结果显示，公益性小额信贷最大的贡献是对建立一个普惠性金融体系的贡献，是推动金融体系公平、合理化改革的有效方式。

---

① 转引自《21 世纪经济报道》，http：//www. htsc. com. cn/htnews/news. jsp？docId = 15234932

陈晓雪在2011年《当地金融家》上发表的《我国公益性小额信贷机构发展研究》一文中指出，公益性小额信贷机构的优势表现为两个方面：（1）主要针对贫困群体。公益性小额信贷服务的对象包括各类群体，其中贫困和低收入客户是主要的服务对象，包括农村贫困人口、微型企业等。我国大多NGO公益性小额信贷机构贷款的期限一般为一年，每周或每两周还一次款，整借零还环节缓解了农民还贷压力和机构资金周转问题。（2）管理灵活。我国公益性小额信贷在过去几年的实践中形成了大体相似的组织管理系统，其操作和管理主要由基层机构承担，这种安排可以较大程度发挥基层操作管理机构的主动性和创造性，较充分利用基层机构靠近用户、了解用户的优势，更准确及时地根据用户的需求和项目实施情况及时调整措施，采取相应的行动，减少和避免逐级审批和管理过程中的信息丢失和产生的时滞。[①] 事实上，“管理灵活”也是使小额信贷产品能有效达及低收入人群的技术设计。归根到底，小额信贷最关键的作用是解决金融排斥问题，推动建立普惠性金融体系，实现金融服务的合理与公平。这些得到了舆论的宣传和认可。

二、处境艰难的成因分析

以民间组织形式运作的公益性小额信贷的整体处境艰难，大部分面临财务可持续的挑战，个别可以实现财务可持续目标，整体数量和组织规模萎缩、停滞，其中既有内部因素，又有外部因素。

（一）内部因素

1. 大部分组织面临财务可持续性挑战的内部因素

（1）所有者缺位

以民间组织形式运作的公益性小额信贷组织的所有权归社会所有，存在所有者天然缺位问题，这是导致其运营艰难的原因之一。运作小额信贷的民间组织，由于机构的特殊产权结构（所有权归社会），导致其产权结构中没有实质性的所有者，或者有所有者但所有者并不太关心机构管理的情况。小额信贷机构所有权缺位会带来一系列后果。首先，由于所有者缺位，导致机构缺乏承诺；其次，所有者缺位导致权责利不明晰，出现问题之后权利、责任和利益之间发生互相掣肘情况，严重影响小额信贷机构的声誉和效率；最后，所有者缺位导致小额信贷的规模扩大困难，最终阻碍小额信贷的可持续运作进程。具体而言，与商业性小额贷款公司不同，以民间组织形式运作的小额

① http：//www. zgjrw. com/News/2011817/home/672957231500. shtml

信贷组织的所有权不归自己，花的是别人的钱，贷款是否成功没有压力，贷款规模和机构小时，不构成压力，社会压力不大。当机构规模大，自身品牌和声誉都很强的时候，社会舆论和社会压力发挥作用，社会监管、监管的机制才能生效，才能发挥出来，此时执行层才能认真负责。同时，捐赠方有时不注重可持续性，公益组织在这方面也会忽略或不重视。

（2）无治理或治理效果不佳

以民间组织形式运作的小额信贷组织归社会所有，而社会又没有选一个负责的理事会来管理，只能靠理事会成员本身的素质，这种所有者天然缺位的问题，导致治理效果必然不好。在治理结构方面，尽管大多数小额信贷机构都建立了决策机构和监察机构，但大多数形同虚设，基本没有发挥正常作用。在缺乏必要的监督机制的情况下，决策权和控制权集中在一两个人手中。一些非政府小额信贷机构在治理结构上带有明显的内部人控制现象。而具体的控制者又缺乏责任感，对资金安全使用没有实质的责任意识和责任感。

与政府部门合作的小额信贷面临的问题比较独特。有的政府主管部门认为小额信贷资金属于国有，而监管也很有限。同时，对于在最基层活动的小额信贷机构，主管部门的监管也是鞭长莫及。有些小额信贷组织表示，如果上级要把小额信贷资金抽走，他们就不去回收发放出去的贷款。有些地方出现了许多令人担忧的现象：拖欠贷款的人数、次数逐渐增加，拖欠时间逐渐延长，工作人员控制贷款质量的积极性在逐渐下降，挪用小额信贷本金的事也时有发生，有些以民间组织形式运作的公益性小额信贷组织已经倒闭或名存实亡。①

对于有政府背景的公益性小额信贷组织或小额信贷项目，其理事会成员及决策权主要掌握在政府部门，基本上是政府官员说了算。而政府官员更换频繁，而且对资金使用安全与效率要求不高。资金能不能用好，取决于具体的运作人员。这种政府干预太多、小额信贷组织缺乏独立性和经营自主性的治理模式出现大量问题。

对于没有政府背景的公益性小额信贷组织，或者相对独立的小额信贷组织，其理事会成员更多是社会人士，对资金使用安全和效率要求不高，同时，理事会更多把权力让渡给他们所信任的执行层，出现执行层主导的局面，即比较突出的“内部人控制”现象。“内部人控制”的风险之一是，机构负责

① “关于公益性小额信贷产权归属问题研究”，http：//www.7kcn.cn/article/99/11038.Html

人个人利益置于机构利益之上，或者机构利益置于社会利益之上，机构内部治理缺乏制衡机制，导致资金使用效果下降，影响业务发展。[①]

某扶贫合作社由中国社会科学院农村发展研究所（以下简称社科院农发所）和当地政府扶贫办公室联合组建。扶贫合作社是独立的社团法人，接受社科院农发所的业务指导和当地人民政府的工作监督。扶贫合作社设有管理委员会，实行管委会下的主任负责制，设主任（同时为法人代表）1 名。目前，管理委员会共有 5 人，其中社科院农发所的代表 1 名，县政府的代表 1 名，2 名员工代表，以及主任（扶贫社的主任同时是管委会成员）。另外，扶贫合作社还设有党支部，负责监管当地党机关领导和扶贫合作社日常的各项工作。扶贫合作社的治理、日常管理，以及机构发展很大程度受到当地政府的制约和牵制。一位了解情况的人士说，“合作社现在设党支部、还有计划生育部，其实都是在配合政府的工作，按政府的要求去做。”[②] 不过，当地政府对扶贫合作社的牵制开始有所减弱。现任扶贫合作社的主任曾是当地扶贫办的领导，最早以扶贫办领导的身份参与合作社的决策和管理，后来从县扶贫办退出，不再以政府工作人员的身份参与扶贫合作社的发展和管理。扶贫合作社正逐渐走向独立，但治理改善的空间很大，如理事会成员专业能力提升。目前理事会有 1 名社科院农发所的代表对小额信贷比较懂行，能提供一定的业务指导，其他 4 名理事会成员都不是小额信贷领域的专业人士，缺乏小额信贷相关的金融知识、技术等。专业性的缺乏，会影响决策的正确性和效率，而理事会的决策直接影响到执行层的日常经营。另外，在引入资源、扩大社会影响力方面，扶贫合作社理事会成员中缺乏社会活动能力强、社会资源丰富的理事。虽然社科院农发所能为合作社引来一定的社会资源，帮助其扩大社会影响力，但经过近二十年的发展，社科院农发所所带来的光环效应正在逐渐减弱。机构的有效治理不是形式上的治理，而应发挥其实质性的作用，如有效地决策、高效地引入资源、对执行层的严格监督等。

中和农信成立之前，中国扶贫基金会的小额信贷项目的治理曾有过治理相对混乱的阶段。这一阶段发生在 2000—2004 年底之间。2000 年，中国扶贫基金会从国务院扶贫办外资项目管理中心（以下简称外资中心）接管小额信

---

① 有作者认为，自 2000 年以来，公益性小额信贷基本上处于萎缩状态，这与非政府组织机构能力低下和不良业绩有直接的关系。http：//www. studa. net/jinrong/091029/13451921. html。

② 引自作者的访谈。

贷项目[①]，以扶贫项目的形式与项目县政府合作，由当地政府成立社团组织负责项目的具体实施，基金会负责筹款、提供技术支持和监管。名义上，基金会是决策者和监督者，但实际的决策权和主动权掌握在当地政府与扶贫办手中，社团组织只向当地政府或当地扶贫办汇报，基金会只相当于项目合作单位及名义上的（非实质的）监管方，基金会并没有发挥有效的决策和监督作用。再加上当时的监督手段落后，基金会在北京，项目县远在外地，基金会只是偶尔派人前往项目区查看，导致信息不对称，很难起到实际的监管作用。在这种治理结构不清、缺乏有效监督的情况下，出现了大量垒大户、做账不清晰、资金流失严重等问题，不利于项目的可持续发展。之后，基金会开始对小额信贷项目的治理进行了重大改革，直至成立独立的公司——中和农信，以企业形式运作小额信贷。至此，其治理较为清晰，治理效果得到改善。

当然，除此之外，很多地方政府已经减少对民间公益组织小额信贷项目的干预，不直接参与或干预。但是，此时又出现了理事长和秘书长同为一人，决策权和管理权集中掌握在一人手中，内部缺乏监督和制衡，导致治理效果不佳，且存在隐瞒问题的现象，如对外宣称机构的还款率良好，经营状况良好，而实际上已出现严重的贷款不良、资金风险等问题。某协会的情况与此类似，虽然它有比较清晰的组织架构，设有理事会和秘书处。但是，在实际运作中，理事会形同虚设，并没有发挥决策作用，协会的决策基本由秘书长负责，日常经营由秘书长和副秘书长共同负责。协会的决策权和经营权基本由秘书长一人说了算。另外，协会也没有设立监督部门，对决策层和执行层进行独立监督。

需要说明的是，有些资金提供方对资金使用效率不做要求，成为个别小额信贷组织忽略财务可持续的借口。例如，某些协会的捐助方不要求协会给予利益回报，甚至大部分捐助方对其援助项目是否能持续运营、是否运营良好不做严格要求，只有个别捐助方对捐赠资金的使用情况及项目执行情况做严格要求，特别是近几年（如我开要求协会对其捐助资金进行独立核算）。因此，对于接受来的捐助资金，协会基本上主要靠自我约束，尽机构所能把项目执行好，把钱花好。但是，在缺乏外部压力和监督（即捐助方的要求和监督）的情况下，仅靠自我约束，很难最大程度地执行好项目，利用好资金。

① 中国扶贫基金会小额信贷项目的前身为秦巴扶贫项目的分项目之一。该项目于1996年，由国务院扶贫办外资项目管理中心与世界银行共同操作。世界银行提供贷款、技术等，外资项目管理中心负责具体的执行工作。当时的决策方为世界银行。2000年，中国扶贫基金会正式从国务院扶贫办外资项目管理中心接管小额信贷项目，该项目的原班管理人员一同转入中国扶贫基金会。

（3）资金来源普遍面临挑战

公益性小额信贷组织的利他性、非营利性，使其只会吸引非逐利性资本，依靠部分机构或个人的捐助和政府补贴等。以民间组织形式运作的公益性小额信贷组织资金来源有限，组织面临资金来源问题较为普遍。以往大部分资金来自捐赠，特别是国外捐赠资金。随着国际援助机构/项目陆续撤出中国，而国内捐赠资金并未明显增加，小额信贷机构面临严峻的资金和技术压力。国际计划小额信贷项目支持的5家妇女可持续发展协会，原本的资金来源全部为国际计划的捐赠，2009年以后国际计划不再向5个协会注资。现在，5家协会的资金来源转变为社会捐赠和负债相结合的形式，通过负债缓解资金压力。

一位国际组织的工作人员告诉我们一个很多NGO面临的事实，“停止资助时，受助机构抱怨我们，说我们把他们培养起来，半路又不管他们了。我们只能告诉他们，国际组织不可能永远在中国做项目，永远无偿给钱，国际组织注重的是理念和技术的培育，因此必须把他们推向市场①”。

另外，以往很多国际援助资金进入国内时，常常需要通过政府层面，即资金先放到政府账上，再由政府转交给受援助的公益机构。这样一来，往往会出现政府私自挪用援助资金，而使得资金迟迟到不了公益机构的现象。

公益组织一般也得不到商业银行的资金。除非有特殊情况或特殊关系。同时，规模相对大的做得好的组织容易得到上述这些资金，规模小的公益组织不容易得到。此外，即便能得到资金，资金量相对较少，具有不确定性。政府无偿资助及软贷款相对更少。

以民间组织形式运作的公益性小额信贷组织的资金规模较小，难以满足农户的贷款需求。例如，2010年贵州兴仁县农村发展协会的贷款规模只有300多万元贷款本金，协会只覆盖了0.2万户，仍有5.5万户潜在的客户不能覆盖，市场渗透率仅为3.5%。一些公益组织面临缺乏后续资金的困境。②

（4）管理成本相对较高

以民间组织形式运作的公益性小额信贷组织服务低收入人群或贫困人口，甚至最贫困人口，贷款额度小、分散，再加上他们同时为所服务人群提供非

---

① 这位负责人告诉我们“由于其他国家小额信贷政策比中国宽松，因此国际机构在其他国家的小额信贷项目比中国发展得好。例如，在印尼支持当地小额信贷协会发展，而在孟加拉、菲律宾等国，支持收取一定利息的批发资金的机构发展。而在中国，国际组织不能放贷，资金不允许进项。”

② “NGO小额信贷遭遇发展困境：贵州兴仁小额信贷调查”，http：//www.360doc.com/content/10/0914/16/1661689_53605716.shtml

金融服务，管理成本相对较高。再者，这类组织不是专业做金融的组织，在经营管理小额贷款业务时，管理上有着明显的问题。

而贷款对象对资金的管理及经营能力也相对欠缺，使一些贷款不能还上，对公益性小额信贷组织造成贷款风险。贷给经济不发达的偏远地区或山区的贫困人口，这些地区的自然资源和经济资源很匮乏，贫困人口不仅缺乏资金，也缺乏技术和信息，把资金贷款他们，一部分人因资金使用不善，或不会经营，往往还不上款，有可能因拖欠还贷，呆账坏账，陷入恶性循环，最后不了了之。

除了为农户提供金融产品外，还提供一定的服务，如培训以及金融知识等非金融服务，势必带来管理成本的增加。这对组织的财务可持续性提出一定的挑战。事实上，诸多研究人员很早即认识到这一点。如 Morduch 认为小额信贷组织具有“福利”性质，一旦捐助资金不具可持续性，小额信贷组织发展将面临很大的威胁。[①] Sharma 和 Buchenrieder（2002）认为，要提高金融产生的社会福利影响，金融机构将提供对农民的市场服务、知识培训等方面的非金融服务。而这些服务的提供会提高金融机构提供服务的复杂程度，增加运营成本，在一定程度上会不利于机构的可持续发展。

（5）信息技术普遍落后

大部分以民间组织形式运作公益性小额信贷组织专业能力相对低，信息系统相对落后，有的甚至还采用人工记录或人工记录结合简单的电子记录方式（如 Excel）。采用这种简单的信息管理方式，当机构规模扩大时容易出现因信息不对称、信息传递不及时而造成严重的风险，如垒大户现象、信贷员骗贷等。信息搜集不完整、信息跟踪不及时、信息不对称等是导致众多公益性小额信贷机构或项目消失或经营难以为继的重要原因之一。

成立于 2005 年的中国小额信贷联盟，目前 92 家正式会员中大部分是从事扶贫小额信贷的非政府组织，这些机构大部分还在用手工方式进行贷款信息管理和财务管理，效率低，且难以保证信息的准确和及时。管理信息系统的安装和使用，将提高小额信贷机构的管理水平和财务透明度。[②]

易县扶贫经济合作社作为我国最早以民间组织形式运作的公益性小额信贷，从 1993 年运作至今，没有建立电子信息管理系统，而采用人工记录。截止到 2011 年 12 月 31 日，易县扶贫社已拥有 6 个分支机构，5093 个有效客户，业务覆盖易县及其下辖的 22 个乡镇。这种简单的信息管理方式意味着相

① Morduch, J. TheMicrofinance Schism. World Development, 28 (4). 1998

② 中国小额信贷联盟，http：//www. chinamfi. net/pub/news. asp? catid = 2369&ctxid = 5472

对较低的工作效率，也存在一定的隐患。然而，建立信息管理系统的重要性已为人所知，但意味着额外成本的投入。公益组织需要得到这方面的支持。

（6）人力资源状况普遍不佳

公益性小额信贷机构，尤其是以民间组织形式运作的公益性小额信贷组织工作人员通常不是专业的金融工作者，大部分不具备在金融机构工作的知识背景和从业经历，有些是高中毕业，有些是当地农村村民。相对于商业性小额贷款公司的人力资源，人员机构及知识、从业经历相对欠佳。其中原因是，首先这些机构开展业务大多在农村，受过高等教育的从业者不愿意到农村工作；其次，这些机构的工资及奖励相对较低，难以吸引到高端人才；再者，这些机构的工作性质更强调工作人员的社会责任感、社会关怀，以及奉献精神，由于一些 NGO 本身不是金融机构，人才选择也并不注重有金融背景，他们更多是在运作和执行社会发展或社区发展项目时，同时执行小额信贷业务（或小额信贷项目）。

仪陇协会的工作人员基本是从当地农村招聘而来，对其文化程度有一定要求（高中以上），但不要求一定要有金融或财务背景。这与协会的使命有关。协会是做农村发展项目的机构，而不是专门的小额信贷机构，小额信贷只是农村发展工作的一个方面。除了小额信贷之外，机构还参与其他与社会福利事业相关的项目，如学校的援建、关爱孤儿、关爱孤寡老人、帮助贫困家庭、贫困生等。因此，协会在招聘时，并不强调员工必须有金融工作经验，而是更看重人品，更看重其是否适合并能胜任农村工作。“我们机构不是专门做小额信贷的，是做农村发展的，小额信贷只是搞农村发展的一个工具。所以，我们在招聘时并不强调一定要有金融背景，而是看重其人品，看是不是能实实在在、踏踏实实地在农村工作，能否与机构的服务对象打成一片，与他们成为朋友。财务、金融方面的知识可以慢慢学，人品学不来。”①

另外，由于资金不足，大部分以民间组织形式运作公益性小额信贷组织的信贷员工资水平低，尽管这可以降低管理成本，但是也挫伤了信贷员的积极性，激励不足。

2. 个别组织实现财务可持续的内部因素

（1）个别组织加强内部治理

随着组织的发育，个别以民间组织形式运作的公益性小额信贷组织开始加强内部治理，调整理事会构成，建立责任机制、激励机制，一定程度上改

① 引自作者对仪陇乡村发展协会副秘书长的访谈。

善了组织的治理效果，对实现财务可持续具有积极的影响。一些运行良好的公益性小额信贷组织，其理事会成员是一些有责任心的人，即便他们不是组织的所有者，不拥有组织的股份，他们可以出于对机构使命的责任感而激励自己努力、负责地工作，为机构作出负责的决策，把握机构的方向，委托负责、专业的管理层对机构进行日常管理。这样的组织治理比较有效。这样的事例并不少。

临县富平的最高管理机构是北京富平学校小额基金管理小组，对临县富平拥有决策权，它由茅于轼、汤敏、丁晋川、沈东曙、李儒东等人组成，他们有专业背景，也有责任心。日常经营由当地人组成的管理工作小组负责，它由信贷主任（会计）、出纳、监督员构成。当地负责人向北京富平学校项目官员每季度做一次“项目执行报告总结”，介绍项目的业务开展情况、财务运行状况、村民的反响调查、存在的问题等，并接受项目负责人的业务指导和监督。在日常工作中，会计负责接受农户的贷款申请、农户的信用调查、贷款项目的审批、到期贷款的催收等，出纳则负责具体的资金保管、发放、统计等。通过设置专门监督员和定期检查的方式监督项目的执行情况，监督内容以保证服务农户的社会目标实现和保证项目的有效运营为主。专门监督员可在任何时间（一般每周一次）检查账簿、询问贷款发放情况、核实有无乱发或滥发贷款的现象等，实时监督贷款制度执行情况。决策层会定期检查，监督项目的运行情况。北京富平学校的小额贷款事业部的管理人员每隔两个月至临县指导工作，听取工作汇报，每次 15 天；从 1996 年开始，茅于轼先生和北京富平学校小额基金管理小组的成员每 2 年来临县富平视察一次；每年由独立的会计师调查运作资本；定期聘请会计师事务所对项目所有财务进行了核审。监督内容主要为是否遵守贷款流程、贷款制度和扶贫目标是否实现等。工作方式以召开总结会议、入户调研，同时与农户进行面对面交流，了解农户的贷款用途和经营状况为主。

国际计划在改善五家协会的治理方面投入较多。2009 年以前，国际计划直接参与 5 个协会的治理。2009 年以后，国际计划专门为协会做过关于如何设立理事会以及理顺理事会与执行层关系的深入培训。目前 5 家协会决策权与经营权分离，治理结构清晰。协会采用理事会领导下的秘书长负责制。重大决策由理事会负责，理事会成员分别来自国际计划、协会管理层、县政府部门领导（作为理事长带来外部资源）、出资人，另外还有独立理事，包括技术专家（技术支持）、法律专家（法律支持）等，协会理事会人数平均为 7—9 人，理事会成员构成多样化。日常经营则采用秘书长负责制，理事会不直接参与，秘书长负责向理事会提交报告。妇联为协会的主管单位，现在行政干预较之前少。理事会监督执行层的执行情况，监督内容以保证扶贫的社会目标实现和保证协会的有效运营为主。日常监督内容以财务状况为主，协会执行层每月向所有理事提交财务报告。部分理事会成员会定期检查，监督协会的社会目标实现情况，尤其是国外资助人会进行入户调研，同时与贷款客户进行面对面交流，了解客户的贷款用途和经营状况。

在所调研的案例中，有的组织治理清晰，如 5 家妇女发展协会和我开。治理清晰的小额信贷组织有一个共同点，即他们的创办人、出资人或资助者有比较丰富的金融知识、金融技术、金融经验，或企业管理经验和社会组织管理经验，能为机构的发展带来先进的理念和方法，促进机构实现财务可持续。

（2）个别组织资金来源相对充裕

个别以民间组织形式运作的公益性小额信贷组织资金来源充裕，资金来源方对机构可持续状况进行监督，对实现财务可持续具有积极影响。

仪陇协会的负责人说，踏踏实实地做公益性小额信贷，不求一下子扩大规模，希望能为整个公益小额信贷领域探索以公益组织运作的方式，同时为这些公益组织提供经验。作为公益小额信贷领域的先行者和探路者，协会认为有必要为整个领域提供经验。尤其目前外界普遍认为公益小额信贷很难实现可持续的情况下，协会更需要稳扎稳打，让外界恢复对公益小额信贷的信心。“我们目前的资金还比较充足，可能后续规模扩大之后，资金需求会比较大。但是我们不想走得太快，一步一步地来，能够踏踏实实地走下去，这样比较好。走得太快，可能会忽略一些潜在的风险或者问题，协会不能再出现这种问题了，那样对整个公益小额信贷都是一个打击。毕竟我们是做公益小额信贷最早的机构，属于探路者，希望能为其他做公益小额信贷的组织提供经验，避免再走弯路。”①

我开对合作伙伴的监督从对资格审核到尽职调查都非常严格，这为合作伙伴拓展资金奠定了基础。我开要求合作伙伴是充满激情、具备专业管理团队且有良好的发展前景的小额信贷机构，需四个条件：（a）能实现 95% 以上的还贷率；（b）提供培训和支持服务；（c）拥有透明的管理系统；（d）拥有能力和热情进行小额金融活动。

我开对合作伙伴的监督按照流程划分为：现场评估阶段、审核并制定规划阶段、持续监控阶段。

① 引自作者对仪陇县乡村发展协会副秘书长兼信贷监管部主任李世冰的访谈。

(a) 现场评估阶段。当合作伙伴向我开提出申请以后，我开会对合作伙伴进行实地考察和审核。我开尽职调查的团队前往申请机构进行实地调查，结合该机构的机构管理、信息和财务系统、风险评估政策、信贷记录、机构表现和工作效率完成一份全面的报告。每次考察至少要完成对潜在合作伙伴董事会成员、CEO、会计总监、会计、两名信贷员一个45分钟的会谈。为了保证在访问过程中得到信息的真实性，还将随机抽取5位受贷人的资料并逐个前往其家中调研以确定实际状况与材料记叙的内容相吻合，并以此评价该机构的表现。

(b) 审核和制定规划阶段。我开小额金融投资咨询委员会（简称委员会）将对报告进行审核，并投票作出最终决定。委员会将对是否接收“我开”员工提出的候选机构作最终决定。该委会由三到五名国际小额金融专家组成，每年召开2~3次工作会议。合作伙伴确定后，委员会将专门为该机构制量身打造一个合适的融资战略、确定发展的时间表、设定具体发展目标等。在“我开”正式与该合作伙伴开始合作之后，委员会还将定期对该合作机构进行复查，以确保其达成之前设立的发展目标，并与合作机构一道讨论更新“我开”的长期融资计划。

(c) 持续监控阶段。一旦开始合作，合作伙伴的表现将一直受我开的监管。我开对其关联的所有小额信贷机构实施每半年一次的实地验收，深入评估其表现，并对该机构的客户和财务报表进行审计，与此同时，我开要求合作机构在我开的网上系统中记录下每一笔贷款的发放和回收状况，并提供月度报告。最后，为了更好地追踪资金的流动，我开募集的所有款项由不同的合作机构存放在不同的银行账户中。

(3) 个别组织注重能力建设

个别以民间组织形式运作的公益性小额信贷组织人力资源方面具有优势，尤其是能力建设方面，对实现财务可持续具有积极影响。国际计划小额信贷项目持续为5家协会提供能力建设支持。自从2002年以来，国际计划一直非常重视小额信贷机构的能力建设。即便2009年停止资金支持后，能力建设支持也没有停止。国际计划在能力建设方面的投入约为资本金投入的两倍，利用各种机会为协会提供能力建设支持，促进协会独立可持续发展。

国际计划邀请专家为协会做培训。5家协会的工作人员均为当地招聘，没有任何金融行业或者公益领域经验，小额信贷技术、社区发展理念等所有理念和模式都是“空降”，需要专家做大量的培训。最初邀请的专家均为国外专家。国际计划为协会提供内容丰富的培训，不仅是技术和理念方面的培训，还包括治理培训、人力资源规划培训等。经过国际计划的培训，协会自主进行信贷员招聘和培训，并自主制定了人力资源管理制度。信贷员均为当地人，信贷员与管理人员比例约为2:1。招聘当地信贷员是基于两方面的考虑：一方面因为当地人对本地情况（本村或邻村）比较熟悉，可以有效降低信息不对称的风险；另一方面本地信贷员也可以利用闲暇时间进行农业生产。招聘方式多样，包括当地广播电台广告、电视广告、短信平台广告等。由于小额信贷协会在当地具有一定影响力，当地农村妇女很愿意成为协会的信贷员。经过培训后，信贷员综合素质和业务能力能够胜任工作。以西乡协会为例，截止至2010年4月底，协会有员工15人，其中信贷员9人，所有员工都经社会公开招聘，经过笔试、上机操作、面试、培训、试用、再正式录用。员工平均年龄31岁，都具有大专以上文化程度。并多次分期分批参加了北京、上海、湖南、深圳、成都、西安等地举办的小额信贷管理、客户识别、产品设计、风险控制和财务知识等方面的专业培训。除此以外，协会每月召开例会进行工作考核与业务培训①。

国际计划为协会在外部资源、公共关系等各方面提供帮助，促进协会积累经验和资源。例如，2009年第一届小额信贷机构与国际投资者交流会在北京召开，为了促进5家协会能力建设，国际计划承担所有费用，带领协会工作人员参加了该会议。通过这次参会，协会在公共关系方面有了长足进步。国际计划的工作人员告诉我们："此前，协会工作人员并不知道参会需要名片和宣传资料等。当我们通知他们参会需要名片和宣传资料时，西乡协会自己制作了宣传资料，用网络上的翻译器进行翻译，并专门跑到汉中市彩印了十几元一本的彩色宣传手册。还有一个协会在用过的纸背面打印PPT，在投资人大会上介绍自己，宜信的工作人员看到后大受感动，决定与协会合作，国际计划还帮协会审核协议。后来，他们做得很好"。国际计划带领协会参与各种活动，促进协会筹资能力的发展。国际计划带领协会参与各种评奖活动，一方面参与评奖获得的奖金增加了资本金，另一方面频繁参与评奖活动，扩大了协会的影响力，促进协会筹资能力的发展。例如，西乡协会积极参与评奖，获得了招商局扶贫创新奖，奖金3万元。

（4）个别组织重视信息技术

个别以民间组织形式运作的公益性小额信贷组织信息方面具有优势，对实现财务可持续具有积极影响。电子信息系统技术手段的使用，可以从技术上提升组织的管理水平，降低管理不善带来的各种风险，如信贷员欺骗，垒

① http://w1.zybbweb.cn/xxfnfzxh/ZZJG/html/?28.html

大户现象等。2006 年，国际计划委托一家软件公司为协会量身定做了电子信息系统——国际计划小额信贷系统软件，2010 年该电子信息系统所有权转让给友成基金会和小额信贷联盟，由他们继续为协会进行免费安装和维护。他们需要每年给软件公司支付几万元的升级和维护费用。基于国际计划全球性的小额信贷项目网络的技术支持，国际计划在中国的小额信贷项目极富前瞻性。不管是在全力支持小额信贷项目的时候，还是在后期以能力建设为主的时候，都基于国际视野，对协会的发展给予了领先理念和技术的支持。例如，在协会创立之初，即采用国际通用财务标准计算 ROA 和 ROE 的比例。国际计划的工作人员告诉我们“最初，协会都不愿意计算，嫌麻烦，认为传统银行都不计算这个比率，协会根本没有必要这样做。然而，过了 1—2 年，当大家普遍采用这种计算方式的时候，协会才认识到，前瞻性的工作非常重要，很有成就感。”仪陇协会信息系统的建立也扭转了组织过去管理中遇到的问题。

（5）个别组织领导人的积极性和能力较强

个别公益性小额信贷组织领导人能力较强，对实现财务可持续具有积极影响。国际计划支持的小额信贷协会的管理层由接受国际计划社区发展理念的当地妇联主持组建，目标为扶贫和妇女、儿童发展。由于不同协会受当地经济、自然环境限制，以及执行层个人能力愿望不同，协会发展状况并不一致。有的执行层积极性很高，只要有培训或者参会机会，都主动参加。不辞辛苦，求知愿望特别强烈，非常辛苦地参加各种会议和培训。而有些协会的领导人仅希望保持资本金不萎缩，维持正常运转，正常发放工资就可以。这与理事会的要求有关，更与执行层的个人追求有关。公益组织是否能够做好，很大程度上取决于领导人的积极性。

（二）外部因素：行业协会

CAM 是目前唯一的全国性能够为公益性小额信贷机构提供服务的行业组织。针对会员机构，尤其是公益性小额信贷机构管理水平不足、人员素质偏低、缺乏相关金融知识和技术等现状，CAM 希望通过为会员提供相关培训和支持活动，帮助会员进行能力建设，改变管理理念，提高管理水平，最终实现会员机构财务可持续和整个行业的良性发展。联盟率先在国内倡导小额信贷机构的双目标原则；积极推广小额信贷客户保护和小额信贷机构社会绩效管理。基于会员机构和整个行业自身存在的不足，CAM 有针对性地提供培训服务，涉及的内容主要包括：机构管理培训、财务管理培训、微型金融知识普及、微型金融技术培训等。具体开展的工作有：（1）对会员机构进行财务管理方面的培训和指导；（2）与花旗合作成立小额信贷培训中心，对会员开展培训活动；（3）与世界银行学院、国家开发银行、中国金融教育发展基金会和中国邮政储蓄银行共同举办远程微型金融师资培训班，进行微型金融知识的普及；（4）邀请国际专家向会员机构介绍社会绩效体系，并于2010年6月23—24日，与花旗小额信贷培训中心在杭州共同举办了小额信贷社会绩效管理培训班；（5）帮助会员机构向电算化管理转变。2010年CAM获得了国际计划捐赠的小额信贷信息管理系统软件，之后与友成基金会进行了后续开发工作。目前，已有部分会员机构经过培训与指导后，开始运用该信息管理系统，一定程度上提高了其日常工作的效率和质量。

CAM提供的筹资服务一定程度上缓解了组织没有制度性融资渠道的困境，对促进会员机构财务可持续具有积极的影响。由于缺乏稳定而充足的资金来源，大部分公益性小额信贷机构都面临着可持续发展或者扩大规模的困境。除政策环境和机构自身问题之外，资金来源已然成为公益性小额信贷发展的最大束缚和绊脚石。为此，CAM在筹资方面不断加强工作，如，（a）积极与中国农业银行合作开展批发基金，并且已经有4家会员机构获得了该批发基金的支持。（b）与CICETE、北京大学金融信息化研究中心和宜信惠民投资管理（北京）有限公司联合倡导成立了国内第一个向公益性小额信贷机构以批发贷款方式提供资金援助的公益性、可持续的自主批发基金——普惠1号公益性小额信贷批发基金。（c）另外，不断推动国内外投资机构投资会员。

然而，CAM对公益性小额信贷机构会员所发挥的作用一定程度上也是有限的，甚至其作用在发生改变。

1. CAM没有合法身份，能力有限，对改善公益组织财务可持续的影响有限

CAM在促进会员机构财务可持续方面具有局限性，尤其是在政策倡导方面。CAM作为行业协会，其成立的使命之一就是将会员的合理诉求向政府或利益相关者予以阐述，并尽其所能推动公益性小额信贷领域政策的出台，为他们的发展创造一个良好的外部环境。为此，CAM不断地与小额信贷相关的政府部门（主要为人民银行和银监会）进行沟通与倡导。但是，限于CAM自身权力有限，以及政府部门之间互相推托等原因，在政策倡导方面仍然没有取得实质性成果。公益性小额信贷的发展仍然处于政策法规和制度性支持均空白的状态。负责人说，“CAM会继续游说政府，但是有时无能为力，政策层需认识到自己是出台政策法规的主体，应该拿出行动真正地落实中央一号文件、中央十七届三中全会和中央十七届五中全会的精神，这些都提到了要推动小额信贷发展，但是部门分割，一堆条条框框，互不协调。”①

① 引自本文作者对中国社会科学院农村发展研究所研究、中国小额信贷联盟理事长杜晓山的访谈。

目前，CAM仍然未注册，没有合法身份。而CAM至今未能注册成功，实际上也反映了当下中国公益性小额信贷机构发展的尬尴状况，即没有任何政策文件或法律法规对其法律身份予以明确。由于小额信贷属于金融行业，CAM在向民政部申请注册时，民政部要求必须由人民银行或银监会等部门出具一份同意成立的书函，才能予以登记注册。而在没有中央统一文件或法律法规的情况下，有关部门抱着多一事不如少一事的态度，互相推诿，不愿意给CAM拟一份同意其成立的书函。因此，CAM的注册问题一直迟迟无法解决。

2. CAM公益利益代言发生偏离的风险

中国小额信贷联盟现成为混合型小额信贷协会，使其纯粹地代表公益性小额信贷组织的利益面临一定的挑战。在只有中国小额信贷联盟发挥微弱作用的情况下，中国小额信贷联盟于2008年转型，不再只为公益性小额信贷组织服务，成为混合型小额信贷协会，对公益性小额信贷组织利益的维护存在风险。2008年，CAM对其宗旨、愿景、会员结构进行了调整。调整后的宗旨为通过向会员机构提供服务和支持，扩大小额信贷机构的覆盖面，提高其可持续性以及行业的整体能力和水平，为没有充分享受金融服务的群体（特别是贫困和低收入人口）提供普惠金融服务，促进和谐社会建设。愿景为成为一个有代表性的、可持续的、向会员机构和整个行业提供高质量服务的行业协会。而会员包括公益性小额信贷机构与商业性小额贷款机构。虽然，在2006、2007年时，CAM也提出要扩大会员类型，吸收其他形式的会员，尤其是商业性小额贷款机构，但在实际工作中，并没有大量吸收商业性会员，真正的转变发生在2008年的会员代表大会之后。截止到2010年底，CAM共有会员91个，其中非政府组织小额信贷机构和农村资金互助社52家，商业银行11家，非银行金融机构8家，中介机构（研究、培训、评级、咨询机构等）15家，新型小额信贷服务机构3家，区域性网络机构（包括各地小额贷款协会等）2家。CAM的会员类型确实得到了丰富，公益性会员机构虽然仍占大多数，但所占比例下降，而商业性会员机构的比例显著上升。CAM作出此次调整原因之一是出于自身可持续生存发展的考虑，另一个原因是出于对“普惠金融”概念的运用，顺应国际和国内的发展趋势。调整后的CAM，开始由单纯公益性的小额信贷机构的协会（指会员基本全部为公益性小额信贷机构的协会）向混合型的小额信贷机构的协会（指公益性小额信贷机构占多数，同时囊括银行、商业性小额贷款机构等其他类型会员的协会）转变。

（三）外部因素：政府

1. 政府在小额信贷领域没有发挥有效的主导作用

政府没有发挥有效的主导作用是大部分以民间组织形式运作的公益小额信贷机构面临财务可持续经营挑战的重要影响因素。

(1) 中央层面有良好的政策导向，但实施效果不理想，未给予合法的法律身份

针对公益性小额信贷组织，中央层面有良好的政策导向。中央政策希望通过促进小额信贷的发展，推动农村金融改革。“农村金融机构要以小额信贷为主推进金融产品创新。金融创新的目的就是要让金融机构更接近农户、农村中小企业与农民合作组织，减少交易成本、减少信息不对称导致的风险问题，从而增加对农户、农村中小企业与农民合作组织的信贷供给。”① 赵俊臣在为小额信贷扶贫组织的法律地位进行呼吁时，认为2004年的中央一号文件为小额信贷扶贫组织已建立了很好的政策导向。这里说的“多种所有制的金融组织”，就包括了当时已蓬勃发展的小额信贷扶贫组织；而“鼓励”和“积极兴办”，就是要求给予小额信贷扶贫组织以法律地位的手续。② 而且，赵俊臣认为2005年一号文件里提及的“探索建立”的“小额信贷组织”，是第一次明明白白地给予了小额信贷组织法律地位。③ 另外，白澄宇也认为，有关小额信贷的内容放在“培育竞争性的农村金融市场”和“新办多种所有制金融机构”的范畴之后，有两个含义：小额信贷是农村多种所有制金融机构的一部分，这就给了小额信贷机构合法的金融机构身份；小额信贷可以作为排头兵，走在各种所有制金融机构创建实验的前列。小额信贷机构可以由自然人和企业发起创办，这就意味着小额信贷市场对所有人开放。无论如何，一号文件将推动中国小额信贷的发展，我们期待相关部门尽快出台具体的规定、办法、条例等等可以操作的制度。④

然而，2006年中央1号文件出台至今，并没有迎来真正赋予以民间组织形式运作的公益性小额信贷组织合法法律身份的福音。赵俊臣说，2006年中央1号文件《中共中央　国务院关于推进社会主义新农村建设的若干意见》要求：“大力培育由自然人、企业法人或社团法人发起的小额贷款组织，有关

① 孔祥智、伍振军，“贯彻一号文件精神，大力推进农村金融创新”，http://theory.people.com.cn/GB/10908578.html

② 赵俊臣，“关于进一步促进小额信贷组织发展的若干政策建议”，http://www.xjass.com/jj/content/2011-09/09/content_206545.htm

③ 赵俊臣，“关于进一步促进小额信贷组织发展的若干政策建议”，http://www.xjass.com/jj/content/2011-09/09/content_206545.htm

④ 白澄宇，“小额信贷春风浩荡——解读中央一号文件有关小额信贷的内容”，http://microfinance.bokee.com/663366.html

部门要抓紧制定管理办法。”这里说的“大力培育”的小额贷款组织，是由“自然人、企业法人或社团法人”三类发起者发起的；这里要求的“有关部门要抓紧制定管理办法”，四年过去了，大家都没有见到“有关部门”把小额贷款组织的“管理办法”制定出来。① 2007 中央 1 号文件提出“加快制定农村金融整体改革方案，努力形成商业金融、合作金融、政策性金融和小额贷款组织互为补充、功能齐备的农村金融体系，探索建立多种形式的担保机制，引导金融机构增加对‘三农’的信贷投放”，以及“大力发展农村小额贷款，在贫困地区先行开展发育农村多种所有制金融组织的试点，”明确了小额贷款组织在构建农村金融体系中的作用以及小额贷款组织的多种所有制金融组织的身份性质，并肯定小额贷款组织的服务对象为‘三农’。然而，专家评论说这里的“加快制定农村金融整体改革方案”，至今尚没有制定出来，当然也不清楚小额贷款组织在“农村多种所有制金融组织”中是处于什么样的“互为补充”地位。② 2008 年中央 1 号文件提出了“积极培育小额信贷组织，鼓励发展信用贷款和联保贷款”，鼓励小额信贷组织采用信用贷款和联保贷款的贷款发放形式。但是，专家不能理解的是，这里说的“积极培育”小额信贷组织，应该包括立法部门立法、政策部门出台政策、管理部门给以注册管理等。这里要求的“积极培育小额信贷组织”，有关部门为什么就没有什么动静。③ 2009 年中央 1 号文件提出的“鼓励和支持金融机构创新农村金融产品和金融服务，大力发展小额信贷和微型金融服务，农村微小型金融组织可通过多种方式从金融机构融入资金”，首次提出了“微型金融服务”和“微小型金融组织”的农村金融形式，并说明“可以通过多种方式从金融机构融入资金”，为小额信贷组织拓展融资渠道奠定政策基础。但是，仍然不理解这里说的“大力发展小额信贷”，并不见实际工作中有什么动静，甚至于也没有“小力气”、“中力气”“发展小额信贷”。④ 2010 年中央 1 号文件再一次提出“积极推广农村小额信用贷款”，并要求“加快培育村镇银行、贷款公司、农村资金互助社，有序发展小额贷款组织，引导社会资金投资设立适应‘三农’需

① 赵俊臣，“关于进一步促进小额信贷组织发展的若干政策建议”，http://www.xjass.com/jj/content/2011-09/09/content_206545.htm

② 赵俊臣，“关于进一步促进小额信贷组织发展的若干政策建议”，http://www.xjass.com/jj/content/2011-09/09/content_206545.htm

③ 赵俊臣，“关于进一步促进小额信贷组织发展的若干政策建议”，http://www.xjass.com/jj/content/2011-09/09/content_206545.htm

④ 赵俊臣，“关于进一步促进小额信贷组织发展的若干政策建议”，http://www.xjass.com/jj/content/2011-09/09/content_206545.htm

要的各类新型金融组织”。2010年中央1号文件肯定了小额信贷金融创新产品的地位，指出要“有序”发展小额贷款组织。并没有实质政策进展，只不过是在重申中央政策发展小额信贷的政策意图。

我国政府的相关部门实际上仍然把公益性小额信贷和以民间组织形式运作的公益性小额信贷组织作为一种尝试来看待，未给予其明确的法律身份。小额信贷发展比较好的国家，政府都有一定的支持小额信贷长远发展的制度框架。其框架主要包括以下两点：一是给予小额信贷机构明确的地位，并在小额信贷机构发展到一定阶段后，允许其扩大金融业务，直至可以吸收存款；二是对小额信贷有一个监管的框架，不吸收存款时采用非审慎监管的办法，或注册登记的办法，可以依法进行小额信贷业务。在吸收存款时转为正规的小额信贷银行，银监部门采用审慎监管的办法。由于小额信贷机构不同于一般金融，对小额信贷的监管可以是现有监管机构中新成立的独立的部门，或独立于现有监管机构以外。而在中国，迄今为止，小额信贷机构的法律地位仍不明确，只是以试点的身份存在。从上世纪九十年代中期至今，国家没有对民间组织形式运作的公益性小额信贷机构给予明确的法律身份。以民间组织形式运作的公益性小额信贷组织一般在民政部注册，但从事着民政系统中没有的业务——信贷服务。从以上的描述可以看出，我国政府的相关部门实际上仍然把非政府小额信贷和非政府小额信贷机构作为一种尝试在看待。我国可能是世界上最长时间尝试非政府小额信贷的国家之一。非政府小额信贷机构不能注册成合法的从事信贷业务的小额信贷机构，为其运行带来一系列的问题。

首先，由于没有能正规化和法律化，所有的非政府小额信贷机构皆处于一种不确定的状态，政府相关部门随时可能关闭相关的机构，或停止相关的小额贷款业务。对机构前景的不确定带来小额信贷机构管理人员和信贷人员的不确定，造成机构管理人员和信贷人员的流动性大，直接影响了机构的正常运行。

其次，由于没有合法地位，国内外的捐助机构、公益投资资金和银行机构不太愿意向这类小额信贷机构投资或捐赠更多的资金。目前除了少数几家以民间组织形式运作的公益性小额信贷组织能够获得进一步的资金支持外，大多数的机构既拿不到赠款，也得不到批发贷款，其运营资金不断减少，处于半死不活的状态。对那些能够拿到批发贷款的公益性小额信贷机构，批发资金的贷款利率也比较高，使得这些机构难以以比较低的利率向贫困户和低收入阶层发放利率较低的小额贷款。由于不是金融机构，绝大多数的机构也没有能接上人民银行的征信系统。

根据《贷款通则》，只有持《金融许可证》并经工商部门核准登记的金融机构才有资格发放贷款。因此，严格地说，公益性民间组织开展的小额信贷业务是非法的。政府之所以默许其存在，是由于其服务低收入群体的公益性质，更重要的是，绝大多数NGO小额信贷机构规模很小，只放贷、不吸储，对金融秩序不构成威胁。[①]

富平学校在山西临县90年代就开展小额信贷业务，多年来一直处于非法状态，地方政府和领导比较开明，只能靠“非制度”性的方式支持民间组织业务的开展。当然，民间组织已习惯被管，有政府或政府官员给一点支持，就已经很满足。很多民间组织的人说，民间组织在许多地方开展业务没被关停已经很幸运了。

没有合法身份始终是笼罩在以民间组织形式运作的公益性小额信贷组织之上的巨大阴影，使它们只能偏安一隅、谨小慎微地开展业务。

（2）政策对逐利性商业机构的支持远远多于公益性小额信贷机构

首先，非政府小额信贷机构不能获得政府给予银行类机构发放小额贷款的优惠政策，如人民银行对农信社发放的低息的支农再贷款和其他的支持。

有人认为，政策对小额贷款机构的贷款利率也有一定的影响，包括商业银行现行的利率水平和基准利率的四倍限制对小额信贷的影响。[②]

现在国内的小额信贷政策更多在为“逐利”的小额贷款公司创造环境，他们拥有资本，拥有话语权，与政府的关系密切，他们也“喊”得凶，叫得响，而公益组织没有声音，即便有声音也没人理会。公益组织从事小额信贷业务，至今没有一个合法的身份；公益组织从事小额信贷业务，很少能获得优惠利率的批发贷款，大多数是国际赠款在支持公益组织做小额信贷。一位小额信贷专家坦诚地告诉我们“公益性小额信贷组织的法人治理存在问题，而且他们在金融系统看来只是一点点，就是边角料。国家在制定政策时是不考虑的”。

从2004年起多个中央一号文件，反复提到要推动小额信贷的发展，尤其在2006年的中央一号文件中，明确提出要“大力培育由自然人、企业法人或社团法人发起的小额贷款组织，有关部门要抓紧制定管理办法”。随后，2008年5月银监会和人民银行联合发布的《关于小额贷款公司试点的指导意见》（《指导意见》）并没有成为大部分公益类小额贷款组织的福音。《指导意见》明确了社会组织也可以作为小额贷款公司的股东。但是，注册门槛如此之高，

① 王灵俊，http：//www.alittlemoney.org/bbs/bbsxxy.asp？f_id＝65

② 《中国非政府组织小额信贷的实践与评价》，《上海金融》2007年03期。

大部分公益组织根本不敢想。再者，即使社会组织找到其他股东，一起入股筹够注册门槛要求的注册资金，但社会组织又能占多大的股份？一个微小的股份持有者，在逐利的持股者面前又有多大的发言权和决策权，能把控机构发展的方向吗？注册为公司的小额贷款机构的性质取决于主要控股资本的性质，如此这般能决定最终受益的仍然是低收入人群吗？国际上成功运作而又不改初衷的小额信贷机构背后撑腰的是社会责任投资者。比如在中国四川南充建立的南充美兴就是一个典型的例子。

既不正规又不合法，以民间组织形式运作的公益性小额信贷组织自然难以得到稳定的资金支持。初始资金的提供者（国际援助机构）是基于“项目制”而运作的，资金流随着项目的结束而终止；而新的融资渠道又无从落实。国际上看，从2000年起商业投资者和社会责任投资者（追求财务效益和社会效益的双重回报）正在取代国际援助机构而成为小额信贷领域的投资主体。清醒的商业资本和社会资本是不会青睐产权不清、不合法又不规范的中国NGO小额信贷机构的。

据说央行正在力推《放贷人条例》出台，如果该条例几年之内能如愿颁布，将使包括NGO小额信贷在内的民间借贷合法化。但是，有人持怀疑态度，如果中国的NGO管理政策没有实质性改变，即便放贷合法化，也难以出现独立、规范、自律和值得信赖的以民间组织形式运作的公益性小额信贷组织，在缺乏有效外部监督的情况下，如何确保NGO不会蜕变成少数个人或团体牟取私利的工具，将是一个巨大的挑战。①

2. 政府对公益性小额信贷机构缺乏监管

目前，有关公益性小额信贷组织的监管一直是讨论核心。由于民间组织形式运作的公益性小额信贷组织的小额信贷业务处于“非法”状态，没有一家政府部门或第三方机构能够或者在对其进行监督。大部分地方政府对以民间组织形式运作的公益性小额信贷组织采取放任态度，由地方政府执行，一般由民政部实施②。但是，监管力度相对宽松，监管范围一般只涉及禁止吸储、经营范围、利率水平、融资渠道等方面。

例如，贵州兴仁农村发展协会挂靠在扶贫办下，理论上由扶贫办和当地民政局进行日常监管，但是协会认为扶贫办不是资金提供方，民政局和扶贫办也无力监管。由于来自国际捐赠的资金需要经由中国国际经济技术交流中

① 王灵俊，“NGO小额信贷式微”，http：//www.douban.com/group/topic/8996215/

② 对民间组织形式运作的公益性小额信贷没有监管，只是由当地民政部门作为民间组织进行管理。

心，因此协会每年的报表都交给他们审核。但是，这种审核也只是走流程，未起到对资金是否有效利用的监管作用。事实上，公益性小额信贷的监督处于真空状态。

公益性小额信贷机构的监管主要靠公益组织自身的制度约束和自律行为。

3. 个别实现财务可持续经营目标的组织能获得来自政府的特殊支持

政府默许部分以民间组织形式运作的公益性小额信贷组织以试点的身份开展业务。首先，一些以民间组织形式运作的小额信贷机构获得了省部级政府部门颁发的可以从事小额贷款业务的文件许可。如社科院农发所试点的公益性小额信贷机构有中国人民银行的文件许可，扶贫基金会的以民间组织形式运作的小额信贷有扶贫办的文件许可。其他不少非政府小额信贷机构是在联合国或其他国际项目的名下发展起来的，作为试点项目，实际上也是合法的试点。政府对扶贫和公益性的小额信贷，即使没有获得省部级的审批，只要不吸收存款，不集资，也是采取允许实验的方针，并没有制止。我国的中央和地方政府甚至还容忍不同内容的小额信贷试点，如对山西临县三个村建立在村上的扶贫小额信贷项目，其资金来源包括捐助资金、有报酬的社会资金，甚至还包括一部分付利息的类似存款性质的社会资金。也就是说，对真正公益性的小额信贷项目和机构，政府采取的是允许试点，允许从事小额信贷业务的政策，没有刻意去制止这样的试点。

另外，我国的中央和地方政府实际上也允许金融机构对极少数运行良好的非政府小额信贷机构发放批发贷款。如农行等对社科院农发所试点的批发资金贷款等。

国内公益性小额信贷仍然处于政策空白状态。而这种由于政府对公益性小额信贷的不重视和不关注造成的政策空白，极大地阻碍了公益性小额信贷的发展，是大部分以民间组织形式运作的公益性小额信贷组织无法实现财务可持续的重要外部因素。一方面，政策上没有对公益性小额信贷的合法身份予以明确，另一方面也没有给予制度性的激励、资金或技术支持，造成的结果实际上是间接地把公益性小额信贷推向死亡的边缘。

个别实现财务可持续运营的以民间组织形式运作的公益性小额信贷组织只是因为具有特殊的外部环境。因此为了缓解我国以民间组织形式运作的公益性小额信贷组织处境艰难（大部分面临财务可持续挑战，少部分实现财务可持续）的现状，政府应当出台相应政策并进行监管，使得大部分财务不可持续的以民间组织形式运作的公益性小额信贷组织实现可持续，少部分已实现可持续的发展得更好。

（四）外部因素：舆论导向

1. 大部分舆论导向放大公益组织财务不可持续经营的问题，而忽略其对社会公平的贡献

大部分舆论导向放大公益性小额信贷机构财务不可持续经营的问题，而忽略其对社会公平的贡献。甚至，有些一边倒地认为以民间组织形式运作的公益性小额信贷组织无法实现财务可持续，或者应该关闭，或者应该转制，转为以企业形式运营。我们认为，以民间组织形式运作的小额信贷如果能够获得一定的外部支持并进行严格的内部改革，是可以运作好的。例如，花旗中国与中国扶贫基金会携手，合作支持一项新的小额信贷能力建设项目。该项目将帮助中国扶贫基金会下属的中和农信项目管理有限公司在不改变其扶贫宗旨的前提下，从公益性小额信贷机构转变为可持续发展的专业小额信贷公司。此项目由花旗集团基金会资助，内容重点包括风险管理、组织架构、人力资源、信息系统，以及内部控制和转型过程中的能力建设问题。中和农信项目管理有限公司是国务院扶贫办主管的扶贫基金会为主导的国内最大的公益性小额信贷机构。小额信贷已被证明是一种有效的方法，它帮助个人和家庭通过自身努力实现自给自足并降低金融脆弱性，从而改善受益者及其家庭的生活质量。花旗对小额信贷行业的支持已经超过25年，在过去11年间，花旗集团基金会出资超过8000万美元，支持了60个国家的365个小额信贷和微型企业项目。如果这样的项目同样能使小规模的以民间组织形式运作的小额信贷受益，相信这样的帮助会很大。

与此同时，国内大部分舆论倾向于从金融市场细分的角度，探讨小额信贷作为金融工具完善金融体系、弥补金融空白的作用。但对于小额信贷服务低收入人群，促进社会功能，即彰显公益性小额信贷机构最重要的扶贫功能方面的舆论越来越少，很难引起社会关注。

白澄宇在回顾中国的“小额信贷前世今生”时说，在2005年之前，无论是国务院还是人民银行、扶贫办等部委，无论是国内研究机构还是国际组织等参与小额信贷发展的机构和人士，大家都对小额信贷有着明确的共识：小额信贷是一种针对贫困人口的金融服务。然而，目前却将小额信贷泛化为包括中小企业贷款在内的概念。舆论也将小额信贷当做了一般意义下的贷款。

2. 极少有舆论为推动社会公平的公益性小额信贷组织进行呼吁

极少有舆论为以民间组织形式运作的公益性小额信贷组织的财务可持续、外部环境改善、政策倡导等进行呼吁。NGO小额信贷对社会公平的贡献大，却处境艰难，社会舆论却很少关心以民间组织形式运作的公益性小额信贷组织的命运如何，令人寒心。一位专家说出了一个事实：“公益性小额信贷机构数量很少，需求也很少。国内主要是商业性的，国内的公益性小额信贷组织

没人想、没人管、也没人问”。

小额信贷专家杜晓山认为目前大部分信贷机构不是真正意义的小额信贷主体，同时，中国公益性小额信贷组织太少。他认为“在我国真正意义的小额信贷主体是单笔低于10万元的贷款和公益性制度主义的小额信贷。因为大多数商业性制度主义的小额信贷目的是追求利润，所以大部分信贷机构热衷于中小企业的贷款，而不是农户贷款。”“中国现在约有1000个国家级和省级的扶贫开发重点县，我觉得每个县差不多需要2至3个公益性制度主义小额信贷机构，按2个算的话，就是2000个。现在这样的小额信贷机构有100个，可以算作200个。也就是说，如以县为单位，专门针对中国贫困人口开展的小额信贷机构目前满足了10%的市场。不过，这没有加上单笔贷款额比较小的农信社等机构。”①

综上所述，以民间组织形式运作的公益性小额信贷组织能够服务低收入人群；但总体处境艰难，大部分难以实现财务可持续经营目标，个别可实现双重目标。这与其自身优势与劣势有关，也与外部环境给予的机遇与挑战有关（见图4－3）。

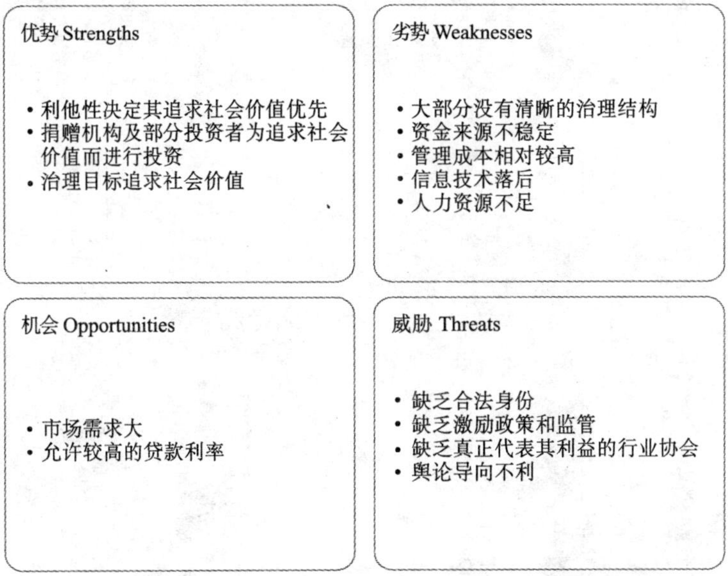

图4－3　以民间组织形式运作的公益性小额信贷组织优劣势分析

图4－4展示了利他性主体——以民间组织形式运作的公益性小额信贷组

① 杜晓山：《覆盖率仅10%　中国公益小贷机构三大困局》。

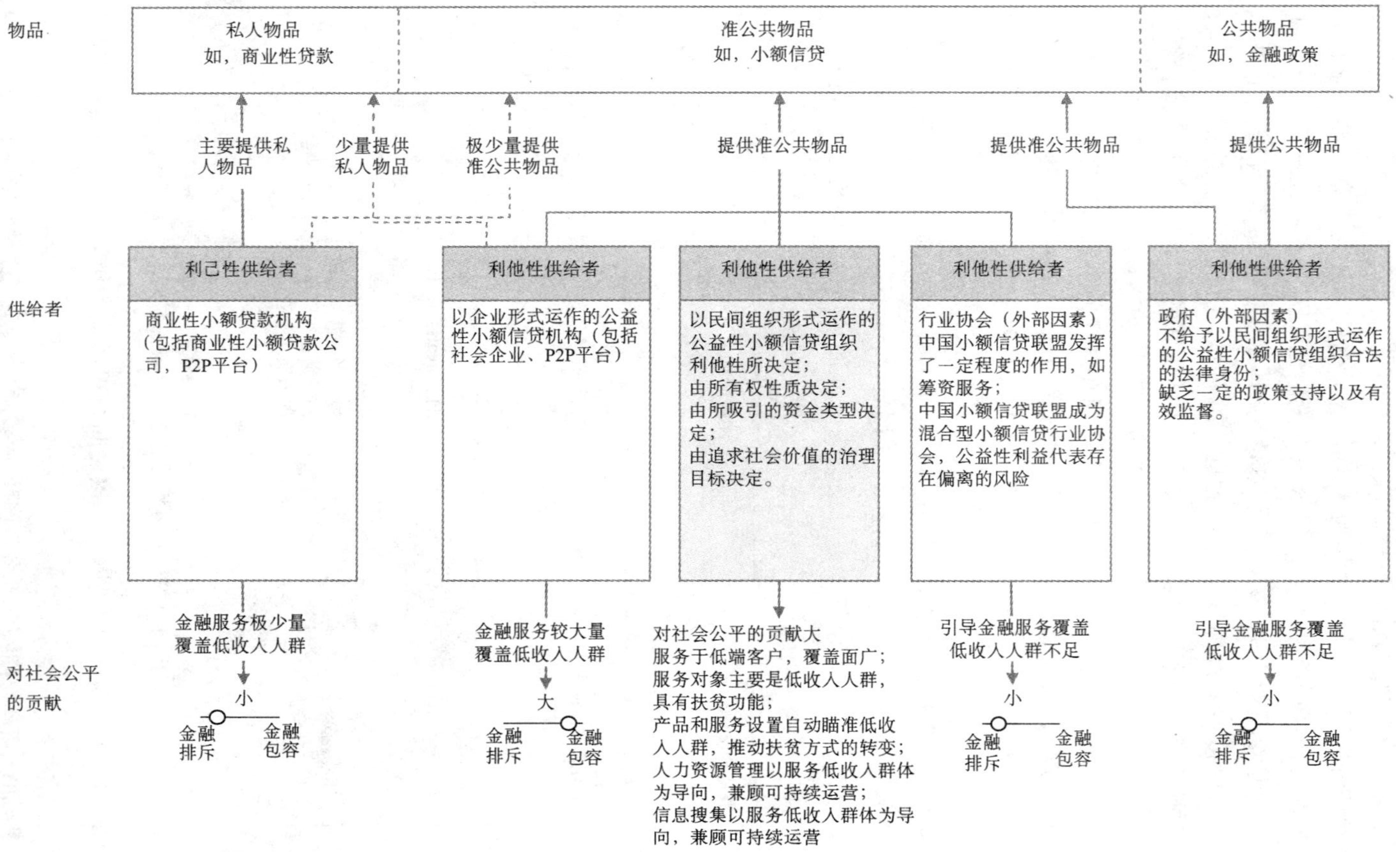

图 4－4 以民间组织形式运作的公益性小额信贷组织与社会公平的关系

织与社会公平的关系。总的来看，最重要的原因是外部环境，而在外部环境中，最重要的原因是政府。从以民间组织形式运作的公益性小额信贷组织发展的外部环境——政府给予的支持情况来看，公益组织追求社会目标并不是政府推动的结果；而以民间组织形式运作的公益性小额信贷组织大部分难以实现财务可持续目标，则很大程度上与政府不作为，甚至对其进行恶性干预有关。我们的基本判断是，只要条件成熟，以民间组织形式运作的公益性小额信贷组织可以实现社会价值目标与财务平衡乃至可持续双重目标。这样的机构有前景，所以更需要关注和支持；而这样的支持和关注尤应以舆论和政府支持为主。以民间组织形式运作的公益性小额信贷组织目前在中国虽然越来越少，有的贷款规模不足百万，却不应该认为这类组织没有存在的价值和意义，它们可以在特定的地域内向其服务对象提供服务，发挥其对社会公平的贡献。

第五章　国际案例及借鉴意义

我国大部分以民间组织形式运作的公益性小额信贷组织面临治理不佳、资金来源有限、管理者及普通员工缺乏相关金融知识金融技术、较难实现可持续运营等问题，但是这不意味着这类机构无法实现良好的持续运营。国际上诸多实例，如孟加拉的 BRAC、PMK、ASA，以及玻利维亚的 CRECER，证明了它们同样可以实现可持续经营，为贫困群体提供持续性的金融服务和社会服务，对推动社会公平发挥重要的作用。

以企业形式运作的公益性小额信贷机构，通过有效的制度设计，不仅能实现财务可持续，同时也能保证不偏离社会目标。例如孟加拉格莱珉银行、玻利维亚阳光银行等。另外，作为外部环境的行业协会和政府极为重要，政府的积极引导、有效监管对公益性小额信贷行业的健康发展起着重要作用。孟加拉政府、英美政府、玻利维亚政府、韩国政府等在这方面有较为成熟的经验，值得我们借鉴。

本章通过介绍和评述相关国际案例，包括如孟加拉 BRAC、PMK、ASA、格莱珉银行、玻利维亚的 CRECER 和阳光银行在内的公益性小额信贷机构，玻利维亚小额金融实体协会、印度小额信贷协会，以及孟加拉政府、英美政府、玻利维亚政府、韩国政府和印度政府和尼日利亚政府的政策，为我国公益性小额信贷发展提供具有操作性、可借鉴的国际经验。

第一节　以民间组织形式运作的公益性小额信贷组织及借鉴意义

一、BRAC

BRAC 是孟加拉最大的以民间组织形式运作的公益性小额信贷组织。1972年，法佐·哈桑·阿比德创建了 BRAC，其名称来自于“孟加拉，康复，援助，委员会”四个英文单词的首字母，并且演变成一句口号——“建立跨社区资源”，是孟加拉最大的以民间组织形式运作的公益性小额信贷组织。除了小额贷款业务外，BRAC还经营互联网服务、大学、饲料加工厂、养鸡场、茶叶种植场、包装厂。BRAC主要通过运用自主经营的收入（80%来自自主经营，20%来自捐助）来发放小额贷款。另外，与孟加拉格莱珉银行不同的是，BRAC也把钱借给小公司。他们认为小额贷款可能会改变一个人或是一个家庭的命运，但是这些钱通常都被投资在传统的农村致富项目上，比如养牛。他们认为改变社会靠得不是增长（是指“同类项目越来越多”），而是发展（意思是“新的不同的生意”）。只有生意才能创造就业机会，才能产生新形式的、生产力强的企业。2010年BRAC的平均单笔贷款额度仅为113.8美元，几乎与孟加拉格莱珉银行相同。

BRAC的贷款利率不论对象，一律为15%。在它的客户中，贫困者占53%，农户占22%，小企业占25%。截至2005年6月，BRAC在全国64个地区通过1373个分支机构，向客户（其中98%是妇女）发放贷款共计1480亿塔卡（约23.5亿美元），还款率为99.63%。小组成员的存款共计80亿塔卡（约1.27亿美元）。

与多数公益性小额信贷机构主要依靠捐赠和贷款获得资金的方式不同，BRAC发放小额贷款的资金主要来自其自主经营的收入，只有很少一部分（20%）来自捐助。这种资金来源模式，一定程度可以解决单纯依靠捐赠和外部融资导致的资金来源不稳定的问题。另外，在实现财务可持续和规模化经营的同时，BRAC始终坚守自己追求社会目标最大化、服务于低收入人群的使命。一方面，其服务的客户中，低收入群体占大部分，其中98%为妇女；另一方面，其坚持小额原则，2010年的平均贷款额度仅为113.8美元。这两方面都体现了其金融包容性强，对社会公平贡献大。BRAC的成功证明，以民间组织形式运作的公益性小额信贷组织可以实现财务可持续和社会目标最大化的双重目标。

二、PMK

PMK（Palli Mongal Karmosuchi）是孟加拉一家经营比较成功的以民间组织形式运作的公益性小额信贷组织，成立于1988年，由一些致力于改善低收入人群经济状况的社会工作者、慈善家和教育家共同发起组建。PMK提供贷款、存款和保险等金融服务，同时还提供商业发展服务、健康服务、教育等非金融服务，其贷款年利率适中，为12.5%。PMK具有清晰且高效的治理模式，其董事会负责机构的使命目标及战略的制定、日常重大决策以及对执行层的监督，执行委员会则负责落实董事会的决策及机构的日常经营工作。PMK现任董事长为Kamrun Nahar女士。其资金来源主要为贷款和客户存款，其中贷款来自孟加拉的小额信贷批发基金 PKSF。经过二十多年的经营和发展，PMK 不仅实现了财务可持续，还获得了一定利润。2003 年 PMK 的平均单笔贷款额度为 107 美元。[①] 2005 年时，其净利润达到 8000 万塔卡（约 127 万美元），业务范围遍及孟加拉的 7 个区（孟加拉全国共有 64 个区）的 1610 个村子，共有 50 个分支机构，约 9 万名客户；存款余额为 212095805 塔卡（约 330 万美元）；累积贷款支出为 2978343450 塔卡（约 4700 万美元），累积还款率为 99.78%[②]。

PMK 的成功同样证明，以民间组织形式运作的公益性小额信贷组织完全可以实现财务可持续和社会目标最大化的双重目标。

三、ASA

社会进步协会（ASA）是孟加拉发展最迅速管理最出色的 NGO 小额信贷机构。ASA 于 1978 年创立，追求的目标是从社会中逐渐地消除贫困。机构刚创立的时候，开展了很多不同种类的发展项目，比如推动社会运动、训练当地接生员和面向记者的能力建设。80 年代中期，引进了新的项目，其中包括小额信贷试点项目。通过在小额信贷领域的经验摸索和评估其对发展的影响，ASA 意识到，金融偿债能力将给低收入人群带来积极的改变。1992 年开始，ASA 成为专门做小额信贷的 NGO，专注存贷款业务。ASA 希望通过改进运营模式，从而能够自力更生，不再依赖捐赠。ASA 的微型金融模式逐渐将自己转变为知名的“有效率的、可持续的 ASA 微型金融模式”。其内部采用严格而标准化的管理体制，对成本、贷款质量和规模指标进行核算，而不进行利润核算，分支机构间资金实行无偿平调，这样可以保证以最低的成本发放贷款，并发放给更多的客户，实现机构的扶贫目标。ASA 采用市场化利率，及以客户为导向的产品和服务，以储蓄作为主要的资金来源。

ASA 最值得借鉴的经验就是标准化，所有的管理细节都以管理手册的形式具体规定，大到产品设计，小到办公桌的造价和样式都有明确的规定。标准化的结果是简便的操作，低成本的内控，容易培训的员工和迅速扩张的能力。ASA 利用这种模式，在较短的时间内就转变为自我可持续的机构，在 2001 年成为“无需捐赠的小额信贷机构”。ASA 不断实践并完善这种模式，一个新分支机构能够在 12 个月内做到盈亏平衡。现在世界上已有很多小额信贷机构采用该种模式。此外，ASA 一直有储蓄项目和会员的担保基金（小型人

---

① http：//www. mixmarket. org/mfi/pmk/report

② 数据截至 2006 年 4 月。

寿保险)，其目的是帮助低收入人群应对无法预期的大灾难。只要需要，会员就可以撤出他们的储蓄，并且能获得相应的利息。ASA 还为会员大病治疗和外科手术提供一次性捐赠，包括癌症、酸性灼伤、心脏病手术、脊椎手术、脑手术、肾脏损伤手术、剖腹产等。所有的 ASA 客户都有资格申请此资助，客户并不需要存钱来获取这种资助。2009 年此项资助的初始预算是 75 万美元左右。

截止至 2009 的 12 月，ASA 在孟加拉开办了 3236 个分支机构，拥有 24021 个员工，截止至 2010 年 12 月，有效客户数为 4，467，497，累计贷款额度为 531，451，087 美元，存款余额为 206，534，840 美元，平均贷款额度为 119 美元①。

四、CRECER

CRECER 是玻利维亚运营较好的以民间组织形式运作的公益性小额信贷组织，成立于 1990 年 1 月 1 日，向城市边缘地区和农村地区的低收入妇女提供服务。CRECER 采用乡村银行模式，不仅提供小额信贷，还提供储蓄、保险、相关的培训和咨询等服务，同时还提供教育服务。CRECER 认为，通过将金融服务和教育服务结合起来，能更好地提升贫困妇女的自我发展能力。一方面，金融服务能促进这些贫困妇女提高生产能力。另一方面，教育服务能帮助她们增强自信，了解更多健康、营养、家庭关系维系等方面的知识。事实也证明，这些确实很好地提升了贫困妇女的自我发展能力，帮助她们及其家庭改善了生活状况。其日常资金主要来自于捐赠和贷款。目前，向 CRECER 提供资金的机构有 ALTERFIN、CORDAID、Incofin—Impulse、Incofin—Rural Impulse Fund、Incofin—VDK MFI Loan Portfolio、Incofin Fund、MicroCredit Enterprises、Oikocredit。

发展近二十年来，CRECER 不但实现了财务可持续，同时也实现了规模的扩张。到 1999 年 12 月底时，CRECER 的总资产为 3,450,842 美元，贷款余额 2,871,124 美元，平均单笔贷款金额 149 美元，与人均 GNI 的比值为 15%，有效客户数 19,327 人，大于 30 天的贷款逾期率为 0.26%。经过逐年的增长，到 2011 年 12 月 31 日，CRECER 的总资产达 1.01 亿美元，贷款余额 9077 千万美元，平均贷款金额为 591 美元，与人均 GNI 的比值约为 30%，大于 30 天的贷款逾期率为 0.32%，拥有有效客户增长至 153,639 人，分支机构涉及玻利维亚的 7 个区（玻利维亚共有 9 个区）。总资产回报率（ROA）为 2.33%，净资产回报率（ROE）为 9.30%。

---

① 数据来源为 MIX. http：//www.mixmarket.org/mfi/asa/report

在实现财务可持续的同时，CRECER 始终没有偏离追求社会价值最大化的使命。其服务对象始终坚守必须全部为低收入妇女，同时坚持小额原则。CRECER 从方方面面着手，保证追求社会价值最大化的实现，具体表现在：(1) 治理。其大部分理事会成员接受过社会绩效方面的培训，同时，设有专门的理事委员会负责监督社会绩效的执行情况。(2) 客户保护。(a) 贷款审批时，要求对客户的偿还能力及贷款承受能力进行评估，以保证客户利益不受损失；(b) 在发放贷款之前，必须将价格、贷款要求、贷款条款、利率、保险费、最低存款余额、所有费用、罚款等等所有相关信息告知客户，保证客户充分了解清楚；(c) 机构对工作人员进行相关培训，以保证工作人员能有效地与客户沟通，确保客户对产品、合同、权利和义务等都了解；(d) 有相应的客户投诉机制，并配备了专门的工作人员，且一直处于有效运用状态。(3) 员工绩效考核加入了社会绩效方面的考核指标，如：开发新客户的能力、偏远/农村社区覆盖面、妇女覆盖面、通过客户反馈考核员工与客户的互动质量、客户保留/遗失率。

2008 年 11 月，在 Planet Rating 的“GIRAFE”评估报告中，CRECER 获得了 A－的相对高分。2008 年 12 月，在 Planet Rating 的社会绩效评估报告中，CRECER 获得了 4 分的相对高分。①

从 CRECER 我们看到，以民间组织形式运作的公益性小额信贷组织，不仅能实现社会价值最大化，同时也能实现财务可持续，甚至规模扩张。表 5－1总结了所引用的国际案例对我国的借鉴意义。

表 5－1 以民间组织形式运作的公益性小额信贷组织国际案例的借鉴意义

孟加拉 BRAC	
财务可持续	少量依靠捐赠，主要通过自主经营的收入来发放小额贷款，减少对外部资金的依赖。
社会绩效	(1) 坚持以低收入群体，尤其低收入妇女为服务对象。 (2) 坚持小额原则，BRAC 在 2010 年的平均贷款额度仅为 113.8 美元。
孟加拉 PMK	
财务可持续	(1) 建立清晰而高效的治理模式。决策层（即董事会）负责机构使命、目标、战略的制定，以及对执行层的监督；执行层（即执行委员会）认真落实董事会的决策及日常经营工作。 (2) 可吸收存款。 (3) 可获得 PKSF 提供的低成本批发资金。

① http://www.crecer.org.bo/index.php? mc=51

续表

孟加拉 ASA	
社会绩效	以低收入人群、贫困人群为服务对象，为其提供除金融服务之外的商业发展服务、健康服务、教育等非金融服务。
财务可持续	(1) 建立严格而标准化的管理体制。所有的管理细节都以管理手册的形式具体规定，大到产品设计，小到办公桌的造价和样式都有明确的规定。 (2) 可吸收存款。 (3) 对成本、贷款质量和规模指标进行核算，分支机构间资金实行无偿平调，而不进行利润核算，这样可以保证以最低的成本发放贷款。
社会绩效	(1) 为服务对象设立担保基金（小型人寿保险），以帮助低收入人群应对无法预期的大灾难。 (2) 为服务对象大病治疗和外科手术提供一次性捐赠，包括癌症、酸性灼伤、心脏病手术、脊椎手术、脑手术、肾脏损伤手术、剖腹产等。所有的 ASA 客户都有资格申请此资助，客户并不需要存钱来获取这种资助。
玻利维亚 CRECER	
财务可持续	(1) 以乡村银行模式运作。 (2) 资金来源有捐赠和贷款。
社会绩效	(1) 通过治理强化社会绩效。对理事会成员进行社会绩效方面的培训，设立专门的理事委员会监督社会绩效的执行情况。 (2) 服务对象为城市边缘地区和农村地区的低收入妇女。 (3) 强调客户保护，如：(a) 贷款审批时，对客户的偿还能力及贷款承受能力进行评估，以保证客户利益不受损失；(b) 在发放贷款之前，要求必须将价格、贷款要求、贷款条款、利率、保险费、最低存款余额、所有费用、罚款等等所有相关信息告知客户，保证客户充分了解清楚；(c) 对工作人员进行相关培训，以保证工作人员能有效地与客户沟通，确保客户对产品、合同、权利和义务等都了解；(d) 设立相应的客户投诉机制，并配备专门的工作人员，保证其一直处于有效运用状态。 (4) 将金融服务和教育服务结合起来，提升服务对象的自我发展能力。 (5) 对员工进行绩效考核时包括社会绩效方面的指标。如：开发新客户的能力、偏远/农村社区覆盖面、妇女覆盖面、通过客户反馈考核员工与客户的互动质量、客户保留/遗失率。

第二节 以企业形式运作的公益性小额信贷机构及借鉴意义

以企业形式运作的公益性小额信贷机构开始增多。它们有的由民间组织转变，有的直接创办为此类机构。此类机构存在着追求商业利益、偏离社会目标的风险。当然，在实践中也有较多案例证明，以企业形式运作，不仅能较好地实现财务可持续运营，同时一直保持着追求社会目标方向不偏离。以下以孟加拉格莱珉银行为例，介绍其由第一代向第二代的成功转变，以及玻利维亚阳光银行的发展历程。

一、GB

（一）基本情况

格莱珉银行（GB）是孟加拉最早最大的以企业形式运作的公益性小额信贷机构。1976 年，孟加拉格莱珉银行最早以行动研究项目——格莱珉银行项目的形式出现，考察设计一个针对贫穷地区提供银行服务的信贷投放系统，1983 年转为正式的银行——格莱珉银行。作为非政府组织的 GB，在 1998 年起不再接受政府的资金援助，成为真正自负盈亏的机构。

格莱珉银行对小额信贷的定义是：为贫穷的人提供小额贷款，使他们能够通过个体经营获得收入来照顾自己和家人。[①] 其目标是帮助贫困家庭战胜贫困。促进信贷成为人权。服务的人群是低收入人群[②]，特别是贫穷的妇女，其客户 96% 为妇女[③]。格莱珉银行的价值观是帮助低收入人群，不是要否定他们的自身努力和能力，而是通过提供权力扩展为其能力的利用提供先决条件。

GB 成立之初，平均每笔贷款额度为 25 美元。随着银行的发展，逐渐提高，但是仍然很低，平均每笔贷款额度 112.6 美元[④]。微型企业贷款额度稍高，平均 362 美元[⑤]。截止至 2005 年，共有 2,226 个分支机构、18,151 个员

---

① 英文原文：programmes extend small loans to very poor people for self - employment projects that generate income, allowing them to care for themselves and their families。

② 明确规定只有土地少于半公顷的人或全部财产折合成现金不到一公顷土地价值的人才有资格成为其成员。

③ 默罕默德·尤努斯著，吴士宏译，《穷人的银行家》，三联书店，2006 年第 1 版，第 233 页。

④ GB 在 Mix 上 2011 年 6 月 30 日提交的数据，http：//www.mixmarket.org/mfi/country/Bangladesh

⑤ 默罕默德·尤努斯著，吴士宏译，《穷人的银行家》，三联书店，2006 年第 1 版，第 237 页。

工、服务于69,140个村，资产质量良好，还款率高达98.89%。截止到2011年6月30日，GB的发放贷款额达到96.62亿美元，累积吸收存款为139.67亿美元，有效客户数837万人。

格莱珉银行创立的小额信贷模式，成为孟加拉其他公益性小额信贷机构的模仿典范，也在世界范围内产生了巨大的影响，这种小额信贷模式成为促进社会公平的有力工具。但是，第一代的格莱珉小额信贷模式在1998年孟加拉洪灾时遭受危机。经过成功转变，第二代格莱珉小额信贷模式更加成为促进社会公平、消除贫困的有力武器。

1998年孟加拉洪灾发生，尽管有80%的贷款者按时偿还了贷款，但还有20%的贷款者不能按时偿还。借此机会，格莱珉从第一代GB"以不变应万变"的信贷模式，即经典GB模式，发展成为第二代"量体裁衣"式的信贷模式，或者扩展的格莱珉模式。第一代GB模式与第二代GB模式并没有本质差别，其扶贫的目标、价值观等最基础的东西没有变化，只是在对贷款产品和其他产品的设计和应用上更加灵活。第二代模式的特点是，由小组贷款和储蓄转换为个人贷款和储蓄，把不同种类的信贷产品合并为一种产品（称为基本贷款），以灵活贷款的形式对还款困难的借款人给予暂缓，推出针对其会员的契约储蓄账户（后来命名为格莱珉养老金计划），并且开始大规模的从普通民众中吸收定期契约储蓄。①

第一代GB模式的核心目标是减贫，贷款额度低，采用小组联保，无抵押、无担保，分批发放贷款，分期偿还。第二代GB模式的核心减贫目标加强，贷款额度低、方式灵活，增加对非贷款金融需求的满足。表36是第一代GB与第二代GB模式的详细说明，表37是第一代GB与第二代GB模式的不同之处及变革原因。

（二）格莱珉模式产生的良性效果

无论是第一代GB模式，还是第二代GB模式，确保金融普惠贫困人群的小额信贷理念始终如一。这具体体现在：

（1）定位。格莱珉银行的小额信贷机制致力于服务贫困人群。让他们拥有银行股份使其可以走出乡村经济，融入到更有活力的公司部门，可以拥有相当比例的公司财富。在国民经济增长的过程中，将最穷的农村家庭转变为利益相关者，这不仅使贫困人群的结合扩充了储蓄基础，而且增大了整个社会的投资能力。

① 阿西夫·道拉、迪帕尔·巴鲁阿著，朱民等译，《穷人的诚信》，中信出版社，2007年8月第1版，前言13页。

表 5－2　　第一代 GB 模式与第二代 GB 模式

类别		第一代 GB 模式	第二代 GB 模式	说明	指标
目标		消除贫困	消除贫困	第二代与第一代本质上没有变化，甚至有所加强	客户脱贫率
服务对象		贫困者，特别是妇女	贫困者，特别是妇女，也包括赤贫者①	第二代不仅没有变化，还有所扩大 • 第一代：仅贷款给贫困者，拥有不超过半英亩中等质量的可耕种土地，或财产价值不超过 1 英亩中等质量土地的家庭；贷款给妇女，GB 模式中 96% 客户为妇女 • 第二代：针对乞丐，在贷款期限、储蓄要求和偿还条件方面有特别计划	• 客户中处于贫困线以下的人数 • 目标对象的土地所有权 • 客户数中的妇女比率
治理	股权结构	政府占有 60% 股权	贷款者占有 94% 股权，政府占有 6% 股权	清晰的股权结构保证了独立的商业化运行②。 格莱珉银行要求每个借款人均需购买 1 股银行股份，股份的面值是 100 塔卡；小组基金的第一个 100 塔卡被用来购买银行股份	股权结构
产品	贷款产品 • 贷款品种 • 还款方式 • 利率	• 贷款品种多，按照客户需求划分 • 利率：20% • 平均每笔贷款额度：25 美元	• 基于基本贷款的一项主要贷款产品；增加灵活贷款；增加助学贷款；增加特别投资贷款—针对独特和重要的项目 • 利率：20% • 平均每笔贷款额度：112.6 美元		贷款周期 逾期还款率 利率 平均每笔贷款额度

① 普通会员平均贷款额度为 5490 塔卡，乞丐会员平均贷款额度为 500—1000 塔卡。

② 最初，GB 的股权 60% 归政府，现在 GB 的股权，94% 为贷款者，6% 为政府。

续表

类别	第一代 GB 模式	第二代 GB 模式	说明	指标
适应性 • 贷款品种 • 贷款规定 • 还款方式	• 贷款品种多，贷款期限固定； • 小组中实行交替贷款；全部还完以前的贷款才能获得新的贷款；一次性支取贷款；对分行的普通贷款统一，对于降低贷款最高限额没有硬性的规定 • 分期还贷的数额固定；不允许大额和一次性还贷	• 基于基本贷款的一项主要贷款产品；贷款期限不等；增加助学贷款；增加特别投资贷款—针对独特和重要的项目。增加灵活贷款，一旦贷款人不能在规定期限内还款，就进入灵活贷款范畴，分期还贷的数额在贷款期可变，可修改；虽然最低的支付额依贷款期限的长短而定，但还款事宜可在任何时间由员工和借款人协商而定 • 会员可同时接受贷款，不受其他成员限制；有叠加贷款；贷款支取方式可变；根据每一借款人的表现其贷款限额可变	第二代在贷款产品设计上更加灵活，适应性更强。 • 未变：无抵押担保使得贫困人群容易借款；小组联保使得违约风险下降①；分期偿还使得贫困人群还款更容易；市场利率维持机构的可持续发展，利息也促进贫困人群拥有致富的动力② • 变化：由于贫困人群生活状况脆弱，因此第二代采用灵活的贷款条件和宽松的贷款制度可以更好满足贫困人群的需求，不仅满足最贫困人群需求，也满足通过贷款变富裕起来的人群	

① 5人一个小组自己管理，这样就变成了一个小的熟人社圈而施加监督，如果一个人不还贷，其他人就会帮助他，或者延长还款期限或者让他每天少还一点。若他拒绝还贷的话，他在这个熟人社会中的信用就会受损。

② 格莱珉银行贷款利率有四种：创收目的的贷款利率为20%，住房贷款的利率为8%，学生贷款利率为5%，艰难成员（乞丐）贷款免息，所有利率都是简单利率，存款利率最低为8.5%，最高为12%。

续表

类别	第一代 GB 模式	第二代 GB 模式	说明	指标
其他金融产品 • 储蓄 • 保险	• 不吸收非会员储蓄存款 • 强制储蓄额度相同，不鼓励在合同帐户中储蓄；成为会员十年后可退还由强制储蓄积累的小组基金 • 无养老金储蓄 • 无贷款保险，家庭要对死亡借款人贷款负责，女性借款人即使其丈夫已死亡也要对其丈夫未偿还的贷款负责	• 积极动员非会员进行储蓄 • 鼓励借款人在适合他们需要的几个合同储蓄存款方案中存款；个人的周储蓄存款额依贷款额不同（5—50）塔卡而异；三年后可退还积累在强制设立的特别投资帐户中的储蓄； • 有养老金储蓄 • 有非强制贷款保险，并将女性借款人的丈夫也纳入。贷款人要缴纳相当于贷款额度7%的强制储蓄。此帐户的利息组成的基金负担保险理赔	第二代模式更加鼓励储蓄，保险更加完善 • 未变：强制储蓄，使得贫困人群逐渐拥有资产也使得银行自身可以自我发展①；保险，增强其抗风险能力 • 变化：一则使银行资金充裕，二则满足贫困人群储蓄及保险需求	强制储蓄率 存款余额 参保人数 参保率
除金融服务之外的服务	• 小组会议　：收款、放款，信息交流平台，小组成员互相担保 • 技术支持：由它成立公司，提供技术服务	• 小组会议：取消小组成员担保，鼓励妇女从家门走出，扩大妇女互助和社交网络 • 技术支持	小组会议功能发生变化 • 第一代小组会议采用惩罚机制；第二代小组会议采用鼓励机制，通过将贷款上限浮动与个人、小组、中心联系在一起	小组会议为成员带来的非经济收益 提供培训和技术支持后产生的改变

① 格莱珉银行贷款百分百由银行内部资源提供。格莱珉银行的待偿贷款全部由自有资金与存款储蓄提供，68% 的存款来自银行的贷款者，仅存款储蓄已达到待偿贷款的97% ，如将自有资金与存款储蓄两项相加，则达到代偿贷款的 130% 。格莱珉银行要求每个借款人均需购买 1 股银行股份，股份的面值是 100 塔卡；小组基金的第一个 100 塔卡被用来购买银行股份。

续表

类别		第一代 GB 模式	第二代 GB 模式	说明	指标
经营管理	技术系统			计算机化的信息管理系统与会计系统	
	组织架构	总部—大区行—地区行—分行—中心—小组	总部—大区行—地区行—分行—中心—小组	未变化	
	制度 • 核心制度	中心会议保证与借款人之间的联系，也使得收取还款成本降低	中心会议保证与借款人之间的联系，也使得收取还款成本降低	未变化	
	风险控制 • 风险控制体系 • 审核贷款 • 违约制度	• 分行自负盈亏的独立单位，形成了一个金字塔形的风险控制体系。新设立的分支机构从总行以 12% 的利率筹借资金，3—5 年实现盈利 申请贷款必须进行审核和培训① • 52 周内未完成全部还款视为违约；借款人不履行定期在储蓄帐户内存款不被认为是违约；违约者可以从小组基金中借款	• 分行自负盈亏的独立单位，形成了一个金字塔形的风险控制体系。新分支机构从第 1 天开始就从会员及非会员中吸收储蓄存款以实现存贷款的自求平衡 • 申请贷款必须进行审核和培训 • 未能根据偿还时间表在六个月内偿还基本贷款视为违约；借款人连续四个月未在 GPS 内存款视为违约；违约者不能从储蓄帐户中提款直至其付清所有拖欠款	第二代的风险控制更加完善 • 风险控制体系使分支机构更加迅速实现盈利和做到自求发展 • 违约制度更加严格，对违约提前预警，保障银行的资产安全	分行盈利水平 逾期率

① 首先，中心经理以及支行经理将考核借款人的身份；其次，借款前，让 5—10 名申请人自由组成贷款小组，支行的工作人员对小组成员进行 7 天的连续培训，确保贷款人了解银行的制度规定，各类贷款的具体要求和申请条件；最后，将 8—10 个小组组成一个中心，由所有成员选出中心主任负责中心的事务，帮助解决任何单个小组无法独立解决的问题，并与支行的中心经理密切合作，及时向成员传达各种信息，帮助还款出现困难者解决遇到的问题。如果有成员需要申请新贷款，需要由全体组员共同考核看这个申请人是否有能力按时还款，达成一致同意后在中心会议上进行全员评议，由支行的中心经理实地考察申请人的家庭，最后上报给支行经理。

续表

类别		第一代 GB 模式	第二代 GB 模式	说明	指标
经营管理	盈利能力				利润率
	人力资源 • 招聘 • 劳动管理 • 激励 • 员工评价体系 • 退休计划	• 管理人员：硕士学位，直接招聘；非管理人员：高中学历以上。注重女性。招聘具有竞争性，包括笔试加面试。一旦应聘成功，接受 12 月培训，35% 的淘汰率。 • 成立员工协会协调劳工关系 • 货币补偿	• 管理人员：硕士学位，直接招聘；非管理人员：高中学历以上。注重女性。招聘具有竞争性，包括笔试加面试。一旦应聘成功，接受 12 月培训，35% 的淘汰率 • 成立员工协会协调劳工关系 • 除了货币补偿，更注重表扬、竞争、公众认可 • 星级评价体系（按要求从高到低顺序）：(1)红星：按照"十项指标"①所有借款人脱贫；(2)棕星：中心所有借款人子女上学；(3)紫星：吸收存款高于发放贷款的员工；(4)蓝星：对分行贡献利润的员工；(5)绿星：所管辖的中心没有逾期贷款；(6)退休计划	第二代更加人性化，促使员工公众更加符合机构目标。 招聘环节的严格使得留下的员工真正会关心贫困人群、忠心耿耿。 星级评价体系会通过鼓励员工实现银行减贫的目标最终使银行获益。 退休计划提供丰厚的养老金，以此鼓励员工，并在第一代向第二代转型期间减少阻力。	员工流失率 出现劳动争议率 员工绩效考评

① "十项指标"指：1. 会员及其家人居住在有马口铁皮制屋顶的房子里，或房屋价值至少 25,000 塔卡以上，家庭成员睡在床上，而不是睡在地上。2. 会员喝来自管道的干净水、开水，或使用明矾、净化物质、净化容器提纯的不含砷的水。3. 会员所有身体和智力正常，并且 6 岁以上的子女要么在上小学，要么已经毕业。4. 会员每周至少还款 200 塔卡。5. 所有会员的家庭成员使用卫生清洁的厕所。6. 所有会员的家庭成员日常生活中有足够的衣服。而且，全家均有过冬的衣服，如用旧衣服改制的外套、长袍、羊毛衫、棉被、毯子等使他们御寒，同时还有蚊帐以使他们躲避蚊虫的叮咬。7. 家庭还有额外的收入来源，比如：菜地、果树等，当他们需要额外的收入时就可以依赖这些资源。8. 借款人在其储蓄帐户中年平均保持 5,000 塔卡的余额。9. 借款人有能力全年为全家人提供一日三餐；全家人基本上不会面临饥饿的困境。10. 所有家庭成员清楚自身的健康状况。当家庭任何成员生病时他们能够立刻行动进行正确的治疗并能够支付医疗费用。引自阿西夫·道拉、迪帕尔·巴鲁阿著，朱民等译，《穷人的诚信》，中信出版社，2007 年 8 月第 1 版，第 175 页。

表 5-3　第一代 GB 与第二代 GB 模式的不同之处及变革原因①

指标	第一代 GB 模式	第二代 GB 模式	变革原因
目标	对赤贫者没有特别计划	针对乞丐，在贷款期限、储蓄要求和偿还条件方面有特别计划	强调赤贫者对信贷和储蓄的需求不同于普通的贫困者
非贷款类金融产品	无养老金储蓄	借款人每月在格莱珉养老金账户中存入固定的存款	帮助借款人为养老建立储备金，向借款人出让在银行的股份
	在成为会员十年后可退还由强制储蓄积累的小组基金	成为会员三年后可退还积累在强制设立的特别投资账户中的储蓄	允许借款人大量储蓄并在可能的情况下尽快将所有权转让给他们
	所有借款人每周个人储蓄额相同	个人的周储蓄存款额依贷款额不同（5-50）塔卡而异	鼓励大额借款人多储蓄 贷款量越大反映其储蓄能力越强
	不鼓励在合同账户中储蓄	鼓励借款人在适合他们需要的几个合同储蓄存款方案中存款	使借款人为子女嫁妆、教育等特殊目的的积累更多资产，并满足其他长期需要
	不吸收非会员储蓄存款	积极动员非会员进行储蓄	银行能够通过自筹资金来满足信贷需要
	借款人不能依靠其储蓄存款借贷	借款人可依靠其储蓄存款自由借贷	鼓励借款人储蓄，银行能够通过“搭桥借款”的方式满足借款人收入与支出时间上的不一致，而非仅满足长期之需
	鼓励借款人将贷款的一部分（5%）存入由小组管理的强制性储蓄账户（小组基金）	要求借款人将贷款的一部分存入两个个人拥有的储蓄账户：一个为开放储蓄账户（2.5%），另一个为严格限制的封闭储蓄账户（2.5%）	使借款人免去与小组的纠缠而自己管理储蓄存款
	家庭要对死亡借款人贷款负责，女性借款人即使其丈夫已死亡也要对其丈夫未偿还的贷款负责	开立一个特别的储蓄存款账户，使借款人死后的未偿还贷款得以核销，并使女性借款人能负担得起在其丈夫死亡后的未偿还贷款	减除借款人对身后给家庭遗留债务的担忧，保护女性借款人在其家庭主要创收者死后免遭贫困

① 阿西夫·道拉、迪帕尔·巴鲁阿著，朱民等译，《穷人的诚信》，中信出版社，2007 年 8 月第 1 版，第 227 页。

续表

指标	第一代 GB 模式	第二代 GB 模式	变革原因
贷款产品	贷款品种多种多样	基于基本贷款的一项主要贷款产品	简化账务流程使借款人拥有的贷款总额一目了然，防止借款人和员工用一种贷款偿还另一种贷款
	不提供教育贷款	提供手续费为 5% 的教育贷款	惠及贫困者及其子女，改变后代贫穷的现状
	除一些例外，大多为一年期贷款	贷款期限可从 3 个月到 3 年不等	使所提供的贷款同借款人的投资需要相一致
贷款产品	分期还贷的数额固定	分期还贷的数额在贷款期可变，并可随借款人需要进行修改	使借款人的还款时间表与业务环境和时间变化引起的现金流收入情况相一致
	不允许大额和一次性还贷	虽然最低的支付额依贷款期限的长短而定，但还款事宜可在任何时间由员工和借款人协商而定	允许借款人在他们自己方便时偿还
	在小组中实行交替贷款，即先给两名成员贷，然后给其他两名贷，最后（在大多数情况下）给组长贷	不论其他人情况如何，会员可在任何时间接受贷款	借款人已具备了良好的偿付能力，消除了先给一部分贷以观其效的交替贷款的必要，即使一个借款人遇到偿贷问题，他或她常能转换为更灵活的贷款
	全部还完以前的贷款才能获得新的贷款	一定条件下，借款人无需归还全部贷款，就可借相当于前6个月的还贷额的贷款	通过注入新的贷款使其充分利用业务发展机会
	一次性支取贷款	贷款支取方式可变，分数次支取	满足借款人投资周期对信贷资金的需求
	对分行的普通贷款有总额限制	根据每一借款人的储蓄存款及其在小组、中心、分行的表现，可调整其贷款额度	奖励有良好表现的借款人，充分考虑借款人贷款使用情况和投资能力，对积极使用会员身份的借款人及其他小组、中心成员予以奖励
	对于降低贷款最高限额没有硬性的规定	根据借款人的表现可降低其贷款限额（如缺席中心会议不按期还款）	惩戒不参加中心会议和不按期还款者

续表

指标	第一代 GB 模式	第二代 GB 模式	变革原因
违约制度	借款人如不能在 52 周内归还所有贷款就算违约	未能根据偿还时间表在六个月内偿还基本贷款视为违约者	以六个月为界限起着早期预警的作用，如果在贷款的前六个月内出现偿还问题，贷款到期后全部偿还是不可能的
	借款人不履行定期在储蓄账户内存款不被认为是违约	借款人连续四个月未在 GPS 内存款视为违约	在合同储蓄账户内存款被认为是良好表现的信号；连续未存款被认为是贷款偿还将出现问题
	违约者可以从小组基金中借款	违约者不能从储蓄账户中提款直至其付清所有拖欠款	确保积累的储蓄存款在被用在其他目的之前被用于归还欠款
风险控制体系	新设立的分支机构从总行以 12% 的利率筹借资金	新分支机构从第 1 天开始就从会员及非会员中吸收储蓄存款以实现存贷款的自求平衡	确保分支机构迅速实现盈利和做到自求发展

（2）治理。清晰的治理结构保证了 GB 在保证目标不偏离的同时可持续运营。

（3）股权结构。受益者拥有 94% 的股权，保证 GB 的扶贫目标不偏离。

（4）资金来源。自 1998 年开始，GB 不接受外部捐赠，以吸收存款作为资金来源。不依赖外部捐赠保证了机构的独立性、稳定的资金来源和目标不偏离。

（5）产品及适应性。周期还款制度不仅利于及早发现那些企图借钱不还或不守纪律的借款人，还迫使借款者必须不停地寻找收入来源，这样就增加了收入也分散了银行的贷款风险。而灵活贷款这一创新安排，让受疾病和不安全因素导致还款困难的借款人可以重新协商一个新的贷款合同，并制定一个符合他们还款能力的分期付款计划。这种灵活贷款使借款人可以减小分期还款额，从而延长贷款期限，减轻了还款压力，增强还款人的信息和意愿，避免大多数人重回贫困。借款人参加中心会议的出席率与贷款上限挂钩的制度安排，增进了客户对银行的诚信及与员工沟通的透明度，以便员工及时了解客户违约的可能性。强制储蓄制度的实施，一方面，提高了借款人的储蓄意识，为格莱珉银行创造资金来源；另一方面，这也是一种隐含的抵押或担保，形成抵押替代，降低借款人的财务风险。

（6）管理模式。星级员工激励体系和分行之间的评比，促使分行和员工高效工作，为银行目标实现奠定坚实基础。

上述关键性的要素最终会形成良性的效果：无信用和违约很难再获得贷款，守信用的借款人能得到连续的、更大的、更优惠的贷款；储蓄制度和财富积累帮助守规则的借款人能真正通过贷款投资达到财富增加的目的；员工真正为银行目标而努力。最终达到帮助贫困人群脱贫的目的。

（三）预防小额信贷目标偏离

格莱珉银行虽然历经了一次变革，从第一代经典格莱珉模式，转为现在第二代格莱珉模式，但是其目标始终没有偏离。然而，格莱珉银行的创始人尤努斯对小额信贷目标偏离充满忧虑。

尤努斯认为将小额信贷变成高利润、高增长的行业是在打开“潘多拉魔盒”，最终将会伤及低收入人群，因为这将滋生一批只知道赚钱的商业性小额贷款公司，这些公司不会关注他们的贷款是否会伤害他们贫穷的客户。早些时候他接受《华尔街日报》采访时说：“小额信贷的概念被肆无忌惮地滥用，我感到非常难过，如今，任何地方任何传统放高利贷者都能轻易地声称他们是小额信贷的推广者，原本希望用来打击高利贷的小额信贷现在却被用来赋予高利贷者体面的身份。”①

经典的GB模式是基于无抵押贷款的，银行的会员限于拥有不超过半英亩中等质量的可耕种土地，或财产价值不超过1英亩中等质量土地的家庭。为避免产生使命漂移现象，即小额信贷组织为了自身的持续和追逐经济效益，出现为农村高收入基层服务，形成相对贫困客户的弱代理性，GB使用了特定判定并优先帮助那些需要特殊照顾的最贫困群体。最新的员工培训手册提供了选择会员的方法。指出最贫困群体应该在获取银行会员资格中享有优先权，例如寡居、遗弃和离异妇女、乞丐等。在对银行员工的监督方面，GB将借款人减贫的状况与银行员工的激励结构挂钩，而不是用贷款偿还状况。对借款人贫困状况的年度检查成为员工工作任务完成情况的考核方式。这就避免了员工把贷款的目标定位为非贫困和接近贫困线的人，把贫困线以下的贫困人群过滤掉。除此之外，GB还用与贫困会员共同养羊等实物偿还方法吸纳最贫困会员。虽然小额信贷工程的内生障碍，以及客户的本质，使得部分最贫困群体被排除在该工程之外，但500多万贫困者脱贫的事实，说明GB无抵押小额贷款制度产生了正的外部效应，促进了社会稳定与世界和平。②

---

① http：//www. fuleis. com/cj/2010/11/12/71. htm

② 唐柳洁，崔娟，《制度视角下发展中国家小额贷款运营机制研究——以格莱珉银行为例》，《经济问题》，2010年第4期。

二、BancoSol

（一）基本情况

玻利维亚阳光银行（BancoSol）是由NGO发起创办的商业银行（以企业形式运作的公益性小额信贷机构）。玻利维亚阳光银行通过向低收入群体提供高质量的综合性金融服务，为他们拥有更美好的未来创造机会，其发展经历了从以民间组织形式运作到以企业形式运作的转变。最初，其创始团队发现难以从正规金融体系获得信贷是阻碍小微企业发展的主要原因，于1984年成立了一家非政府组织PRODEM，以支持玻利维亚小微企业的发展。面对巨大的未满足的市场需求，以及NGO在国家法律和金融框架下的局限性，该非政府组织于1992年2月10日发起成立了专门从事小额信贷的商业银行——玻利维亚阳光银行。PRODEM为阳光银行的大股东。阳光银行成立后，PRODEM仍然以NGO形式为农村市场的人群提供服务，阳光银行为避免与其竞争，将目标市场集中在城市。在股权结构方面，玻利维亚阳光银行的股东大部分为追求社会价值最大化的机构，其中包括：PRODEM（股权占比35%，最早为60%）、ACCION INTERNATION，ACCION INTERNATIONAL FUND L. L. C，IFC等。另外，也有一部分个人投资者股东，股权占比大约为18%。据2001年的资料显示，阳光银行的所有股权拥有者都可以分红。其中，意欲追求社会价值的股东所获分红再投入到阳光银行中。

玻利维亚阳光银行以有少量财产且有偿还能力的小微企业主（至少1年以上从事该领域工作的经验）为核心客户，不是赤贫者。妇女占客户总数的48.08%，她们的贷款数占贷款总额的40%。大部分客户为35—40岁之间的受教育程度较低的人群。客户大部分从事非正规经济[①]。其提供的服务包括包括贷款、存款、转账、保险、培训和咨询服务等，采用小组贷款模式，由3—7人组成贷款小组，发放贷款时所有成员可同时获得贷款。贷款偿还方式灵活，可按周或按月归还。贷款期限从1个月到1年不等。利率相对较高，平均贷款利率47.5%—50.5%，之前还需支付2.5%的佣金，业绩良好的客户利率稍低，约45%。高利率贷款使银行实现财务自立，不必依赖政府补贴就可获高收益。

玻利维亚阳光银行的资金来源包括贷款、存款和股东的资本金。经过二

---

① 据国际劳工组织界定，非正规经济部门包括家庭服务、非专业劳动者各种自谋生计的形式及5个劳动力以下的微型企业。到20世纪90年代中期，小微企业吸纳的劳动力占拉美就业总数的近50%。

十多年的发展，玻利维亚阳光银行很好地实现了财务可持续，规模也不断得到扩张。截止到2011年，其贷款总人数超过15万，贷款总额将近5亿美元，资产回报率2.29%。2010年时，其平均贷款额度为3,020.7美元。

（二）发展历程

与孟加拉格莱珉银行模式所不同的是，玻利维亚阳光银行的小组贷款是一种正规的相互的担保人制度，如果小组中任何人的贷款拖欠，其他人将联合承担偿还责任，同时其目标群体不是单纯的贫困人口，而主要是城市的小企业或自我雇佣者（小企业一般指10人以下的企业），即积极进行经济活动的贫困人口。由于玻利维亚大量的城市小企业或自我雇佣者的存在，对小额信贷业务有很大的需求，因此小额信贷业务发展迅速，而且从一开始基本上就实行商业化的运作。

但在随后的发展中由于其发展速度不能满足巨大的信贷需求，不能合法地向客户提供多样化的金融服务，尤其是不能吸纳存款等问题的出现而面临挑战。于是1992年，PRODEM进行了分化，把商业化运作的一部分单独分离出来，在玻利维亚银行和金融实体监管处的批准下成立了玻利维亚阳光银行(Bancosol)，成为第一个创办商业银行的非政府组织。与此同时，PRODEM作为非政府组织，其职能仍然存在，并将原有的客户和贷款业务转移到了阳光银行。为了避免与阳光银行竞争，它的目标转向农村，而阳光银行的经营活动则集中在城市。同时阳光银行还成为第一家可以通过国际资本市场获得资金的小额信贷银行。

阳光银行的服务对象主要是城市的各类小企业而不是农村贫困人口。贷款每两周或每周进行一次，贷款的年利率为46%，美元贷款的年利率为27%，使其不依赖补贴也可实现财务上的可持续。

为了实现持续发展，阳光银行内部还发生了较大的调整和变化。从1994年起，取消了为防止违约的强制储蓄，个人储蓄存款（只是普通储户，不拥有股份）的最低限额为20美元。第一次贷款100美元的限额虽然在法令上保持，但实际平均的初始贷款的金额为500美元。对过去的联合担保小组中有良好还款记录的个人可以发放10万美元以下的个人贷款，但超过5,000美元的贷款则需要抵押。住房和助学贷款的期限延长，最长可达2年。

到1991年底，PRODEM项目已有11个营业所，116名雇员，项目资金也迅速增至400万美元，累计发放贷款超过2,760万美元，平均贷款规模为273美元，妇女客户占77%，拖欠率几乎为零。截至1998年底，玻利维亚阳光银行的股权回报率（ROE）接近30%，资产回报率（ROA）达4.5%，商业化运作成功保证了机构的可持续。低收入客户已经达到81,503户，这占到玻利维亚整个银行系统客户数的40%，充分表明了阳光银行在玻利维亚整个银行系统中的重要作用。在银行监管机构的CAMEL评级（信用评级）中，被认定为玻利维亚运营最好的银行。表5－4为阳光银行和拉美其他商业化小额信贷机构的金融业绩比较情况说明。

表5－4　玻利维亚阳光银行和拉美其他以企业形式运作的小额信贷机构的金融业绩比较①

内容\机构	玻利维亚阳光银行	巴拉圭 Vision 金融公司	乌拉圭 Fucac 信贷联盟	哥伦比亚 WWB—Cali 非政府组织
贷款业务总量（百万美元）	64	19	19	6
客户数量（千）	76.2	12.1	10.4	10.9
平均贷款规模（美元）	828	1,563	1,868	539
分支机构数量	34	14	2	5
资产收益率（%）	3	3	6	6
股本收益率（%）	23	19	52	14
组合收益率（%）	33	43	49	46
操作费用占平均贷款额比重（%）	18	18	10	15
每位信贷员负责的客户数	416	205	2,072	407
每位信贷员的业务量（千美元）	349	320	3,871	219

（三）机制设计

玻利维亚阳光银行的情况与GB银行和印尼BRI有很大不同，它瞄准的客户群体不是贫困农户，而是大量微型企业和自我雇佣者，或者说是“低收入人群中的富裕者”。在这一不同前提下，它所面临的挑战、困境与GB和BRI也有所不同，因此在机制的设计和创新上也有其独特之处。

小额信贷向实现财务可持续转变。在为贫困和低收入群体提供贷款时，信息不对称现象严重且交易费用过高，因此低利率很难使收益覆盖成本而造成较为普遍的财务不可持续问题。玻利维亚阳光银行则通过高利率（47.5%—50.5%）的贷款来解决问题，主要贷款对象是城镇的微小企业及“非正规经济部门”，在实现社会目标的同时实现机构的可持续发展。为了降低成本，方便客户，阳光银行为客户提供十分简便的贷款手续，且采用信用贷款方式，无需担保。监管方面，阳光银行由国家银行监管部监管，其资本

① Marguerite Berger: *Microfinance: An Emerging Market with in the Emerging Markets*, Inter－American Development Bank. Washington. D. C. 2000

金（包括资本金充足率、资本金提取率、呆账准备金、坏账准备金等指标）和报告制度与传统商业银行相似。虽然其只持有玻利维亚银行系统1%的资产，但却为这个系统全部借款客户的1/3以上提供服务，体现了小额信贷小额、分散、覆盖面广的特征。

就成本方面而言，由于其面对的并不是较分散、贷款额度小、无担保抵押的贫困群体，而是大量资本收益率相对高的微型企业和自我雇佣者，因此服务贫困群体所带来的高运营成本也就有所降低，同时还可以根据运营成本、风险溢价、机会成本和垄断利润来确定其合意利率。但与此同时，很多人也会产生疑虑，为何这些微型企业和自我雇佣者可以支持50%左右的利率？作为以利润最大化为目标的企业，不会甘愿利润大部分或全部外流，那一定程度上也说明其名义产业利润率至少在50%以上，因为对于其目标客户群来说达不到这一利率很难实现可持续发展。虽然目前没有确切的数据来证明，但这在逻辑上是符合的。玻利维亚阳光银行之所以可以在小额信贷中脱颖而出并成为典范，与其准确地找准了自己的定位，面对特定目标客户设计合适的利率分不开。

小组贷款机制。与GB模式有异曲同工之处，玻利维亚阳光银行也采用小组贷款机制，要求3—7人组成小组，小组成员可以同时获得贷款，任何成员的贷款拖欠将使整个小组丧失贷款的权利。贷款期限为4－12个月，相比BRI模式的期限较短，此外贷款数额会随着借款人证明自己有良好还款能力后不断提高。这种小组联保的机制（成员间有连带责任）对于违约问题存在一个特殊的“风险扩散机制”，即如果一个成员违约，所有成员都会失去借款的机会。这种连带责任不仅缓解了成员的逆向选择和道德风险问题，还降低了风险和成本。这种风险分散机制的成功已经被无数的小额信贷模式所验证。

另外，团体贷款模式存在一个重大缺陷，即无法防止成员集体违约（合谋都不还款）这一类道德风险。而在实践中，含动态激励机制的小组贷款可以有效地缓解这个问题。小额信贷领域的动态激励机制是指无限期重复博弈的环境下，将借贷双方对未来的预期与对历史记录的考察纳入合约框架，以促进贷款人还款。动态激励的特征是，可以用较小的贷款额度进行尝试，来发现借款者的真实信用水平。其无论在小组贷款还是个人贷款中已经被证明是行之有效的风险管理手段。如果借款人在后续的还款过程中表现良好，那就可能得到反复的信贷服务，如果拖欠贷款，再获得贷款的可能性就随之降低。倘若借款者以后还想得到贷款，那么他违约的可能性就几乎为零。阳光银行也采用此种方法来化解这类道德风险，其贷款数额会随着借款人证明自己有良好还款能力后才不断提高。对于小组成员来说任何人违约使其失去以后贷款的成本远高于其在以后贷款中所获收益，在此前提下的相互监督使违约合谋很难达成，因此集体违约的发生率也几乎为零。

完善的治理机制及灵活的贷款偿还机制。玻利维亚阳光银行很好地发挥了银行业的现代公司治理机制。此外，阳光银行根据借款人的人品和现金流量对借款人授信，贷款金额微小、利率高、期限短，每周或隔周分期偿还。这种分期还款机制一方面可以降低信贷风险并获得充足现金保持健康的财务状况，另一方面还具有早期预警功能，可以提早发现具有较大潜在风险的贷款。图 5－1 为玻利维亚阳光银行的运行机制图。

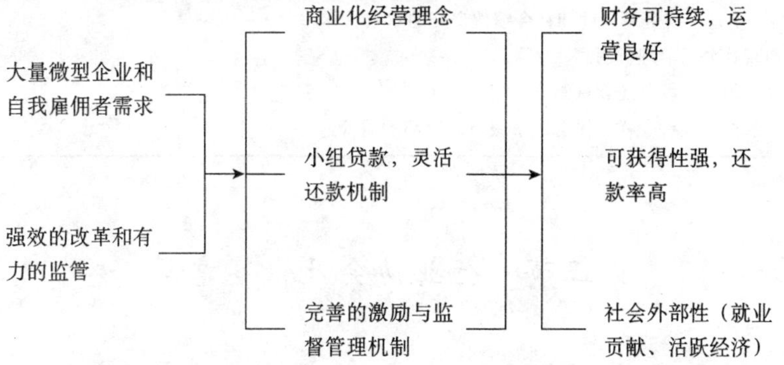

图 5－1　玻利维亚阳光银行运行机制图

上述国际案例中，哪些做法可以为我国的公益性小额信贷机构所借鉴？这些做法分别可以解决哪些问题？表 5－5 是对上述国际案例借鉴意义的总结。

表 5－5　以企业形式运作的小额信贷机构国际案例的借鉴意义

孟加拉格莱珉银行（GB）
(1) 服务对象拥有 GB 的股权，股权比例达 94%，另 6% 股权归政府，保证了 GB 的扶贫目标不偏离。 (2) 设置了清晰的治理结构，保证 GB 在实现目标不偏离的同时可持续运营。 (3) 始终坚持定位于服务低收入人群。设置了特定判断优先将贷款发放给需要特殊照顾的最贫困群体，并在最新的员工培训手册提供了选择会员的方法。指出最贫困群体应该在获取银行会员资格中享有优先权，例如寡居、遗弃和离异妇女、乞丐等。 (4) 资金来源稳定。自 1998 年开始，GB 不接受外部捐赠，以吸收存款作为资金来源。不依赖外部捐赠保证了机构的独立性、稳定的资金来源和目标不偏离。 (5) 产品及适应性方面有利于其服务对象，如：(a) 采用灵活贷款的方式，使受疾病和不安全因素导致还款困难的借款人可以重新协商一个新的贷款合同，并制定一个符合他们还款能力的分期付款计划。这种灵活贷款使借款人可以减小分期还款额，从而延长贷款期限，减轻了还款压力，增强还款人的信息和意愿，避免大多数人重回贫困。(b) 将借款人参加中心会议的出席率与贷款上限挂钩，增进了客户对银行的诚信及与员工沟通的透明度，以便员工及时了解客户违约的可能性。 (6) 在管理上，采用星级员工激励体系和分行之间的评比，促使分行和员工高效地工作，为银行目标实现奠定坚实基础。将借款人减贫的状况与银行员工的激励结构挂钩，而不是用贷款偿还状况。要求员工对借款人贫困状况进行年度检查，并将此列入员工绩效考核范围。

续表

玻利维亚阳光银行（BancoSol）
（1）股权结构方面，大部分股东为追求社会价值最大化的机构。股东可以分红，但追求社会价值的股东将分红所得再投入到阳光银行中。其发起主体为（以民间组织形式运作的）PRODEM 拥有一定的股权，也为 PRODEM 提供了稳定的回报。 （2）在服务对象上，与 PRODEM 各有侧重。后者侧重于农村市场，阳光银行则主要是城市的相对低端的群体（微型企业和自我雇佣者），贷款利率高，这类群体能带来较高的资本收益率，有利于覆盖运营成本，实现可持续运营。与此同时，玻利维亚银行仍然坚持小额原则，没有偏离追求社会价值的目标，实现了财务可持续和社会绩效良好的双重目标。 （3）采用现代公司治理机制。 （4）建立灵活的贷款、还款机制。 （5）与一般商业银行一样，接受国家银行监管部的监管。

第三节　行业协会及借鉴意义

一、ASOFIN

国际上为公益性小额信贷机构服务的行业协会发展较为成熟。例如，玻利维亚小额金融实体协会 Association of Financial Entities Specialized in Microfinance（ASOFIN）[①]。ASOFIN 成立于 1999 年，是玻利维亚受监管的小额信贷机构间的行业协会[②]。目前，协会共有 9 个有效会员，包括 3 家小额信贷银行，5 家 FFPs[③]，1 家基金会（该基金会目前正在申领金融许可证中）。这些会员全部为追求社会目标最大化的小额信贷机构。

成为 ASOFIN 的会员，必须满足以下条件：（1）必须为专注于小额信贷领域的金融机构；（2）必须获得 ASFI 颁发的金融许可证；（3）必须向协会递交申请，并获得董事会批准；（4）支付会费。

ASOFIN 的目标主要为：（1）将受监管的小额信贷机构联合起来协作发展，共同进步；（2）在国家发展的过程中，提出能保护并有利于小额信贷发

① 引自 http：//www. asofinbolivia. com/en/default. asp。

② 玻利维亚受监管的小额信贷机构是指在 Authority of Supervision of the Financial System（ASFI）监管下的小额信贷机构。

③ 1995 年，玻利维亚政府颁布相关法律，将 Private Financial Funds（FFPs）纳入受监管的金融体系。FFP 是一种专门向微小企业提供小额贷款的金融机构。

展的政策；（3）代表会员的共同利益，促进它们在合乎道德的情况下有序发展。

与所有的行业协会一样，ASOFIN 的根本作用也是进行行业规范、代表会员利益、促进行业健康发展。其具体的功能包括：（1）作为行业代表，与公共权威部门互动，如：政府、玻利维亚中央银行、银行与金融实体监管处、各类国内与国际组织等。（2）保护、促进，并加强金融中介和金融服务者的活动。（3）组织相关活动，以促进小额信贷领域的健康发展。（4）加强与其他国内或国际组织的合作，以带动协会本身、会员机构及整个行业的发展。（5）为不同类型的小额信贷机构提供管理、技术等方面的支持。（6）进行行业研究，从社会、经济、金融等层面评估行业的发展情况。（7）分析所有与小额信贷行业相关的政策、法律法规等。（8）促进会员之间的相互帮助与支持，使会员间相互合作共同保护大家的利益。（9）为会员提供常规性服务，包括培训、组织交流等。

从成立至今，ASOFIN 在会员间开展了多次培训与咨询活动；代表会员及整个小额信贷行业与公共部门达成了多次对话，如：政府内阁、ASFI 等。另外，ASOFIN 不断推动行业的信息公开，通过行业刊物和官方网站（http：//www.asofinbolivia.com），为会员提供技术、数据、研究报告等，以推动会员机构的健康发展。

二、SA—DHAN

印度有 10 亿左右的人口，国内生产总值（GDP）位于世界前 15 位之内。然而其贫困线以下的人口约有 3 亿或约 6,000 万户家庭，这些家庭中仅约 20% 能获得来自正规机构的贷款，而且那些高于贫困线但并不富裕的农村人群，也并不容易获得正规金融机构，包括储蓄服务在内的金融服务。印度的贫富差距不断增大，小额信贷在抑制贫富差距扩大和实现更公平增长方面已经并能继续有所作为。

1998 年 12 月 14 日由知名的微金融利益相关者建立 SA—DHAN，之后该机构同意由马修·泰塔斯先生（Mr. Mathew Titus）领导和创办协会。SA—DHAN 的使命是，在印度建设社区发展金融领域，帮助其成员或协会组织更好地服务于包括农村和城市在内的低收入家庭，特别是妇女，使其建立稳定的生计、改善生活质量。SA—DHAN 提供的服务包括知识管理、政策倡导、研发、技术服务以及标准。SA—DHAN 的 220 家会员中有 169 家机构是 MFI，其他是能力建设者和批量放款者。169 家 MFI 的 80% 成员在微金融部门业绩显著。有四种类型的组织有资格成为 SA—DHAN 成员：A 类是促进自助团体发展和提供能力建设投入的能力建设组织（CBO，或社区组织），或为小额信贷NGO提供技术服务提供商（TSP）；B类是不纯粹结构化的金融中介组织，但是向个人或组织提供小额信贷，或者向MFI提供批量贷款；C类是纯粹建构为金融机构；D类是既提供支持也进行能力建设的正式或非正式网络/渠道。任何以上四类都可以向协会提出成为会员的申请，由协会理事会最终批准。协会基于会员支付会费和遵守SA—DHAN守则对会员每年进行更新。三年后，准会员获得初级会员的资格。①

2009年，有媒体揭示了印度小额信贷客户过度负债的问题，引起了业内的关注。印度小额信贷行业协会为避免问题进一步恶化，采取了很多措施。首先，行业协会制定了会员自律守则，规定单户贷款不能超过1,000美元。同时，行业协会开发了小额信贷在线信息库，希望通过公开透明的方式让小额信贷机构了解市场状况。此外，行业协会还力促小额信贷征信系统的建立，以避免客户重复贷款和过度负债。但是，媒体认为风险信号并没有给投资者的扩张冲动降温，而SKS上市的举动，更将行业的关注从风险控制转移到新的投资浪潮中，贻误了纠正错误的机会。行业协会能力有限，难以遏制这一市场冲动。

SA—DHAN执行总裁马修·泰塔斯先生认为，印度小额信贷危机深层次原因是部分商业化小额信贷机构背离了小额信贷的基本原则。他认为，小额信贷是为贫困和低收入家庭提供的信贷服务，有其特殊的客户定位和管理方式，小额信贷机构必须为这些客户提供其需要的有针对性的产品和服务，才能真正实现其社会目标，并实现小额信贷机构自身的可持续发展。小额信贷作为一种特殊的金融行业，具有双重价值观或双重目标—改善客户生活状况的社会目标和机构财务可持续的经济目标。对于小额信贷行业不需要太多监管，但需适当的对机构操作方式进行监督，而该工作应由监管当局委托小额信贷行业协会来承担。②

对于中国小型的公益小额信贷组织来说，在无监管的情况下，可以委托小额信贷行业协会承担监督的功能。对于市场的趋利性，则应该由政府政策区隔出哪些是真正的小额信贷，哪些不是小额信贷，而只是普通的商业贷款。

---

① http://www.mixmarket.org/networks/sa-dhan

② http://news.qq.com/a/20110310/001958.htm

第四节　政府政策及借鉴意义

这部分内容未包括别国商业性小额贷款公司或贷款公司的政府政策，因为严格地讲，这类公司所从事的业务不是本项研究中所指的小额信贷。本部分内容主要包括其他国家的政府如何从政策上鼓励小额信贷/小额金融机构的产生，以及如何从政策上对其进行监管与支持。

国际上把小额信贷机构分为三大类①：

第一大类是非正式组织形式的、资金主要来自于他人投资的非营利性机构（NGO）。NGO中根据各机构的主要资金来源又可分为三种类型：

（1）资金主要来自于政府拨款和社会捐助。其组织形式类似于自助组织的非营利性机构，由会员自发组成。

（2）资金主要来自于社会捐助和少量成员的存款，以及向商业银行借入少量贷款。一般为由民间志愿组织发起的非营利性机构。

（3）资金主要来自通过发放商业票据、吸收少量公众存款、向商业银行贷款以及政府划拨的资金或提供的优惠性贷款。该类型一般为由非营利性机构转变而来的公司。

第二大类是使用机构会员资金的正式组织形式的小额信贷机构，这些会员包括与机构有会员基础的信用社和只为自己的会员服务的储蓄和信用合作组织。这类机构只限或者优先服务于其会员的正式微型金融机构，它的资金主要由与其有会员关系的信用社以及储蓄和信用合作组织提供。这些信用社以及合作组织为其会员提供金融服务的资金一半以上都来自于会员的存款以及股利派发。

第三大类是使用公众资金的正式组织形式的小额信贷机构，其中分为三个类型：

（1）采取与专业银行和金融公司相同经营模式的公司。该类型由专门的监管机构批准注册为商业公司，其运营方式类似于专业银行、限制存款的公司或者能接受少量公众存款的财务公司。监管机构通常对这类机构设立最低资本化杠杆，以限制它们的吸储能力。

（2）股权由全体会员持有的一般性银行。

---

① 转引自潘席龙教授的报告。

（3）股权由私人投资者持有的一般性银行。它可以向普通公众吸收存款。

由于政治、经济、社会等各方面的情况不同，各国的小额信贷发展也各有其特殊性。因此，各国政府根据本国国情及小额信贷发展的特殊状况，出台或制定相适应的政策。以下选取了孟加拉、英国、美国、玻利维亚、尼日利亚、韩国和印度七个国家政府的相关做法。其中，（1）孟加拉国案例主要侧重介绍和剖析孟加拉小额信贷的发展概况、孟加拉政府对小额信贷发展的支持政策，以及政府成立的专门的小额信贷批发贷款基金——PKSF。（2）英国和美国案例主要介绍两国政府如何通过政策制定拓宽金融服务通道，使更多地低收入弱势群体获得金融服务，从而提高本国的金融包容性。（3）玻利维亚案例侧重讲述和剖析该国对小额信贷的社会需求情况、小额信贷的发展概况，以及玻利维亚政府如何逐步制定和完善与小额信贷相关的法律法规、支持和监管政策，从而促进各类小额信贷机构的健康发展。（4）尼日利亚案例则主要介绍该国政府给予小额信贷机构的相关融资支持、税收优惠及政府财政支持等政策支持。（5）韩国案例全面介绍和剖析韩国小额信贷的发展情况、基本特征、取得的成就和面临的问题，以及针对韩国小额信贷发展状况和面临的问题，韩国国内学者提出的建议和看法。其中很多建议对我国小额信贷的发展具有非常重要的借鉴意义。（6）印度案例主要阐述造成印度小额信贷危机的原因，这对我国的小额信贷的发展具有启示和警示意义。

一、孟加拉国政府政策[①]

孟加拉是非常贫困的国家。总人口 1.5 亿，人均国民总收入（GNI）700 美元，按国家贫困线衡量的（占人口的百分比）贫困人口比例是 40%[②]。

孟加拉是小额信贷的起源地。在 1976 至 1979 年间，孟加拉吉大港大学教授穆罕默德·尤纳斯在村里开始了试验，以自己为担保人向贫困者提供小额贷款，这个试验成功地改变了大约 500 位借款人的生活。他也不断地去游说孟加拉中央银行和商业银行来采纳他的试验。1979 年，孟加拉央行终于答应开展一个名为“格莱珉”的项目，考察设计一个针对贫穷地区提供银行服务的信贷投放系统。该项目一开始由 7 家国有银行支行在一个省份进行试运作，1981 年则增加到 5 个省份。这个项目的每一次扩张都证实了小额贷款的有效性：到 1983 年止，格莱珉银行 86 个支行使 5.9 万名客户摆脱了贫困。随后，尤努斯决定辞去学术工作，全身心投入这项对抗贫穷的事业中去。1983

① 该个案由研究团队成员章一琪于 2011 年 11 月完成。

② 世界银行数据，对比中国，2010 年人均国民总收入 4,260 美元。贫困人口比例 2004 年 2.8%。

年，格莱珉银行成立为独立正式的银行——格莱珉银行（GRAMEEN BANK，简称 GB）。

此后，孟加拉的小额信贷机构迅速发展。据不完全统计，截止至 2010 年，孟加拉小额信贷的年贷款额达到 21 亿美元，有效客户数 1,780 万，年存款额达 19 亿美元，存款账户数 1,290 万①。专门开展小额信贷业务的正规金融机构格莱珉银行，是在孟加拉政府与中央银行的大力支持下发展起来的。除此之外，还有 1,000 多家非政府组织在从事小额信贷业务②。根据 MIX 的数据显示，孟加拉国参与 MIX 数据统计的小额信贷机构是 73 家，除了格莱珉银行，还有许多规模较大的小额信贷机构，例如农村进步委员会（BRAC）、社会进步协会（ASA）、Proshika 、TMS 等；小额信贷基金会 3 家，小额信贷网络 8 家，小额信贷服务提供者 7 家。③

（一）孟加拉政府对小额信贷的支持政策

为了帮助未实现可持续发展的小额信贷机构实现可持续经营，孟加拉政府进行了一系列的支持，包括：

（1）政府投入资源。例如，为支持孟加拉格莱珉银行最初的发展，孟加拉国政府成立了政府小额信贷组织以及政府小额信贷项目、国有商业银行小额信贷项目。

（2）给予合法身份。允许格莱珉银行以非政府组织的形式从事金融活动，给予合法身份。《1983 年特别格莱珉银行法令》规定，该银行以现金或实物形式，向无地的人从事所有类型的经济活动（包括修建房屋），以商定的条款和条件提供有担保或无担保的贷款。法令还允许银行接受存款、发行和销售债券，以其财产为抵押或出于银行开展业务之需要开展借贷。也允许 NGO 从事小额信贷业务。

（3）资金支持。政府以 4%—5% 的利息向格莱珉银行提供贷款。最初是以 2% 的利率贷款给格莱珉银行④，提供了总额超过 50 亿达卡的贷款，后来政府建立了一个贷款“批发商”——PALLIKARMA—SAHAYAK 基金（农村就业支持基金会，简称 PKSF）为全国的小额信贷项目提供贷款。

（4）税收优惠。提供免税的优惠政策，帮助小额信贷机构降低营运成本。

---

① 数据来源于 MIX。

② http：//www. lmca. cn/newsDetails. aspx？ id = 165

③ 数据来源于 MIX。

④ ［孟］默罕默德·尤努斯著，吴士宏译：《穷人的银行家》，三联书店，2006 年第 1 版，第 145 页。

（二）PKSF

PKSF成立于1990年，为全国的小额信贷项目提供低利率的贷款，目的在于通过向农村低收入人群提供资源，帮助他们自我就业以改善生活景状。这是孟加拉唯一一家批发性小额信贷机构。PKSF的具体目标是：（1）向符合条件的非政府、半政府和政府机构、自愿机构和团体、地方政府机构提供金融支持。将这些机构作为合作伙伴，共同为贫困群体提供服务，使他们能增加收入和就业机会。（2）协助加强它的合作伙伴的机构建设，以利于改进它们的营运水平。

PKSF自身并不向贫困者直接提供贷款，而是通过合作伙伴来帮助他们。它也在这一过程中帮助提高它的合作伙伴的能力和素质，但它并不偏向于某一种具体的小额信贷操作模式，而是鼓励创新和多模式的共同发展。它的合作伙伴包括孟加拉一些最大的小额信贷机构，非政府、半政府或政府机构、自愿机构和团体以及地方政府机构。符合条件的小额信贷机构被分为两类，一类是大型的全国性机构，另一类是中、小型的地方性机构。对于一些没有达到标准，但条件尚可的小额信贷机构，PKSF会批准它们成为准会员，同时提供培训，以帮助它们达到标准，正式成为其合作伙伴。对于想成为其成员的各类机构，PKSF采用一系列的标准对它们进行评估，评估范围包括该机构的组织架构、发起人、管理体制、人力资源、工作区域、经营业务、业绩、管理信息系统以及财务报表。

PKSF的基本情况是：

（1）法律身份。从法律地位上讲，PKSF以非营利公司的身份，根据国家1913年的公司法注册。这一法律地位使PKSF有权在全国范围内灵活地开展有关各类项目活动。PKSF有资格从本国或国外获得赠款和贷款，也可提供赠款和贷款。

（2）资金来源。PKSF的资金主要来自于孟加拉财政部拨款。其他的资金分别来自于国内、外国政府、国际捐赠者以及国际机构（如美国国际开发署、世界银行、亚洲开发银行等），另外还有机构自身的经营收入。根据贷款的对象和用途，PKSF的贷款利率各不相同，基本上分为三档：向全国性的大型机构提供的贷款年利率为7%；向地方性的中、小型机构提供的贷款年利率为4.5%；另外还有一部分贷款用于合作伙伴的机构建设，年利率为1%。

（3）决策机制。PKSF的最高决策层为理事会，日常管理由管理委员会执行。其中，决策机构（理事会）人数最多时为25人，其中政府指定的成员不超过15人，他们来自政府机构、自愿者组织和个人。其余10人来自合作伙伴或其他方面人士。理事会通常一年开一次会，决定PKSF的政策和讨论批准由管理委员会提交的年度预算方案。目前，PKSF由该国国内有名望的15人组成。管理机构（管委会）是具体执行机构，根据理事会的决策实现其经营目标。管委会的组成人员最多不得超过7人，包括由政府指定的、非政府公职人员的主席一名；由理事会与孟加拉政府共同商讨任命的管理委员会主任一名；由政府任命的、在扶贫方面有显著成就的成员两名；由理事会选举产生的、在地区发展中有卓越贡献的成员三名。2010年3月，PKSF的管理委员会共有6名成员。其中，管委会主席Qazi Kholiquzzaman Ahmad博士在孟加拉国有很高的威望，他最卓越的贡献在气候变化的研究领域，他是联合国政府间气候变化专家小组（IPCC）的成员。同时他还是一位著名的经济学家，是孟加拉经济同盟会（Bangladesh Economic Association）的创立者。管理委员会主任QuaziMesbahuddin Ahmed博士，负责PKSF的日常运营和管理。他同时也是理事会的成员，这使得他在政策制定和日常执行过程中，起到了很好的桥梁作用。

管委会设有三个部门：一是贷款部。它分为两部分，一部分负责大型合作伙伴，另一部分负责中小型合作伙伴。二是行政管理和财会部。三是审计部。审计部直接向执行主任负责。此外，它还有一个精干的研究和培训部。它负责研究贫困问题，并且向合作伙伴组织提供培训。

（4）业务。PKSF的项目主要由相互补充和关联的三部分组成：一是贷款计划。通过合作伙伴，向农村无地无资产的贫困者提供贷款。二是机构发展计划。PKSF向合作机构提供培训和咨询服务。三是研究计划。PKSF很重视针对机构发展所进行的研究。研究计划旨在加强和支持PKSF及其合作机构的小额信贷计划。四是培训计划。为其自身和合作机构培训工作人员。

（5）管理。PKSF贷款项目的管理程序由八部分组成：

（a）贷款项目的申请：PKSF接受并要求贷款的机构提交的具有统一格式的申请，申请的内容包括机构介绍、计划进行的项目、财务金融等方面的细节情况。

（b）初步评估：对于有管理信贷扶贫项目经历的申请机构，PKSF将进行现场考察。PKSF判断申请机构是否符合贷款条件的衡量标准是：从事小额信贷工作的年限、已发放贷款的额度、成员和借贷者人数、还贷率、符合条件的工作人员的数量和质量，以及申请机构的捐助者对其的评价。

（c）实地考察：一旦申请机构被确定可以进行实地考察，PKSF将派官员访问该机构。如考察结果令人满意，则该机构可推荐为合作伙伴。如果有些不够满意之处，PKSF将对其保持观察并对其运作的改进提出建议。如果对申请机构的考察结果是否定的，则该机构的申请将被否决。一般说，否决的原因是金融管理水平不佳或申请时提供的信息与从考察中得出的信息结果不相符。

（d）管委会的批准：接受申请机构作为提供贷款的合作伙伴的最终权力在管委会。如果有关领导认为申请机构合格，则向管委会提交附有该机构详细情况、考察报告和 CEO 的推荐信在内的建议文件。管委会将对申请机构能否被接受或其他处理意见作出裁决。

（e）贷款协议的签署：对新确认的合作伙伴发放贷款的最终步骤是双方签署标准化的贷款协议。贷款协议包括了贷款条件，例如收取的服务费（利率）、贷款发放地区、发放和回收期的数量等等。贷款是无需抵押的。除了贷款协议，合作伙伴的代表还要签署保证书。贷款协议由 PKSF 的 CEO 和合作伙伴的 CEO 签字，有时要求 CEO 和主席两人共同签字。

（f）贷款使用的核实：第一笔贷款发放后，合作伙伴应立即发放贷款并向 PKSF 提供借贷者的名单。PKSF 将派官员考察核实贷款的发放和客户对贷款的使用情况。一般来说，PKSF 的官员每三个月访问合作伙伴一次。

（g）后续贷款的批准：批准后续贷款决定于几个因素：上笔贷款的使用令人满意；基层运营保持高还贷率（98%）；向 PKSF 提交定期报告；贷款项目有潜力扩大；能按期向 PKSF 还贷。额度不超过 250 万塔卡（46,425 美元）的后续贷款的申请由贷款委员会批准，该委员会由 PKSF 的管委会设立，CEO 作为其负责人，其他成员由其他高级官员担任。这样有利于某些授权和分权化管理的实施。每笔贷款的拨付都要签署类似的协议。超过 250 万塔卡（46,425 美元）的贷款，则由管委会批准。

（h）监督：PKSF 监督合作伙伴的上层和基层的活动，而合作伙伴则要监督自身机构基层的活动。由于 PKSF 向合作伙伴提供的是无抵押贷款，PKSF 减少风险的唯一方法就是对项目进行定期监督。对于合作伙伴的活动，尤其贷款项目和资金管理的监督采用了一些综合性的措施，包括六个方面：收集项目信息。PKSF 每月使用标准报表收集借贷者、储蓄、贷款发放和回收变化的信息。财务状况。合作伙伴提交累计和每月的收支和现金流量，可了解其财务健康状况。合作伙伴定期向 PKSF 发送借贷者的名册，包括新贷款和再循环贷款在内。现场考察。这是监督合作伙伴的支柱，也是极为重要的一个环节。一般来说，PKSF 官员每三个月考察一次，不过对大的合作伙伴和经营多样化的营业所，则由一个考察组前往。在考察期间，将核实合作伙伴原已提交的信息和资料，并提出工作改进意见。现场考察有助于了解合作伙伴的实际和机构工作的改进。内部审计：PKSF 对每个合作伙伴每年都进行审计，审计报告将直接交送 PKSF 的 CEO。外部审计：作为 PKSF 年度财务审计的一部分，由外部审计公司进行对选定的合作伙伴进行外部审计，核实内部审计的结果。

培训、咨询服务和机构发展建设服务主要为各类培训、财会制度和管理信息系统的开发、对改善管理的跟踪和建议等。例如，PKSF 为合作伙伴的负责人举办了若干次研讨会，目的在于向合作伙伴介绍统一的运作和管理制度。PKSF 为自己和不同水平的合作伙伴的工作人员准备了 19 种类型的培训，包括为会计和信贷工作人员提供的财会和管理信息系统的培训班。培训人员的有效方法之一是 PKSF 的官员在常规视察每个合作伙伴时，对当地工作人员予以实地培训。在考察时，与各层次工作人员一起讨论，发现和分析问题，提供解决问题的方法。

（6）对小额信贷的贡献。PKSF 对小额信贷机构发展的贡献主要表现在：（a）为合作伙伴提供资金以帮助它们扩展和实现可持续发展。（b）协助开发信贷管理、管理信息系统和财务制度。（c）定期提供咨询服务，有助于合作伙伴逐步提高管理能力。（d）PKSF 将来除了继续在这些方面作贡献和发挥作用外，还加强研究方面的工作，这种研究不仅在小额信贷方面，而且还在其他相关的扶贫领域方面。PKSF 也已决定对城市贫民和对极贫者提供信贷服务方面开展试验项目。

根据 2009 年的年报显示，PKSF 已经以资金支持 257 个小额信贷机构，这些机构共贷款予 826 万人，其中 760 万人为妇女，占总贷款人数的 91.95%。目前的贷款余额为 28 亿人民币。从 1990 年到 2009 年，累计贷款额达 74.5 亿元人民币。

（三）监管

2006 年以前，孟加拉中央银行仅对专门开展小额信贷业务的正规金融机构格莱珉银行进行监管，另外从事小额信贷业务的 1,000 多家非政府组织没有来自中央银行方面的监管措施。为了防范风险，确保机构操作的透明化与正规化，孟加拉中央银行于 2000 年 6 月 18 日成立了“小额信贷研究与建议小组”（MRRU），专门研究小额信贷机构的监管问题，由央行行长直接领导的一个筹划指导委员会对其进行管理。

该小组首先发布了一个用于监测小额信贷机构管理与财务系统的操作方针，内容包含报告格式、业务评估标准与记账程序，这套记账程序同样适用于内、外部审计人员对机构进行审计时参考。小组同时就这套操作方针向小额信贷机构提供培训，截至 2005 年 8 月，小组共培训了大约 650 家机构（每家机构一名代表）。在操作方针的基础上，小组要求非政府组织小额信贷机构从 2004 年 1 月起按季度报送相关的信息。目前小组正在分析所收到的 700 余家小额信贷机构的信息，并且在此基础上出版了首份关于孟加拉非政府组织小额信贷机构的报告。

2006年，MRRU筹划指导委员会已经向政府提交了一份关于小额信贷机构监管权限与框架的法律草案，立法会已通过这个建立独立的小额贷款监管机构的法案。孟加拉央行将另外成立一个独立的机构专门负责对NGO的监管工作，并发放小额信贷营业执照，负责人由央行行长兼任①。

二、英国及美国政府的做法②

（一）英国政府

针对受金融排斥的人群主要是低收入或经济困难人群这一现实，英国政府已开始实施一些创新性计划帮助贫困人群积累资产，使其能得到最基本的金融服务。如成立"社会基金"和"儿童信托基金"。同时还鼓励低收入人群进行储蓄，并提供适合不同个人的信息和教育，帮助个人作出基于信息的储蓄选择。另一方面，为解决银行出于降低成本而关闭偏远地区、人口稀少地区分支与居民获得银行基本服务通道之间的矛盾，英国有关当局重点推动银行与邮局、银行与信用社等非营利性组织之间建立伙伴关系，拓宽金融服务通道。英国有关当局还积极支持将信用社的发展作为减轻金融排斥的一种手段，将信用社看作是低收入人群获得低成本信贷的一个重要来源，拓宽金融服务通道的一个重要内容。英国财政部将推进成立一个信用社中心服务组织以加快英国的信用社发展，强调信用社服务于不发达的社区。在政府的支持下，英国各地的信用社鼓励小额储蓄，而且把它当作是获得其他各种金融服务的垫脚石。根据英国银行家协会2003年关于促进金融包容的报告，最近几年英国的金融包容性已经有了相当大的提高，各项金融排斥指标都有一定程度的降低。

（二）美国政府

美国政府的模式与英国类似，通过联邦法律的形式出台了一些法案来进行政府干预，美国制定的社会再投资法案（CRA），规定银行业的评级考量指标之一就是其在低收入社区提供的存贷款服务，从而防止金融机构或部门在低收入地区撤并机构。同时制定最高费用界限，减少替代性金融服务的成本，通过增加金融超市、联邦邮局和非营利机构、建立社区银行等方式来解决对弱势群体的地理排斥问题，使其尽可能的得到贷款。美国还通过对金融服务

---

① http：//www. imma - nmg. org/content. aspx？classid = 11&id = 125

② 同上。

产品的创新等方式来满足适合低收入群体的贷款品种，同时给予极弱势群体以金融救助使其也可以开立储蓄账户，享受基本的金融服务。总的来说，美国提出了解决金融排斥的三步骤合作战略：在经过了私人部门自发行动、社区部门改革步骤之后，需要公共部门的管理，例如通过立法手段为金融中介提供行为处事的框架规范。

三、玻利维亚政府的做法①

玻利维亚是拉美地区最贫穷的国家之一，也是全球范围内最主要的贫困国之一。2009 年，玻利维亚人均 GDP 为 1,758 美元。据 CEPR（Center for Economic and Policy Research）统计，2007 年，玻利维亚有 60.1% 的人口处在贫困状态（其中，37.7% 的人口处于极度贫困状态）。

在玻利维亚，小额信贷是指向赤贫、低收入人群或家庭（包括微小企业主或自我雇佣者）提供的微型金融服务。在这儿，6,000 美元以下的贷款一般被视为小额贷款。贷款对象包括农村和城市地区的赤贫者、低收入者，以及微小企业主或自我雇佣者。据 MIX（Microfinance Information Exchange）统计，玻利维亚小额信贷机构的平均贷款额度一般在几百美元到几千美元（6,000 美元以下）之间，大部分是信用贷款。

玻利维亚的小额信贷最早出现于 20 世纪 80 年代早期，发展已有二十多年。其演变发展的过程可分为三个不同阶段：

（1）第一阶段：1986—1992 年，陆续出现专门从事小额信贷的 NGOs，如 PRODEM（1986 年）、the Foundation for Development Alternatives（FADES，1986 年）。1992 年，其中最大的小额信贷 NGO——PRODEM 申请并获得金融许可证后，转变为受监管的商业银行

（2）第二阶段：1992—1999 年。自 1992 年，PRODEM 第一个转变为商业银行（玻利维亚阳光银行）之后，大量的小额信贷 NGOs 向企业化运作同时追求社会目标的方向发展，陆续转变为受监管的金融机构。转变的小额信贷机构以商业方式运作，除了贷款还能经营存款、保险、租赁等其他金融业务。为了实现可持续，其服务对象虽然仍是低收入人群，但并不是赤贫者，而是有所上移，以城市边缘地区和部分农村地区的微小企业主和自我雇佣者为主。高效的商业运作方式、吸收存款所带来的大量资金来源、以及允许经营多种金融服务等，使得转变后的小额信贷机构大多实现了可持续，且贷款

① 该个案由项目研究团队成员陆稀云于 2012 年 2 月完成。

规模、客户覆盖面都得到了较大的扩展，实现了持续的、覆盖面更广的社会目标。但是，与此同时，整个玻利维亚小额信贷领域遭遇了巨大的系统风险，许多客户由于同时在多家机构贷款而负债过多，导致无力偿还，造成大量坏账。为此，玻利维亚的银行监管部门出台了一些针对非银行业金融机构的法律法规，以应对此次严重的金融风险，规范小额信贷市场。

（3）第三阶段：1999年至今。此次金融业系统性风险给玻利维亚小额信贷行业造成了重大打击，客户数量、信贷规模等急剧下降。经历了几年的发展下行之后，玻利维亚小额信贷领域又重新开始稳步上升。这一阶段，针对小额信贷的法律法规等没有发生明显的变化。但是，有数据显示，1999—2006年之间，玻利维亚所有小额信贷机构的贷款规模增长了172%，而银行系统的贷款规模下降了72%。逾期率方面，小额信贷机构也大大低于银行，其中，受监管的小额信贷机构的平均逾期率为2.5%，未受监管的小额信贷机构为7.4%，银行为11.51%。至2006年中，小额信贷机构共有贷款客户580,000人，占整个金融系统客户数量的71%。另外，整个小额信贷机构贷款规模在整个金融体系贷款规模中的所占比例，有较大幅度增长，但所占比例仍然很小。截至2006年，所有小额信贷机构贷款规模在整个金融体系中的所占比例为22%，1997年时为4%，增长了18%；而银行贷款规模在整个金融体系中占59%，1997年时为83%，下降了24%。[①]

玻利维亚有大量微型企业和自我雇佣者存在。玻利维亚是世界著名的矿产品出口国，工业不发达，农牧产品可满足国内大部分需求。同时其也是南美洲最贫困的国家。全国城市人口621.3万，占总人口的68.8%，农村人口281.2万，占总人口的31.2%。

20世纪80年代玻利维亚经历了经济和政治结构转型。1985年以来，历届政府推行新自由主义经济政策，稳定宏观经济，调整经济结构，减少国家干预并通过立法对主要国营企业实行资本化（即私有化）。玻利维亚经济改革取得一定成效，国民经济保持一定增长，通货膨胀得到遏制。从高度的通货膨胀转向货币的稳定，从国家资本主义转向了开放的市场经济。在这一转型过程中，经济获得复苏，但却导致了大量的失业和城市移民。他们中绝大多数流入了城市的非正规部门或自我雇佣，生活处于贫困线下，并且有强烈的资金需求。随着时间的推移，非正规经济部门也延伸到农村，无地劳动者和土地不能满足生活需要的家庭也通过多种自我雇佣形式维持生存。

---

① Emma Svensson：*Microfinance, Financial Systems and Economic Growth-A Theoretical Framework and Findings from Bolivia*, p40.

据国际劳工组织的资料，到20世纪90年代中期为止，微型企业吸纳的劳动力占拉美地区就业总数近50%，而公共部门和雇员超过10人以上的企业只占44%（其余6%从事家庭服务）。70年代以来，微型企业的就业呈稳步上升趋势。玻利维亚的微型企业就业人数达14.2万，微型企业主占经济自立人口的37.1%，微型企业工人占经济自立人口的19%。

（一）小额信贷机构

玻利维亚的金融体系分为受监管和未受监管两部分，其中受监管的金融机构包括商业银行（commercial bank）、个人基金（Private Financial Funds，FFP）[①]、专门性小额信贷银行（specialized microfinance bank）、储蓄与贷款社团（savings and loan society）、信用社（credit union/ CACs - Open Savings &Loan Coops）；未受监管部分包括小额信贷NGO、私人金融公司（private finance company）及部分信用社（un-regulated credit union）。截止到2010年4月，在玻利维亚从事小额信贷业务的机构有13家银行（其中3家为专门从事小额信贷业务的银行，即BancoSol，Banco Los Andes Procredit，和Banco Fie），5家FFPs，24家信用社，14家NGOs。表5-6为截止到2004年底，玻利维亚开展小额信贷业务的金融机构类型及经营情况。

表5-6显示，玻利维亚追求社会目标的各金融机构其小额贷款金额占机构总贷款金融的比例高于追求商业目标的各金融机构。从整体来看，追求社会目标及追求商业目标的所有金融机构，小额贷款客户数量占所有客户数量的比例较高，为64.29%。

表5-6 玻利维亚开展小额信贷业务的金融机构类型及经营情况[②]

机构类型	数量	贷款金额占全国所有金融机构贷款总额的比例	小额贷款金额占该机构总贷款金融的比例	客户数量占全国所有金融机构客户数量的比例	小额客户占该机构总客户数的比例
追求社会目标					
❶NGOs	14	3%	85.0%	30%	98.47%
❷小额信贷机构包括专门性小额信贷银行和FFPs	7	12%	78.4%	38%	74.76%

① 1995年，玻利维亚政府颁布相关法律，将Private Financial Funds（FFPs）纳入受监管的金融体系。FFP是一种专门向微小企业提供小额贷款的金融机构。

② Patrick Meagher，Pilar Campos，Robert Peck Christen，Kate Druschel，Joselito Gallardo，Sumantoro Martowijoyo：*Microfinance Regulation in Seven Countries：A Comparative Study*，p13.

续表

机构类型	数量	贷款金额占全国所有金融机构贷款总额的比例	小额贷款金额占该机构总贷款金融的比例	客户数量占全国所有金融机构客户数量的比例	小额客户占该机构总客户数的比例
❸信用社	15	6%	40.2%	9%	40.33%
追求商业目标					
❶商业银行	11	70%	0.5%	20%	1.38%
❷储蓄与贷款社团	6	8%	4.5%	4%	6.57%
总计	53	100%		100%	

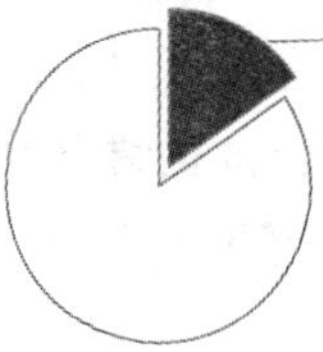

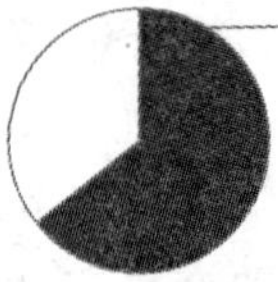

（二）法律法规

玻利维亚政府希望通过发展小额信贷以填补农村和城市边缘地区的金融空白，解决这些地区存在的大量金融需求，从而缓解贫困，促进经济发展。90年代以来，拉美经济特别是金融部门经历了深刻的自由化改革，其中包括取消利率上限，减少或消除指令性贷款，减少进入金融行业的壁垒（包括取消政府所有的银行特权，甚至取消政府所有的银行），加强银行的管理和监督。这些改革措施改变了金融部门的结构，为增强部门竞争和开拓新市场（包括小型和微型企业）奠定了牢固基础。与此同时，自由化改革使得许多银行撤并分支机构，导致大量农村和城市边缘地区的人口难以获得金融服务，而这些地区又存在着大量的微型企业和自我雇佣者，信贷需求极大。玻利维亚政府看到小额信贷的蓬勃发展，开始考虑利用小额信贷来填补这些地区的金融空白。

玻利维亚政府逐步完善小额信贷机构注册身份方面的法律法规。1992年，玻利维亚政府开始向小额信贷NGO发放银行业金融许可证，允许小额信贷NGO转变为以商业方式运作，同时允许追求社会目标的小额信贷银行（specialized microfinance bank），扩展业务种类，增加融资渠道。1995年5月，政府又颁布了《第24000号最高法令》，明确了小额信贷机构的另一法律身份——Private Financial Funds（FFPs），鼓励运营良好、规模较大的小额信贷

NGO转变为FFPs，允许其接收存款，并在获得批发资金和商业资本等融资渠道方面给予便利。同时对其准入注册、经营业务等也作出明确规定，如：注册资本不少于100万美元（后来有所增加）；经营范围除了微小企业贷款外，还可进行存款、消费贷款、租赁、担保等其他金融服务；要求达到与普通商业银行相似的财务安全性与稳健性，融资比例最高为10:1。

玻利维亚政府出台政策明确FFPs这一注册类型，主要的考虑是：（1）解决小额信贷NGO融资难的问题。注册为FFP后，融资渠道能得到拓展。（2）让私人资本进入小额信贷领域，能促进这个领域的竞争，提高运营效率。（3）允许FFP吸收公众存款，为其提供了重要的资金来源（不过也因为这一点，导致很多捐赠资金并没有青睐FFP类的小额信贷机构，它们担心其捐赠并没有用到客户身上）。

对银行、FFPs、储蓄与贷款合作社（CACs—Open Savings &Loan Coops，2008年出现）等受监管的小额信贷机构，除了经营贷款业务外，还可进行其他金融业务。如小额信贷银行可经营所有的金融产品和服务；FFPs的经营范围几乎与银行相似，包括存款、贷款、担保、租赁、外汇等；CACs的业务范围分为几个等级，不同等级可经营的业务范围不同。第一与第二级的CACs的业务范围包括存款、贷款、国内转账等；第三级的CACs除了租赁业务不可涉及之外，业务范围与FFPs的基本相似。

（三）监管

2009年，玻利维亚政府颁布《第29894号最高法令》，规定ASFI（Authority of Financial System Supervisory）为全国金融机构监管部门，对银行、合作社、FFPs等进行监督和管理。据CGAP（Consultative Group to Assist the Poor）报道，提供小额信贷服务的NGO也在ASFI的监管范围内，但在实际操作中，这些NGO与未受监管几乎无异。

玻利维亚政府不断完善整个金融行业，尤其是小额信贷领域的法律法规，确保小额信贷行业能在良好的政策框架下得到健康有序的发展。自20世纪90年代初期起，陆续颁布了针对小额信贷的相关法律法规。如1993年颁布《银行与金融机构基本法》（2008年进行了修改），规定了允许经营小额信贷业务的机构包括银行、FFPs及CACs。其他还有《玻利维亚中央银行法》（1995年），《财产与信用法》（1998年），《加强金融监管法》（2001年），《债券法》（2002年），另外《第24000号最高法令》（1995年）和《第24439号最高法令》分别明确了对FFPs和CACs的监管。表5－7为玻利维亚小额信贷监管框架。

表 5-7 玻利维亚小额信贷监管框架①

类别		说明
受监管的机构		• 提供小额信贷业务的商业银行 • 专门性小额信贷银行，如玻利维亚阳光银行 • 个人基金（FFPs） • 储蓄与贷款合作社（CACs—Open Savings &Loan Coops）
准入要求	法律身份	• 银行和 FFPs 为公司法人； • CACs 为有限责任公司形式。
	最低资本充足率	银行：特别提款权（special drawing rights SDR）为 800 万美元； FFPs：SDR 为 91.6 万美元； CACs：分为四类，第一类 CACs 的 SDR 为 21.8 万美元；第二类为 36.4 万美元；第三类为 91.6 万美元；第四类为 800 万美元。
监管	监管主体	ASFI 负责对银行、互助社、FFPs 及其他金融机构的监管
	业务范围	• 银行可进行所有的金融活动； • FFPs 可进行的业务活动，基本与银行相似，包括存款、贷款、担保、外汇、租赁等； • CACs 分为几个等级，不同等级经营的业务范围不同。
	资本充足率	银行和 FFPs 为 10%
	利率上限	无
	贷款额度	• 银行：单笔最高贷款额不得超过净资产的 20%； • FFPs：有个人保证情况下，单笔最高贷款额为不超过净资产的 1%，有担保的情况下，为不超过净资产的 3%。
	报告制度	商业银行、FFPs 和 CACs 要求提供年度审计报告；FFPs 和 CACs 同时需要提交季度报告。
	征信系统	银行、FFPs 及小额信贷 NGOs 都可通过玻利维亚信用局查询贷款申请者的信用情况
	审核	• 对银行和 FFPs 的股东需进行相应的审核与评估； • 股权转让需向 ASFI 提交报告。

① Matthew Brown, Ruth Jacobs: *Comparative Analysis of Microfinance Policy Frameworks and Legislation of Selected Countries*, P41-44.

续表

类　别		说　明
转制说明	转制要求	银行和 FFPs 必须满足获得金融许可证的所有审慎要求，对金融机构的审慎要求同样适用于 CACs。内容包括资本充足率、准备金提取、借款限制（如单笔贷款额度等）。
	机构终止与撤销	• 银行或 FFPs 必须在获得 ASFI 许可，并退还所有存款的情况下，进行机构清算与终止； • CACs 必须同时获得 ASFI 和机构会员大会的同意方可进行机构清算与终止。
	转制类型	玻利维亚小额信贷机构的转制最早出现在 1992 年，可分为两种情况： • 由 NGO 转变为商业银行，最早且最典型的案例就是 PRODEM 由 NGO 转变为阳光银行； • 由 NGO 转变为 FFPs。1995 年，政府出台关于 FFPs 的法律，鼓励运营良好、规模较大的小额信贷 NGO 转变为 FFPs，允许其接收存款，并在获得批发资金和商业资本等融资渠道方面给予便利。最早的案例为 PROCREDITO 由 NGO 转变为 Caja Los Andes FFP，后来其又转变为专门的小额信贷银行——Los Andes Procredit S. A. 。

（四）征信系统

20 世纪 90 年代，玻利维亚的小额信贷机构发展迅速，但与此同时，整个玻利维亚小额信贷领域遭遇了巨大的系统风险，许多客户由于同时在多家机构贷款而负债过多，导致无力偿还，造成大量坏账。为此，玻利维亚的银行监管部门出台了一些针对非银行业金融机构的法律法规，以应对此次严重的金融风险，规范小额信贷市场。其中，允许小额信贷机构接入征信机构——玻利维亚征信局，也是此次应对金融风险的举措之一。通过接入征信局，小额信贷机构不仅能查询客户的信用记录，帮助其有效地作出贷款审批决定，同时还能通过了解客户的贷款信息防止造成客户负债过多的情况。既有利于小额信贷机构的可持续运营，又能保护客户的利益。但需要指出的是，只有受监管的小额信贷机构被允许接入征信系统，而不受监管的小额信贷机构，如 NGO，则不能接入该系统查询客户的信用记录。

为了使更多地小额信贷机构，尤其是不受监管的 NGO 小额信贷机构也能进入征信系统上传和查询客户信用记录，玻利维亚政府于 2000 年 4 月通过了一项经济再激活法案（economic reactivation law），允许成立私人性质的征信机构。同时，《银行与金融实体法》进行修改，允许最高征信局向私人性征信机构提供部分有关小额信贷的信用信息。[①] 这样，就相当于最高征信局也同时向其他类型的小额信贷机构，如 NGO、基金会等，提供了客户信用记录。

除此之外，玻利维亚民间还成立了 NGO，专门记录信用记录较差的客户，并共享于小额信贷机构之间。例如，FinRural 和 CIPAME，这两个非政府协会在 1996 年到 1998 年之间，为玻利维亚的 NGO 类小额信贷机构提供征信服务，主要提供信用记录较差的客户信息。但是，由于这两个协会只提供信用记录极差的客户信息、不包含受监管的金融机构的客户信息，以及部分 NGO 小额信贷机构不主动而及时的提交准确数据，因此，二者于 1998 年停止了提供客户信用信息共享的服务。[②]

（五）玻利维亚小额信贷对我国的启示

1. 积极发展以企业形式运作、追求社会目标的公益性小额信贷机构

玻利维亚转型后的小额信贷机构，包括专门性小额信贷银行、FFPs 等更类似社会企业，它们在追求社会目标的同时，也追求商业可持续和一定的商业利润。而为了实现商业可持续，降低服务成本，这些转制后的小额信贷机构，其服务对象都有所上移，不再是社会最低端的赤贫者，而是有一定财产或创收能力的微小企业主或手工作坊主。这些人群也属于玻利维亚的低收入人群，存在着大量的金融需求，而又难以从正规金融机构得到服务。服务这类人群，一方面可以解决他们的自身发展需求，帮助其增加收入，改善生活质量；另一方面，支持这些微小企业和手工作坊能为社会创造就业机会，解决一定的就业问题。以阳光银行为代表的玻利维亚小额信贷，之所以能取得成功，得益于其准确的定位，商业运作方式的高效，政府的有效监管。

在我国，南充美兴小额贷款有限公司、中和农信项目管理有限公司等少数几家小额信贷机构，其操作方式类似于社会企业。它们都采用企业运作的方式，在追求社会目标的同时，实现了机构的可持续，并获得了一定的商业利润，所获利润继续用于扩展机构规模和贷款业务，从而服务更多客户，覆盖更多的低收入人群。而很多以民间组织形式运作的公益性小额信贷组织，由于管理低效、缺乏相关的金融知识、金融经验等，使得其机构的可持续经营面临一定障碍。公益性小额信贷机构可以借鉴这种操作方式，充分利用企业运作方式的高效率，使机构实现持续性的追求社会目标，最大化地发挥小

---

① Anita Campion, *Client Information Sharing in Bolivia*, p55, https://ojs.lib.byu.edu/spc/index.php/ESR/article/viewFile/1371/1332

② Anita Campion, *Client Information Sharing in Bolivia*, p60, https://ojs.lib.byu.edu/spc/index.php/ESR/article/viewFile/1371/1332

额信贷服务低收入人群的功能。

2. 完善金融制度

玻利维亚小额信贷发展的一大特点就是政府不断完善与小额信贷相关的金融制度，如逐步完善小额信贷机构注册身份方面的法律法规，拓展小额信贷机构的业务范围，明确对小额信贷机构的监管主体、监管方法、监管内容等。这些制度的逐步完善，使得玻利维亚的小额信贷在合理的制度框架下得到良好发展。

在中国，目前针对小额信贷方面的法律法规基本没有，而不完善的制度框架实际上大大地阻碍了整个小额信贷行业的发展。大部分小额信贷 NGO 由于身份不明、业务受限、融资障碍、管理不善等问题而对其可持续经营造成一定障碍，这些问题环环相扣，可以通过法律制度的完善得到解决。在这方面可借鉴玻利维亚的经验，如允许规模较大、经营状况良好的小额信贷 NGO 转变为银行或者其他注册类型的金融机构，给其发放相应的金融许可证；允许这些拥有金融许可证的小额信贷机构经营其他业务，如存款、保险等；加强对各类小额信贷机构的监管，保证整个行业能在良好的制度框架下健康发展。

3. 逐步完善征信系统，允许各类小额信贷机构接入征信系统

小额信贷机构还款率差、客户负债过多、垒大户等问题，大多数情况是由于信息不对称造成的。允许小额信贷机构接入征信系统，查询客户的信用历史记录，能帮助其作出正确的贷款审批决定，有利于机构的可持续运营。另外，通过客户信息共享，还能防止客户负债过多，保护客户，尤其是贫困客户的切身利益。

四、尼日利亚政府

尼日利亚政府为了促进其国内小额信贷的发展，专门出台政策允许成立小额信贷银行（Microfinance Bank），并对其准入、监管、退出等方面的要求作了明确规定。另外，政府从融资、税收等方面分别对小额信贷银行给予了相应的支持和优惠。

（1）融资。专门成立了小额信贷发展基金（Micro Finance Sector Development Fund），为小额信贷银行提供批发贷款，甚至还提供能力建设方面的服务。该基金的资金主要来源于政府财政、国际金融类发展机构的软贷款，以及多边和双边机构的软贷款。[①]

---

① Central Bank of Nigeria, *Microfinance policy, regulatory and supervisory framework for Nigeria*, 2005, p20.

（2）税收优惠。尼日利亚中央银行（Central Bank of Nigeria）与相关财政部门合作，免除小额信贷银行的借款增值税、利息所得税，以及盈利税。不过尼日利亚中央银行对享受免除盈利税作出了规定，即小额信贷银行不对其净利润进行分配，而是将其全部再投入，以服务更多无法从正规金融机构获得贷款的群体的情况下才能享受免除盈利税的优惠政策。①

（3）政府还将专门开发再贴现和再融资工具（Rediscounting and Refinancing Facility，RRF）为小额信贷银行发展项目提供流动性援助。

尼日利亚政府承诺每年将留出不少于1%的财政预算用于支持小额信贷银行的贷款业务。

五、韩国政府②

自金融危机之后，韩国的贫困群体急剧增加，贫困程度进一步加大。另外，2009年美国的经济危机也波及到韩国，导致韩国经济出现衰退，造成大量失业和自我雇佣企业破产。为了缓解韩国社会的贫困，从2000年之后，Korea Microcredit Joyful Union、Social Solidarity Bank，以及其他一些NGOs开始进行小额信贷业务，为那些正规金融机构所忽视的低收入人群提供无需担保或抵押的小额贷款作为他们的创业/启动资金。

小额信贷在很短的时间里便在韩国社会成功地落地并发展起来，它成为低收入人群获得新就业机会的重要渠道，帮助他们实现收入的增加。这使得越来越多的人开始关注小额信贷，认为其是解决贫困的一个有效方法。韩国政府也开始发现小额信贷在帮助低收入人群方面的重要性，大幅度地增加与小额信贷相关的政府预算，并成立了“the Smile Microcredit Project”（小额信贷微笑项目）。政府计划通过该项目从私营部门筹资成立一个2万亿韩元（约16亿美元）的基金，用以推动小额信贷在未来10年不断扩展。

政府在扩展小额信贷活动方面的积极引导和支持使得小额信贷机构的数量不断增长，并一定程度上解决了它们缺乏资金的这个一直以来所面临的问题。同时，政府的这种积极干预推动了小额信贷在韩国全国范围内的全面发展。

然而，由于缺乏财务可持续性，韩国的小额信贷仍然主要依靠补贴得以

---

① Central Bank of Nigeria, *Microfinance policy, regulatory and supervisory framework for Nigeria*, 2005, p21.

② 该个案由本项研究的研究成员陆稀云和章一琪于2012年2月完成，英文资料由扶贫基金会提供。

维持。同时，这些小额信贷机构也没能根据客户的收入差异、职业类型、居住地区等为客户提供多样化的服务。除此之外，越来越强化的政府角色对私营企业造成了一定威胁，它们只能进行贷款和其他与支持创业相关的业务活动，另外，它们的人员专业性和配套设施都非常薄弱。这些问题加在一起反映出了韩国小额信贷发展的种种欠缺。

那么，韩国的小额信贷到底发展状况如何？取得了哪些成绩？存在哪些问题？韩国学术界针对此给出了什么样的路径？提出了何种建议？将在下面进行分别介绍和评述。其中，给出的路径以及提出的建议对我国公益性小额信贷的发展具有极强的启示和借鉴意义。

（一）韩国小额信贷的现状和问题

1. 韩国小额信贷的需求状况

金融危机之后，韩国的收入波动不断加剧，小额信贷越来越受到关注，并被认为是解决这一问题的有效方法。为什么小额信贷在韩国会被如此看重并且有需求呢？

首先，小额信贷可以缓解低收入人群被视作低级债权人的问题。韩国外汇危机后，到2008年年底，信用级别为低级债权人的数量急剧增长了7%—10%，约达到了816万人，占韩国成年人的20%。金融边缘化人群的增长归因于金融结构的调整，此次金融结构调整使得银行在进行资产管理时更注重利润效益。因此，资产管理服务开始倾向于以富人为中心，另外由于诸如韩国联邦储蓄银行（Federation of Saving Banks），信用联盟（Credit Union），社区信用合作社（Community Credit Cooperative）等小额贷款机构规模的缩小，针对工薪阶层的贷款规模大幅下降。致使低收入人群信用级别下降的金融边缘化，减弱了他们进行经济活动的能力，同时也减少了他们的财富。反过来，这又进一步加剧了金融边缘化问题，使得贫困和金融边缘化成为恶性循环。而小额信贷能为低收入和金融边缘化人群提供创业启动资金、创业教育及其他相关的支持，因此，它逐渐地被认为将是解决这一恶性循环的理想方法。

第二，小额信贷通过创业贷款和向自我雇佣企业提供贷款可以创造一定的就业机会。外汇危机之后的经济衰退不仅使韩国出现了大量的失业，也导致了众多自我雇佣企业的破产。而加上源起美国的金融危机，使得社会失业和破产状况不但没有好转，反而更加严重。2009年，韩国的失业人数达到80万人，约有20万自我雇佣者破产。随着破产企业数不断上升，金融部门开始限制向自我雇佣企业发放贷款，使得这些自我雇佣企业开始转向地下钱庄寻求资金。另外，许多被归划为低收入人群且破产的自我雇佣者开始成为社会福利的救济对象，使得政府在社会福利方面的开支大大提升。为了解决上述提到的大量失业和破产问题，韩国政府认为需要重振小额信贷，通过小额贷款帮助面临困难的自我雇佣企业度过难关，通过小额贷款支持各类创业从而增加就业机会。

2. 韩国小额信贷发展概况

在韩国，自2000年起，通过建立非营利组织向低收入人群提供小额信贷服务的活动主要由非政府力量主导和推进。Korea Microcredit Joyful Union（以下简称KMJU）成立于2000年，是格莱珉银行（GB）在韩国的第一个分支机构，成立时从格莱珉信托（Grameen Trust）获得了50,000美元的资金。2002年，Social Solidarity Bank（以下简称SSB）成立，并从2003年5月起开始在韩国范围内积极地开展小额信贷业务。作为韩国两大主要的小额信贷机构，KMJU和SSB以不同的方式开展业务，为后续进入该领域的小额信贷银行提供了操作范式。2003年，韩国民间组织成立了多个小额信贷机构，如the Beautiful Foundation（以下简称BF），Merry Year Foundation（以下简称MYF），Social Welfare Bank（以下简称SWB）。2005年，包括韩国国家卫生和福利部、性别平等部、劳工部在内的政府机构开始涉及小额信贷活动。根据各自预算，它们向已经存在的小额信贷机构提供资金，并通过委托项目的方式开展小额信贷活动。2008年，韩国政府通过一项法案成立了一个官方小额信贷基金，该基金使用休眠存款为小额信贷机构提供资金。这是韩国小额信贷发展过程中的重要里程碑。这一方式很好地解决了韩国小额信贷缺乏资金来源的老问题。首尔（Seoul）、釜山（Busan）和江南（Gangnam）地区分别编制预算，通过外包项目给小额信贷机构的方式开展小额信贷业务，它们委托的项目分别为Hopeful Dream Bank Operation，Women′s Startup Aid Microcredit Business，Hope Realization Gateway—Aid for Startup Businesses。2009年，卫生和福利部大幅增加了针对小额信贷的预算，通过Hope Growth Bank项目扩大小额信贷活动。由于民间组织不断成立，以及各省（如Busan，Jeonbuk，Gangwon，Gyeongbuk等）自主要求为创业者提供帮助，小额信贷机构数量显著增加。另外，2009年12月，the Smile Microcredit Bank（小额信贷微笑银行）——一个政府小额信贷基金，进一步扩大了其小额信贷方面的活动。“小额信贷微笑项目”计划在未来10年，通过利用金融机构的休眠存款和捐赠，为小额信贷基金提供2万亿韩元（约16亿美元）的贷款。“小额信贷微笑项目”的出现，使得向小额信贷机构提供资金变得更为安全，在一定程度上将会促使越来越多的小额信贷机构出现。

（二）韩国小额信贷运营机构

韩国的小额信贷有民间运营的，也有政府运营的。最初，小额信贷是在民间非政府力量的主导下开展起来的。2005年，韩国政府（包括地方政府）开始涉及小额信贷。之后，政府不断强化其在小额信贷领域的角色。

1. 民间主导的小额信贷

民间主导的小额信贷机构有两种代表性的类型：一种是专门从事小额信贷业务的非政府组织，另一种是综合性非政府组织，即除了经营小额信贷，还进行其他很多种活动。这些机构可从多种渠道获得捐赠和休眠存款，如商业领域、银行、民间组织，或者Smile Microcredit Bank。另外，由于拥有充实的人力资源和完善的配套设施，这些机构有时也能从韩国政府（包括地区和本地政府）获得委托项目。

（1）专门性非营利组织。KMJU、SSB以及SWB是韩国几大主要的专门性小额信贷机构。KMJU采用GB模式，在农村和城市社区开展小额信贷活动。

2007年，KMJU前往Accion America实地参观学习并开发了更为一体化的小额信贷模式。KMJU主要向仅能维持基本生活的退休人员、贫困工薪阶层、城市贫困妇女、农民，及城市中的个人提供创业启动资金。对于社区贷款，由3—5名成员组成一个小组并筹措无需抵押的贷款资金。这些成员与另外一个小组合作，成立并支持一个地区性的自我支持性的社区。由牧师和地区领导人组成Dure Ilkun（省级员工），负责中层管理。这些省级员工负责培训、领导，以及教育其他成员，同时为他们遇到的个人问题提供建议，以帮助他们实现环境和心理的独立。个人创业资金资助项目由Dure Ilkuns或相关专家主导进行。

SSB致力于帮助那些有意愿且有能力实现独立发展的被金融边缘化的低收入群体。SSB通过向他们提供资金支持、管理支持及技术支持，保证他们的社会和心理独立性的方式来实现这一目标。SSB设有关系经理（Relationship Manager）一职，他们对SSB开展活动极为重要。关系经理会每个月或定期性的走访客户，与客户进行交流，发现他们遇到的困难、帮他们分析销售趋势、市场行情等，从而帮助他们创业成功。除此之外，关系经理还会定期了解客户的经营策略，以此来决定是否需要对该客户进行再培训，从而也确保该客户使用最优的销售方式，开发出更成熟的产品类型和产品设计，摆放出最好的门店陈列，同时建立完善的销售、供货等网络。在Changwon，Gimhae，Masan，Haman，以及Gyeongnam省的一些地区，SSB还帮助低收入母亲、残疾人家庭，以及仅能维持基本生活的退休人员家庭。

（2）综合性非营利组织。这类型的代表机构有BF，MYF，Happy World Welfare Foundation（简称HWWF），Korea Small & Micro Business Development Agency（简称KSMBDA），Korea Rehabilitation Agency（简称KRA），Hana Hope

Foundation（简称 HHF），Korea Handicapped Community Welfare Center Association（简称 KHCWCA），以及省级性的自我支持中心（Provincial Self－support Centers）等。

BF 主要为低收入母亲、父亲/儿子，及儿子家庭提供创业启动资金；MYF 向被社会边缘化的人群（如朝鲜的逃离者）提供就业机会，以及致力于促进社会企业的发展。HWWF 为特定人群提供创业启动资金、管理培训资金，及营运资金。它的服务对象为社会最贫困的人群（按韩国法律，指收入低于平均国民月收入的 60% 的人群），这些人通常难以获得长期就业，缺少抵押物，信用不良等。韩国小微企业发展局（KSMBDA）为依靠政府抚恤金维持基本生活的第二类贫困人群提供创业启动资金。韩国康复中介（KRA）为刚被释放出来且想要创业的个人提供存储租赁保证金。哈娜希望基金会（HHF）为违约拖欠者及社会边缘群体提供创业启动资金和管理资金。韩国残疾人社区福利中心（KHCWCA）通过残疾人希望基金资助中心（Handicapped Hope Fund Support Center）向全国的有强烈意愿和能力实现自我独立的残疾人提供创业启动资金。

2. 政府主导的小额信贷

韩国政府（包括地方自治主体）参与小额信贷活动主要通过两个途径：一是政府通过预算将相关项目外包给公益性小额信贷机构操作（包括省级自助中心）；二是政府直接主导操作小额信贷项目。第一种方式的案例有卫生和福利部支持的“希望成长银行”（Heemang Keeoom Bank/Hope Growth Bank），首尔市政府（the Seoul Metropolitan City）支持的“希望梦想银行”（Heemang Dream Bank Business），以及江南区事务办公室的“Heemang Realization Gateway”。第二种方式最典型的是“微笑小额信贷项目”（Smile Microcredit Project）。之所以说该项目是由政府主导的，首先，小额信贷微笑基金会（Smile Microcredit Foundation）是在韩国政府的“市民扶持政策”下成立的。其次，该基金会的两大资金来源——休眠存款和银行或企业捐赠是立法院通过相关法案以及政府鼓励下才得以实现的。最后，该基金会的贷款发放和管理采用标准化方式，而该标准化方式是由政府规定的。

（1）希望梦想银行（Hope Growth Bank）。自 2005 年起，韩国卫生和福利部开始利用自己的预算向各类自助社区提供创业启动资金类的金融支持。2009 年，该部大幅增加其在这方面的预算，由 2008 年的 20 亿韩元（约 150 万美元）增长到 2009 年的 330 亿韩元（约 2,600 万美元）。同时，该部还扩大其目标服务对象，由最初的各类自助社区扩展到仅能维持基本生活的退休人员及其他一些低收入群体。5 年期贷款的年利率为 2%。其操作手册中明确规定了有资格获得贷款的低收入人群的标准，包括收入、福利等。该项目除了委托一些公益性小额信贷机构（如 KMJU、SSB）操作外，同时也委托了部分省级自助中心和社团分支机构来操作。

（2）地方自治主体的小额信贷。“希望梦想银行”是一个创业启动/完善管理的金融支持项目，于 2009 年 5 月起由首尔市开始执行。该项目共使用了 60 亿韩元（约 500 万美元）预算，为低收入和社会边缘群体提供帮助，最高贷款额度为 2,000 万韩元（约 1.5 万美元），年利率为 2%。该项目为期 5 年，以政府采购形式分期进行。另外，韩国政府明确规定了低收入服务对象的收入标准。该项目委托 KMJU、SSB 以及 MYF 三个公益性小额信贷机构执行。2008 年 4 月，首尔市江南区事务办公室与 SSB 达成协议，成立了 Heemang Realization Gateway 项目。该项目为有能力实现独立但无法从正规金融机构获得服务的低收入群体提供最高额度为 5,000 万韩元（约 4 万美元）的贷款，年利率为 2%，并后续提供 5 年的咨询服务。另外，韩国政府也明确规定了低收入服务对象的收入标准。

（3）微笑小额信贷项目。微笑小额信贷项目由韩国金融服务委员会（Financial Services Commission）主导，于 2009 年 12 月 15 日由最初的政府小额信贷基金会转变为“微笑小额信贷基金会”。微笑小额信贷基金会参与所有与小额信贷相关的事情，如政策制定，制定业务指导手册，为其他小额信贷机构提供资金，提供咨询服务，培训教育服务等。该项目的直接运营由一些公益性小额信贷机构、微笑小额信贷业务合作机构，以及微笑小额信贷省级合作机构执行。

（三）韩国小额信贷发展取得的成果

截止到 2009 年 12 月，韩国的各类涉及小额信贷业务的机构（包括省级自助中心和 11 个分支机构）共有 24 个。2000—2009 年，为低收入人群和社会边缘群体发放的小额创业启动资金以及为支持社会企业提供的资金，共计约 1,177 亿韩元（约 9,600 万美元）。具体参考表 5 - 8 韩国小额信贷的发展情况。

表 5 - 8　　韩国小额信贷的发展情况

类别 \ 年度	2003	2005	2008	2009	2000—2009
小额信贷机构数量	5	5	7	24	
总贷款金额	3	25	95	439	680
筹资总额	78	39	117	552	927
贷款客户数	66	213	394	2,268	3,639

注：单位为 1 百万韩元（约 8 万美元）。

基于休眠存款基金的支持，政府预算的增加以及微笑小额信贷项目的成立，韩国小额信贷的资金来源得到了明显增加。但是，由于所有的资金来源仍然都依赖于政府补贴，可以说韩国的小额信贷还处于发展起始阶段。表5-9为韩国小额信贷资金来源的结构和规模。

表5-9　韩国小额信贷资金来源的结构和规模

		2003	2005	2008	2009	2000—2009
非政府捐助	公益性小额信贷机构	78	19	45	32	263
	其他	0	0	0	0	0
	合计	78	19	45	32	263
政府资金（卫生和福利部）		0	20	20	330	410
地方自治主体		0	0	0	73	83
休眠存款		0	0	0	120	171
合计		78	39	126	555	927

注：单位为1百万韩元（约8万美元）。

（四）韩国小额信贷的特征

1. 韩国小额信贷的模式

小额信贷一般被分为两种类型：一种是低收入国家普遍采用的，如亚洲、拉丁美洲和非洲；另一种是在美国发展并采用的特殊类型。[①] 韩国的小额信贷是美国模式和低收入国家模式的混合。一方面，由KMJU执行的社区贷款基于的是低收入国家模式。另一方面，大部分小额信贷机构（如KMJU、SSB）操作的个人创业贷款采用的是美国模式。

东南亚、南美以及非洲等低收入国家所采用的小额信贷，除了发放传统的小额贷款外，还提供小组成立指导、金融教育及其他一些社会中介服务，以保证客户成功创业或者实现还款。它们并不提供创业培训或者提供其他业务发展方面的服务。低收入国家采用的小额信贷，之所以提供小额贷款，而不提供创业培训或业务发展方面的服务，主要因为它们认为很多创业比较简单，客户比贷款机构更了解如何搞好创业；还有，事实证明一些客户会将未能按时还款的原因归咎于创业培训；优秀的借款客户一般不需要培训；创业培训的成本很高，以及其他一些原因等等。低收入国家的小额信贷机构，大部分都是由主要依赖外部补贴的非政府组织发展而来。之后，这些机构通过

① Morduch, J. "The Microfinance Schism", World Development vol. 28, no. 4 617-29, 2000.

转变为银行，开始收取较高的利率或选择能降低信用风险的贷款方式后，逐渐实现了财务独立。

而美国模式除了为客户提供小额创业资金外，还提供创业培训和其他一些与业务发展相关的服务。美国的大部分小额信贷机构都没有实现财务独立，它们依赖于外部支持，如公共援助和公民捐赠。美国的小额信贷机构之所以提供创业培训，是因为它们相信在美国创业的主要困难不是因为缺少金融资源，而是因为缺少人力资源。因此，正是因为大部分美国的小额信贷机构都专注于提供创业培训，而创业培训的成本又很高，这导致美国的小额信贷机构大多都没实现财务独立。不同于低收入国家，由于自我雇佣企业的发展规模很小，以及由于复杂而不透明的程序，美国的低收入人群倾向于打工而非自己创业经营业务，社会安全系统很难保证创业就能支持自己或者家庭的生活，创业会面临来自其他创业者和大量经销商的竞争压力，利率上限的设定限制了通过提高利率来增加利润的可能性等原因，在美国，对小额信贷的需求并不是很大。

韩国的贷款利率一般在0%—5%之间，包括政府主导的小额信贷机构和公益性小额信贷机构。它们的贷款利率远远低于传统金融机构的贷款利率。很多国家在制定利率时，会考虑其他小额信贷机构（市场利率，及市场利率与自己设定的利率之间的差距水平），担保品/抵押品情况，信用风险，年度评选，道德风险，以及考虑是否会有利于服务覆盖面和渗透率的提高（这需要与传统金融机构合作）等因素。但是在韩国，由于所有的资金都来自外部补贴，资金成本几乎为零，因此贷款利率比较低。另外，还有一个决定利率的重要因素是小额信贷机构更注重服务的覆盖面和渗透率，而不是实现财务独立。

小额信贷由于每笔额度小，风险相对高，因此一般操作成本比较高。而韩国的小额信贷机构除了提供小额贷款外，还提供相应的创业培训，因此其操作成本往往更高。

此外，为了确保小额信贷的成功，将不良贷款数量控制在最小范围内，韩国的小额信贷在选择借款客户时会对客户进行预选过程，即客观地判断该客户实现独立的意愿和能力。之所以这样做，一方面是因为韩国不像美国一样是一个信用社会，有完善的信用体系，另一方面也不像孟加拉这样的低收入国家，适合采用小组联保的方式。另外，由于仅需要少量资金的小型自我雇佣企业是韩国小额信贷的主要目标客户。因此，为了将贷款风险控制到最小，韩国的小额信贷就必须建立包括提供资金在内的创业前期支持体系，同时还需提供创业后期支持体系，从而保证客户真正实现创业成功。

2. 政府的重要性不断增加

进入2009年以来，韩国卫生和福利部及地方自治主体不断增加其与小额信贷相关的预算，并通过委托公益性小额信贷机构执行项目的方式加强政府在小额信贷领域的角色。微笑小额信贷项目的实施同样增强了小额信贷领域政府领导的重要性。表5－10为非政府领导的和政府领导的小额贷款情况。

表5－10 非政府领导的和政府领导的小额贷款情况

类型 年度		2003	2005	2008	2009	2000—2009
非政府的		3	11	24	35	160
政府的	卫生和福利部	0	14	17	265	331
	地方自治主体	0	0	3	46	49
	微笑小额信贷银行	0	0	51	93	144
	合计	0	0	71	404	524
合计		3	25	95	439	680

注：单位为1百万韩元（约8万美元）。

（五）韩国小额信贷的成功经验和面临的障碍

虽然韩国的小额信贷发展历史很短，但它已经取得了很大的成就。首先，由于小额信贷能为低收入人群创造更多的就业机会，增加他们的收入，因此，整个社会越来越认同并认可小额信贷在缩小贫富差距方面发挥的积极作用。而且，通过小额信贷向低收入人群提供金融服务，他们被视作低信用级别债权人的状况得到了一定改善。其次，基于小额信贷机构仔细认真的客户预选以及严格完善的后续服务，使得韩国小额信贷机构的贷款回收率高于传统金融机构的贷款回收率。最后，由于小额信贷与其他公民组织间可靠的网络，丰富多样的支持机制，以及雄厚的人力资源，三者优势互补，形成了协同效应，增强了效果。例如，包括律师、金融工作者、商人、学者专家在内的各行各业的志愿者参与到小额信贷活动中来，为小额信贷机构进行项目评估，帮助这些机构在保持专业性的同时降低运营成本。

除了取得一定的成绩之外，韩国的小额信贷也面临着诸多障碍。首先，韩国的小额信贷机构缺乏财务可持续性。这有几方面的原因：第一，小额信贷机构的资金来源完全依赖于补贴、拨款或捐赠。同时，受法律限制的原因，很难保证存款供给能持续不断。另外，由于利率低，业务规模小，导致小额信贷银行难以享受大规模发展带来的规模效应。第二，政府在小额信贷领域的角色在不断加强，尤其体现在2009年卫生和福利部大幅增加与小额信贷相关的预算，以及政府不断增加对微笑小额信贷基金会（政府支持的）的支持。第三，韩国的小额信贷机构发展仍处于初始阶段，还无法提供保险、存款等范围更广的金融服务。这归因于小额信贷银行还无法像传统金融机构一样获得独立的法律地位。最后，由于小额信贷活动集中性的大规模扩张，如微笑小额信贷项目，使得小额信贷领域急缺专家和相关专业人才。

（六）微笑小额信贷项目

1. 成立背景和预期效益

（1）成立背景。外汇危机以后，韩国贫富差距增大引起中产阶级人数减少，低收入阶层人数增加。信用等级低的人群希望能够自力更生，但是由于他们本身具有较低的信用等级，再加上全球金融危机的影响，他们很难获得金融服务。与此同时，政府致力于建立一个广泛的多样的微型金融体系，例如恢复贷款支持和公益性小额信贷机构为信用等级低的人群和缺少资本的自我雇佣者提供低利率的小额贷款基金。然而，由于金融危机不断加深，这些措施已经不能满足微型金融的需要。因此，为了促进低收入和信用等级低的人群的经济独立和尽可能缩小微型金融覆盖不到的区域，增强韩国小额信贷的活力，小额信贷微笑项目于2009年12月15日启动。

（2）预期效益。在小额信贷微笑项目启动以后，首先，低收入、低信用等级的底层人群、缺失资本的自我雇佣者，以及由于信用评级资格缺失不能享受传统金融服务却希望自力更生的那部分人群将获得支持。该项目预计在未来十年内将募集2万亿韩元（约16亿美元），将帮助超过200—250,000低收入家庭；其次，现在的金融界的捐赠资金将为他们未来直接参与社会活动提供可能；第三，那些作为微笑小额信贷银行代表的金融机构退休人员，和青年志愿者参与小额信贷活动，获得了回馈社会的机会，反过来扩大了社区服务意识和影响。最后，通过覆盖金融服务的空白，微笑小额信贷项目可以替代高利贷和其他非法形式的私人贷款，这样不仅能够使得工人阶级和个体户获得传统金融服务，同时也能减少他们高利贷的负担。

2. 管理现状与展望

采用休眠存款进行小额信贷活动的初始小额信贷项目已经扩展成为微笑小额信贷项目的基础，在未来十年将确保募集2万亿韩元（约16亿美元）用于小额信贷。这些资金来自各类金融机构的捐赠和休眠存款，不包括政府财政支持。该项目还设想建立区域分支机构，通过各种途径开展各种小额信贷活动，希望能产生共约200—300个这类机构执行该项目。希望参与这个项目的金融机构可以建立自己的基金和通过接受中央基金的资金开展小额信贷业务。这个中央微笑小额信贷银行支持小额信贷基金建立私营金融部门，为他们提供成熟的商业模式，标准的管理方法、培训，以及数据管理支持。另外一方面，政府将中央微笑小额信贷银行定义为税法规定的特殊接受捐赠的组织，允许金融机构在税务系统内接收某种形式的支持参与小额信贷活动，区域小额贷款公司获取贷款基金和固定水平的管理费用，进行贷款、还款、咨询等业务。

项目特别为那些信用等级低于7的低收入、低信用等级人群提供许多服务。这些服务包括提供小型企业管理资金，传统市场商业贷款，特许权启动资金，普通启动资金，促进组织自我发展的启动和管理资金以及对社会组织的资金支持。贷款额度为500万—1亿韩元（约4,000—8,000美元），贷款利率为5%，还款周期为1—5年，采用分期还款方式。

2009年12月15日，商业银行的微型小额信贷银行分支机构和微笑小额信贷银行的分支机构建立。此后，直到2010年5月11日，共建立了大约38个分支机构。他们通过使用休眠存款和其他形式的捐赠资金，使953人获益，贷款规模超过71亿韩元（约580万美元）。随后的几年，韩国的小额信贷迅速发展，机构数量、发放贷款总金额等显著增加和提高。随着韩国小额信贷的迅速发展，韩国国内不断有人提出建议，例如为了有效开展业务避免重复发放贷款产生的偿债风险，建议建立一个统一的数据库系统连接所有正规金融机构贷款和政府资金支持的信息。这也是发展更多分支机构、构建监督体系、无法收回债务的处理政策和赋予机构去管理休眠存款的需要。同时，建议微笑小额信贷项目应该应用外部专家机构的优势来培训微笑小额信贷项目管理人员，加强培养出未来的专家，为不同阶层的人——传统市场商人、朝鲜叛逃者、以儿童为主的家庭、多元文化家庭提供量身定制的业务以此来鼓励更好地经营模式；根据贷款人的条件——社会贷款、专门针对妇女的贷款或渐进式贷款提供多样化的资金支持。

3. 存在的问题

关于微笑小额信贷项目的已经出现或被指出的问题包括：

（1）由政府主导。微笑小额信贷项目的主要资金来源于民间资金。然而，微笑小额信贷项目被看作一个政府项目，因为中央微笑小额信贷银行是由政府建立；项目起源于政府的鼓励；目标借款人的选择由政府指引。这种政府领导的项目会导致下列问题。首先，管理方法和决策过程缺乏灵活性，导致贷款条件苛刻和贷款流程复杂。例如，如果一个人希望获得贷款作为启动资金，需要营业支持的30%作为保证。如果一个预先存在的业务希望获得贷款来支持其业务，需要该业务作为正式注册业务至少1年。此外，与公益性小额信贷机构相比，他们对借款人收入和财富方面要求更加严格，微笑小额信贷项目要求其借款人是破产的，过度负债的，或那些信用评级低于 7 的人。这种无法变通的贷款资格要求，被认为无法满足处于经济边缘地位整体阶层的要求。针对复杂的贷款流程，可以采用简化文件和简易的程序。其次，由于保守的管理方法以及将重点放在业绩评估上，导致贷款大多投向普遍偏向低风险的贷款人。另外，严格和规范的贷款资格要求也一直是平庸的贷款记录的原因。第三，所有机构都遵循标准化的方针，提供相同的产品，有同样的贷款要求，利率也相同，机构不能提供多元化和自由的服务。此外，因为该项目可能是个一次性的项目，目前还不确定能否持续下去。

（2）缺乏专业的人力资源。由于金融机构和区域机构的增加，出现了专业人才短缺的现象。不仅如此，员工工资过低使得其提供的服务质量下降，造成领域内工作频繁变动的现象出现。很多信贷员是志愿者，一直缺乏专家的人力资源支持。而对申请贷款的前期评估、后续服务管理和增加贷款回收率的技能是有效开展业务的关键。

（3）可能出现道德风险。与其他小额信贷机构相比，微笑小额信贷项目在咨询服务和其他后续服务方面比较落后。由于低利率和该项目采用公共财政资源特征，有可能出现道德风险问题，这些问题可能包括不合格的申请人和债务破产的冲击。

（4）缺乏与已经存在的民间小额信贷组织的合作。在建立微笑小额信贷项目的过程中，缺乏与已经存在的民间小额信贷机构的沟通和探讨。此外，即使在项目执行过程中，仍然没有与已经存在的民间小额信贷机构沟通学习他们丰富的经验和技巧。

（5）存在业务收缩的可能性。虽然金融机构为微笑小额信贷基金提供支持可以获得高达 50% 的企业所得税免税，但现有的民间小额信贷机构仅有 5% 的企业获得了所得税免税。这将不可避免的导致现有的小额信贷机构依靠民间捐款的业务收缩。

（七）韩国小额信贷发展的新方向

针对韩国小额信贷及微笑小额信贷项目的发展状况以及面临的问题，韩国国内有不少学者提出了建议和看法。其中很多建议对我国小额信贷的发展具有非常重要的借鉴意义。以下是韩国国内各界提出的建议和看法。

1. 韩国小额信贷的任务

（1）选择合适的小额信贷模式。前面已经提到，韩国的小额信贷是低收入国家模式和美国模式的混合。低收入国家模式通过小组方式发放无担保贷款，并提供教育培训和社会服务，但不提供创业支持服务。而美国模式相反，提供无担保贷款的同时还提供后续创业支持性服务。

在韩国，低收入国家模式确实能在较短时间内向大量低收入人群发放贷款。但是，就像前面提到的，这种模式不提供创业支持性服务。美国模式有利于提高创业成功的可能性，避免坏账。这归因于美国模式提供创业支持性服务及其他完善的后续服务。但是，这种模式也有缺陷，那就是成本高，需要额外的资金和人力。

完全依赖高成本的美国模式实现向大量金融边缘化或低收入人群提供贷款是难以实现的。由于韩国当前还缺乏完善的基础设施、可信赖的个人，以及持续性的资金来源，因此，想要实现大范围的小额信贷活动还比较困难。因此，如果想要在短时间内在农村地区顺利地发放个人贷款或社区贷款，就得采用低收入国家模式，并增加用于社会事业的贷款。长远来看，韩国自我雇佣企业的市场规模将会缩小，因此，现存的自我雇佣企业和大规模的经销商之间将会呈现合理健康的竞争状态。另外，低收入人群将会更倾向于打工而非创业，因此，为了保证自我雇佣企业的成功，应采用注重创业支持性服务的美国模式。

（2）实现不断增长的可持续性。严格地讲，可持续性指财务的可持续性，即持续不断地为金融边缘化人群提供贷款的能力。为什么如此强调小额信贷机构应该提高自身的可持续性呢？

首先，如果小额信贷机构既能实现持续性地为低收入人群提供金融服务，又能实现自身的财务可持续，那将是双赢的结果。这种双赢结果既能在不使用额外补贴的情况下提高小额信贷服务的渗透性，又能产生利润并在可承担成本的情况下创造社会价值。第二，为了使尽量多的低收入人群获得金融服务，小额信贷机构应该避免完全依赖外部补贴。纵然，补贴对小额信贷机构的发展有很多的积极作用，但是，由于小额信贷提供的服务类型和规模有限，仅靠补贴来实现持续性地为低收入人群服务是不够的。另外，长期性的或数量大的补贴会降低管理效率，管理层因缺少压力而会不积极努力地实现机构的可持续性发展。第三，小额信贷需要保持财务的独立性，因为非政府主导比政府主导更能成功。第四，为了减少坏账率，小额信贷机构需要建立自身信用，使客户相信他们能够持续性地获得贷款。小额信贷机构如果无法实现自身可持续性，那它将陷入恶性循环，因为坏账的增加将使它越来越难以实现可持续性。最后，小额信贷机构需要提高自身效率。一个依靠补贴的小额信贷机构想要实现可持续，那将会促使它以有效率的方式经营业务，尽量避免向无力偿还债务的人提供贷款。

根据小额信贷机构的可持续性情况，它们可以被分为三种类型。第一类指那些处在生存边缘的小额信贷机构。这些机构的利润如果无法覆盖其成本开支，外部补贴将会逐渐用完，如果没有其他资金补贴的及时供给，那它们的小额信贷业务将无法进行下去。第二类指那些在管理方面能实现可持续的小额信贷机构。通过外部补贴和经营利润，这些机构通常能覆盖其所有的成本，包括管理费用、贷款损失等。事实上，大部分低收入国家的小额信贷机构处于第一和第二类之间。第三类指那些能实现财务可持续的小额信贷机构。这些机构通过其经营利润实现可持续，同时其资产还在不断增长中。这一类是所有小额信贷机构发展的终极目标。

韩国的小额信贷机构完全依赖于外部补贴，它们的管理成本也从补贴中扣除，因此，一旦补贴出了问题就会影响到它们的日常经营。所以，大部分韩国的小额信贷机构都属于第一类。

为了促进韩国小额信贷机构实现可持续性，需要进行以下努力。首先，需要一个稳定而低利率或成本较低的资金来源。该资金的来源包括稳定的政府补贴、存款、投资基金、养老金基金等。第二，将实现财务可持续因素考虑其中之后设定一个合理的贷款利率。韩国的小额信贷机构有必要设定与传统金融机构差不多的利率。因为，一个拥有少数资本的低收入人群，其最大生产率往往高于拥有大量资本的高收入群体。这意味着低收入人群支付利息的能力在不断提高。这一点同样适用于低收入国家。想要制定合适的利率，必须综合考虑内部和外部因素。内部因素指机构需要覆盖其所有的成本（包括融资成本、管理成本、坏账准备金等）。外部因素包括其他小额信贷机构的利率水平（市场利率、市场利率与机构自身利率之间的差距）、担保品类型、信用风险、道德风险、是否能提高服务的渗透性，以及管理信用风险的有效性。第三，小额信贷机构需要保持高质量的贷款资产以及有效的信用风险管理。利息是小额信贷机构的唯一利润来源，因此要实现最大化利润，就必须将坏账数量降到最低。由于低端客户的信息搜集比较困难，且他们一般缺乏抵押品。因此，道德风险问题在小额信贷领域更为严重。因此，韩国的小额信贷机构应该多采用低收入国家的小额信贷技术，如小组贷款、渐进贷款等。另外，为了将贷款损失降到最低，必须有效的进行客户前期筛选和提供后续服务。客户前期筛选方面，有必要在贷款评审者和客户之间建立紧密联系。为了提高后续服务的效率，又必须开发相应技术使客户能以快速、经济的方式使用相关数据。第四，为了提高管理效率，有必要减少交通成本，并努力想办法克服这项高额支出。小额、高频率的还款等都构成了小额信贷机构高额的支出结构。这些机构应该充分利用规模效应的优势，利用计算机实现贷款流程的标准化，以及其他一些方式来避免高额的支出结构。另外，可以通过区分支出类型的方式来降低平均支出。第五，积极地利用传统金融机构开发的优质产品和先进的金融技术。最后，成立合法的、专业的金融机构进行小额信贷活动。小额信贷机构想要扩大业务范围，获得稳定的资金来源，提高财务可持续性，就必须打破 NGO 模式，努力成为正规而具有合法身份的金融机构。

（3）小额信贷机构多样化。针对小额信贷机构的政策主要是为了达到两大目标，即以商业理念运作从而实现财务可持续和提高服务的渗透性。但是，由于难以即刻实现该双重目标，因此，许多小额信贷机构优先选择提高服务的渗透性，从而依赖补贴。因为，小额信贷机构一旦实现了财务可持续，那么就能不断地扩大贷款客户的规模（渗透性的广度层面），但是其贷款客户转变为更贫困状态的可能性将会增加（渗透性的深度层面将会降低）。其他原因还包括如高利率的征收取决于客户的就业类型，客户的非财务因素会阻碍渗透性的提高，以及依靠补贴进行的小额信贷业务能成功地提高服务渗透性。总之，小额信贷机构是否能同时实现该双重目标，需要以积极的方式来看待和评判。

因此，大部分小额信贷机构都面临这一矛盾的境地，即在实现财务可持续和提高渗透性两大目标中作出选择。换句话说，大部分实现财务可持续的小额信贷机构，其服务的渗透性较低，而主要依赖补贴的小额信贷机构一般拥有较高的服务渗透性。因此，对于任何一个地区或国家，声称想要通过小额信贷来实现解决贫困这一社会目标，就必须发展多样化的小额信贷机构，包括可以实现财务可持续的和仅仅致力于实现高渗透性的。这背后有几大原因：首先，一些已实现财务可持续却面临渗透性下降的小额信贷机构，可以将实现高渗透性融入至机构未来发展的主要目标中。另外，在利率设定、贷款方式等方面，可以根据贷款客户的就业类型、居住地区（城市、农村等）、受教育水平，及其他非财务因素来以不同的方式操作小额信贷业务。

随着韩国小额信贷机构数量的增长，出现了一些为特殊边缘群体，如朝鲜的逃离者、低收入母亲、儿子/父亲及儿子的家庭、释放人员、残疾人员等提供服务的小额信贷机构。但是，大部分这种类型的小额信贷机构为所有类型的低收入人群提供服务。为了同时提高可持续性和渗透性，韩国的小额信贷机构需要实现多样化发展，根据客户的贫困程度、就业类型、居住地区及其他一些非金融因素而设计不同的小额信贷业务。为了实现小额信贷机构自身的多样性，需要遵循商业原则，并成立一个已经实现财务可持续的、专业的小额信贷金融机构。该专业的小额信贷金融机构的客户主要为贫困程度较低且拥有相关技术或技能的自我雇佣企业主，或者其他信用级别较高且交易成本低或高生产力的群体。为了弥补缺憾，我们同样需要以补贴为主要资金来源的小额信贷机构以服务贫困程度较高的人群。

（4）非政府领导力的建立和政府角色。无论是低收入国家的小额信贷，还是发达国家（如美国）的小额信贷，它们都有一个相似之处，即非政府力量成功地主导了小额信贷活动。非政府力量之所以要参与小额信贷活动，有以下几个原因：首先，由于政府未能成功地向低收入人群或低端客户提供金融服务，因此，在亚洲、南美等地的低收入国家，公益性小额信贷迅速发展起来成为解决贫困问题的新方法。而造成政府失败的原因包括：低于通货膨胀率的贷款利率导致过量的需求；拥有政治权力的人，比低端客户更易获得贷款，导致收入分配不均的问题进一步恶化。另外，低端客户开始意识到与发放低利率的贷款相比，政府通过提供资金的方式更容易赚钱。因此，他们的贷款归还率急剧下降，坏账数量明显增加，紧接着银行信用级别下降。另外，由于利率低，需求量大，导致很多拥有高生产力的低端客户无法有效地获得资金。随着大量政府资金注入银行，银行吸收存款的积极性明显下降，导致针对低端客户的有效的存款机制逐渐消失。第二，对于政府来说，其很难直接或间接地通过银行为低端客户提供持续性的小额信贷服务。因为，低端客户对贷款的需求是刚性的，因此，要成功实现对低端客户的金融支持，持续而可信赖的贷款服务而非低利率是必须的。然而，大部分针对低端客户的政府贷款项目更像是一次性的服务，而非持续性的。然而之所以缺少为低端客户提供持续性的贷款，原因包括：在为低端客户提供金融服务方面缺乏经验，从社会而非金融角度看待小额信贷，地方 NGOs 和社区服务组织之间的合作缺乏有效性。这种缺乏有效的贷款供给局面导致了粗糙随意的贷款管理。第三，政府会引起道德风险问题。如果政府为了竞选或其他政治因素消除坏账，会导致公益性小额信贷机构的借款客户不支付贷款利息的行为。第四，非政府力量主导的小额信贷比政府主导的小额信贷更易取得成功。尽管由于缺乏金融资源以及其他一些障碍，公益性小额信贷机构在扩大业务方面面临很多困难，但是非政府力量主导的小额信贷其优势大于弱势。优势包括上述提到的困难可以通过制度性方式解决，非政府力量在小额信贷领域拥有大量的经验，拥有素质高且尽职的员工，与民间组织的紧密联系，没有腐败问题，无官僚作风而容易与低端客户接触交流，有扩大业务的强烈动力，在实现财务可持续方面目标明确。

基于强大的民间组织力量，韩国的小额信贷得以成功落地。但是，自政府认识到小额信贷解决收入差距拉大这一问题的有效途径之后，政府便明显增加其在小额信贷领域的活动，包括金融资源和自己操作小额信贷业务方面。通过增加相关预算及成立微笑小额信贷银行以来，政府在小额信贷领域的重要性不断增强，随后，开始担忧公益性小额信贷的重要性可能会降低的声音不断涌现。政府不应该继续试图增强其在小额信贷领域的重要性，相反，其应该努力创造有利于公益性小额信贷获得成功的外部环境，如建立配套的基础设施、培训小额信贷专家、开发一个标准的小额信贷模式、建立一个社会支持性网络、安排一个信息系统。如果政府领导成为必要性，那么政府应该从商业角度来操作小额信贷。这样可以确保金融市场不被扭曲，从而维持持续性的小额信贷业务。

（5）基础建设的扩展。为了振兴韩国的小额信贷，需要通过培训小额信贷专家、建立教育体系、开发一个标准的社会模式、形成一个社会支持网络，建立一个信息系统（（Jong su Lee, 2007）等来建立一个强大的基础。应该扩大小额信贷的基础和形成专业的教育体系来培养小额信贷专家与允许民间力量成功开展小额信贷业务同样重要。

政府直接输入财政资源是必要的，但更重要的是，政府应该支持有助于民间小额信贷机构的能力建设的基础的建立。目前，小额信贷领域缺乏那些可以兼顾贷款业务、信息搜集、自我雇佣者咨询等服务的实操性专家。为了利用来自政府和微笑小额信贷项目资金的小额信贷机构能够成功，建立适当的基础支持体系是当务之急。政府应该投身于小额信贷基础建设的各项事务中。

（6）扩大业务领域。目前韩国的小额信贷业务仅限于信用贷款，需要增加存款和保险业务。存款业务不仅是稳定的资金来源，而且是一个为低收入人群提供资金、通过标准化的收费提供福利和紧急生活资金来源的有益手段。保险是一个为低收入人群消除未来财务方面不确定性的金融服务，可以通过与保险公司的业务联系进行。为了使小额信贷机构将存款业务和保险业务放在贷款业务之前，第一项需要完成的任务是将小额信贷机构建设成正规的、有体系的金融机构。

作为微笑小额信贷项目的一部分，小规模生活和意外小额保险计划已经面向二线贫困儿童或监护人、残疾人设施、多元文化家庭提供，向保险和存款领域扩展业务是未来小额信贷业务发展的积极方向。

2. 促进微笑小额信贷项目发展的新方向

形成政府与民间合作的关系。促进小额信贷业务发展最有效的方式是根据政府和民间的优势不同进行合理分工。小额信贷应打破目前由政府主导的结构，追求政府与民间组织合作结构。微笑小额信贷基金会未来方向不是直接参与小额信贷业务，而是应该着力于促进小额信贷机构可持续发展的基础建设。这些基础可能包括获得稳定的金融资源支持，培养专业的人员等等，在这一点上，政府应该发挥与民间小额信贷机构合作关系的优势来形成一个强大的网络。也应该鼓励民间组织参与，以发挥已有小额信贷机构所积累的知识和经验。除了直接进行小额信贷业务，微笑小额信贷银行应该与民间小额信贷机构进行业务合作，维护业务合作关系。

促进可持续发展。为了提高微笑小额信贷业务的可持续性，应该降低资金管理成本，最大限度提高贷款回收率，租用免费的公共设施作为办公场所。然而，从长远来说，应该通过获得持续、大规模的外部资金补贴、休眠存款资金和社会闲置资金来保证稳定的资金来源，通过投资基金增加金融市场的金融资源利用等，也应该尝试建立一个调整贷款利率的基础机制。

促进小额信贷机构多样性发展。微笑小额信贷基金会是一个监督机构，专门负责韩国的小额贷款的监督任务，应该促进不同小额信贷机构多样性的发展。这是因为虽然会有大量的，大概200—300家区域机构与基金会签订协议，他们会根据中央微笑小额信贷基金会的要求，更有可能不考虑任何区域收入水平、就业类型和区域特色不同进行小额信贷业务。相反，他们应该根据区域特点、贷款申请人的收入水平、就业类型等提供多样性的贷款业务。

增加专业人才。目前紧缺可以执行各种小额信贷业务，如后续业务、自我支持的咨询服务、辅助服务等的专家。为了扩大小额信贷业务（以及区域机构数量），增加专业人才是必须的。要做到这一点，应该培训小额信贷专家和建立一个能够利用民间小额信贷机构专业人力资源优势的框架。

选择合适的模式。目前微笑小额信贷基金会开展的小额信贷业务局限于美国模式。这是一个长远的理想，但是如果要扩大小额信贷业务的规模，并在短期内继续进行消除贫困的斗争，仅靠美国模式——提供个人创业贷款是不够的，需要学习低收入国家的小额信贷模式，为社会企业和社会服务提供贷款。为此，我们需要向韩国小额信贷联盟（Korea Microcredit Joyful Union）和社会互助银行（Social Solidarity Bank）学习，因为他们已经成功实施这种模式很长时间了。

六、印度政府①

过去几年里，鉴于小额信贷活动的特点和优点是可持续性的，印度政府一直在鼓励发展小额信贷，并将其作为对“农村综合发展项目”（IRDP）类

① 个案由本项研究的研究成员陆稀云2012年3月完成。

型的扶贫项目的一种替代。印度财政部表示国家预算增加对小额信贷机构的投入。中央银行——印度储备银行（RBI）在1999年4月宣布的信贷政策中专门提到鼓励发展小额信贷，现已建立小额信贷业务部门。国家农业和农村发展银行（NABARD）也建立了小额信贷改革部。央行也在调研小额信贷的法律地位和规则问题。

为了改善机构的可持续性，越来越多的小额信贷机构采取了相应的措施。在此过程中，小额信贷机构开始走向不同的方向。许多机构提高了贷款利率，至少可以覆盖其运作成本，有的则逐步将自己转变为追求利润的公司，并且请商业投资者入盟，使小额信贷更有商业性取向，小额信贷发展迅速，甚至出现小额信贷危机。

印度小额信贷危机发生的原因值得中国小额信贷注意。印度的小额贷款发展非常快，是世界最大的小额信贷金融市场之一。从2005年到2009年，印度小额贷款总额从2.52亿美元增加到25亿美元。截至2010年8月，在印度登记的小额贷款机构超过3,000家，贷款总额近50亿美元，借款客户达2,800万人，较2009年增长了105%。但从2010年10月，在印度南部的安德拉邦，小额信贷开始陷入了混乱，贷款人控诉借贷方收取不合理的36%的贷款利率，而且通过高利贷催款员催逼收债，造成大量借款人拒绝还款，并有超过30起的自杀事件。在短短不到一个月的时间里，有将近一半的贷款者不还款，加上一些政客的推波助澜，印度小额信贷领域爆发了危机。危机爆发的原因有几方面：

（一）由于投资回报率高，导致逐利资金大量涌入，小额信贷市场出现无序竞争

印度小额信贷机构的净资产回报率由2008年的5.1%上升至2009年的18.3%。印度最大的小额贷款机构SKS小额信贷，有530万借款人，去年的年收益达19%，该机构上市之后，股票大受追捧，在很短的时间里股值就上涨了60%。较高的资本回报率吸引了大量的国际热钱和私人资本，众多的投资者成立了更多的小额信贷机构造成巨大的竞争，机构间抢客户，不管借款人的还款能力，也不管社会效益，盲目竞争造成了大规模的违约风险。例如，在印度的一个村庄，有5个向低收入人群提供小额贷款的公司以及2个以上未登记的机构提供资金，而且手续非常简便，“只需要身份证和一张照片就行”。同时，同一地区内过于集中的分布也激发了公司之间的恶性竞争，由于未能采取有效措施限制多重贷款行为，同一客户往往以相同名义在多家公司获得贷款，进一步助长了危机爆发后的违约风潮。这种为争夺市场盲目扩张的行为，造成客户过度负债，超过还款能力，最终导致违约，部分客户走投

无路而自杀。

（二）利率水平较高，客户利息负担较重

小额信贷的初始目的是为了帮助低收入人群以较低的成本更容易地获得贷款，从而帮助他们摆脱贫困。而在危机前的印度，由于经营成本高，同时信贷机构资金多来自金融市场，资金成本也高，加上谋利动机，使得小额信贷利率偏高，印度的小额信贷利率从25%到100%不等，客户利息负担较重。印度低收入人群的生活状况并没有明显改善，于是人们开始怀疑小额信贷对于扶贫的作用。特别是当小额信贷机构赚得盆满钵满，甚至有的机构上市时股价暴涨6成而使得投资者满载而归之时，小额信贷客户却仍然在贫民窟中挣扎，这种反差更加刺激了社会神经，使得小额贷款这项以扶贫为宗旨的非营利性行业逐渐倾向私人资本主导的高回报行业，严重影响了小额信贷行业的形象，恶化了小额贷款公司发展的外部环境。

（三）监管力度不够，政府政策多变

小额信贷是以带有扶贫宗旨的事业开始发展起来的，因此在政治上得到了社会的支持，监管当局也给予了特殊的鼓励政策。但是，当投机资本进入行业后，资本的本性使得小额信贷逐渐偏离目标，但监管当局没有及时针对这个风险调整监管制度，而是任其发展。在危机发生后，安德拉邦政府在未经调查与确认的情况下，将当地多人自杀的原因归结于小额贷款公司的高利率，宣布将强制取缔过于泛滥的信贷行为，并敦促借款人不要及时归还自己的贷款。政府对于小额贷款公司的遏制性干预措施直接影响了多数贷款人的还款意愿，一大批原本资金充裕、准备按时换本付息的借款人纷纷选择停止归还贷款，小额贷款公司资金链就此断裂，从而诱发了此次小额贷款危机。

（四）行业协会没有发挥充分的功能

行业协会本在小额贷款机构之间，在小额贷款机构与政府之间扮演良好的协调作用，及时发现问题，针对行业中存在的共性问题及时向政府提出进行有效监控、监管的建议，同时倡议行业自律，向公众和媒体发出警示；在行业中，控制和遏制机构间不政党竞争。这些都是行业协会能够扮演的角色。印度小额贷款危机的发生与行业协会功能缺失也有一定的关系。

上述七个国际案例中，哪些做法可以为我国政府及整个公益性小额信贷行业所借鉴？这些做法分别可以解决哪些问题？表5－11是对上述各国政策借鉴意义的总结。

表 5－11　　政府政策国际案例的借鉴意义

孟加拉政府	
法律身份	政府允许小额信贷机构以民间组织的形式从事小额信贷。最初孟加拉政府允许格莱珉银行以非政府组织的形式从事金融活动，并给予合法身份。《1983 年特别格莱珉银行法令》规定，该银行以现金或实物形式，向无地的人从事所有类型的经济活动，提供有担保或无担保的贷款。同时，也允许 NGO 从事小额信贷活动。
资金来源	孟加拉政府向所有公益性小额信贷机构（包括企业形式运作的和民间组织形式运作的）提供低利率的贷款。 （a）政府的资金支持起源于格莱珉银行的成立。最初政府以 2% 的利率，总额超过 50 亿达卡的贷款给格莱珉银行。后来，利率提高至 4%—5%，与市场利率相比仍然较低。 （b）随后，政府专门成立小额信贷批发基金 PKSF，以非营利公司的形式为全国的小额信贷项目/机构提供低利率的贷款，不同类型贷款利率不同，缓解小额信贷机构的资金问题，同时加强小额信贷机构之间的竞争，“零售”机构和低收入人群都能从竞争中受益。
税收优惠	孟加拉政府为小额信贷机构提供免税的优惠政策。
业务	（1）以企业形式运作的小额信贷机构除了贷款之外，还可从事存款、保险等业务。 （2）以民间组织形式的小额信贷机构除了贷款之外，也可进行存款、保险等业务。
监管	2006 年以前，孟加拉中央银行仅对格莱珉银行进行监管，另外从事小额信贷业务的 1,000 多家非政府组织没有来自中央银行方面的监管措施。为了防范风险，确保机构操作的透明化与正规化，孟加拉中央银行 2000 年即成立了“小额信贷研究与建议小组”（MRRU），专门研究小额信贷机构的监管问题，由央行行长直接领导的一个筹划指导委员会对其进行管理。小组首先发布了一个用于监测小额信贷机构管理与财务系统的操作方针，同时就这套操作方针向小额信贷机构提供培训。2006 年，MRRU 筹划指导委员会向政府提交了一份关于小额信贷机构监管权限与框架的法律草案，立法会已通过这个建立独立的小额贷款监管机构的法案。孟加拉央行将另外成立一个独立的机构专门负责对 NGO 的监管工作，并发放小额信贷营业执照，负责人由央行行长兼任。
玻利维亚政府	
法律身份	（1）以民间组织形式运作的小额信贷机构，政府为其发放银行业金融许可证。1992 年，玻利维亚政府开始向小额信贷 NGO 发放银行业金融许可证。 （2）以企业形式运作的小额信贷机构，政府为其明确了各种法律身份，使其能合法开展金融业务。法律身份类型包括：（a）银行；（b）Private Financial Funds（FFPs，于 1995 年 5 月，政府颁布的《第 24000 号最高法令》中规定）；（c）储蓄与贷款合作社（CACs－Open Savings & Loan Coops，2008 年出现）。
资金来源	（1）以企业形式运作的小额信贷机构资金来源有：（a）政府允许其吸收公众存款；（b）在获得批发资金方面政府为其提供便利；（c）提供较高的融资比例。如 FFPs，在达到与普通商业银行相似的财务安全性与稳健性时，融资比例最高位 10∶1。 （2）以民间组织形式运作的小额信贷机构，允许其吸收公众存款。如 CRECER 等小额信贷 NGO 都能吸收存款，极大地缓解了它们的资金问题。

续表

玻利维亚政府	
业务	(1) 以企业形式运作的小额信贷机构除了贷款之外，还可进行存款、担保、租赁、外汇等其他金融业务。玻利维亚政府规定银行、FFPs、储蓄与贷款合作社（CACs）等受监管的小额信贷机构，除了经营贷款业务外，还可进行其他金融业务。如，小额信贷银行可经营所有的金融产品和服务；FFPs的经营范围几乎与银行相似，包括存款、贷款、担保、租赁、外汇等；CACs的业务范围分为几个等级，不同等级可经营的业务范围不同。第一与第二级的CACs的业务范围包括存款、贷款、国内转账等；第三级的CACs除了租赁业务不可涉及之外，业务范围与FFPs的基本相似。 (2) 以民间组织形式运作的小额信贷机构：除了贷款之外可吸收存款、提供保险等。
监管	(1) 以企业运作的小额信贷机构，政府颁布法令明确监管部门。2009年，玻利维亚政府颁布《第29894号最高法令》，规定ASFI（Authority of Financial System Supervisory）为全国金融机构监管部门，对银行、合作社、FFPs等进行监督和管理。 (2) 以民间组织形式运作的小额信贷机构，也在金融监管部门——ASFI的监管范围内。但据CGAP（Consultative Group to Assist the Poor）报道，在实际操作中，这些小额信贷NGO与未受监管几乎无异。
征信系统	(1) 以企业形式运作的小额信贷机构，允许接入国家公共征信机构——玻利维亚征信局查询客户信用记录。 (2) 以民间组织形式运作的小额信贷机构，允许接入国家公共征信机构——玻利维亚征信局查询客户信用记录。
英国政府	
金融体系	英国政府重点推动银行与邮局、信用社等非营利性组织之间进行合作。这样做是为了解决银行出于降低成本而关闭偏远地区、人口稀少地区分支与居民获得银行基本服务通道之间的矛盾，拓宽针对弱势群体的金融服务通道。 积极支持信用社的发展。英国政府将信用社看作低收入人群获得低成本信贷的一个重要来源，以及拓宽金融服务通道的一个重要内容。为此，英国财政部还将专门推进成立一个信用社中心服务组织以加快英国的信用社发展，强调信用社服务于衰落的社区。
美国政府	
金融体系	通过多样化的金融服务机构解决弱势群体的金融排斥问题。美国政府通过增加金融超市、联邦邮局和非营利机构、建立社区银行等方式来解决对弱势群体的地理排斥问题，使其尽可能的得到贷款。
资金来源	通过公共援助为小额信贷机构提供资金援助。美国的大部分小额信贷机构都没有实现财务独立，它们主要依赖于外部支持。
评价与评级	将为低收入社区提供的存贷款服务情况作为银行业的评级考量指标之一。美国政府制定的社会再投资法案（CRA），规定银行业的评级考量指标之一是其在低收入社区提供的存贷款服务，以此防止金融机构或部门在低收入地区撤并机构。

续表

尼日利亚政府	
资金来源	以企业形式运作的小额信贷机构资金来源有：(a) 政府成立专门的小额信贷基金，为其提供批发贷款。如成立了小额信贷发展基金（Micro Finance Sector Development Fund），为小额信贷银行提供批发贷款，甚至还提供能力建设方面的服务。(b) 专门开发再贴现和再融资工具（Rediscounting and Refinancing Facility，RRF）为小额信贷银行开发和操作项目提供流动性援助。
税收优惠	以企业形式运作的小额信贷机构可享受免缴借款增值税、利息所得税和盈利税的优惠。尼日利亚中央银行与相关财政部门合作，免除小额信贷银行的借款增值税、利息所得税，以及盈利税。
韩国政府	
金融体系	政府致力于建立一个广泛的多样的微型金融体系：(a) 允许多样化的运作形式。韩国政府允许小额信贷机构既可以以企业形式运作，又可以以民间组织形式运作的方式开展小额信贷活动，为低收入、信用等级低的人群和缺少资本的自我雇佣者提供低利率的金融服务。(b) 允许多样化的运作主体，即允许民间运作小额信贷和政府主导小额信贷两种方式并存。最初，韩国的小额信贷是在民间非政府力量的主导下开展起来的。2005 年，韩国政府（包括地方政府）开始涉及小额信贷，通过项目外包给公益性小额信贷机构操作和政府直接主导操作两种方式开展小额信贷活动。
资金来源	(1) 以企业形式运作的小额信贷机构资金来源有：(a) 政府通过财政预算将小额信贷项目外包给这类机构操作；(b) 政府成立专门的基金，为其提供资金支持。 (2) 以民间组织形式运作的小额信贷机构资金来源有：(a) 政府通过财政预算将小额信贷项目外包给这类机构操作；(b) 政府成立专门的基金，为其提供资金支持。 2005 年起，韩国国家卫生和福利部、性别平等部、劳工部等政府机构开始通过各自预算，通过项目外包的方式与小额信贷机构合作开展业务。2008 年，政府专门成立"微笑小额信贷基金"，为小额信贷机构提供资金支持。
业务	扩大小额信贷机构的业务范围。目前，韩国的小额信贷机构只提供贷款业务。韩国国内有关学者提议扩展小额信贷机构的业务范围，允许其进行存款和保险业务。通过存款为小额信贷机构提供稳定的资金来源，通过保险为低收入人群消除未来财务方面的不确定性。
利率	设定合理的贷款利率。设定利率时，将财务可持续因素考虑其中，不能过低，也不能过高。韩国的小额信贷机构/项目，由于所有的资金都来自外部补贴，资金成本几乎为零，因此贷款利率比较低，一般在0%—5%之间。韩国国内相关研究人员认为，从可持续发展的角度来看，小额信贷机构必须将财务可持续因素考虑其中后设定与传统金融机构差不多的利率。
技术支持	政府为小额信贷机构提供咨询、培训等其他服务。例如，韩国政府主导的"微笑小额信贷项目"除了为小额信贷机构提供资金支持外，同时提供咨询服务、培训教育服务等。建立配套的基础设施、培训小额信贷专家、开发一个标准的小额信贷模式、建立一个社会支持性网络、安排一个信息系统。

续表

内部管理	(a) 选择合适的小额信贷模式。韩国的小额信贷是低收入国家模式和美国模式的混合。由于，低收入国家模式能在较短时间内向大量低收入人群发放贷款，而美国模式有利于提高创业成功的可能性，避免坏账；两种模式各有利弊。再加上韩国大量存在农村贫困群体和自我雇佣企业的现实情况，因此，韩国的小额信贷选择了两种模式混合进行。中国的现实情况与韩国类似，因此，中国也可借鉴韩国的做法，选择两种模式混合进行。 (b) 选择借款客户时对客户进行预选过程，即客观地判断该客户实现独立的意愿和能力。一方面，由于韩国不像美国一样是一个信用社会，有完善的信用体系，另一方面也不像孟加拉这样的低收入国家，适合采用小组联保的方式。因此，为了确保小额信贷的成功，将不良贷款数量控制在最小范围内，韩国的小额信贷机构在选择借款客户时会对客户进行预选过程。 (c) 使用电子信息系统，实现贷款流程标准化，提高管理效率，减少成本开支。 (d) 为客户提供其他支持性服务。针对服务对象的特征，提供除贷款外的其他服务。由于韩国小额信贷的主要目标客户是小型自我雇佣企业，因此，为了保证客户成功创业，韩国的小额信贷机构除了提供包括资金在内的创业前期支持体系，同时还提供创业后期支持体系，从而保证客户真正实现创业成功。例如，韩国的小额信贷 NGO——SSB，除了提供资金支持外，还为客户提供管理支持及技术支持，以保证客户的社会和心理独立性。另外，SSB 设有关系经理（Relationship Manager）一职，他们每个月或定期性的会走访客户，与客户进行交流，发现客户遇到的困难、帮助客户分析销售趋势、市场行情等。除此之外，关系经理还会定期了解客户的经营策略，以此来决定是否需要对该客户进行再培训，从而也确保该客户使用最优的销售方式，开发出更成熟的产品类型和产品设计，摆放出最好的门店陈列，同时建立完善的销售、供货等网络，帮助客户实现创业成功。
印度政府	
监管	控制私人逐利性资本进入小额信贷领域，以防止偏离社会目标。印度小额信贷危机爆发的重要原因之一是投机资本大量进入该领域，而资本的逐利性本性使得小额信贷逐渐偏离目标。
利率	将小额信贷机构的利率控制在合理的范围内。印度的小额信贷利率从 25% 到 100% 不等，导致客户利息负担过重，难以偿还债务，违背了小额信贷的扶贫宗旨。

第六章　对策建议

第一节　当前形势及成因概述

改革开放以来，我国的国民经济取得了长足的发展。在30年的时间内，我国经济保持了年均百分之十左右的增长速度，已成为世界第二大经济体。在经济高速增长的同时，我国也面临着一系列的挑战，尤其是在经济增长的同时，居民收入差距迅速扩大，据调查统计，我国城市和农村的收入差距比超过3:1，成为发展中国家收入差距较大的国家。经济增长与大量的低收入人群、贫困人口的并存，是经济不包容、社会排斥、社会不公平的表现。2011年底召开的中央经济工作会议上提出要“注重提高发展的包容性”，其内涵超越了经济参与，要实现经济包容，拒绝社会排斥，实现人人平等的社会包容。倡导包容，就是减少排斥和歧视。1990年世界银行提出“广泛基础的增长”理念，之后又提出“有利于低收入人群的增长”理念。2007年，亚洲开发银行提出“包容性增长”的理念，意在一个地区或国家的经济增长能覆盖所有居民，都有机会参与经济循环，并能享受到增长的成果。人们普遍看到，仅有“包容性增长”还是不够的，需要转化为“包容性发展”。然而，我们也看到了现实的严峻性——人们的观念不包容，体制政策也不包容。

我们可以把包容性金融发展看做是追求社会公平，即向那些由于操作成本、观念、风险等方面的原因在正常情况下享受不到金融服务，但却能够偿还贷款，并能使贷款的使用产生良好经济效益的底层人群提供金融服务，帮助他们发展，即向在正常情况下受到金融排斥的人群提供准公共物品性质的金融服务。这样的人群在中国主要是指农村贫困人口（如在新的2，300元贫困线以下的农村人口）和农村妇女中的一大部分、城市下岗职工中的一部分、部分大学刚毕业的创业者、微型企业主/自我雇佣者等。为这类人群设计专门的、量身剪裁的小额信贷金融服务即是准公共物品性质的金融服务。

国际上定义和推崇的小额信贷①系指为低收入人群提供的小额的金融服务。小额信贷的服务对象一般为从正规金融机构得不到金融服务（尤其是贷款服务）的低收入人群。国际上的小额信贷有明确的社会目标，主要是扶贫，缩小贫富差距，妇女发展，实现金融包容，实现社会公平。

在20世纪90年代的初期和中期，我国所推行的小额信贷是以扶贫与社会发展为目标的，中国政府积极支持国际机构在国内资助开展扶贫性的小额信贷项目，并且允许孟加拉乡村银行基金会在中国复制乡村银行小额信贷模式，把小额信贷引进到中国。UNDP、UNICEF和世界银行开始在国内试点小额信贷项目。90年代的中后期，政府和监管机构鼓励农村信用社开展小额贷款，并且鼓励农业银行用小额信贷的方法发放扶贫贴息贷款，希望通过小额信贷的方法来增加扶贫贴息贷款中农户贷款的比例，减少乡镇企业贷款的比例。到21世纪初（直到2003—2004年），我国的小额信贷仍以扶贫作为最主要的目标，妇女发展也是其重要的目标之一。当时我国的小额信贷主要采取孟加拉乡村银行的模式，执行机构主要为以民间组织形式运作的小额信贷组织和项目。

商业性小额贷款机构在中国的推广主要在2005年以后。从2005年至今，商业性小额贷款机构发展迅猛。而公益性小额信贷机构发展缓慢，很少的几家以企业形式运作的公益性小额信贷机构发展良好，大部分以民间组织形式运作的公益性小额信贷组织处境艰难，面临财务可持续挑战，极少数可以正常运营。

商业性小额贷款机构的推广意味着中国完全由国有资本掌控和中央控制的金融体系开始有所松动，尽管这种松动有些羞羞答答。一是允许民间资本进入正规的金融领域，尽管是只贷不存的准金融机构，二是由地方政府监管小额贷款公司。但问题是，在政府和社会对民营资本进入金融领域不放心的情况下，政府推行小额贷款公司试点借用小额信贷的名义帮助民营资本进入金融行业。中国人民银行和银监会认为小额贷款公司试点同时也是对中央政策三番五次要求发展小额信贷机构的一个回应。既然公益性的小额信贷机构/项目难以持续，那么应该是试点商业性小额信贷机构的时候了。但2005年以来的实践证明，总体来讲，商业性小额贷款公司并没有瞄准低端人群，其主要受益群体是相对中高端的企业和人群，推进社会公平的作用十分有限，主要是为其股东谋取最大利益。当然，在监管不到位的情况下，要求民营资本

① 有时也称为微型金融，或简称为微贷。

开展小额信贷业务，大量提供准公共物品性质的小额信贷产品是不现实的。

除此之外，随着商业性小额贷款机构的出现，我国的小额信贷概念也逐渐被混淆，小额信贷与小额贷款、小微企业贷款概念界定不清，甚至混为一谈。并且至今为止，我国政府和学术界对公益性和商业性的小额信贷机构没有进行清楚的定义和划分。为了帮助民间资本进入金融领域，相关政府部门借用了小额信贷的概念，并混淆准公共物品性质的小额信贷与私人物品性质的小额贷款的概念，认为小额信贷与小额贷款的内涵一致，可以互相通用。从服务对象上来说，不强调服务低收入人群、社会底层人群，而将服务对象扩大到中小企业，扩大了服务对象，导致概念界定不清；从贷款额度上来说，不强调低额度（贷款额度不超过当地人均国民收入2.5倍的国际主流标准），而将贷款额度限制扩大到几十万、上百万，扩大了贷款额度，导致概念界定不清。另外，即使单从小额贷款来说这个额度也远远超出正常范围，我国城商行和农商行对小额贷款（也称小微企业贷款）的上限一般为50万元人民币，小企业贷款的上限可以到500万元，甚至1,000万元人民币，[①] 而其他国家的小额贷款一般是指1,000—2,000美元左右的贷款。[②]

对私人物品性质的普通贷款产品与准公共物品性质的小额信贷概念划分不明，导致主要提供私人物品性质的普通贷款/金融产品的商业性小额贷款机构与主要提供准公共物品性质的小额信贷产品的公益性小额信贷机构划分不明。由此导致，有利于准公共物品性质的小额信贷的政策难以产生，遏制真正的小额信贷的发展。因此我们必须明确指出小额信贷的真正含义，给予我国小额信贷以明确界定。

综合理论和实践所述，商业性小额贷款机构不是真正的小额信贷机构。企业形式运作的和民间组织形式运作的公益性小额信贷机构才是真正的小额信贷机构。

一、商业性小额贷款机构及其外部环境

理论上讲，商业性小额贷款机构是利己性主体，均出于营利及追求利益最大化目的成立，所有权属于以营利为目的的个人或企业所有，股东以赚钱为目的，资金来源为逐利性资本，治理目标为追求利益最大化，决策权掌握在追求利益最大化的股东手中，极少量提供准公共物品性质的小额信贷。

从实践来看，事实证明，至今为止我国商业性小额贷款公司出于利己性

---

① 世行和德国复兴银行在中国关于城商行小额信贷下移项目报告，未公开发表。

② 参照MIX数据，http：//www. themix. org/

动机，追求股东利益最大化，瞄准的对象主要是中小企业，有些能扩展到城市微型企业中营业额比较高，盈利比较好的企业。商业性小额贷款公司主要是在城市开展业务，其业务开展的重点地区是城镇地区，并非欠发达地区或贫困地区的农村，其贷款额度远远高于公益性小额信贷的贷款额度，难以直接使低端客户受益。按照国际上通行的标准[①]和上述对小额信贷机构特征的界定，商业性小额贷款公司是主要提供私人物品的普通金融机构，对社会公平的贡献有限。当然，我们不排除商业性小额贷款公司出于社会责任考虑，提供少量准公共物品性质的小额信贷产品。

不可否认的是，准入小额贷款公司对鼓励民营资本进入金融行业、增加中小企业贷款，特别是小企业贷款市场的竞争，从而扩展对中小企业贷款的金融服务，促进就业和我国国民经济的发展有着极其重要的意义。事实证明，准入小额贷款公司对促进就业和中小企业发展已经起到了积极的作用，特别是为那些劳动密集型的雇佣农村劳动力和城市下岗职工的企业提供贷款。小额贷款公司起到的另外一个重要作用是在正规金融的中小企业贷款受到宏观调控影响的情况下，对有偿还能力的中小企业提供短期的资金支持，从而缓解了宏观调控对中小企业不利的影响。长期以来，融资难一直是困扰中小企业发展的现实问题。对于大部分中小企业，贷款的管理和风险的控制比较复杂，而收益却较低，导致我国商业银行更加倾向于将大企业作为首选客户，中小企业很难通过银行审批达到融资目的，在这种背景下，小额贷款公司的出现和发展充分发挥了其在民间资本和小企业之间的金融“毛细血管”作用，对于完善农村金融组织体系，优化金融资源配置，缓解“三农”和中小企业融资难问题具有重要意义。另外，准入小额贷款公司促进了我国监管方式的改变。对只贷不存的小额贷款公司采取非审慎监管的方式，并且主要由省级政府机构监管是我国金融监管方式的创新，对我国今后的金融改革有现实意义。

当然，要求商业性小额贷款公司主要提供准公共物品性质的小额信贷是不现实的。现实中把商业性小额贷款公司与“小额信贷”搅在一起，致使中国的小额信贷处于迷失的状态，其责任主要在政府。因为，中央政策初衷希望商业性小额贷款公司服务三农，却又不明确；地方政策模糊处理中央政策初衷，鼓励小额贷款公司解决中小企业融资难问题，激活当地经济；政策设置误用“小额”一词；对最高贷款额度的限定放宽，变相允许小额贷款公司

---

① 贷款对象和单笔贷款的贷款额度是判断贷款是否是小额信贷最重要的指标。

发放大额贷款；对小额贷款公司发放贷款额度、涉农比例等方面缺乏有效监管。另外，全国小额信贷联席会主要代表追求利益最大化的商业性小额贷款机构的利益。大部分舆论不仅搞不清小额贷款公司作的不是小额信贷，还倾向于赞扬小额贷款公司缓解了中小企业贷款难问题，过于赞扬和夸大其个别或少量公益行为而冷落公益性小额信贷机构的公益行为。

二、以企业形式运作的公益性小额信贷机构及其外部环境

理论上讲，以企业形式运作的公益性小额信贷机构是利他性主体，出于追求社会价值最大化的目的而成立，兼顾财务可持续，注册形式是企业。主要股东追求社会价值最大化，大部分资金来源为社会投资或社会捐赠，治理目标是实现社会目标与可持续经营双重目标。因此，这类机构可以主要服务于低端客户，对社会公平的贡献大。

从实践来看，我国以企业形式运作的公益性小额信贷机构对社会公平的贡献大。它们主要服务低端客户（大多数的客户难以在普通机构得到贷款服务），有些主要服务低收入妇女，对提高妇女地位起了非常重要的作用；产品设计适应低收入人群的需要，尤其是较低的贷款金额也保证了低收入群体的瞄准；大多数这类机构及所开展的业务在我国的贫困地区。这些机构既能实现金融包容，对社会公平的贡献大，又能实现自身财务可持续，对我国扶贫方式和扶贫项目的创新起到了示范性的作用。然而，因这类机构的注册形式与企业无异，存在社会目标偏离的风险。一旦所有者的意志发生转变，利他性动机转为利己性动机，社会价值目标将被商业利益目标取代，伤及低端客户。

目前，政府对这类机构的支持和监管很有限。首先没有对这类机构有区别地界定，政府所给予的支持也只是对个别机构的特殊性政策，而对这类机构的监管仅限于金融层面的合规经营，不关心其社会目标的实现。

三、以民间组织形式运作的公益性小额信贷组织及其外部环境

理论上讲，以民间组织形式运作的公益性小额信贷组织，以利他为驱动力，追求社会价值最大化，属于非营利组织。其所有权、吸引资金的类型、治理目标均有利于服务社会底层人群，对社会公平的贡献大。

从实践来看，这类组织主要提供准公共物品性质的小额信贷产品，同时还提供非金融服务，能够覆盖最底层人群，有些主要服务低收入妇女；产品设计适应低收入人群的需要，尤其是较低的贷款金额保证了低收入客户的瞄准。然而，目前我国此类组织整体处境艰难，只有少部分组织财务可持续，运营良好。其中有多重原因，最重要的是政府部门的支持力度不够。首先，

政府没有在小额信贷领域发挥有效的主导作用，中央层面有良好的政策导向，但实施效果不理想，未给予其合法的法律身份，政策对逐利性商业机构的支持远远多于公益性小额信贷机构。我国公益性的小额信贷机构不能注册成正规的小额信贷机构，没有相应的监管规则和监管机构，从而无法依法发放小额贷款。我们所采取的政策实际上是让民间组织形式运作的公益性小额信贷组织自生自灭。政府和银监部门至今没有把公益性的小额信贷机构作为金融机构或准金融机构来看待，没有专门的监管机构和监管规则，没有准入当然也就没有退出机制。民间组织形式运作的公益性小额信贷组织从成立起就没有开展金融服务的许可证。政府没有给予其制度性的激励、资金或技术支持。政策空白状态还表现在缺乏监管上。政府对这类组织采取放任自流、不承认、不支持、不规范的政策，极大地阻碍了公益性小额信贷的发展。

当然，以民间组织形式运作的公益性的小额信贷组织遭遇困境也有其内部原因。如，所有权缺位、无治理或治理状况极其不佳、资金来源普遍面临挑战、管理成本相对较高、信息技术普遍落后、人力资源状况普遍不佳等。内因与外因之间相辅相成，由于不能注册，这类机构缺乏进一步发展的通道和动力。这类机构没有稳定的资金来源，少有社会捐助资金的进一步投入，机构也难以留住合格和有经验的工作人员。在初始资金投入不多、利率相对较低、成本相对较高、没有进一步资金来源，没有专业人员情况下，大多数公益性小额信贷组织处境艰难，资金和规模逐渐萎缩，直至停止经营，只有个别获得特殊外部支持的公益性小额信贷机构才能够实现财务可持续。除了政府之外，为其服务的行业协会也没有合法身份，对改善公益组织财务可持续的影响有限，甚至其公益性利益代言还在发生偏离；极少有舆论为推动社会公平的公益性小额信贷组织进行呼吁。

国际上小额信贷轰轰烈烈，在发展中改进，在改进中发展，其中不乏成功案例、经验教训和最佳实践值得我国借鉴。今天，面对迷失的中国小额信贷，已经到了“正本清源”的时刻。由于公益性小额信贷机构与商业性小额贷款公司彼此的使命不同，相应的政策和对策应不同。

第二节　基本思路

中国的决策模式是典型的精英决策模式，党和政府机关在政策制定中起主导作用，强势集团在政策制定上处于优势地位。我国的农民人数虽多，但组织松散，对公共决策的影响力很小，其利益很容易受到侵害。而代表弱势群体利益的非营利组织或公益性小额信贷组织（甚至这类组织的行业协会）相对于企业（甚至企业行业协会）而言，也处于相对弱势的地位，就金融体系的改革而言，相对强势的集团是那些拥有资本的人，他们构成了强势集团，通过游说政府与政府政策制定者形成共识——无论是中央政府还是地方政府，落实到政府官员则需要政绩说话，政府及其官员为了实现经济增长，更愿意支持中小型企业的发展，解决其融资难问题，而私人资本更愿意投入能够获利的方面，于是，现在的中国小额信贷政策便形成了更多倾向于符合他们的利益，出现了有政策支持商业性小额贷款公司，而无政策支持、甚至令公益性小额信贷机构自生自灭的局面。因此，仅仅依靠政府行为的自律来约束决策主体显然是不够的，政府官员与其他社会成员一样会出现追逐个人效益最大化。利益集团的形成是必然性的，但问题是强弱发展不平衡，弱势群体没有形成利益集团，强势集团互相之间没有公开的制衡机制。中国目前最需要的是通过学界、非营利组织、公众的呼吁，通过建立规范的法律、法规及政策环境，控制强势集团，扶持弱势群体，使之逐渐平衡，从而遏制强势利益集团的负面影响。

普惠型金融体系是指能有效、全方位地为社会所有阶层和群体提供服务的金融体系，尤其是要为目前金融体系并没有覆盖的社会人群提供有效的服务。① 国际上广泛建立了普惠型金融体系。然而，中国与国际意义上普惠型金融体系的建立还相距甚远，主要是金融资源配置不合理，正规金融在农村市场的渗透率和覆盖面远远不能满足农户和农村中小企业的需求。普惠金融体系的建构应该以维护和推动社会公平为原则，只有这样才能优先关注长期以来低收入人群金融服务缺失的问题，普惠型金融体系的建立才能指日可待。否则，仍然是纸上谈兵，金融资源继续向相对强势的群体倾斜，导致弱势群体平等获得金融服务的机会一再被剥夺。

农村社会的公平缺失要求构建普惠型农村金融体系，以公平的价值准则合理配置金融资源，统筹发展城乡金融，规范发展新型农村金融机构，提供适合农村经济发展的小额信贷与微型金融服务，完善农业信贷风险控制与补偿机制，保护农民金融权利，改善农民生存发展的机会与条件，缩小城乡差别并逐步实现社会公平。朱建华、刘卫柏提到，“从社会公平正义的角度来说，农民理应获得与其他社会群体平等的金融权利以满足自身发展的需要，农民金融权利的平等保护意味着法律对农民与其他社会主体在金融权利上的

① 韩俊，《加快建设普惠型农村金融体系》，《农村经营管理》，2009，(2)。

无差别保护，不得以某种方式（歧视）受到限制和剥夺。只有国家形成制度才能保障农民金融权利的实际享有，金融权利才能被农民意识到并享有和行使，其实就是国家如何通过金融资源的配置来实现和保护农民的生存权与发展权的问题。一个正义的社会应本着公正的原则制定政策，制定合理的金融资源配置制度，建立普惠型农村金融体系，形成保护农民金融权利的长效机制，有效地满足农民的金融需求。建议在构建普惠型农村金融体系时应遵循五个原则：（1）强化社会责任意识；（2）农村金融结构优化原则；（3）产权明晰竞争适度原则；（4）政府有效干预原则；（5）农村金融有效监管原则。[①]不过，作者并没有进一步区分商业性小额贷款公司与公益性小额信贷机构如何操作。

这需要从金融体系着手。我国现行的金融体系开放度不足、缺乏竞争、不完善。同时，也是一个只强调效率而忽视公平的金融体系。因此，首先需要建立一个以关注和维护社会公平为原则的、充分开放和竞争的多层次的金融体系。中国应充分放开金融政策，将各类提供金融服务的机构纳入金融体系，逐步减少不必要的金融管制，打破国有大银行的金融垄断，大力发展中小型的金融机构，构建一个有良好监管的、多层次、竞争性的金融市场。特别是对于民间资本，允许民间资本进入金融领域，使提供贷款产品的机构展开充分的竞争，这样，各贷款公司、各机构会有序地安排其业务，有的服务对象上移、有的服务对象保持不变，有的下移，覆盖一些过去未被覆盖到的人群。

创造一个具有竞争性的金融市场，就要允许从事金融服务的公益性组织、金融公司和村镇银行等进入金融领域，增加金融市场的竞争，体现公平原则。在金融管制放宽的情况下，才能实现银行的客户市场自然下移的情况。这是因为，随着金融市场日益激烈的竞争，银行业间、金融机构之间竞争加剧，利润率不断下降，部分小额贷款公司和中小银行会开始寻求新的市场机会，市场会随之下移，向低端人群或低端客户倾斜，建立属于自己的产品市场，寻求自己的市场份额。但是，它们仍然不会优先服务最低端客户，同时它们的目标是为股东获得最高利益。它们只是与银行有着差异化的市场定位。例如，大中型银行会考虑以大中型企业为对象，而其他金融机构向中小型企业或微型企业的市场领域过渡。

但是，完全依靠充分的竞争，依靠自由的市场提供我们所期望的准公共物品性质的金融服务是不可能的，甚至可能出现争夺客户的恶性竞争，向最

① 朱建华，刘卫柏，《社会公平与普惠型农村金融体系构建》，《社会科学家》，2010年05期。

低端人群提供服务仍然难以实现。因此，在该金融体系中，应该为那些能够发挥扶贫功能，为长期以来一直难以从自由市场中获得到金融服务和金融产品的低收入人群或者处于社会底层的弱势人群服务的机构创造生存和发展的空间。也就是说，需要在金融体系中引入公益性金融机构，这些金融机构可以以民间组织形式运作，也可以以企业形式运作，它们是具有公益功能的小额信贷机构，它们对推动社会公平、公正的作用很大，它们服务低端客户，惠及低收入人群。这是它们的使命，是真正意义上的小额信贷机构，它们应该纳入金融体系，获得合法身份，获得支持，接受监管。金融市场上处于边缘地位的低端客户基本上不可能坐等现在的市场机制解决他们的金融需求问题，至少在今天的中国不可能得到解决。因此，公益性小额信贷机构必须存在，而且应该被大力支持。它们与其他金融机构纳入统一的金融体系。这样的金融体系才是完整的，才能既体现开放，体现竞争，又能体现多层次，体现公平原则，也有助于各类资金来源进入金融体系，激活市场，规范运作，服务全体人民。

Christen 认为提高金融服务的广度和深度与金融机构的可持续发展两个目标是可以同时达到的，提高金融服务的广度和深度，为更多的低收入人群提供金融服务，从长期看微型金融机构可以获得规模效应，有利于实现可持续发展。① Luzzi and Weber（2006）、Gutiérrez - Nieto（2007）通过实证研究发现小额信贷财务业绩与社会业绩存在可以相互补充之处。② 我们从仪陇县乡村发展协会的小额信贷以及中和农信项目管理有限公司转型和转制情况来看，只要民间组织加强治理，并且在管理上跟上去，就能避免“NGO 搞不好小额信贷”的说法。当然，对于公益性小额信贷组织不需要在建立初期或资金规模相对小的时候，过分强求其财务绩效，运作成本相对高一点是可以接受的，这也是公益类小额信贷组织需要承担的阶段性发展成本。因为它们与商业性小额贷款公司有着根本性的差异，它们在提供金融产品的同时，还可以提供商业性小额贷款公司不会提供的社会服务。只有这样，才能鼓励它们把小额信贷业务做起来、做大。中国需要更多的公益性小额信贷组织发展起来，应该以不同的思路对待它们，而不是采取抛弃的思路，让其自生自灭。

党和政府已经意识到小额信贷对于促进社会公平的重要作用，已经做了

① Christen, R. P. Keys to Financial Sustainability, in Strategic Issues in Microfinance, Edited byM. S. Kimenyi, R. C. Wieland, and J. D. Von Pischke. Aldershot: Ashgate. 1998

② 转引自周孟亮、李明贤，《小额信贷扶贫与财务可持续性：作用机制与协调发展研究》，《上海经济研究》，2009 年第 9 期。

一些工作，明确支持小额贷款，支持放开农村金融市场，支持发展小额信贷，特别是支持三农和扶贫的小额信贷；监管部门采取比较积极的姿态逐步开放小额信贷市场和业务，如准入小额贷款公司、村镇银行、贷款公司和资金合作社等，并鼓励银行类金融机构积极从事小额信贷业务；监管主体的变化，首次明确省级政府部门为小额贷款公司非审慎监管的信贷业务监管机构。对民间组织形式运作的小额信贷和监管采取容忍的态度。然而，目前的政策环境对于服务低收入人群的，对社会公平贡献大的公益性小额信贷机构没有给予政策支持：对小额信贷的优惠政策不是按业务，不是按目标客户的收入水平和贷款成本，而是按照接受监管与否与机构组织形式进行划分，对不同性质的机构区别对待。其结果是，银行类的金融监管从事小额信贷的条件最充分和优越，其次是商业性小额贷款公司，最后是公益性小额信贷机构；中国民间组织形式运作的公益性小额信贷机构受到金融管制和机构设置方面的双重约束。在金融管制上，作为民间组织的小额信贷机构不能依法从事小额信贷业务。在机构设置上，作为民间组织的小额信贷机构受到地方主管单位的制约；地方政府对公益性小额信贷机构既支持，又控制；现实情况导致小额信贷机构难以获得批发资金和股权投资的支持，从而难以扩大经营范围等；这种不利状况，使得公益性小额信贷机构难以为更多的贫困和低收入人口提供小额贷款服务。①

综上所述，政府应尽快建立相应的制度框架，引导和监督各类主体，推动以维护社会公平为原则的多层次普惠金融体系的建立，具体做法是分类指导、分类管理及分类支持。需要说明的是，商业性小额贷款公司对推动社会公平的贡献小，但良好的政策环境有助于其在服务中高端客户的情况下通过履行企业责任少量服务低端客户。除了良好的政策环境外，在各类主体中，尤其是公益性小额信贷机构自身要加强内部治理和管理，社会各界要构建良好的舆论环境。

第三节　具体建议

一、小额信贷的界定

国际主流观点认为小额信贷是指专向中低收入阶层提供小额度的持续的

---

① 程恩江，《中国非政府扶贫：小额信贷案例分析》，《中国农村经济》，2009 年增刊。

信贷服务活动。根据国际小额信贷信息交流平台（MIX - Microfinance Information Exchange）的定义，小额信贷的贷款额度不超过当地人均国民收入的 2.5 倍[1]。据统计，我国 2011 年年底的农民人均收入为 6,194 元人民币，城镇居民人均收入为 23,979 元人民币。[2] 由此，我们建议目前我国农村的小额信贷以不超过 20,000 元人民币为宜，城市的小额信贷以不超过 50,000 元人民币为宜。事实上，我国银监会和财政部门对金融机构 50,000 元以下的贷款有单独的统计和税收方面的优惠政策，[3] 以此鼓励商业性金融机构提供此类金融服务，因此该限制具有可行性。

根据以上定义，目前我国真正以从事小额贷款（或小额信贷）为主要业务的机构包括：（1）以民间组织形式运作的公益性小额信贷组织，如内蒙古赤峰昭乌达妇女发展协会、四川仪陇乡村发展协会，以及以社区或合作金融的方式运行的机构，如村级互助资金、部分农业专业合作组织所从事的内部融资等；（2）非常少量的以企业形式运作的公益性小额信贷机构，如中和农信、永济富平等。

我国的小额信贷机构不包括小额的民间高利贷（指超过基准利率四倍以上的贷款）和低息的民间融资。民间高利贷不仅不以社会价值或扶贫为目的，反而会剥夺贫困人口，使他们陷入更加贫困状态。低息的民间融资是个人行为，不属于准公共物品性质的金融产品，不是追求实现社会价值的小额信贷的范畴。

小额信贷机构提供的不是私人物品性质的金融产品，而是准公共物品性质的小额信贷产品。小额信贷机构所提供的产品应该是适应贫困和低收入阶层的。我们可以用国际上小额信贷产品的特征来识别我国的小额信贷机构，具体有如下特征：

- 经营区域：一般在县和县以下，特别是在中西部的区县或国家级贫困县；
- 贷款额度：一般不超过当地人均国民收入的 2.5 倍（目前农村贷款一般不超 20,000 元人民币，城市贷款一般不超过 50,000 元人民币）；
- 贷款利率：利率加收费一般在人民银行规定的基准利率四倍以下；

---

① 2.5 倍不是绝对的，是个相对概念，综合考虑了不同地区的收入状况。国际平均单笔贷款额度为 600 美元（引自 http：//www.osce.org/odihr/23910），包括了一些欠发达国家，中国的贫困人口收入水平高于这些国家，所以借鉴 2.5 倍数据。

② http：//www.stats.gov.cn：82/tjfx/jdfx/t20120120_402780174.htm

③ 引自《财政部 国家税务总局 关于农村金融有关税收政策的通知》（财税［2010］4 号），该通知所称小额贷款，是指单笔且该户贷款余额总额在 5 万元以下（含 5 万元）的贷款。

- 贷款对象：低收入人群（贫困户、低收入农户和城镇个体工商户，特别瞄准妇女等），为防止小额信贷概念的误用和套用，小企业贷款不在小额信贷贷款对象的范围之内。

通常贷款条件和方式以及资金来源和投资追求目的也可以是特征之一。其中，前者指以无实物抵押贷款为主，采用小组或其他的担保手段管理信贷风险，经常采用按期还款，如按月还款等，一般为短期贷款①；后者指小额信贷机构主要吸引追求社会目的的社会投资或社会捐赠，很少吸引追求利润最大化的商业投资。小额信贷机构的资金来源主要是，机构的资本金、捐赠资金、公益性的投资基金和国际组织的投资基金，少量为追求利润最大化的商业投资。这是因为从事真正的小额信贷业务风险高，交易成本高。在严格按照人民银行基准利率四倍以下运行的情况下，我国只有达到一定的资金规模、治理结构比较完善、管理水平比较高的小额信贷机构才有可能实现财务可持续，即收入覆盖成本，或有微利。目前大多数的小额信贷机构难以持续。鉴于小额信贷业务风险大，盈利空间非常小的特点，商业资本一般不愿意进入。但是我们不排斥少量商业资本的进入。

二、各类主体的具体建议

商业性小额贷款机构的组织性质为营利性组织，所有权归个人或企业所有，资金来源主要为逐利性资本，追求商业回报，股东可以分红，组织注销清算时财产归私人所有；以企业形式运作的公益性小额信贷机构其组织性质虽然为营利性组织，所有权归股东所有，组织注销清算时财产归股东所有，但资金来源主要为追求社会目的的资本，其主要股东可能是非营利性的公益机构；以民间组织形式运作的公益性小额信贷组织的组织性质为非营利性组织，所有权不属私人所有，资金来源为公益目的的社会捐赠或投资，组织注销清算时财产归社会所有。因此，在法律身份上，商业性小额贷款机构与以企业形式运作的公益性小额信贷机构是一致的，均为企业，但是商业性小额贷款机构与以企业形式运作的小额信贷机构有本质上的差异，前者作的不是真正意义下的小额信贷，主要从事中小企业贷款。因此，商业性小额贷款公司应该更名为贷款公司，以企业形式运作的小额信贷机构应该确定其名称为小额信贷公司。而以民间组织形式运作的公益性小额信贷组织的法律身份为社会组织，名称应为小额信贷组织。以下所有描述采用该命名。

---

① 我国不少小额信贷还采用该贷款方式和条件。

由于贷款公司主要服务对象为中小企业，主要提供私人物品性质的贷款，而后两类主要服务对象为低端人群，主要提供准公共物品性质的小额信贷，因此，对于前者，需要进一步规范，加强非审慎监管，同时适当扩大批发资金占注册资金比例，使它们享受人民银行征信系统服务，并颁发贷款许可证。而对后两类，强调其公益功能，向其颁发小额信贷许可证。基于小额信贷许可证所蕴含的公益属性，应限制小额信贷公司的分红比例，避免出现社会目标偏移的风险。当然，后两类愿意保持现状，不愿意申请小额信贷许可证的，也是允许的。[①] 因业务开展地域范围和资金规模不同，以及从监管/风险控制的角度考虑，向其颁发的小额信贷许可证分为扩展性小额信贷许可证和社区性小额信贷许可证。与此同时，相对于后两类，前者不应该享受额外的税收减免政策，可以参照金融机构从事小额度贷款税收政策执行。后两类当中，由于小额信贷公司的资金来源部分为逐利性资本，注销清算时财产归股东所有，因此享受税收优惠政策要少于小额信贷组织。小额信贷公司享受的免税政策可以参照《关于中国扶贫基金会小额信贷试点项目税收政策的通知》，小额信贷组织的税收优惠政策可以参照非营利组织减免税规定。

贷款公司中不乏有积极履行社会责任、提供少量准公共物品性质的小额信贷的，政府需要对这种情况给予积极地引导和鼓励。因此，需要建立企业社会责任评价指标，在此基础上，给予一定的激励，如浙江省的财政补贴政策。后两类组织因其公益目的和公益功能，应该得到政府更大程度的支持，在激励等方面获得的支持要优于前者。当然，获得支持的程度必须有一定的依据，我们认为该依据应该是社会绩效，因此需建立社会绩效评价指标。该指标既可以作为支持的依据，又可作为监管的依据。由于大部分逐利性资本会自动流向贷款公司，因此在融资方面，政府应该建立促进社会资本或社会捐赠流向小额信贷公司和小额信贷组织的政策，尽可能为小额信贷公司和小额信贷组织拓展资金来源渠道和降低融资成本。利用上述社会绩效评价指标对不同评级结果的小额信贷公司和小额信贷组织给予不同程度的融资支持。例如，依据评价等级确定融资比例，给予不同程度优惠，鼓励社会捐赠，鼓励社会投资。但是，小额信贷公司吸引了部分商业投资，因此需要在此基础上，特别对小额信贷组织给予进一步的支持，如允许其承贷政府扶贫贴息贷款。

---

① 长期以来社会组织从事小额信贷业务处于试点状态，政府不干预但也未认定其合法。政府需给予其明确的法律身份，允许在民政部门登记注册成为小额信贷组织，或民政部门增加小额信贷业务类别。如果从事小额信贷业务的社会组织不申请小额信贷许可证也是允许的。

由于小额信贷公司和小额信贷组织相对贷款公司而言管理成本高，贷款对象是低端客户，经营风险相对较高，因此政府需对小额信贷公司和小额信贷组织的风险控制方面给予帮助和支持。例如，贷款坏账准备金和坏账核销参照农村信用社的制度执行，不良贷款的定义参照农村信用社的相关规定，允许加入征信系统。

贷款公司提供的是私人物品性质的贷款，政府只需对其进行合规经营进行监管，但是，小额信贷公司和小额信贷组织是提供准公共物品的小额信贷，强调其社会绩效，因此政府的监管内容是双重目标，一方面是合规经营，另一方面是社会绩效，这两方面监管必须同时进行，否则，它们很有可能以公益的名义做贷款公司的事情。与此同时，需要建立退出机制，该机制与上述要求及监管相关。

贷款公司和小额信贷公司、小额信贷组织解决不同人群的金融需求，当它们合规经营并健康发展时，国家可以允许符合条件的公司和组织转制成银行和小额信贷银行，通过吸收储蓄解决资金来源问题。另外，在县域及贫困地区建立银行，有利于小额信贷公司和小额信贷组织获得稳定的资金来源，降低对社会投资及社会捐赠的依赖，满足低端人群的储蓄需求并养成储蓄习惯，因此应该降低小额信贷公司和小额信贷组织转制成为银行的门槛。

政府除了对贷款公司、小额信贷公司及小额信贷组织给予直接的支持之外，也需要对服务于它们的行业协会给予支持，如合法身份，以及舆论引导。

上述具体建议说明见表 6－1。

表 6－1　各类主体的具体建议

政策建议	贷款公司	小额信贷公司	小额信贷组织
法律身份	公司	公司	社会组织
准入	贷款许可证①	小额信贷许可证； 符合一定条件，颁发小额信贷许可证；依开展业务地域范围和资金规模，分为扩展性小额信贷许可证和社区性小额信贷许可证。	小额信贷许可证； 符合一定条件，颁发小额信贷许可证；依开展业务地域范围和资金规模，分为扩展性小额信贷许可证和社区性小额信贷许可证。
税收	参照银行类金融机构从事小额度贷款享受的优惠政策	参照《关于中国扶贫基金会小额信贷试点项目税收政策的通知》等规定	参照非营利组织减免税规定

① 银监会颁布的《关于小额贷款公司试点的指导意见》已经许可这类公司从事贷款业务。

续表

政策建议	贷款公司	小额信贷公司	小额信贷组织
评级	社会责任评级指标：贷款对象、贷款额度、贷款利率、客户保护、贷款影响等； 评价等级：对积极履行社会责任的程度进行评级。	社会绩效评级指标：贷款对象、贷款额度、贷款利率、服务方式、服务内容、客户保护和贷款影响等； 评级等级：对实现社会目标和财务可持续目标的程度进行评级。	社会绩效评级指标：贷款对象、贷款额度、贷款利率、服务方式、服务内容、客户保护和贷款影响等； 评级等级：对实现社会目标和财务可持续目标的程度进行评级。
激励	根据企业社会责任评级结果，可享受不同等级的财政补贴政策。	根据社会绩效评级结果，可享受不同等级的财政补贴政策。	根据社会绩效评级结果，可享受不同等级的财政补贴政策。
融资	可拓展其融资比例	在融资方面给予支持： 依据评级等级确定融资比例； 鼓励社会捐赠； 鼓励社会投资。	在融资方面给予支持： 依据评级等级确定融资比例； 鼓励社会捐赠； 鼓励社会投资； 承贷政府扶贫贴息贷款。
风险控制	允许加入征信系统	贷款坏账准备金和坏账核销参照银监会的规定执行； 不良贷款的定义参照银监会的相关规定。 允许加入征信系统。	贷款坏账准备金和坏账核销参照银监会的规定执行； 不良贷款的定义参照银监会的相关规定。 允许加入征信系统。
监管	进行非审慎监管，加强监管机构能力建设并明确监管责任。	进行非审慎监管，监管内容为合规经营和社会绩效。	进行非审慎监管，监管内容为合规经营和社会绩效。
退出机制	参照金融业退出机制规定	不符合条件者取消小额信贷许可证资格	不符合条件者取消小额信贷许可证资格
发展通道	符合一定条件，可以转制为银行①	符合一定规定，允许转制成为小额信贷银行	符合一定规定，允许转制成为小额信贷银行
行业协会	政府给予合法身份	政府给予合法身份	
舆论引导	构建良好的舆论环境，引导贷款公司积极履行社会责任	构建良好的舆论环境	

① 贷款公司转制成为村镇银行非本研究重点，后不赘述。

（一）贷款公司

1. 法律身份

应将商业性小额贷款公司更名为贷款公司，取消其名称中的“小额”一词。商业性小额贷款公司是以中国人民银行和银监会颁布的《关于小额贷款公司试点的指导意见》（以下简称《意见》）为指导建立起来的，并且在该《意见》中，只是明确了《公司法》为其具体的上位法[①]法律依据，其他法律的适用效力并未提及。其法律依据主要是《意见》以及各级地方政府颁布的一些地方规章和文件，这些法律依据在我国的立法体系当中，应该称之为行政法规。在司法实践中，行政规章的法律适用效力较为低下。它作为现代金融领域的一项惠民制度，如果没有高位阶的法律的支持，单单只靠《意见》和一些地方政府的规范性文件来予以保护的话，很难在市场竞争激烈的环境下正常健康的发展，会造成一定程度的管理无依据、处罚无依据的现象。各个省市自己制定的建立与保护的相关规范性文件的标准各不一致，在很大程度上也造成了区域之间的巨大差别，不利于统一的管理与规范。

2008 年，中国银监会和中国人民银行联合发布的《小额贷款公司试点指导意见》（银监发［2008］23 号）中并未明确其金融属性，只是规定商业性小额贷款公司是不吸收存款、只发放贷款的有限责任公司或股份有限公司。由于严格限定为“只贷不存”的公司，导致商业性小额贷款公司不属于存款类金融机构，现行的《商业银行法》又不能覆盖，但同时既依托于《公司法》，又在《公司法》中无章可循，作为一类经营特殊产品的公司，在现行的《公司法》中，没有对涉及贷款类业务的公司规定。然而，其虽不接受公众存款，但经营金融业务，其业务和运作与一般的工商企业又有很大的不同。这些法律和政策规定的空白，无疑增加了经营风险，导致其很难积极履行社会责任。我国应尽快制定针对这类公司专门的法律法规，赋予其金融企业的法律地位。

事实上，商业性小额贷款公司所从事的业务与银监会批准的“贷款公司”并无本质区别，归为同一类贷款公司更为合理。与银监会 2007 年印发的《贷款公司管理暂行规定》中的贷款公司不同的是，这类公司的资金来源以民间资本为主，创办者为企业、自然人，而《贷款公司管理暂行规定》中的贷款公司是指经中国银行业监督管理委员会依据有关法律、法规批准，由境内商

① 所谓法律位阶，是指每一部规范性法律文本在法律体系中的纵向等级。下位阶的法律必须服从上位阶的法律，所有的法律必须服从最高位阶的法。在我国，按照宪法和立法法规定的立法体制，它们从高到低依次是：基本法、普通法律、行政法规、地方性法规与行政规章。

业银行或农村合作银行在农村地区设立的专门为县域农民、农业和农村经济发展提供贷款服务的非银行业金融机构；贷款公司是由境内商业银行或农村合作银行全额出资的有限责任公司。

2. 准入

向贷款公司（上述的商业性小额贷款公司）发放贷款许可证。由于它们经营面向中小型企业、富裕的农村和农民，在很大程度上也满足了银行网点少、金融业服务不足地区的融资需求。另外，它们手续简单，操作灵活，放贷审核时间一般在1—3天，审批效率大大超过农村信用社等金融机构，弥补了正规金融服务的不完善之处。应将其纳入正规金融体系，向其发放贷款许可证。

为了鼓励民间资本进入金融领域，针对贷款公司，可在贷款许可证准入条件方面进行适当放松，包括资金准入、发起人数、发起人资格、从业人员方面的要求。

（1）放宽资金准入。地方各省市虽然是基于风险防范和控制的角度不约而同提高了注册资本限额，但限额的规定甚至超过了《商业银行法》对于农村合作商业银行的规定，不能不说是过高了。这样较为严格甚至苛刻的注册资本要求虽然在一定程度上起到了规避和防范经营风险的作用，但同时我们也应当看到这种制度设置带来的消极影响。一方面，较高的注册资本限额限制了贷款公司的经营，许多真正有资金需求，迫切需要开设贷款公司的市县由于无法满足这样高的注册资本限额要求只得作罢，使得农村金融需求仍然得不到真正的满足，供求矛盾依然突出。另一方面，设定的最高注册资本限额要求也压缩了贷款公司可以盈利的空间，使其很难有所作为。

银监会2007年印发的《贷款公司管理暂行规定》规定的贷款公司注册资本不低于50万元人民币，为实收资本，由投资人一次足额缴纳，这是针对由境内商业银行或农村合作银行全额出资成立的贷款公司，对于由自然人或企业出资成立的贷款公司，注册资本可高于50万元，但不应过高。目前一些省份对贷款公司（上述的商业性小额贷款公司）上千万、甚至过亿注册资本的要求不利于民间资本进入金融市场。

（2）放宽发起人数。我们认为没有必要通过提高发起人最低人数限额的要求降低风险，虽然这种制度设计在一定程度上可以起到这样的作用。但是我们也要看到，一方面提高了最低限额的要求对于风险防范的作用相比其他手段并不大，同时更重要的是极可能导致部分贷款公司因此一项要求而无法开设，使得大量民间资本无法汇聚，农村的金融供给形不成合力。对于这部分风险的防范，完全可以通过严格发起人资格要求和审查制度得以实现，因此，可放宽发起人人数的要求。再者，贷款公司属理性经济人，它们自身也会严加控制风险。

（3）发起人资格从严。对发起人资格需要有较为严格的规定，同时严格的资格审查制度也是必要的。贷款公司需要的是那些真正实力雄厚、信用良好的自然人、企业法人和其他组织的资金，这样才能最大限度地防范和控制经营风险，包括解决后续资金不足等经营性问题。因此发起人在提出贷款公司设立申请时，负责部门应当严格审查发起人资格，特别是主发起人的资格，包括形式审查和实质审查，首先在源头实现风险的有力防范。

（4）从业人员准入从严。作为一种特殊的新型金融机构，其所从事的业务有其专业性和特殊性，对于从业人员的任职资格应要求具备任职专业知识和业务工作经验的高级管理人员。可参照《商业银行法》和相关政策性金融机构法律规范的有关规定，进一步细化，将从业人员分为一般从业人员和董事、监事及其他高级管理人员两部分，分别规定不同的准入标准，进行有效监管。①

3. 税收

贷款公司可以享受现有银行类金融机构从事小额度贷款享受的优惠政策，对其一视同仁。例如，发放 5 万元以下贷款可以享受营业税和所得税的优惠；根据财政部、国家税务总局有关文件，我国中西部地区农村信用社暂免征收企业所得税；其他地区农村信用社，按其应纳税额减半征收企业所得税；对农村信用社取得的金融保险业应税收入，按 3% 的税率征营业税。②

4. 评级

建立贷款公司企业社会责任评级指标，对贷款公司积极履行社会责任方面进行评级。对于经营良好，履行企业社会责任的贷款公司参照金融机构发放小额度贷款的优惠政策给予相应的支持政策。另外，也可以针对这类企业进行企业社会责任评奖，设立“企业社会责任奖”，进行精神鼓励，并给予奖励。社会责任指标可以包括：贷款对象、贷款额度、贷款利率、客户保护、贷款影响等。

5. 激励

获得贷款许可证的贷款公司根据企业社会责任评级结果，可享受不同等级的财政补贴政策。贷款公司既可以在农村，也可以在城镇地区开展贷款业务。对实际从事小额度贷款和农村贷款的公司，政府依据社会责任评级等级，

① 朱闻冬、牛新凯，《浅析我国小额贷款公司市场准入法律制度》，《法制与经济》，2011 年 2 月

② 《财政部 国家税务总局关于农村金融有关税收政策的通知》（财税［2010］4 号）。

给予不同等级的财政补贴。例如，2009年财政部出台《财政县域金融机构涉农贷款增量奖励资金管理暂行办法》，开展县域金融机构涉农贷款增量奖励试点，对县域金融机构上年涉农贷款平均余额同比增长超过15%的部分，按2%的比例给予奖励，激发金融机构加大涉农贷款投放的内生动力。2010年，财政部进一步完善试点政策，并将试点范围扩大到18个省（区），对贷款公司也应当给予这样的奖励。如果能够参照以上标准给予积极履行社会责任并经过评级认定的贷款公司以优惠，贷款公司将会更加积极履行社会责任，也将为县域个体户和三农发展提供更多的资金支持，对促进社会公平有一定作用。例如，浙江省金融办的社会责任评级及激励政策值得借鉴：对全省所有小额贷款公司进行年度考核评价，年度考核结果作为增加业务范围、推荐改制村镇银行、享受扶持政策的重要依据；根据考评结果，对“合格”及以上评级等级的，其缴纳的所得税地方留成部分和营业税，3年内可由同级财政予以相应补助。

6. 融资

贷款公司可拓展其融资比例。目前，这类公司的主要资金来源为股东缴纳的资本金、捐赠资金，以及来自不超过两个银行业金融机构的融入资金（不得超过资本净额的50%）。股东缴纳的资本金很快就贷放出去了，50%的金融机构融资很不好落实，因此后续资金枯竭已成为其发展的瓶颈。根据贷款公司的风险评级，对业绩良好的贷款公司，融资比例最高可以达到资本金的3—4倍。[①]

7. 风险控制

获得贷款许可证的贷款公司可以进入人民银行的征信系统。

8. 监管

对贷款公司进行非审慎监管，加强监管机构能力建设，并明确监管责任。监管问题直接影响贷款公司是否能健康发展，监管不明确不仅不利于贷款公司的健康发展，而且也造成各部门的职能混乱。因此，为使贷款公司能得到有效监管，应明确监管主体。

在监管方面，既要防止监管不足，又要防止过度监管。目前主要的问题是地方政府的监管力量不足，监管责任缺乏。中央政府及其部门可以加强对

① 杭州市政协委员提案加大小贷公司融资比例，许荣根建议，可参考普通工商企业和银行的负债比率来制定一个较为均衡合理的融资杠杆比例，将小贷公司融资比例进一步提高到200%，三年内，将其融资比例提高到500%，使其经营杠杆为1：5，成为名副其实的地方性金融企业（引自 http：//www. jnloan. com. cn/othersnews/144 - green. html）。

地方金融办的能力建设，对达到不同水准的地方金融监管机构给予不同的监管授权。23号文件将贷款公司的审批、监管、风险处置等权力和职责下放到省级政府，只有省级政府能明确贷款公司的主管部门（金融办或相关机构），负责贷款公司的监督管理，承担风险处置责任，方可开展贷款公司的试点。各省区进一步将贷款公司的审批、监管、风险处置等权力和职责下放到县级部门，负责对贷款公司初审和日常监督管理，明确县级政府主管部门为日常监督管理和风险处置的第一责任人。总体来看，对贷款公司的监管初步形成了分级授权，以县（区）为主的监管框架。在中央层面主要由中国银行业监督管理委员会和中国人民银行牵头制定贷款公司的相关法律、规范，搭建贷款公司的制度框架；在省级层面，由省金融办（金融局、经贸委、中小企业服务局、省经济委员会）等为核心，联合发改委、工商、公安、人民银行、银监局、中小企业局等省级部门，组成贷款公司试点工作推进小组或联席会议制度，制定本省的贷款公司的管理办法，并授权地方金融办实施对贷款公司的日常管理，同时省级政府作为贷款公司风险处置的最终责任人，承担由贷款公司试点所引起的各类风险；在县级层面，由县金融办负责制定贷款公司的相关制度和机制、承担贷款公司风险处置责任、对贷款公司进行日常监管和检查、处置违规和违法经营产生的不稳定因素、制定风险性突发事件处置预案。如图6－1为贷款公司监管体系。

9. 退出机制

对贷款许可证机构可以参照金融业退出机制执行，主要规则应包括，不得非法吸储、高利率和不得暴力收贷。一个健康的行业必须在具有准入机制的同时具备退出机制，只有具有退出机制，行业才可能具有流动性，优胜劣汰，促进整个行业的健康发展。

（二）小额信贷公司

小额信贷公司即以企业形式运作的公益性小额信贷组织（社会企业）服务的人群较为低端，所从事的小额信贷是中国目前真正意义上的小额信贷。将其纳入正规金融体系，有助于建立为低收入人群提供系统性金融服务的可持续发展的信贷体系。与贷款公司相比，它们更需要在法律、法规、政策及组织自身发展方面得到关注和支持，底线是小额信贷公司自动享受政府对正规金融机构和贷款公司发放小额度贷款的一切优惠政策，更重要的是我们需要给予其明确的公益性法律身份，给予特殊的支持，并有一系列配套的措施，建议发放小额信贷许可证，监管重点是保证社会目标不偏离。

另外，小额信贷公司存在社会目标偏离的风险，需要政府监管、舆论引导及行业协会等外部环境加以规范，其自身治理和管理也需要加强。

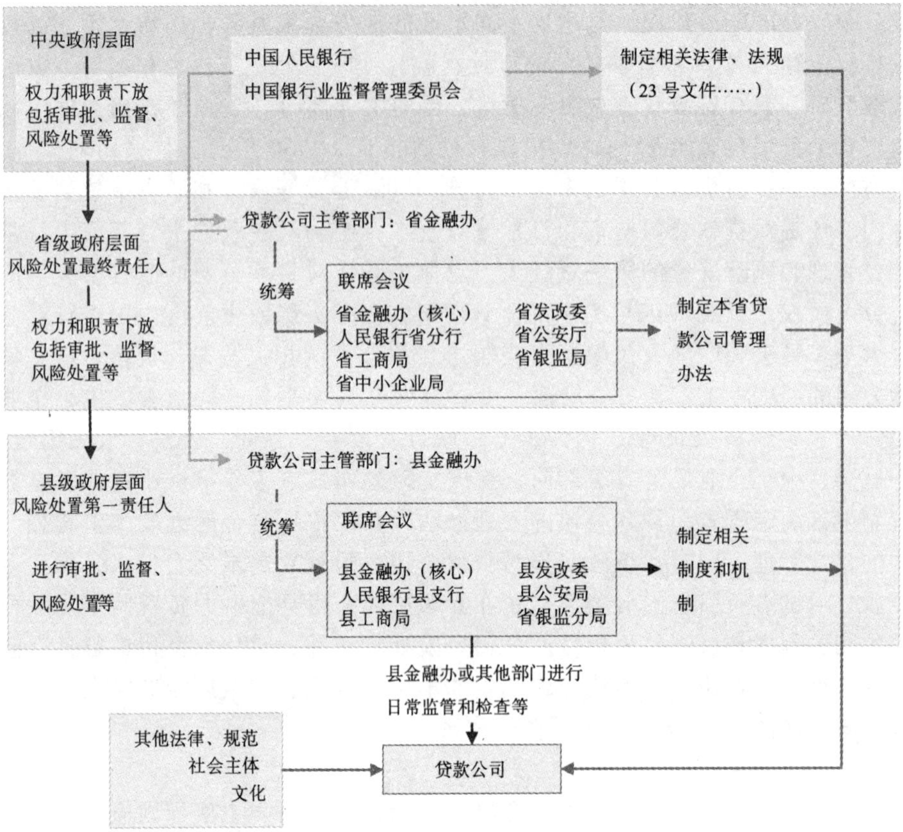

图 6－1　贷款公司的监管体系

1. 法律身份

明确法律身份是小额信贷公司。目前小额信贷公司中，以企业形式注册的获得金融办批准的小额信贷公司在各个省市自己制定的有关小额贷款公司的建立与保护的相关规范性文件的标准不一致，在很大程度上也造成了区域之间的巨大差别，不利于统一的管理与规范。例如南充美兴小额贷款公司与山西永济富平小额贷款公司所处的省份不同，两省对各自管辖范围内的贷款公司的办法就有一定的差异，前者可以获得银行100%的融资比例，后者仍然是50%，两省对其监管手段和严格程度也不相同。

中央鼓励发展各类小额信贷，目前尚处于摸索试点阶段，没有专门针对小额信贷公司的法律身份的具体规定。小额信贷公司难以因公益性目的而获得优惠和激励，需要区别于贷款公司，明确其法律身份为小额信贷公司。

2. 准入

为小额信贷公司颁发小额信贷许可证。小额信贷公司价值定位及所承担的使命包括了政府职能的一部分，其主要提供的产品不是私人物品性质的贷款，而是准公共物品性质的小额信贷，服务低收入人群，服务于公共利益，对社会公平的贡献大。因此，应降低小额信贷公司的准入门槛。降低准入门槛，有利于让真正服务于公益目的的小额贷款机构具有合法身份，使其合法地开展业务，特别是使它们在“穷乡僻壤”开展业务，置身于低收入人群、欠发达地区；也有利于培育基于本土力量的金融力量，特别是农村金融力量。政府需给予其明确的法律身份，并颁发小额信贷许可证，明确其是追求公益目的的小额信贷公司，是公司形式注册的专门从事小额信贷业务的实体。并依据开展业务的地域范围和资金规模，确定发放扩展性小额信贷许可证或社区性许可证。注册资金规模大，其经营范围跨县域，达到一定规模，治理结构比较健全，有一定专业水准可颁发扩展性小额信贷许可证；注册资金规模小，其经营范围在一个县（区）之内，规模比较小的可颁发社区性小额信贷许可证。

申请社区性小额信贷许可证的主体，必须拥有法人身份，或在民政部门注册，或为工商注册法人，注册资金不得少于 50 万，[①] 资金来源合法，具备相应专业知识和从业经验的工作人员（会计、熟悉贷款业务人员等），建立有贷款管理信息系统。

申请扩展性小额信贷许可证的主体必须有三年以上从事小额信贷业务的经验；在申请时需要同时在 3 个以上县（区）运行小额信贷；作为扩展性的机构，申请时以及申请前一年内任何时点有效客户数不得少于 5,000 户，贷款余额不得少于 3,000 万人民币。[②] 在申请前的三年内任何一年不得发生财务亏损。利润的 50% 以上用于充实贷款本金和扩展业务，不得用于分红。[③] 申请实体的资本金中必须有不少于 70% 的社会投资（非商业性投资）；[④] 主要业务为贷款业务（贷款利息收入占全部营业收入的 90% 以上），其贷款余额和累计贷款金额的 90% 以上贷款为低于当地年人均国民收入 2.5 倍以下额度的小额贷款；利率加收费不得超过人民银行基准利率的四倍；经营业务范围为

---

① 《中国银行业监督管理委员会关于调整放宽农村地区银行业金融机构准入政策 更好支持社会主义新农村建设的若干意见》规定专门提供贷款商业银行和农村合作银行设立的专营贷款业务的全资子公司，其注册资本不得低于人民币 50 万元。

② 依据目前现有小额信贷公司（社会企业）从事业务的情况提出该建议。

③ 以防止商业性资金利用该通道从事非小额信贷业务获取利润。

④ 国际上一般对社会企业的资金来源要求有较严苛的规定。http://www.publicprocurementpage.eu/funding.html

县域和农村。

另外，若申请主体承诺在准入后三年投资人不分红，利润用于充实贷款本金和扩展业务，可优先发放小额信贷许可证。

3. 税收

获得小额信贷许可证的小额信贷公司可以参照《关于中国扶贫基金会小额信贷试点项目税收政策的通知》等规定享受税收优惠政策。政府给予金融机构从事小额度贷款的税收优惠见表 6－2。

表 6－2　　现行小额贷款税收政策

类型	激励政策	执行期间	依据
税收	农户小额贷款的利息收入，免征营业税	2009 年 1 月 1 日至 2013 年 12 月 31 日	《关于农村金融有关税收政策的通知》（财税［2010］4 号）
	农户小额贷款的利息收入在计算应纳税所得额时按 90% 计入收入总额	2009 年 1 月 1 日至 2013 年 12 月 31 日	
	金融保险业收入减按 3% 的税率征收营业税	2009 年 1 月 1 日至 2011 年 12 月 31 日	
	营业税以利息收入全额计税，不能扣减在金融机构借款的利息费用	未规定	《营业税暂行条例》

政府对于运营良好，坚持公益目的小额信贷公司，财政税收政策在建立减免税税收优惠方面已有探索，[1] 例如 2010 年 5 月 13 日财政部、国家税务总局下发《关于中国扶贫基金会小额信贷试点项目税收政策的通知》，中和农信可以在全国范围内享受上表所列的《关于农村金融有关税收政策的通知》规定的税收减免政策；农村信用社在西部地区和贫困地区经营的小额贷款业务执行营业税减半（3%），减免交企业所得税的税收优惠政策。

4. 评级

对获得小额信贷许可证的小额信贷公司实现社会目标和财务可持续目标等方面进行社会绩效评级。根据评级等级，小额信贷公司可以在融资和激励等方面获得优惠。社会绩效评级指标包括贷款对象、贷款额度、贷款利率、

① 2009 年吴晓灵说：“希望能够建立普惠制的税收引导政策。财政部最近也在研究对发放五万元以下的农户贷款的税收优惠政策和涉农贷款增长到一定比例以后的税收优惠政策……用普惠金融的税收政策，引导大家解决社会的这些问题。希望既要认真地总结高端金融给我们的金融业所带来的创伤，也希望大家能够研究一下低端金融，为我们广大的低收入人群改变自己的命运、缩小城乡差别作出我们的努力。”中国人民银行小额信贷专题组，《小额信贷通讯》，2009 年第 5 期，第 285 页。《2009/2010 年小额信贷通讯合集》，经济科学出版社，2010 年 10 月。

服务方式、服务内容、客户保护和贷款影响等。另外，需要大力促进专业评级机构的发展。建立专业评级机构，将很大程度上促进小额信贷公司的健康发展，促进小额信贷机构追求社会目标和财务可持续双重目标。

5. 激励

根据社会绩效评级结果，获得小额信贷许可证的小额信贷公司可以获得财政补贴。具体可参照现行涉农贷款激励政策，见表6-3。

表6-3　现行涉农贷款激励政策

类型	激励政策	执行期间	依据
补贴	涉农贷款平均余额同比增长超过15%的部分，按2%的比例给予奖励	未规定	关于印发《财政县域金融机构涉农贷款增量奖励资金管理办法》的通知（财金［2010］116号）
	贷款平均余额的2%给予补贴	未规定	关于印发《中央财政农村金融机构定向费用补贴资金管理暂行办法》的通知（财金［2010］42号）
	涉农贷款和中小企业贷款风险分类后按比例计提的贷款损失专项准备金准予在计算应纳税所得额时扣除	未规定	《关于金融企业涉农贷款和中小企业贷款损失准备金税前扣除政策的通知》（财税［2009］99号）

6. 融资

对获得小额信贷许可证的小额信贷公司在融资方面进行支持。目前，可供小额信贷公司选择的资金来源渠道主要是股东的实收资本和向商业银行借款。一方面，股东实收资本有限，增资门槛较高；另一方面，《意见》对小额贷款公司的融资渠道和金额进行了严格限制，其从商业银行融入资金的最高额度不得超过资本净额的50%。同时注册为小额贷款公司的小额信贷公司又不能享受到金融行业中的同业拆借、再贷款等融资方式及相应利率优惠，在当前需求旺盛而现有资金规模十分有限的情况下，资金贷放速度快于资金回收速度的小额信贷公司将面临资金头寸不足问题。如果资金来源狭窄问题不能有效解决，小额信贷公司会面临“无款可贷”的尴尬局面。① 因此，根据社会绩效评级结果，需要政策加以倾斜鼓励。

第一，银监部门应鼓励商业银行和政策银行及其他金融机构向小额信贷公司发放批发贷款，给予小额信贷公司更多批发资金的支持。允许扩展性小

① 许道文，《当前小额贷款公司经营中存在的问题、风险因素及建议》，《黑龙江金融》，2011第3期。

额信贷许可证机构批发资金总额最高可达到资本金 3—4 倍。[①] 目前可参照四川省南充市的做法（四川南充美兴因坚持“小额、分散”的原则得到金融办的政策支持，其银行贷款额度由 50% 增为 100%）。

第二，政府可参考孟加拉乡村信托基金（Grameen Trust，GT），建立小额信贷发展基金，扮演小额信贷公司的资金提供方。也可参照 PKSF 建立小额信贷发展资金批发机构，或“普惠 1 号基金”[②]，专门为小额信贷公司提供批发资金。该机构可以以企业形式注册，也可以以非营利组织形式注册。资金来源可以有三类途径：（1）由政府无偿或低息或免息提供；（2）由公益组织或企业或企业家进行捐赠或低息或免息贷款；（3）鼓励公众捐赠。目前很有必要发展资金批发机构，所创建的资金批发机构可建立能够代表社会大众利益、追求公益目的的完善的理事会，建立能够对理事会负责的执行团队，接受资金来源方及相关部门的监督与监管，同时透明操作。建立明确的发展战略和严格的审批与管理制度与流程。

第三，鼓励社会捐赠，以及吸引社会投资进入小额信贷领域，促进小额信贷行业的发展。

7. 风险控制

贷款坏账准备金和坏账核销参照银监会制定的标准执行。不良贷款的定义参照银监会和人民银行的相关规定。小额信贷公司可以进入人民银行的征信系统。目前，这类小额信贷公司未全部拥有进入金融业系统查询客户资信度的权限，不能有效识别客户的多头申贷等不良现象，这就大大增加了业务风险。而贷款对象主要是农户等弱势群体，他们大都以种植业、养殖业为主，但是这种种养业对自然条件有很大的依赖性，如果遇到自然灾害很容易形成

---

① 中国小额信贷机构联席会秘书长焦瑾璞曾建议，应该放宽小额贷款公司融资比例，注册资本与融入资金的比例适当提高到 1∶1 或者是 1∶2，或者根据实际业务能力确定。

② “普惠 1 号公益性小额信贷批发基金”（以下简称普惠 1 号基金）于 2011 年 10 月 18—20 日召开的中国小额信贷联盟高峰论坛上发布成立。该基金由中国小额信贷联盟、商务部中国国际经济技术交流中心、北京大学金融信息化研究中心和宜信集团联合倡导，是国内首家向公益性小额信贷组织以批发贷款的方式提供资金援助的公益性、可持续的自主批发基金。该基金的宗旨在于解决公益性小额信贷组织的资金瓶颈问题，帮助公益性小额信贷组织实现多渠道融资，实现机构的可持续发展，使其更好开展扶贫助农业务，援助更多贫困弱势群体，推进中国普惠金融体系的建设。基金已于 2012 年 2 月 1 日正式启动。基金投资方式为批发贷款，委托银行贷款。首期募集资金的规模为 500 万元，可扩募，将逐步逐期增加。该基金由宜信惠民担任基金企业受托管理人，负责对投资申请、投资对象筛选、审批、委托贷款指令的发出、贷款跟踪管理、风险评估、再投资等全过程的资产管理。目前，该基金的宣传材料已通过中国小额信贷联盟发放给了其会员，公开接受申请。只要是公益性小额信贷机构都能申请，通过相应的审核后可得到该基金提供的批发贷款。

自然风险。因为对农产品需求和农户生产之间存在着严重的信息不对称，容易导致严重的市场风险。部分农户的认识上存在误区，认为小额信贷公司是公益扶助，在这样的公司借钱，按时还钱的责任相对减弱，很容易引发道德风险。① 获得小额信贷许可证后的机构，可以加入人民银行的征信系统，获得进入金融业系统查询客户资信度的权限，降低风险。

8. 监管

对小额信贷公司实行非审慎监管，监管内容为合规经营和社会绩效。监管重点在于同时监管合规经营和社会绩效，保证机构社会价值最大化目标不偏离。除了合规经营外，主要需要对小额信贷公司的社会绩效，包括服务对象、开展业务地域以及发放贷款的额度、利率等方面进行监管，以此保证机构社会价值最大化目标不偏离。目前基层监管力量薄弱问题亟待解决。

9. 退出机制

不符合条件者取消小额信贷公司小额信贷许可证资格。对小额信贷许可证退出机制主要从合规经营、财务可持续和社会价值最大化的角度进行设置。

凡发生以下任何一种情况的，扩展性小额信贷许可证依法取消：服务对象偏移；利润分配违背相关的规定；其业务超出定义的小额信贷和经过批准的业务范围；非法吸储或集资；发生暴力收贷；经营不善，连续三年发生财务亏损的；不良贷款达到贷款余额的10%。

凡发生以下任何一种情况的，社区性小额信贷许可证依法取消：服务对象偏移；利润分红违背相关的规定；其业务超出定义的小额信贷和经过批准的业务范围；非法吸储或集资；发生暴力收贷。

10. 发展通道

获得小额信贷许可证的小额信贷公司符合一定条件，可以依法申请转制成为小额信贷银行。有关小额信贷银行的准入和监管规则另行讨论。

11. 行业协会

允许建立全国范围的小额信贷公司的行业协会，给予合法身份，推动行业发展。这是因为，小额信贷公司需要合法规范的行业协会来扮演既定的角色。目前小额信贷公司的全国性行业协会为中国小额信贷联盟，但其利益代言发生偏离。建议其取消非公益类会员，坚持利益代言为小额信贷公司和小额信贷组织。

另外，在积极支持小额信贷行业协会注册后，并为其发展提供一定的运

① 高丽爽，《小额贷款公司的法律困境及出路》，《法制与社会》，2011年6月（上）。

营资金，使其为会员服务，包括治理、管理培训与支持，信息系统的建立等，经验交流、学习；改善贷款质量、财务报表和业务发展透明化管理；专业人员人才培养，素质提高，提高服务标准。可以在政策倡导、行业自律、能力建设、信息交流、资金筹措等方面为会员提供服务。另外，积极推动建立公益性小额信贷的行业规范，扮演倡导者和主导者。针对小额信贷领域各自为战、势单力薄，而互相间又缺乏交流的现状，亟须进行行业团结和规范，互相交流探讨，促进整个行业的良性发展。

12. 舆论引导

政府作为舆论环境的引导者，负有为小额信贷公司构建良好舆论环境的责任。国际上发展轰轰烈烈、备受关注的小额信贷，在我国却异常冷清、不被关注，社会对小额信贷公司知之甚少，并且被混同于商业性贷款公司。需要政府积极引导社会舆论，包括明确界定小额信贷概念，明确界定小额信贷公司和小额贷款公司；引导社会舆论认清楚贷款公司的公益行为是企业社会责任的表现，而非公益性机构。但是，小额信贷公司存在偏离社会目标的风险，需要进行舆论监督。

13. 内部治理与管理

（1）治理。采用公司治理的治理模式，但治理目标要保证追求社会价值最大化，同时兼顾财务可持续，从而在保证机构追求社会目标不偏离的情况下，实现机构的运营效率，更好地为社会底层群体提供金融服务和社会服务。

（2）资金拓展。在接受资金时，无论是捐赠资金还是其他社会投资资金，要始终坚定机构追求社会目标的不偏离，防止为了满足出资人诉求而发生目标偏离。需要限制大量商业投资的进入。

（3）服务对象。在实现了机构可持续发展的情况下，可以将目标市场再下移一些，将更多的农村和城市的低收入人群纳入到服务对象中；在选择开设分支机构地域时，优先选择低收入地区、农村地区。

（4）产品服务。根据实际情况，不断开发更加符合当地农户或低收入群体需求的产品和服务，如保险产品，以及为客户提供理财、专业技术培训、市场引导等方面的配套服务，提高客户的抗风险能力，帮助客户更好地经营管理，改善生活。

（5）信息。规模大但仍然没有运用电子信息系统的小额信贷公司，应加速电子信息系统建立的步伐，便于控制风险和提高工作效率。

（6）人力资源。加强对管理层和工作人员进行与小额信贷相关的金融知识、金融技术，以及社会绩效等方面的培训。增加对员工社会绩效方面的考核，以激励员工更好地为社会底层群体提供金融服务和社会服务，并防止机构追求社会目标的偏离。

（7）财务可持续。对已经且较好地实现财务可持续的小额信贷公司，应积极地进行治理和管理方面的改进，实现财务可持续的同时不断扩大经营规模，为更广大的低收入人群提供小额信贷，促进社会公平。

（三）小额信贷组织

小额信贷组织所从事的小额信贷是中国最早的，也是真正意义上的小额信贷，对社会公平的贡献大，服务低收入人群，大多数的客户难以在正规机构得到贷款服务，有些主要服务低收入妇女，对提高妇女地位起了非常重要的作用，产品设计适应低收入人群的需要，尤其是较低的贷款金额也保证了低收入客户的瞄准，大多数这类的机构和项目位于我国的贫困地区，保证了其所服务的客户为贫困地区的农户。我国大部分小额信贷组织处境艰难，面临财务可持续困境。其中少部分的组织既服务了低收入人群，实现金融包容，对社会公平的贡献大，又实现了自身的财务可持续发展，对我国扶贫方式和扶贫项目的创新起了示范性的作用。出现这种情况有多重原因，最重要的是外部因素没有对其进行有益、有效的支持。事实证明在一定的外部因素支持下，小额信贷组织可以是高效率、低成本运行的实现双重目标的机构。

因此，政府需要充分认识小额信贷组织的发展离不开正规化与适当的监管，那种认为小额信贷组织只能是小规模的、草根性的，永远长不大，无需合法化、也无需监管的观点是十分有害的。国际经验证明，凡是小额信贷发展顺利、对社会公平贡献大的国家，都是小额信贷组织能够合法经营，并且能够转为小额信贷银行的国家，如亚洲的孟加拉、印度尼西亚、菲律宾和南美的玻利维亚、墨西哥。所以要牢固树立小额信贷发展，合法经营和政府的监管支持是关键的思想。

1. 法律身份

明确法律身份为小额信贷组织，是非营利性组织，注册形式为社会组织（社会团体、基金会和民办非企业单位）。小额信贷组织，既无法规，也无规章，对其监管更是无从谈起。民政部门认为金融业务不是其管辖范围，银监会认为民间组织不是其管辖范围。这类民间组织在开展金融业务方面属于“非法”状态，极不利于其发展。我国目前对发展小额信贷组织尚处于摸索试点阶段，小额信贷组织在法律地位的探索处于灰色地带，还没有一套法律框架来界定小额信贷组织的法律地位。小额信贷组织价值定位及所承担的使命包括了政府职能的一部分，提供准公共物品性质的金融服务，服务低收入人群，服务于公共利益，需要政府和社会大力、持续的支持。因此，政府需给予其明确的法律身份，允许在民政部门登记注册成为小额信贷组织，或民政部门增加小额信贷业务类别。

2. 准入

为小额信贷组织颁发小额信贷许可证。当然，不申请小额信贷许可证也可以继续经营小额信贷业务，但是不能享受小额信贷许可的政策支持。小额信贷组织既可以申请社区性小额信贷许可证，也可以申请扩展性小额信贷许可证。民政部门或银监会等部门应该扶持小额信贷组织模式的产生和发展，为其出现及发展创造便利条件。注册资金规模大，其经营范围跨县域，达到一定规模，治理结构比较健全，有一定专业水准可颁发扩展性小额信贷许可证；注册资金规模小，其经营范围在一个县（区）之内，规模比较小的可颁发社区性小额信贷许可证。

申请社区性小额信贷许可证的主体，必须拥有法人身份，在民政部门注册，注册资金不得少于50万，资金来源合法，具备相应专业知识和从业经验的工作人员（会计、熟悉贷款业务人员等），建立有贷款管理信息系统。

申请扩展性小额信贷许可证的主体必须有三年以上从事小额信贷业务的经验；在申请时需要同时在3个以上县（区）运行小额信贷；作为扩展性的机构，申请时以及申请前一年内任何时点有效客户数不得少于5,000户，贷款余额不得少于3,000万人民币。[①] 在申请前的三年内任何一年不得发生财务亏损。

主要业务为贷款业务（贷款利息收入占全部营业收入的90%以上），其贷款余额和累计贷款金额的90%以上贷款为低于当地年人均国民收入2.5倍以下额度的小额贷款；利率加收费不得超过人民银行基准利率的四倍；经营业务范围为县域和农村。

3. 税收

小额信贷组织应享受非营利组织的免税资格。可以参照《财政部 国家税务总局关于非营利组织免税资格认定管理有关问题的通知》（财税［2009］123号）等规定执行，利用上述税收优惠，以降低小额信贷组织的运营成本，促进其财务可持续的实现。

4. 评级

对获得小额信贷许可证的小额信贷组织进行社会绩效评级。根据评级等级，小额信贷组织可以在融资和激励等方面获得优惠。社会绩效评级指标包

---

① 依据目前现有小额信贷组织（社会企业）从事业务的情况提出该建议。

括贷款对象、贷款额度、贷款利率、服务方式、服务内容、客户保护和贷款影响等。另外，需要大力促进专业评级机构发展。这将会很大程度上促进小额信贷组织的健康发展，促进小额信贷组织追求社会目标和财务可持续双重目标。

5. 激励

依据社会绩效评级结果，获得小额信贷许可证的组织可以享受不同等级的财政补贴政策。相对于小额信贷公司，激励幅度可提高。

6. 融资

依据社会绩效评级等级，小额信贷组织可以享受不同等级的融资政策支持。小额信贷组织的资金来源是其发展中面临的较大问题，其经营成本高，风险大。

首先，可以在融资方面享受普通金融机构同样的融资待遇基础上，享受更多的融资支持。对于获得扩展性小额信贷许可证的小额信贷组织，可提高最高融资比例至资本金的3—4倍。

其次，小额信贷组织可以承贷扶贫贴息再贷款。为引导金融资本投入农村贫困地区，中央财政自1998年起安排扶贫贷款贴息资金，并不断改革和完善扶贫贷款贴息制度，扩大承贷主体，丰富资金来源。截至2009年底，中央财政共拨付了贴息资金81.5亿元，累计带动发放了超过2,000亿元的扶贫贷款，但是小额信贷组织基本上未享受到这样的政策。[①] 对特殊涉农业务或者对专门服务于贫困人群的小额信贷组织理应给予大幅度的支持，鼓励其承贷扶贫贴息再贷款。

最后，政府可参考上述孟加拉乡村信托基金（Grameen Trust，GT），建立小额信贷发展基金，扮演小额信贷组织的资金提供方，也可以参照PKSF建立小额信贷发展资金批发机构，专门为公益性小额信贷机构提供批发资金。资金批发机构还可以培育和孵化小额信贷组织，特别是扎根农村和城市基层向低收入人群提供服务的小额信贷组织。这些批发资金优先提供给发展初期或资金规模小的小额信贷组织（包括未申请小额信贷许可证和已获得社区性小额信贷许可证的小额信贷组织，如果有能力可以低利率提供批发资金），经过严格的组织评价与审批流程，提供有助于扩大规模、覆盖更多受益人群的资金。

另外，鼓励社会捐赠，以及少量的社会投资投入小额信贷领域，促进小

① 扶贫办关于扶贫贴息贷款使用情况报告，未公开发表。

额信贷行业的发展。其实，小额信贷许可证赋予小额信贷组织明确的公益性身份后，将吸引许多对小额信贷领域感兴趣的资金进入。并且可以鼓励国际组织向这类机构提供投资、赠款以及技术支持，并在外币的兑换方面给予方便。

7. 风险控制

贷款坏账准备金和坏账核销参照银监会制定的标准执行。不良贷款的定义参照银监会和人民银行的相关规定。小额信贷组织可以进入人民银行的征信系统。目前，小额信贷组织没有进入金融业系统查询客户资信度的权限，不能有效识别客户的多头申贷等不良现象，这大大增加了业务风险。其贷款对象主要是农户等弱势群体，他们大都以种植业、养殖业为主，但是这种种养业对自然条件有很大的依赖性，如果遇到自然灾害很容易形成自然风险。因为对农产品需求和农户生产之间存在着严重的信息不对称，容易导致严重的市场风险。部分农户的认识上存在误区，认为小额信贷组织是国家对农民的扶助，在这样的组织借钱，按时还钱的责任相对减弱，很容易引发道德风险。[①] 获得小额信贷许可证后，可以加入人民银行的征信系统，获得进入金融业系统查询客户资信度的权限，降低风险。

8. 监管

对小额信贷组织进行非审慎监管，监管内容为合规经营和社会绩效。一方面，由于小额信贷组织的资金主要来自社会捐赠，需要对此加强监管。另外一方面，由于小额信贷组织目前处境艰难，部分组织财务不可持续，对小额信贷组织加强合规经营和社会绩效方面的监管，有助于小额信贷组织实现财务可持续。

9. 退出机制

对不符合条件的小额信贷组织取消小额信贷许可证。一个健康的行业必须在具有准入机制的同时具备退出机制，只有具有退出机制，行业才可能具有流动性，优胜劣汰，促进整个行业的健康发展。小额信贷组织行业是提供准公共物品的特殊行业，更加需要退出机制，来保证行业的健康发展，更重要的是保证小额信贷组织促进社会公平的目标实现。

凡发生以下任何一种情况的，扩展性小额信贷许可证依法取消：服务对象偏移；其业务超出定义的小额信贷和经过批准的业务范围；非法吸储或集资；发生暴力收贷；经营不善，连续三年发生财务亏损的；不良贷款达到贷

---

① 高丽爽，《小额贷款公司的法律困境及出路》，《法制与社会》，2011 年 6 月（上）

款余额的10%。

凡发生以下任何一种情况的，社区性小额信贷许可证依法取消：服务对象偏移；其业务超出定义的小额信贷和经过批准的业务范围；非法吸储或集资；发生暴力收贷。

10. 发展通道

符合一定规定的小额信贷组织，既可以转为小额信贷公司，也允许转制为小额信贷银行。具体规则另行讨论。

11. 行业协会

允许建立全国范围的小额信贷组织的行业协会，给予合法身份，推动行业发展。这是因为，小额信贷组织需要合法规范的行业协会来扮演既定的角色。目前小额信贷组织的全国性行业协会为中国小额信贷联盟，但其利益代言发生偏离。建议其取消非公益类会员，坚持利益代言为小额信贷公司和小额信贷组织。

12. 舆论引导

为小额信贷组织构建良好的舆论环境。不少人认为这类小额信贷组织，虽然能起到一定的扶贫作用，但不正规，不少是民政部门注册的社会团体，整体管理水平差，财务管理混乱，基本上是一些热衷于社会服务的人在搞，缺乏金融业务基础知识，不能成气候。还有人认为我国非政府的小额信贷不可持续，并且近二十年的试点证明了我国扶贫性的小额信贷已经失败了，所以只能搞商业性的小额贷款公司。另外，从媒体和社会舆论的角度来说，媒体对各类公益性小额信贷组织的操作细节及实际结果不太关注，那些操作良好的小额贷款组织未得到更大程度的彰显和鼓励。

因此亟待政府进行舆论引导，建立良好的舆论环境，消除这种误解。政府需要进行更多的调查研究，并对部分小额信贷组织陷入困境的原因进行实事求是的分析。小额信贷组织也要理直气壮地宣传其在服务低收入人群和可持续发展方面取得的成绩。

13. 内部治理与管理

（1）治理。治理仍然较为模糊的小额信贷组织，应积极改善自身的治理模式，借鉴学习治理清晰的小额信贷组织，尽快建立决策和经营分离，同时具有明确监督机制的治理模式，从而在保证组织追求社会目标不偏离的情况下，实现机构的运营效率，实现财务可持续。

（2）资金拓展。积极拓展资金来源渠道，进行筹资，包括社会捐赠和社会投资。另外，可以借鉴国际经验，开展一些经营类项目，弥补资金不足，促进财务可持续目标的实现。

（3）服务对象。部分小额信贷组织，在实现了机构可持续发展的情况下，可以将目标市场再下移一些，将更多的农村和城市的低收入人群纳入到服务对象中；在选择开设分支机构地域时，优先选择低收入地区、贫困地区、农村地区。

（4）产品服务。根据实际情况，不断开发更加符合当地农户或低收入群体需求的产品和服务，如保险产品，以及为客户提供理财、专业技术培训、市场引导等方面的配套服务，提高客户的抗风险能力，帮助客户更好地经营管理，改善生活。

（5）信息。规模大但仍然没有运用电子信息系统的小额信贷组织，应加速电子信息系统建立的步伐，便于控制风险和提高工作效率。

（6）人力资源。加强对管理层和工作人员进行与小额信贷相关的金融知识、金融技术，以及社会绩效等方面的培训。增加对员工社会绩效方面的考核，以激励和监督员工更好地为社会底层群体提供金融服务和社会服务。大多数小额信贷组织的管理人员缺乏银行业从业经验，对信贷业务的了解比较有限，人员素质普遍较低，同时大多刚刚起步，内控制度欠缺，二者相互作用可能引发操作风险。申请小额信贷许可证后，评级机制将使得管理人员的素质与能力方面被迫改善，有助于其降低操作风险。

（7）财务可持续。对仍未实现财务可持续或刚实现可持续的小额信贷组织，应积极向其他做得好的机构学习，从治理、资金来源、产品服务、信息、人力资源等各方面入手进行调整，增强机构风险控制能力，提高机构工作效率，降低管理和运营成本，从而逐步实现可持续发展。另外，对已经且较好地实现财务可持续的小额信贷组织，应积极地在可持续运营方面为其他机构提供经验，互相帮助，互相学习，从而推动整个小额信贷行业的健康发展。

综上所述，政府首先应该明确其职能和职责为引导和支持小额信贷发展，政策目标为提升各类主体对社会公平的贡献。因此，政府应建立相应的制度框架，引导和监督各类主体，推动以维护社会公平为原则的多层次普惠金融体系的建立，具体做法是分类指导、分类管理及分类支持。只有这样，贷款公司、小额信贷公司、小额信贷组织及行业协会等各类主体才能发挥各自的功能，对促进社会公平发挥应有的贡献（见图6－2）。

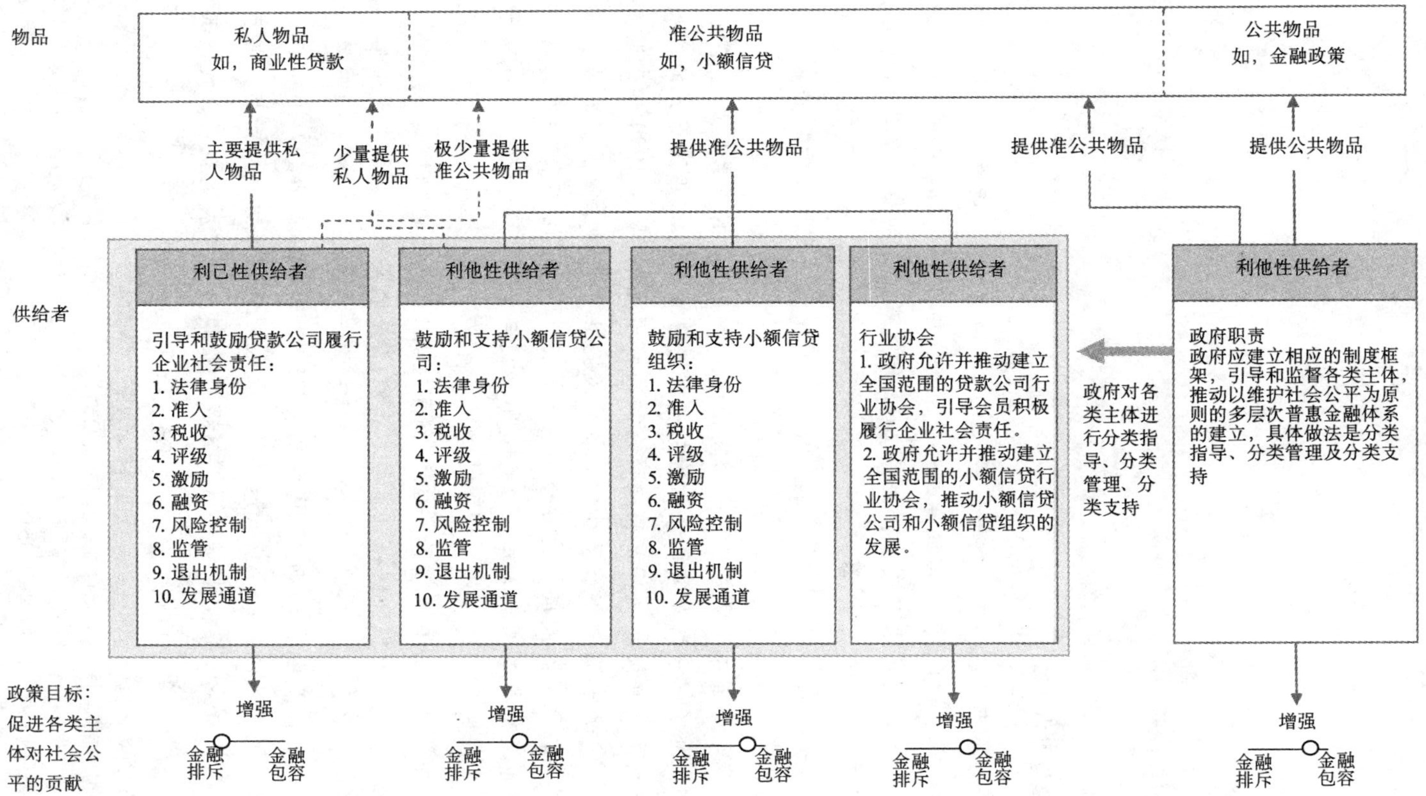

图 6-2 政策与社会公平的关系

后 记

背景与渊源

中国国家统计局公布的数据显示，2010年中国的基尼系数略高于2000年的0.412[①]。联合国预测，2011年这一数值将突破0.55。如今中国已经当之无愧地位列世界严重不平等国家。按照2011年政府制定的最新贫困标准衡量，对应的扶贫对象规模到2011年底约为1.28亿人，约占农村户籍人口13.4%。[②] 可以说，经过30多年持续高速经济增长，中国越来越富裕了，但是不平等问题也越来越严重了。

第三代领导集体高度关注公平问题，提出要让发展的成果惠及全体人民，并制定和实施了一系列保障低收入阶层福祉的政策。2011年底召开的中央经济工作会议上明确提出要“注重提高发展的包容性”。早在1990年，世界银行即提出“广泛基础的增长”理念，之后又提出“有利于贫困者的增长”理念。2007年，亚洲开发银行提出“包容性增长”的理念，意在一个地区或国家的经济增长能覆盖所有居民，每个人都有机会参与经济循环，并能享受到增长的成果。

在市场环境中利用金融工具赢得自身发展是每个人的权利。毋庸置疑，这也是低收入人群的权利！保证低收入人群平等地获得金融服务是包容性发展的题中应有之义。

在国际上，产生于20世纪70年代的小额信贷（Microcredit）是专门为那些很难从正规金融机构获得贷款服务的低收入人群设计的贷款产品，其目的是为低收入人群或微型企业提供获得自我就业和自我发展的机会，促使其走

---

① 中国国家统计局：中国全面建设小康社会进程统计监测报告（2011），中国国家统计局官方网站。据联合国数据，2011年中国的基尼系数将突破0.55。

② 扶贫标准上调至2,300元（政策解读），人民网—《人民日报》，2011年11月30日，http://politics.people.com.cn/GB/1026/16437873.html

向可持续发展，从而改善生计、消除贫困、促进社会公平。根据国际小额信贷信息交流平台（MIX－Microfinance Information Exchange）的定义，小额信贷的贷款额度不超过当地人均国民收入的2.5倍。“小额信贷”已经成为一个具有特定的服务对象、贷款额度、运行规范的专有名词，不可滥用。不符合这些特征的不属于小额信贷。

国际上的小额信贷强调的是公益性的瞄准与商业性运营相结合，在提高效率的同时，追求为低收入人群提供可持续的金融服务。它既是一种金融服务的创新，又是一种增强经济与社会包容性的重要手段。小额信贷与其他金融服务不同的是，它不仅要追求能经受住市场竞争考验的可持续的财务目标，又要追求服务于低收入人群的社会目标。

20世纪90年代中期之前，我国的小额信贷主要由公益组织实施。自发、零散、试验性、非营利性是这一时期小额信贷的特点。政府对此类民间试验，既不承认，也没有依法取缔。到了90年代后期，各级政府开始将小额信贷运用于农村扶贫工作，以期提升扶贫资金使用效率，实现扶贫攻坚目标。直到本世纪初（2003—2004年），我国仍将扶贫视为小额信贷的主要功能。随着打破金融垄断呼声的提高，特别是要求政府支持小额信贷呼声的持续高涨，政府开始推行小额贷款公司试点。于是，大量商业性小额贷款公司应运而生并迅速发展起来。借用小额信贷的名义，民营资本涌入金融行业。个别公益性小额信贷组织也转制为小额信贷公司。

政策及其效果评价

那么，政策实施的效果如何呢？

我们通过实证研究发现：

其一，“借船出海”的小额贷款公司基本上未做小额信贷。本书中大量数据证明小额贷款公司主要服务于中小型企业，并不服务于低收入群体。

其二，那些真正从事小额信贷业务，注册成为小额贷款公司的公益性小额信贷机构没有获得政策支持，而且数量稀少、不足十家①。

其三，为小额信贷奔走呼号20多年的以民间组织形式运作的公益性小额信贷组织仍处于非法状态，而且面临由盛而衰的厄运，花果飘零，所剩无几。20世纪90年代公益性小额信贷项目繁荣一时，到2004年这类组织仅剩100多家，据中国小额信贷联盟《2010年年报》统计，其会员单位中这类组织的

① 据研究团队掌握的数据，目前有5家。

资金规模总计仅4亿多元①。

结果是，在中国，我们看到了“迷失的小额信贷”——合法的商业性小额贷款公司悖其道而行，不搞扶贫，但发展迅猛；更为荒唐的是，真正的小额信贷却处于非法状态，而且处境艰难，每况愈下。

成因分析

小额信贷为什么会“迷失”？

根据现代经济学理论，可以将“对人有益的东西”分为私人物品、准公共物品、公共物品。不同物品由不同的主体提供。利己性的追求利润最大化的公司可以有效率地提供私人物品；利他性的追求社会目标的非营利组织可以有效率地提供准公共物品；而纯公共物品则主要由政府提供。

小额信贷属于准公共物品，其特点是“小额”。当贷款额度很小时，由于高收入人群不屑一顾，所以低收入人群容易获得；而当额度较高时，高收入人群趋之若骛，低收入人群很难在争夺中获胜。然而，当贷款额度小的时候，虽然有利于低收入人群获得，有利于社会目标的实现，但是对小额信贷的运营者来说，却意味着很高的经营成本，威胁财务可持续目标的实现；而当贷款额度相对大的时候，则不利于低收入人群获得，妨碍社会目标的实现，但是对小额信贷的运营者来说，却意味着降低成本，有利于财务可持续目标的实现。

市场的逻辑是通过充分调动人的利己本性，推动经济的运行与扩张。在市场环境中，经济和社会发展的动力不是利他或追求社会公正，而是利己或实现自身利益的最大化。从金融服务的角度看，在市场环境中，小额信贷很容易被利己性主体（如商业性小额贷款公司）用来作为追求自身利益最大化的工具，在实际操作中变为“大额贷款”且服务于高收入人群或中小型企业，从而背离了制定政策的初衷。也就是说，商业性小额贷款公司的定位决定了它以利润最大化为自己经营的目标，而为低收入群体提供金融服务不利于、阻碍其目标的实现。同时，由于政策设计存在漏洞，而且监管也不到位，结果是放任小额贷款公司追逐私利、罔顾低收入群体的迫切需求。当然，小额贷款公司的出现也有积极的效应，确实有利于打破金融垄断，促进竞争，提高效率，也扩大了经济公平。

显然，期待以追逐经济利益为目的的公司承担起为低收入人群服务、促

① 来自52家组织的统计数据。

进社会公平这样的公共目标是不现实的，也是不合理的。从理论上说，非营利机制可以有效地保证机构追求社会目标。但是，以民间组织形式运作的公益性小额信贷组织，在服务低收入人群时，需承担很高的运作成本及风险，同时还需面临治理与管理的现实问题，这类机构面临着保证其财务可持续目标实现的挑战。以企业形式运作的公益性小额信贷公司，虽然从机构属性（公益性、非营利性）及机构运营方式上（市场化运营）有效地解决了上述两种实体各自面临的挑战，但是，在实际操作中平衡两个目标并不容易。所以，公益性小额信贷需要得到政府的支持。然而，中国的公益性小额信贷得不到应有的支持，因而步履维艰，无法充分发挥其应有的作用。

对低收入人群来说，小额信贷是一种非常美好的金融服务。无论对利己性主体（企业）而言，还是对利他性主体（公益性小额信贷机构）而言，有效地提供小额信贷都是一种挑战。但是，在这种情况下并非“无计可施”。国际上的成功案例，以及经济学理论都证明了它的可行性。一方面，以民间组织形式运作的公益性小额信贷组织，如孟加拉的 BRAC 和玻利维亚 CRECER 以及我国的西乡妇女发展协会，它们自创办以来一直以民间组织的形式运作，通过不断改善治理结构和提高管理能力，成功地实现了双重目标。另一方面，以企业形式运作的小额信贷机构也有成功范例可循，如格莱珉银行和我国的中和农信项目管理有限公司、山西省永济市富平小额贷款有限责任公司。

对策或解决之道

本书的对象是政府，其功能是向政府提出政策建议。政府在规范市场及激励各类行为者方面可以大有作为，特别是在推动社会公平方面。鉴于今天中国政府没有很好地扮演这个角色，在政策设计、实际监管和实施中存在一定的问题，我们提出以下建议。

首先，政府应该明确其职能和职责为引导和支持小额信贷发展，政策目标为提升各类主体对社会公平的贡献。在这种情况下，解决之道不是取缔商业性小额贷款公司，也不是让公司反其道而行。而是打开闸门，终结非营利小额信贷业务非法状态，使非营利小额信贷合法化，同时给予政策优惠，有意识地促进非营利小额信贷业务的发展。

解决之道是“正名”。“名不正则言不顺，言不顺则事不成，事不成则礼乐不兴，礼乐不兴则刑罚不中，刑罚不中则民无所措手足。”（《论语·子路》）

何谓“正名”？其一，明确各类机构的身份、资格、职责、权利；其二，建立并实施制度，以确保各类机构各在其位，各司其职，各得其所，各安其分。“正名”是走出“迷失”之道。通过“正名”使小额信贷“迷途知返”并成为服务低收入人群、促进社会公平、实现包容性发展的有力工具。

具体而言：

其一，对目前称为小额贷款公司的商业性机构按照公司的本性赋予其相应的职责。公司就是公司，公司完全可以堂堂正正地逐利，承担社会责任属于自愿行为，不是法定义务。还小额信贷本来面目，禁止现在的商业性小额贷款公司使用“小额”一词，防止其混同于“小额信贷”，将其更名为“贷款公司”。同时，按照社会责任评级等级，对积极履行社会责任、经营服务低收入群体的金融业务的机构给予优惠政策。

其二，建立“小额信贷许可证制度”，给真正从事小额信贷业务的公司和社会组织发放小额信贷许可证，给予税收优惠政策，并进行有效监管。同时，对获得小额信贷许可证的机构进行社会绩效评级，根据评级等级给予融资及发展通道等方面的优惠。对不符合条件者取消小额信贷许可证资格。

其三，从事小额信贷业务的社会组织，如果愿意申请小额信贷许可证，经考核符合准入标准，需发放许可证，进行有效监管，并给予优惠；如果不愿意申请，或未达标，也可以自行从事小额信贷业务。

政府拥有强大的公权力，需要正确地使用它，来维护低收入人群的权利。社会应该是一个有道义的社会，国内的企业家、企业、基金会可以以不同的方式支持中国小额信贷的发展，为造就一个富裕、和谐、充满生机的社会作贡献。

致谢

本项研究自2011年8月启动，历时近一年的时间，研究工作的完成得益于团队成员的通力合作与倾力投入。研究团队由中国人民大学非营利组织研究所康晓光教授、公域合力管理咨询有限责任公司执行董事冯利博士、中国国际扶贫中心研究总协调程恩江教授、公域合力管理咨询有限责任公司项目官员章一琪女士和陆稀云小姐组成。康晓光教授为研究总负责人。冯利博士与章一琪女士和陆稀云小姐执行了整项研究的田野调查方案设计及实施、文献研究以及本报告的执笔工作，程恩江教授参与研究工作的讨论，给予了关键的建议，并完成了对策建议的部分撰写工作，康晓光教授对整项研究给予了总方向、研究框架及研究方法的指导，在整个工作中投入大量时间与工作团队进行讨论、分析。

在研究过程中，杜晓山研究员、焦瑾璞研究员、潘席龙副教授、吴国宝研究员给予了无私的支持。许多机构及其工作人员也给予了大力的支持，包

括资料的提供、访谈时的支持，以及诸多有价值的意见和建议。它们是（排名不分先后顺序）：

中国小额信贷联盟

中国小额信贷机构联席会

浙江省金融办

永济市推进小额贷款公司试点工作领导小组

南充市金融办

成都市锦江区瀚华小额贷款有限公司

海宁宏达小额贷款股份有限公司

湖州吴兴万邦小额贷款股份有限公司

宜信集团

中和农信项目管理有限公司

永济市富平小额贷款有限责任公司

北京富平学校

南充美兴小额贷款有限责任公司

宁夏惠民小额信贷有限公司

国际计划小额信贷项目与五家妇女可持续发展协会

仪陇县乡村发展协会

河北易县扶贫经济合作社

临县湍水头富平小额贷款基金项目

我开

在此向他们表示由衷的感谢！

感谢中国财政经济出版社对本报告的出版给予的有力支持。

最后，非常感谢中国扶贫基金会为本报告提供资助。中国扶贫基金会为本项研究的立项、本报告的后期修订和撰写风格提供了有益的建议，其工作团队的认真负责使得本项研究顺利完成。

小额信贷在中国

——中国扶贫基金会小额信贷发展史

《小额信贷在中国》丛书编委会　编

中国财政经济出版社

图书在版编目（CIP）数据

中国扶贫基金会小额信贷发展史／《小额信贷在中国》编委会编著．—北京：中国财政经济出版社，2013.3

（小额信贷在中国；1）

ISBN 978－7－5095－4343－6

Ⅰ.①中…　Ⅱ.①小…　Ⅲ.①农业贷款－经济史－中国　Ⅳ.①F832.43

中国版本图书馆 CIP 数据核字（2013）第 042022 号

责任编辑：王　飏　　　　责任校对：王　英

封面设计：郁　佳　丁亚青

中国财政经济出版社 出版

URL：http：//www.cfeph.cn

E－mail：cfeph @ cfeph.cn

社址：北京市海淀区阜成路甲 28 号　邮政编码：100142

营销中心电话：88190406　北京财经书店电话：64033436　84041336

北京财经印刷厂印刷　各地新华书店经销

787×960 毫米　16 开　81.5 印张　1 550 000 字

2013 年 3 月第 1 版　2013 年 3 月北京第 1 次印刷

定价：265.00 元（共五册）

ISBN 978－7－5095－4343－6/F·3524

（图书出现印装问题，本社负责调换）

本社质量投诉电话：010－88190744

反盗版举报热线：88190492、88190446

《小额信贷在中国》丛书编委会

编写说明

本丛书由中国扶贫基金会组织专家编写，其中，《国际实践中的小额信贷》由潘席龙、王光龙编写，《农村信贷配给与小额信贷体系建设》由焦瑾璞编写，《艰难前行的公益小额信贷》由吴国宝编写，《以小额信贷促进社会公平》由康晓光、冯利、程恩江编写，《中国扶贫基金会小额信贷发展史》由何雪峰、张天潘、李响、陈建利编写。

总 序

小额信贷这个概念始于哥伦比亚和美国非盈利组织的微型金融公益探索。因为尤努斯在孟加拉乡村穷人银行大规模扶贫的成功试验，使其具有了鲜活的、与传统银行信贷业务完全不同的金融创新意义。它对传统信贷的创新达到了颠覆的程度，主要体现在：认为穷人是有信用和有能力的，因此可以作为正规金融服务细分市场的潜在客户，银行可以服务此类客户从而摈弃令人憎恶的嫌贫爱富形象；给这群客户提供服务可以不用传统金融信贷的项目风险评估、财产抵押和信用担保工具，而使用贷款成员组织的评估和相互信用保证工具，来达到控制信贷风险、保证还贷的目的；可以在令人憎恶的高利贷和大额贷款利率之间找到一个理性的利率区间，使得到服务的穷人和信贷机构找到双方均可持续发展的双赢平衡点，而不是将信贷机构的可持续发展建立在对服务对象落井下石、趁火打劫似的高利贷上。小额信贷的金融创新还同时带来了扶贫公益的创新，即原有的扶贫公益更多地通过赠予来推动受益贫困人群状况的改善和减贫，而小额信贷则开启了通过信贷服务跟穷人进行平等交易的经营性扶贫大门。这种方式把穷人从受扶助的弱者位置一下拉到了与资助者完全平等的合约地位，给穷人施加还款信用压力的同时也给他们注入了自立自强的勇气和信心。通过培训、互动、交流、经营、销售、还款、算账、再贷款的持续，这场扶助使受助穷人通过“干中学”的行为模式得到了能力的成长和提升，因而可以从根本上改变并摆脱贫困。正是这种金融创新和扶贫公益创新，使小额信贷实践在20世纪90年代以来的近二十年间，在国际公益扶贫舞台上大显身手，也使小额信贷这个概念在金融领域具有了独特的意义和内涵。尤努斯也因此获得了诺贝尔和平奖。

中国的小额信贷始于20世纪90年代中期，主要经由两种方式探索：其一是非盈利组织推动的扶贫公益小额信贷探索；其二是90年代末期政府拿出50亿委托农业银行和信用社进行扶贫小额信贷探索。第一种方式因为缺乏法

律和资金支持而发展缓慢；第二种方式则因为正规金融机构缺乏兼容小额信贷业务的机制与内生动力导致还款率低下，且没有社会问责，最后不了了之。最近几年，在全球金融危机和中国为解决农村金融服务不足及金融改革的背景下，演绎出了一幅小额贷款公司蓬勃发展的图景。2009 年中国的小额信贷公司迅速崛起，特别是2011—2012 年因资金通过国有银行流入国营企业和地方政府融资平台后，在民营企业资金奇缺、人民币升值和劳动力价格上涨的三重夹击之下，信贷需求陡涨，小额贷款公司更是如雨后春笋般的飞速发展。2011 年全国小贷公司发展到4,200 多家，资本金3,000 亿元，贷款余额3,900 多亿元；2012 年全国小贷公司发展到6,000 多家，资本金5,000 亿元，贷款余额6,000 多亿元。同时，农村信用社宣称其小额信贷的业务已达到6,500 亿元，农业银行小额信贷超过1,000 亿元，国家开发银行小额信贷有700 多亿元，邮储银行小额信贷超过2,000 亿元，村镇银行小额贷款规模接近千亿元。从这些数字中似乎可以得出这样的结论：中国是全世界小额信贷后来居上的国家，迅速崛起，飞速发展，很快就解决了小额信贷的普及问题。

但是，这些统计数据都不来自独立第三方，全是当事人自身发布的，因此概念边界、统计口径、数据真实性、数据背后的可比性等都存在一些问题，无法进行可靠的认定、比较和衡量。我们显然也不能轻率地因这些数据而得出上述结论。

问题出在哪里？除了统计数据的真实性外，最大的问题是概念边界。什么是小额信贷，这是有普世定义的，即针对穷人的、含有扶贫公益性质的金融信贷创新。另外，一个很直接的概念就是单笔贷款规模。按照国际上一个通常的共识，单笔贷款规模不大于人均 GDP 两倍的，可算作小额信贷范畴。那么，中国小额信贷的贷款额度界限是多少？中国小额信贷运作方式又是否符合小额信贷的国际规范？显然，现在所说的那些数据肯定不是在同一范畴或同一可比标准之下的。小额贷款公司所谓小额信贷平均单笔贷款规模超过150 万元，且单笔规模呈逐年快速提升趋势，最大的单笔贷款已超过2,000 万元；信用社所谓小额信贷是指单笔贷款为30 万元，农业银行单笔贷款则为30 万元。而非盈利组织讲的小额信贷可能是单笔几千元，1 万元等。这样一些数字放在一起，能得出国际通行的小额信贷可比概念下的发展状况吗？这又能说明什么问题呢？

为什么会出现上述状况？就小额贷款公司而言，主要是因为“23 号文”所定的两个关键性政策变量：其一是小额贷款公司利率可以突破人民银行基准利率，上不封顶（司法解释是不超过央行基准利率的4 倍）；其二是小额贷款公司单笔贷款最高限额不超过注册资本金的5%。这两个政策变量吸引资本创办小额贷款公司并提升注册资本金。就某些国有银行而言，因为国际通行的小额信贷代表着扶贫和服务“三农”，这符合中央政府倡导的政策，所以在统计和上报业绩时倾向于增大小额信贷数据，以体现其服务“三农”的政绩，其行为取向也十分清楚。

当然很多人可能认为，大额度贷款对中小企业也很有价值，因此概念可以宽泛，不必让小额信贷的概念这么窄。中国的中小企业确实需要贷款扶持，很多机构为中小企业提供信贷服务更是无可非议。但这是两个完全不相关的问题：其一是什么是真正意义上的小额信贷；其二是小额信贷是否排斥农村中小企业贷款。就像人类创造了“家禽”概念，是因为它有有别于其他“家畜”的特征，我们不能因为“小猪”和“小牛”存在饲料需要就把它们统计到“家禽”中来。科学的发展依赖于分类的严格，只有如此才能促进新的发明和发现。政策制定的科学性在于政策所针对对象的科学分类和严格定义，混淆了分类和定义就不可能得出正确的判断和制定出理性的引导政策。

面对小额信贷的现状，确实需要进行深入的基本面研究和讨论，以使行业找到跟国际接轨的、在同一种语境中的交流语言和行业标准。正本清源，才能找到理性的行业政策扶持与监管方法，否则被无限宽泛化的“小额信贷”概念会鸠占鹊巢，形成政策误导，掩盖了低收入人群的自立扶贫和金融服务需求，避免用解决农村问题来掩盖农业问题、用解决农业问题来掩盖农民问题、用解决富裕农民的问题来掩盖低收入农民问题。若形成宽泛的小额信贷概念，而政府出台的小额信贷政策又不鼓励机构去做低收入人群的金融服务，那么，国际通行的小额信贷渠道会被中小企业贷款占据。为什么要把事情搞成如此局面？为什么要掺杂人为的混淆？在这样含混复杂的系统中又如何导入差别化的资金和利率管理、税收优惠、风险监管等政策措施？针对这些措施我们期待什么样的政策结果？不同的小额信贷运营主体应如何认识、面对自身所存在的问题并改进之？

正是为了理清小额信贷行业的上述问题，并寻求这些问题背后的答案，中国扶贫基金会资助出版了《小额信贷在中国》。该套书委托业内专家进行了认真的梳理与调查研究。这些专家包括中国人民银行长期从事农村金融研究与政策制定的焦瑾璞研究员、中国人民大学长期从事非盈利组织及行业研究的康晓光教授、世界银行长期从事小额信贷研究与咨询的资深研究员程恩江先生、中国社会科学院长期从事非盈利组织与小额信贷研究的吴国宝研究员、西南财经大学中国金融研究中心长期从事国际小额信贷研究的潘席龙教授，以及《南方都市报》资深记者和编辑何雪峰先生。他们的研究成果通过这套书呈现出来，其中包括：焦瑾璞先生及其团队的《农村信贷配给与小额信贷

体系建设》、康晓光先生和程恩江先生合作的《以小额信贷促进社会公平》、吴国宝先生及其团队的《艰难前行的公益小额信贷》、潘席龙先生的《国际实践中的小额信贷》以及何雪峰先生及其团队的《中国扶贫基金会小额信贷发展史》。

这些研究所体现的是这些专家观察和理解中国小额信贷领域现状与问题的不同视角。不同的视角得出不一样的结论是很正常的，而且正是这些不同的理解才会产生差异化和思想碰撞。作为发起和资助人，中国扶贫基金会无法对上述专家的研究作专业性评价，但我们相信这些从该领域著名专家学者库中筛选出的专家的能力和水平。他们具有独立思想和意志，研究方法严谨，注重调查研究结果，具有高深的数据处理能力和学术造诣。相信他们的研究、著述和观点能引起各方的关注和深入讨论，引发更深刻的发问、思辨以及进一步的研究，从而推动研究人员和政策制定者的理性思考，推动合理政策的出台，推动行业的治理改进，从而改变现状，理性发展。

为此，我谨代表资助方感谢参与该项研究的所有学者及其研究助手，是他们的独立思考、深入调研与辛勤劳作成就了这套书，让我们能在万马奔腾、泥沙俱下的蓬勃发展中冷静下来，分享独立观察与自由思考的盛宴，让我们全力奔跑时停下脚步回望印在沙滩上的串串脚印，从而引发我们的互动、思考与校正；同时，我也要感谢美国如新集团和世界银行国际金融公司，是他们的慷慨资助才使研究和出版工作得以顺利进行；我也要感谢我的同仁王行最、刘文奎，还有刘冬文、王静艳及其团队，是他们的努力与执行力使这套书得以面世。最后，感谢中国财政经济出版社的同志，是他们做了无数细致而琐碎的编校工作，才保证了这套书的出版质量。

研究是为了深入思考，思考是为了改变我们的行动，行动是为了改变我们，改变我们是为了影响和改变世界。让我们为小额信贷行业正能量的积累以及行业的健康理性发展而祈福！

何道峰

中国扶贫基金会执行副会长

2013 年 2 月 22 日

目　　录

前　言

用笨人的方法不断往前推进

何道峰　中国扶贫基金会执行副会长、中和农信董事长

这个世界上有两种人能够取得成功。一种人是因为脑子比较灵活。由于脑子很好使、很聪明，所以一下子能发现别人所不能发现的东西；抓住机遇有可能他就成功了。还有一种人属于比较傻的笨人，这种人就靠坚持一个想法，虽然有点傻，不会迅速跑起来，但是每天挪一小步，挪了很多步以后就发现挪了一大步，再过了十年以后，就可以跑上几步了，因此也取得一些成功，这是笨人的成功之道。

我和中国扶贫基金会的同行们属于第二类人，虽然有点傻但是能够长期坚持。所以我们的理念和信条就是，未来永远属于那些胸怀理想并坚持不懈努力的人，有一种成功应该属于那些能坚持的笨人。这也是尤努斯开创的小额信贷给我们的一个启示。

尤努斯并不是伟大的经济学家，但他是伟大的经济学实践家。1976 年他在孟加拉达卡大学当经济学教授，当时达卡大学里牛群和大学生混在一起，每到晚上牛群就进了校园。有一次，尤诺斯走出校园，发现当地农民非常穷，因为 95% 的土地掌握在 5% 的地主手里，于是 95% 的农民变成了佃农，租金交完以后，基本上就身无分文了。他发现一个契机，如果借给农民尤其是妇女一点钱，让她做点小竹凳子去卖，卖小竹凳的钱比她种地收入高得多。所以他拿出 27 美元，贷给了 42 名妇女。当时也没什么机构，就是和农户们口头约定，也没有签过合同，就把钱借给她们了，最后借款者也都如期还了款。这给了尤努斯一个很大的启发，颠覆了他脑子里的经济学理念。

这个理念是什么呢？按照银行的传统说法，穷人是不理性的，是不讲信用的，所以不能把钱贷给穷人，要贷给富人。这是一个传统的观念，但尤努

斯发现这个观念错了，认为穷人是讲信用的，于是就从27美元起家，开创了小额信贷之路。经过了30年坚持不懈的努力，他创建的孟加拉格莱珉银行，现在已经发展到800万个农户客户，积累了60亿美元的资本金。他为人类解除贫困及世界和平事业作出了巨大贡献，因此获得了诺贝尔和平奖。

根据某国际组织的调查，全球有40%的人口无法享受正规的金融机构服务。在工作年龄人口里，没有银行账户的人口比率分别为：印度40%，墨西哥76%，菲律宾80%，巴西57%，波兰25%，俄罗斯38%，英国10%。这个数据表明，从银行贷不到款的人占非常大的比例。我们手头没有我国准确的数据。但可以肯定的是，商业银行业务对中、低收入人群的涉足应该是非常少的。在这样的环境下，大多数低收入人群是得不到银行金融服务的。这件事情就是中国扶贫基金会成立的起因。所以1996年我在做世界银行项目的时候，就主动介入小额信贷项目。从一开始，我就给项目设立三大目标：第一，为真正的穷人提供贷款支持，项目的目标客户是得不到银行贷款的低收入人群；第二，不仅仅是提供贷款，还要提供贷款农户自立和自我发展能力建设服务，这就要通过项目培训，通过农户在项目小组以及中心会议的互动、互助来提升他（她）们的能力；第三，要实现操作机构的可持续发展。多年来，我们一直在坚守这个原则，在不断地用笨人的方法往前推进我们的小额信贷项目业务。

我们的小额信贷项目发展分为三个阶段：1996—1998年是探索阶段；1999—2004年是初步发展阶段；2005年至今，是创新发展阶段。

1996—1998年，我在陕西省安康市和四川省阆中市的两个县开始了小额信贷的实验。这一阶段，初步建立了项目实施的理念、操作规则、技术方法和流程，摸索出了一些宝贵的经验，也产生了一定的社会效果，催生了中国的小额信贷业务，实现中国山水间百姓银行的梦想。

1999年，我到中国扶贫基金会任职，该项目也随之转到中国扶贫基金会。直至2004年，项目经历了初步发展阶段。在这个阶段，我们既经历了令人兴奋的发展小高潮，同时也经历了令人沮丧的发展困境和回落，项目区最多时发展到10个县，最后却因种种原因，不得不关闭或撤出一半以上的项目区，其中就包括我最初建立的安康、阆中两个项目区。我们当时遇到项目资金来源缺乏和项目管理体制不清两大难题。中国扶贫基金会有什么呢？什么也没有，既没有钱，也没有权，我们不能给各省、各县扶贫办发文件说你们拿出钱来让中国扶贫基金会做小额信贷吧？没有钱怎么做这种项目？另一个大问题就是中国扶贫基金会在做这个项目的时候，按照国家的规定，是不可以在各地设立分支机构的，所以只能在当地注册一个机构（县农户自立能力建设支持性服务社，简称“服务社”），这个机构归口在县里面，但交给中国扶贫基金会来运作。但这就出现了双重管理，中国扶贫基金会和地方政府双重的领导，项目操作机构的县服务社主任反而因此钻了空子，谁的指令对他有利他就听谁的。当然，他离当地政府近，对地方政府的指令听得还多一些，对基金会指令的执行就打折扣了，甚至采取敷衍、欺瞒策略，监管考核都没法做。2000 年以后，项目管理一直在下滑，项目区出现不少问题，到 2004 年，整个项目已经到了生死存亡的关键时刻。

针对项目资金来源的问题，我们只好靠山吃山，靠水吃水。我们找到各地的扶贫办主任，看他们想不想干这事，对我们感不感兴趣，有一个感兴趣，就找一个去谈，有两个感兴趣，就找两个去谈，不感兴趣就不跟他谈。本着这个原则，我们就在省扶贫办主任里面找那些认同我们理念的人。结果我们找到了福建省扶贫办的林月婵主任，辽宁省扶贫办的柴久凤主任，还有河北省扶贫办的扈双龙主任。他们敢于把理解和信任放到中国扶贫基金会身上，突破了常规，充当了第一个“吃螃蟹”的人，他们把省扶贫资金拿出来，委托中国扶贫基金会管理，在各自省里开展小额信贷。就这样，项目保住了，并且一年年好转。对这一阶段的历史我和基金会的同事们都是感受深刻的，尽管后来随着政府政策的变化，困扰我们的资金和管理体制问题都得到了解决，形势越来越好，但我们始终都铭记着那些在我们最困难的时候，为了共同的理念和事业而与我们携手共进的人们！

天下事，坚持就可能有转机。2005 年，中央出台了《基金会管理条例》，新的管理条例修改了原来的规定，允许中国扶贫基金会这类慈善组织经过一定的申报批准程序，在国内设立自己的分支机构。这就从法律角度解开了我们无法在项目区设立独立的管理机构的症结，为项目的顺利发展带来很大的转机。

2005 年，我们将项目管理进行了改制，把县里面的小额信贷项目管理机构，统统注册成中国扶贫基金会在地方的分支机构，全部人马都成为中国扶贫基金会的正式员工。这从根本上解决了一个机构、两条指令的问题。地方政府转变为监督的角色，项目管理委托给中国扶贫基金会来做，这样关系就摆正了，中国扶贫基金会的小额信贷才能走到今天，取得了好的成绩。当然，也不是说有了这个体制，其他问题就能自动解决，我们必须做锲而不舍的努力，必须坚持艰苦细致的工作，必须做标准化的工作，一点点练内功。笨人的方法不是靠聪明劲，而是靠笨功，就像蜘蛛织网，每天织一小段，几天后就是一张很美的八卦图。

回顾我们开展小额信贷十六年坎坷、艰辛的历史，我们之所以能够前行并取得一定的成功，原因就在于我们始终在坚持，在维护我们的信条。

第一个信条：与其授人以鱼，不如授之以渔。

第二个信条；穷人是最讲信用的，说穷人不讲信用是不公平的。中华民族一直尊崇一个基本道理：欠债还钱。这个理念深入到每一个中国人的毛细血管里，不管是穷人还是富人，都是认同的。

第三个信条：我们相信每个穷人都是企业家。他们都会算账，知道什么赚钱什么不赚钱，收入减支出等于毛利，再扣除费用等于利润，比尔·盖茨也不过是这样算加减法的，一个农民与一个企业家没什么不同。

第四个信条：我们深信赠款和贴息会让富人搭上穷人的便车，而真正的穷人得不到实惠。这个理念我经常与各省扶贫办主任进行沟通。科斯获得诺贝尔经济学奖，因为他发现了交易成本：当一个物品的价格比实际的市场价格要低很多时，那么得到这个物品就相当于得到了一个便宜，低利息就是这样物品。为了占到这便宜，人们就会去送礼行贿，用各种手段，这就是科斯揭示交易成本的核心。赠款和贴息恰恰容易产生这个问题。

第五个信条：我们相信贷款足以改变穷人的一生，使他们的生命闪光。为了还贷款，他就必须要用这笔钱去推动一件事情的发展，得出来的结果比投进去的东西要大，这就是一个了不起的挑战，在这个过程中的琢磨，让人最后有能力、有技巧、有成功、有自信。这种改变绝不是用笔写出来的，而是我们中和农信人用汗水和生命写出来的。

这五个信条也是我们的理想。17 年来，不管碰到什么困难，我们都坚定不移，决不放弃，坚持走到了今天，在中国小额信贷的艰难发展过程中没有倒下，我们做到了机构的可持续发展。下一步我们要把中和农信项目管理公司发展成为金融公司，最后发展成为农民提供金融服务的乡村银行，成为为穷人服务的山水间的百姓银行，这就是我们的梦想。

第一章　乡村信贷的光明使者

第一节　应运而生的中和农信

20世纪以来，在世界经济领域和消除贫困事业领域，穆罕默德·尤努斯和他发起的小额信贷扶贫方式在全球尤其是欠发达地区引发了小额信贷的浪潮。穆罕默德·尤努斯及他创立的孟加拉乡村银行（也译作格莱珉银行）于2006年获得诺贝尔和平奖，这促使更多的国家和有志之士将小额信贷作为在贫困地区和贫困人口中发展经济、脱贫致富的重要方法。三十年间，无数的小额信贷组织、机构按照尤努斯创建的模式，进行着自己的小额信贷实践，产生了巨大的经济与社会效应，小额信贷热潮至今方兴未艾。

20世纪90年代初期，由中国社会科学院农村经济研究所的一批专家学者从尤努斯及孟加拉乡村银行那里引入小额信贷理念、方法，并在中国农村贫困地区开始进行试验。其后，一些国际组织和机构也在中国开展了小额信贷。这种扶贫模式很快就被政府和公益慈善机构所了解和认同，并在全国贫困地区广泛推广。90年代以来，中央政府发布了支持小额信贷的政策，地方各级政府和金融机构也都纷纷出台了开展小额信贷的措施，90年代中后期，小额信贷热开始在中国兴起，不少地方政府以行政手段推动小额信贷的发展。与此同时，中国公益慈善界也出现了不少推广和实施小额信贷项目的机构和组织。

在中国产生并发展小额信贷的二十余年时间里，在中国的小额信贷活动中，除了大量的地方政府部门和农业银行、农村信用社外，也出现过数百个公益慈善界组织和机构。但是，至今为止，还没有一个机构或组织拿出了令人信服的事实，说明小额信贷这种模式在中国贫困地区经济与社会发展中的显著作用，也没有一个机构作出了可以与孟加拉乡村银行相媲美的业绩。

然而，我们透过数千个小额信贷机构组成的中国小额信贷丛林的缝隙，却可以发现，在中国贫困农村的大地上，生长着一枝小额信贷的奇葩，它就是中国扶贫基金会的中和农信项目管理公司。

中和农信项目管理公司（以下简称“中和农信”）是中国扶贫基金会全资组建的、在中国农村贫困地区开展小额信贷的专业机构。中和农信的历史可以追溯到20世纪末。1996年，时任中国西部人力资源开发中心主任的何道峰，在世界银行贷款秦巴山区扶贫项目中创设了小额信贷项目。1999年，随着何道峰就任中国扶贫基金会秘书长，小额信贷项目转入中国扶贫基金会，并成立小额信贷项目部。2008年，小额信贷项目部转制为中和农信项目管理公司。到2011年底，中和农信成为业务遍及13个省、53个县级分支机构，员工人数超过700人，年放款总额超过10亿元，客户超过11万户的机构。

目前，中和农信已经成为享誉国内外的中国公益性小额信贷机构。

第二节　中和农信的培育者

中和农信这枝奇葩是众多的有志之士在17年的时间里，用理想、智慧、勇气、辛勤之水浇灌、培育而成的。

中和农信的创始者是现任中国扶贫基金会执行副会长何道峰。

1996年，时任中国西部人力资源开发中心主任的何道峰，在完成了将中国西部30万农民有组织地输送到东部、南部发达地区就业的世界银行贷款扶贫项目任务后，他敏锐地看到，尤努斯和孟加拉乡村银行的小额信贷经验也适合中国的扶贫和农村发展需要。因此，他在世界银行贷款秦巴山区扶贫项目中创设了小额信贷项目，建立了陕西安康和四川阆中两个项目区。1999年，何道峰就任中国扶贫基金会秘书长，也将他苦心创造的小额信贷项目转入基金会，从此开始了中国扶贫基金会小额信贷艰苦卓绝的奋斗历程。

2000年以来，中国扶贫基金会在公益慈善领域中声名鹊起，成为中国最有公信力和影响力的公益慈善机构之一。其创设开展的“母婴平安120项目”、“新长城贫困大学生自强项目”、“爱心包裹项目”、“紧急救援项目”等，因其广泛动员公众参与的性质而为社会公众所了解和认知。但小额信贷项目和中和农信除了业内人士有所了解和并产生一定影响外，广大的社会公众对这支“养在深山人未识”的奇葩却几乎一无所知。然而，小额信贷项目和中和农信却是中国扶贫基金会创立最早、投入最大、成就最高、意义最为深远的项目，它凝聚着基金会全体领导和员工的理想和心血，不仅对中国的扶贫事业发展，也对机构自身的建设，发挥了重大的促进作用。

从 1999 年何道峰把小额信贷项目带到中国扶贫基金会后，这个项目就成为中国扶贫基金会历届会长关注和指导的首要工作。从中国扶贫基金会第三任会长王郁昭开始，到现任会长段应碧、副会长何道峰、陈开枝、江绍高、王行最，他们不仅在小额信贷项目发展战略的诸多重大问题上作出正确的决策，而且在促成政府政策改变、高层领导协调、国际国内合作等方面，发挥了重大的作用。历任会长们都曾深入到小额信贷项目区进行实地考察调研，并对最基层的工作进行实际指导。曾担任过基金会秘书长的何道峰、王行最，更是亲自参与了项目实施中具体管理问题的解决。中国扶贫基金会小额信贷的成就，是中国扶贫基金会领导集团集体智慧和决策能力的体现。

小额信贷项目是中国扶贫基金会在其发展的第二个十年中，在遵循“改革创新”方针，走职业化、专业化发展道路时的第一块试验田。时任中国扶贫基金会秘书长的何道峰，在这块试验田里，手把手地教会了中国扶贫基金会的管理层和员工如何调研策划和管理实施一个项目。正是这种具体的培训，彻底转变了基金会原有的简单粗陋的“泛扶贫”工作方式，产生了新的工作规范，使之走上了精细化项目管理的道路，它不仅仅奠定了中和农信今日辉煌发展的基础，同时，也奠定了基金会十年腾飞的基础。在这块试验田中，经过何道峰的精心培训，也成长出一大批项目管理人才，成为基金会宝贵的人力资源，走上了基金会中高层管理岗位。其中，现任秘书长刘文奎、副秘书长杨青海、副秘书长兼中和农信总经理刘冬文、原副秘书长耿和荪、秘书长助理王军、秦伟、原资讯监测研究部主任柏铮、“母婴平安 120”项目部主任黄陆川、国际合作部主任伍鹏、中和农信副总经理苏配柚、项目合作部主任助理郑建国、资讯监测研究部处长石克明等，均担任过小额信贷项目的管理人员。

中国扶贫基金会小额信贷项目是和国务院扶贫系统紧密结合在一起的，所有的项目区均设在国家和省的扶贫工作重点县。因此，中和农信的成长发展也是国务院扶贫办历任领导的关心、支持和扶助的结果。早在 1996 年，何道峰在世界银行秦巴扶贫项目中创立的小额信贷项目，就是在国务院扶贫办的支持、协调下得以开展的。项目转入中国扶贫基金会后，同样受到扶贫办的关注和支持。扶贫办原任主任刘坚、副主任高鸿宾，现任主任范小建、副主任王国良、郑文凯以及相关部门和领导，对基金会的小额信贷项目一直给予了极大的关注和支持。在积极与国家相关部门协调，沟通国家金融机构为基金会争取特殊政策和资金支持，在协调相关省、市、县扶贫办与基金会合作开展小额信贷项目方面，给予中国扶贫基金会宝贵的信任和支持。中和农信目前所在的 13 个省的 53 个分支机构，其合作伙伴就是各项目省、市、县扶贫办。可以说，扶贫办系统的支持与合作是中国扶贫基金会小额信贷和中和农信成功的必要条件。原福建省脱贫办主任林月婵、辽宁省扶贫办主任柴久凤、河北省扶贫办主任扈双龙等地方扶贫办领导就是其中的代表。此外，扶贫办系统还为中和农信提供了宝贵的人力资源，53 个分支机构的主要管理人员，绝大多数是从当地扶贫口干部队伍中选出的优秀人才。经过中和农信的精心培训和项目管理实践锻炼，这些干部以及他们带领的工作人员，已经成长为当地经济和准金融运作的专业人才，在中国扶贫开发事业中发挥着生力军的作用。

还有一股力量，对培育中和农信成长起着至关重要的作用，那就是我们的捐赠方和合作者们。目前，中和农信的资金主要有四个来源。一是捐赠，这是中国扶贫基金会开始试点小额信贷扶贫项目最早的融资渠道。从世界银行为中国扶贫基金会以无息贷款形式提供的第一笔种子资金开始，到华夏银行成为我们的第一位企业捐赠者，中和农信的培育与发展；先后得到了国际美慈组织、香港嘉道理基金会、法国沛丰协会、欧盟、孟加拉格莱珉信托、United Way Worldwide、Give2Asia、花旗基金会、思科基金会、卡特彼勒基金会、美国如新集团、耐克公司、摩根大通、微软集团、康宁公司、康明斯公司、英国壳牌集团、德国拜耳公司、中国加多宝集团、恒大集团、上汽荣威等组织和企业的捐赠支持。此外，香港嘉道理基金会和法国达能集团还分别为中国扶贫基金会的小额信贷提供了人民币 1,000 万元和 2,000 万元的无息贷款支持。

第二个来源是政府配套。在中国扶贫基金会获得国家金融机构融资支持之前，中国扶贫基金会的小额信贷运作资金的主要来源是地方政府的配套资金。这种资金大多数是省扶贫办直接下拨项目县的财政扶贫资金。这个资金对中国扶贫基金会小额信贷项目的发展具有重大意义。

第三个来源是银行贷款。2006 年，国家开发银行成为为中国扶贫基金会小额信贷项目提供批发贷款的第一家合作银行，双方签署了总额 1 亿元的合作协议。与国家开发银行的合作，不但在很大程度上解决了小额信贷扶贫的资金筹措难题，也对其他银行与小额信贷机构的合作起到了积极的示范作用。此后，英国渣打银行、中国农业银行、北京银行先后成为中国扶贫基金会和中和农信的合作伙伴。2012 年 10 月 17 日，第二十个国际消除贫困日，中国扶贫基金会与国家开发银行再次签署总额为 10 亿元的微小贷款扶贫试点合作协议。此次与国家开发银行再度携手的合作也成为目前国内小额信贷领域额度最大的银行合作项目。

第四个来源是投资。中和农信的发展改制成效和突飞猛进的发展势头，也获得了一些社会投资基金的青睐，得到了包括世界银行旗下的国际金融公司（IFC）等机构的投资。

2008 年 1 月，温家宝总理与英国首相布朗出席中国扶贫基金会与渣打银行合作签约仪式

2009 年，回良玉副总理出席中国扶贫基金会与中国农业银行合作签约仪式

如新高层走访四川绵竹小额信贷项目

第三节 中和农信的开拓者

时势造英雄。中和农信的产生与发展是与一批既具有远见卓识，又不乏实干精神的领导人物联系在一起的，正是他们以卓越的智慧、经验和领导能力，带领着中和农信一步步走向辉煌。在中和农信的创业与发展史上，也将永远留下他们闪光的名字。

王郁昭：中国农村改革的先行者

王郁昭会长（左二）

王郁昭1941年参加革命，是经历过抗日战争、解放战争的老干部。新中国成立后，先后担任过芜湖市军管会文教部军代表、安徽大学军代表、安徽师范学院教务长、安徽省科委副秘书长、合肥师范学院副院长等职；1970年任安徽省全椒县革委会主任、全椒县委书记；1975年任安徽省滁州地委书记；1983年任安徽省委副书记、安徽省省长，为中共中央第十二届中央候补委员；1987年奉调中央，先后任中共中央农村政策研究室副主任、国务院发展研究中心副主任，第七届全国政协委员、第八届全国政协常委、全国政协经济委员会常务副主任；1989年发起成立中国农村劳动力资源开发研究会，任会长；1997年起任中国扶贫基金会常务副会长、会长等职；2000年8月退休。

王郁昭是中国改革开放的先行者。1979年，他在任安徽省滁州地委书记时，力排众议，支持和推广了安徽凤阳小岗村的“大包干”举措，迈出了中国改革开放的第一步。从此，点燃了中国农村改革的燎原之火，为中国改革大潮的兴起立下了不朽的功勋。

在奉调中央工作之后，他一直情系“三农”，心忧苍生，凭借自己在农村经济方面深厚的理论功底和丰富的农村工作实践经验，不断地对农村发展进行研究和探索，为解决中国的“三农”问题向中央建言献策。

1997年王郁昭任中国扶贫基金会常务副会长、会长后，正值中国扶贫基金会发展的关键时期。王郁昭主持制定了几项重大的措施，稳定了基金会的基础。1999年何道峰就任秘书长后，他全力扶持、支持何道峰在基金会进行了一系列改革，确定了基金会专业化、职业化发展方向和创新体制、创建品牌项目、建立岗位责任管理机制等战略措施。两位老少改革家的联手行动，使中国扶贫基金会展现出崭新的面貌，在其发展的第二个十年里，放射出了夺目的光辉。

出于对中国经济和“三农”问题的认识和对小额信贷的深刻理解，王郁昭一直对何道峰创建的小额信贷项目深感兴趣并将它作为中国扶贫基金会品牌战略中的主打项目之一。在他任职中国扶贫基金会期间，一直高度关注小额信贷项目的成长与发展，即使在离任退休后，仍不断关注和了解这个项目的发展。

段应碧：中和农信的呵护者

现任中国扶贫基金会会长，原中央财经工作领导小组办公室副主任，第十届全国政协经济委员会副主任。

段应碧会长

1963年段应碧毕业于四川财经学院农业经济系，毕业后曾在中国农业科学院农村经济研究所、农业部业务组、农林部政策研究室工作；1979年2月，调入国家农业委员会政策研究室工作；1982年4月，进入中央书记处农村政策研究室，负责农产品流通、农村金融、农业投资等方面的政策研究工作；1990年10月，任农业部农村研究中心主任；1993年4月，调中央财经领导小组办公室任农村组组长，8月任中财办副主任兼农村组组长，主要承担中央农村工作领导小组办公室日常工作；2003年4月，当选全国政协委员，任全国政协经济委员会副主任；2003年5月，任国务院西部地区开发领导小组办公室副主任；2006年起任中国扶贫基金会会长。

自参加工作近五十年以来，段会长一直在国家决策部门从事农村政策研究工作，经历了农村改革开放的全过程，对我国农村的发展历程和政策演变过程有系统的了解，对农业、农村问题有深入的研究，参与了农村改革过程中的重大政策的调研和制定。

出于对"三农"问题的热衷与关注，七十高龄的段会长依然奋战在与"三农"有关的第一线，为改善农民生活、改变农村现状、改革农业政策作贡献。2012年7月10日—11日，在辽宁省沈阳市举行的"第三届中国小额信贷创新论坛暨首届全国金融办主任圆桌会议"上，他发表了有关扶贫小额信贷的讲话，为小额信贷的发展与面临的现实问题呼吁。

也正是由于对中国"三农"问题长期的关注与研究，他深刻了解中国"三农"问题的核心所在，他深切地意识到，我们国家在农村发展方面长期存在一个瓶颈性的问题：金融问题。中国现阶段农村金融问题的症结在于现代金融制度是按照城市社会和工商业设计的，与农村的实际情况、农业自身的特点和农民的现实需求有较大的差距，“农村贷款难”更是一个突出的问题。通过信用社的改革，特别是发展村镇银行小额贷款公司，对缓解农村贷款难起到重要作用。但是中国现在的小额贷款公司绝大多数还是在县一层，重点是为中小企业、微型企业提供金融服务，真正为农户提供金融服务的非常之少。就整体而言，贫困农户贷款难的问题尤为突出。因此，必须培育和发展不以营利为目的的公益性小额信贷机构，专门为贫困农户提供小额信贷服务。

段应碧会长多次在各种重要场合呼吁，建议国家能够出台这样一个政策，就是由政府财政提供资本金，商业银行批发贷款，坚持公益性操作，建立专为贫困农户提供服务的公益性小额贷款金融机构。他认为政府的政策鼓励和支持对于整个行业的长远发展非常必要，也非常重要。段应碧会长同时希望其他相关部门如工商、税务等，也能为小额信贷行业的稳健发展提供相应的政策扶持。

段应碧会长身上体现了老一辈干部关注“三农”问题所具有的那种特质，他坚守着这样一个原则：坚持扶贫宗旨，通过金融的方式扶贫，始终坚持瞄准一个对象，就是农村最底层的群众。这样的理念与原则，现在已经在中国扶贫基金会和中和农信上下达成一致，这显然离不开段应碧会长的坚持与坚守。

不仅如此，段会长还凭借着自己在中央部门工作所积累下的丰富的人脉资源，为中和农信在与中央政府经济管理部门以及金融界的沟通并获得扶助、支持方面发挥了无法替代的作用。

何道峰：中和农信的奠基者

何道峰执行副会长

何道峰现任中国扶贫基金会执行副会长兼中和农信项目管理有限公司董事长，复旦大学经济学硕士研究生学历。历任国务院农村发展研究中心副研究员、国务院发展研究中心副研究员、中国西部人力资源开发办公室主任、研究员等职务。同时，何道峰也是一位知名企业家，他从2002年开始，一直担任上市公司昆明百货大楼集团股份有限公司董事长。实际上，何道峰从1999年开始，一直是以志愿者身份在中国扶贫基金会任职的。

何道峰是中国扶贫基金会小额信贷创始人，自1996年开始负责实施由世界银行资助的秦巴扶贫项目中的小额信贷试点工作，开启了中国扶贫基金会小额信贷可持续扶贫模式的探索。

何道峰是“文革”后毕业的最早一批大学生，从改革先锋、政府官员到成功的企业家，再到公益从业者，中国每一次新的改革浪潮，他都是潮头的弄潮儿。从20世纪80年代到90年代，再到新世纪，每一个十年，他的经历和变化都是独特与光彩的。对于他而言，所有这些光彩的头衔和不同的鲜活的经历，都贯穿着一条主线，那就农村发展与扶贫。今天的何道峰，是成功的企业家、知名的公益慈善家，但他最为热衷的却仍然是农村。何道峰身材魁梧，古铜色的皮肤和宽大的手掌，都让人觉得他像一个农民。他普通话有着浓郁的土地味道，硬绷绷的，每个字都是那么有力。而讲起农村扶贫问题，他更带劲，字句里透着他对中国农村的那份熟悉和热爱。

这份热爱意味着什么，只有何道峰自己心里最清楚。1999年，作为一个成功的企业家，何道峰以志愿者的身份加入中国扶贫基金会，担任中国扶贫基金会秘书长，并兼任法人代表。这一举动在当年中国的NGO公益领域不啻是一场风暴。但是对于何道峰自己而言，则是使命的继续，他始终认为国家的富强与变革是自己当然的使命。正是这些驱动他来到中国扶贫基金会，着手通过改革新兴的第三部门来继续理想征程。从战略管控改革到机构建设、内部管理、团队建设，再到项目设计和执行管理、财务管理、受益人参与项目互动等改革，何道峰实际上重新改造了中国扶贫基金会。中国扶贫基金会是最早一批向公众和社会公告财务报表、项目信息的官办基金会，形成了自己的项目品牌和机构特色，年捐款额从1998年的1，800多万元上升到2011年的近十亿元，直接受益的贫困农民近200万人。如果以志愿者的身份来看，何道峰无疑是中国最成功的慈善志愿者。

所有这些改革之中，最让何道峰在意的恐怕就是小额信贷项目。在中和农信的网站上，何道峰的介绍栏里写着“中和农信的奠基者”这样一个简短的介绍。作为小额信贷项目在中国的最早参与者，从来到扶贫基金会的那一天开始，他就立志将这种在世界许多发展中国家有了充分运营经验的扶贫开发项目带到中国，并且立志要让它在中国扎根。这个抱着理想在世俗的泥泞中演进的男人，对于小额信贷的重要意义非常清楚。“真正让农民能够开发出自身的能力，才能真正实现脱贫”，何道峰如此总结，这也是他对自己毕生使命的归纳。

王行最：中和农信的开拓者

王行最副会长

现任中国扶贫基金会副会长、中和农信项目管理有限公司董事。王行最于1988年毕业于北京外国语学院英语系；1999年在中国人民大学获得MBA学位，曾任职农业部外事司，负责当时中国—欧洲经济共同体农业技术中心的项目筹建和管理工作；1996年调到国务院扶贫办外资项目管理中心，参与世界银行与国务院扶贫办共同组建的“西南扶贫世界银行项目”；2001年4月，王行最任中国扶贫基金会副秘书长，负责扶贫基金会的日常主持工作，同时协调管理小额信贷项目。王行最是小额信贷项目第二阶段以后的主要管理者之一，先后担任中国扶贫基金会副秘书长、常务副秘书长、秘书长、副会长，职务虽然有变，角色一直没变。

王行最有江浙人的典型特质，行事务实，个性沉稳低调。在他看来，中和农信之所以能发展到今天这个规模，首先得益于这个团队十多年来的坚守。实际上，扶贫性质的小额信贷自20世纪90年代在中国落地生根以来，政府花了很多钱来做小额信贷，这类小额信贷项目，包括各类国际组织援助项目以及做小额信贷的非政府组织，高峰期达到300多家，但现在还生存的已经很少了。其次是核心团队非常稳定。再次是这个团队在坚守中不断创新，与时俱进，包括组织架构的设计，贷款产品的研发、风险管控以及与商业资源的结合等等。

王行最曾提出中和农信未来要由“双十”迈向“双百”的目标（即从十亿贷款、十万农户走向百亿贷款、百万农户），他认为实现这个目标有三大制约因素：一是合法身份的问题；二是资金来源，筹款，多渠道获得资金成为一个巨大的挑战；三是治理问题。在他看来，现在中和农信的治理结构虽然不错，但还需慢慢完善，这其中最核心的还是团队的问题。因为无论是合法化的问题，还是资金需求的问题，最后都取决于团队能否将事情做好。

“我们虽然设定了目标，但是不希望扩张得太快，慢慢的一步一步来，稳扎稳打，五年也好，十年也好，朝着目标逐步迈进，最终达到目标。”这就是沉稳务实的王行最对中和农信的未来期许。

刘文奎：中和农信的创始之勋

刘文奎秘书长

现任扶贫基金会秘书长、中和农信项目管理有限公司董事，是扶贫基金会小额信贷项目的前身——1996 年世行小额信贷扶贫项目的管理者和执行者之一。

当年国务院扶贫办与世界银行共同开发了“西南扶贫世界银行项目”，项目下面有个“劳务输出”的分项目。刘文奎当时就在具体运作这个项目的中国西部人力资源开发中心工作，负责劳务输出工作。到了 1996 年，国务院扶贫办认为世行的这个项目实施效果不错，又启动世界银行贷款秦巴山区扶贫项目，其中包括由中国西部人力资源开发中心在四川阆中和陕西安康实施的小额信贷试点项目。该项目计划通过小额信贷支持当地农户改善自我就业，增加现金收入，提高综合素质，增强脱贫致富的能力。从1996年开始，刘文奎又开始接手“秦巴项目”的小额信贷扶贫业务，成为中和农信前身最早的管理者和执行者，从此和小额信贷结下了不解之缘。

在执行世行的小额信贷项目时，刘文奎发现这种扶贫模式对于中国农村地区的扶贫很有意义。但由于当时所用的主要是世行和地方政府的配套资金，项目有期限，所以只能实行短期项目制，随着项目的完成就自然结束了。因为看不到未来，当时执行项目的团队以及团队的能力建设都只能是短期的。而他们一直想把这个项目变成一个可持续发展的、由固定的机构来执行的项目。因缘际会，由于何道峰在1999年调任扶贫基金会秘书长，他们共同努力，把小额信贷项目转移到基金会的平台上，并在扶贫基金会下面成立了小额信贷项目部，为后来的中和农信打下了基础。

作为中国扶贫基金会小额信贷项目早期阶段最主要的管理者之一，刘文奎参与了一系列的项目制度制定、分点设立、人员招聘、队伍建设、业务执行以及发放贷款的流程、员工、考核等等，他的努力为后来该项目转移到扶贫基金会，并成功转型为中和农信项目管理有限公司，积累了最初的经验。

刘冬文：中和农信的中兴之勋

刘冬文总经理

现任中国扶贫基金会副秘书长兼中和农信项目管理有限公司总经理，硕士研究生学历。曾就职于国务院扶贫办外资项目管理中心，主要从事外援扶贷项目管理。2002年6月加入中国扶贫基金会小额信贷部；2005年起担任小额信贷部主任，全面负责管理和实施小额信贷项目。

转眼之间，刘冬文加入小额信贷这个行业已经十个年头了。如果说何道峰、王行最、刘文奎等属于筚路蓝缕、以启山林的开拓者的话，那么刘冬文则属于继往开来的新一代中坚力量。他带领着中国基金会小额信贷项目组顺利完成产权制度改革和机构转型，使治理结构不断完善，运作模式不断成熟，业务规模不断扩大，而且更加注重专业化，思路上更加富有激情而不失稳重。在多次的中和农信年度讲话中，刘冬文都强调“稳定发展、安全第一”的思想。

在刘冬文看来，国内许多的NGO小额信贷项目在扶贫方面做得都很成功，但总是绕不过一个坎儿，那就是如何实现小额信贷机构的可持续发展。中国的NGO小额信贷在过去的探索过程中，最缺乏两个东西，一是缺乏企业化行为，二是缺乏企业家参与。这两个问题实质上是一个问题，即没有以市场化的方式运作，导致小额信贷机构无法实现可持续发展。

中国以前的NGO小额信贷机构不是按照企业行为来运作，也没有企业家来参与运营。过去做NGO小额信贷扶贫的人都是专家学者、慈善爱心人士或政府官员。那个时候大家做小额信贷，凭得更多的是理想和激情。所以，要把小额信贷扶贫项目转型成为一个专业小额信贷机构，把从业人员从政府官员，从专家学者，从研究者，变成一个小额信贷机构的企业家或者是职业经理人。

有了这样清晰的认识之后，中和农信明确了大原则：信贷流程一定要简单化、标准化；模式上，必须要采用专业化、连锁化的经营模式；一定要按照市场化的机制运作，做小额信贷的时候，不能只是做一个慈善家，而是一个企业家。

在以市场化方式运作的同时，中和农信在改革过程中，始终坚持着它的社会目标，即必须服务农村贫困群体，以开发式扶贫、提升中低收入农户的自我发展能力，进而脱贫致富。

在刘冬文的主持以及团队不断地探索与努力下，中和农信开始转型，并已经走上了转型之后的正轨，正在把自己转型成为专业小额信贷机构，同时通过产品创新，通过服务模式创新，也在不断提升机构的竞争力，把中和农信一步步地打造成可推广、可复制、也可以实现商业可持续的农村小额信贷机构。

如果说中国扶贫基金会是一艘已经起航多年的大船，中和农信则是一艘冲锋舟，延续着大船的“扶贫”本质，在一批年轻人的掌舵下，更加灵活、机动，能够很好地应对市场每时每刻的变化。当然，冲锋舟也有着自身难以克服的弱点，比如“动力”——如何拥有供应持久航行的资金来源，“规模”——如何做大自身的船体面积，成为另一艘大船。这就需要更多人的努力、关注与帮助，需要更多的时间来验证它的模式与理念。

第二章 阳光的阶梯：百姓银行的四次跨越

第一节 模式探索与积累经验（1996—1999 年）

1996 年世界银行贷款秦巴山区扶贫项目启动，其中包括由中国西部人力资源开发中心在四川阆中和陕西安康实施的小额信贷试点项目。该项目计划通过小额信贷支持当地农户改善自我就业，增加现金收入，提高综合素质，增强脱贫致富的能力。

缘起与三大目标的确立

时间回到 1996 年，世界银行贷款秦巴山区扶贫项目启动，其中包括由中国西部人力资源开发中心在四川阆中和陕西安康实施的小额信贷试点项目。在此期间，后来获得诺贝尔和平奖的尤努斯创立的孟加拉格莱珉银行的小额信贷模式首次引入中国，并在扶贫领域开始试点和推广。

刚逾不惑之年的何道峰时任中国西部人力资源开发中心主任。“我那时还不在中国扶贫基金会，我是一个志愿者，义务帮助国务院扶贫办设计和实验小额信贷的项目。”何道峰说，“我当时负责运作世界银行在西部的劳务输出项目，这个项目也是用创新的公司化模式来运作。国务院扶贫办的人告诉我，世界银行除了劳务输出项目，也非常希望能在中国实践小额信贷项目，而要操作这种创新性项目，他们就想到了我。我当时对这个项目也非常有兴趣，双方可以说是一拍即合。”为了做这个项目，何道峰不仅研究了后来享誉全球的尤努斯模式，还研究了国外很多其他小额信贷的模式。出身于 20 世纪 80 年代著名的国务院农村发展研究中心的何道峰对小额信贷的兴趣，还来自于他对中国农村社会问题的深刻思考。

何道峰在后来的一次内部会议上曾经这样梳理了他当时的思考与理念。

中国在 20 世纪 80 年代有个很大的变化，即实行了家庭联产承包责任制，也就是以农户为单位的经营模式。在这以前是以人民公社为基础的模式，有着相应配套的服务体系：比如为解决人民公社和农户的资金问题，设立了信用社，专为人民公社提供金融服务；为解决购销问题，设立了供销合作社；为解决农业技术的推广问题，设立了农业技术服务站；为了提高人民公社的经营管理水平，设立了经营管理总站，它主要是搞财务和管理方面的指导。这一套农村服务体系是一个完整的体系，是为人民公社这种核心生产单位的存在而构建的。

可是，由于搞了家庭联产承包责任制，农村生产主体由原来的人民公社变成以家庭为单位的耕作者。主体换了，原有的服务单位还能不能为新的主体服务，这是个新挑战。在后来的十几二十年里，中国农村围绕这样的变化发生了无数的故事：供销社以前是按行政区划设置的，但现在新成长起来的购销实体在功能方面取代了原来的供销社，最后的结果是供销社无法维持原来的功能，逐渐消亡了。而农村信用社由于在农村一直维持金融垄断的局面，生存到了今天。中国加入 WTO 以后，中国农村金融市场必须逐渐开放，新的挑战又接踵而至。在何道峰看来，农村服务体系的重建过程为小额信贷提供了机会。

当小额信贷项目在安康和阆中启动时，何道峰以及他的小额信贷团队试图创造新的与农户家庭相对应的服务模式。而在当时的扶贫实践中，存在这样的两个基本问题的争论：穷人需要的是贷款还是赠款？穷人讲不讲信用？这两种问题争论的背后，是对中国扶贫要走什么样的道路的不同看法。

对于穷人需要贷款还是赠款，何道峰当时用了三组数据来说明。第一个数据：农村信用社贷款的数据。所有使用过农村信用社贷款的农户，只占农户总数的 32.3%，也就是说，将近 70% 的农户是得不到正规的农村金融机构贷款的。根据这个数据，有理由相信穷人是在没贷过款的近 70% 里边，而不是那 32.3% 里边。第二个是农调队的数据。农民从农业银行、信用社借入的资金是年人均 65 元，而民间借入的资金是年人均 190 元，分别占 25%、75%。这说明，民间借贷是农民借入资金的大头。第三个是民间贷款的利率在 30%—80% 不等。用这三个数据就能得出一个判断：中国农村确实存在着巨大的贷款需求，而最不能满足的、最得不到满足的就是穷人。“穷人不需要贷款”的概念是有问题的。

信贷是一个包含经营概念的载体，而赠款是一种简单的施舍，二者对农户产生的结果会截然不同：一个是行为影响。赠款是施舍，是不需要还的，那么获赠的穷人行为会很随意。以前的“输血式扶贫”，穷人得到了施舍，很可能买酒喝了，以后仍旧是穷人。另一个是心理影响。因为赠款不需要还，获赠的穷人心里没有负担，也就谈不上负责；而贷款是要还的，他就会努力经营，按期还贷。长此以往，他就会变成一个懂得诚信、努力经营的人。这一点，凭施舍是得不到的。第三个是经济影响。穷人贷款搞经营，收入上去了，会扩大生产、改善生活，扶贫的目的也就达到了。贷款其实不是一个简单的、单纯的行为，这里包含着一个经营概念的载体，借给农民钱不仅仅是钱本身的用处，还包含着一些信息和影响的载体。贷款是一个经营载体，而赠款则是施舍性的。同样的钱，贷款和赠款所产生的影响是不一样的。

对于穷人讲不讲信用这个问题，诺贝尔和平奖获得者尤努斯通过他的小额信贷的实践，颠覆了传统的关于穷人没有信用的错误认知。在尤努斯的认知之上，何道峰又做了进一步思考，并提炼出了五个理念，而四川阆中和陕西安康的小额信贷试点项目的具体设计，正是建立在这些理念之上的。第一个理念是穷人讲信用。在何道峰看来，那些认为穷人借的钱不还，穷人不讲信用的人，是因为他们没有认真工作，没有亲身实践。穷人是讲信用的，“欠债还钱”，这个理念深深根植于中华民族每一个人的毛细血管里，尤其是那些没受到社会污染的人。在何道峰看来，穷人是有信用的，如果发现他们不讲信用，说明你工作没做到，说明你的管理上有问题。穷人最讲信用这个信念是靠长期实践、大量调查研究建立起来的。第二条理念，能力是靠机会培养起来的。就像陈胜、吴广说的“王侯将相宁有种乎”？如果我们给穷人机会，一样能培养他们的能力。第三个理念，穷人要的是金融服务，不是贴息贷款。贴息贷款从来到不了穷人那里，贴息使贷款本身有很强的福利性质。福利性质就好像天上掉烧饼，这种烧饼不太可能落在穷人手上。第四个理念，就是要利用乡规民约，让农民自己约束和管理自己。小额信贷的工作人员管不了那么多，如果直接去管，几百户上千户，不可能管得过来。何道峰举例说，国民党就完全毁在这件事上面，收税的人去收税时，农民说这税钱我没有，收税的说那收点脚钱吧，农民一想，人家来一趟不容易，那就给点脚钱。农民本来就筹不起钱，给点脚步钱，下次更凑不足税了。可是收税的人回来就想，收税不是我的事，是国家的事，收脚步钱是我的事，多收几次不就有了。就跑得更勤了，但跑得越多，税越收不上来，导致地方武装大量下去收脚步钱，一直收到国民党在乡村政权全部垮台。因此，农民要自己管理自己，费用就可以降低。农行、农村信用社为什么不能做？因为它不是联保，而是一家一户的做，这肯定做不过来。而如果不让农户自己组织，而硬把富人和穷人放在一起做，“物以类聚，人以群分”，联保怎么可能？我借 5,000，你借 2,000，你砸了以后我帮你赔 1,000 元，我砸了以后你帮我赔 200，这不平等。因此，这种联保是做假，不可能做下去。第五个理念，就是老百姓会相互看，只要有一户收不上来，又没有合理解释，就会有第二户、第三户，以后就会像多米诺骨牌一样使整个系统倒掉。因此欠款怎么处理，收不上来的钱处理要有技巧。极端地讲，如果借钱人死掉了怎么办？那就要设立客户死亡保险，人死了就不收你钱了，还给你提供一点抚恤费，这很好。其他情况，恐怕都在必收之列。如果理念出了问题，有的人收不回来算了，其他人却要收回来，这就会不公平。在乡村社会，不公平比什么毁坏力量都大。

正是基于这样深刻的理念和思考，何道峰在1996年开始介入小额信贷工作，在陕西安康和四川阆中试点小额信贷时，定下了三大管理目标，其后悠悠十七载，小额信贷的形式和规模都有了极大的变化，但当时定下的基本原则和理念，却一直没有改变，而且还逐步发扬光大。

1. 将钱借给真正的"穷人"

只有将钱借给穷人，在这个过程里面才会找到市场真正的服务对象，小额信贷机构为穷人服务这个定义就确定了小额信贷机构是做什么的。在农村这块市场中，也只有穷人才是竞争性小的市场。

2. 促进"穷人"自立能力提高

小额信贷机构并不仅仅是给"穷人"提供借款，更重要的是促进他们能力的提升。从短期来看，小额信贷机构所做的是满足农民对融资的需求，但是从长期过程来讲，一定要促进他们能力的提升。

3. 实现小额信贷机构的持续发展

小额信贷机构能存在多久，取决于机构负责人和工作人员的信念：你准备干几年？是两年、三年、五年，还是作为一个终生的事业。

在这样的理念和思考之下，小额信贷项目正式启动了。

安康和阆中的试点

秦巴山区小额信贷项目是世界银行中国秦巴山区综合扶贫项目的一个试验性分项目，其目的是在5—6年的时间内，通过小额信贷扶贫方式，将3，320万元人民币资金投放到2万多贫困农户手中，帮助他们改善自我就业，增加现金收入，提高综合素质，增加脱贫致富的能力。项目计划首先在两个县进行试点，取得经验后再向项目区的其他县推广。

秦巴扶贫项目是世界银行支持中国进行贫困社区综合开发的第二期项目，其主要特征是在秦巴山区选择26个贫困县中的最特困村，同时进行基础设施、教育卫生、种养殖业、劳务输出、乡镇企业等多方面的综合性一体化开发，既改善贫困村的环境和生产条件，又通过项目开发增加贫困户的经济收入，增强贫困户的能力，以达到农户脱贫和社区开发的双重目的。在这个大项目中，安排了四川阆中和陕西安康两个县级市进行小额信贷扶贫的试验，资金总规模400万美元（每个县200万美金，其中世界银行投入100万美元，地方政府配套100万美元，按照当时的汇率，世界银行在每个县投入大约800万元人民币）。该项试验的一个重要特点，就是有乡村公路、电、土地治理、教育卫生、劳务输出等基础设施项目和人力资源开发项目相配套，小额信贷是其中的一个分项目，易于利用其他分项目投资所产生的连带效应。但鉴于各分项目同时启动，项目前期这一特点并不明显。

项目从1996年开始准备，选择了两个县级市（四川的阆中市和陕西的安康市）作为试点。据何道峰介绍，当时选择这两个市的理由是：第一，秦巴山区扶贫项目区内的贫困县，贫困人口比较集中；第二，当地农产品种类比较丰富，市场发育程度相对较高，农民有一定的市场观念；第三，当地政府、金融部门、技术服务部门积极合作，提供帮助，扶贫办力量相对较强。每个市首先从两个乡做起，于是在阆中选择了博树和文成，在安康选择了双龙和正义。

整个工作是从干部和业务人员的培训开始的。培训分为三个层次进行：第一层次是项目的领导者，包括省级和县级扶贫办和世界银行项目办的官员，培训的目的是让他们了解小额信贷扶贫方式的基本特点、基本原理、重要意义和运行规则。第二个层次是项目的管理者，包括县级扶贫办工作人员和服务社的主任，培训的目的除了了解小额信贷的一般原理和运行规则外，还要懂得如何操作项目，如何进行成本核算，如何指导对农户的培训。第三个层次是服务社工作人员的培训，培训目的是掌握宣传、组织、动员农户的基本方法和项目实施的具体业务，特别是账目管理和技术培训。有些培训是几个层次联合举办的，传授一些共同的内容；有些是分别进行的，针对各自的业务重点安排不同的内容。项目启动以来，各级各类培训共举办了14期，培训干部和业务人员共计200人次。

阆中和安康的小额信贷项目，1996年11月起进入农户动员和组织阶段。严格按照设计思路的要求，服务社工作人员深入乡村和农户家庭，做耐心细致的工作，宣传小额信贷的基本原则和要求，根据孟加拉格莱珉银行的模式组织农户贷款小组。1997年1月，第一个中心开始放贷。截至2004年6月底，秦巴小额信贷分项目已经竣工。

试点项目积累的经验

1996年启动的安康及阆中项目试点，是在中国小额信贷一片荒漠的背景下展开的，其后虽然在2000年被中国扶贫基金会全面接管，但因为种种内外部原因，安康项目在2002年结束。而安康及阆中作为中国小额信贷的试点先驱，为后来中国扶贫基金会的小额信贷以及中和农信的发展，积累了第一手的实践经验。对此，何道峰在2002年底的小额信贷项目工作会议上如此总结：

1. 选择真正的贫困社区和“穷人”

在项目实施前期，如果没有对选定区域进行调研，没有事先对人口的状况做很好的统计与评估，都会在今后的项目运作中产生一些很难预料的麻烦，反过来又会影响我们的思维。我们会认为设计有问题，而事实上是操作上有问题。

2. 形成真正意义上的“穷人”自治组织

这个过程非常重要。如果很简单地把农户组织搞起来，它不会是真正穷人的自治组织，里边会埋藏着很多隐患。为什么出现垒大户现象？就是因为组建的组织不代表穷人。

3. 逐步提升自治组织中心会议的培训质量

最简单有效的手段就是给农户放培训录像，这是非常有效的方式。如果你想对农户有帮助，想让农民真正认识你，就得往这条路上走。接下来是强化指导员培训，把他培养成一个培训方面的专家。这不是一天两天的事，可能要用三年、五年。但有没有目标，是否朝一个既定的目标努力是完全不一样的。因此，提高培训质量是我们的理想，是这个模式成功的关键，要去追求。如果我们想在中国大地上站住脚，就必须去追求。否则就没有什么特色可言。

4. 坚持单县500万元的资金规模并不断扩张

要实现组织的可持续性发展，信贷规模不能太小，我们经过测算，不能少于500万元人民币，这是一个盈亏平衡点。

5. 将小额信贷机构当作一个长期组织进行企业化经营

把这个组织变成一个企业来经营，而不是把它变成一个政府组织来管理。每一个小额信贷机构要想存在下去，实现三大目标，就必须把机构当成一个有投入、有产出、有收入、有成本和费用，最后还要有积累的企业。如果没有经营和财务概念，项目就会失败。

6. 半个月收款一次，服务费不低于7%，保持资金的正常流转

利率、收款期限、资金的流转这三个指标是要认真讨论、认真测算的，不可以随便改动。收款期短，虽然工作量大了，但是资金流转得快，实际收益率就越高，收入也就越高，资金被利用的状况越好。这三个指标是决定组织今后积累的基础。

7. 对品种创新、质量管理、成本控制、筹资营销的制度化管理

金融品种的创新是可以的，但不是简单的。500 万元的资本金规模，品种不能很多，不然管理成本高，得不偿失。那么，什么问题是可以往前走的呢？比如说：贷款的额度根据不同的地方设立不同的标准，有些地区首期贷款可以从 1,000 元起，有些从 1,500 元起，有的地区可以从 2,000 元起，这是可能的。但不能各行其是，应根据当地的情况进行调查，搞清本地区适合从哪个台阶开始。再一个是质量管理问题，必要的安全防范是不能含糊的。比如：在农户没有按时还款时，要不要告诉他们其他几个人的钱被扣了？来提醒农民："你们是联保的，你原来 5 个人有 250 元的共同基金，现在因一个人没有还，目前只剩下 200 元了，这样每人损失了 10 元"。一定要告诉他！这样联保才能发生作用，让没还款的人有心理压力。如果怕麻烦，就会使得农民并不认为它是共同基金，那签订的合同有什么用？只有坚持这种"麻烦"的做法，才能让农民接受这样一些观念。所以服务社绝对不能把官僚主义引入到我们的组织，要建设健康的组织文化。这是第一条。第二条譬如垒大户等问题。从良心上来讲，我们是进行扶贫的组织，我们怎么能让不贫穷的人把钱拿走了呢？另外，成本控制的问题要提上议程。

8. 完全透明的信息与资讯管理

项目在一开始试点就上马了一套计算机软件管理系统，尽管这个软件系统水平不高，但这个软件可以让我们看到，哪些农户还款，哪些农户没有还款。这个事情很重要，可以提高发现问题的效率，否则会使问题非常严重。由于计算机管理软件系统的崩溃，导致我们在管理上出现了严重的问题，项目区的原始信息得不到真实反映，加上实地监测的频度和力度均不够，因此，不能掌握项目区的真实情况，无法形成有效的反馈机制，失去了对项目的有效控制。

9. 风险防范

风险防范一定要有具体的措施，这是服务社存在和发展的最基本条件。小额信贷的逾期是有传染性的，一个人不还钱会影响两个人，两个人会影响四个人，直至整个村子。因此出现第一笔逾期，一定要全力处理，第一笔逾期对员工的打击和客户的影响会很大。

10. 中心主任一定是无酬劳动

中心主任管理 30 个贷款农户，这是要花时间的，但如果要讲报酬，这事就乱了。一旦有报酬，报酬怎么算？而且经常会落到村干部或其家属、关系户手里，服务就成权力了，政府的那套模式就全部启动了。无酬劳动就没人争，中心主任是大家真正选举出来的，再加以引导，这些人就可以成长为组

织的中心力量，这样就符小额信贷的精神了。

商洛模式对安康项目的冲击

当秦巴项目在安康开展小额信贷的同时，陕西商洛市在1996年引进、消化、嫁接、改造了GB扶贫模式（格莱珉银行的农户联保贷款模式），建立了政府主导操办的商洛模式，这与西部中心实施的服务社模式形成了直接的竞争关系。1997年，安康市在全市范围内推广“商洛模式”的小额信贷，对秦巴小额信贷分项目造成了严重的冲击，秦巴小额信贷分项目的进度在1997年底到1998年初几乎处于停滞状态。针对这种情况，西部中心在中国秦巴山区扶贫世界银行贷款项目第二次检查团在安康检查期间，多次与安康市有关领导磋商、协调，但在相当长的一段时间内，问题仍没有从根本上得到解决。

1998年7月，在陕西西安召开的“秦巴山区扶贫世界银行贷款项目劳务输出分项目98春季战役总结会”期间，西部中心又与安康市的主管领导就此事进行进一步的协商，最后安康市委、市政府决定把秦巴小额信贷分项目当作一项政治任务来抓，并召开“秦巴扶贫世行贷款项目小额信贷分项目试点推广工作会议”，决定在原有两个世行项目乡的基础上新增加4个乡，在这6个乡停止实施“商洛模式”的小额信贷，全力推广世行项目的服务社模式，同时在配套资金上给予大力支持，最终给安康的秦巴小额信贷分项目创造一个较为良好、宽松的外部环境，也使安康小额信贷支持性服务社的工作人员端正方向，全力投入到秦巴小额信贷项目的工作中去。

在模式上，商洛模式与服务社模式可谓大相径庭。商洛模式在开始之后，也经历了多次调整与改革，经过了具有代表性的三个变迁阶段，由“单线运行”阶段发展到“双线管理”阶段，最后再到“三线运作”阶段。

扶贫经济合作社“单线运行”阶段：这一阶段按照GB模式进行试点与探索，由扶贫经济合作社独立操作，通过“贷实体扶贫困户”、“贷企业扶贫困户”、“贷大户扶贫困户”、“干部贷资扶贫困户”等方式进行扶贫开发，由扶贫社负责承贷承还扶贫资金，将扶贫款投放到户并回收。因处于引进阶段，受到国际组织的影响和模式的束缚，只能在小范围试验，不便于大面积推广，因而未能全面推开。

政府+扶贫合作社“双线管理”阶段：这一阶段有两条线运行，一条线是地方政府，从县到乡，进而到村到户，政府发挥规划、引导、保证和监督作用；另一条线是扶贫合作社，负责向农业发展银行承贷承还扶贫贷款，并负责选定对象，放款到户，组织项目实施、配套服务、中心组会议直至贷款回收等工作。

政府+银行+扶贫合作社“三线运作”阶段：这一阶段由党政部门、金融机构和扶贫社“三线运作”，即政府规划到户、农行直贷到户、扶贫社服务到户。

这种由政府主导的商洛模式存在的问题其实是很明显的，商洛模式和服务社模式完全不一样，服务社模式强调要有规模，要有专职人员，专职人员要从当地有高中文化的人中招聘，对工作人员的考核很严格。商洛模式的特点就是没有专职人员，利用乡村干部去放款、收款。当时商洛模式试行于天下，一些地方政府的领导不相信服务社模式，不相信一帮招来的高中生会比他们干部还厉害。何道峰当时就提出，小额信贷模式的成败不是看现在，要看5年后乃至10年后谁还存在。事实是，小额信贷经过了一个高潮以后，政府行政性发放的小额信贷基本上丢掉了，全国差不多丢掉了50亿元，中国的小额信贷转入了一个低谷期。而何道峰创立的服务社模式却挺过了艰难的幼儿期，顽强地生存下来并且日益发展壮大。

项目存在的问题

秦巴扶贫项目中的小额信贷分项目经过几年的试点，取得了很大的成功，也积累了经验，但也发现了项目本身存在的主要问题：

第一，机构的独立性问题。尽管服务社已按法律程序进行注册，但它仍存在能否有项目开发和管理的自主性问题，因为政府会因为中心工作的需要而随时调动机构中的人员尤其是机构主要领导，对项目的负面影响是极为严重的。

第二，在同一项目县实施完全不同的小额信贷模式的影响。安康市在与服务社操作的同一个县内，用行政方法推广小额信贷模式，利率定在2.88%，与之相比，服务社的利率为8%，程序又复杂，要求更严格，因此自然要遭到基层干部和农户的抱怨和抵制，很难继续推行下去。争论又回到了小额信贷的一些最基本假设上，比如穷人需要捐款还是赠款，是否应该贴息等最基本的理念上，问题愈加变得复杂化。

第三，配套资金的落实存在很多困难。以阆中为例，国务院扶贫办协调的1997年的配套资金，1997年初就把计划下达到省，四月份就已下达到县。但县农发行提出要政府转贷，于是又把资金转到县财政，100万元配套资金到了县财政后，长期到不了服务社。直到九月份才到位20万元，10月份又到位20万元，其他60万元一直没有到位。配套资金到位困难和迟缓严重影响项目的进度，很多试运行的中心农户很有意见，同时也极大地影响服务社实现收支平衡。

第四，多头领导的问题。运作机构设在县里，当然要取得县政府的支持。而要加强项目的规范性管理和研究改进，需要中央和省级的专家力量介入，在设计、培训、监测、研究方面加大力度，给予指导。这样的设计有诸多优点，但也容易形成多头管理、各执一词、使项目执行单位无所适从。

第五，由于对利率的管制和地方领导的观念，存在着一种把对贫困农户的资金占用率和管理服务费越压越低的倾向，同时也存在着把机构搞得很正规、人员很多的倾向，因此项目执行单位——服务社面临着收入降低和成本上升的双重压力，经营的难度很高。同时，为了提高项目操作的技巧性和规范性，又需要从上到下的技术专家指导、监测系统管理和培训援助。可是这部分开支没有资金来源，势必会影响指导、培训和监测的力度，如要加强力度就得引起服务社成本的上升。这是一个小额信贷推广过程中的公共非经营成本问题。

具体到两个地方，首先来看阆中。阆中市小额信贷支持性服务社自1996年执行世行小额信贷项目以来，在西部中心的具体指导下，严格按照世行项目技术标准进行项目运作。但在2000年8月时却面临一个比较严峻的问题，即项目运作虽然规范，但项目规模一直达不到年度计划的要求。在2000年10月底的实地监测中，西部中心和四川省人力中心的检查人员发现阆中服务社借款发放得过快，有的借款没有严格按照项目设计的标准执行。

阆中项目前期亏损产生的主要原因是乡世行工作站的突击放款和对项目员工的培训，对于乡世行工作站的突击放款产生的30余万元亏损，市政府同意拨财政资金充抵；对于项目前期培训产生的亏损，中国扶贫基金会和陕西省外资中心同意各拨10万元充抵。

安康也有同样的问题。在刚刚起步的情况下，小额信贷在当时的环境是要有节奏发放的。一个县由于能力、条件所限，信贷员没有那么多，可能一年能放三四百万元也就不错了。世界银行的项目里有一个提款报账制，要求必须先发放完地方政府的配套100万美元，世行的100万美元才能跟进。另外一点就是项目快结束时，必须有任务完成指标，这时才可以从世界银行的专用账户里将这笔钱提出来，再继续做小额信贷。地方政府为了完成这个目标，将钱从世行的专用账户里提回来，就发生了违规放贷之事。当地政府急于派乡干部发放贷款，项目区从10个信贷员一下子就扩展到20个，很多是仓促招聘过来，业务都没有熟悉就下去发放贷款了。信贷员为了在规定期限内发完贷款，就开始“垒大户”，把钱集中起来给少数人使用，而不是按照最初设计的“五户联保”形式，把钱贷给最需要的穷人。贷款风险急剧上升，导致大量贷款无法收回。

项目虽然刚刚在安康和阆中两个地方试点，就已经出现了双重管理和地方政府插手的现象。当时的西部中心仅仅是一个委托方，公章掌握在当地的扶贫办手中，西部中心仅仅享有部分的管理和业务指导权。资金的使用（当地政府可以随意抽调，不能封闭运行）、信贷主任和信贷员的招聘、信贷资金的发放上（后来暴露出乱发乱贷，贷给自己的亲朋而不是真正需要的穷人），西部中心均控制不了。这导致的结果是：小额信贷变成了地方政府的扶贫项目。而地方政府主导的扶贫项目，其效率和后果可想而知。

但是，当时由于提款报账制度的存在，项目经费都是由地方政府先垫资，然后再到世界银行报账，这必须要有西部中心的签字，如果西部中心不同意，地方政府的钱是报不回来的，对于地方政府的官员来说，政治上也是有问题，所以在这个阶段，地方政府还有所顾虑，不敢过于明显地插手。随着2000年中国扶贫基金会接手小额信贷项目以及项目在世界银行的报账逐步完成，因地方政府插手项目而造成的双重管理问题，就集中爆发出来了。

第二节　初次扩张与双重管理困局（2000—2004年）

2000年，中国扶贫基金会全面接管中国西部人力资源开发中心的小额信贷项目，并组建小额信贷项目部。同年，启动贵州晴隆、广西东兰和四川通江3个项目县，项目县总数达到5个。

2001年，国务院扶贫办下发文件（国开办函［2001］25号）：根据国务院《中国农村扶贫开发纲要（2001—2010年）》第27条的精神，同意中国扶贫基金会作为小额信贷扶贫试点单位，标志着中国扶贫基金会小额信贷扶贫试点正式获得国家认可。同年，启动了重庆开县、福建福安、山西左权的3个项目县，项目县总数达8个。

2002年，退出陕西安康、重庆开县和广西东兰项目区，新开贵州六枝项目区。项目区总数6个。

2003年，启动福建霞浦项目区。退出阆中、通江项目区。项目区总数5个。

2004年，关闭贵州晴隆项目区。项目区总数减至4个。

世行小额信贷项目有了新平台

1999年，何道峰来到中国扶贫基金会任秘书长，世行小额信贷项目也随之转到了中国扶贫基金会的平台。对于该小额信贷项目来说，这不是一次简单的平台转移，而是在有了中国扶贫基金会这个平台之后，小额信贷才有了从项目向机构转型的基础。如果不是这样的机缘，小额信贷项目可能随着世界银行项目的到期而结束了，就不会有后来的小额信贷部，更不会有现在中和农信和未来乡村银行的远大理想。

世行小额信贷项目来到中国扶贫基金会这个平台，既是偶然，也是必然。何道峰来到中国扶贫基金会后进行了大刀阔斧的改革，其核心就是要让中国扶贫基金会从传统的泛扶贫筹款走向现代的项目筹资，建立项目的品牌战略，所以小额信贷作为一个成熟的项目产品，转到中国扶贫基金会这个平台，也就顺理成章了。用何道峰的话来说："来到中国扶贫基金会这个平台，小额信贷的魂就继承下来了，这是用我几年的生命之痛培育出来的东西，我知道里面什么是我们要的，什么是我们不要的。"这也就是何道峰后来提出的"机缘与人生设计"。正是因为这样的机缘与设计，中国扶贫基金会与小额信贷这两种向上生长的力量碰在了一起，中国的小额信贷事业从此不同。

而这一切都来自于何道峰来到中国扶贫基金会所进行的那场大刀阔斧的改革。这个改革的故事孕育了很久，在 1999 年的时候发生了。当时的很多的价值观和现在不一样，也没什么人去搞慈善这个行当，何道峰来中国扶贫基金会任秘书长之前，做了 8 个月的准备，他研究了国内走在前面的希望工程的案例，又研究国外同行的经验，终于明白了公益慈善要怎么做。于是，何道峰作出了一个重大决定，以一个不拿薪酬的志愿者身份来到中国扶贫基金会，这就撇清了利害关系，可以放手改革了。

何道峰在来中国扶贫基金会之前，与国务院扶贫办的领导谈条件的时候，提了三个要求：第一，以志愿者身份来工作。王郁昭会长问，有志愿者是法人代表的嘛？何道峰说，有啊！国际奥委会主席萨马兰奇就是一个志愿者，不拿薪酬的。第二，要求国务院扶贫办请中编办把中国扶贫基金会的行政编制取消掉。此举在当时很多人看来是不可思议的。但在何道峰看来，如果不取消，就不可能给工作人员增加待遇，也就不可能留住人。而且，何道峰还有更深的忧虑，如果有级别，完全按照政府的行政体制管理，那主管单位就可以随时派人来担任基金会领导，派来的人如果和你是同床异梦，这事怎么办？而如果要把中国扶贫基金会做好，不可能这么干，必须把公益慈善当作自己的事业。所以，必须把级别和事业编制取消掉，只想当官而无心事业的人就不会再来了。第三，所有副秘书长都归秘书长提名，会长可以说不同意这个人，但没有提名权。会长不满意，秘书长可以重新提名一个，因为如果不是这样，"等主管单位派一些人来，睡在我床边，天天打我小报告，这活我干不了"。这是何道峰上任前提出的三个条件。同时，何道峰也立下了军令状：我任基金会秘书长五年，如果期间它的成长率不超过中国青基会，就自动挂冠辞职。求贤心切的扶贫办领导同意了何道峰的要求，与何道峰签订了合同，何道峰说："我是带着这个合同去中国扶贫基金会上班的。"

回想起当年的改革岁月，何道峰现在依然觉得那是一次非常重大的人生挑战，为了表示自己的决心，何道峰去了一趟云南丽江，找到当时丽江的奇人，断臂书法家何志刚，何志刚以嘴为手，为何道峰写下八个字的座右铭"修心养性通世省行"。断臂的何志刚在他自己的书斋，用嘴叼着笔泼墨挥毫，这样一种逆境生存的人，没有人不为之震撼。而这正是何道峰改革时的内心写照，那时基金会的理事会有 44 个副部级干部，哪个来头都不小，如何能把他们改革掉？时年 43 岁何道峰，可是捅一个大马蜂窝。

经过改革，中国扶贫基金会成为一个市场化运行的组织，何道峰用合约管理的系统替代了以前的行政管理系统。在何道峰看来，中国扶贫基金会并不是缺钱，缺的是让捐赠人给钱的理由，因为你连自己要做的事都说不清楚，别人为何要给你钱？在何道峰看来，泛扶贫、利用老干部筹款的模式已经不能持续，而且这种方法要来的钱也没有意义，没有目的要来的钱，就会没有目的地去花，就不会有积累，也没法持续筹款。何道峰研究希望工程为什么能成功，他发现，核心在于希望工程清楚地告诉人们，它筹款是干什么的，每个人筹多少钱，建立一对一的模式，最后筹的款又给了谁。何道峰提出基于品牌项目筹款，就是以希望工程为标杆，由泛扶贫筹资转向项目筹资，建立项目的品牌战略。而小额信贷项目经过在安康和阆中的几年试点，获得世界银行的认可，他们认为该项目在管理上是靠谱的，影响力也是存在的。现在拿过来嫁接到基金会，恰好是一个很好的产品，而基金会做这个事也正合适，筹钱也相对容易，首先可以从地方扶贫办去筹钱，找地方扶贫办那些理念相通的人来筹钱。

何道峰说："我们永远不用行政的手段来做事，我们就找"臭味相投"的人，如果听不懂你的话，也看不懂你干的事，就不用找他了。我们找了各省扶贫办的人来谈，一个女性扶贫办负责人听懂了我们的话，她叫林月婵，她成为第一个吃螃蟹的人，后来还有辽宁的柴久凤主任、河北的扈双龙主任。当时国家是不允许政府扶贫资金进行操作性经营的，但这几位扶贫办主任都做了突破。凡是懂我们的人，中国小额信贷史就会留下了他们的名字。"

2000 年，中国扶贫基金会全面接管了中国西部人力资源开发中心的小额信贷项目，并组建小额信贷项目部。同年，启动贵州晴隆、广西东兰和四川通江等 3 个项目县，2001 年，启动了重庆开县、福建福安、山西左权的 3 个项目县，加上原来的安康与阆中，项目区一度达到 8 个。

而作为小额信贷项目的领导人，何道峰很有远见地提出，中国扶贫基金会一定会把小额信贷项目做成乡村银行，时间也许是十年、二十年，但只要把乡村银行作为目标，就一定会实现。在2002年的全员培训大会上，时任中国扶贫基金会秘书长的何道峰对服务社的全体工作人员说："我们与县里签订的合同是十年，但十年不一定收口，还可以接着做。为什么？扶贫基金会打算把它做成一个长期事业。而且五年以后农村金融市场开放了，我们可能有机会变成乡村银行。对我来说这是一个机会，因为有人愿意与我们长期合作。"

对此，小额信贷部首任主任柏铮回忆说："何会长对我们最大的影响之一，就是在我们还在为小额信贷的困境苦苦摸索的时候，他就高瞻远瞩地提出，中国扶贫基金会小额信贷的目标就是要变成乡村银行。那时候谁信啊！我们自己下去县里面和人谈合作时，都没信心。但现在看来，我们正一步步向这个目标迈进，中国扶贫基金会的小额信贷运作虽然经过几次改革与转型，但何会长从一开始就定下的基本原则和远大目标，从来没有改变过。"

双重管理困局

小额信贷项目嫁接到中国扶贫基金会后，发展的速度非常快。当时安康与阆中的两个项目已经运作成熟了，建立了一整套的制度、人员、运行模式，并且在当时就已经有了电子化的管理系统，而中国扶贫基金会在三届四次理事会上确立了品牌项目战略，转向品牌项目筹资，提出要走职业化、专业化的道路，小额信贷项目自然就成为迅速发展的一个品牌。

2001年中国扶贫基金会成立小额信贷部，由当时的项目部副主任柏铮转任主任。回忆当年的扩张，柏铮笑说："当时基金会和地方政府双方都在钓鱼，我们想钓地方的钱，地方也想钓我们的钱。"基金会当时承诺，每个服务社成立后，提供10万元的培训经费。这样，一部分是利用世行项目的配套资金，一部分用华夏银行、嘉道理等捐赠资金，然后再想办法获得地方政府的配套资金，合在一起凑到300万—500万元，就可以开一个服务社。就这样，到了2002年，项目县已经达到8个。

但是，中国扶贫基金会在接手小额信贷项目后，碰到一个很大的体制上的问题。基金会在做这个项目的时候，按国家的规定，慈善组织不可以在各地设立分支机构，所以只能在当地注册一个机构，而这个机构的所有权是归县里面的，又由县里面交给基金会来具体操办。这种体制出现了双重管理，指令来自双重的管理部门，用柏铮的话来说，是县服务社主任"反客为主"了，哪边对自己有利，就听哪边的，甚至利用两边领导的空隙钻空子。这样办就坏了，基金会的监管、考核都没法做了。尤其是随着世行项目的经费报账结束，因世行项目指标要求造成的压力消失，搞不搞小额信贷对地方政府影响不大，相反，不少地方政府还将从世行小额信贷项目验收后报账返回的资金用于其他项目。地方政府插手的问题越来越严重，再加上基金会本身对小额信贷管理也缺乏经验，各地服务社爆发出各种各样的问题。

1. 陕西安康问题

安康项目当时是和地方政府打过架的。1999 年商洛会议，安康市推广以政府为主导的商洛模式，当时在推广会上争议很大。何会长当时有一个公开的看法，这种以政府为主导的搞法一定会死掉，所以坚持成立独立自主的服务社，在管理上服从基金会的领导。当时出了一个重要的问题，就是农户不按时还款，拖欠率很高，然而由于计算机管理系统崩溃了，改为手工报账，服务社在报账中采取了隐瞒手段，致使基金会获得虚假的信息，一直被蒙在鼓里，监管出现了重大漏洞，等基金会发现的时候，问题已经非常严重了。结果被地方政府抓住这个机会，在未通知基金会的情况下，换掉了基金会选定的服务社主任。当时恰好赶上世行项目验收，地方政府在项目验收会议上向世行代表提出了这个问题，并借机攻击了基金会，打了基金会一个措手不及。这次打击搞的基金会很被动，认识到一定要下决心解决双重管理的问题。

2. 四川阆中问题

阆中的问题与安康有所不同。在地方配套资金问题上，县扶贫办一直未能履行协议，始终未能按协议拨款；另外，在管理体制上，县扶贫办主任直接控制了服务社，基金会根本管不了服务社。当时发生了一件事，县扶贫办指令服务社，直接把长毛兔作价卖给贷款农户，当作农户的小额贷款。基金会当时做项目的一个基本原则就是坚持农户的自主经营，基金会对贷款只有审查权，不能干涉农户对贷款的具体使用方向。何道峰看得很清楚，谁做决定谁承担责任，基金会不能承担因地方政府误导贷款农户，造成农户因项目经营失败而欠款不还这个风险。

当时进入中国扶贫基金会小额信贷项目系列的世行项目区还有通江、东兰县，因与阆中情况大体相同，因此等到世行项目结束，基金会也就退出了阆中、通江、东兰项目区。

3. 贵州晴隆问题

晴隆项目是基金会从华夏银行筹来资金，加上当地政府的配套资金，按照基金会的模式来运作的。项目运作初期曾获得了很好的效果，成为许多国内外机构和同行参观访问的示范点。但好景不长，在计算机管理软件系统发生问题、只能用手工报账后，服务社主任就与会计勾结起来，做假账，挪用了资金。又因为基金会自身管理能力缺欠，加上实地监测的频度和力度均不够，项目区的原始信息得不到真实反映，不能掌握项目区的真实情况，无法形成有效的反馈机制，也就失去对项目的有效控制。直到后来这个服务社主任意外死亡了，问题才爆发出来。最后基金会由王行最和刘冬文去追款，花了好大力气把基金会的钱要回来了，项目也随之关掉了。

4. 重庆开县问题

开县小额信贷项目是地方扶贫办主动申请加入中国扶贫基金会的。当时开县小额信贷项目已经运作得比较成功，规模也比较大，项目资金达到了1,000多万元，相当于基金会当时3—4个服务社的资金总量。基金会当时存在很重的筹资压力，很看重开县的项目资金量。开县则是想和中国扶贫基金会这样的中央级扶贫机构搭上关系，扩大他们在全国小额信贷界的影响；而且他们也看上了基金会可为其提供的每年20万元培训费（每500万元规模提供10万元）。但是合作后矛盾很多，主要是开县对基金会的项目管理模式不接受，违反合同约定另搞一套，致使项目实施中出现很多问题，最后基金会选择与开县分家。

5. 山西左权问题

左权项目区也经过了很多的斗争，当时最主要的问题就是地方政府抽走了配套资金。左权项目是基金会拿了嘉道理基金会捐赠的120万元，县里面又配套180万元，凑在一起300万元，签了协议开始的项目。但项目开展后，县政府又中途把钱抽走了。左权县政府的假配套资金问题不仅给项目的正常运作造成困难，还将危害扶贫基金会与嘉道理基金会的合作关系。当时小额信贷部的负责人耿和苏只好去和县里面打架，把项目暂停，才把钱要回来，接着又换了服务社主任。但项目仍然问题重重，一直到2005年改制，项目才重新做起来。

6. 贵州六枝问题

该县地方干部插手资金的使用，把钱贷给私人朋友。由于当时项目的系统管理也比较落后，远在北京的扶贫基金会小额贷款项目部无法及时有效地监控，发现问题已经过去较长的时间，很难补救。

总之，基金会接手小额信贷项目后，由于体制上的障碍以及项目管理人员对项目的认识和管理能力不高，使项目管理产生偏差，基金会一直处于救火的状态，问题层出不穷。到了2004年，先后建立的10个服务社只剩下了福安、霞浦、左权、六枝（其中左权和六枝的问题也很严重）4个，其他不是退出，就是垮掉了，项目已经到了要不要关门的地步了。

当时作为小额信贷部主任的柏铮很迷茫，不知道如何走下去。因为问题充分暴露，大家看得很清楚，但钱不是你的，人不是你的，如何管理？柏铮之后，基金会又换了耿和苏来管理，状况依然没有得到改善，因为还是解决不了产权和管理问题。

王行最的“白色恐怖”

贵州被称为中国扶贫基金会小额信贷项目发展史上的“滑铁卢”。

“当时地方插手非常严重，尽管小额信贷的目的是要扶持弱势群体、贫困人口，但是由于各个方面都有各种利益诉求，加上产权本身不明确，钱也不是你的，你只是输出一个管理，最后等于说决定资金去向的还是地方。县服务社的那些人，尽管名义上是你的下级，但是实际上更多是听县里的，因为县里决定了他的命运、政治前途，政绩还是在他那儿，前期各个地方都是如此，资金运行也不封闭，县政府说将钱打到哪儿就打到哪儿，而且瞒着基金会，不告诉我们。”对于这个阶段的经验教训，时任中国扶贫基金会副秘书长的王行最如此评价。双重管理造成项目大量的放款收不回来，王行最清楚地记得自己和刘冬文去贵州晴隆县追回贷款的经历，王行最形容，当时真是“白色恐怖”，“我们当时从华夏银行筹了一些钱，大约200万元，加上地方政府的配套资金，总共三四百万元，开了晴隆这个点。项目运行一段时间后，坏账很多，没法继续下去，我们决定关掉这个点，把我们的钱拿回来。本来与地方政府经过协商，他们同意把这些钱打回给我们，当地信用社副主任和我们说没有问题，第二天就打款。第二天吃完早饭，我和刘冬文开着车回贵阳。结果走到半路，从晴隆到贵阳，大概需要五六个小时，那个信用社副主任打来电话，说得到县里的指示，不能把款打回给我们了。”这一下就彻底闹翻了，王行最、刘冬文两人又从半道返回晴隆，“我和冬文在那儿待下去，住在一个招待所里，没有水、没有电，也没有电话，我们只能是用手机联系。后来我们和信用社主任说，我们要用法律的手段解决问题，因为这个资金的产权是很明确，是基金会的，你可以受到县里的制约，但是如果你在这个情况下还阻碍我，我就上法院告你，我要走司法程序了，这样他们才把钱还给了我们。”

虽然过去很多年，王行最依旧记得这次冲突：“当然在这个过程中，县里主管的副县长也跟我们干了几仗，我当面就说，就是你们指挥县服务社把钱都放给你们的亲戚了，很多放给了你们县里乡镇里打招呼的那些人，并没有发到农民的手里去，所以钱才收不回来了，你们要清楚这个后果。双方吵得很厉害。”

这种严重的地方插手，从制度上破坏了中国扶贫基金会的管理体制，也让四川阆中与陕西安康，成为第一批小额信贷试点的先驱。即便是高瞻远瞩的何道峰，那时也已经做好了收缩的准备。“当时体制上的障碍的确没法突破，所以我们做好了收缩的准备，只保留几个运行良好的点，其他的都关掉了。”何道峰后来回忆，“我是一个长跑运动员，参加了7次马拉松。参加马拉松的人，有些在20公里的时候就坚持不了了，有些在30公里的时候就下来了，要最终跑完40多公里，一定要有坚持的态度。中国扶贫基金会的小额信贷，就是一个马拉松长跑者。”

力图进行的改革

尽管受限于国家的规定，体制的问题不能从根本上解决，但中国扶贫基金会还是力图进行改革，对小额信贷业务的机构、人事作了调整，对小额信贷项目最近两年来发现的问题进行了反思。何道峰提出，项目要做下去，就要做成有价值、有未来的项目，否则就放弃，不能糊里糊涂地做项目，不知道这个航船要开到什么地方去，也不知道未来的目标是什么，这是不行的。因为何道峰知道，当时10个县加起来已经有上百人的队伍，如果糊里糊涂地做事，是非常危险的，与中国扶贫基金会的宗旨是不相符合的。经过改革之后的中国扶贫基金会，已经形成了自己的做事风格，做一件事就要有未来的目标；有目标就要有制度安排、队伍建设、过程管理与目标矫正，最后有评估和结尾。

2002年11月，何道峰在小额信贷项目培训会上做了名为《为捍卫SSCOP的旗帜而奋战》的主题报告，重申了建设乡村银行的远大理想，并面对实际的问题，提出了“道不同、不相为谋”的战略思路。其主要内容如下：

1. 服务社的理想

（1）在土地分耕制后建立适应农户运作模式的支持性服务组织。

（2）从解决贫困农户的贷款需求和能力建设需求出发，探索贫困社区综合开发之路。

（3）将服务社办成一个经营性和公益性并重的、持续发展的本地NGO组织。

（4）将服务社办成一个培养乡村社会工作者及优秀人才的摇篮。

前边两个讲的是扶贫的理想，后边两个是与服务社每一个人都相关的事情。这就是服务社的理想。

2. 服务社的事业是神圣的事业，值得同道者为之献身

（1）大路漫漫，有道同行；道不同，不相为谋。

（2）在原则问题上永不让步；没有原则的人与组织不会有任何前途。

（3）技术问题可以研究，原则与技术的分别放到“三大目标”模式中去检验。

如果有损于三个目标，就是原则问题。如果经得住三个目标的检验，就是技术问题，可以讨论修改，要建立讨论的规则和方法。

（4）搞一次排查，不同道的县，可以退出；不同道的服务社主任，可以退出；不同道的指导员，可以退出；不同道的县服务社工作人员，可以退出；中国扶贫基金会中不同道的领导干部和工作人员，限期退出。只与同道者相谋，否则这个组织和模式没有任何竞争力，也不会有任何前途。

（5）制度建设，深入到最底层的责任与工作流程，形成不同岗位的操作手册。

小额信贷部8个人，怎么样管到县里去？怎么与培训助理衔接？与财务助理衔接？与督导衔接？与服务社主任衔接？服务社又怎么衔接指导员？画出流程图，贴到办公室，必须按照这个流程来实施。对不同岗位要形成不同的岗位操作手册。

（6）制订不同岗位的三年能力建设滚动计划。

要在三年内把服务社主任的水平提升到什么程度？要把培训助理水平提到什么程度？财务助理到什么程度？指导员应该是什么样子？要有三年的能力规划。每个岗位要有指定必读书目，读过后进行讨论，然后要进行定期的考试，证明其能力确实往这方面推进。服务社存在的每一年都应该比上年有所进步，否则这个组织就没有竞争能力。

（7）全面恢复资讯管理。

要把信息管理软件恢复起来，建立透明的管理体系。这样可以分析问题，研究问题，解决问题。

（8）建立理事会与“服务社管理系统”分权管理体制。

（9）提升对服务社主任的管理（薪资、人事、培训）。

（10）对中心会议的管理和培训提出切实的三年滚动计划与措施，逐步改善。

一个组织和个人最重要的能力就是应变能力。基金会培训指导员去讲课，开始可以简单放些录像，然后试着讲一点点，逐步往前推进。通过三年计划，推到60%的培训自己做得有质量。

中国扶贫基金会也在试水小额信贷的过程中，进一步清晰了服务社的模式，为2005年的迅速改制探索了经验，奠定了基础。

第一个吃螃蟹者：林月婵

福建省扶贫办前主任林月婵（左一）

中国扶贫基金会在接手小额信贷项目后，开始在各省扶贫办系统里积极寻找志同道合者。用何道峰的话来说，“我们永远不用行政的手段来做事，我们就找‘臭味相投’的人，如果听不懂你的话，也看不懂你干的事，就不用找他了。我们找了各省扶贫办的人来谈，一个女性扶贫办负责人听懂了我们的话，她叫林月婵，她成为第一个吃螃蟹的人。”而当时由福建地方政府主导的扶贫项目已经是一地鸡毛，林月婵正为之焦头烂额，在考察了扶贫基金会的小额信贷项目和与扶贫基金会的领导人会面后，双方一拍即合，自 2001 年底起，先后在福建启动了福安、霞浦等小额信贷项目区。

林月婵也没有想到，自己的扶贫生涯，在遇见时任中国扶贫基金会秘书长的何道峰之后，会发生如此重大的改变。2004 年她成为首届中国消除贫困奖评选创新奖候选人，主办方对林月婵的评价是：一直致力于扶贫开发领域的机制创新工作，大力引进非政府组织的力量从事扶贫开发，积极吸收和借鉴非政府组织的先进管理模式，探索以政府为主导的扶贫模式逐步向非政府组织平稳过渡，努力寻求机制层面上的政府和非政府组织合作的新方式。

在时任福建省扶贫工作负责人的林月婵的积极倡导和指引下，福建省扶贫办已与中国扶贫基金会全面开拓合作空间，逐步建立起良好的合作伙伴关系，先后在农村卫生扶贫领域实施了“母婴平安120”行动项目，在农村金融服务领域推广小额信贷项目，在资助农村贫困大学生领域合作开展了“新长城”项目，在提高贫困地区医疗条件领域启动了“天使”项目，在应对农村突发性灾害事件的救助领域也与中国扶贫基金会建立了良好的合作伙伴关系。她所做的“政府资金非政府用”这种政府与非政府组织合作的大胆尝试，提高了扶贫资金的有效利用率，让贫困农户得到了实实在在的好处，对以后的政府与非政府组织的合作起到了借鉴作用。

尽管退休之后赋闲多年了，但她依然关心中国扶贫基金会及其开展的小额信贷，关注着小额信贷的现状与未来。

一、“政府资金非政府用”

作为福建省扶贫工作的负责人，林月婵多年来一直在探索提高扶贫资金使用效率的方法和项目管理的有效模式，引导非政府扶贫组织参与政府扶贫资源管理，使全省扶贫开发工作与中国扶贫基金会的扶贫品牌项目进行有机融合，开创了扶贫工作机制创新的崭新局面。

改革开放以来，中央和地方财政逐年加大对贫困地区的投入力度，扶贫资金作为社会公共资源一直为各级政府所掌握。然而从过去的扶贫实践来看，这种政府主导型扶贫的方式虽然有利于动员资源，但是由于对非政府组织力量利用不够，对农民自己组织的力量利用不够，再加上行政系统本身的弱点，常常引发效率低下等问题。她还列举了当时她自己主持的扶贫工作及其经验教训。从1997年开始，福建省财政厅划出4,600万元专项资金用于全省开展小额信贷扶贫工作，但在实践中存在一定的问题。

林月婵凭借多年的工作经验，总结以政府部门为主导开展小额信贷工作有以下几个方面的弊端：一是工作人员严重不足。小额信贷工作需要有一批人员从事放贷和收款，工作流程细致，工作量大，政府部门人员难以胜任。二是操作随意性大。地方政府或部门没有严格按照小额信贷的规范来操作，重放轻收，有的地方没有按照“五户联保、整贷零还”的原则贷给贫困农户（甚至还不知道这个原则），而是把资金贷给企业，使小额信贷本金回收难以保证。由于缺乏规范的操作规程和有效的监控手段，小额信贷资金使用在各地开展情况也良莠不齐，工作班子能力强、素质高的地方，小额信贷工作开展得好，但往往会受到人事调动影响。三是责权不明晰。地方政府在实施小额信贷项目时，由于没有明确相应的责任主体，缺乏有效的监控措施，小额信贷资金流失现象时有发生，个别地方小额信贷周转金甚至成为地方政府的债务周转金。四是项目机构不可持续。以政府部门为主导开展小额信贷工作，多是以行政手段推进，没有成本核算概念，往往造成项目运作成本过高，资金使用效率低下，政府对逐年增加的项目运作费用补贴已难以为继，项目发展不可持续。

针对这种状况，林月婵多次牵头召开工作会议，研究调整小额信贷扶贫政策，逐步改变由政府主导的小额信贷运作模式，不再向各县发放小额信贷周转金，同时加大力度回收资金。如何最大限度地提高扶贫资金的利用效率，已逐渐成为社会关注的话题。2001 年，中国扶贫开发纲要明确提出，要积极创新条件，引导非政府组织参与和执行政府扶贫开发项目。

在此期间，她发现中国扶贫基金会的小额信贷项目层次简化、责任明确、权责对应，并在别的省份有很好的实践效果。她本人对何道峰以及中国扶贫基金会的理念十分认同，当时就有一个想法冒出来：他们有这么好的理念，同时又想真正地做一些有益的事情，我们政府为何不借助非政府组织力量，把我们原来一直没有做到的事情，去创新地尝试一下呢？于是，福安的试点，也就慢慢从酝酿到落实再到实施，由想法变成了实践。

林月婵认为，政府和非政府组织在具体的扶贫项目实施中各有所长。我国长期计划经济体制和中央集权的基本国情，决定了政府强大的扶贫资源筹集能力和制度创新后的组织推广能力。作为反贫困的一支生力军，非政府组织则在扶贫项目的运作上表现出高效率、强透明度和对贫困人口的精确瞄准性的特征。国际社会的实践经验说明，非政府组织在反贫困领域的作用是政府无法替代的，政府与非政府组织之间的密切合作是缓解贫困的有效途径。政府应当主动改善和创造有利的法律环境，进一步积极鼓励非政府组织参与反贫困行动。为了提高政府扶贫资金的使用效率，扶贫部门根据非政府组织的业绩和信誉，把资源交给最有效率的竞争者，并依据公开和透明的原则加以监管。

林月婵一直清醒地认识到这一点，并成为实践的先行者。几年来，她致力倡导扶贫开发领域的机制创新工作，大力引进非政府组织的力量从事扶贫开发，积极吸收和借鉴非政府组织的先进管理模式，探索以政府为主导的扶贫模式与非政府组织相结合，并在实践中不断完善。她始终相信，新时期的扶贫开发，政府要准确定位，要一改过去包办一切的旧观念，要有所为，更要有所不为。在目前的财政体制下，政府掌握了大量的扶贫资源，政府部门和非政府组织在财权和事权上严重脱节，亟需搭建双方合作的平台，全面开拓合作空间，努力在机制层面上寻求新的结合点。

二、启动小额信贷项目

有了这样的理念，福建省与中国扶贫基金会的思路不谋而合，2001 年在林月婵的主持下，福建省扶贫办与中国扶贫基金会再度合作，利用回收的小额信贷资金在福安市、霞浦县先后启动实施了小额信贷项目。

不过，林月婵也坦诚地说，观念的转变往往需要有一个过程，不是一蹴而就的。当时这种改革与创新，并不是所有人的理念都是一致的。毕竟这与传统的中国政府扶贫做法差异巨大。在引进小额信贷项目之初，一些地方的个别同志就表达了不同的意见和看法，将信将疑。但林月婵对此充满信心，不厌其烦地在各种场合解释这种模式的优势以及对于政府与扶贫工作的意义。当然，要想让所有人都认同，就不能仅仅是靠嘴巴来说服别人了，而是需要用事实来证明项目的生命力。

在项目运行了三年之后也即 2004 年，两个试点的成绩，就已经证明了林月婵的努力是值得的，她坚守理念也是正确的。事实表明，中国扶贫基金会的小额信贷项目通过一整套严格规范的操作规程保证了小额信贷资金能够及时发放到贫困农户，解决了贫困农户发展生产资金短缺的问题，通过严密的资金监控手段保证了资金能够及时回收，解决了小额信贷资本金安全的问题；独立的财务成本核算保证了项目及机构实现自收自支，解决了小额信贷管理机构可持续发展的问题；项目管理机构通过在民政部门注册登记，独立的法人实体身份确保项目机构在具体业务指导上实行独立自主，避免了过多过细的行政干预，仅在宏观政策层面接受政府指导。小额信贷项目最大的受益群体就是贫困群众，不仅解决了他们发展生产投资短缺的问题，而且在项目实施过程中的技能培训，增强了他们的经营管理能力，为脱贫奠定了稳定基础。以 2004 年 7 月的数据作为参照，福安市中国扶贫基金会的小额项目覆盖农户数累计 14, 482 户，累计覆盖人口数 64, 578 人；霞浦县项目覆盖农户数累计达 6, 996 户，累计覆盖人口数 27, 870 人。这样的显著成绩，让小额信贷试点业务在省内成为一道令人瞩目的风景线，也吸引了福建其他地方的积极响应，有很多地方的负责人找上门，也想要开展这种小额信贷项目。

在林月婵的推动下，福建省与扶贫基金会还进一步合作，引进母婴平安项目等其他各类扶贫性质的工程。

几年来的实践表明，通过与中国扶贫基金会合作，引进非政府组织先进的管理模式，扶贫开发工作领域实现了新的突破，主要表现在：一是目标更加明确了，扶贫开发从以往大范围的贫困地区相对集中到以行政村为基本单位的小区域，真正实现扶贫到村、工作到户；二是扶贫对象更加明晰了，受助对象落实到贫困农户，如小额信贷项目组建的五户联保小组和中心会议制，明确了受助农户，并逐户跟踪服务管理，贫困地区的老百姓真正得到了实惠；三是扶贫资金在管理上找到了有效载体，提高资金使用效益和效率，为更多的政府扶贫资源提供了可借鉴的模式。

三、为何把扶贫管理权交给扶贫基金会

地方政府为何愿意放手把原先属于地方扶贫办的管理权，交给扶贫基金会呢？林月婵说，第一，当时福建省扶贫办人手不多，如果在全省铺开进行扶贫工作，人力有限。第二，他们有一个好的机制摆在那里，而且把人家引进来也是为了我们的工作服务，为我们的贫困人口服务，何乐不为呢？第三，中国扶贫基金会千里迢迢从北京过来，一到福州就迫不及待地深入第一线，第一时间开展工作，中国扶贫基金会的工作人员有高度的敬业精神、工作作风优良，他们经常深入项目住在农户家里，一住就是半个多月。这是政府工作人员所渐渐缺少的作风了。第四，当时中国扶贫基金会就提出，小额信贷项目今后要作为一个经济组织，成为乡村银行的宏远目标。第五，中国扶贫基金会的扶贫，不是纯粹的经济上的扶持，还提供很多技术支持，比如帮忙设定项目，控制与规避风险、提供培训等等。第六，以基金会的名义出面，对于政府扶贫来说，是有很大帮助的。以前都是政府的扶贫，民众都习惯了坐、要、等，觉得政府的钱，就是给民众，不需要还的。因此，这种小额信贷也培养了农民的市场经济理念，提高经济能力，更好地发展有特色的农业产业。第七，从队伍建设来说，这个项目的开展，不仅提供很多新的就业岗位，还打造出一支有能力、能吃苦的农村工作服务队伍。当然，最关键的一点是，只要钱在我省，在我们的户头，在贫困户的手里，有这个前提，我们还担心什么呢，要发展总是要有创新，而且这样的创新，已经可以看得到最坏的结果，因为钱都在那里，即使失败也并没有什么损失。最后结果摆在那里，那些有不同意见的人，也就无话可说了。

林月婵说，通过那些年政府与中国扶贫基金会合作，扶贫资金的使用效率提高了，而且有中国扶贫基金会这种扎实的工作作风，真是越合作越顺利。

福建的经验

第一阶段世行的秦巴项目，很明显地存在地方政府插手的问题，让小额信贷项目开始的独立性受到严重的影响，而且安康的一些地方政府对基金会甚至有敌对的心态，这些导致安康服务社最后不得不撤销。

从这个角度说，福安、霞浦这两个地方，具有重要的意义。它们作为最

早的一批试点，而且一直良好地持续运行到现在，积累了大量的经验与教训。这为2005年转制以及在其他地方特别是大面积铺开的北方地区来说，具有重要的意义，使得小额信贷项目少走了很多弯路，具备了可复制性，为以后的公司化模式操作奠定了基础：明确了五户联保、贷女不贷男、按月还贷的最基本模式；同时在服务社或服务中心的设置上也规范化了，人员的配备一般都是后台人员四人，然后视当地的乡镇数来因地制宜地确定信贷员的数量。

福安与霞浦的工作持续开展，中国扶贫基金会的工作人员有高度的敬业精神，他们经常深入项目住在农户家里，一住就是半个多月。

在信贷关系之外，还培养了感情，同时利用机制为客户提供更多的帮助与扶持，遇到真正的困难时，有一套极富人情味的机制来应急。在产生了密切的情感关系之后，得到非常多的益处，其一使信贷的风险降到最低点，其二是客户也间接地成为信贷员的宣传员。

第一，增强了贫困户自立能力。福安、霞浦小额信贷扶贫从贫困户有发展潜力这一前提出发，发动贫困户广泛参与，以金融方式对生产性开发进行支持，并完全尊重他们的愿望，直接贷款到户。通过建立贷户联保、整贷零还、连续扶持等一套科学管理制度，对贷款贫困户产生了很大的约束和激励作用，使他们千方百计寻找赚钱的门路，精打细算、相互监督，保证按时还贷，培养了贫困户的商品意识和市场竞争能力。

第二，建立了“一支永不走的扶贫工作队”。服务社自开始组建运转至2007年12月底，基本实现财务收支平衡，为项目可持续发展打下坚实基础，成为广大贫困户能得到持续的信贷和技术服务的载体。乡镇指导员（即信贷员）采取资格审查、文化素质考试、选优择用等办法公开招聘，负责协调本乡镇的业务开展，在录用的13名乡镇指导员中，具有高中专文化的有10人，占71.4%，平均年龄29岁，文化素质较高，成为乡镇小额信贷扶贫的业务骨干。218个农户自治中心主任都是土生土长的当地农户，便于与各小组成员之间沟通，有效组织社员发展生产、开展技术培训、宣传扶贫政策，成为本村贫困群众的带头人；联保小组由居住相近、产业相关、没有直接血缘关系的社员自愿组成，并通过民选产生小组组长，有效督促社员实施生产项目、落实联保责任、按时参加中心会议、按时还款还息等。各成员之间还签订联保互助合同，小组内互学、互督、互助、互保，.改善了邻里关系。

第三，培育了扶贫项目。培育了农村市场发育相对较好、适宜贫困户发展的种植、养殖、捕捞、运输等微型项目88项，建立各具特色的专业自然村123个，初步形成“一村一品”、“一村一业”的集约规模生产格局，与此同时，还通过开展卫生医疗、妇幼保健、扫盲、环保和生态农业示范等方面的活动，极大地促进当地社会发展，对提高妇女地位、改善妇女经济状况以及稳定家庭关系等方面也起到推进作用。

第四，架起了“民心”桥梁。在实施小额信贷过程中，入社农户都能通过参加项目而获得小额借款支持，资金百分之百直接到户，架起了“民心”桥梁。正如范坑乡蒲家山村入社农户许阿清所说的：“我们这些贫困户以前从来无法在农行、信用社贷到一分一厘生产资金，要发展生产没有资金只能干着急。今年，服务社直接到户发动我们报名入社、办理手续，在大年廿四还不辞辛苦翻山越岭，把项目资金直接发放到我们手中，真正体现了党和政府对我们穷人的关怀。”

小额信贷在福安和霞浦的实践证明，它是一种真扶贫、扶真贫的好办法，实现了扶贫由“输血”向“造血”的转变，有效解决了扶贫到户和扶贫资金使用效率存在的问题，一定程度上克服了传统农村金融市场的缺陷，可以帮助贫困户脱贫致富，为农村扶贫攻坚工作开辟了一条新途径；它有利于调动贫困户积极性，培育农户的诚信意识，发挥他们的最大潜能，为广大贫困农户提供了改变他们命运、提高他们生活质量和水平的机会，产生了良好的社会和经济效益；小额信贷的另一贡献是在借贷农户身上发生的深刻变化，小额信贷通过技术服务和技术培训，增加了贫困户的生产知识和技能，及时为农户提供农村最新的经济消息，增强了贫困农户的自信心和进取心，帮助他们拓宽视野，逐步养成社员的自立能力，使贫困户的经济、社会和心理素质得到全面提升。此外，小额信贷的分期还款和中心会议的制度设计，有利于提高贫困农户家庭理财的能力，小组活动和小组集体利益还促使农户间互帮互学、团结信任、共渡困难和风险，达到共同富裕的目标。

第三节　创新改制与体系成熟（2005—2008年）

2005年，中国扶贫基金会提出由项目型小额信贷向机构型小额信贷转变的战略部署，在国内率先建立直属分支机构开展信贷业务。同年六月，康平县农户自立服务中心成立，左权、福安、霞浦、六枝农户自立服务社随后转制、成立。

同年，引进了国际化的小额信贷专业管理软件。

2006年，中国扶贫基金会获得国家开发银行授信1亿元，成为国内首家从银行获得批发贷款的小额信贷机构。同年，新宾、清原、双牌、怀安和昌江农户自立服务社（中心）成立。

2007年，当年累计放款量首次突破1亿元，同时开始试点个人贷款产品。尚义、北票、朝阳农户自立服务社（中心）成立。

2008年，中国扶贫基金会从渣打银行获得2，000万元批发贷款，国务院总理温家宝与英国首相布朗共同出席签字仪式。绥中、武邑、万全、平泉、库伦、彰武、阜新、义县、兴国和宁都农户自立服务社（中心）成立。

2008年11月18日，中国扶贫基金会将小额信贷项目部转制成为中和农信项目管理有限公司。

同年年底，中和农信第一家分公司在“5·12汶川大地震”的极重灾区四川省绵竹市成立，并成立内审部门，加强信贷风险管理。

解决了“两张皮”的双重管理问题

机遇总是留给有准备的人，而何道峰和中国扶贫基金会这个马拉松长跑者也一直在坚守和准备着。

时间到了2005年，突然有一个很大的转机。在何道峰看来，这天下事用笨人的办法坚持，就有了转机。中央在2004年底出台了《基金会管理条例》，修改了原来的规定，基金会这类慈善组织可以在地区设立自己的分支机构，这就从法律角度解开了中国扶贫基金会不能在地方设立分支机构的死结。何道峰、王行最及当时继任小额信贷部主任的刘冬文立即抓住这个机会，在2005年对基金会还保留的几个小额信贷项目点进行了细致的调研工作，迅速把小额信贷的管理体制改过来了，解决了双重管理“两张皮”的问题。

当时的改制是经过精心准备的。在当时继任小额信贷部主任的刘冬文看来，因为改制，基金会有了一个机会来重新思考和总结过去十年的经验和教训，因为这次改制是从产权到治理结构、管理体系、信贷操作等方面的一个系统改制。2005年1—4月，刘冬文花了4个月的时间去服务社做调研，并学习国际同行的经验，拟出了改制方案。这个改制方案具体包括两个方面，首先当然是解决困扰多年的产权问题，将所有的服务社收归到基金会；其次就是反思基金会小额信贷本身在治理结构和管理上的不足：（1）对于一个专业化机构来说，贷款利率不能太低，因为如果未来想用商业银行的贷款模式来做大，贷款利率太低，机构将无法可持续发展，所以必须把利率提高到市场价格的水平。（2）提高信贷产品的额度，满足客户的需求。（3）还款期从半个月调整为一个月，这样更符合老百姓的结算习惯。（4）取消了共同基金。（5）暂停了基金会自己开发的管理系统，请法国沛丰机构来做评估，转而在美国购买了成熟的信息管理系统。

基金会随后批准了这个方案，2005年5月正式启动改制。当时采取了分两步走的方法：2005 年 6 月，王行最与刘冬文把当时仅存的 4 个服务社的主任请到杭州开会，明确告诉他们基金会的小额信贷将来会往哪个方向走，这样提前和服务社主任取得了共识，为后面做通政府的工作打下了基础。这次杭州会议后来被称作中和农信的“遵义会议”。8 月，中国扶贫基金会将各省、县扶贫办主任请来北京开会，顺利做通了地方政府的工作，由基金会成立独立机构，接收以往的服务社，地方政府从操作者变成了监督者，理清了治理结构和合作关系。

当时为了说服地方政府同意改制，基金会还在辽宁康平按照新的机制设立了一个服务社，提前做了探索和实验。

原来地方政府总是以为这个钱是他们的，所以和基金会打交道最多的县扶贫办的关系是最难处的。它的要求很多，附加条件也很多，包括人员的征用。现在，通过签订协议，规定了机构是基金会的，人员由基金会招聘，项目资金由基金会的分支机构运作，地方政府负监督责任。明确了基金会和地方政府（及扶贫办）的责、权、利，减少了扯皮，多了合作，关系就顺畅起来。

中国扶贫基金会副会长王行最总结：“2005 年 8 月份开始，基金会将当时所有搞小额信贷的县的县里、省里的领导召集到一块开会，推动管理体制的改革，重新全部注册一遍，注册了农户自立服务社或者是服务中心，按民办非企业单位来管，法人代表全部是扶贫基金会的人。”这样到了 2008 年，中和农信项目管理有限公司的成立也就顺理成章了。王行最说，中国扶贫基金会小额信贷的发展有这样几个阶段：第一阶段是扶贫项目；第二阶段是作为 NGO 组织的慈善项目；第三阶段是小额信贷公司；第四阶段是银行。“我们现在介于第三阶段和第四阶段之间，”王行最说，“按照企业管理，大家就不再惶惶不安，这个工作做得好，有前途大家都得利，现在我们的信贷员做得好的，一年也有十来万的收入，收入甚至要超过当地的公务员，他们更加相信小额信贷事业了。”

在刘冬文执行的改制中，扶贫基金会的小额信贷业务是由各地成立的农户自立服务社（后来又成立两个小额贷款公司）来完成的。管理上，各地区分支机构全部纳入中国扶贫基金会的管理体系，人、财、物的管理都由总公司统一管理，资金封闭运行。各地农户自立服务社的具体操作方式是：中国扶贫基金会与省扶贫办、县扶贫办签订三方协议，服务社的法人代表由中国扶贫基金会的人担任，理事长为基金会秘书长，副理事长由省选派。服务社主任人选采取县扶贫办推荐、中国扶贫基金会考核认定的方法，即地方政府只有推荐权，没有决策权（一般推荐扶贫口的人较多，如县扶贫办副主任、乡镇副镇长等，至少提名两个候选人。多数县服务社主任都能选定，少数县找不到合适人选时，要么暂不启动，要么由总部派去的人担任）。在县服务社主任更换期，总部会派人临时代管。各分支机构在当地设立账户，实现全国联网。地方分支机构的负责人全部由中国扶贫基金会来决定，只向基金会负责。

各县政府和扶贫办的职责：一是提供办公启动资金；二是提名服务社主任候选人；三是帮助在县域内选择和推荐相应的乡镇村开展业务。

2005 年 6 月，以新体制设立的康平县农户自立服务中心成立，左权、福安、霞浦、六枝农户自立服务社随后转制成功。随着产权改制的完成，中国扶贫基金会的小额信贷业务也在飞速发展，并扩展到更多的省县。改制第二年，辽宁新宾、清原，湖南双牌，河北怀安和海南昌江农户自立服务社成立。

获得了国家开发银行的贷款

改制成功以后，小额信贷机构成为扶贫基金会的下属机构，人是基金会的人，“两张皮”的问题解决，服务社模式迅速开始被复制，服务社的发展非常迅速，资金需求也随之扩大，面对捐款等资金来源的下降，中国扶贫基金会开始研究使用银行贷款的问题，并成为国内小额信贷机构中第一家使用银行贷款来操作小额信贷的机构。何道峰说，在改制之前，服务社只敢做赠款，改制以后，下面所有的服务社都成为中国扶贫基金会的分支机构，才能把下级组织的账目都合并上来，制成财务报表，而有了这个财务报表，才可能去和银行谈，告诉银行，你看我有这么多的资产，我有这么大的规模，你给我贷款是可以的。而在改制前，只能以一个县一个县的机构分开来说，不能整个打包到基金会，所以在 2005 年改制以前，所有的这些都谈不上。改制完成以后，小额信贷开始从赠款发展到无息贷款（2006 年，嘉道理基金会给中国扶贫基金会小额信贷项目提供了 1，000 万元无息贷款），再进入国家开发银行的有息贷款，成为中国第一家使用贷款做小额信贷本金的机构。

国家开发银行并不是中国扶贫基金会找的第一家银行，基金会当时找的是另外一家与基金会关系密切的银行，但这家银行没有回应，不得已才找国家开发银行，由中国扶贫基金会会长段应碧亲自出面，找到当时的国家开发银行副行长刘克崮。因为段老知道，刘克崮的思想比较解放，一定会大力支持。但是具体的过程也是很难，段老回忆，经历了 8 个月的漫长沟通，终于谈成了，最后经具有创新思维的国家开发银行董事长陈元批示，给了一个亿，从此以后基金会就开辟出一条新路。国家开发银行也因此成为中国第一家支持真正为穷人服务的小额信贷项目的银行。

在后来中和农信的一次会议上，中国扶贫基金会会长段应碧十分感谢国家开发银行，称赞国家开发银行具有远见和创新意识。实际上，按照当时的严格的规定，国家开发银行为中国扶贫基金会提供资金是不符合贷款法的，不符合现代金融制度的要求，但实际的做法最后获得了中央肯定。这种做法就是从国有大型银行批发资金给草根金融，然后由草根机构用自身的优势给农户提供信贷服务，从而实现为贫困地区的农户提供贷款服务的目的。段会长总结说，现在看来这条路子是走对了，而且这种做法已得到了中央的认可，中共中央十七届三中全会通过的决议提出了要发展发育民间金融，提出了国有大型商业银行要向小额信贷机构提供批发资金的服务，国家开发银行向基金会贷款的这一做法得到中央的认可，变成了中央政策。

在何道峰看来，走上了银行贷款这条道路后，对基金会的管理水平也提出了更高的要求。因为用贷款来做小额信贷，这在以前没有先例，当然是有风险的，但反过来又对小额信贷业务的管理提出挑战，因为银行给你贷款，它是要审查的，这就对你的规范性提出很高的要求，如果你经不起审查，银行不可能给你钱。你也必然要对自己的情况有一个正确判断，看自身能不能接受贷款，这样你必然要提升自己的管理水平。而且，从银行获得批发贷款还对服务社的员工起到两个作用：第一，让他们看到希望；第二，给他们带来压力。基金会也认识到，钱不是简单的越多越好，赠款和贷款的使用，要达到一个合适的比例，这中间是有一个安全控制系数的。“我们的目标是要发展成乡村银行，但中国小额信贷机构的现实是，在很长的时间内，我们都是不能吸储的，而必须要用银行贷款作为杠杆来扩大资本金，否则无法做大。”何道峰说。

图 1　2006 年国家开发银行与中国扶贫基金会合作签字仪式

图 2 2012 年国家开发银行与中国扶贫基金会合作签字仪式

小额信贷体系开始成熟

中国扶贫基金会从 20 世纪 90 年代末开始参与小额信贷项目，发展到今天，是中国各家公益机构中介入中国农村小额信贷时间最长、网点最多、经验最为丰富的机构。这套成熟的小额信贷体系真正开始确立是在 2006 年，辽宁新宾和河北平泉项目区都是那时成立，目前已成为非常成熟的小额信贷网点。小额信贷之所以能够在这些地方如此顺利地运行，首先是中国扶贫基金会建立一套成熟的模式，被直接引进到这些地区，继而扶贫基金会建立中和农信项目管理公司，引进了现代金融企业模式。所有这些模式都是中国扶贫基金会在实践中反复总结出来的，经历了坎坷和挫折。

一、创新企业管理体制

目前所有的服务社都挂在中和农信总公司的旗下，所有的员工都按照五险一金的待遇统一管理。这些对于穿梭在乡间服务社的工作人员来说是扎扎实实的实惠！管理体制的创新，对于中和农信而言是建立了一个基本的框架，从此以服务农户为宗旨的小额信贷项目本身有了载体。这个健康的载体能够运行小额信贷的基本业务。但是要想真正做好小额信贷，真正起到扶贫的作用，还需要在具体的金融产品上有所创新。

二、量身定做金融产品

中国的农村小额信贷，最早都是学习孟加拉的尤努斯模式，五户联保、每周一还贷等基本的金融技术全部都照搬过来。但是相比较各方面都比较落后的孟加拉国，中国农村显然要发达得多。对于一般农民而言，绝对的贫困在中国并不突出，而相对于城市，农村缺乏发展能力，缺少发展机会是比较主要的问题。

时任小额信贷部主任，后来担任中和农信总经理的刘冬文总结："产品设计是所有小额信贷机构里面最重要的一部分，当然产品设计一个最基本的原则就是要根据客户需求来设计产品。小额信贷跟所有的金融机构不同，它有特定的服务群体。我们只能是量身定做这款产品。产品设计不光对整个运营至关重要，而且对目标的锁定和使命实现，都是有很重要的作用。我们设计这款产品的时候，也借鉴了很多成功的理念、理论、实践。根据我们所认为的小型扶持群体，比如说中国农村贫困人口的需求来设计这个贷款产品。从贷款的几个要素来看，首先是额度大小，贷款额度大小要根据老百姓的需求。设计这个贷款产品有一个基本的前提，首先你要让穷人获得贷款。如果你的门槛设计得太高，他没能获得。产品设计的第一要义是他能够得着。我们的金融机构要抵押，要有公职人员担保，无形中就把贫困农民限制在外面，所以现在农民借不着钱。有些金融机构规定55岁以后就不能贷款，这肯定也是限制了一部分老年农民的需求。"

除了要够得着，刘冬文认为第二重要的是农民能负担得起，"贷款成本不能太高，成本太高，老百姓负担不起，他也不会借。中国农民不是没地方借钱，我们说解决老百姓贷款需求问题，是因为穷人从金融机构借不着，实际上中国农村95%的贷款是发生在民间借贷，比如说亲戚朋友，比如说民间专职的放贷者，我们说都是高利贷，它的确有一些高利贷成分，比如福建的民间标会以及在江浙一带有很多的轮会、摇会。农户能够得着，负担得起，这就是我们设计自己金融产品的基本原则。他要发展，我们要满足他的需求。从1996年到现在，这个方面我们一直抓得很紧，随时会根据贫困农户的需求情况来设计，量身定做。"

从具体金融产品设计来看，从1996年到现在，中和农信提供的金融产品变化不是太大，但是确实一直在变。在产品设计上，主要包含下面三个变化：

（一）还款周期

首先变化的就是还款周期。原来中国扶贫基金会小额信贷是执行副会长何道峰在1996年亲自参与设计的。"那时候我没有参与。我看过一些历史资料介绍，最早是10天还款，后来他们又改成半个月还款。我们在2005年的时候做过一个评估调查，发现一个很有趣的现象，我们当时是一个月还两次款，很多老百姓在每个月第一次还款的时候，把第二次的款也还了，实际上变成一次性还款。如果计划上是两次还款，但实际上是一次还款，这样你的计划现金流跟实际现金流是不一致的。后来我们为了便于管理，干脆改成一个月一还款。其实这个也符合老百姓的意愿和需求。”刘冬文总结道。

作为小额信贷来说，还款方式是一个很重要的设计，从全世界成功的小额信贷还款方式来看，中和农信“一月一还”的设计是一个独创。“一般而言通行的还款方式都是整贷零还，把他们每个月的还款压力减少，另外保持每个月跟客户的联系，同时也是结合这种小额贷款客户的现金流特点。微型客户的开支是一次性开支，但是收入是多样化的收入，每个月都有收入进来，进来的钱，你不用攒到最后再还，他有钱就还给我们，这样可以加快资金周转使用。这实际上是全世界通用的分期还款方式。”刘冬文觉得这种分期还款方式确实有道理，但是具体的周期则是要因地制宜，“其实具体怎么还取决于你是每周一还款，还是每十天、每两个礼拜、每个月一还款。我们在还款方式方面经历过这样的变迁，按月还款符合中国农民的特点，老百姓比较容易接受。很多农民去外面打工，基本上每个月就能结回来一点钱，所以每个月一还款的模式还是比较理想的。”

（二）额度大小

另外一个设计特点就是贷款额度。贷款额度也是根据老百姓需求来做的。“1996 年时设计的是 1,000、2,000、3,000 的升级制度，而后变成 2,000、3,500、5,000，后来变成 4,000、7,000、10,000，现在有两个档次，一个是 8,000，一个是 12,000。”刘冬文总结说，“现在一般讲的都是小组贷款，这是比较经典的，占主体地位。因为我们现在总体来讲就是两种贷款方式，一个是小组贷款，一个是个人贷款。针对农村客户，我们基本上是用小组贷款的方式，95% 的客户都是小组贷款。额度大小其实也是根据老百姓的需求来调整的。”

（三）搞调查，寻新品

对刘冬文和中和农信的工作人员而言，光有这些还不够，还必须要去农村搞调查，寻找新产品。

“我们每年都会对农户需求进行跟踪。发现他们借多少钱大体可以做什么事。农民借钱不是简单的消费，他是要发展产业，要做点什么事情。大概看一下，一个农户像现在这样的阶段，比如说 5,000、8,000 可以做点事，因为他自己本身还有一点收入，加自己的积蓄或者是亲戚朋友那里再借点钱，凑在一起。”刘冬文认为，“农民借钱，首先是自己攒钱，其次是找亲戚朋友借钱。外面借钱是有成本和风险。这个时候找我们借个 5,000、8,000 作为补充，他们还是可以做一点事情的。”

小额信贷的信用额度必然是一种激励机制，信用越好，额度越高，这样就会逐渐培养农民的信用观念。“如果他还的好，那就可以升级到12,000元，但是实际上，我们也不敢做太高。如果你的额度再增加的话，小组贷款就不适用了，联保的作用就会失效。为什么呢？如果有的农户需要借5,000元，有的农户需要借50,000元，这就没法放在一起，联保就保不下去，所以到了这个上限，额度自然就封顶了。”刘冬文如是总结。

对于农民的信用，刘冬文非常信任，这种信任发自内心，所有中和农信的服务社他都去过，农民自己对于市场的青睐和对于自己信用的重视都超过他起初的想象，“一般都是一家一个院子，连在一起，那院子的墙头，你探个头就能看见里面。”刘冬文说，“这些就是咱们农民自己的乡村生活，建立在互信的基础上，所以只要你的产品好，就不用担心农民的信誉。”

三、设计利率遵循两原则

比产品的设计更关键的是利率的设计，“一年期贷款的利率现在是13.4%，半年期的是15%或者是16%，半年期的高一点。这个跟银行的规律刚好相反。”刘冬文介绍说：“银行一般期限越短，利率就越便宜。我们是期限越短，利率反而稍微高一点。这个主要是我们不太鼓励农民借短期，借短期对农民的还款压力很大。另外借短期对我们机构的操作成本也不是很合适。同样是借一笔贷款，如果借一年的，把一年的分成两年的来看，这会增加你很多的成本，比如说调查的成本，票据的成本，所有成本都会增加”。事实上经验也说明了这点，小额信贷的实际操作过程中，一旦老百姓获得了一个自由选择产品的机会，面对半年期、一年期两种产品，“他会自然选择一年，他也觉得一年对他的压力小一些。半年期的产品主要是针对那些周转快的产业，比如说种蔬菜等”。

中和农信设计利率，遵循着两个基本原则，一是介于银行和民间借贷利率之间，比银行高一点，比民间借贷低一点；二是操作可持续的原则，把操作成本和融资成本加在一起，再加上一定的风险储备，看需多少成本，然后倒推出来利率。

（一）利率：银行 < 中和农信 < 民间借贷

那么13.4%的利率是怎么出来的呢？中和农信有自己的计算方法。“实际上并不是我们推测老百姓能承受多高，就收多高。我们设计利率有一个基本原则，第一要比商业银行高一点，我们现在比农信社、邮政储蓄银行、农行的贷款利率高一点点。第二，一定要比民间借贷低一点，要介于这两者之间。”

刘冬文总结说，“我们只是跟民间借贷竞争，我们不会跟银行竞争。我们鼓励客户，只要你能从银行借到钱，你就找银行，就不要找我。因为我们在一个县的投资不太大，一个县是两三千万的规模。如果我的利率很低，很优惠，像过去的银行贴息贷款，穷人反而拿不到。因为利息太低了，谁都想要这笔钱。这样的话，我们就不好管理了，我们的员工都是当地人，都有亲戚朋友，大家互相认识容易舞弊。所以，我们把利率提高之后，实际上是变相把富人排除出去，这也是我们的基本原则。”

（二）操作可持续原则

刘冬文认为，中和农信小额信贷的利率应比民间借贷低一点，这样才有竞争力。他觉得这实际上是一个基本原则，另外利率制定还有一个原则，即操作可持续的原则。“会根据我们的操作成本、融资成本，再加上一定的坏账准备金，倒推出来这个利率。从 1996 年到现在，我们的利率一直在发生变化，从最早的 7%，2005 年以后逐步提高到 8%、9%、10%、12%、13.4%。”刘冬文总结说。

在 2006 年以前，扶贫基金会基本上用的是赠款和政府的资金，贷款没有资金成本，只有操作成本。“当时我们收 7% 就够了。2006 年之后，我们开始用商业贷款，有了融资成本之后，我们就需要提高利率，提高到 9%、10%、12%，后来为什么提高到 13.4%？是因为国家连续调高基准利率。基准利率调高，就意味着我们融资成本的增加。现在我们从银行融资，我们的综合成本包括银行利息，包括担保费用等。这些成本统统加起来之后，达到了 9%—10%。”刘冬文介绍说，因为有了融资成本，整个中和农信还是有一定的压力的。“现在我的 8 亿资金，有一半以上的资金是从银行融资过来的。等于说有一半的利息要付给银行。融资成本算进来之后，一下子就把我们的利率抬高了。我们的产品变化，从利率角度来讲，这几年在连续增加，在提高。但是有一个原则，即以可操作可持续为基准来定我们的利率水平。”

总的来讲，刘冬文觉得现有的模式运行还是不错的，刘冬文说：“我们现在并不是像一般的小贷公司或者是一般的商业性的盈利机构，它们是根据市场的变化来做的。现在这个阶段，市场收多少，它们就应该收多少。我们有所不同，我们基本上是融资成本、操作成本，再加上 2% 的风险储备，是以这个为基准。”刘冬文总结，扣除这三块成本，中和农信盈利水平大概是在 1% 到 2%，“这是我们的利润空间。”

未来扶贫基金会小额信贷的走向，还是和国家的金融大局密切相关。农民对于金融服务强烈的需求，农业进一步发展对于金融服务的客观要求，使小额信贷未来在中国都有广阔的前途。目前扶贫基金会已经探索出一条可行的路径，是否能得到进一步的支持，还需要各方继续努力。

提炼新模式

改制完成后，何道峰在2006年小额信贷全体会议上提出，在新体制的背景下中国扶贫基金会小额信贷的方略。他做了名为《洞察新形势　提炼新模式　打造执行力　圆我连锁梦》的主题讲话。

一是从“只贷不存”着手。就现在农村的金融状况和服务社的经营管理能力看，条件还不具备。即使真正放开了，服务社也不能做到既存款又贷款。

二是要固化提炼新模式，就是经过去年改制以后的模式。下面各个服务社直属于中国扶贫基金会，在指挥和管理经营上是一条线，而不是既听命于基金会又听命于县政府。所以，要固化提炼这种新模式。

三是要做精做细，作出品牌与信用。如果认为在这种新的模式下，我们就自然能到达胜利的彼岸，就自然能够把所谓中国的“穷人银行——乡村银行”做起来，那就是把问题想简单了！要做精做细，作出品牌与信用。细节决定成败。老子曰：“天下大事必作于细”。如果不能在细节上做文章，大而化之，抓而不紧，相当于不抓。基金会小额信贷是在10年以前开始做的，10年以后可谓是“沉舟侧畔千帆过”，我们坚持下来了，但是不等于我们就获得成功了。我们还有很多毛病。如今那些坚持“商洛模式”的机构，现在怎么样？看看我们现在的服务社，有些做得很好，有些服务社还有硬伤。如果要做精做细，作出品牌与信用来，就是使我们所有小额信贷机构和霞浦服务社一样，但霞浦也要继续做到精益求精。所以，这个做精做细是很有文章的。做好了，就是“病树前头万木春”。

四是打好慈善牌，争取费用支持，提升竞争力。为什么要打好慈善牌呢？因为毕竟我们现在面临着竞争对手。中国人民银行（央行）已经批准一些公司或私人机构到一些地方搞试点，也做小额信贷。如果说把它变成纯商业行为，就做穷人贷款，只能贷款不能存款，那么能够维持它的生命，就已经是大英雄了。再要想作出利润来，想做成功是非常困难的。因为，那毕竟不是一个能够经营只贷不存的商业银行的土壤；因为，如果存款客户太分散，贷款客户也很分散，就只能够放高利贷，否则要存活非常非常难。而我们与他们不同，我们有一张牌，一张慈善牌。这张牌可是一个其乐无穷的东西，用好它，就能解决你的那些肺气肿的问题、肝肿大的问题、消化不良的问题、哮喘的问题。怎么解决呢？通过打好慈善牌，可以争取国际、国内、企业、政府的费用支持。只要把它管好就是了。这个是我们的一个优势，这个牌一打好了，我们就会存活得更好。只要管理细致，那么这个钱的性质就会产生一定的变化，既是放贷的那个钱，也可以变成训练职工、把客户组做好的费用；或者成为把 MIS 系统搞好、把视频会议搞好的费用。所有这些，如果没有慈善牌，从兜里掏钱，这些就会变成成本。但是通过慈善，它就不会变成成本。说到底，这就是孟加拉乡村银行尤努斯教授成功的秘诀。

五是争取得到“存款权”。在以上几条都做得差不多的时候，我们就可以争取得到存款权。中国城市的银行，外资银行，中国的私人银行，都可以存款，也可以贷款；但在农村这块土地上就只准贷款，不准存款，哪个敢坚持这个观点？这叫公平的国民待遇啊？这叫公平的国民政策吗？肯定不是。在制定这个政策之初，因为考虑到安全性的概念，考虑到农民存款者很脆弱，风险保证机制不健全，推出“只贷不存”是有道理的。但是，如果长期经营，这个无疑是行不通的因为不会有人去干这个事。如果没有人来这块土地上经营这种金融，那怎么培育出有水平的机构来？如果没有人到游泳池来游泳，那怎么会培养出游泳健将啊。既然要人家来，就得给人家开放存款权，这是迟早的事情。给谁开放，那肯定还要有审查。因此，如果前面四步做得好，我们就会成为率先得到存款权的人。

六是双轨客户的运行（“穷人”和“县镇工商致富带头人”）。要持续发展，不能单搞穷人客户，我们把它变成两种客户：一种客户就是我们现在坚持的真正的穷人；还有一种客户就是在乡镇和县级的，能够起到致富带头人作用的那一部分工商户，它也是小额贷款的客户。把这两种客户加在一起，就会做成真正的良性贷款。

七是脱颖而出成为“乡村银行”。如果有 50% 的客户全是穷人，还有 50% 的是专门做一类的。我们把它们分开，别去“垒大户”，直接给大户贷款，分成两种产品、两种客户去经营，不就可以了吗？这不也是穷人的乡村银行吗？印度尼西亚的一个乡村银行穷人贷款的比例只占到 7%，号称是世界上除了孟加拉银行以外最大的“穷人的乡村银行”。我们能做到 50%，我们既能够在经济的持续上把它变成一个盈利的组织超过尤努斯，我们又能在穷人的比例上超过印度尼西亚的乡村银行，超过 7% 变成 50%，我们有什么理由不说它是穷人的“乡村银行”呢？

八是实现连锁化，成就大事业。先把活干好，挂牌的事就顺理成章了。当我们在全国作出 500 到 1,000 个县级服务社并把它连锁化，那是多么宏伟的事业！是否值得我们去献身，是否值得我们把精力放到这样一个事业上呢？值！不要埋怨中央为什么不允许存款，什么事情都要未雨绸缪，走在前头，能够预见未来。一个高明的棋师，在下一步棋的时候，起码看到后边五步到八步。这八步棋，我们总结为一句话：成功与未来永远只属于那些有准备的人。天道酬勤，未来和成功是给那些有准备的人的。

在会议上，何道峰总结了小额信贷的四大核心技术：慈善牌、连锁管理、MIS 系统、视频会议系统。

何道峰问全体员工："我们能圆心中那个灿烂的梦想吗？我们有'天下英雄舍我其谁'的信心吗？我们每一个团队成员做好"十年磨一剑"的准备了吗？今天的会议燃起你那跃跃欲试的心了吗？点燃了没有？给我一个回答！"

全体员工回答：点燃了！

"臭味相投"的柴久凤

辽宁省扶贫办主任柴久凤（左一）

如果说小额信贷模式嫁接到中国扶贫基金会的平台上之后，因为有了第一个吃螃蟹的林月婵而在福建有了发展基础，那么改制成功后在辽宁大地迅速遍地开花，则是因为找到了"臭味相投"的柴久凤。在何道峰看来，柴久凤与小额信贷的渊源，与他自身的成长过程是有很大关系的，柴久凤将精力投入到扶贫事业上，他厌倦官场虚假的那套——做很多冠冕堂皇的讲话，但到最后，可能自己都说不出来具体干了什么事。作为一个省的扶贫办主任，柴久凤可以把扶贫资金分到下面的县乡镇，但扶贫款下去对老百姓到底如何，还真是不知道。下面的县乡，能按照你的想法来做吗？不可能。但是，有一个人可以，这个人就是何道峰。

说到最初与小额信贷项目的结识，柴久凤认为这是水到渠成的事情。他作为中国扶贫基金会的理事之一（扶贫基金会在全国各省扶贫办系统共有三位理事，除柴久凤以外，还有江西省的张志豪，另一个是河北扈双龙），每年都要参加基金会的活动，因为每年要审议基金会的财政预算、工作报告等。正是这样的密切联系与合作，让柴久凤知道并且深度地了解到了小额信贷，他认为小额信贷正适合当下我国的扶贫开发业务工作。他说："因为它的制度标准是只为农户，这个项目的设立、产品本身就是制度标准，这个比较强。再一个就是我们辽宁和其他的省份不一样，辽宁属于沿海发达省份，国家在扶贫资金安排和投入上力度很小，所以我也在寻找向贫困群众投入的机制。后来我想小额信贷最适合我们辽宁的实际情况。"2004 年，时任中国基金会副会长的何道峰与副秘书长王行最一行人马来到辽宁，走访贫困农户，观察农村金融运作市场，了解到辽宁贫困人口的贷款确实比较难，特别是小额信贷几乎没有。在这种情况下 2005 年首先在辽宁康平搞了试点，2006 年又扩大到新宾、清原两个县。

在小额信贷刚开始的时候，柴久凤也承认遇到了很多的问题，一个是这个项目老百姓不了解，得把这个产品向老百姓说明白，让老百姓认可。再一个问题就是，那时候在辽宁农村还没有开展小额信贷这项工作。在民政部门注册也很难，大家都不知道这个事儿，民政部门没有办过这个事儿。后来经过与当地县委县政府再三说明：这是中国扶贫基金会搞试点，在试点过程中必须得有当地政府给予支持，所以得有县委县政府主要的领导出来说话，帮着协调。之后民政部门才给注册。

就项目本身来说，首先面临两个问题，一个是客户的问题，再一个就是资金运作的问题，刚开始运作是比较费力的，随着组织结构构建合理、人员培训到位，同时得到客户的认可，后面的工作开展起来也就容易很多了。因此，刚开始他们制定了小额信贷扶贫的三大阶段，第一个就是启动阶段。启动阶段是很艰难的阶段，需要一到两年的时间。第二个就是启动之后稳固和发展的阶段，扩大并且延续地发展的阶段。如果每个县当年累计贷款超过三千万，那就可以达到收支平衡。前两年扶贫基金会都在进行人员的培训，整个的运作过程都是投入两年之后都能达到平衡点。第三年以后就是稳步快速发展阶段。

有了曾经的经验教训，扶贫基金会在开展小额信贷的时候，最强调的一点就是避免地方政府的干预。辽宁基本上没有出现过政府干预的情况。当然，这也自然地涉及地方政府放权的问题。有关这一点，柴久凤显然是思想很开放的，而且他对双方的合作模式很满意，他说："我们现在和中国扶贫基金会试点项目合作得比较密切，一个是我们现在的试点已经达到 20 个县了。这 20 个县的服务社主任有 80% 以上都是扶贫办的副主任。由扶贫办副主任来干这个活，从组织上来说和扶贫工作结合得比较紧密。再一个就是我们扶贫的对象瞄准低收入贫困人口，它这个产品的制度和我们扶贫的对象是一致的。现在我们无形当中又增加了一支扶贫队伍，这次组织尝试来做扶贫工作力度是大的，效果也很好，所以不存在矛盾，也不存在互相制约。”

作为占据中和农信小额信贷业务半壁江山的辽宁省，在中和农信提出从“双十”到“双百”目标之后，辽宁也作出了相应的规划。柴久凤说：“因为我们辽宁已经从15个试点扶贫县开展到现在20个点了，下一步想在现有的基础上巩固提高，提高我们的工作效率，在这方面要加大力度。面再扩大的话就容易造成每个县的覆盖面都很少，扶持不到位。再一个就是研究产品项目，根据贫困群众最实际的需要来开发项目。比如说有的项目老百姓需要两万块钱，但是现在只能贷给他八千。我们要在这方面研究老百姓的实际需要以及他还贷的能力，然后做这个产品的项目，让老百姓直接受益，在发挥它自身能力上要调动各方面的因素。最终在节约成本和提高效率之后再把这个效益反馈给老百姓，让老百姓受益。在具体的金额上，现在是六个亿，我们希望近两年内达到贷款十个亿，我们现在20个县，1个县大概达到五千万，20个县就是十个亿，我们想在两年内达到这个目标。”

而涉及作为金融活动的小额信贷业务，风险是难以绕过的话题。柴久凤对此也保持着清醒的认识。这里的风险其实有两个，一个是来自小额信贷本身的金融风险，另一个就是合作机制是否会随着人员变动而变化的风险。目前辽宁贷款额已经达到六亿多，这就要求他们认真研究如何规避风险。柴久凤指出，现在整个贷款的还款率达到百分之百，运行形式非常良好。关于第二点，柴久凤也很有信心，因为现在的这种运营机制已经得到了辽宁省委省政府的重视，也相应地给予了各种政策支持。柴久凤介绍说，辽宁省省长在扶贫工作大会上讲话，提到三个重要措施，其中一个就是利用小额信贷扶贫方式帮助困难农户，增加农户的收入。而且整个组织体系已经建立起来了，各个县的扶贫办副主任都兼任服务社的主任，他们专职做这项工作。“这个队伍都是基金会从常年实践当中培训出来的力量，这是一个解不散的队伍，也是一个已经成型的队伍，这个工作延续下去我觉得很有把握的。现在这个项目也是可持续发展的，一个是它有资金了，像去年基金会的贷款金额有三亿五，老百姓始终是长期滚动使用。这些都不是说谁想撤出去就能撤出去的，因为长期都会使用的，不是说像咱们到商店买东西，我拿上钱就可以买，买完就可以走，不是这么回事。不是说哪个人不干了会影响事业的发展，所以它是有持续发展的保证的。”

“我现在正在赶路。”今年60岁的河北省扶贫办主任扈双龙，在2012年7·21暴雨水灾之后就没有闲过。这场暴雨导致北京77人罹难，河北的涞源县也遭灾严重。严重的自然灾害进一步加快了他日常工作的节奏，但是他依旧是精力满满。“我们的小额信贷这次能发挥很大作用，”扈双龙说，“我去了涞源，那边的服务社运作得很好，自然灾害咱们挡不住，但是恢复生产一定能发挥作用，我们的队伍都是锤炼过的，个个能干。灾难是偶然因素，我们现在有保险。”

扈双龙和他所理解的小额信贷

河北省扶贫办主任扈双龙（左一）

对于扈双龙而言，这不过是他日常工作的一部分。即将退休的他，是中国扶贫工作的传奇人物，在百度中输入“扈双龙”这三个字，搜索可以发现13,500个结果，每一条，“扈双龙”这三个字都和扶贫联系在一起。与何道峰相似，扈双龙也是一个老农村干部。“我出生在农村，一辈子就是在农村。”扈双龙个子不高，但是却透着精神，一口冀北口音。从表面看起来，他就是中国亿万普通农民中的一员，事实上，他也是这么看待自己的，“从省政研室开始，我就是做农村工作，一直到扶贫办，还是以农村为主，这辈子就是做农村工作了。”而正因为这个“农”字，使得扈双龙和小额信贷发生了联系，最终成为中国小额信贷事业的重要推动者。

河北引进小额信贷扶贫比较晚，但发展最快，短短几年就发展到数十个服务社。扈双龙总结说：“都是别人干好了，我们直接搬过来，我们拿来他们的经验，一次性到位。”和辽宁一样，河北引入小额信贷也是因为传统扶贫方式穷途末路。

2004年，扈双龙担任河北省扶贫办主任之后，一个严峻的问题摆到他面前，“扶贫扶贫、越扶越贫”，扶贫款成了唐僧肉。“按照当时的扶贫模式搞下去，是下头不满，上头恼火”。熟悉政策的扈双龙将扶贫分为三个阶段，第一阶段是给钱给物，其实就是去送钱，看望困难群众，送来送去都是那几户，那就成了必须给钱。第二阶段是建设基础设施和公益事业。扈双龙总结说，修修马路，刷刷墙头，有时候帮助学校弄弄公共设施，总体上也是好事，“但是现在回过头来说，它忘了我们扶贫的目标是什么。我们扶贫的目标是提高农民自己的发展能力。修高速路没有问题，修高速路与穷人增加经济收入有没有关系？有关系，但很远。实际上修高速路、修机场，造成了新的穷人。”讲到这点，扈双龙不禁严肃起来。在他看来，扶贫就是要有效地解决贫困问题，就是要真正让人脱离贫困状态，“这不是路越新越好。搞下来，面子工程的味道就重于扶贫了。”修路给生产提供了条件，但是修路本身不能产生再生产。对于扈双龙而言，扶贫必须要转型。

修路不行，那么推动生产如何呢？这就是第三个阶段。“我们一度搞一些项目，提出搞周转牛、周转羊、周转兔，在贫困地区搞新的项目生产模式。”扈双龙总结。他觉得这种做法立意是好的，基本内核是好的，要搞生产，资金长效了，给你一个项目，没准两年以后收了，再退回来，再给一个农户，这个理论是非常好的。但是，扈双龙在实践中却发现项目都是投给最贫困的对象，“生产能力最差的，文化教育程度最低的，甚至智力有些问题的农户，让这些人搞现代的东西，那是很难的。我当扶贫办主任，去河北农村转了一圈，那是骂声一片。”所有这些，都让扈双龙下定决心，扶贫模式必须要转型。

给钱给物不行，修路立项不行，物资周转也不行，扶贫到底还有没有出路，扈双龙说：“有！不能搞物资周转，要搞资金周转。”扈双龙回忆说，“我跑到北京去问，搞资金周转行不行，回答说不行，违背纪律。扶贫资金就是给你白吃白喝白拿白送，不是搞经营的。直接给了就行了，不能周转，周转是违反法律的。”政策上不通融，同时大背景变化又让扈双龙面临一个尴尬的处境。在全国的贫困地区划分之中，河北被划分到东部较为发达地区，这就意味着河北的扶贫资金减少了。“很多人认为河北和北京差不多，但实际上河北跟北京的相对差距是非常大的，资金也比较少，怎么发挥四两拨千斤的作用？”虽然是老扶贫，扈双龙遇到一个前所未有的难题，“我们要苦苦的探讨。周转牛，周转周转就没有了。周转兔，周转到肚子里面去了。周转羊，周转成了烤全羊了。这个周转的理论是好的，但实际应用不行。搞周转资金，上级机关不同意。”正在这个时候，中国扶贫基金会的小额信贷项目在扈双龙眼前出现了。

"最早的时候，我也没注意，以前搞过类似的小额信贷，但是都用不到位，"对于扈双龙而言，扶贫的资金是万分宝贵的，一分一厘都不能浪费。但是扈双龙2007年去辽宁考察小额信贷、亲自调研之后，他发现小额信贷的价值。"农户都是真正的穷人，有一开始借三百块钱的，养兔子，自己越养越多，逐步就做好了"。这次考察之后，扈双龙确定自己找到了全新的扶贫模式，这就是中国扶贫基金会的小额信贷!

所谓万事开头难，地方政府要拿出钱来交给扶贫基金会，对于本来就缺钱的地方而言，这实在是让人不能接受。"都说是把我们的钱交给外人，怎么都不接受。"回忆这些往事，扈双龙仿佛历历在目，"观念的转变必须是一步步的，你反复去讲是不行的，关键是看结果。"随着小额信贷项目的推广，一批批农民富裕起来了，地方从排斥到怀疑，再到接受，最后变成积极配合。"以前搞项目，怎么弄都弄不起来，现在农民自己独立，很快就起来了，以前穷得回家连只鸡都买不起，现在买一筐鸡都行!"扈双龙说，有这样质的变化，他们能不接受吗?

至今扈双龙依旧保持着每个月都要到每个服务社走一圈的习惯，"其实也不是什么视察工作，扶贫基金会组织运营都很好，也就是去看看，学习学习"。对于小额信贷与扶贫，扈双龙有一套自己的看法："可以将小额信贷总结为扶贫+信贷的模式。小额信贷有一个前提，它不是穷人的财富，它是生产的财富，是发展的财富。如果没有发展的土壤，小额信贷是不存在的。信贷应该再生产，钱变了秧，变了苗，然后又变成钱，这才叫信贷。"扈双龙认为，小额信贷不仅仅是生产发展，更是对人的培养，"通过信贷，将来会出现一大批金融小管家，他们也成为农村致富的带头人。具体我没有统计过，有些比较早的，在农村里选村干部，他在当地得到公认，他知道种什么项目，又知道怎么得到贷款，也有一定的文化，同时又培育了金融知识，对社会安定也是非常好的。"扈双龙总结道，"未来，河北还要继续扩大，这个方式好，就要推广下去!"

第四节 专业转型与公司化管理（2009年至今）

2009年，中国扶贫基金会获得中国农业银行授信两亿元，国务院副总理回良玉出席签字仪式。中和农信什邡分公司成立。

中和农信基本形成小额信贷扶贫模式、救灾模式；分别针对贫困人口、受灾群众提供小额信贷服务。

2010年，中和农信试行区域管理，分东北区域、华北区域、华南区域、西南区域，并更新网络版财务系统以及信贷追踪系统，成立市场部及公共事务部，建立全国统一的品牌形象，迈入公司化管理的新时代。

德阳、建昌、喀左、凌源、建平、西丰、唐县、涞源、阜城、顺平、承德、和顺、榆社分支机构成立。

2011年，中和农信有效贷款客户首次突破10万户，年度放款额超过10亿元，成功接入中国人民银行征信系统，成长为中国最大的公益性小额信贷机构。获得回良玉副总理颁发的“第一届友成扶贫科研成果奖”，并获得国务院扶贫领导小组办公室授予“扶贫开发先进集体”称号。

而后围场、滦平、青龙、献县、海兴、广宗、舟曲、西丰、兴城、北镇、开原、昌图、岫岩、连南等分支机构成立。

2012年10月17日，第二十个国际消除贫困日，中国扶贫基金会与国家开发银行再次签署总额为10亿元的微小贷款扶贫试点合作协议。此次与国家开发银行再度携手也成为目前国内小额信贷领域额度最大的银行合作项目。

为什么要公司化管理

在何道峰的设计中，中国扶贫基金会的小额信贷是要建设成一个可持续发展的机构。因此从2007年开始，小额信贷部开始模拟公司化运行，在模拟一年之后，中国扶贫基金会开始筹划成立公司。

同时，中国扶贫基金会的小额信贷项目在2008年得到了很大发展，项目区扩展到11省的26个县；贷款本金规模扩大到1.13亿元；有效客户为2.69万人，贷款余额1.05亿元。由于项目规模迅速扩张，机构专业化程度越来越高，面临的挑战也越来越大。在何道峰看来，虽然此前已经通过虚拟的财务报表来解决一些问题，但是真正要做到规范化管理，最终实现乡村银行的远大目标，还必须要用公司的财务报表来管理。在小额信贷的实践中也发生过这样的问题。当时从银行贷款都是以中国扶贫基金会名义去运作的，然后再拨给小额信贷部去运行，这本身就不是一个很好的做法。因为如果小额信贷出了问题，就会牵扯到基金会。所以现在把小额信贷部转到一个独立的项目公司，这些事情就顺畅了，让公司独立运行，自负盈亏。还有，在何道峰看来，此前以社团组织为单位虚拟的财务报表总体还是比较粗，作为一个经营性的机构，这种财务报表不能很有效地进行管理。而公司化财务报表是全世界都认同的最发达的一种管理工具，可以最大限度地把资产和管理的问题与优势都显示出来，这是一个方向。并且随着小额信贷规模的扩大，要向更多的银行贷款，不能只靠机缘去找像国家开发银行董事长陈元这样具有极强革新思维的人。公司化以后，小额信贷公司就可以找任何一家银行谈贷款业务，因为公司化的财务报表是有法律效力的，经得起审计。而且做大以后，资本和债券两大武器都要上，这都有赖于公司化的运行模式。

为积极应对项目发展和外部环境变化所带来的机遇和挑战，完善项目管理体制、控制项目风险，并为进一步拓展项目发展空间做好准备工作，经会长会议审批同意，中国扶贫基金会于2008年底注册成立了中和农信项目管理有限公司，专门负责小额信贷项目的实施和管理工作，在基金会与公司之间的债务债权转让手续完成后，公司于2009年1月1日起正式独立运行。目前，中和农信已经形成了董事会领导下的总经理负责制，搭建了完善的公司化组织结构。

在2009年小额信贷项目进展和发展前景专题研讨会上，中国扶贫基金会对公司化管理达成共识：小额信贷部变成公司后，才真正变成经营性的机构。但中和农信实际上又是一个非营利性机构，非营利机构并不是不能盈利，而是不以追求利润最大化为目的。

中情于农，和谐于信

“中情于农，和谐于信”，中和农信的每一个分支机构都在明显的地方挂上这一句标语，而这句话里，正包含着“中和农信”四字，将机构名称与理念完美地结合在了一起。从这句意味深长的标语中，可以很好地看到一个具有扶贫性质的小额信贷公司的核心内涵，即服务于农。强调客户服务至上，以信用、信心、信任构建良好的信贷关系，在客户与公司之间，架起了一座和谐之桥——“中和农信项目管理有限公司”。

一、专业化转型：从NGO到小型金融公司

鉴于2009年以后中央金融政策的改变，国家开始允许成立小额贷款公司，中国扶贫基金会的小额信贷部也抓住时机开始转型。

与中国的改革进程相似，中国经济的每一个发展阶段的突破都会减少政府的立法干预和价格管制，在行政准入上做文章。中和农信的成立也与当年金融改革，国家允许成立小额贷款公司息息相关。作为国内规模和影响力最大的小额贷款扶贫项目，中和农信的成立，意味着中国的小额贷款扶贫已经走到第三个阶段。但对于中和农信而言，这个阶段才刚开始，仍有政策瓶颈的约束。根据国家的相关规定，小额贷款公司只能在一个县注册，经营也仅限于注册的地区，不允许跨区在全国范围内经营，这迫使中和农信只能注册成为项目管理公司，而不是直接的小额贷款公司。

成立了公司，实现了公司化运营，对中国扶贫基金会来说无疑是一大突破。原来在扶贫基金会小额信贷项目制管理的模式下，一个很大的问题便是不能做报表，只能做模拟报表，人员的外围边界不是很清楚，现在通过财务报表就可以落到实处了。同时，在管理结构上，中和农信也迅速形成了现代公司制的矩阵式管理结构。这种管理结构，就是让总部成为公司的大脑，发挥策划、设计、决策和监督的功能，把市场、产品和客户琢磨透，而使下面的每一个分支机构的行为模式化、流程化、简单化。只有总部的智能化，才有可能把市场、客户思考得比较透彻，业务的扩张才能更加安全、低成本和有竞争力。就是因为这个管理体系是比较完善的，科学有效，所以中和农信在最近几年有了飞跃式的发展。

正如中国扶贫基金会副秘书长、中和农信项目管理有限公司总经理刘冬文所说："我们的目标是扶贫，是扶持那些相对有劳动能力的人口，但是为了保证小额信贷项目的可持续发展，我们在运行小额信贷的时候，则是完全按照商业化、市场化的运营机制来管理。尽管看起来我们的管理可能比较松散，但实际上是非常严谨的。我们现在采用的是全国连锁式的运营模式，这也借鉴了国际上很多成功的小额信贷机构的经验。因为我们服务的是一个特定群体，在某一个地区来讲，客户总量是有限的，所以我们必须采取连锁化经营。我们必须把操作流程标准化、连锁化，并最终实现规模化运行才能起到财务可持续发展的结果。"

刘冬文多次强调，中和农信项目管理有限公司秉承了中国扶贫基金会小额信贷项目的目标和宗旨，以高效的专业化团队、完善的管理体制和先进的运作模式，始终如一地服务贫困人群，继续朝着建立中国的"穷人银行"的目标迈进。"从我们的体会来看，做农村小额信贷是有巨大的市场需求的，关键是怎么做。我们认为，一定要按照市场化的机制运作，但必须要坚持两个原则：一是要坚持目标客户不偏离。尽管说按照市场化机制运营，但我们还是会一直锁定中低收入农户这个客户群体；二是要坚持追求机构的财务可持续性发展。首先要具备操作可持续性，要具备一定的盈利能力，我们希望达到机构既能够服务中低收入农户，同时又具有一定的投资价值。也就是投资者投进来之后，还有一定的回报，不是很高却可以说服人的回报。只有这样，我们的机构才可能持续做下去，而且做的规模越来越大，使更多的老百姓受益。"

从 NGO 项目到小型金融公司的专业化转型，看似只是一句简单的话，但却是所有中和农信人付出艰辛努力的成果。这个转型来之不易，在这十来年的发展过程中，只要走错一步，就没有中和农信的今天，甚至连小额信贷项目都难以运行下去，正是在何道峰和中国扶贫基金会领导们的指导下，从总部到区域办公室，再到分支机构的主任、后台、信贷员等所有中和农信人齐心协力、共同努力，在“像银行家一样的精明和有谋略，像慈善家一样的仁爱和关怀，像科学家一样地研究和学习，像工作狂一样地追求和奋斗”的工作理念下，众志成城努力实现“山水间的百姓银行”的宏伟目标。

二、矩阵式管理模式

“从NGO转型成为专业的小额信贷机构，是为了提高经营效率和运营能力，吸引更多的人才，建立更好的可持续模式。”刘冬文认为，如果没有一个可持续的商业模式，很难获得社会资金。而另一方面，他指出，只有按照商业化的原则和市场化的机制来运作，才可以按照市场化的标准要求规范员工的行为。“只有保证了员工的职业化，才有机构的职业化。”在这样的模式指导下，中和农信项目管理有限公司以“全国连锁”的方式，建立了一套成熟完整的矩阵式管理体系，搭建了较为完善的公司化组织架构，即总部在北京，负责分支机构的人员招聘、技术培训和监督管理。而在每个项目县建立一个专门的小额信贷分支机构，用市场化模式招聘、录用、考核、管理员工。这样一来，基层的业务就相对单一化、标准化、职业化，只需要按照总部的统一规定和要求进行贷款的审核、发放和回收。矩阵式管理则架构起了一套相互协调、制约、促进的先进体系，区域办公室（分东北、华北、西南和华南四大区域办公室）与职能部门（分九大职能部门，如人力资源部、财务部、信贷部等等）交叉却分工明确，保证公司的良好运行。具体来说，区域办公室是管理具体的事务性的工作，注重的是执行力，而总部的职能部门则管理政策制定等，然后把制度和政策整个传达下去，由区域办公室负责去检查、监督、执行等。

从整个管理架构来看，实现了从总部，到区域办公室，再到县级分支机构的三级管理体系，还基本建立起了业务部门、风险管理部门、内部审计部门和职能部门的四线管理体系，也就是形成了相对比较完善的“三级四线”管理体系。

董事会由七个人构成。董事会下面设三个委员会，一个是战略委员会，一个是风险审计委员会，一个是提名委员会。涉及这些方面的规章制度，都是由董事会来决策，然后有一个高层班子的任免，总经理由董事长提名，董事会讨论任命，副总经理这一级的，由总经理提名、董事会审批，形成相互的制衡关系。

据中国扶贫基金会副会长王行最介绍，管理班子有非常专业的做金融的四条线。第一条是业务线，比如信贷产品的研发、人员的管理、资金贷款的发放与回收，采取区域管理办公室负责形式。在这矩阵式管理中，纵向是业务部门，区域办公室，区域下面划分为东北、华北、西南、华南，再下一级都是各个县服务社，都是经营的实体。横向是总部的各个部门与下属的各个分支机构形成的业务指导关系。第二条是风控线，即风险管理的这条线。风控等于设立许多预警机制，以避免风险的发生。第三条是内审线，是指公司根据这些规章制度、风控的指标去检查分支机构有没有问题，是后置的东西。内审线是直接向董事会的风险审计委员会报告的。第四条是职能支持线，比如说人力资源、品牌、公司事务、行政财务、信息技术等等。四条线分工清楚、各把一关，以保障机构的日常运行。

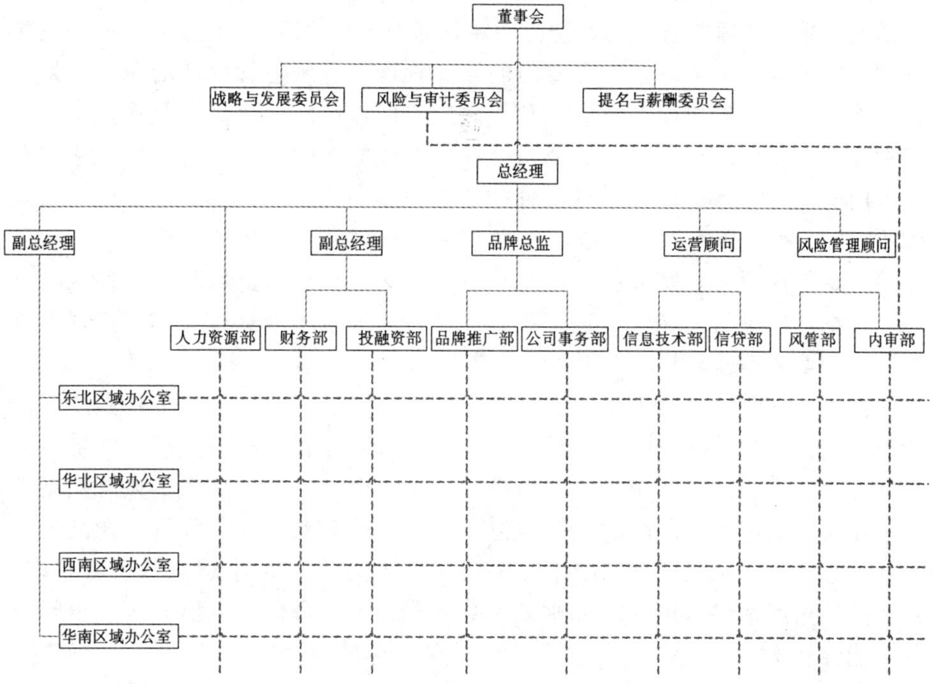

图 3　矩阵式管理结构

在这样连锁式的构架中，总部的职能部门无疑就像一个人的大脑，发挥着指挥全身行动的总枢纽作用。因此，充分地了解总部的各个部门，方能真正地了解整个中和农信团队的运作与队伍建设，认识中和农信公司化转型的清晰定位与发展目标。

三、风险管理：金融机构的命脉

对于金融机构来说，再也没有什么比控制风险更重要的。但如何控制风险，却是一个世界性的难题，否则就不会有那么多的金融机构在商海中浮浮沉沉了。对于从扶贫基金会小额信贷部发展过来的中和农信项目管理有限公司来说，由于其有着前期的积累，犹如出生在一个家教家风良好的家庭一样，具备了先天的优势，对风险控制有着一套在实践中逐步发展、成熟的经验。比如引进尤努斯的GB扶贫模式，然后与时俱进、因地制宜地发展出适应不同地方的经验模式，让中和农信取得了仅有1%不良率的优质成绩。这成绩是如何完成的呢？风险管理总监宋芳晖女士为我们解开其中的奥秘。

2011年7月，风险管理部正式筹建。以前的风险管理主要是通过各个部门的配合来做，风险管理的职能分散在总部的各个部门。7月以后，就把风险管理职能加以突出，设立一个专门的风险管理部。风险管理部的职责就是全面掌控整个机构的风险，不管是信用风险、操作风险，而且还会涉及一些市场的风险，比如说利率波动对公司会有什么样的影响以及声誉上的风险。有了专门的风险管理部门，风险管理的职责更加独立了、清晰了，保证了风险和收益的平衡。以前对于分支机构负责人和区域管理人来说，业务运营和风险管理工作这两方面都要抓，既要往前冲，又要往后拉。风险管理部成立以后，就把向后拉的职能脱离出来了，这样每个人就不会这么纠结，实现了风险管理和业务运营间的一个平衡。

据宋芳晖介绍，对于中和农信来说，大的风险就两块，一个是客户的信用风险，另一个是内部的运营风险。客户的风险随着小额信贷产品的增多会有所加大。比如目前一个是小组贷款，一个是个人贷款。后者给风险控制带来了比较大的挑战。以前的风险防范主要在于前端对产品的设计。产品设计有几个方面可以去帮助控制风险，一个是额度小。额度小就意味着客户多。从风险的角度来讲，第一个原则就是分散化，风险分散化，所有客户出问题的可能性几乎为零。还有一个是五户联保，它是帮助客户自己做一个筛选，通过客户帮助机构来评判其他的人怎么样，如果客户对某个人不信任的话，他就不愿意去加入。

宋芳晖说，很多金融机构不愿意到农村去做，就是因为信息采集成本很大、很分散，很多信息也没办法去采集。大的客户，可以让他提供财务报表一类的数据，但是农户什么也没有，没有财务报表，而且可能连银行方面的数据也没有，怎么去评判他的还款能力？还款意愿怎么样？利用五户联保实际上等于由客户自己来互相评价。五户联保帮助金融机构解决了机构跟客户之间信息不对称的问题。客户自己做信用风险的把控，无论是有还款能力还是有还款意愿方面，他们都会做一个比较好的考量。有了这两点以后，风险已经降到比较低的程度了，而后再加上整个公司的项目是从宏观的层面上进行的，不是单独针对少量客户，由于分支机构比较分散，分布在 13 个省不同的县，这就有助于抵御很多意外性的风险，比如说自然灾害、疾病，甚至某个地区的产业出现问题。所有这些会影响到客户还款能力的风险，因为区域的分散化，在某种程度上也被分散了。因为单独做一个地区，如果这一个地区出问题，可能所有客户都出问题，那他们可能就相对比较脆弱，但通过这种分散化和产品本身的设计就可以很好地解决这类风险。

内部的操作运营风险，则注重人员的选择、架构的搭建、薪酬的设置、企业文化的建设，让一线的操作者有着清晰的风险意识，严格把控贷款的质量，同时形成一整套完善的监督机制，从各个方面来保障整个内部管理少出现违规、欺诈。

此外，就是建立了一个完善的风险报告跟踪体系，总部可以实时知道每个分支机构的业务动向，这解决了很多操作风险方面的问题。

不过，虽然有了这个系统，如果总部或风险管理人员不加以分析也不会知道风险所在，所以后面风险管理部的报告体系就发挥了这个作用。据宋芳晖介绍，因为客户超过 10 万个，所以除了月度的风险管理报告以外，他们又建了一个预警系统，这个风险预警系统一个月启用三次，会针对分支机构、信贷员和客户的三个维度来看，系统会提示过去这十天，哪个分支机构有什么问题，哪个信贷员有什么问题以及异常的变动。

中和农信还引进了一些国外比较先进的风险控制管理工具，比如信用评分卡，这是在系统里面实时生成的对每一个客户做的信用评分，然后根据分数对客户做排序，后面对客户的跟踪基本上也是根据信用评分卡来做。系统会帮助公司做贷款审核，尤其是个人贷款。贷款审核之前，这个评分卡就会出来，只要把客户的信息填到系统里，系统自动就生成了，之后评分卡几秒钟就出来，出来之后下面的人都会看到，有了一个相对比较客观的标准来评判这些客户。

宋芳晖还透露，除了信用评分卡外，公司还加上征信系统，现在客户所有信息都进入中国人民银行征信系统（2011 年 8 月 10 日，中和农信客户数据成功接入中国人民银行征信系统）。这个评分卡、征信信息就是信贷员与总部做综合评判的依据。

以上这些风险管理以事前为主，但还有很多是事后即贷款后也做跟踪的。宋芳晖说：“我们不是等到出了问题再去解决，而是预测这个可能会出问题，我们这时就开始采取行动。”这个事后的检测是内审部负责。内部审计，这个也是整个风险内控的一个很重要的环节。内审就是每年至少对分支机构进行一次全面的审计，包括业务、财务。宋芳晖说，他们有操作手册，指导员工按部就班地进行。财务也有相应的财务手册，所有的这些环节，都要按照总部规定执行。贷款是不是真实地发放，总部也会做实地回访，就是抽样检查。

整个流程的各个环节都有风险管理的设计在里面，不管是事前还是事后。依此作为公司的发展依据，清晰地认识到整个金融盘子的风险状态。有了这样的风险管理，正如宋芳晖所言：“如果是公司自己能够承受的范围，风险偏低的话，这个时期我们可以走得快一点。如果哪里出现问题了，我们可以慢一点，就是这样时时做一个调整，整个机构可持续性就会比较好一些。”

四、财务预算：生命线

在风险之后，财务管理无疑又是金融机构的另一大重点，财务问题完全可以视为金融机构的生命线，由于是专业化、市场化的相对微小的金融机构，财务如果出了问题，将会带来毁灭性的打击。中和农信在财务管理方面，不失一个专业金融机构的风采，财务预算以及财务运营十分健康规范。

据财务总监李真介绍，整个财务运作模式主要分两个方面，一个是会计核算方面，另外一个是资金统筹方面。这两者是不同的部门在管理，财务部主要负责会计核算方面，包括总部的核算和下面分支机构的会计管理核算。资金统筹由投融资部负责，负责整个公司的资金的筹措调配。但不管财务核算还是资金调拨，首先的一个原则都是事前的预算管理。而这预算管理是中和农信财务方面每年的重头戏。从 11 月份开始，直至次年的 1 月份完成，经历多次从上到下、再从下到上的过程，最后核准从上到下实施。

首先总部自己会制定一个明年的工作计划、工作指标，一般而言是很大的总体的数字，然后会把这个指标下发到每一家分支机构，分支机构根据自己的人员情况、区域情况编制自己的年度预算，这个年度预算比较全面，它涉及每一个信贷员每一个月放款的指标、回款规模、收益情况、所有费用等，都包括在年度预算里面。财务部是通过每个信贷员的业务指标和他的费用情况，汇总出来这家服务社的总体情况，然后总部这边再把所有的分支机构再加总，得出公司明年的整体总体预算。总部会根据分支机构与总部的计划差距再做相应的调整与修订。

最后确定总体的明年指标，上报给董事会批准。这个指标的确定已经是达成共识了，就会正式下发，第二年就要按照这个指标来完成。包括各分支机构的任务量、收放款量、各项费用指标控制等，都是按照这个年度预算来控制的。在年度预算里面，有一个全年的资金需求，但也会细化到各个月的，分支机构每个月有多少资金缺口需要补足，下个月需要补多少，都有一个详细的预算。但是由于情况变化难测，可能这个月放款少了，或者下个月放款少了，跟年度的计划会差距很大，所以总部会要求分支机构每个月报一个资金使用计划，即月度资金计划。这就会比年度的要准确得多。同时汇报未来六个月的滚动资金需求，相当于每个月都要报未来六个月的需求，然后财务部会根据每个月报的六个月需求对资金计划进行调整。这样财务部就有一个整年的、六个月的、下个月的财务预算，会逐渐把资金算得更精准一些，然后提前做规划，时时进行监控，把握资金的动向，把资源用到风险最低、收益最高那些地方。

李真介绍，总部在会计核算方面也是通过财务软件来进行控制的。中和农信用的是金蝶财务软件，是网上在线操作的财务软件。所有分支机构都联网使用这套软件。总部会制定统一的会计操作制度，所有的分支机构都按照同样的制度，在同样的软件上操作。财务系统与公司的信贷追踪系统直接对接，只要信贷员把交易数据录到数据库，相应的财务凭证就会自动生成。财务部不需要再记一遍财务账。据李真透露，在此之前，他们是单独记的，两个系统是分开的，需要信贷方面录完了，财务再单独记一套，因此很容易出现错误。由于地域和机构分散，也不好去对，现在有了这个系统，可以自动生成凭证，节约了很多的人力物力，保证了财务工作的效率与准确性。

五、成功离不开一个优秀的团队

任何的事业的成功，都离不开一个有凝聚力、战斗力而且稳定的队伍，正如“21 世纪最珍贵的是什么？是人才！”这句话所揭示的，人才是一切事业运行的核心。因此，人力资源的建设就至关重要，特别是对于面向广大贫困人口、针对广袤落后农村的扶贫性质的小额信贷机构来说，具有工作激情和求知欲，具有角色意识和责任感，具有柔韧性和受挫能力，具有反观习惯和自省能力，具有影响和推动他人的能力，具有培养团队的意识和能力，具备相当的谈判和签约能力，具有简明严谨的报告能力和演讲能力，具有丰富的管理经验，有较强的组织协调能力的综合性人才，是事业成功的基石。截至 2012 年，中和农信共有员工 662 人，员工女性比率为 46.98%，基层员工总人数达 405 人，总部人员仅为五六十人，比率为 9.97%，业务人员中女性比率为 47.90%。

随着事业的做大与发展，员工数量越来越多，中和农信的团队建设有着怎样的秘笈，能够让如此之多的员工扎根最艰苦的农村一线，年复一年地服务于农，而且还能够保持着一如既往的激情与战斗力呢？

通过人力资源部经理文艳荣女士的介绍，我们可以从招聘、培训、薪酬、考核、福利、人事关系等多个方面来了解这个优秀的团队。

据文艳荣介绍，公司的运营架构分总部和分支机构两大层面。总部基本上属于管理部门，除了总经办属于决策团外，其他为九大职能部门。如人力资源部、财务部、信贷部等等。还有四大区域，东北、华北、西南和华南，加起来共十三个大的职能部门，这十三个部门在管理着现在53家分支机构（截至2011年数据）。

总部和分支机构的人员特点会稍微有一些不同。总部是属于知识型的员工，相对来讲学历比较高，像中和农信的高管多半都是研究生学历和有海外留学背景的人，专业化程度高。总部各个部门的人员也基本上都是本科以上学历，研究生学历大约占20%。所以总部的员工学历比较高，而且都有能吃苦、求上进的特点。

分支机构人员都工作在县城，而且信贷员都是在当地的农村地区招聘的，相对来讲他们文化程度不太高（想要求高也不可能），一般初中毕业就可以。当然也有少量本科生，多半从事财务管理等后台工作。这是公司的两大类人。共同的特点是都诚信、能吃苦。在工作理念上，中和农信推崇“行商”这个概念，而非“坐商”。设立四大区域，工作人员开着车四处跑业务，而不坐办公室，在行走调研中发现问题、解决问题、完成工作。另外在总部与分支机构之间，虽然存在着隶属关系，但人员安排上，并不是从总部派人，而是从当地做得好的人选中提拔。这样就有效解决了成本问题，也解决了管理脱节的问题。特别是新机构的主任招聘，基本上会让当地扶贫办来推荐，一般要求推荐三四个人或者更多，然后由总部去面试选拔，如果总部觉得不合适还会让当地扶贫办再推荐，最后确定人选。

在培训方面，除了员工入职培训外，公司还组织很多的业务培训。信贷部主要是做信贷业务培训，这是最核心的培训。现在的贷款产品分小组贷款和个人贷款两种，小组贷款业务往往是由区域督导直接去做培训，做实例的指导。据介绍，区域督导跟进与介入比较多，因为区域督导主要的工作就是到当地、到分支机构指导他们工作。个贷业务方面，则主要由信贷部直接到分支机构去培训指导和检查，如果发现当地执行与操作标准有不符，就会直接指出来，然后加以培训。

其他方面的培训也在进行，包括综合能力的提升，总部会进行销售技巧和沟通技巧方面的一些培训，课件也是在不断地改进和完善。综合能力的培训会以人力资源部为主导去推进，业务方面的培训和专业方面的培训则由各个部门去做课件。比如 IT 部会把信息系统的一些内容让所有的信贷员都所了解，这样就会去做多种形式的培训。另外也经常请一些外部的专家来支持人力资源部门，补充做一些诸如农业技术培训等方面的工作。

从有着 NGO 性质转型过来的中和农信，在强调公益性的同时，同样辅以富有竞争力的薪酬体系，让工作人员过上体面的、有尊严、有荣誉感的职业生活。社保体系也完全规范，所有员工都有五险一金，而且还有意外伤害险，还建立了面对职工与客户的“中和基金”，让每一个信贷员都能够免去后顾之忧，安心工作。总部员工还享有大病医疗、补充医疗等福利政策。

在企业文化建设上，中和农信每年都召开一次员工大会，一方面是进行员工表彰，同时也会搞一些联欢，各个机构都会表演节目，能看到各个机构有自己特色的东西，丰富了员工的集体生活。另外，经理级的大会每年还有两次，7 月份一次，12 月份一次。接下来还会组织旅游。除了总部会有一个统一的安排，各个分支机构都会有团队建设的经费，也都有自己丰富的企业文化活动。内部刊物“和信”，成为员工展示自我的一个平台。总部经常会有总经理开放日，总经理和员工直接去沟通，大家提问题，总经理来当面答复。生日会、每个节日都会有员工的福利。通过这些能够很好地看到中和农信企业文化的建设以及员工对企业文化的认同与对公司的归属感。

六、信息技术是生产力

现代社会，信息管理先进与否，很大程度上能够决定一个企业能否发展壮大以及可持续发展。中和农信的发展历程中，也是伴随着信息化提升的脚步，一步一步走到今天的。正如中国扶贫基金会执行副会长何道峰认为的，想做好 NGO 小额信贷，信息化一定是其中非常重要的一环。所以早在 1996 年西部中心在安康、阆中试点时，何道峰就建立了一套计算机管理系统。

据信息技术部经理杨涛介绍，1996 年电脑还是奢侈的办公品，小额信贷就率先引入电脑办公。在与世行合作做小额信贷的时候，引入电脑，进行了数据的电子化在国内是非常早的。小额信贷是一个信息密集型的行业，而当时国内很多的 NGO 组织都还是纯手工的账务处理方式。

随着机构的不断发展，在 2003 年的时候，中国扶贫基金会第一次尝试采取委托开发的形式去开发一套系统，以解决小额信贷当中的一些问题，后来因为种种条件的限制，没有成功。2005 年，中国扶贫基金会引入国外成熟的小额信贷管理系统 Kredits，解决了分支机构信息管理的问题，作为单独的一个机构，该软件可以非常好地帮助各个分支机构，并在月末将所有数据传到总部进行汇总。

随着公司规模的不断扩大，以月为单位的数据交换周期已经无法满足公司对管理的需求，同时 Kredits 无法实现公司对一些业务数据有效性的验证，比如身份证、手机号码等。同时系统需要一个信息员，系统本身是一分布式的，就是所有的数据库都是在分支机构的。每个月总部把数据都汇总在一起，致使数据只能一个月一出。所以存在大量的合并数据之间的误差，无法实时去检查。随着分支机构越来越多，公司管理的半径就会越来越大，当时只有 5 家机构，到 2009 年的时候已经有十几了家了。由于系统需要在每一个分支机构进行部署，这种需要大量技术支持的系统部署模式需要投入大量的人力成本，Kredits 系统无法再支持机构的快速发展。为了解决一系列的信息管理问题，中和农信开始筹划自主研发信息管理系统。

这个系统从 2009 年 6 月份开始做，2010 年的 10 月份上线，实现了数据的集中。目前所有的业务数据都在一个数据库中，总部可以随时了解每一位信贷员的业务开展情况。信贷员也只需要通过浏览器就可以操作系统，进行业务数据录入，以月为单位的信息传递变成了以天为单位。该系统也就是大家目前正在使用的信贷追踪系统。2011 年 1 月 1 日，这套系统正式在所有的分支机构运营。现在所有的信贷员都有电脑，所有业务都是在电脑上操作的。基本上实现了实时的信息传递。

中和农信飞速发展的同时，一直坚持通过自动化来提升效率、利用信息化来辅助标准化管理、业务流程优化和信息化相结合等理念，将信息化、自动化落实在工作的每一个环节。最初的手工账，到目前已经全部电子化，所有业务数据由信贷员当天直接录入，之前需要手工合并的统计报表，现在只需要点几下鼠标就可以产生。已经逐步取消了专职信息员，提升了人员使用效率。以前收款日之前都要写半宿的票据，随着机打票据的上线，这都已经成为过去，大量释放了信贷员的工作力量。实现了从信贷系统直接生成会计凭证到财务系统，将会计人员从手工做账转为核账，提高了整个财务处理的工作效率。总部各个部门也都随时可以查看单个分支或者全部机构的业务情况，不再需要分支机构报送数据，降低了沟通成本，提升了整体的信息处理效率。

接下来，中和农信进一步通过信息系统来提升整体工作效率。如将征信记录直接导入到系统中，并自动进行风险评级。公司计划上线智能手机终端，实现数据的实时录入，届时不再需要手填一份申请表再回去录入。目前大家采用数码相机拍照、上传电脑、压缩、上传系统的方式也将被手机拍照自动上传所取代。

经过十多年的发展，中和农信总结了一套自己的标准化管理流程，之前为了确保流程的执行，只能通过现场检查和事后的内部审计的方式。现在将确定的业务规则全部放到系统之中，通过系统来进行第一轮的筛选，如果存在不合规的情况，系统会马上进行提示。对于很多的管理标准，由于之前无法实行管理重现，也就无法对标准的执行进行评价。目前正在实施的电话调查流程和呼叫中心相结合，就很好地将这一非常关键的管理流程“重现”。通过统一的话术加上将双方的通话全程录音，来保证了该流程的标准化执行。制度加信息系统的模式降低了管理成本，促进了流程的标准化。标准化还体现在一些小的细节方面，比如以前给客户的票据是手写的，每个人的笔体都不一致，采取机打票据之后，所有的票据都是一样的，而且所有的机构都是相同的。

流程优化方面，为了提高客户的知情权，在客户获得贷款和偿还贷款之后，系统会自动给客户发出短信通知。这一改进提高了机构的形象，拉近了机构和客户的距离。同时也一定程度上防止出现信贷员挪用客户还款和垫款的情况。目前，中和农信已经在什邡、绵竹、福安、霞浦四家分支机构开展了银联代扣业务。通过银联的第三方支付接口来将客户银行卡中的钱直接划到公司的账号上，降低现金风险和人员风险的同时，也方便了客户还款。未来中和农信还将通过智能手机进一步优化公司的流程，智能手机系统上线之后，将实现信息和业务的完全融合，由目前的事后录入改为实时信息采集，这将使流程管理系统化成为可能。

专业化的中和农信高管团队

中和农信目前的高管团队有 5 人，包括总经理刘冬文、副总经理苏配柚、李真、品牌总监王静艳和风险管理总监宋芳晖。这些高管都有着高学历和专业化的背景，其中四个是硕士研究生。副总经理苏配柚，是社会学硕士，他以前是做房地产的，但对小额信贷感兴趣，所以自己主动过来了。他是最早（2005 年）加入这个团队的，在贵州驻点了一年多的时间，然后才回到北京总部工作。分管财务的副总经理李真虽然是本科学历，但她是注册会计师，以前在国有银行和会计事务所工作过。品牌总监王静艳系同济大学研究生毕业，专业学营销管理，具有丰富的品牌建设和营销经验。风险管理总监宋芳晖是“海归”，在美国待了十年，学金融的，在摩根大通银行做了多年的风险主管，她回国就是为了做小额信贷的。这个高管团队的配置，明显地符合中和农信向专业化的发展思路。

刘冬文说：“苏配柚是学社会学的，我是学食品加工的，都是农大毕业。

当时我们基本上都属于理想青年，对小额信贷感兴趣，想做这个事。到后来我们以引进人才的方式去引进管理人员的时候，肯定要考虑他的专业特长，要考虑人员之间的互补性。因为到了这个时候，光靠有激情、热情，而没有专业知识是不行的。当然，这也是与整个公司的发展同步的，基本上是根据阶段性的需求来配置人才的。2008 年以前，我们只是在做扶贫项目，基本上只要有理想的都可以干活，因为那时候规模不大。但是到 2008 年之后，要严格财务管理、品牌建设和风险控制，如果机构不专业化，肯定是应付不过来。”

区域办公室：在行动中执行

在矩阵式管理中，纵向是业务部门，即区域办公室和分支机构。项目区被划分为东北、华北、西南和华南四个区域。刘冬文介绍说，区域办公室就是总部的一个派出机构，主要是为了缩短管理半径。过去所有分支机构都是由总部直接管理，但是现在随着规模的扩大，分支机构越来越多了，总部根本就管不过来，而区域办公室可以就近监督和指导分支机构开展业务。

分工上，总部其他的部门主要是制定政策和技术支持。区域办公室则督促分支机构执行。具体来说，如果分支机构出了问题，就需要区域办公室去去解决。如果要开新点，他们要去跟踪业务指导，手把手去教、去支持。区域办公室相当于区域运营中心，要完成开新点、招人培训等任务。比如说招人的时候，区域办公室在总部人力资源的指导下，按照总部的规则来招人。再比如要新开点、要放款，那信贷部就有政策。职能部门只是出政策，没有执行的能力，而区域办公室则没有制定政策的职能，只能负责执行。

区域办公室还是中和农信“行商”概念的最好实践者，它们几乎都是在行走中完成工作的，比如华北区域就没有固定的办公室，东北区域在沈阳有一间办公室，但是基本上也不怎么驻，工作人员整天往下面跑。刘冬文形象地形容，如果区域办公室也是每天都坐办公室，那就没有必要这个层级了，这个层级需要到实地去看，相当于总部的眼睛，相当于总部的手和脚。

区域办公室在人员配置上，基本上都是四五个人，一个区域经理，下面一个信贷主管、一个人事主管和一个财务主管。一个办公室一般管理 20 个县左右，大概平均一个人管到四到五个县。区域办公室的经理以及下属，有的是从分支机构提上来的，也有的是在公开社会招聘后在总部培养的。

下一站：从“双十”迈向“双百”

一、“双百”的愿景

2011年，中和农信有效贷款客户首次突破10万户，年度放款额超过10亿元。中和农信已经成为中国最大的公益性小贷机构。“双十”的成绩，标志着中和农信走向了一个新的阶段，“双十”无疑是一个里程碑，同时是一个新起点。正是在“双十”的基础上，中和农信提出了一个全新的蓝图规划：在不久的将来，实现“双百”的战略：有效客户突破100万户，年度放款金额突破100亿元。这对于中和农信全体人员来说，无疑是一个令人振奋的消息。只有这个更高的目标达成了，才能有更多的能力来实现中和农信的“服务于农”的理念。

在走向“山水间的百姓银行”这个最终使命召唤之下，中和农信从“双十”到“双百”，正像一个个清晰的脚印，稳健地迈着大步向前进。短短十来年的实践，让中和农信（含其前身与世行合作的项目、中国扶贫基金会小额信贷部）以令人难以置信的坚韧生存了下来，并且飞跃发展。

度过了筚路蓝缕的艰难开拓阶段，取得了令人瞩目的骄人成绩，中和农信人一直满怀着服务于农的情怀，以理想主义的热忱奋战在广阔的农村天地。从“双十”到“双百”再到“山水间的百姓银行”，每一个目标都既不好高骛远，也不盲目乐观，而是脚踏实地的同时又仰望星空，保证在事业发展壮大之中，不会因为成绩而迷失自己我，不会因为不足而丧失斗志，灵活地因地制宜、因时而异、与时俱进，使公司稳健地向一个专业的公益性的金融公司前进。

二、资金与合法身份的双瓶颈

尽管在这些目标前，中和农信人都充满信心，但谁都清晰地意识到，机构的发展也面临着很多的问题，时刻铭记着机会与挑战的并存，意识到机遇与危机的共在。对于这一点，上到总部的决策者下到分支机构的主任与信贷员，都清醒地认识到，对于中和农信来说，现在最大的问题，就是政策的天顶（合法身份的问题）与资金的瓶颈（资金需求）一直在限制中和农信进一步的发展。

据中国扶贫基金会副会长王行最介绍，现在中和农信主要有三个资金来源。第一个来源是自身募集的资金。募集资金分为两类，一种是赠款，企业的定向捐赠，用于小额信贷，比如耐克、壳牌、加多宝集团等企业，这些钱都直接捐款并指定用于小额信贷。另一种是企业提供长期无息贷款，比如香港的嘉道理基金会给了 1,000 万元的 8 年期无息贷款，达能集团也提供了 2,000 万元的 20 年期的无息贷款。第二个来源是地方政府的配套资金。目前这 53 个县绝大多数都是有配套资金的。第三个来源是商业银行的贷款，这是批发贷款。现在提供资金支持的银行主要包括中国农业银行和国家开发银行，还有北京银行、渣打银行等。但从银行融资就需要支付贷款利息，这也加大了中和农信的资金成本。

如果以双百的目标来看，还需要更为巨大的资金来源。为此，中和农信也试图从以下七点拓宽资金的来源渠道：

1. 同片区规划及国家、省扶贫开发工作重点县结合，取得扶贫资金支持，扩大每县配套资金规模；

2. 争取国家财政资金支持；

3. 争取对口帮扶资金支持；

4. 扩大现有合作关系银行（农业银行、国家开发银行、渣打银行、北京银行）的借款规模，拓展新的合作银行；

5. 利用扶贫基金会的平台继续募集捐款；

6. 探索新的融资方式和渠道，如长期债券、信托等；

7. 成立山水间的百姓银行，吸收存款。

我们可以很清楚地看到，这些渠道也嵌入到了中和农信的每一个发展目标之中。

在政策方面，中和农信的发展历程本身就是一个不断争取政策最大空间的映照，充分发挥了中和农信人的智慧。在 2005 年地方政府干预扶贫基金会小额信贷项目的时候，就利用了国家新修改的《基金会管理办法》，出台了的新的《基金会管理条例》，允许基金会设立分支机构，在下面可以注册办事处或注册民办非企业单位。由于有这样的政策，也有过往的教训，基金会就利用这个政策及时进行了管理体制改革。2005 年 8 月份开始，扶贫基金会将所有的这些当时搞小额信贷的县的县里、省里的领导全部召集到一块开会，推动管理体制的改革，重新全部的注册，注册了农户自立服务社或者是服务中心，法人代表全部是扶贫基金会的人。这个随政策改变而调整的举措，可以说成为当时小额信贷项目的转折点。因此回头试想，如果没有这个政策的出台，当时的地方政府插手或双重管理会限制和干扰小额信贷发展多久，后果有多严重。

还有就是税收的问题。中国扶贫基金会会长段应碧表示，对于中国扶贫基金会的小额信贷业务来说，税收问题是仅次于资金的第二大问题，“小额信贷机构开展业务要上税，但我们不赚钱，成本还很高，后来给税务部门打报告汇报情况，建议我们这类开展公益性小额信贷业务的应该获得税务部门的税收优惠支持”。

2010 年，财政部下发《关于中国扶贫基金会小额信贷试点项目税收政策的通知》文件，同意中和农信和中国扶贫基金会举办的农户自立服务社（中心）从事农户小额贷款取得的利息收入，享受营业税和所得税优惠政策。

当然，在面对政策瓶颈的时候，不能守株待兔，必须发挥主观能动性。现在中和农信的改革并没有完全到位，由于国家政策的限制，现在注册的是项目管理公司，而不是小额贷款公司，小额信贷公司不能跨区域运行，也就是说不能跨县域运行，只能在一个县注册一个公司。于是中国扶贫基金会就在政策上打了一点擦边球，以项目管理公司形式在工商局注册，在全国运行，做小额信贷的业务，但不直接叫小贷公司，相当于采取“曲线救国”的方式。然后慢慢地也在采取分省注册的办法，逐步地突破政策的限制。这种有条件就抓紧突破，没有条件努力创造条件的韧性与智慧，可以说是中和农信的生存秘笈之一。

段应碧：坚持扶贫方向，合法身份总会解决

中和农信的合法身份也在逐步解决。2010 年中和农信获得了国务院的免税批文。这个文件是由财政部、国家税务总局和银监会联合上报国务院批准，最后由财政部和税务总局联合发文的，文件中明确“中和农信项目管理有限公司和中国扶贫基金会举办的农户自立服务社（中心）从事农户小额信贷取得的利息收入”，这相当于认可了中和农信的贷款业务和利息收入是合法的。这些都和中国扶贫基金会会长段应碧对小额信贷的理解和支持分不开。

段应碧会长长期关注中国的三农问题，对服务农村金融问题一直都很关注。他发现，自从银行商业化以后农村金融问题就越来越严重。以前的思路更多的是：一个是对政府的金融机构提出要求，要求他们向农村倾斜；另一方面就是更多地争取贴息贷款、扶贫贷款。因为在国有银行商业化以前主要是多争取一些专项贷款，商业化以后就没法争取专项贷款了。所以一个是多争取贴息贷款，一个就是争取从政策上给他们更多的倾斜，但效果都不是太理想。怎么解决农村金融问题，特别是农村贷款难的问题，一直就没有好的办法。

虽然早在 1994 年，段会长就专门对孟加拉的小额信贷做过了解，还深入到农村基层实地考察。但他当时感觉这个办法在中国具体怎么搞，是没有底的。因为当时很多的小额信贷都是照搬尤努斯模式来办理，它们是属于办银行，是搞储蓄的，而在我国要增加一些银行来直接吸收储蓄，这个是很不容易的，也很不让人放心。所以他在职的时候，从来没有推广过这个东西，因为他很谨慎，知道这个东西不是那么简单。以前就搞过农村合作基金会，变相吸储带来的问题就很严重，最后国家处理这个问题的时候花了很多钱。

段老退休下来以后，到了中国扶贫基金会做会长，才知道基金会也在做小额信贷。后来他又对基金会的小额信贷做了调研、做了了解，才发现这个模式做得不错，在中国是可以搞的，不搞银行，就是不吸收存款也可以搞小额信贷，因此，也就全身心投入到其中了。正因为段老的努力，使得中国扶贫基金会的小额信贷在国家政策层面有了很大的突破。

段老坦诚地说道："我过去就想过，是不是可以从银行批发贷款来做这个事情，但是从来不敢提出这个问题，因为没有实践。从银行里批发贷款出来万一收不回来，对银行也不利，所以我也一直不敢提。看了基金会的小额信贷以后我就放心了，因为基金会确实已经探索出了一个办法。我 2006 年 4 月到福建去考察了两个点，感到基金会的小额信贷有完整的操作规程，能够做到既坚持扶贫的宗旨、真正解决贫困农民贷款的问题，又不会出现什么大的风险，所以考察回来以后我就考虑这个事情。"

于是，他就找到当时的国家开发银行副行长刘克崮。因为段老知道，刘克崮的思想比较解放，一定会大力支持。但是具体的过程也是很难，经历了八个月的漫长沟通之后，最后终于谈成了，开始就给了一个亿，从此以后他们就开辟出一条路来了。借鉴尤努斯小额信贷的基本模式，结合我国农村的实际情况，创造出一套规范的流程，同时通过从银行批发资金的方式来搞小额信贷。

资金的来源解决之后，又开始面临身份的问题。通过种种努力，扶贫基金会的小额信贷终于拿到财政部、国税局的免税批文的政策。对于这些政策的获得，段老很诚恳且自谦地说："我们争取到这么宽的政策不是靠某个人、靠某个关系，是因为我们做得好。如果做得不好我也不敢跟他们说这个事儿，说了也没用，再好的关系也不行。"

在身份问题上，小额信贷目前仍然有些尴尬，段老认为："小额信贷是一个很特殊的东西，它是做金融工作，又不能完全按现行的金融制度来做，如果完全按照现行的制度来套着做，就做不成。如果它要做的成那早就做了，就不需要我们做了。"段老说，现在的金融制度是根据现代工商与社会发展起来的一套，不适合我们农村，比如说担保、抵押这一套，农户承受不起，他找谁来担保，所以就没有办法。许多制度需要突破，要创新，是要探索出一条路子。如果按现行的金融制度来做，解决不了这个问题，要解决这个问题你就要突破一些东西。但怎么突破呢，那就是要作出样子来，然后让他们看看，让大家能够理解。

做金融就必须经过银监会批准。银监会根据两个方面来批：一个是成立村镇银行，一个是成立小额贷款公司。段老说："村镇银行我们就不想这个事儿，因为我们目前不想搞储蓄和存款，因此我们得走另外一条路。小额贷款公司的模式它也有两条规定：第一条它只能在县里注册；第二条它要股份化，有几个股东，每家的股份不能超过一个比例。这两条对于扶贫基金会来说都做不到。第一，如果我在每个县里头都成立小额贷款公司，那肯定要出乱子。第二，如果每个县成立一个公司搞股份制的话，就要吸收社会资本参加进来。社会资金进来当股东，它就要赚钱。而扶贫基金会的小额信贷是公益性的，不以盈利为目的。只有这样我才能够保证小额信贷的宗旨不偏离目标。所以我们既不能建立村镇银行，也不能按照现在这种方式去建立小额贷款公司。"

但国家开发银行通过调研发现，中国扶贫基金会的这个小额信贷项目是好的，它真正把贷款给了穷人，而且绝大部分都收得回来，也没有什么风险，他们理解了、支持了。而这一点，也已经逐渐被证实了，政策上的外围情况日渐好转，像辽宁、河北、四川，包括银监会、各省金融办、地方政府，都觉得这件事情是件好事，解决了他们多年想要解决的事情。

也是基于这样一个了解之后，有关部门才能批准对中和农信的免税政策。段老介绍说，因为有规定说金融机构发放五万以下的农户贷款可以免税。而扶贫基金会却不是金融机构，因此无法享受这个政策。于是，扶贫基金会就在段老的领导下，向财政部、国家税务总局汇报，这两个部门派人去考察。管理部门的人看了以后说这个更应该支持，所以他们就给单独发文了，说扶贫基金会的小额信贷业务也可免税。后来财政部也是看重这一点，给了中国扶贫基金会两个亿的专项拨款。

段老语重心长地表达了他心中的坚定理念："我这里就坚持一条，就是必须坚持一些宗旨，我就是给贫困农户提供服务，绝不偏离这个方向。我们就是一个公益组织，我们不是为了赚钱，所以不能以盈利为目的。我们要保证：第一条，坚持服务贫困农民的宗旨；第二条，我们要有自己的一套完整的、严格的操作规程，保证资金放得出去、收得回来。我们只要有这两条就可以立于不败之地，即使和现行的具体制度有矛盾、不符合，也都没有关系。而且，他们了解之后都会变通，都会形成政策，中央也会认可这个东西，我相信这一点。"

小额信贷救灾模式和客户保险

在信贷产品的提供上，针对“5.12”汶川地震，中和农信还设立了救灾信贷产品，分别在德阳市的绵竹、什邡和旌阳区设立了三家分公司。面向灾区的农户或城镇居民，提供最高额度为五万元，贷款期限一年到三年的安居贷款或创业贷款。灾民无需提供抵押，无需公职人员担保。主要用于灾民恢复生产、改善生活。截至2010年12月底，共发放2767笔贷款，有效客户数2120人，是灾区重建工作的重要补充。同时在配套产品创新方面，为了降低信贷风险，从2009年起，中和农信和中国人保合作，为客户引入商业保险。所有贷款客户都获得中和农信赠送的“定期寿险”，如在贷款期间，贷款客户意外死亡或全残，中和农信将免除客户的全部剩余债务，改由保险公司支付，以减轻客户及其家庭的还贷压力。

试水个贷产品

从中和农信公司的角度来说，他们现在是能做小组贷款的地区就先做小组贷款，当小组贷款达到一定规模之后，当他们要扩大市场的时候，再来做个贷业务。因为个贷扶持的客户要更高端一些。那么对于有些地方，经济可能已经比较好了，小组贷款可能已经没有市场了，那他们就可以直接做个人贷款。

中和农信公司最早是从2007年开始尝试个人贷款的。当然这个时候做个贷没有太多的技术含量，最主要是在左权和新宾。在技术方面，他们也做了很多探索，设计了一些表格、制度、政策，但应该说技术含量总体不高。

2008年之后，中和农信开始做真正的个人信用贷款业务。这套技术的开发应该说还是取得了很不错的成绩，现在个贷的贷款余额已经将近30%，而且风险控制得较好，尽管公司目前的拖欠绝大部分发生在个贷项目区，但依然是贷款质量很高，依然是风险可控。中和农信的个贷技术在过去几年的时间里逐渐形成了他们自己的一些特点和风格，同时他们也拥有了一批自己的个贷技术专家和个贷工作人员，尤其是信贷员。中和农信的总经理刘冬文说：“实事求是地讲，我依然对个贷技术不是很放心，这不是对人不放心，而是因为我们实践的时间还不够长。我一直认为，个贷技术没有足够长的时间和足够大的范围来实践的话，很难说我们的个贷就做得完美了。另外，我们对我们做的这个个贷产品和国内做得比较好的部分机构很银行做过一些对比，人家在个贷方面的一些理念也好，一些技术的把控也好，风险的控制也好，包括对个贷的收益也好，做得还是要比我们强一些。”

刘冬文及其团队不是没有危机感，个贷技术代表着中和农信的未来，谁也不知道未来三年、五年之后中国的经济发生什么样的变化，目前所在的项目区会发生什么样的变化。现在中和农信有些做小组贷款的项目区已经开始转型，比如尚义，市场空间有限，所以不得不做个贷，现在基本已经完成了从小组到个贷的转变。当然他们也承认，这个转变不是从技术上有多么成熟的转变，但至少是从业务上来讲，它已经完成了从小组向个贷的转变；霞浦也在做转型，因为随着霞浦县的经济发展，做小组贷款还是有一些局限的。

所以，从市场的角度来说，他们意识到，做小组贷款绝对不是长久之计，个人贷款才是他们真正的未来。刘冬文对未来如此期待："我希望在未来的一年时间里，我们能够开发出一套适合我们项目区，同时又能往市场化、商业化方向运作的个贷技术。这样我们在时机成熟的时候，就可以再继续扩大和推广我们的个贷业务。"

终其一生，都是为自己塑像

中和农信最终的目标是要成为一个全国性的百姓银行。中和农信将在中国这片广袤的土地上做最终的坚守者，中和农信已经坚守了17年，并将继续坚守。何道峰和中国扶贫基金会在这场小额信贷的马拉松长跑中，已经到了最后冲刺的阶段。在一次全员会议上，何道峰动情地说："一路上有你同行，因为我们相约在一个伟大的时代。在这个伟大的时代，我们要创造历史，为自己塑像。我们终其一生，都是为自己塑像。我曾经问刘冬文，如果你想做小额信贷，那就给自己塑个像，在中国的小额信贷史上，有个年轻人叫刘冬文，他锲而不舍地领导一个团队把事情做成这个样子，这就是给自己塑了一个像。如果你想明白了，我们就照这个路走下去。如果你没有想明白，我们就再找一个这样的人走下去。这是我和刘冬文几年前的对话。他说他想明白了，要塑这个像。所以我们一路风雨同行"。

在会上，何道峰做了一首诗，送给所有为小额信贷奋斗过的人。

感谢有你同行

感恩我们相聚在一个伟大的时代
历史创造了我们，我们也在创造历史，为自己塑像
我们怀揣同一个梦想
去创造一个新鲜的太阳
无论前路有多少风风雨雨

我们都不会停止前进的探索，绝不彷徨
感谢一路上有你同行
即使你逃跑或掉队
我们仍记住那一段有你的时光
中和农信——梦转折的地方
我们真的希望一路上与您同行
去放飞我们共同的梦想

第三章　阳光下的百姓故事

第一节　福建福安：让少量的钱发挥大作用

机缘巧合，促成试点

福安，位于福建省的东北部，1989 年 11 月 13 日福安撤县建市，直属福建省，由宁德市代管，为省级贫困地区。据其政府网 2010 年的数据显示，福安全市土地总面积 1,880 平方公里，农业用地 228.34 万亩。其中：耕地 33.18 万亩、园地 23.48 万亩、林地 155.95 万亩、其他农用地 15.71 万亩，人均耕地 0.74 亩。农业人口 44.9 万人，占总人口的 73.5%。粮播面积 42.9 万亩，粮食总产量 13.95 万吨。2008 年全市农业总产值 31.3 亿元，茶叶、葡萄、畜牧、水产四大农业产业产值 21.7 亿元，享有“南国葡萄之乡”、“水蜜桃之乡”、“芙蓉李之乡”的美誉。农民人均纯收入 5,775 元。

2001 年，国务院扶贫办下发文件（国开办函［2001］25 号）：根据国务院《中国农村扶贫开发纲要（2001—2010 年）》第二十七条的精神，同意中国扶贫基金会作为小额信贷扶贫试点单位。2001 年年底，福安市作为全国 10 个试点县（市）之一，利用省扶贫办筹措的 500 万元启动资金，在福安市民政局全资注册成立了首家“农户自立能力建设支持性服务社”，成为福建省第一个小额信贷服务社，业务挂靠在福安市扶贫办。

为何选择福安作为福建首家试点县？时任福建省扶贫系统负责人的林月婵清晰地记得当时的种种细节。因为福安当时在扶贫工作上出现了一个问题，把福建省扶贫办给他们的贴息扶贫款抽调去搞其他的了，没有收回来，这也就等于福安当地政府欠了省扶贫办 200 多万元。而当时试点的启动资本需要 500 万元，于是省扶贫办就决定再拿出 300 万元，另外要求福安把欠下的 200 万元钱拿出来，一起凑合 500 万元启动这个项目。福安当时的扶贫办主任是新上任的，也比较有积极性。基于这两个原因，就把试点放在了福安了。

当时，农户自立服务社的模式，基本上就是按照GB模式开始的，组建农户互助组织，由4—7名符合条件的农户组成互助小组，福安就结合当地实际，扶助项目基本以茶叶种植、家禽饲养、食用菌、捕捞和滩涂养殖等涉农产业为主。采取“小额信贷、整贷零还、五户联保、小组互助、技术服务”的运作模式，开展小额信贷扶贫，把资金直接投放到贫困农户的手中。除了登门放款收款外，服务社还要对贷款扶助项目进行选择、跟踪和综合管理。采用了市场化的方法使有限的扶贫资金发挥最大的效应。探索出一条在市场经济体制下，为贫困人口提供有效信贷服务的同时，实现信贷机构自身可持续发展的新路子。

用林月婵的话说，“目的只有一个，就是让少量的钱发挥最大的作用，帮助贫困户从小项目做起，早日脱贫自立。同时，制定三大目标：把钱借给穷人；提高贫困户自立能力；实现运作机构的可持续发展。采取‘有偿使用’、‘整贷零还’、培训等形式，帮扶农户开发微型项目。实现由‘输血’帮扶向‘造血’开发的理念转变，开辟农村扶贫开发工作的新途径，成为名副其实的‘山水间的百姓银行’”。

2005年，农户自立能力建设支持性服务社改制后更名为农户自立服务社。日前从福安农户自立服务社了解到，“小额信贷扶贫项目”自2002年年初启动实施以来，到2011年12月底止，先后在18个乡镇205个行政村376个自然村的项目区，为48,637户贫困户、22.8万人累计发放项目资金达2.147亿元。2011年1—12月份，该自立服务社全面加大了对贫困农户发展生产项目资金的投放力度，组织了4,291户贫困农户入社，发放小额信贷扶贫项目资金4,863.7万元，完成2011年度计划发放项目资金3,100万元的156.9%，提前超额完成了年度投放任务。

福安农户自立服务社成立这些年来，以小额信贷为载体，以技术培训和市场信息服务为手段，提高贫困农户自立和自我发展能力，取得较大成功，2006年，被中国银行业协会评为“微型创业最优秀机构”、被中国扶贫基金会授予小额信贷项目“特别贡献奖”、2011年获得福安市委市政府颁发的“2007—2010年扶贫开发工作先进集体”称号、2004年获得宁德市委市政府颁发的“农业和农村工作先进单位”称号；还多次获得中国扶贫基金会的各类奖项。

由“输血”到“造血”的扶贫

据福安市农户自立服务社主任郑书光介绍，小额信贷的目标是为真正的穷人提供资金支持，提高穷人的自立能力和自我发展能力，实现机构的可持续发展。“以微不足道的小额信贷，给贫困地区的穷人带来发展的机会和摆脱贫困的希望的一种新型的扶贫方式。”、“以商业化经营为基本特征，以小组联保自治中心为基本组织管理方式，为具有潜在还贷能力的穷人提供无抵押担保的、小额度的、整贷零还的贷款。”

具体在运作上，首先由福安农户自立服务社公开招聘乡镇信贷员，主要负责协调具体项目的实施，帮助社员选准微型项目，拓宽生产途径，增加经济收入，实现“一村一品”、“一村一业”。如上岸连家船民聚居的村落溪尾镇邳村，在信贷员的帮助下，现在成了养殖海蛎专业村。组建农户互助组织，按照自愿原则，由4—7名符合标准的农户组成互助小组，由5个以上小组成立一个中心，使其在生产上互相帮助，遇到困难一起克服，成为一个微型利益共同体，这不但保证了贷款的按时返还，也提高农民抗御各种风险的能力。其次，由入社的贫困户提出贷款申请，服务社组织审查，采取“小额信贷、整贷零还、五户联保、不需抵押”的形式，把资金直接投入到贫困农户的手中。根据贫困农户微型项目实施情况和还贷表现，评定一、二、三级农户，单笔贷款额度逐级提高，最高不超过12,000元。采取整放零还方式，还贷期限按照种养作物的生产周期，分为6、12月，从贷款发满90天后开始分期偿还贷款本金。由于每月都要还款，无形中培育了农民的诚信意识，每月都要去收贷款，加强了信贷员与贫困农民的联系，便于服务社随时了解社员的生产经营状况，及时帮助社员解决生产中遇到的问题，使贷款能够发挥最大的经济效益。第三，对社员进行培训。服务社以人为本，强调人的能力建设和人的可持续发展，通过开展技能、经营管理等培训，增强贫困农户的自信心和进取心，逐步养成社员的自立能力，使贫困户的经济、社会和心理素质得到全面提升。小额信贷，以扶真贫、真扶贫为灵魂，以联户担保、分期还款为灵魂，以自我管理，自我受益为根本！

服务社提供的服务不仅仅有金融服务，还包括非金融服务。其中金融服务是为客户提供额度在10,000元以下（五户联保）或50,000以下（个人贷款）的小额信贷支持；非金融服务是为客户提供能力建设方面的支持，包括开展有关法律常识、经营管理、生产技术和公共卫生等方面的培训活动以及提供信息服务等。

小额信贷项目的目标客户是项目区内那些不能从正规金融机构获得贷款支持并通过入社审查的贫困户。由贫困户提出贷款申请，服务社组织审查，如果情况不属实，不允许借贷，而且将来也不能得到贷款。贷款不需要提供任何实物担保，但每个小组成员签署小组担保协议，负连带责任。根据项目实施情况和还贷表现，评定一、二、三级客户，单笔贷款额度逐级提高，最高不超过12,000元。采取整放零收，期限分为6个月和12个月，年利率分别为10%和13.4%，从发放满90天后开始分期偿还贷款本金。按时还清上笔全部贷款且本小组成员也已经还完全部贷款时，可以在30天后申请下一笔贷款。

小额信贷扶贫以人为中心，强调人的能力建设和人的可持续发展，贫困农户缺乏机会来发展自身的潜在能力，小额信贷就是要给他们这个机会，在小额信贷中心、小组中，强调发挥中心、小组成员潜能。在项目区内选择若干个农村市场发育相对较好、适宜贫困户发展的微型项目，加以重点培育。机构的工作人员定期召集贫困的贷款农户开会，开展公共知识、实用技术、经营管理等培训，让他们掌握维护自身健康和权利的能力，改变传统观念，增强自信心和进取心，并学会实用技术，善于精打细算。有效引导他们选择项目、用好贷款，并全程跟踪提供支持性技术服务，使贷款能够发挥最大的经济效益，避免了拿到贷款不会使用以及贷款使用上的盲目性。

实践证明，福安小额信贷有效解决了农村贫困人口缺资金没技术，想致富没门路的现状。福安市农户自立服务社小额信贷项目，实现了扶贫由“输血”到“造血”的改变，为福安农村发展作出了重大贡献。

经济收入与社会地位的双丰收

随着经济的发展，农村的各项基础设施不断完善，今后造成农民贫困的主要原因将不是基础设施落后，而是由于缺乏生产资金、致富信心及技能。因此，小额信贷机构通过农户自立能力建设和扶贫项目的有效实施，为福建省农村扶贫攻坚工作开拓了一条新途径，它有利于调动贫困户积极性、培养农户的诚信意识、发挥他们的最大潜能。贫困户的生产水平低，长期贫困的原因主要是家底薄，没有资金发展生产。小额信贷机构能够使贫困农户广泛参与项目的实施管理，并在此过程中建立起自我发展能力，入社贫困户的收入达到温饱标准后，还可以再吸收其他尚未摆脱贫困的农户参加，这样就能始终帮助农村中最低收入农户发展生产、增加收入、脱贫致富。另外，农民开会学习的机会很少，有了小额信贷机构的中心会议制度，就可以以此为平台，组织农民学习党的政策，部署农业基础设施建设等活动。同时，农民之间的交往增多了，能起到激励、约束作用，安于现状的思想将有所改变，又可改善邻里关系，消除不团结因素，这无疑是对农村工作的有力推动。

“贷女不贷男”的小额信贷模式

在扶贫基金会小额信贷的扶持与帮助下，很多人不仅经济条件改善了，而且社会地位也得到了巨大的改变。作为小额信贷的主要的模式之一——贷女不贷男，其实在中国农村还发挥着解放妇女、提升妇女家庭与社会地位的重要意义。有很多案例，比如吴秀梅、叶细玉、王菊容、刘凤容、雷长莲。

吴秀梅，女，汉族人，初中文化，已婚，子女2人，是位勤劳肯干的农村妇女。她所在的茜洋村是一个以种植茶叶、葡萄等农作物为主的村。每年到年底茶叶和葡萄施肥要花一大笔钱，如果施肥不足直接影响第二年的收入。吴秀梅的丈夫吴昌进当时身为一村之长，想为村民增加收入，通过当地扶贫办的介绍，了解到福安市农户自立服务社是一家专门为农户提供生产资金和技术支持的机构，吴昌进亲自到服务社了解到小额信贷无需抵押和担保，并给农户技术支持。经过吴昌进和福安市农户自立服务社的努力，小额信贷在茜洋村顺利开展起来。

此外，茜洋村是接近福安万亩绿竹长廊的地方，每年有大批绿竹被当柴烧掉或者放在路边烂掉。吴秀梅看到这些心里想，如果能办个元宝纸加工厂来收购绿竹，不但能给群众增加收入，而且自己也能得到收入。于是，吴秀梅向服务社贷了2,000元，加上自己多年的积蓄，在溪柄镇开办了元宝纸加工厂，这样吴秀梅开始了她的创业。经过几年的努力，工厂生产的纸质量明显提高，产品得到客户的满意。吴秀梅后又陆续贷款四次，扩大规模、购置新设备。她计划明年产值达150万元，净收入50万元。希望自己生产的产品能进行再加工，办个元宝纸加工厂来获得更高的收入。在她和丈夫的带领下，更多村民也加入了小额信贷，走上了属于自己的发家致富之路。

对于叶细玉和王菊容来说，小额信贷让她们的生意越来越红火了。

叶细玉，1964年生，福安市溪柄镇甲厝人，全家共三口人，一个儿子，在松罗乡政府上班，夫妻二人在福安城关开日用品店。于2011年1月向服务社贷款三万元。虽然只参加小额贷款一年，但却解了她的燃眉之急。通过一年的资金支持，使叶细玉店里的货品品种增加了不少，收入也有了提高，现在她的生活日渐改善，店铺也越来越热闹。

一直以来，妇女总被认为是柔弱的，只会在家中相夫教子，然而叶细玉却并不是这样一个普普通通的农村妇女。长期以来，她与丈夫都在村子里务农，但是收入平平，一直到2008年7月，叶细玉有了走出村子到城关开店的想法，她跟丈夫商量了之后，得到了丈夫的全力支持，便拿出这几年存下的八万元积蓄在城关租下了店面，开始经营起她的日用品店，店里主要经营佛教用品。

当然，万事开头难，每个经营项目在初期总是会遇到不少困难，会有不少的波折。刚开始的几个月顾客寥寥无几，急坏了夫妇二人，但经过几个月的经营，顾客人数不断增加，有了第一批顾客就会迎来第二批的顾客，生意不断好转。叶细玉也终于如释重负，脸上漾开了笑容。

叶细玉在店里忙前忙后，虽然忙累，但是总见她笑容满面。生意好了，当然也就会想到要扩大规模，想要有更多的收入，转眼间2011年的年关近了，年关的几个月正是店里生意最旺的时节，一批批的货物都要提前入库，才能保证在年关之季的供货，收入才可以翻倍。然而年关将至，用钱的地方很多，而备货需要三万元，去哪弄钱呢？正在一筹莫展之际，偶然听朋友说起福安农户自立服务社的小额贷款，于是便打电话向信贷员询问了贷款程序，了解了所有的贷款程序和还款方式之后，她便在第一时间找好了担保人，2011年1月份向服务社申请了三万元的个人贷款。没几天，叶细玉的申请得到批复，拿到了三万元贷款，她开心地对信贷员说："这三万块解决了我的燃眉之急，别人要贷款都得到银行去排好几天的队，而我不出门就可以拿到三万元的贷款，只有你们没架子，还把贷款送到我们的手中，真正是为我们着想，为我们提供的服务是无微不至的。"2011年叶细玉赚了不少钱，在赛岐购置了一套房子，她总是能及时按月足额还款，新的一轮贷款也即将开始，她说这次要向服务社申请借款五万元，今年年关要进一大批货，再次扩大经营规模。

福建省福安市湾坞乡龙珠村王菊容，借贷的年头就久一些了，五年来，在中国扶贫基金会小额信贷资金的连续扶持下，累计获得贷款三次，总金额达17,000元。王菊容现经营一家小炒店，生意日渐红火。

王菊容小学毕业后，因家里经济困难没能继续升学。2000年，经人介绍嫁给了龙珠当地的一户人家。龙珠村在10多年前是一个小渔村，交通不便，进出村子全部都靠渔船或徒步，渔村人的生活十分艰苦。2001年王菊容的儿子出生，生活更加拮据。2003年，宁德大唐火电厂在龙珠动工建设，她的丈夫到火电厂里去做工，有了收入，生活开始慢慢好转。随着火电厂的启动，带动了一批建设项目在龙珠村落地，自此龙珠村有了巨大的变化，通了水泥路，来此打工的外地人也越来越多。2007年，王菊容想开一家小炒店为外地工人提供饮食生意，可开小炒店需要资金啊，而且现在的店面租金不便宜，租金再加上开店所需要的材料少说也要三万元，可王菊容手里根本就没有那么多的资金。正在王菊容不知道何去何从的时候，正赶上福安市农户自立服务社的小额信贷在村里开展，王菊容得知此消息后，就按照程序申办，拿到了第一笔贷款8,000元，再加上自己的一点积蓄，顺利地开了一家小炒店。

刚开始时，只有王菊容自己一个人打理店面，但后来生意一天比一天好起来，王菊容就请了她的姐姐一起来帮忙打理，现在小炒店平均每月都能有四千多元的纯利润，比在外面打工可强多了。王菊容说：“小额信贷每次都在我最有需要的时候帮我，真是感谢小额信贷，相信通过我自己的努力生活一定会越过越好的。”

刘凤容是典型的农村妇女，赛岐镇溪里村人，一家五口人，在村务农，种植葡萄和杨梅，丈夫除了农忙帮刘凤容务农外，其他时候在船上打工。溪里村离赛岐镇只有两三公里，村里的农户主要种植葡萄和养猪。2003 年，小额信贷项目在溪里村开展。那时一级社员才贷款 1,000 元，刘凤容和其他农户一起入社，她选择了养猪项目，刚开始的几年，猪价很好，刘凤容也赚了一些钱。她连续几年向服务社贷款，都用于养猪项目，到 2007 年，刘凤容有了 3 头母猪，十几头中猪，项目也初具规模。正在刘凤容对项目满怀信心时，“天有不测风云”，猪得了传染病，由于刘凤容没有进行防疫工作，十几头中猪染上病毒没有人卖。流行性病毒传染面积较大，市场上猪肉没有人买，猪价大跌。刘凤容的 3 头母猪每头 60 元都没有人买，几乎血本无归，刘凤容受到了沉重的打击。坚强的刘凤容没有被打倒，2007 年她仍向服务社借款一万元，用于种植杨梅。溪里村紧邻苏洋村，苏洋村的很多农户都种植杨梅，而且聘请了专家指导。刘凤容了解了苏洋村的亲戚种杨梅的具体情况，她毅然选择了种杨梅的项目。她用贷到的款，在自家的后门山种了 300 多棵杨梅树，她丈夫有点担忧，因为杨梅要四年才有收成，而且收成后的果实质量如何、销路如何，都是个未知数。可刘凤容信心十足，她说：“吃一堑，长一智，养猪项目的失败是血的教训，都是自己没有养猪的基本常识，没有进行防疫，才导致项目的失败。这次不一样了，苏洋村大规模种植杨梅，还有专家指导，我相信也能种好。”果然，功夫不负有心人，刘凤容专心管理杨梅，丈夫打工还款和供应孩子上学。2010 年，刘凤容的杨梅有了收成，虽然第一年收入不多，但是也达到了三万多元的纯收入。由于苏洋村的杨梅规模较大，有果商进来购杨梅，也有果贩运到外地，销量不用愁，自然刘凤容的杨梅也畅销了。2011 年，尝到甜头的刘凤容经常请教苏洋村杨梅收成好的农户，取长补短，悉心管理杨梅园。2011 年 5 月，刘凤容的杨梅园硕果累累，杨梅又大又甜，纯收入七万多元。刘凤容说：“这几年经历了苦辣酸甜，多亏了小额信贷项目对我的不离不弃，让我有今天的成果。今年，我有两个孩子上大学，一个上高中，现在不用愁学费和生活费，等熬过了这两三年，我就有积蓄了。”

切切实实提升了自立能力的福安市甘棠镇岭尾村雷长莲，对小额信贷的感触颇多。她一家 5 口人，在村务农，种植柑橘、柚子和茶叶。丈夫除了农忙帮雷长莲务农外，其他时候在外打杂工。到 2011 年，雷长莲共向服务社借款 4.3 万元，用于柑橘、柚子的种植和供孩子上学。目前，雷长莲的柑橘和柚子都有较好的收成。她还新建了一层砖混房，生活过得有滋有味。

岭尾村依山而坐，山清水秀。村里的农户主要种植茶叶和茶苗。茶苗每亩要7,000—10,000元的成本，雷长莲每年的茶叶才收入几千，丈夫每月打工收入1,500元左右，况且三个孩子上学，负担较重，没有积蓄，因此没有种茶苗。

2007年，中国扶贫基金会的小额信贷项目在岭尾村开展。雷长莲和其他农户申请贷款4,000元，大部分农户选择种植茶苗，可雷长莲和几位农户选择种植柑橘和柚子。虽然柑橘和柚子要两三年后才有收成，但是，它们的成本低，每株柑橘和柚子只需5元左右，而且每月还贷400多元，对于雷长莲来说，压力也没有那么大；如果种茶苗，自己没有积蓄，4,000元还不够种半亩茶苗。于是，她开始开垦荒地，买果苗。“功夫不负有心人”雷长莲的柑橘和柚子种植成功了。

2008年和2009年，雷长莲照样向服务社借款，因为柑橘和柚子除了自己管理的工钱不算，光施肥每年要6—7次，要3,000元左右的资金。贷款除了用于种植果树外，剩下的给孩子上学（孩子上中学寄宿，费用较大）。雷长莲农闲时到甘棠打工（到餐馆洗碗）挣钱还贷款。2010年，雷长莲悉心管理的柑橘和柚子有了收成，柑橘采摘了200担左右，收入2万元，柚子收入8,000元。2011年，她申请贷款12,000元，加上手头的积蓄，建了一幢新房子。

2011年12月17日，雷长莲已经搬入新房。雷长莲很感激福安农户自立服务社：“当初多亏了中国扶贫基金会的小额信贷项目，让我这个农村妇女有贷款的机会，他们不设门槛，整贷零还，让我有足够的信心种植果树，才有了今天这不小的收获。今年，我的两个孩子毕业，只有一个小孩上学，负担轻了，再加上今年的收入，明年再盖一层房子应该没有问题。”

不过由于福建地区特殊的实际情况，服务社在开展小额信贷的时候，并没有拘泥于“贷女不贷男”的基本方针，而是因地制宜，对男性也敞开大门。对于农村的男人们来说，有了小额信贷的帮助，他们也实现了自身社会地位的提升，典型的如雷石锦，就从一个“穷人”成了村支书。

2006年10月26日对于福安市康厝乡红坪村畲族农民雷石锦来说，是永生难忘的一天！这一天，他获得了2006中国银行业协会颁发的“微型创业奖”二等奖。这让雷石锦至今还不能平静，他指着装在信封中的6,000元奖金满怀激动地说：“我通过自己的辛勤劳动，甩掉了贫穷，还因此获了奖。我们全家能有这一天，离不开小额信贷的帮助，是福安农户自立服务社让我全家脱贫了！”在福安市，雷石锦等贫困户农民都说，农户自立服务社是咱们的“穷人银行”！

在农村，生产季节能不能贷到款，对贫穷的农民来说，直接关系到来年一家人的温饱，雷石锦对此深有体会。雷石锦曾经是一贫如洗的贫困户，但他有着强烈的致富欲望，辛勤耕耘着5亩茶园、4亩菜地和6亩水蜜桃地。在没有入社以前，由于贷不到款，借不到钱，买不起化肥和农药给农作物施肥除虫，辛苦一年，全家还是在贫困线上苦苦挣扎。2002年，服务社的小额贷款项目发展到红坪村，在了解了小额信贷的知识后，雷石锦拿着户口簿强烈要求申请入社。第一次，他申请贷款1,000元，虽然金额不大，但对雷石锦来说，这笔钱是全家温饱的希望所在。他全部用来买了化肥和农药，及时给茶叶、蔬菜和果树施肥除虫。当年，他就增收4,000元。在服务社的帮助下，到2005年底时他的各项收入合计达到2.5万元左右。事业发展了，雷石锦不忘回报社会，带领群众投工投劳改造了全村的饮水工程，修缮了村里的教室，让邻近几个村庄的小孩都能到红坪村就读。

后来村级换届选举，雷石锦光荣地当选了村支部书记，成了红坪村农民脱贫致富的带头人。在福安，像雷石锦这样在服务社帮助下，通过自身不懈努力、彻底告别贫困的例子不胜枚举。

福建省福安市溪柄镇东山村仙仁自然村的钟金灼，人生也由此发生了巨大的改变，成为养猪大户。有这样一群人，他们生活在偏远山区，为了改变贫苦生活而不懈努力着；有这样一群人，他们有干劲、肯拼搏却因缺乏资金而无法一展“拳脚”。溪柄镇东山村的钟金灼也正是如此，他常说“这小额贷款啊，虽然金额没有别的地方贷的金额多，但是却是我梦想的起点”。他这么说是有一定理由的。

他全家共五口人，三个孩子都在校上学。他参加小额贷款已有五年之久，累计获得贷款五次，贷款额度共计四万元。在这五年里，他兢兢业业，坚持着他的梦想，没有丝毫的松懈。五年的资金支持使得他受益良多，在养猪方面更有了进一步发展。目前钟金灼养猪一百多头，只要时机一到，出售了这些猪仔，他就又能赚一笔了。这几年里，钟金灼有了资金的支持，猪仔的产量就有了保证，收入也就有了保证。现在他的生活日渐改善，成了村里头数一数二的养猪大户。

回想起2007年，因为村中大部分人都在发展茶叶种植，所以大伙儿都缺钱，村民主任听说了服务社的小额贷款后，便向服务社提出了申请，贷款到村后最先组建小组的是钟金灼，他说：“这个钱可以分期还，那我就可以轻松些，先借点发展我的小茶园吧。”那是他第一次拿到贷款的钱，虽然当时只有2,000元，但对于他来也算是及时雨。那年茶园管理得当，收入不错，也使得他信心倍增。有了基础，当然也就有了实现梦想的想法，2008年1月份，他又向服务社申请了6,000元贷款，他说："这回我可以实现我多年的梦想了，以前看着人家养猪大家，收入是一大笔一大笔的进，而我没有资金也只能干瞪眼，能向亲戚借的都借了，可是还是差了一些，现在好了，有了这小额贷款的支持，我就可以慢慢开始，向我的梦想出发了。"是啊，虽然不多，但还是有开始的希望。拿到钱后不久，他便将猪仔运了回来，开始了他的养猪生涯。每月的还款他从来不落下，每次还款作为小组长的他总是及时通知同组成员，一分不落的还款。

接下来的2009年至2010年他又向服务社申请了各10,000元的贷款，都是用于扩大养猪规模。时间过得很快，转眼间到了第五轮的贷款，也就是2010年的12月份，此时的钟金灼已不同往日了，现在的他越来越有精神，笑容满面，心中的梦想实现了真的会使人变开朗。这次他贷了12,000元。在之后的还款中，他还是照旧负责好他的小组。还款时，他总会对信贷员说："这几年真的多亏了小额贷款，也是有了你们的帮忙，我才有了起点，对我来说这小钱就是有大作用的，没有它也就没有我的今天，小额贷款就是我最坚强的后盾。"

靠小额信贷养猪的还有狮子头村的陈国发。2005年3月，中国扶贫基金会的小额信贷项目在狮子头村发展，陈国发和同村农户加入服务社，并且贷到了第一笔款2,000元，发展葡萄种植项目。2006年他贷了3,000元，2007年贷了4,000元，由于勤劳苦干，种葡萄三年就收入50,000多元。2008年1月，他贷款10,000元，也用于种植葡萄，下半年的葡萄收获2,000多元。那年，猪的行情正走低谷，母猪一头才600元。于是，2008年11月，他投入60,000多元，建了一座猪栏，以每头600元的价钱买了6头母猪，开始了养猪项目。

目前，陈国发的猪圈有三座，母猪有30多头，大小存栏猪280头。现在，猪的行情很看好，去年每担猪卖到600—700元，今年，每担猪可以卖到800多元，而且价格还在上升。当然，他也面临过困难。2010年4月，猪的5号病发作，由于没有经验，没有采取必要的预防，小猪死亡70多头，损失不小。信贷员马上帮助陈国发联系经验丰富的养猪专业户进行指导，才使他的损失减少，陈国发由此也吸取了教训，同时也得到不少经验。2011年4月，5号病又发了，陈国发由于预防得当，没有一点损失。由于陈国发和妻子的精心经营，去年下半年，他在狮子头新村建了一幢三层砖混房。

还有一位是个贷的个体经营户吕惠。2010年吕惠祥看到福安市农户自立服务社的宣传，在向信贷员了解到小额信贷无需财产抵押、无须担保、支持从农村到福安城关创业的农户后，他在2010年12月29日申请了贷款，服务社的办事效率很高，他不花一分钱，在 2011 年 1 月 1 日得到小额贷款 30,000 元。

其所在的福安市金山南路附近只有他一家粮食店，由于店面小、资金少无法大量进货，没能力让一些中小饭店赊账（中小饭店都是一个月结账），导致很多饭店到市内其他粮店购买，所以经营状况并不理想。于是他想如果增加一定资金，既可以方便附近饭馆赊账，且可以囤积一定的货物防止价格突然上涨，以方便生意扩大和满足客户的需求。获得贷款后，他利用贷款的钱和自己的积蓄共计 40,000 元，在福安市金山南路附近增加了一个仓库囤积了一定的货物。经营上慢慢有了起色，有了资金的周转，店面的粮食品种多了，资金流动也快了，生意越来越好。他还联系了几家经营时间较久的饭店，成为他们的固定提供商，保证了每月的稳定收入。由于在进货销货渠道方面已经积累了经验，他想明年再贷款 50,000 元，并初步看好一个地点，在福安市八一市场边，在那儿开个分店。这些年来，吕惠祥以他的实际行动向大家证明，只要努力克服困难，勇敢挑战生活，就可以凭借努力创造美好幸福的生活。他乐观向上、乐于助人的精神也感染了很多客户，因为送货及时，得到大家的信任和喜爱，他的粮店被大伙亲切地称为“大驴（吕）粮店”。

闻者欢颜，见者开心，也许这就是小额信贷的魅力吧，点燃了希望，点燃了梦想，更让钟金灼们步入了梦想起航的地方。相信不久的将来，他们会越走越好，因为小额贷款是他们坚强的后盾。

第二节　福建霞浦：小额信贷的探索者

后来居上的霞浦

霞浦县是福建省宁德市辖县，据其政府网的介绍，系闽东最古老的县份，曾是闽东的政治、经济、文化中心，是中华人民共和国国务院批准的沿海经济开放县，是福建最早开放的对台贸易口岸，是“中国海带之乡”、“中国紫菜之乡”，素有“海滨邹鲁”之誉，省级贫困地区。陆地面积 1,489.6 平方公里，海域面积 29,592.6 平方公里。现有 12 个乡镇、2 个街道，全县总人口 53 万。2010 年第六次人口普查结果，霞浦人口为 461,176 人。2011 年霞浦县政府工作报告显示，农民人均纯收入达 8,193 元；城镇居民人均可支配收入 18,764 元，

霞浦山海资源丰富，海岸线绵延曲折。海域占全省海域面积的 21.76%；

海洋渔场28,897平方公里，浅海、滩涂696平方公里，分别占全省的30.17%和23.76%；捕捞、养殖、航运等海洋经济在闽东地区首屈一指。耕地27万亩，占陆地面积的12%；林业用地149万亩，森林覆盖率36%。霞浦是远近闻名的海洋大县，海水养殖和捕捞量名列闽东各县市之首，副热带海洋物种齐全，具有“八闽海鲜出霞浦”的美誉。全县海洋捕捞年产量12万吨，海水养殖年产量24.3万吨，主要由鱼类、虾蟹类、贝类、藻类构成。

霞浦农户自立服务社是中国扶贫基金会组织实施的农民自立能力建设（简称“SSCOP”）的7个项目县之一，2003年8月由中国扶贫基金会、省扶贫办和霞浦县政府共同合作启动。作为福建的第二试点，中间发生了一些很有意思的故事。小额信贷在福安搞了服务社之后，取得显著的成果，于是大家就有了新辟一个试点的想法。当时的霞浦地方政府以及当地扶贫办的积极性很高，这是最重要的前提。此外，霞浦还是福建省扶贫办负责人林月婵的老家，对此她也坦诚当时也有些私心，希望家乡更好一些，而且由于这种关系的存在，她在与当地政府的工作沟通上，能够有很多便利。但因为是自己的老家，她对他们要求更高、更严格，并且定下任务一定要成功，这样可以形成一个压力，推动当地政府持续支持这个项目。霞浦还有一个信贷员和林月婵同名同姓，而且还是同一个乡村的。后来这个信贷员想离职的时候，霞浦的服务社主任金鹏飞就和她说，你是我们项目的守护神，你可千万不能走。于是在大家的挽留下，这个小林月婵留了下来。这也从侧面反映出林月婵对于福建小额信贷发展的重要意义，她得到了广大基层工作人员的支持与爱戴。

据2003年至今一直担任霞浦农户自立服务社主任的金鹏飞介绍，小额信贷项目启动后，霞浦县及时制定社员年度培训计划，注重用好用活中国扶贫基金会提供的每年10万元的培训费。县社主动收集各类教材、影碟等，迅速建起SSCOP项目培训材料库，适时建立健全县社、项目乡镇、项目中心三级培训网络。县里成立技术培训顾问小组，十几个位小组成员常年为社员提供技术咨询、技术培训服务；乡镇则由项目指导员和联动中心聘请的“农博士”、“田秀才”组成培训网；每个中心也物色两至三名经济能手，作为中心培训的骨干。三级培训网络均有明确的培训内容和指标，定期组织社员学技术、通信息、谈市场、议项目。李树孝及其伙伴们，就是通过经常参加三级培训，提高了参与市场活动的能力。

按服务社主任金鹏飞的说法，在这近十年的时间里，霞浦农户自立服务社经历了三个阶段。第一是纯粹的联保阶段，这个阶段是2003—2006年。在经历了服务社的起步阶段后，经过两三年的发展，一些问题暴露出来，比如五户联保在操作上的一些不便，而且在贷款额度上，比较难以满足本地民众的实际需求。因此他们就尝试开始一些改革，向总部——中国扶贫基金会提出需要贷款额度的调整，需要设立不同的层级，慢需要逐步提高的过程。总部根据霞浦的实际情况，予以批准。后来中国扶贫基金会在全国各地推广这个层级的制度，其实就是从霞浦开始的。第二阶段就是产品改革阶段，从2006—2008年，在额度提升之后，借贷的客户还款压力也就相应地增大了，于是他们又尝试在五户联保的基础上，开展“整贷整还”和“整贷零还”相结合的贷款产品，客户可以结合自己的实际情况与需求选择，这在当时很受欢迎。他们也通过这些产品的改革，把整个服务社的绩效提升了很多，放款量大幅度增加。但客观地说，这个“整贷整还”的产品也有一个缺陷，因为把每个月原本分散的压力，都集中到最后一个月。特别遇到2008年的金融危机，给他们收款带来很大的压力。后来出于风险的考虑，他们就暂停了这个产品。这个“整贷整还”的产品，就是从霞浦开始、在霞浦结束的。第三个阶段就是个贷试点阶段，从2008年开始至今，取消“整贷整还”，进入重点发展个贷的尝试上。尽管“整贷整还”的压力大而被取消了，但霞浦的实际情况决定了客户资金的需求量大，这是客观现实，不能不考虑。所以相应地，他们开始以个贷业务作为主要努力方向。通过两三年的转型，霞浦成为全国各地服务社或信贷公司中个贷总量是最多的。

霞浦一开始的创业历程，其实和其他地方都大同小异。信贷员苏松灼以及前信贷员现督导杨本梨等第一批参与者，对此记忆犹新。他们回忆创业初期，一致认为十分艰苦，因为霞浦是山区，在2003年的时候，一些地方的道路都没有开通，外出只能靠双脚，有时不得不寄宿在农户家里，条件十分艰苦。而且当时属于创业期，工资待遇方面也很低，因为没有业务所以也只能勉强糊口，甚至还有家里人倒贴，但他们都是靠着信念坚持下来，坚信这是在做真正有益于农村、有利于贫困农民的事业，一定会成功的。

山区的农村为何一直陷入贫困，甚至是扶贫扶贫，越扶越贫恶性循环中呢？很显然，信息闭塞是阻碍贫困地区经济发展的重要原因之一。因此，农村自立服务社在放贷过程中，信贷员就成为游走在每个村镇、每户农户家的信息通报员，兜里不仅仅是小额信贷的宣传纸，还带着各种种植、养殖的光盘，让农民集中学习观看，义务地宣传中央的各种惠农政策，成为信息传递的关键一环。通过传递农村科技信息，培养农民灵活把握市场信息和及时应对市场变化的能力，使贫困农民首先从思想上脱贫。对于这一点，盐田乡的农民林伏生深有体会，他的三亩多土地，根据市场需求，两年来种了西瓜、台湾大肉姜以及甜玉米三个品种，效益十分可观，现在他已经成了村里的致富带头人。

经济与技术的双重帮扶

霞浦农户自立服务社在给予农民小额贷款的同时，还帮助农民选择致富的项目，并在生产中加强技术指导、进行相应的生产技能培训，内容涉及实用技术、经营管理、法律卫生等基础知识，并适时通过传递农科技信息等，培养农民灵活把握市场信息和及时应对市场变化的能力。推介成本低、效益高的微型项目，如大肉姜、甜玉米、蚕豆、黄栀等订单作物。为推介这些项目，服务社下了大工夫。先是召开乡镇指导员和中心主任项目推介会，邀请订单单位介绍三种作物生产的特点和效益。后又三次组织指导员、中心主任、小组长前往福鼎贯岭、宁德远腾实地观摩，深入了解三种作物种植、管理、销售等方面的特点，从而激发项目村的积极性，全县展开大肉姜、甜玉米、黄栀的种植。在这种经济与技术的双重帮扶下，很多农户成为农业领域的能手。

一、贫困户成为农业领域的能手

盐田畲族乡西胜村的雷云是霞浦最早的小额贷款客户之一，从2003就开始借贷了，当时贷款1,000元，2007年借贷数额已经达到10,000元。年收入已经有四五万元。贷款给他带来的影响，是真真切切地看在大家的眼里，如今，成片的葡萄（三亩）与茶叶（十几亩）、新盖的楼房，都在见证着小额信贷的巨大功效。原来他在住在一个破旧的木房子里，后来这个房子实在不能遮风挡雨了，就搬到现在新房对面的废弃的小学教学楼里。

当时他对于上门来宣传的信贷员所说的小额信贷，也是将信将疑，心想哪里有这么好的事儿啊？不过由于家庭条件实在艰难，想做任何事情都没有启动资金，于是就只能这么一年年撑下来。如今有这样好的机会，哪怕没有信贷员说的那么美好，也值得试一试。于是，他就开始了第一次贷款，借贷了1,000元，用来买葡萄的种苗。雷云对于福安农户自立服务社信贷员的服务模式很满意，如送钱上门、提供技术指导等。葡萄的种植属于农业生产技能，受自然气候的影响比较大，为了抵抗风险，服务社还帮助农户还买了保险，给农户吃了一颗定心丸。

经过这些年的借贷发展，现在的雷云不仅是五户联保的组长，而且还是这个村的所有小组的中心主任。这五户原来也都和雷云一样，而现在他们都住上了新房子。如今，小额信贷的客户随着经济的发展，也从最高的一百多户渐渐减少，因为大家种植葡萄之后都富裕起来了。虽然客户少了，但这本身也说明了小额信贷发挥的巨大作用。

2003 年 11 月项目在西胜老区基点村开展，三轮小额信贷累投放资金 206. 36 万元。至 2007 年，西胜村茶叶种植面积从原来的 120 亩发展到 350 亩，葡萄种植面积从原来的 100 亩发展到 400 亩。如今，西胜村的葡萄种植已发展近 600 亩，成了脱贫致富的支柱产业。2010 年全村人均纯收入达 5, 000 元以上。

还有牙城镇左岭老区基点村村民吴义兵，成为种蘑菇、养猪多面开花的致富能手。2006 年他从服务社贷款 2, 000 元，用于扩大种植蘑菇生产，当年扣除成本后，有近 5, 000 元的纯收入。松港街道岭头老区基点村村民钟阿益，从服务社贷款 3, 000 元，用于购买 10 头猪、500 多株柑橘肥料和农药，走上脱贫致富的道路，如今他实现了拥有一幢新砖瓦房的梦想。

茶叶方面的脱贫致富能手是水门畲族乡里洋老区基点村的刘家堂，家中 6 口人，前几年生活较贫困，两个孩子还在上学。他一心想搞些农副业改变贫困状况，但手头缺乏资金。通过服务社“三轮”的小额贷款，投入茶园改造，新增茶园 6 亩，开了一家农药、化肥代售店。现在，他茶叶收入每年 2, 000 多元，店铺增收 3, 000 多元。他高兴地说：“茶园成规模后收入增加，生活改善，又有了积蓄，今后就不用贷款了。是服务社助我一臂之力。”霞浦县已有 2, 000 多户农民像吴义兵、钟阿益、刘家堂一样，通过小额贷款摆脱了贫困。

盐田畲族乡农民林伏生种上了西瓜，他的 3 亩多土地，根据市场需求，种了西瓜、台湾大肉姜以及甜玉米三个品种，效益十分可观。现在他已经成了村里的致富带头人。此外，还有整个村庄随着种植某种作物而集体致富的，如柏洋乡黄土丘村楼下自然村，原是个偏僻小村，交通闭塞、信息不通，村民虽然勤劳肯干，但苦于没有致富的信息，只能守着传统而又经济效益低的农业生产方式过苦日子，是远近闻名的贫困村。2004 年底，服务社的工作人员根据有关部门的信息，扶持楼下村的 30 多贫困农户种上了 300 多亩黄栀。黄栀是一种市场前景十分看好的中药材，具有经济效益高的特点。村民林思材说：“种植黄栀成本低，而且采收方便，当年种植，当年结果，第三年收回成本。5 年后每亩收入 2, 000 多元，收益期达几百年，我种了 20 多亩黄栀，今后的生活可是有盼头了!”

2003 年至今，农户自立服务社共为农户无偿培训 4, 000 多场次，累计参训人数 86, 162 人次，帮助很多贫困户脱贫，而且使多个村的农户素质得以整体提升。这种作用是传统扶贫所不能实现的，而这正是扶贫基金会小额信贷的功效与意义。

二、个贷客户更具典型性

当然，作为全国个贷发展的先锋，霞浦个贷的客户更具有典型性。比如远近闻名的“虾苗阿宝”——卢吓宝，三沙镇小浩村的家庭小作坊、个体户卢吓宝也是一位小额信贷的老客户了。今年46岁的卢吓宝，在小皓经营虾苗生意有24年了。2001年创办小皓海产品加工厂，并注册了“小皓”商标，现在有小皓带柳、小皓虾苗等加工产品，每年生产虾苗1,000担左右，2010年生产虾苗已达1,200担。作为闽东地区唯一的一家虾苗、柳带的加工厂，他已经声名远扬了，“虾苗阿宝”是大家对他的昵称。他现有的瓶装和散装虾苗不仅销售到霞浦县各乡镇及邻近的福鼎、福安、柘荣，还有很多远销广东、上海、江西等地。

起初他也是以五户联保的形式借贷的，但随着自己的经营规模扩大，生意越做越好，对资金的需求量增大，就改成个贷。其他的四户也都因为资金需求，而改为了个贷。在海产品闲季，他还经营其他一些产业，比如去外地收购毛竹卖给本地的一些需求者等等。由于他的思路灵活与勤劳，卢吓宝获得2010年中国银行业协会微型创业乡村非农业类二等奖。

卢吓宝不仅在服务社获得小额信贷，在农村信用合作社也贷款了。但是他对这二种贷款的感受截然不同。首先，农信社是整贷整还，还款的时候压力很大，而服务社的小额信贷整贷零还，压力小了很多。每月还贷，对于他来说，也没有压力。而且农村信用合作社的借款周期长，手续很麻烦，自己还要往乡镇和县城跑了好几趟才能搞定；而服务社，却在一周内保证能够借款，信贷员还会直接送钱上门，这一点是任何一家金融机构所不能做到的，所以他觉得很方便，他希望将来还会一直和服务社保持借贷关系。

刘良斌则获得了2011微型创业奖城市服务类一等奖。刘良斌，男，汉族人，高中文化，已婚，子女1人，已加入小额信贷项目4年。在获得小额信贷前，即2009年1月用自己的12,000元开始创业，创办了一家小型的广告公司，只有一台电脑和一台打字机。因为资金短缺，一直无法做大。2009年6月8日在服务社贷款3万元后，刘良斌开始投入公司的硬件建设中，并积极扩大业务范围，使广告业务大幅增加。制作设计名片、宣传单、条幅、制度牌、钛金字、水晶字、服装印字、霓虹灯工程、电脑写真等。为扩大业务，又在店铺楼上租一间，在店铺后面租一间房专门放广告材料的仓库。很快业务量比原来翻了一番。2010年10月8日，他在服务社申请贷款3万元，用于购买雕刻机，业务扩大到现场雕刻窗花、LED夜景、户内外广告设计制作发布、路牌等。同时还承包酒店、政府企事业办公大楼广告业务。2010年10月他承包了霞浦海景大酒店，承包金 15 万元；2010 年 12 月承包了古田县松台大厦 LED 全彩显示屏广告工程 120 万元；现在刚承包古田县超市 LED 亮化工程 130 万元。2010 年时，利润已达 13 万元。

经营范围的扩大，为刘良斌带来每年数十万元的营业收入。现在刘良斌计划承接大型媒体广告业务，增加投入资金 20 万元，使业务扩大到闽东九个县市，成为在周边有影响力的广告传媒企业。因为他工作讲求诚信，服务态度好，业务多，每个月至少有 6 万元营业额，有 18,000 元的净利润收入，在服务社贷款 3 万元，每月还款 2,800 元，他都是按时足额还款，从不拖欠。为家乡修路捐款 1,200 元，每年为其他困难弱势群体捐赠 1,000 元。

由此可见，服务社提供的小额信贷，不仅仅扩大了他创业，更是让他从内心里变了个人，热心于社会公益，这就是从服务社开始的爱心传递。

三、信贷员业绩之星——陈惠

霞浦农户自立服务社实施的小额贷款项目的成功运行，引起社会的关注，先后有美国、法国的有关公司、协会和国内许多机构负责人前来考察。2006 年以来，霞浦县农户自立服务社多次被中国扶贫基金会授予“小额信贷扶贫先进集体”称号，金鹏飞、陈惠、苏松灼、孙清莹、林峰、陈玉琴等先后都获得“优秀个人”的表彰。其中陈惠更是成为全国信贷员中最引人瞩目的一员。

陈惠 2003 年入职，成为霞浦县农户自立服务中心信贷员，随后成为霞浦服务社乃至整个中和农信业绩之星的榜首。

陈惠自幼父母早亡，高考落榜后，在县中学担任代课老师，结识了妻子组成家庭，生活温馨却拮据。2003 年 8 月，陈惠偶然看到张贴在县政府的信贷员招聘启事，随后通过公开招聘成为霞浦县农户自立服务社的一名信贷员。每天走街串户，成了陈惠生活的一部分。鱼排是陈惠客户最集中的地点之一，也是陈惠最常去的地方。说起客户的情况，陈惠如数家珍。他每月要跑 3,000 公里，入职 8 年来，一共跑了 22 万公里，跑坏了五六辆摩托车。在服务社的指导下，他不懈努力、执着追求，很快由一个门外汉转变为业务通。他风雨无阻、披星戴月地走村串户，对自已分工包片的片区情况烂熟于心，截至笔者采访他时（2012 年 4 月），已累计发放农户贷款 900 多万元，在全国范围的信贷员中位列第一，多次受到领导的肯定和表扬，他平和、勤奋的工作态度也得到了农户的好评。

“只有过硬的业务水平，才能在工作中游刃有余”，这是陈惠在日常工作中经常说的一句话。成为信贷员以后，勤奋好学的他首先熟悉业务，陈惠深知知识是工作能力的基石，只有对信贷业务知识和国家有关方针政策及新时期科学技术知识驾轻就熟才能在日常的工作中发挥能力。陈惠一方面虚心向同事请教信贷业务操作技能，刻苦钻研信贷业务书籍，学习服务社的相关信贷业务的规章制度和有关法律法规，尽快熟悉了信贷业操作流程；另一方面利用业务时间学习有关政策文件，了解新时期国家“三农”政策，并主动到农业部门了解农作物种植生产情况，充实自己，为以后的工作打下了良好的基础。

陈惠信奉的人生格言是“勤能补拙，天道酬勤”。对于一个全新的领域和比较陌生的工作环境，陈惠坚信一分辛苦就有一分收获。因服务社小额信贷的操作模式是整贷零还的，要求他们每个中心每月收一次或两次贷款，并且搞一场培训，因为已发展了21个中心，工作量大，陈惠必须合理安排工作流程，同时要加班加点，才能完成工作。因此，陈惠在信贷工作中坚持做到“一早”、“三勤”。“一早”即起床早，及早到村到户开展预约催收工作。“三勤”，一是嘴勤，对不熟的情况多问，通过走访周围群众的意见，从侧面了解贷户的基本情况；二是腿勤，不管路途多远，多到实地调查了解，做到心中有数；三是手勤，对了解到的、看到的和掌握的情况及时记载，并建好台账，确保贷款户的家庭地址、联系电话、经济状况、经营情况等基础资料一目了然。农村大忙时节，不把握好上门时间，很容易吃闭门羹，不仅白白浪费了宝贵的时间，而且也影响了工作效率。陈惠坚持每天早晨6点起床，对新的一天工作合理规划，统筹安排工作时间。陈惠抓住早晨农户未外出劳作、中午12:00至下午2:00回家吃饭和晚上7:30后在家休息的三个“有利”时机，登门催收预约，取得了良好的效果。为了完成信贷业务，陈惠有时收款到后半夜才回家。不管刮风下雨，山路多难走，他都要坚持到贷款收完才回家。这些年以来，陈惠平均每天登门催收贷款都在50笔左右，收款项正常，农户还款率达到100%。收据、计算器、名单、记录本，这是农户自立服务社信贷员每次下乡必带的四件。服务社的信贷员本身就来自农村，陈惠们划片服务的也是相邻的几个村。虽说是邻近村，但山区的现实是，即便可鸡犬相闻，也往往要翻山越岭。在农村客运村村通公路没有实现前，有时只能靠脚力。因为偏远，很多农村至今仍是银行布点的盲区，因此很多时候自立服务社就像是农户身边的银行。

“为了更多贫困农民的幸福生活”，这是陈惠在面试中回答为什么要参加服务社工作时说过的话。服务社的对象是贫困农民、真正的穷人，是严重缺乏资金、信息、生产技术的弱势群体。参加服务社工作后，陈惠负责溪南、沙江两个镇的信贷工作。陈惠首先从解决贫困农民的生产意识和生产观念做起，到各村挨家挨户发放关于服务社性质的宣传单，并详细讲解如何进行信贷。同时入户调查，了解贫困户所需，与乡镇农技站联系，通过各村建立的科技互助会，举办各类农村生产技术培训班，提高农民生产科学技术水平。许多农户通过贷款、参加培训班，走上了脱贫致富的幸福大道。陈惠讲述过一个案例，油麻园是沙江镇炉坑村的一个少数民族自然村，交通闭塞，群众生活水平较低。年已 40 的兰永珠生育两女一男，大女儿待业在家，男孩在镇中学上学，小女在村小学就读，仅靠种植水稻和打零工获取一点微薄收入，为培养两个子女读书已欠下一笔高利贷，生活非常拮据。陈惠得知情况后，主动上门与其谈心，了解其生产所需，并为其指明生产方向。2004 年 6 月，兰永珠申请贷款 1,500 元，用 1,370 元买了 5 只母羊羔，通过精心看护，仅一年的时间 5 只母羊就生下了 16 只小羊。当年 10 月，卖 4 只羊就赚了 1，260 元，生活得到了明显改善。兰永珠逢人就说："多亏陈信贷员让我的生活有了盼头"。贫困多数是由于地理环境、家庭病灾及信息闭塞因素综合造成的，农户们的困难生活往往很难以转变，仅一点点雨露就能让农户们的干旱生活得到最大滋润。溪南镇西安村壳塘自然村的叶温全，长年过着"面向黄土背朝天"的清贫生活，已届花甲之年。两年前，因儿子外出打工不幸烧伤，巨额的医疗费使他原本清贫的生活更是一贫如洗。在村党支部的引导下，叶温全利用服务社贷款在自家摆起了小店铺，因村没有客车，他就每次步行 15 公里到外村挑货回来卖，虽然生活辛苦，但总算可以赚一点钱。自贷款后，他每月平均可以赚 260 元，扣除 150 元用于还贷款，已基本可以满足生活所需。

陈惠始终坚持把服务社的资金当作自已的钱一样爱护。他说："服务社是贫困农民的家，需要大家共同爱护"，陈惠是这样说也是这样做的。在贷款的发放上，他严把关口，确保信贷资金一分钱也不流失。根据平常走村串户调查了解所掌握到的情况，对一些不守信用户，陈惠坚持原则，坚决一分钱都不贷，让不守信户感到失信寸步难行，竭力维护本地信用环境。自今年 6 月初以来，陈惠已与所分工负责的多个村的多个农户建立了良好的信贷关系。在催收逾期贷款上，陈惠不推不诿，切实担负起清收责任；对一些难点户、钉子户，陈惠采取盯、缠等方式，取得了一定的效果。溪南镇芹头村一农户赖某，因娶儿媳妇欠债两万多元，干脆到外地打工躲债，不能及时还款，陈惠多次到村询问其是否打工回来。去年年底恰逢腊月下雪，陈惠听说赖某将回来，早上 9 点骑车 50 公里到其家守候，一直等到晚上 8 点，才见他回来，他为赖某分析贷款逾期不还，不仅会影响到赖某的社会形象与声誉，而且以后别的金融部门也不敢与其打交道，最终做通了赖某的思想工作，答应立即还清。20 多个月来，陈惠经手放贷的款项，均未出现坏贷。

“我欠家庭的实在是太多”，这是陈惠在工作取得突出成绩之后内心的另外一种歉疚。由于工作的特殊性，陈惠整天奔波在各村各户，所负责的片区离往家较远，长期不在家。如溪南镇西安村关厝埕自然村，离陈惠家有 55 公里路程，其中的一段山路不通车，每次来回要走 3 个多小时，经常是天亮出发，天黑才回家。妻子怀孕期不能在身旁好好陪伴，一切全靠娘家人负责。有了女儿之后，他也是不能在家照顾，只能趁到服务社办理相关手续后，才回家抱抱女儿，以解心中愧疚。妻子颇有微辞，陈惠也只能是苦笑，请妻子原谅，希望以后有空闲的时间带妻女到外面走一走。可只要贫困农户有需要，陈惠就不顾一切地尽心去帮助，大家都说陈惠“比自家人还亲”。通过服务社这个平台，陈惠实现了心中多年的梦想。陈惠希望有更多的贫困农户能在服务社这个大家庭的呵护下走出贫困，迎接美好的明天。

第三节　辽宁康平：十个点都不换

2005 年 6 月，辽宁省康平县小额信贷项目正式启动，注册成立了第一家真正属于中国扶贫基金会的民办非企单位——康平农户自立服务社。康平县是小额信贷调整发展战略后的第一个试点，这一项目的实施为日后的机构改制提供了非常好的经验。2011 年，服务中心又迎来了一个全新的转折点——改制为中和农信康平小额信贷公司，正式开始了公司化运营，往正规的金融企业发展迈进了一大步，同时也向中国扶贫基金会小额信贷成为“山水间的百姓银行”这个远大目标前进了一步。现在，康平服务社客户量已经过千户了，而他们的目标是帮助一万个贫困与亚贫困客户家庭。

中和农信康平小额信贷公司现任经理高艳国，是土生土长的农村人，这个崇拜毛泽东、时常在语言中灵活使用毛泽东思想与词汇的东北汉子，充满着理想主义的色彩，他坚信，一项事业能够真正地帮助到贫困者、弱势群体，这事业才是有意义的。同时，他还是从事了金融业十多年的资深业内者，见证并参与了小额信贷在辽宁的开始与发展壮大。他也是全国小额信贷公司和服务社（中心）为数不多的专业人士，也是少数几个担任主任或经理职务中非官方（即扶贫口）的人员，完全是面向社会公开招聘上岗的。在接受笔者采访时，他以一个东北汉子特有的激情与说话方式，敞亮地侃侃而谈，详尽叙述了康平小额信贷公司创业中的点点滴滴。

康平小额信贷公司的起步

康平县位于沈阳市北部，辽河流域河套中游的西部，东隔辽河与铁岭市昌图县相望，西邻阜新市彰武县，南接法库县，北与内蒙古科左后旗毗邻。东西长约73公里，南北宽约58公里，全区总面积2，175平方公里（326.25万亩）。康平虽然行政上规划沈阳市管辖，但中间隔着法库，不与沈阳接壤，并不能受到沈阳的经济辐射。穷，是这个县最为显著的标志，土地贫瘠，特别是县城郊区的东关镇，附近就是一个大矿区，人均土地就更少了。随着20世纪90年代的经济改革，大量国企纷纷倒闭，大量的职工下岗，更加恶化了贫困的状况。

2005年，被工商银行买断工龄下岗的高艳国，已经38岁了。但塞翁失马焉知非福，通过招聘考试，2005年6月1日，他成为原康平农户自立服务中心的一员，成为第一批的创业者与开拓者，2006年担任服务中心主任。创业初期吃尽了苦头。据原信贷员现督导刘伟东和出纳兼信息员张冬梅（高艳国把包括自己在内的四个最早的一批创业者称为“黄埔一期的，现在都当将军了”，成为后台人员了）的回忆，当时他们几个早上起来就下乡，办公室基本上都是闲置的，除了放款的时候会到办公室，每天就是扎根在乡下。下乡基本都是靠简陋的摩托车的，一些地方只能徒步。如果是夏天，就顶着高温下乡进地里与农民沟通宣讲，路上前不着村后不着店的地方突然来场雨，也没地方躲，只能走着走着晾干了，再接走家串户。冬天就更加艰苦了，凛冽的寒风与厚厚的积雪，无一不让他们苦不堪言。有时下了摩托车后才发现，手指都冻僵了。而当时的薪酬待遇每月只有500多元，高艳国说，每月他都要妻子补贴500元才能生活。

但高艳国知道，这是他人生事业新的开始，是可以实现他理想的一个机会。可以帮助穷人，为弱势群体服务，让更多的父老乡亲走出年复一年的贫困，他坚信这个事业必然会成功的。而且就小额信贷的模式来说，他相信扶贫基金会的小额信贷具有很强的“草根性”，它瞄准穷人的目标最精确，服务最到家，是他见过的农村小额信贷中做得最好的模式。所以，不管吃多大的苦，受多大的累，他都会坚持下去。随着服务中心的发展，他也实现了人生的自我价值。高艳国说，如今的中和农信的小额信贷不敢说家喻户晓，起码已经完全覆盖了整个县，从政府层面到民众层面，基本上都很了解小额信贷了。他现在不仅仅是中和农信康平小额信贷公司的经理，还是整个东北地区的主管助理，管理着东北地区的小额信贷的发展。他自己的人生也随着小额信贷的发展越过越好了，在康平最好的小区之一买了房子，日子过得有滋有味，而这一切，也是源于服务社带来的巨大改变。

这个试点曾出现一次波折，高艳国至今还记忆犹新。2006 年 3 月，当时服务中心已经成立一年，但当地政府的承诺却未履行，一分钱没给。之前签约时有说好每年都会拨款，三年内逐步将资金全部到位。按照合同，第一年就应该拨款 50 万元，可当时从康平县政府乃至上级政府，都抱着怀疑的态度，觉得他们搞了这么多年的扶贫都没有什么大的改善，就凭你们几个人，还能搞出什么动静来？因此当地政府才迟迟不兑现诺言，而是作壁上观，看小额信贷能够走多远。

前期开拓艰苦、资金又不到位，一年内放款量才 20 万元左右，辽宁省扶贫办主任柴久凤觉得不行。再加上清源之前也搞过类似的扶贫试点，于是就有了将康平的点移到清源的想法。据柴久凤回忆，2004 年搞调研，2005 年就在康平开了小额信贷。当时在康平县搞小额信贷那份艰难，柴久凤记忆犹新。那时辽宁省扶贫办调拨资金 120 万元，但康平县委县政府的领导班子没有认识这个事情的价值，说这个东西到底怎么搞谁也不知道，资金到了他也不用。后来柴久凤他们几次去调研，第一年小额信贷服务社成立之后，到民政部门注册，康平县请示到沈阳市民政部门，说没有办过这个事，不明白，干脆就不批。后来他又请示到辽宁省民政厅，民政厅也没有办过，后来柴久凤找了康平县的县委书记，说这是国家试点、是新事物，设有现成的经验和政策拿着就可以办，试点就是创新。县委书记给县民政局下了指令，县民政部门又请示了市民政部门，勉强批了。

万事开头难，而接下来也并没有随着好起来。柴久凤说，当时他们的资金协调过去注册之后，农户并不认可，老百姓说历年的国家扶贫资金都是无偿的，怎么现在还整成要利息并且要还的？县扶贫办接受不了，农户也接受不了。这个县他去了几次现场办公，他跟小额信贷部的刘冬文说，要不先放弃这个县，太难了。但刘冬文及中国扶贫基金会坚持不放手，才有后来的“守得云开见月明”。

康平农户自立服务社的“遵义会议”

随之而来的一个会议，改变了柴久凤和当地政府相关人员的想法，使他们又坚定地支持康平继续开展小额信贷项目。柴久凤当时的第一句话就是：“我是带着停止的想法来的”。因为之前柴久凤也到康平的一些乡镇做过调研，乡政府的态度是觉得效果不明显，老百姓也没有接受，所以建议还是改为传统的给钱的扶贫方式。

当领导们咨询高艳国的时，高艳国的一番话改变了所有人的想法，高艳国是有备而来的。有着良好的金融业素养与能力的高艳国，每次下乡的时候都有意地去了解当地贫困人口的情况，摸清了当地的人均收入、产业状况等第一手资料，材料来源都是经得起考验的亲身调查。在会上，他以一摞厚厚的材料为基础，实现了个人改变整个项目的大逆转。高艳国记得当时给他十分钟的发言时间，结果当他讲到十五分钟的时候，柴久凤主任说不行，还要接着详细讲下去，作为一个厅级领导，如此鼓励下属发言，这是很少见的，结果他讲了半个多小时。

首先他通过自己调查发现，康平的实际贫困人口与官方公布的有很大差异，而且公开的贫困人口的收入，也有很大的问题，当地政府虚报了，实际上贫困人口收入没有那么高，也就是说，康平的贫困问题比官方所描述的情况严重。其次，当地虽然有一些产业，但规模非常小，而且大部分农户在要这片贫瘠、生存困难的土地上，发展，太需要资金的支持了。但资金从哪里来？当时康平虽然有农信社等金融机构，但是这类既无关系担保，更无资产抵押的农户，要想获得资金困难重重。很多家庭就只能这样年复一年的穷下去，因为没有办法。所以高艳国总结说，目前的农村金融机构解决不了这些贫困农户的资金来源问题。再次，既然康平长期都是贫困地区，这个地方信息闭塞，人们观念保守，而农户服务中心却可以一改这种局面，提供信息技术等方面支持，这其实就打开了农民的思路，解决了他们的观念落后的问题，树立市场经济的理念，使他们敢于投资敢于生产。如果要回归到原来的扶贫老路上去，还有何意义呢？政府给钱，这种不劳而获的钱，自然是吃吃喝喝就花完了，不会用于发展与再创造。经过这么多年的实践，大家也都心知肚明这种扶贫没有多大的实质性意义，为何还苦苦坚持，甚至还走回头路呢？有了这么好的扶贫模式，我们现在居然要放弃，这是很愚蠢的。最后，高艳国强调了他们那支能吃苦耐劳的队伍，只要给他们更多的时间，就一定能够把这件事情做好，不能因为这短短一年而且还是内困外患的情况的表现，就把整个服务中心都否定了，然后一撤了之。高艳国当时说，现在政府一分钱不拿，就等着看笑话一般，然后就说我们做不成，这是不公平的！既然其他地方几千万都砸进去了，我们康平才几十万，为什么不让我们继续试试呢，就算砸进去了失败了，这钱也不会丢掉，也是在农户手里用于生产了，就当作扶贫了，也没有损失啊！

听完之后，柴久凤感慨地说：“原来地方政府不支持，而现在居然还有这么好的员工在苦苦支持，我都不知道啊，现在说什么也不撤了！”当时柴久凤还说，如果康平地方政府不支持，省政府省扶贫办来支持。而当时中国扶贫基金会的态度也是很坚定的，一定要让康平这个点坚持下去，哪怕康平政府不拿钱，基金会也要拿钱搞下去，因为对于扶贫基金会来说，康平县农户自立服务中心是中国扶贫基金会小额信贷部在辽宁省成立的第一家直属分支机构，是他们第一个自己真正掌握全部管理权的机构，用高艳国的话说，是“第一个亲生的儿子”。当时刘冬文还拒绝了辽宁方面的对换建议，如果把康平撤了，可以配合在抚顺搞两个点。刘冬文说，就算新开十个点，也不能把康平给撤了。

于是，在扶贫基金与康平团队的坚持下，各方也都改变了态度，县政府也给了本来该给的50万元。随后在柴久凤的努力下，省扶贫办也硬挤出了无息的20万元贷款下拨给康平服务社，而且还赠送了两台旧电脑给他们办公。高艳国说，虽然是旧电脑，但当时对他们来说，无疑是雪中送炭，对帮助农户的信息支持、开展工作等，起到了重要的意义。

康平因此安全地度过了这场风波。随后，康平农户自立服务中心迎来了发展的黄金期。正是因为如此，高艳国一直把这个会议称为康平农户自立服务中心的“遵义会议”。

康平小额信贷改变了什么？

从原来的农户自立服务社，到现在的中和农信康平小额信贷公司，小额信贷改变了什么？这个问题，现在回答起来似乎很简单，但有时千言万语难道尽。对于这个下岗职工众多的小县来说，中和农信的成立，不仅帮助了很多客户，也解决了就业问题，因为大部分的信贷员如刘伟东、张冬梅、黄秀凤、陈艳娟等，原来都是被买断工龄的下岗工人，或是还挂着单位但早已没有工资、自谋出路的半失业人员，正是在服务社这个平台上，他们实现再就业，同时有更美好的人生发展前景，生活也得到了切实的改善。现在当地的每一个信贷员，收入都与公务员相差无几，大部分都开上了小汽车，日子过得有滋有味。

一、帮助农户自立，推动农村发展

最重要是，康平小额信贷实施以来，正如其原来的名称一样，帮助农户自立，让农村发展起来。康平县有农业人口26万，如今在乡村搞得红红火火的小额贷款的主要对象都是围着“锅台转”的农家妇女，这些“微型创业者”活跃于“房前屋后”，利用项目资金（6,000元至10,000元）搞起“庭院经济”，既照顾了家，又多了一个增收的途径，小日子越过越红火。

当然，这仅仅是最为直观的一部分成绩，更深层次的意义，扶贫基金会的小额信贷，这个外力，发挥了鲶鱼效应，盘活原本死气沉沉的农村，彻底

改变了整个农村的生活与生产形态，形成了全新的农村良好风气。比如，五户联保这种由农户自愿组成联保小组的做法，不仅使小额信贷的风险能够降到最低限度，而且这种相互关联的模式也加强了他们的社会关系，共同对抗风险。虽然有人会质疑或者担心，这样的五户联保万一出了意外，不是牵连到其他四户吗？其实这样的担心放在中国农村这个熟人社会里，是基本上不存在的，正如乡亲们朴素而简洁明了的回答所揭示的：“都在一个村里住着，谁家啥样彼此都清楚，要真是那种不干事的人家，就没有人给他担保。以后他自己在村里也生存不下去了。”

这种五户联保的信贷模式，还提高了农户之间的信任度，进一步拉近了邻里之间的距离，矛盾少了，治安状况也较以前有很大程度好转。高艳国说，原来有些村有很多上访户，但自从小额信贷进入以后，上访没有了，打麻将等赌博的也没有了，因为大家通过小额信贷找到了发家致富的门路，都充分利用闲余时间发展生产，连赌博的时间都没有了尝到小额信贷的甜头后，越干越有劲，人变得勤快了，家庭富裕了，家庭也变得和谐幸福了。贷款农户充分利用农闲时间勤劳致富，社会风气有所改善。

二、改善农村金融服务市场

小额信贷在一定程度上改善了农村金融服务市场。当小额信贷项目开始进入贫困乡镇后，当地的农村信用社也加大了对这些项目乡镇的借款投入力度，农户从民间借贷的情况也大幅度减少。而且，这个外力的力量，不是高高在上的，对于农户来说，在与中和农信的交道时，可以有尊严地沟通，他们与信贷员或者机构之间都是平等的，不用求人放款，而是理直气壮地要求借款来发展生产，这是一种双赢。小额信贷改变了传统的扶贫模式，改“输血式扶贫”为“造血式扶贫”，提高了贫困农户的自立和自我发展能力，同时也盘活了扶贫资金，扩大了扶贫效应。

三、推动当地政府的工作

小额信贷的推广，对于当地政府的工作也是一个非常大的推动。康平小额信贷信贷员的这种不怕吃苦、风雨无阻、诚心诚意帮助贫困者的精神，深深地感染着以“为人民服务”为宗旨的政府。此外，对于同样是金融行业的同行来说，中和农信康平小额信贷公司的发展壮大，也大大地刺激到了他们，他们也开始转变作风，更加努力深入到客户之中。很多信用社到服务社来挖人，很多机构专门到服务社来学习管理机制。正如高艳国所说，尽管这样一来，他们的竞争压力大了，但他对此始终抱着真诚的欣慰之心，因为虽然自己的压力大了，但放到宏观与长远的角度来看，这样的变化都是有益于民众的。只要是真正的有益于民众，其实都是他们的最终目标。

四、促使价值观与理念的正向发展

对于整个社会的价值观与理念来说，随着扶贫基金小额信贷的开展，也在潜移默化的发生正向的变化。很长一段时间以来，因为各种原因，弱视群体没有信用记录和抵押贷款，很难得到传统银行的贷款，虽有自我创业的设想，也想有目标、有计划地改变自己的经济状况，更想为国家经济的发展作贡献，但终究心有余而力不足，致使一部分人错失创业良机。小额贷款帮助了这些有意愿也有能力依靠自己的劳动创造财富的人们，帮助他们挥洒辛勤的汗水、收获丰盛的果实。

没有小额信贷之前，只有“当家的”可以通过信用社贷款，然而从申请到领到贷款，一道道手续一层层审批让农民望而却步，而农家妇女们更是连申请贷款的资格都没有。如今，妇女们不仅有了贷款的资格，而且贷款成功率高、手续方便且无需抵押。

五、强化农民的市场意识

强化农民市场意识，一改过去“要、靠、等”的思想，这一点在小额信贷刚开始展开的时候尤为明显。2005 年 6 月该项目在康平县沙金乡推广时，贫困农户习惯性地认为扶贫项目就该白给钱不付利息，头半年全乡才贷出去 11.2 万元。但慢慢地随着示范效应的显现，农民们逐步意识到，项目贷款能帮助自己脱贫致富，即使付点利息也很值得，截至 2008 年 10 月全乡贷款余额达 267 万元。

没有小额信贷之前，农民没有机会参加技术培训，有了生产难题，更是不知道该找谁帮忙。如今，小额信贷中心不仅为农户提供贷款，还为农户提供技术培训，有了疑难杂症，只要告诉推广员，就会有人帮他们联系县里的技术专家。

没有小额信贷之前，农户要资金需求只能找高利贷，高达 30%—100% 的信贷利息让农户本已经贫困的生活雪上加霜。如今，小额信贷以 10%—12% 的利息让贷款不再成为百姓的负担，小额信贷服务中心提供的多元化贷款方式，更是让有特殊信贷需求且贷款信誉好的农户轻松获得贷款。整贷零还既解决了农民想发展而没有资金的问题，还帮助农民提高了理财能力，同时也提高了生活水平。

没有小额信贷之前，很多妇女都还很封建保守，在家听婆婆的，出门听丈夫的。如今，妇女们通过贷款自主创业致富，商业意识提高了，市场意识增强了，文化水平提高了，理财能力上升了，撑起了家庭的半边天。有一些女性由于担任大组长或是记录员，有了更多组织活动、进城学习、接触外人的机会，受到了更多村民的尊重，社会地位有了明显的提高。

沙金乡东扎哈气村村民国淑贤，是康平小额信贷公司的第一批客户之一，也是一位特殊的客户，她是一位聋哑人。在没有借贷之前，当时她真的是家徒四壁，一家五口人，两个孩子都还小，公公年事已高，家庭的重担都落在了这夫妻二人身上。当时她家的屋顶上吊着塑料布，因为屋子漏修不起屋顶，只好用塑料布来接雨水，两个孩子都是穿着破破烂烂，真的让人替他们的日子发愁。在知道了小额信贷项目之后，国淑贤夫妇和信贷员说要贷款养羊，家里本来就养着羊，想再买几只，同时夫妻二人还利用家里的大院子种了些蔬菜，由丈夫乔亚军骑自行车出去卖。他们当时申请的贷款是 2,000 元，就这样国淑贤成为了一位特殊客户。在以后的几年里，国淑贤一家和信贷员结下了深厚的友谊，后来他们又多次贷款，买了小型三轮车，用来买菜和拉客，这样收入又增加了许多。他们夫妻二人就是这样一个在家里面任劳任怨，一个在外面忙忙碌碌，几年过去了生活也有了大的改善，不仅还了外债，还开始有了盈余，又买了一处房子，现在他们俩还准备买小汽车。在经济宽裕起来后，生活好起来了，尽管这也意味着他们不再需要贷款了，但他们今天的好生活还是让服务社上下真心地为他们感到欣慰。

陈桂荣也是第一批客户，他是康平县沙金乡嗄土村村民，一家四口人种了 20 亩地，十年九旱的自然环境，让这个靠种地为生的家庭一年只能收入 2,000 多元，生活十分困难。2005 年，当她知道小额信贷的信息后，就立刻打电话给信贷员征询借贷事宜。进展很顺利，她借贷到了第一笔 2,000 元钱，她就靠着这些养羊，在把本息还完之后，还挣了 2,000 元。于是她又借了第二笔贷款养猪，又挣了 2,000 多元钱。通过四次小额信贷，陈桂荣一家家庭收入增加了很多，经济状况明显好转，不仅可供两个孩子念书还有一些节余。

据现康平县沙金乡信贷员胡玉海介绍，由于康平县位置偏远且经济落后，一些农妇们闲在家里，苦于缺少资金而无事可做，所以县里确定小额信贷扶贫计划，首选对象便是这些贫困家庭中的妇女，同时帮助她们选项目且免费培训。小额信贷不仅提高了农妇们的地位，同时也使她们逐渐摆脱了贫困。

海洲乡王权村村民姜桂华是一位普普通通的农村妇女，丈夫葛洪义是海洲乡王权村的村长，为人诚信仗义，不仅是个好村官，更是乡亲眼里的好哥们，哪家有事他都会热心地帮忙。可是，天有不测风云，一次在为朋友办事回家的途中发生了交通事故，葛洪义当场死亡。噩耗传来，无疑给这个上有八十多岁老父亲下有三个未成家的儿女的家庭带来灭顶的灾难。葬礼当天的凄凉情景让人充满惋惜和悲痛。

突如其来的悲剧的发生，令当时的信贷员燕东峰心底充满隐隐的担心，因为葛家的贷款还有 9 个月没有还款，虽然葛家资产富裕，可是姜桂华毕竟是一个女人，未来的生活负担都会落到她一个人的肩上。事后的第二天，燕东峰通过他家的邻居得知，葛洪义的三个哥哥（葛洪义兄弟四人）前来和姜桂华商议老父亲的赡养问题，哥哥们都想将老父亲接走，因为姜桂华大女儿在沈阳打工，二女儿在新民师范上学，小儿子在上高中，生活的负担确实很重。可是姜桂华却坚持继续抚养老人，她含着泪水说："老父亲二十来年来已经习惯了这个家庭的生活，我也早已将他老人家当作自己的父亲，我不能让老人在失去儿子的同时再失去家！再苦再难我也会为老父亲养老送终！"一席真切朴实的话，让在场的人失声痛哭。在她一再坚持和老人的意愿下，几位哥哥只好同意，相约老人有病时大家出钱出人照料。

听了这件事，使燕东峰的不安的内心深处对这位农村妇女产生了由衷的敬佩。过了一段时间，一阵电话铃声响起，接通后是姜桂华的小儿子打来的，他在电话里说约燕东峰到他家里谈还款的事。当燕东峰到屋时，发现他们贷款小组的成员都在，姜桂华边给大家倒水边说："今天把东峰找来是关于还款的事，我家出了事，但我家不会不讲诚信的，今天我们就当着大家的面将余下的贷款一次都还上，决不拖累小组其他成员"。

尽管当时中和农信小贷公司已经做好了一些特殊的应急措施准备，但姜桂华还是决定按规定时间还款。接下来的几个月中，她都是提前几天还款。在她的勤劳和大家帮助下，她家的土地种植面积和家畜养殖数量都没有减少，各项农业收入都很好。天道酬勤，在她的精心操持下，老人生活得健康幸福，孩子们继续完成学业，快乐地成长着。

还有很多家庭妇女，因为有小额信贷的帮扶，成为远近闻名的致富标兵。其中齐桂仙就是最典型的一个。她是康平县柳树屯蒙古族满族乡高大村人，2008 年以前，她一家人守着自家的 12 亩地为生，家里有一个女孩，当时正上高中，女儿的日常生活和上学的学费都是一笔不小的开支。迫于生活压力，她和丈夫经常到外面去给别人打零工。尽管这样，收入也只能够养家糊口。

她很早就有搞养殖的想法，认为在当地搞养殖业无污染、交通便捷，收益是有保证的，只是苦于一直没有钱。2008 年当信贷员把小额信贷介绍给她时，她知道这是一个绝佳的机会，就马上和同村的 4 位姐妹组成了联保小组，递交了申请，很快顺利地拿到了 4,000 元的贷款。

拿到钱后，她买了一头母牛，用自家种的粮食喂养，并采取放、喂结合的方式，这样养殖成本比较低。从此她每天起早贪黑放牛、喂牛，丈夫继续打零工赚钱，到 2008 年 12 月份她顺利地还完了 4,000 元的贷款，2008 年 12 月 26 日，她又第二次贷到了 7,000 元，买了两头小牛，就这样到 2011 年 5 月 18 日她已经在康平县农户自立服务中心贷了 4 次款，并升为二级客户。

由于齐桂仙的养牛规模不断扩大，收入不断增加，引起越来越多人的关注，并且以她为榜样都纷纷搞起了养殖，而且还推动了当地饲料行业和兽医兽药行业的发展。齐桂仙说，中国扶贫基金会的小额贷款挺适合她，整贷零还压力小，而且送款到家相当方便。四年来，在中国扶贫基金会小额信贷的扶持下，她搞起了养殖业，从此她再也不用为孩子的学费发愁了，她女儿也能和别人家的孩子一样在大学校园里开开心心地学习。并且几年来家里的生活条件也越来越好，去年又给孩子买了一台电脑，自己感觉在邻里之间特有尊严。

中国扶贫基金会的小额信贷不仅帮齐桂仙走上了致富路，还让她成为远近闻名的致富标兵，她还获得了 2011 年中国银行协会（花旗集团）微型创业奖——乡村农业三等奖。她说，当时她手里捧着获奖证书时心里特别激动，自己怎么也想不到会获得如此奖励，她在心里一遍遍的问自己：这是真的吗？而眼前大红的荣誉证书告诉她：这一切都是真的。所以她由衷地感谢中国扶贫基金会的小额贷款对她的帮助。

与南方的福建霞浦、福安等地不同，北方地区重点还是在发展五户联保形式的贷款，个贷的比例比较低，不过康平的个贷业务也是发展得红红火火。高艳国说，这其实与康平的现状有密切的关系，因为康平的国企倒闭之后，有很多的职工下岗，这些下岗职工与农民不一样，他们没有田地，所以一旦贫困，连饭都吃不上，就更别提发展了。可以说，县城里的贫困者不一定就能比农村的贫困者好，甚至有的会更加艰难。于是，帮助县城里的贫困者，也成为中和农信康平小额信贷公司的一个着力点。但县城与农村不一样，开展五户联保没有在农村便利，而且数额较小的贷款，对他们的实际帮助意义不大，所以数额较大的个贷是比较适合他们的。下面我们再列举几个康平个贷的客户，看看小额信贷是如何改变与帮助他们改善生活与发展事业。

康平县城的“粮心油坊”和“粮心粮油商店”的老板王洪柱和妻子，原本也都是下岗职工。没有生活经济来源之后，夫妻二人就寻思着做点小生意，但一分钱也没有，他们犯难了。这个时候，他了解到有一个只需要一个电话，信贷员就会亲自上门为农户办理贷款手续，将资金送到农户手中的小额信贷。

于是，王洪柱就抱着试试看心理，看看能否真的贷来款，而且还像说的那样一个电话送上门来。结果很顺利，两天后信贷员就把钱送到手里。

他是康平服务社的第一批个贷客户，从一开始的一万元，到后来三万元，再到现在的五万元。王洪柱说，没有小额信贷公司的帮助，就没有他的今天。在贷款三万元的时候，他添置了一台小的榨油机，但还是供不应求，忙不过来。第二年，等效益好了之后，又借贷了一次，购置了一台大的榨油机，现在他的店面有两个，一个是榨油的店，提供现场榨油的业务；另外一个是零售业务店面，年收入有 20 万元以上了。

在地沟油泛滥的今天，王洪柱这种现场榨油、现榨现卖的模式，受到了广泛的欢迎，生意已经慢慢进驻沈阳商场超市，而且已经注册了榨油专利商标。面对越来越红火的生意，王洪柱夫妻俩对康平小额信贷公司的感激之情油然而生，他表示要继续长期地和中和农信康平小额信贷公司合作下去，因为中和农信不仅提供了经济上的帮助，信贷员更像是亲人一样，在帮助和支持着自己的发展，这样的服务模式，去哪里找啊！

走进小城子镇中心街北侧的一家规模较大的童装店——“格格童装”时，一张青春朝气的笑脸会让人有宾至如归的感觉。店主的热情和质量上好的童装会让人产生购买的欲望。这个个子不高，年龄仅有二十六岁的女子，就是小额信贷公司的个贷客户——艾会娟。

负责小城子镇的信贷员王晓晶清晰地记得，2008 年 8 月 5 日，她到一名做化妆品生意的客户杨丽家收款。当时杨丽和艾会娟合租一个门市楼，俩人各占一半，艾会娟热情地和她打招呼，然后对她说：“王姐，以后或许还会麻烦到你呢！”对此王晓晶当然表示很乐意了，说：“我们的小额信贷就是支持你们这些小本经营的客户”。此后她也侧面了解了艾会娟这个人，附近的人一致评价说艾会娟诚实守信，生意也做得很好。果然，2008 年 10 月份艾会娟提出了贷款申请，她说快接近年底，想多进点货。2008 年 10 月 24 日艾会娟获得了 3,000 元的贷款。在收款过程中，王晓晶一边关注她的经营状况，一边询问她对小额贷款的感受如何。她非常高兴地告诉王晓晶：小额贷款还款压力小，她非常的受用，明年还会继续贷款。

2009 年 9 月 25 日，她得到了新一批次 8,000 元的贷款。这一年艾会娟的生意比上一年更好了。2010 年 9 月份，艾会娟的实力增强了，她搬出了合租房，重新租了一个大一些的店面。这时，她又找到了王晓晶，请求继续借贷。也是在这数次去的合作中，艾会娟的借贷额逐步提升，2010 年 9 月 11 日她贷到 10,000 元。艾会娟更干劲十足，和丈夫张海涛全身心地投入到童装的生意里，生活质量提高了，脸上也流露出抑制不住的喜悦。由于市场需求，艾会娟又想上童鞋，这样可以满足客户的需求，所以今年 8 月份艾会娟又提前还款，并得到 12,000 元的贷款，增加了童鞋项目，生意更加红火了。对此，艾会娟逢人便说，真该感谢小额信贷，是它不离不弃的支持，才让她有了今天，是小额信贷助就了她的事业成长。

还有大家亲切地称呼为“朱姨”的养猪能手——东关镇拉马屯的朱亚菁，现年 56 岁的她，通过小额信贷发展养猪业，由小做大，滚动发展，现已初具规模，成为远近闻名的养猪能手，成为农户的致富榜样。由于朱亚菁是后来迁入拉马屯的，家里的地很少，只有六七亩，收入很低，丈夫不得不到外地去挖煤。她一家五口人，三个孩子，一女二男。留守在家的朱姨也是闲不住的人，刚开始她养一两头猪赚点收入，这样散养了十多年之后，她想何不多养一些猪呢？于是，当扶贫基金会的小额信贷宣传到她们村的时候，她没有任何疑虑地提出申请。2009 年时，她第一次贷款 5,000 元，用来买母猪和猪仔，第二年借贷 20,000 元，继续购买母猪、扩建猪栏与其他设备。现在她已有 50 多只猪，还有其他的家禽，形成了立体式的全方位的农村庭院经济生产模式。她在养猪方面很有自己的一套，注重仔猪繁殖和仔猪育肥，同时注意自繁自养节约成本，在前些年其他人养的猪得瘟疫时，她一家的猪都好好的，于是到她家买猪仔的人络绎不绝，变成了一项赚钱的项目。

朱姨的还贷信誉，一直是有口皆碑，她坚持获得养猪收益后及时还款，并提前预留还款资金。她和其他四户隔壁的邻居，都会早早地把钱准备好，等着收账的日子的到来。而且这还不仅仅朱姨一个人的习惯，她的三个在外工作的孩子，也都会在这个日期之前打电话关心母亲的还贷情况，问钱够不够，并且争相表示要汇款回家，一家人把小额信贷融入到生活中，使之成为生活的一部分了。正是靠着这些项目收入供养三个孩子，培养他们上大学，还盖了新房。她帮助大儿子在沈阳买了房成了家，正打算给二儿子也买个新房。

就在本书作者和信贷员张丽红、督导刘伟东到她家了解时，朱姨反映自己的眼睛现在越来越不行了，一边眼睛快看不清楚了。张丽红和刘伟东马上想到了县里有一个免费的白内障手术活动，并且帮助朱姨联系落实，到时朱姨直接做手术即可。而这件在刘伟东、张丽红等看来极为平常的小事，在作者看来，也直接证明了小额信贷的客户与信贷员之间，绝对不是单纯的经济关系，而是产生了一种牢牢的亲情关系，在改善客户的家庭经济状况的同时，更温暖着他们的心。

第四节 辽宁新宾：不吃饭不收礼的优良作风

新宾县位于辽宁省东北部，地处长白山南麓，属于抚顺市管辖，与吉林通化市接壤交界；距离沈阳 162 公里，即将修成的新宾至沈阳高速公路，将把新宾彻底拉到环沈阳经济带。这座不大的县城，风光迤逦，有着长白山区独特的景致，同时物产丰饶，是人参、鹿茸等丰富山珍的产地。就是这样一座偏远的小城在中国历史上却有着显赫地位。新宾是清王朝的发源地，努尔哈赤正是在这里创建后金国，随后逐步向西推进，最终一统江山。1643 年皇太极改新宾为天眷兴京，在清代新宾被称为兴京，作为清代发源的都城，这里安葬着努尔哈赤的父母、祖父等先辈，有着特殊的地位。

从自然资源上看新宾是全国为数不多的林业县，县政府公布的数据显示，整个新宾森林面积 410 万亩，森林覆盖率为 71.3%。水资源丰富，一江两河发源于新宾，苏子河顺流而下，富尔江自东向南，横贯辽东的太子河也发源于新宾。拥有如此之大的水流量的县市，是北方地区少有的。地理上处于平原和山区交接地带，新宾既有崇山峻岭的无限风光，又有清流湍激的河流环境，自然环境非常好。肥沃的黑土地盛产大米、玉米、大豆，也出产人参、林蛙、五味子等多种药材。正是因为新宾物产丰饶，所以清太祖努尔哈赤才会选择在新宾境内的赫图阿拉城建都，确立八旗制度。相当多的清史学者认为，努尔哈赤能够逐渐壮大，一统女真各部，并在萨尔浒一战中打败明军，确立了清王朝的历史根基，凭借的就是新宾的地理优势，丰饶的物产保证了军需。因为努尔哈赤在新宾创立八旗制度，故而新宾被认为是满族的发源地，也是中国第一个满族自治县，现在新宾百分之八十的人口都是满族。

车过抚顺，进入新宾境内，广阔的田野、茂密的落叶松以及绵延起伏的群山，突然间冒出来的清澈激流，都会让人不由自主地想起电视剧《闯关东》以及无数关于东北纪录片与电影的内容。黑黝黝的土地泛着油色，浓密的白桦林里，不时有牛羊穿过，新宾体现了非常典型的东北乡土特征。

虽然有历史上的威名、清代早期的历史遗迹、壮美的风光，新宾却并没有成为一个旅游城市。比起长白山其他地区，新宾的旅游业经营惨淡，没有形成自有的品牌。辽宁是工业大省，新宾却没有大型的工矿企业，虽然在重工业中心抚顺的辖区范围内，但是新宾基本见不到大的工业企业。总体而言新宾依旧是一个农业县，同时因为林区很多，新宾在农业县中也较为特别，是一个以林业为主的农业县。同时又因为新宾属于辽沈水土涵养地区，林区基本都禁止开发，实际上林业并没有成为新宾的重要产业。新宾中和农信小额信贷服务部的迟主任总结，新宾基本是一个传统农业县，依旧以传统农业为基础产业。

虽然是农业县，但是新宾的传统农业条件并不是很好。新宾人口为32万，7万城市居民，其他的为农村户口。迟主任介绍新宾是“八山半水一分田，半分道路和庄园”。普通农民人均一亩土地，土地数量极其有限。这和我们一般意义上的东北地广人稀、农民人均土地面积巨大的印象并不相符。又由于新宾地处长白山区，气候较为寒冷，一年无霜期仅仅为128天，实际农作物生长周期较短。新宾虽然多山，林木茂密，但并没有草场和坡地搞畜牧业，养殖业也是小农为主。这也就决定了新宾县虽然依赖于传统农业，但是传统农业发展的约束条件较多，并没有更广阔的前景。

少数民族聚居地、传统农业县，新宾也是国家级贫困县。但是辽宁省扶贫办主任柴久凤指出，因为辽宁全省被划为沿海省份，在国家的八七扶贫攻坚十年规划之中，没有给辽宁调拨资金。而处于长白山区的新宾县的老百姓生活还是很困难，本身需要资金注入。在国家不再提供扶贫资金的情况下，如何为农民找到新的资金来源，同时能帮助农民培育自我发展能力，辽宁省需要探索一条新路，需要调整以往的扶贫支农模式。而恰恰这时中国扶贫基金的小额贷款项目经过在四川、福建、陕西、重庆等地的反复试验形成了比较成熟的管理运营模式，2005年辽宁省扶贫办和中国扶贫基金会下属的小额信贷部合作开始推广中国扶贫基金会的小额信贷模式。最开始是在康平试点，一年后，新宾也开始试点。

新宾试点起步艰辛

提起新宾的试点，新宾农户自立服务中心的迟云曦主任介绍到：“一开始，中国扶贫基金会因为我们资金不够，不愿意接纳我们。柴主任带着我们几次去北京，专门找上门去。资金不到位，先由政府出资，柴主任主要就是看中了基金会小额信贷这一套管理模式和运作方式，我们也的确需要这样一种新的扶贫方式，于是就在2006年正式开始了这个项目。”

2006年初新宾县开始筹备建立农户自立服务中心，同年四月挂牌成立，成为中国扶贫基金会小额信贷的项目点。之前新宾有过政府主导下的小额信贷项目，运作方式基本照搬孟加拉的尤努斯模式，五户联保，一周一还。2004年，迟云曦作为新宾县的负责人开始参与小额信贷项目，前期的经验，使得她成为中国扶贫基金会新宾县农户自立服务中心的最合适的操盘者。她是政府官员，有丰富的扶贫经验，同时也有推广小额信贷的工作经验。她介绍说，本来还是以坐办公室、干机关工作为主，来到自立服务中心之后，彻底变成了做农村工作。刚开始抓这个项目的时候，她已经年过四十，实现这样一个转变对她而言也不是一个轻松的事情。“我当时每天都下乡，和农民打交道，走家串户推广小额信贷，几乎把新宾所有的村都走遍了，”迟云曦回忆道。服务中心和农民之间这种熟悉的关系，从很多地方都能发现，即或是没有向服务中心借钱的乡间妇女都亲热地称呼迟云曦为“迟姐”，常在一起聊聊家常理短。

因为扶贫基金会手头的资金并不宽裕，所以一开始先是辽宁省政府、抚顺市政府、新宾县政府，三级政府筹措了三百万资金，交给中国扶贫基金会管理，如此才开始了新宾小额信贷的新起点。信贷员介绍，过去新宾开展的政府主导的小额信贷，是辽宁省政府出资开展的扶贫项目。其基本模式和后来扶贫基金会的小额信贷在具体操作技术上并无大的差别，也采取了五户联保的方式，但是严格参照了尤努斯在孟加拉的经验，一周一还，同时借款限额被限定在2,000元。借款还款周期过短，对于生产周期较长的农民而言，还款压力很大。最近这些年以来，农药、化肥、种子都在持续涨价，农业需要投入的资金和技术成本都在不断增加，太少的资金不能有效满足农民的需求。同时，作为政府主导的小额信贷项目，其运作相当简陋。首先账目管理采取的是手工记账方式，而管理人员是事业编制。账目管理方式落后，新宾服务中心的督导于会洋当时就是政府主导的小额信贷项目的工作人员，他回忆手工记账非常麻烦，一个账目要抄写半天，经常没有几笔放款，时间就过去了，就是因为抄写工作复杂。拿死工资，没有考核标准，工作人员也缺乏积极性。于会洋说，当时一个月四百块钱，如果不放款，一般没事差不多中午单位才有人，下午不到五点，人都走光了。“没有压力，也没有什么动力”。迟云曦觉得更大的问题是政府运作完全是行政工作，当时从事小额信贷的人不知道自己的目标是什么。而现在扶贫基金会的小额信贷项目，所有的员工都知道三大目标，在价值观和人生观上是统一的。当时也没有培训，员工素质不过关，也导致了工作很难推广。政府主导的这个项目一共推行十年，放款总额不到两千万元，而目前一年就可以放四千多万元。虽然问题多多，但是还是打下了新宾县小额信贷扶贫的基础。农民了解到这种小额信贷，也希望能有切实帮助他们的小额信贷形式。同时地方政府也对小额信贷的作用有所了解，愿意提供一定的协助。更为重要的是，有一批从事过尤努斯小额信贷模式的工作人员，对于小额信贷的推广比较有经验，也基本了解一般民众的需求。这样的基础对后来中国扶贫基金会的小额信贷项目在新宾的推广和发展起到了重要作用。

全面改变管理方式

从中心的名称就能看出这种连贯性。中心成立以来，就一直叫做农户自立服务中心，有意表明这种扶贫项目的连贯性和一致性。“虽然从 2008 年中和农信成立以来，我们就已经全面改变了管理方式，但是名字一直没变，这样和老百姓之间就不会显得生分了。”迟云曦介绍称。虽然新宾有过小额信贷扶贫模式的尝试，但是在 2006 年全面引进扶贫基金会的小额信贷扶贫项目的运作方式，正式挂靠到中国扶贫基金会之后，依旧是“万事开头难”。第一年，新宾服务中心连三百万都没有放出去。到了第二年情况开始变化，放款不断增加，扶贫基金会开始注入资金，目前整个新宾中心大概拥有的资本金为两千四百多万元，放款累计有一亿七千万元，累计的客户有一万多户。对于一个开展了 6 年小额信贷项目的县而言，新宾的成绩是不错的，帮助新宾引进该项目的省扶贫办主任柴久凤也称赞新宾是辽宁小额信贷项目搞的最好最成熟的三个县之一。虽然有多年的基础，新宾当地仍然没有推广个人贷款，虽然有过个人贷款，但只有二三十笔，并没有形成气候。“一般的五户联保在新宾已经比较好了，基本能满足农民需求，个贷对于农民来说还是比较复杂的。也必须要找两个担保人，还不如五户联保。”迟云曦是这样解释这一问题的，她的解释也得到了农户的认同，基本上所有的借款农户都表示，五户联保就比较好用了，简单也明白，就是资金量少了。新宾的借款农户都是以老客户为主，连续借款的客户占总客户的百分之六十左右，其信用等级都是二级，信用额度为 12,000 元。借款农户习惯了五户联保无抵押借款的方式，但是希望信用额度能提高，迟云曦和于会洋则表示出于风险的考虑，暂时还不想对现在的贷款模式进行调整。

对客户风险的把控

“新宾的客户，全部都是以务农为主，经济收入比较单一，除了种地和外出打工以外，很少有其他的收入来源，农民自己虽然有资金需求，但是我们要考虑到他们的还款能力，把控风险。”迟云曦如此解释。新宾农民务农基本是种植和养殖两大类，种植业主要为三大粮油作物，水稻、大豆和玉米。虽然有一些大棚种植，但是因为气候寒冷，生产时间短，没有形成产业。新宾是人参的产地，有种人参的传统。但是人参的种植成本较高，参种价格和维护成本很高。“种人参就要开坡地，而且要向阳面开，一旦种了，你只能收割一季，以后就种不了了。”于会洋说，“而且现在传统细参价钱低，卖不出来价。”因为担任督导，经常要给农民推荐介绍技术，于会洋对农业技术也非常熟悉。“如今都是种林下参。”他总结到，这是比较有回报的特色种植。所谓的林下参，是新宾最近十多年才兴起的一种新的人参种类。这种人参必须生长在林区，最适合在落叶松和高大林木下生长，市场价格较高。同时也不必开山坡地、破坏环境。信贷员刘丽芬介绍，她村子里就有一个农户种植林下参刚长成，药厂就出50万元给全部收走了。“这是长得好、运气好的，运气差一点，卖个十来万也是有的。”

但和一般参、糖参比，这种林下参生长周期很长，平均生长周期要12到15年。前期投入大，村民介绍种10亩林下参，大约要花费四五万，而后期管理也要花费大量人力物力。“必须每天去守着，以免被盗，被野兽给拱了。”于会洋说，“所以可以借款投资，但是不能指望这个东西立刻给你收回贷款。”除了种植业，经商也是农民谋求发展的另外一个重要出路，新宾服务中心把做生意、跑运输、做农产品、药材加工的统一算作是经商，但是因为新宾当地没有支柱产业，经济并不发达，所以当地的商机也少。“有做加工企业的，规模很小，基本都是作坊式的。”家庭的主要产出还是集中在土地上，肥沃的黑土地依旧是农民主要生活的依靠。“玉米一亩能产千斤以上，全县人均土地面积也就是人均一亩，但是有不少乡村自己开荒，人均也有一二十亩地，一般种植户人均也有四五亩地。”迟云曦总结说，“大豆产量低，水稻必须要水田，不是家家都能种，最多的还是玉米。”虽然没有做过统计，但是每亩地玉米收下来也有一千多元钱。经历这么多客户，她觉得除了少数经营生意的和其他需求的，基本上农民借钱还是花在种子、化肥、农药上，农业物资要错季买，存着用，所以一般农民手中可支配的现金并不多。农民的主要还款资金来自于打工，打工一词的含义在新宾并不同于内地省份，主要是到邻近地区做农活。“新宾地不算多，但是周边地区都是地多的地方，像吉林那边是成片成片的土地缺人手。”迟云曦介绍说，“一般农民出去干活，女工一天是60—80元，男工得要100多元，从五月开始到十月农活结束，自家的田没事了，都出去打工了。”夫妻两人都出去打工，一般能有每月七八千元的现金收入，这是目前农民还款的主要资金来源。迟云曦说，一般到了忙的时候，有些村子早上四点就有车来接，晚上六点回来，很多时候村子里没有人。下乡转转，现实也确实如此，沃野之中，只有少数人忙着翻土、种苗，村子里静悄悄的一片，只有老人和孩子，青壮劳力全部出去做农活打工了。类似这样的情形，要持续到十月之后，开始下霜，农业收割基本结束之后。迟云曦觉得，目前农村家家户户都是比较勤劳的，都想着如何多赚点钱，所以需要资金周转。这也是新宾县这几年小额信贷能推广得这么快的基本原因所在。她感慨地说：“五户联保的好处就是村民自己选人，你要是不勤劳，懒散不愿意多干，人家都不会和你结成小组。我们考虑贷款也是先看你家勤劳与否，条件差点没关系，勤劳的话，还钱都不是什么问题。贷款也是要帮助这些勤劳能干的。”

新宾一共15个乡镇，服务中心一共11个信贷员，基本上每个乡镇1个信贷员，也有1个信贷员承包两个乡镇，小额信贷的业务基本覆盖了每个乡。讲起信贷员，迟云曦颇多感慨。在她看来，整个农户自立服务中心中最大的财富就是信贷员。新宾山大坑深、水急河宽，每一个客户的获得、每一笔款项的放与收都是信贷员一步一步走家串户的成绩。“我们这里冬天能到零下三十度，大雪一下就齐腰深，出门不到半小时眼睫毛都上冰了。”迟云曦讲到，“但是到了放款还款的时候，就得出门，就要一个一个村子跑。”她说新宾东西狭长，最远的镇距离县城来回要5个小时，信贷员要进城办事，早上四点钟起床是家常便饭。

没有抵押，能上门服务

目前新宾除了中国扶贫基金会的中和农信小额贷款以外，还有农业银行的支农贷款、辽宁农村信用合作社的小额信贷以及邮政储蓄新进推出的农村小额信贷产品。“我们最大的优势就是没有抵押，能上门服务。”迟云曦总结到，“其中上门服务非常关键”。会计安福鑫曾经是信用社的工作人员，他觉得信用社和服务中心完全是两种体制，“在信用社，基本就是一般的事业作风，大家都呆在办公室，等你来找，给不给贷款不是看客户资质，更多的是看你有没有路子，肯不肯请喝酒、塞钱。而服务中心都是上门服务，并且提供一定的农业技术和信息服务，一门心思为人服务，农民自然会信任和尊敬。”信用社、邮政储蓄也都有信贷员，而且人数要远远多于农户自立服务中心，“但是他们没有走街串户、直接到位的，很少能有我们的信贷员和客户之间深厚的感情。”迟云曦总结到。

这种感情，其实就是一种社会资本，换言之，就是人脉和人气。一个信贷员必须要被农民所信任，能够有足够的社会关系，才能做好小额信贷。所以在挑选信贷员的过程中，迟云曦特别注意。按照规定，所有的信贷员都是由中和农信总部统一管理、面试，信贷员要能起到重要的作用，具体还是要依靠县级的服务中心来统筹管理。“我们的贷款对象是女性，加上我自己是女性，所以我比较喜欢找妇女来做这个工作。”迟云曦笑道，“我带的都是娘子军，11个信贷员，只有1个男同志。”

加强宣传攻势

因为新宾有过政府主导的小额信贷扶贫项目，所以一开始迟云曦找的信贷员都是之前参加过这个小额信贷项目推广的农民。本乡本土、能做事、能够独挡一面是基本标准。迟云曦考虑更多的是工作上对客户方便，信贷员基本都是普通农民，只有一个当过村干部。北四平乡的信贷员王淑芬就是这样一个富有经验的信贷员，开始做信贷员的时候已经四十一岁了，是 2006 年第一批招来的。她觉得目前中和农信的小额信贷项目最大的好处就是能一月一还，而且能有两个月的宽限期，这对农民而言太方便了，能够有周期获取资金。“虽然有基础，但是还是要宣传。”王淑芬总结到，“电视、广播和走访，基本靠这三样来宣传。”

遍布中国各个村落的村级广播站对于小额信贷的宣传而言是颇为有效的工具，由于有政府配合协助，乡一级干部会主动在重要的会议上向村干部介绍扶贫基金会的小额信贷项目，然后信贷员就开始与各村的村委会联系，通过村广播站每天早晚两次向村民宣传小额信贷项目。有了政府的宣传和协助，下一步就是挨家挨户的介绍推广，村民集会的时候王淑芬会适时地向村民介绍，逐一说明扶贫基金会的小额信贷项目具体的内容条件。很多时候办红白喜事是最好的宣传集会，王淑芬会借着这个机会向村民介绍推荐小额信贷项目，告诉农民现在的小额信贷已经有所改变了，有宽限期了，而且额度也涨了。

王淑芬记得第一笔贷款一共放给了 5 个小组，共 25 户，当时全服务社的人都来了。农民对于借贷的问题一般都会详细的反复询问，王淑芬也就反复地解释，“百问不烦”。农民虽然开始对扶贫基金会并不了解，但是迟云曦的官方身份还是给了农民一个定心丸。王淑芬现在的有效客户为 320 户，60 多个小组，基本上都是老客户。王淑芬觉得这几年农民赚钱的机会多了一些，老老少少都出去打工。用她的话讲“只要能爬上车的人，都去打工了。”种参、培养树苗、翻地这些都是外出打工的主要工作，每年大约有三四万的收入。农民对于致富的渴望、经济机会的增加，都导致农民对资金的需求增长。王淑芬每年大概能放三百万的贷款，已经过了成长期，基本已经稳定。与农户有长期的个人关系，这是王淑芬的最大优势。她的客户都称呼她为“大芬”。“别人的钱可以不还，大芬的钱我怎么都得还！”乡土人情就是一种巨大的优势。她总结扶贫基金会的小额信贷项目有这样几个优势：第一，方便快捷，什么时候想用，组成一个小组就可以贷款，而农行信用社贷款必须送礼找人；第二，整借零还对农民而言非常方便，农民可以通过短期收入来偿还贷款。农民对于市场行为、对于信用很重视，一旦确定了还款日期，就会积极准备还款。王淑芬从来没有过客户拖欠贷款的经历，虽然她自己每次收款的时候还是悬着一颗心。

如果说基本的业务可以很快掌握，对王淑芬最大的挑战可能还是电脑的使用。因为中和农信采取的是电脑化操作，全面联网。这对于从来没有使用过电脑的王淑芬而言，是比较复杂的，她必须从头学习。没有学过汉语拼音的她，必须要拿着字母表边看边学。“当时可是愁死我了，天天都是背字母，看得我都头疼。”王淑芬回忆当年学电脑的故事，还是有些骄傲，“最后自己全部会用了，我现在用五笔打字，基本工作没有问题。”她觉得信息化办公还是好，放款还款之后可以很快地核对信息，总部能及时掌握信息。她自己只要负责和客户对接即可。

类似这样的信贷员，新宾服务站并不在少数，到现在为止，新宾一共有三批信贷员。“没有中途退出的，大家都是经过考验的。”迟云曦总结到。相对于一线的信贷员，后台工作人员对于一个农户自立服务中心而言相当于大脑，起着协调组织、神经中枢的作用。新宾的农户自立服务中心一共5个人，除了出纳、会计、督导还有信息员，既有原来扶贫协会的工作人员，也有在信用社工作过的人，还有下岗再就业的女工和做过乡村道路建设的技术人员。团队成员各自年龄、专长都不尽相同。迟云曦对自己的团队很满意，她说：“我在机关干了很久，一直做扶贫工作，最大的一个感受就是工作拖沓。现在我还经常被喊回去开会，都是副科级以上的干部会议，很少有不迟到的，认真开会的很少。”但是在服务中心这些问题都不存在，企业化管理使得整个服务中心工作效能奇高。迟云曦总结到，我们开会从来没有迟到的，会议讲什么都很清楚明白，具体的工作要在多久完成，大家都有数，“可以说，目前这个团队是我带过的所有团队中最满意的一个。”

领导的肯定，对于后台的工作人员而言的确是一种激励。就他们自己而言，参加小额信贷，无论是从经济上还是社会地位都有实际的提升，“让我们有了前所未有的满足感，”信息员如此总结到。她自己过去是从事乡村道路修建的，日常工作也是和农民打交道。现在直接和农民打交道，她觉得看起来是提供服务，实际上这是给农民挖掘自身潜力的机会。“过去农民需要道路，现在路都修好了，就需要资金技术了。”她觉得自己和农民更多的是合作关系，而非过去的那种帮扶关系。农民觉得服务中心不是来送钱的，他们是自己借钱、自己发展的，没有把服务中心当政府项目来看，那种感谢是发自内心的。

县城居民收入一向以公务员为标杆，新宾一般公务员的工资大约在

3,000元。由于业绩稳定，服务中心的工作人员的收入不低于公务员的工资。而且作为中和农信的分支机构，他们时刻感受到总公司的关心，“总部的人经常会来走访客户，2009年还在新宾专门召开了辽东地区小额信贷研讨会议，特别是每年的年会，能到处去看看，我们的员工都很满意。”迟云曦接着说，“每年都要评奖，优秀员工还要有表彰，这也是大家看重的。”

干了这么多年的小额信贷，迟云曦觉得这个工作还是要靠辛勤走动和真诚服务，“靠团结努力，大家才能在经济上有收获，社会上有尊严。”出纳兼培训员是后台服务人员中年纪最大的，她本来是新宾商场的工作人员，因为企业效益不好，被迫下岗。下岗之后再就业就来到了服务中心，“别的工作倒也轻车熟路，最难的就是电脑。”她说。虽然生长在县城，但是和王淑芬一样，她也是第一次接触电脑。一开始连续学了三个月都学不会，自己也着急，迟云曦也跟着上火。最后迟云曦下了死命令，必须要在一个月内学会电脑，否则就走人。用她的话讲，这一个月是黑天白夜的学，没日没夜的背，最后把五笔背熟学会了。终于掌握了电脑的使用方法。

由于有过手工记账的经历，迟云曦对目前的信息化办公系统的作用非常看重，“必须要掌握这一套系统，我们给所有的工作人员都配上电脑、网络，再偏远的信贷员也装上网络，没有这一套系统我们很难做到目前这么好的管理。”为了鼓励大家学习电脑，提高业务水平。她经常还自创奖项，搞打字比赛、软件运用比赛、“不断调动大家学习电脑的积极性，有时候一个小奖励也能起到很大的激励作用”。事实上，农村信息化工程已经有了很大的成绩，基本上村村通网络电话，3G网络已经覆盖了新宾的山山水水，但是新宾县正规金融机构的触角还远远没有服务中心这么深，很多乡镇都没有金融分支机构。“所以我们的信贷员必须得跑到城里来取款、还款，非常辛苦。”迟云曦介绍，“我们现在就希望总部早一点把系统进一步开发完成，让我们的信贷员可以提着pose机（刷卡机）去收钱，这样能省去很多人力和不便。”

“走访是我们每个人的工作，从开始干到现在，我们每个人都要下乡，周周下乡是家常便饭”。既然是公司，中和农信的运营是按照企业运作的。和中国其他企业一样，中和农信非常强调纪律和统一。“我们要求很严格，就像解放军一样，不拿群众一针一线，不吃客户的饭，出门要穿统一的制服，解释和说明的方法可以千变万化，但是内容必须一致。”

于会洋回忆说，下乡什么路都走过，什么车也坐过。要推广宣传，就得选人多的时候，一般是农村赶集的时候。所有工作人员早上五点起来，要是到最远的下家河村，还得更早起来。六点集合，翻过山路，要在大集开始之前赶到。一般也都是早上八点了。支开摊子，然后把播音喇叭打开，“中国扶贫基金会新宾农户自立服务中心，扶贫小额贷款介绍。”反复播放，“一般听到小额贷款，农民就会聚过来询问，然后就开始具体的介绍。”于会洋说，“这时候就要发材料，这样一直忙活到赶集结束，也都是下午四五点了。”

长白山区，一年里有半年是冬天，很多时候就是大雪封山。最严重的一次，新宾县和外界断绝交通就有两天。但是冬天里也是农闲的时候，找人容易，走访、放款就方便开展。下雪再大也得出门，遇到大雪封路的天气，迟云曦和后台工作人员，就只能踏着雪走，一走十几里是经常的事。很多时候正月都在走访过程中，于会洋记得，自己经常腊月二十八、二十九的时候还在放款。新宾服务中心最大的一次放款就是在寒冬腊月，风雪交加之中，一次性放了一百多户，20多万元，“冬季农民要考虑储备春耕”于会洋解释道。

冬天出门，风雪交加是家常便饭。对于跑基层、推广走访来说，不仅仅是体力上的辛苦。于会洋说：“忍饥挨饿是家常便饭，有一次我和迟主任一起下乡，走了好几个点，各家各户有人没人的，你都得去看看。当时是农忙的时候，早上6点出来，一直到中午两点都没见到几个人。终于到一家有人在，人家当时正在做饭，烙饼那个香啊，馋死我了。一天没吃饭了，饿得头昏眼花，还得给人解释。饿得实在受不了，又不能吃人家东西，怎么办呢，我就跑到井边，打了几瓢井水喝了。后来发现这招好使，一上别人家门，我就先喝点井水垫一下。现在家家都知道我这习惯，每次都主动打水给我喝。”

“吃饭看起来是个小事，但是关系到服务社的名声作风，农民到信用社、农行借款，走关系、请吃饭是经常的事情。”迟云曦说，“我们既然要以帮助农民致富为主要目标，就要和他们区分开来，所以我们不能吃客户的饭、抽客户的烟。”除了这样的细节问题要注意，平时和客户之间要多交流沟通，甚至要有一种姐妹般的情谊。农户沈春芝，人很能干，但是因为从小家里穷，没有文化，不太会说话。也因为这一点，村委会也不愿意帮她，日子过得艰难。迟云曦下乡走访，偶然遇到她，了解情况之后，不断帮助她。“那时候，已经是冬天了，雪都下的齐脚脖子了。”迟云曦回忆说，“她还穿个夏天的拖鞋，脚冻得通红通红的。我看到之后，挺心疼的。回去之后就给她买了一双鞋，再去的时候，就给她带了过去。”这件事让沈春芝非常感动，带着乡下的特产就要送给迟云曦，“我当然不能收，她太穷了，舍不得穿鞋，人老实能干，心里头明白也机灵。”迟云曦介绍说，“她一直是我们的客户，年年都借款，年年还款都很及时，现在家庭条件也都改善了。”在迟云曦看来，这就是小额信贷的根本意义所在，培养农民的致富能力，让农民能自我发展起来。服务中心还通过扶贫办的农业技术学校，找到相应的专家技师提供帮助。“我们看农户需要，定期展开培训，这样他们能学到一定的专业技术，有时候也帮忙找些技术人员去指导生产。”除了这些贷款事务和具体的生产技术培训，有时候信贷员也担负乡村社会调节者的角色，迟云曦介绍说，由于经常下乡跑，和各家各户都熟，很多时候夫妻吵架、邻里冲突，信贷员还要参与解决，“农民过日子，大部分事情还是因为钱引发的矛盾，我们信贷员过去，很多时候说话是非常管用的。”

贷款实际成本低的优势

目前中和农信的贷款利率近 12%，比信用社的贷款利率稍微高一点，但是因为贷款成本低，所以实际利率还是较低的。当地没有人放高利贷，信用环境较好。不论是后台工作人员还是信贷员，提起农民的信誉来都是交口称赞。

新宾河网密集，洪灾多发，2005 年一次洪灾，2010 年一次洪灾。亲历过 2010 年洪灾的于会洋清楚地记得，浪头来的时候有十几米高。信贷员刁明刚刚发展的 23 个客户受灾严重，房子全部被淹掉，什么都没有了。当时后台服务人员去农户家里一看，连炕席的台子上都长满了青苔。这些刚刚借了钱的客户遭了灾，各方都去救灾送钱，只有中心要去要钱。刁明着急上火，就给在北京开会的迟云曦打电话，考虑到确实灾后困难，迟云曦和总部协调，可以有半年的宽限期。但是没想到，到了还款日，所有借款的受灾农户齐刷刷把钱交到信贷员手上，这一幕深深感动了迟云曦和所有服务中心的工作人员。只有一户受灾户，确实非常困难，尽了最大努力还了第一个月，这是唯一请求宽限的客户，但是仅仅两个月后，也通过其他的渠道把钱还上了。“农民很讲道义，他们自己说欠债还钱，天经地义。”迟云曦讲到，这也是她之所以坚定地相信小额信贷在新宾会有一片天地的根本原因。

中和农信现在更多地强调服务中心和小额信贷作为农村金融的一种新模式。作为国家级贫困县，能借到款的农民对于中心提供的小额信贷不仅是觉得资金获取的方便，服务的高效，更多的还存有一种感激。对这些朴实的农村妇女而言，这是给了她们赚钱的机会，对于庄户人家来说这是非常有力的支持。农民王亚伟说，每次借款之前，自己和丈夫都要合计半天，钱要具体怎么花，“虽然是我出面借钱，但是用钱都是家里商量的”。王亚伟婚后和丈夫返回娘家谋发展，就是希望能趁着年轻多干点事。“要是没有这个小额信贷，我真是做什么都做不好，一开始是做农、务工、开农用车，后来就是出去打工，没有小额信贷，资金就周转不开”。

住在镇上的林凡对于小额信贷的感激也很强烈。林凡的丈夫是开车跑运输的，由于住在镇上，自己就想做点小生意。东北人爱喝酒，经营啤酒是不错的选择。“起步的时候，多亏了服务社的钱，否则什么都做不了。”林凡现在已经是整个镇的雪花啤酒代理商了，自己经济上也独立了，全家一年能有十多万元的毛收入，她很满意。“除了小额信贷，谁肯借钱给你老农民啊？我也去过农行、信用社，他们额度倒是大，但是要抵押，还要找拿工资的人做担保，你还得去托关系，怎么能不麻烦，还是五户联保好，”林凡讲起来就不由自主的发笑，“就是额度太小了，觉得不够用。”

小额信贷助力脱贫

在小额信贷助力脱贫的问题上，比林凡更有发言权的是于凤。年近五十的于凤，全身流露出东北妇女的豪爽、洒脱，干练。她经营一个短途客运车，每天往返于乡间和县城。曾经获得过花旗银行扶贫一等奖的于凤，有一段坎坷的经历。她刚三十岁的时候，丈夫就不幸故去，留下她还有几个年幼的孩子。“没了男人，家里务农的路就断了，女人没有体力干活，孩子又小，当时就只能做点别的求生活，”于凤回忆那段艰难日子不免感伤，“孩子大了，仅仅谋生活是不行的，还得想着弄点钱。”带着两个孩子的寡妇，想要到一般金融机构借钱是不可能的。“别的不说，一般信用社借钱都是要借给家里有男人的人，不然人家信不过你，”于凤解释到。最早有政府的小额信贷项目的时候，她就开始借钱。但是那时候额度太小了，仅仅2,000元钱，而且一周一还，太麻烦了。等到有了扶贫基金会的小额信贷，于凤就开始借钱，“当时准备换车，没有这个钱，根本换不了，就搞不了客运”。换车之后，于凤跑的更勤了，现在每年大约能有十多万的毛收入，“还是得借钱，比如我每个月要修车保养就要6,000元，不借钱的话资金周转不过来。”

虽然小额贷款在新宾已经生了根，而且成功帮助了一批人脱贫致富。但是迟云曦还是直言：“要说为什么能搞好，其实就是因为做得早，政府弄过这个项目，虽然当时不成功，但是毕竟起到了打基础的作用。”现在她觉得新宾的小额信贷也到了瓶颈期了，“看起来我们这么成熟，应该可以发展个贷了，但是我们的资金需求还是那么多，这些年成长有限，基本都是靠老客户。我们手头的资金也不过是两千多万，比较紧张，而且农民对于资金的需求其实也没那么大。”新宾这几年经济发展并不好，因为辽宁老工业基地的改造发展缓慢，新宾也不例外，迟云曦总结说。新宾这么多年以来也没有搞出产业来，农业还是三大类，资源如何开发、如何引进投资都是只有响声，没见动静。“这就决定了农民对于资金的需求不会有较大的增长，因为市场不景气。”迟云曦说，“未来怎么发展还是要依赖于政府能否有比较有效的政策，能发展一两个项目，这样才能带动新宾的发展，小额信贷才会有成长。”

第五节 河北平泉：农户自立谋求发展

和新宾相似，按照传统地理上的概念，河北省平泉县也处在长城以北的区域，属于塞外，因康熙皇帝经过此地时见平地涌泉，故名平泉。在游牧带和农耕带交界之处，沐浴在历史长河之中的平泉，一直是传统的农牧结合地带，农牧业是居民的主要生计依靠。在今天，平泉周边宽城、遵化都已经因为拥有铁矿石，迅速变成工业城市。而平泉依旧保持着一个农业县的基本面貌，平整的土地上，一拢一拢的土地被翻开。山坡和草甸上时时牛羊出现。行政关系上平泉归属承德市管辖。人口 48 万，下辖 10 镇 9 乡 1 个街道办事处，291 个行政村。东部与辽宁省凌源市接壤，北部与内蒙古宁城县相连，南部、西部与宽城县、承德县相邻，是辽宁、内蒙古与京、津华北内陆交通必经之地，素有“京冀门楣、通衢辽蒙、鸡鸣三省”之称。

平泉是辽河的源头，这里曾经孕育过一个在中国历史上有过重要地位的少数民族——契丹，这个曾经叱咤风云的民族，最早在平泉一代密集活动，如今已经湮没在历史长河之中了。希望增加当地的历史厚度，这本是中国各地方开拓旅游资源的重要手段，但是显然平泉并没有什么特别的历史遗迹可以开发，怒河从县城中间穿过，中心公园里塑有一座辽太祖耶律阿保机的雕像，这就是小县城唯一历史景观了。

平泉县城面积较大，随处可见各种在建的高楼大厦。“平泉县的面积已经比过去大了一倍。”平泉自立服务社的主任王德一告诉记者。和迟云曦一样，王一德也是县政府扶贫办公室副主任，但是不同的是，王德一不是做机关工作出身的，而是一位老基层干部，当过乡长、镇长、党委书记。2008 年他离开平泉县政府的办公室，作为中国扶贫基金会中和农信的平泉农户自立服务社的主任，开始了小额信贷扶贫。用他的话讲，“这辈子就是干农村工作和扶贫工作了。”

平泉直接亮出中和农信的牌子，服务中心就建在平泉县政府行政办公中心旁边，墙上挂着服务社成立时的照片，县委和县政府的主要领导都出席了，这也显示了平泉当地对于小额信贷的重视。

重视培养农村经济发展能力

重视小额信贷对于农村经济发展能力的培养，是河北省政府所强调的，也正与平泉的发展路径相契合。不同于新宾还没有摸索出经济发展道路，平泉已经形成了相关的产业。“中国菌乡，神州碳都”，这是平泉给自己的定位。作为华北最大的食用菌生产基地，平泉县形成了种植、采摘、生产、包装、运输的一整套生产服务机制。食用菌的产业链的形成，也带动了大棚菜的普及，传统畜牧业形成了规模生产，基础产业的发展又带动了工商业的发展。整个平泉的经济显得异常活跃，王德一告诉记者，“过去平泉财政收入还不到1亿，现在已经是22亿。”甚至农户自立服务中心所在的那栋楼都曾经是一家食用菌生产企业的工作楼。

经济发展，就带动了资金的需求，平泉服务中心放款的额度也增长较快。2008年12月开始放款，单月放款34万元，2009年放款就达1,100多万元，到今年三月份，累计放款已经超过一个亿，累计的客户为五千户。

“在农村，农民一般很难找到资金来源，一般没有抵押物，而且信用担保就要公务员。”王德一说：“农村除了有限的几个乡干部是公务员之外，还有就是教师，一般不会给你做担保。现在平泉商业银行，算上信用社都要给大的企业、开矿的、做大生意的贷款，一笔下去就好几百万，也不愿意对付你这一点借款。所以农民现在贷款是很难的。”督导韩冰曾经在供销合作社工作多年，对于平泉当地的信贷情况有类似的看法，“信用社本来应该是农村金融的主力军，但是这个主力发挥不了作用，基本是济富不济贫，贷大不贷小。而我们服务社的小额信贷和一般信贷机构的小额信贷理念完全不同，我们是服务上门，送款到家，收款到户，除了利息没有额外的成本了。”近几年平泉的农村信用合作社出了不少事故，有信贷员携款逃跑，于是信用社就把所有的乡村信贷员全部裁撤掉，农民就更难借到钱，农村实际的金融环境更为恶劣。和新宾一样，农民向信用社借钱要支付相应的成本，请吃请喝是自然的，另外还要付出好处费，“有很多地区已经明码标价，借五万块钱，要给三千块钱的好处费，”韩冰总结，“这样一般农民更没法借钱了。”信贷员梁峻山曾经也是合作社的信贷员，他回忆当时自己的工作，就是坐在那里，等别人上门，也不用了解太多，看谁顺眼就贷给谁。因为这几年经济发展，平泉也有小贷公司，放高利贷的也不少，但是这都是针对挖矿、做企业的提供金融服务，对于农民旺盛的金融需求，相关的金融机构并没有提供相应的金融产品。

小额信贷能搞好的原因

王德一觉得平泉的小额信贷能搞好，首先是因为这个大的金融环境所决定的，确实唯独服务社提供这种微型金融服务。其次具体到实际的环境还有这样三个优势：第一，小额信贷符合当地农村的实际；第二，当地有产业支撑，农民对于资金的需求量大；第三，团队比较团结努力，真正愿意做这个事业。“如此三合一，小额贷款才能做好”。中和农信较为成熟的项目管理体系直接引进，平泉的小额信贷发展没有走太多弯路。

2008年河北省政府和平泉县政府为前三年配套了共500万元资金，“这其实就是表明政府的诚意，有协议就很顺利到账了，到目前中和农信一共投入了三千多万元”，王德一介绍说。目前平泉县的服务社一个月能放款四五百万元，最高的时候能有七百万元。“政府有决心，扶贫基金会也就好干事了”。选择在平泉，也是因为平泉有食用菌项目。这种小额贷款的模式，王德一认为确实好，首先一月一还，这对于农民的经济算计是很有好处的。其次，五户联保的信用互助功能很强，农民之间熟人的盯防要比警察法院作用大得多，没有还款能力，也会提前被发现、被排除。另外五户借40,000元钱，这个额度就确保了是贫困户借钱，而且是针对女性。中国社会的特点，妇女借款一定要有丈夫的同意和支持，这也确保了借款用途。与新宾不同的在于平泉对于个贷的需求非常强烈，王德一本人也认为个贷是趋势，“如果没有个人贷款，小额信贷就很难进一步发展，等我们有余力的时候，会考虑引进个贷的，多增加些产品。”

对个贷的渴望，也能从借款农民那里发现，“什么时候能有个贷啊，我一直盼着，要是开了个贷，我一定第一个借。”借款农户张丽红，对于个贷有非常大的期盼。她一直盼着自己的生意能扩大。张丽红这种期盼，其实是平泉农户普遍的心理。对于贷款额度的提高，借款的方便及时性需求是农户的主要需求。只是目前平泉县服务社还没有开放个贷，督导韩冰说，以平泉的势头，要开展个贷随时都可以，但是信贷员的业务能力还要加强，风险的把控能力还有待提高。

平泉一共有12个信贷员，人数要比新宾多，平均年龄也比新宾的大。12位信贷员中，曾经担任过村干部的有四位，其中还有两位担任过村支书。从村干部到普通信贷员，从管人的到为人服务，对信贷员自己而言这其实也有一个变化。“之前自己是村里的干部，看起来是挺威风的，大小也是官。但是现在农村工作难做，老百姓和干部之间，看起来有时候他求着你，其实是你给他办事，这是天经地义的，老百姓心里都明白，骂起你来，那一点也不含糊。”当过村里会计的何治国说，“现在虽然天天是上门服务，笑脸迎人，但是你这是给他带来好处的，他从心里感激你。你也不欠他的，他们觉得你做得好，这是真的为他们服务，你走在路上也有尊严。”

做信贷员有尊严，这不仅仅是当过干部的何治国的感觉，做过小工头、干过运输、还在村里做过小生意的刘书革，对此更有感触，“我就觉得这个事情有尊严所以才来干这个。”做信贷员不仅收入稳定，更重要的是受人尊敬。

除了干部、农民做信贷员以外，甚至城市里的居民也愿意做信贷员，信贷员陈强就是一个例子，她为了做信贷员考试三次，最后才被录取。她也是看中这个工作有前途、收入有保证。

和新宾一样，平泉县的家庭收入也是以公务员工资来作为衡量标准的。不同于承德其他辖区，平泉不是少数民族县，财政负担比较重，目前公务员月收入在3,000元左右。服务社的后台工作人员工资基本在这个水平线之上，信贷员都是看业绩，其收入通常是回收贷款额的0.18%。柳溪镇的信贷员于均友，是服务社的第二批员工，2009年加入服务社。他原本在家务农，看到广告后就来应聘，他回忆当时仅自己乡镇里就有四十多人报名，竞争很激烈。去年于均友放款四百三十多万元，大约毛收入六万元，刨掉税收、燃油、电话费的花费，大约还有五万多元。这个收入在平泉县是不错的，加上自己家里还有土地，所以总的收入还是令人满意的。

于均友的业绩在12个信贷员中属于中等，收入也属于中等。马洪贺是最早的信贷员，也是业绩最好的信贷员，最早参与平泉服务社的贷款。去年他发放了七百多万元的贷款，今年计划准备放款八百万元，每年收入大约在十来万元。放款也有相对的周期，从年底十一月份开始，再到第二年的一二月份，这是放款的高峰期。项目最多的就是前期投入比较大、后期投入较小，所以放款也是有项目周期。马洪贺所在的卧龙镇，是食用菌产业基地。食用菌前期投入较大，后期逐渐减少。所以马洪贺虽然目前放款额度有保证，但是他还是想多推广一些，找到新的需求和客户。

平泉的12名信贷员也是分三批招入的，进来之后也没有退出的。韩冰说，不要让一个人掉队，保持团队的完整和延续。有过长期基层农村工作经验的王德一对团队的完整和延续非常重视，经常开会便是一个手段，除了每月的例会，每周都会召开一些会议，主要就是联络一下，看看有什么问题，能互相帮忙解决。同时还会在会上强调小额信贷的扶贫理念、农村工作的重要性。比起迟云曦喜欢用亲情来联络信贷员之间的感情，王德一则比较善于用精神理念来感召大家。“我们做这个工作还是像何道峰会长所强调的那样，就是一个坚守，坚守农村工作，为农民服务，大家要有这样的使命感，”会前会后王德一都如此强调。

没有小额信贷的经验怎么办

和新宾不同的是，平泉起初并没有小额信贷的经验，农民对此是完全陌生的。王德一自己的感受就是开始的推广工作非常复杂、难办。“你必须要让农民知道这是个怎么样的东西，你能给他带来什么。”王德一说，“这第一步其实很难啊。”

服务社刚建立的时候，后台3个人，第一批信贷员就4个人。“当时大家都不是很有信心，政府虽然支持，引进这个项目，”王德一回忆说：“剪彩后，电视里播一下，也就到此为止了，剩下的要你自己去做。”

信贷员王海、梁俊山是第一批信贷员，由于过去干过会计和信用社信贷员，他们都觉得小额信贷不好搞。“当时我们下去一走访，到处都说我们是放高利贷的，谁都不信任你，这是我们最大的麻烦，”王海说。乡村里的闲言碎语传播得很快。不需要向你借钱的，就可能对你评头品足，说你是放高利贷的，这是避免不了的。就得不停地、耐心地反复向客户介绍，最多的时候一个客户要培训三次，一次培训上讲十来次。“因为地方上有放高利贷的，所以老百姓看你个人放贷就说你放高利贷，你服务上门，利息还不高，这个他们就不放心，就觉得是高利贷。”王海这样的经历，所有的信贷员都有。

王德一觉得这是乡土社会的习惯所决定的，“老百姓的习惯就是贷款靠信用社，借钱找银行，没有听说过这样的送钱到门口、一月一还的。所以要有个漫长的推广过程，不仅仅是农民要接受你，你自己也要接受这个模式。”

2008年12月开始宣传，在五个乡推广。起初放不出款，甚至有信贷员连续三个月放不了款。王海当时跑到服务社叫苦，自己都宣传到了，就是没有人借款。王德一说，既然你已经宣传到了，我们就下去看看。做惯农村工作的王德一，喜欢下乡检查。“到底是项目不合适，还是你工作没有做到位，下去看看就知道了”，于是王德一和后台三个工作人员和王海一起去检查。当天正在下小雪，天气寒冷，工作人员自嘲是要饭的，去挨家挨户找。“下雪天，人人都在家，五家里面有四家在打麻将，”王德一回忆说，“问了一圈，基本都不知道有这个贷款，只有两三个人知道有这个单位，只有一个村干部大致知道具体是怎么回事，”这一下，王海自己承认工作没做到位。当天回来的时候下大雪了，道路泥泞不堪，还翻了车，同去的服务社会计王晓琨的胳膊摔伤了，一连几个月都在病床上办公，打着石膏做录入。

王德一说，那时候是平泉服务社最难的时候，当时梁峻山和王海都准备退出了。这时候中和农信作为一个集体，它的感召、示范作用体现出来了。2009年，所有的员工去北京小汤山参加公司年会，年会上中和农信的领导的讲话，其他服务社的经验介绍，终于打消了一些信贷员想要退出的想法。回来之后，大家拼命宣传，几个信贷员各用各的招数，有的挨家挨户走访，有的和村委会会议绑定宣传，村镇开会就去宣传。第一笔贷款是原本对服务社最没有信心的梁峻山放出去的，当时他向自己熟悉的一个村长推广，村长看过之后就说，你这个贷款搞不下去，这不符合咱们这里的习惯。但是没想到的是，当这个村长的哥哥需要钱的时候，怎么想办法都借不到，这才想起梁峻山来，于是找到他，结果放出去第一笔贷款两万元。经过几个月的反复下乡宣传推广，从2009年五月份开始，贷款额先突破了三百万，然后到了五百万，从此之后整个平泉县的小额贷款工作就全面开展了。

怀疑总是最难克服的，唯一的武器就是真诚和耐心。信贷员景慧玉回忆说，自己很多次被别人喊过去，以为就要向自己借款了，去了之后，又是听她讲了一遍，然后还是疑虑未除，接着再等，如此三番几次之后，农民彻底被打动才会借款。服务社工作效率比较高，往往前一天提出用款要求，第二天就把款送到，但是这同样引起了农民的怀疑，“他们就觉得这个太快了，从来没听说过昨天要，今天就送来了，”王海说，“只有一点一点的磨，最后他们才能相信。”

以情感人，具体到实际就是能服务到位。王海记得自己曾有个客户总喜欢挑三拣四，他主要做大棚食用菌养殖，王海经常去走访。王海自己种植食用菌多年，有经验。去了发现客户的培育方法不对，好的食用菌被当作坏的给扔了。王海就告诉客户没坏，并且告诉他应该怎么上料、怎么透气、怎么摆放，实践之后，客户就发现王海说的对，之后大力帮忙推广小额信贷，亲自发动去组建小组。这样的情况，对王海而言并非是少数，他还做调节家庭纠纷的事情。“有客户和婆婆关系差，闹起来，一赌气就离开家，”王海说：“最后还是我去帮忙调节，让她回家”。这样的经历，其他的信贷员也有过。

用王德一的话说，信贷员的威望要高于村干部才能把工作做好，“我们不吃别人的饭，也不要别人的东西，还帮忙给人干活，还服务到户，你说这样能没有威信？”第一批信贷员的艰苦工作，为以后的信贷员工作的开展打下了牢固的基础。“以后我们开展工作就方便多了，大家都知道这个贷款好，”第二批信贷员都有这样的感觉。

借助政府的关系，通过政府帮忙宣传，这是信贷员常采用的办法。马洪贺做过多年村长、村支书，和各个村里的干部都熟悉，地方情况熟悉，推广起来就比较好借力。一般来说，因为是政府引进的项目，乡村干部也要当一回事，都给予支持。王德一觉得政府最大的支持，就是帮助扫清阻碍。也有例外的情况，在党坝镇推广的时候，镇长介绍了当地信用社副主任的妻子做信贷员，她在信用社做过，比较有经验，但是这个副主任觉得小额信贷未必就能在当地生根，比较怀疑。没有家庭的支持，信贷员是很难做好的，信贷员一个人的工作，要夫妻两人一起干才能做好。于是服务社最后就找了刘书革做信贷员，党坝镇没有为服务社推广开过一次会，也不给乡镇干部说明这个项目。刘书革只能借助自己的同学朋友来帮忙，通过各种途径一个村子一个村子地推广，“比较好的是，我们还能找底下的干部帮忙宣传，镇里不行，那就找村干部，每个村跑一道，基本业务也都展开了”。这样的条件下，刘书革的放款成绩还是非常好，在12个信贷员中排名第二，有544个客户。和新宾一样，平泉也是找本乡本土的人做信贷员，利用信贷员的人脉资源来推广小额信贷。“这样大家好知道情况，熟悉当地情况，这个对信贷员很重要，特别是主观能动性的发挥，这个很重要，”王德一总结说。

熟悉乡土，有人情人脉，不仅是为了借款考虑，还有还款找人的问题。信贷员的普遍体会是，虽然有五户联保，但是借还款都还需要亲自去办。很多时候，情况会有各种变化，为了能借款，农户会提供假信息。“没有养猪的，会给你说我家养了多少猪，没有搞大棚的，会说我家搞了大棚，”景慧玉说，“这时候就要你能做判断，你得到别处问问，核对信息，然后才能知道真实情况。”另一个麻烦是还款，在平泉，还款是信贷员的一个重要工作。为了收款，天不亮就起床，等人等到半夜，这都是家常便饭。“客户是千变万化的，虽然有联保，但是还是得人盯人。”王德一总结说。陈强是2010年入职的信贷员，对于客户还款的变化也颇有体会。“有个客户，第一个月还款比较顺利，没有问题。一般都是24号还钱，我从23号就开始找，他告诉我第二天再来。等我24号去找他的时候，他就故意不在家了，躲起来了。”陈强说，“我当时打电话给他，他就说等着吧，我现在在外面。我当时就在他家门口等着，就觉得不好，找了他的侄女帮忙，总是说他不在家，在承德。最后没办法了我们就找到他以前的房子，最后发现他根本没出去，就在家里，这回他走不了，就说明了自己的情况，这才把钱还上。”熟人是资源，必须要调动，没有熟人资源一开始很难做，这是信贷员的基本体会。但是王德一指出，“熟人开始时有用，后来什么人都不好用，就是老百姓的口碑好用。”督导韩冰觉得怎么宣传都是次要，关键是借出去第一笔钱，让老百姓切切实实知道这个钱有用，对他们有好处。中和农信每个服务社都有一笔相关的广告经费，但是平泉从来没有使用过，还是依靠服务作宣传。现在服务社的口碑在平泉非常好，新来的信贷员在半个月内便能放出款去了。

王德一总结，平泉的信贷员要过两关，第一关是心理关，要有比较强的抗压能力，能和人打交道、不怕磨、能吃苦；第二关是业务关，因为是网络化服务，必须要有计算机录入的能力。“这个东西很重要，没有这个系统我们根本就干不了，”王德一和迟云曦一样对信息化办公的优势很是重视，“我们有网络，录入输入都快，找信息也快，很多时候，信贷员自己就能在网络上帮农民查一些信息，提供技术支持。”

不仅是资金扶贫，技术上的帮助和配套也是不可少的。服务社专门请了两位农业技术专家做辅导，“给些报酬和补贴，有技术问题了，我们的客户就可以直接电话咨询他们，比较大的问题，再请专家到场。”王德一出示了两份合作协议，两位专家，一位是农业专家，一位是畜牧业专家，上门服务一次大约200元，同时每月服务社提供给他们50元电话费，以便随时可以提供电话服务。王德一说：“小的问题，很多时候农户找信贷员，信贷员上网找找就给解决了，一般农户都不会上网，这就得我们的信贷员帮忙。”在王德一看来，能否熟练使用电脑是信贷员非常重要的业务考核内容之一。

和新宾一样，平泉也存在年纪大的员工学电脑难的问题。马洪贺和刘书革都是年纪较大的信贷员，从来没有接触过电脑，拼音也不会。学电脑就成了大麻烦。“我上学的时候学的拼音和现在的拼音字母完全是两回事，所以电脑来了，我一个字也不会打，根本就用不了，可犯愁了，”马洪贺回忆道。比较有趣的是，他解决问题的办法和新宾老员工的办法是一样的，把拼音字母表抄下来，一个一个录入，逐渐学。“后来孩子告诉我，有五笔，我又自己学五笔，现在算是掌握了，业务上使用电脑没有什么太大的问题了。”

现在平泉所有的业务员都已经全部熟练掌握电脑办公，开会的时候人人一台手提电脑，很多时候他们也会使用图片、表格等软件。“咱们中和农信自己的那个软件用起来是没问题了，但是还不够，还得继续加强这方面的能力，”王德一总结说。

几年的信贷工作下来，平泉所有的信贷员都买了车。一方面是收入稳定，大家都有能力购车，另一方面，则是工作需要车。“没车出去一趟太麻烦了，有车发放贷款、收款、找客户就方便多了。”信贷员都这样认为车和日常工作之间的关系。服务社让信贷员生活安稳，荷包渐丰，这是不争的事实。信贷员辛苦的工作得到了应有的回报，而比信贷员收获更大的则是小额信贷帮助过的农户了。

“我们平泉服务社的基本宗旨还是服务贫困农户，等我们这里的贫困农户都脱贫了，我们小额信贷的目的也就达到了，”王德一说：“搞好基础农业，这还是我们的基本工作。”

平泉服务社主要的借款户大都是准备上产业、有一定投资准备的客户。客户在启动的时候，手头就有一笔资金，服务社提供的小额贷款作为补充资金、作为一个支点，撬动了整个项目。除了这部分客户之外，也有周济性的贷款。有些农民遇到突发灾害，受损失很大，对资金有较为强烈的需求，这时服务社的小额贷款经常能起到关键的作用。卧龙镇农民李凤英的大棚失火，生活一下子陷入了贫困，得到了服务社的小额信贷的扶植后，生产重振，很快就恢复了原貌。两次借贷之后，就不需要再向服务社借钱了。“这其实就是我们的成绩，实现了脱贫，就不要我们的钱了，”王德一说，“平泉年人均收入已经有四千五百多了，城区人口接近二十万了，很多农民已经进城了。可以说平泉到了一个不错的发展时期，老百姓有需求，政府金融机构有空缺，我们的小额信贷就能发挥作用了。”讲到这些，王德一笑了笑，平泉有成绩了，虽然比很多发达地区还不行，但是在承德市，还是很不错的，已经位居中上游了。

小额信贷在平泉的前途

王德一感受到了平泉的发展，也体会到了小额信贷在平泉的前途。比他体会还要多的是平泉镇无数忙忙碌碌的农户。走在平泉的乡间，有各种各样的操劳者，不同于新宾出去打工的人，平泉乡村的居民是在自己家里忙，每一分赚钱的机会对他们来说都是宝贵的。

住在平泉镇的农民张丽红，是服务社的二级客户，这位朴实的家庭妇女有一个不幸的家庭。“我们刚结婚两年，当时家庭条件还不错，也都还能干，当时正寻思干点啥，没料到我们的孩子出事了，”2005 年张丽红不满两岁的孩子一次意外生病，导致脑瘫。“不停给孩子治病，家庭一下子就垮下来了，仅仅 2005 年就花了十万块钱。”两口子被迫出去打工，赚钱还债，在外面跑了一段时间，就想做点生意。“孩子还是没好，站不起来，在农村做点生意才能多赚钱。当时没有多少启动资金，后来我的同学是政府公务员，他知道有这个小额信贷项目，就介绍给我，于是我就试着找了一下，很快就给我把贷款办好了，当时是 2010 年。”

张丽红家在平泉镇，距离城关很近，几间屋舍堆满了自己家超市的货物。孩子在里屋躺着，张丽红的婆婆照顾着。这个九岁大的孩子，已经躺了 7 年了，“孩子脑子还好，聪明着呢，”张丽红的婆婆说，“你给他说什么，他也都明白，就是站不起来。”张丽红也曾带孩子四处治疗，可是就是没见起色。“太容易病了，每次一生病就好几天，一年给他看病的钱都好几万。”作为张丽红的信贷员，陈强说，前几年见到这个孩子的时候，孩子还很小，现在孩子长大了，他们的压力也就越来越大了。

张丽红对小额信贷的感受就是“雪中送炭”，“我开始做这个超市的时候，手上有两万元，小额信贷给了我巨大帮助，没有这个钱根本启动不了，”张丽红现在是好几家食品商在平泉的代理商，从当时的欠债困境到现在的生意红火，她和丈夫走过了一番艰难的道路，“现在一年大约能有七八万的收入，钱是看不见的，都押在货上，随时都需要资金周转，所以还是离不开小额信贷。”张丽红现在已经雇了好几个工人，自己开着一家超市，还给好几家超市送货，生活忙忙碌碌的，“基本没时间，不是在店里，就是在送货的路上，”她现在最大的希望就是能多赚钱，“可希望以后能多借钱了，这样的话，我们也能好做一些。”

韩冰说：“按照情况，张丽红这已经算走上正轨了，前面再发展就顺畅多了。”张丽红自己觉得还年轻，还想多干点事，没有扶贫基金会的小额信贷的支持，自己很难找到别的支持。她的小组其他成员都是务农和做生意的，“其实大家的钱都很紧张，就算去打工，每月都有钱，也紧张，你想做个什么事情，就更需要钱了。”

类似张丽红这样的，对于小额信贷有着越来越强烈需求的平泉人已经非常多了，王德一说现在是越来越不敢放贷，越来越小心了，仍然以扶贫为核心原则。市场的规律之下，这种需求和供给之间的张力颇为明显。韩冰觉得最为重要的还是项目，农户借钱干什么，能不能有持续资金的收入，这些都是考虑的重点。“做非农项目是不错，但是要想真能多赚钱，小的非农项目是不行的，所以大部分农民还是以农牧为主。”

作为传统农牧结合带的平泉，养殖放牧也一直是农民经常的活计。农村有句俗话，“家产百万，带毛的不算”，养殖业风险高，一旦出现灾害疫病就可能倾家荡产。这种时候，小额信贷的作用就尤为明显。道虎沟乡农民司艳红一家，就有这样的经历。作为花旗银行小额信贷奖的得主，司艳红一开始是养猪，当时流行养野猪，“就没注意，一场大火把圈给烧掉了，这样一下就麻烦了。”何志国说，当他在集市上遇到这两口子的时候，两个年轻人都要愁死了。“重新起家当，当时手上有两三万块钱，基金会给贷款了6,000元，这一下就能重新起来了，”司艳红说，“我一共借了三次钱，现在家里的收入是越来越多了，每年有十几万收入。”司艳红已经从单纯的养猪变成了养猪养羊结合。“有山羊、有绵羊，我还实验养了小尾寒羊，现在养羊周期快、饲料便宜。”对于新生活，她充满了期待。

“很多时候，信贷员还给提供信息，志国哥经常来走动，给我们带来一些生产信息，”司艳红的丈夫说，“我自己是农牧局的技师，搞点畜牧技术，打打针什么的都能解决。”对于这些淳朴的农民而言，自己和服务社的关系就是“简单”，借钱手续简单，还钱也没压力。

走过平泉起伏的沃野，穿行过一片片白桦林，韩冰说，平泉是京津风沙防护带，植被保护是重要工作，“一旦失火，可能就烧到北京去了。”卧龙镇靠近平泉县城，是平泉经济最发达的一个镇，“这里是万亩食用菌基地，平泉农民的主要产业项目就是种菜，种蘑菇是我们最熟悉的行业，现在技术非常成熟，农民的蘑菇越种越好。”

种植食用菌是农民的主要项目，也是平泉服务社借款最多的项目，赵云丽是众多借款户中的一个。“十年前，我在家里种蘑菇，当时小打小闹，一年大约就收入一两万，后来我们搬家到卧龙镇，这边种的多，现在天天都在忙活这些。”赵云丽的一个棚里就有九万多棵蘑菇，红扑扑的脸庞和粗糙的双手，显示了她的忙碌。“现在一年毛收入有三十万，忙啊！雇人的价钱都在涨，自己想多种些。”赵云丽这种情况在卧龙镇算是一般的情况，马洪贺说，整个卧龙镇基本都是种蘑菇，收入多但是花费也大，所以信贷的需求也大。“就是趁着年轻，想多干点。”在田间忙碌的赵云丽根本来不及多说，她心思都放在要长成的蘑菇上了。

“小额信贷要想搞好，还是要靠项目，否则开展起来也难，”马洪贺总结说。对于这点韩冰也非常赞同，“卧龙镇以后要建三省的物流中心，机会会更多。”他随手指了指，“你看那些都是产业园，随便一个园区就是几百亩，旁边都是工厂，洗涤加工蘑菇都是一条龙，加上活性炭，都是日新月异啊。”

第四章　成功之道

穷人为何贷款难

在剖析中国扶贫基金会小额信贷扶贫模式的成功之道之前，必须先要探讨一个最基本的问题：穷人为何贷款难，难以获得市场上的金融支持？其实，这个问题从经济学角度看，与中小企业贷款难是一回事。这个“难”，主要是指难以获得正规金融机构的金融产品和服务，原因是交易费用高。

中国贫困人口主要集中在农村，这类人并不是没有金融（用于生产或消费）需求，但却很少能从传统的正规金融机构获得金融服务。学者朱央央的研究表明，中国的贫困农户缺少途径或方式获得金融产品和服务。一项对全国29个省市的调查也表明，大多数农户对于从正规金融机构获得贷款缺乏信心，而没有尝试过去申请；17%的农户觉得与金融机构没有“关系”；11.1%的农户不懂正规贷款的申请程序，5.9%的农户觉得自己达不到贷款的抵押和担保要求。

孟加拉格莱珉银行的创始人、2006年诺贝尔和平奖获得者尤努斯也曾撰文表示，世界有2/3的人口无法获得正规的金融服务。正规金融市场往往将贫困人口系统性地排除在外，他将之视为“金融歧视”，认为这是一种严重的“社会不公”。格莱珉银行的发展史，就是尤努斯在实践中用制度创新的方式，努力降低穷人获得金融产品和服务的交易费用。

商品和服务往往是稀缺的，价格由供需决定，价格的高低大致能反映出稀缺程度。自愿的交易和贸易的结果对买卖双方的福利水平一定是种改善，否则交易不会成功。正是贸易的频次增大和规模扩张促使人类社会分工的深化、知识的快速累积和财富的增长，人类面对自然以及未来的各种不确定性在降低、寿命增长、“自由度”扩张。既然以市场为基础的自愿交易有如此多的好处，为何还会有“公司”这个怪物——这种以行政命令的方式来代替市场的价格去引导各个生产要素参与生产呢？经济学家科斯在20世纪40年代的这一问，为经济学带来了“交易费用”的概念，成为经济学史上的一个里程碑。原来自愿交易的发生，市场的运用是有成本的。公司是一种制度，市场也是一种制度，两者的相互替代取决于企业内部组织协调的费用与市场运作的费用之比较。

如同自然之水永远向低处流一样，资本的流向永远是投入收益比高的产业和领域。正规金融机构之所以不愿意贷款给穷人，就是因为贷款给穷人，与贷款给已经在市场上证明过其能力的富人相比其收益要低。从另一个层面上来说，贷款给穷人，双方的“交易费用”高，很难建立互信的关系，以促使交易的发生。与一个陌生人建立信任关系之所以很难，是因为很难保证在未来的互动交易中对方会守约，人们多是去选择考察他的过去，来大致判定其是否值得信赖。穷人还没能在竞争性的市场上证明其人力资本的价值，缺乏抵押和担保品来保证其未来的还款能力。而且，穷人的知识水平往往较差（甚至不知申请贷款的流程），与信贷资金打交道的经验不足，多是居住在偏远散落的乡村，与其打交道的费用较高。同时，同样的一笔数额，贷款给一个企业或富人和贷款给数十个穷人相比，前者发生的管理、人力成本、交通费用等要低很多。穷人的“成长性”（未来还款的能力）也难以识别，未来违约的风险高，这也加大了交易费用。

因此，正规的金融机构喜欢给富人“锦上添花”，而不喜欢给穷人“雪中送炭”。但这并不代表穷人不需要金融产品和服务来用于生产和消费。明白了“交易费用”概念，就知道要用小额信贷来扶贫，助穷人致富，其方向正是要利用技术和制度的创新，从降低“交易费用”着手。

几种扶贫模式的比较

传统的中国社会中，农民的金融（资金）需求主要集中在建造房舍、婚丧嫁娶、子女读书、做小生意和偶发的天灾人祸的应急上，那时他们也很难从钱庄、票号、典当行等处（这些在古代就是正规的“金融机构”，类似现在的“银行”）借到钱，而主要是靠亲朋熟人间的相互接济。中国传统上是一个熟人社会，社会流动性弱，人们在日常生活中接触频繁，知根知底，乡间的伦理和人际关系多是以血缘、地缘为轴心，以“差序格局”的形式向外扩散。依靠这种信誉机制造成的制度性压力就能防范绝大多数的借贷违约发生，比如说“父债子还”的乡俗约定，就是明确产权债务在父子两代间的继承性，确保债权人的利益。

除此之外，对于民间的资金需求，中国也自发演化出了一套制度，比如在江浙和福建一带盛行的标会，就是把每个参加标会的人手头上较少的资金集中起来轮流坐庄使用的一套很好的制度。而在中国基层治理结构中，村庄往往是以宗族的面目出现，比如在南方的一些宗族，多有一些“公田”，以供宗族共同体的内部成员的应急性的需求；有“义田”，供宗族内一些子辈的读书科考、临时性地接济一些鳏寡孤独者等；也有一些“义仓”，其实是一种应急性的粮食储备。当然，也有一些富人或寺庙道观等组建的慈善组织。

而对于应急性的资金需求，比如生意上的困局、在灾年为了购置来年播种的种子或者为了应对突发的灾难，还有一些利率较高的所谓“高利贷”。在中国仇视商业和金融的传统中，放贷者往往与“残忍”和发“不义之财”等同。中国民间借贷市场迟迟不开放，民间借贷合法化近年来才有所突破，其实与这种传统的错误认知有很大关系。而民间“高利贷”之所以利率很高，与两个因素有关：一是借贷者往往急需资金，愿意承受较高的利率；二是这类贷款风险大、违约的几率高，也就是交易费用很高。除了约定高利率之外，为了保证合同的履行，放贷者往往与黑社会支撑、强硬暴力索取等手段相联系。

而到了现代社会，尤其是近 200 年以来，得益于找到一套系统的如何求知的知识（方法论的突破），人类无论是对自然界还是人类行为选择的知识，都远超以往任何一个时期，人口与财富都以几何级数在飞速增长。而私有产权通常由国家的宪政立法来保护，使得借贷行为发生了巨大的变化，尤其是个人征信系统的建立，使得交易双方的记录随时可查，大大降低了交易费用。但在中国的乡村，亲朋间的相互资金支持和民间借贷依旧需求旺盛。

对于穷人的金融需求，在 20 世纪 70 年代，国际上进行了一些实践和制度创新，这就产生了小额信贷扶贫，就是专门对难以从正规金融机构获得金融产品和服务的穷人或低收入人群设计的有针对性的产品，支持他们的生产和消费，以改善他们的生活，提高其人力资本含量，增强其在市场上的竞争力，最终使他们能摆脱贫困。国际上比较有影响的小额信贷银行有孟加拉的格莱珉银行、印度尼西亚的人民银行、玻利维亚的阳光银行等。

20 世纪 90 年代初期，小额信贷模式被引入中国，并展开了一些试点。如社科院农研所研究员杜晓山在河北易县所做的试点。中和农信的前身，也可以追溯到 1996 年世行在秦巴山区所做的小额贷款扶贫试点。但是近年来，“小额贷款公司”的概念在中国比较混乱。国际上所谓的“小额贷款公司”，主要就是指在一定单笔贷款额度的标准（一般不超过人均 GDP 四倍）之下，专门针对低收入群体的贷款公司。而当下中国，那些商业性的针对中小企业和一些个体工商户的贷款公司，也统称为“小额贷款公司”，这些实际上应该叫“贷款公司”更为恰当。中国针对贫困或落后地区的低收入人群提供国际意义上“小额贷款”的机构，主要由政府及一些国有金融商业机构以及很少的商业性的以盈利为目的的小贷公司和非商业的以公益慈善为目的的 NGO 组织。从产权来看，政府及国有的商业机构产权公有；后两类则是有明确的私有产权。

如同商洛模式最终没有竞争过同一时期的中国扶贫基金会小额模式一样，产权公有的机构去做这类小额信贷扶贫最终也都是以失败而告终，无一例外。原因就出在产权公有上，这些钱是政府的财政投入，不是负责执行的部门和官员自己掏钱去做，他们本身就没有动力去像企业家一样用好这笔钱，更不用说去努力降低交易费用了。政府不是企业，没有经营收入，所有的收入都来自纳税人，羊毛出在羊身上，政府花钱就等于纳税人花钱。对于小额信贷扶贫也是如此，政府最好不要直接去做，政府要做的是在制度环境上，为企业家和 NGO 组织在信贷对接上做好辅助性工作，鼓励和支持他们在降低交易费用上努力。

中和农信的成功之道

由于中和农信还在发展演化中，到其转型为可在全国开展吸储放贷的乡村银行，还有漫长的路要走，但从世行的两个项目至今，已走过 16 个年头，成为中国规模和影响力最大、且又实现了可持续发展的小额信贷公益机构，其成功之处，的确值得总结。

以非商业性、公益慈善为目标的扶贫性质的小额信贷组织，分为两种类型。一种是基于传统理念，认为对这类贫困人群应该给予低利率的补贴或者扶持。这其实是一种变相的救助或者福利，这种对穷人进行输血式的帮扶，资金总有断源的一天，机构自身很难续存下来；另一种则是接受现代商业社会的运作逻辑，同样是面对低收入人群，但其贷款利率要比正规金融机构的高一些，利息的收入要足以填补机构运作的费用，从而实现机构本身的可持续性。机构要能自负盈亏，能存活下来，才能更好更多地帮助穷人脱贫。现在这一理念正被从事小额信贷扶贫的 NGO 越来越多地接受。中和农信无疑是第二种的典型代表。

作为中国第一家在工商部门注册、以扶贫为目的的公益性小额信贷机构，中和农信有其鲜明的特点，曾被学界总结为“四是而非”：是扶贫，而非传统扶贫（针对的是低收入群体的金融需求）；是慈善，而非传统慈善（利用现代企业制度的理念，实现机构的可持续）；是金融，而非传统金融（针对的是缺乏抵押担保品的低收入群体）；是企业，而非营利性企业（利息扣除运作成本后的收入不能用作分红，而是循环投入使用到扶贫中来）。

迄今为止，中和农信已为低收入群体累计贷款超过三十亿元，有效客户群体超过十万人，业务范围遍及 13 个省市 50 多个贫困县，成为中国小额信贷扶贫的一面大旗，引起国内、国际同行的普遍关注。

中和农信成功的原因主要有以下三点：

一是引入并摸索出一套良好的制度安排方式，降低了交易费用。经过多年的实践累积，现在中和农信的产品主要集中在“五户联保”上，主要针对年龄在 20 到 60 岁之间的家庭妇女，集中起来每人可以申请 8,000 元或 12,000 元的两款贷款产品（这种产品设计自动瞄准农村中的低收入人群），禁止垒大户（名义上是五户申请，但实际上是一户使用）。任何一户发生违约，没能按期还款，其他人都要承担相关的连带责任。本质上，这是一个捆绑式的合约安排。实际上是利用了乡村熟人社会的信任机制，把中和农信和客户之间较高的交易费用降低了（内化为五户之间的交易费用）。20 岁至 60 岁之间的妇女正是正常的劳动年龄，妇女流动性低，在家多从事的是养殖和种植业，且五户之间相互知根知底，因为要承担连带责任，她们本身会把不守信者清除出去。若真有一两个违约到期不还贷者，连带责任的压力也使得她们可以相互接济，确保按期还款。中和农信的贷款还款期限为半年期和一年期，并以后者为主。一年期贷款一般分 10 期还款，从贷款日后的第三个月开始还款，一月一次。这种贷款期和还款期的设计符合农村的生产、养殖规律，也与农民的现金流和消费习惯相契合，分 10 期还款，也大大减轻了还贷的压力。实际上，中和农信不鼓励半年期贷款，因为不符合农民的收支现金流特点，每一期的还贷压力大，且与一年期贷款相比，半年期的订约和管理成本要高一些。

同时，中和农信的地方服务社主任和信贷员也都是从地方上招聘，而不是从总部下派，这就充分利用了他们熟悉地方地理和交通状况、与客户易于频繁互动、相互了解、方便搜寻和监管客户的优势。中和农信地方自立服务社主任多是由地方政府推荐，由一些退休的或者升迁无望，但又有一定的社会威望和管理经验的地方官员担任。他们是中和农信的全职工作人员，吸引力在于他们的收入要高于本地公务员的名义工资。而信贷员多是由中和农信人力资源部门按照一定的招聘流程在地方上聘用的，现在全国的情况大致是信贷员男女比例各占一半，他们与客户的沟通能力和开拓新客户的能力是中和农信比较看重的。

正是由于找到了一套良好的制度安排，设计了对路的信贷产品，中和农信运作至今，坏账率极低，迄今真正注销的贷款只有 150 多万，还款率在 99% 以上。

二是融资的成本优势。中和农信现一年期的“五户联保”产品，全国平均利率大概在 13.4%，半年期的产品贷款利率在 15% 到 16% 之间。这个贷款利率比当地的农信社和邮政储蓄的贷款利率要高一些，但低于民间借贷的利率。这样的利率设计是有原因的。

目前中和农信在一个县的自立服务社投入的信贷资金平均下来大概在三千万元左右。中和农信鼓励客户，能在银行借到钱就不要到服务社来贷款。若名义贷款利率低于当地的农信社或邮政储蓄贷款，当地居民一旦有贷款需求，第一个选择就会想到中和农信，但信贷员都是本地人，他有熟悉的亲朋，会被各种善于搞“关系”者俘获。而这些善于搞“关系”的、沟通能力强的人，往往都是当地的富人，这样，中和农信的管理或者说监督信贷员的信贷行为的成本就会大大增加，因为有现实的利益需求，依靠总部发文等方式来监督信贷员是行不通的。所以，小额信贷的名义利率高于当地的信用社，就是为了内部监管、约束信贷员的需要，同时可以通过这个设计，把农村中的富人变相排挤出去，保证贷款者是农村中真正的低收入群体。

尽管名义贷款利率高于当地的农村信用社或邮政储蓄银行，但中和农信的实际利率（这里指名义利率加上交易费用）却未必高。中和农信有非常高效的放贷机制，只要五户达成联保意向，由小组长申请，无需担保和抵押，从申请贷款到贷款到手，不超过 7 天，而信贷员从调查情况到下乡放贷一般不超过 3 天。这种放款的便捷和快速，其实也是一种成本的降低。到当地的农村信用社和邮政储蓄银行申请贷款，农户不仅要来回多趟（交通成本），还要托关系、请吃喝等（这是一种交易费用），同时还要缴纳一些评估费、保险费、账户维护费等。这些成本在中和农信中都省掉了，无需请吃饭，信贷员送贷上门，也不需交纳各种管理费用，这就是中和农信与当地的信用社或邮政储蓄银行相比竞争力的所在。

中和农信明确指出，目前它们真正的竞争对手是民间借贷，这也体现出其“公益性”所在，因为中和农信的利率要比民间借贷低，且真正面向低收入人群。商业性的民间借贷公司，贷款者的收入状况和贷款的使用流向不是其考虑的主要内容，而这恰恰是中和农信最为关注的，这也是小额贷款的“扶贫”要义。

那么，这 13.4% 的年利率是如何算出来的呢？利率主要由四部分构成，一是融资成本（现在大概在 9% 左右），二是管理费用（包括总部的协调管理成本、信贷员的工资、交通补贴、福利等），三是风险储备，要为可能发生的坏账提供一些准备金，四是扣除这些后还有一定的资产回报，以维持机构的可持续运营。

据中和农信总经理刘冬文介绍，现在中和农信的资产收益率为 1%—2% 之间，利息的收入刚刚能维持机构的可持续运营和保持微利水平，以便为贫困农户服务。同时，中和农信之所以给贫困农户的贷款利率远低于民间借贷公司，一个重要原因就是中和农信的融资成本优势。中和农信的信贷资金主要由赠款、政府的配套资金、企业提供的无息贷款以及从一些商业银行批发的资金组成，前三者的融资成本近乎为零，后者则需要一定的融资、担保成本。在2006年之前，由于中和农信使用的贷款本金基本上是赠款和地方政府的配套资金，融资成本低，当时他们给农户贷款的年利率只有7%左右。近年来随着业务的扩张，贷款本金更多的使用商业银行的批发资金，所以利率也在逐年提高，一直达到去年的年均13.4%的水平，但这仍远低于民间借贷利率。同时，由于中和农信是公益性的扶贫机构，虽然其是在工商部门而不是在民政部门注册，仍能争取到财政部和税务总局下发的免征利息收入营业税和企业所得税的政策优惠，这也是其能以更低的利息贷款给贫困农民的一个重要原因。

三是其管理成本控制得好。任何企业要变得优秀，其内部的管理协调一定要做好，成本控制比同业更有竞争力。中和农信之所以能坚持16年，并发展壮大，与其具有企业家精神的核心团队的坚守分不开。中和农信的三个核心成员何道峰（现任扶贫基金会执行副会长）、王行最（现任中国扶贫基金会副会长）和刘冬文（现任中和农信总经理），均富有远见、作风踏实和勇于开拓创新，尤其是何道峰本身就是著名的企业家。他们一开始运作扶贫基金会的项目，就以做企业的思路在做事。中和农信的管理架构，是典型的现代企业的组织架构，远远领先于国内其他小额信贷扶贫机构。中和农信对员工招聘流程有明确的规定，重视风险监控和企业文化建设，也极为重视现代信息技术在客户数据管理和监控中的作用。这些都很好地保证了其内部管理的成本的稳定。

未来的转型

"安得广厦千万间，大庇天下寒士俱欢颜!"人人都能过上富足的生活，免于饥饿，是人类千百年来的梦想。但回顾人类发展史，真正能做到这一点，并使得人类福利大幅度改善的，还是工业革命之后的这400年。

改革开放30多年来，中国人摆脱贫穷，走上富裕之路充满了奇迹。截至2008年，按照世行的标准，中国的绝对贫困人口数量由1978年的2.5亿减少为1,479万人，减少了2.3亿，年均脱贫近800万人，占全球脱贫人口的60%。

实际上，从中和农信的信贷产品的演化就能看到中国财富增长和扶贫的进展。从1996年最初的1,000、1,500、2,000元的信贷产品，发展到目前的联保产品为8,000元和12,000元两个档次，个贷产品为30,000和50,000两个档次。低收入阶层所获得的信贷产品数额已经随着中国经济的增长在不断上调。可以想见，中国真正步入中等收入和发达国家阶段之后，相对意义上的低收入阶层所需要的信贷服务将由社区银行、村镇银行和合作信用社等机构来提供。未来若能成功转型，中和农信的“扶贫”功能将逐步弱化，而作为一个面向全国村镇的为低收入群体服务的金融机构的功能会进一步凸显。

2007年中国第一次出现了全国范围的“用工荒”，这意味着中国的“刘易斯拐点”的到来。劳动力从农业转到工业已经几近完成，未来的务农人员和务工人员的收入将会持续收窄持平，劳动力价格告别了过去十多年来不提升的局面，而进入到一个持续上升的通道。这也意味着，只要具有基本的劳动能力，能找到一份工作，无论是务农还是务工，收入都会提升。

中和农信的管理者们对这一趋势是很清楚的。随着中国的经济发展和城市化的快速推进，乡村人口流动性的增强和“交易”向陌生人之间扩展，“联保”的信贷产品将会逐步淡出。而随着农村的集体土地未来会分派给农户并允许流转抵押，宅基地及其上的住宅也能流转抵押，个人抵押贷款或这种“无抵押”的个贷产品将会成为主流。这也是中和农信总经理刘冬文预判的未来趋势。

对于近期目标，中和农信提出由“双十”向“双百”迈进，就是“有效客户要由当前的十万户向百万户迈进，年放贷量要由十亿元向百亿元迈进”。要实现这个目标，当前的两大挑战集中在团队建设和融资压力上。要达到当年放贷量100亿元，按照当前1.5的流转率，信贷本金则要达到65亿元。除了继续维持和强化原来的资金来源渠道外，中和农信现在也在积极拓展新的资金来源，如长期债券、信托、股权融资等。

就长期而言，中和农信要真正转变为“山水间的百姓银行”，还取决于中央金融政策的突破和放宽，能允许中和农信注册为一个在全国范围内从事小额信贷扶贫业务的公司，并在政策上把商业性的贷款公司剔除出去，还“小额贷款”以本来的面目和意义，监管机构对不同类型的贷款公司进行分类监管和指导；接下来最重要的一步就是允许吸储，并能从事通常意义的银行业务。这样，中和农信方能真正转型成功，成为名副其实的面向全国村镇的、为低收入群体服务的百姓银行。

小额信贷在中国

——艰难前行的公益小额信贷

《小额信贷在中国》丛书编委会　编

中国财政经济出版社

图书在版编目（CIP）数据

艰难前行的公益小额信贷／《小额信贷在中国》编委会编著．—北京：中国财政经济出版社，2013.3

（小额信贷在中国；2）

ISBN 978－7－5095－4343－6

Ⅰ．①艰…　Ⅱ．①小…　Ⅲ．①农业信贷－信贷管理－研究－中国　Ⅳ．①F832.43

中国版本图书馆CIP数据核字（2013）第042020号

责任编辑：罗亚洪　　　　责任校对：王　英

封面设计：郁　佳　丁亚青

中国财政经济出版社出版

URL：http：//www.cfeph.cn

E－mail：cfeph@cfeph.cn

社址：北京市海淀区阜成路甲28号　邮政编码：100142

营销中心电话：88190406　北京财经书店电话：64033436　84041336

北京财经印刷厂印刷　各地新华书店经销

787×960 毫米　16开　81.5印张　1 550 000字

2013年3月第1版　2013年3月北京第1次印刷

定价：265.00元（共五册）

ISBN 978－7－5095－4343－6/F·3524

（图书出现印装问题，本社负责调换）

本社质量投诉电话：010－88190744

反盗版举报热线:88190492、88190446

编写说明

本丛书由中国扶贫基金会组织专家编写，其中，《国际实践中的小额信贷》由潘席龙、王光龙编写，《农村信贷配给与小额信贷体系建设》由焦瑾璞编写，《艰难前行的公益小额信贷》由吴国宝编写，《以小额信贷促进社会公平》由康晓光、冯利、程恩江编写，《中国扶贫基金会小额信贷发展史》由何雪峰、张天潘、李响、陈建利编写。

总 序

小额信贷这个概念始于哥伦比亚和美国非盈利组织的微型金融公益探索。因为尤努斯在孟加拉乡村穷人银行大规模扶贫的成功试验，使其具有了鲜活的、与传统银行信贷业务完全不同的金融创新意义。它对传统信贷的创新达到了颠覆的程度，主要体现在：认为穷人是有信用和有能力的，因此可以作为正规金融服务细分市场的潜在客户，银行可以服务此类客户从而摈弃令人憎恶的嫌贫爱富形象；给这群客户提供服务可以不用传统金融信贷的项目风险评估、财产抵押和信用担保工具，而使用贷款成员组织的评估和相互信用保证工具，来达到控制信贷风险、保证还贷的目的；可以在令人憎恶的高利贷和大额贷款利率之间找到一个理性的利率区间，使得到服务的穷人和信贷机构找到双方均可持续发展的双赢平衡点，而不是将信贷机构的可持续发展建立在对服务对象落井下石、趁火打劫似的高利贷上。小额信贷的金融创新还同时带来了扶贫公益的创新，即原有的扶贫公益更多地通过赠予来推动受益贫困人群状况的改善和减贫，而小额信贷则开启了通过信贷服务跟穷人进行平等交易的经营性扶贫大门。这种方式把穷人从受扶助的弱者位置一下拉到了与资助者完全平等的合约地位，给穷人施加还款信用压力的同时也给他们注入了自立自强的勇气和信心。通过培训、互动、交流、经营、销售、还款、算账、再贷款的持续，这场扶助使受助穷人通过“干中学”的行为模式得到了能力的成长和提升，因而可以从根本上改变并摆脱贫困。正是这种金融创新和扶贫公益创新，使小额信贷实践在20世纪90年代以来的近二十年间，在国际公益扶贫舞台上大显身手，也使小额信贷这个概念在金融领域具有了独特的意义和内涵。尤努斯也因此获得了诺贝尔和平奖。

中国的小额信贷始于20世纪90年代中期，主要经由两种方式探索：其一是非盈利组织推动的扶贫公益小额信贷探索；其二是90年代末期政府拿出50亿委托农业银行和信用社进行扶贫小额信贷探索。第一种方式因为缺乏法

律和资金支持而发展缓慢；第二种方式则因为正规金融机构缺乏兼容小额信贷业务的机制与内生动力导致还款率低下，且没有社会问责，最后不了了之。最近几年，在全球金融危机和中国为解决农村金融服务不足及金融改革的背景下，演绎出了一幅小额贷款公司蓬勃发展的图景。2009年中国的小额信贷公司迅速崛起，特别是2011—2012年因资金通过国有银行流入国营企业和地方政府融资平台后，在民营企业资金奇缺、人民币升值和劳动力价格上涨的三重夹击之下，信贷需求陡涨，小额贷款公司更是如雨后春笋般的飞速发展。2011年全国小贷公司发展到4,200多家，资本金3,000亿元，贷款余额3,900多亿元；2012年全国小贷公司发展到6,000多家，资本金5,000亿元，贷款余额6,000多亿元。同时，农村信用社宣称其小额信贷的业务已达到6,500亿元，农业银行小额信贷超过1,000亿元，国家开发银行小额信贷有700多亿元，邮储银行小额信贷超过2,000亿元，村镇银行小额贷款规模接近千亿元。从这些数字中似乎可以得出这样的结论：中国是全世界小额信贷后来居上的国家，迅速崛起，飞速发展，很快就解决了小额信贷的普及问题。

但是，这些统计数据都不来自独立第三方，全是当事人自身发布的，因此概念边界、统计口径、数据真实性、数据背后的可比性等都存在一些问题，无法进行可靠的认定、比较和衡量。我们显然也不能轻率地因这些数据而得出上述结论。

问题出在哪里？除了统计数据的真实性外，最大的问题是概念边界。什么是小额信贷，这是有普世定义的，即针对穷人的、含有扶贫公益性质的金融信贷创新。另外，一个很直接的概念就是单笔贷款规模。按照国际上一个通常的共识，单笔贷款规模不大于人均GDP两倍的，可算作小额信贷范畴。那么，中国小额信贷的贷款额度界限是多少？中国小额信贷运作方式又是否符合小额信贷的国际规范？显然，现在所说的那些数据肯定不是在同一范畴或同一可比标准之下的。小额贷款公司所谓小额信贷平均单笔贷款规模超过150万元，且单笔规模呈逐年快速提升趋势，最大的单笔贷款已超过2,000万元；信用社所谓小额信贷是指单笔贷款为30万元，农业银行单笔贷款则为30万元。而非盈利组织讲的小额信贷可能是单笔几千元，1万元等。这样一些数字放在一起，能得出国际通行的小额信贷可比概念下的发展状况吗？这又能说明什么问题呢？

为什么会出现上述状况？就小额贷款公司而言，主要是因为“23号文”所定的两个关键性政策变量：其一是小额贷款公司利率可以突破人民银行基准利率，上不封顶（司法解释是不超过央行基准利率的4倍）；其二是小额贷款公司单笔贷款最高限额不超过注册资本金的5%。这两个政策变量吸引资本创办小额贷款公司并提升注册资本金。就某些国有银行而言，因为国际通行的小额信贷代表着扶贫和服务“三农”，这符合中央政府倡导的政策，所以在统计和上报业绩时倾向于增大小额信贷数据，以体现其服务“三农”的政绩，其行为取向也十分清楚。

当然很多人可能认为，大额度贷款对中小企业也很有价值，因此概念可以宽泛，不必让小额信贷的概念这么窄。中国的中小企业确实需要贷款扶持，很多机构为中小企业提供信贷服务更是无可非议。但这是两个完全不相关的问题：其一是什么是真正意义上的小额信贷；其二是小额信贷是否排斥农村中小企业贷款。就像人类创造了“家禽”概念，是因为它有有别于其他“家畜”的特征，我们不能因为“小猪”和“小牛”存在饲料需要就把它们统计到“家禽”中来。科学的发展依赖于分类的严格，只有如此才能促进新的发明和发现。政策制定的科学性在于政策所针对对象的科学分类和严格定义，混淆了分类和定义就不可能得出正确的判断和制定出理性的引导政策。

面对小额信贷的现状，确实需要进行深入的基本面研究和讨论，以使行业找到跟国际接轨的、在同一种语境中的交流语言和行业标准。正本清源，才能找到理性的行业政策扶持与监管方法，否则被无限宽泛化的“小额信贷”概念会鸠占鹊巢，形成政策误导，掩盖了低收入人群的自立扶贫和金融服务需求，避免用解决农村问题来掩盖农业问题、用解决农业问题来掩盖农民问题、用解决富裕农民的问题来掩盖低收入农民问题。若形成宽泛的小额信贷概念，而政府出台的小额信贷政策又不鼓励机构去做低收入人群的金融服务，那么，国际通行的小额信贷渠道会被中小企业贷款占据。为什么要把事情搞成如此局面？为什么要掺杂人为的混淆？在这样含混复杂的系统中又如何导入差别化的资金和利率管理、税收优惠、风险监管等政策措施？针对这些措施我们期待什么样的政策结果？不同的小额信贷运营主体应如何认识、面对自身所存在的问题并改进之？

正是为了理清小额信贷行业的上述问题，并寻求这些问题背后的答案，中国扶贫基金会资助出版了《小额信贷在中国》。该套书委托业内专家进行了认真的梳理与调查研究。这些专家包括中国人民银行长期从事农村金融研究与政策制定的焦瑾璞研究员、中国人民大学长期从事非盈利组织及行业研究的康晓光教授、世界银行长期从事小额信贷研究与咨询的资深研究员程恩江先生、中国社会科学院长期从事非盈利组织与小额信贷研究的吴国宝研究员、西南财经大学中国金融研究中心长期从事国际小额信贷研究的潘席龙教授，以及《南方都市报》资深记者和编辑何雪峰先生。他们的研究成果通过这套书呈现出来，其中包括：焦瑾璞先生及其团队的《农村信贷配给与小额信贷

体系建设》、康晓光先生和程恩江先生合作的《以小额信贷促进社会公平》、吴国宝先生及其团队的《艰难前行的公益小额信贷》、潘席龙先生的《国际实践中的小额信贷》以及何雪峰先生及其团队的《中国扶贫基金会小额信贷发展史》。

这些研究所体现的是这些专家观察和理解中国小额信贷领域现状与问题的不同视角。不同的视角得出不一样的结论是很正常的，而且正是这些不同的理解才会产生差异化和思想碰撞。作为发起和资助人，中国扶贫基金会无法对上述专家的研究作专业性评价，但我们相信这些从该领域著名专家学者库中筛选出的专家的能力和水平。他们具有独立思想和意志，研究方法严谨，注重调查研究结果，具有高深的数据处理能力和学术造诣。相信他们的研究、著述和观点能引起各方的关注和深入讨论，引发更深刻的发问、思辨以及进一步的研究，从而推动研究人员和政策制定者的理性思考，推动合理政策的出台，推动行业的治理改进，从而改变现状，理性发展。

为此，我谨代表资助方感谢参与该项研究的所有学者及其研究助手，是他们的独立思考、深入调研与辛勤劳作成就了这套书，让我们能在万马奔腾、泥沙俱下的蓬勃发展中冷静下来，分享独立观察与自由思考的盛宴，让我们全力奔跑时停下脚步回望印在沙滩上的串串脚印，从而引发我们的互动、思考与校正；同时，我也要感谢美国如新集团和世界银行国际金融公司，是他们的慷慨资助才使研究和出版工作得以顺利进行；我也要感谢我的同仁王行最、刘文奎，还有刘冬文、王静艳及其团队，是他们的努力与执行力使这套书得以面世。最后，感谢中国财政经济出版社的同志，是他们做了无数细致而琐碎的编校工作，才保证了这套书的出版质量。

研究是为了深入思考，思考是为了改变我们的行动，行动是为了改变我们，改变我们是为了影响和改变世界。让我们为小额信贷行业正能量的积累以及行业的健康理性发展而祈福！

何道峰

中国扶贫基金会执行副会长

2013年2月22日

目　录

艰难前行中的中国公益小额信贷——综合研究部分

艰难前行中的中国公益小额信贷——案例研究部分

艰难前行中的中国公益小额信贷
——综合研究部分

吴国宝

第一章 引　言

目前，中国小额信贷的发展已步入了第三个10年。20多年来，中国小额信贷的实践者、政策制定者和学者们一直在苦苦探寻和追求中推动着中国小额信贷艰难前行。作为中国小额信贷发展开路先锋的公益小额信贷，在20多年的风风雨雨中几经起伏。本项研究就是想通过对中国公益小额信贷过去20多年，尤其是最近10年发展的历程、现状和问题进行实证分析，以期为其未来更好的发展探寻合适的道路。

一、问题的提出

现代意义上的小额信贷是在20世纪90年代初期由国际机构引入中国的。在20世纪90年代中后期，伴随着国内政府扶贫小额信贷的勃兴和国际上小额信贷运动的发展，各种小额信贷项目如雨后春笋般发展起来，中国小额信贷在空间上几成燎原之势。2000年以后，中国小额信贷发展的形势出现了重大的变化。首先，政府扶贫小额信贷随着“八七”扶贫攻坚计划的完成和贷款拖欠引起的压力日增而逐渐淡出，这使得此前在扶贫的旗帜下存在的众多小额信贷项目直接面对机构合法性的质疑。其次，依靠国际机构资助建立起来的大多数小额信贷项目在2000年前后陆续到达项目结束期。这些过去以项目形式存在的小额信贷该何去何从——是随着项目的结束而自动消失，或者继续维持既有的形式勉力挣扎下去，还是实现项目小额信贷向机构小额信贷的转型——成为项目小额信贷不可回避的一个问题。与此同时，即使选择转型也面临着目标形式和路径选择、资金来源等诸多困难。再次，2006年年底中国银行业监督管理委员会（简称“银监会”）“关于调整放宽农村地区银行业金融机构准入政策，更好支持社会主义新农村建设的若干意见”发布以后，贷款公司、村镇银行和农村资金互助社等新型农村金融机构开始出现，尤其是2008年出台的关于小额贷款公司（以下简称“小贷公司”）试点的政策，因政策对出资人资格、注册资本金、资金来源和运营范围的限定相对比较款松，小贷公司在过去几年获得了快速的发展——到2012年3月底，全国有小贷公司4,878家，实收资本3,871.37亿元，贷款余额4,447.25亿元。

农村新型金融机构，尤其是小贷公司的迅速发展，在拓宽农村金融服务渠道、重塑中国农村金融版图的同时，也对金融监管部门、小额信贷实践者和研究人员提出了一个新的必须直接面对的问题，即：中国农村金融市场上中低收入人群和微型（个体）企业的金融需求，能否由现有正规金融机构的产品创新和新型农村金融机构的发展得到全面有效的满足？也就是说，中国农村金融市场是否还存在一块现有正规金融机构和农村新型金融机构仍无法满足需求的空间，必须由另外一类或一些金融服务提供者来补充。如果确实存在这样一部分正规金融机构和农村新型金融机构都不能够或者不愿意服务的农村金融市场，其市场空白（缝隙）该由谁来填补？现存的正规金融机构和农村新型金融机构以外的小额信贷组织，是否有能力或潜力来为这部分被边缘化了的农村用户持续、有效地提供金融服务？若能，它们需要政府和其他方面再提供哪些支持和帮助？

本项研究的任务就是在分析中国农村金融市场需求满足状况的基础上，重点研究中国正规金融机构和农村新型金融机构以外的小额信贷服务提供机构或项目的金融服务能力及其可持续性，分析公益小额信贷发展面临的外部环境和内部约束，探讨公益小额信贷发展的可能目标选择和实现路径，讨论其未来发展所需要的政策、技术和其他方面的支持和帮助。

二、研究问题界定

为了区分于以追求利润最大化为目标的纯商业性小额信贷，近年来国内部分人士提出了“公益小额信贷”的概念。然而，迄今为止有关公益小额信贷的讨论都是在一个概念比较含糊的基础上开展的，对于公益小额信贷的内涵、外延却少有深入的讨论。

（一）小额信贷的界定

在讨论公益小额信贷的概念之前，先让我们看看国际上有关小额信贷的定义和分类。虽然不同的机构和学者在定义小额信贷时所持的视角和关注的重点不同，对小额信贷的定义表述也有差异，但是国际上对于小额信贷的理解基本上大同小异。概括来说，国际社会所理解的小额信贷包括以下几层含义：第一，小额信贷是为不能从正规金融机构获得信贷服务的贫困或低收入人口提供的小额度的信贷服务；这部分人群不能提供正规金融机构贷款所需的抵押、担保条件，没有贷款记录且贷款额度小，为他们提供贷款发生的交易费用高；第二，为这部分人群持续提供信贷服务的机构和组织，需要通过金融创新（如利用熟人社会的信息对称性、采取小组贷款方式增加按时还款的压力等）来降低交易费用、避免和控制贷款拖欠；第三，提供的贷款额度较小，平均贷款余额不超过人均收入的1.5～2.5倍。

以上所概括的小额信贷的含义，实际上包括了有关小额信贷本质理解的几个关键问题，我们需要对其一一加以分析和讨论。

1. 小额信贷服务于一个被正规金融机构边缘化或排斥的特定的市场。在这一特定的市场上，用户存在信贷需求，但不能提供从正规金融机构贷款所需要的抵押、担保条件；同时，由于需要的贷款规模小且分散，按照正规金融机构的贷款作业方法和程序，完成一笔贷款发生的交易费用高。从其市场特征来看，国际上通常所谓的小额信贷服务的特定市场，主要是指具有信贷需求的广大低收入人群。这个市场上的信贷用户不能从正规金融机构获得贷款，不能提供符合正规金融机构贷款资格要求的抵押、担保条件。因此，是否从正规金融机构获得贷款，贷款是否要求提供抵押和物质担保，可以作为判定小额信贷用户的一个关键条件。但是，这只能算是小额信贷的一个必要条件。在现实世界中，还存在一些例外的情况。比如，小额信贷机构为了留住其所培育起来的客户，在这些客户成长到一定阶段已经具备了从正规金融机构得到贷款的条件时，依然为其提供服务，甚至为其度身定制信贷产品(可能包括抵押、担保方面的要求)。虽然，以前不少小额信贷实践者和研究人员，主张让这些以能够从正规金融机构得到贷款的用户从小额信贷中“毕业”，但是大多数这样的用户都选择留在小额信贷市场中，而且小额信贷机构由于已建立起来的互信也乐意继续为这部分本该毕业的用户提供所需的信贷服务。

2. 为这个特定市场上的用户提供信贷服务的机构，需要采用有别于传统金融机构的创新的产品、技术和制度，才能持续地为小额信贷市场上的用户提供信贷服务。这是由所服务的这些特定用户的本质规定性派生出来的一个要求。直观地说，如果传统的金融产品、技术和制度，能够满足这部分用户的需求，也就不存在小额信贷生存和发展的内在需求和空间。近30多年来，小额信贷创新利用熟人社会的信息对称性来识别用户的贷款需求和社会信用，采取小组联保贷款、贷款给妇女、提供再贷款机会等方式保证和激励用户按时还款、降低贷款拖欠的风险，采取简便、快捷的贷款审批和发放程序和方法以降低交易费用，等等。既然这些特殊的信贷产品、技术和制度安排是为小额信贷所服务的特定客户设计的，那么能否将这些小额信贷创新产物反过来用以界定小额信贷的边界呢？从国内外的小额信贷实践经验来看，这些创新也只能作为判定小额信贷的必要条件，而非充要条件。

3. 小额信贷所提供的贷款应是小额度的。同样地，小额度也是由小额信贷所服务的特定用户的本质规定性所派生出来的一个要求。虽然中文将 micro-

finance 或 microcredit 翻译成微型金融或小额信贷，但小额信贷在国际语境中，更多地是指提供给微型企业的金融或信贷服务。小额信贷提供小额度贷款，源于这些不能从正规金融机构获得信贷服务用户的信贷需求、管理能力和小额信贷机构控制风险的需要。对于不能从正规金融机构获得信贷服务、不能提供抵押和物质担保的用户来说，一方面他们需要而且能管理好的贷款只能是小额的，否则他们不会穷到提供不了必要的抵押或担保；另一方面，小额信贷机构也不愿冒险为没有贷款历史记录且不能提供抵押、担保的他们一开始就提供大额度的贷款。显然，小额可以作为判定小额信贷的一个重要条件。不过，究竟多大算小额，或者说小额信贷的数量界限如何确定，是一个需要认真讨论的问题。

国际上通常使用小额信贷机构或产品的每个借款人的平均贷款余额与人均国民收入的比值来衡量该机构或产品服务的深度。如果一个机构或产品的平均贷款余额与人均国民收入的比值小于20%，其服务的用户可以视为很贫困的[①]。世界上最著名的小额信贷信息收集和分析组织——小额信贷信息交流网络（Microfinance Information Exchange，MIX），将平均贷款余额与人均国民收入的比值小于250%的信贷服务机构视为定义小额信贷机构的一个关键指标。根据MIX收集的国际上小额信贷机构1995～2011年的数据，10,150个样本中借款人的平均贷款余额与人均国民收入的比值的均值为85.95%，中位数为31.25%。样本中借款人的平均贷款余额与人均国民收入的比值大于250%的占5.67%，比值在100%～250%之间的占11.98%，比值小于100%的占82.35%。一般来说，经济发展水平越高，小额信贷借款人的平均贷款余额与人均国民收入的比值相对越小。在10,150个样本中，当所在国家人均国民收入大于1万美元，小额信贷借款人的平均贷款余额与人均国民收入的比值平均只有19.37%；人均国民收入在5,000～10,000美元，这个比值提高到45.96%；人均国民收入在3,000～5,000美元之间，比值为97.26%；人均国民收入小于3,000美元，比值平均为90.41%。可见小额信贷中的小额在不同的发展水平有不同的含义。我国2011年人均国民收入约为5,500美元，按国际上小额信贷的平均状况，小额信贷一个借款人平均贷款余额应为人均国民收入的70%左右（人均国民收入在5,000～6,000美元之间的187个小额信贷机构，这个比值平均为70.37%），也就是说约25,000元人民币。

利用MIX小额信贷机构的数据，我们对小额信贷借款人平均贷款余额的

---

① Richard Rosenberg. "Measuring Results of Microfinance Institutions: Minimum Indicators That Donors and Investors Should Track", A technical Guide, CCGAP, June 2009.

决定因素作了回归分析。结果表明，所在国家的发展水平（人均国民收入）、机构的成熟度、小额信贷机构类型（是否商业银行、合作金融机构、农村银行、非银行金融机构、非政府组织），对平均贷款余额的决定都具有统计学上的显著性。在所有变量中，只有小额信贷机构为非政府组织，对贷款余额的系数值是负数，即：小额信贷机构为非政府组织，起着降低贷款规模的作用；其他变量对平均贷款余额的弹性系数都为正值，表明小额信贷机构所在国家的经济发展水平越高、机构的成熟度越高，小额信贷机构为商业银行、合作金融机构、农村银行、非银行金融机构，贷款的平均规模就越大。综上所述，在以平均贷款余额界定小额信贷边界时，必须考虑国家的发展水平、机构的成熟程度和组织形式。

（二）中国小额信贷概念使用中出现的乱象

在国家银监会 2008 年 5 月发布“关于小额贷款公司试点的指导意见”（简称“指导意见”）之前，中国小额信贷基本上坚守着国际上小额信贷“小额、无抵押和担保、以低收入人群为主”的原则。

小贷公司试点政策出台以后，在不到四年的时间内（到 2012 年 3 月底），小贷公司机构数增长到 4, 878 个，贷款余额增长到 4, 447. 25 亿元（图 1）。在不到四年时间内，小贷公司的贷款余额相当于已发展了 20 年非政府机构贷款余额的 200 多倍，相当于早起步两年的农村新型金融机构贷款余额的 3 倍；小贷公司年新增贷款余额甚至已接近建立了 60 多年在全国拥有近 2, 700 个法人机构和 76 万多员工的农村合作金融机构（含农信社、农商行和农村合作银行）的 1/5。小贷公司之所以能在短时间内实现快速发展，一方面说明了中国金融需求、尤其是中小企业对信贷资金的需求巨大，另一方面也是由于“指导意见”确定了比较宽松的政策。相较于中国银监会 2006 年出台的“关于调整放宽农村地区银行业金融机构准入政策，更好支持社会主义新农村建设的若干意见”所确立的政策，“指导意见”对小贷公司的设立条件、审批权限和贷款使用等方面的规定，都要宽松得多。

小贷公司的快速发展，对于完善和发展我国的金融供给体系、促进金融机构之间的竞争、增加和改进对中小企业的融资，都具有重要的现实意义和象征意义。不过，以“小额贷款”标注的小贷公司的出现和发展，无论从政策设计还是从金融实践来看，都在使本来非常清晰的小额信贷概念变得混乱不堪，在某种意义上甚至会将为低端人群服务的名副其实的小额信贷，尤其是专业小额信贷机构逼入绝境。

从政策设计来看，一方面，“指导意见”提出的小贷公司的服务对象和贷款额度规定，事实上是直接或间接地将小贷公司的目标市场定位为农村的中

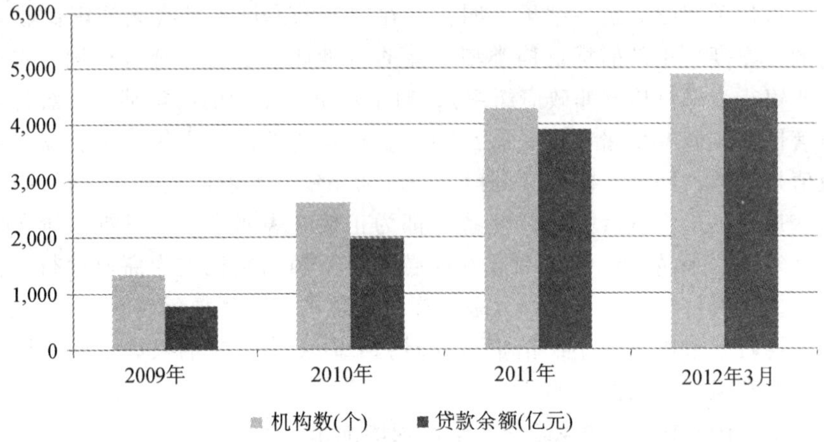

图 1　中国小贷公司的发展

数据来源：中国人民银行调查统计司，http：//www. pbc. gov. cn/publish/diaochatongjisi/

小企业，这种政策设计与国际上通行的将小额信贷的目标市场定位为不能从正规金融机构获得贷款的低收入人群的做法相悖，在政策上会形成小额信贷目标市场混乱的格局。“指导意见”主张小贷公司“在坚持为农民、农业和农村经济发展服务的原则下自主选择贷款对象”，同时“鼓励小额贷款公司面向农户和微型企业提供信贷服务”，并规定小贷公司同一借款人的贷款余额最高可达到公司资本净额的 5%。虽然“指导意见”将农户和农村微型企业也列为小贷公司鼓励的贷款对象，但是允许小贷公司将同一借款人的贷款上限定到公司资产净额的 5%，这也就意味着即使是只达到要求的注册资本金下限（500 万元）的小贷公司，单个借款人的贷款余额可达到 25 万元，这大约相当于农村合作金融机构 2009 年农户户均贷款余额的 12 倍多。另一方面，“指导意见”所确定的小贷公司的目标市场与 1999 年人民银行制定的“农村信用社农户小额信用贷款管理暂行办法”（简称“暂行办法”）所确定的农户小额信用贷款的目标市场存在很大的差异。“暂行办法”确定的农户小额信用贷款的目标人群为农村中等收入及以下的农户[①]。这种情况也会导致小额信贷政策之间的冲突和不协调。

从金融实践来看，小贷公司服务的市场、所采用的技术都与典型的小额信贷迥异。根据中国小额信贷联盟收集的数据统计，2011 年小贷公司每个借

① “暂行办法”中将家庭年人均纯收入 2,000 元作为划定农户优秀资信等级的一项指标，这相当于“暂行办法”出台时全国平均农民年人均纯收入的 90%，基本上处于当时按收入五等份分组的中等收入农户的中位数水平。

款人平均贷款余额 12.42 万元，由于上报小额信贷联盟的小贷公司数量少且其中部分还是由原来的非政府组织小额信贷转制而来的，这些小贷公司的每个借款人平均贷款余额可能比其他大多数小贷公司要低。不过，即使以每个借款人贷款余额 12.42 万元计算，这也相当于农村合作金融机构单个农户平均贷款余额的 6 倍多，达到 2011 年全国人均国民收入的 3.5 倍或农民人均纯收入的 17.8 倍。据此可以推断，小贷公司主要服务于农村的中小企业，而非一般的农户更不可能是低收入农户。同样地，由于单笔贷款额度高、每个信贷员管理的贷款余额平均达到 1,000 万元以上，多数小贷公司主要采用类似商业银行的贷款产品和技术，即主要提供基于财产抵押、质押、担保的贷款。显然，小贷公司所服务的市场和提供的产品、技术都不同于典型意义上的小额信贷，小贷公司提供的贷款大多不过是贴上了“小额贷款”标签的小型或微型企业贷款罢了。从农村信贷市场分区的角度看，如果说大型商业银行主要服务大中型企业，农村合作金融机构服务于农村的企业和中上层收入农户，小贷公司则服务于介于大型商业银行和农村合作金融机构之间的小、微型企业，农村的中下层收入农户的信贷需求依然处于供给不足状态。

虽然从字面上说，将为小型和微型企业提供的贷款简称为小额贷款也不为过，但是这种主要服务于小型和微型企业的“小额贷款”公司，会导致概念上的鱼目混珠和政策上的无从着力。一方面，小额贷款公司会造成金融市场上小额信贷概念的混乱，有可能使需要典型意义上的小额信贷服务的低端客户误将小贷公司提供的产品和服务等同于小额信贷而对真正的小额信贷望而却步；另一方面，小额贷款公司有可能占用真正小额信贷所应有的政策空间，从而导致小额信贷政策无从着力。真正的小额信贷由于服务于风险高和交易费用高的被正规金融机构边缘化和排斥的低端客户，需要在机构设立、利率、机构操作补贴、技术支持和税收等方面享有特殊的政策保护和支持，因而，多数国家都制定专门面向这些小额信贷机构的特殊政策和法规，来保护和支持这种服务于特殊人群和市场的信贷服务的发展。小额贷款公司的出现，将使政府出台支持和保护小额信贷发展特殊政策和法规变得更加困难和复杂。这是因为很难制定出一个能够有效瞄准处于信贷市场不同光谱上的金融服务机构和产品的政策。如果这样的政策重心往下移向服务于低端客户市场的机构和产品，远离这个市场的小贷公司也可因其所获得的“小额贷款”标签而受益；如果政策上移到瞄准小贷公司，真正服务于低端客户的小额信贷机构就只能眼瞅着别人受益却还要背着特殊政策受益人的美名。

（三）公益小额信贷

近年来，尽管公益小额信贷常被人提及，但却很少讨论究竟公益小额信贷的内涵和标准是什么。这里主要从几个方面来讨论公益小额信贷的属性、定义和边界。首先，需要明确公益性小额信贷是在中国特定的政策环境下产生的一个概念。作为以为被主流金融机构边缘化和排斥的低收入人群持续提供金融服务为使命的小额信贷，本来就具有公益活动的功能和性质，本不该有公益和非公益的分野。在国际上通用的语境中，小额信贷都是公益性的。在中国之所以提出公益小额信贷的问题，其初衷只是为了与以小额贷款公司所代表的更具商业性的“小额信贷”相区分。从广义的角度来看，毋庸讳言，小贷公司也兼具某种意义上的公益性质。小贷公司在一定程度上填补了农村金融市场的空隙，对于改善农村金融服务具有重要的意义。不过，这种意义上的公益性，就好比任何一个能够生产在市场上有需求的产品的企业对社会所具有的贡献一样。

其次，公益小额信贷的公益性，需要从信贷服务对象和信贷服务提供者两个方面来加以界定。其一，公益小额信贷主要服务于被主流金融机构边缘化和排斥的具有有效金融需求的客户，其目标客户在居民收入分配阶梯中处于相对较低的位置。为这部分客户提供所需的信贷服务，帮助他们更好地利用其所拥有的其他资源和能力，或者扩大经济活动规模、创办新的业务、提高生产效率，或者化解生活周期（life cycle）中出现的阶段性困难（如教育、培训、治病），从而提升他们的自我持续发展能力和生活质量。其二，公益小额信贷服务的提供机构应在战略层面确立明确的、持续为被主流金融机构边缘化和排斥的、具有有效金融需求的、在居民收入分配阶梯中处于相对较低位置的客户服务的宗旨和目标，也就是说他们要有社会企业家的责任感和社会担当。

再次，判别是否属于公益小额信贷需要确定具体的公开的指标。当然，如果从政策制定的角度来划定公益小额信贷，具体指标和临界值的确立需要做更多的研究和论证。在这里，我们主要对公益小额信贷的划定指标做一些抛砖引玉式的讨论。根据国际上近 20 年的小额信贷评估的经验，服务深度（outreach）和可持续性（sustainability）是两个具有广泛共识的小额信贷测量的指标维度。其中，服务深度主要用以测度小额信贷服务用户在市场中所处的位置，可持续性主要用以测量小额信贷机构可持续地提供服务的能力或状况。因此，我们主要从这两个方面来考虑公益小额信贷机构界定的指标。

在服务深度方面，在国际上使用较多的指标是借款人平均贷款余额与人均国民收入的比值和妇女用户在全部用户中的比重。考虑到妇女用户比重指标受社会、文化因素影响较大，在学术界和实践者中间存在的争议也不少，而且其临界值（即多大比例可算作公益小额信贷）不易确定，我们认为将其作为辅助指标比较合适。对于借款人平均贷款余额与人均国民收入的比值这个指标，我们在前面已做过简单的讨论和分析。参考前面提到的国际经验并结合目前中国农村金融市场的供给格局，目前我国公益小额信贷划定选用借款人平均贷款余额与人均国民收入的比值为70%左右比较合适。其原因在于：(1) 以这个比值确定贷款对象，其主要客户将是我国中等收入及其以下的农户及其所创办的企业。如果选用MIX提出的250%这个标准，按2011年中国的人均国民收入推算，每个借款人的平均贷款余额可达到近9万元人民币，这大约相当于农村合作金融机构农户平均贷款余额的4倍，以这个比值来划定的信贷服务的目标人群主要是高收入农户和微型企业。如果参照与我国人均收入水平比较接近的国家的平均水平（比值为70%），2011年每个借款人的平均贷款余额可达2.5万元。这个比值略低于我国农村合作金融机构农户贷款余额的平均水平，2009年我国农村合作金融机构农户的平均贷款余额相当于当年全国人均国民收入的78%。这个额度恰好与2011年我国中等收入农户一家的纯收入（2011年，我国农民人均纯收入的中位数为6,194元）相当。(2) 这样的贷款额度，其风险处于可控的范围。根据国家统计局抽样调查农户的分组数据，2009年中等收入组农户，家庭年纯收入为18,008元，有生产性固定资产（原值）8,378元和自有住房价值39,626元，家庭收入与家庭财产价值合计为按70%比值确定贷款额度的两倍多，因此大体可推断：按相当于人均国民收入70%贷款余额比值为中等收入的农户提供信用贷款，即使项目失败农户也有能力清偿债务。

除了借款人平均贷款余额与人均国民收入的比值这个指标，评价公益小额信贷机构服务深度还应考虑另外一些直接或间接测度指标。直接的指标包括：中低收入用户占全部有效用户的比重、借款额低于借款人平均贷款余额与人均国民收入比值的有效用户比例；间接的指标包括：贷款余额中用于中低收入人群分布比较集中的农业的比例、妇女用户占全部有效用户的比例等。

在可持续性方面，通常使用的可持续性比率指标只能衡量小额信贷机构的自我生存和发展的水平，只能主要作为以判定小额信贷的公益性的辅助指标。如果要用来划定公益小额信贷，使用社会平均的资产利润率（return on equity）作为指标相对比较合理。一般来说，公益小额信贷机构的资产利润率应不高于社会平均水平。

三、研究范围

根据前面的定义和中国小额信贷的具体状况，本研究所研究的公益性小额信贷主要包括非政府组织操作的小额信贷和虽然已转制为非银行金融机构

（小贷公司）但仍符合前述有关贷款规模和资本利润率条件的机构所操作的小额信贷。这两类小额信贷基本上都属于原来的非政府组织操作的小额信贷。近年来发展起来的由政府支持的贫困村互助资金，在性质上也属于公益小额信贷的范畴，由于时间和条件的限制，本项研究不予涉及。

四、研究思路和方法

（一）研究思路

本项研究采取的基本研究思路是：在界定公益小额信贷研究范围的基础上，描述和分析中国公益小额信贷的发展和变化，随后从政策环境、治理结构和内部管理三个方面解释中国公益小额信贷发展和变化的原因，进而讨论和分析中国公益小额信贷未来发展面临的挑战和机会，最后提出促进和推动公益小额信贷持续健康发展的政策建议。

（二）研究方法

从现有文献资料和可观察到的情况来看，中国公益小额信贷服务机构之间在发展路径、服务能力和可持续性方面都存在较大的差异，我们对中国公益小额信贷的研究主要采取比较研究方法。将不同类型的公益小额信贷服务机构的治理结构、内部管理和政策利用进行对比分析，来探析各自发展的现状、问题以及未来的走势。使用的具体研究方法主要是统计分析和案例研究。

案例研究既是本项研究的重要研究方法，其本身也构成了本项目研究的重要内容。根据中国公益小额信贷组织体系、发展历史和类型的代表性，我们选择了六个公益小额信贷机构/项目，开展了案例研究。这六个机构/项目分别是河北省易县扶贫经济合作社、赤峰市昭乌达妇女可持续发展协会、仪陇县乡村发展协会、中和农信项目管理有限公司、山西临县湍水头富平小额贷款基金、Oxfam 禄劝社区发展基金。为了保证各个案例研究内容的可比性，各个案例都包括了以下内容：（1）发展历程；（2）治理结构及与政府关系；（3）战略调整；（4）产品和服务；（5）客户结构；（6）资金来源；（7）内部管理（财务、人力资源、信息和风险）；（8）可持续性状态及其变化；（9）问题和建议。

（三）数据来源

研究中所用数据主要来源于三个方面：一是专门为本项研究组织的典型案例调查所收集的数据；二是通过机构渠道从国内主要的公益小额信贷机构（总部）获取的信息；三是从网络（特别是中国小额信贷联盟和国际小额信贷信息交流网络，MIX）和文献中获取的信息。

五、结构

全书包括中国公益小额信贷综合研究和案例研究两大部分。综合研究部分包括六章，除了本章对研究问题、范围和方法进行界定以外，第二章重点研究中国公益小额信贷发展，第三、四、五章分别从政策环境、治理结构和内部管理三个方面解释中国公益小额信贷发展和变化的原因，最后一章（第六章）讨论和分析中国公益小额信贷未来发展面临的挑战和机会并提出促进和推动公益小额信贷持续健康发展的政策建议。案例研究部分包括六个典型公益性小额信贷案例，具体是：河北省易县扶贫经济合作社、赤峰市昭乌达妇女可持续发展协会、仪陇县乡村发展协会、中和农信项目管理有限公司、山西临县湍水头富平小额贷款基金、Oxfam 禄劝社区发展基金。

第二章　中国公益小额信贷的发展

本章重点考察中国公益小额信贷发展的历程、路径和分化情况。

第一节　中国公益小额信贷发展阶段

一、项目小额信贷试点阶段（20 世纪 90 年代初～2001 年①）

作为农村扶贫与发展项目部分内容的小额信贷，在 20 世纪 80 年代初期由国际多边机构和非政府组织引入中国。1981 年，联合国国际农业发展基金（IFAD）在其于内蒙古实施的“北方草原与畜牧发展项目”中首先引入了小额信贷方面的内容。此后，国际农业发展基金、联合国妇女发展基金会、联合国人口基金会等国际多边机构以及香港世界宣明会、乐施会等国际非政府组织在中国的扶贫或农村发展项目中也包含了部分信贷内容。不过，中国相对独立的小额信贷项目最早是由中国社会科学院农村发展研究所 1993 年从孟加拉乡村银行引入的，此后联合国开发计划署（简称 UNDP）/中国经济技术交流中心、联合国儿童基金会、世界银行等陆续在 20 世纪 90 年代开展了小额信贷项目试点。一些国内的非政府组织参与和管理国际机构捐助的小额信贷项目并自行筹资组建和开展一些小额信贷项目（表 1）。据不完全统计，到 2001 年由国际机构捐赠和国内非政府组织开展的小额信贷项目覆盖了全国 200 多个县。1996 年以后，农业发展银行管理的政府扶贫贴息贷款在全国贫困县也采用小额信贷的方式发放到农户，从而使实施过小额信贷项目的县超过 600 个。

---

① 将项目小额信贷试验阶段的划定时间确定为 2001 年，主要是由于从 2002 年开始除了世界银行等机构开展的包括在农村社区发展项目中的社区发展基金以外，大的、重要的小额信贷项目已很少出现。具体到各个不同的小额信贷项目/机构，试验阶段终止的时间早晚不一。

表 1　　中国早期小额信贷项目基本情况（截至 2001 年）

小额信贷项目/机构	开始年份	项目县数	管理机构	小额信贷资金总量（百万美元）
国际多边机构捐赠项目				
联合国开发计划署	1995	48	交流中心	8.21
联合国儿童基金会			妇联	
SPPA 项目	1996	25		6.5
LPAC 项目	2001	43		
联合国人口基金会	1999	15		2.25
世界银行秦巴扶贫项目小额信贷试点项目	1996	2	中国西部人力资源开发中心/中国扶贫基金会	
国际农业发展基金	1980	95		345.7
国际劳工组织	1997	8	劳动部	
双边捐赠项目				
澳大利亚发展署	1995	3	青海海东农行	
GTZ	1997	3	江西山江湖委员会	
国际非政府组织				
香港乐施会				
香港世界宣明会				
国际鹤类组织	1994	1	贵州草海管理局	
国际小母牛项目				
国际计划	2001	5	地方妇联	
国内非政府组织				
中国社会科学院扶贫社	1993	4	中国社会科学院农村发展研究所课题组	
幸福工程——救助贫困母亲行动	1995	57	中国人口福利基金会、中国计划生育协会	
母亲小额循环贷款项目	1996		妇联	
山西临县小额贷款	1993	1	北京富平学校	
中国扶贫基金会	1996	8	中国扶贫基金会小额信贷项目部	
爱德基金会	1996	1	盐池县沙地资源开发协会/盐池县妇女发展协会	

注：世界银行秦巴扶贫项目的小额信贷试点项目最初由中国西部人力资源中心负责管理，2000 年由中国扶贫基金会接手管理。

资料来源：程恩江、徐忠，“中国小额信贷发展报告”，《财经》杂志，2006 年第 10 期。

由于中国多数小额信贷项目最初都是由国际机构和组织提供资金和技术援助建立起来的，事实上形成了几大相对独立的小额信贷管理系统。这包括UNDP/交流中心小额信贷、中国扶贫基金会小额信贷、中国社会科学院扶贫社小额信贷、幸福工程和妇联系统小额信贷五大小额信贷管理体系。其中，前三者建立了相对比较独立的内部联系比较密切的小额信贷管理体系；妇联旗下的小额信贷项目数量虽然较多，但是直接由全国妇联管理的主要是母亲小额循环贷款项目，其他绝大多数都是由地方的妇联管理。除了这五大系统以外，其他的小额信贷项目多数处于分散运作的状态。

在项目小额信贷试验阶段，不同的机构试验了国际上流行的孟加拉乡村银行模式、社区发展基金模式、循环贷款模式、礼品传送模式以及商业银行运作小额信贷模式等。在众多试验中，孟加拉乡村银行模式一直是中国绝大多数小额信贷试验项目青睐的形式。

中国项目小额信贷试验验证了以下问题：第一，通过适当的制度安排，为低收入人群提供不需要实物抵押的贷款可以实现高还款率；第二，设计和管理好的小额信贷项目可以化解小额贷款所产生的较高的操作费用和交易费用，做到自负盈亏、持续发展；第三，小额信贷实施机构的自主性对实现小额信贷的可持续发展非常重要，而政府的行政干预会增加贷款拖欠的概率、影响项目的可持续发展。

不过试验也显示了项目小额信贷存在的一些内在缺陷，主要是：第一，项目小额信贷，顾名思义就是小额信贷项目。与所有的项目一样，小额信贷项目有其既定的项目周期和既定的任务。项目结束以后，项目资金得不到补充和保障，技术支持通常也随项目终止。第二，项目小额信贷容易受到政府行政干预的影响。由于政府在中国所具有的组织优势，加上国际多边与双边机构的项目都有相应的政府窗口部门，中国的项目小额信贷绝大多数都与政府保持着非常密切的关系，项目管理人员配备、管理区域选择，甚至贷款对象选择都要受到地方政府的影响。第三，作为临时性的项目小额信贷，很难从项目出资方以外的渠道获得资金，从而限制了小额信贷的进一步发展。

二、部分项目小额信贷向机构小额信贷转型的过渡阶段（2002～2007年）

2002年以后，一方面，政府通过扶贫贴息贷款由正规金融机构发放的小额扶贫贷款在全国范围内大幅度减少和大范围取消，使原来作为项目小额信贷重要保护屏障的扶贫大幕趋于消失，来自金融监管部门的直接或间接压力明显增加；另一方面，在1990年中后期开始的大批项目陆续到期，而且原来主要来自国际多边和双边机构的小额信贷捐赠资金因其援助战略调整逐步停止或减少，中国的项目小额信贷面临着存亡去留的选择。在这种背景下，一部分项目小额信贷开始向机构小额信贷实现转型，同时将工作重点转向改善和提高小额信贷的管理和贷款风险控制能力。

（一）转型非政府组织

在这个阶段，部分小额信贷项目采取注册成为“社会团体”或“民办非企业单位”的形式，来实现项目小额信贷向机构小额信贷的过渡。UNDP/交流中心的小额信贷项目基本上都注册为xx县乡村发展协会，不少由地方妇联协调和管理的小额信贷项目注册为妇女可持续发展协会，后来也有少数小额信贷项目或协会注册为“小额信贷管理中心”。中国扶贫基金会由于其特殊的组织形式，小额信贷转型的路径相对比较独特。2000年中国扶贫基金会全面接管西部人力资源开发中心管理的世界银行两个小额信贷服务社之后，成立了小额信贷项目部；2004年新修订的《基金会管理条例》出台后，允许基金会设立分支机构，中国扶贫基金会可以依法设立分支机构运作小额信贷项目，其小额信贷项目部事实上已开始按照相对独立的公司形式运作。值得注意的是，在过渡阶段项目小额信贷向机构小额信贷的转型是不完全和不充分的。在这个阶段，由小额信贷项目转制的各种协会主要解决了项目终止后项目所积累和遗留下来的资产、人员和组织的生存问题。但是正如它们注册名称所反映的那样，这些事实上从事小额信贷服务的机构都隐蔽在乡村发展或妇女发展的大树之下，并没有获得提供小额信贷服务的合法机构身份。

（二）管理和创新

在总结项目小额信贷试验经验和教训的基础上，相当数目的公益小额信贷组织在过渡阶段都将重点转向完善和改进内部管理、创新产品和服务。在这期间，不少公益小额信贷组织都建立或优化了贷款管理信息系统，来及时掌握贷款资金支付和还款情况；完善了人力资源和薪酬管理制度，加大了对工作人员专业知识和技能的培训力度；根据市场需求的变化，调整了产品和服务。在这些方面，UNDP/交流中心小额信贷、中国扶贫基金会小额信贷、中国社会科学院扶贫社小额信贷三大系统的工作力度比较大。比如，UNDP/交流中心在2001年至2004年，从48个项目县中选择仪陇、赤峰、兴仁和定西安定区，实施了旨在提高小额信贷机构可持续发展能力的“可持续小额信贷扶贫项目”（SMAP）。项目在现状评估和需求调查的基础上，帮助四个小额信贷机构制定业务发展计划，建立和优化了会计和贷款管理信息系统，设计和开发了包括个人贷款、整贷整还、季节性贷款等贷款产品，对工作人员进行了较大强度的培训①。

（三）筹资

在项目结束之后，原来依靠赞助机构捐助建立和运转的小额信贷，主要需要自行寻找新的资金来源来满足新增长的信贷需求和维持机构的正常运行。由于各个公益性小额信贷机构所依托的体系和在项目小额信贷阶段所建立起来的声誉不同，在筹资方面的差异较大。大体来说，在过渡阶段公益小额信贷机构从外部筹集的资金，主要来源于四个方面：（1）境外机构，包括国际多变或双边机构、小额信贷银行、非政府组织等；（2）中国政府部门，主要是地方扶贫部门；（3）国内商业银行；（4）国内非政府组织和个人。

三、转制突围和发展分化阶段（2008年以后）

2008年，中国银监会和人民银行联合发布了《关于小额贷款公司试点的指导意见》。虽然这个《意见》很少考虑中国公益小额信贷长期期盼的合法身份问题，但毕竟为公益小额信贷机构合法化打开了一条缝，而且也确有数家公益小额信贷机构利用了《意见》所提供的机会，转变成或正在转变为小额贷款公司。也是在2008年，中国扶贫基金会的小额信贷项目部改制成为中和农信项目管理有限公司，从而拉开了其业务快速发展的序幕。

由于各个公益小额信贷组织的治理结构、资产质量、客户结构以及发展思路的差异，2008年以后公益小额信贷的发展出现了比较明显的分化。在大部分公益小额信贷组织仍处于业务停滞和目标不明确状态时，部分转制突围出来的小额信贷机构已实现了业务规模的快速增长。

第二节　中国公益小额信贷业务发展的基本现状

一、数据说明

中国公益小额信贷发展了20多年，但由于各自为战且多数机构缺乏必要的信息公开和共享安排，外界始终无法全面准确地了解全国公益小额信贷的业务发展状况。

为了相对比较准确地估计中国公益小额信贷业务近几年的发展状况，我

① 中国国际经济技术交流中心："可持续小额信贷扶贫"项目总结，见 http：//www.cicete.org/poverty/poverty_ 1.htm

们利用中国小额信贷联盟公布的2006年到2011年各年年报和中国扶贫基金会小额信贷同期的年度报告作为资料来源，对其中资料比较完整的公益小额信贷机构进行考察。这样处理，虽然也无法判断中国公益小额信贷的整体规模，但是由于所拥有的资料比较完整且能够长期对外提供数据的也属于较大的机构，对于考察时期变化来说，应具有较大的代表性。另外，能够对外及时公布业务信息的公益小额信贷机构，其财务管理应该相对比较健全，从某种意义上来说，这些机构大体可反映中国公益小额信贷机构中那部分管理较好机构的情况。

利用通过上述方式所得到的资料，将中国公益小额信贷机构按所属的管理体系和出资机构，划分为UNDP/交流中心小额信贷、联合国儿童基金会小额信贷、国际计划小额信贷、中国社会科学院扶贫社小额信贷、中国扶贫基金会小额信贷和其他小额信贷六个大的系统，其中列入其他系统的小额信贷机构只有北京富平学校和宁夏惠民小额信贷公司。各系统所包括的公益小额信贷机构名单，见表2。

表2　纳入比较研究的中国公益小额信贷机构

UNDP/交流中心（20个）
甘肃省定西市安定区城乡发展协会、甘肃省积石山县乡村发展协会、甘肃省靖远县城乡发展协会、甘肃省通渭县乡村发展协会、甘肃省武山县县域发展协会、广西都安瑶族自治县乡村发展协会、广西隆林县UNDP项目办公室、贵州普定UNDP项目办、贵州省关岭自治县乡村发展协会项目、贵州省兴仁县农村发展协会、贵州省紫云县农村发展协会、青海湟源UNDP援助项目办公室（县乡村发展协会）、青海省贵德县乡村发展协会、青海同仁县乡村发展协会、山西省晋中市乡村扶贫发展协会、云南省金平自治县农村合作发展促进会、云南省麻栗坡县乡村经济发展协会、天津市妇女创业发展促进会、湖南湘西州民富鑫荣小额信贷服务中心、内蒙古赤峰市昭乌达妇女可持续发展协会
联合国儿童基金会（4个）
甘肃省渭源县贫困地区儿童规划与发展项目办、青海省贵南县LPAC项目办、云南省保山市龙陵县人民政府SPPA项目办、内蒙古乌审旗贫困地区社会发展小额信贷管理中心
国际计划（4个）
陕西省佳县妇女可持续发展协会、陕西省蒲城县妇女可持续发展协会、陕西西乡妇女发展协会、陕西省榆林市榆阳区委妇联
中国社会科学院扶贫社（4个）
河北省保定市易县扶贫经济合作社、河北省涞水县扶贫经济合作社、河南省南召县扶贫经济合作社、河南省虞城县扶贫经济合作社
中国扶贫基金会
其他（2个）
宁夏惠民小额信贷公司、北京富平学校

需要说明的是，依靠这两个来源资料所做的这种划分存在两个问题：第一，各系统所包括的小额信贷机构完整性存在较大的差异。中国扶贫基金会和中国社科院扶贫社包括了全部机构，国际计划包括了5个小额信贷机构中的四个，而联合国儿基会68个项目县中只有四个具有完整的资料，UNDP/交流中心48个项目县中也只有20个资料比较完整。因此，根据这些资料所统计的公益小额信贷业务的结果，不能等同于各小额信贷管理系统的全部业务。第二，由于进行比较的六个公益小额信贷系统各自的内部管理形式和统计单位不同，中国扶贫基金会和列为其他类的两个机构包括两个或更多的县级小额信贷操作单位，而另外四个系统内每个县级操作单位都作为一个独立的小额信贷机构，因此统计的六类公益小额信贷管理系统的业务变化，既包括了各个基层（县级）公益小额信贷机构业务的变化，也包括了机构所管理的基层（县级）单位的变化。

二、中国代表性公益小额信贷机构的发展走势

我们主要从业务发展和效率变化两个方面，考察中国代表性公益小额信贷机构2006~2011年的发展走势。

（一）业务发展

贷款业务量变化，对小额信贷机构而言，就像销售收入变化对一般生产和服务性企业的作用一样。一家小额信贷机构的贷款业务量，一方面反映该机构的市场份额或占有率，另一方面也影响和决定着这家机构生存和发展的能力。从某种意义上来说，公益小额信贷机构的生命力在于能否实现其小额信贷业务的稳定增长。

2006年以来，中国的几个具有代表性的公益小额信贷系统的业务发展表现出不同的态势。首先，我们从有效客户数量的变化来看这些机构的业务发展情况。UNDP/交流中心的20家可比小额信贷机构的有效客户数，从2006年到2011年，总体上处于基本稳定逐步减少的状态。2007年时，UNDP/交流中心的20家机构有效客户曾达到26,996户，到2010年缩小到23,684户（表3），减少了1/8。联合国儿基会四家小额信贷机构的情况与此基本类似，如果撇开云南龙陵县项目，因为出资机构贷款额度政策调整出现的2007年比2006年急剧减少的情况，2007年以后其服务的有效客户数基本上也处于大体稳定逐步缩小的状态。联合国儿基会四家机构服务的有效客户数2011年比2007年减少了12%。中国社会科学院扶贫社四家机构服务的有效客户数变化，以2009年为拐点，呈现出倒V型变化。一直到2009年这四家机构的客户数，从2006年的15，200户增加到2009年的17,328户，都是逐年增加的；

但2009年以后客户数明显逐年萎缩，到2011年减少到12,936户，减少了1/4强。

表3　2006～2011年中国代表性公益小额信贷机构有效客户变化（户）

	2006年	2007年	2008年	2009年	2010年	2011年
UNDP/交流中心	25,870	26,996	25,476	25,594	23,684	24,740
联合国儿基会*	7,843	3,887	3,724	3,892	3,785	3,452
中国社科院扶贫社	15,200	16,066	16,214	17,328	15,894	12,936
国际计划	2,524	4,116	3,868	4,753	5,729	5,477
宁夏惠民小额信贷公司	1,129	2,906	4,244	5,687	6,736	7,686
北京富平学校	1,278			1,194	1,726	2,275
中国扶贫基金会	15,076	24,707	26,868	36,416	67，238	106,491

注：*表中统计的联合国儿基会小额信贷有效客户，2007年比前一年大幅减少，这是由于龙陵县项目办报告的有效客户从2006年的5,672户大幅减少到2007年的1,366户。

数据来源：中国小额信贷联盟历年年报，http：//www.chinamfi.net/portal/PortalHome.asp；中国扶贫基金会小额信贷历年年报，http：//www.cfpamf.org.cn/。

国际计划旗下的四家机构所服务的有效客户数，在2006～2011年间处于年间波动频繁但总体增长的状态。六年间，呈现出有效客户数两年降三年增的轨迹，不过2010年和2011年两年的有效客户数明显多于2006年和2007年。北京富平学校六年的数据不够完整，但从后三年情况来看，有效客户数增长态势十分明显，年增长率都超过30%。在数据比较完整的公益小额信贷机构中，只有宁夏惠民小额信贷公司和中国扶贫基金会两家机构的小额信贷客户量在2006～2011年保持连续增长。其中，宁夏惠民小额信贷公司贷款客户数从2006年的1,129户增加到2011年的7,686户，增长了5.8倍；中国扶贫基金会小额信贷客户数从2006年的15,076户增加到2011年的10.65万户，增长了6.1倍。

接下来，我们再来看另一个重要业务指标——贷款余额的变化。与贷款客户的年间变化轨迹不同，除了联合国儿基会2011年有所减少以外，所有公益小额信贷机构的贷款余额都是逐年增加，但各系统小额信贷机构间的年间增速和增幅存在较大的差异。UNDP/交流中心的20家小额信贷机构除了2007年和2011年以外，2007～2010年贷款余额的年间增速和增幅都不大（表4），2008～2009年和2009～2010年贷款余额的年增速分别只有2.7%和2.2%。联合国儿基会四家机构的贷款余额在2010年以前虽然增速较慢但仍是逐年增长，2011年贷款余额减少到接近2007年的水平。中国社会科学院扶贫社的四家机构虽然贷款客户增长在2009年以后出现了逆转，但贷款余额却是逐年增加，2011年贷款余额比2006年增长了1.8倍，尤其是2011年贷款余额比前一年增长了32%。国际计划四家机构的贷款余额从2006年的319万增加到2011年的1,669万，增长了3.39倍。不过其贷款余额的年增长速度在2007年以后降低到22%~35%之间。与前面几个机构相比，宁夏惠民小额信贷公司、北京富平学校和中国扶贫基金会的小额贷款余额的增长，甚至可以以指数化增长来描述。三机构的贷款余额在2006~2011年分别增长了24倍、49倍和22.7倍。从三机构近三年贷款余额的增长来看，中国扶贫基金会的增长势头更猛，2009~2011年其贷款余额增长了2.5倍，同期宁夏惠民小额信贷公司和北京富平学校都只增长了不到1.5倍。

表4 2006~2011年中国代表性公益小额信贷机构贷款余额变化（万元）

	2006年	2007年	2008年	2009年	2010年	2011年
UNDP/交流中心	3,633	4,683	5,464	5,612	5,739	6,930
联合国儿基会	633	686	705	788	881	673
中国社科院扶贫社	1,820	2,071	2,533	3，130	3,865	5,091
国际计划	319	635	778	950	1,282	1,669
宁夏惠民小额信贷公司	380	831	1,497	3,815	7,058	9,534
北京富平学校	89		105	1,797	2,980	4,457
中国扶贫基金会	2,787	7,004	10,704	18,797	38,914	66,081

数据来源：中国小额信贷联盟历年年报，http://www.chinamfi.net/portal/PortalHome.asp；中国扶贫基金会小额信贷历年年报，http://www.cfpamf.org.cn。

贷款余额的变化，实际上反映的是贷款有效客户和每个客户平均贷款余额两个因素变化的结果。总体来看，中国的这些具有代表性的公益小额信贷机构的户均贷款余额变化呈现出两个突出的特点。第一，2006年以来所有公益性小额信贷机构的户均贷款余额都有了不同程度的增大，其中北京富平学校户均贷款余额增幅最大，户均贷款余额从2006年到2011年增大了27倍（图2）；其次为宁夏惠民小额信贷公司、中国扶贫基金会和中国社会科学院扶贫社，它们的户均贷款余额增大了2.3倍至2.7倍；UNDP/交流中心、联合国儿基会和国际机构的小额信贷机构户均贷款余额增长了1倍至1.4倍。第二，各机构之间户均贷款余额逐渐形成梯次分布。户均贷款余额最高的北京富平学校和宁夏惠民小额信贷公司，户均贷款余额都超过了1万元，其中北京富平学校已非常接近2万元；中国扶贫基金会小额信贷户均贷款余额超过6,000元，接下来分别是中国社会科学院扶贫社和国际计划的小额信贷机构，它们的户均贷款余额在3,000元~4,000元之间；最低的是UNDP/交流中心和联合国儿基会的小额信贷机构，它们的户均贷款余额介于2,000元~3,000元之间。

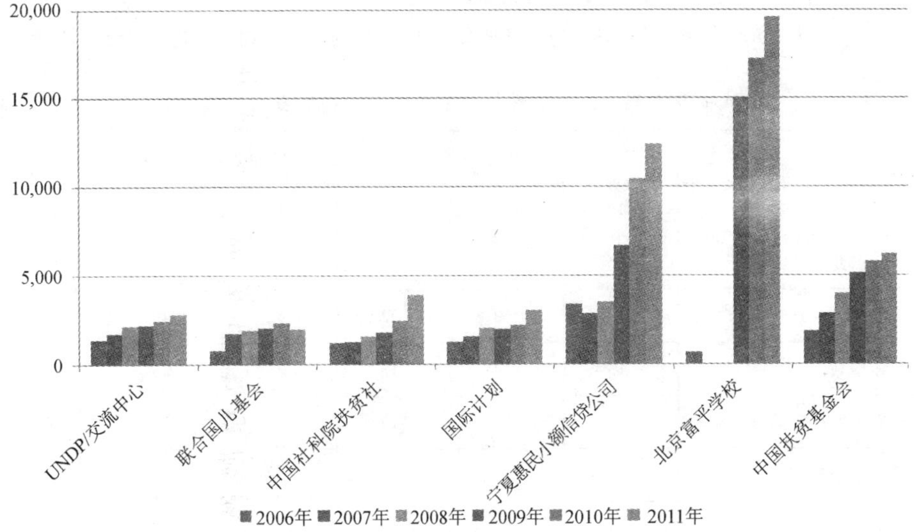

图2　2006~2011年代表性小额信贷机构户均贷款余额变化

公益小额信贷机构业务的发展受其所拥有的人力资源和资产支持能力的影响。从信贷员数量的变化来看，中国代表性的公益小额信贷机构之间存在较大的差异。UNDP/交流中心20家小额信贷机构的信贷员数量在2006~2011年间处于大体稳定、年间有波动、后三年比前三年略有减少的状态（表5）。六年中，信贷员最少的一年有106名，最多的一年有137名，最多与最少两年相差近30%。2009~2011年，20家机构平均有信贷员数比前三年减少7.7名，少了6.2%，这在一定程度上说明UNDP/交流中心小额信贷机构对信贷员的需求减少。联合国儿基会四家小额信贷机构的信贷员数量在2010年出现了较大幅度减少，2010年比上一年减少了1/3强，这也会对信贷业务的开展和机构的健康发展产生不利的影响。中国社科科学院扶贫社四家机构的信贷员数量变化轨迹与其贷款客户的变化具有非常大的相似性，都呈现出倒V型变化，无非信贷员数量变化的拐点比贷款客户变化的拐点早一年出现。二者变化之间的时间关系，究竟是否意味着相互之间存在因果联系还有待进步研究，目前并不清楚究竟是由于信贷员减少导致客户减少，还是客户减少导致需要的信贷员减少。除了上述三个系统的小额信贷机构信贷员数量出现趋于减少的状态以外，国际计划的四家机构的信贷员数量在近三年完全稳定，中国扶贫基金会、宁夏惠民小额信贷公司和北京富平学校小额信贷的信贷员数量，在2006年至2011年之间都是呈增加的趋势，并且在2009年到2011年间增长了一倍甚至更多。其中，中国扶贫基金会小额信贷的信贷员数量增加幅度最大，从2009年的178名快速增加到2011年的402名，增加了224名。

表5　2006~2011年中国代表性公益小额信贷机构信贷人员（人）

	2006年	2007年	2008年	2009年	2010年	2011年
UNDP/交流中心	119	115	137	119	123	106
联合国儿基会	35	32	32	34	22	26
中国社科院扶贫社	59	62	71	60	49	52
国际计划	13	17	18	23	23	23
宁夏惠民小额信贷公司	6	8	12	17	26	36
北京富平学校	3		6	17	26	34
中国扶贫基金会	65	81	98	178	309	402

数据来源：中国小额信贷联盟历年年报，http：//www. chinamfi. net/portal/PortalHome. asp；中国扶贫基金会小额信贷历年年报，http：//www. cfpamf. org. cn/。

由于以贷款余额形式存在的流动资产通常是小额信贷机构总资产的主要部分，中国代表性公益小额信贷机构总资产变化的轨迹与其贷款余额变化的轨迹非常相似。在进行比较的代表性小额信贷机构中，除了联合国儿基会的四家机构在2008年以后出现过总资产减少的情况以外，其他机构的总资产总体上在2006~2011年间处于增长的状态（表6）。不过，所研究的各个系统的小额信贷机构之间存在较大的差异。UNDP/交流中心的20家机构总资产在这六年中波动较大，但2011年仍比2006年增长了50%。国际计划的四家机构和中国社会科学院扶贫社的四家机构的总资产则逐年稳定增长。宁夏惠民小额信贷公司、北京富平学校和中国扶贫基金会的小额信贷总资产在2006年到2011年实现了飞跃式的增长，分别增长了36.8倍、47.2倍和20.6倍。特别是2008年以后，这三家小额信贷机构的总资产增长非常迅猛，中国扶贫基金会从2008年1.26亿增加到2011年的7.95亿；同期，宁夏惠民小额信贷公司从1,530万增加到5,325万，北京富平学校更是从区区117万激增至5,060万。

表 6　2006～2011 年中国代表性公益小额信贷机构总资产（万元）

	2006 年	2007 年	2008 年	2009 年	2010 年	2011 年
UNDP/交流中心	5，220	5,876	6,402	7，252	6,454	7,837
联合国儿基会	854	1,632	2,293	1,059	1,130	962
中国社科院扶贫社	2,378	2,588	3,132	3,462	4,735	5,325
国际计划	390	674	803	1,022	1,301	1,684
宁夏惠民小额信贷公司	298	948	1,530	3,997	7，238	11,263
北京富平学校*	105		117		3,638	5,060
中国扶贫基金会	3,671	7,582	12,566	20,695	41,060	79,507

注：* 中国小额信贷联盟 2006 年年报中，富平学校管理的山西省临县龙水头扶贫基金会登记的总资产为 16 万，大大小于其年末贷款余额，推测其所统计的总资产未将贷款余额包括在流动资产中，在处理时将报告的总资产加上其当年的贷款余额。

数据来源：中国小额信贷联盟历年年报，http：//www. chinamfi. net/portal/PortalHome. asp；中国扶贫基金会小额信贷历年年报，http：//www. cfpamf. org. cn/。

（二）效率变化

小额信贷机构的工作效率和经济效率是影响和决定其可持续发展能力的重要指标。由于资料来源的限制，我们在进行代表性公益小额信贷机构效率比较时，只能够对信贷员工作效率和资产利润率两个方面进行研究。

每个信贷员负责的贷款客户数是用来衡量小额信贷机构人员效率的一项重要指标。对于为低收入客户提供信贷服务的机构来说，在保证风险可控的前提下，通过合适的产品和制度设计与加强管理，让每一个信贷员服务较多的客户，通常被认为是小额信贷机构降低贷款操作成本、实现机构可持续发展的一个重要条件。中国代表性小额信贷机构每个信贷员服务的客户数存在较大的差异。总体来看，中国社会科学院扶贫社、中国扶贫基金会、UNDP/交流中心、国际计划和宁夏惠民小额信贷公司每个信贷员服务的客户数 2011 年都超过 200 户（表 7），联合国儿基会的四家小额信贷机构 2011 年每个信贷员服务的客户数只有 133 户，而北京富平学校近三年每个信贷员服务的贷款客户仅 70 户左右。与国际上类似年龄的小额信贷机构的平均水平相比，中国小额信贷机构每个信贷员服务的客户数相对较少。根据国际小额信贷交流网络（MIX）上的资料统计，营业时间在五年以上的小额信贷机构平均每个信贷员服务的客户数在 300 户左右①（2011 年，480 个营业时间超过五年的小额

① Microfinance Information eXchange，http：//www. themix. org/

信贷机构平均每个信贷员服务客户数为292.6户）。当然，影响每个信贷员服务客户数的因素比较多。除了信贷员的工作效率之外，其他如产品设计（如个人贷款还是联保贷款、贷款最高额度、还款周期等）、客户结构（尤其是老客户的比例）、客户分布、自然条件、信贷员所使用的交通工具等因素都会对信贷员客户比率产生影响。

由于中国各个代表性公益小额信贷机构间客户平均贷款规模差异较大，各机构间每个信贷员完成的贷款余额差异与其每个信贷员服务的客户数分布并不一致。按每个信贷员完成的贷款余额排序，所研究的代表性小额信贷机构中，宁夏惠民小额信贷公司最高，2011年人均达到265万（表7）；其次是中国扶贫基金会和北京富平学校，分别为164万和131万；接下来是中国社会科学院扶贫社、国际计划和UNDP/交流中心，分别为98万、73万和65万；最低的是联合国儿基会的四家机构，每个信贷员完成的贷款余额只有26万。

在2006年，所比较的这些代表性公益小额信贷机构之间每个信贷员完成的贷款余额的差别较小。最高的宁夏惠民小额信贷公司与最低的联合国儿基会四家机构每个信贷员完成的贷款余额之比为3.5:1，其他几个系统之间的差别最大两者间的比值也不过1.28:1。但是到2011年，虽然所比较的公益小额信贷机构每个信贷员完成的贷款余额都比2006年时有了不同程度的增大，但是它们之间的差异显著扩大。2006～2011年每个信贷员完成的贷款余额增长速度最高的三家机构，分别是中国扶贫基金会、北京富平学校和宁夏惠民小额信贷公司，分别增长了5.8倍、3.4倍和3.2倍。

表7　2006～2011年中国代表性公益小额信贷机构每个信贷员负责的客户数和贷款余额

年份	UNDP/交流中心	联合国儿基会	中国社科院扶贫社	国际计划	宁夏惠民小额信贷公司	北京富平学校	中国扶贫基金会
每个信贷员负责客户数							
2006	217	224	258	194	188	426	130
2007	235	121	259	242	363		219
2008	186	116	228	215	354		160
2009	215	114	289	207	335	70	205
2010	193	172	324	249	259	66	218
2011	233	133	249	238	214	67	265

续表

年份	UNDP/交流中心	联合国儿基会	中国社科院扶贫社	国际计划	宁夏惠民小额信贷公司	北京富平学校	中国扶贫基金会
每个信贷员完成的贷款余额（万元）							
2006	30.53	18.07	30.85	24.54	63.27	29.56	24.03
2007	40.72	21.43	33.40	37.33	103.88		61.98
2008	39.89	22.02	35.68	43.23	124.73	17.53	63.72
2009	47.16	23.17	52.17	41.29	224.43	105.71	105.60
2010	46.66	40.03	78.89	55.74	271.45	114.62	125.93
2011	65.37	25.87	97.90	72.58	264.84	131.09	164.38

数据来源：中国小额信贷联盟历年年报，http：//www.chinamfi.net/portal/PortalHome.asp；中国扶贫基金会小额信贷历年年报，http：//www.cfpamf.org.cn/。

相对于员工的工作效率指标来说，资产利润率（return on assets）是评价小额信贷机构综合效率和可持续发展水平更重要的指标。资产利润率更能综合反映小额信贷机构的要素生产率、内部管理效率和资产经营效率的状况。总体来看，所研究的公益小额信贷机构在2006～2011年大多数都实现了正的资产利润率（表8），表明这些机构基本都实现了操作的可持续性。2011年，所比较的公益小额信贷机构的资产利润率在0.87%～6.03%之间，其中北京富平学校的资产利润率最高达到6.03%，宁夏惠民小额信贷公司最低，只有0.87%。从六年的变化情况来看，所比较的各公益小额信贷机构显示出一定的差异性。在2006年至2011年之间，联合国儿基会、中国社会科学院扶贫社和国际计划的小额信贷机构的资产利润率一直都大于零；北京富平学校在多数年份的资产利润率都高于其他机构，中国社会科学院扶贫社的四家机构是所研究的几大系统中唯一一家资产利润率持续增长的。

表8　　2006～2011年中国代表性公益小额信贷机构的资产利润率

	2006年	2007年	2008年	2009年	2010年	2011年
UNDP/交流中心	1.41	0.10	1.09	1.53	-0.39	1.34
联合国儿基会	2.29	2.50	2.27	3.18	2.49	4.98
中国社科院扶贫社	0.41	1.27	1.48	2.24	2.28	3.86
国际计划	5.17	1.45	0.99	1.69	1.21	1.28
宁夏惠民小额信贷公司	0.39	-0.40	0.29	0.17	2.19	0.87
北京富平学校	3.76		7.32	-0.13	5.77	6.03
中国扶贫基金会	0.90	0.94	0.42	1.92	2.10	2.56

数据来源：中国小额信贷联盟历年年报，http：//www.chinamfi.net/portal/PortalHome.asp；中国扶贫基金会小额信贷历年年报，http：//www.cfpamf.org.cn/。

第三节　典型公益小额信贷机构的发展轨迹

公益小额信贷是中国小额信贷发展的探路先锋。这一节进一步对中国社会科学院扶贫社、中国扶贫基金会等中国典型的公益小额信贷机构的发展轨迹，做一个简单的介绍和分析。

一、中国社会科学院扶贫社小额信贷发展

中国社会科学院扶贫经济合作社（简称“扶贫社”）是中国最早自主建立的公益性小额信贷机构，2004 年注册为北京市农发扶贫基金会。1993 年 10 月，中国社会科学院扶贫社在河北易县，设立了中国最早的一家自主组建的公益小额信贷机构。现在下辖河北易县和涞水、河南南召和虞城四个扶贫分社。其中易县扶贫社成立于 1993 年，虞城和南召扶贫社成立于 1995 年，最后建立的涞水扶贫社成立于 2003 年。

作为中国最早自主建立的公益性小额信贷机构，中国社会科学院扶贫社的小额信贷一直备受多方面的关注，其发展轨迹在一定程度上折射了中国公益小额信贷发展的艰难历程。从数据可比的 2003 年到 2009 年，中国社会科学院扶贫社小额信贷服务的客户数处于基本稳定、略有增加的状态，2009 年以后则出现明显的减少（图 4）。2003 年，四家机构共有贷款客户 15,464 户，到 2009 年增加到 17,328 户，增加了 1,864 户，增长了 12%。四家机构的贷款客户数到 2011 年下降到 12,936 户，比 2009 年减少了 1/4 强。值得注意的是，四家机构中涞水扶贫社系 2003 年设立，在新建立的前几年增长速度一般都比较快，涞水扶贫社的客户数在 2003 ~ 2009 年间增加了 2,626 户。如果扣除涞水扶贫社由于成长阶段因素所产生的客户增加，其他三个进入成熟期的扶贫社的客户数，在 2003 年至 2009 年也有所减少。

不过，中国社会科学院扶贫社小额信贷客户数量的减少，似乎不是由于需求减少所致，而很有可能是机构贷款策略调整的结果，这从同期贷款余额的变化走势中可以得到证明。2003 年以来，中国社会科学院扶贫社的贷款余额一直保持逐年增加的态势，尤其是 2007 年以来四家机构贷款余额以年均 24% 的速度增长。这种调整的直接结果是，户均贷款余额从 2003 年的 1,078 元大幅度提高到 2011 年的 3,935 元。促使中国社会科学院扶贫社四家机构调整贷款策略，即减少贷款客户数、增加户均贷款额度的原因可能是多方面的。其中，既有降低单位贷款成本、提高资产回报率的考量，也受到这些扶贫社

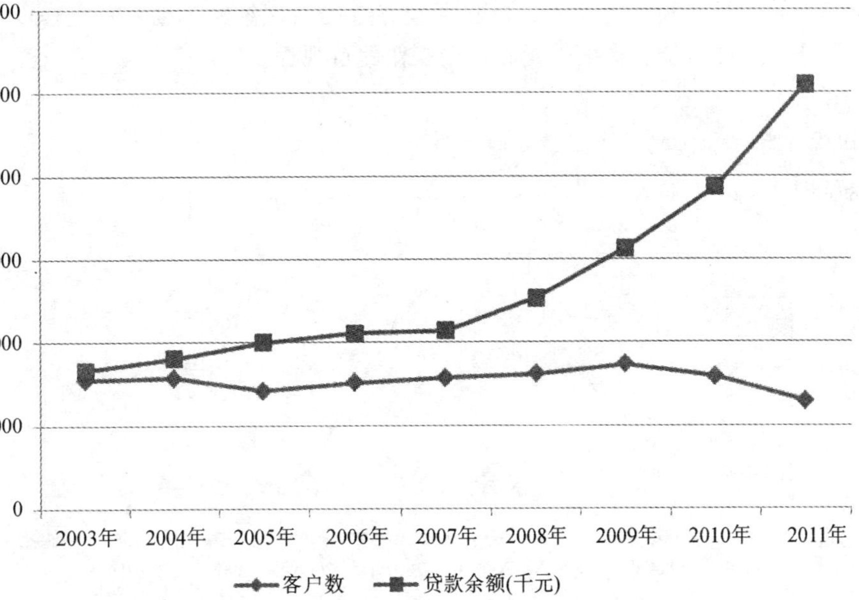

图 4　中国社会科学院扶贫社 2003～2011 年客户数和贷款余额变化

数据来源：中国社会科学院扶贫社。

长期以来面临的资金来源困难的影响。这四家扶贫社迄今为止都只是社团法人，没有直接从市场上筹集资金的合法身份。

中国社会科学院扶贫社所属的四家机构，除了涞水扶贫社以外，都不同程度地出现过并且至今仍受到较高贷款拖欠率的困扰（图 5）。其中，虞城扶贫社在 2003～2006 年拖欠率都高于 50%，一直到 2009 年以后才基本解决；易县扶贫社在 2003 年至 2007 年拖欠率也超过 10%，2005 年甚至高达 30%，一直到 2011 年拖欠率仍有 5.45%[①]；在早期一直很少报告拖欠现象的南召扶贫社，2006 年以后拖欠率一直高于 7%。中国社会科学院扶贫社小额贷款的拖欠问题产生有几个方面的原因：（1）没有建立及时有效的信贷管理信息系统，导致拖欠现象不能及时发现并加以解决；（2）信贷产品设计单一且没有根据客户的需要进行调整，以致出现所谓的“垒大户”和“多头入户”贷款现象；（3）内控制度和措施不够有力，导致部分扶贫分社出现管理人员挪用和不合理占用贷款资金；（4）由于历史形成的与政府部门的关系，加上至今尚未成为小额信贷服务的合法金融机构，还会出现因部分政府工作人员干预而发生的人情贷款；（5）中国社会科学院扶贫社与县扶贫社至今尚未清楚界

① 据了解，易县扶贫社现在账面上的拖欠主要是历史上形成的拖欠一直累积下来的。

定相互间的财产和管理关系、建立合理有效的治理结构，也在一定程度上影响了扶贫分社对贷款拖欠处置和管理工作的重视程度。

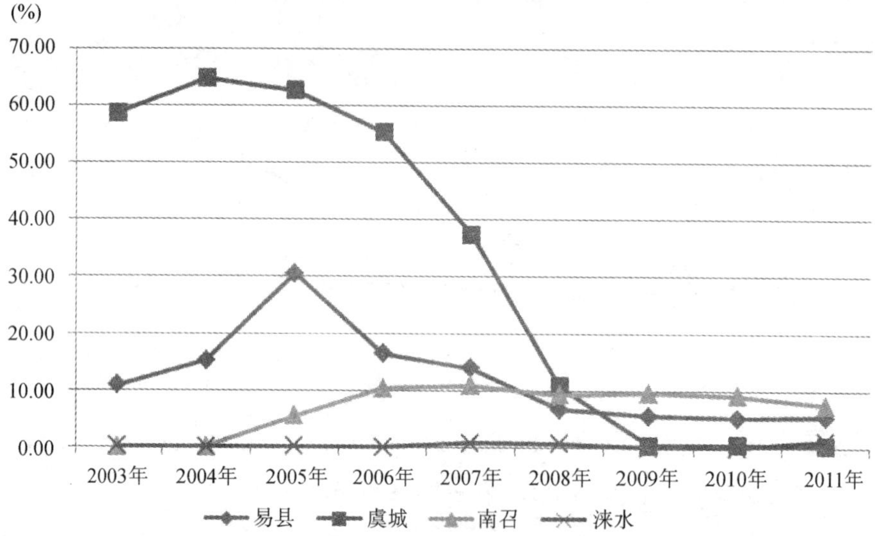

图 5　2003～2011 年中国社会科学院扶贫社贷款拖欠情况

二、中国扶贫基金会小额信贷发展

中国扶贫基金会的小额信贷是中国公益小额信贷中具有鲜明特点、最具活力和影响力的一个成功范例。中国扶贫基金的小额信贷肇始于 1996 年受委托管理世界银行秦巴扶贫项目的两个小额信贷试点项目，经过 15 年的发展，到 2011 年已发展到业务遍及全国 13 个省 52 个县、有效客户超过 10 万户和年放款额超过 10 亿元的规模。现在，中国扶贫基金会控股的中和农信项目管理有限公司已成为中国最大的公益性小额信贷机构。

中国扶贫基金会小额信贷的快速发展，首先得益于其逐步建立和完善的治理结构、健全有效的内部管理、及时有效的风险控制和易于管理和扩大的产品设计。有关这些方面的情况，将在随后的几章和中国扶贫基金会案例研究中将进行详细讨论。这里仅简要描述和分析中国扶贫基金会小额信贷发展的路径。

由于其管理/控股机构所具有的基金会性质，中国扶贫基金会小额信贷业务发展走的是一条不同于中国其他公益小额信贷机构的道路。在 2004 年以前，中国扶贫基金会小额信贷业务规模很小，全部贷款客户数和贷款余额甚至都不及中国社会科学院扶贫社和 UNDP/交流中心下面一个县级小额信贷分支机构的规模。2004 年民政部修订的《基金会管理条例》允许基金会设立分支机构，为中国扶贫基金会通过设立更多的分支机构来扩展小额信贷业务，提供了一个合法的基础。2004 年以后，中国扶贫基金会小额信贷业务进入快速发展阶段。2008 年 11 月，中国扶贫基金会将小额信贷项目部转制成为中和农信项目管理有限公司，进一步加快了其小额信贷业务发展的速度。2004 年以来，中国扶贫基金会小额信贷服务的有效客户数，从 8,376 户增加到 2011 年的 106,491 户（表 9），同期贷款余额从 1,075 万元增加到 66,081 万元，增长的速度十分惊人。

中国扶贫基金会小额信贷业务发展的路径可以简单地归纳为扩点和增量并重。一方面，根据市场需求和资金供给能力增加县服务社的数量；另一方面，在每一个服务社内根据市场需求和资源配置效率优化的原则合理增加小额信贷服务的规模。中国扶贫基金会下设县服务社的个数，从 2004 年的 4 个增加到 2011 年的 52 个，八年间增加了 48 个，所增加的县级（小额信贷）服务社数量远远超过同期全国所有其他机构新建的公益性小额信贷机构的总和。通过增加县级小额信贷机构的网点数量，一方面可以提早占有更大的市场，另一方面也有利于克服公益小额信贷机构在一个县发展的数量瓶颈[①]。

表 9　　2004 ~ 2011 年中国扶贫基金会小额信贷发展情况

年份	县服务社个数*	贷款余额（万元）	有效客户	当年贷款额（万元）	县服务社社均贷款余额（万元）	户均贷款余额（元）	户均贷款余额/人均国民收入比率（%）
2004	4	1,075	8,376	1,223	269	1,283	10.40
2005	5	1,589	13,406	2,714	318	1,185	8.36
2006	10	2,787	15,076	4,728	279	1,849	11.21
2007	10	7,004	24,735	11,805	700	2,835	14.05
2008	17	10,704	26,861	18,766	630	3,984	16.80
2009	26	18,797	36,416	27,636	723	5，162	20.16
2010	39	38,914	67，238	56,910	998	5,787	19.30
2011	52	66,081	106,491	107,426	1,271	6,205	17.73

* 当年已注册但尚未发放贷款的县服务社不在本统计范围内。

数据来源：中和农信项目管理有限公司。

① 虽然目前尚没有足够多的经验研究证明在中国现在的金融生态和政策环境下，一个县级公益小额信贷机构可以发展的经济规模具体有多大，但从中国那些发展超过 10 年的成熟公益小额信贷机构的成长轨迹来看，公益小额信贷机构在一个县很难超过 7,000 客户。

在布网扩点的同时，中国扶贫基金会县级服务社的小额信贷服务平均规模也在不断扩大。每个服务社完成的贷款余额，从2004年的269万元增加到2011年的1,271万元。每个客户的平均贷款余额，同期从1,283元增加到6,205元。

由于2003年以后中国扶贫基金会每年都有新的服务社成立，从县级服务社平均贷款余额变化中无法看出每个服务社的发展。为此，我们将2006年以前（含2006年）建立的、相对比较成熟的10个服务社选出来专门进行考察。这10个服务社包括2002年或更早建立的左权、福安和六枝，2004年开设的霞浦，2005年开设的康平，2006年设立的昌江、怀安、新宾、清原和双牌。这10家服务社中6家贷款客户超过3,000户、贷款余额超过2,000万元（图6、图7）。

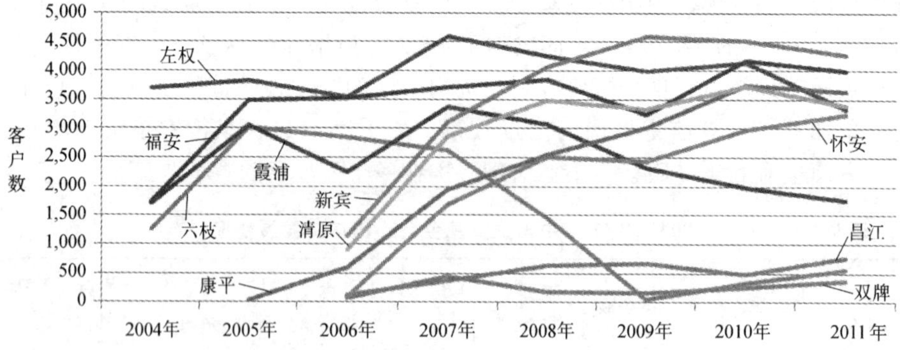

图6　中国扶贫基金会设立服务社客户数增长情况

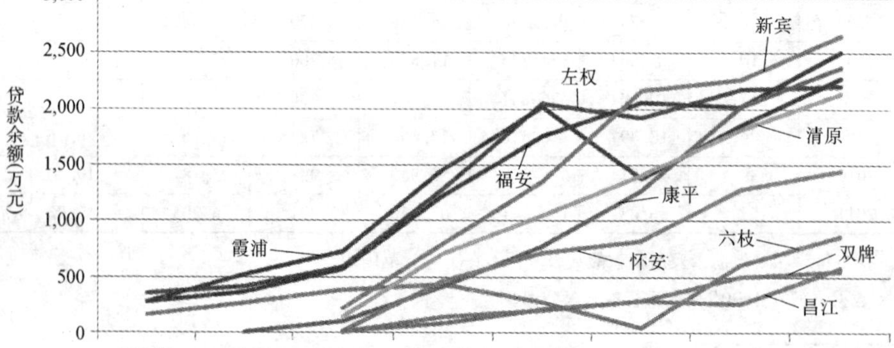

图7　中国扶贫基金会设立服务社贷款余额增长情况

中国扶贫基金会小额信贷发展另一个显著的特点，就是兼顾机构的业务发展和公益小额信贷服务农村中低收入人群的目标。在增设机构和发展业务的过程中，一方面中国扶贫基金会始终将其小额信贷服务社设立于国家和省定的扶贫工作重点县，另一方面服务社内也主要服务于农村以种养业生产为主的中低收入农户。其2011年贷款中用于农业生产的客户比例占67.8%，放款量占60.1%。这一点从中国扶贫基金会小额信贷客户平均贷款余额与全国人均国民收入的比率也可看出来。2002年以来，这个比率除2009年达到20.9%以外，其他年份一直都在20%以下，远远低于同期国际上与中国同等发展水平国家平均70.3%的比值。

三、UNDP/交流中心小额信贷

由UNDP出资并提供技术支持、由中国国际经济技术交流中心（简称“交流中心”）管理的小额信贷项目，是中国较早开展的具有较大规模和影响力的公益小额信贷。从1996年开始到1998年，UNDP/交流中心先后在全国48个县开展了小额信贷项目，成为当时全国项目县最多、资金投入最大的一个公益性小额信贷系统。从2001年开始，这些小额信贷项目陆续进入项目结束期。为了探索项目小额信贷可持续发展的实现方式，UNDP/交流中心从2001年5月开始在仪陇、赤峰、定西和湘西四个项目县实施“可持续小额信贷扶贫项目”，试图从产品设计、财务、风险和信息管理等技术层面，改善和提高这些项目小额信贷的可持续发展能力。虽然“可持续小额信贷扶贫项目”实施三年，在改善项目县的技术能力方面取得了不错的成效，但是由于始终没有触及影响小额信贷持续发展最关键的治理结构问题，结果在项目结束以后虽然绝大多数项目都转为了如“乡村发展协会”、“城乡发展协会”的社团法人，但是交流中心与这些转为乡村发展协会的前小额信贷项目之间的关系逐渐淡化。据了解，在48个项目县中，有12个因地方政府违规调用项目资金，部分资金被交流中心收回（累计收回120万），项目结束后即被关闭；西藏的四个县和四川的七个县因位置偏僻、管理成本高，交流中心对其管理自动停止。在剩下的县中，从2006年以来基本上坚持向交流中心作为主要发起机构之一的中国小额信贷联盟提交年度报告的有20个。由于数据获取关系，我们只能使用这20个县的数据，从业务量、还款率和赢利性三个方面来考察UNDP/交流中心小额信贷的发展状况。

20家机构服务的客户数，从2006年到2011年整体处于减少的态势，合计减少了4.4%。其中客户数增加的有9家，减少的有11家。客户数增加的小额信贷机构中只有赤峰市昭乌达妇女可持续发展协会在六年间持续增加。

六年间贷款余额合计增加了91%，而且只有三家机构2011年的贷款余额比2006年小。但在2006~2011年贷款余额增加的17家机构中，只有赤峰市昭乌达妇女可持续发展协会和麻栗坡县乡村经济发展协会两家机构按现价计算的贷款余额六年逐年增加，其他机构年间都有不同程度的波动。可见UNDP/交流中心这20家机构中多数采取的是稳定和减少客户数、增加稳定客户贷款额度来节减操作成本的生存策略。在缺乏可靠的新的资金来源保障的条件下，这不失为一种理性的选择。

UNDP/交流中心20家机构的整体还款情况还算不错。2011年20家机构中有一半还款率在98%以上。其余的10家机构中，有两家还款率在50%以下，另外两家还款率不到90%，还有一家虽然2011年还款率达到97%，但其前几年的还款率一直在70%以下。这20家机构的经营状况好坏参半，2011年有13家赢利、7家亏损。在2006~2011年间，20家机构中有13家至少出现过一年亏损，有8家出现过三年或三年以上的亏损，有5家最近两年连续亏损。由于亏损，20家机构中有4家2011年资产总额比2006年有不同程度的缩减，减少幅度在10%至37%之间。如果亏损状况得不到有效的扭转，数年之后，部分机构将不复存在。

四、其他一些公益小额信贷机构的发展简况

中国的公益小额信贷除了前面三大组织体系以外，还有不少其他的小额信贷机构或项目。这里简单介绍妇联系统的小额信贷、各种类型的社区基金和宁夏惠民小额信贷公司。

（一）妇联系统的小额信贷

妇联系统一直是中国公益小额信贷发展中一支非常重要的力量。妇联系统的小额信贷，包括全国妇联直接管理的小额信贷和地方妇联管理的小额信贷两个部分。由全国妇联直接管理的小额信贷，现在全部置于“母亲小额循环”项目的名下。自1996年启动实施“母亲小额循环”项目，到2011年9月累计筹集基础资金3,000多万元，其采取“小额借款，入户扶贫，循环使用”的方式，在全国20多个省市发放小额循环扶贫贷款。据全国妇联的统计，累计滚动投入小额循环贷款1.2亿多元，还款率达98%以上，帮助了30万余名贫困妇女实现创业和再就业，辐射带动近300万妇女实现脱贫致富①。全国妇联的小额信贷一直采取项目的方式运行和管理。一方面，全国妇联为

① 中国妇女发展基金会：http://www.chinaaid.org.cn/poverty_relief.asp?classid=347。

不同的捐赠人或机构设立以其个人或机构命名的小额贷款项目，分别进行管理；另一方面，小额贷款资金采取项目的方式，委托给地方妇联管理。近几年来，全国妇联采取招标的方式来选择小额信贷项目。

除了全国妇联直接管理的小额信贷项目以外，联合国儿基会、国际计划等机构的小额信贷项目，多数也委托给地方妇联管理。如果单纯以项目县的数量来考量，妇联系统的小额信贷肯定是中国公益小额信贷中最大的一家。

（二）社区基金

社区基金，有时也叫社区发展基金、社区互助资金，是中国较早采用的一种小额信贷形式。在 20 世纪 80 年代末期，一些海外和香港的非政府机构在一些农村发展和扶贫项目中，较早开始在项目中引入社区基金的内容。此后，这种适合于农村社区熟人社会的以资金循环使用为特征的小额信贷形式，一直在中国存在和发展。从 2006 年开始的由财政部和国务院扶贫办联合组织的“贫困村互助资金”试点，使社区基金成为中国公益小额信贷发展的一种重要形式。中央财政扶贫资金为每个试点村安排 15 万元，建立扶贫互助社，按照“民有、民用、民管、民享、周转使用”的方式，支持村民发展生产。六年来全国累计已有 1, 100 多个县，1. 6 万多贫困村开展了互助资金试点，资金总规模达到 33 亿多元，入社贫困户有 85 万户，累计发放借款 46. 11 亿元，其中向 67. 3 万人次贫困户发放借款 24. 72 亿元[①]。

社区发展基金和贫困村互助资金，作为带有互助合作性质的小额信贷形式，对于缓解参与农户的资金需求具有重要的积极作用。但是，对于贫困村互助资金这种由政府资助的小额信贷项目，如何处理好政府干预和互助社自主管理的关系，如何从依赖政府支持转向可持续运营，如何避免穷人被排斥，仍是需要不断努力探索和改进的问题。

（三）宁夏惠民小额信贷公司

宁夏惠民小额信贷公司，是中国首家由小额信贷项目转制而成的具有开展小额信贷业务合法身份的公益性小额信贷机构[②]。宁夏惠民小额信贷公司的发展大体经历了三个阶段。

第一阶段，从 1996 年到 1999 年，为项目小额信贷试验探索阶段。1996 年，爱德基金会资助宁夏扶贫与环境改造中心开展宁夏盐池县沙地治理与社区综合发展项目，项目的一项内容为提供发展基金帮助农民创收来减轻对环

---

① 顾仲阳、于猛：“小小互助金，帮了贫困户”，《人民日报》，2012 年 7 月 1 日。

② 在宁夏惠民小额信贷公司成立之前，中国扶贫基金会和中国社会科学院扶贫社的小额信贷也曾获得过相关部门的书面许可，但是都没有在银行监管部门正式注册。

境的压力。虽然用于小额信贷项目的资金很少，但却拉开了盐池小额信贷试验的序幕。第二阶段，从2000年到2008年7月，为盐池小额信贷从项目向机构过渡阶段。2000年，盐池县妇女发展协会（盐池县小额信贷服务中心）成立，盐池小额信贷在项目结束后得以生存和进一步发展。尤其是2007年以来，盐池县小额信贷服务中心在自治区金融办的支持和协调下，通过国家开发银行宁夏分行以及宁夏农业综合投资公司的支持，机构得到了快速发展。第三阶段，从2008年8月以来，盐池小额信贷进入公司化运行阶段。2008年，公司改制为宁夏惠民小额信贷有限公司，成为全国公益性小额信贷机构中第一家获批的、公益资本控股的信贷机构。2009年3月，公司在同心县注册成立“同心县惠民小额信贷中心”。截至2011年年底，宁夏惠民小额信贷中心总资产达到11,263万元，贷款余额达到9,534万元，有效客户数量达到7,686户[①]。

① 数据来源于《中国小额信贷联盟2011年年报》。

第三章　中国公益小额信贷发展的政策环境

兼具公益服务和信贷服务双重功效的公益小额信贷是一个需要政府和社会保护的特殊的弱势产业/部门。中国的公益小额信贷发展20多年以来，虽然政府在一些阶段直接或间接对其发展给予过帮助和支持，但是其金融服务提供者的身份和作用却未能得到正视和承认。本章重点从机构准入、金融生态和中介支持三个方面，讨论和分析中国公益小额信贷发展的政策环境。

第一节　机构准入

中国的公益小额信贷发展一直受到身份“合法性”因素的掣肘。尤其是原来以项目形式开办的小额信贷，虽然后来多以社会团体或民办非企业单位的名义在民政部门注册解决了机构合法性问题，但是在取得信贷服务合法身份的道路上一直是举步维艰。值得关注的是，即使在过去几年中国农村金融组织、产品和工具创新取得重大突破的时候，这些已在中国农村存在了数十年的公益性小额信贷组织也难以取得一个名副其实的合法身份。

一、现行农村金融政策调整未能真正破解公益小额信贷机构准入难问题

近五年来，中央在放宽机构准入、改善农村金融服务方面确实出台了不少具有深远影响的政策。中央政府相继出台了《关于调整放宽农村地区银行业金融机构准入政策更好支持社会主义新农村建设的若干意见》、《关于加快推进农村金融产品和服务方式创新的意见》、《关于银行业金融机构大力发展农村小额贷款业务的指导意见》、《关于全面推进农村金融产品和服务方式创新的指导意见》等一系列的改革政策，这些政策调整在中国农村金融发展史上具有里程碑式的意义。近五年农村金融政策调整的主要意义在于两个方面：一是自农村合作基金会解散以后，官方首次允许农村建立国有商业银行和和

农村信用合作社以外的新的金融机构，并允许社会资本直接进入，在一定程度上增加了农村金融服务的供给；二是对于农业银行、农信社等银行业金融金融机构开展的小额信贷业务，通过放宽贷款对象、拓展贷款用途和提高贷款额度等政策，使其获得了更大的发展空间。

但是，如果说最近的农村金融政策调整对农村金融发展是打开了一扇窗，那么对公益小额信贷机构合法化来说只是开了一条缝，而且只是一条需要奋力才能挤进去的一条缝。下面我们逐一讨论新型农村金融机构设立政策中有关几种新型金融形式设立的条件，对业已存在的公益小额信贷机构合法化的适用性。

中国银行业监督管理委员会制定的《村镇银行管理暂行规定》中，与现有公益小额信贷机构合法化直接相关的规定有四条，分别是："在县（市）设立的村镇银行，其注册资本不得低于300万元人民币"[①]；"村镇银行应采取发起方式设立，且应有1家以上（含1家）境内银行业金融机构作为发起人"；"单一自然人持股比例、单一其他非银行企业法人及其关联方合计持股比例不得超过10%"，"村镇银行的董事应具备与拟任职务相适应的知识、经验及能力，其董事长、高级管理人员应具备从事银行业工作5年以上，或者从事相关经济工作8年以上（其中从事银行业工作2年以上）的工作经验，具备大专以上（含大专）学历"。根据这些规定，如果一家现在的公益小额信贷机构想通过组建或加入一家新的村镇银行来获取身份的合法化，就必须作出调整同时满足以上四个条件。首先，现有的公益性小额信贷机构不能作为村镇银行的发起方，如果要选择村镇银行作为其身份合法化的目标，现有的公益性小额信贷机构必须找到愿意合作的金融机构作为发起人。其次，由于在《村镇银行管理暂行规定》出台前大多数已存在的公益小额信贷机构都属于社团法人，如果改建成村镇银行，一家公益小额信贷机构最多只能持股10%，而当时多数公益小额信贷机构的总资产都在200万以上，这就意味着必须有其他机构或个人合计至少投入1,800万，而且加入村镇银行的公益小额信贷机构只有不超过10%的控制权，这将在很大程度上限制着公益小额信贷机构及其管理层在村镇银行决策中的影响力，尤其是对致力于面向农村中低收入农户提供信贷服务的公益小额信贷机构来说，这也对其维持公益性社会目标形成威胁。最后，有关董事长、高级管理人员任职条件的规定，实际上将意图加入村镇银行的公益小额信贷机构的领导层排除在村镇银行董事长和高级管

① 中国银行业监督管理委员会：《村镇银行管理暂行规定》，2007年1月22日。

理人员的候选人之外，这一点也会影响对公益小额信贷机构具有较大影响力的领导层选择通过转制为村镇银行来实现机构的合法化。由于上述三个方面的原因，四年多来没有一家业已存在的公益小额信贷机构转制为村镇银行。

农村资金互助社是银监会推出的另一个农村新型金融组织形式。但是《农村资金互助社管理暂行规定》中确定的企业法人属性、地域性、单一持股人比例限额和不得设立分支机构的条件，使其也难以成为业已存在的社团法人公益小额信贷机构转制的适用形式。第一，该规定确定“农村资金互助社是独立的企业法人，对由社员股金、积累及合法取得的其他资产所形成的法人财产，享有占有、使用、收益和处分的权利，并以上述财产对债务承担责任”，如果现有的公益小额信贷机构选择转制为农村资金互助社，必须对此前通过捐赠形成的资产进行确权和公证，并设计合适的制度安排来保护和行使这部分特殊财产的权益。可是有关捐赠资金的处置安排一直是困扰中国相当部分公益小额信贷机构转制的难题。第二，《农村资金互助社管理暂行规定》规定：入社农民必须是户口所在地或经常居住地（本地有固定住所且居住满三年）在入股农村资金互助社所在乡（镇）或行政村内，入股农村小企业的注册地或主要营业场所必须在入股农村资金互助社所在乡（镇）或行政村内；而且规定农村资金互助社不得设立分支机构。这种地域限制和不得设立分支机构的规定，使现有的社团法人公益小额信贷机构在转制为农村资金互助社时，只能以业务所在的乡镇或行政村的社员的身份加入，而无法采取以机构整体加入的形式。这就意味着现有社团法人公益小额信贷机构需要先行拆散，才有可能通过转制为农村资金互助社的形式实现合法化。第三，农村资金互助社管理规定中，有关单一持股人持股比例不得超过农村资金互助社股金总额的10%、超过5%的应经银行业监督管理机构批准的条件，使得现在的社团法人公益性小额信贷机构即使通过拆散现有机构以行政村内的客户入股，也比较困难。以中国社会科学院扶贫社四个县社为例，2011 年其 5,091 万贷款余额分布在 449 个中心，大体相当于每个行政村有贷款余额 11.3 万元。如果采取拆散加入农村资金互助社的形式，即使全部达到极限的 15% 的持股比例，首先必须在每个村再组织 64 万元以上的股金。以上所述的这些条件限制使农村资金互助社也难以成为现有的社团法人公益小额信贷机构转制的选项。迄今为止，也没有任何一家社团法人的公益小额信贷机构转制为农村资金互助社。但是，农村资金互助社可以成为未来新设立的公益小额信贷的一种重要组织形式。目前，中国的社区基金也可以通过注册成为农村资金互助社来实现金融业务的合法化和实现业务的可持续发展。

在新推出的农村新型金融机构组织类型中，小额贷款公司这种形式由于其所要求的相对宽松的审批、出资人、地域限制等条件[①]，对已有的部分法人社团公益小额信贷组织转制具有一定的适用性。事实上，也有数家法人社团的公益小额信贷机构已经或正在申请转为小额贷款公司，这包括原来的宁夏盐池妇女可持续发展中心转为现在的宁夏惠民小额信贷公司、由北京富平学校组建的山西永济市富平小额贷款公司、由中国扶贫基金会参与组建的辽宁康平小额贷款公司等。由社团法人公益小额信贷机构转制为小额贷款公司，主要存在两方面的困难：一是如何吸收新股东和筹集资金，二是转制后如何合理处理好保持原来的服务中低收入农户的公益性质与股东对投资盈利目标之间的关系。按照《关于小额贷款公司试点的指导意见》的规定，小额贷款公司中单一自然人、企业法人、其他社会组织及其关联方持有的股份，不得超过小额贷款公司注册资本总额的10%。按照现在多数社团法人的公益小额信贷机构总资产在200万元以上的状况，要组建小额贷款公司，如果不考虑银行业金融机构的加入，必须至少新引入不少于18家机构和自然人股东、筹集不少于1,800万元的资本金。这对于平均资产回报率较低的小额信贷行业来说，并不是件容易的事。更重要的是，在对已有的公益性小额信贷机构进行股份制改造以后，由于原来的公益小额信贷机构在新组建的小额贷款公司中没有控股权，面对资本对利润追逐的原始冲动和合理要求，新组建的小额贷款公司如何能够在满足资本的利润回报与保持原来公益小额信贷机构服务中低收入农户目标之间找到平衡点，是一件很富有挑战的任务。从几家从公益小额信贷机构转制或领办的小额贷款公司以后的贷款客户结构变化来看，虽然它们的贷款用户中中低收入农户仍占较大的比例，但客户平均贷款余额都有很大幅度的增大。这些原来的公益小额信贷机构转制成小额贷款公司今后的客户结构是否继续向大户移动有待进一步的观察。

在四类新型农村金融机构中，贷款公司由于要求由境内商业银行或农村合作银行全额出资的设立[②]，不可能成为公益小额信贷机构转制的选项。

综合来看，由于现有公益小额信贷机构的现状，包括多数在县一级设立、下辖数个乡镇，最初资金来源于国际机构或其他机构/个人的捐款，现在一般已有资产数百万元和数千稳定客户等，在四类新型农村金融机构中除了小额贷款公司具有部分适用性以外，其他组织类型都难以成为现有公益小额信贷机构转制的理想选项。

---

① 中国银行业监督委员会：《关于小额贷款公司试点的指导意见》，2008年5月4日。

② 中国银行业监督委员会：《贷款公司管理暂行规定》，2007年1月22日。

二、中国农村金融市场仍需要服务中低收入农户的公益小额信贷机构

在已有的国有大型商业银行、国家政策银行、农村合作金融机构以及改制的邮政储蓄银行改革创新的基础上，加上新开放农村新型金融机构，中国的金融监管部门是否已经妥善规划了农村金融改革与发展的路线图？换言之，在所有这些银行和非银行类金融机构都到位之后，中国的农村金融供给版图是否就最终定局，中国农村金融市场是否还需要其他类型的公益小额信贷机构来服务于农村的中低收入农户？从现实情况来看，这种需要确实是存在的，中国农村金融供给的布局仍有很大的改进空间。

如果我们将中国农村金融服务供给者按其主要服务对象简单进行归类，可以大体看出农村中低收入农户仍是金融服务边缘人群。在众多涉农金融机构中，农业银行主要服务于农村企业和部分富裕或中等收入农户；农业发展银行主要服务于大宗农产品购销和农业产业化龙头企业；作为农村金融服务最大提供者的农村合作金融机构，服务对象的谱系比较广，包括农村企业和不同类型的农户，但从农户平均贷款规模来看，富裕和中上等农户仍是其农户贷款的主体，只有少数中低收入农户可以获得其信贷服务；新建立的小额贷款公司，主要服务于农村中小企业和中上等收入农户；农村资金互助社目前来看也多是农村内富人的俱乐部。广大中低收入农户的信贷需求还无法由这些金融服务供给者得到充分的满足。

遗憾的是，中国很缺乏不同收入农户信贷需求满足程度的大样本的公开数据，因此也很难准确判断不同收入组农户信贷需求的满足程度。根据国家统计局对全国贫困县53,000多样本农户的调查资料，2008年这些样本农户中有近54%的信贷需求是由亲戚朋友的借款来实现的（表10），由银行和信用社提供的贷款仅能满足其贷款需求的38.5%，而且不同收入组农户之间的差异并不显著。虽然，相对来说，贫困地区农村金融系统发育要落后于全国平均水平，但考虑到中国金融政策的覆盖面以及金融资源配置中的行政干预影响，贫困地区农户的信贷需求状况对全国应有一定的代表性。至少我们可以根据这项大样本调查的结果推断，中国农村仍存在相当大的农户信贷需求未得到充分满足，还需要更多的金融机构来为农民服务，尤其是需要大力发展面向中低收入农户提供信贷服务的公益小额信贷。

表 10　　2008 年贫困县农户借款余额的来源（%）

	平均	低收入户	中低收入户	中等收入户	中上收入户	高收入户
1. 亲戚朋友借款	53.84	53.08	53.33	52.94	55.50	54.17
2. 银行及信用社一般商业贷款	38.50	37.49	38.87	37.39	37.32	40.76
3. 扶贫贷款	3.39	4.88	3.10	3.27	3.71	2.32
4. 其他来源贷款	4.27	4.55	4.70	6.39	3.47	2.75
合计	100.00	100.00	100.00	100.00	100.00	100.00

资料来源：国家统计局：全国贫困监测农户样本调查资料。

第二节　公益小额信贷发展面临的市场环境

毋庸讳言，与公益小额信贷刚刚起步的 20 年相比，现在中国公益小额信贷机构发展面临的农村金融市场环境已发生了重大的变化。这些变化主要表现在农村金融市场供给和信贷用户变化两个方面。

一、农村金融服务供给

（一）农村金融服务的总体基本情况

通过中国人民银行农村金融服务研究小组完成的《中国农村金融服务报告》，我们可以对中国金融机构对农户贷款的整体情况有一个基本的了解。2010 年，全国金融机构对农户的各种贷款 5,908.9 亿元，占当年全国金融机构发放贷款总额的 7.1%，对农户贷款余额比前一年增长 29.4%。2010 年，金融机构对农户贷款余额的增长速度，比同年全国金融机构贷款增速快了 9.5 个百分点。可即使是在比全国平均增速快了近 50% 的情况下，2010 年平均每个乡村人口从金融机构获得的贷款也仅仅 876 元，相当于当年农民人均纯收入的 14.8%。考虑到现在统计中的乡村人口口径已将长期在外工作但户籍仍在农村的农民工剔除，而在附近城镇就业的农民工实际上是金融机构对农户贷款的主要客户人群。如果将 2010 年全国 24,223 万农民工计算在内，农民人均从金融机构得到贷款只有 645 元，这相当于当年农民人均总支出的 9.2%。考虑到农户本身所具有的微型企业性质，即使不计入目前难以估价的土地财产，2010 年金融机构对农户贷款余额也仅相当于当年农民总资产（包括当年收入、固定资产和房屋折价）的 8%。这在某种程度上可以看出，中国农户还有很大的信贷需求。

表 11　金融机构本外币农户贷款统计（2010 年 12 月 31 日）　单位：亿元

	年末贷款余额	当年新增贷款
农户贷款	26, 043. 3	5, 908. 9
一、按用途分类		
1. 农户生产经营贷款	21, 937. 7	4, 563. 3
农户农林牧渔业贷款	13, 102. 6	2, 259. 7
农户其他生产经营贷款	8, 835. 1	2, 303. 7
2. 农户消费贷款	4, 105. 5	1, 345. 6
其中：助学贷款	93. 9	-22. 6
二、按信用形式分类		
1. 信用贷款	4, 762. 9	535. 9
其中：农户小额信用贷款	3, 111. 0	398. 1
2. 保证贷款	12, 687. 5	2, 812. 5
其中：农户联保贷款	3, 033. 2	652. 9
3. 抵押贷款	8，187. 1	2, 496. 3
4. 质押贷款	405. 7	64. 1

资料来源：中国人民银行农村金融服务研究小组：《中国农村金融服务报告 2010》，金融出版社。

但是，在 2010 年金融机构对农户贷款中，以小额信用贷款和农户联保贷款方式发放的贷款分别只有 398 亿元和 653 亿元。金融机构对农户贷款绝大多数采取抵押贷款和农户联保贷款之外的保证贷款的形式，这两类占到 2010 年金融机构对农户贷款总额的 79%。这个比例比其在同年农户贷款余额的比例高 10 个百分点。这说明了两个问题：第一，在金融机构对农户的贷款中，对于不能提供实物抵押和愿承担连带责任担保人的农户所提供的贷款占比很低，这在很大程度上会排除农村大多数中低收入农户；第二，金融机构提供的小额信用贷款和农户联保贷款的比例在减少，这意味着中低收入农户从金融机构获得贷款的机会在减少。从这些方面来看，不要求抵押和担保的公益小额信贷机构在农村应该还有很大的发展空间。

（二）金融创新对公益小额信贷机构的竞争压力加大

虽然，中国农村金融的巨大需求可以为各种现有的金融机构提供足够大的生存空间，但是在部分地区确实存在对部分优质客户的竞争压力。尤其是近几年来，农村合作金融机构改革不断深入后对农户的服务深度和水平都有较大提高，邮储银行小额贷款也达到较大的规模，农业银行通过金融工具创新也增强了农户的服务能力，新型农村金融机构在部分地区也形成了一定的信贷服务能力，所有这些变化都在一定程度上增加了对公益小额信贷机构的竞争压力。下面通过对这些变化作简要的分析，来管窥公益小额信贷机构面临的竞争压力。

农村合作金融机构是中国农村金融服务的主要提供者，也是业务与公益小额信贷机构交叉比较多的一类金融机构。据国家银监会的统计，截至2010年年末，农村合作金融机构农户小额信用贷款余额3,010亿元①，占全部银行业机构小额信贷用贷款余额的96.8%；农户联保贷款余额1,770亿元，占全部银行业机构农户联保贷款的58.4%。每年取得这两类贷款的农户接近7,000万户。从2008年到2010年，全国农村合作金融机构提供的农户小额信用贷款和联保贷款余额分别增加了35%和18%，显示出农村合作金融机构对农户小额信贷服务在不断改进。从银监会提供的数据来看，农村合作金融机构农户小额信用贷款平均每个贷款农户可获得信用贷款5,000元左右，农户联保贷款平均每个贷款农户可获得贷款1万元左右，这种贷款规模与部分公益小额信贷机构相当，会形成对公益小额信贷机构的竞争压力。

2010年年末，农业银行发放的农户贷款余额2,991亿元②，较2007年年末增长了174%。农行系统共发行惠农卡6,100多万张，授信总额1,600亿元，农户小额贷款余额989亿元，惠及580多万农户。农业银行推出的集多项功能于一体的金穗惠农卡和"村村通"转账电话服务工具，搭建了农户综合化金融服务新平台，到2011年年底电子机具行政村覆盖率达到38%。农行所实行的农村金融工具创新，在较大程度上弥补了其在农村基层网点不足的缺陷，而且利用惠农卡将外出务工农民的转账服务与农户小额贷款联系起来，对于扩大农村金融服务的吸引力作用较大。虽然目前农行以金穗惠农卡和"村村通"转账电话为基础搭建的农户综合金融服务平台还在调试之中，但由于农行所具有的全国性支付网络的支持，在有效运转起来以后，会对公益小额信贷机构的业务产生较大的竞争压力。

邮储银行是农村金融市场上的强劲的后起之秀。据统计，截至2010年年末，邮储银行有4,591个二级分行开办了小额贷款业务，在县及县以下地区

---

① 新华网："跟着农民走——中国农村信用社改革发展60周年"，http://news.xinhuanet.com/local/2011-11/20/c_111181499.htm。

② 中国人民银行农村金融服务研究小组：《中国农村金融服务报告2010》，金融出版社。

累计发放小额贷款 334.27 万笔、1,885.03 亿元[①]，每笔贷款的平均额度为 5.64 万元。总体上来看，邮储银行小额贷款的规模较大，主要面向农村中小企业，对公益小额信贷机构的业务交叉不大。但从实地调查来看，在部分地区邮储银行的小额信贷也对公益小额信贷形成了一定的竞争压力。

新型农村金融机构组建时间较短，机构数量较少，但发展势头较猛。截至 2011 年年末，全国已组建新型农村金融机构 786 家，其中村镇银行 726 家，贷款公司 10 家，农村资金互助社 50 家。总体来看，新型农村金融机构中村镇银行和农村资金互助社在客户结构方面，与公益小额信贷机构之间有一定的交叉，但因其数量较少、地域分布相对较小，仅在少数地区构成对公益小额信贷机构的竞争压力。

二、农村小额信贷用户特点变化

在公益小额信贷发展的 20 多年中，中国农村社会经济发展也发生了深刻的变化。农村小额信贷用户的特点，与公益小额信贷刚出现的时候相比，也有了很大的改变。农村小额信贷用户特点的变化主要表现在以下三个方面：

第一，农民收入水平大幅度提升，农户对小额贷款需求额度上升。按现价计算，农民人均纯收入从 1992 年的 784 元增加到 2011 年的 6,977 元。不同收入组农户的收入水平和结构都有了很大程度的变化。据国家统计局农村住户调查数据，2002 年收入最低的 20% 农户人均纯收入为 857 元，到 2011 年最低收入组农户人均纯收入增加到 2,001 元（表 12）。农民收入水平的提高，一方面是由于收入结构的变化，尤其是外出务工收入的比例提高；另一方面则是由于投入增加和效率提高，农民人均家庭经营费用支出 1992 年仅 292 元，到 2011 年增加到了 2,428 元。与农民收入和投入增长相对应的是农户对小额贷款需求的额度也在提高。在刚开始实施公益小额信贷项目时，不少项目确定 500 元的贷款额度，这大约相当于一般农户农业生产投入的 50% 左右；现在如果继续按农户家庭经营费用 50% 的比例确定小额贷款额度，按现行价格计算需要 5,000 元左右。更重要的是，现在农户的经营活动出现了明显的分化，在大部分农户由过去的小农经济转向兼业经营的同时，现在已有了部分农户专业从事较大规模的商品农业生产或从事非农业经营活动。农村生产专业化水平的提高，会进一步要求小额信贷机构提供更高额度的贷款。

---

① 中国人民银行农村金融服务研究小组：《中国农村金融服务报告 2010》，金融出版社。

表 12　　2002～2011 年五等分收入组农民人均纯收入及其来源

	低收入户	中低收入户	中等收入户	中高收入户	高收入户
2002 年平均每人纯收入（元）	857.13	1,547.53	2,164.11	3,030.45	5,895.63
工资性收入	226.38	454.17	716.18	1,098.31	2,392.27
家庭经营纯收入	599.81	1,033.53	1,359.36	1,790.7	3,013.07
财产性收入	7.23	14.8	24.72	40.06	193.27
转移性收入	23.72	45.04	63.85	101.38	297.02
2011 年平均每人纯收入（元）	2,000.5	4,255.7	6,207.7	8,893.6	16,783.1
工资性收入	861.0	1,792.2	2,739.8	4,083.7	6,943.6
家庭经营纯收入	824.9	2,018.6	2,856.7	3,947.6	7,784.4
财产性收入	49.6	84.3	142.4	212.1	791.7
转移性收入	265.0	360.7	468.7	650.2	1,263.3

数据来源：国家统计局：《中国农村住户调查年鉴》（2003），中国统计出版社 2003 年版。
国家统计局：《中国农村住户调查年鉴》（2012），中国统计出版社 2012 年版。

随着农民收入水平的提高，农民对生活消费的需求明显增强。提前消费的观念在农村也悄然增强。部分青年农民在挣了部分钱且对未来收入有了一定信心之后，就开始考虑盖房或买房，因而形成对小额住房贷款的需求。当然，相对于基于短期现金流的小额信贷产品，对农民住房小额贷款产品设计要求复杂得多，小额信贷机构在提供小额住房贷款时，需要更周密的风险规避和防范考虑。

第二，农民的活动空间发生了很大的变化，对小额信贷产品设计和贷款风险监管提出了新的挑战。随着工业化和城市化进程的加快，农民离家外出就业和创业的人数越来越多。1995 年全国仅有 4,500 万外出农村劳动力，到 2011 年全国外出农民工数量增加到 15,863 万、当地转移劳动力 9,415 万①，外出和本地农民工数量已占到全国农村劳动力资源总量的近一半。大量农村劳动力外出和离土就业，这在增加农民收入的同时，对信贷需求和管理也带来了许多新的问题。首先，大量农民外出和离土就业，在很大程度上改变了以前高度依赖季节性农业收入的现金流，从而对信贷需求和管理产生影响。对有外出和离土就业人员的农户来说，其家庭的现金流由在地的现金流与在

① 国家统计局：《2011 年我国农民工调查监测报告》，2012 年 4 月 27 日，http：//www.stats.gov.cn/tjfx/fxbg/t20120427_ 402801903.htm。

外就业/创业收入的现金流所合成，这样一来，一方面外出就业/创业收入可以调剂家庭农业收入引起的季节间平衡，会减少部分农户对信贷的需求；另一方面农户对信贷的需求不仅仅受到在家农业生产投入的影响，也受到外出就业/创业对信贷需求的影响，因此，既可能会产生外出打工旅费贷款需求，也有可能出现在家人员为在外就业/创业成员代借的需求。在实地调查中，我们观察到不少公益小额信贷机构都发放过在家父母申请的子女在城镇创业周转贷款，这虽然能够增加贷款需求，但由此引起的借款和用款分离状况，也会增加贷款的风险和处置成本。其次，农村人口和劳动力频繁流动，也经常伴随着债务的流动，如果小额信贷借款人在借款期内外出、产生拖欠，小额信贷机构处理拖欠会导致管理成本升高，如果由外出务工人员形成的拖欠得不到及时有效的解决，甚至有可能对小额信贷机构的持续运营产生冲击，如四川仪陇乡村发展中心出现的拖欠积累问题就与对外出务工人员贷款拖欠处置不当有关。再次，外出务工人口比例增加，还会使小额信贷机构评估借款人现金流和还款能力的难度和复杂性增加。尤其是，如果就业市场出现较大波动时，外出务工人员失业有可能导致其家庭贷款拖欠风险的增加。

第三，农村基础设施改善和以手机和互联网为代表的通讯技术的进步、手机的普及对小额信贷需求和管理产生了重要的影响。近 20 年，中国农村交通、通讯基础设施发展十分迅速，一方面方便了农村之间以及农村与城镇之间的经济、人口和信息交流，另一方面也对小额信贷需求和管理带来了重要的影响。交通和通讯基础设施改善为农村小型交通运输、商贸与服务企业的发展提供了便利条件，相应的也创造出新的小额信贷需求。近年来，农村运输、商贸和服务业对小额信贷需求大幅度增加，不少公益小额信贷机构增加或新开设了面对这部分用户的小额信贷产品。手机在农村的普及对小额信贷支付方式创新和风险管理，都提供了更为有利的机会。在国外，近几年已开发出了基于手机平台的新的小额信贷产品和支付方式。

第三节　小额信贷融资服务

资金供给是制约不吸储型小额信贷机构发展的关键因素。对公益小额信贷机构来说，缺乏可靠的持续的利率合适的资金供给，有时甚至可以决定机构的生死存亡。然而，中国目前对公益小额信贷机构开放的金融批发中介服务严重缺失，政府也没有出台任何支持社会企业和金融机构对公益小额信贷提供资金批发服务的政策，致使大部分公益小额信贷机构到处“化缘”，这既严重分散了这些机构对日常管理的注意力，也影响了公益小额信贷机构的长期发展预期，并进而阻碍公益小额信贷的持续健康发展。下面，我们分别从对公益小额信贷资金的供给和公益小额信贷机构资金来源两个不同的视角，考察中国小额信贷融资服务中介发育，对公益小额信贷发展的影响。

一、金融机构对公益小额信贷的资金供给

（一）国外小额信贷批发基金简况

在小额信贷比较发达的国家，小额信贷批发基金（microfinance apex）是大多数已建立起来的小额信贷机构的主要资金供给来源。据世界银行扶贫咨询小组（CGAP）的调查资料，世界上15个最大的小额信贷批发基金2009年向1,650个小额信贷机构提供了15亿美元的资金（Forster, Duflos and Rosenberg, 2012）。这些小额信贷批发基金，既有属于政府的开发银行设立的专门部门的，也有隶属私有的商业银行的，还有由政府、准政府机构或私人单独设立的，少数甚至附属在政府设立的捐赠项目管理办公室下面。小额信贷批发基金主要向比较成熟的小额信贷机构提供信贷资金，少数也提供资本金。批发基金向小额信贷机构提供资金的年利率在无息到12%之间，平均年利率为8.1%。批发基金主要通过评估申请资金的小额信贷机构的贷款质量、操作可持续性、运营效率等指标，来决定是否向申请资金的小额信贷机构提供资金。现在也有部分批发基金在决定是否向小额信贷机构提供资金时，开始重视如低收入贷款用户和妇女用户比例这样的社会底线（social bottom line）指标。据CGAP的调查资料，世界上这些大型小额信贷批发基金多数由所在政府财政部和国际机构共同出资建立，少数由国际机构建立或由国内的商业银行、非政府组织或私人设立。批发基金所获得的资金主要是赠款或低于市场利率的长期贷款。

（二）中国金融机构对公益小额信贷机构的资金批发

中国迄今为止还没有建立专门面向小额信贷机构的批发基金。但是，国家开发银行、中国农业银行等金融机构，近几年来陆续向少数公益小额信贷机构提供了贷款本金。国家开发银行北京市分行2006年年底与中国扶贫基金会签署提供1亿元贷款的协议，后来又几次续签协议，到2012年6月，共发放贷款八批，发放金额2.7亿元。国家开发银行宁夏分行2008年为宁夏惠民小额信贷公司提供政策性贷款1,000万元，使其能够顺利地注册成为小额贷款公司。据统计，国家开发银行与1,431家投融资公司、担保公司、小额贷款公司、中小商业银行等机构签订合作协议并实现业务运行，以“资金+技

术 + IT”的模式支持了274家小额贷款公司①。

中国农业银行除了在地方政府协调下将扶贫贷款转贷给部分公益小额信贷机构之外，近几年也开始直接向部分公益小额信贷机构提供批发贷款。2009年10月17日，中国农业银行与中国扶贫基金会签订协议。根据协议内容，由农业银行提供2亿元批发贷款，委托中国扶贫基金会下属的专业小额信贷机构向贫困地区的贫困农户提供小额信贷，中国扶贫基金会作为统借统还平台全面负责贷款“借、用、管、还”②。据了解，中国农业银行提供给中国扶贫基金会的批发贷款采用一次授信、分期使用的方式。2010年1月20日，中国农业银行与河北易县扶贫社、河南南召扶贫合作社、贵州兴仁县农村发展协会以及青海同仁县乡村发展协会四家扶贫小额信贷组织在北京人民大会堂举行了合作协议签字仪式。根据协议的有关内容，农行将与四家扶贫小额信贷组织合作，提供一定额度的批发贷款。

此外，北京银行为中国扶贫基金会小额信贷提供过4,000万元的批发贷款。

在中国，像国家开发银行和中国农业银行这种向公益小额信贷机构提供批发贷款的金融机构还很少，而且迄今为止的批发贷款都采取个案处理的方式，既没有制度化的长期稳定安排，也没有公开具体的批发贷款条件，更没有建立类似国外公开面对所有合格小额信贷机构的小额信贷批发基金。总之，中国金融机构对公益小额信贷机构的资金批发仍处于起步阶段，尚无法成为公益小额信贷机构可靠的资金来源。

除了大型国有商业银行采取个案的方式向公益小额信贷机构提供批发贷款以外，中国也出现了非正规金融机构参与的对公益小额信贷机构的批发贷款。宜信p2p（个人对个人）信贷助农平台，近两年为宁夏惠民小额信贷公司、陕西内乡县妇女可持续发展协会提供了批发贷款，并与甘肃定西市安定区民富鑫荣小额信贷服务中心、河北涞水扶贫社等公益小额信贷机构达成合作协议。不过，迄今为止有关宜信与这些公益小额信贷机构贷款协议条件的信息未曾公开，考虑到宜信的资金主要来自于分散的个人委托理财，而个人对贷款风险和利率的要求肯定会影响到协议的条件设定。

阻碍中国建立类似国外小额信贷批发基金的主要原因在于：第一，中央政府没有充分认识到公益小额信贷机构在中国金融服务供给中所具有的重要

---

① 中国人民银行农村金融研究小组：《中国农村金融研究报告（2010）》，金融出版社。

② 中国农业银行：“中国农业银行授信中国扶贫基金会2亿元贷款支持农村金融”，http://www.abchina.com，2009年10月19日。

地位，既没有为小额信贷批发基金建立提供财政支持，也没有对为公益小额信贷机构提供批发贷款的金融机构提供任何政策性支持，而是完全由金融机构利用市场资金来为公益小额信贷机构提供批贷款，这样不仅贷款成本高，而且也增大了出资金融机构的贷款风险；第二，中国公益小额信贷行业发展过程中，部分机构存在诸如管理落后、信息不透明等问题，公益小额信贷行业也没有建立起一套统一、规范的行为规范和信息公开制度，使外部很难对公益小额信贷机构的运营和管理状况做出准确的判断，这也影响了小额信贷批发基金的发展；第三，多数公益小额信贷机构没有取得官方认可的金融机构的合法身份，使有意建立公益小额信贷批发基金的金融机构对公益小额信贷行业的前途存有疑虑，这也在一定程度上阻碍了国际机构对中国公益小额信贷批发基金的积极支持。

二、非政府组织对公益额信贷机构的资金支持

境内外非政府组织是中国公益小额信贷发展重要的资金来源。一方面，中国的一些公益小额信贷机构/项目就是在境内外非政府组织的资助下建立起来的；另一方面，国内外的一些大型非政府组织也为已建立的公益小额信贷机构提供了资金支持。近几年来，德国 Helma A Seidel、德国民爱组织、美国我开机构、深圳壹基金公益基金会等，都为中国部分公益小额信贷机构提供过资金支持。

非政府组织对公益小额信贷机构的资金援助，对于增加公益小额信贷机构的资金供应、扩大服务规模起了一定的积极作用。不过，非政府组织的援助主要是基于各自所持的公益目标和理念，而且主要是一次性的援助，难以成为公益小额信贷机构长期稳定的资金来源。同时，各捐助机构在援助时，通常也会附加一些其他可能与小额信贷机构健康发展不完全一致的条件，从而会在一定程度上影响公益小额信贷机构的发展计划执行。

三、中国公益小额信贷机构的资金来源

由于中国各公益小额信贷机构所选择的发展路径和组织形式差异，它们之间的资金来源构成现在也出现了比较大的分别。中国公益小额信贷机构的资金来源结构大体有五种类型。它们分别是：（1）大部分由国际机构援助建立的公益小额信贷机构，包括 UNDP/交流中心、联合国儿基会和国际计划等组织支持建立的大部分小额信贷机构，其资金与项目结束时相比只有因贷款损失和增值所产生的变化，基本上处于维持状态；（2）小部分业绩比较好的、由国际机构或境外组织支持建立的公益小额信贷机构，包括赤峰市昭乌达妇

女可持续发展协会、仪陇乡村发展协会、易县扶贫社等。这些机构在项目结束后，继续得到国内外援助机构的支持，资本金有了一定的增加。其中，易县扶贫社来自自身的利润积累已超过中国社会科学院扶贫社提供的援助资金，而且到2011年年底还使用了超过1,000万元的社员存款[①]，再加上承担管理部分政府扶贫项目所获得的资金，易县扶贫社2011年年底有资金达到3,015万元。(3) 宁夏惠民小额信贷公司和永济市富平小额贷款公司，资金主要来源于增股吸收社会资本进入。(4) 中和农信项目管理有限公司，主要通过使用银行的批发贷款来增加资金。(5) 贫困村互助资金的资金，主要来源于政府财政资金和所在村农民缴纳的股金。

① 据了解，易县扶贫社从扶贫社社员中吸收存款是根据河北省人民银行提出的试验要求，在小范围内化解公益小额信贷机构资金供给困难的一个尝试。在从内部社员吸收存款的同时，易县扶贫社也加强了对社员存款有关的信息管理和风险控制。2012年8月初，作者重访易县扶贫社时了解到，吸收的全部社员贷款已被退还。

第四章　中国公益小额信贷的治理结构

治理结构是规范、确定和实现公益小额信贷机构出资人和经营管理者之间权利、责任和义务的制度安排。公益小额信贷机构的治理结构通常表现为机构在组织形式、控制方式和利益分配等方面所建立的制度和文化。它不仅界定出资人与小额信贷机构的关系，而且包括相关利益者（管理者、员工、贷款用户、相关金融机构、所在社区等）之间的关系。中国的公益小额信贷机构治理结构，由于其特殊的政治环境和发展历史，还需要包括小额信贷机构与地方政府之间的关系。

治理结构的形式和演变对中国公益小额信贷发展具有重要的意义。如果说，在公益小额信贷机构/项目发展初期，其治理结构主要是影响了小额信贷机构/项目的目标选择和产品设计，当公益小额信贷机构进入成熟期后，治理结构就会严重影响甚至决定机构的发展战略和前途。

经过 10 多年的发展，现在中国公益小额信贷机构的治理结构发生了不少改变，在相互之间也出现了比较明显的分化。在多数公益小额信贷机构仍然延续双层管理体制、在县一级采取社团法人治理形式的同时，部分公益小额信贷机构已转向了公司制。不过，即使是同样采取社团法人治理形式或公司制的公益小额信贷机构，相互之间在具体的制度安排方面也存在不同程度的差异。中国目前公益小额信贷机构之间发展的差异和分化，在很大程度上就在于它们之间治理结构的差异。本章以公益小额信贷机构的组织形式为基础，对中国公益小额信贷机构的主要治理类型进行讨论和分析。

第一节　双层管理结构下公益小额信贷机构的治理结构

一、中国公益小额信贷的双层管理结构

中国公益小额信贷，最初多是由国际机构或海外非政府组织提供资金和技术援助发展起来的。基于中国当时涉外资金和项目管理政策的规定，这些

由国际机构或海外非政府组织资助的公益小额信贷项目，一般都由一家国内的事业单位或群众团体作为项目的管理或联系单位，在县一级设立项目管理办公室，部分也在乡镇设立项目实施机构，从而形成了中国多数公益小额信贷机构目前仍在延续的包括外部管理层和县级管理机构这种比较独特的组织形式。这种体制包括外部的技术支持和监督管理层和在县一级设置的操作管理层，构成了中国公益小额信贷的双层管理体制模式。虽然，在形式上中国扶贫基金会（现中和农信项目管理有限公司）的小额信贷治理结构也属于双层管理体制，但由于其上下两层之间已经按公司治理的模式进行了重组，下面将单独进行分析。其他一些公益小额信贷机构，如国际计划和联合国儿基会系统的小额信贷机构/项目，外部管理层基本上只保留着外部监督的职能，也不属于严格意义上的双层管理体制。目前仍采取双层管理体制的公益小额信贷机构[①]，主要包括中国社会科学院扶贫社（现北京市农发扶贫基金会）和 UNDP/交流中心两大体系下面的小额信贷机构。

（一）外部管理层

外部的技术支持和管理层（简称“外部管理层”），从产权和经济联系的意义上说，并非处于小额信贷机构的外部，而只是相对于合法注册的独立的基层机构（以各种名义存在的县级小额信贷操作机构）而言才被称为外部管理层。外部管理层曾经在中国这些公益小额信贷组织管理制度结构中起着十分关键的作用（图 8）。第一，外部管理层一般最初都是所在小额信贷项目的发起和创办机构，项目点的选择、操作管理机构的建立都是由外部管理层实施的。第二，外部管理层负责操作管理机构、小额信贷产品和管理体系与制度的设计，操作管理机构的小额信贷操作规程、手册和有关的规章制度最初基本上都是由外部管理层设计和制定的。从这个意义上说，外部管理层实际起着这些小额信贷项目设计者和重大制度制定者的作用。第三，外部管理层最初都是这些小额信贷机构的直接出资人或主要的筹资人，尤其是在小额信贷项目发展初期，小额信贷本金主要由外部管理层提供或负责筹集。如中国社会科学院扶贫社的项目启动资金是由中国社会科学院贫困问题研究中心从孟加拉乡村银行申请的贷款，或者从包括福特基金会在内的境外机构或个人筹集；UNDP/交流中心体系下各个乡村发展协会的启动资金最初则直接来自于联合国开发计划署的项目赠款。第四，外部管理层负责对小额信贷操作管理机构提供技术支持，重点是提供人员培训、机构能力建设方面的技术支持。

① 有关公益小额信贷机构双层管理体制的讨论参考了吴国宝《扶贫模式研究：中国小额信贷扶贫研究》（2001）中非政府组织专业性小额信贷部分的有关内容。

在小额信贷发展初期，由于外部管理层自身的小额信贷管理和开发能力也很缺乏，多数技术支持都是通过外部管理层从国外争取和获得的。如中国社会科学院贫困问题研究中心主要通过孟加拉乡村银行和福特基金会、世界银行等机构获得技术资源，然后再提供给先机扶贫社；联合国开发计划署则直接利用其自身所有的或者可调动的技术资源，服务于乡村发展协会。第五，外部管理层负责对所辖的小额信贷操作管理机构进行监督和管理，主要管理内容包括：定期获得小额信贷的资金运用、财务和人事管理方面的信息并根据分析结果采取相应的行动，定期或不定期地派出专业管理人员到项目实地考察和检查工作，定期或不定期地组织内部财务审计。第六，外部管理层还具有选择和确定操作管理机构经理的权力和职能。

（二）操作管理层

采取双层管理体制的公益小额信贷一般在县一级建立操作管理机构，具体操作和管理小额信贷的组织动员、信贷活动、技术培训和内部的财务、信息与人力资源管理。中国社会科学院扶贫社下属的四个县级扶贫社、UNDP/交流中心下属的各县（市、区）乡村发展协会，都是在当地民政部门注册的独立的群众性社团组织。最初确定的操作管理机构的主要职能包括：第一，组建小额信贷的乡镇操作机构，并负责对乡镇操作机构及其人员的培训和管理；第二，选择项目点，指导、检查并参与用户的选择、小组、中心的组建；第三，指导和审批对用户发放的小额信贷，调查和定期监测贷款的使用、回收情况，并根据监测了解到的信息内容相应采取行动；第四，及时进行财务和信息管理，定期向外部管理层报告贷款运行、财务报表；第五，制定年度业务发展计划和财务计划，根据计划筹集资金；第六，根据外部管理层的设计和制度安排，制定并监督实施有关的规章制度。

操作管理机构的治理结构、能力和运行状况关系小额信贷的工作效率和业务质量，在很大程度上可以影响项目的发展乃至存亡。如果操作管理机构不能有效地高质量地运行，不管项目设计如何科学、合理，最终都很难取得成功。中国双层体制下的公益小额信贷操作管理机构的治理结构主要有两种类型：一种是决策和操作管理相对分离的治理结构，以UNDP/交流中心下属的乡村发展协会为代表，乡村发展协会设立由县政府领导、相关金融部门领导、协会主任和社员代表组成的理事会，理事会定期听取协会工作和项目进展报告，名义上有权决定有关协会发展的计划、人事等重大事宜；在理事会下面设立协会的具体管理机构，负责小额信贷的日常管理工作。另一种是决策和操作管理相对合一的治理结构，如中国社会科学院下属的县级扶贫社，在确定的权力范围内，既是决策机构，也是执行机构。从制度安排来看，决策和执行管理相对分离的治理结构，更有利于科学决策，有利于协调与外部的关系，也有利于从地方筹集资金。在发展初期，县操作管理机构一般配备4~6个工作人员，分别为一个主任（少数设副主任）、1~2个信贷管理员（有时兼培训员或信息员）、一个会计和一个出纳。由于这些小额信贷机构所具有的非政府组织的性质及相对较低的工资福利标准，它们很难聘得起具有专业知识和经验的管理人员。这些公益小额信贷操作管理机构的人员主要来源于三个方面：县乡干部、刚毕业的大中专生和具有初中以上文化水平的农民（包括村干部），除了部分财会人员接受过正规的专业知识训练以外，其他方面的人员主要通过参加由外部管理层组织的培训来获得有关小额信贷管理和操作的专业知识和技能，并通过边干边学来提高工作技巧。其工作人员普遍缺乏操作和管理小额信贷所需的金融、财务管理、业务计划和信息管理方面的专业知识和能力，很难适应小额信贷机构持续发展对人员的要求。

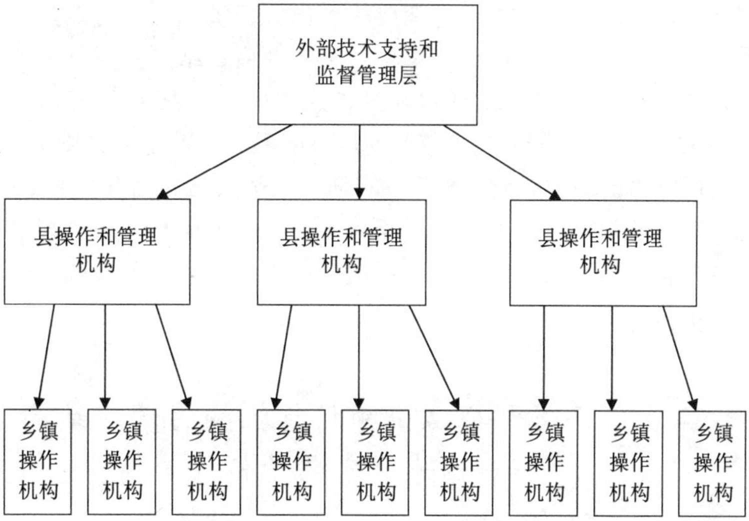

图8　双层管理结构下公益小额信贷机构组织框架

尽管外部管理层在小额信贷发展和管理中承担着上述重要的职责，但外部管理层并没有建立专业的小额信贷管理机构，仅有少量的专业管理人员，而且也只是一般管理和财务管理人才，没有专业的金融、信息管理人才。

二、中国公益小额信贷双层管理体制下的治理结构变化

近10年来，原来的双层管理体制本身也发生了许多重大的变化。在双层管理体制下，外部管理层在最初一批小额信贷项目陆续到期后，对操作管理

机构的资金和技术投入大幅度减少，主要通过开会培训、参观考察和报表传送，维持对操作管理机构的关系。相应地，原来的操作管理机构经过近10年的发展，现在在各方面都趋于实体化。除了已经比较全面地掌握了小额信贷管理的技术和方法以外，这些机构也开始自筹资金、开展原来项目以外的活动。这样一来，外部管理层在某种意义上已经成为操作管理机构的累赘。

三、中国公益小额信贷双层管理体制下的治理结构存在的问题

与部分成功转制的公益小额信贷机构相比，采取双层管理体制的公益小额信贷机构近几年的发展相对滞后、部分机构出现贷款风险增加等情况，暴露出了其在治理结构上存在的问题。这些问题突出地表现在外部管理层和操作管理机构在财产所有权和处置权以及机构发展战略方面出现的分歧。

由于操作管理机构最初的资金由外部管理层引进，尤其是当引进的资金来源于国际机构的赠款时，外部管理层和操作管理机构之间对财产所有权的归属容易产生分歧。目前的联合国章程对于援助项目结束后赠款的处置没有明确捐款是属于管理部门还是受益地区，这就引出赠款的委托代理关系问题①。不仅如此，这些机构经过多年的发展已积累了相当规模的利润，有些还建立了颇具影响力的品牌。对于赠款、利润和品牌归属和处置权的不同意见，严重限制了这些机构的转型和发展。相对来说，管理层与操作管理机构通过股份制的方式解决他们之间在赠款、利润和品牌归属问题的分歧，这应该是一条可选的出路。

第二节　公司制公益小额信贷机构的治理结构——以中和农信为例

2008年以后，中国先后有宁夏惠民小额信贷公司、中和农信项目管理有限公司和山西永济市富平小额贷款公司，从原来的社团法人转制为公司制的公益小额信贷机构。这些实行公司制的公益小额信贷机构基本都建立了产权明晰、所有者与管理者权责界定明确的治理结构。但是，这三个实行公司制的公益小额信贷机构，由于所选择的发展战略和内部组织结构不同，相互之间治理结构还是存在较大的差异。其中：中国扶贫基金会控股的中和农信项

① 孙同全：《扶贫小额信贷与公益信托制度研究》，经济科学出版社2006年版。

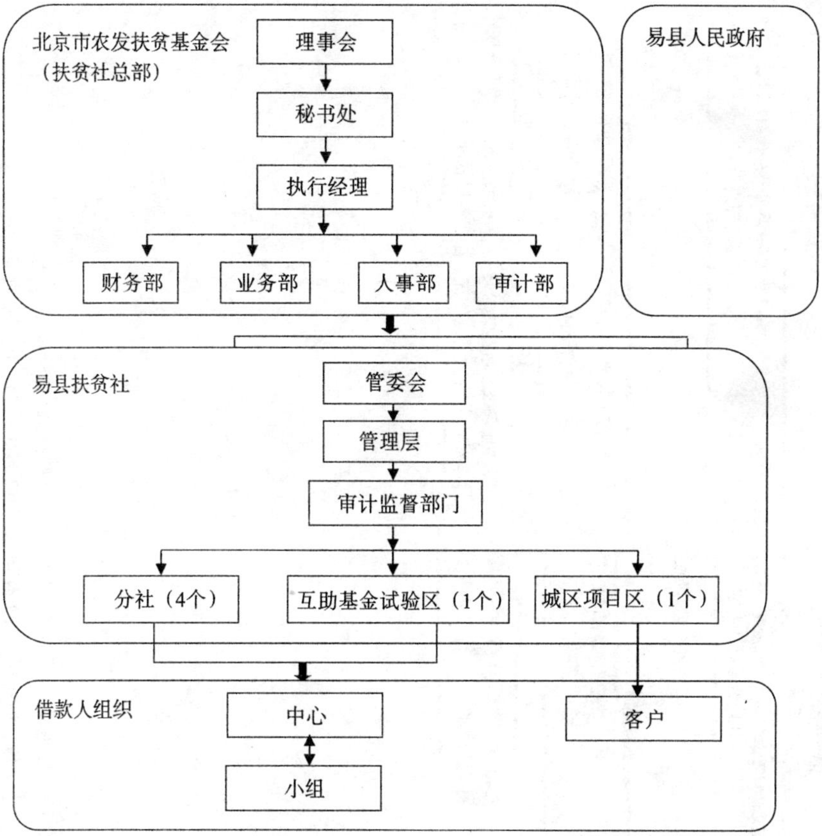

图 9　易县扶贫社的治理结构图

目管理有限公司采取总部 + 区域管理办公室 + 基层服务社三级管理的组织机构、实行扩点增量的增长战略，形成了独具特色的治理结构；山西永济市富平小额贷款公司和宁夏惠民小额信贷公司采用一级或两级管理的组织结构和网点内增加贷款用户和提高贷款额度的增长战略。这里主要以中和农信项目管理有限公司为例，分析公司制公益小额信贷机构的治理结构。

一、中和农信的组织结构

中和农信项目管理有限公司是中国扶贫基金会控股的专业的小额信贷管理公司。自 2008 年年底成立以来，在短短三年多时间内，中和农信的组织管理结构不断得到完善，到现在已初步形成了权责划分比较清楚、管理功能比较健全、基本能够支撑未来业务发展的现代小额信贷管理机构的组织构架（见图 10）。

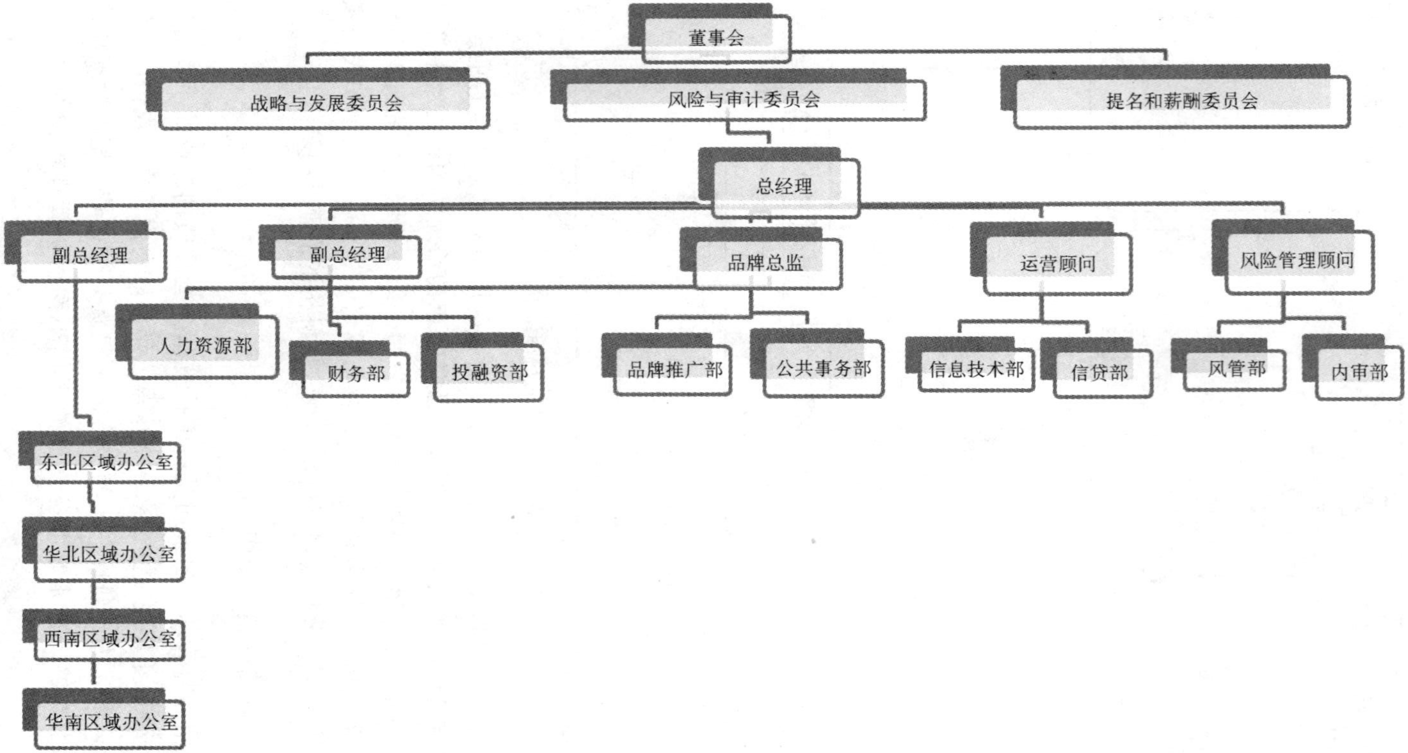

图 10 中和农信组织结构图

转引自王静艳：“中和农信管理构架演变历史”，提交“公益性小额信贷机构领导人工作坊”，2012 年 3 月 15 ~ 16 日，北京。

中和农信组织结构的基本特点：

第一，建立了保证出资人权益保护和实现的组织制度安排，使股东的权益表达和实现具体化和制度化。与一些小额信贷机构虚化出资人权益实现的安排不同，中和农信在组织构架中，除了像一般机构界定股东权益和董事会的职权、确定董事会领导下的总经理负责制等以外，还建立了保障和实现出资人权益的具体制度安排。在董事会下面建立了直属董事会领导、可以不受管理层影响的战略与发展委员会、风险与审计委员会、提名和薪酬委员会，分别负责公司的发展战略研究和分析、风险监控、重要人事决定和薪酬制度。这些委员会的设立可以使出资人通过决定公司的发展战略、监控风险和重要人事、薪酬制度，来具体保障和实现董事会的权益。

第二，初步建立了功能比较齐全、分工比较合理的部门管理架构。中和农信的管理部门设置基本类似于金融管理公司。在总经理负责制下面，分别设置了人力资源部、财务部、投融资部、信贷部、信息技术部、品牌推广部、公共事务部、风险管理部和内部审计部九个专业管理部门。这九个部门除了直属总经理管理的人力资源部以外，另外八个部门分别由一位副总经理和品牌总监、运营顾问和风险管理顾问分工负责，另有一位副总经理负责下设的四个区域办公室。这样一种部门设置，基本涵盖了小额信贷管理的各项管理职能，有利于推进专业化管理和提高工作效率。中和农信的部门设置中也存在一些可以进一步改进的地方，如本应服务于全公司的信息技术部，与信贷部一起置于运营顾问管理之下，这不仅不利于加强信贷管理，也不利于更充分地发挥信息技术部在服务整个公司发展中的作用。另外，风险管理既属于管理层的重要职能和工作，同时也应直接对董事会及其下设的风险与审计委员会负责和报告。现在将风险管理和内审部仅仅置于管理层的设置，不利于实现董事会对公司风险的监控。同样值得注意的是，中和农信在总公司建立了功能比较齐全的专业管理和服务部门，对加强和改进管理效率确实具有重要的作用，但是建立和运行这些专业部门需要长期投入较多的经费，在某种意义上会成为公司的固定成本。如果公司的业务发展不能达到和维持足够大的规模，维持这些专业部门及其人员将构成公司成本控制的压力。

第三，设立区域管理办公室，加强对县服务社的管理。中和农信管理公司建立以来，其县级小额信贷服务社增长非常迅速。为了加强对各地的县服务社的管理、缩短管理半径和提高管理效率，2010 年中和农信根据网点分布设立了东北、华北、西南和华南四个区域办公室。区域办公室主要代表总公司负责实施对县服务社的日常监管，但专业管理工作仍由总公司负责。这样一种安排能否产生积极的预期的效果，主要取决于区域管理和总公司的专业管理之间分工协作关系能否有效建立起来，使之能够产生正的管理效率。如果增加一个管理层次和管理工作量，不能转变为管理加强和管理成本节约的效能，区域管理层的设置就没有多大必要。

第四，在县一级设立结构简单、功能相对比较单一的组织机构。中和农信管理公司在县一级设立服务社，主要负责贷款的发放和回收。县服务社的设置比较简单，一般只配备一个主任和督导员、会计和出纳四个管理职位，县服务社直接管理信贷员（图11）。除了服务社主任由总公司选聘以外，其他管理人员和信贷员都由县服务社主任选聘、报总公司备案。这样，在县服务社就形成了完全本地化的工作团队。

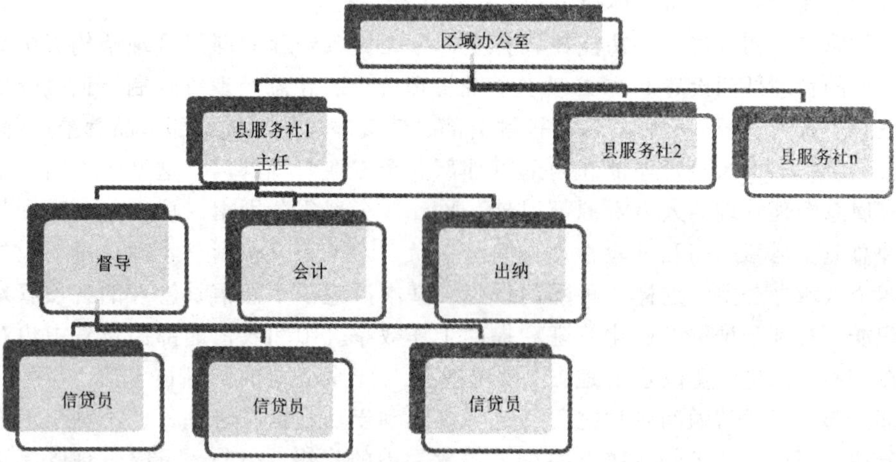

图11　中和农信基层组织管理

第五，中和农信管理公司确立的是总公司的专业化管理和县级服务社的专业化操作有机结合、总部和县级服务社统一运营的组织管理体制。在某种程度上，这样一种管理体制很类似于一个大型连锁企业的设置。总部的专业化管理负责产品开发、财务管理、信息管理和品牌营销，县级服务社则按照标准化的产品设计和工作流程、开展小额信贷业务。这种安排既有利于发挥专业化管理的分工效应和规模经济性，也有利于保证基层专注于信贷发放和回收工作，可以形成两个方面的优势互补。将所有县级服务社置于总公司的统一运营之中，不仅可以支撑总公司的专业化管理运作，使专业人员有足够的空间发挥专业作用，而且有利于在各服务社之间统一调配资金，提高资金的利用率。

二、中和农信与政府的关系

中和农信项目管理有限公司作为中国扶贫基金会控股的专业小额信贷公司，其发展充分、合理借助了中央和地方政府的力量，逐步形成了与政府之间合作但不受干预的良性关系。

（一）中和农信与中央政府部门的关系

中国扶贫基金会是归口国务院扶贫开发办公室行业管理的独立的社团法人，实行理事会领导下的理事长负责制。依托国务院扶贫办的大力支持和所建立的具有丰富社会资源和专业知识的理事组成的理事会的协助，中国扶贫基金会小额信贷的发展一直得到了中央政府部门的支持。在享受政策优惠、获得小额信贷试验特许权和银行资金等方面，中国扶贫基金会的小额信贷都受益于与中央政府部门的良好合作。2001 年，国务院扶贫办同意扶贫基金会作为小额信贷扶贫试点单位；2010 年 5 月 13 日，国税总局和财政部发文，对于中和农信公司从事农户小额贷款取得的利息收入，按照《财政部 国家税务总局关于农村金融有关税收政策的通知》（财税［2010］4 号）第一条、第二条规定执行营业税和企业所得税优惠政策，即享受免营业税（五万元以下）和所得税；2010 年 8 月，中国人民银行同意中和农信公司接入其征信系统，分享客户的征信记录。前面已经提到，中国扶贫基金会小额信贷 2006 年以来先后获得国家开发银行、中国农业银行和北京银行的批发贷款。在其他公益小额信贷机构苦寻资金而不能得的情况下，中国扶贫基金会的小额信贷发展获得了数以亿计的批发贷款。

当然，中国扶贫基金会小额信贷之所以能够获得中央政府部门的支持，除了中国扶贫基金会所具有的组织优势以外，更重要的是由于其小额信贷业务规模和质量所具有的影响力。无论是网点数还是有效客户数，中国扶贫基金会的小额信贷都要占据全国公益小额信贷的半壁江山。而且，多年来中国扶贫基金会小额信贷一直保持着良好的贷款质量、经营业绩，坚持服务农村中低收入人群的社会目标，使中央政府部门可以比较放心地将其作为政策试验的基地。

（二）中和农信与地方政府的关系

中和农信的小额信贷业务网点主要设在扶贫重点县。在选择网点的时候，省（市、自治区）扶贫办是主要的决策咨询对象之一。在县服务社建立前期，中和农信与县政府和县扶贫办之间具有较多的合作。为了调动地方政府的积极性和增强其责任意识，中和农信要求地方政府提供一定比例的配套资金和办公启动资金。此外，县政府和扶贫办还被要求根据中和农信县服务社主任遴选条件，提名服务社主任候选人；帮助县服务社根据确定的业务区域选择要求，在县域内选择和推荐相应的乡（镇）村开展业务。当然，中和农信与地方政府之间的合作关系也不是单向受益的。除了小额信贷发展对当地经济发展和农民增收的积极作用以外，中和农信小额信贷支持的产业和社区在部分地区甚至成为地方政府对外宣传的窗口和样板。

在与地方政府的合作过程中，中和农信充分吸取了中国扶贫基金会早期项目实施中的教训，杜绝地方政府对小额信贷支持行业、地区和用户的选择干预。

三、中和农信公司的企业文化

企业文化是公司治理结构的重要组成部分。中和农信公司在小额信贷发展过程中，逐步积淀和塑造了自己的企业文化。概括来说，中和农信的企业文化包括对社会的责任感和使命感、价值观、员工之间的关系三个方面。

中和农信公司以建立成为山水间的百姓银行作为发展目标，将为微型创业者提供信贷服务、提升微型创业者的自我发展能力、实现机构可持续发展作为企业和全体员工的使命，使员工将自己的日常工作与服务社会和实现机构的可持续发展联系起来，增强使命感和荣誉感，更好地激发员工的内在工作动力。中和农信公司将公司的价值观与客户、员工和社会联系起来，确立对客户信用至上、无微不至的理念；对员工提供“广阔天地、有所作为”；对社会发挥草根金融的作用、惠泽乡村。中和农信公司员工之间形成了团队合作、经验共享的习惯。例如，通过每年一次的公司全体员工大会，相互交流经验，加强了解；在县服务社员工之间通过每月两次的例会，相互交流客户识别、风险监控和拖欠处理的经验等。

第三节　中国公益小额信贷机构治理结构比较

中国公益小额信贷机构，由于不同的创办历史和不同的发展路径，也形成了不同的治理结构。下面分别从组织形式、内部关系、与政府关系三个方面，对中国公益小额信贷机构的治理结构进行简单的比较。

一、公益小额信贷机构组织形式

迄今为止，中国公益小额信贷机构所采取的组织形式主要有：社会团体、民办非企业单位、有限责任公司、小额贷款公司和互助资金。其中，前二者为社团法人，有限责任公司和小额贷款公司为公司法人，互助资金绝大多数都处于未注册的松散组织状态。不同组织形式的公益小额信贷机构的特点见表13。

表13　公益小额信贷的组织形式

组织形式	社会团体	民办非企业单位	有限责任公司	小额贷款公司	互助资金
名称	“乡村发展协会”、“城乡发展协会”、“可持续发展协会”、妇女发展协会	小额信贷服务中心	项目管理有限公司	小额贷款公司、小额信贷公司	贫困村互助资金、扶贫互助社
法律依据	国务院“社会团体登记管理条例”	国务院“民办非企业单位登记管理暂行条例”	《中华人民共和国公司法》	银监会和中国人民银行“关于小额贷款公司试点指导意见”、《中华人民共和国公司法》	国务院扶贫办、财政部“关于进一步做好贫困村互助资金试点工作的指导意见”
治理结构	会员制	会员制	公司制	公司制	成员代表制
主要资金来源	捐赠	捐赠	自有/融资	自有/融资	政府财政资金/社员股金
与政府关系	接受政府业务指导	接受政府业务指导	合法经营	合法经营	接受财政资金支持和业务管理

二、公益小额信贷机构的内部关系

公益小额信贷机构的内部关系构成其治理结构的重要组成部分，对机构的健康发展具有重要的影响。中国公益小额信贷机构的内部关系形式大体有五种类型。第一种以中国社会科学院扶贫社的四个县扶贫社为代表，也包括UNDP/交流中心所管理的小额信贷机构，其内部关系的突出特点是存在两个管理层次，相互之间在产权和职责方面划分不够清晰；第二种是绝大多数以社团法人注册的其他公益小额信贷机构，内部关系相对比较简单，决策和管理机构基本合一；第三种是中和农信项目管理有限公司，所有县服务社都隶属同一个法人，资产由总公司统一调配，内部关系主要表现为总公司的专业管理和服务与县服务社专注于贷款操作的职能分工，不过现在建立的区域办公室是否会使总公司与县服务社的关系复杂化，还难以判断；第四种是宁夏惠民小额信贷公司和永济富平小额贷款公司，属于公司制的管理架构，所有者与管理者分离；第五种是贫困村互助资金，其内部管理结构也比较简单，按规定由社员选举产生互助社管理机构和人员。

三、公益小额信贷机构与政府的关系

中国公益小额信贷机构的产生和发展一直与政府有着关系。几乎所有的公益小额信贷机构在组建或项目发展初期，都不同程度地受到政府的影响。大多数公益小额信贷机构最初在县一级的领导干部多来自政府部门，而且他们中的绝大多数现在依然是公益小额信贷机构的负责人。在组建初期，公益小额信贷机构多数都曾不同程度地得到过政府在资金、办公条件和人员等方面的支持，同时也会不同程度地受到政府的行政干预。不过，到现在大多数比较正式（已注册）的公益小额信贷机构基本上都已经实现了自主发展，受政府的干预比较少。但部分公益小额信贷机构在贷款对象确定方面有时还会受到政府工作人员的干扰。

第四节　中国小额信贷行业组织发展

一、中国小额信贷行业组织发展现状

2005 年 11 月，在花旗基金会的资金支持下，中国社会科学院农村发展研究所、商务部中国国际经济技术交流中心和全国妇联妇女发展部联合发起成立了中国小额信贷发展促进网络。2010 年 9 月 17 日，经网络会员代表大会通过，“中国小额信贷发展促进网络”正式更名为“中国小额信贷联盟”。

根据中国小额信贷联盟章程规定，中国小额信贷联盟是由有关部门和致力于推广小额信贷事业的机构以及有关国际组织联合成立的社会团体法人，是协作性、自律性组织。

章程规定联盟业务范围包括：

（1）政策倡导：开展小额信贷和普惠金融的政策倡导工作，通过会议、会谈和拜访等形式加强与政府有关部门的对话和协商，寻求政策和法律等方面的支持，为小额信贷的发展提供一个良好的政策环境；

（2）行业自律：在会员机构内部进行行业自律，根据国际标准，结合国内实践，制订相关操作指南和行业标准，汇总会员机构的财务和社会绩效信

息，并通过网站、年报和宣传册等向国家有关部门和公众披露会员机构的经营业绩和状况；

(3) 信息交流：通过网站、年报、出版物、宣传册、年会、研讨会、走访等为会员机构提供信息交流平台，互通有无、取长补短，促进会员机构的能力提升，改善经营管理；

(4) 培训和技术支持：为会员机构提供以需求为导向的培训和技术支持服务，为各种国内外机构提供行业咨询服务；

(5) 筹资服务：为会员机构提供筹资信息，向国内外援助机构、企业和个人筹集发展资金，解决会员机构的资金问题。

联盟的会员包括：(1) 从业机构，即从事小额信贷或微型金融业务的机构，包括公益性小额信贷机构和商业性小额信贷机构；(2) 非从业机构，即不直接从事小额信贷或微型金融业务但是与这些业务相关的机构，包括行业协会、管理机构、研究机构、服务机构和出资机构等。

中国小额信贷联盟章程规定，联盟实行会员代表大会领导下的理事会负责制。按照规定，联盟理事会由会员代表大会选举产生，作为会员代表大会的常设机构，对会员代表大会负责。理事会成员应大致反映会员的整体结构，让各类会员机构都有代表进入理事会。理事会下设执行委员会、财务委员会、战略委员会、筹资委员会和公关委员会五个委员会。执行委员会是理事会的常设机构，由理事长、副理事长、司库、独立理事和由理事会推荐的四个专业委员会中的一位委员长共五人组成。除专业委员会外，其他四个成员均为常设职位，专业委员会的选择根据联盟的发展需求和阶段确定，可根据理事会的决定每年进行轮换。执行委员会的职责是审议并批准联盟具体管理制度和日常工作中的重大事项，监督联盟秘书处的工作（图 12）。执行委员会至少每季度召开一次会议。

联盟经费来源包括：注册费和会费；财政拨款；国际组织和社会捐赠；培训、技术支持、咨询服务收费；其他收入。

二、中国小额信贷行业组织发展中存在的主要问题

中国小额信贷联盟及其前身小额信贷网络成立数年来，在技术和人才培训、信息分享和政策倡导等方面做了不少的工作（参见附录 2），对于推动中国小额信贷的发展、促进部分小额信贷机构的能力建设发挥了积极的作用。但是也存在一些问题，主要是：第一，中国小额信贷联盟的会员代表性不够、权威性不足，难以充分发挥其作为行业组织的作用；第二，中国小额信贷联盟试图将各种类型的小额信贷机构联合在一起，联盟会员类型包括公益小额

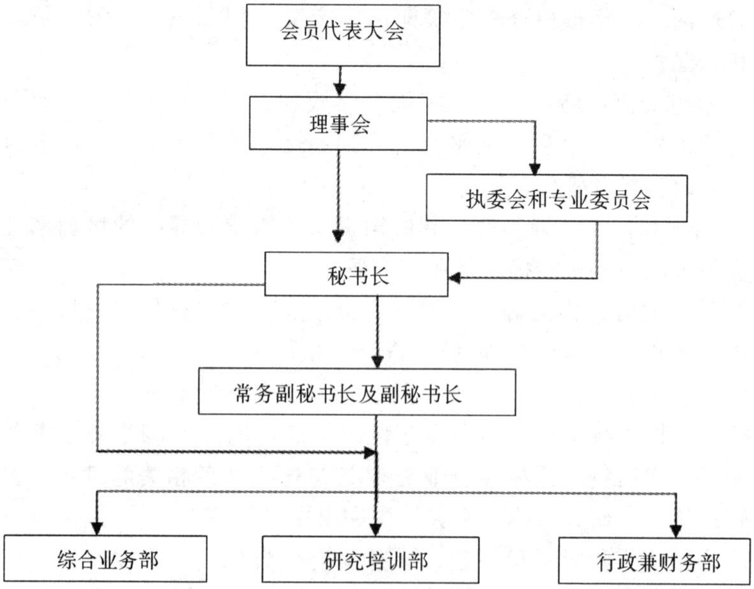

图 12　中国小额信贷联盟组织机构

信贷机构、农村新型金融机构、农村合作金融机构和大型商业银行等。由于各类机构差异性大，各自的需要和诉求不一，使各机构在重大问题上难以形成一致的决定；第三，中国小额信贷联盟目前的工作以培训为主，在政策倡导、行业自律等重要方面发挥的作用较弱；第四，中国小额信贷联盟的治理结构存在一定缺陷，小额信贷机构难以真正在联盟中发挥主人的作用。

第五章 中国公益小额信贷机构管理

在一定的政策环境、金融生态和既定的治理结构条件下，内部管理就能够在很大程度上决定公益小额信贷机构的生存和发展能力及空间。本章我们重点从产品和服务设计、风险管理两个方面考察中国公益小额信贷的经营环境，分析其管理状况。

第一节 产品和服务

产品和服务设计是小额信贷机构管理的中心环节和重要内容。首先，产品和服务设计在很大程度上体现小额信贷机构的发展战略。小额信贷机构对机构营利和服务深度的战略选择需要通过确定信贷产品的客户、额度、利率等因素来具体实现。其次，产品和服务设计反映小额信贷机构对市场需求的认识和对自己机构的市场定位。最后，产品和服务设计在较大程度上决定于小额信贷机构资金供给、风险控制和信贷管理的能力。

自中国公益小额信贷产生以来，产品和服务从最初简单划一的五户联保、每周还款的农户小规模生产贷款，扩展到现在用户、用途、额度、担保形式和还款形式更加多样化的格局。下面，重点以案例调查所研究的公益小额信贷机构为例，考察和分析中国公益小额信贷机构的产品和服务状况。

一、客户结构

（一）客户范围

中国公益小额信贷机构的服务客户范围与10年前相比有了很大的变化[①]。10年前公益小额信贷机构很少涉足的城镇居民贷款、农村消费贷款和农村基础设施贷款，现在都开始出现，贷款用途的分布变得更广了。这种变化部分

① 有关10年前类似机构的产品和服务情况，参见吴国宝《扶贫模式研究——中国小额信贷扶贫研究》，中国经济出版社2001年版。

地反映了中国公益小额信贷客户的真实变化，部分地则是通过产品设计调整将原来隐蔽在其他产品名义下的真实用途显性化了。

各公益小额信贷机构所服务的客服范围存在一定的差异。从产品类型来看，仪陇乡村发展协会的客户范围比较广，所提供的产品包括助学贷款、农业类生产消费贷款、农村公共设施基建农户贷款、经营户经营消费贷款和青年创业贷款五个种类。不过，除了明示的公共设施基建农户贷款以外，其他类型的贷款在其他公益小额信贷机构中也普遍存在。赤峰市昭乌达妇女可持续发展协会是案例研究的机构中唯一明确设立小额信贷农村产品和城市产品的。而实际上，所研究的案例中除了禄劝社区发展基金和湍水头富平小额贷款基金因所处服务区域远离城镇以外，其他公益小额信贷机构同时都为农村和城镇用户提供贷款。主要的差别是有些机构直接向城镇的实际用户提供贷款，有些则是将贷款提供给在农村居住的住户名下，但清楚知道实际是由在城镇中的亲人使用的。不过，公益小额信贷机构目前的客户中，农村客户仍占绝大多数。从这个意义上说，中国的公益小额信贷机构目前还主要是农村小额信贷机构。

（二）贷款用途

有关贷款用途的统计，由于面临着申请贷款用途与实际贷款用途的重大差别，很难获得准确的数据。从三个机构获得的数据来看，公益小额信贷机构贷款用途在普遍出现多样性变化的同时，也显示出机构间的客户差别。

在中和农信小额信贷客户贷款的用途构成中，无论是按贷款余额还是按有效客户数统计，农（林、牧、渔）业贷款所占比重在2006~2011年都超过50%（表14），2011年用于农业的贷款余额和客户数分别占59.4%和67.8%，表明其贷款主要服务于农业发展的显著特征。从时期变化来看，中和农信小额信贷用于农业的比例有所下降，农业贷款在贷款余额和有效客户数中所占比重分别从2006年的84.2%和83.8%降低到2011年的59.4%和67.8%。

表14　　中和农信小额信贷2006~2011年贷款用途分布（%）

	2006年	2007年	2008年	2009年	2010年	2011年
贷款余额						
农、林、牧、渔业	84.2	79.0	69.9	58.9	55.7	59.4
批发和零售贸易	6.8	11.3	19.5	22.2	19.8	15.3
社会服务业	7.5	7.9	8.0	7.4	7.8	6.1
生产加工业	1.5	1.7	2.7	4.2	3.9	3.9

续表

	2006 年	2007 年	2008 年	2009 年	2010 年	2011 年
交通运输业					4.4	7.2
消费					1.9	3.0
农房改建						0.3
其他行业				7.3	6.6	4.9
有效客户						
农、林、牧、渔业	83.8	81.1	75.6	68.7	67.5	67.8
批发和零售贸易	7.0	9.8	15.7	18.8	16.8	0.1
社会服务业	7.4	7.4	6.6	6.1	5.7	3.4
生产加工业	1.5	1.7	2.1	3.3	3.3	5.0
交通运输业					2.4	3.0
消费					0.5	6.4
农房改建						1.7
其他行业	0.2			3.1	3.8	12.6

数据来源：中和农信项目管理有限公司。

易县扶贫社 2011 年客户贷款用途中，运输和加工业居第一位，占到 44%；小商业和服务业占 27%；种养业占 1/4；其他仅占 4%（见图 13）。

图 13　易县扶贫社 2011 年贷款用途构成

从湍水头富平基金提供的 2009 年和 2010 年贷款用途详细分类信息来看，其客户的贷款用途十分广泛，从家庭生产和经营活动到工程包工、买车、结婚建房、上学看病，乃至还债和帮人借款（表 15），五花八门，几乎无所不包。不过，其贷款用途虽然多种多样，但分布仍相对比较集中，运输和经商占其贷款总额的50%以上，养殖贷款稳定占9%左右，工程包工贷款占6%以上，建房、结婚、上学、看病等消费类贷款占18%左右。

表15　湍水头富平基金2009年和2010年贷款用途（%）

借款用途	2010年	2009年
工程包工	6.25	8.89
加工厂	1.47	0.97
经商（饭店、手机店、理发、电焊等）	21.28	31.83
买车、运输拉煤	34.52	26.82
养殖（猪牛羊鸡）	9.93	8.99
购买农机	0.18	0
购买化肥	0	1.99
建房	3.62	5.42
结婚	8.28	3.37
上学、看病	5.64	9.89
帮人借款	3.43	0
还债	3.68	1.17
其他	1.72	0.66
合计	100	100

数据来源：山西临县湍水头富平基金。

二、贷款品种和条件

近几年来，中国公益小额信贷机构根据市场需求的变化，对贷款品种和贷款条件做了较大幅度的调整。受各公益小额信贷机构发展战略的影响和所在地市场需求结构差异的作用，各个机构之间贷款品种和条件设置存在较大的差异。中和农信公司采取连锁经营的发展模式，贷款品种相对比较少，只有小组联保贷款和个人贷款两个品种。2011年，中和农信公司有效客户中小组联保贷款客户占93.07%，个人贷款仅占6.92%（表16）。

在案例研究的七个公益小额信贷机构中，赤峰和仪陇是贷款产品设置得相对较多的两家。赤峰市昭乌达妇女可持续发展协会设立了七个信贷产品，包括两个农村常规贷款产品、两个农村整贷整还贷款产品以及城市担保贷款、城市联保贷款和城市妇女微笑贷款，各自确定了不同的贷款对象、期限、担

表 16　**2011 年中和农信小额贷款额度分布**

贷款类型	贷款规模（元）	占全部有效客户数的比例（%）	占同类贷款有效客户数的比例（%）
个人贷款	2,001～5,000	0.05	0.68
个人贷款	5,001～10,000	0.52	7.56
个人贷款	10,000 以上	6.35	91.76
小组贷款	1～2,000	2.80	3.01
小组贷款	2,001～5,000	7.81	8.39
小组贷款	5,001～10,000	67.03	72.02
小组贷款	10,000 以上	15.43	16.58

资料来源：中和农信项目管理有限公司。

保形式、利率、还款方式和还款次数[①]。仪陇乡村发展协会确定了助学贷款、农业类生产消费贷款、农村公共设施基建农户贷款、经营户经营消费贷款和青年创业贷款五个贷款产品，并分别设置了不同的贷款条件[②]。

三、贷款规模和服务深度

客户贷款规模及其结构是度量小额信贷机构服务深度的关键指标。在第二章，我们已经对主要公益小额信贷机构的客户平均贷款余额进行过描述和分析。但是平均数容易掩盖客户贷款规模的分布差异，下面使用数据可得的中和农信公司和湍水头富平基金的资料，来考察客户贷款规模的分布情况。

2011 年，中和农信公司客户平均贷款为 10,088 元，其中：贷款规模在 2,000 元以下的占全部有效客户的 2.8%，在 2,001～5,000 元之间的占 7.86%，在 5,001～10,000 元之间的占 67.55%，超过 1 万元的占 21.78%（表 16）。如果我们简单地将单笔贷款 5,000 元作为划分中、低收入农户的一个标准，从客户贷款规模结构来看，中和农信公司贷款的客户应主要为农村的中低收入农户。

湍水头富平基金 2010 年每笔贷款平均额度为 8,584 元，其中：贷款规模在 5,000 元以下的占 2%，5,000～8,000 元之间的占 15%，8,000～10,000 元之间的占 43%，1 万元以上的占 40%（图 14）。湍水头富平基金客户单笔贷款额度的中位数在 9,000 元左右。这表明其贷款客户以中等收入农户为主。

---

① 参见本书赤峰市昭乌达妇女可持续发展协会案例。

② 参见本书仪陇乡村发展协会案例。

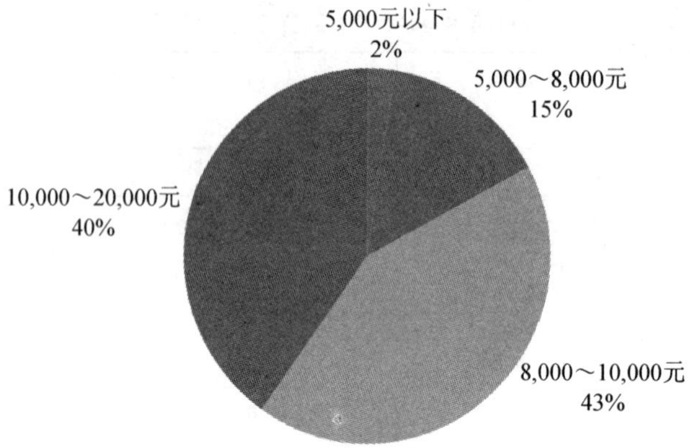

图 14　2010 年湍水头富平基金贷款额度分布

从贷款规模推断小额信贷服务的深度是国际上比较普遍的做法[①]，但毕竟这还是一种推断，我们对乐施会禄劝社区发展基金的案例研究，提供了贷款对贫困户覆盖的详细数据。2006～2011 年间，在禄劝社区发展基金项目社区内，贫困户只占全部农户的 20% 左右，但项目贷款的 60% 左右发放给了社区内的贫困农户（表 17）。这在一定程度上表明，社区发展基金比其他类型的小额信贷具有更高的服务深度，更好地瞄准了社区内的贫困农户。

表 17　　2006～2011 年禄劝社区发展基金贫困户覆盖率

	2006 年	2007 年	2008 年	2009 年	2010 年	2011 年
社区贫困户比重（%）	22.7	23.7	23.7	23.7	20.1	20.1
获贷贫困户比重（%）	59.9	57.3	57.4	57.3	68.3	74.2

资料来源：乐施会禄劝项目办。

四、非信贷服务

中国公益小额信贷机构提供的信贷以外的服务，主要包括支持和配合信贷服务的其他服务与非信贷金融服务两种类型。绝大多数公益小额信贷机构目前所提供的仅限于与信贷服务相关的其他服务，包括为贷款用户提供的贷款保险、技术培训、教育扶贫，安排一些文化活动等。

中国公益小额信贷机构提供的信贷以外的金融服务类型很少，而且仅仅局限于很小规模的试验阶段。如赤峰市昭乌达妇女可持续发展协会，2010 年

① Yaron, Benjamin and Piprek. 1997. *Rural Finance: Issues, Design, and Best Practice.* The World Bank.

在壹基金100万资金支持下，在巴林右旗开展了“壹基金赤峰小额信贷保险项目”。保险产品的被保险人必须是赤峰协会的贷款客户，保险责任包括意外伤害责任和疾病身故责任，保险期1年，保险额度等同于贷款额度，保险费率3‰，保险费由协会和投保人共同承担，投保人承担年保险费率的1/3，其余部分由协会承担。截至2011年年底，协会参加小额信贷保险2,387人，办理三起理赔，保险基金总额5万余元，理赔金额总计1.66万元[①]。

第二节　风险管理

一、小额信贷机构面临的风险及其危害

（一）风险种类

为低收入的客户提供信贷服务的小额信贷机构，一方面面临着一般商业金融机构面临的风险，另一方面还面临由其特殊的运作方式产生的其他风险。

一般金融机构经营中的风险主要有六种：（1）信用风险，又称违约风险，它主要来自两种情况：一是存款者挤兑提款而金融机构可支配的现金不够，如果这种情况发生，严重时甚至会导致机构的破产；第二种情况是借款逾期不还，造成贷款坏账，资金损失，严重时甚至使金融机构出现严重亏损。（2）市场风险，又称利率风险，它是指因利率变化引起的资产价格变动或银行利率变化跟不上市场利率变化所产生的风险。当市场利率上升时，长期贷款的利率相对较低而蒙受损失。反之，如果市场利率下降，资金成本会加大，贷款利率因相对较高而使需求不旺。（3）外汇风险，也称汇率风险，是指因汇率变动出现的风险。当信贷资金部分或主要来自境外投资时，本国货币贬值，会增加还款的数量，从而导致还款风险。（4）购买力风险，又称通货风险，是指因通货膨胀所带来的风险。如果金融机构的借款和贷款数量和结构相同，通货膨胀影响不大。但是如果存在较大的存差，即负债高于债权，会产生资产损失的问题。同时，在通货膨胀压力下，存款资金的来源会枯萎，使金融机构处于更加不利的地位。（5）内部风险，又称管理风险，主要是由于金融机构管理不善造成的风险，具体表现为：战略决策失误风险、新产品开发风险、营业差错风险和贪污盗窃风险。（6）政治或政策风险，主要是指政治领

---

① 参见本书赤峰市昭乌达妇女可持续发展协会案例。

导人更迭和国家重大方针政策改变引起的风险。

上述商业金融机构面临的六种风险，小额信贷机构都会面临，其中尤以违约风险对小额信贷机构的威胁为大。但是，小额信贷机构还面临另外两种与其特殊的信贷方法相关的风险。第一种是补贴风险，许多小额信贷机构在其发展初期，甚至整个发展过程中，都对外部机构的补贴存在不同程度的依赖。一旦补贴消失或者数量减少，这些机构的生存和发展就会遇到困难[①]（Krahnen and Schmidt，1995）。第二种是协同风险，也称同构风险，这主要是指由于借款用户在所从事的经济活动相同或处于相对集中的地理区域而产生的风险。在这种情况下，如果发生还款困难，会在较大程度上影响信贷机构的总体运行。而许多小额信贷机构的贷款安排又是通过用户在区域上相对集中来减小操作和管理费用的，相当多低收入用户所从事的经济活动都或多或少地与农业有关，气候条件的变化会对用户的还款能力产生直接的影响[②]。

（二）风险的危害

风险管理是小额信贷管理的基础和中心，在一定意义上，风险管理甚至可以说是公益性小额信贷机构的生命所系。风险管理对公益小额信贷机构的重要意义，主要在于其对机构生存与发展的重大影响力和实现有效风险管理的高度困难性。

风险管理对公益小额信贷机构的影响主要体现在四个方面：第一，风险的发生会降低信贷资产的质量，导致坏账，从而侵蚀信贷机构的信贷资金，严重时甚至会导致项目彻底失败；第二，风险失去控制会影响机构信贷活动和收入的稳定性，使计划落空；第三，风险增大会减弱用户对信贷机构的信任，使今后的业务发展更加困难；第四，风险所导致的资产质量降低，会影响外部捐赠人和借款人对小额信贷机构的评估，从而减少从外部获得捐赠和贷款的可能性。

风险管理困难主要根源于：（1）管理和决策层与基层信贷员之间、机构与客户之间存在信息不对称，当贷款拖欠风险刚发生时，管理层不容易及时发现；（2）公益小额信贷多提供不需要抵押和实物担保的信用贷款，一旦发生贷款拖欠，处理起来比较困难；（3）贷款拖欠一旦发生后若得不到及时的处置，容易蔓延失控。

二、中国公益小额信贷机构的贷款质量状况

中国公益小额信贷机构的贷款质量状况参差不齐。从第三章分析各机构

① Krahnen J. P. and Schmidt H. 1995. *Development Finance as Institution Building*. Westview Press。

② Yaron, Benjamin and Piprek. 1997. *Rural Finance: Issues, Design, and Best Practice*. The World Bank.

的还款率可大致看出，主要公益小额信贷机构贷款质量的基本状况。在这一部分，我们利用案例调查资料，进一步考察几个代表性公益小额信贷机构的贷款风险情况。在案例研究的机构中，赤峰、湍水头、禄劝报告的贷款拖欠都是在意外情况下出现的，而且总的逾期贷款也都不到3万元。另外三家机构中，中国扶贫基金会的小额信贷风险贷款比率除了个别年份（2006年为1.83%、2008年为1.16%）以外，一直都控制在1%以下（图15）；易县扶贫社2006年以来风险贷款比率总体上在下降，从2006年的23%降到2011年的5.7%，但依然处于高位运行状态①；仪陇乡村发展协会2010年年末风险贷款比率达到43%，已处于高度危险状态。

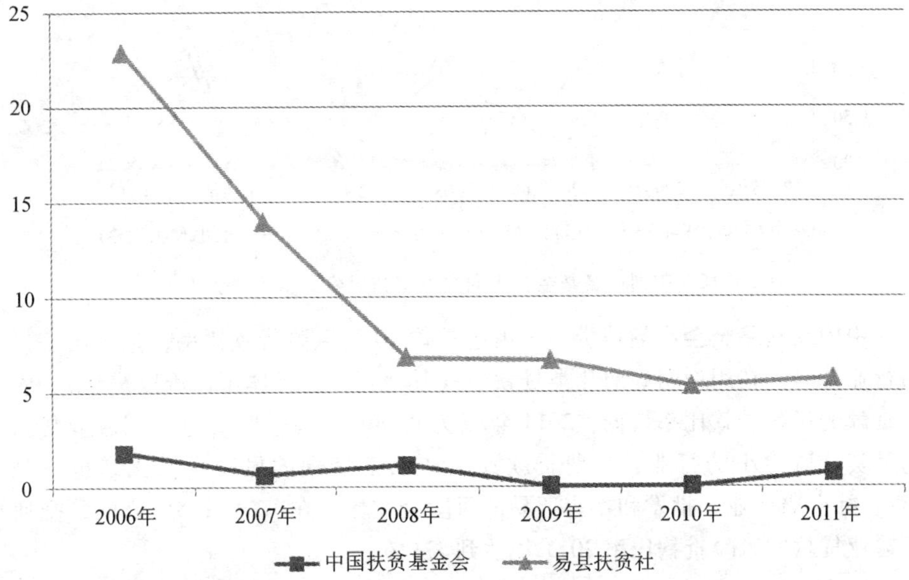

图15　中国扶贫基金会和易县扶贫社2006~2011年风险贷款比率（%）

究竟公益小额信贷机构不同产品和用途的贷款风险差异如何？由于资料缺乏，无法对更多的机构进行分析。下面利用中国扶贫基金会2005~2011年的资料，对不同贷款品种和用途的风险贷款比率差异做一简单的考察。在中国扶贫基金会提供的两个贷款产品中，小组贷款风险贷款比率（PAR>1）在2005年时曾达到4%，但2006年以后就降到2%以下，2008年进一步降到1%以下，2011年小组贷款风险贷款比率只有0.02%（图16）；个人贷款风险比率2011年出现较大幅度的上升，在2007~2010年间个人贷款的风险贷款比

① 国际上一般将大于30风险贷款率超过5%~10%，视为小额信贷出现问题的信号。

率一直都不到0.5%，2011年快速增高到3.7%。这种变化值得警惕，由于个人贷款的信息沟通只限于贷款人与信贷员之间，不像小组贷款可以通过联保成员获取信息，一旦贷款风险出现，因信息不对称所引起的问题会更加严重。

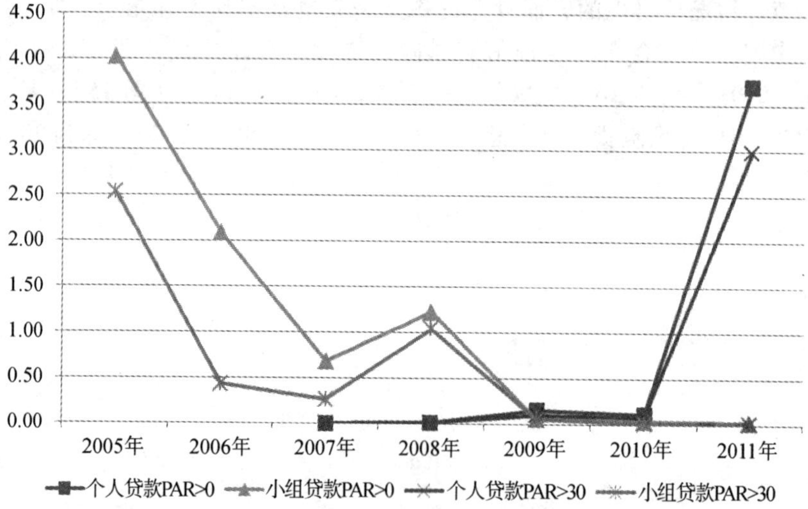

图16 中国扶贫基金会不同类型贷款风险贷款比率变化

中国扶贫基金会小额信贷不同用途贷款30天风险贷款比率，呈现出一定的行业差异。在用途明确的几类贷款中（其他行业的具体用途难以辨认），农业贷款的风险贷款比率最低，2011年仅为0.06%（表18），这表明农业贷款仍是贷款风险小的行业；消费贷款和生产加工贷款的风险贷款比率也不到1%；社会服务业、批发和零售贸易的风险贷款比率在1%～1.5%之间；交通运输业贷款的风险贷款比率2011年达到1.9%。

表18 2005～2011年中国扶贫基金会小额信贷不同用途贷款30天风险贷款比率（PAR>30）

	2005年	2006年	2007年	2008年	2009年	2010年	2011年
农、林、牧、渔业	0.10%	0.37%	0.30%	0.95%	0.05%	0.02%	0.06%
消费						0.00%	0.74%
生产加工业	0.00%	0.00%	0.02%	0.63%	0.18%	0.07%	0.89%
社会服务业	0.00%	0.08%	0.00%	1.13%	0.23%	0.16%	1.18%
批发和零售贸易	0.00%	1.42%	0.10%	0.95%	0.02%	0.03%	1.43%
交通运输业						0.00%	1.90%
其他行业	2.90%	98.51%			0.00%	0.00%	1.98%

三、中国公益小额信贷机构风险贷款的形成原因

风险贷款的形成存在多方面的原因。综合中国公益小额信贷案例研究的分析，风险贷款形成主要有产品设计不合理、风险控制制度不健全、风险管理措施失当和风险管理信息系统设计和运行不良等方面的原因。

（一）产品设计不合理

在公益小额信贷机构成长过程中，面对市场中出现的需求，急于扩张的机构容易在没有经过严格论证的基础上仓促推出一些新的产品。当设计的产品超出公益小额信贷机构所在时期的管理能力时，就容易产生风险贷款。仪陇乡村发展协会在2005年以后，推出面向个人的“大额”贷款，其风险贷款及虚增利息滚存至5万元以上的9个“大户”（大多数是农村中的小建筑承包商，即小包工头），到2010年年底形成了256万元的风险贷款，占到同期全部风险贷款的65%（图17）。

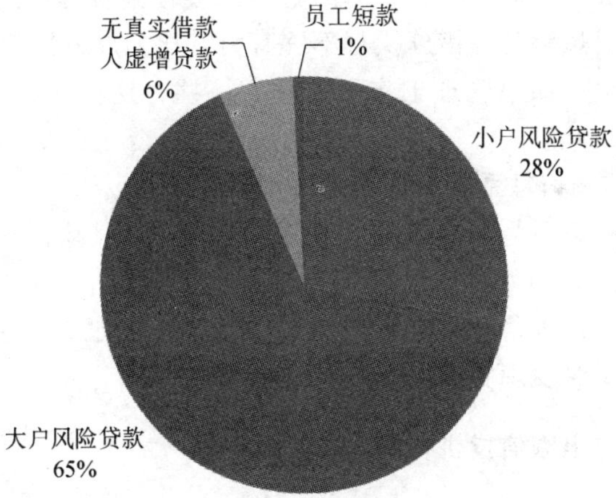

图17　2010年年底仪陇乡村发展协会风险贷款形成

（二）风险控制制度不健全

案例研究所涉及的中国公益小额信贷机构基本属于中国比较成熟的小额信贷机构，都建立了各自的风险控制制度。但从实践结果来看，公益小额信贷机构的风险控制制度仍不够健全，具体表现在：第一，对风险贷款的预防和预警制度不到位。如，仪陇在推出面对大户的“大额”贷款时，本来应该预见到贷款额度超过一定限度，如果没有相应的有力抵押和担保制度保障，贷款风险控制就比较困难，但是当时没有建立风险贷款的预防制度。同时，当这些大户贷款在2007～2008年就出现了问题，管理机构直到2011年清查时

才清楚地知道。第二，贷款审批制度存在漏洞。易县风险贷款主要产生于联保贷款中的虚假贷款和“垒大户”现象。这种现象由来已久，而且在不少小额信贷项目都曾经出现过，其原因就在于贷款审批制度不健全，没有严格要求信贷员深入用款农户所在社区做深入的调查。第三，治理结构安排中存在漏洞。如，仪陇小额信贷风险贷款实情被掩盖长达三四年之久，其重要原因就在于将贷款审批权下放给乡镇办事处，并将乡镇管理人员和信贷员的收入与还款挂钩，这样一来，一旦出现难以控制的局面，乡镇管理人员和信贷员就与欠款用户合作借新贷还旧账，而上级管理层在没有深入调查的情况下，也不易发现。第四，内部控制制度不严谨。易县和仪陇都出现过信贷员私自使用贷款导致的贷款风险，其原因就在于内部控制制度设计不够严谨。

（三）风险管理措施不够有力

中国公益小额信贷机构在借鉴国外经验和总结自身经验和教训的基础上，都形成了各自的贷款风险预防、监控和处置的管理办法。但遗憾的是，几乎所有出现贷款拖欠严重问题机构事后的解释总会提到管理不到位。究其原因，就在于有关机构对风险管理措施执行不够有力，比如放人情款、“垒大户”等等因素引起的拖欠。如果管理工作更加扎实一些，这种问题本来都是可以避免和减少的。

（四）风险监测信息系统设计和运行不够有效

小额信贷风险事后管理的关键在于能否及时发现风险，以便采取合适的、有效的措施加以控制和处置。但是，中国大多数公益小额信贷机构几乎都还没有建立对信贷、财务信息监测和管理的及时有效的管理信息系统，致使贷款风险不容易被及时发现和解决。

四、中国公益小额信贷机构的风险贷款管理

风险管理是小额信贷管理中成本较高和知识含量较高的部分。迄今为止，中国公益小额信贷机构中只有中和农信公司正在建立风险贷款管理的专业部门和风险管理信息系统，其他机构多数都仍采用比较传统和主要基于经验的风险管理方式，以原则而非制度和程序来实行对贷款风险的管理。赤峰市昭乌达妇女可持续发展协会确定的五项原则具有一定的代表性。赤峰协会制定的风险管理原则包括：（1）管理人员“三到位”原则，即：小额信贷中心组建完毕后，管理人员必须到位审核；第一次放款时，管理人员必须到位监督放款；第一次收款时，管理人员必须到位协助收款。（2）审、贷、收分离原则，即：贷款审核由管理人员审核；放贷由社区队员和管理人员一起放贷；收贷由社区队员来收。这样可以防止整个运作过程中由一个人独立完成。（3）“九不

贷”原则，包括：①不是本地户口的不贷；②民政救济户不贷；③家庭不和的不贷；④户主不同意的不贷；⑤超过年龄的不贷；⑥没有生产项目的不贷；⑦信誉不好的不贷；⑧家有重病的不贷；⑨长期不参加中心会的不贷。（4）内外审结合原则。协会在配合做好外部审计的同时，每年做好两次内部审计，把风险控制在萌芽状态。（5）贷收两条线原则。贷款和收款使用不同账户，防止出现坐支、挪用等违规情况。

中和农信公司在风险贷款管理方面近年来进行了不少创新，主要包括以下四个方面：第一，将风险管理纳入公司战略管理，在董事会下面专门设立了风险与审计委员会，并在公司总部设立专门的风险管理部，具体负责风险监控和管理方面的工作。第二，建立可直接从总部对客户贷款追踪的信息系统，并实现了信息的即时传递和追踪。同时，通过与中国人民银行征信系统的连接，共享其系统的个人信用信息。第三，通过保险减少和规避风险。为了防范风险，中和农信公司在平安保险公司的支持下购买了现金安全险、员工忠诚险和高管责任险。此外，自 2009 年起，与中国人寿保险股份有限公司合作，中和农信向所有贷款客户赠送“定期寿险”。当客户发生意外伤残或死亡的时候，保险公司将代为偿还剩余债务。截至 2011 年年底，公司累计为客户投保 194, 258 人次，共有 100 位贷款客户获得保险公司理赔。第四，规范化贷款申请、审批、发放、回收和现金管理等工作的操作流程。

第六章　对中国公益小额信贷发展的建议

第一节　中国公益小额信贷发展前景展望

中国公益小额信贷经过20多年的风风雨雨，一直在艰难前行，目前进入了一个充满希望和挑战的关键时期。作出这个判断，主要基于以下因素的考虑。

第一，中国对公益小额信贷服务的需求巨大。

在前面的分析中，我们已经看到：尽管近几年涉农金融机构通过改革和创新，改善和加强了对农民的金融服务，农村新型金融机构的出现和成长也在一定程度上增加和扩大了农村的金融供给，政府支持的信贷扶贫和贫困村互助资金试点范围的扩大，在受益地区也短期改善了部分贫困户的资金供应，但是农村中低收入农户的信贷需求仍远未得到充分有效的满足。即使在中低收入农户以外的农村和城乡结合部，同样存在着足够大的信贷需求，有待金融创新和深化来解决。由于对中低收入农户提供信贷服务所具有的高成本、低回报特点，营利性的金融机构不可能全面进入并覆盖这个市场。中国公益小额信贷仍然具有足够大的市场空间，来充分发展其信贷服务和其他金融服务。

第二，中国公益小额信贷发展的外部政策环境将逐步得到改善。

随着中国经济的不断发展，金融服务业改革开放滞后的状况必将有更大的改观。近10年来，尤其是2004年以来，中国金融发展的政策环境已在逐步改善。利率有条件放开、允许新的农村金融机构建立和金融机构对社会资本进入的小范围开放等政策已经在一定程度上松开了政府对金融的控制。现在启动的温州和广东金融改革试点有可能在推动中国的金融开放方面拉开新的序幕。有理由相信，在今后10年，中国公益小额信贷发展将迎来更加有利的政策环境，包括现在面临的机构准入难、批发贷款困难等问题，将有可能部分或全部得到解决。

第三，中国公益小额信贷机构管理积累的经验日益丰富。

经过多年的实践，中国公益小额信贷机构已经积累了比较丰富的小额信贷管理的经验和教训。在小额信贷发展战略选择、产品和服务设计、风险管控、融资和人力资源等方面，中国公益小额信贷机构都积累了大量的经验和教训。这些来自于亲身实践的经验是中国公益小额信贷机构最为宝贵的财富，将对公益小额信贷机构和行业未来的健康成长产生重要的积极的作用。

第四，技术进步将助推中国公益小额信贷的发展。

信息技术和通讯技术的发展，尤其是计算机、互联网和手机在农村的日趋普及以及电子金融工具的不断发展和推广，将对中国公益小额信贷的管理技术和水平提高、管理和操作降低，产生深远的影响。

第五，中国公益小额信贷面临的市场竞争会加剧。

毋庸讳言，前面所提到的政策环境改善、技术进步等因素在促进和推动公益小额信贷发展的同时，也会对公益小额信贷机构的竞争对手产生有利的作用。因此，公益小额信贷机构今后所面临的竞争将会加剧，尤其是在对农村中上等收入农户和微型企业的信贷服务方面，公益小额信贷有可能会受到来自农村合作金融机构、农村新型金融机构和邮储银行乃至农业银行等金融机构的更强的竞争。因此，公益小额信贷机构除了需要不断改进管理、提高效率之外，如何更好地根据低收入农户的需要提供其所需的金融服务，以便能够在服务低收入农户方面占据更加有利的地位，将是其可选择的一条市场竞争策略。

第二节 对中国公益小额信贷发展的建议

基于中国存在的对公益小额信贷发展的巨大需求及其发展面临的内外环境，在此，向中国公益小额信贷利益相关者提出如下建议。

一、对政府的建议

第一，中央政府需要综合研究和评估中国农村金融和经济社会发展对公益小额信贷发展的需求，从金融深化、支持农村经济社会发展和缩小农村居民收入差距的高度来认识公益小额信贷发展，制定优惠和合理的政策，支持公益小额信贷的健康发展。

第二，逐步取消对农户的扶贫贴息贷款政策，代之以支持包括公益小额信贷机构在内的、能够到达低收入农户的金融服务发展的新政策。在短期内，政府应根据公平、公开竞争的原则逐步向合格的公益小额信贷机构开放扶贫贴息贷款的使用权。

第三，由中央财政拨出一定数额的财政资金，组建小额信贷批发基金，并制定小额信贷批发基金使用机构确定的条件、标准，确定社会化的公开招标和管理制度，缓解公益小额信贷机构发展面临的资金供应难题。

第四，对符合平均贷款额度标准、利润分配比例低于15%、达到一定客户规模的所有公益小额机构贷款所得利润免除所得税。

二、对中国人民银行和银监会的建议

第一，调整对金融机构的资格认定，为公益小额信贷机构制定新的准入标准和审批程序。建议根据服务低收入客户比例或平均贷款余额相当于人均国民收入比值、财务可持续性两个方面的标准，制定公益小额信贷机构准入规则；并参照国际经验，允许服务客户数量达到足够大规模、经营业绩好的公益小额信贷机构，转为小额信贷银行。

第二，支持建立公益小额信贷机构批发基金和担保基金，以帮助它们从金融市场上筹集资金。

第三，为公益小额信贷机构提供技术支持，以帮助它们提高管理和操作水平。

第四，支持为公益性小额信贷提供资金批发、技术支持的中介机构的发展。

三、对公益小额信贷机构的建议

第一，公益小额信贷机构应选择合适的发展目标和路径，兼顾业务增长、提高机构盈利水平与服务中低收入人群的社会目标之间的关系。

第二，建立与确定的目标相适应的治理结构。

第三，通过积极实践和加强管理来提升自己的操作和财务可持续水平。

第四，控制贷款风险。

第五，定期或不定期地加强相互间的合作与交流，分享信息和最优操作方法或经验教训。

四、对援助机构的建议

第一，援助机构应加强相互间的交流与合作，制定与公益小额信贷发展相协调的政策，分享信息和好的操作经验，与政府协商支持公益小额信贷发展。

第二，继续向公益小额信贷机构提供技术和资金支持，以推动其持续健康发展。应优先提供的支持包括：支持现有公益小额信贷机构引进适合的最优操作方法，协助建立担保基金和批发基金帮助公益小额信贷机构从金融市场上融资，为公益小额信贷机构能力建设提供金融支持。

附录　中国小额信贷联盟的主要活动（2008～2011年）

2011年	2010年	2009年	2008年
政策倡导	政策倡导	政策协调	政策协调
1月6日，参加由中国人民银行主办的小额贷款公司第一届联席会议。	3月25～26日，参加由中国人民银行与德国技术合作公司联合主办的第二届小额贷款机构与国际投资者交流会。	与中国人民银行和中国银监会保持密切联系和沟通，为会员机构在发展过程中遇到的有关政策问题与政策制定和监管部门协调，争取支持。	不断与中国人民银行和中国银监会保持密切联系和沟通，推动制定中国小额信贷总体框架和公益性小额信贷管理办法；同时，积极参与其各种研讨、咨询和培训活动。
1月21日，与财政部合作召开公益性批发基金研讨会。	6月，参加在杭州举办的小额信贷创新论坛。	协助孟加拉国乡村信托基金等网络合作机构和国际组织在国内开展业务提供政策咨询和协调。	为会员机构在发展过程中遇到的有关政策问题与政策和监管部门协调，争取支持。
2月22日，邀请印度小额信贷行业协会秘书长来京举办印度小额信贷发展经验座谈会。	9月15日下午，召开小额信贷行业协会座谈会，来自银监会、省金融办和省小额信贷协会等相关代表参加了会议。		协助孟加拉国乡村信托基金等网络合作机构和国际组织在国内开展业务提供政策咨询和协调。
3月19～20日，参加国际劳工组织在南京举办的小额信贷国际论坛。			
4月26日，在京举办客户保护研讨会。			
4月27～28日，参加由中国人民银行与德国技术合作公司联合主办的第三届小额贷款机构与国际投资者交流会。			
10月20日，在京举办财务绩效和社会绩效研讨会。			

续表

2011 年	2010 年	2009 年	2008 年
行业自律	行业自律	行业自律	行业自律
1 月 21 日，与陕西国际计划、友成普融签订小额信贷管理软件无偿转让协议。	与 MIX 合作，协助会员机构提交财务报表，改善其财务管理。	推动会员机构财务管理的公开、透明和规范化。	推动会员机构财务管理的公开、透明和规范化，要求定期开展加强财务知识和统计质量的培训。
4 月 25 日，邀请 MIX 专家来京介绍小额信贷指标体系。	3 月 22 日，邀请巴基斯坦协会专家介绍协会网站平台建设，探索网上自律平台的建设。	倡导会员机构更多关注贫困和低收入人口等弱势群体，为他们提供服务。	倡导会员机构更多关注贫困和低收入人口等弱势群体，为他们提供服务。
10 月 18 日，启动花旗 CMIX 项目，搭建国内小额信贷信息交流与披露平台，增强透明度，实现行业自律。	6 月 25 日，与商务部交流中心、国家开发银行在浙江杭州联合举办了小额信贷社会绩效管理研讨会，讨论行业自律。		
10 月 18 日，举行客户保护自律公约揭牌仪式。			
12 月，启动在线客户保护签约活动。			
信息交流	信息交流	交流与倡导	交流与倡导
1 月 21 日，在京举办首届小额信贷沙龙。	6 月 12～13 日，参与在山西永济召开的小额金融创新与农村发展研讨会。	积极参与和组织 2009 年花旗银行微型创业奖的评比工作。	与日内瓦世界微型金融论坛组委会合作组织中国代表团参加了在瑞士日内瓦举办的世界微型金融论坛。
5 月，出版 2011 年年报。	9 月 16～17 日，2010 年年会暨中国小额信贷高峰论坛系列活动在北京举行。	2009 年 10 月，成功举办了网络年会。	参与和组织 2008 年花旗银行微型创业奖的评比工作。
10 月 18～19 日，召开联盟 2011 年年会等系列活动。	组织 2010 年花旗微型创业奖的评比和颁奖活动。	网络主页不断得到完善和更新，并且图书馆功能也得到加强。	2008 年 10 月，成功举办网络年会。

续表

2011 年	2010 年	2009 年	2008 年
信息交流	信息交流	交流与倡导	交流与倡导
4～10 月，组织 2011 年花旗微型创业奖的评比和颁奖互动。	与交流中心合作组织会员机构三次出国考察，分别赴瑞士、荷兰、美国、墨西哥、斯里兰卡、印度、孟加拉国等七国访问了相关的小额信贷从业机构、投资机构、服务机构。	定期编制《小额信贷扶贫》刊物，每年六期。	网络主页不断得到完善和更新，并且图书馆功能也不断得到完善和更新。
与中国国际经济技术交流中心合作组织会员机构出国考察，赴菲律宾、泰国、孟加拉国、法国、摩洛哥、印度等国家，访问相关小额信贷机构。	编制和出版四期《小额信贷扶贫》季刊，共 16 万多字。	收集国内外有关信息和资料，并进行翻译，与会员分享。	定期编制《小额信贷扶贫》刊物，每年六期。
10 月 25 日～11 月 2 日，与中国国际经济技术交流中心共同接待印度银行家考察团。	编制和出版 2009 年年报。		完成《中国公益性小额信贷》一书。
编制和出版四期《小额信贷与微型金融》季刊。	在友成基金会的支持下，新网站上线并很快登上搜索引擎首页。		编写并发布《2008 年中国小额信贷行业评估报告》。
收集国内外有关信息和资料，丰富网站信息，促进对内对外信息交流。	收集国内外有关信息和资料，丰富网站信息，促进对内对外信息交流。		不断收集国内外有关信息和资料，并进行翻译，与会员分享。
培训与技术支持	培训与技术支持	培训与技术支持	培训与技术支持
2 月 23～25 日，与中国国际经济技术交流中心、孟加拉微型金融学院合作举办小额信贷产品设计和业务计划编制培训班。	9 月，与世界银行学院、国家开发银行、中国金融教育发展基金会和中国邮政储蓄银行共同举办第三期远程微型金融师资培训班，加强微型金融知识的普及。	网络与世界银行学院、国家开发银行、中国金融教育发展基金会和中国邮政储蓄银行共同举办第二期远程微型金融师资培训班。此次培训班有近三百名学员获得了师资资格。	网络与世界银行学院、国家开发银行、中国金融教育发展基金会和中国邮政储蓄银行共同举办第一期远程微型金融师资培训班。此次培训班有近三百名学员获得了师资资格。

续表

2011 年	2010 年	2009 年	2008 年
培训与技术支持	培训与技术支持	培训与技术支持	培训与技术支持
3 月 22～26 日，考察海南农信社小额信贷业务。	与社科院农发所合作开发培训大纲和教材，编制培训手册并开展培训活动。	与社科院“花旗”小额信贷培训中心合作，为会员机构提供系列培训。	与社科院“花旗”小额信贷培训中心合作，为会员机构提供系列培训。
4 月 11～14 日，在陕西蒲城与友成普融、美国格莱珉基金会和陕西蒲城协会共同举办第一期小额信贷社会绩效管理与客户保护原则培训班。	3 月 23～24 日，参与中国人民银行研究生部在京举办的“小额贷款公司监管机构领导干部培训班”的组织工作，并邀请美国 SEEP 专家向此培训班学员介绍国际小额信贷行业发展以及协会建设方面的经验。	网络先后走访了多家会员机构，对其进行调查与指导。	网络邀请国际专家向网络会员机构介绍社会绩效体系。
6 月 28～30 日，在云南昆明，与陕西国际计划共同举办第二期小额信贷社会绩效管理与客户保护原则培训班。	6 月 23～24 日，联盟与花旗小额信贷培训中心在杭州联合举办了小额信贷社会绩效管理培训班。		深入四川、云南、贵州、内蒙古和黑龙江进行有关小额信贷的调查。
7 月 4～8 日，对内蒙古鄂温克旗包商村镇银行进行国内首次客户保护评估。	获得国际计划捐赠的小额信贷信息管理系统软件，与友成基金会合作开展后续开发工作。		
8 月 9～12 日，对宁夏惠民小额信贷有限公司进行客户保护评估。			
与世界银行学院、国家开发银行、中国金融教育发展基金会和中国邮政储蓄银行共同举办第四期远程微型金融师资培训班，加强微型金融知识的普及。			

续表

2011 年	2010 年	2009 年	2008 年
培训与技术支持	培训与技术支持	培训与技术支持	培训与技术支持
11 月 15～16 日，考察宁夏盐池会员机构。			
11 月 18～20 日，参加陕西蒲城 MIS 验收。			
筹资服务	筹资服务	筹资服务	筹资服务
3 月 14 日，与中国农业银行商谈批发基金的组建。	1 月 20 日下午，中国农业银行与联盟四家县级扶贫小额信贷组织在人民大会堂举行了批发资金合作协议签字仪式。	与农行合作开展批发资金，目前有四家会员机构接受了来自农行的批发资金。	协助日内瓦世界微型金融论坛，于 2008 年 2 月在北京举办了首次投资推介会。
10 月 18 日，启动普惠一号批发基金。	积极向财政部申请建立公益性小额信贷批发基金。	与 MIX 开展合作，目前有四家会员机构上报了其财务信息。	推动国开行建立普惠金融批发基金。
12 月，与法国投资基金会谈。	支持友成基金会为非政府小额信贷机构提供批发资金。	向国内外投资机构推荐会员机构，为投资者与会员机构的合作提供政策和技术咨询。	积极向国内外投资机构推荐会员机构，为投资者与会员机构的合作提供政策和技术咨询。
积极向国内外投资机构推荐会员机构，扩宽会员机构的筹资渠道。	向国内外投资机构推荐会员机构，扩宽会员机构的筹资渠道。		

资料来源：中国小额信贷联盟年报。

艰难前行中的中国公益小额信贷
——案例研究部分

河北易县扶贫经济合作社案例

孙同全　陈方

20 世纪 90 年代中期，为了探索扶贫资金到户和提高扶贫资金效率与效果的政策和措施，中国社会科学院农村发展研究所“小额信贷扶贫研究课题组”在国内外的支持下开展了长期的行动研究，先后建立了六个小额信贷扶贫试验点，分别在河北省易县（1993 年 9 月），河南省虞城县（1995 年 8 月），河南省南召县（1995 年 10 月），陕西省丹凤县（1996 年 7 月），河北涞水县（2002 年 10 月），四川金塘县（2003 年 8 月），从而形成了在国内外颇有影响的扶贫社小额信贷组织系统。

河北省易县扶贫经济合作社是这个系统的第一个试验点，也是我国第一个采用孟加拉乡村银行模式开展小额信贷扶贫的项目和基层操作机构，为其他试验点的建设和运行以及我国其他小额信贷的扶贫实践起到了先行先试、提供经验的作用，并与其他小额信贷扶贫活动一起为我国小额信贷政策的制定和发展提供了实践依据。通过对易县扶贫经济合作社发展历程的回顾与分析，不仅可以看到扶贫社系统的小额信贷扶贫实践，也可以看到我国小额信贷从理论到实践，再从实践到理论、到扶贫和农村金融政策及市场变革的艰难而曲折的探索历程。

一、发展历程

（一）第一阶段：项目创立与初试成功（1994～1999 年）

1. 政策困局与学者的迷思

1994 年，国务院制订了“八七”扶贫攻坚计划，扶贫资金的投入力度逐年增加。总体而言，我国的扶贫事业成绩成效很大，但是扶贫资金有一个突出问题长期得不到解决，就是大多数贫困农户很少能享受到扶贫资金对他们的帮助，信贷资金达不到设计目标，主要表现为：第一，扶贫资金不能直接到达贫困农户，信贷资金只有 30% 用于农业项目，入户资金不到总资金量的 20%，急需解决温饱的贫困农户受益更少；第二，贷款的还贷率低，不足应还资金的一半；第三，由于扶贫到户贷款资金的运营成本高、风险大、亏损严重，操作扶贫资金的机构没有积极性；第四，中央财政贴息的目的是扶贫，贴息负担随着贷款资金的增加而不断增加，而扶贫效益不能同步增长，达不到预期效果。怎样才能有效解决扶贫资金到户问题，让资金充分发挥扶贫效益，成为政府部门、研究部门需要解决的问题①。

小额信贷扶贫方式兴起于20世纪七八十年代。当时，穆罕默德·尤努斯创建的Grameen Bank（以下简称GB或GB模式）在孟加拉国创造了扶贫奇迹，有效地解决了扶贫信贷资金到户和回收的良性循环，继而GB模式在贫困的发展中国家不断得到复制和推广，影响不断扩大。1993年，中国社会科学院农村发展研究所（以下简称“农发所”）研究人员杜晓山访问GB后，首先在国内介绍GB模式并推动农发所成立了“小额信贷扶贫研究课题组”（以下简称“课题组”）②，研究在我国以小额信贷进行扶贫的问题。当时，社科院所的研究人员认为，在国内采用GB模式扶贫，有一些关键性问题需要回答：这种模式是否适合中国贫困地区？在农村建农户贷款联保小组、建中心是不是又在搞强制集体组织？贷款农户分批还款，钱从哪来？……对于这些问题，课题组成员在讨论中产生了不同观点。最后，课题组成员达成共识：不实践，争论一百年也不管用，先从一个试验点做起来看③。

2. 易县扶贫经济合作社的创建

社科院农发所小额信贷课题组之所以选择易县作为第一个试验点，主要基于以下主要因素：一是易县是当时我国的592个国家级贫困县中之一，贫困人口占全县农业人口的61%，分布相对集中；二是易县处于山地丘陵区，“七山一水二分田”，在我国具有比较典型的贫困地区地理特征，在这里的试验经验可以有更好的可推广性；三是非常重要的一点，即当地政府和扶贫机构人士的积极支持。当时，易县政府正在要求所属部门积极引进扶贫资金和项目，所以，在1993年8月社科院农村所课题组成员向易县政府相关人员介绍GB小额信贷模式时，受到了易县政府方面的欢迎和积极支持；四是易县离北京距离不远，便于课题组对项目的监督管理，节约项目成本④。

---

① 中国社会科学院贫困问题研究中心“扶贫经济合作社十年回顾课题组”：《扶贫经济合作社十年回顾研究报告》（未发表），2005年3月。

② 中国社会科学院贫困问题研究中心“扶贫经济合作社十年回顾课题组”：《扶贫经济合作社十年回顾研究报告》（未发表），2005年3月。

③ 中国社会科学院贫困问题研究中心课题组：《扶贫经济合作社——小额信贷扶贫模式在中国的实践》，社会科学文献出版社2010年版，第97页。

④ 杜晓山：《“扶贫社”项目设计中的几点考虑》，载中国社会科学院农村发展研究所“扶贫合作社”课题组《孟加拉“乡村银行”和中国“扶贫合作社”》（内部文集，未出版），1995年12月；中国社会科学院贫困问题研究中心课题组：《扶贫经济合作社——小额信贷扶贫模式在中国的实践》，社会科学文献出版社2010年版，第97页。

1993年10月初，课题组就如何借鉴GB和其他小额信贷模式进行操作及合作方式等细节同易县扶贫办协商，双方决定建立一个开展项目试验的载体，即仿效GB在易县建立一个小额信贷扶贫机构，将这个机构的名称定为“易县扶贫经济合作社”（以下简称“易县扶贫社”）。选择这样一个名字的原因是，当时政府对农村社区内部的合作信贷试验是允许的，如合作基金会和储金会等，所以将机构的名称定位于“经济合作社”；此外，当时政府和各有关部门以及社会各方面对非官方信贷机构的建立和发展是相当敏感的，虽然项目是扶贫的、非营利的，但在名称上不与“信贷”挂钩，在实际操作上不突破国家有关政策的限制①。这样，易县扶贫社就有两个部分组成②：一是发放贷款的机构，即管理小额信贷发放业务的；二是由借款人组成的联保小组和中心。

易县扶贫社是这个行动研究试验项目的核心部分，是由课题组和易县扶贫办共同创立的、用来探索扶贫信贷资金到户及其自身可持续发展以长期扶贫的项目载体。所以，这个课题组也被称为“中国社会科学院农村发展研究所‘扶贫合作社’课题组”。课题组与易县扶贫办共同为易县扶贫社起草了《章程》，并于1993年10月8日在当地民政局注册成立。易县扶贫社的成立标志着我国第一个小额信贷机构的诞生，拉开了中国小额信贷GB模式试验的序幕。

3. 初显成效

易县扶贫社在头3~4年取得了不错的成绩，贷款质量保持较高水平，1996~1999年年底的贷款拖欠率分别为0.24%、0.63%、4.02%和1.91%③。从运作效率上来看，1996~1999年年底，每发放单位资金的成本仅为0.09、

① 杜晓山：《“扶贫社”项目设计中的几点考虑》、《河北省易县经济合作社章程》，载中国社会科学院农村发展研究所“扶贫合作社”课题组《孟加拉“乡村银行”和中国“扶贫合作社”》（内部文集，未出版），1995年12月。

② 这是当时课题组成员的看法。在GB的情况下，借款人小组和中心是作为信贷方法的一部分。从我国社团性质的公益性小额信贷机构的实际运行来看，也是将小组和中心作为信贷方法的一部分，而没有将其作为机构整体的一部分，社员只是扶贫社的服务对象，而不是扶贫社的所有者或主人，没有形成社员合作制的治理结构。所以，扶贫社有了农民经济合作组织的形式，但没有形成经济合作组织的实质。然而，这种模式的小额信贷中借款人需要缴纳强制储蓄，这种强制储蓄带有成员间互助保证的性质，因而带有合作的性质。从这一点看，其具有合作的意味，所以使用“合作社”的名称也是合适的。从扶贫社将来的发展看，借款成员的强制储蓄也为发展成为合作金融机构打下了基础，所以，定名为“合作社”也具有一定的前瞻性。如果向这个方向发展，建立社员合作制的治理结构将成为必然。

③ 数据来源于北京市农发扶贫基金会（扶贫社总部）财务报表。1998年贷款拖欠率的上升是由于当时将目标客户的定位倾向于农村赤贫户，而赤贫户的生产能力普遍较差，还款情况不好，从而导致拖欠率上升。

0.04、0.04和0.02，成本比率呈明显下降趋势；每个信贷员负责有效客户数逐年提高，分别是93户、242户、248户和263户。取得这样的成绩主要是因为，在这一时期，机构的规模比较小，扩展比较缓慢，基层工作人员和科研人员对小额信贷的理解比较一致，大部分工作人员能够遵守小额信贷的基本规则。

（二）第二阶段：探索中成长（1999～2005年）

随着扶贫社业务的不断扩张，一些工作人员不严格遵守小额信贷操作规则给不符合条件的客户发放贷款，导致贷款质量出现下滑的趋势。易县扶贫社主要的拖欠发生在2000～2002年。这期间，贷款逾期率和风险贷款率的增长速度比较快。2000～2002年的三年间，拖欠率和风险贷款率分别是1.77%、2.83%、7.72%和3.1%、5.6%、16.12%。在这些拖欠没有得到解决的情况下，2003年遭遇“非典”的影响，造成了新的拖欠。之后，在课题组的督导下，易县扶贫社进行了大规模的整顿和不良贷款清理工作，调整了部分管理人员，与易县检察院成立了联合办公室，在全社内展开“清查”活动。到2005年年底，经过多方的努力，易县扶贫社将前几年不良贷款全部分类整理清楚，包括拖欠的金额、拖欠的原因以及相关负责人等。拖欠的贷款逐渐追回，损失降低到了最小范围。同时，易县扶贫社也加强了相关风险控制方面的培训，让全体员工对不良贷款的危害性、风险防范以及如何处理和解决不良贷款等方面都有了更深刻的认识。在2005年当年发放的新贷款中，没有出现一例新拖欠，机构将“零拖欠”的制度内化于全体员工观念和行为中。随着贷款质量逐渐提升，业务稳步发展，员工们曾经低落的士气也慢慢提升，易县扶贫社逐渐向平稳发展阶段过渡。

（三）第三阶段：快速发展（2006年至今）

在这一期间，易县扶贫社更加着重加强和完善内部控制制度，增加资金来源渠道，扩展信贷业务和服务范围，优化员工待遇。通过这些努力，易县扶贫社业务发展速度较前期有很大提高。到2011年12月底，易县扶贫社资产达到3,201万元，贷款余额2,839万元，年底时有效客户5,093户，累计服务客户2万余户，覆盖了247个中心①。操作自负盈亏率和金融自负盈亏率分别达到151%和146%。总体来说，易县扶贫社走上了良性发展的道路。

① 一个中心一般由6～8个小组组成。由于一些村的客户较少，则可能几个村的客户在同一个中心。

二、治理结构

从成立到现在，易县扶贫社的治理结构有一个变化的过程。

(一) 项目初期的治理结构

易县扶贫社成立时挂靠在易县民政局下，并成立了易县扶贫社理事会。理事会成员共五人。在理事会成员中，易县方面有两人，为易县民政局干部，分别任扶贫社社长和副社长；中国社会科学院方面有三人，为课题组成员，其中一人任扶贫社副社长。组织结构如图1。

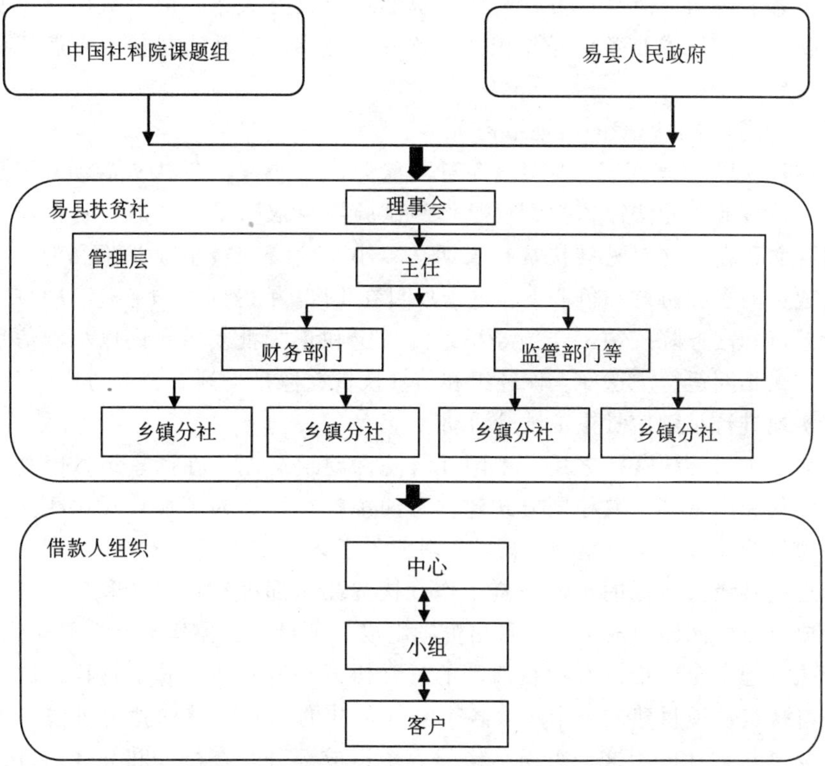

图1 易县扶贫社项目初期的治理结构图

这一时期，易县扶贫社的治理结构有这样几个特点：(1) 社科院课题组起着指导和监督作用。易县扶贫社是课题组小额信贷扶贫试验项目的核心内容和项目实施载体。课题组借鉴GB模式设计了易县扶贫社的组织形式和运作模式，并提供技术指导，同时为整个项目提供重要的支持：资金和政策环境协调，对项目的成败得失承担重要责任。（2）易县政府的支持是小额信贷在易县得以健康发展的重要原因。易县扶贫社的主要负责人来自易县政府部门。因此，可以说政府对易县小额信贷的发展起到良好的推动作用。（3）易县扶贫社与县政府的关系在项目初期有过微调。在项目运作过程中，因为出现个别政府人员对易县扶贫社操作直接干预，严重影响了扶贫社自主地正常开展业务活动。为了使项目更具有独立性，1995 年在课题组的协调和扶贫社的努力下，易县扶贫社主任辞去县扶贫办办公室副主任职务，保留公职和基本工资，成为易县扶贫社专职管理人员；易县扶贫社与易县扶贫办在行政关系和治理关系上脱钩，但是扶贫社与政府仍然保持良好关系，只是政府不再直接干预扶贫社的具体业务和操作工作。这样，易县扶贫社直接接受课题组的管理和指导。

（二）项目发展期的治理结构

1995 ~ 1999 年期间，易县扶贫社尽管开展了小额信贷扶贫活动，但是缺少开展信贷业务的法律依据，仅是作为试验项目依附易县政府扶贫办和中国社科院而存在，这对易县扶贫社长期从事小额信贷扶贫事业是不利的。在课题组成员的多方协调和争取下，这个项目在 1999 年得到了国务院、中央人民银行总行、国务院扶贫工作领导小组的肯定和正式批复，允许以小额信贷试验的方式长期运行。这样，课题组和易县扶贫社像是得到了“尚方宝剑”，可以踏实地进行小额信贷扶贫试验活动了。

建立了易县扶贫社之后，中国社科院课题组又先后在国家级贫困县河南省虞城县和南召县采取相同方式建立了两个扶贫社。为了加强对这些扶贫社试验项目的管理，课题组在中国社科院农发所内成立了“扶贫社总部”，统一管理这些县级扶贫社的小额信贷工作。扶贫社总部设有理事会和项目办。理事会成员由原课题组成员和项目出资者组成，项目办公室聘有专职管理人员，负责执行理事会决定以及项目活动的日常协调和监管等工作。这样，课题组试图将扶贫社项目建成一个包含各个县扶贫社的相对完整的独立机构（见图 2），易县扶贫社成为这个组织结构的一个组成部分。在总部和县社两级，各个组成部分的职责分别为：

◆ 扶贫社总部理事会是整个扶贫社的决策机构，负责确定整个扶贫社的发展战略和方针政策，审视年度计划，确定业务进展方案；听取总部项目办执行经理的年终工作报告，对方针、政策、措施的修改作出决策；确定执行经理并监督执行经理的工作；理事会对重大事宜，如地区社与扶贫社的建立、撤并或重大变动等进行决策；负责对外联系，筹措资金等。

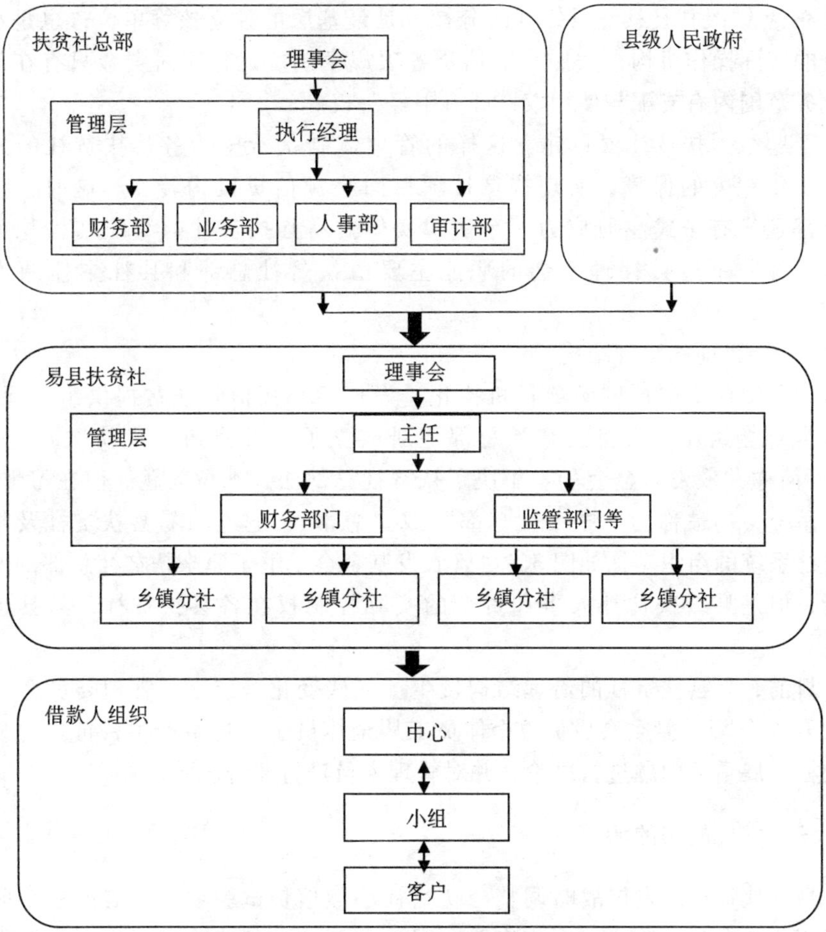

图 2　易县扶贫社在发展期的治理结构图

◆ 扶贫社总部项目办公室是对扶贫社整体进行日常管理的专门机构，设执行经理一人，负责执行理事会的决定，对理事会负责，根据理事会的决议制定各县扶贫社的业务计划、并实施和检查计划的执行，对各县扶贫社进行监控和检查，负责各县扶贫社的人事安排。总部项目办设财务部、业务部、人事培训部和审计部等四个部门。

◆ 地区社，即县社，是总部的派出机构，在总部领导下对管辖范围内资金、贷款和人事进行管理、调拨与监督，负责新项目点考查与新分社的筹建；配合总部业务管理部门，协调各乡镇扶贫社的关系，检查财务业务和操作审计业务等；地区扶贫社的工资与管理费用由总部核定后下拨。

◆ 乡镇级扶贫社是县级社的分社，是最基层的独立核算单位，也是小额信贷的实际操作机构，按照小额信贷各项规章制度运作。对资金只有在规定的业务范围内有支配与使用权，即有限经营权。

课题组为扶贫社项目建立这样的管理体制是希望为各县扶贫社的发展提供了组织上的保障，实现扶贫社项目向小额信贷机构转变。这时，扶贫社总部还没有正式注册成为一个法律实体。易县扶贫社的组织结构与第一阶段一样，不过县社理事会的职能主要由扶贫社总部和县社主任两方面负责。

（三）目前的治理结构

为了实现扶贫社试验项目机构化，为长期小额信贷扶贫提供组织保障，2004年课题组在北京将扶贫社总部注册成立了“北京市农发扶贫基金会”（以下简称“农发基金会”），解决了扶贫社总部法人地位问题。但在习惯上，农发基金会仍被称为“扶贫社总部”或“总部”。这时，易县扶贫社及整个扶贫社系统的组织结构如图3。尽管农发基金会承继了原来扶贫社总部的所有功能，但是县级扶贫社人事和资金的实际控制权在各县扶贫社，易县也是如此。

目前，易县扶贫社的治理结构发生了一些变化，成立了管理委员会（简称“管委会”）。管委会成员由全体员工从全体员工中选举产生，负责对易县扶贫社发展重大问题进行决策，并对管理人员进行监督。

三、发展战略的调整

易县扶贫社的发展战略调整与扶贫社小额信贷试验项目发展的三个阶段密切相关。在第一阶段，因为实验项目刚刚开始，其战略目标主要是取得成功并获取经验。所以，战略重点是严格按照GB模式建立组织机构和信贷制度并严格执行，将小额信贷指向目标对象。在第二阶段，易县扶贫社取得了初步成功和经验，但还比较脆弱，需要巩固和增强发展能力。所以，这个时期的战略目标就是增强长期的生存能力，战略重点是提高贷款质量，加强内控，提高组织整体能力。第三阶段，在经历过一系列困难之后，扶贫社总部和易县扶贫社将机构的可持续发展作为战略目标，并尽可能扩大为贫困和中低收入人口的服务能力。这个时期的战略重点就是维持良好的贷款质量，不断扩大服务规模和范围，增加社会公益活动。各个阶段战略目标和战略重点比较如表1。

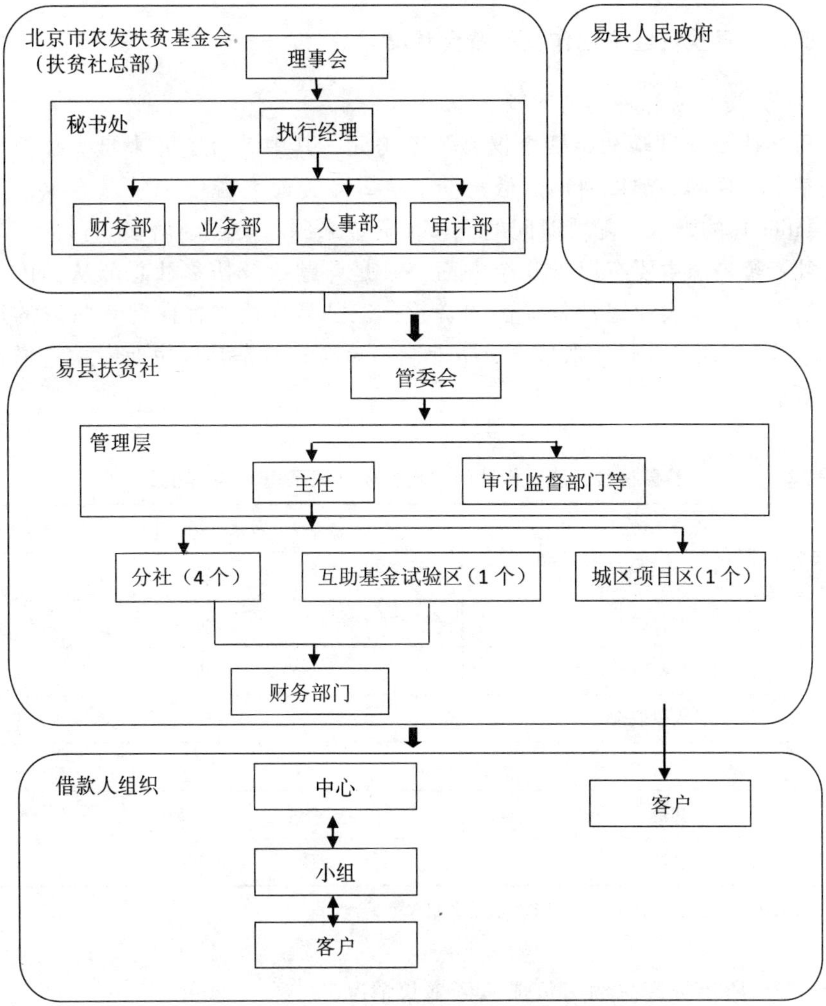

图3　目前易县扶贫社的治理结构图

表1　　易县扶贫社发展各阶段的战略

	第一阶段 (1994～1999年)	第二阶段 (1999～2005年)	第三阶段 (2005年至今)
战略目标	试验小额信贷在易县能否取得成功。	使易县扶贫社具有长期生存能力。	扶贫和机构可持续性发展并重。
战略重点	建设基层组织，建章立制，识别客户、培育客户等。	提高贷款质量，加强内控，提高组织整体能力。	维持良好的贷款质量，不断扩大服务规模和范围，增加社会公益活动。

四、易县扶贫经济合作社的资金状况

（一）资金来源种类与数额

易县扶贫社试验初始资金仅有 7 万美元，其中 5 万美元来自孟加拉乡村信托基金（Grameen Trust）的低息贷款，2 万美元来源于福特基金会（Ford Foundation）的赠款。随着时间的推移，资金来源种类逐渐增多。目前，易县扶贫社资金来源主要有以下几个方面：一是课题组及扶贫社总部从国内外筹集的资金；二是农业银行贷提供的贷款；三是易县扶贫社向客户收取的风险保证金等[①]；四是社员入股股金；五是自有资金；六是其他短期借款（详情见表 2 所示）。

表 2　　易县扶贫经济合作社的资金构成（截至 2011 年年底）

资金来源	数量（万元）
扶贫社总部	502
农行	100
风险保证金	396.5
社员入股股金	1,161
自有资金	682
其他	173.55
总计	3,015.05

数据来源：易县扶贫社 2011 年 12 月底财务报告。

（二）历年资产总额与负债总额增长情况

通过图 4 和表 3 可以发现，易县扶贫社历年资产总额和负债总额均呈上升趋势，尤其是 2007 年以后，资产与负债总量均呈直线上升之势，且上升幅度和趋势都呈一致状态。这表明，其资产的增长与负债的增加成正向关系，资产负债比率变化波动不大。这为易县扶贫社小额信贷业务的稳步增长提供了条件。

① 风险保证金包括两种资金：一是客户在每次还款时分期交纳的资金，相当于“强制储蓄”；二是发放贷款时由借款户一次性交纳的一笔保证金，贷款如约还清时退还给客户，相当于“小组基金”。

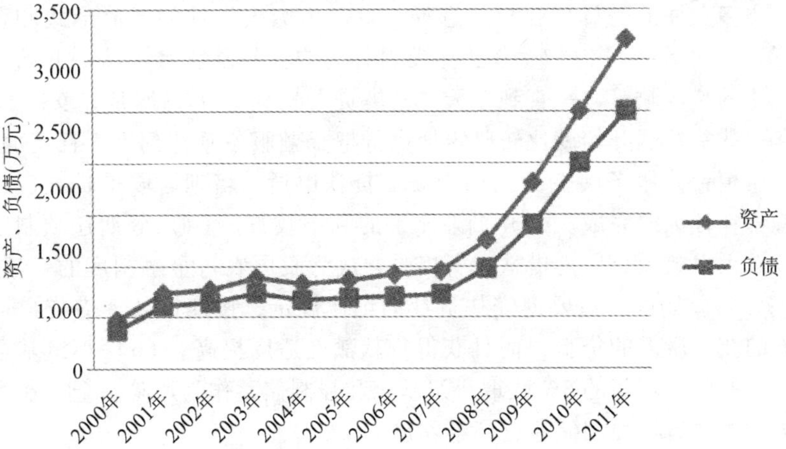

图 4　易县扶贫经济合作社资产与负债变化图

表 3　易县扶贫社历年资产和负债增长情况以及资产负债比率表

	资产（万元）	负债（万元）	资产负债率（%）
2000 年	479	376	78.5
2001 年	740	610	82.4
2002 年	777	643	82.8
2003 年	882	733	83.1
2004 年	834	670	80.3
2005 年	864	691	79.9
2006 年	919	707	76.9
2007 年	958	727	75.9
2008 年	1,246	975	78.3
2009 年	1,806	1,404	77.7
2010 年	2,508	2,010	80.1
2011 年	3,202	2,511	78.4

数据来源：北京市农发扶贫基金会（扶贫社总部）财务报告。

五、产品和服务

（一）早期产品和服务

易县扶贫社的小额信贷产品和服务品种和方法经历里一个变化过程。在初期，易县扶贫社小额信贷扶贫项目的基本方法是效仿孟加拉 GB 的小组贷款模式，更多关注的是目标客户的选择、专门为穷人设计的产品形式和资金的传递形式，包括：（1）妇女作为主要目标客户。易县扶贫社从一开始就坚持妇女为主的贷款政策，一直到今天，其借贷人85%以上仍然是妇女。（2）上门服务。扶贫社从开始就比较坚定地执行把金融服务延伸到穷人社区的制度，把营业所柜台式服务转变为上门服务。贷款申请、培训、取得贷款、还款的全过程都在社区内完成。（3）商业水平的利率政策。（4）分期还款制度。分期还款被大多数项目区的借款人所接受，成为我国农村金融制度的一项创新。（5）持续贷款制度。只要遵守扶贫社的纪律规定，按期还款，借贷户可以持续不断的获得所需的贷款，而且获得贷款额度适度提高。（6）小组基金和强制储蓄。按照贷款额的5%收取小组基金和强制储蓄作为风险基金，在农户按期还清贷款之后将强制储蓄退还给农户。

在实践中，易县扶贫社也发现了GB模式中不完全适合当地情况的做法，主要为：（1）中心会议制度。中心会议制度被认为是孟加拉乡村银行小额信贷模式的最核心内容之一，但是实践证明实行这种制度易县实施却非常困难。（2）政府的作用。在推动小额信贷发展方面，政府能够起很大作用。但在政府如何发挥和怎样发挥作用上，一直存在分歧。易县的经验显示，与政府良好的合作关系是开展小额信贷的最重要条件之一。

（二）产品服务的更新与扩展

产品开发是吸引和满足客户需求的重要手段，也是机构提高效益、扩大影响和可持续发展的基本要求。易县扶贫社为了寻找更适合农村实际并被广大贫困农户接受的小额信贷产品，尝试开发一些新产品，将原来的模式也进行了一部分调整：（1）在客户定位上，变初期100%为妇女客户到允许少数男性为贷款对象，目前妇女客户占总数的85%左右。（2）贷款额度上限提高。最初执行的贷款产品额度上限金额为2,000元，现根据不同产品提升到每户6,000元或每个小组3万元。（3）在还款周期上，由最初执行的按周还款变成按月还款或整贷整还。（4）在小组会议和中心会议方面，项目初期按照GB模式小组成员每周召开小组会议和中心例会，后改为每月一次中心例会。

目前，易县扶贫社的产品和服务主要有几下几种类型：

一是农村贷款产品。包括以一年为周期的传统“整贷零还”贷款产品以及季节性贷款产品两种。农村贷款产品2011年平均每笔贷款额约为5,000元，最高单笔贷款额可达50,000元。

二是在城区开展的信贷产品。产品主要针对居住在城镇的居民中下岗职工、无地进城农民、待业学生、退伍军人等中低收入人群提供个人担保信贷服务和产品，客户需要有担保人或财产（房产、店铺等）担保。

三是在偏远农村（山区）开展的农户互助资金项目，其中主要是受易县扶贫办委托管理的“贫困村村级互助资金”。

四是与当地保险公司合作开展的“小额信贷意外伤害保险”服务，即保险公司为易县扶贫社的客户提供优惠的人身意外伤害保险产品，当客户发生重大人身意外伤害事故而影响还款时，用户可以用保险赔偿金偿还信贷资金。这项服务有利于农户和扶贫社小额信贷规避意外伤害导致的债务风险。

五是承担政府的“财政扶贫贴息”工作，向贫困村和社区分散的贫困户从易县扶贫社借的小额贷款实施贴息。在2011年开始了针对残疾人的“残疾人到户贷款贴息”工作，使贫困信贷户享受到国家扶贫的优惠政策。

在小额信贷业务之外，易县扶贫社还利用机构与农户的紧密联系开展了救助贫困母亲的幸福工程、资助贫困失学儿童、对孤儿生存状况的调查等多项公益活动[①]。

六、客户结构

（一）客户覆盖

目前，易县扶贫社共有四个分社、一个城区和一个互助基金园区，在易县境内28个乡镇中的22个乡镇处开展了小额信贷资金扶贫到户活动，覆盖易县乡镇的79%。截至2011年12月底，累计客户数为21,273户，如果以平均每个家庭人口4人计算，受益人口达到85,000多人；累计组建中心247个（目前建有205个中心），1,052个小组，覆盖全县行政村的52%。目前，有效客户总数为5,093户，其中女性客户为4,155，占客户总数的82%（详见表4）。可见，易县扶贫社仍然坚持项目初期的贷款目标对象。

表4　　易县扶贫经济合作社的客户情况

项目	男	女	2011年合计
有效覆盖客户数（户）	938	4,155	5,093
累计覆盖客户数（户次）	3,903	17,370	21,273
现有小组数（个）	179	873	1,052
累计所建小组（个）	884	3,117	4,001
现有中心个数（个）			205
累计建立中心数（个）			247

数据来源：北京市农发扶贫基金会（扶贫社总部）2011年度报表。

① 中国社会科学院贫困问题研究中心课题组：《扶贫经济合作社——小额信贷扶贫模式在中国的实践》，社会科学文献出版社2010年版，第118页。

（二）不同行业的客户分布情况

从易县扶贫社2011年全年新放贷款额的行业分布来看，运输和加工业占比最大，为43.7%；其次是小商品服务业和种养殖业，分别占27.1%和24.6%。从各分社的情况看，运输和加工业都是占比重最大的，均在40%以上，其中最高的分社达50%。

表5　　2011年1~12月易县扶贫经济合作社客户行业分布

行业类型	贷款投放金额（万元）	比重（%）
运输和加工业	2,137.2	43.7
小商业、服务业	1,325.3	27.1
种植养殖业	1,203	24.6
其他	225	4.6
合计	4,890.5	100

数据来源：北京市农发扶贫基金会提供的《易县扶贫社2011年年度业务总结报告》。

七、内部管理制度

（一）信贷管理流程

易县扶贫社贷款发放与回收主要有以下几个步骤：首先是贷款申请以及农户自愿组建小组，其次是贷款审批与发放，最后是贷款的监管与回收。详情见图5。

（二）风险管理制度

1. 风险防控措施。易县扶贫社从信用风险与操作风险两个方面同时防范的角度，采取若干风险防范措施。从防范操作风险的角度来看，最重要的就是把握整个贷款环节，包括在贷款审批、发放和还款等环节的防控。

（1）贷款源头的风控。主要做法包括：信贷人员入户考察申请贷款的农户的人品和信用，并综合考虑其经济状况、预期收入和支持项目等情况；还规定客户准入标准，即"十不贷"的标准：不是低收入群体的不贷，没有创收项目的不贷，有贷款未还的不贷，不遵纪守法的不贷，不写申请不经考察的不贷，不参加会议、违背扶贫社章程和纪律的不贷，等等。

（2）电话回访。县社通过电话回访，做好回访记录，发现不符合审批制度的贷款或其他任何问题，就及时与分社信贷员进行了交流和纠正，同时强化分社管理人员和信贷员对操作制度的遵守，以加强防范风险控制力度。

（3）贷款客户"诚信"分类建设即建立诚信记录。主要做法是对按时还款的客户采取持续放贷政策，鼓励"诚信"的优秀户，淘汰不守信用户。这

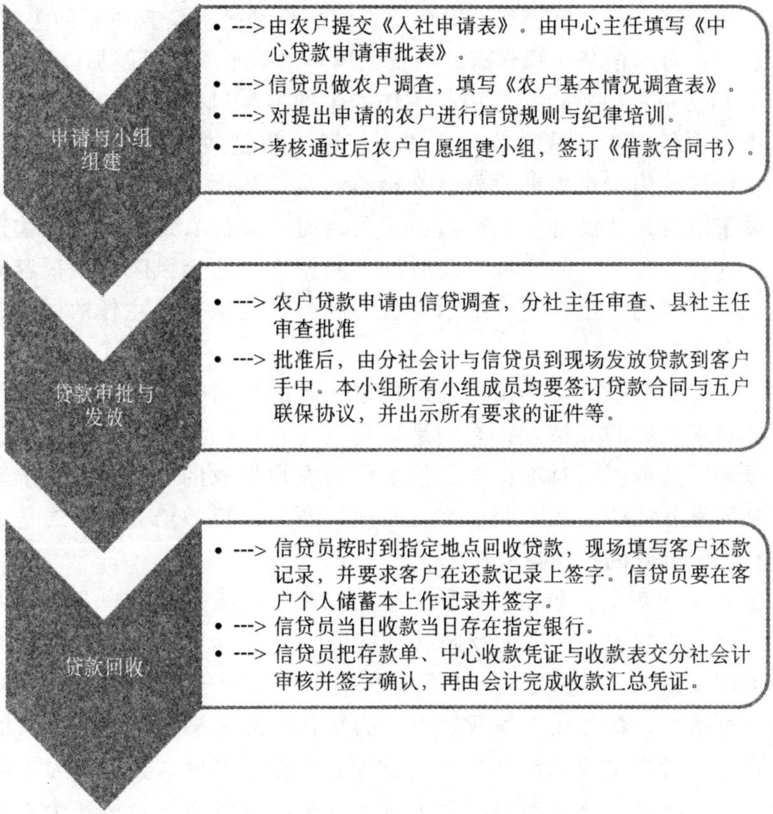

图 5　信贷管理流程图

资料来源：北京市农发扶贫基金会（扶贫社总部）工作总结报告及《扶贫社操作手册》。

样既为诚信客户创造发展机遇，又减少拖欠户，降低管理成本。

（4）在清欠中推进对“个案”经验进行总结。

（5）注重对“新贷款”中不良现象的追查，落实“新拖欠”防范工作措施。

（6）实行“第一人”责任追究制度。

（7）加强内部审计工作：制定内部审计条例，结合县社的实际情况积极开展以查代审，以审代培等多种审计形式。

通过以上措施，为风险防控建立了防范、管理、处理等防范体系，确保了总体业务达到了安全、稳定、持续运行。

2. 风险控制中的关键因素。尽管风险的产生有内部制度和外部环境等因素，但是易县扶贫社的经验表明人的因素是最重要的。在贷款流程中，信贷员能否严格遵守规章制度操作至关重要，信贷员是把握贷款质量的关键因素。易县扶贫社针对与信贷员操作有关的贷款风险采取了不同措施加以控制。

（1）信贷员将收款权交给中心主任产生的拖欠风险。有的信贷员基于非常信任中心主任，为了减少收款工作量，私下里把收款权交给了中心主任，由中心主任代替信贷员提前收好款交给信贷员。然而，有些中心主任从农户那收上款来之后，并没有把钱交给信贷员，而是谎称农户们没交还款造成了拖欠。在这种情况下，如果没有及时处理和调查，这笔风险贷款很容易变成真正的拖欠。因此，扶贫社杜绝信贷员将收款权交给中心主任的做法，一旦发现，违者必究。

（2）发放人情款。人情款的情况很多：有的是信贷员听从分社主任或自己同事的要求发放的人情款；有的是信贷员对自己的熟人发放的人情款；还有信贷员基于其他原因对不符合贷款条件的农户发放的人情款。对于这种情况，一是依靠分社的员工互相监督，发现问题及时反映给县社；二是需要县社对分社加强有效的控制与监督。

（3）垒大户现象，包括农户私下垒大户和工作人员与农户合伙垒大户两种情况。垒大户现象，一方面反映扶贫社的贷款产品可能不能满足日益增长的农户的用款需求，另一方面也有信贷员迫于人情面子和侥幸心理而发生的。针对前一种情况，扶贫社力争开发更多的贷款产品来满足这部分农户的贷款需求。针对后者则坚决杜绝此类人情款发生，违者必究；另外，为了防范这种情况发生，在发放贷款的程序上进行了改进，由以前信贷员一个人放款改为现在放款时必须由分社主任或分社会计随行。

（4）制造假名单。有的信贷员通过编造假名单，将资金放到自己口袋中。这就需要管理者通过各种监督、检查手段来发现。例如，通过电话回访制度，督察员根据名单进行抽查回访客户，以发现名单的真假性；或由分社主任进行不定期实地回访，入户调查，以发现名单的真伪。

（三）人力资源管理

1. 人力资源现状

2011 年年底，易县扶贫社共有员工 37 名，都是专职工作人员，其中 14 名管理人员（含县社 4 名管理人员、4 名分社主任、4 名分社会计和两名新项目点负责人），信贷员 20 人，实习人员 3 名。员工平均年龄为 38 岁，从事小额信贷行业平均时间约为 11 年。员工的文化程度以大专为主，占 57%，高中占 27%。较 2000 年高中占 90% 的状况，总体文化程度有所提高（如图 6 所示）。员工专业教育背景的结构也有所变化，从以前不具专业知识到现在以金融和财会等大专专业教育为主。

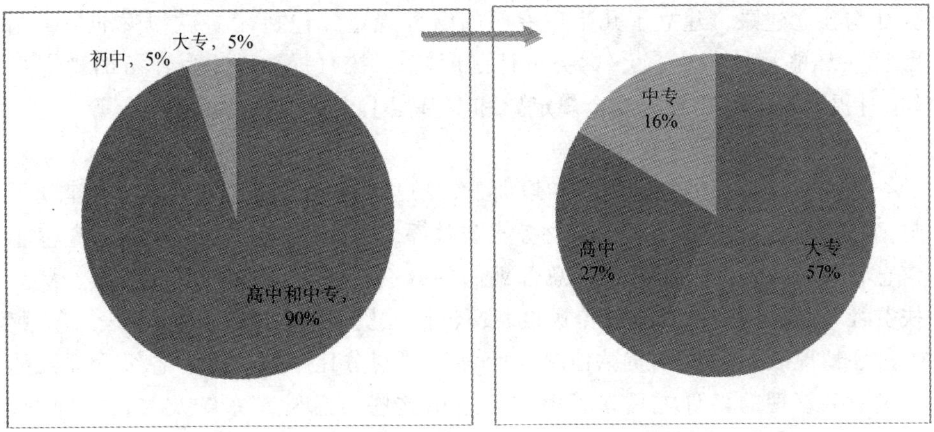

图6　易县扶贫经济合作社员工文化程度变化图

2. 人力资源管理制度

根据扶贫社总部的《扶贫社工作手册》规定，县级扶贫社的人事招聘计划应经总部批准，然后公开招聘，并制定了招聘标准。实际执行上并未完全按照这个规定，选拔和调配等人事安排以及用人计划主要由县级扶贫社管理层负责。在易县扶贫社，新聘人员都有6个月的培训（实习）期，培训期满考核合格者与县社签订正式合同。

易县扶贫社工资福利制度包括工资制度、福利制度和保险制度。工资主要包括基础工资和绩效工资两部分。福利则包括由工作性质决定的必要福利；职工因病、伤残等福利；春节、国庆等福利。保险则按照国家劳工法标准为每个员工购买相应保险。总的来讲，工资、福利和保险中的各项具体科目参照地方政府机关的做法，本着量力而行、逐步健全、厉行节约的原则执行。根据近年来易县扶贫社制定的工资、福利和保险等制度来看，制度更加完善；其员工工资收入连续四年以平均增长率34%的幅度增长，福利也相应增长。

（四）财务制度

易县扶贫社小额信贷会计制度和财务管理体系是逐步建立和完善的。项目运行发展前期，课题组派成员参加国际小额信贷财务培训班，并邀请国际知名小额信贷专家为扶贫社提供相关培训，进而由课题组成员针对各级管理人员（主要包括县社主任、县社会计、分社主任及分社会计）组织和提供的财务管理知识培训，逐渐为易县扶贫社建立健全了相应的会计制度和财务管理体系，培育了若干掌握基础财务知识与财务管理技能的骨干。

为了进一步统一和完善各基层扶贫社财务管理制度，扶贫社总部统一制定了《扶贫社工作手册》，其中详细制定了财务管理制度，要求县级扶贫社和分社均独立建账，建立了几十项专门的财务规定，包括《贷款损失准备金制度》、《坏账注销制度》、《财务审计制度》、《按月提取固定资产折旧规定》、《按月提取职工保险和养老金规定》和《基层上交管理费的规定》等等。

（五）管理信息系统

在扶贫社总部的技术支持和培训下，易县扶贫社早在2000年时就建立了与国际接轨的世界银行推行的财务报告体系和会计制度，逐渐建立和完善了信息管理系统，并根据扶贫社总部编制的《会计手册》进行规范操作。易县扶贫社每月按期向北京总部传送报表，包括"资产负债表"、"损益表"、"业务进展情况表"、"逾期贷款情况统计表"、"财务比率表"等。各级管理人员经过财务管理的培训之后，了解如何运用这些信息管理系统及时发现问题，加强风险控制能力。另外，关于客户信息、放款、收款财务信息等情况均有完整的电脑记录和纸质存档。易县扶贫社虽然已经建立了微机管理客户信息，但尚未达到各级扶贫社之间信息的联网，信息管理系统还有待完善和提高。

八、机构可持续能力

（一）贷款质量

衡量贷款质量有两个重要的比率，一是拖欠率，二是风险拖欠率。拖欠率是到期应还而未还的贷款额与贷款余额之比，显示逾期未还贷款的比例。风险贷款率是指发生了拖欠行为的贷款余额与总贷款余额之比，表示处于风险之中的贷款余额的比重，可更加谨慎地反映信贷的风险程度。拖欠贷款和风险贷款可统称为不良贷款。

根据易县扶贫社2000年至2011年期间的贷款质量变化趋势（见表6和图7），可以看出：（1）2005年以前，易县扶贫社的不良贷款逐年快速升高，这与上述易县扶贫社发展困难时期的情况相一致。（2）2005年之后，经过扶贫社总部和易县扶贫社员工的艰苦努力，不良贷款率直线下降，这是不良贷款减少的重要时期。（3）2008年以来，不良贷款率均在5%左右，风险控制状况较好。

表6　　易县扶贫社贷款质量变化趋势

	拖欠率（%）	风险贷款率（%）
2000年	1.77	3.1
2001年	2.83	5.57
2002年	7.72	16.12
2003年	10.85	14.45

续表

	拖欠率（%）	风险贷款率（%）
2004 年	15.17	18.03
2005 年	30.48	30.54
2006 年	23.85	22.85
2007 年	13.9	13.94
2008 年	6.79	6.79
2009 年	5.6	6.65
2010 年	5.22	5.31
2011 年	5.45	5.7

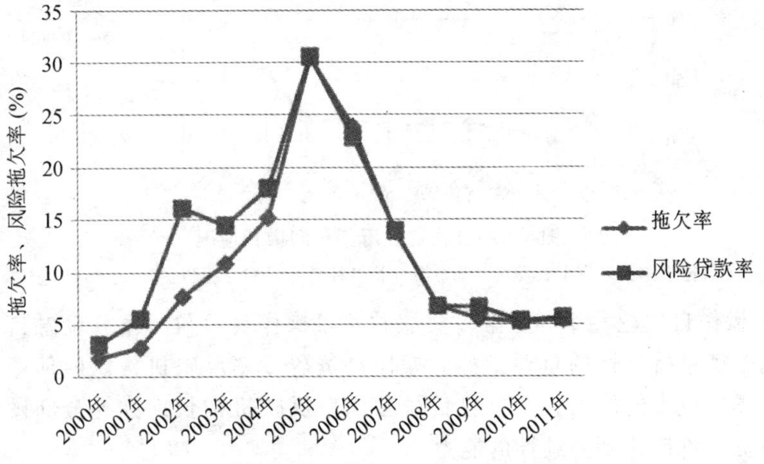

图 7　易县扶贫社历年不良贷款比率变化图

数据来源：北京市农发扶贫基金会（扶贫社总部）的财务报表。

易县扶贫社总结了不良贷款高发时期的原因，归纳为以下五个主要原因：

（1）缺乏一个有效的管理信息系统来反映拖欠情况，导致信息不能及时准确传递，使工作人员无法对拖欠立即采取措施。

（2）缺乏经验，风险管理意识较弱，管理措施不到位，例如不能有效进行自上而下的检查工作，发现问题而没有及时解决等。

（3）个别工作人员的道德风险。

（4）天灾人祸，如 2003 年非典期间不能及时收款导致的拖欠。

（5）来自传统观念和信用环境引起的拖欠，如发展过程中个别政府人员要求为某些人贷款等。

针对以上原因，易县扶贫社加强了风险防控意识和措施的力度，近年来贷款质量不断改善。

（二）盈利能力

1. 净利润。易县扶贫社在初创时期净利润是负值，但是之后总体上是增长趋势。从易县扶贫社2000年之后历年净利润增长的情况来看，除了2002年、2003年机构盈利情况下滑之外，总体盈利水平是逐年增长的，尤其是从2008年以来，近四年净利润增长幅度几乎每年呈翻倍增长趋势（如图8所示）。

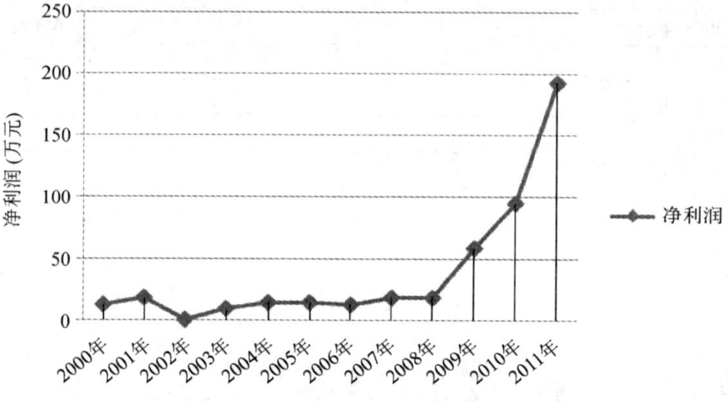

图8 易县扶贫社历年利润增长情况

数据来源：北京市农发扶贫基金会（扶贫社总部）财务报告。

2. 操作自负盈亏率和金融自负盈亏率。操作自负盈亏率和金融自负盈亏率是两个衡量持续性的重要指标。操作自负盈亏率反映机构以内部产生的收入弥补操作成本的能力；金融自负盈亏比率反映机构长期弥补全部操作成本和保持资金价值达到持续性的能力。

易县扶贫社历年操作自负盈亏率和金融自负盈亏率变化情况如图9所示。

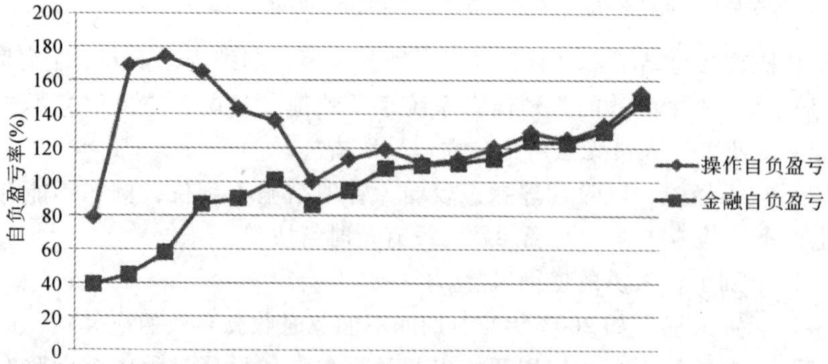

图9 易县扶贫社历年操作自负盈亏与金融自负盈亏比率变化图

数据来源：北京市农发扶贫基金会（扶贫社总部）财务报告。

从图9可以看出，易县扶贫社自从1994年创立之后的第三年，即从1997年开始便实现了操作自负盈亏平衡，即收入可以弥补机构的操作成本。操作自负盈亏比率在1998年出现异常高值，从1998年到2002年为下降趋势，2002年是一个低谷期，这跟2000～2002年期间发生较大不良贷款应该有很大关系。2003年至2011年期间操作自负盈亏率和金融自负盈亏率都呈稳步上升趋势。到2004年，易县扶贫社开始实现金融自负盈亏，之后逐年快速提高，到2011年，操作自负盈亏率和金融自负盈亏率分别达到了152%和147%。金融自负盈亏的实现说明其收入足以弥补机构各种成本，包括融资成本、贷款损失以及通货膨胀损失等。金融自负盈亏比率的上升趋势表明易县扶贫社可持续发展能力逐渐增强[①]。

3. 运营资产回报率。运营资产回报率是金融收入与平均运营资产之比，反映贷款服务和投资活动的金融效率。运营资产包括现金、银行存款、贷款余额和长期投资等。从图10显示的易县扶贫社运营资产回报率变化来看，从2003年至今，资产回报率逐年增加，呈现积极的趋势。

（二）经营管理效率

1. 金融成本比率和操作成本比率。金融成本比率是融资成本与平均运营资产之比，反映资金成本受净资产、软贷款和商业贷款的综合影响。操作成本比率是机构的操作费用与平均运营资产之比，反映了小额信贷机构经营一定数量的资产并使其产生效益而必须支付的操作成本，是经营效率的关键指标，其下降趋势为积极走向。

历年易县扶贫社运行资产回报率、金融成本和操作成本比率变化趋势如图10所示。

从图10可以看出，金融成本比率呈下降趋势，这表示机构营运良好。操作成本比率是度量借贷运作中金融效率的关键指标，它显示了机构在一年中贷出单位资金的全部操作成本（工资、办公费用、房租、差旅等）。一般来说，如果一个机构选择了有效的贷款方法且雇用高生产效率的工作人员，则机构的操作成本应下降，机构更具有持续性。从易县近九年的操作成本比率走势看来，从2003年的4.61%增加到2011年的8.63%，有逐年缓慢上升的趋势，这表明操作成本的增长速度超过机构运营资产的增长速度。

---

① 如果按照实际贷款损失情况提取贷款准备金和注销坏账，则自负盈亏比率会显示更低的水平。扶贫社总部尚未制定呆坏账注销政策。如果考虑注销坏账的因素，则易县扶贫社的盈利能力比率会略有降低。

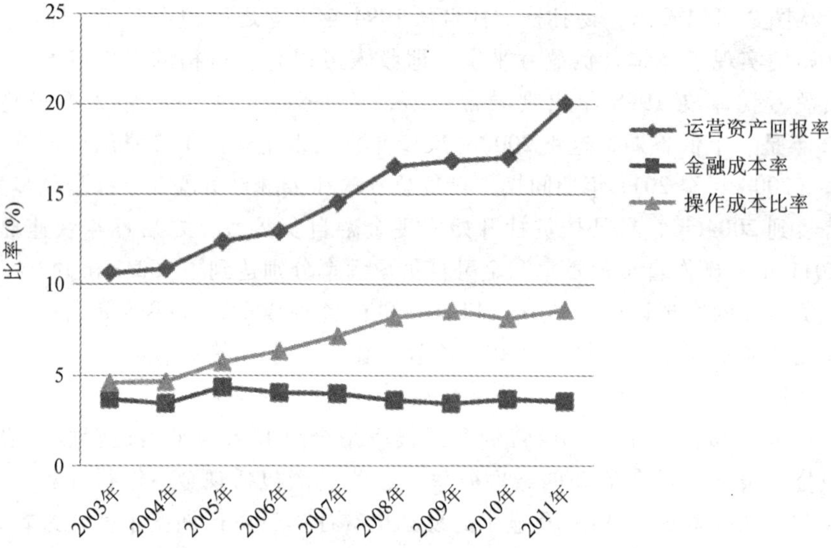

图 10 金融可持续性与经营管理效率指标趋势图

数据来源：北京市农发扶贫基金会（扶贫社总部）财务报告。

总的来讲，自 2003 年以来，易县扶贫社运营资产回报率一直保持的 10% 以上，且在 2011 年达到 20%；金融成本一直控制在 5% 以下；操作成本率一直在 10% 以内。这反映出机构较好效益，在同行中是不多见的。

2. 借出单位资金的成本。借出单位资金的成本等于一定时期内的操作成本与贷款发放额之比，它反映以贷款管理的效率。一般来说，这一比率数值低说明效率高[①]，即在同样的操作成本的情况下，比率低的放贷额就高。从易县扶贫社该比率显示结果看，2003 年至 2011 年，借出单位资金的成本在 0.04 元 ~ 0.06 元之间，这一比率远远低于我国公益性小额信贷机构的平均水平[②]。

3. 发放每笔贷款成本。发放每笔贷款的成本等于操作成本与发放贷款笔数之比。一般情况下，发放每笔贷款成本下降表明经营状况呈积极走向。从图 11 看，2003 ~ 2011 年间发放每笔贷款的成本逐年上升，尤其是 2009 年以来，贷款笔数明显减少，同时操作成本呈不断上升趋势，因此发放每笔贷款成本出现显著的增长趋势。

---

① 但是，当保持同等的贷款业务规模时，如果操作成本增加则可以预料这一比率将增加，如果同期发放更短期的贷款，则未必是因为效率的提高。

② 2005 年，中国小额信贷发展促进网络 27 个成员的贷款发放成本在 59.6% 和 1.9% 之间，平均为 8.5%。参见杜晓山等：《中国公益性小额信贷》，社会科学文献出版社 2008 年版，第 74 ~ 75 页。

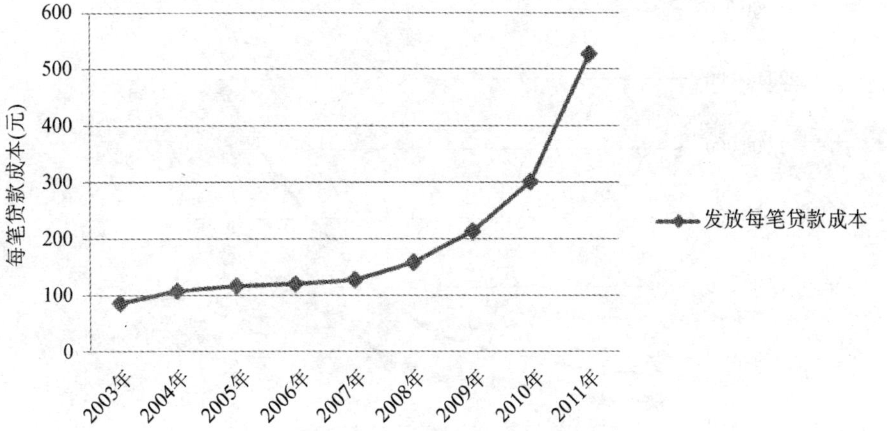

图 11　发放每笔贷款成本趋势图

数据来源：北京市农发扶贫基金会（扶贫社总部）财务报告。

4. 平均每位信贷员负责的业务量。平均每位信贷员负责的业务量等于贷款余额与信贷员人数之比，其反映信贷员的生产率。从图 12 来看，易县扶贫社近年来信贷员的生产率有显著提升的趋势。

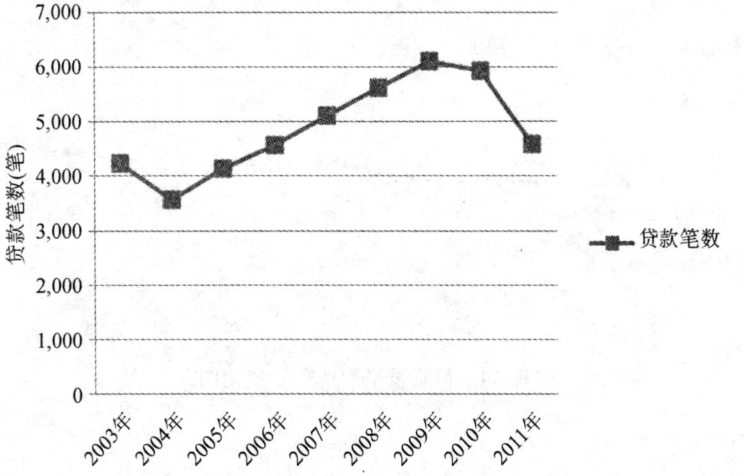

图 12　贷款笔数趋势图

数据来源：北京市农发扶贫基金会（扶贫社总部）财务报告。

2003 年至 2009 年期间，信贷员平均业务量是 30 余万元，而 2010 年至 2011 年期间，平均业务量分别增长至 76 万元和 97 万元，这跟近两年易县扶贫社筹集资金总量的增加有直接关系。

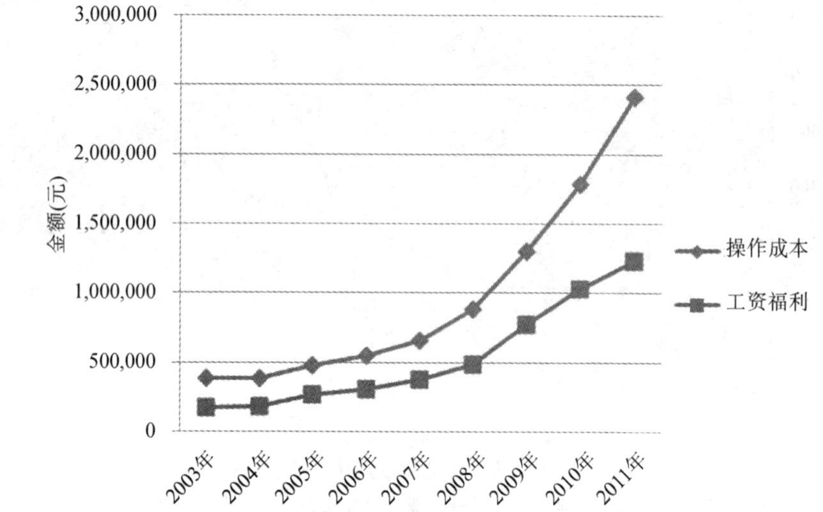

图 13　操作成本及工资趋势图

数据来源：北京市农发扶贫基金会（扶贫社总部）财务报告。

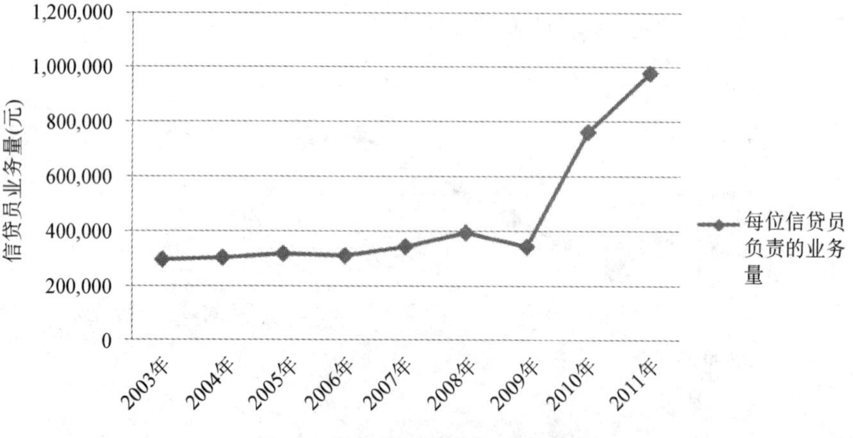

图 14　信贷员平均业务量变化图

九、结论

中国社科院农村发展研究所课题组也因为易县扶贫社及其后的一系列小额信贷行动研究成果于 2004 年和 2009 年两次获得了中央国家机关“五一劳动奖章”，于 2004 年 10 月获中国扶贫基金会和《人民日报》等中央媒体首届“中国消除贫困奖”之“创新奖”，于 2005 年获希森 · 《中国新闻周刊》三农基金的“公共行动奖”。

易县扶贫社作为小额信贷扶贫行动研究项目获得了丰富的研究成果，完成了研究目的。这对我国小额信贷扶贫模式的推广发挥了重要作用。

（一）易县扶贫社取得了试验研究的成功，发挥了巨大的示范推广作用

易县扶贫社从无到有，开创了我国借鉴国际经验开展小额信贷扶贫的先河，其信贷制度和方法也是像在黑夜中摸索一样，逐渐走到了天明。易县扶贫社建立近20年来，接待了十几个国家和国际组织以及国内一万多人的参观考察，接受了国内外众多知名重要媒体的采访报道，被国家民委列入少数民族地区经济发展经验之一，被民政部等部门评选为“社会公益示范工程”等。1999年，扶贫社小额信贷试验吸纳后得到国务院、中国人民银行和国务院扶贫开发领导小组的批准和支持，并得到国务院领导的肯定批示。

易县扶贫社及其后的其他扶贫社的实践完成了以下试验研究的任务[①]：

1. 证明国际上通行的小额信贷基本原则也能适应中国的国情。在中国，易县扶贫社的实践首先将小额信贷扶贫从理念付诸行动，最先为小额信贷在中国的发展提供了范本。

2. 证明小额信贷方式可以解决长期以来我国在扶贫工作中难以解决的两个问题，即扶贫资金到户难和贫困农户还贷难的问题。

3. 初步形成了一套适应国情的小额信贷管理制度。扶贫社的经验通过各级领导的关怀和媒体的宣传，在推动中国小额信贷事业的发展中发挥了先行者的积极作用。政府和金融机构的小额信贷以及非政府和半政府机构的小额信贷都不同程度地借鉴了扶贫社的经验。

4. 为促进中国农村金融改革和小额信贷市场发育发挥了积极作用，例如农村信用社等金融机构和小额贷款公司的贷款制度中直接借鉴了扶贫社小额信贷的一些技术和方法。

5. 小规模的扶贫社只用了2～3年的时间就达到了操作自负盈亏，现在仍然呈现良好的经营状态。这有力地说明了以扶贫为宗旨的小额信贷机构的可持续发展是能够实现的。

（二）易县扶贫社的发展仍然面临众多挑战

尽管易县扶贫社行动研究试验项目取得巨大的成功，但在未来的发展道路上仍然面临着许多挑战，主要有以下几个方面：

1. 资金产权和治理结构。目前，易县扶贫社面临着许多民间组织形式的小额信贷机构都面临的问题。首先，捐赠的信贷资金的产权在本机构与为其

① 详见中国社会科学院贫困问题研究中心课题组：《扶贫经济合作社——小额信贷扶贫模式在中国的实践》，社会科学文献出版社2010年版，第6～7页。

筹资并对其监督管理的机构之间的归属问题没有解决。其次，治理结构有待完善。易县扶贫社注册的法律身份为社团法人，作为一个社团法人，其基本组成成分是社员，所以首先必须明确谁是扶贫社的社员，然后成立社员大会或社员代表大会作为其最高权力机构，再由这个权力机构选举产生理事会，作为日常的决策和监督机关。如果需要，还可以选举产生监事会，专司监督职能。在此基础上，再由理事会组建管理层。这样的治理结构才会趋于完善，才可能形成有效的分工合理、有效制衡的治理与管理机制，有利于易县扶贫社长期健康发展。

2. 转制和竞争环境下的双重目标。由于捐赠资源的短缺，传统公益性小额信贷向商业化方向转制有成为潮流之势。目前，我国提供小额信贷服务的正规与非正规金融机构越来越多，小额信贷市场竞争逐渐加剧。在这种形势下，小额信贷机构做大做强，提高效率是生存和发展的必由之路。那么，怎样坚持扶贫的社会目标和实现机构可持续发展目标，就成为易县扶贫社作为一个公益性小额信贷机构必须解决的问题。

3. 人力资源开发与管理。人始终是一个组织健康发展的最重要因素。选用和培养高素质的各层级专业管理人员，保持人才队伍的稳定是易县扶贫社持续健康发展的重要保证。

总之，易县扶贫社是我国首个借鉴国际经验开创的小额信贷项目，在国内外情况差异巨大且国内没有先例可循的情况下，课题组和项目人员摸着石头过河，历经困难，挫折与成功相伴。现在它仍然面临着许多新问题，可以说仍然在不断试验、探索。它的成功与挫折都将对我国小额信贷扶贫事业以及民间组织的健康发展具有重要的实践和试验价值。

内蒙古赤峰市昭乌达妇女可持续发展协会案例

孙同全　陈方

赤峰市昭乌达妇女可持续发展协会是我国较为成功的一家公益性小额信贷机构，在十几年的发展过程中克服了许多困难，目前不仅具有较为完善的治理结构，而且这一结构也能够较好地运行，信贷资金量持续增长，业务范围也逐步扩大，展现了较好的发展前景。

一、发展历程

（一）第一阶段：项目阶段（1998～2000年）

这一阶段的标志性事件是赤峰市妇联执行了联合国开发计划署UNDP援助的“内蒙古扶贫与妇女参与发展项目”。1997年，赤峰市妇联在第四次世界妇女大会在北京召开之际，争取和实施了UNDP援助、中国国际技术经济交流中心执行的“内蒙古扶贫与妇女参与发展项目”，项目金额100万美元。该项目包括三部分内容：性别意识培训、生态农业和小额信贷扶贫。其中，小额信贷扶贫是核心内容，安排了40万美元的贷款循环金。1998年11月，小额信贷部分开始启动，1999年1月7日开始放款，到2000年年底项目结束时，已放款451万元，还款率为100%。

（二）第二阶段：项目到机构的转变阶段（2001～2004年）

这一阶段的标志性事件是执行UNDP可持续的扶贫项目，成立了昭乌达妇女可持续发展协会。2001年，UNDP和中国国际经济技术交流中心又执行了“可持续的小额信贷扶贫项目（SMAP）”，赤峰被选为四个项目点之一。与一期项目相比，SMAP项目不提供本金，只提供技术支持，更多地关注机构建设，关注小额信贷的可持续发展，实现项目到机构的转变。2001年1月5日，赤峰市妇联和中国国际经济技术交流中心共同发起，在赤峰市民政局注册登记，成立了“赤峰市昭乌达妇女可持续发展协会”（以下简称“赤峰协会或协会”）。协会由赤峰市妇联主管，专门运作和管理小额信贷工作，实现了从项目到机构的转变。

在这一阶段，由于优异的小额信贷运行效果和良好的发展前景，协会又分别得到了日本政府130万元人民币和孟加拉乡村信托基金69万元人民币的信贷资金资助，扩大了小额信贷业务规模。

（三）第三阶段：商业化运作的初级阶段（2005年至今）

这一阶段的标志性事件是明确了坚持“扶贫与可持续发展并重”的目标、商业化的经营思想和商业化的融资战略并完善了治理结构，先后获得了国内外多种发展组织的多批次的资助，包括全国妇联、美国格莱珉基金会、世界银行、美国扶贫济困基金会、日本世川财团、李连杰壹基金、赠与亚洲组织、德国复兴开发银行、美国我开公司和我们的自由天空等。在这些资助下，协会不仅扩大了小额贷款规模（截至2011年年底，信贷资金规模已达到1,727万元，详见表3），还在全国的公益性小额信贷机构中率先开展了客户小额保险业务，进行了机构能力建设和其他公益慈善活动。

在赤峰协会发展的过程中，由于其卓有成效的工作，赢得了众多发展组织的信任和支持（历年获得的资助项目见表1），不仅小额信贷业务量不断扩大，其他公益项目也不断增加，人员能力不断提高，协会已经走上了良性发展的轨道，成为中国最成功的NGO小额信贷机构之一。

表1　　赤峰协会历年获得的资助项目

项目名称	项目时间
已执行项目	
UNDP援助内蒙古扶贫与妇女参与发展项目	1997～2000年
UNDP援助可持续的小额信贷扶贫项目	2001～2004年
日本政府资助小额信贷扶贫项目	2002～2004年
世界银行、日本世川财团支持的能力建设等项目	2002～2004年
孟加拉乡村信托基金资助小额信贷项目	2003～2004年
全国妇联资助小额信贷项目	2006年
美国格莱珉基金会资助项目	2007～2009年
世界银行资助流动小书屋项目	2008～2009年
美国扶贫济困基金会资助小额信贷项目	2009年
正在执行的项目	
李连杰壹基金资助小额信贷保险项目	2010年至今
赠与亚洲能力资助建设项目	2010年至今
中德合作（KFW）小额信贷发展项目	2010年至今
美国我开公司资助小额信贷项目	2008年至今
我们的自由天空（OFS）公益助学项目	2010年至今
全球基金会资助妇女小额信贷项目	2011年至今

二、治理结构

（一）治理结构

在我国，各级政府部门的支持往往是事业健康发展的必要条件。所以，赤峰妇联和协会一直积极争取各级党委政府的支持，充分发挥妇联组织的网络优势。各级党委政府在组织协调、人员等方面提供大量支持的同时，支持协会按照管理手册独立开展业务，不干预小额信贷机构的具体运作和管理。各级妇联在筹资、优化环境、社区动员、宏观指导、新闻宣传等方面发挥了重要作用，做了大量卓有成效的工作，保证了小额信贷的健康发展。

赤峰协会实行理事会领导下的秘书长负责制。会员代表大会是协会最高权力机构；理事会是协会决策和执行机构，在闭会期间领导本协会开展工作，对会员代表大会负责；秘书处是协会执行机构，秘书处下设协会目前共有三个分支机构，组织结构如图1。为了规范科学决策，提高管理能力，协会目前准备组建监事会（或顾问委员会）。

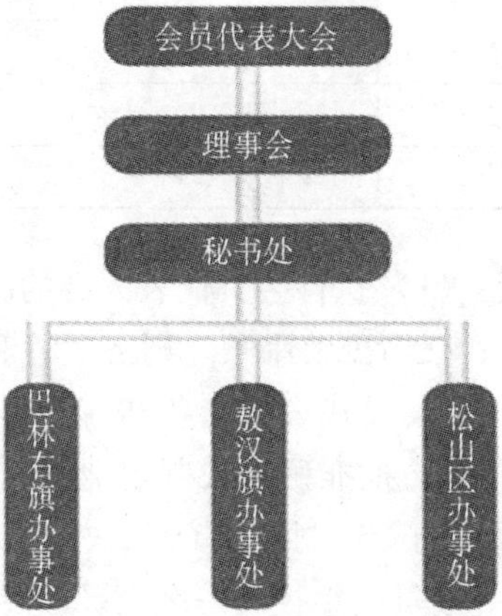

图1　赤峰协会治理结构

赤峰协会会员代表大会有29位代表，分别来自出资方、中国国际技术经济交流中心、政府管理层、会计师事务所、协会执行层、行业专家以及客户。其中，客户代表主要是联保客户，由中心选举产生。代表大会的职权包括：制定和修改章程；选举产生和解散理事会，选举和罢免理事；审议理事会的工作报告和财务报告；决定本协会的发展方针、任务及终止等重大事宜。

赤峰协会在成立之初理事会是一个名义理事会，理事会作用不能充分发挥。原因在于：一方面，理事会有40多位理事，主要来自妇联等政府部门，

40位理事中有很多人对小额信贷并不了解，甚至有些人排斥和反对小额信贷；另一方面，理事人数过多，协会在开展业务、发展战略等决策意见很难一致，降低了决策的效率和科学性。2003年，协会最终确定了新的理事会名单，新的理事会共有七位理事，理事来自出资方、客户、管理层和政府管理层，他们都是具有小额信贷知识和从业经验并对小额信贷有高度热情的人（理事会成员见表1），理事会成员至今一直没有发生过变动。

表2　　赤峰市昭乌达妇女可持续发展协会理事会成员名单

性别	职位	文化水平	备注
女	理事长	研究生	赤峰市妇联主席
男	副理事长	研究生	中国国际经济技术交流中心处长
男	理事	大学	中国社科院农村发展研究所研究员 中国小额信贷培训中心主任
女	理事		中国国际民间组织合作促进会 秘书长助理
男	理事、协会秘书长	研究生	赤峰市妇联
女	理事、协会副秘书长	研究生	赤峰市妇联
女	理事	大专	协会松山区办事处客户

理事会职责主要包括：（1）执行会员代表大会的决议；（2）选举和罢免理事长、副理事长、秘书长；任命副秘书长、财务主管和办事处主任；（3）筹备召开会员代表大会；（4）向会员代表大会报告工作和账务情况；（5）制定主要长、短期目标和政策；（6）批准秘书长制定业务计划和预算；（7）决定设立办事机构；（8）通过重要的管理制度；（9）决定聘请顾问等事宜；（10）决定其他重大事项。理事会一般每半年召开一次会议，根据需要理事会也可随时召开或延期召开。

在我国，许多社团形式的小额信贷机构的理事会都形同虚设，主要原因包括：理事会成员主要由当地领导组成，为的是争取他们的支持，但是这样的缺点是他们不熟悉小额信贷业务，没有时间理会小额信贷机构的事务。其结果常常是小额信贷机构的管理层几乎完全主导了机构的一切事务，很难形成有效的治理结构。

赤峰协会的理事会则有所不同，理事长是赤峰妇联主席，而不是难有时间关注小额信贷业务的政府领导，其他理事还包括中国国际经济技术交流中心的主管官员和中国社会科学院农村发展研究所的一名德高望重的研究员担任独立理事。这些理事都是小额信贷事业的密切利益相关者和业内专家。而且，协会的管理层都是原来赤峰妇联的中层工作人员。理事长对他们有权威性能够发挥有力的督导作用。理事会一年一次，讨论协会的重大事务，比较正常地发挥作用。这种情形在目前国内的公益性小额信贷界内是不多的。

（二）决策流程

根据理事会的决定对于一般性的决策（如捐赠款合同的签订等），秘书处可以全权负责，如有重大决策或项目（如外部借款、业务发展计划、协会预决算、人事薪酬以及协会战略设定和调整等），秘书处经研究后必须上报理事会研究决定。

三、战略调整

赤峰协会在成立时设定了协会的宗旨、目标、理念和文化。赤峰协会的宗旨是：利用国内外资金和其他支持，为本地区广大妇女（特别是贫困妇女）提供资金、技术、法律、教育、市场信息等服务，建立农户自助组织，促进本地区社会、经济、环境、妇女的可持续发展。协会的目标是：把协会建设成自主经营、自负盈亏、自我发展、运作规范、管理科学的、能够长期为贫困人口提供服务的小额信贷机构。协会的理念是：相信妇女、尊重妇女、服务妇女，她们的成功就是对我们的最高奖赏和回报；珍视每个员工、每个创新永远是机构充满生机和活力的力量源泉；永远追求最佳、不懈追求更好是实现机构可持续发展的基石；做好每个项目，用好每一分钱就是最好有筹资环境。协会以“热爱、诚实、责任、尊重、创新、服务”为文化。

在发展期间，一方面为了便于宣传，另一方面为了使协会的宗旨与协会的业务更加匹配，协会采用“罗伯特会议法则”修改了宗旨。新的宗旨由秘书处提出，报理事会审批，最终经会员大会表决通过。修改后的宗旨变成：协会宗旨是利用国内外资金及其他支持，向贫困妇女提供小额信贷、技术、法律、卫生等相关服务，增加农户经济收入，促进本地区经济、环境与人类的和谐发展。

四、资金来源

筹资一向是 NGO 小额信贷机构工作的重中之重，是机构持续发展的生命线，甚至是机构能否实现跨越式发展的重要原因之一。赤峰协会非常重视小额信贷资金的筹集工作，主要管理人员对各种捐赠信息和机会非常敏感，积极主动地争取，而且凭借协会良好的治理结构、多年来优异的业务成绩和积累的人脉资源，协会常常能够得到各种支持。

协会经费来源包括国内外援助、捐赠、合作性投资及贷款、当地政府补贴以及各项服务收入。在最初 UNDP 援助的 330 万元基础上，赤峰协会先后从国内外各类组织争取到约 1,000 万元信贷资金，加上协会自身积累的 100 多万元，2011 年年底，总资产达到 1,727 万元。2004～2010 年期间，赤峰协会在各方的支持下，经过长期艰苦磋商，终于争取到德国复兴银行（KFW）的支持。德方提供 200 万欧元（合计 2,000 万元人民币）援助资金，其中 1,000 万元人民币是无偿援助资金用于协会机构能力建设，另外 1,000 万元人民币为低息贷款，用作小额信贷循环金，年利率 0.75%，还款期 40 年。这项资金对赤峰协会的长远发展将发挥重要作用。不断增长的信贷资金不仅使协会不断扩大业务量，提高了自身可持续发展能力，而且扩大了服务低收入人口的能力，使小额信贷扶贫事业提高了可持续发展能力。

表 3　　协会信贷资金状况（2011 年年底）

资助机构	资助项目名称	年份	金额（万元）	性质	比重（%）
联合国开发计划署	UNDP 内蒙古扶贫与妇女参与发展项目、UNDP 可持续的小额信贷扶贫项目	1999	330	负债	19.12
格莱珉基金会	美国格莱珉基金会项目	2007	300	负债	17.37
德国复兴银行项目	中德合作（KFW）小额信贷发展项目	2011	216	负债	12.51
美国济困扶贫基金会	美国扶贫济困基金会小额信贷项目	2009	22	负债	1.27
市妇联	全国妇联小额信贷项目	2008	59	负债	3.42
市妇联	全国妇联小额信贷项目	2006	10	负债	0.58
市协会内部融资		2007	16	负债	0.93
美国我开公司	美国我开公司小额信贷项目	2008	137	权益	7.93
日本使馆	日本政府小额信贷扶贫项目	2002	130	权益	7.53
全球基金会	全球基金会妇女小额信贷项目	2011	95	权益	5.5
孟加拉乡村信托基金（GT）	孟加拉乡村信托基金小额信贷项目	2003	69	权益	4
壹基金	李连杰壹基金小额信贷保险项目	2010	50	权益	2.9
协会盈余积累等			293	权益	16.94
合计			1,727		100

注：表中的时间为信贷资金到账时间。

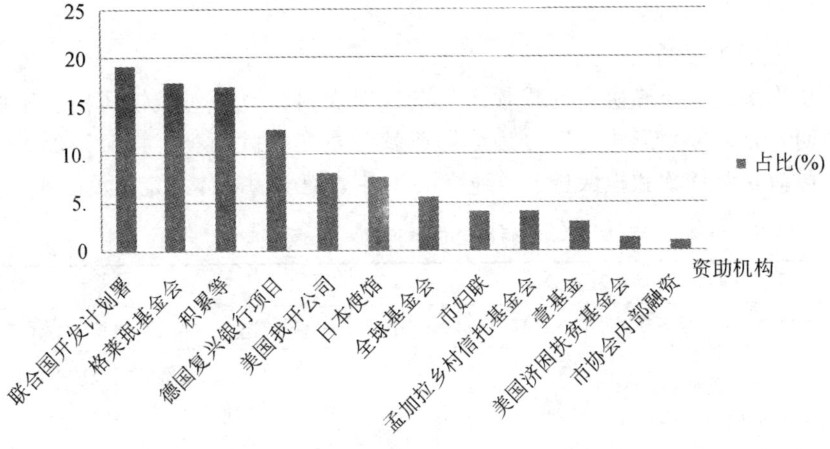

图 2　协会信贷资金状况（2011 年年底）

从资产结构来看，截至 2011 年年底，赤峰协会净贷款余额 1,430.66 万元，其他流动资产 221.17 万元，净固定资产 74.62 万元，总资产 1,726.74 万元，净资产 637.64 万元。负债及所有者权益方面，截至 2011 年年底，赤峰协会已经没有会员存款，其他短期流动负债 222.33 万元，长期贷款 866.76 万元，总所有者权益 637.64 万元。

五、产品和服务

赤峰协会在开展小额信贷扶贫时主要借鉴了孟加拉乡村银行模式，即“GB”模式，并根据赤峰市的实际情况进行了积极的调整，初步形成了自己的特点：贷穷不贷富，贷女不贷男，贷短不贷长，不用抵押，小组联保，整借零还，强制储蓄，中心会议，可持续利率，项目自选，技术培训，严格纪律等。十几年的实践证明，这种模式可以使低收入家庭和贫困家庭更容易得到贷款，更容易降低农户一次还款的压力，降低信贷资金的风险，提高贷款质量，减少拖欠，提高资金的使用效率，提高贷款的回收率。此外，赤峰协会还争取到李连杰壹基金 100 万元的资助金，开展了小额保险业务的试点。这不仅是对小额信贷业务的重要补充，而且也将对我国农村金融产品创新发挥重要的试验作用。

除了金融服务之外，赤峰协会还争取资金开展其他公益活动，包括小额信贷扶贫、妇女发展、儿童救助、救灾等社会发展项目，例如：赤峰协会得到世界银行和香港爱心人士的捐助而建立了八个流动小书屋，以提供图书借阅服务。

（一）贷款产品

1. 贷款产品特征

总体来说，赤峰协会的贷款产品既针对农村，也针对城镇居民。按照还款周期划分，贷款形式可以分为分期还款和整还贷款两类；按照担保方式划分，包括联保贷款和担保贷款两种（关于各类贷款的具体规定，见表4）。

表4　　赤峰协会贷款产品一览表

	农村产品				城市产品		
	常规贷款Ⅰ	常规贷款Ⅱ	整还贷款Ⅰ	整还贷款Ⅱ	担保贷款	联保贷款	城市妇女微笑贷款
贷款对象	农村，有劳动能力和民事行为能力的妇女，户主（或丈夫）支持并同意贷款。初次贷款55周岁以下，有创收项目，家庭上年人均收入不超过政府统计的上年人均收入。		使用常规贷款5个月以上的现有常规贷款客户		非农业户口，有劳动能力和民事行为能力的妇女。初次贷款55周岁以下，有创收项目，家庭上年人均可支配收入不超过政府统计的城镇居民上年人均收入。连续贷款者，身体健康，年龄不超过60岁。		城区非农业户口或在松山区、红山区城区具有房产并长期居住的女性，企业固定员工少于10名，贷款人年龄在18~55岁之间。
贷款期限	1年		12周（84天）	20周（140天）	10个月		1年
担保形式	5户小组联保（非直系亲属）	3~5户小组联保（非直系亲属）	原常规贷款小组5户联保		公务员或事业单位工作人员担保	5户小组联保	贷款额度30,000元以上，1名行政事业单位工作人员担保；30,000元及以下担保人可扩大至1名良好企业（如中国电信、国家电网等）的工作人员。
年名义利率	8%		16.3%，（38元/1,000元）	16.2%，（63元/1,000元）	7.5%		17.5%
实际利率	14.9%		16.3%（38元/1,000元）	16.2%（63元/1,000元）	13.6		17.5%
款金额 轮	2,000元	3,000元	≤2,000元		6,000元	4,000元	10,000 ~ 50,000元，非行政事业单位工作人员担保的贷款额度不超过30,000元
款金额 高	3,000元	5,000元			10,000元	6,000元	

续表

	农村产品				城市产品		
	常规贷款Ⅰ	常规贷款Ⅱ	整还贷款Ⅰ	整还贷款Ⅱ	担保贷款	联保贷款	城市妇女微笑贷款
付利息方式	本息等额分期还款		到期本息一次性偿还		本息等额分期还款		到期一次性还款，每月支付利息
还款方式	整借零还：每4周还一次		整借整还：12个星期还一次	整借整还：20个星期还一次	整借零还：每月还一次		到期一次性还款
还款次数	13次		1次		10次		12次
滞纳金	逾期的本金和应付未付利息总额，按日利率千分之一计收罚息		逾期的本金和应付未付利息总额，按日利率千分之三计收罚息		逾期的本金和应付未付利息总额，按日利率千分之一计收罚息		逾期利率：原定利率上涨30%；违约利率：原定利率上涨50%

从特征上来看，与当地其他农村金融机构的区别在于：第一，赤峰协会全年都开展业务，而不像当地信用社那样按季节放款，满足了农户在任何时刻都会发生的资金需求。第二，赤峰协会的贷款额度低于当地其他金融机构的贷款额度，有利于机构瞄准贫困人群，保证瞄准精度。第三，传统上，由于妇女缺乏创收机会，没有经济收入，或者公共领域参与程度低，所以被认为是从属于男性的。赤峰协会的贷款对象只针对妇女，使妇女拥有了获得创收机会、经济收入以及参与公共活动的途径，促进性别平等和妇女赋权。第四，联保贷款客户5人组成一个联保小组（直系亲属不能同组），10人组成一个中心；每次中心会议内容包括还款、客户之间技巧和经验等信息传播以及确定下次还款具体时间；中心会议出勤率达到70%～80%。赤峰协会严格要求客户执行中心会议制度，一方面，减少了社区队员①收款成本，提高了效率，并且有利于客户之间信息分享；另一方面，这种交流使项目户获得更好的社会资本，从而有利于她们抵御风险，缓和脆弱性，由于这些社会资本的核心是社区队员②的技术、资金、信息、心理方面的服务和指导。第五，因为从农信社等传统正规金融机构贷款存在额外的交易成本，比如交通费、人情交际费等，而赤峰协会贷款规则公开透明，不用求人，而且送贷上门，更适

① 也称为社区工作队员，即协会负责信贷等业务的工作人员，在其他小额信贷机构一般称为信贷员。这个名称是UNDP项目时期留下来的。

② 社区队员多来自于用户所在社区，他（她）们熟悉社区的条件和各个家庭的情况。

合中低收入弱势人群的需要。

赤峰协会自开展业务以来，按照客户需求、风险控制以及机构宗旨和目标等现实因素，适时地在贷款额度、还款周期和担保方式等方面作出了调整和完善。这些调整在不增加协会风险的前提下，有效地提高了赤峰协会的工作效率，降低了协会和客户双方的贷款成本。

第一，在贷款额度方面，赤峰协会将常规贷款细分为两类，即常规贷款Ⅰ和常规贷款Ⅱ。常规贷款Ⅰ是指首轮贷款，额度从1,500元分别提高到2,000元和3,000元。常规贷款Ⅱ的最高贷款额度从3,000元调整到5,000元；整还贷款的贷款额度从1,000元调整到2,000元。目前，赤峰协会的贷款面临提高的压力，因为一些老客户随着生产经营扩大，要求较大的贷款额度，赤峰协会现有的贷款额度已经不能满足他们的需求。但是，为了保持服务对象不变和控制风险，赤峰协会还没有大幅度改变贷款额度。第二，在还款频率方面，赤峰协会将农村常规贷款从每周还款调整到每两周还款，最后调整到每四周还款（即28天）。第三，在担保方式方面的调整主要是常规贷款Ⅱ由5户小组联保，调整为3~5户小组联保。在由个人担保的贷款情况下，很多客户反映寻找担保人比较困难，因为当地有过信用诈骗，所以，当地人不愿意给别人担保；而且找担保人是需要搭人情的，因为担保贷款需要担保人在单位开收入证明并盖公章，额度太小搭人情不合算，总找一个人给担保也会给担保人及其单位带来麻烦。所以，许多申请者提出愿意以房产、营业执照等作抵押，或者找非财政拨款单位职工提供担保。但目前赤峰协会还没有调整担保规定。

从产品的区域差别来看，赤峰协会产品设计方面目前区别不大，唯一的区别在于：由于巴林右旗是牧区，客户居住分散，协会规定该区域五人便可组成中心。从效果上来看，由于居民居住分散且少数民族居多，当地人民喜欢聚会交友，所以该地区中心会议制度执行较好，出勤率较高；在敖汉旗的贷款区域主要是农区，人口居住相对集中，中心会议制度执行得不如巴林右旗[①]；而赤峰市松山区的情况在这两者之间。

2. 贷款审批流程和审批内容

不论是联保还是担保贷款，赤峰协会的客户在申请贷款时的流程相似。首先，客户提出申请，办事处主任或社区队员进行入户调查，调查时除了访谈还要填写入户调查表。其次，办事处主任将筛选过的客户名单和资料递交

① 从人口密集程度高应该更有利于集中开会的角度看，这似乎是一种悖论。但事实上，农区中心会议的情况不如牧区，这是值得进一步深入研究的现象。

协会审批。最后，协会审查合格后，发放贷款。整个流程从申请到贷款发放大约需要一周左右时间。

在客户调查内容方面，联保和担保贷款对家庭人口基本情况的调查内容是相同的，都包括姓名、性别、年龄、户主或与户主关系、文化程度以及工作单位和职业。

除了对家庭人口基本情况的调查内容以外，赤峰协会对联保和担保贷款的其他调查内容做了与实际情况匹配的区分。

第一，对于农村贷款，协会对家庭财产及经济情况的调查分为八个部分，包括住房、禽畜、农机局、家电、存借款、家庭资产净值、年人均纯收入和其他；对于城镇贷款则包括六个部分，即住房、家用电器、存借款、三轮车、出租车等价值、家庭净资产、上年人均纯收入。

第二，协会对城镇客户考察了家庭上年经济状况，包括收入（经营收入、经营支出、利润、工资/打工收入）、支出（生活支出和教育支出）和结余三部分；对农村居民则不涉及此部分调查。

第三，协会对农村客户考察了家庭生产经营情况，包括土地情况、粮食情况和养殖业情况三部分；对城镇居民则不涉及此部分调查。

3. 贷款的回收

担保贷款客户需按期到当地办事处还款，联保客户在约定的每月中心会议时间和地点将还款交给社区队员。社区队员需将缴纳的现金在还款当天下午4:30存入银行，未能存入银行的在第二天相同时间存入。

（二）强制储蓄

强制储蓄是GB模式小额信贷的一种典型的做法，主要目的是抑制借款人违约行为的发生，增强小额信贷机构抗风险的能力，并增加小额信贷机构的资本金。强制储蓄在多数公益性小额信贷项目中都存在。

2010年以前，赤峰协会对贷款客户也执行了强制储蓄，常规贷款1,000元以下，每次存2元；1,000元~2,000元，每次存4元；2,000元~4,000元，每次存6元。到2009年年底，储户数量3,638户，存款余额达到280,808元，每个员工平均吸收的储蓄额度15,704元。2010年，协会决定取消强制储蓄，并将存款返还客户。原因在于：第一，机构的贷款业务还款率很高，储蓄的防范风险作用并不明显；第二，每个客户存款额度低、成本高且不易管理；第三，协会的部分合作方提出协会必须取消存款，否则退出合作。

（三）保险产品

2010年，在壹基金100万元资助金支持下，赤峰协会在巴林右旗开展了

“壹基金赤峰小额信贷保险项目”，旨在开发出一套适合中国的公益性小额信贷机构的保险模式，减轻出险借款妇女及其家庭的还款压力和生活压力，并利用保险基金循环向妇女发放小额贷款。为期两年的小额信贷保险项目，首期安排50万元作为基础保险资金。壹基金还委托上海深德咨询公司对项目进行评估和审计。

因为是一项全新的保险产品，项目组邀请了内蒙财经学院保险系教授和赤峰诚成会计师事务所的注册会计师开发了小额信贷保险产品，编制了《壹基金赤峰小额信贷保险项目操作手册》。

保险产品的被保险人必须是赤峰协会的贷款客户，保险责任包括意外伤害责任和疾病身故责任，保险期1年，保险额度等同于贷款额度，保险费率3‰，保险费由协会和投保人共同承担，投保人承担年保险费率的1/3，其余部分由协会承担。为有效利用保险基金，协会平时将其用于小额信贷循环使用。壹基金赤峰小额信贷保险客户如果出现意外死亡，协会将免除其余下的贷款余额，由保险基金支付，从而最大限度地减少贷款风险，减轻特困家庭还款压力。

在协会的积极努力下，保险项目开展效果比较理想，目前保险基金顺利运转。截至2011年年底，协会参加小额信贷保险2,387人，办理三起理赔，保险基金总额5万余元，理赔金额总计1.66万元。同时，通过项目期间的调研、宣传、产品开发、培训、自我评估、考察学习、理赔等活动，大大提高了项目工作人员的综合素质，也提高了贷款妇女的安全意识和养殖业方面的技术，提高了项目服务对象的保险意识、参保意识，扩大了贷款规模。

为保障项目顺利实施，协会举办了壹基金赤峰小额信贷保险项目业务培训班，就小额信贷保险业务知识、小额信贷保险产品、操作流程及财务管理等对15位工作人员进行了培训。通过实施项目，培养了一批懂金融又懂保险的工作人员，培养了一批支持小额信贷保险工作、愿意长期为广大基层妇女服务的带头人，从而能够保证在项目结束后的可持续发展。

六、客户结构

（一）覆盖程度

截至2011年年底，赤峰协会的小额信贷业务累计覆盖了八个乡镇、120个村，年末客户数从2002年的3,268户增加至4,574户，期末贷款余额从2000年的137.8万元增长到2011年的1,431万元。在联保贷款业务中，2011年年底联保小组共计751个，中心385个，其中农村客户3,316个，贷款余额784.73万元；城镇客户435个，贷款余额123.75万元。目前，由公务员、事业单位人员或实力雄厚的大企业职工担保的贷款业务只针对城镇居民开展，2011年年底，这样的城镇个人担保贷款客户数823个，贷款余额522.18万元。可见，目前赤峰协会的贷款服务对象以农村客户为主，占72.5%；担保形式以联保为主，占63.49%。从国际经验和我国小额信贷扶贫实践来看，采用联保形式的贷款对象一般都是收入较低、缺乏财产和社会资本的较弱势人群，这也是赤峰协会的目标服务对象。

（二）客户性别

赤峰协会自开展业务以来所有客户都是女性。要消除极度贫困，必须赋权给妇女，改变她们已被边缘化的社会地位。小额信贷给那些想要掌握自己人生的妇女提供了创收机会。聚焦于妇女赋权的减贫战略不仅提高了妇女的生活水平，也给整个家庭和社会带来了积极影响（Justice Y. M Ahorlu，2009）。2004年在上海举办的世界银行全球学习会议肯定了小额信贷的影响，“研究表明，小额信贷项目积极地影响了妇女在家庭中的决策权，促进了婚姻稳定，提高了对资源和资金的控制力。分析指出，妇女对家庭收入的贡献度是影响妇女权利的重要因素”（Reducing Poverty，2004）。通过借贷从而开始微型经营使妇女开始支撑家庭收入并参加到公共领域，此外还给妇女提供了创收条件和教育机会。另外，儿童的营养、健康以及教育在妇女支撑家庭收入时比男性支撑时明显改善。当妇女参与到小额信贷项目中时，贫困程度往往大幅下降（Cheston，Susy and Lisa Kuhn，2002）。

扶贫与妇女发展相结合是小额信贷生命力所在。小额信贷是因扶贫而产生，妇女发展是妇联的核心工作，两者相互促进、共同发展。如果离开了扶贫与妇女发展，妇联组织开展的小额信贷就失去了存在的价值。始终以妇女作为贷款服务对象成为赤峰协会小额信贷的一大特点。

七、内部管理

（一）财务管理

赤峰协会制定了高效务实的财务管理制度，其中包括财务和审批制度、现金管理制度、风险控制制度等。协会配备了具有专业资格的会计人员，实行会计监督。

协会建立了内部审计制度，及时开展审计活动，确保协会各项事业健康发展，由副秘书长负责这项工作，内部审计每半年进行一次，并出具一份审计报告，指出审计中发现的问题，提出相关及改进建议。审计结果将作为办事处和工作人员年度考核的重要依据。

（二）人力资源

除了制度之外，工作人员素质和能力的高低也是小额信贷机构健康发展的关键因素。赤峰妇联从小额信贷项目初期就高度重视人员配备和能力建设，安排了有经验和专业知识背景并有高度责任心的人员从事小额信贷工作，还为他们解决了在妇联内部的编制、职务和工资福利待遇等问题，使他们可以全力以赴经营协会业务。此外，赤峰协会还采用了有效的人力资源政策和措施，保证工作人员具有较高的素质和能力。

第一，把好进人关。赤峰协会着力加强人力资源的开发，建立公开、透明、竞争的用人机制。赤峰协会的副秘书长、财务主管、各办事处主任由秘书长负责提名，最终由理事会决定，其他工作人员实行公开聘用。不论是公开招聘还是推荐人才都需要参加公开考试，坚持公开、公正、公平、择优的原则和笔试、面试、考核、试用、录用的用人程序，考试当场判卷、出分、公布成绩，避免人情关系，将公开招聘这一制度落到实处，保证人才质量。

第二，做好育人工作，即在人员聘用之后，加强对员工的培训。协会除了自己开展培训外，还鼓励员工自学，并积极争取各种外部培训资源，让员工接受高层次的培训。自协会成立以来，每年有20人左右到外地接受高层次培训，此外，协会还组织召开学习成果展示会，分享学习成果。这种选人、培养人的做法对赤峰协会建立一支高素质员工队伍发挥了重要作用。

第三，做好激励人的工作，即建立务实、积极、有效的激励机制。协会编制了薪酬设计和绩效评估手册，本着奖惩结合、眼前利益与长远利益相结合的原则，赤峰协会制定了合理的工资结构（管理人员执行基本工资＋工龄工资＋月度奖金＋年末奖金制度，社区工作队员执行基础工资＋效益工资＋年末奖金制度）、社会保险制度（包括养老保险和医疗保险）和有利于员工发展的绩效评估体系。至今，除因为年龄关系，赤峰协会没有过任何人员变动，员工数量处于稳定增长的状态。

截至2011年年底，赤峰协会共有30名工作人员，除秘书长以外，其他29名员工均为女性。30名工作人员平均年龄40岁，50岁以上两人，40～49岁14人，30～39岁10人，30岁以下3人。从文化程度看，研究生学历2人，大专以上学历16人。

经过多年的系统培训和实际锻炼，赤峰协会的人员普遍具有较高的理论水平和丰富的实践经验，具有较强的项目管理和执行能力。这种人力资源状况在国内也是不多见的。

（三）信息管理系统

在国内外专家的指导下，赤峰协会建立并不断完善信息管理系统，制订了符合国际标准的会计制度和贷款管理报告系统，编制了“会计手册”和

“贷款管理报告指南”。依托这个信息管理系统，协会能够及时发现并校正存在的问题，从而有效地控制了风险。

2011年1月，国际计划中国总部和中国小额信贷联盟（以下简称“联盟”）、北京友成普融信息咨询有限责任公司（简称“友成普融”）签订了国际计划小额信贷管理软件无偿转让协议。根据协议，国际计划将其小额信贷管理软件无偿转让给联盟和友成普融后，联盟将会同友成普融一起，免费提供管理软件给联盟的会员机构和非会员机构以及愿意利用小额信贷的方式开展扶贫工作的其他机构使用，包括国务院扶贫办开展的村级互助资金项目。小额信贷机构在使用软件过程中，友成普融将承担软件服务公司的维护费用，以支持扶贫性小额信贷机构的信息化工作。利用这个管理信息软件系统，赤峰协会将摆脱手工记账的方式，有助于提高管理水平和财务透明度。

（四）风险控制

在国内外专家的指导下，并经过在多年实践经验总结，赤峰协会制定了科学合理的信贷风险管理体系。其管理指导思想是：（1）贷款必有风险；（2）全面信贷质量管理；（3）“没有不好客户，只有不好机构”。在此基础上，协会制定了贷款管理策略：（1）预防为主；（2）夯实基础工作。确定以防为主的贷款管理及风险控制策略，扎实做好基础工作，把主要精力放到预防风险环节和工作上，“当防火队员，不当灭火队员”，因为出现风险后再采取补救措施其付出的代价远远大于预防的成本，且效果不一定理想。

根据这样的指导思想和管理策略，赤峰协会制定了具体的管理原则，指导实际工作：（1）管理人员“三到位”原则，即小额信贷中心组建完毕后，管理人员必须到位审核；第一次放款时，管理人员必须到位监督放款；第一次收款时，管理人员必须到位协助收款。（2）审、贷、收分离原则，即贷款审核由管理人员审核；放贷由社区队员和管理人员一起放贷；收贷由社区队员来收。这样可以防止整个运作过程中由一个人独立完成。（3）“九不贷”原则。这是从经验教训中总结出来的，具体是：①不是本地户口的不贷；②民政救济户不贷；③家庭不和的不贷；④户主不同意的不贷；⑤超过年龄的不贷；⑥没有生产项目的不贷；⑦信誉不好的不贷；⑧家有重病的不贷；⑨长期不参加中心会的不贷。（4）内外审结合原则。协会在配合做好外部审计的同时，每年做好两次内部审计，把风险控制在萌芽状态。（5）贷收两条线原则。贷款和收款使用不同账户，防止出现坐支、挪用等违规情况。

这些年来，围绕着信贷风险防范，赤峰协会不断完善管理制度，制定了近30项规章制度并严格执行，形成了靠制度管理人员、靠制度管理项目、靠制度管理小额信贷的格局。这种制度建立在比较合理的治理结构基础上，但是再好的制度都需要人来执行，能够将好的制度落到实处才能保证制度发挥作用。而在人的因素中，领导者的率先垂范的作用又至关重要。长期以来，赤峰协会靠主要管理人员以身作则，严格执行制度而形成，为赤峰协会小额信贷多年的健康发展提供了重要保障。

从结果上来看，协会从开展业务以来，只有非典时期出现过27,500元的坏账，除此之外，所有贷款都是正常贷款，从未有过呆坏账。

八、财务和机构可持续性状态及其变化

（一）贷款质量

如上所述，赤峰协会自成立以来，信贷业务质量总体良好，除2003～2006年以外。协会自成立以来，其他年份的拖欠率和风险贷款率都一直为零。这在国内NGO小额信贷机构中是很罕见的。

从信息不对称理论分析，假设协会有两种贷前策略可进行选择：发放贷款和不发放贷款。那么，贷款户也有两种贷后选择：偿还贷款和不偿还贷款。所以，这个博弈双方有四种策略组合，如图3。

贷款户策略

协会策略		偿还贷款	不偿还贷款
	发放贷款	（发放贷款，偿还贷款）	（发放贷款，不偿还贷款）
	不发放贷款	（不发放贷款，偿还贷款）	（不发放贷款，不偿还贷款）

图3　协会与贷款户博弈策略

向贷款户提供贷款后，协会除了面对贷款户改变资金用途的道德风险外，还可能发生另外一种道德风险，即贷款户选择“不偿还”策略。当不偿还贷款的收益大于成本时，贷款户将选择“不偿还”。具体来说：假设贷款户从协会获得贷款，利率为i，数量为M，且贷款户投资的收益为M的函数$f(M)$，则贷款户的利润为：

$$R=f(M)-(1+i)M\geqslant 0$$

假设贷款户选择不偿还贷款的成本为c，当$(1+i)M>c$时，贷款户可能选择不偿还贷款。在协会利率固定的情况下，信贷额度越大，贷款户选择不偿还贷款的可能性越大。

2003～2006年，协会贷款拖欠率和风险贷款率如表6所示，我们可以发现：第一，2003年至2006年之间出现了拖欠和风险贷款，而这期间赤峰协会的期末客户人均贷款余额一直处于快速上升状态，如表5所示期末客户人均

贷款余额的增长速度从2003年开始一直处于高位，且在2006年达到峰值(31.97%)。同时，客户数量和每个社区队员负责客户数并没有出现相同的趋势，而且在2003~2007年出现了不同程度的下降（如图3所示），这反映出赤峰协会的单笔贷款额度在此期间快速增加。2008年后，客户人均贷款余额增速显著放缓，而拖欠率和风险贷款率都降为零。可见，单笔贷款额度与拖欠率和风险贷款率呈现正相关关系。赤峰协会及时地控制了单笔贷款的增速，也就较好地控制住了风险，保持了优良的贷款质量。目前，赤峰协会的单笔贷款额度在国内同行中都是较小的①。第二，贷款拖欠率与风险贷款率国际公认可接受范围分别为小于2%和5%②，赤峰协会贷款拖欠率与风险贷款率最高的时期也远远低于这个水平，而且长期保持零水平。

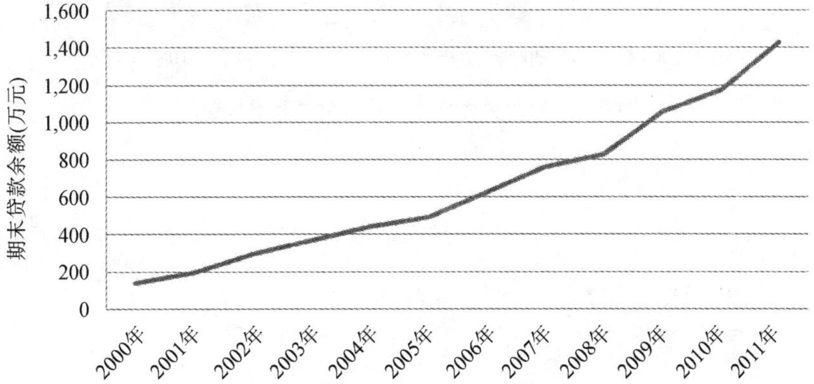

图4 赤峰协会贷款余额

表5 赤峰协会客户人均贷款余额及增长速度

	2003年	2004年	2005年	2006年	2007年
客户人均贷款余额（元）	974.20	1,242.42	1,470.89	1,941.15	2,436.06
增长速度（%）	7.94	27.53	18.39	31.97	
	2008年	2009年	2010年	2011年	
客户人均贷款余额（元）	2,485.74	2,910.94	3,034.14	3,128.55	
增长速度（%）	25.50	2.04	17.11	4.23	3.11

① 总体上，平均单笔贷款额度需要随经济发展水平和客户的需求进行调整，但是从公益性小额信贷服务低收入和贫困人群的宗旨，而这类人群借贷能力相对较弱的事实来看，公益性小额信贷的平均单笔贷款额小于商业性信贷机构是比较合理的。

② 数据来源：刘文璞：《小额信贷管理》，社会科学文献出版社2011年版。

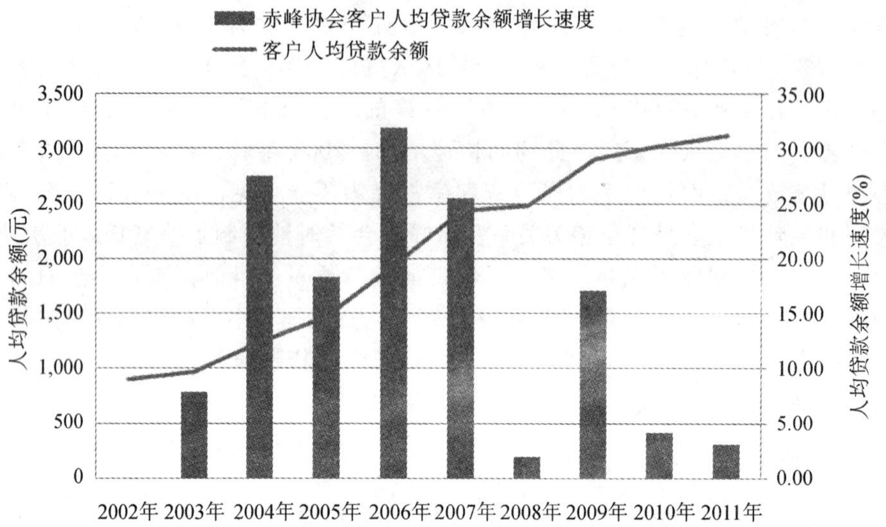

图 5　赤峰协会客户人均贷款余额及增长速度

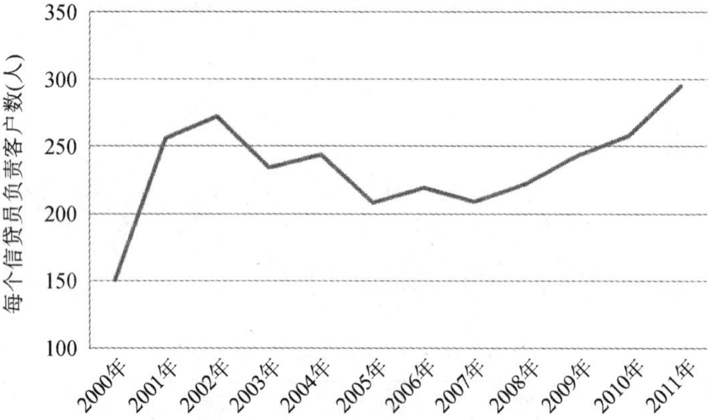

图 6　赤峰协会每个社区队员负责客户数

表 6　　　　赤峰协会 2001 ~ 2011 年贷款拖欠率和风险贷款率

	2001 年	2002 年	2003 年	2004 年	2005 年	2006 年
拖欠率（%）	0	0	0.16	0.52	0.46	0.06
风险贷款率（%）	0	0	0.74	0.52	0.46	0.06
	2007 年	2008 年	2009 年	2010 年	2011 年	
拖欠率（%）	0	0	0	0	0	
风险贷款率（%）	0	0	0	0	0	

（二）盈利能力

操作自负盈亏率反映的是收入弥补成本的程度，超过100%被认为是小额信贷机构应达到的目标，越高越好①。自2002年以后，赤峰协会的操作自负盈亏率一直稳定在100%以上，且有上升趋势。2007年达到峰值，后略微下降；2011年达到116.3%，国内外组织提供的资金不但没有萎缩，还有了增值；2011年，赤峰协会利息收入172.51万元，净利润25.09万元，为实现小额信贷的可持续发展打下了一定的基础。

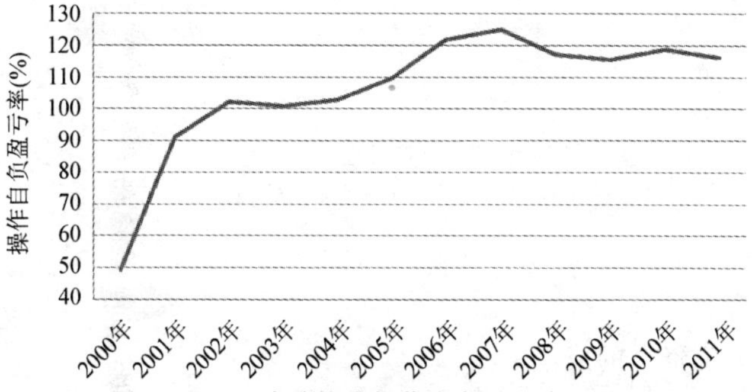

图7　赤峰协会操作自负盈亏率

如图8所示，协会自开展业务以来，运营资产回报率是逐年增加的。

图8　赤峰协会运营资本回报率

（三）经营管理效率

1. 操作成本比率

操作成本比率能够显示一年中操作贷款的全部操作成本。国际上，这个

① 数据来源：刘文璞：《小额信贷管理》，社会科学文献出版社2011年版。

指标在15% ~25%之间被认为是可以接受的[①]。2008 年以来，赤峰协会的操作成本率一直在 5%以内，远远低于国际水平，呈现出较高的经营管理效率。

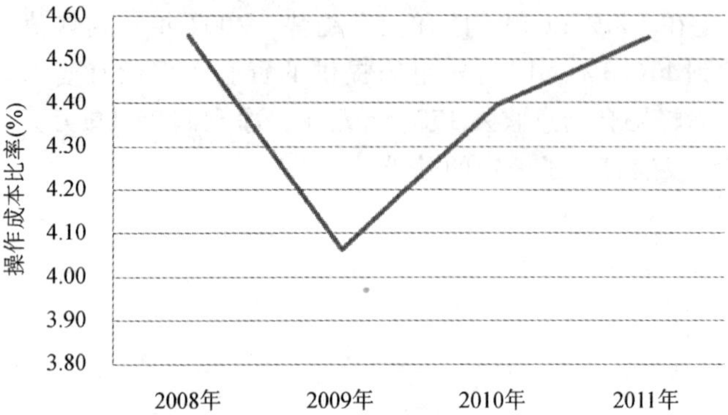

图 9 赤峰协会操作成本比率

2. 借出单位资金的成本

借出单位资金的成本比率着眼于放贷体系的效率，比值越低效率越高。国际上，这个比率在 0. 15 ~0. 2 之间被认为是可以接受的[②]。如图 10 所示，赤峰协会自开展业务以来，借出单位资金成本一直保持在 0. 04 ~0. 05 元的水平上，也是非常优秀的表现。

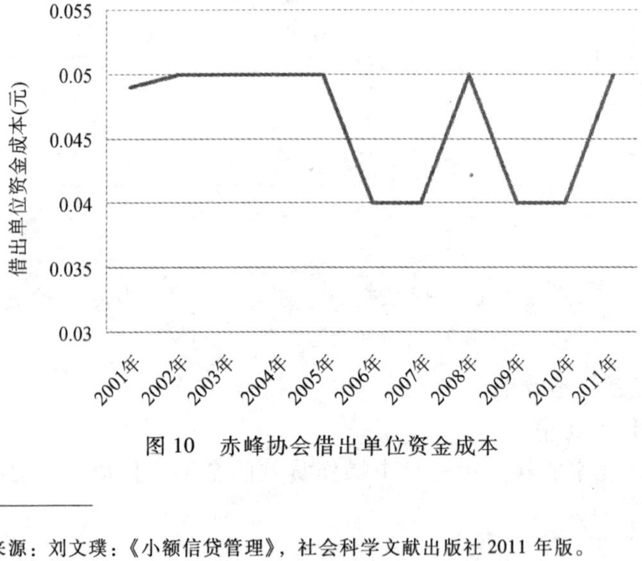

图 10 赤峰协会借出单位资金成本

① 数据来源：刘文璞：《小额信贷管理》，社会科学文献出版社 2011 年版。

② 同上。

（三）贷款客户收益和社会效益

据赤峰协会调查，贷款户中有96%的经济收入有了不同程度的增加，平均每户增收1,435元，人均增收367元，有68%的贫困人口超过了当地的贫困线。农民的生活水平得到不同程度的改善，小额信贷受到了越来越多农民的欢迎。尽管可能存在统计方法上的问题，但是与其他各类机构总结的同类数据相比，赤峰协会的这个数据还是比较保守的，可信度较高。

赤峰协会的小额信贷扶贫实践起到了多方面的社会效益。第一，为一批农村妇女和城镇下岗女职工的创业和就业解决了融资困难，提高了她们的收入和家庭经济状况。第二，提高了妇女素质，促进了妇女发展，这表现在借款户妇女：（1）增强了自信心；（2）转变了传统观念；（3）提高了家庭地位；（4）发挥了团结互助精神；（5）无私奉献精神得到弘扬；（6）有的中心主任被选为了村干部。第三，由于妇女的变化带来她们家庭的变化，进而促进了社区的发展，村里邻里谈发展生产的多了，互帮互助的多了。第四，锻炼了妇联干部，提高了妇联的知名度，推进了妇联组织工作机制的创新和发展。第五，为政府扶贫和农村金融改革提供了一些有益经验，促进了小额信贷市场的发展。多年来，国内外许多从事小额信贷扶贫的机构、政府部门以及一些商业性小额信贷机构都派人来参观学习。现在，在赤峰已有多家小额贷款公司、村镇银行，其中还有国外投资的小额贷款公司，加上一些传统的正规金融机构（如中国邮政储蓄银行、中国农业银行和当地信用社）也在开展小额信贷业务，赤峰俨然已经成为我国小额信贷的“发达”地区，大大改善了当地面对中低收入人群的微小金融服务供给状况。

九、结论

我国小额信贷发展已经有近20年的历史，但从全世界范围来看，目前我国小额信贷行业的发展还相对落后，尤其是公益性小额信贷。在这种状况下，赤峰协会显得独树一帜，格外受到瞩目，能够源源不断地争取到资助，为许多同行所羡慕。赤峰协会的成功不是偶然的，也不是可以轻易复制的，而且其发展也面临着诸多困难。

（一）赤峰协会成功的因素

1. 平衡有效的治理结构。成立协会时，赤峰妇联给协会的定位是使其尽量独立，尽管赤峰妇联主席兼任协会理事长，但是给秘书处留有充分的管理权限，使执行层可以发挥自己的职责和才能，做到协会既独立运作，又不失去有效监督；妇联既支持，又不干预。在快速发展阶段，赤峰协会合理调整的理事会人员组成，并能够发挥决策和监督的作用，继续与秘书处之间保持着良性的互动。这种决策层与管理层之间互相促进的有效平衡是许多公益性小额信贷机构追求的目标，但鲜有真正做到的。赤峰妇联历届领导班子都遵循前例，比较好地处理了妇联和协会之间的关系，为协会的健康发展起到了至关重要的积极作用。

2. 充分发挥人的主观能动性，建立优秀的人才队伍。制度是靠人来执行的，再好的制度如果没有合适的人来执行，也发挥不了作用，尤其是在民间组织缺乏适宜的生存发展环境的情况下；没有合格的人才队伍也难以创造良好的贷款质量和机构的良性发展。赤峰妇联从一开始就非常重视项目的执行，选调了有专业知识背景、素质高、有责任心的中青年人担任业务骨干，并争取一切机会送他们外出参加培训，参观考察，接触各类资助机构，使他们的能力得到全面提高。在成立协会时，赤峰妇联领导为秘书处主要干部解决好了在妇联的编制和待遇问题，使他们无后顾之忧，可以全身心地投入到协会的工作中。此外，赤峰协会一直能够很好地落实公开招聘制度，并利用内外资源培养人才。如今，赤峰协会已经建立起一支年富力强、经验丰富的优秀的人才队伍。客观地讲，国内其他大多数公益性小额信贷机构是建立在县级，赤峰协会是建立在地市一级，而地市级城市有更好的条件可能招聘到素质较高的人员。

3. 建立广泛联系，获取众多外部支持。从赤峰协会发展的过程可以看到，他们得到了国内外众多机构的支持。由于在初期 UNDP 项目执行得很好，并利用项目与一些外部发展组织建立起联系，赤峰妇联得到其他发展组织的信任和资金支持。而赤峰协会都能抓住这些机会，利用好这些资金，达到预期的效果。这样，更多的发展组织前来支持，从而形成良性循环。这在一定程度上说明，在公益慈善领域内，尽管资金可能缺乏，但是如果有能力用好善款，资金总是会有的。

（二）赤峰协会的成功难以复制

赤峰协会的主要成功经验可以归纳为良好的治理结构、优秀的人才队伍和众多的外部支持，看似平常，但却很难复制。这些是成功的因素，而不是成功的过程。成功的过程是创造成功因素的过程，而这是一个复杂的、非可人为设计的过程，需要天时、地利与人和，有偶发的事件促进，也有人为的努力。赤峰协会目前的成功是天时、地利与人和共同作用的结果。在天时方面，主要表现之一是赤峰协会初期的小额信贷项目开展较国内其他同类项目较晚，借鉴了他们的经验和教训，避免了许多弯路；在地利方面，赤峰有多个国家级贫困县，受到政府和国际发展组织的重视，而且赤峰距离北京不远，交通方便，便利于国内外发展组织到赤峰考察项目，了解项目进展情况，有利于赤峰协会争取资金支持。

但是，从许多公益性小额信贷机构都曾遇到过天时和地利，而发展不如赤峰协会的情况来看，人和显得似乎更重要。人和包括内外两个方面。在外部，赤峰妇联和协会与国内外发展援助机构、慈善组织和政府管理部门等建立了良好的合作关系，争得了他们的大力支持与配合。但是，内部的人和是更为重要的因素。每一个小额信贷机构在发展过程中都会遇到各种各样的机遇和困难，成功的关键常常在于如何利用机遇和战胜困难。处理得当，可将不利因素转化为有利因素，将困难转化为上升的台阶；处理不得当，有利因素也可能逆转，将机遇变成了发展的障碍。这种转化又常常取决于主要领导者的品格、能力和胆识以及团队的整体战斗力。赤峰妇联主要领导和协会的主要管理人员能够放下小我，顾全大局，勇于奉献，是赤峰协会能够克服重重困难，充分利用天时与地利，走向成功的重要因素。

各种成功因素的恰当结合，一方面是人为努力的结果，另一方面也常常表现为难以解释的机缘巧合与运气。但是，内因是变化的根据，没有主观的努力，再好的机遇可能都抓不住，更不用说化困难为机遇了。

（三）发展面临的挑战

在国内外 NGO 形式小额信贷机构的商业化思潮中，赤峰协会面临着转制的压力，仍然倾向于保持 NGO 的组织形式。虽然 NGO 形式对筹资造成了一定影响，但是小额信贷市场仍然有许多社会责任投资者和发展金融机构，只要治理结构合理、机构能力强、业务质量出色，就能够不断筹集到资金，赤峰协会的经历也证明了这一点。而且，作为非营利组织，可以得到其他方面的支持。如果转制为商业性机构，那么，首先机构的纳税身份将发生变化，这会加重对小额信贷业务的负担。其次，机构的股份结构可能发生巨大变化，妇联和协会所代表的公益资金的股份比例可能会大幅下降，那样一来，妇联将可能会失去主导地位，机构是否能够继续坚持服务贫困妇女的目标，将成为一个巨大的未知数。目前，由于过于重视机构信贷质量的提高和机构自身的可持续发展，对借款妇女的培训工作已经有所放松，影响了小额信贷社会效益的充分发挥。第三，股权结构的变化，很可能影响现有管理层的稳定。

四川仪陇县乡村发展协会小额信贷案例

王　卓　李小雨

仪陇县位于四川省东北部南充市，是一个边远贫穷山区，全县幅员1,767平方公里，辖56个乡镇、920个村（社区），总人口108万，其中农业人口92万，是一个素以种植业、养殖业为主的传统农业县，1986年被国务院确定为对中国革命作出过特殊贡献的革命老根据地贫困县，2001年被确定为国家新一轮扶贫开发工作重点县，2005年被确定为全国扶贫开发构建和谐社会试点县。

一、发展历程

（一）项目执行期（1995～1998年）

为了促进老少边穷地区经济发展，加快贫困地区脱贫致富进程，1995年6月，联合国开发计划署（UNDP）援助的“四川省仪陇县扶贫与可持续发展”项目在仪陇县开始启动。项目旨在开创一种持续的、综合的、可推广的、低投入和参与式的扶贫方法和模式，包含三个方面内容：组织建设、资金运行和技术支持。小额信贷是项目的一部分，它旨在示范可持续信贷和储蓄这一有效扶贫模式。UNDP援助70万美元，四川省扶贫开发公室（以下简称“四川省扶贫办”）按1:1的比例提供500万元人民币的配套资金，项目的执行机构是中国国际经济技术交流中心（CECITE），四川省扶贫办负责项目的监测和技术支持。

根据UNDP的项目设计，仪陇县小额信贷项目执行责任在县一级。在项目执行的领导层次上，仪陇县成立了县项目执行领导小组，由县领导、扶贫办、计划委员会、妇联、农业局、水电局、财政局、林业局、乡镇企业局、卫生局、教育局农行以及其他政府相关部门组成。在项目执行的管理层次上，仪陇县成立了专门的项目执行办公室作为项目的具体执行机构，在项目执行领导小组领导下开展工作。

1995年12月，为了保证决策的独立性和经营的自主性，以项目办公室为依托，仪陇县乡村发展协会（Association for Rural Development in Yilong，简称ARDY）成立，由县长担任协会理事长（会长），县项目办主任担任秘书长。

1996年3月，仪陇县乡村发展协会以仪陇县对外贸易经济合作委员会为业务主管单位，在县民政局注册为一个非营利性的民间组织，其宗旨是：以人为本的乡村扶贫与可持续发展。协会的主要社会服务领域是：农民组织建设、小额信贷服务、乡村扶弱济困与妇女参与、社区能力建设与推进乡村可持续发展。协会成立之初计划为农户提供一系列服务，如水利灌溉、卫生、教育、职业培训、农业发展、小额信贷等，自1997年以来，协会将小额信贷作为主要业务，并向会员提供农业与商业培训服务，而后者的目的也是为了加强与扩大小额信贷的客户基础。

在协会的组织建设上，协会部门分人员组织部、信贷资金部和技术服务部，试图把项目包含的三个部分内容通过协会的三个工作部统一协调起来。项目办公室承担协会办公室的日常工作，有在编干部三名，其余全部为聘用人员。协会组织建设如图1所示。

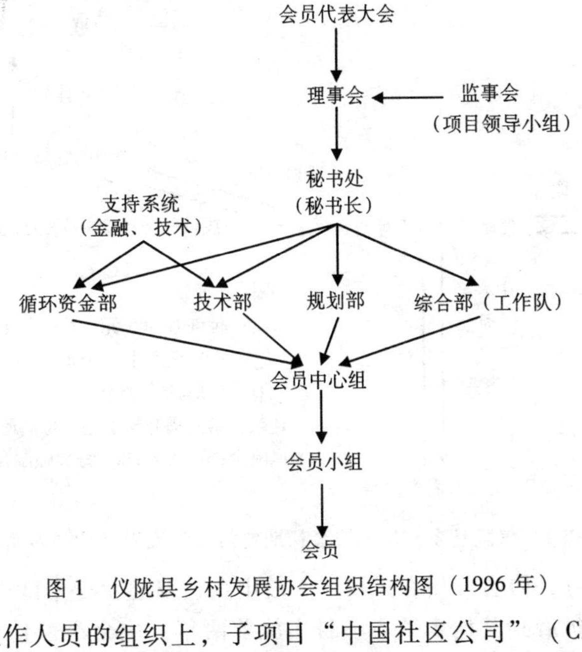

图1 仪陇县乡村发展协会组织结构图（1996年）

在基层工作人员的组织上，子项目“中国社区公司”（China Community Crops，简称CCC）聘用来自本县的青年人为小额信贷项目提供服务。在实践中，“中国社区公司”以“社区工作队”名称出现。社区工作队的社区队员由子项目支付报酬，开展为实施项目所需的社区调查、项目宣传、农民发动提供帮助等工作。CCC下是小组组织者（Crop Organizers，简称CO），为聘用的来自项目乡的青年人，他们在CCC的领导下开展工作。“小组组织者”在实践中以“村联络员”的名称出现，负责执行动员农户、组建小组和中心、培训会员、发放和回收贷款等具体工作。项目执行之初，社区队员和村联络员工资由基础工资、下乡补贴、医疗费和交通费构成。

在贫困农户的组织建设上，所有贷户为协会会员，以村为基本单位组成小组，再组成中心组开展贷款活动。按自愿原则，每5人组成一小组，4～8个小组组成一个中心，由农户选出中心主任和小组长。采取2－2－1贷款原则：先贷款给其中2人，正常还款2周后，再借给另外2人，小组长最后获贷款。除小组联保外，还有小组和中心组基金担保。小组长和中心主任由民主选举产生，实行自我管理。每周召开一次中心会议，组织技术培训及借还款等工作。

在信贷运行机制上，信贷部负责信贷滚动资金的管理，协会工作人员每星期到中心组收发贷款，服务上门。仪陇县乡村发展协会借还款流程①如图2所示。

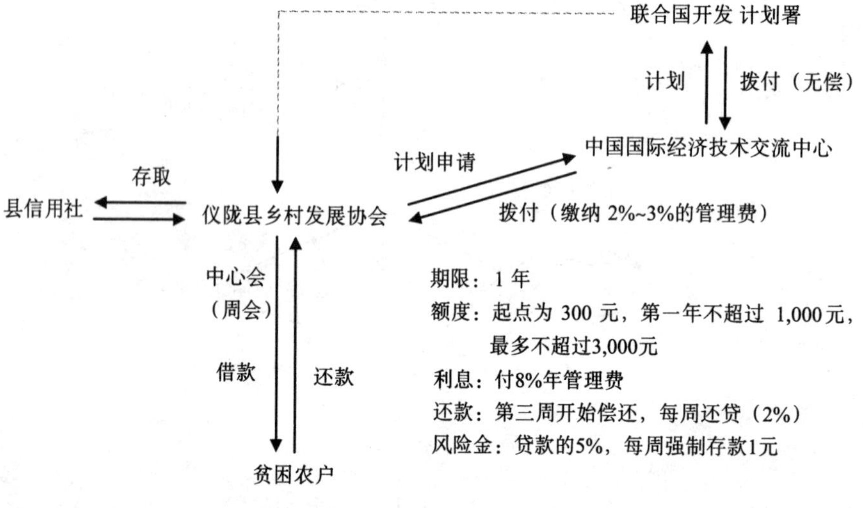

图2 仪陇县乡村发展协会初期的借还款流程（1996年）

1996年3月，协会开始在凤仪乡、歧山乡、双胜乡三个试点乡发放贷款。1998年，项目扩展到其他乡镇。项目实施前两年，协会小额信贷业务发展迅速。1996年年底，共组建15个中心、82个小组，发展会员414名，发放贷款263, 050元；到1997年年底，已成立100个中心、482个小组，发展会员

① 王卓：“小额信贷扶贫到户的实践与可行性”，《软科学》，1997（3）。

2,420 名，发放贷款 1,658,600 元。1997 年发展会员和发放贷款分别是 1996 年的 4.85 倍和 5.31 倍。月还款率 98%，年还款率 99.99%。在工作人员效率方面，1996 年年底，每个基层工作人员负责中心 1.2 个，负责借款人数 32 名，管理贷款 20,235 元；1997 年年底，每个基层工作人员负责中心 9.1 个，负责借款人数 220 名，管理贷款 150,782 元。从效率看，就管理中心数提高 788.38%；就管理的客房数量提高 687.5%；就管理贷款额度提高 745.15%。①

项目实施中，协会于 1997 年 2 月开始实行效益工资，1998 年 1 月再次对工资制度进行了改革，将社区队员和村联络员的工资结构统一为基础工资 + 效益工资 + 医疗费 + 交通费，以乡为单位，效益工资与农户参会率、借款会收率、借款额度、技术服务的工作效果挂钩，达到要求每月每户补助 2 元。随着农村经济形势的变化，由于经营项目和周期不同，资金需求时间不等，致使在同一村庄内组建信贷小组非常困难。经营者的资金需求额度增长，期望能够多贷款，为了不违反协会贷款政策的相关规定，他们便用家人、亲友、邻居的名义建成信贷小组，工作人员为了完成计划客户数和贷款任务，得到更多工资，索性迁就客户，满足他们的需求，事后想办法瞒报、遮掩事实，逃避协会的监管。总部由于认知错误导致的监管意识低下，再加上业务量的快速增多，致使无法完成全部监管工作，监管力度较弱。形成的后果是资本金越来越少，而且还、贷款账目不清。当资金缺口越来越大时，问题就逐步恶化了，协会发展陷入困境。

（二）组织建设期（1998～2004 年）

随着问题的不断恶化，1998 年协会开始进行整改工作。首先，对工作人员进行了整顿，其次，进行了清贷工作，并逐步将工作重心转向机构组织建设。1998 年，协会为了降低成本，建立了以小额信贷项目为主要业务的乡分会，开始建立乡级独立核算体系，但此时的贷款审批权仍在县协会，如图 3 所示。1998 年年底，协会通过对当地农村信贷需求调查以及参与信贷农户信息反馈，将还款周期由 7 天调整为 10 天，中心周会调整为旬会。实施了《小额信贷操作规范》，其中主要的改变有：（1）对部分财务方面的表、册、卡等重新设计，在一定程度上符合了信贷的要求；（2）限定年最高借款额度为 3,000 元；（3）管理费的收取方式以前是一半在发放借款的同时扣除，一半在全部还清借款以后的两周内还清，现改为与本金一起，分 36 旬还清，每旬 3% 的还款额；（4）强制性存款由每周 1 元改为每旬 2 元；（5）放款方面，强

① 《乡村发展协会机构评估》，内部资料，2002 年。

调协会的审核工作，协会在接到农民组织者所提交的会员有关借款材料后，要组织协会工作人员或农民组织者深入中心，进行逐一审核，内容包括：小组组建是否合理，会员申请借款额度、项目是否属实合理等；（6）强调借款时，会员必须在借款合同书和借款凭证上签字或加盖印章，中心主任、小组长作为见证人也必须签字，小组成员也要为他联保签字，农民组织者作为经办人签字，公证机关、协会印章、法人代表签字，在以上印章齐全的情况下，借款合同方能生效。

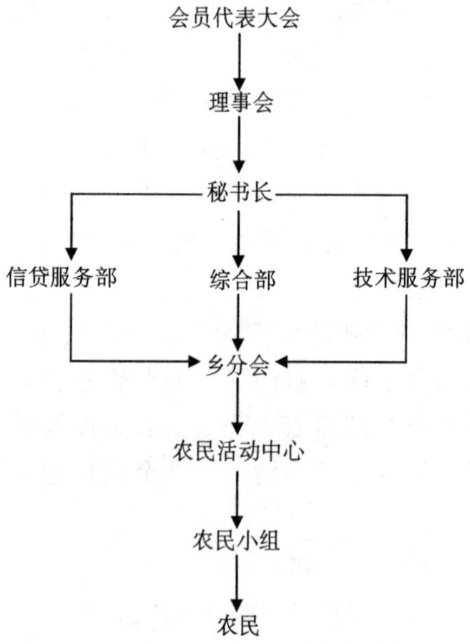

图 3　仪陇县乡村发展协会组织结构图（1998 年）

2001 年 6 月，协会争取了 UNDP 后续项目——可持续小额信贷扶贫项目（SMAP 项目）的援助。当时协会问题已经出现，但却并不能准确把握问题严重到什么程度。直到 2001 年，协会接受了交流中心对协会财务的审计。通过审计，协会财务问题完全暴露。在项目专家的指导下，协会对内部管理进行了调整。一是编制了《会计手册》和《管理报告指南》，并对工作人员进行了业务培训；二是编制了市场评估与商业计划；三是开发了新的贷款品种“农村小型工商业小额贷款”；并制定了《农村小型工商业小额贷款操作手册》；四是应用了信息系统（MIS）；五是制订了新的工资制度，员工工资由基本工资、岗位津贴、奖励工资和会龄津贴四部分组成，奖励工资按照国际惯例和世界银行倡导的“风险贷款率、客户流失率和增长率”三个指标及标准制定。

在SMAP项目的帮助下，新系统开始试行。然而，新系统试行并不顺畅，由于新系统的机制过于严格，再加上当时大量农民外出务工，导致业务员放贷较难，有时甚至不敢放贷，业务难以开展，收入锐减。这一时期，协会的信贷业务基本处于保守发展状态。2002～2004年年初，为确保资金安全，九个分支机构仅发放贷款5,315笔，不到1,000万元，员工的薪资及福利也因为信贷规模不饱和而降到了最低限度。2004年上半年，各乡分会工作和小额信贷业务基本处于停止状态。

（三）调整转型期（2004～2010年）

为了改善协会的经营状况，找到成功的管理模式，协会负责人赴孟加拉国学习小额信贷管理，到蒙古国小额信贷机构哈斯银行（XA C Bank）取经，逐步明确了社会企业的运作方向，需从关键问题上解决小额信贷的经营问题：一是要瞄准贷款服务对象，二是要降低信贷风险，三是要有效激励基层员工。

从2004年5月开始，协会调整了发展定位，进行了经营管理机制的探索和改革。一是改革信贷运行机制，放活贷款政策，调动各乡分会的工作积极性。针对小组难建、贷款难放、资产质量较差的现状，协会确立了以市场的需求提供针对客户的个性化金融服务。在贷款政策方面，取消了小组联保，放宽了贷款额度；在贷款审批方面，将权力下放到各个分支机构，设立了各乡分会信贷管理委员会（由分支机构主任、市场主管和信贷员组成）集体决定贷款审批；在信贷风险上，实现动态的账龄管理，贷款损失全员承担，信贷资本金保全经营。二是改革治理结构，以分支机构为单位，建立起协会控股、全员参股的内部治理机构。协会向各分支机构投入股本金20万元，协会监管人员及分支机构员工按要求缴纳6万元股本金，共计26万元作为每个分支机构的股本金，由分支机构按照协会授权委托的总体要求在本辖区内进行无需担保抵押为低收入群体提供的小额信贷服务，独立核算，自负盈亏。各岗位设立风险股本金如表1所示。四是改革人事用工机制，对员工实行竞聘上岗、双向选择，优化资源配置。小额信贷业务得以重新开展。协会信贷发展情况见表2。

协会在做好小额信贷业务，为贫困农民提供金融服务同时，力求创新机制使社区贫困农民自我组织起来，解决资金、技术、信息等发展问题，推动贫困社区发展。从2005年7月开始，协会积极推动建设新型农民互助合作组织，帮助建立村级互助基金，村基金由财政扶贫资金采取“贫困户赠股、一般户配股”的方式，将农户的资金积聚起来。扶贫互助基金接受协会的业务

表 1　风险股本金缴纳的标准　（单位：元）

岗 位	缴纳金额	岗 位	缴纳金额
秘书长	20,000	发展部副主任	12,000
信贷部主任	16,000	财务部员工	10,000
发展部主任	16,000	分会主任	20,000
财务部主任	14,000	分会出纳	10,000
办公室主任	12,000	分会业务员	10,000

指导和经营监管，资金充足时由协会出面调剂，不足时可向协会申请拆借。以金融为纽带的扶贫互助社，组织互助社成员联合生产、经营，将组织内的互助资金以小额信贷形式流动帮助社内成员和当地村民，其经营收入用于组织自身的持续发展，有效地促进了农村贫困社区自我金融服务体系的建立。同时，协会可以依托村基金批发贷款，在农村拓展小额信贷的覆盖面，降低传统小额信贷的风险。

表 2　仪陇县乡村发展协会 2004～2008 年信贷发展动态

项目	2004 年 12 月	2005 年 12 月	2006 年 12 月	2007 年 12 月	2008 年 12 月
当期服务的贷款笔数	621	867	1,453	3,851	5,352
累计贷款发放笔数	159	1,046	1,404	5,220	8,130
累计贷款发放额（元）	683,400	4,644,950	7,685,300	24,936,250	37,225,500
贷款余额（元）	2,106,048.24	2,526,152.3	4,026,651	6,111,777	6,699,394.5
贷款风险率	1.17%	1.38%	1.07%	0.42%	1.64%
准时还贷率	96.10%	98.30%	99.70%	99.65%	98.49%
贷款拖欠率		1.13%	0.92%	0.07%	1.56%

随着小额信贷服务项目规模扩大和纵深发展，为满足当地生产经营者的信贷资金需求，协会又开始在内部成员、股民和贷款客户中吸收存款，力图解决协会的融资问题。

（四）改革发展期（2010 年至今）

在发展中，协会始终直面问题、挖掘问题、解决问题，在不断改进中走在公益性小额信贷探索前沿。近年来，农村发生剧烈的经济社会转型，信贷形势发生变化。快速的城镇化使得农业萎缩，大量农民离土从事经营服务业，理财经营能力和抗拒市场风险能力低下；青壮年劳动力大量外出打工，优质贷款群体流失，人口的流动性提升了信用风险；集镇商业贷款需求增加，传统的贷款产品不能满足农民需求。因此，小额信贷可持续发展的要求促使协会对小额信贷经营管理模式和风险防范体系进行新的探索和完善。

2010 年，协会获得社会企业家项目“南都优秀社会企业奖（成熟期组）”、“友成优秀社会企业奖——新公益先锋奖”。协会将奖项资金分别用于两个小额信贷系统建设项目，包括建立小额信贷社会绩效评价系统数据库和更新小额信贷信息软件管理系统。在小额信贷社会绩效评价系统数据库的建立上，自 2010 年以来，协会得到香港“为普”顾问基金会的专家团队的技术支持，经历一年多的时间在 2,000 多个信贷服务农户家庭反复试验，于 2011 年 10 月开发使用小额信贷服务对象家庭财务系统模板（社会绩效评价系统基础数据），成为协会信贷审批的基础。到 2011 年 12 月，协会已为 2,000 多个提供服务的农户家庭建立了家庭财务系统。从 2012 年起，协会将正式对全部服务客户的家庭财务系统逐年积累进入数据库，为协会科学管理和持续发展提供数据支持，同时，在此基础上建立社会绩效评价系统。在新的小额信贷信息软件管理系统的更新上，2011 年 3 月协会正式启用“微型银行（Micro Banking System）系统”，此举克服了旧有小额信贷管理信息系统（MIS）难以解决的风险管理问题，提升了协会小额信贷经营管理水平与能力。

在两个系统的建设过程中，旧有小额信贷管理体制上隐存的信贷、管理风险问题信贷虚假信息和信贷风险逐渐暴露，在发现问题后，2011 年 4 月协会全面停止贷款发放，于 2011 年 4 ~ 9 月集中全部精力甄别与处理信贷风险和问题，采取措施对小额信贷的管理运行机制体制进行了全面深度改革。一是改革信贷机构设置。实行一级经营、核算管理，撤销 6 个二级经营、核算管理的分支机构转变为服务点。协会总部进行集中管理，合理配置乡镇服务点，在乡镇只设信贷员，协会信贷发展部负责贷款审核、发放和风险管理。二是改革产品定位和客户瞄准机制。以家庭为单位，运用客户家庭财务系统模板对客户家庭进行财务和项目分析后，设计与用途匹配的贷款品种和准入标准，并探索建立客户记分卡制度以协助对客户瞄准。三是改革信贷运行机制。通过机构有组织、有分工、有合作实现信贷服务管理，在信贷发展部建立信贷日常后台监管审核和前台管理与贷款审核功能，乡镇信贷员只负责市场拓展、客户调查、贷款回收管理。上收贷款审批权，在协会建立贷审会对客户贷款进行集体审批通过。四是改革人事用工机制。精简人员，重新调配信贷经营管理人员，起用志愿者驿站培养的青年人进入信贷经营服务岗位。五是改革激励机制。取消员工参股机制，不依赖信贷员作为资金的主体经营方，工资报酬与工作职责挂钩，不再以贷款规模和经营效益为标准。六是改革吸收存款机制，2011 年开始协会停止向农户吸收存款，并进行历年吸收农户储蓄的清退。全部农户存款将随着存款的逐步到期而全部兑付，结束协会吸储活动。

2011 年 9 月底，协会小额信贷服务运行机制体制改革基本成型并开始运行，2011 年 10 月，协会全面恢复了贷款发放。改革后，协会的小额信贷经营管理上了一个新的台阶，从直觉的经验型经营管理阶段步入依靠信息的较为理性的经营管理，运作经营和风险管理能力大幅度提高。2011 年，协会小额信贷共发放了 1,308 笔贷款，累计发放了扶贫小额信贷 870.84 万元，年末协会总贷款余额为 607.25 万元，单笔借款额 6,376 元，户平贷款余额 5,514 元。由于贷款业务调整，协会较 2010 年同期的信贷服务规模大幅度减少。

在扶贫合作社和村互助基金的发展上，协会组织专门人员帮助开展农民互助组织能力建设和支持村互助基金服务经营监管，包括对互助社管理人员进行提升组织管理、信贷经营和产业经营能力的培训和交流，促进村互助社组织成员开展各类培训、交流活动和组织农户联合产业发展、开展联合购销活动，指导全县 22 个村的互助基金服务农户生产发展，推动农民互助社建立互助社联合会，负责全乡镇的生产合作和购销联合。到 2011 年 12 月，全县共成立了 22 个村互助社，组成成员 2,460 人，22 个村互助基金建立了 271.56 万元互助基金，共计为本村农户发放小额贷款 958 笔，全年累计滚动发放小额贷款 554.48 万元，信贷收放运作良好，到期还款率达 97%。

协会在 2011 年新开辟了社区志愿服务的倡导和组织，组织社会志愿服务人员通过协会志愿者驿站，组织社会志愿服务人员支持帮助当地农村敬老院老人、留守儿童、残疾儿童、困难家庭等。

协会成立 16 余年来，努力践行促进农村贫困地区扶贫和社会发展的宗旨和使命。一方面，用推动建设村扶贫互助社，以参与式的方法向中低收入农户提供组织、技术、信息服务，帮助建立村级互助基金，为社区农民提供信贷服务，倡导和组织开展社区志愿服务，为弱势群体提供社会服务，提升了农民的组织发展能力，促进了农村经济与社会发展。另一方面，用小额信贷方式为中低收入农户提供资金支持。到 2011 年 12 月，协会下辖六个服务点（周河、永乐、复兴、大寅/三河、丁字桥、金城），小额信贷服务范围覆盖全县 16 个乡镇的 200 多个自然村，累计帮助了 15 万人次的中低收入农民有尊严的可持续地发展家庭经济。

二、治理结构及与政府关系

（一）内部治理结构

在机构设置上，协会成立最初的最高权力机构是会员代表大会。为提高决策的科学性，2004 年 5 月通过民主选举规定理事会为协会的最高权力机构，负责制定协会的政策和发展方向。理事会现有成员三人，其中会长一名，秘书长一名。张会长曾任公社书记、仪陇县农村工作部长、县政府常务副县长、县委副书记、县人大常委会主任等职务，1996 年 3 月至今一直担任协会会长。另外一名理事曾任区公所副区长、县供销社副主任、县委宣传部长、副县长、县委常委、调研员、县人大常务委员会主任等职务，1999 年 1 月至今任理事。他们年龄均超过 70 岁。秘书长 50 来岁，曾任仪陇县人民政府办公室秘书科科长、仪陇县项目办公室主任、仪陇县对外经贸局局长职务、仪陇县政协副主席。在理事成员构成上，主要由仪陇县本地政府官员兼职担任。

秘书长办公室是理事会的执行机构，秘书长负责协会日常业务和管理工作。秘书长办公室下设四个部门（信贷部、发展推广部、社区志愿服务倡导组织部、财务部）。秘书长办公室建立秘书长办公会议制度，由秘书长主持，信贷部、发展推广部、社区志愿服务倡导组织部、财务部主任组成，定期或不定期（每月至少召开一次）召开会议商讨协会日常业务和管理事宜。仪陇县乡村发展协会岗位设置如图 4 所示。

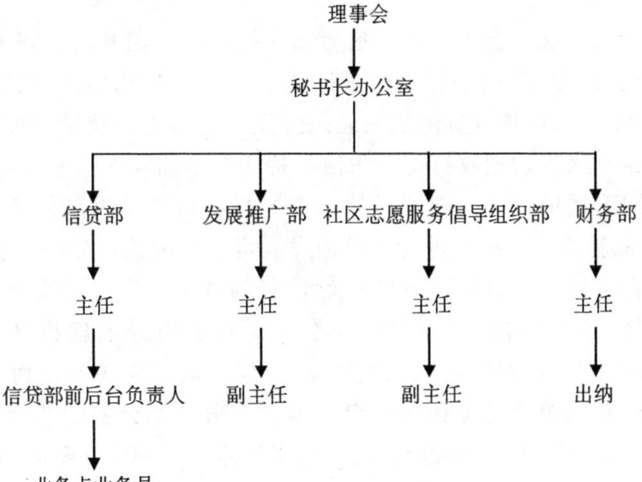

图 4　仪陇县乡村发展协会岗位设置（2011 年）

由于社团组织没有明确的所有者和资金产权，协会的管理人员主要由“内部人”担任，秘书长是协会决策的主要推动力。协会自成立以来，没有更替过会长、秘书长。当前协会的决策和计划主要由秘书长办公会议决定和安排，理事会职能未体现，欠缺人员构成的制度安排和职责履行机制，也缺乏健全的监督机制，未真正发挥决策机构的作用。

（二）与政府关系

1. 与中国国际经济技术交流中心关系。在仪陇小额信贷项目执行之初，由交流中心作为项目的国家级政府管理机构，负责项目的总体计划、监督和评估，负责购买固定资产，负责聘请专家，负责转拨资金、协调和动员更多的资金。在项目结束之后，协会与交流中心的联系逐渐减少，不能解决协会长期的技术和资金需求。

2. 与仪陇县政府关系。在协会成立之初，协会办公室与县项目办为“两块牌子、一套人马”，项目办主任即为协会秘书长。由于县领导的支持和县项目办与协会的一体化管理，使仪陇乡村发展协会与政府关系良好。2002 年，协会修建了集办公和农民培训中心于一体的综合楼，抽调和招聘了工作人员从项目办公室分离出来独立办公，取消了政府人员的兼职工作，趋向民间化独立发展。协会主要负责人的官方背景为协会开展工作提供了一定便利，县政府对协会主要是道义上的支持。

三、战略调整

仪陇县乡村发展协会成立之初是为独立执行联合国开发计划署援助项目，项目的目标也成为组织的宗旨，被表述为：在仪陇县选择三个试点乡，帮助这里 1/3～1/2 的人口越过贫困线，通过开发农业潜力、技能培训和使他们能够得到金融服务来推动创收行动，为他们持续地增加收入铺平道路。

随着 UNDP 援助一、二期项目的结束和机构可持续发展的要求，协会在 2004 年治理机制的改革中，进行了机构发展定位的调整：“继续坚持扶贫济困的宗旨，以做可持续能自负盈亏的小额信贷为载体，把协会逐渐发展成非存款类金融机构，同时加强对外交流与合作，积极引进实施扶贫项目，促进 NGO 机构和扶贫事业的同步、持续发展”。这一战略定位，使协会在发展策略上表现出经营小额信贷谋利和组织开展社会服务谋公益的兼业化特点，这也直接奠定了协会内部管理机制、相关政策制定和各项工作开展的框架。

目前，协会进一步明确定位为民间公益组织，在继续发展扶贫小额信贷服务基础上，还将扩大公益服务项目。

四、资金来源

（一）小额信贷的业务资金来源

按照协会章程，协会经费来源于：（1）引进的国际上对贫困地区乡村经济开发和社会事业建设的资助；（2）受援单位缴纳的项目管理费；（3）国际民间组织的捐赠；（4）政府及其他机构提供的资金或资助；（5）各项创收性服务活动收入；（6）收取协会会员的会费。

协会运行16年来，经营小额信贷业务的资金来源于国内外社会组织的捐赠和借入款项，欠缺政府资金的支持和注入。截至2011年，仪陇县乡村发展协会信贷资金来源见表3。

表3 仪陇县乡村发展协会信贷资金来源①（截至2011年年底）

类别	名称	金额（万元）
捐赠资金	联合国开发计划署援助循环资金	290
	联合国人口基金会援助循环资金	126
	德国 Helma A Seidel（保留所有权）	74
	德国民爱援助资金	70
	孟加拉（GT）援助资金	33
	美国我开机构（保留所有权）	100
	深圳壹基金公益基金会	50
借入资金	友成普融公司	100
	香港 milledepe 基金会	60
	招商局慈善基金会（社团）	100
	吸收存款	88

（二）协会行政运行的经费来源

协会行政运行的经费主要依靠小额信贷收入和公益项目的执行经费、管理经费的支持。2011年，协会秘书长由县政协副主席职务调整为正县级调研员之后，县政府承诺支持协会一年两万元的行政运行经费②。

2011年协会损益表显示：全年协会行政运行费支出约83万元，其中人员费用约55.5万元，经营管理费用约27.5万元。全年行政运行支出中用于小额信贷业务约73万元，用于发展推广活动约10万元。这些支出的费用主要来源于协会的小额信贷业务和社会募集的资金。

五、产品和服务

（一）贷款产品

1. 基本情况。为降低贷款管理的风险，基于对当地市场需求和客户贷款

---

① 数据来源于协会资深人员访谈，金额为大致数，非财务审计数据，仅供参考。

② 访谈中，协会资深人员说："这是秘书长用政协副主席的位置换来的政府投入，这一笔钱可以用于协会的刚性支出"。

用途的全面调查，同时考虑到机构的服务能力和管理能力，2011 年年底，协会对贷款产品进行了重新设计和调整。目前，协会提供的小额信贷产品主要表现为：

（1）由个人贷款调整为家户贷款：以家庭为贷款单位，运用客户家庭财务系统模板和客户记分卡制度对客户家庭进行分析和定位，以确定贷款品种和准入标准。“所有家庭成员的身份证，在贷款的前期调查时都需要复印提供进入新系统”①。

（2）协会发放的全部贷款均按照贷款额收取手续费：1 万元以下（含 1 万），每笔 5 元；1 万元以上，每笔 10 元；同时，在贷款发放时扣收贷款金额 5% 作为贷款风险金，贷款全部本息还清后退还。

（3）由单一的农村贷款调整为四种贷款：助学贷款、农业类生产消费贷款、农村公共设施基建农户贷款、经营户经营消费贷款和青年创业贷款五个种类。“以前的贷款用途，名义上是用于种养殖业或者小商业等，而实际上却是花样繁多。这次调整，我们就将其贷款用途还原，因此设计了四种产品”，②产品情况如下：

① 助学贷款

贷款条件：家庭有高中以上在校就读学生，需出示入学和就读证明资料（入学通知书、年检学生证、学校成绩通知单等），家庭具有基本的偿贷能力，借款人配偶及就读学生为共同债务人。

贷款金额：小于家庭年可支配收入 3 倍，最高余额不超过 3 万元，新创业户最高不超过 1 万元。

贷款方式：可根据学生和家庭实际情况同时享受多笔贷款，每笔贷款由协会凭学费单直接付款到学校，搭配发放合理杂费、生活费。

贷款期限：最长还款期 3 年。

还款方式：实行每月本息等额分期还款，可按家庭还款能力设定每月还款额，或者每月按余额计收利息。

贷款利率：有效利率 16%。

②农业类生产消费贷款

贷款条件：用于农业生产、家庭消费（建房/家庭耐用品添置/婚庆/生育/治病等），家庭具有偿贷能力，借款人及其配偶为共同债务人。

贷款金额：小于家庭年可支配收入的 70%，单笔最高不超过 1 万元。

---

① 摘自协会资深人员访谈笔记，2012 年 3 月 1 日。

② 摘自协会秘书长访谈笔记，2012 年 3 月 6 日。

贷款方式：上一笔贷款正常还款半年以上，因扩大经营规模可续借多笔贷款。

贷款期限：还款期 1 年。

还款方式：在贷款期限内，实行每月本息等额分期还款。

贷款利率：年名义利率 12%。

③农村公共设施基建农户贷款

贷款条件：用于农村路/桥/水利/土地整改，需出具村内公共建设的依据资料，以农户为贷款主体，家庭具有偿贷能力，借款人配偶及其家人为共同债务人。

贷款金额：单户贷款金额小于家庭年可支配收入的 1 倍，单户贷款上限金额 10,000 元。

贷款方式：阶段性借款。

贷款期限：还款期 1 年。

还款方式：在贷款期限内，实行每月本息等额分期还款。

贷款利率：年名义利率 12%。

④经营户经营消费贷款

贷款条件：集镇住户用于经营投入、周转、家庭消费，愿意配合记录家庭经营消费流水账，具备分期支付还款的现金流，借款人配偶及其家人为共同债务人。

贷款金额：贷款金额大于家庭年可支配收入的 15%，小于年可支配收入 60%；单户贷款上限金额 30,000 元。

贷款方式：上一笔贷款正常还款半年以上，因扩大经营规模可续借多笔贷款。

贷款期限：还款期 1 年。

还款方式：在贷款期限内实行每月本息等额分期还款。

贷款利率：年名义利率 12%。

⑤青年创业贷款

贷款条件：创业阶段的青壮年劳动力，创业已经起步，项目自有资金占投资总额的 60% 以上，借款人配偶为共同债务人，需父母为其担保。

贷款金额：贷款金额小于父母家庭年可支配收入 2 倍，单户贷款上限金额 10,000 元。

贷款方式：需上笔贷款还清方可申请下笔贷款。

贷款期限：还款期 1 年。

还款方式：可享受 3 个月分期还款宽限期，宽限期内贷款额按月利率

1.5%支付利息；之后9个月内实行每月本息等额分期还款。

贷款利率：年名义利率12%。

另外，美国“我开”机构援助项目的对象为比较贫困的家庭，贷款额度在10,000元以下，贷款利息执行年固定利率10%。

协会管理层认为，通过还原贷款的真实用途，使贷款产品的真实性提高，管理者能有效分析贷款统计数据，从中及时发现问题、调整控制贷款品种的额度和比例，从而控制和化解贷款风险。

2. 贷款审批和落实。在贷款审批上，由各乡镇服务点业务员负责市场拓展和客户调查，再将贷款客户的信息上报给信贷部后台人员审核。后台审核合格的客户由信贷发展部前台人员进行家庭复查和风险控制，确认客户情况后提交“贷审会”审批。贷审会由协会信贷部前后台负责人、发展部长、协会秘书长五人组成，负责对客户贷款进行集体审批，贷审会至少有三人以上参加和同意方能审批和通过贷款发放。

审批流程为：业务员客户调查——协会后台初审——协会前台入户审核——协会组织贷款审批。

在贷款发放上，经审批合格的客户贷款由业务员通知客户到协会各业务点办理贷款手续后，并将签订好的贷款合同、借款凭证、客户银行卡一起扫描后发给财务部，财务部审核无误办理贷款手续，财务部在24小时内通过银行转账的形式将贷款资金转入贷款人的银行账户。

在贷款偿还方面，原则上所有贷款和利息均实行等比例分期偿还，即：

（借款本金+年利息）/还款次数 = 分期还款额（包括当期应还利息和本金）

还款频率原则上每月偿还一次，由各乡业务点业务员收款并开具机打发票给客户，并将回款转入协会在信用社的还款账户。

3. 重复贷款条件。遵守协会规定、守信用、无违规违纪的客户，可提供多次贷款。

客户续借贷款的条件要求：（1）必须是上一轮贷款使用三个月后的老客户、第一轮贷款使用半年后的新参与客户，且确因扩大经营规模、拓展新项目需紧急用款的客户；（2）贷款人及其家庭相关人员在协会的上一周期贷款未出现一次拖欠；（3）客户续借贷款必须要用于批准的扩大或拓展的项目经营活动；（4）每位续借贷款的客户最多只能同时享受两笔贷款，续借贷款的还款周期最长不能超过30天；（5）续借贷款客户的贷款总余额不得超过客户调查时核定的最高贷款限额和信贷政策中规定的最高限额；（6）续借贷款还需对客户的经营情况再进行一次详尽的了解。

（二）其他服务

1. 提供家庭财务管理指导。协会对愿意参与记录家庭收支流水账的客户提供技术支持，业务员每周一次入户指导。城镇的全部经营户需记录流水账，其他业务点贷款在3万元以上的客户也须记录家庭收支流水账。

2. 培训服务。协会采取对服务对象家庭进行分类指导培训的方式和依托建立的村级农民活动中心组织推动开展定期的小额信贷区域农村发展推广，金融知识、农户家庭理财系统知识、农户能力建设等各项培训活动，全年共组织各类培训100余场次，参与培训的农户达1万多人次。协会对服务对象的培训也结合协会开展的公益项目进行。

六、客户结构

在2011年之前，协会的小额信贷客户以农村居民为主。仪陇县是一个人多地少的山区丘陵大县，也是一个国家扶贫工作重点县，历来都有很多的外出打工的农民。“前些年，协会的客户贷款用途名义上是种植业、养殖业、加工业、运输业等，这是因为协会提供的贷款品种限制在这些类型，协会的贷款统计数据并没有反映出客户实际上的贷款使用情况”①。

协会的发展战略和策略决定了协会主要为中低收入家庭提供贷款服务。多数客户从事半工半农的兼业化经营；60%家庭有孩子上学，因此申请助学贷款的家庭也比较多。鉴于目前协会正处于技术转型期，管理信息系统不能提供相关客户结构的统计数据。

七、内部管理

（一）财务管理情况

1. 完善财务管理制度。

（1）财务审批制度。2011年以来②，协会实施了严格规范的小额信贷贷款审批制度，从客户的筛选源头上改变以前业务员个人行为为机构行为，对所有有贷款需求的客户进行深入、细致、多次、多人的客户调查、访谈、沟通后，通过“贷审会”集体研究确定进行审贷，机构的任何个人对客户贷款与否无决定权，严格了贷款流程管理。

（2）现金管理制度。在小额信贷现金管理方面，协会通过新的小额信贷

---

① 摘自对协会资深人员的访谈笔记。

② 2011年以前的财务管理等内容，请参见王卓：《中国农村民间金融组织研究——基于西部小额信贷的社会学分析》相关章节，四川大学出版社2010年版。

管理系统的使用建立了全新的现金发放流程：全部贷款发放由协会通过银行系统直接转账到贷款人的银行账户进行放款。在现金的回收方面，规定信贷员不允许库存现金，必须将每天回收的现金全部存进协会的银行账户，若有特殊情况须向上级报告。

（3）风险控制制度。在小额信贷风险控制上，协会缩短了贷款回收管理的周期，改以前的月度考核管理为每日按进度考核管理。在贷款回收的每日核算管理基础上，及时进行拖欠贷款的跟踪监测，对风险贷款管理制度化、日常化，做到对坏账及时识别、追收、重组、处理。

2. 财务计划及执行分析。协会每年制订财务年度计划，确定服务面、客户数、业务量、信贷风险控制、财务收入、支出和经营利润等目标，年底按计划考核。协会每半年进行一次财务分析，通过实际的财务指标等分析经营管理过程中可能存在的问题，为管理调控提供依据。同时，协会每年进行内外部财务审计。2007 年，协会还聘请了国际评级机构对小额信贷业务展开全面评估。

3. 财务管理的主要问题。目前，协会在小额信贷财务管理上的主要问题，一是对贷款风险的认识和贷款风险管理的专业能力低。尽管协会剥离了长期积累下来的呆坏账，并责成专人管理和催收，但是在财务管理制度上缺乏安排，协会管理层和利益相关者，甚至整个小额信贷行业都没有建立起对呆坏账的合法的处理机制和监管机制。二是在外部力量的干预下，协会对新的信息管理系统的学习和适应抑制了小额信贷业务的推进，加上当前农村经济萎靡、社会转型加速，小额信贷市场需求也不如从前，致使协会大量资金结余，贷款发放速度缓慢。如果转向其他投资渠道，又违背协会的宗旨。

（二）人力资源情况

1. 人力资源现状。协会在 2011 年共有 28 名工作人员，包括理事会成员 3 人，信贷部 13 人（包括管理监督人员 3 人，社区工作人员 10 人），发展推广部 3 人，社区志愿服务倡导部 2 人，财务部 2 人，志愿人员 5 人。除志愿人员外，其中专职人员 18 名，兼职人员 5 人。其中，20～30 岁的有 4 人，31～40 岁的有 7 人，41～50 岁的有 10 人，51～60 岁的有 5 人，60 岁以上的有 2 人。协会大多数员工受教育程度为高中，少数人接受过专科教育。2011 年仪陇县乡村发展协会员工结构见表 4。协会尚未设置独立的人力资源管理部门，人员管理主要是由秘书长负责，人力资源管理欠缺专业化。协会员工的工作总体上称职，但由于大部分从当地农村招聘，员工的文化水平和专业化水平不高，金融运行方面的专业知识和技能较缺乏。协会也在逐步加强员工的培训、提升职业能力。随着小额信贷业务增多和机构规模扩大，小额信贷从业人员的专业化和职业化将成为一个十分严重的问题制约机构和行业的发展。

表 4　　2011 年仪陇县乡村发展协会员工结构（2011 年 12 月 31 日）

特征项	类别	人员分布
岗位类别	理事会	3
	信贷部管理监督人员	3
	信贷部社区工作人员	10
	发展推广部	3
	社区志愿服务倡导部	2
	财务部	2
	志愿人员	5
年龄分布	20～30 岁	4
	31～40 岁	7
	41～50 岁	10
	51～60 岁	5
	60 岁以上	2

2. 人员稳定性。从动态上看，协会的人员队伍调整与机构的发展调整阶段密切相关。1995 年招聘的一批员工在 2003～2004 年 UNDP 二期援助项目结束、协会转型时出现了一次流动，协会清退了一部分不适宜从事小额信贷的员工，同时也补充了一批新员工；2010～2011 年，“为普”等外部组织和人员介入机构管理后带动机构又一次转向时，协会再次清退了四名分支机构工作人员，尤其是对管理层进行了大幅度调整。

3. 人力资源管理和能力建设。

（1）招聘。在员工的招聘上，目前协会主要面向所在县域招聘热爱公益事业的青年志愿者，这些青年志愿者有的是通过四川省青年志愿者项目中双向选择产生，有的是公开招募的，志愿者在协会经过两年的在岗实习，期满后经评定合格方可成为协会员工。但是，由于目前协会自身发展和公益性组织行业性发展现状，使得协会在高素质人才引进上不具有竞争优势，因此尽管协会认识到需要提升员工职业素质和专业能力，但其并未对志愿者的专业性和从业经历作过高要求。

（2）薪酬/福利制度。协会工作人员的薪酬待遇由基本工资、岗位津贴、奖励工作、会龄津贴和年终奖励构成。其中，由小额信贷收入承担员工薪酬的 70% 左右，其他公益性项目支持人员经费 10% 左右，另外 20% 左右根据项目结余动态支持 20%。调查表明，2011 年协会一般员工年收入约 1.8 万元，管理人员大约 2.5 万元，总体收入水平较低。

（3）晋升和解聘。在员工晋升和解聘方面，协会尚无制度性的规定，大多数情形下是根据决策层或者秘书长对协会管理需要的判断做出安排，人事管理制度不健全，显得比较粗放。

（4）能力建设。在员工的能力建设方面，协会每年会对员工进行相关业务的学习和培训，根据资金和项目进行相关培训安排。

（三）信息管理

协会在2010年向外部争取了一些项目支持，目前更换了新的信贷信息管理系统，正着力建设小额信贷服务社会绩效评价体系，小额信贷信息管理逐步完善。

1. 新的小额信贷信息管理系统及其运行情况。由于旧有小额信贷信息系统不能适应逐渐发展的协会小额信贷经营管理需要，2010年协会选定了由联合国粮农组织（FAO）和德国技术合作公司（GTZ）联合开发的“微型银行（Micro Banking System）系统”，于2011年3月正式进入系统切换试运行。新系统功能齐全，建立了系统运行局域内网，贷款业务全流程在线操作，实现远程控制与在线稽核，信贷系统与财务账户自动关联，财务分析及报告自动化，服务器每天自动备份两份数据。

新系统的上线运行解除了协会扶贫小额信贷长期以来存在的系统风险问题，从信贷监管、工作效率、风险控制上全面提升了协会扶贫小额信贷经营管理水平与能力，为协会的扩大经营奠定了坚实的基础。

2. 小额信贷服务社会绩效评价体系建设情况。为对小额信贷经营服务方式进行有针对性的调整和提高农户的经营理财能力，协会开始着手建立小额信贷社会绩效评价系统。

由于社会绩效评价系统的基础数据来源于对每个服务对象家庭建立的财务系统，因此协会首先开发了农户家庭财务系统模板，模板系统操作智能化，全面收集了服务对象家庭信息，包括：家庭基本情况、固定资产情况、家庭经营活动规模、成本、效益情况、家庭消费情况、家庭投资情况及家庭现金流情况等。特别是在商业经营方面，按经营户的经营项目淡旺季月份、每月经营天数、每天的平均营业额、平均收益率、进货频率、进货金额等信息，客观地反映了他们的经营活动现状和现金流状况；财务系统中损益表、资产负债表适时地反映了经营户家庭的财务基本状况和经营能力，系统自动生成的相关财务比率帮助工作人员对客户进行家庭财务指导。在为经营者提供合理的理财指导的同时，也为协会小额信贷贷审提供了相对真实的家庭情况。

为更好地为经营客户提供服务和掌握经营者的发展变化过程，规避信贷风险，协会开发了将客户每周家庭流水账连接到家庭财务系统智能模板上，并在老县城金城服务点试点使用。由业务员指导和帮助经营户自己记录每周的经营收支流水账，客户不仅可以了解到每天具体的营业额、经营成本、家庭开销和盈利情况，还可以通过该期间内的资产负债和损益变化调整自己的经营结构，选择自己的投资方向。

社会绩效评价系统的基础数据收集模板，不仅帮助了每个服务对象农户家庭建立了详细的财务系统，同时也成为协会信贷审批的基础，为正确辨识服务对象，防范风险起到了把关作用。

（四）风险管理

1. 风险管理制度和风险管理情况。为了防范经营风险和增强员工的风险责任感，协会根据工作性质和责任大小对工作岗位制定了风险股本金交纳规定，秘书长交纳4万元，各部门主任交纳4万元，其他员工交纳2万元，作为员工违反管理制度和不负责任等对机构发展带来不良影响的风险担保。

2010年，协会在中国友成扶贫基金会、南都公益基金、为普基金会的支持下，通过建立完善外部客户家庭财务系统和内部信贷管理新系统，从内外两个方面清查，结果暴露出多年隐存的信贷风险。2011年4~12月清理出来的风险贷款及虚增利息情况，参见表5。

表5　2011年4~12月清理出来的风险贷款及虚增利息情况

机构	2010年底贷款余额（万元）	大户风险贷款及虚增利息（万元）	小户风险贷款及虚增利息（万元）	无真实借款人虚增利息部分贷款（万元）	员工短款（万元）	风险贷款及虚增利息总额	风险贷款占2010年贷款总余额的比例	其中小户风险贷款占贷款总余额的比例
复兴	318	46.85	31.29	11.23	3.45	89.34	29%	14%
周河	232	132.68	7.74	6.53		146.95	63%	6%
大寅	197	66.28	33.88	5		105.16	53%	20%
永乐	133	10.21	37.38			47.59	36%	28%
丁字桥	43							
合计	923	256.02	110.29	22.76	3.45	392.51	43%	15%

为此，协会于2011年4月全面暂停发放新贷款，杜绝以新贷款冲抵旧贷款、掩盖拖欠贷款的做法继续；4~7月，集中全部精力处理坏账和堵塞漏洞。除了这些紧急控制措施外，“协会采取分别与一线员工背靠背谈话了解每一笔风险贷款形成的经历，迫使员工严肃对待、坦白交待、相互揭露；在此基础上清理全部风险客户的问题贷款；组织力量分别与风险客户进行贷款核实。”①

① 摘引自：ARDY问题贷款报告（2011年）。

在问题贷款的清理过程中，协会用员工的处罚罚款和贷款损失预提对多年虚假贷款虚增利息进行了部分冲销，截至2011年底共计冲销虚增利息74.89万元。同时，在核查清楚情况之后，对协会全体员工进行了严肃处理：(1) 2011年4月，协会停止了对全体员工绩效工资的发放，全体工作人员每人每月只能领取基本1,000元左右；(2) 全部员工，每人被罚缴纳处罚金4万元，包括四个分支机构主任缴纳的风险股本金2万和问题出现后协会收缴全体员工每人2万风险金，对机构全体人员处罚总额309,277元，全部用于冲销近几年虚假贷款虚增利息；(3) 开除分支机构主任三人、开除信贷员一名。

2. 不良贷款管理和不良贷款情况。协会对不良贷款的管理按账龄提取损失准备金，根据贷款逾期时间长短分配不同准备金率，具体如表6所示。在信贷经营中，协会对正常经营管理过程中的不良贷款按此办法提取损失准备金，若人为造成追求当事人和相关管理者的责任。

表6　仪陇县乡村发展协会逾期贷款管理

贷款逾期时间	贷款损失准备金率（%）
逾期0~30天	10%
逾期31~60天	25%
逾期61~90天	50%
逾期91~120天	75%
逾期超过120天	100%

2011年5~6月，协会在来自香港的外部专家的指导下对问题贷款进行集中清理，清理出问题贷款及虚增利息滚存共计3,925,053.5元，占总贷款余额约43%。"问题贷款大多数形成于2006~2008年上半年。其中：

(1) 风险贷款及虚增利息滚存至5万元以上的"大户"九户（大多数是农村中的小建筑承包商，即小包工头），均系2007~2008年形成风险后用虚假贷款隐藏，几年滚存至此次清查共计风险贷款总额2,560,167.5元。

(2) 风险贷款及虚增利息滚存至5万元以下的"小户"58户，亦是自2007~2008年形成，绝大部分是正常贷款出现拖欠后，采取冒名、假贷款、借新还旧滚存几年至这次清查共计风险贷款1,102,905.5万元。这些问题贷款多数为从农业转入经营服务业经营亏损所致。

(3) 假贷款生成的无真实借款人的虚假贷款227,435.5元，这问题贷款纯粹用以覆盖虚增利息收入。

(4) 员工短款34,545元。[①]

产生问题贷款有外在因素，但最重要的是机构内部管理缺乏对小额信贷风险的认知和防范，管理粗放和缺乏专业性，具体有：(1) 下放贷款审批权与监管不匹配。分支机构成为小额信贷的实际经营机构，总部在对分支机构监管上对经营中要害的客户审查、贷款发放与回收过程中的现金流控制管理，在实际经营过程中因为多方面原因基本失灵，造成一线经营人员有无限的权利与空间。(2) 贷款审查缺乏明确的准入标准，完全依赖一线工作人员个人进行，使信贷客户挑选、贷款发放回收、风险管理、把控管理完全成为信贷员个人行为。(3) 过分信赖员工参股机制带来的制衡作用。每个分支机构三个岗位实行岗位、职责、权利分离形成互相制衡机制，但该制衡机制完全依赖三人各自入股、相互监督，但在实际运行中，分支机构员工在统一核算的绩效考核管理下，形成了利益共同体互相监督机制失效，形成集体隐瞒。(4) 过度激励机制带来严重问题（员工大部分收入与任务完成率挂钩），过度激励使贷款增长、隐瞒拖欠的诱惑很大，员工个人利益与机构利益存在冲突。(5) 欠缺专业的风险防范机制，由于小额信贷经营本身有风险，部分工作人员专业水平跟不上业务发展的需求，没有及时发现和化解产生的贷款风险，使问题长期积累。

在外部因素上主要是：2007年全国宏观经济下滑形势加上2008年金融风暴蔓延到农村，使农户贷款风险不断增大；2008年汶川大地震，协会秘书长身患癌症内外冲击下，管理层和员工合伙采取对信贷问题、信贷风险进行集体隐瞒，“期望”通过努力逐步来化解越来越难以控制的风险。同时，近年中国农村社会剧烈的经济结构转型，农民的贷款需求发生变化，对协会的贷款产品、管理水平等都提出了新的挑战。除了小额信贷服务，协会还从事村级农民组织的支持、抗震救灾项目、社区公益项目，分散了协会的资源和精力。

通过挖掘和清理问题贷款，协会重新审视了小额信贷运作的核心问题，并逐步加强风险管理。

八、财务和机构可持续性

根据协会提供的2011年度财务报表，截至2011年12月31日，协会总资产11,157,672.58元，总负债4,584,266.07元，所有者权益7,573,406.51元。当年总的贷款组合3,137,500.22元，其中常规贷款2,611,386元。当年小额信贷经营财务收入1,056,645.36元，财务支出194,551.67元，净财务收

① 转引自：ARDY问题贷款报告（2011年）

入 952,093.69 元，贷款损失 652,184.82 元（其中，48.6 万元为预提风险金在当年冲销，剩余为预提的风险准备金），营业费用 731,418.19 元。税后，协会 2011 年亏损 398,381.6 元。

另据协会提供的 ARDY 问题报告称，“2010 年，协会的自负盈亏率在 120% 以上。假若贷款损失率在 5%，原来的成本结构勉强能够覆盖损失，加上扣除虚高的工作人员报酬，调整后的自负盈亏率有可能仍接近 100%。4% ~5% 的损失率是以往较松懈的贷款管理下的结果，加强管控风险率是有望压低的。”① 仪陇县乡村发展协会 2010 ~2011 年主要业务数据，参见表 7。仪陇县乡村发展协会 2011 年主要财务指标，参见表 8。

表 7　仪陇县乡村发展协会 2010 ~2011 年主要业务数据②

	2010 年报告	2011 年年底
总贷款余额	923 万元	606 万元（含问题贷款）
有效客户数	2,700 户	735 户
平均贷款余额	3,400 元	8,245 元
期末风险贷款率（核销前）	1%	48%
贷款损失率	年均约 1%	估计年均 4% ~5%（假设风险贷款的回收率约 30%）
银行现金		由于有半年时间只收不贷，协会收回的贷款除兑付农户存款 119.42 万元后年末协会银行现金 410.2355 万元

表 8　仪陇县乡村发展协会主要财务指标（2011 年 12 月 31 日）　单位：元

项目	信贷经营	发展推广经费	机构汇总
经营收入	1,056,645.36	0	1,048,359.02
捐赠收入	3,375.72	-127,765.1	-94,007.38
资金成本	104,551.67	0	104,551.67
营业费用	731,418.19	99,800	831,218.19
贷款损失准备金	652,814.82	0	652,814.82
净收入	-398,381.6	-227,565.1	-625,946.7

① 转引自：ARDY 问题贷款报告（2011 年），第 7 页。

② 转引自：ARDY 问题贷款报告（2011 年）。

由此可见，协会的财务状况，尤其是资产负债状况，在行业中可算佼佼者。加强经营管理，尤其是对风险贷款的管理，对协会的可持续发展至关重要。

九、协会进一步发展面临的问题和对策建议

（一）协会进一步发展面临的主要问题

1. 协会治理结构松散。

（1）社团组织形式的不利影响。ARDY资产来源并非社团成员的投入资金。产权所有者的缺位会造成资金利用率低、资金安全责任无人承担、影响小额信贷规模的扩大和健康发展。协会的社团组织形式影响信贷经营，坏账的处置缺乏责任主体和冲销办法，使得历史问题长期遗留。业务主管单位不能发挥指导和监督作用，造成协会职责履行的局限，协会发展主要依靠领导人的决策发挥和经营能力。一旦领导人离开，协会未来发展难以预料。

（2）领导机构不完善。社团的组织结构由决策机构、执行机构和监督机构构成，虽然ARDY的最高决策机构是理事会，但ARDY理事会没有真正发生作用，决策权集中于执行机构，缺乏权力制约。主要负责人历史上由政府委派，享受政府公务人员的工资和福利待遇，开展工作主要依靠自身工作责任心、事业心和能力，缺乏激励机制和监督机制，也不能保证理事会组成人员知识与能力与协会的发展匹配。同时，协会决策也缺乏监督机构。

（3）独立性和自治性不强。政府在协会的人事任免、信贷资金的使用上仍然有很多的影响力，ARDY不具完全的独立性和自主性，制约协会的战略方向和科学决策。

2. 协会管理机制不完善。

（1）组织的专业化程度低。随着经济社会的推进、市场需求及机构生命周期发展，要求机构的专业化、社会化发展，包括金融、管理、信息技术的专业化。ARDY员工大多由本地人转化而来，缺乏金融操作的专业背景和相关培训，对新招募的志愿者也未作专业教育和从业经历的要求，影响协会的专业化运作，不能有效降低信贷运行成本和风险贷款率。

（2）缺乏用人激励机制。协会尚未设置独立的人力资源管理部门，人力资源管理制度不健全，缺乏良好的员工激励机制。同时，协会的工作量大、要求高、条件艰苦，但工资待遇低，影响员工工作积极性和忠诚度，稳定性低，影响机构的可持续发展。

3. 协会筹资没有制度保障。ARDY信贷资金主要来源于国内外社会组织的捐赠资金、借入资金，捐赠资金固有的缺陷就是不稳定性和不持续性，而

且需要按照捐赠方意愿执行，影响协会坚持本身的发展战略；借入资金也没有制度性保障，资金来源表现出不稳定性，协会财务面临可持续性问题。信贷经营和发展推广项目的行政支出也缺乏稳定的资金来源。小额信贷行业性的资金来源问题是仅次于风险贷款管理的另一个瓶颈。

（二）协会未来发展面临的挑战

1. 协会缺乏合法经营小额信贷的地位。

（1）公益性小额信贷金融准入的控制。公益性小额信贷机构在中国出现以来，从未得到金融监管和主管部门的认可，没有一个合法的金融机构身份来从事小额信贷的业务。导致此类公益性小额信贷组织不能依法从事贷款和其他金融活动，也很难从正规金融机构进行融资，处于“合理而不合法”的地位。

（2）公益性小额信贷不能获得正常融资。由于公益性小额信贷机构没有取得合法的金融机构地位，因而不能从商业银行机构获得商业型融资，更不可能吸纳储蓄。资金不足制约着业务规模的扩大和信贷机构的可持续发展。

2. 协会缺乏外部监管和行业自律。在外部监管上，一方面，公益性小额信贷机构至今没有获得合法经营的身份和地位，因而没有纳入国家金融监管部门的监管范围；另一方面，由于公益性小额信贷只在少数农村、城镇地区试点，社会大众对其缺乏认知，同时也缺乏必要的披露制度，社会很少对它进行监督。

在行业自律上，国内还没有成立具有相当权威的公益性小额信贷的行业自律组织或协会，没有行业内的组织协调机构，缺乏行业统一规范，沟通交流平台不完善，争取政策无门，仍处于无序和各自发展的发展阶段。2011 年年底，由秦巴山区七家乡村公益发展组织联合发布的“NGO 生存状况的情况报告与联合呼吁”即是例子。

3. 协会获得政府扶持政策不足。公益类社会组织是社会服务的重要承担者，在国内逐步发展起来，但国家对公益类社会组织发展的政策建设未及时配套，对社团、民办非企业和基金会等组织的管理和监督未作出具体的规定和措施，组织的发展缺乏法律政策的指导和监督，职责和运行机制缺乏有效依据，发展受到束缚。政府也欠缺对公益类社会组织的财政投入。

（三）促进公益性小额信贷组织健康发展的建议

1. 公益性小额信贷社团应高度重视并完善机构内部治理结构。

（1）在治理机构上，建立监督机制，真正发挥理事会和监事会的作用。开发理事会组成人员，完善机构规章制度，在信息提供、桥梁搭建、资源获取上扩大范围。

（2）在资金来源方面，建立机构公信力，建立资源的链接机制和长效机制，争取稳定的资金来源；在借贷资金方面，打造资金链条，争取国内外捐赠、项目资金和财政扶持资金，争取国有银行提供优惠的批发资金；在行政运行经费方面，保障项目的良好运转，以公益性吸引社会长期投入。

（3）在管理机制上，首先，在财务管理方面，建设完善的欺诈防范和检测体系，完善贷款审批的分权和制衡机制，严格现金管理流程，提升财务计划的合理性，注意信贷经营与当地经济状况的关系。其次，在人力资源管理方面，设置专门的人力资源部门，建设机构文化，完善职工的激励和培训制度，吸引职工对机构的忠诚度，充实各类专业人才进入机构，还可以招聘一些兼职人才甚至离退休人员进行技术补充，还可以通过聘请外地技术人才利用假期给予短期指导。再次，在风险管理方面，建立有效的坏账补偿机制和科学的风险管理工具，以控制贷款风险。

2. 政府和社会应积极支持公益性小额信贷充分发挥扶贫功能。

（1）政府应明确公益性小额信贷社团的法律地位。政府应该鼓励和扶持公益性小额信贷机构的发展，给予其明确、独立的法律地位，从国家层面建立公益性组织小额信贷融资框架。

（2）政府应主动对公益性小额信贷社团给予政策指导。政府应对社会团体的管理，如财务管理、人力资源管理等作出细则指导和明确规定，提升社会团体运作的合法性和公信力，使相关社会团体明确工作职责和权力权益，完善治理机构和运行机制。加快对行业协会建立的指导，行业协会应对从业人员的权益进行保护和提升。

（3）行业和主管部门应主动建立合理的监管制度。明确建立公益性小额信贷组织的产权监管制度，明确和保护公益性小额信贷组织投资者的财产所有权，及由此派生的支配权和监督权等，使投资者成为真正的股东。促使公益性小额信贷机构建立起规范的内部管理和风险防范制度，加强行业监督、业务主管部门监督和社会监督等。

（4）政府和公益性小额信贷社团应积极对话，平衡公共政策的供求。公益性小额信贷社团的业务活动要公开透明，积极争取政府对公益小额信贷推广的政策环境和优惠措施，对贷款风险进行有效补偿。公益小额信贷如果脱离相应的财政支持，就很难建立长效机制。因此，政府应加大对公益性小额信贷的政策支持和财政资金支持，并给予税收优惠等支持，以正常维持运营成本。

中和农信小额信贷案例

李　静

自小额信贷从20世纪90年代引入中国应用于扶贫以来，小额信贷已走过了近20年的历程。在这期间，小额信贷从开始的公益性扶贫行动发展成为更专业化、商业化的小额贷款机构。这其中，中国很多的NGO组织为小额信贷的中国化和市场化进行了不懈的探索，其中最为著名的是中国扶贫基金会。20多年来，中国扶贫基金会不断地推动自身改革，创新扶贫方式，引领了公益性小额信贷的市场化运作，并取得了显著的成功，充分证明了公益性的小额信贷也可以采取市场化的经营管理办法。自2008年起，中国扶贫基金会的小额信贷项目已实行了公司化运作，即成立了中和农信项目管理有限公司，专门负责小额信贷项目的管理和实施，经过几年的迅速发展，中和农信已成为中国最大的公益性小额信贷机构。

一、中国扶贫基金会小额信贷的发展历程

中国扶贫基金会的公益性小额信贷项目经历了以下几个发展阶段：

（一）借鉴与探索阶段（2004年以前）

1996年，世界银行贷款秦巴山区扶贫项目启动，其中包括由中国西部人力资源开发中心在四川阆中和陕西安康实施的小额信贷试点项目。该项目计划通过小额信贷支持当地农户改善自我就业，增加现金收入，提高综合素质，增加脱贫致富的能力。这一期间，孟加拉格莱米银行的小额信贷模式首次引入中国，并在扶贫领域开始试点和推广。秦巴山区扶贫项目中的小额信贷也采用孟加拉格莱米银行的小额信贷模式。但是，这一模式在中国没有被完全照搬，小组基金、每周还款等制度没有落实。

2000年，中国扶贫基金会全面接管中国西部人力资源开发中心的小额信贷项目，并组建小额信贷项目部。同年，启动贵州晴隆、广西东兰和四川通江等三个项目县，项目县总数达到五个。2001年，国务院扶贫办下发文件（国开办函（2001）25号）：根据国务院《中国农村扶贫开发纲要（2001～

2010 年)》第 27 条的精神，同意中国扶贫基金会作为小额信贷扶贫试点单位，标志着中国扶贫基金会小额信贷扶贫试点正式获得国家认可。同年，启动了重庆开县、福建福安、山西左权的三个项目县，项目区总数达八个。2002 年，陕西安康、重庆开县和广西东兰项目区退出，新增贵州六枝项目区。2003 年，通过扩大国际合作，又启动福建霞浦项目区，使项目区扩大到 10 个县。

在这一期间，中国扶贫基金会的小额信贷的操作模式，是与地方政府合作经营和管理。即地方政府（一般由扶贫办牵头负责）成立县服务社，中国扶贫基金会与地方政府签订协议，基金会提供资金、产品设计和技术支持，进行监督管理等，即县服务社的所有权归地方政府，管理权归扶贫基金会。这种模式的主要问题是：产权不明晰，名义上归地方政府，但是地方政府只关心能要来多少钱，而且政府经常换届，没有领导真正关心小额信贷的经营，使小额信贷机构的治理结构不清楚。基金会虽有管理权，但是没有地方政府的支持，执行力明显不足，即基金会管理执行不下去。服务社的负责人的行为是两边讨好，同时又两面隐瞒。这种与地方政府的合作模式很快就出现了很多问题，最主要的是坏账，当时的 10 个县基本上都有类似的情况，如：2003 年，在当时发展得最好的晴隆县，项目负责人意外去世后，发现留下一堆坏账。

（二）改制与创新阶段（2005 ~ 2008 年）

2004 年 6 月 1 日，民政部颁布的《基金会管理条例》生效，全国性基金会允许成立分支机构。以此为契机，中国扶贫基金会考虑成立自己的分支机构，并从项目型小额信贷机构向机构型小额信贷转变。2005 年 1 月，中国扶贫基金会小额信贷项目部正式成立，具体负责小额信贷的战略转型和管理。当时的主要任务是与地方政府谈判，要求政府退出，使服务社成为中国扶贫基金会主办的名义上挂靠在地方政府扶贫办下的民办非企业单位，这样各服务社就成为中国扶贫基金会的分支机构，产权和决策权都归属扶贫基金会。具体的改制方式是：原地方政府将配套资金委托给基金会，基金会独资设立分支机构，县自立服务社（中心）法人代表和理事长均由基金会人员担任，原服务社的负责人变为职业经理人。

2005 年 6 月，注册成立康平县（辽宁）农户自立服务中心，性质属基金会主办的民办非企业单位。以此为样板，推动左权、福安、霞浦和六枝四县小额信贷项目改制为扶贫基金会分支机构，名称统称为农户自立服务社或中心，如霞浦县的就叫“霞浦县农户自立服务社”，挂靠在县扶贫办。

中国扶贫基金会对各地服务社改制完后，管理体制理顺了，管理和经营队伍也做了调整，使小额信贷走上了专业化、市场化的发展道路。2005 年，中国扶贫基金会的小额信贷项目部引入了沛丰评级，并引进了美国的小额信贷专业管理系统，对小额信贷产品流程进行了优化，优化后的运行效果明显好于以前。2006 年，新宾、清原、双牌、怀安和昌江农户自立服务社（中心）成立。到 2006 年年底，项目县达到 10 个，而且 2006 后所有的项目县基本上实现了操作上的可持续。

2006 年年底，中国扶贫基金会获得国家开发银行授信 1 亿元，成为国内首家从银行获得批发贷款的小额信贷机构。这一授信意味着中国扶贫基金会的小额信贷开始使用了有息借款，这与以前都是使用政府配套资金和捐赠资金完全不同。以前经营上的压力不大，因为没有还款压力。现使用借贷资金则意味着小额信贷的经营要还本付息，经营压力骤然增大。但好处是基金会可以借此扩大规模，并开始寻求更加广泛的合作，也增加了与地方政府的谈判筹码。

2007 年后，小额信贷机构继续扩张。2007 年，尚义、北票、朝阳农户自立服务社（中心）成立。当年，累计放款量首次突破 1 亿元。2008 年，中国扶贫基金会从渣打银行获得 2,000 万元批发贷款。2008 年，绥中、武邑、万全、平泉、库伦、彰武、阜新、义县、兴国和宁都农户自立服务社（中心）成立，并在地震灾区德阳试行灾后重建小额信贷。到 2008 年年底，项目县达到 17 个。

中国扶贫基金会的小额信贷在这一期间的操作特点是稳健操作、防范风险为主。2008 年前均采取五户联保的小组贷款模式，但不久发现南方的五户联保意识没有北方强，使得五户联保的实施效果不如北方好，有的地方如六枝还出现垒大户现象。于是，在 2008 年 4 月，中国扶贫基金会小额信贷项目部开始在部分南方县试行个贷。

（三）专业转型和公司化运营（2009 年至今）

2008 年 11 月 18 日，中国扶贫基金会将小额信贷资产独立出来，小额信贷项目部转制成为中和农信项目管理有限公司。同年年底，中和农信第一家分公司在“5·12 汶川特大地震”重灾区四川省绵竹市成立，并成立内审部门，加强信贷风险管理。2009 年 1 月 1 日，中和农信公司正式运行。组织架构变化为：扶贫基金会——中和农信——各分社，完全实行公司化运营，统一法人，员工实行聘用制，实现了员工的稳定性与专业性。在资金安排上，以前只能在分社间调配，公司化以后，中和农信实现了资金在全国的统一调配。公司确定了三大战略目标：一是扶持低收入群体；二是培养用户能力（培训）；三是实现机构可持续发展。中和农信将发展成为山水间的百姓银行作为机构的愿景。

2009年，中和农信获得中国农业银行授信2亿元，国务院副总理回良玉出席了签字仪式。此后，中和农信进入了规模迅速扩大、快速发展的新时期。同年，中和农信什邡分公司成立，到2009年年底，项目县达到26个。自2009年始，中和农信公司开始发布独立审计报告。

2010年，中和农信试行区域管理，分东北区域、华北区域、华南区域、西南区域，并更新网络版财务系统以及信贷追踪系统，成立市场部以及公共事务部，建立全国统一的品牌形象，迈入公司化管理的新时代。同时，德阳、建昌、喀左、凌源、建平、西丰、唐县、涞源、阜城、顺平、承德、和顺、榆社分支机构成立。2010年，项目县达39个。

2011年，中和农信在辽宁和四川两省成立小额信贷公司，中和农信全资控股，实现省内跨县经营。同年，围场、滦平、青龙、献县、海兴、广宗、舟曲、西丰、兴城、北镇、开原、昌图、岫岩、连南等分支机构成立。2011年，中和农信有效贷款客户首次突破10万户，年度放款额超过10亿元，成功接入中国人民银行征信系统，成长为中国最大的公益性小额信贷机构，并获得回良玉总理颁发"第一届友诚扶贫科研成果奖"以及国务院扶贫领导小组办公室授予"扶贫开发先进集体"。

经过这一时期的发展，中和农信基本形成小额信贷扶贫模式、救灾模式，即分别针对贫困人口、受灾群众提供小额信贷服务。截至2011年12月31日，中和农信共有52家分支机构，覆盖全国13个省（市）的52个县（市/区），近1.4万个行政村，2,204万人。其中，48个国定、省定贫困县，3个受灾地区县，1个城郊县。这说明中和农信是一家以扶贫为己任的公益性小额信贷机构，见表1。

表1　　中和农信小额信贷项目县情况

序号	省份	分支机构	性质
1	河北	承德县	省级贫困县
2	河北	阜城县	省级贫困县
3	河北	广宗县	国家级贫困县
4	河北	怀安县	国家级贫困县
5	河北	海兴县	国家级贫困县
6	河北	滦平县	国家级贫困县
7	河北	涞源县	国家级贫困县
8	河北	平泉县	国家级贫困县

续表

序号	省份	分支机构	性质
9	河北	青龙满族自治县	国家级贫困县
10	河北	顺平县	国家级贫困县
11	河北	尚义县	国家级贫困县
12	河北	唐县	国家级贫困县
13	河北	围场满族蒙古族自治县	国家级贫困县
14	河北	万全县	国家级贫困县
15	河北	武邑县	国家级贫困县
16	河北	献县	国家级贫困县
17	辽宁	北镇市	省级贫困县
18	辽宁	昌图县	省级贫困县
19	辽宁	朝阳县	省级贫困县
20	辽宁	北票市	省级贫困县
21	辽宁	阜新蒙古族自治县	省级贫困县
22	辽宁	建昌县	省级贫困县
23	辽宁	建平县	省级贫困县
24	辽宁	康平县	省级贫困县
25	辽宁	开原市	省级贫困县
25	辽宁	开原市	省级贫困县
26	辽宁	喀喇沁左翼蒙古族自治县	省级贫困县
27	辽宁	凌源市	省级贫困县
28	辽宁	清原满族自治县	省级贫困县
29	辽宁	绥中县	省级贫困县
30	辽宁	新宾满族自治县	省级贫困县
31	辽宁	兴城市	省级贫困县
32	辽宁	西丰县	省级贫困县
33	辽宁	岫岩满族自治县	省级贫困县
34	辽宁	义县	省级贫困县
35	辽宁	彰武县	省级贫困县
36	山西	和顺县	国家级贫困县
37	山西	榆社县	省级贫困县
38	山西	左权县	国家级贫困县

续表

序号	省份	分支机构	性质
39	四川	德阳市	受灾地区
40	四川	绵竹市	受灾地区
41	四川	什邡市	受灾地区
42	福建	福安市	省级贫困县
43	福建	霞浦县	省级贫困县
44	江西	宁都县	国家级贫困县
45	江西	兴国县	国家级贫困县
46	内蒙古	库伦旗	国家级贫困县
47	北京	门头沟	城郊地区
48	广东	连南瑶族自治县	省级贫困县
49	甘肃	舟曲县	受灾地区
50	贵州	六枝特区	国家级贫困县
51	海南	昌江黎族自治县	省级贫困县
52	湖南	双牌县	省级贫困县

随着中和农信的迅速发展，其资产规模也迅速扩大，总资产从2006年的3,671万元增长到2011年的79,137万元，增长了22.6倍，所有者权益从2006年的326.5万元增长到27,577万元，增长了84.5倍。见表2和图1。

表2　　中和农信的资产与负债规模（万元）

资产	2006年	2007年	2008年	2009年	2010年	2011年
流动资产	3,515	7,416	12,033	20,172	40,234	77,882
非流动资产	111	166	333	523	826	1,255
资产总计	3,671	7,582	12,366	20,695	41,060	79,137
流动负债	582	818	7,012	10,371	24,431	51,560
非流动负债	2,763	6,183	0	79	6	0
负债合计	3,345	7,001	7,012	10,449	24,438	51,560
所有者权益	327	580	5,353	10,245	16,622	27,577
负债和所有者权益	3,671	7,582	12,366	20,695	41,060	79,137

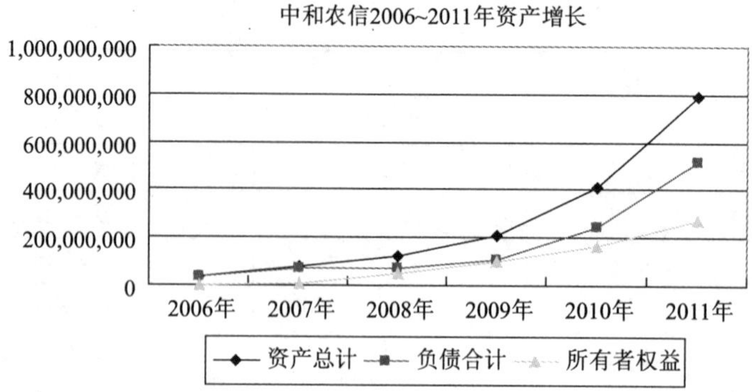

图 1 中和农信的资产增长

2011 年，中和农信共发放贷款 111,237 笔，共 1,074,256,700 元，同比分别增长 60.71%，88.76%。截至 2011 年年底，中和农信的贷款余额为 660,811,924 元，有效客户为 106,491 人，同比分别增长 69.81%、58.38%，大于 30 天的风险贷款率（PAR）为 0.61%。在业务规模扩张的同时，中和农信保持了良好的信贷质量。

二、中和农信的治理结构及与政府的关系

中国扶贫基金会是国内第一个也是最大的以扶贫为基本宗旨的非政府组织。它创建于 1989 年 3 月，最初因与扶贫办千丝万缕的关系，带有一定的半政府色彩。中国扶贫基金会的现任会长曾是中央财经领导小组办公室副主任、中央农办主任。可以说，中国扶贫基金会是一个有官方背景的公募基金会。自 1997 年以来，中国扶贫基金会经过一系列的改革和创新，逐步发展成一个比较独立的非政府组织。目前与政府之间的关系不再是上下级的隶属关系，而主要是业务或合作关系。其治理结构完全脱离了政府的色彩，呈现出完全独立的公司化的治理结构特点。

（一）中和农信的治理结构

小额信贷多年来一直作为中国扶贫基金会的一个项目部门存在。中国扶贫基金会其他的项目部门还有：母婴平安 120 项目、紧急救援项目、新长城助学项目、孤儿助养项目和综合项目等。2008 年年底，小额信贷项目部转为中和农信项目管理有限公司，成为中国扶贫基金会控股的专业小额信贷项目管理公司。

2011 年年底，中和农信引入两个战略合作伙伴——IFC（国际金融公司）和香港的一家社会投资基金。这两家公司入股中和农信的目的不在于追求商

业回报，而是在保证本金安全的情况下追求公司的社会影响。中国扶贫基金会的这次引资主要是基于以下考虑：

一是扩大资本金。这两家机构的注资占了中和农信39%的股份，中国扶贫基金会占61%；中和农信的最初注册资本金为5,000万，后增加到2009年的9,500万、2010年1.43亿以及2011年年底的2.5亿。这两家机构不仅自己投入了资金，还为中和农信带来了其他的资金和合作伙伴，增强了中和农信的资金实力；

二是加强能力建设。这两家机构各捐赠100万美元用于公司的培训、员工的能力建设和网络系统建设。以网络系统开发为例，原来引进的软件系统是单机版本，各地数据先通过email寄到总部，然后进行汇总，数据滞后1个月，而现在改进为网络信息系统后，实现了数据即时传送，并与中国人民银行的征信系统相连，能查询到客户在商业银行的信用记录，也能将用户贷款信用传递给人民银行。现在，负责公司网络维护和信息处理的IT部门已成为公司的最大部门。

三是加强国际信息交流。IFC入股后，为公司介绍引入了一个国际小额信贷专家组组长驻公司两年，为公司提供国际上最新的小额信贷技术和其他培训服务。

四是治理结构更加合理和严格，董事会更加规范。以前公司决策的理想主义色彩较浓，引入新的股东后，公司决策的理性成分加重了，公司的管理和经营更加专业。如听从董事会成员的建议，中和农信公司增加了风险管理部，专门负责风险的监督和管理，而在以前公司出于节约的考虑没有设立这个部门。

目前，中和农信公司的董事会由七人组成，其中，扶贫基金会是第一大股东，在董事会中占四位，除了董事长以外，还有三个董事；香港社会投资基金是第二大股东，董事会中占两位；IFC是第三大股东，董事会中有一位董事。总经理由中国扶贫基金会提名、董事会任命。另设监事两名。董事会议每个季度召开一次。

公司实行的是董事会下的总经理负责制，董事会的职责：一是决定总经理和财务总监的人选，其他人员则由总经理提名；二是决定公司业务的全国布局和区域选择；三是监督公司的经营管理。

中和农信公司的组织结构图如图2。

（二）总公司与分支机构之间的关系

中和农信的小额信贷业务是由各地成立的农户自立服务社和两个小额信贷公司来完成的。在管理上，各地区分支机构全部纳入总公司的管理体系，

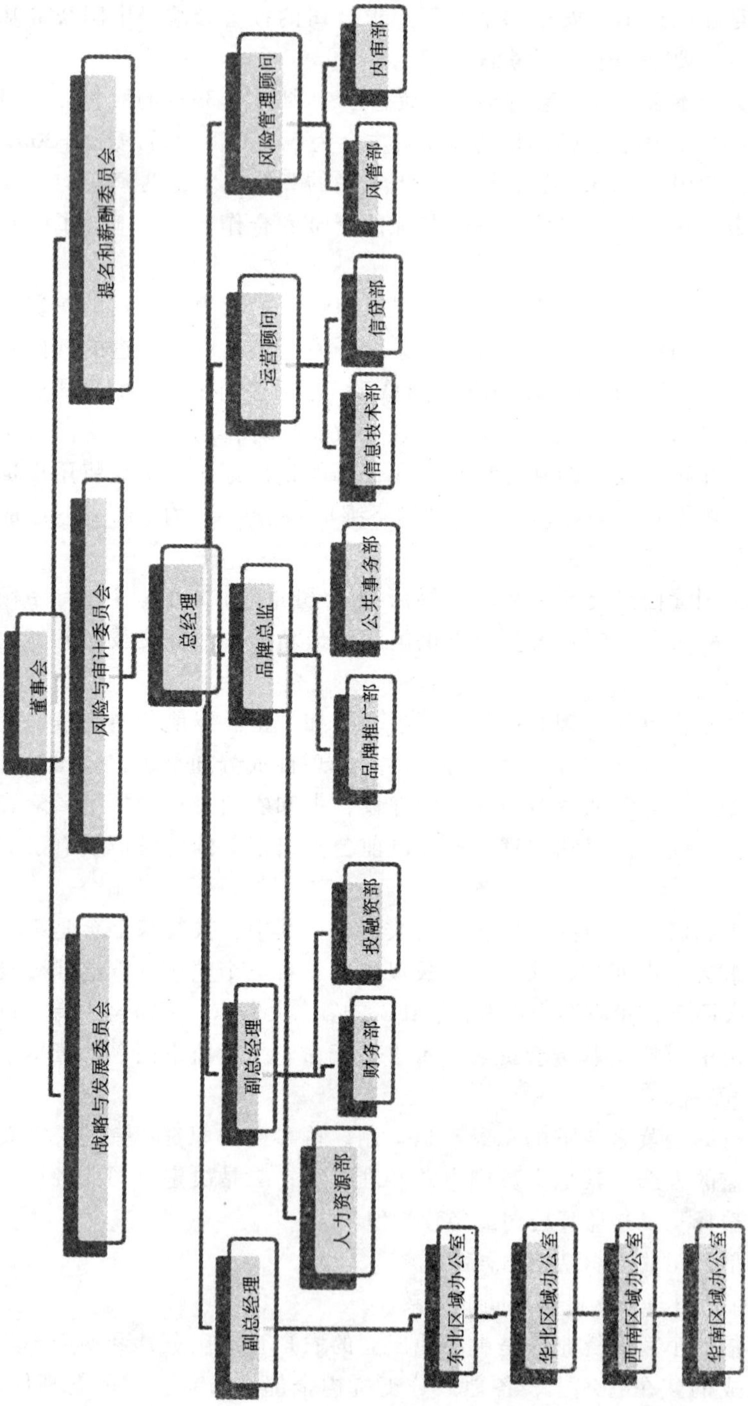

图 2 中和农信公司的组织架构图

人、财、物的管理都由总公司统一管理，资金封闭运行。各地的农户自立服务社建立的具体操作方式是：公司与省扶贫办和县扶贫办签订三方协议，服务社的法人代表由中和农信的人员担任，理事长为基金会秘书长，副理事长由省选派。农户自立服务社主任人选采取县扶贫办推荐、总公司考核认定的办法，即地方政府只有推荐权，没有决策权。（一般推荐扶贫的人较多，如县扶贫办副主任、乡镇副镇长等，至少提两名候选人。多数县负责人都能选定，少数县找不到合适的负责人时，要么暂不启动，要么总公司派人去工作半年，待选定负责人后再交接）。在县社负责人更换期，总部会派人临时代管。各分支机构在当地设立账户，实现全国联网。地方分支机构的负责人全部由总公司决定，只向总公司负责。

1. 人事权。目前，各县社管理人员一般为3～5人，包括主任、财务、出纳和督导等，这些岗位基本从县城聘任；其他工作人员，主要是信贷员，则面向社会公开招聘，多为乡镇干部或村中的能人。主任可以推荐财务、出纳、督导、信贷员的人选和提名，但决定权在总公司手里。一般在服务社刚开始建立时，总公司会派人来亲自面试和决定人选，在服务社达到成熟期后总部基本能够同意服务社主任的人事要求。各服务社主任要与员工签订劳动合同，劳动合同在北京总部有备案，员工享受人寿、工伤等四险一金。如果员工有违规的，主任有权利将其开除。

2. 办公房屋及其他财物所有权。目前，所有的各地服务社的公办房屋都是采取租赁的办法从市场租用，其办公家具、交通工具、办公用品等均由总公司统一购买或租用，所有的费用除了开办时县政府的一部分补贴外，均由总公司支付，产权也归总公司所有。

3. 资金使用权。关于资金的使用，各服务社主任每年年初都制定本年度预算，以预算为基础向总部提出资金要求。预算内容包括油费、餐补、办公、水电在内的费用以及年度放款规模，总公司审核后予以批复。以河北万全的服务社为例，该社去年的全部费用约为17万元，只占全部预算的2/3。每月的操作费用在1万元多一点，操作成本与人工成本的比例为1:6。在资金使用方面，各服务社主任的权利和职责是：

（1）贷款审批（每笔贷款都要服务社主任审批，并经过会计和出纳三人共同签字后才有效）。

（2）给员工发工资和提成。目前，各服务社的工作人员的报酬均是基本工资加提成。其中，基本工资较低，大约为800～1,000元（保底），主要收入来源是业务提成，即按收放款的数量和质量确定其工作业绩收入。

（三）中和农信与中央政府有关部门的关系

中和农信是中国扶贫基金会控股的公司。中国扶贫基金会是一家致力于中国扶贫开发事业的全国性社团组织，也是中国国内目前规模最大、实力最强的扶贫公益机构，由国务院扶贫办负责行业指导。多年来，中国扶贫基金会得到了党和国家领导人或各有关部门的支持和帮助。

随着中国扶贫基金会的事业不断发展壮大和社会影响力的日益提高，中国扶贫基金会得到相关部门的支持和帮助也越来越多，中和农信也因此受益。如，2010 年国税总局和财政部发文，中和农信公司可享受 NGO 税收减免待遇，即免营业税（5 万元以下）和所得税，这是公益小额信贷机构中唯一的一家。2010 年 8 月，中国人民银行同意中和农信公司进入其征信系统（可报送、可查询），也是小额信贷机构中的唯一一家。

（四）中和农信与地方政府之间的关系

中和农信业务网点布局以及选择在哪个地区开展业务，是由其董事会做出决定的。在这方面董事会考虑的主要因素包括：

1. 省份选择的主要因素：省内有贫困县，而且贫困县最好能相对集中连片。

2. 省里有关部门的配合程度，主要包括对小额借贷作用达成共识，提供配套资金，对日常事务不干涉。如果能够配合，达成共识，就可以与省里有关部门合作商量和决定在省里的哪些县布点。

3. 县内选点也与县政府和有关部门（一般是扶贫办）一块商量。选点总的原则是：除县城一般不做外，县内其他区域实现全覆盖；在发展初期，先选择相对容易的地方实施，如离县城距离较近、经济相对活跃的地方，突出小额信贷的示范作用。但是县政府不能干预服务社的具体经营。

4. 农户选择：农户选择由服务社主任决定，与政府和其他部门没有关系。在多数县，要求实行五户联保自动选择方式。在少数县，可以选择个人贷款。但在一个县域内只能有一种贷款产品，或者是联保贷款，或者是个贷。

各县政府和扶贫办的职责：一是提供办公启动资金；二是提名服务社主任候选人；三是帮助在县域内选择和推荐相应的乡（镇）村开展业务。以万全县为例，万全县服务社开办时，省扶贫办给 50 万元作为配套资金，县扶贫办给予 10 万元启动资金。其他的所有资金都来自中和农信。

小额信贷的发展，反过来对地方政府的工作形成了积极的支持。如辽宁省新宾县的服务社有一个最贫困的乡——下荚河乡。现在，这个不到 2 万人的乡，在所有的 3,000 多户居民中，有 1,000 多户有中和农信的贷款，目前，此乡的放款量基本维持在 300 多万。收款也很顺利。由于贷款的支持，该乡经济发展顺利，群众发展经济的积极性高涨，贷款户中基本没有上访，整体上访量也迅速减少。政府的压力减轻，正常的工作也很容易开展，因而对政府的工作形成了积极的帮助作用。现在，新宾的县乡政府对此乡农户的看法已发生了转变，党群、干群关系也得到了很大的改善。

三、中和农信的产品与服务

（一）中和农信的产品

中和农信的产品比较简单和单一，只包括小组联保的信用贷款以及在最近几年开展的个人信用贷款。这两个产品的不同点有二：一是信用提供方式不同，小组贷款是五户联保，个人贷款是以个人信用做担保。二是单笔额度不同，小组贷款最高额度是 12,000 元，个人贷款最高额度是 5 万元。2011 年，中和农信平均单笔贷款额度是 9,657 元。除了信用担保方式和额度不同外，在贷款期限、贷款利率、还款方式上都是一样的，贷款期限目前是 6～12 个月；每月等额还本付息；从贷款的第二个月开始还款，分 10 次还清。以 6,000 元额度为例，每月还款 672 元，10 个月后到期共还款 6,720 元。

1. 产品结构。到 2011 年 12 月，共累积贷款客户 304,794 户，其中，个人贷款 16,452 户，小组贷款 288,342 户，小组贷款占比为 95%，个人贷款只占 5%（见图 3）。

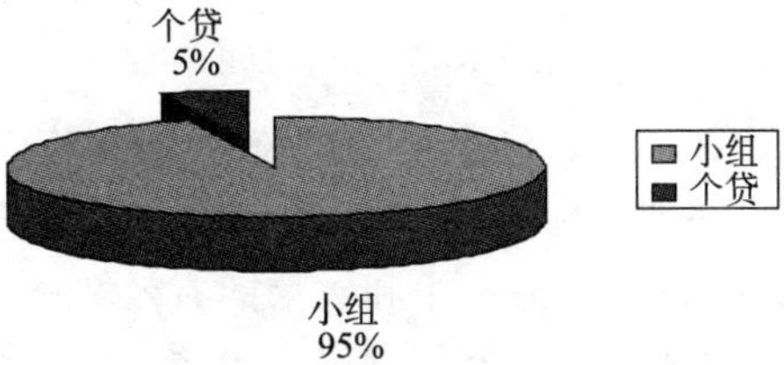

图 3　中和农信小额信贷的产品结构

但是，个人贷款的单笔额度要高于小组贷款。以 2011 年为例，全年共有贷款客户 106,517 户，其中，小组贷款客户数 99,148 户，占 93%，个人贷款客户数 7,369 户，占 7%。但是按额度从小到大看，5,000 元以下的贷款客户共 11,356 户，基本占 100%，其中个人贷款只有 50 户。在 5,000～10,000 元额度区间，共有 71,960 户客户，其中，个贷客户只有 557 户，占 1%。而有 10,000 元以上的客户中，个人贷款客户有 6,762 户，占 29%，而小组贷款客户占 71%。见表 3。

表 3　　2011 年小组贷款与个人贷款额度分布表

额度（元）	小组贷款客户数（户）	个人贷款客户数（户）
1 ~ 2, 000	2, 983	0
2, 001 ~ 5, 000	8, 323	50
5, 001 ~ 10, 000	71, 403	557
10, 000 以上	16, 439	6, 762
合计	99, 148	7, 369

2. 产品用途。中和农信小额信贷主要用于支持农村经济发展的各个方面，因此用途分布较广，但是主要还是集中于大农业。见图 4：

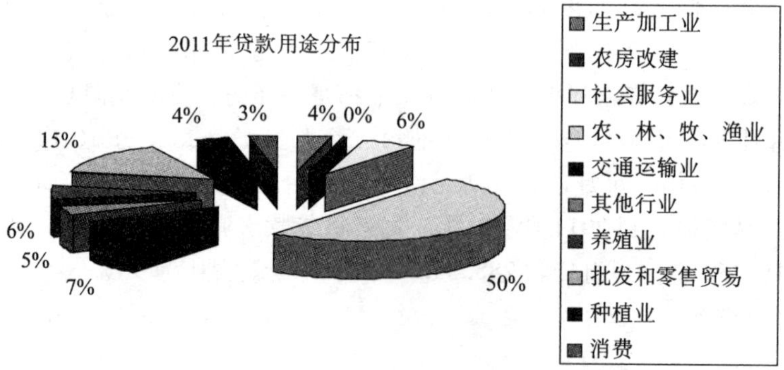

图 4　中和农信小额信贷的用途

从图 4 中看，农、林、牧、渔业使用的贷款余额占 50%，加上养殖业的 6%、种植业的 4%，大农业类使用的贷款占 2011 年贷款余额的 60% 以上。

3. 客户结构。截至 2011 年底，中和农信的有效客户为 106, 491 人，同比增长 58. 38%。其中，以农户和非农户划分，99% 的客户是农户；以性别划分，91% 为妇女；以民族分，25% 的客户是少数民族。这充分体现了中和农信的主要目的是支持贫困地区的农村妇女发展生产。

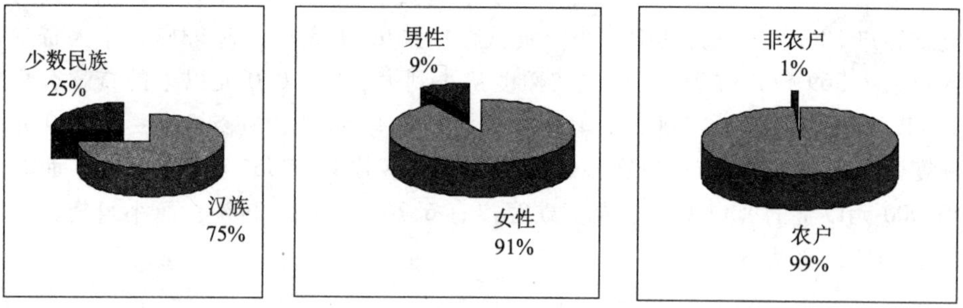

图 5　中和农信小额信贷的客户结构

（二）中和农信的产品风险情况

中和农信自成立以来，始终把风险控制放在极其重要的位置，截至 2011 年年底，中和农信的贷款余额为 660,811,924 元，大于 30 天的风险贷款率（PAR）仅为 0.61%。这说明，中和农信在业务规模扩张的同时，保持了良好的信贷质量。

1. 按产品分的贷款风险。从贷款风险看，小组贷款的风险经历了一个从高到低的快速进步过程，见图 6：

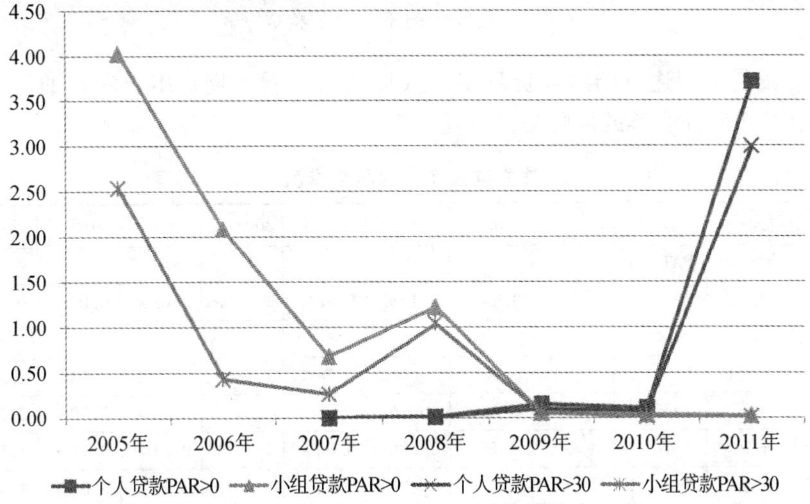

图 6　2002 ~ 2011 年小额信贷风险贷款率

从图 6 中看，2005 年，大于 30 天的贷款风险率为 4.02%，2006 年改制后，大于 30 天的风险贷款率则一直稳定地保持在 0.5% 以下，而且超过 1 天的风险贷款率也基本保持在 1% 以下。这种低风险率在中国目前的信用环境下不能不说是一个奇迹。

相比之下，个人贷款近年来出现风险增大的情况，2011 年，个人贷款的风险率急剧上升（见图 6），值得警惕。

从已注销的不良贷款的构成看，已注销的不良贷款的本金和利息中，个贷共 217,855 元，占 16%，小组贷款共 1,181,667 元，占 84%。见图 7：

2. 按地区分的贷款风险。2011 年，全国 52 个服务社中，PAR = 0 的服务社共 32 家，占 61.5%，PAR > 0 的服务社只有 20 家，占 38.5%，这其中贷款风险率大于 1% 的只有 5 家；PAR > 30 的服务社共有 12 家，占 23.1%，其中风险率超过 1% 的有四家。

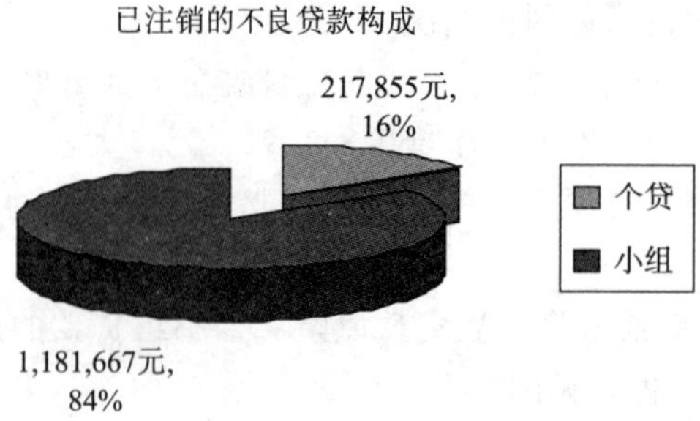

图 7 已注销的不良贷款构成

3. 按贷款用途分的风险贷款率。从贷款用途看，贷款用于农业的风险最低，用于其他行业类的风险最高。见表 4：

表 4　　按贷款用途分的风险贷款

贷款用途	风险率	2004 年	2005 年	2006 年	2007 年	2008 年	2009 年	2010 年	2011 年
交通运输业	PAR >1							0	2.10%
农、林、牧、渔	PAR >1	0	0.64%	2.15%	0.80%	1.14%	0.05%	0.05%	0.16%
农房改建	PAR >1								0
批发和零售贸易	PAR >1		0.00%	3.46%	0.26%	1.09%	0.02%	0.08%	1.52%
其他行业	PAR >1	10.66%	4.55%	100. %			0.00%	0.00%	2.37%
社会服务业	PAR >1		0	0.08%	0.00%	1.17%	0.33%	0.16%	1.50%
生产加工业	PAR >1		0	0	0.02%	0.83%	0.24%	0.07%	1.41%
消费	PAR >1							0	1.06%
养殖业	PAR >1								0
种植业	PAR >1								0

2011 年，在所有行业中，风险从高到低的排列顺序见图 8：

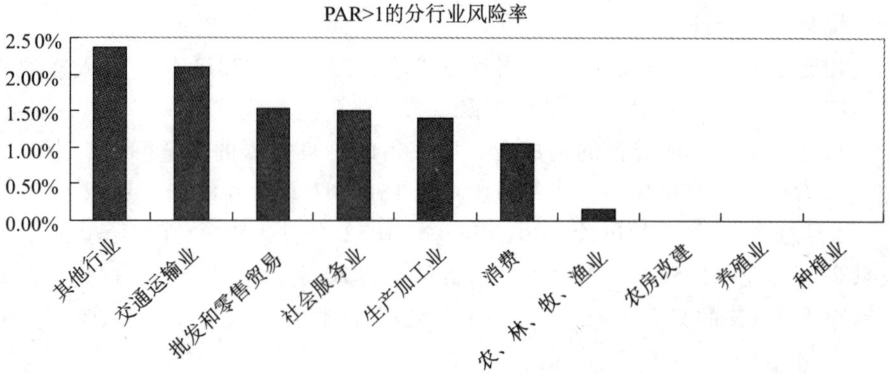

图 8 按贷款用途分的风险贷款率

从图 8 中可以看到，所有的风险基本上都集中在非农领域，如其他行业、交通运输业、批发零售业、社会服务业、生产加工业。而在农业领域，风险近乎于 0，养殖业、种植业的风险则是绝对为 0。由此，我们可以得出，中国扶贫基金会小额信贷的超低风险率主要是得益于用于农业的贷款比例高。

（三）中和农信的服务

中和农信作为一家公益性的小额信贷公司，始终不忘其使命——助力微型创业者实现梦想，在为客户提供信贷产品服务的同时，还向农户提供了大量非金融类的各种服务，以提升客户的自立和自我发展能力。近年来，中和农信向客户提供的服务类产品有以下：

1. 小额保险。通过与中国人民人寿保险股份有限公司合作，自 2009 年起，中和农信向所有贷款客户赠送“定期寿险”。当客户发生意外伤残或死亡的时候，保险公司将代为偿还剩余债务。截至 2011 年年底，公司累计为客户投保 194, 258 人次，共有 100 位贷款客户获得保险公司理赔。

2. 农业技术培训。受知识结构和传统生产习惯的限制，许多贷款农户往往在选择项目和发展生产时缺乏足够的信心和相应的专业知识。因此，中和农信的员工在日常工作中，随时关注农户的想法和困境，并及时组织各种免费技术培训，既提高了农户的自信心，又拓展了农户的知识，使这些农户有足够的信心和技能来发展创收项目。2011 年，中和农信共向客户免费发放图书等实用技术资料 1 万多册，培训近 2 万人次。

3. 金融教育。为帮助贷款客户更新理财观念，开源节流，扩大收益，减低风险，中和农信为项目区农户免费提供金融知识普及教育和理财咨询等工作。通过编制材料、现场交流等培训方式提升客户与金融机构的沟通能力，引导客户合理使用各项资金，平衡开支，强化保险意识，从而实现家庭的可持续发展。2011 年 8 月，中和农信正式对接中国人民银行征信系统，所有贷款客户的交易记录都被导入征信系统，10 多万在正规金融机构没有贷款记录的客户一下子有了自己的征信记录。同时，公司正式开始贷前征信查询，避免客户出现过度负债，并组织全体员工认真学习征信知识，更好地服务于客户。中和农信向所有客户免费发放征信相关知识材料 20 多万份，各分支机构通过不同的活动方式向贷款客户宣传和普及征信知识。中和农信还通过宣传品介绍人民币真伪识别方法，提醒客户注意短信诈骗等欺诈行为，防止客户上当受骗。

4. 表彰客户。为了鼓励客户自立自强，中和农信对成绩突出的客户给予奖励。2011 年，中和农信共有 40 名贷款客户获得“2011 中国银行业协会（花旗集团）微型创业奖”，其中有五人分别获得各个奖项类别的一等奖。

5. 助学资金。自 2008 年起，中和农信积极协助困难客户家庭的子女申请中国扶贫基金会的新长城项目助学金。截至 2011 年年末，共有近 200 名客户的子女获得助学金的帮助。

6. 健康教育。2011 年，中和农信辽宁省绥中分支机构联合当地县医院和县妇联系统，在农村开展妇女妇科卫生知识普及活动，深受当地妇女欢迎。辽宁省新宾分支机构聘请专业舞蹈老师到乡镇组织妇女客户学习健身操，为客户带去令人耳目一新的活动。

7. 露天电影。2011 年，中和农信有多家分支机构在当地农村开展送电影下乡的活动。公司员工携带投影仪及电脑，在晚间到村里为农户放电影，丰富了农村的文化生活，赢得了客户的赞赏。

8. 电话回访。中和农信服务承诺——一个电话上门服务。2011 年 5 月，中和农信首次在全国范围内通过电话回访形式开展客户满意度调查。调查结果显示，95% 以上的客户对于我们的服务非常满意。

9. 客户投诉处理。中和农信建立了包括录音电话、电子邮件、网站留言和邮递信函等形式多样的客户投诉渠道，并制定了完善的投诉处理机制。中和农信在公司网站以及各种直接发放给客户的宣传品（包括客户卡、宣传单和海报等）上公开公司的投诉渠道和方法。2011 年，公司共收到四起客户投诉，均已得到妥善解决。

四、中和农信的信贷资金来源

中和农信的信贷资金来源有以下方面：

1. 赠款。中国扶贫基金会早期小额信贷的资金有相当一部分来自国内外的赠款。

2. 地方政府配套。包括省政府配套资金和县政府配套资金。2006 年以前，中国扶贫基金会的小额信贷资金来源除了赠款外，主要是地方政府的配套资金。

3. 无息贷款。2006 年以前，香港嘉道理基金会曾向中国扶贫基金会提供了 250 万赠款，2006 年以后，香港嘉道理基金会又向中国扶贫基金会的小额信贷项目部提供了 1,000 万 8 年期无息贷款。

4. 批发贷款。目前已分别从中国开发银行、渣打银行、中国农业银行、北京银行获得了批发贷款，具体是：2006 年 12 月 20 日，与国开行签 1 亿元授信协议，授信期为 1 年，之后单笔单批。截至 2011 年年底，共使用国开行 1.3 亿贷款；2008 年，获得渣打银行 2,000 万批发贷款；2009 年，获农行授信 2 亿，现授信增至 3 亿，截至 2011 年年底共使用 2.3 亿；2011 年，获北京银行 4,000 万批发贷款。

5. 战略投资者。2008 年年底成立中和农信公司，引入两个战略投资者，使中和农信注册资金由最初的 5,000 万，逐年增加至 9,500 万、1.43 亿，及 2011 年底的 2.5 亿。

到 2011 年年底，中和农信的资金来源中有 62% 来自商业化的批发贷款，有 38% 的资金来自自有资金、地方配套、战略投资等（见图 9）。

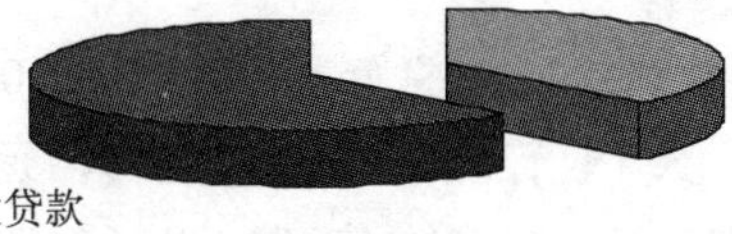

图 9　2010 年底中和农信的资金来源结构

在商业化的批发贷款共 4.1 亿元中，中国农业银行最多，达 2.3 亿元，其他依次为：国家开发银行 1.1 亿元、北京银行 4,000 万元、渣打银行 2,000 万元，嘉道里 1,000 万元（见图 10）。

图 10　中和农信使用的批发贷款来源结构

作为公益性的小额信贷机构却能使用商业性批发贷款作为资金来源，似乎有些不可思议，但是经过这几年的运作，似乎可以说，中和农信在这方面的探索取得了成功。成功的因素可能有以下：

一是中和农信小额信贷的利率可以弥补商业化批发贷款的成本。目前，农业银行和开发银行提供资金的利率是 6.5%，加上担保费用，这些商业批发资金的成本高达近 10%。但是中和农信的小额信贷的实际年利率高于 10%，而且其小额信贷的资金周转率高于 1。据河北万全县服务社的计算，它们的资金年周转速度可以达到 1.5，这就使得中和农信使用批发贷款不仅可以收回成本，还可以有一定的利润。

二是中和农信小额信贷资产的高质量和贷款的低风险，为吸引商业批发贷款提供了安全保证。2011 年，中和农信小额信贷的风险贷款率（PAR > 30）只有 0.61%。这样低的风险贷款率可能在国内的金融机构中是极为罕见的。

三是良好的社会形象与人际关系是中和农信得到批发贷款的关键因素。近几年，国内一些公益性组织和慈善机构频频暴露出各种丑闻，在此环境下，中国扶贫基金会却一直严格管理，坚持透明化的运作并保持了良好的社会形象，其社会形象不仅得到公众的承认，也得到了中央和国家领导人的表扬，这对于提供批发贷款的机构是一个良好的激励。如回良玉就对农行向中和农信提供贷款的行为提出了表扬。

为了强化社会绩效治理，树立良好社会形象，2011 年，中和农信组建社会绩效工作小组，将社会绩效管理正式纳入公司治理结构，每半年向董事会提交社会绩效报告。2011 年，中和农信还加强了对职工社会绩效管理工作的培训。一是针对总部人员的培训，普及社会绩效理念，将社会绩效管理意识融入决策制定和日常工作中；二是针对分支机构人员的培训，着力于推动社会绩效管理工作在基层执行层面的贯彻落实，确保社会使命的实现。

2011 年 8 月，法国沛丰评级机构（Planet Rating）对中和农信进行了全面的社会绩效评估。综合评估结果中和农信的社会绩效评估值为 3 分，处于国际标准的中上水平。中和农信良好的社会形象也可以从其频频得奖中得到验证。

专栏：中和农信小额信贷在 2011 年所获得的奖项

1. “友成扶贫科研成果奖”
2. 首届中国农村金融品牌价值榜—— 十大品牌创新机构
3. 2011 年全国金融机构服务“三农”最佳社会责任奖
4. 全国扶贫开发先进集体
5. 2011 年可持续金融奖

五、中和农信的内部管理

（一）中和农信的财务状况

1. 中和农信的财务收入结构。2011 年，中和农信的营业收入共 12,090 万元，其中利息收入 12,149 万元。在其利息收入中，贷款利息收入共 12,052 万元，占其利息收入的 99.5%，中和农信的营业收入及结构详见表 5。

从表 5 中看，小额信贷的利息收入占中和农信营业收入的 99.7%，几乎是中和农信收入的全部，这意味着中和农信的财务管理重点必须是尽量多地

表 5　　**2011 年中和农信的营业收入及结构**　　单位：元

营业收入	120, 901, 307. 55
利息收入	121, 487, 513. 70
其中：贷款利息收入	120, 518, 465. 68
存款利息收入	969, 048. 02
系统内往来利息收入	0. 00
手续费及佣金收入	24, 816. 00
公允价值变动收益（损失以“－”号填列）	0. 00
投资收益（损失以“－”号填列）	0. 00
汇兑损益	–759, 948. 74
其他业务收入	148, 926. 59

发放贷款，并保证贷款的回收。由于中和农信的贷款全部依赖于基层服务社对农户的贷款，因此，这一收入结构同时也意味着中和农信的发展必须依靠各地服务社的发展，而各地服务社的生命则系于农户贷款的发放与安全回收。

2. 中和农信的财务支出结构。2011 年，中和农信的财务支出共 10,903 万元，详细的支出结构详见表 6。

表 6　　**中和农信的营业支出及结构**　　单位：元

营业支出	109, 034, 258. 21
利息支出	26, 651, 895. 17
其中：借款利息支出	21, 142, 787. 74
存入保证金利息支出	431, 597. 35
系统内往来利息支出	5, 077, 510. 08
手续费及佣金支出	3, 972, 662. 22
营业税金及附加	1, 844, 836. 54
资产减值损失	8, 188, 671. 63
业务及管理费	68, 133, 073. 92
其中：职工薪酬	40, 853, 107. 04
行政管理费用	21, 071, 150. 68
公共占用费用	1, 027, 268. 42
营销费用	2, 170, 519. 20
风险监测费	3, 011, 028. 58
其他业务支出	243, 118. 73

从表 6 中看，其营业支出的最主要部分是业务及管理费，2011 年，这项费用支出共 6,913.3 万元，占全部支出的 62.4%，其他的依次为利息支出，占 24%；资产减值损失，占 8%；手续费及佣金支出，占 4%；营业税金及附加，占 2%；而其他业务支出基本为 0。见图 11：

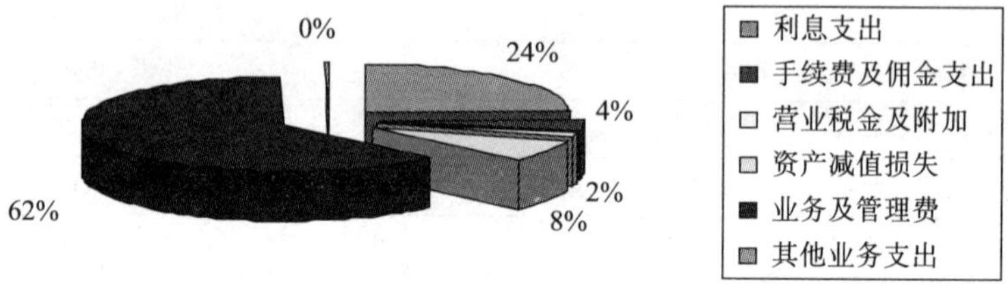

图 11　2011 年中和农信营业支出结构

在业务和管理费支出中，最大比例的支出是职工薪酬的支出，占 60%，其他依次为行政管理费用，占 31%；风险监测费 4%；营销费用 3%；公共占用费用 2%。见图 12：

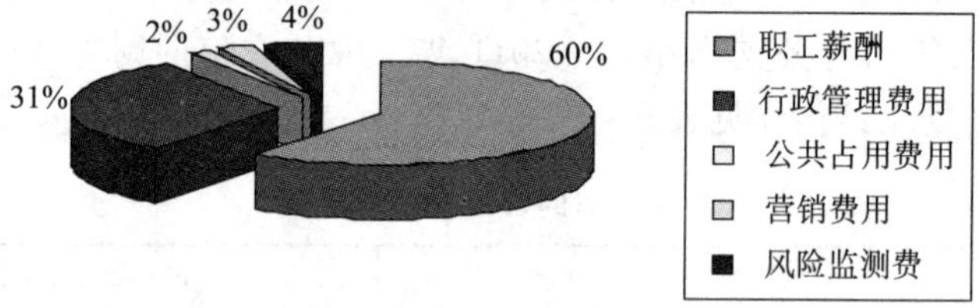

图 12　中和农信 2011 年业务和管理费支出结构

图 12 的结果意味着，中和农信要扩大利润，从支出上说，一是要控制职工薪酬，二是要控制行政管理费用。由于中和农信的基层干部和职工占了约 90% 以上的比例，而这些职工的收入主要是绩效工资，即与贷款的发放量和回收质量相挂钩，所以控制职工薪酬方面的空间几乎没有，要想节约支出，主要靠控制行政管理费用。

中和农信 2011 年中营业支出的第二项主要支出是利息支出，占 24.5%。利息中的支出主要是借款利息支出，占利息支出的 79.3%。这方面的利息支出即前面所说的从商业银行批发贷款的利息支出。其利息支出结构如图 13。

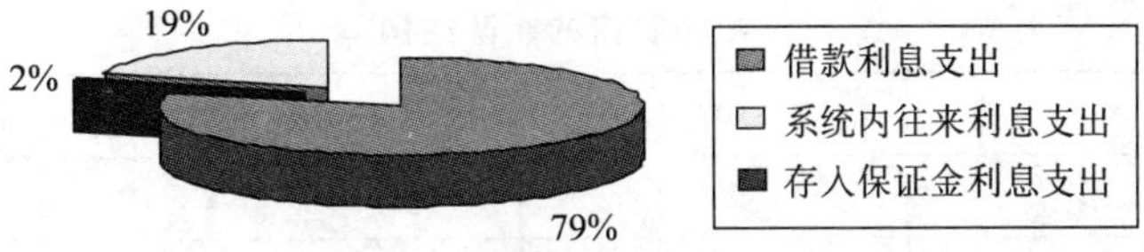

图 13　中和农信 2011 年利息支出结构

从图 13 中看出，如能减少其中借款利息支出，将明显改善公司的利润状况。目前，公司的借款成本约为 10%，其中，借入商业银行基准利率约 6%，担保及其他支出约是 4%。由于商业银行的基准利率是固定的，公司在节约利息支出方面只能是主要依靠降低担保方面的支出，如果能取消担保方面的支出，公司的赢利水平奖大幅度提升。中和农信可以利用目前的社会影响力争取金融监管层的支持，以尽量减少贷款担保方面的支出。

对比中和农信 2011 年营业收入中的利息收入和营业支出中的利息支出，可以看到，中和农信的小额信贷有巨大的赢利空间。2011 年，中和农信的营业利润高达 1, 186. 7 元。见表 7：

表 7　　2011 年中和农信的营业利润和纯利润

营业利润（亏损以“-”号填列）	11, 867, 049. 34
加：营业外收入	6, 026, 523. 16
其中：捐赠及政府补助	5, 952, 091. 14
减：营业外支出	111, 598. 33
其中：非流动资产处置损失	99, 439. 02
减：以前年度损益调整	14, 083, 583. 83
利润总额（亏损总额以“-”号填列）	3, 698, 390. 34
减：所得税费用	-326, 289. 56
净利润（净亏损以“-”号填列）	4, 024, 679. 90

从表 9 可知，以前年度的资产损失侵蚀了 2011 年大部分的营业利润，因而导致了净利润的大幅减少。同时也可以看到，如果今后中和农信能够保持目前的低风险水平，未来的纯利润将会有更大的增长。

（二）中和农信的人力资源管理

中和农信拥有一支年轻而高效的团队，截至 2011 年年末，共有员工 650 人，平均年龄为 35 岁，2011 年新增 156 名员工，同比增长 31. 58%。中和农信在用人上还始终坚持“当地人服务当地人”的用人理念，为各项目区提供了很好的就业机会。截至 2011 年年末，公司在各分支机构共有 592 名基层员工，占全体员工的 91% 以上。见表 8：

表 8　　中和农信的团队结构

年份		2009		2010		2011	
员工总数		299		494		650	
女性人数	女性占比	152	50.84%	239	48.38%	309	47.54%
新增人数	增长率	104	53.33%	195	65.22%	156	31.58%
总部人数	占比	30	10.03%	47	9.51%	48	8.92%
信贷员	信贷员占比	178	59.53%	309	62.55%	402	61.85%

从表 8 可知，中和农信的员工数从刚成立那一年的 299 人迅速增长到 2010 年的 494 人，和 2011 年的 650 人，年增长速度分别达到了 65% 和 32%。其中，女性员工数由 2009 年的 152 人增加到 2011 年的 309 人，占员工总数的近一半。在迅速增长的员工人数中，新增基层工作人员和信贷员占主要部分，信贷员人数占比从 2009 年的 59.53% 提高到 2011 年的 61.85%。

1. 职工的培训。中和农信的使命是提升农村贫困农户特别是女性的能力建设，在中和农信的内部管理中，也注重通过培训提升职工特别是女性职工的能力建设。2011 年，中和农信共组织大型培训 51 次，其中，针对新员工的集中入职培训 18 次，日常业务培训 27 次，国内考察学习 2 次，国际考察学习 4 次。同时，还有各个分支机构每月对员工进行日常业务技能培训，累计培训达 2,000 多人次。中和农信规定，新进入的员工，要先在总部培训 2 天，然后通过每月的两次例会以及通过传帮带的形式迅速培育工作人员的工作技能。

2. 员工的责任与纪律：职业道德与行为准则。中和农信向全体员工下发《员工职业道德与形象规范手册》，明确员工在日常工作中的行为准则。岗位操作规范，对基层信贷员有严格的纪律要求，如不喝酒，24 小时开机，不许对客户垫付贷款，不允许拖延客户信息，必须当天上报，违犯者一律按制度规定严惩。如新宾县服务社共有两名后台工作人员和两名信贷员辞职，其中一名工作人员是因为工作能力和个人素质难以符合总部要求被辞退。万全县服务社有一名员工被辞退，原因是垫付贷款。

3. 员工的激励机制。对基层员工的激励：总部会根据业绩（放款量）进行奖励，通过年终奖、旅游、评先进个人的形式进行奖励。中和农信还为员工建立内部晋升通道，2011 年，有八名基层员工被提拔到总部工作，占总部人数的 13.8%。另外，还组织内部员工比赛，如电脑、演讲比赛，激发职工提升个人能力。

4. 企业文化。除了严格的培训、纪律、激励机制外，中和农信还注重建设和谐积极的企业文化。企业文化建设方面的主要内容有：一是关注员工人身安全。2011 年，中和农信对全体员工开展了一系列人身安全教育活动，重点强调骑摩托车必须戴头盔，开车必须系安全带，严禁无证驾驶、酒后驾驶等。中和农信为所有员工购买了工伤保险和人身意外保险，公司每年定期组织所有员工进行身体检查。二是使内部沟通透明顺畅。中和农信内刊《和信》、内部论坛、聊天软件、投诉渠道等构成了中和农信内部全方位立体沟通渠道，让员工充分表达自己的意见以及沟通交流。三是多次面向全体员工进行创意征集活动，充分发挥员工的创造力。如对联征集、刊物征名等。四是文体活动快乐工作。2011 年，中和农信倡导快乐工作，健康生活。为此举办了羽毛球比赛、篮球比赛、拔河比赛等，让员工在工作之余加强身体锻炼，保持健康的体魄以及乐观的心态。此外还有一年一度的摄影比赛，让员工在工作中拍摄客户的笑脸，感受到工作的喜悦。五是成立员工互助基金即“中和基金”。2010 年 2 月，中和农信决定设立员工互助基金。2010 年 3 月 29 日，“中和基金”正式成立。2011 年 4 月 4 日，经全体员工大会商议确定，将基金会的援助范围扩大至客户。2011 年，中和基金共募集资金 32.6 万元，其中公司董事长何道峰先生捐赠 10 万元，其他员工捐赠 8.8 万元，公司配比 13.8 万元。2011 年，共向 13 名员工、30 名客户提供资助 10 万余元。中和基金体现了中和农信员工的互助精神，传递了公司对客户的关爱理念，得到了公司员工的踊跃参与以及受资助客户的衷心感谢，已成为具有中和农信特色的企业文化传统。

2011 年 10 月，中和农信正式成立工会，建立了员工自我管理的平台。2011 年，中和农信聘请独立专家对公司全体员工开展了满意度调查。调查显示，99% 的员工非常清楚公司的使命与价值观，96% 的员工愿意在中和农信长期工作 。

（三）中和农信的风险管理

风险管理是中和农信公益性小额信贷成功的关键所在，也是公司管理的重中之重。2011 年是中和农信的“风险控制年”。除了优化流程以外，公司还紧紧围绕“安全第一，稳健发展”的中心目标，进一步完善风险管理体系，提升风险管理意识，并针对如何降低信贷风险和人身安全风险等开展了一系列重点工作。目前，中和农信的风险管理体系是由三个方面的内容构成的：一是风险管理部门，二是风险管理制度，三是信贷追踪系统；形成了一个有制度安排、有部门负责、有信息技术保障的风险管理体系。如图 18 所示：

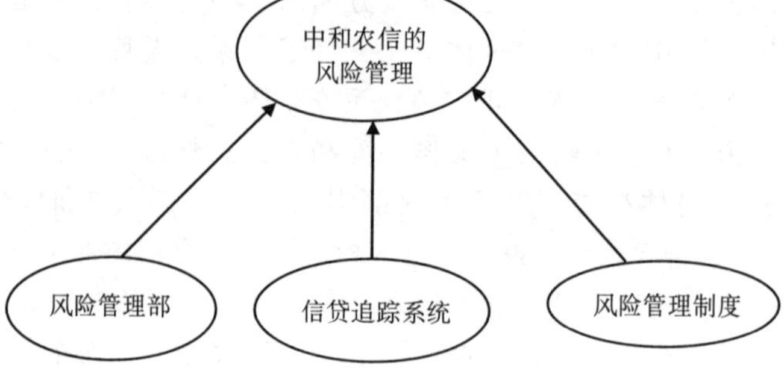

图 14　中和农信的风险管理体系

1. 中和农信的风险管理部。2011 年，中和农信在公司内部成立了风险管理部，专门负责风险的监督和管理。

2. 中和农信的信贷追踪系统。中和农信的信贷追踪系统是由公司自主研发的，客户的贷款信息全部进入系统之中，并实现了信息的即时传递和追踪。2011 年，中和农信又加强了业务流程优化，全面开展了个人贷款技术的研发与培训工作，并在自主研发的原有信贷追踪系统的基础上，新增了五个功能模块，实现了客户信息对接央行征信系统，纳入征信管理，强化信用体系，进一步提高了工作效率以及信息化管理的水平。这五个功能模块是：（1）全面推行机打票据，规范票据填写，减轻工作负担；（2）启动呼叫中心试点，完善监测流程，提高管理效率；（3）启动短信通知试点，改进客户服务，提升机构形象；（4）启动银联代扣试点，探索非现交易，降低现金风险；（5）建立中和农信信贷追踪系统。

3. 风险管理制度。在风险管理方面，中和农信制定了一套严格的制度安排，这些制度安排主要有以下两个内容：

一是规范的贷款操作流程，要求所有项目县的农户自立服务社和小额信贷公司在放款和收款时必须严格按照公司制定的操作流程进行。中和农信的产品比较单一，在操作上也实行流程化的规范操作，在农户的选择、信息的传递、贷款的发放、资金的回收、风险的监测等所有的流程都有明确的规定，且这些所有的标准都是全国统一的，都纳入到中和农信的信息系统中。由于实行流程化的规范操作，每个基层服务社能够自由发挥的余地很小，基本在总部的框架之内。

二是风险保险制度。公司为了防范风险，购买了现金安全险、员工忠诚险和高管责任险，这三个保险由平安保险提供。这三个保险目前已发挥了作用。如 2011 年有名员工实施欺诈，发现后由保险公司进行赔付，还有员工携款潜逃，也是由保险公司赔付 80 万。

实际工作中，小额信贷具体的操作流程如下：

（1）新贷款户的申请。新客户的贷款要自己先组织一个联保小组，组成后打电话给信贷员，申请贷款，信贷员实地审核信息、进行贷款知识培训，然后将必要信息如身份证、家庭情况、贷款用途等当天录入并核对信息系统，提交服务社。期间，客户并不需要提交任何的正式申请材料，所有的协议都是格式化的。联保在筛选信贷户中的作用很明显。一些不良的人群基本就能在联保过程中自动直接筛除。一般情况是五户联保的客户多为朋友或者亲戚较多。

（2）确定客户的信用级别。不同的客户级别所能得到的最多贷款额是不同的。以河北省万全县为例，一级客户信贷额度为 6,000 元，二级客户额度为 8,000 元，三级客户额度为 10,000 元。一般是，第一次贷款的客户是一组客户，客户得到过一次贷款并按期归还的再贷款就可自动升为二级客户，二次贷款并未逾期的可自动升级三级客户。目前，最高级别的客户就是三级客户。不同级别的客户的差别：一是申请时间的不同——一级客户从申请到得到贷款大约需要经过 10 天的审核等程序才能得到贷款；二级或三级客户在还完款后第二天就可以接着组织小组申请贷款。二是贷款额度的不同，级别越高，得到的贷款额度也越高。

（3）贷款的审核。包括办公室审核和实地考察。办公室审核主要是看小组的年龄、额度、风险提示等方面是否符合要求。一般要经过 2 ~ 3 天。实地考察主要是到放款时首先要询问信贷员对贷款户培训效果，如是否明晰贷款的责任、还款的要求等，实地审核通过后就让贷款户签字并按手印，办理贷款手续。在审核上，哪怕是有一丁点的信用问题或者是联保户之间没有协商好，都不会放款。服务社必须坚持做最优选择，而不是次优选择。总的来看，由于客户自身原因而被拒绝放款的情况占总申请量的比例约为 2% ~ 3%。因此，可以说信贷员对贷款风险的把握是控制风险的主要环节。从组织联保小组到放款的审核过程最多为 10 天。

（4）发放贷款。发放贷款要由县服务社负责。通常是由会计、出纳、督导一起现场发放。发放贷款时贷款户要与信贷员、服务社的督导一起合影，信贷员当天就要把客户的还款信息和合影照片当天录入中和农信的信贷管理系统。

（5）回收贷款。回收贷款由信贷员操作。信贷户的还款要先交给小组组长，信贷员自己直接向组长催款。信贷员要先同贷款户电话沟通，每次要提前 2、3 天预约，约定时间后上门回收，信贷员收款完后当天要将现金就近存入银行（或信用社），每个信贷员有一个基本账户，且只能用于存放收回的贷款而不能取款。信贷员存入钱后钱款自动到达服务社的账户上。收款后，信贷员要及时告知出纳，银行也会给服务社发出短信提示。不同村庄的收款日要错开，每个信贷员每月收款的时间一般要用 4、5 天。每天从 8:00 开始，到 9:00 ~ 10:00，最晚也在 12:00 前结束。

（6）风险监控。发放贷款后，服务社和信贷员利用电话回访进行后期风险监控。其中，信贷员是风险控制的主要因素。在管理层面上，主要通过加强信贷员的培训教育来控制风险。在贷款的过程中信贷员对客户的培训时间占用最多，其中最重要的是关于还款意识的培训。首先是对小组集体培训，然后是客户家访。此外，还包括不定期的回访、路过时打听客户信息等。在河北万全服务社，放款一次，信贷员要与客户接触至少 13 次。日常中，主要依靠信贷员的经验积累。在积累经验方面，信贷员每月的两次例会非常重要，在例会上信贷员会交流汇报各自情况并相互学习以获得宝贵的经验，例如通过什么渠道选择客户、怎样选择客户，怎样侧面打听客户，怎样与客户更好地交流等。通过潜移默化的交流，信贷员可以掌握客户的选择方法和客户信用的监测方法，这是主要的控制风险的方式。相反，服务社并不主要依靠回访来监测客户信贷资金的使用，不仅是因为成本巨大，还因为效果不明显。

山西临县湍水头富平小额贷款基金案例

李冰冰

一、项目发展历程

山西临县湍水头富平小额贷款基金是由著名经济学家茅于轼先生和亚洲开发银行汤敏先生于1993年共同发起成立的，项目位于山西临县湍水头镇。该县属于国家级贫困县，湍水头镇位于临县东南部，距县城37公里，属于典型的黄土丘陵沟壑区的小块土石山区地貌，境内富含煤、铁、铝、钾等矿产资源，水资源贫乏。全镇共20个行政村，30个自然村，总户数5,343户，总人口17,708人，其中非农业人口1,647人，总劳力7,350个。人均土地面积5.1亩，人均耕地面积1.73亩，2006年全镇农民人均纯收入1,066元。

湍水头富平小额贷款项目从1993年成立到现在，已运行近20年，项目的发展历程大致可以分为以下几个阶段。

1993年~1998年8月，初步创立阶段。1993年9月15日，“龙水头扶贫基金会”在湍水头镇龙水头村成立，当时的龙水头村是一个仅有71户240多人的小村庄，土地贫瘠，交通不便，农民靠天吃饭，生活十分困难，人均收入不足400元。基金会的成立缘起于茅于轼先生通过希望工程对龙水头村学生的资助，村里唯一的教师雒玉鳌指导受资助学生写感谢信，从此开始了与茅先生的书信联系。多次书信来往后，茅于轼先生和雒玉鳌老师共同商量成立基金会。茅于轼先生亲自制定《基金管理条例》，雒玉鳌设计了基金会借款单据，一式三份，雒玉鳌一份，借款人一份，茅先生一份。雒玉鳌任会计，另外设一名出纳、一名评议员。基金会用于看病上学的借款免息，用于生产性的借款收取1%的月息。最初的资金只有茅先生个人提供的500元，之后在茅先生发动感召下，社会各界人士纷纷捐款，捐赠资金规模不断增大，到1998年8月，捐赠个体（含个人和团体）达到31个，捐赠51笔，捐赠金额达到36,240元。

1998年8月~2001年9月15日，初步发展阶段。1998年8月开始，基金会同时接受捐赠资金和吸收付息资金，按年息付给出资人6%的利息。从

2000年8月开始，得到利息的个人将所得到的利息的20%用于缴纳个人所得税，由基金会代缴。到2001年9月15日，捐赠个体达到41个，捐赠金额达到131,530.5元，其中本地农民付息资金19,000元，占14.4%。

2001年9月15日~2005年，项目扩展阶段。2001年9月15日，龙水头基金会在原来基础上继续发展了两个基金会，分别在附近的湍水头村和小寨上村成立了“湍水头扶贫基金会”和“小寨上扶贫基金会”，管理模式沿袭“龙水头扶贫基金会”的模式，每个基金会分别设一个会计，一个出纳，一个评议员，会计具有贷款审批决定权。这一阶段管理模式上发生了一些变化，2003年10月23日，三村基金会管理人员在龙水头村举行集体管理讨论会议，由茅于轼先生单一管理的模式过渡为基层集体管理的模式，每季度举行一次集体管理监督讨论会议。这一阶段三村基金会的资金规模和服务范围均扩大，到2004年年末，三村基金会资金规模达到913,080.55元，服务范围扩展成三县40个村。但是，这一阶段由于管理的松散等原因基金会长期以来累积的一些问题开始暴露，一是工作人员违规操作现象较多，基金会会计权限过大、不严格按照贷款流程执行，放款中存在收好处费、人情贷款等现象；二是三村基金会各自为政，三村基金会工作人员相互之间产生了一些矛盾，贷款制度、操作规范不统一。这一时期形成了大量的逾期贷款，据工作人员称三村基金会不良贷款总额达到十几万元。

2005年~2008年底，统一管理模式探索阶段。2005年开始，三村基金会由北京富平学校小额贷款发展中心统一管理，三个基金会分别又下设信贷主任、出纳、监督员负责具体运作，2007年4月1日起，取消每村的监督员，设立总监督，负责基金整体运营的监督指导。这一阶段富平学校对基金会进行评估后对基金会的运作制度大幅调整，主要包括：清理账务，统一管理制度和流程标准；缩小服务范围，控制风险，收缩为集中服务六个行政村；调整存款利率规模，存款利率年息由6%下调为2005年的年息4%、2006年的年息3%，限制本地存款规模不得超过基金规模的30%；调整贷款利率，2005年开始取消免息借款，借款利息由年息12%调整为2006年的18%、2008年的21%；初步实施电子化办公，工作人员每周通过电子邮件向北京富平总部汇报工作进展，到2007年年底，三村基金会的季度会议可以与北京富平总部同步视频；实施绩效考核制；大力追收逾期贷款。经过这一阶段的调整，三村基金会运作模式由独立运作模式转变为集中管理、统一核算、统一考核，经营绩效得到提升。到2008年年底，三村基金会基金规模达到1,169,743.05元，逾期贷款率降为1.27%，逾期贷款降为13,400元，其中，龙水头村逾期贷款从最高时的69,800元下降到4,000元，湍水头村逾期款从

2005 年底 84,000 元下降到 5,000 元。

2009 年至今，合并统一阶段。2009 年，三个村的基金会合并统一，更名为“湍水头富平小额贷款基金”。基金会设信贷主任、信贷员、会计、出纳、监督员、社区协调员等岗位，选举产生新的管理团队。实现财务合并、财产集中、业务集中办理，由北京财务部垂直管理。实现电子化办公，实现准确、快捷和远程管理。建立较为完善的贷款流程制度。实行半月集体集中交流、学习、总结。2009 年，湍水头富平基金在原服务的六个老村庄的基础上，面向全镇农户开展借款业务，受益群众涉及 20 个村。2010 年开始，基金会继续坚持谨慎性原则，服务范围缩小为原有的六个行政村和其他 20 个村的老客户。到 2011 年年末，基金会接受资金总额达到 1,206,043.12 元，逾期贷款 1.4 万元，逾期贷款率为 0.94%。

二、基金会治理结构及与政府关系

（一）关于注册及与政府关系

截止到 2012 年 4 月，基金会尚未在任何机构注册，这种“非法”身份阻碍了基金会的发展，基金会曾经多次面临被叫停的危险。2001 年 11 月，临县人民银行支行下达文件要求取缔龙水头扶贫基金会吸收当地的付息基金；2002 年 4 月，临县人民银行支行下达文件要求取缔民间高利贷及地下钱庄，对此，茅于轼先生声明龙水头扶贫基金会为打击民间高利贷做出了实质性的贡献，两次干预均由于茅于轼先生的出面而未执行。2006 年 9 月，山西省民政局来基金会视察，肯定基金会的工作，但认为因法律问题不能使用“基金会”的名称，为此基金会改名为“北京富平学校农村社区综合发展基金”；2009 年之后，三村基金会合并统一，更名为“湍水头富平小额贷款基金”。

基金会自成立之后，中央及地方各级领导多次到基金会视察调研，国家银监会副主席李伟曾经到基金会调研，当地省委、地委相关领导都曾到基金会视察并向基金会捐赠资金。1999 年，“龙水头扶贫基金会”得到中央统战部的支持，允许到当地民政部办理注册，虽然基金会负责人多次奔走，但由于一系列制度原因没能成功，基金会目前仍处于“合情合理不合法”的地位。从 2006 年开始，人民银行临县支行专门成立一个监管办公室，每季度对基金会的基金额度、经营风险、存贷利率、贷款结构以及占用形态等跟踪监测。

随着近年来国家对民间金融政策环境的放宽，新型农村金融机构如农村资金互助社、村镇银行、贷款公司等大量涌现。基金会寻求转型成为三类新型农村金融机构中的一种，但由于基金会所处地区经济条件的限制、基金会本身运作模式的特殊性，目前尚不具备条件转型成为三类新型农村金融机构中的任何一种，基金会仍在“不明不白”、政府“不支持也不反对”的状态下运作。

（二）管理结构

基金会的宗旨是：推动社会投资在可持续小额贷款领域的大规模发展，建立真正惠及低收入人群的金融服务体系，促进减贫，帮助大批贫困人口获得自主发展机会，推动农村社区文化建设和社区工作的开展。

管理架构

会　长:	茅于轼、汤敏（北京）
经　理:	沈东曙（北京）
项目负责人:	李儒东
信贷主任:	李林顺
监督员:	雒玉鳌、张继勤
会　计:	韩晓斌
出　纳:	段林忠
信贷员:	赵兰、李巧娥、高檀香
社区联络员:	韩育峰

基金会实行两级管理模式。基金会受北京富平学校小额贷款事业部直接监管，北京富平学校为基金会制定管理流程制度、财务制度，提供小额信贷技术支持，具有决定权。基金会在当地负责日常具体事务，实行信贷主任负责制。基金会当地管理人员可以就贷款产品的具体问题向北京富平学校总部反馈，北京富平学校总部跟当地沟通调查后作出决定。

基金会工作人员需定期向总部汇报基金会的运行情况，每周信贷主任需要提交关于本周总结和下一步计划的报告，监督员需提交监督月报，会计需要每月提交财务报告。基金会内部保持信息透明、交流畅通，如果基金会工作人员对总部的某些决定有异议，可以随时跟会长茅于轼和经理沈东曙联系，同时如果基金会内部工作人员对信贷主任不满意，也可以直接汇报富平总部。

基金会信贷主任的主要职责包括：主持基金会全面日常工作，制定实施团队半月学习、培训计划，严格按照制度规定审批办理贷款，督促协助信贷员催收逾期贷款，对初审客户100%入户复核和贷后50%入户回访，负责员工培训、会议纪律、接待来访等事宜，接受基金会监督员和总部稽核员监督，每周向总部汇报本周动态等。

监督员的主要职责包括：监督基金会日常工作、存贷款及逾期贷款情况、工作人员流程执行情况，不定期核实现金账务，监督工作人员的违规行为，每月向总部提交监督报告等。

基金会会计和出纳接受北京富平小额贷款事业部财务部直接领导，基金会会计主要职责包括：编制账目报表、内部核算、费用预算、配合出纳存取款执行等等。基金会出纳主要职责包括：执行财务管理制度、管好库存现金，负责现金收付结算，办理贷款还款手续等等。

基金会信贷员分别负责不同的片区，其主要职责包括：在片区寻找客户拓展贷款业务，入户调查、收集客户信息并保密，定期回访客户、追收客户逾期贷款等等。社区联络员的主要职责是协助基金会事务的开展，帮助联系发现社区的优秀人才。

从目前的管理结构来看，北京富平学校总部对基金会进行严格的管控，这有利于防范基层管理人员的作弊腐败行为。但是，基金会主任李林顺认为这种方式一定程度上限制了基层管理人员的自主性，灵活性不足。比如，目前的人员调配、管理分工等都由总部决定，即使某个工作人员工作不称职，基金主任也没有解聘他的权力，赋予信贷主任直接招聘的权力会提高工作效率。此外，基金会的任何一笔预算不论开支多少，即使100元、200元的预算都需要跟总部申请批准，如果没有得到总部的批准预算就不能执行。但是总部批准通常不够及时，时间上需要等待，影响了工作进展。因此，基金主任李林顺希望总部能够下放一点权力，“比如临时准备明天搞一个小活动，现在就可以决定”。

三、基金会产品和服务

（一）贷款金额

基金会从1993年成立到2011年12月31日，累计放款4,253笔，累计放款金额14,250,105元。到2011年年末，共有贷款余额1,480,000元，共110笔。

表1　湍水头富平基金历年放款情况

年份	当年放款笔数	当年放款金额（元）	年份	当年放款笔数	当年放款金额（元）
1993	3	700	2003	422	628,060
1994	10	2,242	2004	525	891,350
1995	28	10,966	2005	570	1,751,350
1996	69	9,669	2006	347	1,191,600
1997	76	68,660	2007	278	1,624,000
1998	94	104,950	2008	303	1,543,500
1999	105	114,150	2009	311	1,957,500
2000	145	150,000	2010	194	1,652,000
2001	194	193,280	2011	145	1,886,000
2002	434	466,128			

2011年，新客户首次贷款额度为5,000元，老客户贷款额度为20,000元。从近三年贷款余额情况①来看，2010年贷款余额最大值为20,000元，最小值为2,000元，平均每笔贷款额为8,861.31元，2009年平均每笔贷款额为6,307.36元，2008年平均每笔贷款额为4,921.80元，每笔平均贷款额逐年上升。对于部分农户来说，2万元的贷款额度偏小，虽然允许客户再找一户帮他贷款，但是基金会规定最多只允许联一户，但调查发现实际操作中也存在几

① 笔者调查时，最新的2011年的贷款余额明细尚未整理出。

户替一户贷款的“垒大户”现象。

表 2　2008～2010 年湍水头富平基金贷款余额（元）

	2010 年	2009 年	2008 年
最大	20,000	20,000	20,000
最小	2,000	2,000	1,000
平均	8,861.313869	6,307.359	4,921.801

从贷款规模来看，2009 年约有 50% 的贷款集中在 5,000～8,000 元，30% 的贷款集中在 8,000～10,000 元。2010 年，随着基金会对大额贷款比重限制的放宽，8,000 元以上大额贷款比重明显提升，占到贷款总额的约 82%。

表 3　湍水头富平基金不同贷款规模分布①

贷款规模	2010 年			2009 年		
	金额（元）	比重（%）	笔数	金额（元）	比重（%）	笔数
5,000 元以下	39,000	2.39	13	48,500	2.48	18
5,000～8,000 元	240,000	14.71	46	965,000	49.30	190
8,000～10,000 元	696,000	42.67	87	584,000	29.83	73
10,000～20,000 元	656,000	40.22	44	360,000	18.39	30
合计	1,631,000	100.00	190	1,957,500	100.00	311

2011 年，基金会贷款利率不论生产性用途还是消费性用途均为月息 1.75%。历史上，基金会贷款利息几经调整，2005 年之前，基金会贷款按不同用途收取不同的利息，看病上学贷款免息，生产性贷款的利息为年息 12%。2005 年，基金会取消免息借款，不论借款用途均按照年息 12% 收取利息，2006 年借款利率上调为年息 18%，2008 年利率进一步上调为年息 21% 并沿用至今。

基金会贷款期限分一年期和半年期两种，从客户贷款情况来看，一年期贷款居多。2010 年，一年期贷款笔数占总笔数的 64.21%，一年期贷款金额占贷款总金额的 63.40%；2009 年，一年期贷款笔数占贷款总笔数的 69.77%，一年期贷款金额占贷款总额的 72.73%。

表 4　湍水头富平小额贷款基金贷款期限

	半年期			一年期			合计		
	笔数	均值（元）	总额（元）	笔数	均值（元）	总额（元）	笔数	均值（元）	总额（元）
2010 年	68	8,779.412	597,000	122	8,475.41	1,034,000	190	8,584.211	1,631,000
2009 年	94	5,675.532	533,500	217	6,562.212	1,424,000	311	6,294.212	1,957,500

① 2010 年统计户数缺少四户，这四户共借 21,000 元，下文中涉及到 2010 年贷款情况的统计均缺少这四户。

（二）贷款对象

基金会贷款对象为：湍水头镇所属区域内长期居住居民（含村民及在湍水头工作的职工、教师等）（至少居住一年以上），年龄在 18 岁以上、60 周岁以下。以家庭为贷款服务对象，已婚客户由夫妻二人、未婚客户由本人及父母等直系亲属（兄弟姐妹）共同作为申请人，承担相关责任。同等条件下，按时还款的老客户，及积极参与社区活动的居民优先调查、审批并得到贷款。对于有信用社贷款的客户以及尚有基金会贷款未归还的客户不允许在湍水头基金会继续贷款。

2010 年、2011 年基金会的服务范围为湍水头、沐浴村、后南沟、龙水头、黄家沟、张家庄六个行政村和 2009 年曾经服务过的其他 20 个村的老客户。从实际借贷情况来看，基金会借款集中于这六个行政村，尤其集中于基金会所驻村——湍水头村。2010 年，基金会 60% 以上的借款集中在六个行政村，湍水头村借款占基金会借款总额的 30% 以上。

表 5　湍水头富平基金借款客户村庄分布

村庄	2010 年			2009 年			总户数
	借款额（元）	借款笔数	占总额比（%）	借款额（元）	借款笔数	占总额比（%）	
湍水头	495,000	52	30.35	604,000	77	30.86	387
沐浴村	32,000	6	1.96	57,000	12	2.91	162
后南沟	263,000	31	16.13	246,500	37	12.59	233
龙水头	17,000	3	1.04	23,000	4	1.18	125
黄家沟	78,000	8	4.78	305,000	50	15.58	411
张家庄	171,000	23	10.48	114,000	20	5.82	196
其他	575,000	67	35.25	608,000	111	31.06	—
合计	1,631,000	190	100.00	1,957,500	311	100.00	—

基金会贷款以家庭为基本服务对象，每笔贷款都需要家庭夫妻二人或者本人与兄弟父母共同作为申请人，调查未能获得贷款户详细的家庭信息情况，通过询问得知贷款户的收入在当地属于中等水平，贫困农户贷款很少。基金会主任李林顺介绍，“越穷的人越不贷款，不敢贷款，敢贷款的人有头脑。基金会主要是支持有头脑、想创业、缺钱的人，为其提供启动资金，特殊贫困的农户只能靠救济”。

（三）贷款用途

从 1993 ~ 2008 年湍水头富平基金会贷款用途统计来看，基金会贷款主要用于发展生产。2005 ~ 2008 年，每年发展生产用途贷款均占到贷款总额的 90% 以上。

表 6　1993～2008 年湍水头富平基金各年度贷款用途

年度	上学			治病			发展生产			其他用途			所有项目合计	
	笔数	金额（元）	占比（%）	笔数	金额（元）	占比（%）	笔数	金额（元）	占比（%）	笔数	金额（元）	占比（%）	笔数	金额（元）
1993	0	0	0	3	700	100	0	0	0	0	0	0	3	700
1994	0	0	0	0	0	0	10	2, 242	100	0	0	0	10	2, 242
1995	0	0	0	4	1, 381	12. 59	24	9, 585. 02	87. 41	0	0	0	28	10, 966. 02
1996	1	337. 08	3. 49	10	6, 210. 5	64. 23	58	3, 121. 5	32. 28	0	0	0	69	9, 669. 08
1997	1	1, 000	1. 46	16	15, 350	22. 36	59	52, 310. 5	76. 19	0	0	0. 00	76	68, 660. 5
1998	0	0	0. 00	16	17, 600	16. 77	78	87, 350	83. 23	0	0	0. 00	94	104, 950
1999	1	500	0. 44	23	25, 000	21. 90	81	88, 650	77. 66	0	0	0. 00	105	114, 150
2000	5	6, 400	4. 27	44	43, 000	28. 67	96	100, 600	67. 07	0	0	0. 00	145	150, 000
2001	21	7, 880	4. 08	30	23, 100	11. 95	143	162, 300	83. 97	0	0	0. 00	194	193, 280
2002	39	37, 500	8. 05	54	21, 250	4. 56	333	396, 278	85. 01	8	11, 100	2. 38	434	466, 128
2003	41	47, 800	7. 61	72	87, 900	14. 00	309	492, 360	78. 39	0	0	0. 00	422	628, 060
2004	41	57, 050	6. 40	43	58, 400	6. 55	431	739, 900	83. 01	10	36, 000	4. 04	525	891, 350
2005	39	91, 700	5. 24	22	38, 400	2. 19	506	1, 608 ,250	91. 83	3	13, 000	0. 74	570	1, 751, 350
2006	19	23, 500	1. 97	12	39, 000	3. 27	307	1, 088 ,100	91. 31	9	41, 000	3. 44	347	1, 191, 600
2007	14	57, 000	3. 51	8	29, 600	1. 82	255	1, 532, 400	94. 36	1	5, 000	0. 31	278	1, 624, 000
2008	13	59, 000	3. 82	20	95, 000	6. 15	270	1, 389, 500	90. 02	0	0	0. 00	303	1, 543, 500

临县湍水头镇当地土地贫瘠，农业生产条件较差，矿产资源丰富，煤矿业较为发达，当地农户借款主要用于经商或者运输拉煤，发展农业生产的比例很低。2010 年 34% 的借款用于买车、运输拉煤；21% 的借款用于经商，如经营饭店、理发店、手机店、电焊店等，只有约 10% 的借款用于养殖；此外，还有 14% 的借款用于结婚、上学、看病等非生产用途。值得注意的是，约有 7% 的借款用于帮别人借或者还债。

表 7　2009～2010 年湍水头富平基金具体借款用途

借款用途	2010 年			2009 年		
	金额（元）	比重（%）	笔数	金额（元）	比重（%）	笔数
工程包工	102,000	6.25	9	174,000	8.89	28
加工厂	24,000	1.47	2	19,000	0.97	3
经商（饭店、手机店、理发、电焊等）	347,000	21.28	34	623,000	31.83	93
买车、运输拉煤	563,000	34.52	64	525,000	26.82	85
养殖（猪牛羊鸡）	162,000	9.93	18	176,000	8.99	26
购买农机	3,000	0.18	1	0	0.00	0
购买化肥	0	0.00	0	39,000	1.99	7
建房	59,000	3.62	10	106,000	5.42	19
结婚	135,000	8.28	17	66,000	3.37	11
上学、看病	92,000	5.64	16	193,500	9.89	32
帮人借款	56,000	3.43	8	0	0.00	0
还债	60,000	3.68	9	23,000	1.17	4
其他	28,000	1.72	2	13,000	0.66	3
合计	1,631,000	100.00	190	1,957,500	100.00	311

（四）基金会其他社区服务

基金会还为社区提供一些其他服务。

提供电脑培训和图书室。由壳牌公司赞助电脑，聘请大学生对村民和中学生进行电脑培训。每次培训班大概一周时间，共培训了 2,200 多人。此外，还在社区建立图书室，为当地小学校提供图书，但是随着当地小学生数量的减少，大量小学校倒闭，目前基金会正在清收图书。

教育扶贫。2003 年 6 月设立教育扶贫基金，对湍水头镇低工资教师发放补贴，招聘培训教师以发展湍水头镇教育。2003 年，代课教师的工资每月只有 80 元，湍水头富平基金每月补助每位低工资教师 120 元，补助标准后来逐步提高到 2004 年 160 元、2006 年的 300 元。基金服务的项目村和资助的教师人数，由 2003 年的 10 村 16 人，发展到 2007 年的 20 个村 42 个教师。从 2006 年 1 月起，教育扶贫增加资助贫困家庭高中生项目。2007 年，资助湍水头籍的在校高中生 97 名（其中有三户为双子女户），每生资助 2,400 元。基金目前已停止教育扶贫项目，一方面是由于资金缺乏，另一方面是由于认识到当地教育体系中存在严重腐败问题，基金会的资助反而助长了这种腐败。

发放救济款。从 2006 年开始，基金会每年从全镇选出最贫困的 20～30 户，给当地的贫困农户发放救济款，每户发 500 元。资金来源于茅于轼先生个人出资以及一部分基金会利息。2009 年共发放 8,000 元；2010 年发放 1 万多；笔者调查时，2011 年的救济款由于冬天大雪尚未发放。贫困户筛选工作由信贷主任和监督员入户调查、核实并拍照存档。扶贫对象挑选的办法是：基金会主任和监督员两人直接进村去村民们集中打麻将、闲聊的地方，询问村民谁最穷，茅于轼先生说"你看到谁最穷就给谁"，基金会主任李林顺认为这种办法最有效。但是选取贫困户的工作不容易，"农村人听见你发救济款，都愿意享受的，人都坐到你炕上，我可贫困，你给不给？""有一个村我们看了有一户不贫困，他们两口子坐在炕上，（问）你怎么定了我不贫困，你怎么说我不贫困。有时候打着贫困的旗号，很难做。没有一个标准。"

四、基金会资金来源

基金会资金来源分外部捐赠、外地付息资金、本地存款三类。捐赠资金所有权归捐赠者本人，捐赠者随时可以抽回捐赠资金。从 1993 年基金会以 500 元资金成立以来，基金会资金规模不断扩大，截止到 2011 年年末，基金会共收到资金 1,206,043.12 元，其中捐赠资金 733,974.76 元，付息资金 472,068.36 元，捐赠资金占 60% 以上。本地付息资金规模一度达到 611,896 元，占到基金总额的 45.36%，超过外地付息资金规模。为了控制风险，从 2007 年开始，基金会对本地付息基金比重进行控制，规定本地付息基金不得超过总基金的 30%，2010 年本地付息资金仅占 10% 左右。2011 年，基金会存款年利息为 3 厘 5，半年以内取款不付利息。自成立以来，基金会没有从外部借贷资金，也没有强制存款的规定。

从 2000 年 8 月开始，基金会代替个人向国家缴纳付息资金利息的个人所得税，按利息的 20% 征收。到 2008 年年底，基金会共缴税 25,123.28 元。自 2009 年开始，税务部门以基金会没有注册为由，不再接受基金会纳税。

表 8　　2006～2010 年湍水头富平基金来源

年份	合计		本地付息资金		外地付息资金		捐赠资金	
	总额（元）	占比（%）	总额（元）	占比（%）	总额（元）	占比（%）	总额（元）	占比（%）
2010	1, 220, 034. 14	100	127, 700	10. 47	358, 359	29. 37	733, 974. 76	60. 16
2009	1, 275, 359. 56	100	228, 406	17. 91	362, 973. 8	28. 46	683, 979. 76	53. 63
2008	1, 169, 743. 05	100	276, 130	23. 61	282, 647. 08	24. 16	610, 965. 97	52. 23
2007	1, 132, 578. 29	100	389, 765. 2	34. 41	293, 554. 52	25. 92	449, 258. 57	39. 67
2006	1, 048, 301. 23	100	365, 676	34. 88	397, 653. 32	37. 93	284, 971. 91	27. 18
2005	1, 349, 062	100	611, 896	45. 36	345, 053. 1	25. 58	392, 112. 9	29. 07
2004	913, 080. 55	100	285，192	31. 23	370, 003. 45	40. 52	257, 885. 1	28. 24
2002	191, 287. 17	100	101, 716. 67（占比 53. 17）				89, 570. 5	46. 83
2000	105, 670. 5	100	53, 000（占比 50. 16）				52, 670. 5	49. 84

五、基金会贷款程序与风险控制

（一）基金会贷款审批程序

基金会贷款采取客户申请——信贷员初审——信贷主任复核的方法（图1）。首先，由客户向片区信贷员当面或电话直接提出申请，或直接到湍水头富平小额贷款基金办公室提出申请，填写《客户贷款申请表》、《家庭基本情况信息登记表》。信贷员接到申请后对客户进行初审调查，调查初审内容包括申请户家庭信息是否准确、家庭贷款情况、贷款用途、申请个人家属是否知情、申请户的信用程度等。信贷员初审后给出初审意见，通过初审后上报信贷主任报批。信贷主任进一步对初审通过的客户进行复核，要求100%入户调查。审核通过后，信贷员及时通知客户办理贷款，同时《客户贷款申请表》由办公室会计存档保管。没有通过审批的，信贷员要及时告知客户原因。基金会8,000元以下的贷款审核，须经信贷主任与信贷员共同签字、盖章；8,000元以上的贷款，信贷主任审核同时报北京富平小额贷款事业部备案，并同时报送大额贷款申请客户的详细信息。

贷款办理的时间集中在周三、周六，申请人需要夫妻或者家庭共同申请人同时到湍水头富平小额贷款基金办公室办理。贷款户填写《贷款协议书》、办理《客户贷款记录本》，与出纳现场办理领取现金手续，同时拍照存档。会计根据《客户贷款申请表》、《贷款审批表》、《贷款协议书》与付出传票，把客户的贷款信息记录在相关的账簿上。同时出纳根据《贷款协议书》与付出传票，把贷款客户的信息记录在现金日记账上。从贷款申请到贷款批准一般老客户最快只要 1 天就可以完成，新客户则比较慢，不过最长不超过 5 天。

客户贷款后三个月，信贷员需要入户回访，检查贷款资金用途情况。还款到期时，信贷员要提前一个月通知客户按时还款。还款时，客户本人携带《客户贷款记录本》、《贷款协议书》，到湍水头富平小额贷款基金办公室办理还款手续。出纳收款后，向客户交付收入传票客户联，填写《客户贷款记录本》。如果客户能够提前还款，基金会在其还款记录本上盖个“信”的章，为以后贷款提供参考，信用等级较高的客户可以优先获得贷款和获得较大额度的贷款。收款完毕后，会计和出纳各自办理相应的账务记录。

信贷主任、监督员及北京富平小额贷款事业部稽核人员、财务人员定期、不定期进行基金检查和入户调查。

（二）风险控制制度

基金会在贷前严格控制可能产生的风险。贷前对贷款户进行严格审核，包括信贷员初审和信贷主任 100% 入户复核，贷款三个月后进行回访。信贷主任李林顺认为，“贷前对客户的审核很重要，比如去年基金会否决了好几户，因为通过贷前调查发现他们是在安徽、江苏那边搞传销”。信贷员需要在贷前详细了解贷款户基本情况，包括其家庭信息、贷款用途、债务程度、信用程度、邻居评价等等。贷款时需要夫妻双方或者父母、兄弟同时到基金会签字，承担连带责任，促使其家人对贷款情况进行监督。贷款到期前一个月信贷员提前通知催收贷款。为了便于认识客户，信贷主任专门配备相机，给贷款客户拍照存档。“以前有客户贷了款，但是时间一长，见了面就不认识了”。此外，基金会谨慎选择服务村庄以控制风险，在服务新的村庄之前基金会首先花费半年时间深入调查该村的基本情况，包括村庄人口、职业、信用程度等。

产生逾期贷款后，信贷员必须提前及时报告给基金会信贷主任，同时分析产生逾期的原因，由信贷主任与信贷员及时催收。逾期贷款追收责任由信贷主任和信贷员按照 3:7 的比例共同承担。出现逾期贷款 30 天以上未收回，扣发承担审核责任的信贷员当月 50% 的实发工资，扣发信贷主任当月 50% 的实发工资。如果在 60 天内收回逾期贷款本息，基金退还信贷主任和信贷员的全部扣款。如果在 60 天规定期限以外收回逾期贷款本息，补发全部扣款的 95%，剩余 5% 扣款用来弥补基金催款期间发生的成本支出，不再返还。信贷员因各种原因离职的，信贷主任负责回收其全部贷款，纳入年度信贷主任考核。

对于到期未偿还贷款的客户，按照月息 2.1% 收取利息。因不可抗力导致贷款户丧失劳动力或死亡形成逾期，信贷员帮助贷款户制定每月还款计划，经信贷主任审核同意后，报北京富平小额贷款事业部备案；如果逾期贷款是由信贷员违规操作造成的，经信贷主任认定责任人，报北京富平小额贷款事业部备案后，由违规操作责任人承担全部责任；追收逾期贷款产生的成本，一般情况由信贷员承担；属于客户因天灾人祸意外情况产生的，报信贷主任批准后，北京富平小额贷款事业部备案，可以补贴部分费用。

对于国际通行的小额信贷风险控制方法如联保、强制存款、小组开会、每月还款等，湍水头基金会信贷主任李林顺认为这些方法不太适合当地。“也考虑过联保，但是那样是惩罚了好人，慢慢地便没人会联保。强制性存款制度也不太好，限制了客户的自由。每月付利息的方法，看起来利息低，其实利息挺高的，太麻烦。每个月让客户开一次例会，如果用这些办法，那么客户会接受不了，谁贷你的款，他们宁肯能 2 分息跟高利贷打交道也不愿意跟你打交道。为客户服务，一个是你要服务好。”

基金会曾经尝试采取公示的方法来提高还款率，但是现在不再公示。因为“农村不希望别人知道借钱了，尤其是一些儿子大了要结婚的家庭，更不希望别人知道自家借钱了。以前三个基金会的时候，湍水头基金会在湍水头村公示本村情况，但根本不起作用，刚用红纸白笔写上，马上就撕掉了，写在黑板上也被擦掉了。现在三个基金会合并到一块，服务范围扩大了，一个信贷员管理好几个村，公示的意义不大”。李林顺认为公示其实只是一种形式，并且公示也不利于基金会管理人员管理贷款，有些没有被批准的客户会质疑：“你贷给他，不给我贷款?”

目前很多村民到城里打工，当地春夏季节人口会减少一半，工作人员对客户在外打工经营项目的情况不了解，信息不再透明，这无疑提高了贷款管理的成本。对此，基金会的办法是向一部分老客户询问这些新客户的情况。

（三）不良贷款情况

到 2011 年年末，基金会共有逾期贷款 1.4 万元，共三笔，其中两笔是因为借款人意外事故死亡，另一笔是因为借款家庭状况不稳定正在闹离婚。基金会要求 2012 年 6 月底全部收回这三笔不良贷款。

基金会历史上由于管理不规范、工作人员违规操作等原因，曾经形成大量的不良贷款。在 2005 年之前，三个基金会由茅于轼先生亲自管理，由于管理松散，实际操作中基金会权力集中于基金会会计一人，会计随意放款现象比较多，形成了大规模的不良贷款。比如龙水头基金会会计雒玉鳌曾经负责的一笔贷款，按照当时规定每笔放款不能超过 3,000 元，但是雒玉鳌贷出了一笔 4,000 元，因为这个客户养车，产业比较多，“我作为朋友不好意思就给了，当时在龙水头我是会计，出纳员和评议员没有发言权”。现在，雒玉鳌这

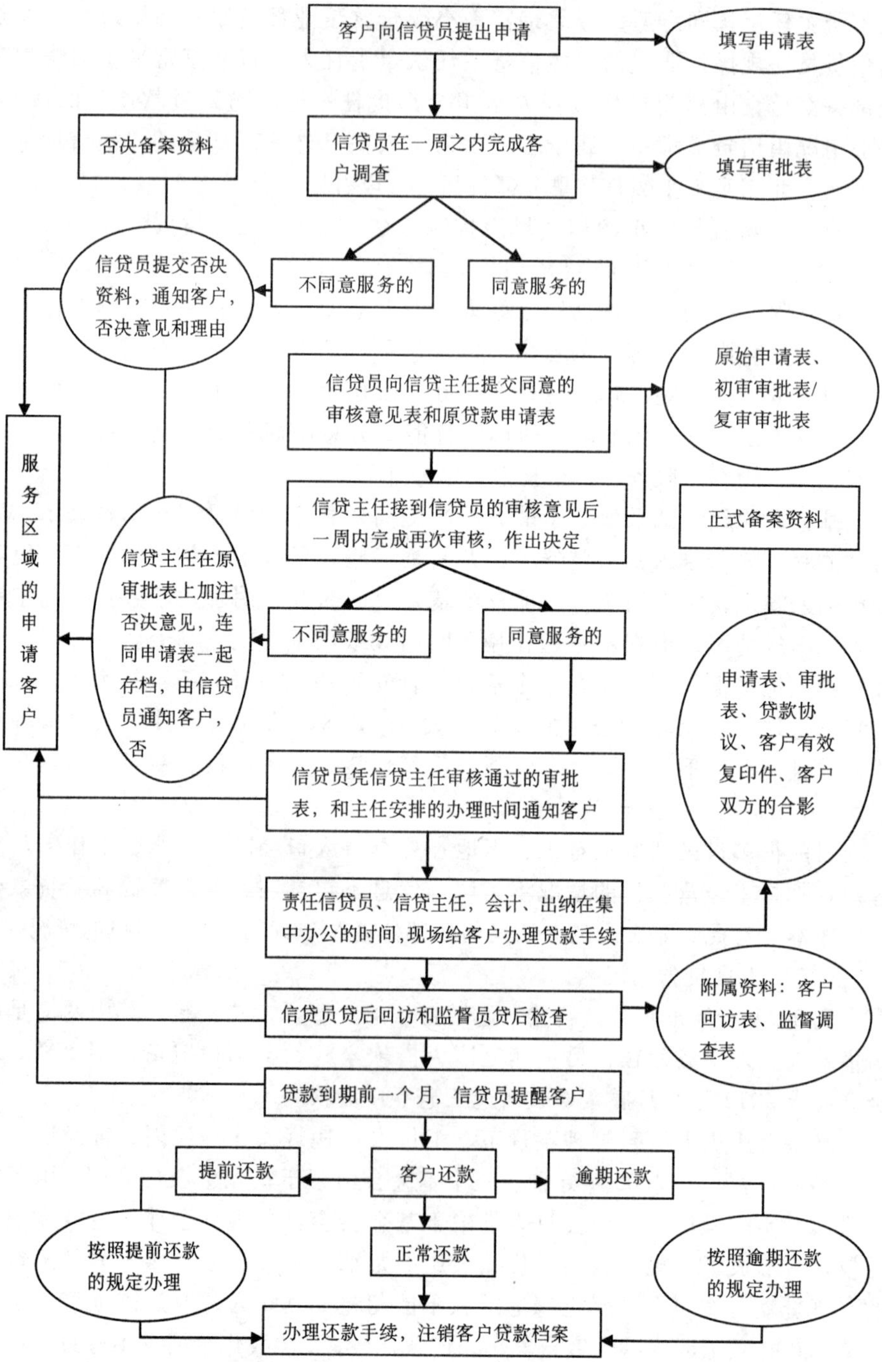

图 1　湍水头富平基金贷款流程

笔贷款还剩 2,000 元没还上。2005 年开始，富平学校统一接管三个基金会，开始大力整顿不良贷款，要求逾期贷款的主要负责人全面负责催缴不良贷款。雒玉鳌曾经被停了半年的工资，专门负责催收贷款，后来雒玉鳌甚至把房子卖了还了一部分款。现在基金会的另一个监督员也被停了工资，负责收回逾期款。

六、基金会内部管理制度

（一）基金会财务管理制度

湍水头富平小额贷款基金在离石工商银行和湍水头信用社开立账户用于基金业务；基金以会计韩晓斌个人名义开户，账户存折由出纳保管，密码由会计掌握，存取款时二人一同进行。基金信贷主任、会计、出纳人员与北京富平学校小额贷款事业部签订账户证明，确认个人开立账户供基金专户使用。

基金会实行拨款申请制。申请拨款时，基金会信贷主任将申请拨款的原因、预算金额、资金用途、资金到位时间、放款计划等详细内容，通过邮件发送给北京富平小额贷款事业部备案；小额贷款事业部相关人员按照财务制度流程办理拨款手续，财务部人员凭领导审批签字的《拨款申请表》办理拨款，拨款资金通过银行汇到湍水头富平小额贷款基金。

北京富平学校在湍水头富平小额贷款基金投入的小额贷款发展基金，由会计办理登记入账手续，会计开具出资证凭证，收入传票三联（会计、出纳、北京富平小额贷款事业部各一联），会计登记在册。出纳保管现金，信贷主任给总部寄出入资手续（包括出资证一个，收入传票一张）。北京富平小额贷款事业部转出富平小额贷款发展基金时，应提前一周通知基金，并将出资证寄来（或交来），由会计办理转出手续，转出手续办理后，信贷主任应在回收的付出传票上签名，将原出资证作废，并由会计和出纳一起办理汇款手续。

湍水头本地及外地居民向湍水头富平小额贷款基金存入存款时，由会计办理登记入账手续，会计开具出资证凭证，收入传票三联（会计、出纳、出资人各一联），会计将出资人的联系地址和方式登记在册，出纳保管现金，会计给出资人寄出入资手续（包括出资证一个，收入传票一张）。出资人取走存款时，应提前一周通知基金管理组，并将出资证交来（或寄来），由会计办理付出手续；付出手续办理后，取款人应在回收的付出传票上签名，将原出资证作废，出资人跟出纳领取小额存款。出资人不能亲自到场的，留代领人的身份证复印件，经出资人电话同意确认后，信贷主任签名，会计和出纳办理取款手续。办理小额存款入账手续，必须有会计、出纳的签名和盖章。并在两天之内用邮件的形式通知北京富平小额贷款事业部。存款利息原则上每年调整一次或按照国家相关规定调整。

还款客户直接到湍水头村找出纳还款，手续办完后出纳电话通知会计记账。每周三、周六，根据信贷主任批准的贷款数额、本周收回来没有存到信用社的资金数量，决定是否需要去信用社取款。基金会办公室设有保险柜，保险柜库存现金最多不能超过2,000元。以前，龙水头村基金会出纳员家中曾经发生过盗窃事件，由于基金会资金被出纳员妥善保存不为外人甚至家属知晓而幸免受损。

目前，基金会财务管理方面存在的主要问题是工作人员文化素质较低，对现代财务知识掌握程度有限，从传统的现金收付制向权责发生制的现代财务制度转变过程中需要进行大量的培训。

另外，由于工作人员非专职，一些财务管理制度不能被很好地遵守。借款客户必须到基金会办公室还款，出纳员居住的地方离办公室距离比较远，有时候联系不到出纳员或者出纳去上地不能及时到办公室，为了客户的方便，只能由信贷主任代为收款，甚至有时需由信贷主任的妻子代收。收款后需要给客户开收据单，但是由于收据单不归信贷主任管理，只好打空条。

（二）人力资源现状

目前，基金会共有10名工作人员，其中女性3名。工作人员平均年龄为49岁，年龄最大的65岁，年龄最小的38岁（表9）。除一名信贷员为初中学历外，其余全部是高中及以上学历。相较于富平在永济的小额贷款项目人员全部招聘大学生，湍水头基金人员的文化水平较低。信贷主任李林顺和监督员雒玉鳌两人身体状况较差，都患小儿麻痹。目前，工作人员全部为兼职。

表9　2011年湍水头富平基金工作人员基本情况

加入年份	职务	姓名	性别	年龄	学历	工资[1]	从事职业
2001	信贷主任	李林顺	男	49	高中	1,200	家电维修
1993	监督员	雒玉鳌	男	48	高中	700[2]	吹唢呐、村委会副书记，曾经当过23年小学教师
2007	监督员	张继勤	男	50	高中	700	村委会副书记
2008	会计	韩晓斌	男	42	大专	550	村委会会计，曾经当过18年小学教师
2008	出纳	段林忠	男	49	高中	500	电石厂打工
2008	信贷员	李巧娥	女	38	高中	600	公办教师，教委划分的片区片长
2008	信贷员	高檀香	女	50	高中	600	小学教师
2005	信贷员	赵兰	女	50	初中	600	在家，曾经开小卖部
1993	社区协调员	韩育锋	男	65	高中	350	曾为信用社服务站信贷员

注：1. 工资包括基本职务工资和通讯交通补助。

2. 为照顾雒玉鳌多年对基金会的付出，富平学校总部额外给雒玉鳌400元补助。

为了提高工作人员的整体素质，富平总部会对工作人员进行培训，讲授总部的理念、小额信贷的思想、管理方法、成功与失败的原因等，基金会工作人员认为这种培训很有必要。同时，基金会内部每半个月开会集中学习讨论，必要时同时与总部进行视频会议或电话会议。开会讨论的内容一般为工作过程中面临的一些具体问题，比如要不要限定客户的年龄，超出60岁的客户是否服务，有信贷员认为"有些超出60岁的比他儿子还讲信用，假如放给他，让他儿子来贷"也可行；比如有些信贷员某个月放款金额很少，大家讨论这个片区放款少的原因；比如信贷员如何有效地去客户家回访交流而不引起客户的反感；有些信贷员对客户声称的投资项目鉴别能力较弱，或者初审阶段不敢拒绝客户而推给信贷主任，对这些信贷员进行培训等等。

基金会建立了一定的薪酬激励机制，工作人员工资包括基本工资、过节福利和绩效考核工资三部分。其中，基本工资包括职务工资和交通津贴，职务工资按照职责和工作量而不同，比如信贷主任的工作量最大，要求一周工作天数达到五天，职务工资相对较高，工资标准与当地公务员待遇接近；信贷员、会计等工作人员工作量较小，每周大约工作两天，其职务工资与离石市区低工资服务行业、幼教工资水平接近。交通津贴是考虑到当地地形崎岖多为山地沟壑、工作人员出行难度较大而提供的津贴，视工作人员工作量不同而不同。基金会会在中秋节和春节的时候给工作人员发放部分福利。每年年底，基金会根据贷款逾期率情况和当年基金会盈利情况给工作人员酌情发放1~2月工资的奖金。对于这种薪酬机制，基金会信贷主任李林顺和监督员雒玉鳌均认为当前的工资报酬偏低。雒玉鳌说，"我和茅先生打交道是信念问题，我出去吹唢呐，一个月能挣3,000元"。李林顺也同样认为，"女同志做这个事，给她点补助（还行），因为在家里也没事干。男同志做这个事挺难的。雒老师做了19年，我做了11年了。曾经有过不想做的想法，凭我搞家电的技术，自己装修自己卖家电，挣得更多。一个考虑到茅老的事，相当于是自己的事，还想做成功。这个意义更大。就把自己的那些事放弃了"。

基金会能够从1993年持续运营到现在，很大部分归功于一批热心于基金会事业的管理人员。最初的龙水头基金会会计雒玉鳌从1993年到1998年没有领取任何报酬，现任基金会主任李林顺2001年开始在基金会工作，到2003年才有工资。目前，基金会办公室设在湍水头基金会主任李林顺家，占用李林顺家的一间窑洞，未支付任何租金，办公室里一半的桌子由李林顺家提供。相较于他们，新招聘的工作人员工作积极性较低，对基金会事业的热情不高，思想不够稳定，随时有辞职离开基金会的可能。如何选择好的人才是一个难题。基金会曾经有过选人不力的案例，龙水头基金会会计雒玉鳌曾经提供给自己的一个同学一笔基金用于在邻村扩展基金会业务，结果这笔基金被这名人员私人挥霍，花费很大精力才追回。基金会目前的人员年龄结构整体偏大，有必要培养一批年轻的文化素质较高并且热心于公益事业的青年加入到基金会的事务中来。但是如何吸引年轻的优秀的人才，仍然是一个难题。基金会主任李林顺说，“我们急需有文化的人进来，最好是当地的学生毕业后回来，回来再把这个事情做大做强，但是现在年轻人不大愿意来”。

信贷主任李林顺希望以后能够引入退休机制，“如果某些工作人员在基金会服务了十年以上，如果机构没有倒闭，希望能够给一点退休金，哪怕每个月给几十块、一百块。”

（三）信息管理系统

目前，基金会的信息管理主要通过手工记录和电子邮件传递的方式。基金会的每笔存款、贷款都会记入手工账和电子账，每周基金会工作人员都会将本周的存贷款基本情况通过电子邮件的形式报送北京富平学校总部。北京富平学校设有专门的稽核人员对基金会的贷款情况进行定期或不定期监督检查和入户调查。基金会每个工作人员均配备电脑，并对其进行电脑培训，实现电子化办公，每个工作人员都可以随时通过电子邮件与富平学校总部进行联系。如果电子邮件不能及时联系到富平学校总部，工作人员可以短信或者打电话联系。基金会每年会发布上一年的年度报告，详细记录基金会的每一笔资金来源、上一年度的每一笔放款余额以及逾期贷款情况。

基金会正筹备建立信息管理系统，预计 2012 年 4 月底基金会将会建立初步的信息管理系统，将客户的家庭基本信息、贷款记录、还款情况等等纳入信息管理系统，对贷款的申请、初审、复审、批准等所有阶段进行动态监测，对于一些信用记录不好的客户，系统会在最初的客户申请阶段给予提示，便于及时发现问题并有效筛选客户。

七、基金会财务情况

由于基金会提供的 2008 年之前的财务报表三村基金会之间不一致，不便合并，2008 年之后的财务报表各年度之间编制标准也不统一，财务指标测算存在困难，本文仅给出由基金会自身计算的财务指标数据。从基金会的资金收支情况来看，2008 年以来基金会的利润水平在不断增长，从 2008 年的 85, 660. 23 元上升到 2010 年的 229, 379 元，2011 年实现利润 19, 582. 49 元，比 2010 年有所下降。但是这种计算并没有考虑基金会的资源占用费、应付未付费用、北京富平学校的管理费用、当地工作人员赴北京参加培训的费用等，如果将这些费用计算进去，利润额会大幅缩减。

表 10　湍水头富平小额贷款基金部分财务指标①

（不考虑北京管理费用、资源占用费）

	2011 年	2010 年	2009 年	2008 年
营业收入	293,676.86	283,707.51	—	—
其中：贷款利息收入	—	282,567.51	219,679.06	174,472.9
营业成本	—	13,617.17	—	—
其中：付息基金利息支出	11,136.08	13,617.17	20,751.92	26,869.55
管理费用支出	—	85,568.3	67,000.8	52,956.9
其中：工资支出	79,200	72,500	58,800	—
办公费用支出	10,170	561	812.8	—
存款利息收入	—	1,306.9	715.46	1,360.32
财务手续费用	—	110	—	—
提取风险保障金或资产减值损失	—	-43,553.48	15,000	25,724
营业外收入	—	107	38,520	13,397.46
纳税	0	0	0	962.29
营业费用	—	—	29,766	23,744
利润	195,826.49	229,379	102,875.8	85,660.23

根据富平学校总部对基金运营的财务指标综合测算，2001～2009 年，不考虑北京富平学校总部相关的管理人员费用，只考虑资源占用费，基金运营亏损 6 万多元。根据富平学校总部基金会项目负责人李儒东介绍，在 2011 年之前基金会基本处于不盈利状态，经过多种渠道压缩成本，到 2011 年基金会实现略微盈利。

从基金的贷款使用率来看，2011 年年末，仍然有可贷余额 20 多万元存在

① 基金会 2011 年详细报表尚未整理出，2008 年、2009 年财务报表与 2010 年财务报表编制形式不同，部分数据统计标准可能不统一。2010 年的利润表不统计营业费用，按照营业成本和财务费用统计。2008 年、2009 年计提风险保障金，不计提资产减值损失，2010 年计提资产减值损失，不计提风险保障金。利润数据为基金会工作人员计算报告数据，2008 年计算公式为利润 = 利息结余 + 营业外收入 - 营业费用 - 管理费用，2009 年计算公式为利润 = 利息结余 - 营业费用 - 管理费用，2010 年利润数据计算公式为利润 = 营业收入 - 营业成本 - 管理费用 - 财务费用 - 资产减值损失 + 营业外收入，其中财务费用 = 财务手续费 - 存款利息收入。

信用社，因此基金会准备2012年继续扩展两个村。

八、问题和建议

基金面临的最大问题是注册问题。长期以来，基金会的“非法”身份严重制约了基金会的发展，随着国家政策对民间金融的放宽，大量新型农村金融机构涌现，但是由于基金会目前的结构不具备转型为任何一种新型农村金融机构的条件，基金会的发展方向仍需深入思考。

基金会发展面临的另一个问题是人员团队建设问题。目前，基金会工作人员文化素质整体偏低、管理意识不足、财务水平有限，制度执行过程中存在混乱现象，财务管理制度不能很好执行，有必要加强对管理人员在管理方法理念、现代财务制度等方面的培训，提高风险防范意识和制度规范意识。此外，基金会需要做好后备人员储备工作。调查发现，基金会目前的人员年龄结构整体偏大，管理人员反映目前的薪酬水平偏低，难以吸引文化素质较高的年轻人加入，新招聘的人员也不再像最初的创始人一样热心于基金会的发展，同时由于基金会目前没有得到明确的法律认可，工作人员对于基金会未来的发展方向没有概念，工作人员思想普遍比较浮动，随时有人员离开的可能，稳定性不足。

基金会的风险防范力度有待提高。调查发现存在多户为同一户贷款的“垒大户”现象，无疑增加了贷款风险。同时，目前基金会实行信用放款，风险的监控很大程度上依赖于工作人员的筛选甄别和贷后强力的监控追收，这就需要工作人员付出大量的时间和精力成本，而随着外出打工、经商客户的增加，信息透明度减弱，筛选甄别和贷后监控的难度进一步加大，风险防范力度需要进一步增强。

此外，基金会的发展离不开当地社区的发展，良好的社区发展是基金会进一步发展的基础。调查发现，临县湍水头当地经济发展水平较低，社区发展程度较低，这与富平学校在山西永济和四川大邑两地的小额贷款项目存在较大差别。山西永济地势较为平坦，养殖业较为发达，建立了产业合作社，带动了村庄一大批农户的发展，这进一步推动了小额贷款的发展，永济小额贷款项目从2009年6月成立，不到三年的时间里，资金规模已经从40万元发展到1亿元。然而，湍水头当地地势崎岖，地形主要为山地沟壑，常年干旱缺水，不利于农业生产的发展，农业发展薄弱，基金会的发展只能从当地较为发达矿业和小商业切入，发展较为缓慢，北京富平学校总部和基金会都在思考如何将基金会发展与当地社区发展相结合。

禄劝香港社区发展基金案例

徐鲜梅

一、发展历程

禄劝香港乐施会社区发展基金（以下简称“社区发展基金”）是由禄劝县乐施会项目办公室（以下简称“项目办”）① 负责实施的项目，项目办发展的阶段和历史，也就是香港乐施会禄劝小额信贷的发展史。换言之，小额信贷的演变一定程度可以反映出项目办发展的主旨思想和目标。截至 2011 年 3 月末，禄劝项目办累计发放贷款 7,283,573.39 元，累计回收贷款 7,033,757.99 元，贷款余额 249,815.4 元，还款率 100%，社区发展积累资金 386,043.7 元，其中用于贷款 106,528.8 元，占 28%。

第一阶段：委托贷款（1992～1996 年）。1992～1996 年，这个阶段主要是种养业小额贷款。贷款程序是乐施会把资金汇到县农行，银行按照其贷款程序发放贷款，利息 3%，即：1,000 元，收取 36 元，利息的 15% 作为贷款业务代办费给农业银行——农业银行基于金融行业的贷款通则，按照乐施会项目目标要求，在禄劝项目办项目人员的积极配合下发放贷款和回收贷款。根据禄劝县相关报告数据显示，贷款资本 82 万元，累计发放贷款 415 万元，受益面屏山、团街、中屏、翠华和九龙五个乡镇的九个行政村 25 个自然村，累计受益农户 3,772 户。这个阶段贷款出现比较大的问题，一方面，这一贷款方式客观上需要雇佣大量的项目推广员（县级、乡级、行政村和自然村合计推广员达 150 多人）对申请贷款农户进行考察，以便确定切合实际的贷款额度以及贷款资金的利用的指导和监管，从而加大了操作成本；另一方面，农行只管发放贷款，不管收款，逾期资金现象突出；农户到银行获取贷款，

① 1992 年，经中国国际经济技术交流中心的引进和云南省经济贸易委员会的支持，由昆明市对外经济贸易合作委员会牵头，禄劝县人民政府与香港乐施会签订了合作协议，并从县畜牧局抽调人员，成立了禄劝县香港乐施会项目办［禄政办（1993）16 号］。

途中存在资金安全问题，同时借款户必须亲自到县农行贷款和还款，很花费劳动时间；此外，借款户为了省时省力会把贷款委托其他人来归还，倘若其他人把还款花费了，造成还款拖欠，从而势必增大了贷款资金风险……事实上，贷款还款率仅仅77%。

第二阶段：变革创新（1997～1998年）。1997年，项目办对小额贷款项目作了总结，改变了过去放款和收款方式，成立项目管理小组，坚持“自我决策、自我管理”的原则，由村民选举三个人代表放款和收款，村民自己管理，并在翠华、团结、崇德和屏山四个乡镇的五个自然村（马基山、马樱花、陆大山、樱翁山和子母山）进行试点，试验效果比较好。

第三阶段：仿效GB模式试验（1999～2006年）。1999～2006年，恰逢全国推广GB小额信贷模式运动（母鸡换水牛）兴起，当时的云南省小额信贷办负责人主张将社区发展基金的项目管理小组改为贷款小组，并试验每月还款。试验之后，农民还款压力过大，普遍出现用贷款偿还贷款的现象，即农户把贷款的1/2，甚至一半存放在箱子里，用于偿还贷款，这样借款户贷款的使用率很低。后来，还款周期调整为按季度还款，借款户还款压力依然很大。考虑到贫困农户的实际情况和GB模式两年的试验结果，从2001年开始，禄劝社区发展基金对贷款周期和管理方式，陆续进行了调整。首先，根据农户的实际现金流确定还款周期，具体有半年还款的、有九个月还款的、还有一年还款的；其次，完善社区基金的基层管理，组建社区发展基金管理委员会，管委会成员包括主任、会计、出纳、监督员、记录员，全部从项目所在村选举产生。经过调整，禄劝社区基金又获得了新的发展。截至2006年9月，发展借款户472户，占社区农户数的45.7%，其中贫困户借款户133户，占社区贫困户数的57.3%；发展基金总额达到1,042,116元，累计发放贷款4,116,627.7元；社区发展基金积累达到307,498元，其中，用于滚动资金贷款212,716元，用于公益活动2,098元，用于补贴费用支出4,940元；贷款余额799,316元，期末逾期资金53,357元，期末还款率92%。

第四阶段：合作发展（2007～2011年）。从2007～2011年，由于老借款户资金需求量不断增大，相关乡镇的农户也有贷款需求，香港乐施会是一个慈善事业机构，没有雄厚的资本可以向广大农户提供贷款，且机构存在变数——万一乐施会撤出了，怎么办？经过多方沟通，2007年5月禄劝项目办与禄劝县农村信用联社正式签署了合作（贷款）框架协议，采取“贷款自愿、积累抵押”的风险防范方式——相关社区管理委员会将其社区积累资金以集体的名义存储于农村信用社，农信社承诺按照社区存储资金数额的五倍向社区农户发放贷款。协议签署后，首先在中屏乡书多行政村芹菜塘项目村进行试点。根据禄劝项目办的统计，芹菜塘社区共有22户从信用社获得了合作协议贷款，占全村贷款总户数的69%，贷款总额57,000元，平均每笔贷款额度2,590.9元，最高贷款额度3,000元，最低贷款额度2,000元。更令合作双方高兴的是芹菜塘社区合作信用贷款农户不仅按时偿还了所有贷款，而且把20世纪70年代就借的贷款也还上了。2008年以后，这种合作贷款扩展到了三个乡镇六个行政村的13个村民小组，平均每笔贷款2,689.8元。在2008~2011年，禄劝社区发展基金贷款总额359.93万元，其中，信用社发放贷款216.07万元，禄劝项目办贷款143.86万元。事实证明，禄劝项目办与信用社的合作贷款有助于商业金融机构延伸到最贫困区域。禄劝社区发展基金与农信社的合作在2009年被评为国家级金融扶贫创新奖——中国合作经济年度成就奖。

二、治理结构

禄劝县香港乐施会小额信贷作为扶贫的重要手段和动力，服务于社区自我发展和自我建设目标，全权由禄劝县香港乐施会项目办公室（以下简称"禄劝项目办"）负责实施。项目办是乐施会进入大陆的第一个县级项目办公室，成立于1992年。2011年5月，在禄劝县民政局备案。

其治理结构特点是：项目办是县政府的派出临时机构，挂靠在县农牧局（现已在民政局注册备案），全权负责香港乐施会在禄劝县一切项目的执行和实施，对政府负责；香港乐施会昆明项目办公室（以下简称"昆明项目办"）是香港乐施会派出常驻项目机构，专门负责香港乐施会在特定区域项目的协调、指导培训和监督评估。禄劝项目办与昆明项目办不属于上下级关系，而是合作伙伴工作关系，各司其职、各负其责。禄劝项目办小额信贷项目实施和管理结构，由项目办、社区基金发展委员会（项目管理小组）和贷款成员小组组成，其各自的职责和权利如下。

（一）禄劝项目办的职权

- 在调查了解村庄（主要是自然村）基本情况和主要需求的基础上，确定目标社区，并在既定社区就社区发展基金目标、原则和理念以及扶贫模式的基本要素和贷款要求进行宣传动员。
- 参与社区发展规划和需求评估，确定社区资金需求量。
- 指导和监督社区基金管理委员会（或小组组织）的产生和组建，且协助社区制定信贷制度和规定（例如，建账、财务核算）；指导培训。
- 向社区管理委员会提供发展资金，并收取5.4%的还款风险金，贷款还清后，再返回社区管理委员会。
- 跟踪贷款资金的使用情况，了解实际和发现问题。

• 定期向上级项目办提供项目发展报告。

（二）社区管理委员会的职权

• 组织社区大会，并讨论和制定相关的信贷制度（贷款额度、期限、利息率、贷款要求等）、财务制度（每个季度或不定期向社区公开社区发展资金和社区积累资金使用情况）和风险防范制度（社区发展基金贷款还款期限为每个季度，农户在贷款还款期内可以灵活地选择还款时间和金额；回收的贷款资金在一个周期内可以在社区滚动使用，所产生的利息全部作为社区积累资金归社区所有）。

• 建立社区贷款小组，根据农户需求申请书向社区管理委员会提出申请，负责组织制定贷款管理制度，且与项目办签订借款合同，再与农户签订用款合同，承担放款、收款及低保职责；审批贷款申请，并把发展资金发放到借款小组（农户较少的，直接发放到借款人手中）。

• 在建立社区积累基金，资金采取优惠措施（三个月内不收取利息，三个月还款有困难的，就按照发展基金最低利息率标准收取资金占用费）。

• 协作项目办对项目进展情况的调查了解和分析评估。

（三）借款成员小组的职权

担保和激励机制的设置：社区发展委员会 + 农户小组联保和还款风险金设置。社区管理委员会作为社区发展基金的承贷者，也是还款者。社区管理委员会和项目办签订借款合同中明确规定：社区发展基金不能按时归还项目办时，社区管理委员会的各成员将共同承担还款责任。同时规定，如果一户不还款，次年整个小组都将得不到社区发展基金，而且不返还上一年整个社区的风险金；两个小组不按时还款，那么整个社区下一年都得不到项目办的社区发展基金——增强了社区管理委员会认真履行职责的压力和自觉性；农户与小组和管理委员会形成利益体。

三、战略调整

禄劝社区发展基金自建立以来，其发展战略经历了三次重大调整，分别是：成立社区管理组织（项目管理小组或社区发展基金管理委员会），与金融机构合作（禄劝项目办与禄劝农村信用社合作开展小额贷款），项目机构备案（在禄劝县民政局注册备案）。

（一）创建社区发展基金管理委员会（项目管理小组）

1992~1996 年，禄劝县乐施会社区发展基金小额贷款主要依赖于当地信用社的力量组织放贷和回收，运作主体是禄劝项目办。因故，这个阶段贷款出现比较大的问题：农民缺乏主动性和参与意识；项目设计缺乏规划和系统

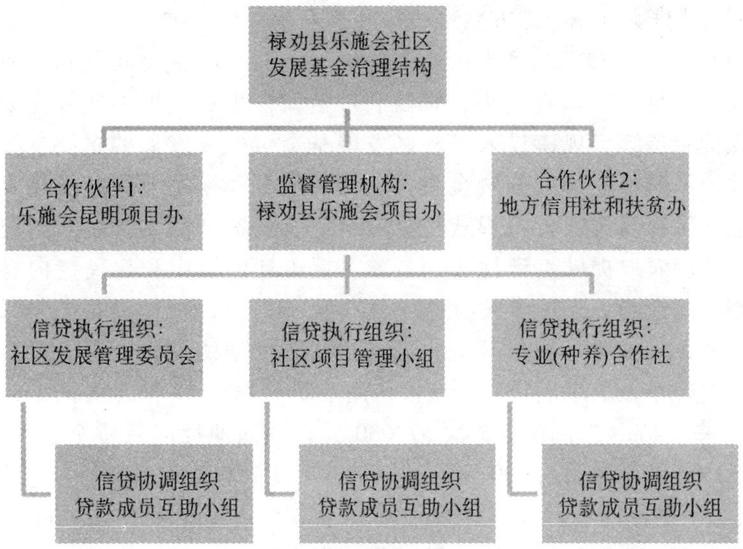

图2　治理结构

性——项目办认为需要什么项目就上什么项目，往往脱离农户的实际需求和从事项目活动的能力保障；缺乏科学的小额贷款制度和贷款传递方法，造成逾期资金过多、贷款还款率低（累计还款率77%）；此外，贷款资金规模狭小且分散，操作成本高……因此，1997年开始，项目办及相关人员对这个阶段的小额贷款经验和问题进行调查、总结和反思，探索和实践了解决小额贷款问题的措施和方法，设计和不断完善相关的贷款管理制度，如《社区发展基金管理办法》、《财务管理制度》、《财务公开制度》、《社区发展委员会选举制度》、《社区贷款小组组成细则》、《社区发展委员会工作职责》、《社区小组长会议制度》等，推动成立了相应的社区级贷款操作（放款、收款和管理）组织——社区发展基金管理委员会或项目管理小组，赋予社区组织更大的自主权，激发社区组织和借款成员的主动性和积极性，实现了村民积极参与、“要我做到我要做”的转变，项目运作主体从项目办转化：农户+乡村政府+技术服务部门+相邻社区，从而促进小额贷款项目活动的顺利开展。据不完全统计，1992~2006年，项目办投入社区发展基金小额贷款资金175万元，累计放款411.66万元，还款率达到95%以上，比1996年提高了18个百分点；受益面屏山、团街、中屏、翠华和九龙五个乡镇、九个行政村和28个自然村，受益农户3,987户，人均粮食占有量增加到334公斤，比1996年的287公斤增加了47公斤，人均收入从1996年的287元增加到2006年的897元；借款户家庭卫生和生活质量有了不同程度的改善。

（二）禄劝项目办与地方金融机构合作发放小额贷款

2006年以后，禄劝社区发展基金持续运行面临的主要问题和挑战即是贷款资本投入不足、贷款规模小，难以满足借款户生产发展的实际需要。换言之，贷款资金持续、规模投入是社区发展基金可持续发展的主要支撑。为了满足借款户不断增大的贷款资金量，昆明项目办、禄劝项目办及相关人员积极与当地金融部门沟通，希望获得金融组织贷款资金的支持、共同向贫困山区更多的贫困农户提供生产性小额贷款，促进社区组织和村民走向自我就业和持续创收的道路。经过多次沟通，于2007年5月，禄劝项目办与禄劝县农村信用联社正式签署了合作开展小额贷款活动框架协议。同期，在中屏社区发展了首次合作金融小额贷款：获得信用社贷款农户22户，占同期社区获贷农户（33户）67.4%，获贷金额57,000元，占同期社区获贷金额72,500元72.3%，最高贷款额度3,000元，最少贷款额度2,000元，平均每笔贷款规模2,591元。根据禄劝项目办社区发展基金小额贷款统计报告，2008年投入小额贷款资金23.73万元，信用社投入贷款资金17.65万元、占74.3%，受益面三个自然村"通过项目活动培养农户的自我管理能力、培养农户的信用意识，并对农户发放信用证，让农户在无需抵押、担保的情况下借到发展的生产垫本，同时在项目办的协助下、农户的自身努力下，真正发展起来，并能按要求还款。"（袁加海，2012）；2009年投入小额贷款资金46.47万元，信用社投入贷款资金40.08万元、占86.5%，受益面5个自然村；2010年投入小额贷款资金135.11万元，信用社投入贷款资金98.24万元、占73.5%，受益面14个自然村；2011年投入小额贷款资金126万元，信用社投入贷款资金60.1万元、占48.5%，受益面6个自然村。事实表明，与地方金融机构合作是解决社区发展基金贷款资本不足的有效路径，也是使更多贫困农户获得贷款的一项举措——实现双赢目的——一定程度上解决了贫困村获贷难的问题。譬如，祖宗箐、秧草堆和汤三这三个村，与信用社合作贷款获得的信用使它们实现了按照需要获得信用社贷款的夙愿——祖宗箐20多万元。芹菜塘社区30户获得信用贷款证。

（三）禄劝县乐施会项目办在民政系统成功注册备案

1992年，禄劝项目办成立以来，一直是政府的一个派出机构，代表禄劝县人民政府与香港乐施会合作，具体负责项目的实施。

2010年7月1日，云南省政府出台了关于加强境外非政府组织的行政性法规。要求境外非政府组织进入该地必须在省民政厅机构备案，境外非政府组织与本地有关组织开展合作必须在省外办事项备案，还要求境外非政府组织寻求与其业务范围有关联的省直属有关部门作为业务指导单位。

经过多方努力，2011 年 5 月禄劝县乐施会项目办在禄劝县民政局成功备案。项目备案后，机构顺利地在禄劝县农业银行开立账户，项目工作得以正常运作，甚至一定程度上推动项目可持续发展。

四、资本来源及其使用

禄劝县乐施会社区发展基金贷款本金绝大部分是来自于香港乐施会的无息借款和项目赠款，也有少量社区发展基金积累。从 2007 年开始，贷款资本金来源渠道相应增多，有来自于禄劝县信用联社小额贷款资金，有乐施会项目贷款资金，有社区发展基金积累，还有整村推进扶贫资金。据不完全统计，截至 2011 年，禄劝县乐施会社区发展基金小额贷款资金 534.93 万元，其中：信用社贷款资金 221.27 万元，占 41.0%；乐施会项目贷款资金 313.66 万元，占 59.0%。2008 ~2011 年资金来源见表 4 -1。

表 4 -1　禄劝县中屏乡芹菜塘社区发展基金（小额贷款）贷款构成状况

年　份	2008	2009	2010	2011
乐施会（万元）	6.08	6.39	36.87	65.9
比重（%）	26.0	14.0	27.0	52.0
信用社（万元）	17.65	40.08	98.24	60.1
比重（%）	74.0	86.0	73.0	48

资料来源：香港乐施会禄劝县项目办公室统计数据报表和相关《项目发展报告》。

在此，以中屏乡书多村芹菜塘社区为例对资金来源加以说明。2004 年，社区发展基金借款户 27 户，贷款总额 21,950 元，全部为乐施会项目贷款；2011 年，25 户，贷款总额 73,000 元，全部为信用社扶贫贴息贷款，详见图表 4 -2。

表 4 -2　禄劝县中屏乡芹菜塘社区发展基金（小额贷款）贷款构成

年份	2004	2005	2006	2007	2008	2009	2010	2011
乐施会（万元）	2.20	4.89	6.90	1.55	0	0	0	0
比重（%）	100	100	100	21.5	0	0	0	0
信用社（万元）	0	0	0	5.60	10.75	11.75	11.55	7.30
比重（%）	0	0	0	77.5	98.4	100	100	100

资料来源：实地调查统计（报告日期：2012 年 2 月 24 日）。

乐施会项目资金中的80%以上来自于相关组织和人士的捐款，使用资金基本约束条款："无息借款、滚动使用、持续运行、用户发展"；禄劝县信用联社小额贷款资金主要是国家政策性扶贫贴息贷款资金，基本条件就是："无息贷款、期限有限、按时还款、资金安全"。

此外，禄劝县乐施会社区发展基金是禄劝乐施会综合扶贫开发项目的重要组成部分，其资金的利用、效果和安全性均遵循禄劝项目办、昆明项目办和乐施会总部的总要求和原则。根据禄劝项目办统计报告，2006年社区发展资金预算占综合扶贫发展项目的25%；到2011年比例提高到34%。另据《禄劝项目发展历程报告》，1992～1997年，禄劝项目总投入资金873.65万元，其中，小额贷款资金投入82万元，累计放款415万元；1998～2004年，项目总投入385.56万元，其中，小额贷款资金投入93万元，累计放款474万元；2008～2010年，项目总投入422.26万元，其中，小额贷款资金投入233.93万元；2011年项目总投入268.6922万元，其中，小额信贷资金投入126万元。

五、信贷产品

禄劝县香港乐施会社区发展基金信贷产品比较单一：主要有小额贷款（贷款产品）、技术培训及能力建设（非贷款产品）两种。小额信贷贷款产品按照不同的分类有多种类别：长期贷款与短期贷款、集体贷款与家庭贷款、分期还款贷款与一次性还款贷款、信用社贷款、项目贷款与积累基金贷款、种养殖业贷款与其他贷款、有息贷款与无息贷款。

按照（小额信贷）贷款使用期限，可分为长期贷款（贷款使用期限在一年或一年以上）、短期贷款（贷款使用期限不到一年或月、季度贷款）。项目报告资料显示：2006年，禄劝社区发展基金（小额信贷）长期贷款社区占获贷社区数（29个社区）的48.0%，短期贷款占52.0%；2010年，长期贷款社区占87.0%，短期贷款占13.0%（参见表5－1）。

表5－1　　禄劝县香港乐施会社区发展基金长、短期贷款构成

年　份	2006	2007	2008	2009	2010	2011
半年期限（%）	3					
7～10个月（%）	48.5	7	7	7	13	13
一年期限（%）	48.5	90	90	90	84	84
一年以上（%）		3	3	3	3	3

按照（小额信贷）贷款目标对象，可以分为集体贷款、家庭贷款。项目报告资料显示：2008年以前，禄劝社区发展基金（小额信贷）贷款主要是家庭贷款，2008年开始也有集体贷款——主要是以社区为单位的农民种养专业合作社贷款。譬如，中屏乡书多村芹菜塘社区养猪专业合作社向社区发展基金贷款7.3万元、同期社区家庭贷款11.55万元。

按照（小额信贷）贷款还款方式，可以分为分期还款贷款与一次性还款贷款。项目报告资料显示：2006年，禄劝社区发展基金（小额信贷）分期还款贷款社区占获贷社区数（29个社区）的48.0%，一次性还款贷款占52.0%；2010年，长期贷款社区占87.0%、短期贷款占13.0%（参见表5－2）。

表5－2　　禄劝县香港乐施会社区发展贷款还款期限结构状况

年　份	2006	2007	2008	2009	2010	2011
1～3个月（%）	7	7	7	7	6	6
4～6个月（%）	90	41	41	41	35	35
7～9个月（%）	3	3	3	3	10	10
10～12个月（%）		46	46	46	46	46
12个月以上（%）		3	3	3	3	3

按照（小额信贷）贷款资金性质，可以分为信用社及扶贫贴息贷款、项目贷款与社区积累基金贷款。2008～2010年，社区发展基金小额贷款投入233.93万元，其中，信用社投入155.97万元，项目投入77.96万元；2011年，社区发展基金放款126万元，其中，信用社贷款60.1万元。

贷款规模小与还款率高是禄劝县香港乐施会社区发展基金小额贷款的基本特点。2006年以前，单笔贷款规模一般不超过2,000元，2007年后，单笔贷款规模一般不超过3,000元。以中屏乡书多村芹菜塘社区为例，2004年，全社区获贷农户27户，最高贷款额度1,000元，最少200元，户均贷款812.96元；2011年，全社区获贷农户25户，贷款金额合计73,000元，最高贷款额度3,000元，最少2,000元，户均贷款2,920元，详见表5－3。

表5－3　　禄劝社区发展基金中屏乡芹菜塘社区单笔贷款贷款规模（元/笔）

年　份	2004	2005	2006	2007	2008	2009	2010	2011
户均最高贷款额度	1,000	2,000	2,000	3,000	3,000	5,000	10,000	3,000
户均最低贷款额度	200	800	1,500	500	1,000	2,000	1,000	2,000
户均单笔贷款额度	813	1,482	1,917	2,197	2,786	3,917	3,850	2,920

禄劝县香港乐施会社区发展基金小额贷款还款率比较高。2006～2011 年，年均还款率 92%，2011 年达到 96.4%。部分社区 2006～2011 年的还款情况，见表 5－4。

表 5－4　2006～2011 年禄劝社区发展基金部分社区贷款还款率状况

社区名	2006 年	2007 年	2008 年	2009 年	2010 年	2011 年
芹菜塘	—	100.00%	100.00%	100.00%	100.00%	100.00%
务茂德	—	100.00%	100.00%	100.00%	100.00%	100.00%
马樱花	100.00%	100.00%	100.00%	100.00%	100.00%	100.00%
李一	100.00%	100.00%	94.60%	—	83.30%	—
祖宗箐	100.00%	100.00%	100.00%	100.00%	100.00%	100.00%

六、客户构成与特点

禄劝县社区发展基金，瞄准贫困乡村、贫困农户及妇女。禄劝彝族苗族自治县是国家级扶贫重点县，辖 16 个乡镇。2006 年年末，全县农民人均纯收入 1,780 元，有 1.916 万人口的收入低于当时的全国绝对贫困标准（693 元），有 12.1 万人收入水平处于当时的低收入标准（693 元～958 元），占全县农业人口 28.5%。低收入者主要分布在高寒山区和少数民族聚居地区；全县有 2,900 户农户居住危房或者无房，3.5 万人饮水困难，有 2 万人居住环境基本丧失生存条件。

禄劝社区发展基金目标社区和贷款对象主要分布在相对贫困的乡镇及村寨，如中屏（书多村、大海子村）、翠华（汤朗箐、新民、大松园、纳岔等村）、九龙（三哨村）和团街（马初村）等乡镇。书多村委会的芹菜塘社区，由保定一和芹菜塘两个自然村组成，距离禄劝县城 70 公里，距乡政府所在地 9 公里，距离最近的市场有 7 公里，2011 年以前，农用物资和农副产品主要靠人背马驮，赶集靠步行、往返需要 4 小时（现在赶集仍然是步行、没有公交车），海拔 2,520 米，典型的冷凉根山区；2011 年，全村 39 户、143 人，其中苗族 35 户占 90.3%、129 人占 90.4%；主要种植玉米、洋芋、小麦和豆类，家禽主要有猪、牛、羊、鸡；项目办于 1994 年在芹菜塘社区开始小额信贷项目活动：1994～1995 年，累计发放小额贷款 14,700 元，用于种养创收活动；2002～2007 年，提供发展基金小额贷款 559,150 元；2008～2010 年，提供发展基金及合作金融小额贷款 413,500 元；社区积累资金余额 21,053 元。

据禄劝项目办统计报告，2011 年 3 月末，社区基金贷款 17 个社区，社区总农户598户，其中贫困农户120户占20.1%，社区基金贷款户占社区总户数57.2%，其中获贷贫困户82户，贫困户覆盖率68.3%。2006年以来，禄劝社区发展基金的贫困农户覆盖率见表6-1。

表6-1　2006~2011年禄劝社区发展基金获贫困户覆盖率状况

年　份	2006	2007	2008	2009	2010	2011
社区农户数（户）	980	980	980	980	598	598
贫困户数比（%）	22.7	23.7	23.7	23.7	20.1	20.1
获贷农户数（户）	472	478	484	478	342	342
获贷贫困户覆盖率（%）	59.9	57.3	57.4	57.3	68.3	74.2

禄劝社区发展基金目标瞄准贫困人口，更关注少数民族贫困妇女的能力建设。统计资料显示：1992~1997年，投入资金13.2万元，以妇女为对象、采取面对面讲解和现场示范的方式开展种养技术培训活动，重点讲授杂交玉米、脱毒马铃薯和小麦种植技术，以及牲畜科学饲养技术等；培训场次551场/次，参加培训人员4,012次，受益面屏山、翠华、团街、中屏和九龙五个乡镇、10个村委会、67个村民小组；1998~2004年，投入资金9.4万元，根据借款农户生产需求，进行具有针对性的种养技术培训，培训场次311场/次，参加培训人员2,016次，受益面屏山、翠华、团街、中屏和九龙五个乡镇、10个村委会、28个村民小组；1998~2004年，投入专项资金25.8万元，建盖1个蜡染房和2个妇女活动中心，以便农民妇女的交流、学习和开展娱乐活动，受益面屏山、翠华、团街等3个乡、3个行政村、6个自然村；同时，组织相关妇女外出考察参观。2011年，专门投入资金24.8285万元在中屏乡书多村芹菜塘社区开展妇女能力建设活动：猪圈改造和养殖技术培训、改善社区卫生状况和提高妇女农户的卫生意识、推动妇女参与决策和两性平等教育——24.8385万元，加上农户投入和投工投劳合计31.4525万元，共修建平均40平方米的24个猪圈、在相关社区修建2.5米宽的510米的水泥路和入户1米宽的742米小路（详见禄劝项目办《2011年项目发展报告》）。

七、内部管理

从乐施会禄劝社区发展基金治理结构不难发现，禄劝项目办作为社区发展基金的监管机构，承担着社区发展基金业务活动的资金预算、资金拨付和制定贷款原则和要求的任务。因此，禄劝项目办内部管理有效性和水平与社区发展基金发展程度息息相关。

（一）人事管理

截至2012年2月末，禄劝项目办共有5人，1名经理，1名经理助理，1名会计，1名出纳和1名项目管理员。其中，女性2人，大专及以上文化程度的3人，最大年龄52岁，最小年龄37岁，平均年龄41.8岁。五名工作人员中三人来自于县农业局，工资来源于地方财政，项目办给予下乡补贴（每人每天50元），两人属于招聘人员，由项目办支付工资和补贴。此外，还有四个社区工作队员。社区工作队员的主要工作职责就是协助项目官员指导和监督项目的具体实施，实时观察和报告项目进展，其工资主要是补助性质的，每个月按照7天工作日计算，每个月250元。

- 会议制度。每周一召开项目工作会议，进行上一周的工作总结和制定本周工作方案，每个工作人员必须根据项目办的工作计划制定出自己的工作计划，办公室负责合理调配和具体安排落实；每月末（末期二天，周末顺延）召开月会，并处理完毕当月的账务票据；在季度末（末期三天，周末顺延）召开季度会议。

- 工作制度。每个工作人员在进行实地访察时，事先制定和提交访点计划方案，经过审批，访察完毕，提交报告；挂点人员认真学习访点报告，并提出意见和建议。

- 职能职责。项目经理负责对外协调（与政府部门、相关单位及其他NGO），负责项目办工作的统筹、管理和整体筹划，包括人财物安排，规划和项目申请；负责落实和监督项目办全面工作计划，包括人员分工、资源配置等；负责主管财务管理成本核算；全面负责一个项目点的工作。经理助理，协助经理做好NGO的相关工作，协助经理进行项目发展筹划、统筹、资金核算和资源调配等工作，负责项目实施情况的追踪检查和监控，指导相关人员完成相应的项目进展报告和相关的临时性工作，负责一个项目点的工作。出纳，负责项目办的出纳工作，包括票据管理、资金来往手续、现金管理和现金账务，负责车辆的调度和安排，负责办公室事务和相关的临时性工作，并负责一个项目点的工作。会计，负责项目办会计工作，包括建立会计记账科目、科学做账，CDF报表统计、分析和反馈工作，负责电脑网络管理和相关临时性工作，负责指导社区管理委员会的记账和简单会计分录工作，也负责一个项目点的工作。项目干事，负责做好项目实施的初步计划、项目进度和项目管理，负责项目办、社区及个案的信息开发和管理工作和相关的临时性工作，负责联系和落实相关培训的具体工作和计划，负责一个项目点的工作。驻点人员，月工作时间必须保证22天，并有明确的工作计划和报告。村级推广员，月工作时间7~8天，有具体的工作记录，每年参加两次季度会议。

（二）贷款制度

• 目标社区。禄劝社区发展基金目标社区的确定主要取决于禄劝乐施会社区综合发展项目目标区域范围，考量标准和条件与整体项目基本一致：相对贫困乡村和具有自我发展的迫切愿望的村庄。事实上，社区发展基金分布社区主要是比较贫困的乡村，且多数是高寒少数民族（苗族）村寨。

表 7－1　2006～2011 年禄劝县乐施会社区发展基金客户分布状况

	书多	大海子	汤朗箐	新民	大松园	纳岔	洪德	三哨	马初
2006 年	53	12	140	19	27	23	44	62	92
	11.0	3.0	30.0	4.0	6.0	5.0	9.0	13.0	19.0
2007 年	32	13	140	20	33	24	52	60	100
	7.0	3.0	30.0	4.0	7.0	5.0	11.0	13.0	21.0
2008 年	32	13	142	20	33	24	52	66	100
	7.0	3.0	29.0	4.0	7.0	5.0	11.0	14.0	21.0
2009 年	32	13	142	20	33	24	52	66	100
	7.0	3.0	29.0	4.0	7.0	5.0	11.0	14.0	21.0
2010 年	32	13	112	20	23	24		66	52
	9.0	4.0	33.0	6.0	7.0	7.0		19.0	15.0
2011 年	32	13	112	20	23	24		66	52
	9.0	4.0	33.0	6.0	7.0	7.0		19.0	15.0

• 目标人群：瞄准贫困人口，特别是少数民族贫困妇女。统计资料显示：2006～2009 年，贷款社区贫困农户总数 232 户，获得贷款的贫困户 133 户占 57.3%，且承贷者主要是妇女。2010 年以来，这个比例明显减少，这主要与获贷农户总量减少具有密切关系。

• 贷款流程。(1) 贷款申请。需要贷款的农户提出书面申请，包括贷款额度、资金用途等。(2) 成员组织。潜在贷款农户自愿组成小组，并且推选出小组长，由小组长召开小组会议、收集农户贷款申请，并组织讨论审批贷款申请。(3) 审批程序。由小组长汇集农户贷款申请，并根据农户贷款申请，提出贷款小组申请书，所有提出贷款申请的农户在“小组贷款申请书”上签字后，与申请借款花名册一同报送社区发展基金管理委员会或项目管理小组，管理委员会经过讨论审批贷款小组申请，再报送禄劝项目办。(4) 贷款安排。项目对管理委员会报送的“贷款申请”进行审核和贷款资金统筹。(5) 发放贷款。项目办按照计划到社区召开会议，并与管理委员会签订贷款协议和督导贷款发放，再由贷款小组长组织成员到社区出纳人员处办理相关手续和领取贷款。（6）贷款回收。社区发展基金管理委员会定期召开还款动员大会，小组长按期组织成员还款。（7）记账对账。社区管理委员会出纳根据分户管理手册进行数据统计，按照社区发展基金贷款回收日记和相关单据登记现金日记账，然后（贷款回收三天后）出纳将发展基金统计表和单据交予会计，会计根据贷款账务事实进行记账、做会计报表和盘点出纳现金账目（驻点社区工作队员和相关农户在场）。（8）账务公示。社区管理委员会主任审核会计报表，由会计报送社区工作队员，再由项目办复核、上报，由管理委员会公示账务（口头/张榜）。

- 贷款组织。（1）贷款产品。主要是生产性小额贷款。（2）贷款规模。2005年以前，每户不超过2,000元；2006年以来，每户不超过3,000元。（3）贷款周期。一般为一年，也有两年期的贷款。（4）抵押担保。无实物抵押，由小组互助。（5）还款方式。多数是一年两次，少数是按照季度偿还贷款，也有一年偿还贷款，还有还款周期与贷款周期一致。（6）利率水平。由项目办无息贷款给社区管理委员会，社区管理委员会按照5.4%的利率水平贷款给社区农户。（7）资金安全。贷款前认真审查、贷款后定期检查贷款资金利用情况和提供相应的技术服务以及相应的监督评估。

（三）财务管理

从上到下都十分重视项目资金的审计和监管，这是乐施会扶贫和发展项目的显著特征之一，这也是由项目资金的来源及性质所决定——因为乐施会项目资金的绝大部分来自于香港市民的捐款，需要对捐赠人与受赠者负责；换言之，乐施会认为，注重项目资金及其财务管理是保证项目资金得以善用的有效方式，也是建立公信力和自我发展的客观要求。禄劝项目办及其社区发展委员会不无例外，其发展资金及社区发展基金本金几乎来源于乐施会（合作伙伴）的无偿借款，重视资金的安全性和有效性体现于项目活动的始终以及各个环节和具体行动中——秉持“公开透明、注重细节、真实准确与全过程完善”的财务管理原则。譬如，科学编制项目预算报告和严格依据资金审批程序，提供项目资金利用率——在项目需求评估阶段，昆明项目办相关人员到实地进行需求了解和规模评估，并与禄劝项目办一起讨论和完善，并把预算报告提交项目经理，由项目经理对预算和建议报告进行评审，交由“专职合规经理”进行复核，复核预算是否合规、预算费用是否合理、标准差异是否适宜，最后由具有相应审批权限的人士进行审核和批准。禄劝项目办所有15万元以上的项目到项目结束时，均接受昆明项目办的资金审计——审计人员一般会到项目办审计项目财务，也会到实地和受益群体进行交流访谈，以进一步核实资助额度和数据，审计项目费用支出与预算是否偏离，程序是否完整、合规，是否严格执行财务管理原则和制度等等。目前，财务管理所面临的挑战来自两个方面：一方面，需要改变以往一些不规范的财务操作和建立完善现行财务管理制度；另一方面，社区发展基金受益人群文化水平普遍偏低，要找到农户信赖，且具备比较好的文化水平、能够做好会计基本记录、记账的合适人选实属不易。

禄劝项目办的财务管理主要参照《行政事业单位会计制度》和乐施会财务管理要求设立会计科目和做账——总账、明细账、现金日记账和银行存款日记账，并设有现金、银行存款、应收账款、预付账款、其他应付款、固定资产、经费拨付、管理费用、利息收入等科目，同时根据需要设置分级账目。社区发展基金账目：总账、分户账、现金日记账，并按季度填报社区发展基金统计表和监督公示表（现金流量、借款和还款情况）。借款农户持有“发展委员会分户管理手册”，包含“贷款金额、借款用途、应还本金、实还本金、拖欠金额、支付利息、贷款余额、收款人名、付款人名和组长签字”等科目。

八、可持续性

农村金融可持续问题是一个颇受争议的问题。有学者将农村金融机构的可持续性概念进行了狭义与广义的区分①。狭义的可持续是指农村金融机构通过信贷服务，获得的收入可以覆盖其运营成本和资金成本，即收入大于支出；而广义的可持续性包括财务的可持续性与机构的可持续性两个方面。

截至 2011 年 3 月，禄劝乐施会社区发展基金（小额信贷）净利息收入总额（扣除营运成本）为 338, 564. 07 元。从狭义的角度来看，禄劝乐施会社区发展基金（小额信贷）运行是可持续的。

从广义的角度，只要外部无息信贷资金借款持续供给，那么禄劝乐施会社区发展基金（小额信贷）运行能够实现财务可持续目标。否则，不能持续。2009 年至 2011 年，禄劝社区发展基金的补贴依赖指数，分别为 2. 61%、2. 66% 和 2. 47%。这意味禄劝社区发展基金依靠自身的力量不能生存和发展。

至于机构的可持续，即社区发展基金管理委员会是否持续发展，主要取决于其财务的可持续状态。换言之，财务及经济的可持续性是其机构可持续的基础。

最后，看看禄劝乐施会社区发展基金贷款质量状况。2011 年，0. 09 的逾

① 徐鲜梅：《中国乡村农民金融组织模式研究》（2011 年）。

期比率与禄劝县乐施会项目办报告的2011年度还款率92%的水平相当；2010年度，0.04的逾期比率与禄劝县乐施会项目办报告的2010年度还款率94.2%的水平相当（详见表8-1）。

表8-1　2006~2011年禄劝县社区发展基金社区基金状况　单位：户、万元

年份	年度贷款户	年度新增贷款	年度逾期额	年度利息额	年度费用额	累计利息额	累计贷款额	累计回收额
2006	475	84.95	3.14	1.12	0.49	30.75	411.66	328.59
2007	478	62.09	2.37	2.27	0.51	30.23	512.55	413.76
2008	478	45.34	2.67	3.00	0.18	23.06	573.89	499.04
2009	484	19.17	2.52	0.20	0.21	22.81	644.48	550.15
2010	342	41.19	1.98	0.58	0.82	29.00	705.36	650.92
2011	342	23.00	1.98	5.74	4.75	38.60	728.36	703.38

资料来源：香港乐施会禄劝县项目办公室统计数据报表（报告日期，2011年3月31日）。

九、结论和建议

中国人民银行禄劝支行课题组在对乐施会扶贫模式实践深入调研的基础上，得出结论：金融及其他机构难以推广实施小额信贷扶贫模式，只能局部或小范围内实施扶贫开发，这是由这些机构的社会服务功能要素及其经营性质决定的；相反，政府机构推行实施小额信贷扶贫不仅具有可能性，而且具有不可比拟的资源优势：乡村的政府行政资源可以更直接地实施小额信贷扶贫，使扶贫行动更具有普遍性、持续性；政府职能下的功能扶贫而非经营组织以自身利益为目的的扶贫，不受财务可持续性问题的制约；政府出资设立基金或以贴息方式引进并组织实施扶贫，才可能再造乐施会小额信贷扶贫模式的多重激励机制，解决金融机构难以覆盖的信用合作需求；解决了经济发展与社会发展目标的一致性问题，直接推动经济社会发展和进步；有利于调动各个方面资源参与扶贫；制度设计和运行机制是发展基金信贷扶贫模式成功的生命力所在，任何制度都必须随着时代的步伐不断创新，才能具有生命力；再好的模式都需要人去实施，需要进行有效监督和管理，扶贫当然也不能例外①。

① 中国人民银行禄劝支行课题组："香港乐施会社区发展基金小额贷款扶贫模式推广实施可行性思考"，《时代金融》，2010.09。

（一）主要结论

• 贷款传递制度的设计符合其目标对象的贷款需求，并与其社区经济社会发育程度相适应，是禄劝县乐施会社区发展基金模式得以持续运行的基础。换言之，经济社会发育程度是小额信贷模式设计应该考量的前提因素，也是模式能否发挥效用和促进社区可持续发展的关键——不仅在于供给方的目的和经营策略，而且取决于需求方的市场发育、开发和意识程度。专门依据穷人的实际情况和需求建立起来的一套特殊制度，只能适用于贷款对象是穷人或低收入者的信贷服务，也就是说，也只有贷款对象是穷人，他们才会认真遵守严格的贷款制度和纪律。扶贫信贷制度的设计要基于具体实际，包括客户需求、经济发育程度；创建农民金融组织的目的不仅仅在于使更多的农民妇女及贫困人口获得贷款，更在于帮助农民妇女和贫困户创建自己的金融组织，实现农民金融业的自我经营、自我管理、自我发展与自我服务，旨在使农民真正拥有自己的银行。没有组织就没有发展，如果借款人不能有效组织起来，他们仍然是分离的个体。借款人只有组织起来才能面对困难、树立创业信心。这方面禄劝县社区发展基金小额贷款模式的经验值得借鉴。

• 目标区域金融服务资源匮乏与目标对象急需资金的现实是确保禄劝县乐施会社区发展基金模式得以长期存在的条件。据报告，目前禄劝县金融机构主要有中国建设银行、中国农业发展银行和农村信用社三家。根据相关报告显示：1999～2004 年，建设银行累计贷款额 7,555 万元，占 6.0%；农发银行 12,864 万元，占 9.0%；农村信用社 116,684 万元，占 85.0%[①]。此外，2004～2006 年，建设银行、工商银行和农业银行撤销了金融网点，使得乡村金融服务资金更加稀缺。

• 服务穷人的意志行动与贫困户的信赖是 CDF 持续发展的源泉。受益者权利优先理念与“借款人自主、成员自助、社区自理”原则和行动是“社区发展基金”模式赢得受益者信赖的关键。“社区发展基金”模式贡献的是对待穷人的一种态度和行动，贡献的是从事穷人事业的方法和精神——联系穷人的路径和方法，连接穷人生活的通道，倡导人人平等的行为，关心穷人、帮助穷人、唤醒穷人、培养权利意识能力的途径和方法。

• 参与式的培训与思想观念的培育是 CDF 持续发展的关键，培训与培育作为核心价值内容是“社区发展基金”模式持续发展的根本和基础。以往的金融模式未能解决贫困农户贷款问题，其中一个重要的原因在于忽视了“培

① 张松：《云南省禄劝县社区发展基金调查报告》，2008 年。

训、陪伴、培育”这样的核心内容，不能在老百姓那里生根、发芽、开花和结果，难以消除村民与金融机构之间的陌生感和距离。扶贫信贷制度的设计要基于具体实际，包括客户需求、经济发育程度；创建新型农民金融组织的目的不仅仅在于使更多的农民妇女及贫困人口获得贷款，更在于帮助农民妇女和贫困户创建自己的金融组织，实现农民金融业的自我经营、自我管理、自我发展与自我服务，旨在使农民真正拥有自己的银行。没有组织就没有发展，如果借款人不能有效组织起来，他们仍然是分离的个体。借款人只有组织起来才能面对困难、树立创业信心。通过严格的组织使银行与借贷者间、借贷者与借贷者间形成了密切的相互关系。

• 尊重目标对象的意愿与主动求新的精神是 CDF 持续发展的动力。“先行先试、不断探索、适时调整、勇于创新”的态度和精神是“社区发展基金”模式持续发展的源泉和动因。

> 禄劝社区发展基金项目小额贷款模式发展过程其实就是一个不断创新的过程。一是模式创新。既具有小额信贷的一般特点，又在农户联保、还款方式、贷款金额及期限等等方面结合实际不断变化。二是管理创新。对小额信贷受益者和管理者进行探索，培养农民自己管理资金和管理社区的能力。贷款额度、还款周期以及贷款对象的选择等都由村民自己决定，实现了社区的自我决策、自我管理和自我滚动。三是项目创新。一直坚持贷款与科技培训并行，增强贫困农户生产经营能力和商品意识，提高农户还贷能力。同时，增加还款风险金及社区积累等激励机制的设计。
>
> 因此，结合实际的不断创新，是模式具有生命力和成功的内在动因。
>
> ——摘自《中国小额信贷案例选编》，2010 年

• 积极沟通的态度与通力合作的方法是 CDF 持续发展的保障。受益者权利优先理念与“借款人自主、成员自助、社区自理”原则和行动是“社区发展基金”模式赢得受益者信赖的关键。事实上，农业农民农村金融实践操作是集知识、经验、能力和智慧的系统工程，是明确的目标和指导思想、目标对象的合理开发和恰当选择、成员有效组织和严格培训、科学的信贷传递制度和贷款到位、严密监管体系和风险监控等有机结合的过程。

（二）发展建议

• 正确对待外界的评价和科学理解小额信贷扶贫事业可持续含义。对于 CDF 模式的判断和评价，存在评价者的视角和价值标准问题。事实上，面对中国广袤的农村，任何模式均难以成为一种主流模式，倒是成为种子模式的实例比比皆是。换言之，由于“小生产、大市场”的中国农民、农业和农村

经济的特点决定任何单一的模式均难以成为中国广大农村金融发展的主流。也就是说，认为“社区发展基金”模式永远不能成为农村金融发展主流模式的观点很有前提假设错误的嫌疑。那些所谓的主流金融模式之所以成为主流并非其价值功能效益的最大化，而是局部利益私有化而强制统一和推行的结果。

可持续发展的内涵和意义远非成本效益概念即可穷尽，换言之，可持续发展作为一个“动态和内在变量变化”的过程并不完全是一个资金及财务管理的问题，而且还应包含内生变量的发展趋势动态和潜能要素的问题。“小机构、大社区”，这是不可忽视的禄劝县社区发展基金的事实现象；相反，所谓的“项目小额信贷与机构小额信贷”的分类，这种分类没有任何现实意义。

• 储蓄积累问题。事实上，那些吸收存款的小额金融机构比那些依赖于外来债务资金的机构发展得更好。储蓄存款的好处毋庸置疑——存款降低了小额金融机构的资金成本，使机构能采集到关于客户储蓄习惯的信息，从而更好地监控客户的信用实力和帮助机构开发新产品；现在，一些小额金融机构已经开始利用技术手段开发替代性交付渠道，例如具有生物识别功能的自动柜员、配备了销售终端设备的移动汽车和市场里的销货亭等地。这些替代性交付渠道能降低成本，有助于将服务覆盖范围扩大至偏远地区，为客户带来更多的便利。

• 对待农民的工作方法要科学和适当，切莫从一个极端跑到另一个极端。农民的认识能力、判断能力和选择能力均有待于培育；况且，这些能力与当事人长期生活的环境和信息对称程度息息相关。再说，我们说的是尊重农民的愿望和需求，以农民的利益为核心，并非完全听农民的——这样不是尊重，而是不负责任。

• 建议成立村级互助基金组织与农村资金互助社。农村资金互助社指经过银行业监督管理机构批准，由乡（镇）、行政村农民和农村小企业自愿入股组成，为社员提供存款、贷款、结算等业务的社区互助性银行业金融机构。在乡镇设立的注册资本不低于30万元人民币，在行政村设立的注册资本不低于10万元人民币，注册资本应为实收资本。农村资金互助社为独立法人，对由社员股金、积累及合法取得的其他资产所形成的法人财产，享有占有、使用、收益和处分的权利，并以上述财产对债务承担责任，社员以其股金和在本社的积累为限对本社承担责任。农村资金互助社有可能成为禄劝社区发展基金未来发展的一个选择。

参考文献

Cheston, Susy and Lisa Kuhn. 2002. Empowering Women Through Microfinance. In Sam Daley - Harris, Ed. *Microcredit Summit Campaign. Pathways Out of Poverty*. Kumarian: Bloomfield, CT

Justice Y. M Ahorlu, 2009, The Contributions and Challenges of Credit Unions in Ghana: A Case Study of Selected Credit Unions in Ho

Krahnen J. P. and Schmidt H. 1995. *Development Finance as Institution Building*. Westview Press.

Lauer, Kate. 2008. "Transforming NGO MFIs: Critical Ownership Issues to Consider." *Occasional Paper* 13. Washington, D. C.: CGAP, May.

Reducing Poverty, Reducing Poverty and Scaling Up Growth. A Global Learning Process and Conference in Shanghai. May 25 - 27, 2004.

Sarah Forster, Eric Duflos, and Richard Rosenberg. 2012. "A New Look at Microfinance Apexes". *Focus Note*, No. 80, June 2012. CGAP.

Yaron, Benjamin and Piprek. 1997. *Rural Finance: Issues, Design, and Best Practice*. The World Bank.

程恩江、徐忠："中国小额信贷发展报告"，《财经》杂志，2006 年第 10 期。

杜晓山等：《中国公益性小额信贷》，社会科学文献出版社 2008 年版。

顾仲阳、于猛："小小互助金，帮了贫困户"，《人民日报》，2012 年 7 月 1 日。

国家统计局：《2011 年我国农民工调查监测报告》，2012 年 4 月 27 日，http://www.stats.gov.cn/tjfx/fxbg/t20120427_402801903.htm。

国家统计局：《中国农村住户调查年鉴》（2003），中国统计出版社 2003 年版。

国家统计局：《中国农村住户调查年鉴》（2012），中国统计出版社 2012 年版。

国务院扶贫办、财政部："关于进一步做好贫困村互助资金试点工作的指导意见”，2009 年 9 月 17 日。

刘文璞：《小额信贷管理》，社会科学文献出版社 2011 年版。

孙同全：《扶贫小额信贷与公益信托制度研究》，经济科学出版社 2006 年版。

王静艳：“中和农信管理构架演变历史”，提交“公益性小额信贷机构领导人工作坊”，2012 年 3 月 15 ~16 日，北京。

王卓：《中国农村民间金融组织研究——基于西部小额信贷的社会学分析》相关章节，四川大学出版社 2010 年版。

王卓：“小额信贷扶贫到户的实践与可行性”，《软科学》，1997（3）。

吴国宝：《扶贫模式研究：中国小额信贷扶贫研究》，中国经济出版社 2001 年版。

新华网：“跟着农民走——中国农村信用社改革发展 60 周年”，http：//news. xinhuanet. com/local/2011 -11/20/c_111181499. htm。

中国扶贫基金会小额信贷历年年报，http：//www. cfpamf. org. cn/。

中国农业银行：“中国农业银行授信中国扶贫基金会 2 亿元贷款支持农村金融”，http：//www. abchina. com，2009 年 10 月 19 日。

中国人民银行农村金融服务研究小组：《中国农村金融服务报告 2010》，金融出版社。

中国社会科学院贫困问题研究中心：“扶贫经济合作社十年回顾课题组”，《扶贫经济合作社十年回顾研究报告》（未发表），2005 年 3 月。

中国社会科学院贫困问题研究中心课题组：《扶贫经济合作社——小额信贷扶贫模式在中国的实践》，社会科学文献出版社 2010 年版。

中国小额信贷联盟历年年报，http：//www. chinamfi. net/portal/Portal-Home. asp。

中国银行业监督管理委员会：《村镇银行管理暂行规定》，2007 年 1 月 22 日。

中国银行业监督委员会：《贷款公司管理暂行规定 》，2007 年 1 月 22 日。

中国银行业监督委员会：《关于小额贷款公司试点的指导意见》，2008 年 5 月 4 日。

后　记

10多年前我受中国扶贫基金会之托撰写过《扶贫模式研究——中国小额信贷扶贫模式研究》（中国经济出版社，2001年版）。该书虽然名为扶贫模式研究，但更多的是介绍和讨论中国小额信贷的发展状况与问题。10多年后，中国小额信贷发展的环境发生了很大的改变，小额信贷本身也经历了沉浮起伏的过程。在书中案例研究的一些小额信贷机构或项目中，丹凤等政府小额信贷基本已退出了历史舞台，曾经作为社区发展基金典范的草海村社基金只剩下数个社区在勉力挣扎，其他多数机构或项目虽然仍然存在，但治理结构、发展规模、财务和金融状况已出现了很大的分野。在这种情况下，能够对中国小额信贷近10多年的发展进行跟踪研究，实在是一个难得的机会。因此，当中国扶贫基金会提出请我来做中国公益小额信贷发展研究时，我几乎没有犹豫就答应了下来。

但是任务接下来以后，我发现这项研究其实很难做，尤其是很难做好。主要问题是有关小额信贷机构的基础数据难以获得。为了获取必要的研究信息，我们采取了三个办法。一是沿用10多年前使用过的案例研究方法，选取若干代表性的公益小额信贷机构进行深度访谈；二是利用中国小额信贷联盟收集的部分小额信贷机构的业务和财务数据，进行分析；三是与部分代表性的小额信贷机构的负责人进行交流、讨论，了解他们所管理的小额信贷机构的发展轨迹和对一些重大问题的解释。

在研究过程中，中国扶贫基金会召开过两次专门的研讨会，与会的专家对研究提纲、问题和方法提出过不少有益的建议，尤其是何道峰副会长提出了一些有针对性的研究建议。后来我又参加了中国扶贫基金会牵头召集的国内数家知名公益小额信贷机构领导人工作坊，从中获取了不少公益小额信贷最新的情况。我和部分与会代表进行了深度的交流，尤其是易县扶贫社的周学仁主任、仪陇乡村发展协会的高向军会长，给我提供了不少各自小额信贷机构的情况。此外，在研究过程中，我曾专门拜访中国扶贫基金会的王行最副会长和刘冬文副秘书长、中国小额信贷联盟秘书长和UNDP/交流中心小额信贷项目负责人白澄宇先生，他们就各自小额信贷发展的过程和组织管理情况，提供了十分宝贵的信息。在此，我要感谢所有为我的研究提供过帮助和支持的人士。

我还要感谢各位承担案例研究工作人士的支持。他们是四川大学公共管理学院社会学系教授王卓和成都市民政事务中心社会工作部副部长李小雨，我的同事李静教授、孙同全教授、徐鲜梅博士、陈方博士，中国社会科学院研究生院研究生李冰冰。

最后，我要特别感谢中国扶贫基金会对这项研究的资助和在研究过程中提供的多种支持。我知道由于种种原因最终完成的研究成果还存在不少有待完善之处，留待今后与同仁们继续进行研究。

吴国宝

2013 年 1 月 6 日于北京

小额信贷在中国

——农村信贷配给与小额信贷体系建设

《小额信贷在中国》丛书编委会　编

中国财政经济出版社

图书在版编目（CIP）数据

农村信贷配给与小额信贷体系建设/《小额信贷在中国》编委会编著.—北京：中国财政经济出版社，2013.3
（小额信贷在中国；4）
ISBN 978-7-5095-4343-6

Ⅰ.①农…　Ⅱ.①小…　Ⅲ.①农业信贷-信贷管理-研究-中国　Ⅳ.①F832.43

中国版本图书馆CIP数据核字（2013）第042021号

责任编辑：罗亚洪　　　　责任校对：王　英
封面设计：郁　佳　丁亚青

中国财政经济出版社 出版
URL：http：//www.cfeph.cn
E-mail：cfeph @ cfeph.cn

社址：北京市海淀区阜成路甲28号　邮政编码：100142
营销中心电话：88190406　北京财经书店电话：64033436　84041336
北京财经印刷厂印刷　各地新华书店经销
787×960 毫米　16开　81.5印张　1 550 000字
2013年3月第1版　2013年3月北京第1次印刷
定价：265.00元（共五册）
ISBN 978-7-5095-4343-6/F·3524
（图书出现印装问题，本社负责调换）
本社质量投诉电话：010-88190744
反盗版举报热线：88190492、88190446

《小额信贷在中国》丛书编委会

编写说明

本丛书由中国扶贫基金会组织专家编写，其中，《国际实践中的小额信贷》由潘席龙、王光龙编写，《农村信贷配给与小额信贷体系建设》由焦瑾璞编写，《艰难前行的公益小额信贷》由吴国宝编写，《以小额信贷促进社会公平》由康晓光、冯利、程恩江编写，《中国扶贫基金会小额信贷发展史》由何雪峰、张天潘、李响、陈建利编写。

总 序

小额信贷这个概念始于哥伦比亚和美国非盈利组织的微型金融公益探索。因为尤努斯在孟加拉乡村穷人银行大规模扶贫的成功试验，使其具有了鲜活的、与传统银行信贷业务完全不同的金融创新意义。它对传统信贷的创新达到了颠覆的程度，主要体现在：认为穷人是有信用和有能力的，因此可以作为正规金融服务细分市场的潜在客户，银行可以服务此类客户从而摈弃令人憎恶的嫌贫爱富形象；给这群客户提供服务可以不用传统金融信贷的项目风险评估、财产抵押和信用担保工具，而使用贷款成员组织的评估和相互信用保证工具，来达到控制信贷风险、保证还贷的目的；可以在令人憎恶的高利贷和大额贷款利率之间找到一个理性的利率区间，使得到服务的穷人和信贷机构找到双方均可持续发展的双赢平衡点，而不是将信贷机构的可持续发展建立在对服务对象落井下石、趁火打劫似的高利贷上。小额信贷的金融创新还同时带来了扶贫公益的创新，即原有的扶贫公益更多地通过赠予来推动受益贫困人群状况的改善和减贫，而小额信贷则开启了通过信贷服务跟穷人进行平等交易的经营性扶贫大门。这种方式把穷人从受扶助的弱者位置一下拉到了与资助者完全平等的合约地位，给穷人施加还款信用压力的同时也给他们注入了自立自强的勇气和信心。通过培训、互动、交流、经营、销售、还款、算账、再贷款的持续，这场扶助使受助穷人通过“干中学”的行为模式得到了能力的成长和提升，因而可以从根本上改变并摆脱贫困。正是这种金融创新和扶贫公益创新，使小额信贷实践在20世纪90年代以来的近二十年间，在国际公益扶贫舞台上大显身手，也使小额信贷这个概念在金融领域具有了独特的意义和内涵。尤努斯也因此获得了诺贝尔和平奖。

中国的小额信贷始于20世纪90年代中期，主要经由两种方式探索：其一是非盈利组织推动的扶贫公益小额信贷探索；其二是90年代末期政府拿出50亿委托农业银行和信用社进行扶贫小额信贷探索。第一种方式因为缺乏法

律和资金支持而发展缓慢；第二种方式则因为正规金融机构缺乏兼容小额信贷业务的机制与内生动力导致还款率低下，且没有社会问责，最后不了了之。最近几年，在全球金融危机和中国为解决农村金融服务不足及金融改革的背景下，演绎出了一幅小额贷款公司蓬勃发展的图景。2009年中国的小额信贷公司迅速崛起，特别是2011—2012年因资金通过国有银行流入国营企业和地方政府融资平台后，在民营企业资金奇缺、人民币升值和劳动力价格上涨的三重夹击之下，信贷需求陡涨，小额贷款公司更是如雨后春笋般的飞速发展。2011年全国小贷公司发展到4,200多家，资本金3,000亿元，贷款余额3,900多亿元；2012年全国小贷公司发展到6,000多家，资本金5,000亿元，贷款余额6,000多亿元。同时，农村信用社宣称其小额信贷的业务已达到6,500亿元，农业银行小额信贷超过1,000亿元，国家开发银行小额信贷有700多亿元，邮储银行小额信贷超过2,000亿元，村镇银行小额贷款规模接近千亿元。从这些数字中似乎可以得出这样的结论：中国是全世界小额信贷后来居上的国家，迅速崛起，飞速发展，很快就解决了小额信贷的普及问题。

但是，这些统计数据都不来自独立第三方，全是当事人自身发布的，因此概念边界、统计口径、数据真实性、数据背后的可比性等都存在一些问题，无法进行可靠的认定、比较和衡量。我们显然也不能轻率地因这些数据而得出上述结论。

问题出在哪里？除了统计数据的真实性外，最大的问题是概念边界。什么是小额信贷，这是有普世定义的，即针对穷人的、含有扶贫公益性质的金融信贷创新。另外，一个很直接的概念就是单笔贷款规模。按照国际上一个通常的共识，单笔贷款规模不大于人均GDP两倍的，可算作小额信贷范畴。那么，中国小额信贷的贷款额度界限是多少？中国小额信贷运作方式又是否符合小额信贷的国际规范？显然，现在所说的那些数据肯定不是在同一范畴或同一可比标准之下的。小额贷款公司所谓小额信贷平均单笔贷款规模超过150万元，且单笔规模呈逐年快速提升趋势，最大的单笔贷款已超过2,000万元；信用社所谓小额信贷是指单笔贷款为30万元，农业银行单笔贷款则为30万元。而非盈利组织讲的小额信贷可能是单笔几千元，1万元等。这样一些数字放在一起，能得出国际通行的小额信贷可比概念下的发展状况吗？这又能说明什么问题呢？

为什么会出现上述状况？就小额贷款公司而言，主要是因为“23号文”所定的两个关键性政策变量：其一是小额贷款公司利率可以突破人民银行基准利率，上不封顶（司法解释是不超过央行基准利率的4倍）；其二是小额贷款公司单笔贷款最高限额不超过注册资本金的5%。这两个政策变量吸引资本创办小额贷款公司并提升注册资本金。就某些国有银行而言，因为国际通行的小额信贷代表着扶贫和服务“三农”，这符合中央政府倡导的政策，所以在统计和上报业绩时倾向于增大小额信贷数据，以体现其服务“三农”的政绩，其行为取向也十分清楚。

当然很多人可能认为，大额度贷款对中小企业也很有价值，因此概念可以宽泛，不必让小额信贷的概念这么窄。中国的中小企业确实需要贷款扶持，很多机构为中小企业提供信贷服务更是无可非议。但这是两个完全不相关的问题：其一是什么是真正意义上的小额信贷；其二是小额信贷是否排斥农村中小企业贷款。就像人类创造了“家禽”概念，是因为它有有别于其他“家畜”的特征，我们不能因为“小猪”和“小牛”存在饲料需要就把它们统计到“家禽”中来。科学的发展依赖于分类的严格，只有如此才能促进新的发明和发现。政策制定的科学性在于政策所针对对象的科学分类和严格定义，混淆了分类和定义就不可能得出正确的判断和制定出理性的引导政策。

面对小额信贷的现状，确实需要进行深入的基本面研究和讨论，以使行业找到跟国际接轨的、在同一种语境中的交流语言和行业标准。正本清源，才能找到理性的行业政策扶持与监管方法，否则被无限宽泛化的“小额信贷”概念会鸠占鹊巢，形成政策误导，掩盖了低收入人群的自立扶贫和金融服务需求，避免用解决农村问题来掩盖农业问题、用解决农业问题来掩盖农民问题、用解决富裕农民的问题来掩盖低收入农民问题。若形成宽泛的小额信贷概念，而政府出台的小额信贷政策又不鼓励机构去做低收入人群的金融服务，那么，国际通行的小额信贷渠道会被中小企业贷款占据。为什么要把事情搞成如此局面？为什么要掺杂人为的混淆？在这样含混复杂的系统中又如何导入差别化的资金和利率管理、税收优惠、风险监管等政策措施？针对这些措施我们期待什么样的政策结果？不同的小额信贷运营主体应如何认识、面对自身所存在的问题并改进之？

正是为了理清小额信贷行业的上述问题，并寻求这些问题背后的答案，中国扶贫基金会资助出版了《小额信贷在中国》。该套书委托业内专家进行了认真的梳理与调查研究。这些专家包括中国人民银行长期从事农村金融研究与政策制定的焦瑾璞研究员、中国人民大学长期从事非盈利组织及行业研究的康晓光教授、世界银行长期从事小额信贷研究与咨询的资深研究员程恩江先生、中国社会科学院长期从事非盈利组织与小额信贷研究的吴国宝研究员、西南财经大学中国金融研究中心长期从事国际小额信贷研究的潘席龙教授，以及《南方都市报》资深记者和编辑何雪峰先生。他们的研究成果通过这套书呈现出来，其中包括：焦瑾璞先生及其团队的《农村信贷配给与小额信贷

体系建设》、康晓光先生和程恩江先生合作的《以小额信贷促进社会公平》、吴国宝先生及其团队的《艰难前行的公益小额信贷》、潘席龙先生的《国际实践中的小额信贷》以及何雪峰先生及其团队的《中国扶贫基金会小额信贷发展史》。

这些研究所体现的是这些专家观察和理解中国小额信贷领域现状与问题的不同视角。不同的视角得出不一样的结论是很正常的，而且正是这些不同的理解才会产生差异化和思想碰撞。作为发起和资助人，中国扶贫基金会无法对上述专家的研究作专业性评价，但我们相信这些从该领域著名专家学者库中筛选出的专家的能力和水平。他们具有独立思想和意志，研究方法严谨，注重调查研究结果，具有高深的数据处理能力和学术造诣。相信他们的研究、著述和观点能引起各方的关注和深入讨论，引发更深刻的发问、思辨以及进一步的研究，从而推动研究人员和政策制定者的理性思考，推动合理政策的出台，推动行业的治理改进，从而改变现状，理性发展。

为此，我谨代表资助方感谢参与该项研究的所有学者及其研究助手，是他们的独立思考、深入调研与辛勤劳作成就了这套书，让我们能在万马奔腾、泥沙俱下的蓬勃发展中冷静下来，分享独立观察与自由思考的盛宴，让我们全力奔跑时停下脚步回望印在沙滩上的串串脚印，从而引发我们的互动、思考与校正；同时，我也要感谢美国如新集团和世界银行国际金融公司，是他们的慷慨资助才使研究和出版工作得以顺利进行；我也要感谢我的同仁王行最、刘文奎，还有刘冬文、王静艳及其团队，是他们的努力与执行力使这套书得以面世。最后，感谢中国财政经济出版社的同志，是他们做了无数细致而琐碎的编校工作，才保证了这套书的出版质量。

研究是为了深入思考，思考是为了改变我们的行动，行动是为了改变我们，改变我们是为了影响和改变世界。让我们为小额信贷行业正能量的积累以及行业的健康理性发展而祈福！

何道峰

中国扶贫基金会执行副会长

2013 年 2 月 22 日

目　录

前　言

近年来，随着社会经济快速发展，我国收入分配的城乡差距越来越大，城市与农村之间、现代工商业部门与传统农业部门之间的“二元经济”格局变得更加明显。在新的形势下，党的十七届三中全会明确要求坚持加快形成城乡经济社会发展一体化新格局，坚持工业反哺农业、城市支持农村的工作方针，继第三次全国工作会议要求“加快建立健全适应‘三农’特点的、多层次、广覆盖、可持续的农村金融体系”之后，明确要求建立能够为“三农”提供全方位金融服务的“现代农村金融制度”。

然而，有关研究表明，从贷款覆盖面角度看，虽然中央银行和各级财政投入大量资金用于对涉农金融机构的补贴，但从金融机构和客户关系这一末端市场环节的供需状况看，“三农”经济主体和小企业总体上仍面临严重的信贷配给问题，弱势市场主体的信贷需求仍难满足。根据中国人民银行和国家统计局2007年“农户借贷情况问卷调查”，目前从我国农村正规金融机构获得贷款的农户，占全部农户的比重仅为15.5%，占有信贷需求农户的比重为31.67%；而已经得到贷款的农户，其所获贷款的平均额度仅为其有效需求额度的43.1%。究其原因，我国正规金融机构普遍面临严重的治理问题，机构在保持资产质量和业务灵活性之间难以两全，当前者成为政策优先目标时，机构必然大范围上收信贷审批权，从而弃小额信贷客户资金需求于不顾；而当加大涉农小额贷款投放成为政策优先目标时，这些机构又往往在资产质量和可持续发展能力方面遭受挫折。

正是在这样的背景下，从2005年开始，我国农村金融改革的政策要求逐步和发展小额信贷挂起钩来。从本质上说，小额信贷通常指那些针对中低收入居民和微型企业提供的额度较小的金融服务，主要是小额无担保（抵押）贷款服务。小额信贷（小额贷款）在面向低端市场的同时，往往通过适切的金融创新来实现不同层次的可持续发展，其本质是一类包含独特（信贷风险）管理机制的金融服务工具。在借鉴小额信贷发展国际经验的基础上，我国逐步确立了商业性小额信贷、公益性小额信贷、政府小额信贷和金融机构小额信贷等多种形式小额信贷机构（组织）共同发展的政策框架。

将小额信贷与农村金融联系起来，在相当大程度上具有天然性甚至必然性。农村金融市场的主体客户的业务特征具有小额信贷属性，而小额信贷就其机构（组织）和信贷技术的灵活性而言，可以很好地适应农村金融市场的要求。将小额信贷技术成功应用于农村市场，可望发挥小额信贷技术优势，使农村金融机构在不断扩展其覆盖深度和覆盖广度的同时，得以维持或不断强化其可持续发展能力。

我国农村金融的低效率源于金融市场竞争不充分造成的金融机构治理不完善，因此农村金融困局的彻底改善，只能寄希望于相关金融管理制度的进一步改革。借鉴国际小额信贷技术固然重要，但从农村金融开放的角度上，着力培育开放、竞争、高效的小额信贷市场体系才是治乱之本。在总结近年来小额贷款公司、NGO 小额信贷组织、金融机构小额信贷发展经验教训的基础上，结合我国特定的监管环境和制度安排，下一步需要完善金融管理制度，放宽准入政策，培育多种所有制的、多种组织类型的小额信贷机构，包括全牌照金融机构（包括大型综合性银行和致力于小额信贷的小型社区银行）的小额信贷业务、非银行金融机构小额信贷（如发债融资并主要发放小额贷款的金融公司）、半牌照小额信贷组织（如“只贷不存”的小额贷款公司）、NGO 小额信贷组织（包括以非盈利社会组织存在或以公司形式存在的），同时规范民间融资市场小额信贷活动。

本书系统回顾和评价了我国农村金融服务现状和存在的问题，提出了从农村金融到小额信贷的政策发展逻辑。从我国农村金融改革全局看，农村信贷配给的缓解乃至问题的根本解决，应该从金融市场开放中寻找答案，而发展小额信贷是进一步开放我国农村金融市场的有效途径。部分学者指出商业性小额信贷机构不能有效瞄准低端市场从而发生了“目标漂移”，而我们认为海纳百川，有容乃大，在我国目前的金融体制下，鉴于金融服务配给对象具有广泛性，各类小额信贷机构更应优势互补。同时我们需要在政策上不断调整，通过施加政策约束，使体量庞大的商业资本和注重低端人群福利的政策目标尽可能一致。但目前阶段，厚此薄彼实非明智之举。

本项研究得到中国扶贫基金会的慷慨资助。在研究过程中，程恩江教授、杜晓山研究员、潘席龙教授、康晓光教授、吴国宝研究员的意见和建议使我们受益匪浅。作为中国最大的 NGO 小额信贷扶贫项目，中国扶贫基金会（中信农和）多年来一直致力于以小额信贷服务来改善低收入农户经济地位的崇高事业，我们对此十分钦佩。同时，感谢他们在本项研究的立项、修改中提供的颇具价值的意见和建议，并对他们的工作团队认真负责的敬业态度深表敬意。

焦瑾璞

2012 年 7 月

第一章　我国农村金融改革的历程和逻辑

中国是一个转型经济国家。近30年的金融改革与发展自始至终贯穿于整个经济转型过程中。除农村金融问题一般特性之外，中国农村金融问题相对于其他发展中国家的特殊性也在于此。在很大程度上，中国农村金融问题是与整体经济和金融改革政策相伴而生的。

从农村正规金融体系及其改革政策演进的角度看，30年来的中国农村金融改革，可划分为两个大的时期，也可进一步细分为五个具体阶段。本章在简要介绍1978年以前的中国农村金融市场基本格局后，从历史变迁的角度，依次讨论改革开放初期的中国农村金融市场（包括农村金融初步改革（1979—1993年）、“三足鼎立”局面最终形成（1994—1996年）、亚洲金融危机后的金融整顿（1997—2000年）、农村金融改革重新启动（2000—2004年）四个阶段）和2005年后多层次农村金融市场逐步形成的情况。

总结我国农村金融改革的经验需要十分谨慎，因为需要在改革出现反复的过程中，去伪存真，把握本质。作为渐进主义转型战略的特征之一，中央和地方各级政府对中国经济和社会生活具有广泛的影响力。虽然国际农村金融政策研究领域的所谓“最佳实践”（Best Practice），将政府在农村金融市场中的作用限定于提供“稳定而有利的宏观环境”、“良好的监管”以及“旨在克服市场失灵并强化市场力量的政府干预”等方面，但中国各级政府在农村金融市场中所发挥的作用，实际上大大超出上述范畴。政府主导了农村金融改革，直接参与或间接影响了农村金融制度创设、机构建设和产品创新全过程。一方面，中国政府通过建立惠农型农村金融监管制度，并投入大量财政资源来支持农村经济和金融的发展，同时政府通过其对农村金融机构的巨大影响力，来推动金融机构在促进农村经济增长和消减贫困方面发挥作用。另一方面，中国政府长期关注农村金融机构的财务表现，充分重视农村金融市场的可持续发展问题。所以，针对农村经济和农村金融广泛的政策扶持，和对农村金融市场可持续发展能力的充分重视，是30多年来的转型过程中，我们在农村金融领域中的基本经验。

第一节 1978年以前的我国农村金融市场

1978年以前，我国长期实行“赶超式”经济发展战略，以及与此一致的计划（指令）经济体制。在1978年中国经济体制改革从农村实行家庭联产承包责任制开始的时候，中国的金融体系仍然保留着高度集中的“国家银行”体系。当时的中国人民银行，实际上是“大一统”金融体系中唯一的银行，它遍布全国的分支机构按总行统一的指令和计划办事，它既是金融行政管理机关，又是具体经营银行业务的经济实体，其信贷、结算和现金出纳等制度都是为了保证计划经济体制的落实而设计的。

1978年的我国农村金融市场中，广泛分布于我国农村基层乡镇的农村信用社①是当时唯一的农村正规金融机构，它为农村集体经济组织（人民公社和生产大队）的经济活动提供金融服务。国务院1977年发布的《关于整顿和加强国家银行工作的几项规定》中，有关“信用社是集体金融组织，又是国家银行在农村的金融机构”的规定，明确描述了我国计划（指令）经济体制下，农村信用社所具有的不同于经典“合作制”金融组织的特殊性质——农村信用社本应属于社员的控制权，1977年以前属于集体经济组织，而此后则转交给了国家银行，社员民主管理的合作制原则从未实现。

第二节 改革开放初期的我国农村金融市场

一、农村金融初步改革（1979—1993年）

（一）农业银行的设立

为适应农村经济改革和发展的需要，中国农业银行于1979年3月从当时“大一统”的中国人民银行独立出来②，成为专门为农村提供信贷业务的正规

---

① 早在1952年的时候，我国就有2万多家农村信用社。中国人民银行于1954年召开的第一次全国“农村信用社”大会，要求在1954年底把“农村信用社”的数量增加到40,000家。1957年，我国基本实现了农村信用社合作制的“一乡一社”制度，“乡社制度”是中国农村金融服务得以实现较高覆盖率的主要原因。1958年，人民公社在全国成立后，农村信用社成为人民公社的信用部。

② 中华人民共和国成立以后，国务院于1951年8月批准设立农业合作银行，这是中国农业银行的前身。农业合作银行于1952年7月被撤销以后，中国农业银行于1955年3月正式成立，不过又于1957年4月被撤销。1963年10月，中国农业银行再次成立，后于1965年11月并入中国人民银行。

银行。此后，随着中国银行、中国建设银行和中国工商银行相继设立，中国人民银行向中央银行过渡，我国“大一统”的金融体制最终向双层银行体制转型。

这一时期的农村金融市场中，中国农业银行领导农村信用社，统一管理支农资金，集中办理农村信贷。农业银行以中国人民银行拨付的自有资金、各项存款以及国家财政拨付的农贷基金为基础，提供农村国营工业贷款、国营和集体农业贷款、各类商业贷款、乡镇企业贷款、农业机械化专项贷款和中短期设备贷款等信贷服务。随着农村经济微观主体从社队向农户转化，农业银行从 1980 年开始发放农户贷款，并于 1986 年开始发放扶贫贴息贷款①。农业银行在管理体制上政企不分，并同时提供政策性业务和商业性业务，这为下一阶段的改革埋下了伏笔。

（二）旨在恢复“三性”的农村信用社改革

1982—1984 年旨在恢复农村信用社“三性”（即组织上的群众性、管理上的民主性和业务经营上的灵活性）的改革，试图理顺农村信用社和中国农业银行的业务关系。有关政策在名义上恢复了社员代表大会制度和农信社干部选举制，改农业银行对信用社的指令性计划为指导性计划，并先后成立 1, 136 家县联社来管理各地农村信用社。但是，这些改革举措最终并未改变农村信用社作为中国农业银行“基层附属机构”的事实，“合作制”已经流于形式。

（三）邮政储蓄开始起步

除了中国农业银行和农村信用社以外，邮政储蓄从 1986 年 4 月开始在全国开办存款业务，在农村存款市场上对农村信用社构成了竞争②，并进一步扩大了农村存款服务的覆盖率。

二、“三足鼎立”局面最终形成（1994—1996 年）

（一）中国农业发展银行的设立

为了将政策性业务剥离出来，以推动中国农业银行的商业化改革，1994

---

① 扶贫贴息贷款与财政资金、以工代赈资金构成国家扶贫资金。从 1986 年开办以来，扶贫贴息贷款管理体制几经调整，2001 年由指令性信贷计划改为指导性计划。目前，扶贫贴息贷款包括“到户贷款”和“项目贷款”两种，采取固定贴息利率、金融机构竞争参与的形式管理和发放。贴息资金由中央财政安排。

② 实际上，一开始时邮政储蓄可将其存款全额缴存中国人民银行并获得手续费，1989 年则改为将其存款转存人民银行并收取利息。这样，邮政储蓄从中获得的无风险利差，为其提供了制度性竞争优势。

年4月的《国务院关于组建中国农业发展银行的通知》下发以后，中国农业发展银行及其分支机构开始组建。中国农业发展银行的主要任务是“以国家信用为基础，筹集农业政策性信贷资金，承担国家规定的农业政策性金融业务，代理财政性支农资金的拨付”，具体业务包括国家粮棉油储备和农副产品合同收购贷款、农业综合开发贷款、扶贫贴息贷款，并代理财政支农资金的拨付及监督使用。当年7月，中国农业银行全国分支机构开始代理中国农业发展银行业务，实行分账核算。

（二）“行社脱钩”与三足鼎立局面形成

政策性业务分离以后，中国农业银行开始进行商业化导向的改革。1996年7月召开的全国农村金融体制改革工作会议指出，农村金融体制改革的目标是“建立和完善以合作金融为基础，商业性金融、政策性金融等各种金融机构分工协作的服务体系”。1996年8月30日的《关于印发农村信用社与中国农业银行脱离行政隶属关系实施方案的通知》[①] 出台以后，“行社”脱钩工作基本在当年完成。从此农村信用社的业务管理改由农信社“县联社”负责，对农村信用社的金融监管则由中国人民银行直接承担。

这样，至少在名义上，我国农村金融市场上以农村信用社为基础的合作制金融、以农业银行为主体的商业性金融和以农业发展银行为主的政策性金融并存的局面最终形成了。“三足鼎立”的局面形成伊始，便出现了农村信用社商业化改革。1996年8月22日《国务院关于农村金融体制改革的决定》认为，农村金融应该适应“农村经济发展的多层次”要求，“形成一个能够提供……及时有效金融服务的体系”。为此，“已经商业化经营的农村信用合作社，经整顿后可合并组建农村合作银行”。不过很快，这一改革方案就被治理整顿的有关政策所否定。

三、亚洲金融危机后的金融整顿（1997—2000年）

（一）农信社“按合作制规范”

我国政府于1997年到2000年对金融体系进行治理整顿。在农村信用社改革方面，1997年6月，国务院要求“把农村信用社办成合作金融组织，按合作制原则改革农村信用社管理体制”，事实上否定了1996年有关建立“农村合作银行”的设想。1998年11月，国务院进一步要求农信社“按合作制规范”，而合作制即“自愿入股、民主管理和主要为入股社员服务”。1999年

① 实际上，中国农业银行和农村信用社的脱钩试点工作，早在1989年以前就开始了。

4月的全国农村信用社工作会议要求逐步组建农信社地（市）联社，以承担农村信用社行业管理和服务职能。

（二）农业发展银行业务范围受到限制

在政策性金融改革方面，1998年5月，为了配合全国粮食流通体制改革，国务院决定农业发展银行封闭运行，所有政策性贷款划转农业银行办理。1998年《关于把农业发展银行扶贫、开发等专项贷款业务划归农行的通知》出台以后，山水林电等农业综合开发和扶贫贴息贷款等专项贷款，以及粮棉企业加工和附营业务贷款的贷款权划归农业银行，从此农发行开始专营农副产品收购资金的供应和管理。后来，还有一些政策性支农业务划归农信社承担。

（三）商业银行开始推出农村金融市场

在农村商业性金融改革方面，以四大国有商业银行改革为背景，中国农业银行逐步撤出在县和县以下的分支机构，农村金融业务逐步减少。农行在2001—2004年期间撤并了达到总数1/3的10,313个支行及其以下机构，到2004年年末，农行县及县以下机构剩余19,109个。

（四）农村合作基金会被统一取缔

这一时期的农村金融改革还有一个插曲，就是在我国农村市场上曾经存在十几年的“农村合作基金会”，在1999年在全国范围内被统一取缔①。农村合作基金会退出农村金融市场的原因，是地方政府行政力量介入导致的“高息揽存”以及由此引发影响全局的系统性风险②。

在这一阶段的农村金融市场中，国有商业银行淡出，农发行业务受到较大限制（仅仅为国有粮食收购机构提供粮棉油收购贷款），农村合作基金会全部撤并，邮政储蓄仅开展存款业务，剩下的农村信用社逐渐成为正规农村金融体系中的“主力军”。然而，“按合作制规范”的农村信用社自身问题严重，农村金融服务的供需矛盾开始显现。

四、农村金融改革重新启动（2000—2004年）

2000年至2004年，农村信用社成为农村金融改革的重心，农村金融机构中除对邮政储蓄和农业发展银行政策进行调整之外，基本维持原有格局。

---

① 在后来的清理整顿中，部分合作基金会被当地农村信用社接管。

② 出现这一现象的更根本原因，如郭晓鸣和赵昌文（2001）所指出，是各参与主体目标不一致导致控制权实际掌握在各级政府手中，而农民名义上的收益权无法落实。这实际上和农村信用社遇到的问题是类似的。

（一）“花钱买机制”的农村信用社改革

2000年7月，新一轮的农信社改革首先从江苏开始试点。在明晰产权、完善经营机制的基础上，江苏全省信用社实行了以县为单位的“统一法人”，在常熟、江阴、张家港三个县级市组建了农村商业银行，并在县（市）联社入股基础上，组建了江苏省联社。

2003年6月，国务院下发《深化农村信用社改革试点实施方案》，标志着新一轮农信社改革开始在8个省（市）进行试点。方案要求农信社改革按照“明晰产权关系、强化约束机制、增强服务功能、国家适当支持、地方政府负责”的总体要求，坚持因地制宜、分类指导的原则，可以选择保留二级法人，改制为一级法人、农村合作银行或农村商业银行的形式来进行。改革还设计了花钱买机制的“正向激励机制”，中央银行还为此发行专项再贷款和专项票据来分步骤置换各地农信社的不良贷款。此后，各试点省农信社“省联社”相继成立，新的农村商业银行和农村合作银行也在各省成立。

2004年6月，国务院办公厅转发《银监会、人民银行关于明确对农村信用社监督管理职责分工的指导意见》，明确了农村信用社在交由省级政府管理后，银监会、人民银行、省政府和省联社在农村信用社监督管理、风险防范和处置方面的职责分工。2004年8月以后，农信社改革推广至全国除海南和西藏以外的全部21个省区。央行按照农信社2002年年底实际资不抵债额的50%，以中央银行票据和专项再贷款两种方式提供了总额达1,650亿元的改革支持资金。

（二）邮政储蓄改革

针对邮政储蓄，人民银行于2003年7月下发《关于将县及县以下邮政储蓄以再贷款方式返还农村信用社使用的通知》以后，开始以再贷款的形式将邮政储蓄资金返还农信社使用。为了消除邮政储蓄系统对农信社存款竞争的制度性优势，2003年9月的《中国人民银行关于邮政储蓄转存款利率有关问题的通知》规定，2003年8月1日以后的邮政储蓄新增存款转存人民银行的部分，按照金融机构准备金存款利率（年利率为1.89%）计息，2003年8月1日以前的邮政储蓄老转存款暂按现行转存款利率计息（年利率为4.131%），并规定邮政储蓄新增存款由邮政储蓄机构自主运用。而邮政储蓄在2003年8月1日以前转存人民银行的存款，应在5年内按比例逐年转出。

（三）调整扩大农发行业务范围

2004年开始调整扩大农业发展银行的业务范围。农业发展银行在坚持做好粮棉油储备贷款基础上，业务逐步扩大到农、林、牧、副、渔等更广泛范围，可提供龙头企业贷款、农业科技贷款、农村基础设施贷款和农业综合开发贷款等。同时，在人民银行推动下，农业发展银行资金来源也适当拓宽。从2004年起开始市场化发债筹资，逐步摆脱对中央银行再贷款的依赖。此外，还通过开办同业拆借、组织企业存款、与邮政储蓄办理协议存款等方式开展市场化融资，以降低资金成本，改善负债结构。通过一系列业务拓展改革，农业发展银行自身可持续发展能力有所增强，为深化改革积极创造条件。

（四）利率政策的调整

为了在使农村信用社获得更大的金融产品定价权，2004年1月1日，人民银行将农信社贷款利率浮动范围从基准利率的1.5倍扩大到2.0倍。2004年10月29日，人民银行又一次将农信社贷款利率浮动范围从基准利率的2.0倍扩大到2.3倍。

第三节　多层次农村金融市场体系初步形成

从2005年开始，农村金融改革超越农村信用社改革，要求在金融组织制度创新的基础上，逐步建设多元化农村金融体系。2007年年初召开的全国金融工作会议，明确提出了农村金融改革的总体要求是“加快建立健全适应‘三农’特点的、多层次、广覆盖、可持续的农村金融体系”。这一时期的农村金融改革，除了关注原有正规农村金融机构之外，还包括了有关农村金融市场开放和组织创新的内容，而后者有利于民间融资的正规化发展。

一、原有农村金融机构的改革

（一）农村信用社改革顺利推进，可持续发展能力有所增强

农村信用社“支农服务主力军”作用进一步发挥，对改善和提升农村金融服务能力和水平、促进解决“三农”问题发挥了重要作用。2010年年末，农村信用社涉农贷款余额和农户贷款余额分别为3.87万亿元、2万亿元，比2007年年末分别增长77%和68%。按五级分类的不良贷款比例从2006年年末的27.93%下降至2010年年末的4.2%。自2004年全国农村信用社实现转亏为盈，2010年全年实现利润678亿元。各项扶持政策落实到位，农村信用社长期积累的沉重历史包袱逐步得到有效化解。截至2010年年末，人民银行采取专项票据和专项借款两种方式，共计对农村信用社安排资金支持1,718亿元，财税部门减免营业税和所得税760亿元，拨付保值贴补利息88亿元。以上合计，中央安排用于农村信用社化解历史包袱的资金额度累计超过2,500亿元，占全国农村信用社2002年年末实际资不抵债数额的比例超过80%。截

至2010年年末，共消化历年亏损挂账788亿元，降幅达到60%，共有1,713个县（市）已全额消化了历年亏损挂账。农村信用社长期存在的系统性、区域性支付风险问题得到有效控制。农村信用社产权制度改革稳步推进。截至2010年年末，以县（市）为单位统一法人社由2002年年末94家发展为1,976家；农村合作银行和农村商业银行由2002年年末的3家发展为2010年末的300家，其中农村合作银行216家，农村商业银行84家。

（二）农业银行改革成功上市，支农实力不断增强

2007年年初的全国金融工作会议提出按照“面向‘三农’、整体改制、商业运作、择机上市”的要求加快推进农业银行股份制改革，使其成为农村金融体系的骨干。按照2008年10月21日国务院批准的农业银行股份制改革实施总体方案，中投公司通过汇金公司于2008年10月29日向农业银行注资1,300亿元人民币的等值美元，加上财政部持有的1,300亿元资本金，农业银行的核心资本达到2,600亿元。2008年12月1日完成不良资产剥离工作，共剥离不良资产8,157亿元。2009年1月16日，中国农业银行股份有限公司正式成立。2010年7月15日、16日农业银行股票分别在上海证券交易所和香港联合交易所挂牌上市，此次农业银行A+H股同步发行，共募集资金221亿美元。按照国务院确立的农业银行股改方案要求，为更好地服务“三农”，从2008年3月起，农业银行在甘肃、山东等7家省（自治区、直辖市）分行选择部分二级分行开展“三农”金融事业部制改革试点。2009年，试点广度和深度进一步扩大。2010年4月开始，在前期试点的基础上，选择甘肃、四川等8家分行，按照“三级督导（总行、省分行、地市分行）、一级经营（县支行）”原则完善管理架构；按照“六个单独（资本、信贷、核算、拨备管理、资金、考评激励）管理”原则完善机制建设，积极开展深化“三农”金融事业部制改革试点。目前，农业银行“‘三农’金融事业部”组织治理架构、单独核算体系、专门信贷制度和产品体系、风险管控制度、有效的绩效考评和投入机制已初步形成。此外，农行还积极开展“三农”产品和服务创新。2007年以来，农业银行加大“三农”和县域产品研发力度，不断丰富完善服务“三农”产品的种类和功能。目前“三农”金融统一品牌“金益农”旗下产品达345种，其中“三农”专属产品增加到了70种，包括了惠农卡、农户小额贷款、小企业简式快速贷款、“绿色家园”农村城镇化贷款、贸易融资、CDM（清洁发展机制）项目融资等一系列新产品。积极探索新型“三农”金融服务方式，涌现出了“公安模式”、“寿光模式”、“泉州模式”、“定西模式”等一系列服务“三农”典型案例，形成了流动客户经理组、汽车移动金融、农村小额取现、多方合作支农、供应链金融等一系列新型服务方式。不

断加强农村基础服务设施建设。积极强化服务渠道建设创新，加快县域网点转型和改造步伐，不断扩大物理网点的辐射范围；加大县域电子服务渠道投入，初步形成了“物理网点 + ATM + 转账电话 + ‘三农’金融服务站 + 网上银行、手机银行”的多层次、广覆盖的“三农”和县域金融服务渠道体系。共配置 ATM 机 2 万台、POS 机 13 万台、转账电话 94 万台。

（三）农业发展银行改革进一步推进

2008 年以来，农业发展银行在以粮棉油收购贷款业务为主体，以农业产业化经营和农业农村中长期贷款业务为两翼的业务发展的基础上，不断拓展新业务，积极支持新农村建设。2009 年 6 月，根据《中国银监会关于中国农业发展银行扩大县域存款业务范围和开办县域城镇建设贷款业务的批复》，农业发展银行开办了县域城镇建设贷款和县域内公众存款业务，是其业务范围的又一次拓展。在涉农业务范围不断扩大的同时，农业发展银行支农信贷大幅增长，支农力度不断加大。2010 年年末，贷款余额达到 16,709.9 亿元，比 2007 年年末增加 6,485.9 亿元，增长 63.4%。

（四）中国邮政储蓄银行成功改制

邮政储蓄银行于 2007 年 3 月依法成立，截至 2008 年 1 月末，全国 36 个省级分行也已全部揭牌成立。存款规模居我国第五位的邮政储蓄银行，拥有营业网点 3.6 万多个，其中 2/3 以上网点分布在县及县以下的农村地区。邮政储蓄银行除了继续面向农村提供储蓄服务外，从 2006 年开始试点的“定期存单小额质押贷款”业务也已于 2007 年 3 月推广到全国各地。此外，它还通过与农村信用社、农村发展银行开展协议存款、购买金融债券等业务，将数千亿元资金返回农村金融市场。一是探索通过资金市场向农村地区金融机构提供批发性资金。截至 2010 年年末，邮储银行与农村金融机构开展支农协议存款余额 185.2 亿元，认购农业发展银行债券余额 451.95 亿元。二是开展银团贷款加大支农力度。将大宗邮储资金批发投向国家“三农”重点工程、农村基础建设和农业综合开发等领域。截至 2010 年年末，涉及农业用途的银团贷款余额 34.1 亿元。三是发展零售资产业务，资金直接反哺农村。2006 年 3 月，开始开办存单小额质押贷款。截至 2010 年年末，累计发放小额质押贷款 122.11 万笔、558.54 亿元。2007 年开始试点“好借好还”小额贷款业务，2008 年 6 月，在全国 31 个省（自治区、直辖市）分行和 5 个计划单列市分行全部开办小额贷款业务。截至 2010 年年末，邮储银行 4,591 个二级分行开办了小额贷款业务，在县及县以下地区累计发放小额贷款 334.27 万笔、1,885.03 亿元，占全部小额贷款累计发放金额的 69.43%。此外，邮政储蓄银行还不断丰富涉农贷款产品。邮政储蓄银行根据市场的变化适当调整贷款产品要素，不断推出新产品。开发了设施农业贷款、再就业小额担保贷款、烟农贷款等新产品。在县域开办了个人商务贷款业务。邮政储蓄银行还根据各地特色和资金需求，积极创新抵押方式，除房产抵押贷款外，还开办了林权抵押贷款、渔船和运输船抵押贷款、仓储房产（冷库）抵押贷款，即将开办农产品仓单、盐田抵押贷款等新产品。

（五）国家开发银行不断加大服务“三农”力度

国家开发银行将服务“三农”事业发展、民生改善的基层金融业务领域确定为全行战略重点，采取多种渠道增加涉农投入，增强服务“三农”的能力。截至2010年年末，累计发放新农村建设及县域贷款8,559亿元。一是大力支持农业农村基础设施建设。支持农村公路、农村污水垃圾处理、农村电网建设及改造升级工程、农村户用沼气及大中型沼气和集中供气工程建设等多项基础设施建设，累计发放贷款6,273亿元。二是开展农村教育、农村医疗基础设施贷款。截至2010年年末，累计发放农村教育基础设施贷款316亿元，支持了592个农村教育基础设施项目的建设；累计发放农村医疗基础设施贷款113亿元，支持了414个农村医疗基础设施项目的建设。三是加大对农村危旧房改造和农民安置房信贷支持力度。截至2010年年末，该业务覆盖全国30个省（自治区、直辖市），累计发放贷款734亿元，共支持303个项目，惠及146万户中低收入群众。

二、农村金融市场开放和组织创新

中国银行业监督管理委员会于2006年年末发布了《关于调整放宽农村地区银行业金融机构准入政策的若干意见》，“低门槛、严监管”的农村金融市场开放政策开始实施，这一政策允许在农村金融市场新设“村镇银行（在县或乡一级，可由各类资本投资新设）”、“贷款公司（商业银行和农村合作银行的“全资”子公司）”和“农村资金互助社（在乡或村一级新设）”三类新的金融机构，还放宽了农村地区现有银行业金融机构的兼并重组政策，并鼓励商业银行在农村地区开设分支机构。随后在2007年年初，银监会公布了有关村镇银行等三类新型机构的《管理暂行规定》和《审批指引》。新型农村金融机构试点于2007年初从四川、青海、甘肃、内蒙古、吉林、湖北等6省（自治区）开始，并于2007年10月扩大到全国31个省（自治区、直辖市）进行。截至2011年年末，全国共组建新型农村金融机构786家，其中村镇银行726家，贷款公司10家，农村资金互助社50家。有473家设在中西部省份，占比60%。已开业机构各项贷款余额1,316亿元，80%以上用于“三农”和小企业，其中农户贷款余额435.5元，小企业贷款余额631.55亿元，中西部贷款农户数占到全部贷款农户数的70%以上。新型农村金融机构的出现，提高了农村金融市场的竞争程度和运行效率，填补了部分地区农村金融服务空白，对促进提升农村金融服务水平发挥了积极作用。

2008年5月，银监会和人民银行《关于小额贷款公司试点的指导意见》发布以后，在各地方政府主导下，小额贷款公司试点发展迅速。截至2011年年末，全国各地已设立小额贷款公司4,878家，其中内蒙古、江苏超过400家，河北、山西、辽宁、安徽、山东、云南超过200家。浙江省184家，新疆75家。全国小额贷款公司共有从业人员53,501人。从贷款期限结构看，小额贷款公司绝大部分贷款都是短期贷款，短期贷款余额占各项贷款总额的比重超过95%。从资金来源看，小额贷款公司大部分资金属于自有资金，实收资本占小额贷款公司资金来源的75%以上。小额贷款公司在引导民营资本开展涉农业务方面发挥了一定作用，同时也在“银小”合作方面获得初步经验，小额贷款公司在大资金和小客户之间发挥了桥梁作用。

第四节　我国农村金融改革的基本经验

总结我国农村金融改革的历史经验，可以发现，我国30多年来农村金融改革和发展的基本经验主要在于，在政府力量主导的环境中，在针对农村经济和农村金融实施广泛的政策扶持的同时，充分重视农村金融机构和市场的可持续发展能力。

一、政策扶持

中国政府对农村金融广泛的政策扶持可以从三个方面来看。第一，在传统计划（指令）经济时代，政府在农村地区直接投资建设了大量深入社区的农村金融机构（服务窗口），这导致了农村金融服务尤其是存款服务的卓越覆盖率。第二，在制度扶持方面，政府建立了一套与农村经济相适应的农村金融监管框架，其基本特征是较低的准入门槛和监管标准，并具有“正向激励”的特征。第三，在资金扶持方面，中国政府投入了大量财政资源和金融资源，力图为农村企业和农户提供充足、高效的金融服务，尤其是信贷服务。

（一）机构建设：农村金融服务具有较高的覆盖率

在传统计划（指令）经济时代，中国政府通过农业补贴工业、农村补贴城市的“剪刀差”政策，力图集中经济资源尽快实现国民经济工业化目标。作为与此相应的辅助性制度安排，政府建立了深入基层社区，到达乡镇层面的国家银行体系，并通过国家银行来吸收居民、集体经济组织和国营企业的储蓄存款。

中国政府于1977年对全国数万家设立在农村乡（镇）层面上的农村信用社进行了改革，这次改革将对农村信用社的实际控制权从集体经济组织（社队）转移给了国家银行。农村信用社从此走上“官办”道路，逐渐演变成国家银行在农村的附属机构。

此外，网点众多，分布广泛的邮政储蓄，也从1986年4月开始在全国开办存款业务，而直到2003年9月以前，邮政储蓄一直将其吸收的存款全额转存中国人民银行，并从中获得手续费或无风险利差。

目前，主要包括中国农业银行、农村合作金融机构（包括农村信用社以及由此演变而来的农村合作银行和农村商业银行）和中国邮政储蓄银行在内的存款类金融机构，为农村居民和企业提供的存款服务，其覆盖率大大高过一般发展中国家的水平。

（二）制度扶持：惠农性农村金融制度框架逐步形成

为了促进资金回流农村，鼓励金融机构积极在农村地区开展业务，从而最终改善金融服务水平，中国政府近些年来积极通过制度创新来建设惠农性农村金融监管框架。相对于城镇地区金融机构而言，目前中国的农村金融市场具有较低的机构准入门槛和业务监管标准，同时这一监管制度具有“正向激励”的特征。此外，中国政府在农村金融基础服务体系方面作了大量工作。

1. 我国农村金融机构在最低注册资本、存款准备金、资本充足率等方面有着比商业银行更低的要求，较低的门槛实际上通过创设“制度租金”，为资本流入农村和设立农村金融机构创造了额外价值，起到鼓励农村金融组织创新的作用。同时，监管体系对农村金融机构在股权结构、利率和经营范围等方面进行了一些有别于商业银行的特殊规定（比如，地方政府资金不得参股农村合作金融机构，小额贷款公司可由各类资本参与投资等），这些规定是基于中国农村金融改革的经验作出的，保证了在有效规避风险的同时，推动农村金融机构改善面向农村的金融服务。

2. 在2003年中国农村信用社新一轮改革之后，中国具有正向激励特征的农村金融监管框架已经逐步形成。第一，2003年“花钱买机制”的农村信用社改革政策具有正向激励性质。改革不仅制定了促使地方政府与中央银行共同承担农村信用社不良资产历史责任的激励机制；而且，针对那些获得注资的农信社，制定了“专项央行票据在其业绩逐步上台阶的条件下，分批兑付”的机制；而为了防范道德风险，改革中也明确了获得注资的农信社，如果其业绩逐步下滑，则被逐步限制业务直至退出市场的“可置信”规则；最后，此次改革旨在将农信社管理职责交由地方政府负责，这在中国转型经济背景下，可以通过激励地方政府关注长期利益，从而有利于农村金融的可持续发展。第二，我国央行对于农村信用社存款准备金率的有关规定中，其中涉农贷款比例较高、资产规模较小的农村信用社执行优惠的准备金率，这有利于激励农村金融机构加强涉农业务，扩大对农村经济的支持力度。第三，近几年来，小额贷款公司和村镇银行等农村新型金融机构的试点同样具有正向激励的特征。相对于城镇商业银行而言较低的机构准入门槛，为民间资本打开了进入金融市场的通道。而那些发展良好的机构，将可望获得更广泛的业务经营许可，这将激励这些机构通过诚信经营获得长期利益。第四，银监会出台许多政策鼓励金融机构在农村地区设立分支机构。

3. 中国政府还在推进农村金融基础服务体系建设。一是加强征信体系建设。人民银行积极推进全国统一征信体系的建设，基本建成覆盖农村的、全国集中统一的企业和个人信用信息基础数据库。截至2010年年末，全国大部分县（市、区）开展了农户信用档案建设，建立了农户信用评价体系，共为1.34亿农户建立了信用档案，评定了8,300多万个信用农户，7,400多万个农户获得了信贷支持。二是加强农村支付体系建设。人民银行督促和指导农村信用社电子化建设，加快农村信用社和上级联社间网络建设速度，逐步建立农村信用社内部支付结算网络，改善支付结算渠道。截至2010年年末，全国共有28,886家农村信用社网点、1,238家农村合作银行网点、1,164家农村商业银行网点和261家村镇银行网点接入人民银行跨行支付系统，有效解决了农村地区异地汇划渠道畅通的问题。三是扩大农民工银行卡服务范围。为解决大量进城务工的农民工携带现金不便、回乡就地取款难等问题，人民银行于2006年组织实施了农民工银行卡特色服务业务。该业务将中国银联网络连接到农村信用社和中国邮政储蓄银行网点，使农民工手持任何一张借记卡都可在农信社和邮储柜台取款，极大满足了农民工外地打工家乡取款的需求。截至2010年年底，贵州、湖南等24个省（市、自治区）辖内5.2万个县及县以下的农村合作金融机构营业网点、全国31个省（市、自治区）辖内2万个县及县以下的中国邮政储蓄银行营业网点开通了农民工银行卡特色服务受理方业务。自农民工银行卡特色服务开展以来，共实现交易金额和交易笔数分别为375.8亿元和3,159.5万笔。满足了外出打工农民资金汇兑、存储等方面的需求，有效解决了农民工打工返乡携带大量现金的资金安全问题。

（三）资金扶持：大量财政资金和金融资金陆续投入

为了促进农村经济增长并有效消减贫困，中国中央和地方各级政府投入了大量的财政资金。财政投入在改善农村经济面貌的同时，客观上为农村金融的发展创造了良好环境，并促进了金融资源的大规模投入。

1. 财政投入。2003 年以来，中央财政投入“三农”的支出不断增长，国家财政资金（包括中央财政和地方财政）用于农业的支出也不断增长。国家财政投入中的国家扶贫资金包括财政扶贫资金、以工代赈资金和扶贫贴息贷款三个部分。

2. 中央银行资金投入。中国央行还以票据和再贷款形式投入了大量支农资金，这些中央银行投入的货币资金实际上也具有财政资金的属性，主要用来支持农村金融机构的改革，或者被农村金融机构（主要是中国农业发展银行和农村信用社）用来发放政策性贷款。具体而言，央行投入资金包括 2003 年用来支持农村信用社改革的专项票据和专项贷款、从 1999 年开始发放给农村信用社并被后者用来发放小额信用贷款和联保贷款的支农再贷款、发放给中国农业发展银行用以发放粮棉油收购等政策性贷款的再贷款等。

3. 金融机构涉农资金投入。在国家财政和中央银行投入大量资金的基础上，金融机构尤其是银行业金融机构在农村金融市场上也投入了包括政策性贷款和商业性贷款在内的大量金融资源。截至 2011 年年末，银行业金融机构涉农贷款余额达到 14.6 万亿元，比年初增加 2.7 万亿元，比上年同期增长 24.9%，高于各项贷款平均增速 8.8 个百分点。其中，农村中小金融机构继续发挥支农服务主力军作用，农村薄弱环节信贷支持显著加强。截至 2011 年年末，银行业金融机构农户贷款余额 3.1 万亿元，当年增加 50.79 亿元，比上年同期增长 19.1%。

应该强调那些比较重要的农村金融产品或服务项目。目前这些贷款和服务项目已经实现比较大的规模，为农村中小企业和农户提供了大量的融资服务。国家扶贫贴息贷款实行中央财政贴息，金融机构自愿参与贷款发放的形式进行；此外，在农村信用社 1999 年开办的小额农户信用贷款和联保贷款中，农户通过参加信用社的信用评级或者参加农户之间的五户、十户联保，可以在不提供抵押担保品的情况下获得农村信用社贷款。这是对解决农户缺乏抵押担保问题的重要探索，对解决农民贷款难问题具有重要意义。

总体来说，在经济转型与政府主导农村经济和金融改革的背景下，中国政府在继承传统计划（指令）经济时代广泛覆盖的金融机构网点设施的基础上，通过建设惠农性农村金融监管框架，并投入大量财政性资金来改善农村金融机构的经营环境，而农村金融机构也已在农村市场投入了更大规模的信贷资金，这些信贷资金的投入为农村经济增长和消减贫困作出了重大贡献。中国农村金融的经验表明，政府正确并积极的发挥作用，对发展中国家农村金融市场建设和发展具有基础性作用。

二、可持续性

经济转型国家的政府在农村金融市场中发挥积极作用，虽然可以促进农村金融市场制度建设和资金投入，但由“预算软约束”导致的可持续性问题往往令人忧虑。大量的农村金融研究文献已经关注到这一问题，而对于国家主导农村金融系统可持续性问题的国际考察，促使发展中国家农村金融政策范式从“政府主导”向“市场主导”模式的跃迁。

实际上，中国早些时候的情况的确与国际经验类似。在2003年以前，占据中国农村金融市场最大份额的农村信用社，其财务状况十分脆弱，中国央行行长周小川在2004年指出，“如果按照严格的贷款分类，在亚洲金融风波之后的两三年内，农信社总体不良资产比例最高曾经达到50%左右。农村信用社作为一个整体，其净值是一个严重的负数，这个负值是过去农村信用社账面资本金的两三倍。在这种严重负净值和高比例不良资产的情况下，农村信用社缺乏持续为农业服务的能力”。而另外两家举足轻重的农村金融机构——中国农业银行和中国农业发展银行，它们的财务状况也令人担忧。

不过，近年来，情况已经发生深刻改变。中国政府从2003年以来，对农村金融机构及体系的可持续性问题给予了充分重视，并对农村信用社进行了大规模财务重组，而农业银行和农业发展银行的改革也正在有序进行。截至目前，财务重组的有关改革，已经收到良好效果。而中国政府在2007年年初召开的全国金融工作会议上，进一步要求“建立健全适应‘三农’需要的，多层次、广覆盖、可持续的农村金融体系”，明确提出了可持续发展理念，并从广覆盖和可持续两个角度确立了农村金融改革的最终目标。

（一）总体情况：不良贷款率和盈利水平

1. 考虑包括政策性贷款在内的所有涉农贷款总体情况，按照五级分类制度，2007年年末整体不良资产（包括次级、可疑、损失类资产）比率为16.17%，较以往数据有较大改善。另据中国人民银行调查统计司另一项针对“县域金融机构”的调查表明，2007年年末，全国县域金融机构不良资产率为13.4%，比2004年、2005年、2006年分别下降了9.0%、6.2%和3.2%。县域农村合作金融机构、县域农业银行分支机构和县域农业发展银行分支机构的不良贷款率数据近年来均出现大幅下降，其中尤以农业发展银行不良贷款率降低的速度最快，而农村信用社的不良贷款率最低，在2007年年末达到12.7%的较低水平。

2. 在利润方面，农村金融机构的表现也不断改善。农村合作金融机构、农业银行和农业发展银行等涉农金融机构利润逐年增加。县域涉农金融机构的资产利润率（ROA）和贷款业务可持续率虽然较低，但在逐步增长。

（二）主要措施：农村金融机构重组与利率市场化改革

近年来，中国政府采取一系列农村金融改革措施，使中国农村金融机构和农村金融体系的财务绩效从而可持续发展能力逐步改善。

1. 农村信用社的重组和改革。2003年6月国务院下发15号文件，正式启动了新一轮农村信用社重组和改革。此次重组中，中央银行和地方政府共同向农村信用社注资以置换其巨额的不良资产，在此基础上，各地农村信用社可因地制宜的选择不同的重组形式（可改组为农村商业银行、农村合作银行，也可以保留农信社形式）。中央银行按照2002年年底全国农信社实际资不抵债额的50%，以中央银行票据和专项再贷款两种方式向农信社注入了总额达1,657亿元的改革支持资金。经过重组的农村信用社资产质量不断改善，盈利能力明显提高，农村信用社服务三农能力显著提高。

2. 中国农业银行的重组和改革。自1979年从设立以来，经过1994年改革（将政策性业务转移给新设立的中国农业发展银行）、1996年改革（农村信用社从中国农业银行分拆出去）和1999年的不良资产剥离（部分不良资产被剥离并转交新成立的长城资产管理公司），2009年农业银行股份有限公司正式成立，2010年7月农业银行A+H股同步上市。在开展“三农”金融事业部制改革改善三农服务的同时，农业银行已由国有独资银行变身为上市公司，引入外部监督，这为其改善治理结构、增强可持续发展能力提供了机会和动力。

3. 中国农业发展银行的改革。农业发展银行成立于1994年，1998年开始专营粮棉油等农副产品收购资金的供应和管理。2004年，其业务范围得到进一步拓宽。目前，农业发展银行可提供的贷款种类包括产业化龙头企业贷款、农业科技贷款、农村基础设施贷款和农业综合开发贷款等。同时，从2004年起，农业发展银行逐步摆脱对中央银行再贷款的依赖，开始通过发行债券、同业拆借等方式筹集资金，以降低资金成本，改善负债结构。这一系列调整，使农业发展银行可持续发展能力不断增强。

4. 新型小额贷款信贷的试点和发展。2005年以前，中国最主要的小额信贷组织是NGO（非政府组织）小额信贷机构（项目）。这些NGO小额信贷项目在扶贫方面发挥了一定的作用，不过总体来讲规模很小而且可持续性堪忧。在这样的背景下，央行和银监会设计了强调机构层面与行业层面可持续性发展能力的“小额贷款公司”试点方案。试点方案实际上在“只贷不存”的原则下，向各类合法资本开放了中国的小额贷款市场。此外，对于其他类型的小额信贷机构，包括中国银监会于2006年年底开始试点的村镇银行等三类新型农村金融机构，政策上都给予了“可持续性”以足够的重视。总体而言，中国政府以可持续发展理念推动小额信贷组织创新的政策已得到确认。

5. 稳步推进利率市场化改革，涉农贷款利率水平较高。农村金融市场中的贷款具有小额而分散的特点，同时农户缺乏传统意义上合规的担保（抵押）品，因此涉农贷款一般具有较高的交易成本和风险水平，较高的足以覆盖成本的贷款利率成为金融机构及其产品可持续发展的基本条件。近年来，央行稳步推进利率市场化改革，农村金融机构贷款利率上限逐步调高。2004年10月29日，央行放开了商业银行贷款利率上限，而农村信用社贷款利率浮动上限也扩大到央行基准利率的2.3倍。而据中国人民银行调查统计司的数据，中国县域农村金融机构的贷款加权平均利率（按贷款发生额加权）为基准利率的1.31倍，而超过基准利率2倍以上的，其贷款发生额占比仅4.1%。因此，现有利率浮动区间已经基本达到农村金融市场的需要。

三、农村金融改革的其他经验

已持续30年的中国经济转型，实际上是“摸着石头过河”或“试错”的渐进过程。在农村金融领域中，既需要确认“广泛存在的政府扶持”和“对可持续性的充分重视”的有关经验，也需要清晰认识历史中的教训。

（一）农村合作基金会兴亡的经验

20世纪最后20年中，中国农村合作基金会从产生到全国统一取缔的历程表明：（1）在财政地方分权化和货币政策中央集权化（金融兼管中央集权化）背景下，地方政府直接参与或控制地方性金融机构，都具有潜在金融风险。基于农村合作基金会的经验，中国政府在有关农村金融的监管制度中，已明确排除了地方政府参股农村合作金融机构的可能性。（2）金融监管需要区分存款类金融机构和非存款类金融机构，对吸收公众存款（或变相吸收公众存款）的机构，一定要有审慎监管制度和明确的监管主体。

（二）农村信用社改革的经验

中国农村信用社改革历程表明：（1）合作制金融组织正常运行，应以坚持合作制组织的基本原则为前提，这些基本原则包括社员自愿加入和退出、民主管理、信息透明以及主要为社员服务等。（2）保持合作制所有权和控制权的一致性，是合作制组织治理结构的关键。中国的农信社自1977年改革将控制权交给国家银行之后，就不再是真正的合作制组织，因而后来改革实践证明，农信社改革的最终出路在于股份制改造。

（三）中国农业银行改革的经验

中国农业银行的改革历程表明：（1）要求一家银行同时办理政策性业务和商业性业务，可能导致巨大的道德风险问题，最终体现为银行居高不下的不良资产率和较差的财务绩效。（2）如果一家银行拥有极为发达的存款服务系统，而同时因为存在严重的内部治理问题而在贷款发放中过于谨慎，那么它可能成为弱势的农村金融市场中的“抽水机”，将大量的资金从农村导向城镇地区。这正是中国农业银行的写照。因此，农村金融市场在更大的程度上，需要较小的社区银行，而非大型的跨地区银行。

第二章　我国农村金融市场的信贷配给

金融是在不确定的条件下对稀缺资源进行的跨时期分配。从需求方来说，作为一个生活单位，居民家庭要处理四种基本的金融决策：一是消费和储蓄决策，即将多少当前的财产用于消费，将收入的多大部分储蓄起来，以备日后之需；二是投资决策，即如何投资用于储蓄的金钱；三是融资决策，即家庭在何时及如何使用他人的钱来完成消费和投资计划；四是风险管理决策，即如何减少家庭面临的金融方面的不确定性或者说如何减少风险。作为一个生产单位，企业主要处理三种金融决策：一是投资决策，即企业的战略计划和资本预算，任何企业必须作出的第一个决策，是它要从事哪个行业，在此基础上进行成本和收益在一定时间跨度中的估算；二是融资决策，即企业的资本结构决策，制定一个富有灵活性的融资方案；三是营运资本管理，即保持企业现金的流入和流出在时间上的搭配。从供给方来说，金融机构提供的金融服务主要有六项基本职能：（1）在不同的时期、地区和行业之间提供经济资源转移的途径；（2）提供管理风险的方法；（3）提供清算和结算支付的途径以完成交易；（4）为储备资源和在不同的企业中分割所有权提供有关机制；（5）提供价格信息，帮助协调不同经济部门的决策；（6）当交易中的一方拥有另一方没有的信息，或一方为另一方的代理人时，提供解决激励问题的方法。

在我国当前的农村金融领域中，金融服务的形式和供给都十分欠缺。各金融服务形式中，仅存款服务能够基本覆盖所有农村经济体，贷款、汇兑、结算三项基本服务的供给明显不足，其他金融服务基本处于空白。随着社会主义新农村建设和城乡经济联系的日益紧密，客观上要求农村金融体系提供更为丰富的金融服务。

当前我国农村金融需求的构成主要分为了两个层次：农户的金融需求和企业金融需求。这两类需求各有特点：农户需求以存款服务、短期少量资金需求为主；企业需求以结算和相对大额的资金需求为主。

第一节 农村金融市场信贷需求特征分析

一、农户对金融服务的需求分析

(一) 我国农户经济行为的特点

1. 当前我国农业经济的特点

我国是一个人多地少的国家，现有耕地约 1.3 亿公顷（不包括香港、澳门和台湾地区)，仅占世界耕地总面积的 7%，总人口则逾 13 亿，占世界总人口的 22%。以相对较少的耕地，养活如此庞大的人口，农业始终面临巨大压力。改造传统农业，发展现代经济，实现工业化和城市化，往往也会出现农业资源恶化的问题。近年来中国水土流失、沙漠化现象严重，水资源短缺，农业大量使用化肥，土壤肥力下降，建设占用大量耕地，影响着农业可持续发展。农牧业使用的农药、兽药引发的食品质量卫生安全事件时有发生。一些缺乏优势的农产品进口数量不断攀升。农业自身弱质性的特点加之这些新问题的出现严重影响着农业的可持续发展，对改善我国农村经济发展结构，提高农民生活水平提出了新的挑战。当前，我国农业经济主要有以下几方面特点：

(1) 农业生产风险大。农业生产过程中是自然再生产和经济再生产过程的重合。这个特征使得农业生产本身尽管具有人类经济再生产的一般特征，同时具有另一种特征，即农业不管生产技术有多高，一般都难以从根本上改变生物生长发育的自然规律，这就决定了农业是一种风险性和季节约束性都比较大的产业，容易受到季候周期和自然灾害的影响①。1978—2003 年间，我国农业每年总播种面积平均为 15.1 亿亩，平均每年有 49,480 万亩农作物受灾，26,618 万亩成灾。

人类农业生产的历史就是与自然灾害频繁交往、相互制约，相互利用的历史。在经过与自然灾害长期斗争的实践中，人类不断有效认识自然灾害，利用自然灾害和改造自然灾害，农业生产能力得到了极大的提高。但无论现代化科学技术的开发、利用和普及达到如何高的程度，农业生产与自然灾害的矛盾也不会中止。世界上最发达的国家在特大自然灾害面前也束手无策，

① 王曙光：《农村金融与新农村建设》，华夏出版社，2006 年。

再先进的科技手段也显得苍白无力。我们所能做的就是采取各种措施减少自然灾害对农业生产的影响，降低农业生产的风险，有效地提高农业生产质量。

农业生产不但面临自然风险，农民还需承担农产品价格变动的经济风险。农业生产受限于农产品自然生长周期，任何农产品从播种到收获都要经历一定生产周期，因此在农产品播种时，是无法预知其未来价格的。此外，由于农产品价格需求弹性小，农业生产面临着价格波动的市场风险较大。

除自然风险和价格风险以外，我国农业由于受技术等各方面的影响，信息缺乏加大了其面临的风险。农业生产因信息传播慢、信息传递不完善，导致广大农民无法在生产初期准确掌握农产品市场需求行情，往往造成产品不适应市场需求，带来较大损失。由于农业信息基础设施建设相对落后，农业生产者的理性决策受到多方面的影响，目前普遍认为农业生产经营的风险大于其他产业。

（2）农业生产单位规模小，投资实力弱。我国8亿多农村人口，约有2.3亿农户，大部分地区的农民还都从事着以户为单位的家庭式农业生产活动。因此我国农业生产的基本单位可定义为户，按每户3—4人计，我国农业基本生产单位有3—4人，规模很小。由于生产单位规模小，生产难以实现规模效应，我国农业生产效率不高，且抵御风险的能力相应也较弱。家庭式生产难以实现较大的资金和技术等的积累，因此农户投资和扩大再生产的能力也相对较弱。从户均GDP及人均收入水平等角度看，农村都远低于城镇水平，相应的，农村平均资本实力、投资实力也较弱（如图2－1[①]所示）。

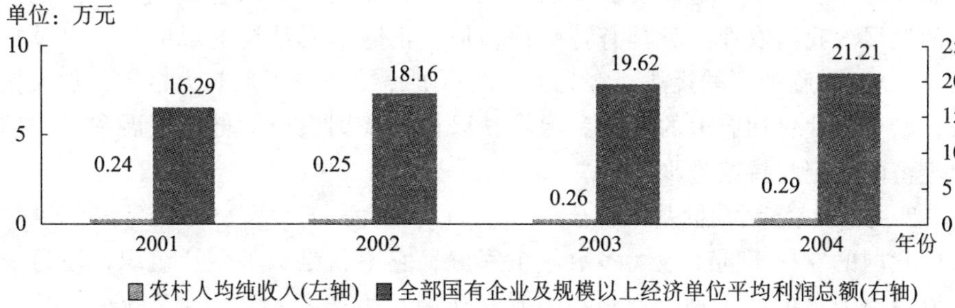

图2－1　中国农村与城镇经济收入规模比较

① 引自中金公司："农村金融国际经验分析"。

（3）农产品类型多，生产经营差异化显著。我国由于国土面积幅员辽阔，各地自然条件、生产生活习惯等差异较大，各地形成了种类繁多、差异较大的农业产品，农业生产经营差异化程度很高，地区特点突出。各地适宜种养殖的农产品不同，其生产周期、产需结构、价格弹性及资金投入所需的规模各不相同，即便是同一种农产品，因其在不同地区生产，其生产周期、资金需求等也不相同。随着农业产业结构调整，各地也有意识地整合部分资源，开展农产品的规模生产，形成了特色的产业区，但农产品种类太多的特点，导致目前我国农业的生产差异性仍较为明显。

（4）农业整体竞争力较弱。我国农、林、水、气资源有限，大量剩余劳动力滞留在农村和土地特有的社会保障功能使得农村土地要素的流动缓慢，难以形成有效的规模经营，农业产业结构调整滞后，放大了农产品需求弹性小的效应，农业技术进步水平低，劳动生产效率提高缓慢，这都使得我国农业受到资源和需求的较强制约，扩张空间小，投资效益差，产业比较利益低，从而在资源要素特别是资金要素的竞争中，缺乏足够的实力和吸引力。同时由于法制建设滞后，农村社会化服务体系和其他市场中介组织的不健全，农民缺乏联合互动，无力与不正当竞争抗争，使得短期内农产品市场和要素市场仍将处于无序失衡的状态，将会增强农业产业比较利益低下的效应，扭曲资源要素的市场配置机制，进一步弱化农业本已不利的竞争地位。

农业的基础地位、农业的弱质性特点、抵御风险较弱的特质决定了农业需要政府给予有力的支持和保护，发达国家和发展中国家的发展经历和实践经验都表明，政府对农业进行支持和保护极为必要，是世界各国的通行做法。其意义在于农业不仅是需要资助的产业，而且影响和制约着国民经济其他产业的发展。我国农业本身具有特殊性，加上消除二元结构的艰巨任务以及加入 WTO 后面临的严峻挑战，客观上必然更加需要政府采取有力措施，加大投入，给予农业更加有力的支持和保护，以保证我国农业的健康发展和整个国民经济的稳定与持续进步。

2. 农户经济活动的基本特征

我国的农户不同于绝大多数城市家庭，它不仅是一种生活组织，还是一种以家庭为单位的小型生产组织。农户作为小生产者，尤其在传统农区、欠发达地区，其经济活动存在一些明显的特征。

（1）农户的经济活动多以家庭为单位进行。农户是农村地区基本的经济组织单位，通常以家庭为单位进行生产经营、消费、积累财富等各种活动。随着社会经济的发展，目前绝大多数的农户不是封闭地自给自足，而是要参与商品交换和劳动力市场的交易活动。根据调查结果来看①，农户收入来源是多种多样的（见表2－1）。

表2－1　样本农户家庭收入来源状况　单位：%

主要收入来源	数值
农业生产经营收入	62.7
非农业生产经营收入	8.1
工资性收入	26.5
其他收入	2.8

（2）农户通常无经常性、固定的收入来源。调查显示，当前有80.3%的农户以从事传统的种植业生产为主，生产活动受自然条件影响较大，具有很大的不确定性，而且因其生产活动较为单一，收入有限，资产积累不足，贫困地区的农户更是如此。农户收入货币化程度低，生活消费水平也较低，加之居住分散、资金需求额度小，因此在商业信贷市场上难以获得信贷融资支持。

（3）农户的生产资金与生活资金常常混合使用。农户作为生产与消费的综合体，长期以来受经济活动特点和知识水平限制，没有将用于生产的资金和用于生活的资金加以区分利用的意识，这就导致部分农户借款后并不能保证借到的资金用于原来预想的途径。

（4）土地和家庭劳动力是重要的生产要素，大多数农户对人力资本的投入不足。土地和农户自身的劳动能力是维持生计的基本保障手段。农户生产活动的分工和专业化水平很低，与此相联系，农户大多在人力资本的投入上并不充分，在专项调查的20,040户农户中，大部分农户文化程度为高中及初中水平，仅有5.4%的农户具有大专及以上文化水平。原因主要是农户对知识的重要性认识不足以及受经济状况的制约无法支付高等教育所需的高额费用。

（二）农户信贷需求特征

由于农村生产和经济组织方式不同，农村金融需求有不同于城市和工商金融需求的特点。随着农业经济不断发展及农业涉及面的逐步扩大，农村金融涉及的领域也越来越多，农村金融在农村经济发展中吸收储蓄、配置资金、分散风险，其重要性日益引起各方重视，改革措施在不断推出。目前农村金融矛盾中最严峻的是农户的借贷需求得不到充分满足。

---

① 此部分数据来源于2007年中国人民银行联合国家统计局在全国范围内开展的针对农户借贷需求专项问卷调查。

1. 季节性和时间性强

现代科技在农业生产中的广泛应用并未改变农业生产的季节特征。农业借贷需求由此也表现出较强的季节性，农业借贷期限需要同农业生产周期相一致。多项调查显示，农户实际借款期限大大短于农户期望借款期限，农户希望的借款期间也不与自然年度一致，农户希望借款期限最好是 12—18 个月。另外，由于农业经营的自然和市场风险，完成一个生产和销售周期难以有确切日期，农户更希望有一个适度灵活的还款区间。

2. 借款额度小

我国小农经济的特征，导致农户贷款需求以小额为主。中国统计年鉴数据显示，2011 年年底，我国农户贷款平均每户不到 1.5 万元。农村企业资金需求的规模也不是很大。虽然总体看来农村居民和企业的金融需求规模巨大，但单个居民或企业的金融需求相对较小。小规模的金融需求，导致金融机构的经营成本增加。

3. 缺少传统意义上的抵押品

我国农村地区严重缺乏贷款抵押品。除去经发包方同意的农民承包的集体所有荒地的土地使用权，以及用于抵押的乡（镇）村企业的厂房等建筑物占用范围内的集体土地使用权外，我国农村的集体土地不能作为抵押品；农民的个人房屋是农民的基本生活资料，难以真正作为有效抵押品发挥作用，且农民住房的宅基地不得抵押也使得住房抵押受到限制；农业的生产性财产一般难以再次进入市场实现价值，往往不被接受作为抵押品。如何设计不需要传统意义上抵押品的农村借贷产品，如何在农村扩大可接受抵押品的范围，成为农村金融的一个重要问题。

4. 借贷的交易成本较高

获得金融服务所需要支付的成本不仅是利息，还包括交通成本、与填写表格相关的成本和可能存在的非正常成本等。农村地域广阔，人口和经济密度低，金融机构同借款者的距离相对更远，交通成本更高；农民受教育程度低，填写同样复杂程度的表格对农民的成本则更高。

（三）农户信贷需求满足程度

随着农村经济的发展，农户信贷需求也逐步增加。但是，当前我国农户信贷方面仍有大量缺口，很多农户的信贷需求有待满足。

从总量看，农户申请到正规金融机构贷款的比例占有信贷需求农户数的 50% 左右。即便是申请到贷款的农户，其贷款期限、数额仍与农户的期望相距甚远。2007 年中国人民银行“农户借贷情况问卷调查”反映，在需要借款的农户中，2006 年期间从信用社、邮政储蓄银行或其他银行得到过贷款的农户占27.4%。焦兵（2007）引用农业部《农村固定观察点数据》说明，从1995年至2003年，农户户均存款增长了175%，但同期的贷款额却仅增长了72%。韩俊等于2005年进行的调查显示，2001—2004年有借贷需要的农户占有效样本的60.6%，在此期间获得了借款的农户占51.5%。

在信贷结构方面，白莹（2006）认为，农户狭义农业生产所需资金基本得到满足，但农户从事非农化经营的资金满足程度较低。曹冰玉（2008）运用《金融统计与分析》2007年第1期的数据，将我国农村正规金融满足农户信贷需求作了总结（见表2-2）。

表2-2　我国农村正规金融满足农户信贷需求情况

农户信贷需求主体及其层次	原因	特征	满足程度
贫困农户	生活救助、小规模种养生产	偏重生活，小额应急，还款能力弱	未满足
一般农户	小规模种养生产，生活开支	额度小且分散，还款有一定保证	未满足
市场型农户	有一定专业化规模化农业生产和工商营运等非农业所需	贷款额相对较大，还款能力较强但有较大风险	基本满足

基于对农户信贷需求动因的分类，农户的生产性小额信贷需求基本能够通过正规金融机构得到满足。而农户的生活性及大额信贷需求从正规金融机构难以得到满足。一般认为，资金需求缺口大，借贷成本偏高，贷款期限不合理，贷款手续繁琐，难以满足抵押和担保条件，农户对获得贷款缺乏信心，都是导致农户信贷需求满足度低的原因。

二、农村企业对金融服务的需求分析

（一）农村企业的特点

当前，我国农村企业具有以下特点：从组织形式看，以个体私营企业为主，尽管也出现了一些具备现代企业组织形式的企业，但占比较小；从行业分布看，农村企业主要集中于农业及食品加工、建筑材料及小配件制造以及服务业三个行业；从企业规模看，注册资本在50万以下、总资产在100万以下的企业占绝大部分，且大多雇佣人数少于50人；从市场范围看，多数企业以本地市场为主。

（二）农村企业金融服务需要与融资特点

农村企业的金融服务需要主要有：存款、汇兑结算和信贷融资等。目前，现有金融机构已经为农村企业提供了较好的存款和汇兑结算服务。相比之下，农村企业信贷融资问题是农村金融领域的研究焦点之一。

信贷是农村企业最有待满足的金融需求，当前农村企业融资具有如下特点：规模较小，借贷渠道多元化，以短期周转性借款为主，抵押是主要保证方式。

从借款规模看，绝大部分企业的借款额在50万元以下，而且单笔借款规模很小（多数在10万元以下），使得很多企业不得不多次融资。

从借款渠道看，农村信用社、民间借贷和大型商业银行贷款都是农村企业的信贷来源。其中农村信用社贷款和民间借贷占主要部分。大额借贷多数由正规金融提供的信贷，而小额部分则呈现出正规金融与民间借贷并存的局面。相关调查发现，农村个体私营企业对信用社和亲友间借贷依赖程度较高；而随着企业形式的发展和资产规模的扩大，正规金融占比越来越高。

从贷款期限和用途看，农村企业借款以短期的周转性借款为主。调查结果显示，农村企业借款的最主要目的是购买原材料。而小型私营企业的借款往往同时用于生产和生活。而企业的长期投资往往依赖于企业自身资金积累或企业所有人的投入。但是，有学者认为，农村企业之所以以选择短期借款为主，实际上是受到了供给的约束，即供给方出于流动性和控制风险的考虑，只愿意给予企业短期借款。这也使得部分农村企业不得不短债常用、滚动融资，导致了较高的流动性风险。

从保证方式看，资产抵押是农村企业获得正规金融机构借款的最主要保证方式，其占企业从正规金融机构取得贷款额的70%以上，而民间借贷对担保的要求较低，多数是信用和担保借款。

（三）农村企业信贷需求满足程度

目前，农村金融领域的学者普遍认为，我国农村中小企业面临的正规信贷约束，表现在：

1. 正规贷款获得率低，且规模远低于期望的贷款额度

韩俊（2005）的调查显示，多数农村企业主认为，“资金缺乏”是制约本企业发展的最主要因素。根据人民银行分支机构的调研，安徽省六成的农业产业化企业和超过七成的农民专业合作组织存在资金短缺问题；广西省超过半数的涉农企业无法从金融机构取得足够的信贷资金。四川、贵州、河南、福建等地的调研也显示，农村企业向正规金融机构申请贷款的成功率较低，而且所贷资金普遍低于企业预期和所需数额。为此，企业通常会同时尝试向几家机构申请贷款。

2. 正规贷款的成本高

刘莉亚（2006）发现，由于农信社在农村处于近乎垄断地位，农信社可以单方面制定市场规则。在人民银行扩大信用社贷款利率浮动范围后，信用社将除小额农贷外的其他贷款品种几乎浮至上限，利率最高达12.83%，是当时农信社基准利率的两倍以上。除利息成本外，农村企业贷款还面临较高的额外成本。韩俊（2005）指出，超过40%的企业反映，为了获得贷款，需要付出额外的成本。这些额外成本主要是用于与金融机构的人员交往。还有很多企业在正规贷款过程中需要花费较多的时间和精力，也增加了企业的负担。

3. 正规贷款短期化明显，长期资金需求受到极大限制

出于风险控制考虑，目前有相当部分的农村金融机构仅发放一年期以内的短期贷款。由于受到短期贷款的限制，农村企业多数投资只能依靠自身资金积累，而且短债长用的现象比较普遍，使得企业面临较大的流动性风险。

曹冰玉（2008）运用《金融统计与分析》2007年第1期的数据，度量了我国农村正规金融满足农村企业信贷的情况，并总结为下表：

表2-3　　我国农村正规金融满足农村企业信贷情况

信贷需求主体及其层次	原因	特征	满足程度
小型企业	流动资金，开发市场，扩大规模	额度小，资金需求频繁，风险较大	未满足
规模企业	拓展市场，扩大规模	额度较大，还款有一定保证	未满足
龙头企业	资源利用型生产经营及专业化、规模化生产经营	额度较大，还款能力管理较强，有一定风险	未满足
农村经济联合体	专业化、规模化农业生产、加工及销售所需	贷款额较大，还款有一定保证，风险较小	基本满足

从上表可以看出，除农村经济联合体的信贷资金需要基本得到满足外，小型企业、规模企业（介于小型企业和龙头企业之间）、龙头企业的资金需要尚未得到满足。但是，通过调研了解，随着企业规模的扩大，企业贷款的满足度逐渐提高，龙头企业的信贷满足度明显高于小型企业和规模企业。

第二节　农村金融服务供给情况分析

在农村金融组织发展与农村经济增长关系方面，具有代表性的理论观点

是美国耶鲁大学经济学家休·T. 帕特里克（Hugh T. Patrick）提出的两种模式：一是“需求领先”模式，强调农村经济主体的金融服务需求先于农村金融组织及相关金融服务的供给；二是“供给引导”模式，强调农村金融组织及相关金融服务的供给先于农村经济主体的需求。他认为，这两种模式与农村经济发展的不同阶段相适应，两种模式之间存在一个最优顺序问题。农村金融机构供给引导型进入的优点是进入阻力小，能够迅速进入，其风险也容易控制。特别是在经济落后农村地区，仍然要以政府主导型金融为主，千万要避免出现农村金融服务的“真空”，以防止农民对农村金融丧失信心①。在我国，一方面农村具有大量未被满足的金融需求，而另一方面正规金融机构也难以找到发展农村金融业务的商业可持续模式，于是就出现了需求领先模式和供给引导模式都没能充分发挥作用的现象。

目前，在我国农村金融领域存在多种形式的金融机构。从正规金融角度而言，主要是经国家主管部门批准的金融机构，包括国有四大银行、农业发展银行、国家开发银行、农村信用合作社、农村合作银行、农村商业银行和中国邮政储蓄银行，此外还有新近开展的新型农村金融机构，如村镇银行、贷款公司和农村资金互助社等。除此之外，农村广泛存在有诸如亲友借款、私人钱庄等民间借贷渠道。在我国农村，正规金融机构存在着网点和从业人员少、金融服务和产品单一、农村金融资源配置失衡等问题。而民间借贷由于缺乏组织、风险管理能力弱、资金供给能力有限，难以承担农村金融的重任。2011 年末，我国主要农村金融机构网点和从业人员数量如表 2－4 所示。

表 2－4　2011 年末主要农村金融机构网点和从业人员情况

机构名称	法人机构数（个）	从业人员数（人）
农村金融机构合计	3, 359	937, 446
农村信用社	2, 265	533, 999
农村合作银行	190	155, 476
农村商业银行	212	70, 115
新型农村金融机构和邮政储蓄银行	692	177, 856

数据来源：中国银监会。

一、大型金融机构的金融服务供给分析

大型金融机构主要是指资金实力雄厚、机构网点跨地域和区域分布、在

① 高晓燕：“基于供给视角的农村金融改革”，《财经问题研究》，2007 年第 11 期。

整个金融体系中市场份额和影响较大的金融机构，包括商业银行和政策性银行两类，其中前者是指以农业银行为主的五大国有控股商业银行，后者以农业发展银行为主。

（一）国有商业银行的涉农金融业务

国有商业银行曾经对农村金融发展发挥过重要作用，但近年来遵循商业性原则开展业务，在农村的业务明显萎缩。1979 年 2 月，国务院正式发出《关于恢复中国农业银行的通知》，标志中国农业银行恢复，其主要任务是：统一管理支农资金，集中办理农村信贷，领导农村信用社，发展农村金融事业。农业银行恢复后，在农村地区广设网点，开办了当时农村所需的多种业务，在聚集资金、引导资金流向农村方面起了很大作用。但是，随着国有专业银行转型为国有商业银行，包括农行在内的国有四大银行的支农力度不断下降。一是网点和人员大量缩减。随着我国国有四大银行逐渐转向商业化，工、农、中、建四大国有银行自 1997 年以来从农村战略性“撤退”，纷纷开始撤并农村的经营网点。目前四大国有银行中，除了农业银行尚在农村地区保留有一定的机构与人员外，其他三家基本已经退出了农村金融市场。二是客观上导致了农村地区资金大量外流。国有商业银行机构网点在农村地区数量众多，在农村地区提供的储蓄服务在安全性和流动性方面均优于其他中小型商业银行，在利率尚未市场化条件下，吸收储蓄能力优于其他金融机构，而贷款投向偏重于城市地区。三是业务品种单一。目前农行在农村地区的业务仅限于存款、贷款、汇兑、结算等几项传统业务，而理财、基金销售等新业务基本没有开展。四是管理权限上收，授权、授信难。为了减少不良贷款的产生，商业银行将贷款审批、授信权力上收至省行甚至总行，导致基层商业银行信贷权限缺失，农村市场符合授权、授信承贷对象的稀缺，使中小企业很多项目缺少资金支持，流动资金严重短缺。国有银行在农村服务中的缺位，导致了农村与城市金融市场的割裂，形成了金融“城乡二元化”的局面。

（二）农业发展银行开展的政策性农业贷款

2008 年以来，农业发展银行在“一体两翼”业务发展的基础上，不断拓展新的业务，积极支持新农村建设。截至 2010 年年末，农业发展银行开办了包括农村基础设施建设贷款、农业综合开发贷款、农业生产资料贷款、农业小企业贷款、县域城镇建设贷款、县域内公众存款业务和新农村建设贷款在内的涉农业务。虽然自 2004 年以来，农发行陆续获准开办商业类新业务，但从目前的实际情况看，农发行对在农村地区（尤其是中西部贫困地区）的商业性贷款占比仍然较低，在改善农业生产条件、调整农村产业结构和促进农民增收方面作用发挥乏力。

二、农村中小金融机构的金融服务供给分析

（一）农村信用社开展的小额信用贷款和联保贷款

为缓解农民贷款难问题，从1999年起，在人民银行各项政策和支农再贷款的推动下，各地农村信用社开始逐步推广小额贷款业务，特别是农户小额信用贷款和联保贷款，取得了良好的经济效果和社会反响。农户小额信用贷款是指农村信用社基于农户信誉，在核定的额度和期限内向农户发放的不需抵押、担保的贷款。农户联保贷款是指没有直系亲属关系的3—5户农户自愿组成相互担保的联保小组，农村信用社向联保小组内农户发放的贷款。农户联保贷款采取“自愿联合、多户联保、依约还款、风险共担”的办法。据银监会统计，2008年年末，农村信用社共有网点49,208个，其中开办农户小额信用贷款的农信社有30,774个，开办农户小组联保贷款的农信社有22,552个。农信社覆盖区域内共有农户1.68亿户，有贷款需求农户数8,857万户，得到两类小额信贷的农户数分别为3,060万户和690万户，得到小额信贷服务的农户数分别占农户总数和有需求农户数的22.32%和42.34%。2010年年末，全国农村信用社农户贷款余额达到2万亿元，其中，农户小额信用贷款和联保贷款余额约为6,500亿元，约占农户贷款余额的33%①。实践证明，小额贷款业务是农村金融机构满足农村金融需求，促进农村经济发展的有效方式。

近年来，在相关部门的推动下，农村信用社农户小额贷款业务发展良好。一是调整农户小额贷款政策。全面拓宽农村小额贷款对象、范围、金额、期限、利率。小额贷款对象从传统农户扩大至农村多种经营户、个体工商户以及农村各种微型企业；小额贷款用途由传统农业扩展到有助于提高农民收入的各个产业；小额贷款额度在发达地区可提高到10万—30万元，其他地区提高到3万—5万元；小额贷款期限可根据当地农业生产季节性特点、贷款项目生产周期等决定，个别贷款期限可延长到3年；小额贷款利率坚持“利率覆盖风险”的原则。二是创新农户小额贷款方式。部分农村信用社开发推广农户小额贷款“一卡通”制度，将农户贷款与银行卡功能有机结合起来，在授信额度内采取“一次授信、分次使用、循环放贷”的管理办法，随用随贷，有效提高了贷款便利程度。三是简化农户小额贷款程序。对重点客户和优质客户，实行“一站式”服务，简化贷款审批手续，确定灵活的贷款偿还方式，

① 数据来源：银监会合作部。

实行优惠利率。对个别地域面积大、偏僻的乡镇，通过流动服务方式，开展上门服务，提高服务水平。

在各有关部门的政策支持和引导下，农户小额信用贷款和农户联保贷款在全国农村信用社得到了普遍推广，农民贷款担保难问题得到了有效缓解，农户贷款面有所提高。

农信社涉农服务的优势在于：第一，深入农村，贴近农户。当前，随着商业银行纷纷“离乡进城”，县域地区的金融机构网点呈现萎缩趋势，分布在县城以下乡镇的银行业机构主要是农村信用社。这使得农信社成为了最为贴近农户的正规金融机构。第二，对农村金融潜在客户的信息掌握更全面，能在一定程度上避免信息不对称。与商业银行相比，农信社在农村的信息优势主要来自于信贷人员在地缘和血缘上与贷款客户的千丝万缕的联系。第三，业务手续简单快捷，审批时间短。由于农信社的管理流程短，因此其业务办理的时效性高于商业银行。

但是，农信社受其自身客观条件所限，存在一定的不足之处。一是农信社缺乏沟通城乡和联结地方与全国的能力。由于农信社多是“单兵作战”，业务覆盖范围局限于当地，与城市和全国金融市场联结不紧密，在跨地域资金调拨、汇兑结算、引导城市资金回流农村方面显得力不从心。二是农信社自身资产规模小，部分农信社有历史包袱，抗风险能力差。与其他正规金融机构相比，农信社的资产规模偏小，且业务地域性强，难以分散风险。三是农信社治理结构和内部管理水平急需提高。虽然经过改革后，全国大部分农信社已经采取了省、市联社、农村商业银行等现代企业组织形式，但由于所有者缺位问题没有解决，很多农村信用社的法人治理结构仍然没有建立，内部管理和风险控制体系也相对落后，容易产生不良资产。四是当前农村金融服务领域缺乏竞争，农信社在当地农村金融市场往往处于相对垄断地位，服务定价较高。

（二）新型农村金融组织的服务供给

新型农村金融组织主要包括村镇银行、贷款公司、农村资金互助社和小额贷款公司。2005 年 7 月，中国人民银行正式在 5 省区试点“只贷不存”的小额贷款公司。2006 年年底，银监会放宽了农村地区银行业机构市场准入政策，按照“低门槛、严监管”原则，鼓励和引导符合条件的境内外金融资本、产业资本和民间资本在农村地区投资设立村镇银行、贷款公司和农村资金互助社三类新型农村金融机构。新型农村金融组织的设立，不仅丰富了我国农村金融机构类型，一定程度上缓解了“城市有资金余力，农村有资金需求，金融缺少运作渠道”的矛盾，而且提高了农村金融市场的竞争程度和运行效率。同农信社一样，新型金融机构也具有决策链条短、反映迅速的特点，能够针对当前农业和农村经济发展的实际创新产品，按照市场化原则开展经营，形成贴近农村实际的业务流程。在支持农村中小企业、种养业专业农户和较富裕农户的消费方面，新型金融机构发挥了较好的作用。

新型金融机构的不足之处在于：第一，此类机构目前尚处于初创期，其成长有待时日。第二，部分新型金融机构（尤其是村镇银行）完全依照市场化经营，贷款全部对有还款能力的农户发放，其结果是完全脱离弱势群体，限制了为“三农”服务的深度和广度。第三，新型金融机构的定位尚不清晰，与农村信用社业务有所重叠。第四，缺乏现代化的风险监测和控制手段，抗风险能力较差。

第三节　影响农村金融市场信贷配给的因素分析

从农户这个行为主体来分析其借贷活动。首先，农户的相对收入水平可以对其资金借贷行为产生影响，其收入越高可能因其自有资金就能满足日常开支需要而不需要外部资金；其次，农户的收入来源也同样会对其借贷行为产生影响，如果农户是以工商业活动为主要收入来源，那么其收入越高则生产经营活动中越需要资金周转而导致其外部资金需求，如果农户是以传统农业活动为主的话，情况则会不同；再次，农户的年龄、受教育程度等因素会影响到农户对待资金借贷的认识和态度，从而会对其资金借贷行为产生影响；再其次，农户的家庭总人口人数也会影响到农户的资金需求，一般来讲，人口越多的农户其开支越大，也越容易产生资金借贷行为；最后，农户是否具有从外部借贷资金的经历对于农户将来的借贷行为影响也是很明显的，当农户从以往的借贷经历中获得了收益时，将会对其未来的借贷决策产生积极的影响，反之亦然。

从农户所面临的金融环境来讲，也会有很多的因素影响到其借贷活动。从正规金融渠道的资金供给来看，包括一系列反映正规金融资源对农户可得性的指标，包括在农户当地有无正规金融机构网点、农户当地正规金融机构（主要是农信社）是否对农户进行信用评级并授信、农户对信用社开展的小额信用贷款业务的认知程度（从侧面反映信用社对其金融业务的宣传情况）等因素；而从非正规金融渠道的资金供给来看，主要是农户当地有无有息借贷活动这一指标，来反映农户所在地的民间借贷活动活跃程度。

一、影响农户信贷配给的自然经济因素分析

影响农户信贷配给情况的因素可以从供给和需求两个角度考虑，农户信贷配给问题一方面是因为农户自身的有效需求不足，另一方面是因为金融机构受制度政策等影响难以提供有效的供给。现实情况是一方面农户和乡镇企业长期存在贷款难问题，而另一方面却是金融机构难贷款，存在大量信贷资金闲置甚至亏损。本节先从农户需求角度来考察影响农户信贷配给的自然经济因素。利用2007年人民银行“农户借贷情况问卷调查”的数据进行计量分析，可得出对农户信贷配给影响的主要因素及影响方式。

（一）对于农户借贷需求的正向影响因素

1. “家庭常住人口数”对于农户的信贷需求具有正向的显著影响。这表明人口越多的家庭其信贷需求越旺盛。这与实际情况是相符的，人口越多的家庭，用于孩子学杂费、建房以及看病等用途的开支也越大，家庭开支与家庭人口数密切相关。因此，其信贷需求也更加强烈。

2. “教育程度”对于农户的信贷需求具有显著的正向影响。这主要是因为，相对而言，受教育程度高的农户，具有较好的现代金融意识，相比而言具有更广泛的金融知识；而且其生产能力也相对较强，对资金的需要也就更加强烈。

3. “被信用社评级并授予信用额度”对于农户的信贷需求也有显著的正向影响。农村信用社作为农村地区最主要的金融机构，其业务开展的力度对农户的借贷情况有直接影响作用。农村信用社通过对小额信贷和联保贷款业务的宣传解释，扩大了在农户中的知名度，使广大农户更好地理解了这类业务，并增强了金融意识。

4. “家庭总收入水平”对于农户的信贷需求具有正向的显著影响。相对来讲，农户总收入水平高，是其生产经营开展情况良好的反应，生产规模大导致这些农户的资金需求量也较大，而且其偿还能力较强，各类机构也愿意给这些农户提供信贷支持，所以家庭总收入水平越高的农户其信贷需求也越大。

（二）对于农户借贷需求的负向影响因素

1. “农户家庭储蓄余额”对农户的信贷需求具有显著的负向影响。这表明家庭拥有较多储蓄的农户信贷需求较小。这主要是因为，相对于房产、电器和运输工具等其他固定资产而言，储蓄表现出很强的变现能力，在需要资金时，家庭有较多储蓄存款的农户依靠自有资金就可以解决问题，因此信贷需求相对较小。

2. “户主的年龄”对于农户的信贷需求有显著的负向影响，对于样本农户而言，户主年龄越大越不愿意借贷。导致这一现象产生的原因很可能是随着农户年龄增加，其生产和生活的变化都不会太大，因此其额外产生的信贷需求较少。同时，由于年龄的增大，年轻时期的积累会一直增加，自有资金数额较大，可以应付一定规模的资金需求，不需要外部借款。而年轻人因为正处于创业阶段，思想比较开放，需要资金的地方较多，比较倾向于通过借贷来筹集资金。

3. “家庭收入来源”对于农户的信贷需求也具有显著负向影响。计量分析结果表明，农户家庭生产经营活动种类的不同对于农户信贷需求具有很明显的影响。从事工商业、手工制造业和单纯农业生产的农户，因生产特点的不同，其对流动资金的需求也是完全不同，因此对信贷需求的程度也有明显差别。

4. “农户所在村有无正规金融机构网点”对于农户的信贷需求具有显著负向影响。从调查数据中发现，有60.1%的农户所在村无正规金融机构网点，但农户到最近金融机构网点平均所需时间仅为20.4分钟，这表明虽然农户所在村落并无金融机构网点（一般农信社网点在乡镇一级），但是农户与正规金融机构的空间距离还是比较近的。该项计量结果更说明了当农户距离正规金融机构越远，其信贷需求会越加强烈。

二、影响农户信贷配给的制度因素分析

对我国农村信贷配给现象及配给程度的分析说明农村信贷配给根源于信息不均衡，使商业银行只能用一定的标准来分配贷款，而“二元经济”导致的信贷市场分化使商业银行将农户和乡镇企业作为一个特殊的信贷配给目标。农村信贷配给如此严重，主要还在于金融体系本身的不完善导致的信贷资源配置功能的失效，包括金融机构由于内、外因素导致的对经营目标的偏离。中国银行业寡头垄断市场结构以及由此造成的近似完全垄断的农村信贷市场，金融风险补偿、分担和转移机制欠缺，金融基础设施不完善等因素进一步加深了农村信贷配给的程度和范围。

（一）农户难以成为合格的承贷主体

商业银行对个人客户的授信标准除信用记录外，主要是个人收入及其稳定性。长期以来，我国农户人均纯收入大大低于城镇居民人均可支配收入。如果考虑到农户收入中有近40%的实物因素，并且还需扣除生产性开支，城镇居民的收入主要用于消费和储蓄，隐性福利和补贴未纳入统计范围，城乡实际收入差距可能高达4—6倍。农户的收入低以及自然灾害和市场风险造成

的收入不稳定，使其在商业银行的信用评级中得分较低，很难符合商业银行的信贷准入条件。且农户很难找到符合条件的保证人，可用于抵押担保的财产更少，导致其获得信贷的概率更低。

（二）信息不对称是影响信贷配给的最重要因素

信息不对称是困扰农村金融机构，导致农村金融供需缺口的重要因素。在与（潜在）借款人的博弈中，金融机构处于信息不利地位。由于缺乏足够的信息来评价借款申请人的信用风险，也没有手段转移信用风险，金融机构的最佳策略就是不承担资金风险——不向借款申请人提供资金。

解决信息不对称的方法之一就是抵押。但是，农户的生产生活特点使得其将大部分收入投资于房屋、生产性资产（如农机、牲畜等），其余所得仅简单地以银行存款和现金形式存在。限于现行的产权政策等条件，农户房屋、农机具和牲畜都不属正规金融机构认可的抵押资产。因此，农户通过抵押取得银行存款的道路基本走不通。

另一个解决信用风险的方法就是通过第三方转移信用风险，如第三方担保、保险等。目前，有很多地区正在尝试通过设立政府主导的担保公司来为涉农贷款提供担保。但是，担保公司仍需要解决信息不对称的问题，即要明确哪些借款申请人是具备还款能力的，否则风险只是由银行转移到担保公司，并不能从根本上解决农村金融的供需缺口。

（三）对商业银行现行监管要求加深了农村信贷配给程度

单一的风险监管目标导致农户贷款难度增加。1998 年亚洲金融危机和 2007 年全球金融危机的启示，使政府和监管部门进一步意识到防范金融风险、增强金融体系稳健性的重要性，管理部门对商业银行提出了更严格的风险管理要求。商业银行按照要求，强化了防范信贷风险、降低不良贷款的操作，主要措施有：通过提高信贷准入标准，将一些边缘客户排除在外；集中信贷管理权限；责任追究机制等。这些措施的实施加剧了信息不对称对农户信贷的影响，且使基层商业银行产生惧贷和惜贷现象，使得农户更难获得贷款。

金融机构内部管理模式导致业务同质化，追求短期利益，忽视长期市场。目前，我国商业银行的内部考核目标和激励机制偏重于短期商业利益，往往将人员的绩效评价、收入与短期业务进展和盈利紧密挂钩。究其原因在于：第一，我国的商业银行设立时间或转为商业运营时间大多较晚，缺乏经历经济周期的经验；第二，商业性金融机构缺乏制定长期发展规划和与之相应的长期绩效评价与激励机制的手段；第三，商业银行的外部激励机制趋向短期化。

现有外部激励体制对商业银行的驱动。外部激励体制对于商业银行的经营行为有着很大的影响。逐利性是商业金融机构的本质属性之一。现阶段我国商业金融机构向城市和富裕地区倾斜，是其对外部激励体系的正常反应，是在当前经济结构下的市场化行为。究其原因是经济环境中没有设置适当的激励体制以使商业金融机构能够在生产率较为低下的农村地区获得与城市业务相当的利润空间。为此，要引导商业金融机构走向农村，设立适当的外部激励机制是基本的前提。

未建立完善的退出机制。市场退出是金融机构经营失败的最后一种处理方式，市场退出对整个金融体系乃至国民经济都会产生巨大影响，健全、合理的市场退出机制会最大限度减少金融企业退出对国民经济的破坏。我国尚未建立有效的退出机制，部分银行机构在资本充足率严重不足、连年亏损、资不抵债时仍在吸收存款、发放贷款，没有及时实行市场退出。退出机制的不完善，使银行机构没有改进内部管理、提高效率和提高竞争力的压力，导致其提供的金融服务不能满足农户需求。

（四）农村地区非竞争性的信贷市场结构影响信贷配给有效性

银行业市场结构对信贷资金的配置效率和信贷配给程度有重要影响。目前，农村地区农村信用社“一家独大”，形成几乎完全垄断的信贷市场结构。国有商业银行在农村地区的撤并以及新机构准入的限制，是目前农信社垄断农村信贷市场的主要原因。在国有商业银行大幅撤出基层农村金融市场，又没有新的机构准入的情况下，农信社自然成为基层农村地区唯一的正式金融机构，这种唯一性使得农信社即使出现严重亏损也不必担心被淘汰出农村金融市场，出现“少而不能倒”的局面。而农信社在实现信贷有效配给方面主要有两个劣势：一是无法实现规模经济。目前，为数众多的农信社实际上是高度独立分散的。单个农信社资产平均规模较小，在人员使用、资金调度、税费支付等方面均难以实现规模经济。资产业务局限在单个乡镇，资产风险无法得到有效分散，资金来源有限，容易导致流动性风险，资本规模小使其在出现风险时没有足够能力化解。二是缺乏改善经营机制的激励。农信社的垄断地位能给其提供一个相对稳定的存款和信贷市场，缺乏市场竞争和约束，也影响其社员（股东）要求管理者改善经营机制的积极性，并只满足于从农信社获得贷款便利以及其他好处。此外，由于亏损农信社的分支机构难以被撤并，为了使这些亏损农信社仍然能够维持运转，联社必然调整利润分布，影响经营较好分支机构改善经营管理的动力。

（五）金融基础设施不健全对信贷配给产生负面影响

金融基础设施不健全主要体现在法律制度和信息共享机制的不完善上。我国已初步建立基本市场经济法律框架，法律的独立性、作用范围和权威性都在逐步增加，但法律在支持金融发展尤其是保护消费者和金融机构债权方面与发达国家存在明显差距。目前，农村金融相关法律法规欠缺，尤其是涉及土地和抵押担保、对债权债务保护等内容的相关法律滞后，影响了农户获得信贷的能力；同时，法律执行力度不够，如金融机构对不良贷款处置，最有效的途径是通过司法程序解决，但实际操作中，金融机构很少运用破产起诉作为最后手段，因为根据金融机构的评价，通过诉讼程序的整体复杂程度和费用消耗，要大大超过其成本。而且即使诉讼成功，最后能获得还款的概率较小。目前，我国已初步建立信息共享机制，即信用征信系统。但目前的信息系统无论是从信息完整性还是从信息覆盖面等方面来看，都存在较大改进余地。信用信息系统对金融机构评价客户的承贷能力，尤其是农村地区客户的承贷能力还有待改善。

（六）贷款利率管制对信贷配给的影响

2004 年之前的众多研究认为，农村贷款难的主要原因之一是贷款利率管制。因为农户和乡镇企业贷款的风险大、成本高，而利率管制使商业银行不能通过收取相应的高利率来补偿风险溢价，因此要提高信贷配给应彻底取消贷款利率管制，包括对农信社 2.3 倍的利率浮动限制。

我国利率改革的目的是使贷款利率更好地覆盖风险溢价和培养中国金融机构的产品自主定价能力。贷款定价限制的逐步放开使贷款利率能够反映贷款风险状况，更好地覆盖风险溢价，从而鼓励商业银行等金融机构更多为农户和中小企业及民营企业提供金融服务。从实践来看，取消对商业银行贷款利率管制以来，商业银行对农村的信贷投入并未如预期般增加。定价权限放开之后商业银行实际的浮动幅度并没有明显提高，理论定价与实际定价存在较大差距。理论上讲，通过利率自由化使商业银行可以根据风险情况定价，从而解决高风险的农户和乡镇企业贷款难问题。但其有两个假设条件：一是商业银行可以接受较高的风险水平，通过利率来覆盖部分风险；二是商业银行能够衡量某一类贷款的风险水平，才能根据其风险水平收取风险溢价。但在实际操作中，这两个条件均无法满足。在严格的风险管理要求下，商业银行过度重视对风险的考核，降低了可接受的风险水平，限制了信贷准入的条件，不符合条件的客户即使愿意出高利率也不允许发放贷款。同时，商业银行长期缺乏农村相应的信贷数据积累，一些衡量贷款风险的量化指标很难取得技术数据，如贷款的违约率、损失率等。因此，放开利率限制并没有使商业银行通过高利率弥补风险溢价，增加对农户和乡镇企业贷款，商业银行仍不惜竞相降低贷款利率将贷款向优质客户堆积。

与国外农村小额信贷经验不同，我国农村主要金融机构——农信社的贷款利率仍限制在基准利率的 2.3 倍，即对农信社的利率管制没有完全放开。这是因为，在不同的信贷市场结构下，贷款利率管制的作用不同。在垄断信贷市场结构下，垄断贷款者往往通过制定高利率和较少的信贷供给总量来取得利润最大化，借款者只能被动接受，而高利率可能加剧逆向选择和道德风险，从而产生更大的信贷风险。因此，贷款利率管制能够促进垄断贷款者扩大信贷供给总量。目前，农信社在农村信贷市场具有高度垄断地位，绝大多数贷款实行利率上浮，这样在造成一部分优质客户流失的同时，也助长了劣质客户的违约行为，增加了潜在的信贷风险，过高的贷款定价也与农户和中小企业的承受能力不相适应。因此，在农村信贷市场尚未形成良好竞争机制情况下，利率限制有利于减轻农村信贷配给程度。

第四节　覆盖面：对我国农村金融服务的整体评价

2007 年 2 月的全国金融工作会议提出建立健全“适应‘三农’特点的、多层次、广覆盖、可持续的农村金融体系”，第一次对农村金融体系“覆盖率”和“可持续性”提出了明确要求。因而，如何从“覆盖率”角度，准确把握我国农村金融市场的发展现状，并对近年来农村金融改革进行总体评价，成为农村金融理论和政策研究中的基本问题。

本节分析以中国人民银行研究局和国家统计局农村司 2007 年联合在部分省（自治区）开展的 2 万户“农户借贷情况问卷调查”所获得数据作为研究基础，从农户金融服务需求（主要包括储蓄和贷款需求）以及农村正规金融供给的角度上，分析我国农村金融服务的覆盖率，并提出有关政策建议。

一、农村金融机构设置及对农户储蓄需求的满足程度

农户借贷研究包括农户储蓄和信贷两部分，本节首先讨论农户储蓄服务需求及正规金融对其满足程度的问题。与其他发展中国家相比，作为转型经济的一个特征，我国农村金融体系在完善机构设置从而满足农户储蓄服务需求方面表现出色，实现了“广覆盖”要求。

（一）农村正规金融机构设置已实现“广覆盖”要求

如图 2－2 所示，目前我国农村金融机构组织体系由正规金融体系和非正规金融体系构成。正规金融体系主要由农村信用社（含农村商业银行、农村合作银行）、邮政储蓄银行和农业银行构成（农业发展银行没有直接面对农户开展业务）。非正规金融体系包括位于一端的商业性质较强的高利贷、私人钱

庄、当铺、小额贷款公司，以及位于另一端的合作互助性较强的亲友借款、农村资金互助社、各类合会以及少量的非政府组织小额信贷。

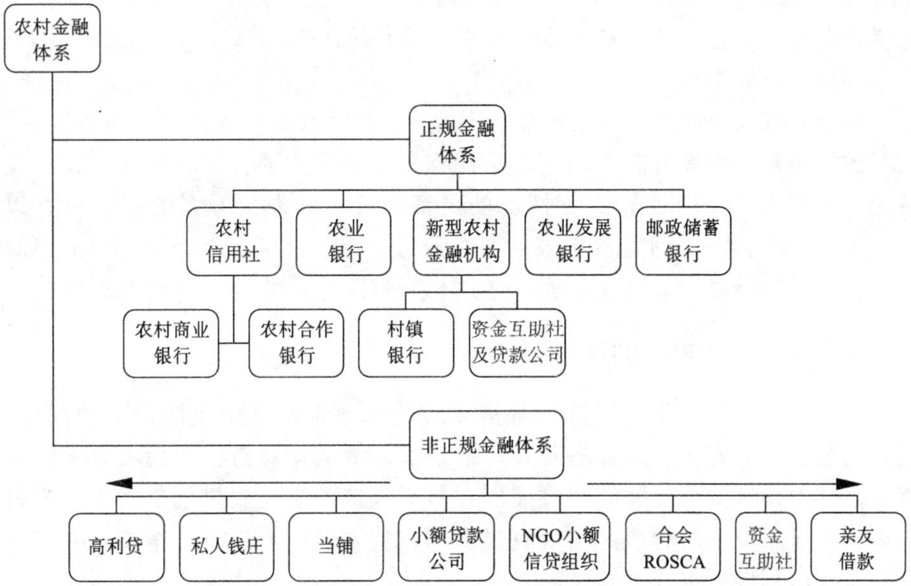

图 2－2　我国农村金融体系组织结构

正规农村金融机构设立了数量庞大的机构网点，调查发现，41.69%的农户所在的村中有正规金融机构网点，农户距离最近正规金融机构网点的距离平均为4.69公里（中位数为3公里），而距离小于2公里的占28.16%，在2—4公里的占28.65%，4—6公里的占18.46%。95.3%的农户到金融机构的道路可以通车，这样，农户到达最近正规金融机构平均所需时间仅为20.58分钟，71.2%的农户所需时间在20分钟以内，而40分钟内可到达的则占91.3%。

（二）农村正规金融机构在满足农户储蓄需求方面表现出色

林毅夫（1989）指出，在实施赶超战略背景下，改革开放前的农村金融机构只是动员农村储蓄以提供城市工业化资金的一个渠道，而农户与这一体系的联系只是充当农村金融机构的存款者。张杰（2005）进一步指出，由于国家需要以金融剩余形式对农村经济剩余进行切割和转移，才有了这一时期“国家金融机构在农村的迅速扩张”。这解释了农村金融机构设置广覆盖的制度根源，而作为这一制度安排的结果，我国农村金融机构在为农户提供储蓄服务方面，确有不俗表现。

2006年年底，虽然只有50.91%的受访农户在正规金融体系有存款①，不过，若仅考虑“有钱要存”的农户，82.2%首选存在正规金融机构，其次有13.76%的农户首选把钱放在家中，而首选参与打会、借给小额贷款组织、有息借给朋友、无息借给朋友等民间融资方式的共计2.43%，另有1.58%的首选购买债券、股票和保险。

绝大多数农户储蓄首选正规金融机构，一方面反映了农户的安全性要求，农村正规金融机构具有隐含的国家信用保证发挥了重要作用；另一方面，反映了农户基于“预防性储蓄”性质的灵活性要求。为数不多的存款只有以“活期”形式存在②，才能在需要用钱时及时变现，以满足生产生活中的不时之需，而民间融资大多数没有明确约定还款期限③，不能在需要时及时变现。

二、农户信贷需求的概率和额度

农户信贷需求特征及其满足程度是理论和政策研究中关注最多的问题。农户信贷需求的愿望有多强烈？农户信贷需求的额度和总体规模有多大？正规金融在追求可持续发展的同时能够在多大程度上满足农户信贷需求？农村金融改革是否应予落后地区和低收入群体以特别关注？目前的相关研究工作在以上这些问题上仍存在许多争议。

不过，大多数学者认同，目前我国农村金融市场上存在较强的金融抑制（Financial Repression）问题，正规金融体系不能满足农户信贷需求，从而存在着“信贷配给”的观点。朱喜和李子奈（2006）进一步将农村金融市场中的信贷配给区分为“服务配给”（Access Ration）和“数量配给”（Quantity Ration）两种情况，前者指金融机构没有向有信贷需求的农户提供任何贷款（农户未得到贷款），后者指金融机构虽向农户提供贷款但却没有提供农户所需的足额贷款（农户未得到足额贷款）。我们沿用这种区分，并将在本书第四部分同时考察服务配给和数量配给④，以使更完整地分析农村金融覆盖率。

基于上述大样本调查数据，本节首先从“需求概率”和“需求额度”两个角度分析农户信贷需求问题，并比较不同地区和不同收入群体之间农户信

① 这可能反映了许多农户没有“余钱”可存，而非其不愿选择正规金融机构的情况。

② 70.28%的受访农户表明，其在正规金融机构的存款将选择活期，而不是定期。

③ 被调查农户2006年累计发生民间借出活动3,792笔，其中74.95%（2842笔）没有约定明确的还款期限。

④ 虽然李子奈（2006）对“服务配给”和“数量配给”进行了区分，但他在同一篇文章中仅考察了“服务配给”。帅旭（2008）虽未明确区分两类信贷配给问题，但却基于一个小样本调研，同时考察了这两种配给。

贷需求的差异，为后文正式分析“服务配给”和“数量配给”创造条件。

（一）农户信贷需求的总体情况

需求概率：样本农户中20,034户回答了“您家在生产、生活及其他活动过程中，是否需要从银行、信用社或其他私人渠道借款”的问题，其中51.05%回答“不需要”，48.95%回答“需要”。农户信贷需求概率总体较高，借款意愿比较强烈。

而一半以上声称不需要借款的农户中，有10,188户回答了“不需要借款的主要原因是什么”的问题，其中62.12%选择“自有资金已能满足现在的生产生活需求”，12.72%选择“没有好的发展项目”，13.37%选择“没有借钱习惯，有多少钱办多大事”，8.93%选择“打工有钱而不用借”，还有2.86%选择其他①。

需求额度：共计5,341个受访农户（占总样本农户的26.65%）回答了“在现有担保、抵押条件下，如果允许您借款，您最多想借多少钱”的问题。农户希望借到的贷款额度平均为20,603.9元，中位数为10,000元，最大额度100万元，额度最小2元。

表2－5给出农户贷款需求额度的区间分布。超过56%的农户的贷款需求额度集中在1,000—10,000元区间内，而其中小于和大于5,000元的比重基本相当；而信贷需求额度分布在10,000—20,000元区间和20,000—50,000元区间内的农户比重基本相当，为17%多一些。

表2－5　农户贷款需求额度的区间分布

贷款额度区间（元）	比重（%）
(0，1,000]	3.59
(1,000，5,000]	28.03
(5,000，10,000]	28.05
(10,000，20,000]	17.84
(20,000，50,000]	17.51
(50,000，1,000,000]	4.98
合计	100.00

① 实际上，在声称不需要借款的农户中，有47户在接受访问之前已经从正规金融机构获得贷款。严格来说，这47个农户属于有信贷需求而且已获得满足的类别。不过由于他们数量很少，为了简单起见，本文没有进一步进行调整。

（二）需求概率：不同地区之间和不同收入群体之间的比较

调查发现，不同地区之间的农户信贷需求概率具有明显差异。经济较为发达的东部地区仅为41.42%，经济落后的西部地区高达56.75%，而中部地区居于其间，为44.93%。

为了弄清农户收入水平对其信贷需求概率的影响，我们沿用样本农户按照其家庭年收入水平进行的分组来进行讨论。表2-6的下半部分给出了统计结果。事实上，收入水平最高的“富裕”农户，和收入水平最低的“贫穷”农户具有较高的信贷需求概率，分别为49.92%和49.82%，而中等收入水平的农户，其信贷需求概率较低。可见，随着农户收入水平初步提高，其信贷需求概率先行递减，而收入水平的进一步提高，则会使其信贷需求概率转而递增。也就是说，随着收入增加，农户信贷需求概率呈现“U”型曲线。这与韩俊（2006）的结论一致。

表2-6　　不同地区和不同收入群体之间的信贷需求概率比较

	需要贷款（%）	不需要贷款（%）	观察值个数
东部2省	41.42	58.58	4,000
中部4省	44.93	55.07	8,034
西部4省（区）	56.75	43.25	8,000
富裕	49.92	50.08	5,006
中等偏上	48.15	51.85	5,009
中等偏下	47.92	52.08	5,008
贫穷	49.82	50.18	5,008

农户信贷需求概率在不同地区之间的巨大差异，除反映地区间制度差异外，也部分反映了农户收入水平对信贷需求概率的影响。收入水平较低的农户自我积累能力差，应对风险能力不足，在生产生活中遇到资金需要时，向正规金融机构或民间借贷的可能性就比较高；随着其收入水平的提高，自有资金的增加可减少求贷可能性；而收入水平更高些的富裕农户，则往往因为有更多的投资项目[①]而导致更高的贷款需求概率。

① 富裕农户产生信贷需求的原因更多来源于生产性投资，这在调查中得到了证实。数据表明，富裕农户（年均家庭收入超过24341元）在2006年总共借款2,804笔，其中37.91%用于生产性目的（发展工商业、购买农资或购置农机），而贫穷农户的这一比例为27.66%，明显低于前者。

（三）需求额度：不同地区之间和不同收入群体之间的比较

如表 2 – 7 所示，调查发现，东部、中部和西部地区受访农户信贷需求额度的平均值从高到低，依次为 31, 841. 27 元、20, 013. 72 元和 18, 326. 06 元，东部远远高于中西部，而中部稍高于西部。

表 2 – 7　不同地区之间和不同收入群体之间的信贷需求额度比较

	平均值（元）	中位数（元）	观察值个数
东部 2 省	31, 841. 27	20, 000	698
中部 4 省	20, 013. 72	10, 000	1, 619
西部 4 省（区）	18, 326. 06	10, 000	3, 024
富裕	30, 718. 03	20, 000	1, 342
中等偏上	21, 166. 6	10, 000	1, 320
中等偏下	16, 685. 73	10, 000	1, 380
贫穷	13, 745. 65	9, 000	1, 299

农户信贷需求平均额度与农户收入水平的关系十分密切。富裕农户声称其所需贷款额度平均为 30, 718. 03 元，中等偏上、中等偏下和贫穷农户则依次降低（见表 2 – 7）。按照收入水平将样本农户分为四类后，我们将四类贫富程度不同的农户的信贷需求分布概率列出（见表 2 – 8）。从该表中可以看出，在前两列的较低信贷需求额度（0—1, 000 元组和 1, 000—5, 000 元组）中，从上往下（从富裕到贫穷）占比逐渐增大；而在后三列较高信贷需求额度中，从上往下占比逐渐减少。韩俊（2006）也证实了这一关系。

表 2 – 8　各收入水平群体的信贷需求额度分布情况　单位：%

	(0, 1, 000]	(1, 000, 5, 000]	(5, 000, 10, 000]	(10, 000, 20, 000]	(20, 000, 50, 000]	(50, 000, 1, 000, 000]
富裕	1. 26	17. 88	25. 48	19. 52	26. 15	9. 69
中等偏上	2. 58	24. 47	30. 53	18. 94	18. 18	5. 30
中等偏下	4. 20	29. 93	29. 20	18. 84	14. 79	3. 04
贫穷	6. 70	40. 11	26. 94	13. 93	10. 78	1. 85
合计	3. 59	28. 03	28. 05	17. 84	17. 51	4. 98

三、覆盖率：农村正规金融的信贷供给

在对农户信贷需求概率和需求额度进行详细分析之后，再从“服务配给”（Access Ration）和“数量配给”（Quantity Ration）两个层面对农村信贷配给

问题进行分析，并对不同地区之间和不同收入群体之间的信贷配给问题进行比较研究。

（一）农村正规金融覆盖率的总体情况

1. 服务配给

服务配给指部分农户声称需要贷款却未能得到贷款的现象。调查发现，在声称需要贷款的9,807个（占比48.95%）样本农户中，9,776个农户明确回答了“2006年期间，是否从信用社、邮政储蓄银行或其他银行得到过贷款”的问题，其中仅3,096户（31.67%）得到过，而其余的6,680户（68.33%）没有得到过。

如此看来，正规金融信贷服务的覆盖率是比较低的。不过，在声称需要贷款，但2006年却没能从正规金融机构获得任何贷款的6,680个农户中，6,639户回答了“是否申请过贷款”的问题。我们发现，占其中绝大多数的85.51%（5,677）的农户，根本没有真正向金融机构提出过贷款申请，仅有14.49%（962户）“申请而没有得到过”。这样，实际向正规金融机构提出贷款申请，但却最终没能得到贷款的农户占总农户的比重应为48.95%×68.33%×14.49%=4.85%，而声称需要贷款却从未提出申请的农户占总农户的比重是48.95%×68.33%×85.51%=28.6%。图2-3更清晰的表明了上述概念的整体关系。

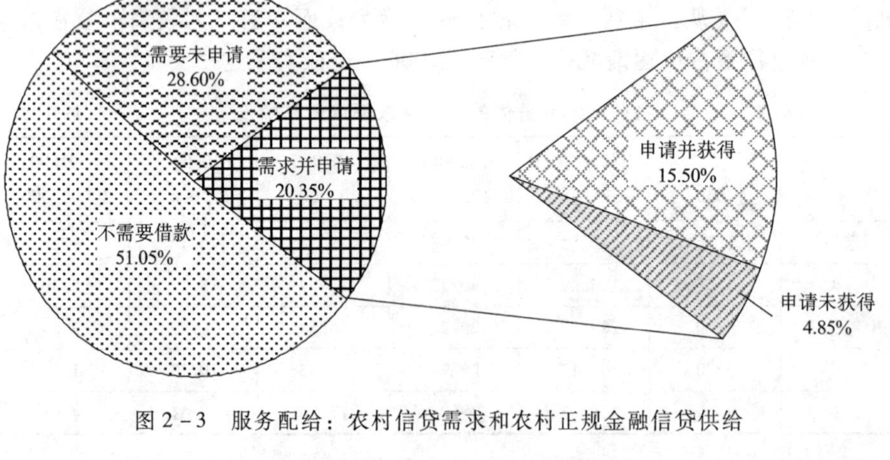

图2-3 服务配给：农村信贷需求和农村正规金融信贷供给

所以，在我国农村金融市场信贷配给的服务配给方面，从我国农村正规金融机构获得贷款的农户，占全部农户的比重为15.5%，占有信贷需求农户的比重为31.67%，占曾向金融机构提出贷款申请农户的比重为76.17%。

为便于阐述，我们特别定义“农户覆盖率”、“需求覆盖率”和“申请成功率”三个概念：

农户覆盖率 = 得到贷款的农户/样本总农户 = 15.50% ………………（1）

需求覆盖率 = 得到贷款的农户/需要贷款的农户 = 31.67% …………（2）

申贷成功率 = 得到贷款的农户/提出申请的农户 = 76.18% …………（3）

农户覆盖率是比较简单而经常提到的概念，我国农村地区有 84.5% 的农户从未从正规金融体系得到任何贷款；需求覆盖率反映了农村正规金融服务配给的情况，近 70% 有信贷需求的农户没有从正规金融得到任何贷款，服务配给的程度是比较严重的；76.17% 的申贷成功率是比较高的，这可能说明农村正规金融机构对那些已经正式提出贷款申请的农户的态度，还是比较宽容的，不过也可能是因为正规金融机构的长期行为降低了农户的预期，大多数农户知道“即使申请也很难得到”，因而只有那些素质较好（或有人脉关系）的农户才会向正规金融机构提出申请。无论如何，我们发现，需求覆盖率和申贷成功率之间的巨大差异，是由于大多数声称需要贷款的农户从来没有真正向正规金融机构提出过贷款申请。

可以与其他调研结果进行一个比较。在韩俊（2006）的 1,962 户农户信贷行为调查中，正规金融的农户覆盖率达到 34.67%，需求覆盖率也较高，为 46.97%，而申贷成功率则略低，为 74.18%。而朱喜和李子奈（2006）在一个 10 省 3,000 样本农户的调查中发现，正规金融的农户覆盖率仅为 9.4%，他们通过联立离散选择模型估计了农户需求概率，进一步估算的需求覆盖率为 33.9%[①]。数据虽有偏差，但情况基本一致。

调查问卷还询问了 5,677 个声称需要贷款却没有申请的农户这样做的原因，5,659 户回答了问题，其中选择“利息及其他成本太高（如请客送礼等），不想借”的最多，占 38.19%，选择“担心即使申请也贷不到”的占 21.03%，两项合计为 59.22%。这说明除了担心利率太高以外，农户之所以不申请贷款的原因，还包括正规金融机构普遍存在的寻租行为导致的大量隐性成本，以及正规金融机构长期实行的信贷配给政策导致农户对自身缺乏信心（Discouraged non - borrowers，Barham，1996；Petrick，2004）。

此外，尽管所占比例很小，我们还是询问了那些农户申请贷款却遭到拒绝的原因，在 951 户回答该问题的农户中，因为“没有人缘关系贷不到”的

① 此外，帅旭（2008）在一个总样本为 545 的农户信贷行为调研中，发现正规金融的“农户覆盖率”约为 64.77%，而“申贷成功率”则为 75.25%。他没有考虑农户的需求行为。这里较高的“农户覆盖率”可能与其调研方法有关，他的问卷调查是通过农村信用社的基层机构进行的。有理由相信其数据存在系统性高估。

占37.22%，因为“无抵押或担保而没贷到”的占26.39%，两项合计达63.62%。这说明在农村正规金融市场上，人脉关系是能否得到贷款的关键，而担保条件则紧随其后。在一个长期重复博弈环境中，这也可以反过来说明为什么大量农户需要却没真正提出申请的原因。

2. 数量配给

在占样本总量15.5%的已得到贷款的农户中，有多少得到了其所需要的足额贷款，而又有多少未能获得到足额贷款呢？问卷询问了“农户是否需要贷款”以及“2006年是否从正规金融机构获得过贷款”，那些回答已经从正规金融机构得到贷款同时声称不再需要任何贷款（无论正规途径还是非正规途径）的农户，可以认为已经获得其所需的足额贷款。不过，这样的农户总共只有47家，这说明大多数已获贷款的农户并未得到足额贷款，数量配给现象的确是普遍存在的。

问卷询问了样本农户2006年数额最大的4笔贷款的详细情况，我们可以将其中来自正规金融机构的实际贷款总额（即4笔中来自正规金融机构的贷款之和）视为正规金融信贷供给，并将之与农户意愿信贷需求额度进行比较，这样就可以大致估计数量配给的严重程度。

样本农户中，2006年确实已经从正规金融机构①得到至少1笔贷款，并且在问卷中报告了有关额度的农户，总共有2,666个②。而在这些农户中，提供了意愿信贷需求额度信息（即回答“在现有担保、抵押条件下，如果允许您借款，您最多想借多少元”问题）的农户仅有1,552户。我们从这1,522个样本农户中得到2006年样本农户来自正规渠道的实际贷款总额，并分别将之与提供有关信息的全部样本农户（5,341个）的意愿需求额度，以及这1,552个样本农户的意愿需求额度进行对比，藉以求解我国正规农村金融贷款额度满足程度和数量配给程度。

从表2-9中可以看到，已经得到贷款的农户，其所获贷款的平均额度仅为其有效需求额度的43.1%（所获贷款的中位数为其有效需求额度的50%），相应的数量配给程度为56.9%。

---

① 这里的正规金融机构，包括农村信用社、商业银行、邮政储蓄、村镇银行和（银行全资持有的）贷款公司5类。

② 前文提到，声称需要贷款并且在被问及“2006年期间，是否从信用社、邮政储蓄银行或其他银行得到贷款”时答“是”的农户总共为3,096，而这里却只有2,666户，原因是许多声称已得到贷款的农户，没有对调查员披露有关贷款额度的内容。我们无法分析这些农户的数量配给问题，故而将之排除在外。

表 2-9　　样本农户贷款额度满足程度和数量配给程度

	总样本农户（5, 341 个）		已报告额度的样本农户（1, 552 个）	
	平均值	中位数	平均值	中位数
意愿信贷需求额度	20, 603. 9	10, 000	24, 498. 71	10, 000
实际得到贷款总额	10, 558. 7	5, 000	10, 558. 7	5, 000
贷款额度满足程度	51. 25%	50. 00%	43. 10%	50. 00%
数量配给程度	48. 75%	50. 00%	56. 90%	50. 00%

综上所述，我国农村正规金融市场存在严重服务配给从而大多数需要贷款的农户没有得到任何贷款，与此同时，绝大部分已经得到贷款的农户也面临严重的数量配给，他们从正规渠道得到的贷款仅占其有效需求额度的43. 1%。图 2-4 描述了我国农村正规金融信贷配给（包括服务配给和数量配给）的情况。

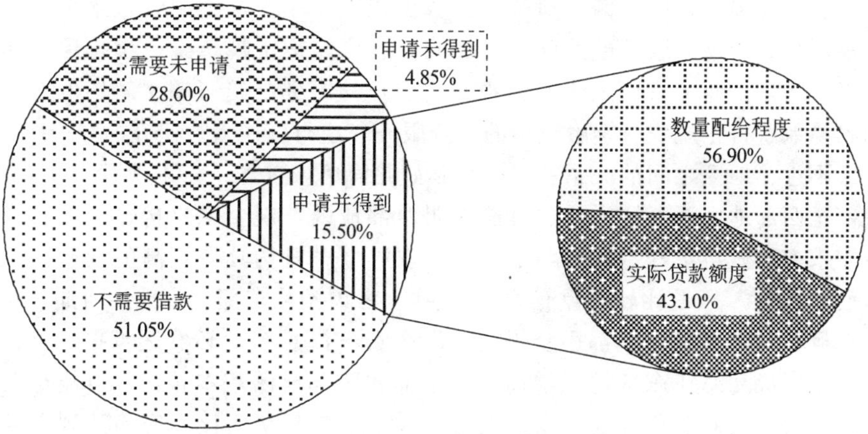

图 2-4　服务配给和数量配给：农村信贷需求和农村正规金融信贷供给

注：左侧饼图描述了服务配给的情况，即农户未得到任何贷款的情况；右侧饼图描述了数量配给的情况，即已经得到贷款却未能得到足额贷款的情况。

帅旭（2008）的研究对农户意愿信贷需求额度进行统计，从而对数量配给的程度进行了估计，认为农户从正规金融机构实际得到的信贷额度与其意愿信贷需求额度之比仅为38%，从而数量配给程度为62%，略高于我们的估计。同样也说明数量配给程度的严重性。

（二）不同地区之间和不同收入群体之间服务配给的比较

我们对不同地区和不同收入群体面临的服务配给问题进行了比较，计算结果如表 2-10 所示。

表 2－10　　不同地区之间和不同收入群体之间的服务配给情况

	农户覆盖率	需求覆盖率	申贷成功率
东部 2 省	11.83%	28.55%	79.24%
中部 4 省	13.99%	31.13%	75.64%
西部 4 省（区）	18.86%	33.24%	75.68%
富裕	19.06%	38.18%	82.62%
中等偏上	16.18%	33.60%	79.57%
中等偏下	13.90%	29.01%	73.94%
贫穷	12.86%	25.82%	67.00%
全样本农户	15.50%	31.67%	76.17%

从该表中可以看出，服务配给在不同收入群体之间的变化具有规律性。我们发现无论是农户覆盖率、需求覆盖率，还是申贷成功率，自上而下（从富裕、中等偏上、中等偏下到贫穷）数据依次变小。这说明收入水平较低的农户面临更严重的服务配给问题，他们更有可能被正规金融机构排斥在其信贷服务之外；而随着收入水平的提高，农户的服务配给可望缓解，他们能更加容易地获得正规农村金融机构的信贷服务。这与以往多数研究的结论一致。

不过，地区之间的关系看起来并非如此简单。首先，需求覆盖率从东部、中部至西部地区逐渐增大，这可能说明西部地区正规金融机构在满足农户有效需求方面做得更好（可能与东部地区农村金融机构具有更高的商业化程度从而“脱农”问题比较严重有关）；其次，考虑到从东部、中部到西部，农户需求概率和需求覆盖率都逐步提高，那么农户覆盖率就必然逐步提高了；最后，申贷成功率在东部地区最高，而中部和西部地区基本相当，可能与东部地区农村经济商业化程度较高、农户收入水平较高从而比较容易达到金融机构的审贷要求有关。

（三）不同地区之间和不同收入群体之间数量配给的比较

我们计算了各地区和收入群体面临的数量配给程度，结果如表 2－11 所示。与前文关于总体情况的讨论一致，我们仍以平均值和中位数两个指标来计算，而样本范围则缩小为各分类样本中提供了相关全部信息的农户。

东部地区的数量配给程度最大，金融机构仅能满足农户有效需求额度的 35.9%，配给程度达到 64.1%；中部地区次之，与全国水平相当；西部地区的数量配给则最轻。实际上，这种情况不难理解，我国农村金融机构的产品设计（包括额度和期限）许多都在全国范围内统一规定，而在经济发达的东部地区，农户的平均贷款需求额度自然高于中西部，他们面临的数量配给自

表 2-11　　不同地区之间和不同收入群体之间的数量配给比较

	数量配给程度（%）		样本个数
	平均值	中位数	
东部 2 省	64.10%	70%	227
中部 4 省	56.67%	50%	555
西部 4 省（区）	53.47%	50%	770
富裕	57.32%	55%	488
中等偏上	52.99%	50%	379
中等偏下	60.89%	60%	348
贫穷	57.39%	60%	337
全样本农户	56.90%	50%	1,552

然就更严重些。

在各收入组别之间，数量配给程度以收入水平中等偏下农户为最高，富裕农户和贫穷农户居中且程度相当，中等偏上农户面临的数量配给则不那么严重①。

① 帅旭（2008）估算的数量配给程度中，富裕农户为58%，中等偏上农户为36%，中等偏下农户为41%，而贫穷农户为29%。

第三章　从农村金融到小额信贷

农村经济的发展离不开农村金融支持，但由于交易成本、信息成本和信息不对称等原因，传统农村金融服务体系不适用于农村，而致使其支农效果甚小，甚至将农村资金抽走，造成农村地区资金外流严重，农村金融需求服务严重缺乏。在这种状况下，小额信贷是适合于农村经济实际并对传统农村金融制度的创新，在农村发挥着重要的经济和社会作用，成为农村金融改革发展的重要内容之一。农村小额信贷的出现和多层次小额信贷体系建设具有必然性。国际小额信贷运动的发展历程及核心机制为我国开展小额信贷活动提供了有益参考。

第一节　小额信贷概念与分类

一、小额信贷的概念

（一）小额信贷（Micro credit）的定义

不同的学者和机构对小额信贷有不同的理解和表述。世界银行扶贫协商小组（CGAP）将小额信贷定义为：小额信贷是指为低收入家庭提供金融服务，包括贷款、储蓄、保险和汇款服务。

在国内，对于小额信贷的定义存在着广泛的争议。一种是狭义的理解，认为小额信贷是专向中低收入阶层提供小额度的持续的信贷服务活动，以贫困或中低收入群体为特定目标客户并提供适合特定目标阶层客户的金融产品服务；另一种理解较为宽泛，包括中低收入群体在内，社会上仍有较多的经济活动主体没有或者是没有充分享受金融服务，对没能和没有充分享受金融服务的群体提供服务即可称为小额信贷。其“小额”主要是指贷款数额与正规金融机构大额信贷对比数量较小。如果从小额信贷、微型金融、普惠金融的发展道路来看，后者所指的小额信贷更为合理。蓬勃发展的小额贷款公司，实际上是开展小额度贷款服务的公司，他们为推动农村小额信贷体系的建设和发展做出了积极的贡献。

无论是广义的小额信贷还是狭义的小额信贷，其基本概念都包括以下主要内容：

首先，小额信贷是服务于特定目标群体。一般来讲，金融服务市场可以分为高端、中端和低端三大类市场。小额信贷服务的主要是低端市场，客户群体主要包括中低收入群体以及微型、小型经营单位和农村家庭等。

其次，小额信贷是微型金融中的主要业务之一。提供小额信贷的机构主要包括以下几大类：一是扶贫项目或者非政府组织；二是小额金融公司；三是小额贷款公司；四是专门的小额金融银行；五是已经建立起小额金融业务线的商业银行或非银行金融机构。并非所有的小额信贷都由小额金融机构提供，其他金融机构也可以提供小额信贷。同样，小额金融机构并不仅仅做小额信贷，一个成熟的小额金融机构，可以针对不同的客户群体开发不同的业务线，但小额信贷应该是其主体业务。

最后，小额信贷是一种信贷技术的创新。小额信贷不同于传统的贷款管理技术，而是针对传统商业银行不愿覆盖的那部分客户，即微小企业和个人而设计的贷款技术；同时，小额信贷又是一种信贷产品的创新，是专门用于服务微小企业和个人的信贷产品；另外，小额信贷是现代金融服务方式的创新，其有别于传统商业银行服务模式，强调无抵押和无担保，或者寻求一种担保替代和创新。

（二）小额信贷相关概念

1. 小额信贷与中小企业信贷。小额信贷并非仅仅服务于所谓“穷人”，而是整个低端市场，特别是那些以前从未获得金融服务或获得金融服务不充分的群体。每个细分的信贷市场都有共同的需求特征，如低端市场的特征是：交易笔数多，单笔规模小；借款人的经营活动和家庭活动难以区分；每笔交易的盈利很小等。在低端市场中，需要有足够的客户量，信贷机构才能盈利。如果从信贷额度上分析，主要分为微型、微小型、小型。在不同的细分市场上，信贷方法、定价、生产率、激励机制等有相当大的区别。如一个小额金融机构可将目标市场分为三条业务线来覆盖：微型（10 万元以下），微小型（10 万 ~50 万元），小型（50 万 ~200 万元）。当然，微型、微小型、小型之间的划分没有严格的科学标准。应该说，小额信贷包括部分中小企业贷款，但更多地还是服务于微小型企业。

2. 小额信贷与微型金融、普惠金融。微型金融是相对于大中型金融而言，是小额信贷含义的进一步延伸。微型金融服务是包括信贷、储蓄、汇兑、保险等小额金融的综合体。小额信贷是微型金融的起源，微型金融从小额信贷项目演变而来。经过多年的发展，目前国际上的微型金融机构已经成长为能够覆盖更大范围产品和服务的机构。

普惠金融是小额信贷与微型金融的延伸与发展，旨在将一个个零散的微型金融机构和服务有机整合成为一个系统，将以小额信贷为核心的微型金融纳入正规金融体系与金融整体发展战略中去。其目的是以小额信贷为中心的微型金融不再被边缘化。在发展中国家，只有将服务于低端市场的金融服务纳入国家的整体金融体系中，才能实现小额信贷和微型金融的大规模可持续发展，才能更好地发挥金融支持经济发展和减贫致富的重要作用。

二、小额信贷的种类

（一）福利主义和制度主义

按照其服务的目的，现存的小额信贷可分为福利主义和制度主义两大流派。首先是福利主义小额信贷。其注重提供小额信贷来直接改善穷人的经济和社会福利。福利主义对小额信贷的定义可概括为：以农村为区域建立一种完全不同于传统银行目标的金融制度，在特定的制度条件下，直接向目标群体（贫困人群）提供生产性经营贷款及综合技术服务的一种特殊信贷方式。该流派以孟加拉格莱明乡村银行为主要代表，主要被一些社会发展机构和非政府组织所推崇。其基本特点包括：（1）贷款目标主要是农村贫困妇女；（2）五户自愿组成小组；（3）小额贷款和分期还款；（4）贷款实行商业化利率；（5）借款人按时按额进行储蓄；（6）向借款人提供后续贷款以及公开一切业务活动；（7）严密的组织与管理。

其次是制度主义小额信贷。其侧重于从金融创新角度分析小额信贷对农村金融体系的发育、发展和推动作用，强调小额信贷机构运行和财务的可持续性。制度主义小额信贷又可以分为公益性和商业性小额信贷两种类型：（1）公益的制度主义是以服务穷人为主要目标，自负盈亏，不追求赚的钱越多越好，只要求适当的利润目标，重点不在于利润，而在于帮助弱势群体；（2）商业的制度主义可能目标群体会更宽泛，不一定是穷人，包括小企业、微型企业、个体工商户等，以追求利润为主要目标。完善的制度主义的基本要求：一是服务于目标客户群体；二是同时要实现自身的自负盈亏，或者叫机构和财务上的可持续发展。印度尼西亚人民银行的乡村银行体系和玻利维亚团结银行为这一流派的主要代表机构，目前正被世界银行扶贫协商小组（CGAP）及其主要成员组织作为“最佳实践”总结推广。该模式被认为是金融体系中满足低收入家庭资金需求的一个组成部分，其操作特征为：（1）小额、短期贷款和安全的储蓄；（2）快捷借款人资格/投资评估；（3）抵押替代；

(4) 借款人能滚动使用回收贷款；(5) 相对较高的交易成本；(6) 高还贷率；(7) 方便穷人开展储蓄和短期借款的营业场所和时间。

在我国，也有学者（杜晓山，2012）将小额信贷分为三类：①福利主义小额信贷，其既服务于弱势群体又享受外部资助或补贴；②公益性制度主义小额信贷，其既服务于弱势群体，又追求自身盈亏和可持续发展；③商业性小额信贷，其服务群体广于前两者、但传统银行更难以或不愿服务的对象，其亦追求利润最大化。

（二）按照机构（组织类型）划分

一是正规金融机构开展的小额信贷业务。如农村信用社开展小额信贷业务和农户联保贷款，如中国农业银行和中国邮政储蓄银行、国家开发银行、部分城市商业银行开展的小额贷款业务等。从规模上看，农村信用社仍是发放小额贷款的主体。这些机构规模庞大，虽然在覆盖广度上具备了一定规模，但服务的深度有待改进。

二是新型金融机构（组织）提供小额信贷。主要有三类新型农村金融机构和商业性的小额贷款公司（我们暂且将其看做金融机构）。目前，这一类型的机构，尤其是商业性的小额贷款公司发展迅速。截至 2012 年 3 月末，全国共有小额贷款公司 4, 878 家，全国小额贷款公司贷款余额达 4, 447 亿元，当年一季度新增贷款 531 亿元，其中，内蒙古自治区、江苏省、安徽省小额贷款公司数量分别达到 424 家、413 家和 377 家，位列全国前三位。在众多小额信贷机构中，小额贷款公司正在成为中国小额信贷市场的重要组成部分和补充力量。在服务农户和提供贷款方面，其作用正越来越突出地表现出来。

三是依靠国际组织援助的非政府形式的小额信贷机构（NGO 小额信贷机构）开展的小额信贷。NGO 小额信贷机构在我国开展小额信贷活动历史最长，有比较明确的社会发展目标，强调扶贫的社会目标。但这类机构往往规模较小，没有相关法律明确其正式地位，其资金来源比较单一，实际运作中也缺乏专业性。目前，在我国境内这类机构约有 100 家，能够经营的约有 50 家，但经营状况不理想，而且市场份额很小。中国人民银行金融市场司（2004）进一步将我国的 NGO 小额信贷机构细分为三类，包括准政府小额信贷机构、民间小额信贷机构和国际资助小额信贷机构。准政府小额信贷机构是指对政府依赖程度较高的非政府组织，项目实施主要依托政府部门，主要有中国扶贫基金会、中国妇女发展基金会、中国人口福利基金会幸福工程等开办的小额信贷业务；民间小额信贷机构指小额信贷的资金来源来自海外和民间，具体操作由民间组织进行，主要包括中国社科院农村发展研究所主办的“扶贫社”小额信贷；国际资助小额信贷机构主要是指执行国际多边组织在华项目和一些双边援助项目的机构，其资金来源主要依靠国际机构捐助或软贷款，比如联合国开发计划署（UNDP）、联合国儿童基金会（UNICEF）、国际农业发展基金（IFAD）、联合国人口活动基金会（UNFPA）、世界粮食计划署（WFP）、国际劳工组织（ILO）、世界银行、香港乐施会、德国技术合作公司（GTZ）等提供资金，直接或间接开展的小额信贷业务。

四是政府部门操作的小额信贷。中国政府部门操作的小额信贷，主要指借助小额信贷这一金融工具，以实现扶贫攻坚为宗旨，以国家财政资金和扶贫贴息贷款为资金来源，以政府机构和金融机构为运作机构的政策性小额信贷扶贫项目；还有政府出资担保的为解决城市下岗失业人员就业问题的小额担保贷款①。

此外，我们还可以按照小额信贷的性质，将其直接分为商业性和公益性两大类。上述前两类可归为商业性的，后两类可归为公益性的。本书后续章节按此分类详细介绍它们目前在中国的基本情况。

第二节　国际小额信贷发展情况及其作用

一、国际上小额信贷的产生

长期以来，由于经济发展的不平衡和收入分配制度的不公平等各种因素的存在，贫困问题一直是世界各国无法回避的社会现象。然而，贫穷不是与生俱来的，穷人也不是天生的，他们与富人一样拥有创造财富的愿望和能力。他们缺乏的是将生存技能转化为财富所必需的资金支持。

由于穷人的信贷需求具有额度小、缺乏抵押担保品、贷款使用监测困难（缺乏相关的财产和经济信息）、收贷难、效率低、成本高等特点，穷人长期在信贷市场上处于边缘地位。尤其在广阔的农村市场和城市低收入阶层，正规金融服务缺失，已经成为农村经济发展和低收入人群摆脱贫困的主要障碍。

为了解决穷人进入正规金融市场的困难，许多发展中国家相继采用过贴息贷款的扶贫方式，希望通过向穷人提供直接贴息贷款来缓解穷人的资金需

---

① 引自何广文等：《中国小额信贷行业评估报告》，2009 年 2 月。关于城市下岗就业人员的小额担保贷款不在本书研究范围。

求，实现资金和劳动力的有效结合，帮助穷人摆脱贫困。但这种只重视信贷供给的贴息政策在之后几十年的实践中并没有获得成功，还造成了不良后果：如扰乱农村金融秩序，破坏信用环境，导致寻租和腐败的存在等。

基于穷人进入正规信贷市场的困难和贴息贷款扶贫方式的缺陷问题，一些致力于改善穷人经济和社会地位的人士借鉴传统的民间互助金融组织形式的优点，进行金融制度和金融工具的创新，创立了小额信贷这样一种新的适合穷人经济特征和社会特点的信贷形式。

小额信贷组织的产生，最早可以追溯到1971年在哥伦比亚成立的带有宗教色彩的非营利组织“机遇国际”；另一家是成立于1973年、位于美国的马萨诸塞州萨默维尔德、最先从事小额金融服务的非营利组织“行动国际”（ACCION International）；著名的孟加拉“乡村银行”（Grameen Bank）则成立于1976年。

二、国际上小额信贷的历史阶段

国际上小额信贷的发展，主要经历了三个历史阶段。

（一）强调为穷人提供贷款资金和以穷人偿还能力为中心目标的阶段

小额信贷项目起源于20世纪60年代末到70年代初。在第一阶段，小额信贷作为一种实验性项目，在孟加拉的乡村银行和美洲的行动国际中开始了先驱性的探索，通过方法创新，实现还款率持续稳定在95%以上。这是对传统农村金融理论的一种扬弃。农村客户的需求特点、非正规性以及其资本特性决定了传统借贷技术在选择借贷人和按时还款两方面几乎是无效的。因此，小额信贷的成功很大程度上依靠基于穷人客户的非传统借贷技术，如贷款金额小、重复贷款、小组联保等方式。也就是说，小额信贷不能仅仅依靠还贷能力的技术分析，不能仅仅根据提供担保或抵押的资产进行风险评估，必须注重借款人表明的还款意愿。这个阶段主要通过方式创新来扩大小额信贷的客户覆盖率和实现较高的还款率。

（二）项目收入覆盖成本阶段

到20世纪80年代中期，先行小额信贷项目已开始尝试收取覆盖成本的利率或至少是正利率的实验，逐步取消利息补贴。到20世纪90年代中期，普遍的观点认为，小额信贷的经营至少应该收取覆盖其资金成本的利率。如果小额信贷机构希望将其服务扩展到更多的客户，实行没有补贴的利率是必要的，且没有补贴的利率往往要比市场利率还要高。这是因为小额信贷金额小、成本高。而贫困及低收入群体以及微型企业的资金非常缺乏，他们能将获得的资金以较高的生产效率加以使用。这也是为什么他们常常以高利率从民间借贷市场（包括“钱庄”）借钱的原因，因为钱庄能够提供灵活便利的贷款。项目研究表明，微型企业能够并且愿意偿付覆盖借贷成本的利率。这一阶段实验结果表明，小额信贷以适当的利率进行经营，完全可以实现经营可持续。

（三）寻求商业渠道资金实现金融持续性阶段

在提高客户覆盖率和弥补资金成本方面取得成功之后，更多捐助机构将廉价资源提供给小额信贷事业，支持其进一步发展。但是这种廉价资源不可能持续地存在，也具有不稳定性，因为捐助机构的工作重点常常发生周期性的改变。与此同时，捐助资源远远满足不了客户的需求。在这样的发展背景下，小额信贷开始进入发展的第三阶段，即开始寻求商业市场的资金。20世纪80年代末，拉丁美洲非政府组织的先行项目开始从商业银行找到资金渠道；印度尼西亚几家机构通过为穷人提供储蓄服务而获得更多资金。为了吸引储蓄和商业银行贷款，小额信贷机构必须证明其金融行为具有长期稳定性。

在这一阶段，一些小额信贷机构投资的资金已经是初始资本的2~3倍，由此获得大量的客户。他们力争从当地金融主管部门获得金融许可，以便直接向一般公众吸收存款。获得政府金融许可的小额信贷机构，增加了其投资和获得潜在客户的能力，其业务规模和范围进一步扩大。

表3-1清晰地展现了小额信贷发展的三个阶段，从中可以对三个发展阶段的特点进行比较，这些特点包括：发展目标、客户群体、机构运作方式、资金来源、利率、金融管制等。

表3-1　　小额信贷三个发展阶段的特点比较

	发展目标	客户群体	机构及其运作方式	资金来源	利率	金融管制
第一阶段	高覆盖率与高还贷率	穷人	以NGO项目方式运作为主	捐助资金	覆盖资金成本的利率	不管制
第二阶段	项目收入覆盖借贷成本	穷人及部分中低收入群体	以NGO项目方式运作为主	捐助资金为主	覆盖资金借贷的利率	不管制
第三阶段	寻求商业渠道资金实现金融持续性	一切中低收入群体（包括穷人）	由NGO转变的金融机构及现有正规金融机构	商业渠道资金为主	商业化利率	管制

三、国际小额信贷的市场总量

20世纪70年代以来，国际范围内的小额信贷运动风起云涌，业务规模和服务覆盖面不断扩大，对亚非拉乃至北美地区均已产生巨大影响。而在有些国家如孟加拉、印度尼西亚和玻利维亚，小额信贷已经发展出能够为低收入人口提供系统性金融服务的可持续的制度体系。不过，由于各国小额信贷机构的组织类型和业务模式多种多样，对小额信贷机构的界定本身就是含糊不清的，来源不同的数据可能存在重大差异，但这些数据的确能够提供藉以了解小额信贷行业概貌的有用信息。

（一）《小额信贷峰会运动报告》[①] 关于“专业小额信贷机构”的报告

1997年以来，全球范围内越来越多的小额信贷机构开始向“国际小额信贷峰会运动”报告其业务数据。《小额信贷峰会运动报告》是“国际小额信贷峰会运动”每年发布的有关小额信贷发展及其扶贫成效的报告。《小额信贷峰会运动2007年报告》指出，截至2006年年末，全球范围内向小额信贷峰会报告业务数据的3,316个“专业小额信贷机构”，现有客户数量已超过1.33亿人，其中9,292.26万人在第一次得到小额贷款时属于“最贫困客户”[②]，而这些最贫困客户中的85.2%是妇女。如果假定一个家庭有五名成员，那么2006年年底总计9,292.26万的“最贫困客户”，就意味着多达4.65亿的贫困人口已从小额信贷服务中受惠（Daley - Harris, 2007）。

表3-2　　2007年国际“专业小额信贷机构”主要发展指标

向MCS报告数据的机构数量	3,316个
客户总数	133,030,913人
“最贫穷客户”总数	92,922,574人
“最贫穷客户”中妇女客户总数	79,130,581人
受影响的“最贫穷客户”家庭人数	464,612,870人

数据来源：Daley - Harris (2007), “State of the microcredit summit campaign report 2007”.

（二）《具有“双重使命”的金融机构》[③] 关于“替代性金融机构”(AFIs, Alternative Financial Institutions) 的报告

---

① 原题 *State of the Microcredit Summit Campaign Report 2007*, Daley - Harris, 2007。

② 所谓“最贫困客户”，即“Poorest borrowers”，被定义为那些每日生活费用不超过1美元（经过购买力平价调整），或者生活在一国贫困线以下的下半部分的贫困居民。

③ 原题 *Financial Institutions with a “Double Bottom Line”*, Christen, Rosenberg, and Jayadeva, 2004。

世界银行扶贫协商小组（CGAP）[①] 在2004年的报告《具有“双重使命”的金融机构》中，通过对全球范围内从事小额信贷业务的所谓“替代性金融机构”账户信息的大规模调查，估计了国际小额信贷服务的潜在需求及其满足情况。所谓“替代性金融机构”（AFIs），不仅包括“专业小额信贷机构”，还包括除此以外大量从事小额信贷业务的其他机构。总体而言，AFIs包括MFI（即微型融资，包括非政府组织、非银行金融机构、专门的微型融资银行）、信用合作社（包括城市储蓄和贷款机构）、农村银行（包括资本规模较小的本地银行）、国家农业/开发银行、邮政储蓄银行等。本次调查涉及全世界3,000多家AFIs的账户情况，数据来自许多不同机构，包括世界银行、美国国际开发署、世界信用合作社理事会、小额信贷峰会以及其他机构网络所管理的数据库。数据收集工作截至2003年9月，部分数据是1997年以前的。

表3-3　全球各类“替代性金融机构”的账户统计数据　（单位：千）

	专业化小额信贷组织	合作社及信贷联盟	乡村银行	国有/农业/开发银行	邮政银行	总计
存款账户数	103,568	33,553	18,675	98,930	318,449	573,175
有效贷款账户数	50,415	3,037	4,809	93,994	0	152,255
储蓄贷款联合账户数	120,574	34,842	18,956	172,207	318,449	665,028
存款账户占比	18.07%	5.85%	3.26%	17.26%	55.56%	100.00%
贷款账户占比	33.11%	1.99%	3.16%	61.73%	0.00%	100.00%
储蓄贷款联合账户占比	18.13%	5.24%	2.85%	25.89%	47.89%	100.00%
贷款/存款账户比	48.68%	9.05%	25.75%	95.01%	0.00%	26.56%

注：储蓄贷款联合账户数并不是贷款和储蓄账户的简单加总，当金融机构同时报告了贷款和储蓄账户的数据时，材料来源处只采用了两者中较大的数值，以避免对机构中同时拥有储蓄和贷款账户的客户重复计算。

资料来源：Christen、Rosenberg和Jayadeva：具有“双重使命”的金融机构，经进一步整理。

表3-3报告了各类AFIs的账户数量。表3-4首先估算了全球AFIs市场服务需求总量，然后估算全球AFIs的活跃客户数量，AFIs小额信贷服务覆盖率为17%，而全球约有25亿低收入人口尚未从AFIs得到小额信贷服务。

---

① 世界银行扶贫协商小组（The Consultative Group to Assist the Poor, CGAP），由31个公共与私人发展机构共同组成，它不遗余力地推动小额信贷在全球的发展，致力于扩展贫困人口获取金融服务的途径。CGAP是提供小额信贷有关标准、运行工具、培训与咨询服务的全球性资源中心。

表 3-4　　对 AFIs 市场覆盖面的粗略估算

(一) 需求	
1. 世界人口	60 亿
2. 减去富裕国家人口和其他国家商业银行客户	(10 亿)
3. 减去工作年龄段以外的人口	(20 亿)
4. 等于 AFIs 的目标市场	30 亿
(二) 供给	
5. AFIs 的组合储蓄/贷款账户	7.5 亿
6. 减去非活跃储蓄账户	(1 亿)
7. 等于活跃的储蓄和贷款账户数	6.5 亿
8. 减去一个客户多个账户造成的误差	(1.3 亿)
9. 等于 AFIs 活跃客户数	大约 5 亿
(三) 覆盖面	
10. 活跃客户占总目标市场百分比（第 9 项/第 4 项）	17%

（三）《小额信贷：覆盖面、盈利性和扶贫》① 关于 2004 年小额信贷覆盖率面的报告

CGAP 基于 MBB，MCS & MM 的组合数据库②，在 2004 年末包含了 2,600 个小额信贷机构的信息，这些机构总共为当时的 9,400 万借款人提供服务。上述报告指出，从 1998—2004 年，全球小额信贷客户数量的年均增长速度达到 12%。

尽管如此，报告认为国际小额信贷的发展尚有很大空间，小额信贷“渗透率”（借款客户/总人口）仍处于从东欧和中亚地区的 0.5% 到南亚的 2.5% 之间的较低水平上，数以亿计的潜在客户仍然没有得到小额信贷服务。

（四）世界各地区小额信贷市场总量

小额信贷在世界各地的发展并不平衡，表 3-5 基于 MM 数据库，给出了世界各地区小额信贷覆盖广度和深度主要指标。

---

① 原题 *The State of Microfinance - Outreach, Profitability, and Poverty*, Adrian Gonzalez and Richard Rosenberg, 2005。

② MBB，即 The Micro-Banking Bulletin，是微型银行报告数据库；MCS，即小额信贷峰会运动数据库；MM，即 The MIX Market 数据库，由“小额信贷信息交流系统（MIX, Microfinance Information eXchange）”收集和处理。这三个数据库是目前国际小额信贷领域的三个主要数据来源。所谓组合数据库，即将上述三个数据库合并并剔除重复内容后得到的一个样本规模更大的数据库。

表 3-5　世界各地区小额信贷的覆盖广度和覆盖深度（2007 年 9 月）

地区	机构数量（家）	贷款余额（美元）	机构平均客户数（个）	机构平均贷款余额（美元）	客户平均贷款额度（美元）
撒哈拉以南非洲（AFR）	222	1, 582, 374, 969	22, 197	7, 127, 815	321
东欧与中亚（ECA）	182	4, 697, 092, 519	9, 994	25, 808, 201	2, 582
东亚和太平洋（EAP）	97	7, 780, 103, 257	106, 578	80, 207, 250	753
拉丁美洲和加勒比海（LAC）	229	9, 892, 875, 473	38, 479	43, 200, 330	1, 123
南亚（SA）	182	2, 279, 083, 142	158, 777	12, 522, 435	79
中东和北非（MENA）	35	641, 990, 111	46, 531	18, 342, 575	394
合计	947	26, 873, 519, 471	59, 580	28, 377, 528	476

数据来源：MM（The MIX Market）数据库，由“小额信贷信息交流系统（MIX, Microfinance Information eXchange）提供。

就“机构数量”和“贷款余额”衡量的整体规模而言，拉丁美洲和加勒比海地区小额信贷发展最快；而在微观机构层面，南亚的“机构平均客户数”最大，而“机构平均贷款余额”较小。就“客户平均贷款额度”而言，南亚最小，东欧和中亚最高，说明南亚小额信贷具有较多的福利性，倾向于扶贫等社会目标，而东欧和中亚的小额信贷则具有较多的商业性，更多关注可持续性。

（五）部分发展中国家小额信贷市场总量

从国别来看，南亚地区的孟加拉、印度、印度尼西亚、菲律宾等国家处于领先地位，其他小额信贷发展良好的国家和地区还包括蒙古、玻利维亚、墨西哥、哥伦比亚、埃及和乌干达等。

基于 CGAP《具有“双重使命”的金融机构》的报告，表 3-6 给出了部分发展中国家 AFIs（替代性金融机构）提供小额信贷服务的基本情况。以各国“AFIs 账户数”占其总账户数之比表示小额信贷业务发展指标，在尼日尔、布基纳法索、科特迪瓦和玻利维亚都高于 50%。其中，玻利维亚的小额信贷银行“阳光银行”（BancoSol）早已闻名于世。

表 3-6　部分国家 AFIs 账户与银行业账户的对比

国家	AFIs 账户数（个）	非 AFIs 银行账户数（个）	AFIs 占比
玻利维亚	686, 716	601, 565	53%
布基纳法索	1, 099, 883	328, 994	77%
哥伦比亚	1, 769, 425	29, 065, 495	6%
科特迪瓦	1, 243, 917	659, 642	65%

续表

国家	AFIs 账户数（个）	非 AFIs 银行账户数（个）	AFIs 占比
尼加拉瓜	248, 725	495, 526	33%
尼日尔	1, 527, 363	29, 057	98%
波兰	713, 812	8, 951, 100	7%
印度	187, 812, 000	—	—
中国	156, 924, 000	—	—

数据来源：玻利维亚、尼加拉瓜和哥伦比亚银行监管机构以及华沙小额融资中心。

三、国际小额信贷运动的社会效果

微型金融因扶贫而生，联合国将 2005 年设定为国际小额信贷年的初衷，就是希望在全球推动微型金融的发展，以帮助穷人改善生活、增强抵抗风险的能力、保障社会和经济权利，从而为实现联合国千年目标中的扶贫目标做出贡献。

（一）对经济状况的影响

国际实践证明，微型金融在帮助贫困和中低收入人口方面确实发挥了积极的作用。对玻利维亚和加纳的研究表明，微型金融客户的收入在加入项目后确实增加了，其增加的幅度大于那些没有进入项目的人；对印度尼西亚的研究表明，微型金融借款人的收入速度增加的更快，且这些客户在加入项目后几年里大部分摆脱贫困；对孟加拉农村进步委员会（BRAC）的研究发现，留在项目中超过 4 年的成员，其家庭支出增加 28%，资产增加 112%；另一项分析证明，获得微型金融服务能够使 BRAC 的客户通过平抑消费、积累资产和在自然灾害时期接受服务等方式减少生存危机。此外，世界银行针对三家孟加拉微型金融机构（Grameen Bank、BRAC 和 RD－12）的跟踪研究指出，这些微型金融机构的活动的确产生了多重社会经济影响，其贷款客户总数的 3% 每年可望跨过贫困线成功脱贫（Daley－Harris，2007）。

（二）对社区文化的影响

Arcon 和 Colindres（1997）证明，在洪都拉斯，参加了微型信贷和储蓄项目的家庭，可以同时送几个孩子去上学，而且孩子在高年级时退学率有所减少；Khandker 和 Shahid（2001）对孟加拉国的调查报告中指出：信贷对妇女的影响比对男性的影响大，如果对妇女的贷款增加 10%，可以使其出生女婴体重增加 6.3%；Hashemi 和 Morshed（1997）指出：在微型金融开展的地方，营养指数也得到了提高。孟加拉乡村银行（Grameen Bank）客户家庭里，小孩可以增加对钙的摄入量，并有更好的营养状况。Marcus、Rachel、Beth、Porter 和 Caroline Harper（1999）在广泛的研究中得出对小孩影响的结论：微型金融通过对家庭收入提高进而改善营养、居住环境、健康状况、入学率以及减少有害的劳动来增加小孩的福利。Hasheme 和 Morshed（1997）指明，孟加拉乡村银行的微型金融计划不仅“减少了贫穷人的数量，提高了参与家庭的福利，而且还提高了家庭长期维持收入的能力”。

第三节 国际小额信贷技术的核心机制

孟加拉乡村银行的社会实验由经济学教授 Yunus 先生发起的事实，可能暗示了经济学理论对于社会发展的潜在作用。相反地，自小额信贷在国际范围内产生以来，许多经济学者和研究人员也逐步把更多的注意力投向这一富有传奇色彩的领域。而其中对于小额信贷特殊的风险管理机制的关注和研究可能最具理论意义，也取得了最多的成就。

小额信贷旨在向低收入客户提供微型金融服务，这些客户既没有足够的自有资本作为银行服务的担保（抵押）品，也不能提供可信的资信报告（财务报表）和信贷记录。在这种情况下，小额信贷机构赖以成功的关键要素，是在不同于传统的（标准的）金融服务合约的方向上，重新整合各种价格和技术要素，不断创新金融产品和相关的风险控制手段，以兼顾扩大目标客户到达率和保障资产质量的二元目标。事实上，这些处于关键地位的金融创新，正是推动小额信贷产生、发展和不断完善的核心力量。在客户缺乏经济资源的背景下，各种创新的小额信贷机制事实上都将目标客户群的“社会资产”（Social Assets）[①] 作为约束激励机制赖以建立的关键。在小额信贷的主流模式中，以缓解交易成本问题和解决信息问题的小额信贷运行机制主要包括：不同形式的团体贷款（Group Leading）机制、以借款额度为主要标的的动态激励（Dynamic Incentive）制度、整借零还的分期还款制度（Frequent Repayment）、不同形式的担保替代安排（Collateral Substitute）以及对妇女客户的特

① 经济文献对社会资产（Social Assets）的关注由来已久。按照 Joel Sobel（2002）的解释，社会资产是指个体在某个团体或组织中的成员身份及相应权责，个体可以依赖这种社会资产来保障他的某种利益；早些时候，Pierre Bourdieu（1996）指出，社会资产是个体存在于社会环境中的固有特征，个体可以通过有意识的行动得到社会资产并将之转化为一般的经济收益。而个体获得社会资产的能力取决于社会关系的性质及其强度，将之转化为一般经济收益的能力则受制于经济资源的可得性。粗略的说，社会资产可以理解成我们常说的人际关系或组织关系。

殊关注（Targeting Women）等。与这些相对重要的创新活动相一致的，还存在许多处于辅助地位的非核心制度安排，如团体贷款机制中的“定期召开乡村中心会议”和对保持操作过程透明度的要求。所有这些富有个性的合约特征，都使小额信贷看起来是那么与众不同。从小额信贷于20世纪70年代初开始出现，这些核心机制就如同基因在生物遗传中的作用一样，在小额信贷的传播和发展中扮演着关键作用。实际上，国际社会对小额信贷财务可持续性的期望，即制度主义小额信贷的目标，在相当大的程度上最终需要通过更多的有效的金融创新来实现。

一、团体贷款（Group Lending）的作用机制

在各种小额信贷运行机制中，哪一种是更基本的制度或者说具有更好的实践效果，以往的研究并没有给出令人信服的一致性结论[①]。但是，孟加拉乡村银行传统的团体贷款模式，可能是最具有传奇色彩，也是经济理论文献关注最多的一种（如 Ghatak and Guinnane, 1999; Monica Huppi and Gershon Feder, 1990; Armendariz de Aghion, 1999; Armendariz de Aghion and Gollier, 2000; Besley Timothy and Stephen Coate, 1995; Conning Jonathan, 1996; Ghatak Maitreesh, 1999; Ghatak Maitreesh and Timothy W. Guinnane, 1999; Laffont Jean - Jacques and Tchetche NGuinssan, 2000; Stiglitz Joseph E., 1990; Stiglitz J., and Weiss A., 1981; Varian, 1990, 等等）。传统的孟加拉乡村银行模式中，贷款小组由村民自发组成，成员之间负有连带担保责任。已有文献对这类团体贷款的研究大体上分为两类，分别关注这一机制对于逆向选择和道德风险的作用机制。我们将在一个只考虑当期收益的一期模型框架内[②]，来阐述联保小组贷款模式的作用机制。

（一）团体贷款模式缓解逆向选择（Adverse Selection）问题的作用机制

在团体贷款制度下，在借贷合约签署以前，那些互相之间比较了解且风险水平相近的借款人将会自动组合成联保小组（Peer Selection），并把风险较

---

① 实际上，由于数据的可获得性及其质量问题，或者由于小额信贷实践者和研究者一相情愿的主观原因，小额信贷研究领域的实证文献是严重欠缺的。这将许多必须由实证给出答案的理论争议置于不可证伪的尴尬地步。比如，前文提到的制度主义和福利主义小额信贷之争，争论的答案事实上就必须由实证研究给出。

② 这里强调只有一期的静态模型特征，可能是非常重要的。后面我们将会看到，这一假定对联保团体贷款模式的作用机制具有重要影响。做这种假定的初衷，也是为了详细考察不同的贷款机制，如“联保小组”和“动态激励”的区别和联系。在后文对“动态激励”机制的考察中，我们会考虑合约存续多期的情况。

高的潜在借款人排除在小组之外。通过这样的机制，放贷机构实际上把个体贷款模式下本应由自己承担的风险识别责任的绝大部分，转嫁给了互相之间更加了解的潜在客户群体。这种联保小组机制的信用发现功能，有利于克服信息不对称造成的逆向选择问题，也有助于减轻贷款机构承担的高昂的交易成本。有研究表明（Ghatak，1999），这种自动的信用发现功能，有助于降低小额信贷的市场利率、提高贷款的偿还率并可以提高社会福利水平。

我们通过一个简单的模型来表明上述筛选机制和自动匹配功能。

我们考虑一个完全竞争市场上的小额信贷机构 MFI 所面临的情况，完全竞争市场的假设只是为了简化问题。假设 MFI 面向许多潜在客户，比如一个自然村的全体村民开展业务。每一个村民都面临一个融资问题，如果没有贷款就不能开展独立的投资项目，但是所有的村民都无力为银行提供任何担保（抵押）品。我们把全体村民按照其潜在投资项目的风险程度，简单的划分为安全（S）和风险（R）两类。另外，作为外来机构，MFI 并不确切的知道每一个潜在客户属于 S 还是 R，但它知道在全体村民当中，S 和 R 的比例分别是 q 和 $1-q$，$[q\in(0,\ 1)]$①。同时我们假定有关每一个村民投资项目风险类别的信息，是村民之间的共同知识②（Common Knowledge）。另外假定每一个村民的偏好特征或效用函数都是风险中性的，这一假定使得我们可以简单地以预期收益率代替效用（Utility）来优化借款人的行为。

对于安全类借款人（S）来说，每投入 1 个单位资金，他将以 100% 的概率③得到一个收益 Y_s（我们在这里定义 Y_s 同时包含本金和收益率，所以对于每一单位的贷款来说，$Y_s>1$）；而风险类借款人（R）项目成功和失败的概率分别是 p 和 $1-p$，$p\in(0,\ 1)$，如果成功则有收益率 Y_r（定义与 Y_s 相似），如果失败则收益率为零。为了分析的简便，我们假定两类借款人具有相同的预

① 这里实际上隐含了一个重要假定，如果 MFI 对于村民的信用状况真的一无所知的话，我们要求任何村民之间没有达成一种道德风险类型的秘密的“合谋”协议。设想在 MFI 未开展任何业务之前，村民之间无论安全类还是风险类达成了一种秘密的“合谋”协议，他们彼此约定在借款和后续的生产过程完成后，无论投资成果还是失败，就是说无论盈利大于还是小于零，他们将一起向 MFI 隐瞒事实，并且所有的人都拒绝还款。这样，我们将会发现，下面将要讨论的这个模型是失效的。在这种“合谋”存在的情况下，团体贷款的自动匹配功能就失效了。那么如何设定借贷合约以避免这种“合谋”的出现呢？我们后面再来讨论。

② 共同知识（Common knowledge），是一个严格的概念。举例来说，假定游戏中有两个参与人 A 和 B，如果某信息是共同知识，那就意味着 A 和 B 都知道这一信息，且从 A 的角度上看，A 知道 B 知道这一信息，B 也清楚 A 知道自己知道这一信息……而且 A 和 B 的情况完全对称。

③ 当然，实际上，即使安全的借款人也很难保证成功投资的概率达到 100%，但是这样的假定将使分析变得简单，同时并不影响对于问题实质的理解。而且如果需要，这个假定可以很容易地放宽。

期收益率，即 $Y_s = Y_r \times p$。另外，假定村民进行借贷从而进行独立投资的机会成本是 w，可以理解为当村民选择受雇于其他雇主时可以获得的市场平均的工资水平。

我们考虑最简单的一种二人小组①的情况。村民必须首先自发组成一个2人小组，组内的两人彼此承担连带偿还责任，申请贷款必须以小组名义进行②。由于 MFI 对借款人的风险类别一无所知，所以它将对所有借款人要求同样的利率水平。作为分析的起点，我们先来看看一个竞争性的 MFI 将如何确定贷款的利率水平 i。

我们知道，竞争性的 *MFI* 的最优利率 i，将在其利润为零的地方取得。我们假定 MFI 的平均资金成本③为 c，那么在上述一系列假定之下，MFI 的均衡利率 i^* 将由下式给出：

$$i \times [Y_s q + (Y_r p + 0(1-p))(1-q)] = c$$

所以，完全竞争的 MFI 的均衡利率为：

$$i^* = c/Y_s$$

彼此了解风险类别的借款人可以组成三种2人小组，即 *S&R*，*S&S* 和 *R&R*，我们逐一考虑这三种情况。

（1）*S&S*，即两个安全类借款人一起组成小组，他们将获得相等的预期收益：

$$Y_{ss} = Y_s(1-i^*) = Y_s - c$$

（2）*S&R*，即由一个安全类和一个风险类借款人组成小组：

S：如果 *R* 成功，则 *S* 的收益是 $Y_s(1-i^*)$；如果 *R* 失败，则 *S* 需要承担连带责任，那么他的收益将减小到 $Y_s - Y_s i^* - Y_r i^*$。所以 *S* 的预期收益是：

$$Y_{sr} = p(Y_s - Y_s i^*) + (1-p)(Y_s - Y_s i^* - Y_r i^*) = Y_s - c/p$$

R：因为 *S* 成功的概率是100%，所以 *R* 的预期收入是：

---

① 多人小组比如孟加拉传统模式中的5人小组的情况可以类推。

② 我们在这里假定小组成员之间承担全额的连带责任，这将使我们的分析简便许多。当然，在更加一般的情况下，我们可以通过设定一个连带责任比例系数，来将模型加以扩展。比如可以设定当同伴违约的时候，当事人需要赔偿其同伴违约金额的一个固定比例 α，实际上，α 取值的变化可以由 MFI 组织外生决定，这也是这个模型中对于 MFI 来说唯一的可控变量了，所以，将我们的模型在这方面加以扩展将是重要的。Ghatak（1999）证实，如果连带责任的比例或者额度设置合理，那么自动筛选机制将成为一种有效的价格歧视手段，可以帮助 MFI 对不同风险类别的借款人征收不同的费用，尽管合同上的名义利率都是相等的。

③ 这里的资金成本的定义和 Y_s，Y_r 类似，包括本金和其他附加，其他附加成本可能包括 *MFI* 所要支付的利息和所有的交易成本，是 *MFI* 为了不发生亏损，要求其收益必须能否覆盖的那些支出和费用。

$Y_{rs}=p(Y_r-Y_ri^*)=Y_s-c$

(3) *R&R*，即两个风险类借款人一起组成小组，他们也将获得相等的预期收益：

$Y_{rr}=p^2(Y_r-Y_ri^*)+p(1-p)(Y_r-2Y_ri^*)=Y_s-c(2-p)$

因为 $Y_{ss}>Y_{sr}$，$Y_{rs}>Y_{rr}$，所以无论对于安全类借款人 S，还是对于风险类借款人 R 来说，选择一个安全类的小组伙伴比选择一个风险类伙伴更好。还需要考虑的一种情况是，S 和 R 组成小组的时候，R 将可以考虑用其收益的增加值（$Y_{rs}-Y_{rr}$）来补贴 S 收益的减少（$Y_{ss}-Y_{sr}$），但是由于

$Y_{rs}-Y_{rr}=c(1-p)<c(1-p)/p=Y_{ss}-Y_{sr}$

所以，这种补贴是不可行的，就是说 *S&R* 是不可行的。那么，我们已经证明了，在模型假定的条件之下，由于安全类借款人只愿与安全类组合，那么风险类借款人就只能与风险类进行组合了（*R&R* 可行），所以说具有连带责任的团体贷款必然导致潜在借款人按照其风险特征自动分类匹配。这对于小额信贷组织减少与客户信用发现过程相关的交易成本，以及缓解逆向选择问题，具有重要的理论意义。

我们还需要关注一点，在 $Y_{ss}>w, Y_{rr}>w$ 的时候，安全类和风险类借款人将同时留在市场中，而如果 $Y_{ss}>w, Y_{rr}<w$，则风险类借款人将发现取得借款进行投资的预期收入低于受雇于他人取得的平均工资收入，这样风险类借款人将退出市场，而只剩下安全类借款人。

（二）团体贷款模式解决道德风险（Moral Hazard）问题的作用机制

在借贷合约签署以后，贷款机构实际上面临两类道德风险问题：一是借款人也许并不十分努力地进行投资和工作，或者将资金投资到那些具有更高风险的项目上去，这都使投资项目失败的概率变得更大；二是即使借款人投资成功却隐瞒获得利润的事实而抵赖还款。我们将会发现，团体贷款模式要求联保小组成员彼此承担连带责任，这会导致成员对于伙伴是否进行安全投资和是否努力工作进行监督，但并不能有效地防止小组成员在还款环节上可能采取的隐瞒和抵赖行为。就是说，只考虑当期的静态联保小组贷款机制，可以缓解第一类道德风险问题，但对第二类道德风险问题却无能为力。

1. 我们以一个简单的模型框架来证实，团体贷款中的连带责任条款能够促使同一小组中的借款人互相监督，保证伙伴不进行具有更高风险的冒险性投资①。我们只需对前文关于联保小组可以缓解逆向选择的模型框架进行简单

① 相同的模型结构也可以等价的证实，连带责任导致的互相监督，可以避免小组中的合作伙伴不努力工作可能带来的风险。从这两种不同的角度进行的分析，实际上是等价的。

的修改，就可以很容易做到这一点。

考虑借贷合同签署以后的一个 2 人小组的情况。按照前文的结论，这两个成员就其风险类别而言是同质的。但是合同既然已经签署，借款人就有偏离合同从事更高风险投资的动机，如果这一投资可以带来更高的预期收益的话①。我们假定银行对借款人事实上从事何种投资并不知情②，但借款人之间则很容易的进行互相监督，并可以在其认为需要的时候对伙伴的冒险行为进行惩罚③。我们把投资项目简单的分为安全项目（S）和风险项目（R）两类④。安全项目以 100% 的概率获得收益 Y_s，风险类项目（R）成功和失败的概率分别是 p 和 $1-p(p\in(0,1))$，如果成功则有收益率 Y_r，如果失败则收益为零。其他一切假定维持不变。这样，当 MFI 的利率确定为 $i^*=c/Y_s$ 的时候，小组中两个成员面临一个简单的完全信息静态博弈，博弈结构如表 3－7 所示：

表 3－7　　一个 2 人联保贷款小组对投资过程的监督博弈

		成员 1	
		冒险投资	安全投资
成员 2	冒险投资	Y_{rr}，Y_{rr}	Y_{sr}，Y_{rs}
	安全投资	Y_{rs}，Y_{sr}	Y_{ss}，Y_{ss}

注：如前文已经证明的，我们有 $Y_{ss}=Y_{rs}>Y_{rr}>Y_{sr}$，在完全信息和共同知识的假定之下，容易发现这个一次性完全信息静态博弈存在两个均衡解，即（Y_{rr}，Y_{rr}）和（Y_{ss}，Y_{ss}），但我们有（Y_{ss}，Y_{ss}）>（Y_{rr}，Y_{rr}）。

这个博弈存在两个纳什均衡，即（Y_{rr}，Y_{rr}）和（Y_{ss}，Y_{ss}），就是说，小组内的两个人将选择一致的行动，即“你冒险我也冒险，你安全投资我也安

① 在本文的讨论中，因为我们前面假设了安全类投资和风险类投资具有相等的预期收入，所以 $Y_{ss}=Y_{rs}$，就是说给定对方进行安全投资，那么偏离行为的收益和不偏离是相等的。这看起来和实际情况稍有出入，但不妨碍我们对一般情况的理解。

② 和第一个模型一样，如果 MFI 真的对于借款者的实际投资行为一无所知的话，我们也需要假定小组成员之间的秘密“合谋”协议是不存在的。如果存在这种“合谋”，两个借款人一起向 MFI 隐瞒事实，那么这里的讨论就失效了。因为两人的投资行为实际上不再有任何联系，而是可以独立进行，自负其责的了。如何避免这种“合谋”的问题，将在下文论及。

③ 在模型中，我们不考虑其他惩罚手段，只考虑以是否合作进行惩罚，因为正如下文将看到的，这样的手段就已经足够了。当然如果考虑其他的惩罚手段，将只会强化我们的结论。

④ 这种划分是为了简单起见。这里对道德风险问题的分析，看起来似乎只是针对由两个安全类借款人组成的联保小组的，其实并非如此。对于实际中投资项目的安全和冒险的划分都是相对的，因而这里的分析对于由两个风险类借款人组成的小组也是适用的，只不过，在那里，安全投资和冒险投资分别对应的是签约前已知的那种风险项目和具有更高风险的项目。

全投资”。但是这两个均衡解本身存在差别，即（Y_{ss}，Y_{ss}）>（Y_{rr}，Y_{rr}），就是说双方都进行安全的投资将是更好的选择。一旦一方采取了冒险行为并很快被对方发现，那么对方也将随之采取冒险行为，均衡就由（Y_{ss}，Y_{ss}）转为（Y_{rr}，Y_{rr}），而这会使双方的预期收益都遭受损失。

这样我们就证明了联保小组成员间的互相监督和仅仅采取不合作态度的惩罚手段，就可以保证小组内的借款人具有足够激励从事安全投资而避免采取冒险行为（或者怠工行为）。

2. 下面我们来证明为什么“一期静态博弈”下的联保责任无法解决第二种道德风险行为。如前文所述，第二种道德风险是指，当小组借款人都已经完成了投资和生产，无论其成功与否，都可能对 MFI 隐瞒实际收入，对还款计划进行抵赖。进一步分析会发现，这个过程包含着两种可能性。

第一，早在借贷合约签署以前，小组借款人之间进行“合谋”，约定项目结束时将一起向 MFI 隐瞒收益情况，这将使得他们当期的预期收益最大化。当项目结束时，无论项目成败与否，他们都没有违背该秘密协议的动机①。这样的“合谋”严重威胁 MFI 的信贷安全。但令人遗憾的是，在前文联保贷款模型的严格假定下②，团体贷款模式对于这个问题是无能为力的，这一点构成了团体贷款模型的重大缺陷。在这里，我们像前面一样，仍然假定不存在这种“合谋”。实际上，我们将会发现，后边讨论的“动态激励机制”，将可以有效地解决这个问题。

第二，排除小组借款人在最开始的时候达成上述“合谋”协议③的可能，当某个投资成功的借款人自行隐瞒实际收入进行抵赖的时候，其他的成员是否有动力对其进行监督和揭露呢？我们在表 3－8 中全面考虑了一个 2 人小组可能遇到的各种情况（表 3－8 借鉴了一般的静态博弈表达习惯，但却不是一个静态博弈的精确表达方式）。

从表 3－8 中发现，只考虑当期情况的联保小组，必然招致 MFI 贷款额的全部损失。因为小组的组员在还款阶段，几乎不会互相揭露任何欺瞒行为，即使我们已经排除了小组成员在事前达成“合谋”协议的可能性。需要注意的是

① 如果组员项目都成功，就都有遵守“合谋”协议的动力；如果有的成功有的失败，成功者必然有遵守“合谋”协议的动力，而失败者也没有违背“合谋”协议而选择告密的动力，因为那是损人不利己的事情。

② 所谓“严格”，是指我们讨论的模型被假定为一个一次性静态博弈，即只有一期存续，当事人都不考虑本期行为对将来的影响，只追求当期收益最大化。这个假定我们下文会予以放宽。

③ 这里是指“事前的”合谋协议没有达成。如我们将看到的，事后的默契也许可以达到相同的效果。

表3－8中右下角的方框，当两个组员都获得投资成功的时候，他们即使事先没有任何“合谋”协议，但他们都还是会非常默契的一致抵赖并不会揭露对方。这乍看起来有些不可思议，但却是一种双方基于当期利益最大化的理性选择。

表3－8　一个2人联保贷款小组的在偿还贷款中可能遇到的各种情况和相应策略

		成员1	
		投资失败	投资成功
成员2	投资失败	不隐瞒＆不揭露，不隐瞒＆不揭露	隐瞒＆不揭露，不隐瞒＆不揭露
	投资成功	不隐瞒＆不揭露，隐瞒＆不揭露	隐瞒＆不揭露，隐瞒＆不揭露

注：本表包含了2人借款小组中的两个组员在投资成功和投资失败时可能遇到的各种情况。我们假定投资失败的借款人不会隐瞒实际收入，投资成功的借款人必然会隐瞒实际收入；当伙伴是投资失败者从而不会隐瞒的时候，借款人没有必要揭露，当伙伴是投资成功者从而会隐瞒的时候，借款人无论是成功者还是失败者也都不会揭露。这一点并不难理解，在“一期模型”下，如果“你”是成功者，“我”是失败者，揭露“你”对“我”而言是“损人不利己”的；如果“我”也是成功者，那么“我”也隐瞒了自己的收入从而可以被当作失败者来处理，这样的话，揭露“你”对“我”而言同样是“损人不利己”的，何况这样做还可能招致“你”的报复行为，使“我”自己也被揭露。

总结一下上面的两种情况，在严格的模型框架内，如果我们只考虑“当前”期限的潜在收入，那么无论小组成员是否事先达成一个旨在逃避还款义务的共同抵赖的“合谋”协议，无论实际上借款人是否盈利，借款人都将集体违约，互相监督机制不会自动实现。MFI的全部贷款注定有去无回。

模型中联保合同存在这一缺陷的关键因素是什么呢？其实我们只需要关注一个问题，投资失败者有没有动力去揭露成功者的欺瞒行为？我们已经在假定失败者没有动力揭露的前提下得到了上述令人沮丧的结论。现在反过来考虑一下，如果失败者基于某种原因愿意揭露成功者的欺瞒行为的话，我们就会得出十分不同的结论。首先，我们先前考虑过的那种“事前合谋”将变得不稳定，因为即使事先有约，到了最后，除非所有组员都获得成功，不然小组中的失败者必会进行揭露，结果导致“合谋”破产。其次，不存在“合谋”的情况下，当成功者试图隐瞒实际收入的时候，作为失败者的对方也会选择揭露。所以，假定“失败者基于某种原因愿意揭露成功者的欺瞒行为”便能改进对还款行为的监督，这在一定程度上解释了，孟加拉乡村银行传统的联保贷款模式中，为什么存在一个“小组共同基金”的原因。如果考虑这个“小组基金”的影响，即使在“一期的静态模型”下，那些投资失败了的借款人，也会发现揭露投资成功的借款人的欺瞒行为，是有好处的，因为这可以使他在“小组基金”中的份额免受更大的损失。

现在仍然遗留一个问题，当两个借款人都获得了投资成功也都隐瞒了收入的时候，他们会揭露对方吗？实际上，无论是否存在“事前合谋”，双方的行为都将变得难以预测①。现在，如果我们再加入一个假定，要求每个小组组员对于伙伴的揭露都采取“针锋相对”② 的报复措施，并且这种威胁切实可信，那么无论是否存在“事前合谋”，双方就都不会揭露对方。

那么，什么样的原因可能导致：（1）失败者会主动揭露成功者的欺瞒；（2）双方采取“针锋相对”的策略呢？对于第一个问题，当我们考虑“多期限模型”的时候，就可以找到答案了；对于第二个问题，实际上，有理由相信，村民之间互相的约束力可能是很强的，他们可能非常相信对方在自己背叛的时候也会报复性背叛。

综上所述，只考虑当期收益的静态联保小组贷款模型，并不能有效地防止借款人在获得成功之后可能采取的隐瞒实际收入的策略。小组组员之间的互相监督机制，在还款的环节上是完全失效的。

二、动态激励（Dynamic Incentives）的作用机制

动态激励机制是指在多期重复博弈的环境中，将借贷双方对未来的预期和对历史记录的考察纳入合约框架而设计的能够促进借款人改善还款行为的机制。在小额信贷领域，动态激励机制已经被证明是行之有效的风险管理手段，无论是在团体贷款还是个人贷款的场合均得到广泛使用。与团体贷款合约相比，具有动态激励机制特性的信贷合约可能被更多的小额信贷机构所采用。动态激励的一个特征是，可以以较小的贷款额度来进行尝试，藉以发现借款者的真实信用水平，在长期的重复博弈中发展借贷双方的业务关系和借款人的信贷记录（Parikshit Ghosh and Debraj Ray，1997）。

一般而言，小额信贷领域的动态激励机制可以分为两类。第一类是简单的重复博弈（Repeated Loan），即如果借款人在借款后续的还款过程中表现良

---

① “难以预测”是指这个博弈结构存在多重均衡。实际上在严格的框架内，存在如下的博弈结构：

y 表示全部项目收入		成员 1	
		不揭露	揭露
成员 2	不揭露	y, y	$y, 0$
	揭露	$0, y$	$0, 0$

可以发现，这个博弈结构具有多重均衡，每个方框都是一个纯策略均衡。

② 所谓“针锋相对”的策略，就是说如果“你”揭露“我”，那么“我”就一定揭露“你”。

好，那么他就可望反复得到相同的信贷服务，而如果借款人发生拖欠或者未能偿还贷款，他再次获得贷款的可能性随之降低，甚至再也不能得到任何贷款；第二类是在第一类的基础上，还款表现良好的借款人将可望在后续合作中获得更高额度的贷款，即贷款额度的累进制度（Aggressive Loan，Step Loan）。

（一）个人借款合约下一个简单的无限期重复博弈框架

假设市场上存在一个借款人和一个 MFI 放款机构，借款人相信该 MFI 将会无限期存在（$t\to\infty$）。该 MFI 采用的动态激励合约规定，如果借款人能每期按时足额偿还贷款，那么将会在下一期得到一笔更高额度的贷款，而如果借款人在某一期违约，那么它将再也不能得到任何贷款。我们假定借款人具有资本规模报酬不变的生产函数，即每期的产出会随着每期贷款从而投资额的变化发生等比例的提高。在这里我们可以假定贷款人第一期的收入（我们假定收入就是产出）为 Y，如果他能按照合约的要求偿还贷款的话，他在后续各期的收入将分别为 $Y_t=a^{t-1}Y,(a\geqslant 1)$，我们称 a 为“激励系数”，并且特别地，当$t=1$ 时，$Y_t=Y$。每期的利率设为 i，和前面的模型一样，i 是对产出而非借款而言的利率。我们设 $\delta(\delta<1)$为借款人对未来收入的贴现率。

如果借款人在第一期（$t=1$）时就违约，则其全部收入为：

$$Y_{npv}^{1}=Y$$

如果借款人在第 $t-1$ 期（$t\geqslant 2$）以前都有良好的还贷记录，而到了第 t 期因故违约，那么他在前 t 期所有收益的贴现值为：

$$Y_{npv}^{t}=\sum_{n=1}^{t-1}Y_n(1-i)\delta^{n-1}+Y_t\delta^{t-1}=\sum_{n=1}^{t-1}a^{n-1}Y(1-i)\delta^{n-1}+a^{t-1}Y\delta^{t-1}$$

即：

$$Y_{npv}^{t}=Y\times\left[\frac{(1-i)(1-a^{t-1}\delta^{t-1})}{1-a\delta}+a^{t-1}\delta^{t-1}\right]$$

特别地，当 $t=2$ 的时候，借款人的全部收入的贴现值为：

$$Y_{npv}^{2}=Y(1-i)+aY\delta$$

来我们可以求出借款人在第 t 期不违约的充要条件，这要求借款人在前面的 $t-1$ 期都没有违约，并且在第 t 期也没有违约，这要求下列的 t 个不等式都成立，计算结果如下：

$$Y_{npv}^{2}>Y_{npv}^{1}\Leftrightarrow i<a\delta$$

$$Y_{npv}^{3}>Y_{npv}^{2}\Leftrightarrow i<a\delta$$

……

$$Y_{npv}^{t+1}>Y_{npv}^{t}\Leftrightarrow i<a\delta$$

我们发现，在模型假定的条件下，只要 $i<a\delta$ 成立，则借款人是否违约与

期限无关，即当这个条件满足的时候，借款人永远不会违约；而当 $i > a\delta$ 时，借款人在第一期就会违约。

下面仔细观察一下这个重要的关系式 $i < a\delta$，可以得到如下结论：

第一，MFI 确定的利率不能太高，当利率水平低于 $a\delta$ 的时候，借款人不会违约。

第二，a 的取值将影响借款人的行为，a 越大，即贷款额度累进的速度越快，借款人违约的可能性越小，银行可收取的利率水平也变大。特别地，当 $a = 1$ 的时候，条件简化为 $i < \delta$，这使 MFI 在保证借款人不违约的条件下，可得的利率水平 i 的取值范围达到最小。

实际上，a 的取值是等于 1 还是大于 1，分别对应于我们前面提到的两类动态激励机制，即贷款额度不变（Repeated Loan）和贷款额度累进的动态激励（Aggressive Loan）。由上面的讨论知道，后一种的激励效果要优于前一种。

第三，δ 是贴现率，可以理解为借款人对于未来收入的重视程度或者是否具有耐心，δ 越大，说明借款人越重视未来的收入，这时借款人不违约的可能性增加了。这个结论其实是非常直观的，“你越重视未来合作可能带来的收益，现在就越不愿意违约而破坏这种合作关系”。

上面讨论的是一个无限期博弈模型，这实际上要求借款人在第 t 期（t 取任何自然数）必须明确预期到，只要他履约还款，那么他在第 $t+1$ 期必然能够得到 MFI 承诺的贷款，同时在条件 $i < a\delta$ 成立的时候，借款人才会有动力履约还款。所以需要强调 MFI 机构必须帮助借款人形成无限期的长远预期，只有这样，上述动态激励机制才会生效。在一个极端严格的框架内，任何有限期的重复博弈（t 取一个有限的自然数）都会失败，其形态和 $t = 1$ 是完全一样的。因为，如果借款人知道 t 是最后一次了，那么它在第 t 次就不会还款了，而 MFI 如果知道了这一点，那么他在 t 期就不会放贷了；如果 MFI 的这个想法也被借款人准确预期，那么该借款人在第 $t-1$ 期就不会履约还款了……最后，借款人发现他的最优行为可能是第一次就不还款，而 MFI 则干脆第一次就拒绝放贷。这样，市场从一开始就失败了，任何交易都不会发生。当然，这是一个严格的“子博弈精炼纳什均衡”①，其结论的成立需要相当强的理性和信息假设②。实证文献也已经发现了这方面的证据，Pulley（1989）

① 子博弈精炼纳什均衡，是对多重纳什均衡进行筛选的结果。筛选的原则是，如果一个策略在博弈树的任何一个子博弈过程中都是一个纳什均衡，那么这个策略就是一个“子博弈精炼纳什均衡”。我们在这里的“倒推法”，就是求解“子博弈精炼纳什均衡”的常用方法。

② 实际上就是“共同知识”、完全信息和完全理性的假设。

发现，在印度的农村综合开发计划（IRDP，Integrated Rural Development Program）中，只有11%的借款人从该机构获得过一次以上的贷款。这样，到1986年的时候，IRDP所发放贷款的还贷率下跌到了41%（Pulley，Robert 1989）。这是很直观的，“既然只能得到一次贷款，那为什么还要还款呢?”

（二）动态激励机制的其他方面

需要补充的是，许多文献已经证实，上述动态激励机制能否有效发挥作用，受到许多其他条件的影响。（1）动态激励机制在人口流动性较低的地区比如农村更加有效，印度尼西亚人民银行（BRI）发现它在城镇的项目的还贷率低于它在农村地区的项目。这在一定程度上也解释为什么许多机构致力于为妇女客户提供服务，因为妇女具有较低的社会流动性，也缺少获得资金的其他途径（Jonathan Morduch，1999b）。（2）不同小额信贷机构之间的竞争，会消弱动态激励机制的作用。因为当借款人在一个机构有了违约记录后，他可以转而寻求其他机构申请新的贷款。这也说明，在机构竞争加剧的背景下，小额信贷领域需要跨越机构的公共信用登记系统，这个系统可以记录每个借款人的信用记录，其信息可为所有机构共同使用。

（三）动态激励机制和团体贷款机制的关系

在只考虑当期收入的静态模型框架内，团体贷款合约对于解决第二类道德风险问题是失效的，就是说，如果借款人小组的成员都已经完成了投资和生产过程，除了投资失败者本身没有隐瞒实际收入的动机以外，所有的投资成功者都将一起向贷款发放组织隐瞒其实际收入，声称项目失败以免于偿还贷款，并且小组成员之间不会互相揭露这种发生在还款环节上的欺瞒行为。如前文所述，这构成了团体贷款的重大缺陷。现在，让我们把团体贷款机制和动态激励机制结合起来进行考虑，也就是把原有的静态团体贷款模型拓展到动态的情形中去，我们将会发现，在一定条件下，含有动态激励因素的团体贷款模型，可以有效地解决上述第二类道德风险问题。

如前文指出的，模型中的2人小组在还款环节中可能遇到的情况，双方投资成功和投资失败可能的互相匹配关系共有三种，我们分别讨论。

第一，当两人都投资失败，这时两人都没必要隐瞒收入，不存在监督还款的问题；

第二，小组中一人投资失败一人投资成功。我们已经论述过，只要加入一个假定，即“失败者基于某种理由必然揭露成功者的欺瞒行为”，那么无论借款人之间是否存在事先的“合谋”，原有的静态联保合同都会对还款产生很好的监督作用。实际上，这个假定在动态激励中是很容易实现的。对于小组中的失败者而言，对成功伙伴的欺瞒行为不予揭露虽然在当期是“损人不利己”的，但如果失败者要考虑“小组中至少有一人还款比两人都不还款”，对自己在未来期限的预期收入而言，更好一些的话①，那么揭露他就至少变得“损人利己”了。

当然，这里还存在一个投机空间。如果失败者所预期到的从未来借款中能够获得的收入②是非常少的，少于成功者从隐瞒行为中所获得收入的增加值，那么成功者在隐瞒收入以后，可以拿出一部分收入来补贴失败者，使后者的情况至少不比揭露他来得好。

第三，当两人都投资成功的时候，在静态模型中双方都会隐瞒实际收入从而抵赖还款。但如果考虑多期的动态情况，只要 $i < a\delta$ 成立，小组中的两个成功者就都不会再欺瞒自己的实际收入水平了，因为如实履约还款可以使未来所有期限收益的贴现值达到最大。

条件 $i < a\delta$ 可以保证成功者遇到成功者的时候不隐瞒收入，但不能保证成功者遇到失败者的时候也会真诚，毕竟，这时成功者要承担伙伴失败造成的连带责任。在一定条件下，成功者发现给失败者足够补贴，让后者不揭露自己，就可以不仅逃避了自己的还款责任，而且可以避免为失败者承担连带还款责任。所以，为了保证这种情况不会发生，MFI 在利率定价时需要遵守比 $i < a\delta$ 更强的条件③，这个更强的条件要让成功者感觉到，即使同时承担自己的还款责任和对伙伴的联保责任，未来期限收入的现值也要高于他现在和失败的伙伴一起串谋可能得到的收入增加④。

总结一下，我们已经证实，具有动态激励机制的小组联保合约可以解决静态联保合约在还款监督问题上的重大缺陷，因为设计合理的“动态联保合约”可以有效地避免借款人之间可能出现的逃债“合谋”，无论这种“合谋”是事先达成的，或者只是一种事后默契。

另一方面，容易发现，事实上动态激励机制比团体贷款模型具有更强的适用性，更容易推广，其有效发挥作用所依赖的条件也更容易满足。事实上，国际小额信贷领域中，动态激励机制适用的范围确实要比团体贷款模型更为广泛。

三、分期还款制度（Regular Repayment Schedule）的作用机制

除了团体贷款合同和动态激励机制以外，许多小额信贷机构都采用了不

① 这是容易理解的，因为 MFI 可以指定规则，使得对于两人都失败的联保小组继续放款的可能性，比一人失败一人成功的联保小组更低一些。

② 一般地，这取决于失败者继续拿到 MFI 贷款的概率及其可能额度的大小，也和其贴现因子的大小、银行利率水平的高低等因素相关。

③ 比如，MFI 可以让 a 取意义足够大的值，或者让 i 变得足够小。

④ 认识到这一点是有启发的，但仍需做更详尽的定量研究。

同于一般商业银行传统信贷合同的分期还款制度，这类似于住房按揭贷款的分期还款制度。它要求借款人在借款和进行投资后不久，就开始在每周（或每两周、每月）进行一次还款，每次的还款额根据贷款本金和全部利息之和除以总的还款次数来确定。比如孟加拉乡村银行（GB）的传统模式下，一年期的贷款往往在借款人拿到贷款后几个星期就要开始偿还了，并且每周偿还一次，每次偿还的额度等于贷款总额和利息总额之和除以50。分期还款制度之所以广泛存在，是因为它具有许多优点。

第一，分期还款制度是一种基于“现金流”理念的贷款管理技术，贷款机构在注重自身现金流管理的同时，对借款人的现金流入也提出了较高要求。孟加拉乡村银行模式的简单平均计算周期还款额的方法，事实上要求借款人具有平滑稳定的现金流入。这事实上将借款人可能从事的那些长期项目排除在外，缓解了乡村银行对信贷风险的忧虑。乡村银行还从分期还款制度中获得了充足的现金，更加健康的财务状况得以建立。

第二，分期还款制度实际上要求借款人具有某种形式的自有资产，并以该资产产生的收入或现金流入，作为贷款的担保。这类似于住房按揭中，银行会要求客户具有稳定的收入一样，贷款事实上是以该收入为担保的。虽然理论上客户可以用贷款资金投资的项目产生的收入来满足周期性还款的要求，但这一般情况下是不可行的，因为只有很少的项目可以在投资几周以后就开始周期性的产生收益。所以，在更大的程度上，小额信贷机构是在要求某种形式的担保性资产。虽然这势必将某些赤贫的客户排除在外，但这样的自有资产要求比起传统银行对正式担保（抵押）品的要求而言，已经灵活许多了。

第三，分期还款制度具有一种早期预警功能，能提早发现那些具有较大潜在风险的贷款，从而避免所有的信贷风险在期末的时候集中暴露，这可以为小额信贷机构赢得更多的时间来尽量减少损失。

第四，分期还款制度还有一个显著的特征，当客户的实际贷款额随着还款过程的进行逐次减少的时候，小额信贷的有效利率将大大高于合同上载明的水平①。分期还款制度的这一特征，在许多利率受到管制的地区，将构成一种迂回收取高利率的权宜之策。

① 这是很容易理解的，不妨举一个简单的例子。假设一笔1,000元的贷款，合同标明的利率为年率20%，要求半年还一次，这样每次需要等额偿还600元。这种情况下，有效利率是多少呢？我们可以把原来的1,000元本金分为两部分，一部分以有效利率 i 贷出半年，另一部分以有效利率 i 贷出1年。经过简单求解一个线性方程组，就可以算出有效利率大约为 $i=27.2\%$，高于合同上载明的20%。

四、担保替代（Collateral Substitute）的作用机制

既然国际小额信贷声称主要面向中低收入群体、贫困农民和微型企业发放贷款，这些客户因为不能提供商业银行所需要的合规的担保（抵押）品而被排除在正规金融体系之外，所以，大多数的小额信贷机构都不明确要求客户提供担保（抵押）品。但是，在国际小额信贷的实践中，各种替代性担保（抵押）却广泛存在着。这类替代性的担保（抵押）品可以是某种形式的“小组共同基金”或者“强制储蓄”①，也可以是一般商业银行不愿接受或者在正规金融市场不受法律保护的某种动产②，甚至是可以预期的未来收入和现金流，等等。所以，即使小额信贷机构确实要求了某种形式的替代性担保（抵押），这看起来和他们声称的主要为贫困居民服务的初衷也并不完全矛盾。

如前文所述，孟加拉乡村银行传统模式下的小组基金，事实上强化了团体贷款在解决还款环节上的道德风险问题的能力。小组基金在某些成员确实投资失败的时候，还能够起到一种互相保险的作用。

印度尼西亚人民银行村行系统（BRI - unit）的普通农业贷款就要求不低于借款等额的担保；而对于面向贫困无产者的小额信贷产品，也专门设计了特殊的担保机制，比如冻结借款小组部分存款作为保证金等。

第四节　小额信贷是我国农村金融改革的必然选择

研究农村金融的很多学者将小额信贷纳入到农村金融体系的研究范畴，如《中国非政府小额信贷和农村金融》（程恩江，2007）、《小额信贷和农村金融》（焦瑾璞，2006）、《农村金融学》（王曙光，2008）、《农村金融深化与发展评析》（陈军、曹远征，2008）、《农户信贷、农村中小企业融资与农村金融市场》（何广文，2005）等深入剖析了小额信贷产生、发展状况、发展前景及其发展困境。这些研究表明，小额信贷的引入和发展有利于完善农村金融体系结构，增强农村金融市场的竞争，提高农村金融机构的效率。小额信

① 尽管如此，许多小额信贷机构将要求客户提供“强制储蓄”的原因，解释为“为了帮助穷人养成良好的储蓄习惯”。但这种解释缺乏令人信服的实证依据。穷人是因为缺乏良好的储蓄习惯才导致贫苦的吗？还是因为没有合适的储蓄工具？农村金融机构确实应该为穷人提供适当的可供选择的储蓄工具，但是“强制储蓄”是适当的储蓄工具吗？这些问题都还需要进一步进行研究。

② 这些用于抵押的动产在市场价值上可能不能完全抵补信贷风险，但由于它对借款人可能具有某种特殊意义和价值，而可以在很大程度上保证客户尽最大努力按规定偿还贷款。

贷是我国农村金融改革的必然选择。

一、小额信贷是农村金融体制的创新结果

小额信贷将其服务对象定位在农村中低收入人群和微型企业（孟加拉乡村银行甚至将其服务对象定义为农村赤贫人群），从本质上来说，它是对传统农村金融体制的一种创新和反思。农村中低收入人群被排斥在传统金融体系服务之外，他们没有机会或很好少有机会获得正规金融体制的金融服务，由此造成了这部分人群难以改善生存现状，也从而影响了农村经济的发展。

小额信贷的服务理念和服务目标决定了其制度设计和管理模式有别于传统农村金融服务体系。小额信贷总结传统的发展中国家对穷人和微型企业贷款的经验教训，并吸收了民间借贷的特点，进行了金融工具、金融手段和金融组织方面的创新。这些创新是小额信贷服务目标和功能实现的前提，也是小额信贷存在的价值所在。交易成本是进入金融市场的一种准入证，由于需要与金融中介建立和维持金融关系而引起。降低交易成本是降低获得金融服务弱势群体进入金融市场门槛的主要途径。为此，小额信贷进行了一系列创新的制度安排①。

二、我国农村发展小额信贷必然性的微观经济分析

迄今为止，农村经济的基本单位是农户和农村小微企业，农村金融机构应该是能够为这些农户和农村小微企业提供充分的金融服务。相对于大型金融机构而言，中小型机构或组织在向农户和小微企业提供融资服务上更具比较优势，我国农村当前应以发展中小金融机构为主，小额信贷、民间自发的合作金融及自发的借贷行为都是适合农村现阶段经济基础的金融制度安排。放开民间金融，将民间资本引入农村金融领域，是在农村金融发展中实现充分、自由竞争的最佳选择。从现实条件和发展趋势来看，大力发展小额信贷，尤其是商业性小额信贷具有必然性。

（一）正规金融机构成本上的劣势

正规金融机构尽管在金融体系中处于绝对主导的地位，但在面对一些特殊群体（比如低收入农户或农村小微企业）的时候，其提供金融服务的效率和效果是不尽如人意的。下面我们从信贷配给和交易成本方面来分析其原因。

---

① 具体方式可能包括，简化贷款程序和文件，使客户本人就能完成借款手续；信贷员全程负责发放和回收贷款的所有工作，与客户建立起可以依赖的关系；定时定点在村庄中履行业务交易，降低客户的交通费用支出；工作人员入户评估和监督，客户无需书面的项目计划书就可以申请贷款等。

1. 信贷配给

农村正规金融机构提供金融服务时，出于信息不对称、资金安全、风险定价技术水平等方面的原因，会更倾向于大客户，发放大额款项。普通农户和农村小微企业在向银行等金融中介机构借贷时处于弱势的地位，信贷配给现象严重。

2. 交易成本

交易成本可以看作是一系列制度成本，包括信息成本、谈判成本、拟定和实施契约的成本、界定和控制产权的成本、监督管理的成本和制度结构变化的成本。具体到信贷市场，交易成本主要包括银行获取贷款客户信息的成本、监督成本以及违约成本。

一般来说，农户和农村小微企业具有以下几个特点：第一，缺乏系统完整的财务报表，甚至没有基本的财务信息和信用记录；第二，居住分散或者居住于交通不便的地区；第三，没有稳定的收入来源，有的投资于风险极高的项目；第四，单笔贷款的需求额度很小。

上述几个特征决定了正规农村金融机构向这些客户提供金融服务的成本是极其高昂的，在利率定价方面总是受到政府的利率上限限制的背景下，成本成为限制其提供服务的一个重要因素。

（二）小额信贷机构的优势

1. 缓解信息不对称的途径

在金融市场上，逆向选择和道德风险会导致信贷配给现象，它们是金融市场正常发挥功能的重要障碍。小额信贷机构在发放贷款过程中，通过合适的制度安排，解决信息不对称问题。小额信贷作为一种为穷人服务的金融中介，可以通过系统创新，克服或缓解抵押对弱势群体进入信贷市场的制约。

2. 放松抵押担保制约的还款制度安排

小额信贷采用一些替代方式探索显示还款意愿的非经济途径，小组联保是最主要的创新。这种形式是建立在穷人经济资源薄弱，但具有可利用的社会资本基础上。小额信贷的另一种创新是分期还款，在这种制度下，小额信贷机构可以及时发现借款人的还款意愿并采取措施应对拖欠。小额信贷机构通过专门的制度安排，使正规金融需要的抵押担保化解风险的做法以不同的方式得到实现。

3. 降低交易成本的技术

弱势群体难以进入信贷市场的主要障碍是交易成本的存在。交易成本有固定成本的特征，交易单位较小的情况下单位交易成本较高。小额信贷机构可以通过特有的小额信贷技术降低交易成本。小额信贷机构降低客户交易成本和控制操作成本的制度安排，是其长期发展和对客户有效支持的必要条件。

三、我国农村发展小额信贷必然性的制度经济学分析

农村金融组织在产权和激励结构上的缺失是正规金融制度无效的根源。因过多相信竞争和市场的力量，且忽视了非正式制度的巨大作用，农村金融深化与金融中介能力的发展进程仍然很慢。

近二三十年来，小额信贷运动发展成了发展中国家农村金融深化和发展中的一项重要活动。小额信贷的成功并不是偶然的，根据前面分析我们可以知道，小额信贷是在加强和利用信息的基础上，通过借贷者的相互监督和连带责任比较有效地解决了农村金融在无抵押和担保的情况下由于道德风险而产生的信贷偿还问题，并通过"筛选机制"的设计在一定程度上制约了逆向选择风险[①]。小额信贷通过金融制度的设计来驱使经济人行为发生转变，最终使农民达到"信用毕业"（financial graduation）的状态。因为，无论农民借款人是"还款"还是"违约"，其信用状态显然都是由其行为决定的。

小额信贷（微型金融）是农村金融从"政府"走向"市场"过程中诞生出的一种过渡性的特殊制度形态，是农村金融诱致性变迁过程中的中间业态。与传统的农业信贷组织和商业化组织相比，小额信贷机构既在产权和组织形式上符合激励相容机制，又能通过特殊的制度设计来有效地克服农村信贷风险，并有助于改变农民的行为偏好和信用观念。因此，从农村金融制度变迁的过程来看，小额信贷的发展存在着必然性。

农村金融制度改革的一个重要方向是加快建立普惠型的农村金融体系（Inclusive Financial System），能有效地全方位地为社会所有阶层和群体提供服务，尤其是要为目前金融体系并没有覆盖的社会人群提供有效的服务。中国目前农村金融体系离普惠金融体系还有很大距离，金融服务的覆盖面远不能满足农户和农村小微企业的需求。多层次、广覆盖的小额信贷体系建设将极大地改善了这一局面，也是农村金融体制改革的必然体现。

---

① 陈军："从制度的演化看农村金融的深化与发展"，《北京工商大学学报》，2009年第3期。

第四章　我国农村小额信贷市场容量

我国农村金融改革经历了三十多个年头，农村地区的金融环境虽有改善，但我国农村地区的信贷配给现象仍然比较突出，资金不足制约了我国农村地区的经济发展、限制了农业发展和农民收入的提高质量与速度。

农村地区广大小微企业、个体工商户、农户是我国经济体系中最具活力、最具创造力的经济主体，为我国经济的高速、持续、健康发展做出了积极贡献。农村地区的信贷配给格局制约了经济体的发展、壮大。发展小额信贷，从金融角度大力扶持，促成其健康、快速发展是一条可行之路。无论是金融机构还是准金融机构，在进入农村小额信贷市场之前，有必要了解和估算农村小额信贷市场容量。小额信贷容量问题不仅关乎各类小额信贷机构自身发展，也会对小额信贷体系建设甚至整个农村金融体制的改革产生影响。

本章从宏观角度出发，通过考察农村地区未观测金融规模和农村地区GDP之间的内在联系，根据权威部门公开发布的数据来测算我国农村地区小额信贷市场容量；通过设定模型对未观测小额信贷规模做了测算，希望能为政府相关职能部门和相关金融机构提供决策依据。

第一节　小额信贷市场容量的含义及度量

无论是从引导小额信贷行业有序发展的宏观角度出发，还是从小额信贷机构和打算进入这个市场的潜在资金提供者的微观角度出发，小额信贷市场容量及估算都是首先要面对的问题。这个问题本身也具有重要的理论和现实意义。然而，从目前国内外研究看，并没有形成系统的、得到大家认同的结论。尤其是对于我国小额信贷市场潜在规模的研究更加缺乏一个系统的考察，到目前为止也没有比较准确的结论。

一、小额信贷市场容量的含义

（一）小额信贷贷款额度标准及评价

小额信贷贷款额度的国际标准与我国现实情况存在差异。国际通行的标准通常认为贷款额度应为所在国人均年 GDP 的 1－3 倍，这种额度的小额信贷更多的是处于扶贫性质的贷款规模。中国的小额信贷与这个标准差距较大，虽然中国扶贫基金会的小额贷款项目、NGO、农村信用社等发放的小额贷款可能达到了这个标准，但绝大多数小额贷款公司、银行业金融机构的小额贷款都不符合上述标准。

国际标准在我国推广的话，会存在一些不足。首先，从数据的获得性角度看，这种额度的贷款有相当一部分是通过地下金融渠道完成的，无法获取准确的统计数字，也很难获得充分的估计信息。其次，从我国国情看，这种额度的贷款实践推行也有一定困难，以小额贷款名义发放的贷款余额当中，真正符合国际标准的额度所占比例相当小（无论从小额贷款公司还是商业银行的数据来看，都是如此）。如此小规模的贷款尽管也能够为获取贷款的农户和低收入人群提供必要的资金支持，但就我国目前情况来看，提供这种小额贷款的机构的总量严重不足。

小额信贷额度的标准要结合中国当前特定的社会背景。我国有相当多的小微企业、个体工商户、农户等在小额信贷名义下获得了以往难以获取的宝贵资金，而如果仅仅因为这些贷款资金超过了国际上小额贷款额度的标准，就抹杀了小额贷款运动在我国发挥的巨大作用是不公平的。小额信贷运动促进了民间资本借贷的阳光化和规范化，为资本的持有人和资金的需求方之间搭建了区别于传统金融的桥梁。这种资金融通渠道的构建极大地促进了以往受到传统银行类金融机构歧视的借贷主体——小微企业、个体工商户、农户等的发展。这些极具活力的经济体的发展在客观上也为社会提供了更多的就业机会，从而使得这部分就业人口及其家庭能够提高生活福利。

从提高社会福利的角度出发，将小额贷款机构发放的超过国际标准额度的贷款当做“小额”贷款也有其合理性。如果没有小额信贷机构的资金输出，这些急需资金维持扩大生产的经济体将无法提供更多的就业机会。而原本可以在这些经济体当中获取工作机会的劳动者可能失业，对于这些劳动者即便是提供了小额贷款也可能无法实现有效生产。实际上小额信贷机构和获取贷款的生产经营体共同构成了一个提供就业的系统，这个系统客观上为社会提供了足够多的就业机会。而这种就业机会更多地是在当地，能够就地吸纳劳动力，客观上为低收入者和贫困人口提供改善福利的机会。因此，本书不拘泥于小额信贷的狭义定义。

（二）小额信贷市场容量

小额信贷市场容量指某一时间段内，一个国家或地区所需要的小额信贷的总额度，包括受到监管的小额信贷行为，也包括游离在监管之外的小额信贷行为（李建军，2010）。实际上，有信贷需求但是并没有实际发生的情况也常有发生，考虑到这种情况产生背景的复杂性和数据获取的难度，本书所指的小额信贷市场容量不包括这层意义上的小额信贷。

（三）小额信贷市场容量国内研究概况

由于经济系统的复杂性，准确计算市场容量是很难实现的。本书将估算小额信贷市场的大致容量。就目前国内外的研究而言，在这个领域已经有一些学者做过类似的尝试，估算主要是针对农村金融容量，但估计方法和数据处理上仍然缺乏足够的说服力。本书将借鉴他们研究中合理和恰当的部分并予以综合。

郭沛（2004）从微观层面估算了农村非正规金融规模，提出了6个前提假设：(1) 农村非正规金融的主体是个体私营企业和农户；(2) 农村个体私营企业占到全国同类企业的70%；(3) 个体私营企业以固定资产投资为主；(4) 个体私营企业投资资金来源于自我积累的内源性融资和外源性融资，不计入非正规股权投资；(5) 农村非正规私营企业来源于非正规金融的外源性融资比例为常数；(6) 从非正规金融渠道借款的农户占到农户总数的75%。最后估算出从1997年到2002年的农村非正规金融规模。由于对于农村个体私营企业非正规外源性融资比例的引用结论的差别，导致宽窄两种口径的估算（见表4－1、4－2）。前者依据国际金融公司（IFC）的研究结论，后者引用林汉川的结论。

表4－1　正规金融规模占金融机构短期贷款的比例

年份	1997	1998	1999	2000	2001	2002
窄口径	3.25%	3.31%	3.29%	3.03%	3.06%	2.70%
宽口径	4.04%	4.08%	4.10%	3.91%	4.02%	3.70%

表4－2　农村非正规金融规模占金融机构农村贷款的比例

年份	1997	1998	1999	2000	2001	2002
窄口径	21.58%	19.99%	19.20%	18.19%	17.00%	14.61%
宽口径	26.81%	24.67%	23.94%	23.51%	22.34%	20.08%

该估算方法有一定的合理性，给出了一个粗略估算农村非正规金融规模的简易办法，尤其是对农户的非正规贷款规模的测算具有一定的说服力。

与微观计算方法相对应的是宏观的估算方法。这种方法主要是借鉴戈德史密斯（Goldsmith）的研究成果，运用金融相关率（FIR）的测算方法。目前的文献主要是针对中国区域农村金融融量的测算问题。如周世军等（2009）和李盼盼等（2012）分别采用这种方法估算了安徽和河北的农村金融融量。他们的估算方法基本相同，均是通过对地区的 GDP 数据和 M2 数据的统计计算得出融量系数 K，然后再根据当地的农业 GDP 计算得出农业的理论金融融量，结合对应地区的实际金融融量计算得出金融融量缺口，随后通过 ARMA 模型预测今后若干年的农村金融融量缺口。这种算法的一个弱点在于将农村的金融融量系数等同于对应城市的金融融量系数，这与客观实际不符，因为农村地区的金融相关性普遍低于城市地区，农村地区的产业特征和经济结构特点都决定了其融量系数 K 要小于对应的城市的金融容量系数，尤其是在中国这样经济发展区域差异、城乡差异很大的国度，运用这种方法会导致相当大的误差。田力等（2004）发表在《金融研究》上的文章也探讨了这个问题，其在处理方法上值得借鉴，相对于周世军等（2009）和李盼盼等（2012）的研究，在数据的修正方面更为合理、更加贴近实际，但总体上还是存在不区分城镇与农村的 G2/GDP 问题。另外，中央财经大学李建军（2010）的研究对测算地下信贷和其他未观测到的信贷提供了一些有益的结论。采用这种方法从宏观角度测算中国小额信贷市场的文献目前也很少见。

二、小额信贷市场容量影响因素及度量

（一）小额信贷市场容量影响因素

影响小额信贷市场容量的因素可分为宏观的和微观的。

1. 宏观因素

一个国家或者地区的经济总量、经济结构、国家的政策、法律法规、产业布局、金融业发展水平、国民财富分配等都是影响因素，甚至连文化习俗都有影响，影响的因素的确太多，如果一一分析必然失去重点，从研究的角度而言非常复杂甚至无法展开。

2. 微观因素

在生活借贷方面，有家庭收入、消费习惯、收入预期、个人习惯、文化水平、家庭人口数等。在生产借贷方面，有公司发展阶段、公司所处行业、管理层风格、公司畅销水平等等因素。

在本书中，除经济总量外，上述其他因素在研究小额信贷市场容量的时

候均不会涉及。作者主要从经济总量的角度研究小额信贷市场容量，其他的因素或包括在经济总量之中，或被忽略掉。

（二）小额信贷市场容量的度量

尽管中国小额信贷市场容量的测算非常重要，但是由于受小额信贷概念的界定、数据可获得性、统计口径、估算方法等问题的制约，尚未见到系统的、科学的、严谨的研究。目前能够看得到的研究文献是对于我国农村金融融量的估算方面的文章，且是针对某一个地域的估算，比如对安徽（周世军等，2009）和河北农村金融融量（李盼盼等，2012）的估算。另外针对农村地区非正规金融在全国范围的估算有中国农业大学郭沛（2004）的研究。

有关全国范围内的小额信贷市场的容量的研究基本上是空白，因此本书有一定的开拓意义，能够为相关研究提供参考，无论是研究方法还是研究结论都有理论和实践意义。本书通过对比研究该课题相关的国内外以往的研究方法和成果，结合中国目前小额信贷实际情况，估算了中国小额信贷市场的容量。研究结果能够为小额信贷行业的参与者提供数据参考，为理性决策提供决策资料，为政府引导小额信贷行业发展提供参照，为进一步拓展该领域的研究提供借鉴以期达到抛砖引玉的效果。

小额信贷市场容量的测算是从需求的角度测量的一个总量，不但包括从法定金融机构及其监管机构统计的部分，同时也包括游离于法定监管之外的借贷行为。如果从微观角度入手，分门别类的收集数据、统计验算等，得到的结论必然会出现比较大的偏差，而且整体数据的获取将会十分困难，时间上连续取值也难保证，其操作性不强。为此，本书主要从宏观的角度测算我国小额信贷市场容量。从宏观角度出发，数据更加容易获取，操作性更强，得出的结论也更加接近实际。为了研究的规范性，本书将引用相关研究金融融量的文献。①

第二节　未观测信贷额度

我国各类小额信贷机构未能得到政府有效监管，小额信贷活动的相关数据缺乏准确性和权威性，正确估算中国小额信贷容量是构建农村小额信贷体系建设重要前提，同时也能为国家出台小额信贷相关政策提供有力支持。

---

① 金融融量指的是金融的融通量或者容纳量，是一个国家或一个地区在一定经济条件下金融的最大或最适容纳规模。

目前，我们可以发现国内一些学者在研究中使用未观测金融（Non - observed Finance，NOF）（田光宁，2008）和未观测信贷（Non - observed Loan，NOL）（李建军，2010）等相关术语。“未观测金融是金融监管部门和金融统计体系难以准确监测统计的金融活动行为和由此决定的货币资金流量和资金配置结果，资金配置结果部分隐含在货币当局的货币金融统计数据当中。未观测金融活动包括：民间金融（不包括住户内部的个人借贷）、地下金融非法金融（不包括地下金融）、住户内部的个人借贷，以及正规金融体系中由于资料收集过程和统计监测缺陷而被遗漏的金融活动（或统计遗漏）。”（李建军，2010）。未观测金融主要的金融活动集中在民间借贷市场，未观测信贷（NOL）是反映未观测金融的重要指标。未观测信贷（NOL）是指一段时期内未观测金融活动中的所产生的贷款额度，对应时间段的贷款余额就是未观测信贷数量。未观测信贷主要支撑了小微企业、个体工商户、农户等经济体的生产经营活动，客观上支持了民营经济的发展。这种支持作用究竟有多大？可以通过对未观测信贷规模的测算得到答案。参照亚太经济合作组织、国际货币基金组织、国际劳工组织和独联体统计局等国际组织创设的未观测经济（Non - observed Economy，NOE）术语，本章使用未观测信贷来描述游离于监管之外的、广泛存在的小额信贷行为。

一、未观测信贷规模测算模型的建立

（一）未观测信贷的形成

未观测信贷的信贷主体主要是小微企业、个体工商户、农户等中小型经济体。由于其天然的小规模属性，导致其贷款额度较小，对于正规金融机构而言，由于单笔贷款成本高、贷款风险高等缘故，使得正规金融机构往往排斥这种资金需求。商业银行和农村信用社等金融机构对小微企业、个体工商户、农户等中小型经济的贷款额度难以满足这些弱势经济体的资金需求。它们能够从正规金融机构获得的资金非常有限，整体上无法满足。具体到这些弱势经济体当中更加弱小的经济体，比如微小规模的个体企业和农户，所获贷款的比率更低。由于预期到在正规金融机构获取贷款的困难，很大一部分的这类资金需求不得不求助于非正规的融资渠道，形成未观测的信贷活动。

（二）未观测信贷模型的构建

本章的模型的建立基于这样一个事实：一段时期之内，一个经济体（国家或者地区）的经济产出必然会得到这一经济体中的全部正规金融机构的信贷支持。换言之，就是一定数量的 GDP 必须有与之相适应的信贷规模与之匹配。

1. 模型参数及含义

为了便于处理，假定 F_{LS}代表小微企业、个体工商户、农户等经济体从正规金融机构获取的贷款与他们总共的借贷融资比率。再对 F_{LS}进行细分，可以分为农户和小微企业、个体工商户等两大部分。农户的正规金融贷款比例用 F_{Lf}表示，小微企业和个体工商户的正规金融贷款比率用 F_{Le}表示。考虑到 F_{Lf}在全国地区的差异性、调研数据样本量、数据的时间连续性等因素，本书主要采用的是宏观数据。

假定用 U_{YL}表示单位 GDP 贷款系数，其经济学含义为当年的全国贷款余额与对应 GDP 的比率，其揭示了 GDP 依赖于正规金融机构的程度。U_{Yls}表示小微企业、个体工商户、农户等中小型经济体单位经济产出对正规金融机构的金融依赖程度，也就是小微企业、个体工商户、农户等中小型经济的贷款系数。其中，农户的贷款系数 U_{Ylf}，小微企业和个体工商户等私营企业的贷款系数为 U_{Yle}。这些相对弱势的经济体的贷款系数 U_{Yls}与全国的贷款系数 U_{YL}的比值反映了正规金融机构对小微企业、个体工商户、农户等弱势经济体的信贷扶持程度。

2. 未观测信贷规模测算模型

“弱势”经济体从正规金融机构获取的贷款满足程度：

$F_{LS} = U_{Yls}/U_{YL}$,

其中，

$U_{YL} = L/GDP$,

$U_{Yls} = L_S/GDP_S$;

L, L_S分别代表全社会年度贷款余额和小微企业、个体工商户、农户等中小型经济的年度贷款余额，GDP, GDP_S分别表示对应的年度经济产出。

农户从正规金融机构获取的贷款满足程度：

$F_{Lf} = U_{Ylf}/U_{YL}$,

其中，

$U_{Ylf} = L_f/GDP_f$;

L_f, GDP_f分别代表农户的年度贷款余额和年度经济产出。

小微企业、个体工商户等从正规金融机构获取的贷款满足程度：

$F_{Le} = U_{Yle}/U_{YL}$,

其中，

$U_{Yle} = L_f/GDP_e$;

L_e, GDP_e分别代小微企业、个体工商户等中小型经济体年度贷款余额和年度经济产出。

由于信贷规模也经济体的产出有关联，因此用 G_s 表示小微企业、个体工商户、农户等弱势经济体的年度产出，其中，G_f 表示农户的年度经济产出，G_e 表示小微企业、个体工商户等个体私营企业的年度经济产出。为了估算未观测信贷额度引入 NOL 变量，NOL_S 代表小微企业、个体工商户、农户的总体获取的未观测信贷额度，农户部分用 NOL_f 表示，小微企业和个体工商户部分以 NOL_e 代表。变量设定之后，根据经济学的原理不难得到以下的三个关系式（李建军，2010）。

小微企业、个体工商户、农户等弱势经济体总体未观测信贷规模：

$NOL_S = G_s \cdot U_{Yl} \cdot (1 - F_{LS})$；

农户部分的未观测信贷规模：

$NOL_f = G_f \cdot U_{Yl} \cdot (1 - F_{Lf})$；

小微企业、个体工商户等个体私营经济体部分未观测信贷规模：

$NOL_e = G_e \cdot U_{Yl} \cdot (1 - F_{Le})$；

根据上述关系式，通过获取等式右边的数据，代入计算可以得出各个部分相对应未观测信贷规模。

二、未观测信贷数据及估算结果

前文已经做过说明，本部分所采用的都是宏观数据，来源于金融统计年鉴和中国人民银行发布的数据，部分数据对比权威数据之后加以修正。

关于引入数据的时间。我国在 1992 年后进入社会主义市场经济阶段，此后，金融系统进入了一个快速发展的阶段。考虑到我国经济发展的阶段性及外生制度变更对经济发展的影响，未将 1992 年以前的数据计入，而只是采用 1992 年至 2010 年的相关数据。

关于产出数据。这部分数据主要来源于对应年份的《中国统计年鉴》和《中国金融年鉴》，部分数据参考了相关的研究论文。数据处理的说明：来自于农户部分的产出与第一产业产值等同。小微企业、个体工商户等个体私营企业的年度经济产出数据无法在公开的权威资料中直接获取，为了能够保证研究的正常进行，本书采取换算的办法测算小微企业、个体工商户等个体私营企业的年度经济产出数据。通过就业人数的分配大致测算这些小企业的年度产出。具体算法：在不考虑不同企业劳动资本比值的前提下，用中小企业的就业人数乘以第二、三产业的人均产出计算出相应的年度产出。

关于贷款数据。这类数据主要是来源于对应年份的《中国统计年鉴》、《中国金融年鉴》、中国人民银行等权威机构发布的相关信息以及相关的发展报告等。由于个别的相关数据缺乏对应的数据项，本书最终采用的数据是综合了各种数据来源之后的结果。因为未观测的农业贷款、私营企业和个体企业贷款只包含短期贷款并不涉及固定资产投资，并且它们从正规金融机构获取的贷款也以短期贷款为主。因此，本书的对比基础是未偿还的短期贷款余额。

（一）农业产值、信贷等基础数据（见表4-3）

表4-3　1992—2010年全社会以及农业贷款与产值基础数据　单位：亿元

年份	全社会GDP	农业产值	全部贷款	农业贷款	短期贷款
1992年	26,923.5	5,357.78	25,742.81	1,699.03	19,682.30
1993年	35,333.9	6,960.78	32,955.83	2,142.13	2,425.19
1994年	48,197.9	9,543.18	39,975.09	1,958.78	26,948.7
1995年	60,793.7	12,097.95	50,544.09	1,566.87	33,371.97
1996年	71,176.6	14,021.79	61,156.55	1,895.85	40,210.01
1997年	78,973.0	14,452.06	74,914.07	3,296.22	55,418.27
1998年	84,402.3	14,854.80	86,524.13	4,412.73	60,613.22
1999年	89,677.1	14,796.72	93,734.28	4,780.45	63,887.55
2000年	99,214.6	14,981.40	99,371.07	4,869.18	65,748.07
2001年	109,655.2	15,790.35	112,314.7	5,728.05	67,327.23
2002年	120,332.7	16,485.58	131,293.93	6,827.28	74,247.9
2003年	135,822.8	17,385.32	158,996.23	8,744.79	83,661.15
2004年	159,878.3	21,423.69	178,197.78	9,444.48	86,840.6
2005年	184,937.4	22,377.43	194,690.39	10,707.97	87,449.16
2006年	216,314.4	24,010.90	225,347.2	13,295.48	98,534.4
2007年	265,810.3	28,707.51	261,690.88	15,439.76	114,477.9
2008年	314,045.4	33,602.86	303,468	17,904.61	125,216
2009年	340,902.8	35,112.99	399,685	23,181.73	146,611
2010年	401,202.0	40,922.60	479,196	25,876.58	166,233

数据来源：根据《中国金融年鉴》、《中国统计年鉴》和《中国农业发展报告》的数据整理。

从表4-4数据的变化趋势看，从1992年以来农户总体上的从正规金融机构获取贷款的满足程度是明显上升的。特别是近几年的满足程度较高，这说明了我国农村金融改革所取得的成绩是值得肯定的。但是最近五年的贷款满足程度变化不大（见图4-1），可能是发展进入到一个瓶颈期等原因。

表 4－4　　1992—2010 年全社会以及农户贷款系数

年份	全社会 GDP 信贷系数	农业产值信贷系数	单位 GDP 短期贷款系数	农户正规贷款满足度
1992 年	0. 96	0. 32	0. 73	0. 33
1993 年	0. 93	0. 31	0. 07	0. 33
1994 年	0. 83	0. 21	0. 56	0. 25
1995 年	0. 83	0. 13	0. 55	0. 16
1996 年	0. 86	0. 14	0. 56	0. 16
1997 年	0. 95	0. 23	0. 70	0. 24
1998 年	1. 03	0. 30	0. 72	0. 29
1999 年	1. 05	0. 32	0. 71	0. 31
2000 年	1. 00	0. 33	0. 66	0. 32
2001 年	1. 02	0. 36	0. 61	0. 35
2002 年	1. 09	0. 41	0. 62	0. 38
2003 年	1. 17	0. 50	0. 62	0. 43
2004 年	1. 11	0. 44	0. 54	0. 40
2005 年	1. 05	0. 48	0. 47	0. 45
2006 年	1. 04	0. 55	0. 46	0. 53
2007 年	0. 98	0. 54	0. 43	0. 55
2008 年	0. 97	0. 53	0. 40	0. 55
2009 年	1. 17	0. 66	0. 43	0. 56
2010 年	1. 19	0. 63	0. 41	0. 53

数据来源：根据表 4－3 的统计数据计算。

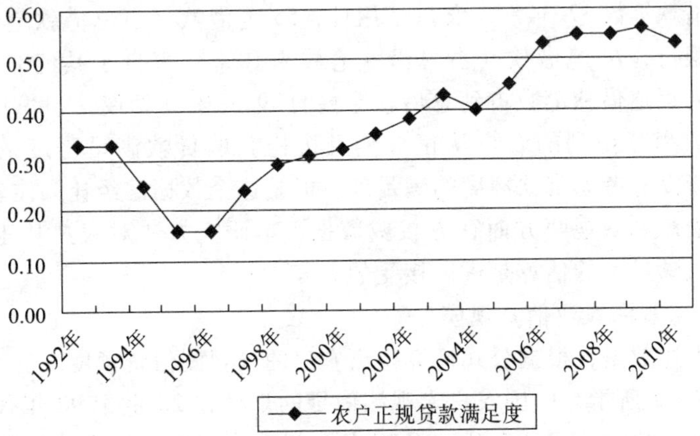

图 4－1　1992—2010 年农户从正规金融渠道贷款满足程度

因为对农户的正规贷款满足度的测算是一个大概的估算，实际上的情况如何？与实际发生的情况相差到底有多大？在此有必要反思一下估算的准确程度。因为，农村金融的研究重点之一就是农户从正规金融机构获取贷款的相关信息，尤其是从正规金融机构获取贷款的满足程度。这方面的资料非常多，官方的调研和民间调研资料都是可以验证以上数据的客观证据。

根据中国银行业监督管理委员会的数据，截至2005年年末，全国农村合作金融机构的农业贷款余额达到10，071亿元，比2002年年末增加4,492亿元，增长80.5%，高于同期各项贷款的平均余额增速近23个百分点。其中农户贷款7,983亿元，支持了7,100多万农户，占到我国农户总数的32.31%，占到有贷款需求的农户的60%（有贷款需求的农户为1.2亿户）。这意味着凡是向农村信用社提出贷款申请的农户，60%左右的农户都可以得到贷款。考虑到这一数据是依据农村信用社年末的有贷款余额的农户计算得出，并没有考虑到已经偿还贷款的农户，因此实际的比例将更高（中国人民银行小额信贷专题组，2006）。这个数据高于0.45的农户正规贷款系数，因为0.6这个数据仅仅考虑了贷款人数的比例，没有考虑贷款额度。根据中国农业大学何广文教授的估计，农民实际获得的贷款只有有效需求的20%－30%，周诚军（2006）认为从资金的获得性角度看，覆盖面不到25%。

从微观抽样调研数据看，国务院发展研究中心农村经济研究部2005年组织开展了一次大型全国农村金融调查数据。这次调查有效样本1,962个，时间跨度从2001年至2004年。调查发现，共有999户农户在此期间发生过借贷行为，占总样本的50.92%，涉及借款1,899笔，其中有1,807笔有清晰的借款渠道，1,050笔借款（占总借款笔数58.11%）来自于亲友，628笔借款来自于（占总借款笔数37.34%）农村信用社，55笔借款（占总借款笔数2.04%）来自其他银行，74笔借款（占总借款笔数4.10%）来自于其他非正规渠道。从正规金融渠道借款笔数占到总借款笔数的39.38%（韩俊，2009）而同期根据本研究的测算得到的农户从正规金融机构获取贷款满足程度的平均值为0.39。尽管没有考虑贷款额度的满足度，但是这个数据已经让人比较满意。

综合宏观和微观两方面官方权威数据，本研究方法对农户从正规金融机构获取贷款满足度的估算是可以接受的。

（二）未观测农业信贷规模

利用上述数据，根据公式计算得出农户的未观测信贷额度。

如图4－2所示，中国农户未观测信贷的规模在20世纪90年代中后期有一波强劲的升势，造成这种结果的因素有两个：一方面是农业短期资金的需求增大，另外一方面就是正规金融机构无法同步增加足够的信贷农业资金。

表 4 – 5　　1992—2010 年中国农户未观测信贷规模

年份	农业产值（单位：亿元）	单位 GDP 短期贷款系数	农户正规贷款满足度	农户未观测信贷规模（单位：亿元）
1992 年	5,357.78	0.73	0.33	2,617.75
1993 年	6,960.78	0.69	0.33	3,201.25
1994 年	9,543.18	0.56	0.25	4,015.36
1995 年	12,097.95	0.55	0.16	5,606.49
1996 年	14,021.79	0.56	0.16	6,674.86
1997 年	14,452.06	0.70	0.24	7,703.14
1998 年	14,854.80	0.72	0.29	7,576.65
1999 年	14,796.72	0.71	0.31	7,283.18
2000 年	14,981.40	0.66	0.32	6,706.30
2001 年	15,790.35	0.61	0.35	6,261.43
2002 年	16,485.58	0.62	0.38	6,311.07
2003 年	17,385.32	0.62	0.43	6,107.26
2004 年	21,423.69	0.54	0.40	7,034.09
2005 年	22,377.43	0.47	0.45	5,771.64
2006 年	24,010.90	0.46	0.53	5,123.79
2007 年	28,707.51	0.43	0.55	5,609.42
2008 年	33,602.86	0.40	0.55	6,010.37
2009 年	35,112.99	0.43	0.56	6,597.49
2010 年	40,922.60	0.41	0.53	7,979.18

数据来源：根据表 4 – 3 统计数据计算。

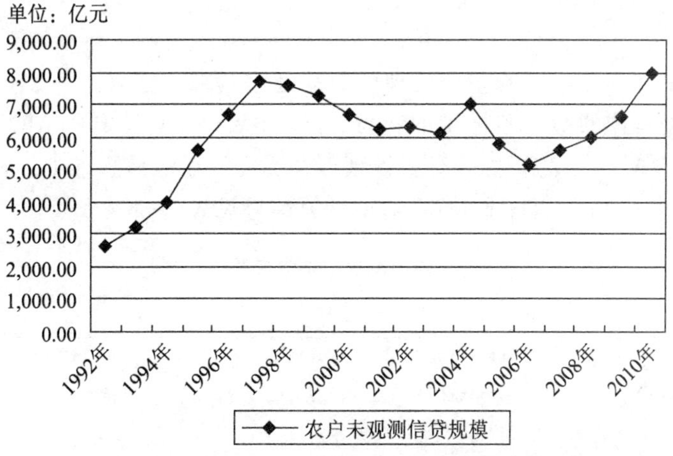

图 4 – 2　1992—2010 年农户未观测信贷规模

随后，我国的农村地区金融的改革步伐加快，增量的信贷资金缓解了农村地区的资金紧张问题。而近年来的农业未观测信贷资金的增加则与我国的经济高速发展，国家高度重视农业发展的政策有关。经验上，可以预见我国将来的农户未观测信贷的规模还会不断增长，而这种增长更多的是农业经济总量增加导致农村金融体系的发展并没有完全适应农业发展所带来的资金需求，因此农村金融改革还有更远的路要走。为了进一步研究中国农户未观测信贷变化，引入了 ARMA 模型研究中国农户未观测信贷变化的未来走势。

记未观测的农户贷款规模为 NOL_f，为了使用 ARMA 模型预测变量的变化。首先要验证时间序列数据 NOL_f 是否是平稳序列。经验上，此类年度存量资金数据一定不是平稳的时间序列，一般而言是二阶单整。我们使用 Eviews 7.2 软件检测 NOL_f 的平稳性，检验结果如表 4－6 所示：

表 4－6　　零假设：NOL_f 存在单位根

	T 统计量	Prob. *
增强迪基富勒检验统计量	－2.589416	0.2881

检验结果显示，原时间序列存在单位根，为了保证 ARMA 的正常运行，必须对未观测农户信贷规模这一组时间序列数据加以处理，去除单位根。首先对原时间序列数据进行差分运算。处理之后结果如表 4－7 所示：

表 4－7　　零假设 NOL_f 二阶差分存在单位根

	T 检验	Prob.
增强迪基富勒检验	－5.172400	0.0042

不难发现，经过二阶差分处理的数据通过检验，已经是平稳的时间序列数据。根据具体的情况和模型的特点，将 ARMA 模型设定成 ARMA（2，2）或者是 ARMA（1，2）。综合分析模型拟合优度和赤池信息准则。将模型确定为 ARMA（2，2），通过 Eviews7.2 的计算结果见表 4－8。

表 4－8　　ARMA 模型估计结果

变量	相关系数	标准差	T 统计量	Prob.
AR（1）	－1.144885	0.148802	－7.694003	0.0000
AR（2）	－0.953034	0.167284	－5.697089	0.0001
MA（1）	1.123697	0.091831	12.23658	0.0000
MA（2）	0.897846	0.054035	16.61594	0.0000

$NOL2_t = -1.144885NOL2_{t-1} - 0.953034\ NOL2_{t-2} + e_t + 1.123697e_{t-1} + 0.897846e_{t-2}$

根据上式，可以估算出未观测农村信贷的未来变化数值。实际上，这个数据对于有意向进入农村地区的小额信贷机构有比较大的参考意义，实际上他们的主要市场就包含在这个数据当中。

表 4－9　　2011—2013 年农户未观测贷款规模预测　　单位：亿元

年份	2011	2012	2013
未观测农户贷款规模	8,462.79	9,012.57	10,732.24

数据来源：根据已有数据计算得出。

考虑到农村地区小额贷款机构的贷款主体是农户，而农户的贷款基本上都是小额贷款，因此对于农村地区而言，测算到的未观测到的贷款规模就是农村地区小额贷款机构的市场空间，确切的说应该还包括已经观测到的来自于正规金融机构的贷款。记 V_f 代表农村地区的小额贷款市场容量，OL_f 代表来自于正规金融机构的已经纳入监测与统计的已观测贷款规模。因此，

$V_f = OL_f + NOL_f$

根据公式，代入已有的数据，容易得出农村地区小额信贷市场容量。

表 4－10　　1992—2010 年农村地区小额信贷市场容量

年份	农户未观测信贷规模	农业短期贷款	农村小额信贷市场容量
1992 年	2,617.75	1,299.03	3,916.78
1993 年	3,201.25	157.64	3,358.89
1994 年	4,015.36	1,320.49	5,335.85
1995 年	5,606.49	1,034.53	6,641.02
1996 年	6,674.86	1,246.51	7,921.37
1997 年	7,703.14	2,438.40	10,141.54
1998 年	7,576.65	3,091.27	10,667.92
1999 年	7,283.18	3,258.27	10,541.45
2000 年	6,706.30	3,221.66	9,927.96
2001 年	6,261.43	3,433.69	9,695.12
2002 年	6,311.07	3,860.89	10,171.96
2003 年	6,107.26	4,601.36	10,708.62
2004 年	7,034.09	4,602.55	11,636.64

续表

年份	农户未观测信贷规模	农业短期贷款	农村小额信贷市场容量
2005 年	5,771.64	4,809.70	10,581.34
2006 年	5,123.79	5,813.53	10,937.32
2007 年	5,609.42	6,754.20	12,363.62
2008 年	6,010.37	7,387.74	13,398.11
2009 年	6,597.49	8,503.44	15,100.93
2010 年	7,979.18	8,976.58	16,955.76

数据来源：根据已有数据计算得出。

（三）对农村小额信贷市场容量的预测

ARMA 模型预测农村地区的小额信贷市场容量。用 ML 表示小额信贷市场容量，根据经验，这一组时间序列数据不是平稳的，通过二阶差分处理可以其实平稳化。为了验证过程的客观性，仍然使用 Eviews7.2 验证和求解模型。

验证 ML 数据平稳性：

表 4－11　　检验 ML 单位根

	T 检验	Prob.
增强迪基富勒检验统计量	－2.646376	0.2670

ML 原数列不平稳，采用差分处理，二阶差分之后再进行单位根检验。

表 4－12　　检验 ML 二阶差分之后的单位根

	T 统计量	Prob.*
增强迪基富勒检验统计量	－5.751652	0.0016

已经是平稳的时间序列数据，因此 ML 是二阶单整的 I(2)。根据赤池信息准则，通过对比发现 ARMA(2,2) 能够较好的拟合 D(ML,2)。通过 Eviews7.2 软件运算，得到结论。

表 4－13　　ARMA 模型求解

变量	相关系数	标准差	T 统计量	Prob.
AR (1)	－1.491773	0.179506	－8.310418	0.0000
AR (2)	－0.798085	0.158231	－5.043807	0.0004
MA (1)	1.644215	0.106225	15.47864	0.0000
MA (2)	0.883393	0.102797	8.593580	0.0000

结论显示各项数据性质良好。

因此，可以得到：

$D(ML,2)_t = -1.491773\ D(ML,2)_{t-1} - 0.798085\ D(ML,2)_{t-2} + e_t + 1.644215\ e_{t-1} + 0.883393\ e_{t-2}$

根据上式，代入相关的数据，计算得出2011—2013年农村地区小额信贷市场容量。

表4-14 2011—2013年的农村地区小额信贷市场容量

年份	2011	2012	2013
未观测农户贷款规模（单位：亿元）	18,836.34	20,736.23	22,634.75

数据来源：根据已有数据计算得出。

根据本章模型计算的数据，通过简单的计量经济学模型预测了我国农村地区小额信贷市场容量。尽管数据的精度需要得到实践的进一步检验，但从总体上能够反映出我国农村金融资金缺口的严峻现实。

本章的研究结论对于相关政府职能部门和有意参与农村小额信贷市场的机构都有实际的参考意义。

第五章　商业性小额信贷的探索与发展

依发展主体不同，我国小额信贷的可以分为四类：正规金融机构开办的小额贷款业务、小额贷款公司的小额贷款、政府部门开办的小额信贷、NGO或国内公益组织开办的小额信贷项目。本章主要介绍银行类金融机构和小额贷款公司开展小额贷款的情况。

正规金融机构开办的小额信贷业务主要有农村信用社的小额信贷业务和农户联保贷款、城市商业银行与政府合作的担保贷款、农业银行和邮政储蓄银行及新型农村金融机构等开办的小额信贷业务。正规金融机构规模庞大，从资金量来看是小额信贷业务的主体，在机制设计上缺少针对性，虽然在广度上具备了一定规模，但服务的深度有待改进。正规金融机构的小额信贷业务更多的是一种小额度贷款的概念。最近几年，商性小额贷款公司出现了飞速发展，从2008年5月至2012年5月的4年间，我国的小额贷款公司已经有5,172家，贷款余额是4,700亿元，发挥了很重要的拾遗补缺的作用，并在小额信贷领域占据了半壁江山。正规金融机构和小额贷款公司的小额贷款多具有盈利性质，我们可将其归入商业性小额信贷。

第一节　银行类金融机构从事的小额信贷业务

一、农村信用社开展的小额信用贷款和联保贷款

农村信用社小额信贷以其在农村地域所具有的“覆盖面广、业务量大、机构网点多”的特有优势，成为中国农村小额信贷业务的最主要的供给主体。为缓解农民贷款难问题，从1999年起，在人民银行各项政策①和支农再贷款的推动下，各地农村信用社开始逐步推广小额贷款业务，特别是农户小额信

① 1999年7月，中国人民银行下发《农村信用合作社农户小额信用贷款管理暂行办法》，开始在部分省市的农村信用社试点推行农户小额信用贷款和农户联保贷款业务。

用贷款和联保贷款，取得了良好的经济效果和社会反响。农户小额信用贷款是指农村信用社基于农户信誉，在核定的额度和期限内向农户发放的不需抵押、担保的贷款。农户联保贷款是指没有直系亲属关系的3—5户农户自愿组成相互担保的联保小组，农村信用社向联保小组的农户发放的贷款。

近年来，在相关部门的推动下，农村信用社农户小额贷款业务发展良好。一是调整农户小额贷款政策。全面拓宽农村小额贷款对象、范围、金额、期限、利率。小额贷款对象从传统农户扩大至农村多种经营户、个体工商户以及农村各种微型企业；小额贷款用途由传统农业扩展到有助于农民收入提高的各个产业；小额贷款额度在发达地区可提高到10万—30万元，其他地区提高到3万—5万元；小额贷款期限可根据当地农业生产季节性特点、贷款项目生产周期等决定，个别贷款期限可延长到3年；小额贷款利率坚持“利率覆盖风险”的原则。二是创新农户小额贷款方式。部分农村信用社开发推广农户小额贷款“一卡通”制度，将农户贷款与银行卡功能有机结合起来，在授信额度内采取“一次授信、分次使用、循环放贷”的管理办法，随用随贷，有效提高了贷款便利程度。三是简化农户小额贷款程序。对重点客户和优质客户，实行“一站式”服务，简化贷款审批手续，确定灵活的贷款偿还方式，实行优惠利率。对个别地域面积大、偏僻的乡镇，通过流动服务方式，开展上门服务，提高服务水平。

在各有关部门的政策支持和引导下，农户小额信用贷款和农户联保贷款在全国农村信用社得到了普遍推广，农民贷款担保难问题得到了有效缓解，农户贷款面有所提高。2010年年末，全国农村信用社农户贷款余额达到2万亿元，其中，农户小额信用贷款和联保贷款余额约为6,500亿元，约占农户贷款的余额33%①。实践证明，小额贷款业务是农村金融机构满足农村金融需求，促进农村经济发展的有效方式。

二、中国农业银行开展的小额信贷业务

按照国务院确立的农业银行股改方案要求，为更好地服务“三农”，从2008年3月起，农业银行在甘肃、山东等7家省（区、市）分行选择部分二级分行开展三农金融事业部制改革试点。2009年，试点广度和深度进一步扩大。2010年4月开始，在前期试点的基础上，选择甘肃、四川等8家分行，按照“三级督导（总行、省分行、地市分行）、一级经营（县支行）”原则完

① 数据来源：银监会合作部。

善管理架构；按照“六个单独（资本、信贷、核算、拨备管理、资金、考评激励）管理”原则完善机制建设，积极开展深化三农金融事业部制改革试点。目前，农业银行“三农金融事业部”组织治理架构、单独核算体系、专门信贷制度和产品体系、风险管控制度、有效的绩效考评和投入机制已初步形成。

2007年以来，农业银行加大“三农”和县域产品研发力度，不断丰富完善服务“三农”产品种类和功能。目前“三农”金融统一品牌“金益农”旗下产品达345种，其中“三农”专属产品增加到了70种，包括了诸如惠农卡和农户小额贷款、小企业简式快速贷款、“绿色家园”农村城镇化贷款、贸易融资、CDM项目融资等一系列新产品。积极探索新型“三农”金融服务方式，涌现出了“公安模式”、“寿光模式”、“泉州模式”、“定西模式”等一系列服务“三农”典型案例，形成了流动客户经理组、汽车移动金融、农村小额取现、多方合作支农、供应链金融等一系列新型金融服务方式。中国农业银行主要有如下的小额信贷方式：

（一）农户小额贷款

农业银行发挥大型商业银行的管理技术优势和城乡联动的系统优势，研发推出了专门为农民服务的综合性金融产品——金穗惠农卡，不仅扩大了小额信贷业务的覆盖面，而且满足了农民的多元化金融需求，让现代金融服务走入千家万户。截至2010年年末，农业银行累计发放惠农卡6,100万张，授信总额1,600亿元，农户小额贷款余额989亿元，惠及580多万农户。

（二）惠农信用卡

2009年1月，农业银行推出面向县域城乡居民的惠农信用卡。惠农信用卡产品主要面向县域地区具有一定规模的种养殖户、从事农产品收购、加工和手工艺制作的新型农民、从事小商品生产及流通的个体工商户和小企业主等客户群体，授信额度最高可达30万元，随时可以透支，以满足这部分群体“期限短、次数频、额度高、循环信用”的资金需求。截至2009年12月，农业银行累计发行惠农信用卡21.5万张，总授信额度16亿元。

（三）农村个人生产经营贷款

为满足农村地区规模化生产经营农户的需要，2009年9月，农业银行开发了农村个人生产经营贷款，面向种养大户、农民专业合作社、工商业、运输业、服务业经营者，提供5万—100万元的贷款，支持以创业带动就业，促进农民增收。截至2009年12月，农业银行累计发放农村个人生产经营贷款4,331户，贷款余额6.7亿元。

（四）农村青年创业小额贷款

为更好地帮助和扶持农村青年创业就业，2009年5月，农业银行与共青团中央签署了《支持农村青年创业就业合作协议》，银团双方共同确定10个省（自治区、直辖市）中的55个县开展试点，先期发放农村青年创业小额贷款。截至2009年12月，55个试点县团委共推荐农村青年创业小额贷款18,278笔，其中14,433笔成功发放，贷款额达49,111万元，此举给予了农村青年极大的创业支持。

（五）小企业贷款

农业银行针对小企业融资中最突出的“贷款难”、“担保难”、“结算难”、“信用升级难”等“四难”问题，开发了简洁适用的小企业评分卡和计量模型，陆续推出了小企业简式快速贷款、自助可循环贷款、标准厂房按揭贷款、应收账款质押贷款、整贷零偿贷款、贸易融资、林权抵押贷款和专业合作社贷款等金融产品，创新了担保方式，拓宽了担保范围，提高了服务效率和效果。截至2009年12月，农业银行小企业贷款余额15,917亿元，惠及6.5万户。

此外，农业银行针对不同群体小额信贷需求特点，研发推出了助学贷款、大学生创业贷款、下岗职工再就业贷款、扶贫到户贷款、灾区农民建房贷款等小额信贷品种。各地分行也根据当地特色，开发了品种多样的区域性信贷产品，例如渔船抵押经营贷款、出国人员务工贷款、专业市场多户联保贷款、存贷积数挂钩贷款、工薪人员小额贷款等，支持了一批经济效益良好、社会效益显著的生产经营项目。

三、国家开发银行的小额贷款业务实践

关注到“小企业贷款难”这一现象逐渐成为中国经济社会面临的发展瓶颈，并对和谐社会的建设产生影响，国家开发银行决定在国内率先开展微贷款业务实践，探索该业务的商业可持续发展道路。2005年12月，国家开发银行从战略角度出发，联合世界银行、德国复兴信贷银行等国际机构，在借鉴国际先进经验的基础上，启动了中国商业可持续微小企业融资项目（简称“微贷款项目”），在中国面向小型、微型企业、个体工商户、农户等社会弱势群体开展小额贷款业务。

国家开发银行由于缺少支行、储蓄所等营业网点，不能像其他商业银行一样单纯依靠自己的力量，必须寻找到合适的合作伙伴，共同实施这一项目。在这种情况下，2004年，国家开发银行决定与世界银行、德国复兴信贷银行（EBRD）等国际金融机构合作，借鉴、引进EBRD在东欧和前苏联开展微小企业贷款业务的成功经验，采取“批发银行+零售机构”和“资金+技术+专家+IT”的模式，与地方金融机构合作开展微贷款业务。世

界银行提供1亿美元的专项转贷款资金用于此项目开展，并与国家开发银行一起，就微贷款业务采用何种技术在全球范围内进行公开招标，聘请具有丰富小额贷款经验的德国IPC公司，帮助其进行制度建设和制定风险管理方案。

国家开发银行通过深化与县市政府合作，探索以批发方式支持小额贷款机构为小企业和农户提供贷款。截至2010年年末，累计发放贷款746亿元，惠及71万户农村中小企业和经营户，使金融服务向县域农村有效延伸。与全国2,000多个市、县政府建立合作关系，与1,431家投融资公司、担保公司、小额贷款公司、中小商业银行等机构签订合作协议并实现业务运行。以“资金+技术+IT”的模式支持了274家小额贷款公司，累计培训1,900多名小额贷款公司业务人员。

四、中国邮政储蓄银行的小额信贷业务

2007年3月6日成立的中国邮政储蓄银行继承原国家邮政局、中国邮政集团公司经营的邮政金融业务，是在改革邮政储蓄管理体制的基础上组建的商银行。目前中国邮政储蓄银行在存款规模上已经成为中国第五大商业银行。中国邮政储蓄银行自成立以来，涉农业务不断拓展，尤其是农村地区小额贷款业务得到较快发展，主要业务如下：

（一）存单小额质押贷款业务

邮政储蓄机构于2006年开始存单小额质押贷款业务的试点工作，2007年在全国进行推广。该项业务的特点是农村居民可用自己在邮政储蓄的存单做质押，使他们的“血汗钱”和“防老钱”能够随时使用，让存入“死期”的存款，贷出“活钱”来；农村居民还可以用别人的存单做质押，使那些连存款都没有的农户通过借他人的信誉而从邮政储蓄借出钱来，发展生产，勤劳致富。这种做法既可发挥利用农村社会熟人之间相互熟悉的优点，又可解决熟人间不好撕破脸面讨债的问题。

截至2010年12月末，邮储银行在农村地区累计发放小额质押贷款122.11万笔，金额558.54亿元。在给农户带来便利的同时，也对农村的金融市场产生了积极的影响，为农村金融市场的适度竞争创造了有利条件。

（二）农村小额贷款业务

邮政储蓄小额贷款业务于2007年6月22日在河南开始试点，8月陆续在北京、山东、浙江、陕西、湖北、福建六省（市）试点。2008年开始在全国各省推广。

目前，邮政储蓄小额贷款业务有农户联保贷款、农户保证贷款、商户联

保贷款、商户保证贷款四个贷款产品。服务的对象主要为县域内的广大农户、个体工商户和私营企业主等经济主体。通过对这些客户发放贷款不仅支持了他们扩大自己的生产经营，增加收入，而且促进了地方经济的发展。

邮政储蓄银行在全国31个省（区、市）和5个计划单列市共36个一级分行全部开办小额贷款业务。在184个二级分行、376个一级支行的392个二级支行实际办理了小额贷款业务，其中246个在县和县以下农村地区。截至2008年6月末，全国累计发放小额贷款1.63万笔，金额10.2亿元；贷款结余1.50万笔，金额8.74亿元。平均单笔贷款金额6万元，较好地贯彻了“小额、分散、流动”的原则。其中，农户联保贷款累计发放4,104笔，金额1.78亿元，农户保证贷款累计发放1,433笔，金额4,968万元（另外在商户贷款中也有一部分为农村的个体工商户），平均单笔金额仅2.9万元，最低贷款金额为2,000元。小额贷款资产质量良好，6月末的逾期贷款率仅为0.24%。邮政储蓄银行将小额贷款业务作为一项战略性业务，并通过会议和培训使各级管理人员和信贷业务人员充分理解小额贷款业务的社会效益、经济效益和信贷技术、风险控制特点，截至2010年年末，邮储银行4,591个二级支行开办了小额贷款业务，在县及县以下地区累计发放小额贷款334.27万笔，金额1,885.03亿元，占全部小额贷款累计发放金额的69.43%。

截至2011年10月末，邮储银行已经把其信贷审批权限下放到开办个人商务贷款业务的2,000多个县级支行。据介绍，农业银行的县域业务信贷审批权2008年仅仅下放于八个省，2012年才扩大到十二个省。

截至2012年2月25日，农户小额贷款累计投放超过2,200亿元，小微企业贷款累计投放超过8,800亿元，惠及农户、商户、小微企业超过530万家。

五、地方商业银行开展的小额信贷业务

近年来，随着各地城市信用社改革，各地纷纷成立了以地市为统一法人的地方性商业银行（城市商业银行）。为谋求发展，不少地区的城市商业银行在规模上求大、业务上求全、在途径上求异地设机构和上市，盲目以大型商业银行的标准作为自己的发展方向。但同时，也有部分城市商业银行自身经营和所处环境的特点，将“立足做辖区内中小企业的主流银行”和“零售银行的品牌银行”作为自身发展方向，大力发展小额信贷业务。

城市商业银行中，较早开始从事小额信贷业务的主要有哈尔滨银行、包头商业银行和台州的台州商业银行、浙江泰隆商业银行和浙江民泰商业银行。这些城市商业银行都以从事小额信贷业务为主，但在具体的服务对象上略

有区别，哈尔滨银行历来重视开展服务“三农”的小额信贷，包头商业银行的服务对象则主要是城市居民，而台州的三家城市商业银行主要客户是中小企业。本书以哈尔滨银行为例，介绍城市商业银行小额信贷业务的一些情况。

哈尔滨银行是近年来崛起于中国东北地区的一家新兴股份制商业银行，总部位于哈尔滨市。现有哈尔滨、天津、成都、沈阳、大连、重庆等13家分行，在北京、深圳、吉林、甘肃、重庆及黑龙江等地设立了24家村镇银行，两百余家营业机构，在职员工逾5,000人，遍布全国六大行政区；省内地市机构覆盖50%以上，哈尔滨市下属县市实现全覆盖；拥有分行、村镇银行数量在全国城商行中均名列第三位。截至2011年年末，资产总额2,024.99亿元，存款余额1,416.38亿元，不良率0.67%，实现净利润17.08亿元，盈利能力在黑龙江省位居前列。哈尔滨银行在总结孟加拉小额信贷成功经验的基础上，结合哈尔滨市的具体情况，为了更好满足哈尔滨市农户在生产和经营方面的资金需要以及支持农业发展，自行设计开发了小额农贷联保贷款，并在阿城支行、利民开发区支行和双鸭山分行三个农业贷款中心实行。

哈尔滨银行小额信贷业务主要包括种植业小额农户贷款、养殖业小额农户贷款、农产品服务业小额农户贷款（以上贷款最高贷款额度不超过3万元）以及农业科技项目小额农户贷款（含大棚种植技术、水利引渠、农村高科技试验田，最高贷款额度不超过5万元）。其中种植业、养殖业小额农户贷款期限最长不超过1年，农产品服务业、农业科技项目小额农户贷款期限最长不超过3年。种植业、养殖业小额农户贷款根据农户的具体情况采取多次还款方式或者到期一次性还本付息等方式，农产品服务业、农业科技项目小额农户贷款可根据农户的具体情况采取按月、季还息，到期还本或者按月等额还款以及到期一次性还本付息等方式。

在监管部门的指导下，大力发展小额信贷业务，并积极引进国际先进技术和理念，与该行实际相结合，形成了“本土化加国际化”的小额信贷模式，打造了“乾道嘉”系列品牌，在小额信贷领域形成了较强的核心竞争力。哈尔滨银行的小额贷款划分为四大板块，即小企业类贷款、农户类贷款、微小企业类贷款和个人消费类贷款。截至2011年年末，小额信贷余额360.88亿元，占全行信贷资产总额的61%。小额信贷业务实现总收益27.4亿元，占信贷资产收入的66.84%。现已累计投放小企业贷款1.6万户，金额300多亿元，投放农户贷款107万户，金额347亿元，投放小微企业贷款1.8万户，金额47亿元，投放个人消费类贷款10万户，金额177亿元。

在开展小额信贷过程中，哈尔滨银行加强与法国沛丰、美国行动国际、孟加拉格莱珉银行等国际先进小额信贷机构交流，与国际金融公司（IFC）开展战略合作，推动小额信贷业务迈上了国际化发展平台。2010 年“乾道嘉”小额信贷业务在世界著名的美国 MIX 市场（小额信贷信息交流市场）成功挂牌，标志哈尔滨银行小额信贷国际化战略迈出了重要一步。

六、新型农村金融机构开展小额信贷

为有效解决我国农村地区金融供给不足、竞争不充分等问题，银监会于 2006 年年底调整放宽农村地区银行业金融机构准入政策，按照“低门槛、严监管”的原则，积极培育发展村镇银行、贷款公司和农村资金互助社等三类新型农村金融机构。2011 年，银监会根据风险防范需要，印发《关于调整村镇银行组建核准有关事项的通知》，调整完善准入政策，确立集约化培育、专业化管理的工作思路，鼓励按照区域挂钩的原则集约化组建村镇银行，重点布局西部地区和中部欠发达县域，并按照先西部地区后东部地区、先欠发达县域后发达县域的次序组建；同时要求村镇银行坚持面向“三农”的建设方向和“做散做小”的经营原则。

新型农村金融机构主要服务对象为农村中小企业和农户，未有小额信贷统计数据，在此我们暂且用小企业贷款余额和农户贷款余额代表小额贷款数额。截至 2011 年底，全国 242 家银行业金融机构共发起设立 786 家新型农村金融机构，其中村镇银行 726 家（已开业 635 家），贷款公司 10 家，农村资金互助社 50 家（已开业 46 家）；473 家分布在中西部地区，占 60.2%，313 家分布在东部地区，占 39.8%。新型农村金融机构累计吸引各类资本 369 亿元，各项贷款余额 1,316 亿元，其中小企业贷款余额 620 亿元，农户贷款余额 432 亿元，两者合计占各项贷款余额的 80%。截至 2012 年 5 月末，我国新型农村金融机构已经组建了 817 家，机构的 80% 的贷款投向“三农”和小企业。

第二节　我国农村正规金融体系的小额信贷产品创新

目前，我国农村市场金融服务覆盖的广度和深度不足，其原因并非农村金融机构缺乏可贷资金。与此相反，农村金融机构并不缺乏资金，但由于缺乏良好的信贷风险控制机制和技术，他们要么不在农村放贷，要么贷款回收率不佳，结果是大量资金通过农村金融机构的存款、系统内上存和跨区域拆

借途径流出了农村市场。可见，问题的症结在于农村金融机构的信贷投放和风险管理能力欠佳。这样，改革的出路即在于，一方面应通过体制改革完善农村金融微观主体内部的治理结构和激励机制，另一方面则应鼓励和推动农村金融机构进行适合农村经济和社会环境的金融产品创新。

一、农村小额信贷产品创新基本情况

近年来，我国农村金融机构乃至政策当局都在农村信贷产品创新方面进行了积极探索。中国人民银行通过政策指导和支农再贷款推广的小额信用贷款和农户联保贷款、中国银监会推广的小企业贷款，目前都已达到相当大的规模。在总结实践经验的基础上，人民银行和银监会 2008 年 10 月发布了《关于加快推动农村金融产品和服务方式创新的意见》，就农村金融产品创新的模式和发展方向提出五点意见：（1）大力推广农户小额信用贷款和农户联保贷款，扩大农户贷款覆盖面，提高贷款满足率；（2）创新贷款担保方式，扩大有效担保品范围。原则上，凡不违反现行法律规定、财产权益归属清晰、风险能够有效控制、可用于贷款担保的各类动产和不动产，都可以试点用于贷款担保；（3）探索发展基于订单与保单的金融工具，提高农村信贷资源配置效率，分散农业信贷风险。在完善订单农业和农业产业化发展模式的基础上，鼓励涉农银行业金融机构、农村信贷担保机构及相关中介机构加强与保险公司的合作，以订单和保单等为标的资产，探索开发“信贷＋保险”金融服务新产品；（4）在银行间市场探索发行涉农中小企业集合债券，拓宽涉农小企业的融资渠道；（5）改进和完善农村金融服务方式，提高涉农金融服务质量和服务效率。积极推进农村金融服务电子化、信息化和规范化。2010 年，人民银行联合银监会、证监会、保监会在全国范围内推开此项试点。各金融机构在各地开展了包括林权抵押贷款、“公司＋基地＋农户”、“公司＋专业组织＋农户”等多种方式在内的信贷产品和服务创新，对盘活农村存量资产、拓宽农村资金来源渠道、建立健全农村金融风险覆盖体系产生了重要影响。在农村信贷市场不断发展完善的同时，资本市场对“三农”的支持作用有所增强，农村企业的直接融资渠道有所拓宽，农产品期货品种不断增加，市场功能逐步发挥，风险规避和价格发现作用初步显现。多层次、多主体的农村保险服务网络体系不断完善，农业保险、农村人身保险和农村小额保险快速发展，覆盖面不断扩大，保障功能明显增强。

根据对湖北、浙江部分地区的调研，我国农村金融创新种类繁多，成效显著。

1. 农村金融创新品种丰富，形式多样（见表 5－1）

表 5-1　湖北、浙江农村金融创新情况

	主要品种	基本特点	地区机构
组织模式创新	“四位一体”	（1）龙头企业 + 种植基地 + 行社联合 + 财政贴息；（2）合作银行 + 供销联社 + 信用合作；（3）农村金融创新依托农业生产组织形式的转变，依托合作社与龙头企业的发展进行；（4）分散的农民被组织起来，为“信用联保”创造了条件。	湖北阳新县农行和农信社；浙江省17县（市）农村合作金融机构
	“三位一体”		
	农户 + 专业合作社		
	龙头企业 + 农户		
担保机制创新	订单质押、仓单质押贷款	（1）担保机制创新可分为两大类：一是基于借款人自身不动产和动产（“经济资产”）的抵押、质押等，二是基于借款人某种社区压力（“社会资产”）的担保行为；（2）某些担保创新游走于法律边缘，并不受法律保护。	湖北阳新县、湖北汉川市、浙江萧山区、浙江桐乡市；农村信用社、农行
	应收账款质押贷款		
	宅基地质押贷款		
	农民住房抵押贷款		
	林权抵押贷款		
	门市部承租权质押贷款		
	地上物收益贷款		
	水库经营权抵押贷款		
	市场摊位抵押担保贷款		
	担保公司担保贷款		
	农户和小企业联保贷款		
	协会担保贷款		
	农村合作组织担保贷款		
信贷产品创新	“金虾宝”	（1）种类繁多的信贷产品创新体现了因地制宜的精神，面向不同种类的客户，农村金融机构开发了与需求相适应的多种产品；（2）信贷产品创新在面向不同客户创新产品时，利用了不同客户的信用资质特征，这有利于降低、控制风险；（3）信贷产品和保险产品相结合，实现了特定风险在保险和信贷机构之间的分担。	湖北阳新县、湖北汉川市、浙江萧山区、浙江桐乡市；农村信用社、农行
	金穗惠农卡		
	丰收小额贷款卡		
	中小企业成长贷款		
	农户建房贷款		
	信房按揭贷款		
	小康家园住房贷款		
	农村青年创业贷款		
	共产党员创新创业贷款		
	农村青年团员创业创新贷款		
	失地农民创业贷款		
	“安贷保”（保险 + 信贷）		
激励约束机制创新	政府税收减免	（1）激励约束机制创新分为外部激励和金融机构内部激励两类；（2）政府用财政资金鼓励农村金融机构创新并扩大覆盖率，已有一定成效；（3）金融机构旨在鼓励业务创新的内部机制创新也已取得良好效果。	湖北阳新县和汉川市、浙江萧山区和桐乡市；农信社、农行
	政府贷款贴息和担保		
	政府“风险补偿”和奖励		
	“四包一挂钩”内部考核机制		

一是组织模式创新。如阳新县推广的“龙头企业＋种植基地＋行社联合＋财政贴息”的“四位一体”信贷模式。二是担保机制创新。如订单质押贷款、应收账款质押贷款、林权抵押贷款、门市部承租权质押贷款、担保公司担保贷款等。三是金融产品创新。如萧山农村合作银行实施了“一行一品”战略，即一家支行发展一个信贷产品，因产品设置支行，推广了“金虾宝”等新产品。农业银行桐乡市支行推广了集储蓄、贷款、理财、汇兑多种功能于一身的金穗惠农卡。浙江省联社推广了集循环小额贷款、资金汇兑、电子缴费、农民直补发放于一体的丰收小额贷款卡。四是激励约束机制创新。一方面，地方政府通过“风险补偿”、“贷款贴息”、“税收减免”“贷款担保”等多种形式进行外部正向激励，一些金融机构在村乡干部中聘请的“协贷员”也是一支新的外部激励和监督力量。另一方面，金融机构纷纷建立有利于创新的内部绩效考核机制。如萧山农村信用社推广的“四包一挂钩”农户贷款，余额在10万元以内的纯农户贷款，由信贷员包资金、包发放、包管理、包回收（“四包”），并承担风险和损失（“一挂钩”），分享贷款收益。五是信用整合机制创新。如浙江农村信用社大力推广信用户、信用村建设，尝试利用党、团、妇等组织开展信用创新，桐乡农村信用社推广信用户、信用村建设时还引入了中诚信作为第三方机构为农村评定信用等级。

2. 初步探索建立了分工协作的农村金融创新体制机制

这一机制大体可概括成“地方政府扶持、监管部门指导、金融机构探索”。一是政府扶持和组织协调。湖北省、浙江省人民政府都出台了一系列支持农村金融服务创新的政策措施，专门拿出一定规模的财政资金加大扶持力度，创造了良好的政策环境和创新平台，催生和培育了一系列创新产品。二是金融部门加强政策指导。人民银行、银监会在党的十七届三中全会后，立即发布了《关于加快推进农村金融产品和服务方式创新的意见》，鼓励和引导金融机构积极开展多种形式的农村金融创新，推动建设多层次、广覆盖、可持续、低成本的农村金融服务体系。人民银行武汉分行、杭州中心支行出台了多项指导意见，加强与财政、林业、农业等有关部门的协调，明确创新方向和具体要求，加强创新管理。三是金融机构积极探索。4个县区的农村金融机构紧紧围绕市场需求和发展实际，以开展金融创新为核心，不断优化内部设置，简化信贷流程，建立激励机制，加快探索和实践多种形式的金融创新。

3. 农村金融创新成效显著，有力支持了“三农”经济发展

人民银行武汉分行的同志介绍，农村金融创新的经济效应可以用四句话概括，“创新一个产品，搞活一个企业，发展一个产业，带动一方经济”。如湖北神丹公司主营畜蛋产品，主要向超市供货，流动资金大量被占用，通过

应收账款质押贷款这一创新产品，成功化解了2005年苏丹红事件的危机，带动了1.2万农户走上了致富路。阳新县的“四位一体”信贷模式，帮助阳新县远东麻业公司在短短3年内由一家濒临关停的企业发展成为湖北省重点龙头企业，吸纳农民就业2,000余人，并带动了4万农户种麻。农业银行阳新县支行的同志说，这种信贷模式是“政府得了税、银行得了利、农户得了惠”。

二、关于我国农村金融创新的思考

1. 当前农村金融创新的着力点在于担保创新

尽管农村金融创新种类繁多、千差万别，但核心是担保机制创新。无论是防范风险还是降低成本，是组织模式创新还是信贷产品创新，是企业贷款创新还是农户贷款创新，这一切核心都是围绕着担保机制进行的，重在解决担保难问题。这一现象反过来也说明“三农”贷款难根源在于担保难。只有解决了担保难，才能改善金融服务。传统意义上的不动产抵押模式已经无法解决农村金融问题，担保创新主要集中在动产抵押、权利质押以及第三方保证等三种担保方式，无论是仓单质押、订单质押、担保公司担保乃至建设信用村、信用镇等等，都证明了这一点。因此，推动农村金融创新，只有紧紧围绕担保机制创新，特别是动产抵、质押和第三方保证进行，才能真正抓住农村金融创新的“牛鼻子”。

2. 农村金融创新要实现“五个合力”

一是财政与金融要形成合力。要以有限的财政资源为杠杆，最大限度地撬动金融资源，真正建立农村金融创新的正向激励长效机制。二是农业银行和农村信用社要形成合力。要相互合作，共同挖掘创新潜力，实现合理分工，交叉定位，优势互补。三是存量机构与增量机构要形成合力。农业银行、农业发展银行、邮政储蓄机构等存量金融机构可作为批发机构，提供批发资金；村镇银行、贷款公司、资金互助社等新型金融机构，以及小额贷款公司等贷款零售商，可作为农村金融零售机构，直接面向广大农户开展零售业务。两者之间既相互竞争，又彼此互补。四是银行、保险、期货要形成合力。银行提供信贷资金，保险提供风险保障，期货市场规避价格波动，创新要有利于实现三者有机结合，最终形成一个完整的“金融产业链”。五是金融机构必须与信用建设、资产评估、会计审计、法律服务等各类中介机构形成合力，共同开发新产品，评估创新风险，降低交易成本，分享成长收益，支持“三农”经济发展。

3. 农村金融创新重要推力是有效发挥财政的正向激励机制作用

地方财政在农村金融创新中发挥了至关重要的杠杆作用、示范效应和协调功能。具体包括四种形式：一是信用补充。财政通过建立担保基金或担保公司等形式，提供贷款担保，建立第三方信用补充机制。二是风险补偿。财政通过贷款贴息、损失补偿等形式，为农村金融机构提供风险补偿，使之收益覆盖风险。三是税收扶持。财政通过减免营业税、所得税以及提高税前拨备比例等多种税收减免形式，支持农村金融机构发展。四是政策协调。由当地人民政府出面协调、组织、试点、推广农村金融创新模式，创造良好的政策环境和创新平台。此外，浙江省农村信用联社甚至还开办了共青团员创业贷款、共产党员创业贷款等，其实质是依托中国共产党的信用评估体系，凭借党选拔人才的标准和要求，来选择贷款对象。

4. 农村金融创新要因地制宜

落后地区和发达地区的农村金融创新存在着一定差异，这与发达地区正在由传统意义上的小农经济向现代农业转变有关。比如浙江桐乡、萧山的农村金融机构根据“企业打工、自己经商”的生产需求特征，已经开始把重点放在信贷产品创新和金融服务创新上，POS 机等支付系统都“下了乡”，甚至还推出了连北京都没有的“信付通”业务。湖北阳新、汉川的农村金融机构则仍旧围绕小农经济特点，创新主要集中在担保环节，迫切需要解决资金的可获得性问题，金融服务创新相对较少，也没有显得那么急迫和重要。不同地区对农村金融创新的需求不同，决定了农村金融创新的发展方向必须有所区别，合理定位，必须符合各地发展实际。

5. 农村金融创新的重要途径是把分散的农民信用整合为有组织的群体信用

单个农民信息分散，信用甄别成本高，抗风险能力弱，相应的贷款管理成本高，很难完全符合风险收益对称原则。相反，如果将单个的农民信用整合为有组织的、集体的农民群体信用，统一评估，统一授信，实现互相担保、互相制衡和互相监督，不仅降低了信息搜集、评估和管理成本，而且提高了抗风险能力，有利于金融机构降低贷款成本，实现风险与收益对称。从 4 个地区的做法看，信用整合有两条途径可循：一是信用村、信用镇建设。通过把整个村镇培育成信用村镇，将整个村镇所有农户的信用整合为一个信用共同体，不仅实现了整个村镇的风险共担、收益共享，而且意味着金融机构抢占了整个村镇的市场份额，贷款业务可以覆盖整个村镇的所有潜在客户。二是“公司” + “农户”。对所有向农业企业提供原材料的种植户或养殖户，运用联保、担保基金和风险保证金等联合增信方式，建立一个信用共同体，以“产业供应链”的形式整合信用，不仅实现了多个农户的信用整合，而且把农户的信用与农业企业的信用紧紧地联结在一起，客观上降低了农户的信用风险，实现了农业企业与农户的风险共担、收益共享。

第三节　小额贷款公司的产生与发展

现有的农村正规金融和各类小额信贷都不足以解决我国农村金融面临的困局，不能可持续和高效率地支持农村经济发展，建设“功能完善、分工合理、产权明晰、监管有力”的农村金融体系，就必须和开放农村金融市场相结合。应该考虑在农村金融市场引入新的机构。这些新机构必须是具有活力的微观主体，在保持可持续性和扩大覆盖面等方面具有充分的激励和动力，同时这些机构也愿意将多数业务和资金有效率地投放到农村金融市场中。这就是说，我国农村金融市场的改革和开放，需要引入商业性资本投资的新型机构，需要着力发展商业性小额信贷公司。

在农村发展商业性小额贷款公司，可望为实现农村金融政策的系统性跃迁创造条件。小额贷款公司的商业性资本在保持盈利能力和机构可持续性方面有着最充分的动力；在业务覆盖面方面，如果放开利率管制，商业资本也具有业务扩张的动力；而外部政策方面的适当规范，也可以在相当程度上保证商业小额信贷公司将资金投放到农村地区。如果商业性小额信贷最终获得较大面积的成功，那么强调市场力量的农村金融新方法将可能系统性的取代传统的补贴性信贷政策，从而实现农村金融政策的系统性跃迁，小额贷款公司正是在此背景下试点和发展的。

一、我国小额贷款公司试点的制度设计原则

中国银监会和中国人民银行2008年5月联合发布的《关于小额贷款公司试点的指导意见》(银监发［2008］23号，以下简称“23号文”)，将小额贷款公司的性质界定为“自然人、企业法人与其他社会组织投资设立的，不吸收公众存款的，主要经营小额贷款业务的有限责任公司或股份有限公司”。小额贷款公司主要以股东资本从事小额放贷活动，一方面不可吸储因而不是银行业机构，另一方面又主要从事放贷因而不同于一般工商企业。所以小额贷款公司是处于银行和普通工商企业之间的准金融机构。按照金融管理部门的解释，小额贷款公司具有如下特征：

（一）小额贷款公司向民营资本开放

23号文关于小额贷款公司可由自然人、企业法人与其他社会组织投资设立的规定，实际上在我国传统信贷市场上为民营资本投资打开一条制度通道。这正是23号文发布以来，小额贷款公司试点之所以一石激起千层浪，引起社

会各界包括民营资本和地方政府广泛关注和积极响应的根本原因。而这一制度安排的初衷包括两个方面：

第一，我国现有金融机构普遍面临严重的治理问题，机构在保持资产质量和业务灵活性之间难以两全，当前者成为政策优先目标时，机构必然大范围上收信贷审批权，从而弃小额信贷客户资金需求于不顾。这正是近年来我国金融改革的实际情况。

近年来，以注资重组和向上集中组织管理权利为手段，我国涉农金融机构的不良率持续下降。农村信用社经过改革，按四级分类的不良贷款余额和不良贷款率分别从2002年年末的5,000多亿元和接近40%下降至2009年年末的3,400亿元和7%；而按五级分类的不良贷款余额和不良贷款率到2009年年末仍为5,077亿元和11%（见图5-1）。也需看到，农信社不良率虽有改善，但总体水平仍然偏高。

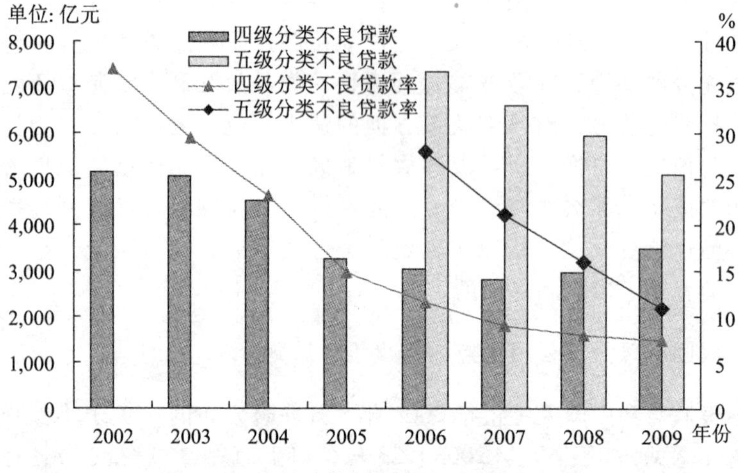

图5-1　农村合作金融机构不良贷款情况

数据来源：《2010年中国金融稳定报告》。

从贷款覆盖面角度看，虽然中央银行和各级财政为促进金融支农投入大量资金[①]，主要用于对涉农金融机构的补贴，但从金融机构和客户关系这一末端市场环节的供需状况看，"三农"经济主体和小企业总体上仍面临严重的信贷配给问题，弱势市场主体的信贷需求仍难满足。根据中国人民银行和国家

① 中央银行旨在促进金融支农的政策包括农村信用社改革支持资金（专向票据和再贷款）、优惠的存款准备金率、支农再贷款等，2009年9月末，这三项加总余额约为4,400亿元。财政促进金融支农方面的政策包括2009年开始实施的新型农村金融机构定向费用补贴政策、县域金融机构涉农贷款增量奖励政策以及扶贫贴息贷款政策等。各级财政还通过扶贫系统的村级互助资金直接支农。

统计局2007年“农户借贷情况问卷调查”调查，目前从我国农村正规金融机构获得贷款的农户，占全部农户的比重仅为15.5%，占有信贷需求农户的比重为31.67%；而已经得到贷款的农户，其所获贷款的平均额度仅为其有效需求额度的43.1%。

第二，在正规金融支农支小乏力的同时，我国民间融资极其发达且极具发展潜力。据国家统计局农调队的调查数据，农户从正规金融渠道获得的借款占全部借款的比重不到1/3（周小川，2004）；韩俊（2003）认为，当前农户取得借款的主要渠道是民间私人借贷，估计有50%到65%的农户获得了非正规机构的贷款，农户借款中民间借款所占的比例超过70%；而另一些研究报告甚至直接指出，中国农村金融的“主力军”原本就是非正规金融，例如IFAD（国际农业发展基金会，2001）的研究报告认为，中国农民来自非正规金融市场的贷款大约是来自正规金融市场的四倍（姚耀军与和丕禅，2004）。

从正规金融体系与民间金融此消彼长的关系中，正规金融面向低端客户时的僵化和低效，与民间资本满足草根金融需求的灵活和高效，恰形成鲜明对比。多年来对民间金融视而不见、任其生死的管理政策，不仅不能及时对期间风险进行必要干预，也必然限制其发展规模，阻滞其积极作用的发挥。

允许民营资本投资设立小额贷款公司，可为以传统低效的正规金融为主体的金融市场注入新的活力，在更好满足低端客户信贷需求的同时，也为民营资本参与信贷活动从而为民间金融的发展开辟一条正道。

（二）小额贷款公司坚持“只贷不存”

为什么小额贷款公司试点坚持“只贷不存”原则呢？这既与我国广覆盖的金融机构体系有关，也与基于政策风险和政策收益的权衡有关。

第一，我国正规金融体系的机构设置已实现“广覆盖”的要求，在满足农户储蓄需求方面表现出色。我国正规金融机构具有数量庞大的农村机构网点，截至2006年年底，农村信用社、邮政储蓄银行和农业银行在全国县域[①]内的网点总数分别达到约55,000个、23,000个和13,000个[②]。据人民银行和国家统计局调查，平均而言，农户距离最近金融机构网点的距离仅为4.69公里，95.3%的农户到金融机构的道路可以通车，农户到达最近正规金融机构平均所需时间仅为20.58分钟，71.2%的农户所需时间在20分钟以内，而40分钟内可到达的则占91.3%。林毅夫（1989）指出，在实施赶超战略背景下，改革开放前的农村金融机构只是动员农村储蓄以提供城市工业化资金的一个

① 所谓“县域”内的金融机构，可以近似的理解为“农村金融机构”。

② 数据来源于中国人民银行调查统计司（2008）。

渠道，而农户与这一体系的联系只是充当农村金融机构的存款者。张杰（2005）进一步指出，由于国家需要以金融剩余形式对农村经济剩余进行切割和转移，才有了这一时期“国家金融机构在农村的迅速扩张”。这解释了农村金融机构设置广覆盖的制度根源，作为这一制度安排的结果，我国农户储蓄服务需求得到了较好满足，实际上不缺储蓄服务设施，这使小额贷款公司发展储蓄服务失去了政策上的必要性。

第二，从政策风险和政策收益的比较中，可更好理解“只贷不存”的制度设计。一般而言，机构吸收公众存款，其风险在于公众和政府（政府往往需要在危机时保全公众存款）；机构发放贷款，其风险在与机构而与公众和政府无关。所以，允许小额贷款公司放贷，政策收益大而风险小；允许其吸储，政策收益小而风险大。所以，政策上选择“只贷不存”就是合乎逻辑的事情。

（三）监管权责下放至省级地方政府

按23号文有关规定，“凡是省级政府能明确一个主管部门（金融办或相关机构）负责对小额贷款公司的监督管理，并愿意承担小额贷款公司风险处置责任的，方可在本省（区、市）的县域范围内开展组建小额贷款公司试点”，就是说，一个地方政府能否开展试点的前提，是其是否能够明确一个主管部门并承担风险处置责任。这种以“准予试点资格”换取地方政府监管承诺的“互相承诺”机制，可看作中国金融监管制度向下分权，从而引入分层监管制度的重大尝试。林毅夫（2008）对此给予高度评价，认为23号文“实现了三个革命性突破，代表了农村金融监管的新趋势。首先就是首次引进了分层监管，允许省级机构（如金融办）对小额贷款公司进行监管，前提是该监管机构愿意承担小额贷款公司的风险处置责任。这是中国金融监管制度的重大变革，分层监管的意义在于鼓励监管创新和多样化，有利于监管竞争和金融创新①”。

反过来说，中央集权式监管往往由于监管部门责任过于集中而导致监管过严，市场开放步伐过于缓慢，金融创新较差从而市场效率也就必然较低。这从中国银监会2007年开始试点的村镇银行等三类农村金融机构的案例上再次得到印证。按照银监会政策，村镇银行实行“主银行制度”（发起人和最大

① 林毅夫提到的其他两个“革命性突破”是：“第二，小额贷款公司可以从两家以下的商业银行拆借资金。这一方面为商业银行开辟了信贷批发业务，为银行间接参与农村金融发展打造了一个平台。另一方面，从事信贷批发业务的金融机构，同时也承担了监督小额贷款公司的责任，与省级监管部门一起约束小额贷款公司的行为。多渠道监管有利于硬化小额贷款公司的预算约束，是市场力量监管金融机构的一种重要形式；第三，如果小额贷款公司记录良好，可申请组建为能够吸收存款的村镇银行。这为小额贷款公司的从业人员提供了正向激励，在积累经验的基础上，将本土经验植入存款类金融机构，成为真正意义上的民营银行”。

控股股东必须是现有银行业机构，民营资本持股不超过10%，不能拥有控制权)，贷款公司则由银行业机构全额出资持有，农村资金互助社有关要求也远高于实际需要。这些都反映了在中央集权式监管体系中负全责的银监会，面对基层监管力量不足时必然持有的极端谨慎态度和立场。

从小额贷款公司开始的分层监管理念和实践，已经并可能继续对有关政策产生重大影响。部分地方政府金融办已在试点中得以扩编，实力有所增强。如果将来分层监管体制得以确立，必将引发我国金融改革的连锁反应。

二、我国小额贷款公司试点的探索

（一）2005 年第一批小额贷款公司试点

在有关金融管理部门推动下，第一批小额贷款公司试点始自 2005 年。在山西、四川、贵州、陕西和内蒙古，主要由地方政府牵头，民营资本投资设立了晋源泰、日升隆等 7 家小额贷款公司。7 家小额贷款公司的注册资本为 1,600 万—5,000 万元不等，股东人数 1—4 人，股东一般为民营企业或个人，中国扶贫基金会参与了融丰小额贷款公司的申请设立。此外，试点设立的小额贷款公司得到了来自亚洲开发银行、德国技术合作公司等国际机构的技术和资金援助。同一时期，在这 7 家小额贷款公司试点之外，许多其他地区也自发开展了试点，据银监会数字，截至 2007 年年中，全国就已有超过 300 家小额贷款公司。这些试点项目游离于中央政策规范之外，虽然一成立就为媒体广泛报道，但并没有受到中央政策强令制止，反而促使有关部门尽快研拟出台有关小额贷款公司的正式文件。

（二）2008 年小额贷款公司试点推向全国

在总结第一批小额贷款公司试点经验的基础上，23 号文将小额贷款公司试点扩大到全国范围，同时进一步明确了试点政策框架。此后，在各省试点轰轰烈烈进行的同时，人民银行、银监会、财政部甚至国务院陆续公布了一系列有关政策①。

截至 2009 年年底，主要由各地金融办牵头，小额贷款公司试点工作已在除西

① 这包括人民银行、银监会于 2008 年 4 月发布的《关于村镇银行、贷款公司、农村资金互助社、小额贷款公司有关政策的通知》（银发［2008］137 号）；财政部 2008 年 12 月发布的《关于小额贷款公司执行〈金融企业财务规则〉的通知》（财金［2008］185 号）；银监会于 2009 年 6 月 12 日印发的《小额贷款公司改制设立村镇银行暂行规定》；工商管理总局发布的工商个字［2009］208 号文中提出“稳妥推动民间资本创办小额贷款公司”；国务院 2010 年 5 月 7 日发布的《国务院关于鼓励和引导民间投资健康发展的若干意见》（国发［2010］13 号）明确提出，适当放宽小额贷款公司单一投资者持股比例，对小额贷款公司的涉农业务实行与村镇银行同等的财政补贴政策。

藏外的各省（自治区、直辖市）陆续展开。全国共设立小额贷款公司 1,334 家，其中内蒙古、河北、安徽、浙江、山西、江苏和辽宁进展最快。全部小额贷款公司资金来源约 940 亿元，其中所有者权益 850 亿元，占 90%，从商业银行融资 65 亿元，占 7%。全部小额贷款公司贷款余额 765 亿元，占资金来源的 82%。

（三）全国各地小额贷款公司试点管理办法的基本特征

各地试点方案中比较有代表性的是浙江和内蒙古的试点方案。实际上，许多省份的试点方案都以浙江为蓝本，并根据当地情况修改而成。表 5－2 给出了内蒙古和浙江试点方案的基本特征，并将之与 2008 年银监会 23 号文有关规定进行了简单比较。

表 5－2　两地试点方案与全国政策比较

		银监发[2008]23 号文件	内蒙古试点方案	浙江试点方案
不同点	监管主体	省级主管部门	各级金融办	省级金融办（联席会议）；县、市级政府
不同点	准入和登记制度	省级主管部门审批；工商登记	市金融办初审，自治区金融办决定；工商登记	县政府受理、市政府转报、省政府审核、工商登记
不同点	资料报送	公安、人行和银监会	人行和银监局	公安、人行和银监局
不同点	持续监管	省级主管部门	市金融办负责	县工商局负责
不同点	审慎要求	仅做原则规定	比金融企业更严格的资产分类和计提要求	参照金融企业进行资产分类和准备计提
不同点	股东资格	未做限制	优选股东	优选股东
不同点	注册资本要求	有限公司≥500 万元，股份公司≥1,000 万元	同 23 号文	2 亿元≥有限公司≥5,000 万元，2 亿元≥股份公司≥8,000 万元；经核准可增资扩股
不同点	股权结构要求	单一股东≤10%	—	5‰≤主发起人持股≤20%，5‰≤主发起人之外的其他股东≤10%；有股权限售规定
不同点	跨区经营	—	可跨旗县、盟市	不得跨区
不同点	关联交易	—	禁止	禁止
不同点	贷款集中度	单户贷款余额≤资本净额×5%		单户贷款余额≤资本净额×5%（此类贷款不超过 30%）；同一借款人贷款余额≤50 万元（此类贷款不少于 30%）
相同点	利率政策	基准利率×0.9≤贷款利率≤基准利率×4		
相同点	融资限制	来源不超过两家银行类机构，总额≤资本净额×50%		

总体上看，各地小额贷款公司试点方案均不同程度地突破了23号文的政策框架。除在只贷不存基本属性、贷款集中度、利率政策和融资限制方面与23号文保持一致外，在监管制度、股权结构和跨区经营等诸多方面，均与23号文的要求不尽一致。（1）监管制度具有监管主体多元化和向下分权特征。与23号文要求省（区）级政府负责不同，各地均将各类监管权力在省（区）级与以下层级政府间进行重新安排。市场准入决定权集中在省（区）级政府，但持续监管的第一责任人均已下放到市县金融办（或如浙江，日常监管放在了县工商局）；（2）以浙江为代表的大多数地区在股权结构方面突破了23号文要求，放宽了大股东持股比例限制。（3）对于股本限额，许多省份抬高了最低额度，部分省份如浙江还规定了股本上限。（4）在资产分类和拨备计提方面，内蒙古按小额（信用）贷款特征实行了比金融企业更审慎的标准，大多省份则参照金融企业标准执行；（5）在业务经营方面，各地基本上都明确禁止小额贷款公司与股东、高管之间的关联交易；多数地区不允许跨区域经营，而内蒙古则允许满足条件的小额贷款公司跨旗县、盟市经营；（6）各地均对股东提出超过23号文要求的附加条件，这体现了审慎态度。

（四）小额贷款公司试点取得积极成效

1. 小额贷款公司在引导民间资本“支农支小”方面表现出色

第一，各地小额贷款公司试点为民营资本涉足金融领域打开新路，投资多以民营资本为主。据调研，从全省（区）小额贷款公司注册资本总额中自然人和民营企业出资比重看，截至2009年年末，浙江为98.2%，江苏为92.45%，山西和河北接近100%。国有企业、外资和其他社会组织投资比重很小。这反映了小额贷款公司制度模式对民营资本具有较强的吸引力。

第二，各地小额贷款公司贷款具有“短、小、灵活、可持续”的特点。一是以短期贷款为主。截至2009年12月末，全国小额贷款公司短期贷款余额756亿元，占其全部贷款余额的98%。二是平均贷款额度较小。企业贷款平均额度为100万元，自然人贷款平均额度60万元。从“50万元以下贷款笔数占比”看，截至2009年年底，江苏、山西、浙江和河北分别为78.6%、78.1%、57.8%和52.1%。三是贷款方式灵活，手续简便。在担保形式方面，小额贷款公司信用贷款和保证贷款占比较大，对传统担保方式依赖较少，在缓解农户和中小企业担保难问题上进行了有益创新。到2009年年末，浙江小额贷款公司信用贷款和保证贷款占比约为90%、江苏约为80%，河北和山西约为70%。在还款形式方面，许多公司借鉴国际经验，实行按月等额还本付息、按季结息到期还本、到期一次还本付息、分两次还本付息等多种可选方式。在贷款手续方面，大多数小额贷款公司能快速处理贷款申请并在1—2天内完成放款。四是利率覆盖风险，业务可持续性较强。小额贷款公司贷款利率水平总体上介于金融机构和民间借贷之间，能够覆盖信贷风险和经营成本，实现可持续发展。调研发现，浙江小额贷款公司贷款平均年利率约为16.5%，不良贷款率为0.14%，2009年股权回报率（以当年利润与年末资本净额之比粗略估算）在税前为7.2%，税后为5.3%，已初步实现可持续发展。

第三，小额贷款公司在“支农支小”方面表现出色，政策目标初步实现。截至2009年12月末，全部小额贷款公司农业贷款余额220亿元，占比30%，私营企业和个体贷款余额225亿元，占比30%。另据2009年年末调查，江苏、山西、浙江、河北四省小额贷款公司农业贷款余额占比分别为49.2%、29.0%、25.2%和18.9%。由于农业贷款一般额度较小，从农业贷款笔数而非农业贷款余额的角度上，能更好地看到小额贷款公司在农业信贷投放方面所做的努力。调查表明，上述四省2009年年末农业贷款笔数占比分别为78.7%、63.5%、30.1%和40.1%。

2. 小额贷款公司在衔接银行资金和低端客户之间发挥了积极作用

小额贷款公司试点过程中，一些地区积极促进“银小”合作，通过小额贷款公司将“大资金”和“小客户”衔接起来，为解决小企业和“三农”融资难问题提供了有益经验。比如，内蒙古将小额贷款公司开户和融资问题通盘考虑，要求全部小额贷款公司在特定商业银行开户，银行通过监控小额贷款公司资金往来，逐步了解小额贷款公司资信状况，并最终为小额贷款公司提供融资。截至2009年8月末，内蒙古两家银行已为小额贷款公司提供融资1.35亿元。国家开发银行在深圳与中安公司建立助贷合作关系，中安公司接受国家开发银行委托资金，利用自身优势承担贷款发放和贷后管理责任。截至2009年11月末，通过助贷合作关系累计发放贷款4.73亿元，余额1.15亿元。

三、小额贷款公司发展现状

我国小额贷款公司数量由2008年不足500家增长到2011年年末的4,282家（人民银行，2011），贷款余额已经增长到2011年11月末的3,914亿元。小额信贷发展势头迅猛。然而，在小额信贷高速发展的同时，我国小额信贷公司普遍存在着人员素质参差、资金投向盲目、业务管理混乱等问题。其中以贷款利率问题最为严重，其利率的决定和管理机制简单、粗糙，缺乏系统性、科学性，特别是随着小额贷款市场主体的增加，规模扩大，竞争加剧，其缺陷将逐步显现。因此，探究影响我国小额贷款公司利率决定的机理和因素，分析其优劣，完善小额信贷公司利率决策机制，对推动我国小额信贷市场发展具有重要的作用。

从我国2011年年末小额贷款公司的分布表看，不难发现我国的小额贷款公司发展地域差异很大。按贷款余额分，前三强分别是江苏、浙江、内蒙古。按机构数量分，前三强分别是内蒙古、江苏、辽宁。广东的GDP是全国最多的，但是广东的小额贷款公司无论是数量还是规模都不靠前。同属GDP靠前的江苏、浙江、山东等省份的小额贷款公司的发展就与经济总量相匹配。小额贷款公司的发展不仅与经济总量有关，与经济发展模式有关，也与当地民间融资习惯有关。江苏、浙江民营经济发达，民间融资渠道发达，也符合民营企业的融资习惯。广东经济总量第一，私营经济发达，但是广东人的融资习惯不偏好于此，更多的企业愿意通过拆借等方式融资。

小额贷款公司本质上是政府将民间金融、地下金融等游离于监管之外的金融活动正规化的一个制度安排。当前小额贷款公司的资金来源的一部分就是以往的地下金融资金，小额贷款公司往往和高利贷、地下钱庄等地下机构有联系，总有相当规模的资金由于这样或者那样的原因不愿意接受监管，他们在地下游走，这部分资金的规模巨大。根据野村证券的估算，截至2010年年底，小额贷款公司的贷款余额还不及民间借贷的十分之一（《羊城晚报》，2011）。这实际上说明，小额贷款公司账面上的贷款要少于通过他们实际发放的有效贷款。这一问题会长期存在，随着监管的进一步加强和政府加大对地下钱庄的打击力度，这种情况会逐步好转。小额信贷市场的逐步规范化发展，不仅对经济发展产生推动力，它们对地下金融挤压所表现出来的正外部性对金融体系的健康发展也有益处。

最近一年来，小额贷款公司正经历着爆发式增长，我国小额贷款公司的机构数量、从业人数和实收资本及贷款余额都有突飞猛进的增长，具体如表5－3所示。在小额贷款公司发展的同时，我们也要看到在这个市场上机构鱼龙混杂、良莠不齐的现象，注意到其业务活动脱农现象日益明显、违规违纪活动逐渐增多、行业发展受到质疑的现实。小额贷款公司行业的健康持续发展与多层次小额信贷体系建设息息相关，理论研究者、政策制定者、从业人员需要思考和解决的问题依然很多。

表5－3　　2011年年末我国小额贷款公司分布情况表

地区名称	机构数量（家）	从业人员数（人）	实收资本（亿元）	贷款余额（亿元）
全国	4,282.00	47,088.00	3,318.66	3,914.74
北京市	33.00	374.00	37.75	39.55
天津市	33.00	360.00	32.55	33.51

续表

地区名称	机构数量（家）	从业人员数（人）	实收资本（亿元）	贷款余额（亿元）
河北省	186.00	2,215.00	109.15	117.89
山西省	209.00	2,098.00	121.49	114.68
内蒙古	390.00	3,765.00	313.29	331.21
辽宁省	312.00	2,334.00	144.30	122.83
吉林省	179.00	1,479.00	40.49	30.51
黑龙江省	172.00	1,511.00	44.26	40.80
上海市	66.00	570.00	77.08	109.31
江苏省	327.00	3,019.00	559.78	805.16
浙江省	170.00	2,039.00	350.53	535.34
安徽省	278.00	3,122.00	160.25	189.54
福建省	42.00	499.00	83.67	99.83
江西省	115.00	1,336.00	98.38	110.63
山东省	184.00	1,985.00	186.01	222.53
河南省	181.00	2,425.00	63.74	64.87
湖北省	96.00	883.00	59.27	69.76
湖南省	59.00	649.00	34.63	39.13
广东省	167.00	4,358.00	164.42	178.78
广西	109.00	1,309.00	45.92	47.85
海南省	13.00	150.00	15.30	12.23
重庆市	110.00	2,164.00	127.10	139.29
四川省	81.00	1,339.00	110.28	130.84
贵州省	131.00	1,330.00	39.22	37.56
云南省	213.00	1,857.00	83.47	83.94
西藏	1.00	9.00	0.50	0.73
陕西省	155.00	1,244.00	104.55	93.43
甘肃省	102.00	892.00	21.71	18.62
青海省	18.00	205.00	9.29	12.36
宁夏	90.00	1,088.00	43.38	37.74
新疆	60.00	480.00	36.90	44.28

数据来源：中国人民银行网站。

第四节　小额贷款公司发展中的问题与建议

小额贷款公司在可持续发展过程中，主要受以下因素制约：小额贷款融资杠杆率较低，小额贷款公司成本高、税收高，缺乏普惠制度扶持等。考虑到以上诸多限制因素，政府应给这些为微小企业、个体工商户和农户服务的小额贷款公司提供政策倾斜，为我国小额贷款公司行业的可持续发展提供有力支撑。此外，小额贷款公司离农趋势问题、小额贷款公司的定位和发展问题也是值得研究和探讨的问题。

一、小额贷款公司可持续发展

（一）小额贷款公司可持续发展的意义

1. 为金融创新和农村金融体制改革积累有益经验

小额贷款公司是在总结了传统的国有商业银行对穷人和微型企业贷款的经验教训的基础上，结合我国特点发展起来的，小额贷款公司是在我国特殊的历史和制度环境中，对私人资本开放农村金融市场的一次审慎尝试。从历史经验看，小额贷款公司改变了农村和城市信贷市场结构，优化了信贷产品的品种，同时，对于农村和城市信用环境的形成起到了很好的促进作用。小额贷款公司的出现是金融创新的结果，而它的可持续发展必将与金融创新相得益彰，并为金融创新和农村金融体制改革积累有益经验。

2. 规范民间金融，完善金融市场

贫困地区要适应本地区经济发展，建立多层次、较完整的金融格局，非正规金融应成为其中的一部分。在经济发达地区，民间金融的长期存在也是促进区域经济，特别是区域民营经济发展的重要力量。民间金融市场存在着量大、风险高等一系列问题。调查显示，中国农户只有不到50%的借贷是来自银行、信用社等正规金融机构，而从非正规金融机构途径获得的借贷占农户借贷规模的比重超过了55%①。小额贷款公司由于其提供的金融产品和服务符合农村金融市场的金融需求、管理方式灵活等原因，已成为农村金融市场供给一个不可忽视的供给主体。随着小额信贷行业的持续发展，它们在完善农村金融市场上的作用得到越来越多的重视。小额信贷机构和行业的可持续性发展，将增加农村金融产品与服务供给，有利于在农村金融市场中引入竞争机制，为民间资本进入

① 李建军："中国地下金融调查"，2009年。

农村金融行业提供一条可行的路径，能更好地规范民间金融，完善金融市场。

3. 可以为农村弱势群体提供长期有效的金融服务

小额贷款公司的可持续发展将为农户和农村小微企业提供稳定的融资渠道，在支持农民脱贫致富，自主创业、开展多种经营、开拓就业门路等方面可以发挥很大的作用。

（二）可持续发展的影响因素

1. 资金来源

在我国，小额信贷机构在财务上的可持续发展首先遇到的是资金来源方面的压力。商业性的小额贷款公司按规定不得以任何形式吸收公众存款，也不得靠发行债券等进行融资，在获得后续资金方面受到严重制约。从某种程度来说，资金来源是小额信贷机构可持续发展的首要制约因素。

2. 利率因素

在财务收益方面，商业性小额贷款公司面临着收益压力。我国实行的仍然是利率封顶政策，对存贷利率实行严格的国家控制①。小额信贷公司贷款年利率被限制在同类银行贷款利率的4倍以下。随着经济形势的变化，小额信贷行业内部竞争趋于激烈，尤其是国家调低存款基准利率时，小额贷款公司生存和发展将受到一定程度影响。

3. 环境因素

（1）相关法律体系不完善，对小额贷款公司的性质界定模糊。《关于小额贷款公司试点的指导意见》（以下简称《指导意见》）将小额贷款公司的性质描述为“由自然人、企业法人与其他社会组织投资设立，不吸收公众存款、经营小额贷款业务的有限责任公司或股份有限公司”。由此可见，小额贷款公司在发起人和组织形式上和一般的公司相类似，但是贷款业务又是一般的公司所不能经营的业务。《指导意见》忽略了小额贷款公司的金融机构的属性，使其不需要申请金融许可证就可以经营部分金融业务，这对整个金融市场的稳定和发展具有不利的影响，同时对确定监管的法律和监管的主体也造成了困难。在实践中对小额贷款公司活动的规范只是通过决定、通知和意见等形式进行的，这不利于小额贷款公司长期稳定的发展。

（2）社会信用环境。当前，我国农村个人信用资料收集难，缺乏完整的参考资料，导致信用评级缺乏依据，从而导致对客户借款的激励约束严重不

① 最高人民法院1991年8月13日颁布的《关于人民法院审理借贷案件的若干意见》第6条规定：民间借贷的利率可以适当高于银行的利率，各地人民法院可根据本地区的实际情况具体掌握，但最高不得超过银行同类贷款利率的4倍（包含利率本数）。超出此限度的，超出部分的利息不予保护。

足。少部分个人的信用意识低下，信用缺失严重，在小额信贷缺乏贷款担保的情况下，容易产生逆向选择和道德风险。

（3）征信信息缺失。《关于村镇银行、贷款公司、农村资金互助社、小额贷款公司有关政策的通知》中规定，具备条件的四类机构可以按规定申请加入企业和个人信用信息基础数据库。根据“先建立制度、先报送数据、后开通查询用户”的原则，四类机构可以接入企业和个人信用信息基础数据库。而现有小额贷款公司业务管理系统与人民银行征信管理部门和科技部门规定的业务系统、网络条件、技术规范及安全管理要求相差甚远，要实现与人民银行征信系统的对接，目前条件尚不具备。征信信息的获得在一定程度上成为影响扩展小额信贷业务和控制风险的因素。

4. 小额贷款公司自身业务规模、服务和产品创新等经营因素

与非政府组织、正规金融机构开展的小额信贷类似，小额贷款公司的贷款用户规模普遍偏小，操作成本偏高。此外，小额贷款公司开拓市场和新产品的能力弱，产品单一，无法满足客户生产、生活中多样化的信贷需求。小额贷款公司作为一种金融创新，因为社会、经济、制度大环境的限制及自身存在的某些不足，而使它的发展面临着众多的困难与挑战，这些因素在一定程度上影响其可持续发展。

此外，小额贷款公司缺乏足够的风险评估技术，风险难以有效控制。很多小额贷款公司缺乏完善的权、责、利相结合的机制，激励和约束制度不完善，限制了员工的创造性和主动性。

二、小额贷款公司发展的建议

（一）要建立和完善相关法规和规定

各省在控制小额贷款公司业务风险的前提下，可出台相关规定，为小额信贷的发展廓清道路①；提高融资杠杆率，开通小额信贷组织从金融市场上融资的渠道②，允许它同其他金融机构通过各种方式开展有意义的存款、贷款、拆借等业务往来；条件合适时，可开办存款保险制度，为小额信贷壮大资金

---

① 2012年6月，杭州市发布《关于深入推进全市小额贷款公司健康快速发展的实施意见》，支持小额贷款公司发展，将小额贷款公司主发起人及其关联股东首次入股比例上限扩大至30%，并对新设小额贷款公司注册资本金不再设上限。

② 2012年6月底，重庆市新增小额贷款公司融资渠道，最高融资比例达230%以上，主要包括以下5类方式：从一家或多家银行业金融机构融资；通过金融资产交易平台（包括银行机构、资产管理恭送、信托投资公司和专门从事金融资产交易的机构等），开展回购方式的资产转让业务；向主要股东定向借款；小额贷款公司的同业资金借款（借出资金不超过公司资本净额的50%）；小额贷款公司融资平台（筹）对小额贷款公司提供的市场化的商业融资；同时鼓励探索其他融资方式。

来源、增强抵御风险的能力提供保险。要加大政策扶持力度，进一步研究支持基层金融发展的税收信贷优惠政策，同时将现有适用于农村信用社、村镇银行的优惠政策扩大到小额贷款公司。

（二）加快利率制度改革，推进利率的市场化

政府不应再强制性规定具体利率，在不超过基准利率四倍这一前提下，可适当放开利率水平。根据当地资金需求情况，自主制定利率水平，比如可以采取由借贷双方自主协商的方式来确立交易利率。监管机构应鼓励小额贷款公司合理定价。在合理定价的基础上，小额信贷机构还可创新信贷产品，对不同产品实行差别利率，对于生产性贷款和非生产性贷款可以实行不同的利率，如对于生产性贷款实行较为优惠的利率，以鼓励农户通过农业生产改善家庭经济状况。

（三）加强征信体系建设

2011 年 1 月，为防范信贷风险，保障企业和个人信用信息的安全和合法使用，人民银行办公厅下发了《关于小额贷款公司接入人民银行征信系统及相关管理工作的通知》，就小额贷款公司接入征信系统的组织管理、流程管理、接入模式及接入后的业务管理要求均做出了明确规定，但实际接入人民银行征信系统的小额贷款公司的数量非常少。今后，相关部门应不断加强与小额贷款公司相关的征信体系建设，在接入征信系统方法和技术上不断创新。

（四）灵活设计信贷产品

根据有关数据显示，目前机构提供的金融产品比较单一，而且不是针对某些贫困户量身定制开发的。如现行小额信贷产品的期限、利率、投资方向、还款要求都有明确的要求，这些可能与现实的资金需求者的需要并不一定符合，经常会出现资金需求者找不到合适的金融产品来满足他们的需求，从而他们不得不放弃小额贷款而转向贷款利率更高的民间借贷。因此，了解贫困和低收入人群的金融需求，设计适合他们需要和特点的金融产品对于提高金融资源的使用效率和还款率具有重要意义。小额信贷产品的设计，主要应体现出融资的便利性，这也是该产品与商业银行信贷产品和农村信用社其他信贷产品相比所独具的优势。

（五）提升经营管理水平、降低成本

小额贷款公司实现可持续发展，关键还是要靠提升其自身的经营管理水平，从国内外成功的小额信贷实践来看，他们的成功并不是他们改变了外部环境，而是他们根据外部环境进行了创新，降低了成本。此外，建立完善的管理信息系统也很重要，小额贷款公司可通过该系统对小额信贷业务的成本与收益实行独立核算，加强财务比率分析，进行有效的成本控制。

三、小额贷款公司发展中相关问题的思考

（一）小额贷款公司支农问题的思考

1. 小额贷款公司支农受到质疑

就贷款额度而言，据统计，全国小额贷款公司平均贷款额度约为42万元人民币左右，还有很多小额贷款公司单笔贷款额度高达100万元以上，甚至更高；就开设区域及业务对象来看，小额贷款公司中有很大一部分开设在城市中，从某小额贷款公司发展较快省份数据来看，460家小额贷款公司不到半数设立在县域，多数设在市区，并将服务对象锁定在市区小微企业。总的来说，小额贷款公司所提供的贷款额度和服务对象已远离政府部门设立小额贷款公司的初衷，其离农现象明显，支农作用深受质疑。

2. 小额贷款公司离农的原因

由于私人资本的天然趋利性，小额贷款公司更倾向于向小型企业发放贷款，而不愿意在农村地区向农户和小微企业发放贷款。小额农户贷款遍及千家万户，管理跨度大，难度高，有时一户贷款上门催收多次也不能收回，无形中加大了经营成本，也难以完成利润目标。如此现实促使了小额贷款公司减少小额农户贷款，把贷款营销工作的注意力转向到了管理方便、贷款本息回收率高、经营效益明显的企业项目上。

3. 缓解小额贷款公司离农倾向的建议

为了使小额贷款公司不偏离服务“三农”和小微企业的方向，可以采取如下措施：端正小额贷款公司高管人士从业理念，使其明确小额贷款公司市场定位；通过培训使相应从业人员掌握小额贷款技术，使其认识到发放小额贷款既可以服务“三农”和小微企业，又可以盈利；鼓励小额贷款公司在向“三农”和农村小微企业贷款时发放一部分城镇小企业贷款，通过向不同行业发放贷款，控制贷款风险；给予支农小额贷款公司政策扶持，帮助此类小额贷款公司解决后续资金问题，用批发资金和再贷款鼓励向农村地区的小微企业和农户发放贷款，在税收政策方面适当优惠①；制定切合实际、科学合理的信贷考核机制②，为中小微型企业和“三农”发展提供更加有力的支持和

---

① 2012年7月3日，财政部下发《小额贷款公司涉农贷款增量奖励有关事项的通知》。通知指出，在天津、辽宁、山东、贵州4省市开展涉农贷款增量奖励试点。

② 2012年5月，福建省经贸委制定出台《福建省小额贷款公司年度考核评价办法（试行）》，对省内依法设立的，不吸收公众存款，主要为中小微型企业和“三农”发展提供小额贷款服务的有限责任公司或股份有限公司进行考评。将重点从支持中小微型企业和“三农”发展、合规性经营情况、建立风险防范机制、规范公司治理情况和接受外部监督情况五方面进行。

保障。

（二）小额贷款公司的定位与发展方向

1. 小额贷款公司的定位

随着小额贷款公司试点工作的不断开展，尤其是近一年来，小额贷款公司出现了爆发式增长，其影响力不断增强，对于金融体系的补充作用日益体现出来。小额贷款公司的定位关系小额贷款公司资金来源、税收制度、融资杠杆、监管政策及小额贷款公司经营活动的其他方面。依据2008年颁布的《关于小额贷款公司试点指导意见》，小额贷款公司就是放贷公司，是以放贷为主营业务的工商企业。为了保证小额贷款公司可持续健康发展，按照改革设计方案，小额贷款公司可作为县域和农村金融体系的一个有机组成部分，可作为非正规金融市场制度的一项有益补充。

小额贷款公司毫无疑义应为金融机构。过去我们回避这个问题，为了小额贷款公司顺利出生，出生比名份更重要。现在出生了，而且已经壮大了，它的社会效益被大家看到了，我想我们该正名了。小额贷款公司确实是在做金融业（吴晓灵，2012）。现在小额贷款公司普遍经营一定的金融业务，按照实事求是的原则它应享有不完全性质的金融制度优惠，否则就背离了市场原则。我们应将小额贷款公司视同金融企业，针对其出台相关的税收政策，本着就低不就高的原则，执行与地方性金融机构同等的税率及税收返还等优惠政策。

小额贷款公司应该定位为非公众金融机构。小额贷款公司和其他的金融机构有所不同，它是一个非公众的金融机构，鉴于小额贷款公司出现的历史背景和承担的责任，小额贷款公司不能从公众那里吸收存款或发行债券公开筹集资金，尽可能降低可能带来的金融风险。非公众金融机构的定位不仅对于小额贷款公司本身的生存和发展具有重要意义，而且对于小额信贷行业可持续发展和整个金融体系的稳定具有重要意义。

2. 小额贷款公司的发展方向

温州金融改革试验区十二项措施的第二条明确指出，小额贷款公司可转为村镇银行，这是中央文件又一次对小额贷款公司的方向作出的明确规定。对于小额贷款公司的发展方向，浙江省政府文件也指出，把小额贷款公司培育成为特色鲜明的金融性贷款公司以及服务县域“三农”和小企业的新型农村金融组织。具备条件的小额贷款公司可按照中国银监会规定申报转制为村镇银行。村镇银行的发展方向是一条可选之路吗？

小额贷款公司成立之初，其股东多希望日后能转制改成村镇银行，在这样一个目标的激励下，小额贷款公司行业也有了很大程度地进展。但是随着发展环境和相关政策的变化，小额贷款公司的发展方向也发生了微妙的变化，转制为村镇银行在现实中存在着诸多限制因素。

根据《村镇银行管理暂行规定》，村镇银行最大股东或唯一股东必须是银行业金融机构，且持股不低于20%[①]，原有股东的控制权必然要交出。考虑到目前村镇银行制度及转银行后受到严格监管对业务灵活性的影响，经营业绩不错的小额贷款公司实际上并不愿意转为村镇银行。此外，村镇银行在自身经营过程中的表现也不尽人意，和制度设计者的期望值有较大差距，务实的出资者也不会做徒有虚名之事。小额贷款公司要转为村镇银行，政府层面必须出台相应配套措施，比如保险制度，而目前管理当局尚未有此类动向。“小额贷款公司下一步发展方向是金融公司”可能才是一个符合实际的可行选择。

对于经营出现严重问题的小额贷款公司或是准备离开该行业的小额贷款公司，退出应当是最佳的选择。据统计，辽宁省已有14家小额贷款公司退出市场。此外，宁夏自治区也有两家小额贷款公司在2012年先后退出小额信贷市场。完善小额贷款公司的市场退出机制，也应成为不久的将来各地区小额贷款公司监管部门要做的一项重要工作。

从目前被关闭或退市及面临经营困境的小额贷款公司的情况来看，其发生的原因是多方面的，有的是宏观经济下行背景下区域经济发展形势不好、受贷企业和个人经营状况变坏，有的是小额贷款公司不善经营、内控不严、恶意违规和实力不强，有的是相关扶持政策不到位、监管出现漏洞等。

针对当前小额贷款公司面临的经营困境及主客观原因，除地方政府要健全社会信用环境，大力支持和改善小微企业和“三农”金融服务环境外，小额贷款公司必须在监管指引下严格按照《公司法》要求建立健全公司治理结构，明确股东、董事、监事和经理之间的权责关系，按照稳健有效的议事规则、决策程序和内审制度办事，提高公司治理的有效性。要建立健全贷款管理制度，严格贷前调查、贷时审查和贷后检查业务流程和操作规范，切实加强贷款管理。要增强风险防范意识和道德操守，控制信贷风险、市场风险和操作风险。

商业性的小额信贷公司是中国的小额信贷运动向可持续发展的标志。商业性的小额信贷公司的成立和发展壮大可以增加对低收入人口和小微企业的贷款和其他金融服务，增加农村金融市场的竞争，促进信用社和城市商业银行的改革，并且为民间资本进入金融市场打开一条通道。

---

① 2012年5月证监会等部委发布《吸引民资进入金融行业的指导意见》。意见指出，民营资本可以参与村镇银行的发起设立，主发起行的最低持股比例降为15%。虽然条件降低，但是想变成村镇银行，小额贷款公司大股东依然需要交出控制权。

第六章 公益性小额信贷发展困境与前景

公益性小额信贷是一种金融服务工具，是对农村经济发展的金融支持活动，但更多的是“为贫困人群提供金融服务”理念的一种实践，是对传统正规金融体制服务目标和理念的反思和创新。公益性小额信贷通常无担保、无抵押，手续简单，能为低收入者和贫困农户提供金融支持服务，对于改善农业生产条件，创造农民就业机会，建设社会主义新农村和构建社会主义和谐社会有着重要的现实意义。

正如在本书第三章讲到的，小额信贷分为福利主义和制度主义，而制度主义又可分为偏向扶贫等公益目标和偏向盈利目标两类，本书将福利主义和制度主义中偏向扶贫的那一类统称为公益性小额信贷。从开展公益性小额信贷活动的主体来看，主要是政府部门、NGO 组织及一些社会组织，本章的研究内容也正是依照这样一个分类展开的，着重对 NGO 组织开展小额信贷活动进行了分析，期望能对我国多层次、广覆盖、可持续的小额信贷体系建设提供有益思路。

第一节 公益性小额信贷的含义与发展

一、公益性小额信贷的含义

（一）小额信贷的定义

在小额信贷发展初期，小额信贷被定义为专向中低收入阶层提供小额度的持续的信贷服务活动。以贫困或中低收入群体为特定目标客户并提供适合特定目标阶层客户的金融产品服务，是小额信贷项目区别于正规金融机构的常规金融服务以及传统扶贫项目的本质特征。①

① 杜晓山、孙若梅：“小额信贷基本内涵的界定”，《小额信贷扶贫》（内部刊物），1997 年。

世界银行将小额信贷定义为：微型金融是为贫困人口提供的贷款、储蓄和其他基本的金融服务（这里指的是一整套金融服务）。小额信贷的创始人尤努斯强调小额信贷的基本要求：我们坚持我们项目的重点，集中在帮助最贫困者和妇女，长期目标是机构的生存和发展。贷款不止是生意，如同食物一样，贷款是一种人权。他期望保证每一个穷人有机会去承担责任，并恢复他或她自己作为人的尊严。

小额信贷发展比较成功的中国扶贫基金会，将小额信贷定义成“为那些无法从正规金融机构获得贷款的穷人（尤其是妇女）提供信贷支持。旗帜鲜明的提出小额信贷为真正的穷人提供资金支持，是为了提高穷人的自立和自我发展能力，同时实现项目操作机构的可持续发展。”

（二）公益性小额信贷的含义

在我国，公益性小额信贷是相对于商业性小额信贷而言，主要指是以扶贫、为穷困人群提供小额度的信贷服务，帮助他们发展生产，摆脱贫困，同时维护机构的可持续性发展，不以营利为目标。由于目标不同，公益性小额信贷与商业性小额信贷组织机构形式也不同。中国人民银行小额信贷专题组对公益性小额信贷组织①的描述：公益性小额信贷组织是独立的非营利性法人，依照章程从事公益性活动，其公益性体现在融资服务具有某种程度上的社区性和扶贫性，这类机构不需要缴纳税费，并享受一定的政府补贴。②

公益性小额信贷从本质上来说是对传统农村金融体制的一种创新和反思。公益性小额信贷将其服务对象定位在农村中的低收入人群和微型企业，这部分人群因为缺乏现代信贷体系所需要的有价值的抵押物，被排斥在正规农村金融体系服务之外，由此造成了这部分人群很难改变生存现状，从而影响了农村经济的发展。

农村经济的发展离不开农村金融支持，金融制度设计是为经济发展服务的。由于交易成本、信息成本、信息不对称等原因使得传统农村金融服务体系不适应于农村而致使其支农效果甚小，甚至将农村资金抽走，造成农村地区资金外流严重，农村金融需求服务严重缺乏。在这种状况下，公益性小额信贷对传统农村金融制度创新并适合于农村经济实际，尤其是农户的信贷需求，在农村发挥了重要的经济和社会作用，成为重构农村金融体系的重要内容。

---

① 此处的公益性小额信贷组织与从事公益性小额信贷活动主体范畴不同，前者不包括政府部门。

② 中国人民银行小额信贷专题组：《小额信贷的基本概念》，2006 年小额信贷通讯合集，中国财政经济经出版社，2007 年版。

在这样的背景下，很多研究农村金融的学者将小额信贷纳入到农村金融体系研究内容，研究其产生、发展状况、发展前景及其发展困境。在这方面的著作有:《中国非政府小额信贷和农村金融》（程恩江，2007）、《小额信贷和农村金融》（焦瑾璞，2006）、《农村金融学》（王曙光，2008）、《农村金融深化与发展评析》（陈军、曹远征，2008）、《农户信贷、农村中小企业融资与农村金融市场》（何广文，2005）等。这些著作研究表明，公益性小额信贷的引入和发展有利于完善农村金融体系结构，增强农村金融市场的竞争，提高农村金融机构的效率，从而充分发挥农村金融对农村经济发展的支持作用。同时小额信贷的发展和试点，可望为我国金融市场对民间资本开放，探索出一条风险可控、较为安全的通道。

（三）公益性小额信贷的主要特征

这些公益性小额信贷与商业性小额信贷而言，具有如下明显的特征：

1. 公益性小额信贷都有着明确的社会目标

公益性小额信贷组织实行的小额信贷都设计了服务的目标群体，如扶持贫困户，有的组织明确将妇女作为主要对象，有的还关注信贷社区的综合发展。如中国扶贫基金会小额信贷的服务理念就是致力于为那些从正规金融机构无法获得信贷支持的农村贫困人口（特别是贫困妇女），并帮助他们提升自立能力，稳定摆脱贫困，做“山水间的穷人银行”，坚持为穷人服务的宗旨。

2. 重视客户的参与性

公益性小额信贷由于其社会目标的追求，使得其与信贷客户的关系不止是单纯的信贷关系，同时还通过各种方式将信贷客户纳入到整个信贷服务过程，重视信贷客户的参与。如中国扶贫基金会小额信贷部将借款人组织起来，并赋予借款人组织（小组、中心）一定的管理职能，给予借款人参与信贷过程的权利。香港乐施会、世界明宣会等机构在向贫困户提供小额贷款的同时，还帮助他们建立自治组织，赋予其很多的管理权，还有一些机构吸收客户代表参加理事会。通过客户的参与，保持与客户的密切联系，可以使公益性小额信贷机构增加对客户的了解，同时也启发了客户的自觉意识，挖掘出他们的潜在能力，提高了小额信贷项目的成功率和还款率，维持小额信贷机构的可持续发展。

3. 规模小、无抵押

公益性小额信贷由于不能吸收存款，其资金来源大多是援助资金或项目自有资金，来源单一，数量小，而且不稳定。根据中国小额信贷发展促进网络成员数据，初始资金 71.7% 来源于国际援助，作为配套资金，政府投入占 19.6%，社会捐赠占 6.5%，商业资金占 2.2%。到 2005 年年底，这些机构的资金结构显示，对国际机构捐助的依赖程度几乎没有变化，仍占71%，社会捐赠资金的比重增加到10.6%，政府投入的比率在下降，为12.8%。[①] 从中国扶贫基金会拿到贷款的80%左右的农户都是不能从金融机构中获得贷款的农户，单笔贷款余额在6,500元左右（段应碧，2011），公益性小额信贷一般都是无抵押、无担保性的贷款，其风险控制全在于当地信贷员对客户的了解和投入，属于关系型贷款。

4. 贷款与社会服务相结合

由于公益性小额信贷的社会目标定位为扶贫，扶贫是一个综合工程，因此在为穷人提供资金信贷的同时，根据农民需求，为他们提供技术培训，生产指导，以提高他们的生产经营能力。通过这些非金融服务，能更好地帮助贫困人群提高信贷资金的效率，同时也能保证信贷资金的回笼，提高项目的成功率。

（四）公益性小额信贷是一种金融创新

公益性小额信贷在深入了解农户金融需求的基础上，进行了一系列适合于农户尤其是贫困农户信贷特点的金融制度创新和金融产品创新。主要表现在：

1. 组织制度创新

实施小组联保贷款制度替代抵押贷款制度，通过小组成员间的相互联系监督贷款的使用，利用熟人社会的压力激励偿还贷款。小组联保贷款制度还密切了小组成员间的联系，加强了彼此间的感情和信息沟通，将分散的农户通过小组、中心组织起来，有利于农户提升社会资本。

2. 内部管理制度创新

传统正规金融机构农村服务效率低下的一个主要原因就是内部管理不善、效率低下。公益性小额信贷机构通过内部管理制度创新，信贷员直接深入农户的办公方式，缩短了交易时间，减少了交易成本，提升了金融服务质量。同时，在内部实施有效的激励与监督机制，管理人员的报酬与机构的盈利状况相连，信贷员贷款质量与工资和奖金挂钩，信贷政策程序的透明化，改进信贷工作方法，提高了工作效率。

3. 符合农户需求的金融服务方式创新

以农户的金融需求为市场导向，设计金融产品种类、服务手段和传送机制，如分期还款，及时还款的奖励和连续博弈贷款制度、有差别的利率政

① 杜晓山等：《中国公益性小额信贷》，中国社会科学出版社，2008年版。

策等。

二、我国小额信贷的发展阶段

直到1993年以前，我国的小额信贷项目，基本上都只是国际援华扶贫项目的一个组成部分或者一种特殊的资金使用方式而已（吴国宝，2001）[①]。我国具有完整意义的小额信贷最早出现在1993年年底，中国社会科学院农村发展研究所在孟加拉乡村银行信托投资公司（GT）和福特基金会的资金和技术支持下，在河北易县组建了我国第一个由非政府组织操作的专业化小额信贷机构——“易县信贷扶贫合作社”（简称“扶贫社”，FPC）。这标志着我国小额信贷发展的开端[②]。在此后的近20年中，我国小额信贷发展已经经历了三个阶段。

第一阶段：从1993年年底到1996年10月，小额信贷作为一种扶贫理念和独特的信贷技术逐渐传入我国，并主要在国际资金（附有优惠条款的软贷款或者捐赠资金）和技术援助下，由国内的非（半）政府组织操作，以NGO形式开始运行。这些NGO小额信贷，在技术上绝大多数借鉴孟加拉乡村银行（GB）传统模式下的“团体联保贷款”形式（Group Lending）。后来也有少数项目采用村银行模式（Village Banking）和个人贷款模式（Individual Lending）。

中国社科院农村发展研究所在试点中组建“扶贫社”，以探索小额信贷在提高我国扶贫信贷资金使用效率和克服“贫困农户获贷难、贫困农户还款难和信贷投放机构生存难”问题时的有效性为宗旨。在河北“易县信贷扶贫合作社”成立之后的两年中，他们又在河南和陕西的虞城、南召和丹凤[③]先后成立类似“扶贫社”。社科院“扶贫社”的经验，为后来其他小额信贷机构和项目的开展起到了重要的示范作用。在“扶贫社”之外，另一个有代表性的

---

① 这期间的国际援助小额信贷项目还有：1982年联合国妇女发展基金开始在北京和山东部分地区提供小额循环信贷基金，累计投入40万美元；1984年国际小母牛项目组织（HPI）在我国四省开展的项目；1986年，联合国人口基金先后在甘肃、青海、宁夏、贵州、新疆、内蒙、湖北、安徽、陕西和山西启动的包含小额信贷的项目，累计投入900万美元；

② 吴国宝在《中国小额信贷扶贫模式研究》中指出，从1981年开始的由国际机构支持的一些扶贫援助项目是我国小额信贷的实验阶段，统称为项目小额信贷；这些项目小额信贷瞄准的对象是穷人尤其是低层穷人，带有很强的扶贫性质，其操作方式、金融产品和贷款模式都与小额信贷相似，因而被认为是我国公益性小额信贷的开始。

③ 社科院农村发展研究所在陕西丹凤组建的“扶贫社”，成为后来陕西省政府主导的小额信贷的先导，其经验亦为之借鉴（杜晓山，2005）。但也因政府干预过多，社科院于1999年取消了其成员资格（吴国宝，2001）。

NGO 小额信贷项目，由联合国计划开发署（UNDP）援助，并由我国商务部国际经济技术交流中心（UNDP /CICETE）① 项目办公室从 1995 年开始运行。该项目已先后在我国 16 个省（区）的 48 个县（市）执行，后来还推广到天津和河南的部分城市地区开展针对下岗职工的微型融资服务。UNDP/CICETE 项目在技术上仍然借鉴 GB 的团体贷款模式，但组织结构则适应我国政府组织系统，通过与不同的地方政府部门合作成立专门的“乡村发展协会”来管理和实施。

从 1993 年社科院“扶贫社”试点开始以后的 10 多年中，我国 NGO 小额信贷组织（项目）还有过许多②。如澳大利亚国际开发署（AusAID）援助的青海海东农行小额信贷项目，澳方政府提供小额信贷资本金 167 万美元，信贷投放由海东地区农业银行通过其乡镇营业所人员以及在当地乡村聘请的“协理员”来分别负责贷款的发放和回收（孙若梅，2005）。由国际鹤类基金会、渐进组织和贵州省政府提供资金，1994 年开始的“草海村寨信用基金”，其独特的技术管理模式引起了较多关注。汪三贵（2001）指出，草海项目的最大特征是村基金由村民选举的“村寨基金管理委员会”进行管理，其管理模式和国际经验中的“村银行（Village Banking）”模式类似。另外，中国扶贫基金会承办的世界银行小额信贷扶贫项目，于 1997 年开始在陕西安康和四川阆中开展试点工作。

NGO 项目的资金来源以国际捐款和软贷款为主，同时也包括比重较小的财政资金和项目运行中收取的“强制储蓄”③。但是，因为我国现行政策禁止这些机构吸收公共存款，中央银行也禁止我国商业银行向登记为“社会团体法人”的小额信贷机构提供融资支持。所以从总体上看，NGO 小额信贷受到的政策限制较多，发展的空间较小。1996 年以后，随着政府小额信贷和金融

---

① 中国国际经济技术交流中心原属我国外经贸部管辖，现属于我国商务部下属事业单位。

② 按照中国人民银行金融市场司（2004）的分类，我国的 NGO 小额信贷机构，包括“准政府小额信贷机构”、“民间小额信贷机构”和“国际资助小额信贷机构”。准政府小额信贷机构，指对政府依赖程度较高的非政府组织，项目实施主要依托政府部门，主要有中国扶贫基金会、中国妇女发展基金会、中国人口福利基金会幸福工程开办的小额信贷业务；民间小额信贷机构指小额信贷的资金来源来自海外和民间，具体操作由民间组织进行，主要就是指中国社科院农村发展研究所主办的“扶贫社”小额信贷；国际资助小额信贷机构，主要是指国际多边组织在华项目和一些双边援助项目，其资金来源主要依靠国际机构捐助或软贷款，比如 UNDP（联合国开发计划署）、UNICEF（联合国儿童基金会）、IFAD（国际农业发展基金）、UNFPA（联合国人口活动基金会）、WFP（世界粮食计划署）、ILO（国际劳工组织）、世界银行、香港乐施会、德国技术合作公司（GTZ）等提供资金，直接或间接开展的小额信贷业务。

③ 除此之外，NGO 小额信贷项目往往可以从项目所在地的地方政府得到一定的资助，包括在人员薪资、办公场所和交通工具等方面的补贴。但是，这些补贴发挥的作用有限，一般也是不稳定的。

表 6-1 我国非政府小额信贷机构和项目发展情况一览表①

小额信贷项目或机构	开始年	项目数	项目覆盖省数	项目覆盖县数	项目资金总量(百万美元)	小额信贷资金总量(百万美元)	平均每县小额信贷资金总量(元)
联合国开发计划署	1995	32		48	11.11	8.21	1,368,333
联合国儿童基金会	1996	68		68			
儿童基金会 SPPA 项目	1996	25	13	25		6.5	2,080,000
儿童基金会 LPAC 项目	2001	43		43			
联合国人口基金组织	1999	15	13	15	5.05	2.25	1,200,000
世界银行	1997	3	2	3			
国际农发基金（估计）	1980	19		95	473.08	345.7	29,112,615
欧盟林业项目							
加拿大发展署	1997						
澳大利亚发展署	1996	1	1	3	4	2.05	4,114,333
荷兰社区发展资金							
新西兰发展署社区基金	2005	1	1	2			
香港乐施会							
宣明会							
国际鹤类资金	1994	1	1	1			
机会国际							
国际小母牛项目							
社科院扶贫社	1994	4	2	4		1.87	3,750,000
中国扶贫基金会	1996	11		11		2.5	5,000,000
四川省乡村发展协会	1996		1				
山西陵县小额信贷	1993	1	1	1			1,500,000

机构开展的小额信贷项目陆续开始运行，从数量和额度的比重上看，NGO 类型的小额信贷就显得更加微不足道了。不过，由政府部门和正规金融机构开展的小额信贷项目，却很大程度上汲取了 NGO 项目的经验，这正是 NGO 小额信贷的历史贡献。

第二阶段：1996 年 10 月至 2000 年，为实现千年扶贫攻坚计划和新世纪扶贫任务，借鉴 NGO 小额信贷的技术和经验，主要采用孟加拉乡村银行

① 此表出自徐忠等编著的《中国贫困地区农村金融发展研究》，第 206 页。

(GB）的传统小组联保模式，以国家财政资金和扶贫贴息贷款为资金来源，我国政府机构和农业银行（中国农业发展银行）主导的“政策性小额信贷扶贫项目”开始发展起来。

随着国家扶贫政策的演进①，“政策性小额信贷扶贫项目”在一些有NGO小额信贷经验的省份如山西、四川、云南、河北、广西、贵州等地区迅速发展起来，国务院扶贫办系统、民政部门、社会保障部门、残疾人联合会、妇联和工会等先后参与其中。这些政策性小额信贷项目，大多数分布在农村地区。但随着国有企业改革提速和城镇下岗再就业任务日益严重，依托政府再就业基金、工会“送温暖基金”和妇联网络，由政府部门自行设计和执行，面向下岗失业人员②和城镇低收入人口的一些城市小额信贷项目，也在这一时期开始运行。

占我国扶贫资金大部分③的扶贫信贷资金，于1998—1999年前后，由中国农业发展银行管理、各地扶贫社代理发放，重新划归农业银行管理并直接发放。扶贫贴息贷款直接发放到户，也是我国政策性小额信贷的重要组成部分。

第三阶段：2000年至今，在促进“农业、农村、农民”发展的战略背景下，为了解决“农户贷款难”问题，我国农村合作金融机构（农村信用社、农村商业银行和农村合作银行）在中央银行支农再贷款的支持下，开始发放“小额信用贷款”和“农户联保贷款”。这标志着我国正规农村金融机构开始大规模介入小额信贷领域，而小额信贷的目标，也从“扶贫”领域扩展到

---

① 1996年9月召开的中央扶贫工作会议强调，要加大扶贫资金的投入并执行资金“到村到户”制度，要求建立各级党政一把手扶贫负责制度。国务院扶贫办1998年2月召开的全国扶贫到户工作座谈会指出，小额信贷是一种有效的扶贫形式，“应该积极试点，稳步推广”，会议要求从1998年开始，凡是没有进行小额信贷试点的省区要积极进行试点工作，已经试点的要逐步推广，试点并取得成功的可以逐步在较大范围内开展。1998年9月，中共中央、国务院在《做好当前农业和农村工作的通知》中，针对小额信贷扶贫工作提出“积极试点，认真总结规范，逐步发展推广”。1998年10月《中共中央关于农业和农村工作若干重大问题的决定》指出，要“总结推广小额信贷等扶贫资金到户的有效做法”。1999年中央扶贫开发工作大会再次强调小额信贷扶贫的作用。中央1999年10号文件则进一步指出，小额信贷是一种有效的扶贫到户形式，要在总结经验、规范运作的基础上，积极稳妥地推行。而在农村十年扶贫开发纲要（2001—2010）中，中央政府也重申“积极稳妥地推广扶贫到户的小额信贷，支持贫困农户发展生产”。

② 中国政府从2002年开始针对国有企业下岗失业职工再就业发放“自主创业贷款”。2003年1月《下岗失业人员小额担保贷款管理办法》以及同年7月的补充通知，对以下岗失业人员为对象的小额担保贷款进行了管理和规范。

③ 根据刘福合和苏国霞（2005），扶贫信贷资金占扶贫资金总量的比重，在1996年为55%，2002年达到63%。除此之外，扶贫资金还包括财政投入和以工代赈两个部分。

“为一般农户以及微小企业服务”的广阔空间。自此，小额信贷的总量规模也大为扩张，这使得先前的NGO和政府的政策性小额信贷项目，从总量上说，显得有些微不足道了。

目前，我国公益性小额信贷组织有100多家，规模较大、具有影响力的主要有：中国社科院扶贫经济合作社、中国扶贫基金会的中和农信、商务部中国国际经济技术交流中心的小额信贷、赤峰昭乌达妇女可持续发展协会、全国妇联的小额信贷、山西省临县龙水头扶贫基金会、青海海东小额信贷办公室、香港乐施会和世界宣明会的小额信贷项目。

表6-2 中国非政府小额信贷机构运作情况一览表[①]

	开始年[2]	注册年	非政府组织数	有效客户数[3]	妇女客户数	贷款余额（万元）	平均贷款额[4]	平均贷款期限[5]（月）
联合国开发计划署UNDP项目	1995		24					
内蒙古赤峰市昭乌达妇女可持续发展协会	1997	2001	1	3,331	3,331	825.6	2,476	9.42
天津市妇女创业发展促进会[6]			1	1,709	1,709	1,129.4	11,482	12
甘肃定西安定区城乡发展协会	1997	2003	1	1,415	706	431.5	3,193	9
甘肃靖远县城乡发展协会	1997	2003	1	867	5	219.3		
甘肃武山县乡村发展协会	1999	2004	1	1,578	995	172.6		
甘肃通渭县乡村发展协会	1999	2004	1	856		148.2		
青海省贵德县乡村发展协会			1	594	390	111.8	5,904	12
青海省同仁县乡村发展协会			1	380	224	161.5	2,543	
青海省湟源县乡村发展协会			1	1,057		247.4		
湖南湘西凤凰县乡村发展协会			1	583		75.28	14,500	6.52
四川松潘县乡村发展协会	1997	2000	1	935	699	117.9		
四川仪陇县乡村发展协会	1996	1996	1	3,083	1,052	661.9		
贵州兴仁县农村发展协会	1998	1998	1	1,876	1,679	298.4	2,821	12
贵州紫云县农村发展协会	1998	1998	1	1,989	1,320	182.9	2,417	8
贵州普定县乡村发展协会	1998		1	200		39.3		
贵州关岭自治县乡村发展协会	1998	1999	1	1,506		106.2		
云南金平农村合作发展促进会	1996	1999	1	2,070	1,106	177.5	4,500	12
云南麻栗坡乡村经济发展协会	1996	1999	1	943	502	164.7		
广西都安乡村发展协会	1997	2003	1	1,396		174.6		
小计			19	26,368	13,718	5,446.0		
中国扶贫基金会项目	1996		28	33,872		16,001		

① 程恩江：“中国非政府组织扶贫：小额信贷案例分析”，2010年。

续表

	开始年[2]	注册年	非政府组织数	有效客户数[3]	妇女客户数	贷款余额（万元）	平均贷款额[4]	平均贷款期限[5]（月）
社科院扶贫社			4	16,214		2,535		
河北易县扶贫经济合作社	1993	1995	1	5,358		1,048.3		
河北涞水县扶贫经济合作社	2003	2003	1	2,370		395.5		
河南南召县扶贫经济合作社	1995	1997	1	5,887		776		
河南虞城扶贫经济合作社	1995	1995	1	2,599		313.2		
小计			4	16,214		2,533		
其他非政府小额信贷机构								
四川贫困山区乡村发展促进会	1996	1997	1	1,839		885.8		
北京富平学校（山西临县龙水头扶贫基金会）[7]	1993		1	214		105.2		
内蒙古乌审旗小额信贷管理中心[8]	1996		1	1,159		326		
宁夏盐池县小额信贷中心[9]			1	4,244		1,496.7		
小计			4	7,456		2,813.7		
总计			55	83,910		26,794		

注：1. 本表的统计数据为2008年年底的数据。2. 表中所有非政府小额信贷机构开始年和注册年的数据来源是作者2005年调查的数据。3. 在小额信贷中，有效客户一般指现在有贷款的客户。4. 平均贷款额指该机构在2008年发放的每笔贷款的平均额度。5. 平均贷款期限指该机构在2008年发放的每笔贷款的平均贷款期限。6. 天津的是一个城市小额信贷项目，瞄准下岗女工。7. 山西临县龙水头扶贫基金会是由北京富平学校负责筹资与管理的。8. 内蒙古乌审旗小额信贷管理中心是由一个联合国儿基会的项目转变而来的。9. 宁夏盐池县小额信贷中心设在县妇女协会的下面，专门从事小额信贷业务。

资料来源：作者2005年调查的数据。UNDP项目的甘肃通渭县、青海省湟源县、贵州普定县和关岭自治县，广西都安瑶族自治县的数据来源是中国小额信贷发展促进网络2008年年报，其余县的数据由中国国际经济交流中心提供；中国扶贫基金会项目的数据由中国扶贫基金会提供，社科院扶贫社项目的数据由社科院扶贫社提供，并根据中国小额信贷发展促进网络2008年年报进行了修正。

三、公益性小额信贷的积极作用

（一）提高低收入人群的生存能力

小额信贷通过信贷制度的革命，在没有改变财产权制度的情况下，让缺少财产的穷人也能得到贷款，从而取得发展的机会和权利。公益性小额信贷以赤贫者、极贫者、贫困者和脆弱的非贫困者为目标群体，从构建适于穷人的金融生成机制为切入点，为穷人提供必要的生产、婚嫁丧娶、生病上学等维持性融资支持。尽管信贷本身不能创造直接的经济效益，但通过信贷支持释放了穷人的个人经济能力，帮助穷人更好地利用自己的人力资本和生产资本，创造盈余，增加财富，从而为穷人创造出了其他权利。有了信贷权，就有了优化资源配置的机会，就意味着穷人有了发展权，有了改变命运，实现从贫穷到脱贫乃至富裕的转变的可能。“小额信贷是一种特殊的金融服务，是金融机构在客户无力提供担保（抵押）品的情况下，以不同于正规金融机构的风险管理技术，为那些被排斥于正规金融体系之外的客户提供额度较小的金融服务”①，通过金融扶持，帮助贫困人口提高生存能力。

（二）对增加家庭财产的积极作用

公益性小额信贷通过对农户生产、生活资金需求的信贷支持和其他服务直接提升了农户的生产经营能力，对增加家庭财产具有重要的积极作用。大多数研究表明，在一般情况下小额信贷对低收入家庭财产的积累和就业有积极作用，同时，随着这些家庭收入的提高，其家庭消费也在增加。朱乾宇、董学军以湖北恩施利川市为代表，随即抽取了10个村46户农户，跟踪调查了3个年度的数据，考察该地区小额信贷扶贫绩效，结论是：小额信贷资金每增加1元，则农民人均年收入将增加0.54元，农户小额信贷对农民增收具有积极作用。②

公益性小额信贷均将妇女作为贷款的主要对象，这也是公益性小额信贷项目的主要特点。格莱珉银行已经拥有570万贫困借款者，其中96%为女性，银行放贷8.21亿美元，贷款偿还率为99.01%，③ 并且通过向妇女贷款而促进了社会发展。中国扶贫基金会的小额信贷项目2005年贷款性别比中妇女占25%，2006年占42%，2007年占64%，2008年占到65%，妇女在贷款中所占的比重逐年增加，到2008年占65%，占到整个贷款规模的2/3还多。④

（三）对农村金融发展的积极影响

公益性小额信贷在农村地区的推进，增进了贫困人群进入信贷市场的机会，从而推动了我国正规农村金融体系的制度变革，成为重塑我国农村金融体系的重要契机。公益性小额信贷采用小组联保贷款、分期偿还等金融创新方式，让低收入人群获得了信贷机会，从而改变了生产状况和发展环境。除此之外，还采取了一系列的激励、约束机制和合适的管理体制，改善服务方式，提供服务质量，在为低收入人群提供信贷机会的同时，也着力实现着机

① 焦瑾璞、杨骏：《小额信贷与农村金融》，中国金融出版社，2006年版。

② 朱乾宇、董学军：“少数民族贫困地区农户小额信贷扶贫绩效的实证研究——以湖北省恩施土家族苗族自治州为例”，《农业经济导刊》（中国人民大学报刊复印资料），2007年第5期。

③ 尤努斯：“小额贷款：面向贫困人口的无抵押贷款”，《小额信贷通讯》，2008年第3期。

④ 中国扶贫基金会：《小额信贷2008年度报告》。

构自身的可持续发展。

第二节　政府扶贫机构与NGO小额信贷业务简况

一、扶贫贴息贷款的运作方式

2001年，中央制定了《中国农村扶贫开发纲要（2001～2010年）》（国发［2001］23号）。根据《纲要》精神，2001年6月，人民银行会同财政部、国务院扶贫开发领导小组办公室、中国农业银行等部门制定了《扶贫贴息贷款管理实施办法》（银发［2001］185号）。扶贫贴息贷款由农业银行发放和管理。每年的扶贫贴息贷款计划由国务院扶贫办商财政部和农业银行确定，层层下达到各地。政府扶贫部门负责提供扶贫贷款项目，农业银行在扶贫部门提供的扶贫项目范围内选择贷款项目，按3%的优惠利率发放贴息贷款。优惠利率执行一年，优惠利率与贷款基准利率之间的利差，由财政贴息，财政部将贴息资金拨付给农业银行总行。

为了提高扶贫贴息贷款的使用效率，自2004年，国务院扶贫办会同财政部和农业银行先后开展了两项改革试点："到户贷款"改革试点和"项目贷款"改革试点。2006年7月，国务院扶贫办、财政部和中国农业银行联合下发了《关于深化扶贫贴息贷款管理体制改革的通知》（国开办发［2006］46号）。根据《通知》精神，将原由农业银行统一下达指导性计划并组织发放贷款分为到户贷款和产业化扶贫龙头企业和基础设施等项目贷款（以下简称"项目贷款"）两部分进行操作。

到户贷款的贷款对象为建档立卡的贫困农户，主要用于扶持其发展生产。将到户贷款贴息资金全部下放到592个国家扶贫开发工作重点县，由县选择金融机构发放贷款并与其直接结算贴息。贷款所需资金由承贷金融机构自行筹集。贷款期限由金融机构视实际生产周期自主确定，贴息1年。贷款利率由金融机构根据央行规定的基准利率和浮动利率系数自主确定。中央财政在贴息期内按年利率5%的标准给予贴息。贴息方式可以是政府将资金直接贴给农户，也可以是将资金补偿给金融机构，具体方式由各县自主确定。

项目贷款集中用于国家扶贫开发工作重点县和贫困村，重点支持对解决贫困户温饱、增加收入有带动和扶持作用的农业产业化龙头企业。2006年在河北、黑龙江、江西、湖北、重庆、云南、陕西和甘肃8省（市）开展项目贷款贴息资金下放到省试点，由试点省选择承贷金融机构。贷款执行年利率

3% 的优惠利率，优惠利率与央行公布的一年期贷款利率之间的利差，由省政府贴息。贴息方式可以是政府将资金直接贴给项目实施单位，也可以是将资金补贴给金融机构，具体方式由各地自主确定。其他省市的项目贷款仍由农业银行承担，由财政部和农行结算贴息。贷款执行年利率 3% 的优惠利率。贴息方式是政府将 3% 与央行一年期贷款利率的差额补偿给农业银行。

根据信贷扶贫工作的实践，2005 年 7 月，配合国务院扶贫办等部门联合下发《关于开展建立“奖补资金”推进小额贷款到户试点工作的通知》，选择 4 省共 8 个县开展了建立“奖补资金”推进小额贷款到户的试点，将部分中央财政扶贫资金作为“奖补资金”，用于贫困户贷款的利息补贴、亏损补贴或奖励。通过机制创新，有效激励了各利益主体参与信贷扶贫的积极性。2006 年，在及时总结经验、完善政策的基础上，又增补河北、湖南、云南、广西 4 省（区）相继开展试点工作。截至 2006 年年底，累计发放到户贷款 1.16 亿元，覆盖贫困村 1,211 个（其中 2006 年覆盖贫困村 976 个），扶持贫困户 18,087 户（其中 2005 年扶持贫困户 9,123 户，2006 年扶持贫困户 8,964 户），到户贷款占当地扶贫贷款的比例比试点前平均提高 50 个百分点左右。截至 2007 年年底，“奖补资金”方式已由扶贫办、财政部、人民银行等部门联合制定政策，由最初的江西等 4 省（市）扩大到 8 省（市），2007 年发放到户贷款 6,018.7 万元，共覆盖 581 个村，扶持贫困农户 8,063 户。

经国务院同意，从 2008 年开始全面改革扶贫贷款管理体制，将扶贫贷款管理权限和贴息资金全部下放到省，其中到户贷款的管理权限和贴息资金全部下放到县；扶贫贷款的发放由任何愿意参与扶贫工作的银行业金融机构承贷；中央继续保留扶贫贷款财政贴息预算资金规模（每年安排 5.3 亿元），于年初下达到各省（区、市），各省（区、市）安排到户的贷款贴息资金不低于贴息资金总额的 50%；扶贫贷款由实行固定利率（3%）改为固定贴息利率，其中到户贷款按年息 5%、项目贷款按年息 3% 给予贴息。

扶贫贴息贷款改革的主要成效表现在：第一，扶贫贴息资金的到户率大大提高，从改革前的不到全部贴息资金的 20% 提高到 60% 左右，超过新制度规定的 50% 的比例。到 2009 年，到户贴息贷款覆盖重点县（包括国家和省级扶贫开发工作重点县）的比率已达到 83%，在 9 个省区实现了全覆盖。扶贫贷款覆盖的贫困人口每年超过 200 万户，占所在省贫困人口的 10% 左右。第二，不少地区将扶贫贴息贷款与当地的扶贫开发项目有机结合起来，取得了良好的经济和社会效益。通过参与扶贫开发项目并使用扶贫贴息贷款，很多贫困户不仅增加了收入，还培养了增收和使用贷款投资的能力，为今后申请商业性贷款奠定了基础。第三，通过竞争方式选择金融机构，形成了承贷机构多元化的局面。改革后，承贷金融机构从农行一家发展到农行、农发行、农信社、邮政储蓄银行等多家金融机构。尤其是，作为在贫困地区拥有最多农户贷款和最多贷款网点的农村金融机构，农信社已超过农行成为扶贫贴息贷款最主要的承贷机构。通过竞争选择承贷机构，既降低了承贷金融机构的交易成本，又降低了农户的借款成本。同时，使更多的农村金融机构参与到为贫困农户提供金融服务的实践中，有利于这些机构长期扩展对贫困农户的金融服务。第四，扶贫贴息贷款的质量大幅提高。与改革前相比，扶贫贴息贷款质量大幅提高。据调查，20 世纪 90 年代中后期扶贫贴息贷款的按期回收率普遍低于 50%。改革后的 2007 年到 2009 年，贴息贷款的按期回收率不断上升，达到 90% 左右；按期还款率低于 90% 的省份从 7 个下降到 4 个，到户贷款呆滞呆账率从 1.13% 降到 0.68%。第五，地方参与积极性提高，增加了贴息资金。改革后的贴息贷款运行方式也得到了大多数地方扶贫和财政系统的认可。在中央计划贴息资金的带动下，不少省自行安排扶贫资金开展扶贫信贷贴息。2008—2009 年，除中央安排 10.6 亿元贴息资金外，地方还根据需要增加安排了 5.76 亿元贴息资金，使扶贫贴息贷款发放量达到 459 亿元。

二、贫困村互助资金试点

2006 年以来，为探索和完善财政扶贫资金使用管理新机制，缓解贫困户生产发展资金缺乏、贷款难问题，增加贫困农户收入，提高贫困村、贫困户自我发展能力，国务院扶贫办和财政部联合开展了“贫困村互助资金试点”（以下简称“互助资金”）。中央财政扶贫资金为每个试点村安排 15 万元，建立扶贫互助社，按照“民有、民用、民管、民享、周转使用”的方式，支持村民发展生产。截至 2009 年年底，全国 28 个省（区、市）、940 个县、9,003 个村开展了互助资金试点工作，资金总规模累计 17 亿元，其中：中央扶贫资金 4.6 亿元，省级扶贫资金 7.8 亿元，农户缴纳互助金 3.6 亿元，其他资金 1 亿元。约 74 万农户加入了互助组织，其中贫困户 37 万户。

（一）互助资金试点概况

互助资金试点严格限制在贫困村，贫困户入社可免交或少交互助金，并享有与其他入社农户同等权利，优先获得资金和技术支持。规范运作和管理，互助社建在行政村，互助资金“不出（跨）村、不吸储”。互助社在民政部门登记注册为非营利性组织。互助资金由财政扶贫资金、村民自愿交纳的互助金、社会捐赠资金等组成。财政扶贫资金、捐赠资金及其增值部分归所在行政村的全体村民共同所有。村民交纳的互助金归其本人所有。互助资金使用权归互助社全体社员所有。

（二）基本做法

按照“贫困优先”的原则，将有金融需求但得不到满足的贫困村作为预选村，通过代表现场陈述和答辩，竞争入围，从而调动村干部和村民的积极性。通过村民大会、小组会议和广播、墙报、发放明白纸等多种形式，向全体村民讲解开展互助资金试点的目的、做法等，真正把群众发动起来，发挥主体作用。互助社社员民主选举互助社管理人员、讨论制定《互助社章程》和项目实施方案等规章制度。按照“小额短期、整借零还、有偿使用，滚动发展”的原则，使用互助资金。在互助社内部，设立监督小组，代表全体社员监督执行小组履职情况，并通过设置公示栏、安放小黑板等方式公告公示，保证资金运作公开透明。在互助社外部，村两委、乡镇、县级及以上扶贫机构、财政部门作为外部监测机构，监督项目的运行情况。在互助社内部，建立退出机制；在互助社外部，试点面较大的省（区、市），积极探索建立以省统筹的风险资金，明确资金筹集、使用、拨付等内容。省、市（地）两级的培训工作，由国务院扶贫办负责；县级培训工作主要由各省负责，乡村培训由县承担。

（三）取得的初步成效

试点活动有效缓解了农户发展资金短缺的困难，培育了主导产业，促进了贫困户收入的提高。截至2009年年底，全国互助资金试点村累计发放借款49.39亿元，有31万农户（次）获得借款，借款户年平均增加纯收入1,000元左右，激发了贫困村和农户的积极性和主动性，促进了自我发展能力的提高。互助资金通过提供生产资金，在较大程度上赋予农户自主创业、自我发展生产的机会和空间，农民参与程度高，发展生产的积极性、主动性及信心增强。培育了贫困农民的诚信意识和信用意识，促进了贫困地区农村金融市场的发展。互助组织成员都为本村农户，乡里乡亲，非常珍惜彼此间的信誉，因而各地还款率普遍很高，平均都在98%以上。促进了基层民主建设，提高了贫困社区持续发展能力。互助资金的运作，实行过程公开、结果公示，群众享有充分的知情权和监督权，增强了农户的参与意识和民主意识、监督意识，保证了资金的良性运转和持续发展。创新了财政扶贫资金的使用机制，放大了资金总量。互助资金将财政扶贫资金由一次性无偿投入，变为有偿和滚动使用，放大了资金总量，提高了使用效应；同时通过吸收农户互助金和其他资金，资金总量和带动效应进一步扩大，缓解了资金供求矛盾。促进了邻里关系的改善，增进了社区和谐。利用熟人社会、邻里信用关系把农户联系起来，降低了资金风险，还通过农户借款时的小组讨论，营造了信息互相沟通、技术互相传递、生产生活互相帮助、矛盾互相化解、困难互相克服的良好氛围。

三、非政府小额信贷组织在中国的发展

中国的NGO小额信贷以国际机构资助的项目为主，基本都非本土成长起来的。联合国提供资金的项目所占比重最大，也影响最深远。在20多年发展变革中，我国的非政府小额信贷一直探索自己的路径，稳步向前发展。目前以商务部交流中心管理的由UNDP资助的小额信贷机构、社科院的扶贫经济合作社、中国扶贫基金会的小额信贷和四川省乡村发展协会为最主要的四类。

在国务院扶贫办的大力支持下，中国扶贫基金会自1996年以来开始实施小额信贷扶贫项目。该项目目标是通过小额信贷支持项目区贫困农户发展生产，增加收入，提高自立和自我发展能力，并为解决农村地区贫困农户“贷款难”问题探索道路。

通过十几年的实践（见表6-3），中国扶贫基金会在组织实施小额信贷扶贫项目方面积累了丰富的经验，逐渐形成了比较完善的管理体制和模式，建立了一支专业化的高效管理团队，并取得了很好的项目成效和社会效果。

表6-3　　中国扶贫基金会小额信贷项目基本情况表

截至2012年4月30日

1　项目启动时间：1996年		
2　项目覆盖		
2.1　覆盖省数		13
2.2　覆盖县数		53
2.3　覆盖乡镇数		980
2.4　覆盖行政村数		13,887
2.5　覆盖户数		6,505,675
2.6　覆盖人口数		22,365,363
3　机构状况		
3.1　分支机构数量		53
3.2　员工	总人数	688
	女性比率	47.24%
	总部人数比率	10.90%
3.3　信贷员	总人数	417
	女性比率	47.96%

续表

4 项目进展		
4.1 当月发放贷款金额		112,447,000
4.2 当年发放贷款金额		445,990,000
4.3 累计发放贷款金额		2,786,062,500
4.4 当月发放贷款笔数		11,434
4.5 当年发放贷款笔数		45,770
4.6 累计发放贷款笔数		410,865
4.7 贷款余额		748,190,937
4.8 有效客户	客户数	114,606
	女性客户比率	91.93%
4.9 风险贷款率	大于1天	0.71%
	大于30天	0.66%

第三节 公益性小额信贷发展的制约因素

目前，我国大约有100个由非政府组织主导的公益性小额信贷项目，但在这众多的公益性小额信贷组织中，有可持续发展能力、特别是财务可持续的却是少数。大部分公益性小额信贷组织是项目型的，随着项目的结束后大多就被取消了，有的项目在很大程度上严重依赖外来资金，财务可持续根本无从谈起。我国公益性小额信贷的发展受到诸多因素的制约，这些因素大致可归结为法律环境制约、资金规模制约、内部治理结构制约和风险因素制约等。

一、公益性小额信贷面临的法律环境

（一）公益性小额信贷组织机构没有合适的法律地位规范

公益性小额信贷在发展初期主要是一种扶贫行为，所以中央和地方政府的相关部门对其持支持态度，而且在对小额信贷机构的金融活动、利率（包括收取的费用）等方面没有施加过多的干预，使小额信贷活动得到顺利开展。但我国公益性小额信贷机构从最初接受国际援助机构资助，设立项目办公室，发展到由非政府组织开展小额信贷业务而设立的社团法人，一直没有得到金融监管和主管部门的正式认可，没有一个合法的金融机构身份，一直处于边

缘的地位，属于非金融机构。

我国政府有关法规规定：未经中国人民银行批准任何单位和个人不得从事金融业务。这一规定，使得中国社会科学院从事的小额信贷项目很长时间内都处在法律允许的边缘，以至于该机构“合理不合法”。直到1999年，“扶贫社”才得到中国人民银行的批复，同意按照试验项目继续开展试验活动，随后商务部交流中心的小额信贷项目也得到人民银行的认可。依国家规定，非金融小额信贷机构不能吸收公众储蓄。尽管目前所有非政府组织或半官方专业性小额信贷机构都在当地民政部门登记，有些甚至获得了中国人民银行等有关部门同意开展小额信贷扶贫试验的批件，但所有这些小额信贷机构都不是严格意义上的金融机构，当然也就无法通过吸收储蓄筹集相对低廉的资金，而且也很难从正规金融机构进行融资以扩大业务规模。民间机构的定位也使得非政府组织或半官方专业性小额信贷机构之间的业务合作受到严重束缚。

（二）农村金融新政对公益性小额信贷也没有做出明确的规范

2004年以来，我国政府高度重视农村金融改革和发展，强调“要加强监管，大力发展小额信贷，鼓励发展适合农村特点和需要的各种微型金融服务”①。2005年中央一号文件《中共中央　国务院关于进一步加强农村工作提高农业综合生产能力若干政策的意见》提出：“有条件的地方，可以探索建立更加贴近农民和农村需要、由自然人或企业发起的小额信贷组织。加快落实对农户和农村中小企业实行多种抵押担保形式的有关规定”。2006年年底，中国银行业监督管理委员会发布了《关于调整放宽农村地区银行业金融机构准入政策更好支持社会主义新农村建设的若干意见》，采取“宽准入、严监管”的政策，允许各类资本进入农村设立村镇银行、贷款公司和资金互助社等三种新型农村金融机构。

在随后的2007年年初，中国银监会出台了一系列针对农村新型金融机构的规定，如《村镇银行管理暂行规定》、《贷款公司暂行规定》、《农村资金互助社管理暂行规定》、《关于小额贷款公司试点的指导意见》、《关于村镇银行、贷款公司、农村资金互助社、小额贷款公司有关政策的通知》等。这些政策的出台意味着农村金融市场的开放，对新型农村金融机构给与了一个合法的身份，不仅加大了我国农村金融改革的步伐，还促进了这些新型农村金融机构的发展。但上述规定中都没有明确涉及到公益性小额信贷机构，对公益性小额信贷机构的法律地位仍然没有给出一个明确的法律规定。在这些法

① 摘自：“中共中央关于推进农村改革发展若干重大问题的决定”，《小额信贷通讯》，2008年第3期。

律规范中，也找不到能与公益性小额信贷机构发展相匹配的政策规定。显然，这些针对新型农村金融的政策规定的出台，并没有给公益性小额信贷机构带来福音，公益性小额信贷机构仍然没有一个合适的法律地位。

表6－4显示，公益性小额信贷机构与新型农村（准）金融机构[①]最大的不同在于出资主体和资金性质的不同。村镇银行和商业性小额贷款公司的出资主体是商业金融机构和其他投资主体，属于商业性投资，机构性质是赢利性的企业法人。资金互助社的主体是乡镇、行政村农民和农村小企业，属于银行金融机构，具有企业法人地位。而公益性小额信贷的出资主体是国内外捐赠者，资金性质属于公益性捐赠，机构性质属于非赢利性的社团法人或事业单位。

表6－4　　公益性小额信贷机构与农村新型（准）金融机构的比较

	出资主体	资金性质	机构性质	业务区域
公益性小额信贷机构	国内外捐赠者	公益性捐赠	非赢利民间组织、一般采用社团、事业单位和民办非企业法人等形式	以县为单位，在县内挑选贫困乡镇的贫困村、城镇下岗失业问题严重地区
商业性小额贷款公司	境内非金融机构企业法人、境内自然人	商业性投资	非银行金融机构、企业法人	限定区域的县和县以下地区
村镇银行	境内外金融机构、境内非金融机构企业法人、境内自然人	商业性投资	商业银行、企业法人	限定区域的县和县以下地区
资金互助社	乡镇、行政村农民和农村小企业	互助、互益	社区互助性银行业金融机构、企业法人	划定区域的乡镇或行政村内

二、公益性小额信贷资金规模

如何实现规模经济和资金来源的多元化，已经成为公益性小额信贷发展不可回避的问题，也成为影响其可持续发展的首要问题。公益性小额信贷的

① 本书仍将小额贷款公司作为准金融机构对待。

资金来源受限主要原因有现有融资模式不具稳定性、产权模糊、政策规定限制等。

（一）融资模式不具稳定性

由于具有扶贫性质，我国公益性小额信贷机构的初始资本大多来源于国际发展机构的捐赠资金，来源单一、数量小且不稳定。根据原中国小额信贷发展促进网络的数据显示，在40多个组织成员中，有71.7%的机构的初始资金来源于国际援助，作为配套资金，政府投入占19.6%，社会捐赠占6.5%，商业资金占2.2%。到2005年年底，这些机构的资金结构仍然没有摆脱原有的模式，对国际援助机构的捐赠资金依赖很重，仍然占到70%，社会捐赠占的比重增加到10.6%，政府投入的比重却在下降，为12.8%，更为严重的是开始产生负债，比重达4.3%。① 在国际援助机构中，以联合国提供的资金占绝大部分。

自我国公益性小额信贷兴起以来，各种国际发展援助机构已经向小额信贷机构提供了大量的资金，现在这些援助机构正逐步减少其对我国公益性小额信贷机构的资金投入，只是向那些操作比较规范、规模比较大、发展比较成熟的公益性小额信贷机构提供资金支持，而一般的公益性小额信贷机构往往很难得到国际援助机构的资金支持。

（二）公益性小额信贷机构产权模糊

公益性小额贷款机构资金最初多来自于政府或组织的捐赠。根据《中华人民共和国公益事业捐赠法》的规定，公益性社会团体受赠的财产及其增值为社会的公共财产，受国家保护，任何单位和个人不得侵占、挪用和损毁。在这样的规定下，从国家层面来说，公益性小额信贷资金被认为是国家所有，是国有资产，理应受到国家机构的监管。而地方政府也认为，既然这些资金是捐赠给地方用于扶贫的，那么这些捐赠资金就应当属于地方政府。而对于执行机构来说，则认为这些资金应该由他们负责，因为这些捐赠资金对执行机构有着重要的影响，甚至直接决定着其生存和发展的命运。产权归属的这种分歧和不确定性，直接影响了小额信贷业务的开展。在小额信贷业务开展初期，出现许多贷款不还的现象就与产权模糊有关。

（三）对公益性小额信贷融资渠道的限制的政策规定

制约小额信贷机构再融资的重要原因在于公益性小额信贷机构的法律地位。公益性小额信贷机构虽然开展小额信贷业务，但不具备金融机构的法律

① 杜晓山等：《中国公益性小额信贷》，社会科学文献出版社，2008年，第79页。

地位。我国政府有关法规规定，未经中国人民银行批准任何单位和个人不得从事金融业务。作为金融机构，不能在开展贷款业务的同时吸收存款，这严重影响了公益性小额信贷机构的资金可持续，也是造成小额信贷资金短缺的重要原因之一。

公益性小额信贷机构的服务地点大都在农村地区，机构的管理人员缺乏专业知识和经验，很难做到利用机构的闲置资金进行专业投资，显然无助于增加收入、扩大公益性小额信贷机构的资金规模，增强机构的可持续发展的能力。

鉴于公益性小额信贷机构资金短缺已成为其可持续发展的一个制约因素，国际上的一般做法是成立资金批发机构来解决这一问题，如孟加拉乡村信托基金和孟加拉支持农村就业基金会，前者是国际上为采用孟加拉乡村银行模式的小额信贷机构提供资金，后者是孟加拉国国内为小额信贷机构提供的公益性资金捐赠和优惠贷款。

三、公益性小额信贷机构内部治理结构

治理结构通常是指所有者对一个企业的经营管理和绩效进行监督和控制的整套安排，实际指的是企业的直接控制或内部治理结构。企业的内部治理结构是现代企业管理的产物，也是现代企业所有权与经营权相分离的产物，是一个组织内部权力平衡体系和监管制度安排。企业的治理结构跟企业的产权紧密相连，而我国的公益性小额信贷机构是属于公益性产权。其产权归属模糊造成了经营绩效缺乏有效的监督主体和内部治理结构不完善，也对经营绩效造成不良影响。

（一）组织结构不规范

我国公益性小额信贷机构的治理结构大多是按照各自的理念，借鉴国外小额信贷机构的做法形成了自己的组织结构，各具特色。归纳起来我国公益性小额贷款机构的组织结构分为两类：一类是项目办公室模式；另一类是社团模式。

1. 项目办公室

一些地方政府在接受国际机构（联合国、非政府组织、国外金融机构）资助开展小额信贷业务时，往往采取项目运作的方式，成立项目办公室负责小额信贷项目的开展。如联合国儿童基金会设立的小额信贷管理中心、爱德基金在宁夏盐池县设立的盐池妇女发展协会小额信贷服务中心、香港乐施会在云南禄劝县设立的小额信贷项目办公室等。项目办公室是政府机构的组成部分，工作人员一般由当地政府的公务员临时担任，工资由政府支付，操作

费用根据协议或者由国际援助机构支付，或者由政府财政作为配套资金提供。

2. 社团组织

意识到政府机构直接参与小额信贷运作的弊端，后来的一些小额信贷机构不再采取项目办公室的做法，而是成立社团组织，由其直接负责小额信贷项目的运作和发展。

相对于项目办公室，社团组织比政府项目办公室有了独立性和自主权，在资金使用、利率制定、员工选拔和使用、目标客户确定、信贷产品开发、管理制度等方面，社团组织都有自己的自主权。而且，社团组织还成立理事会作为机构的管理决策机构，不再像项目办公室模式那样由政府官员说了算，从而在保证小额信贷机构宗旨的贯彻落实、自主经营、提高管理水平和可持续发展能力建设等方面有了很大的改善。尽管有以上种种优势，社团组织模式仍没能从根本上为公益性小额信贷组织建立完善治理结构，它仍然存在很多不利于小额信贷机构发展的问题和矛盾。

一是社团组织形式的不利影响。按照法律规定，社团组织由社团成员组成、社员出资、社员所有，社员根据章程集体行使决策权，当社员退社可以撤出自己投入的资金。而目前我国实行社团组织形式的小额信贷机构的资产来源大多是捐赠资金和自身积累资金，并非社团成员的投入资金。这就造成了产权所有者缺位现象，不利于小额信贷机构的可持续发展。

二是组织结构不完善。社团组织形式的小额信贷机构成立的初衷原本是想成为贷款户自治组织——在社团内部设立决策机构（代表大会、理事会）、执行机构（经理、主任、秘书长）和监事机构（监事会）。但是许多社团组织形式的小额信贷机构没有或者虚设理事会，有的没有监事会，理事会常常成为虚设机构，决策权集中于执行机构，缺乏制约，风险控制弱，贷款质量难以得到保证。

三是缺乏独立性和自治性。社团组织主要是一种过渡形式，从政府机构走向完全独立的小额信贷机构的过渡，这种组织形式并没有从根本上摆脱政府对小额信贷机构的影响，政府在员工任免、信贷资金的使用上仍然有很多的影响力，不利于机构独立决策。

（二）财务管理水平较低

财务管理水平较低也限制了我国公益性小额信贷机构的发展。这一点在我国小额信贷的操作成本、资产成本率等成本核算指标和资金使用效率上表现尤为突出。操作成本一般用发放每一元贷款的经营成本来表示。根据27个中国小额信贷发展促进网络成员2005年数据统计，2005年我国小额信贷平均操作成本为8.5%，大部分公益性小额信贷机构的操作成本在5%—10%之间，主要的机构占到样本数的40.7%，但小于5%的仅占18.5%，更有甚者操作成本占到贷款额度的50%。发放每笔贷款成本，平均为150.2元，最高为1,682元，最低为67元。由此可见，我国绝大多数公益性小额信贷机构的操作成本还是比较高的（见表6－5）。

表6－5　　我国公益性小额信贷机构操作成本情况

	<5%	5%—10%	10%—25%	25%—50%	>50%	样本总数
机构数	5	11	7	3	1	27
占全部样本比（%）	18.5	40.7	25.9	11.1	3.7	100

资料来源：杜晓山等：《中国公益性小额信贷》，社科文献出版社，2008年。

影响操作成本的最重要因素是劳动成本。公益性小额信贷机构是劳动密集型产业，需要很多的乡村信贷员，这就使得工资成为主要的成本，通常占到成本的50%—60%，甚至更高。

（三）风险管理水平低下

我国公益性小额信贷机构的总体风险管理水平仍比较低下，集中表现在以下几个方面：

1. 贷款程序不合理

有些公益性小额信贷机构的贷款审批权设置不合理，要么信贷员权利过大，使秘书长的审批权落空；要么秘书长的审批权太集中，使信贷工作进展缓慢。有些机构缺少贷款后续跟踪，致使无法及时获得借款人使用贷款的信息，难以及时发现信贷风险。

2. 执行不力

公益性小额信贷组织一般都由援助机构聘请国内外专家设计了比较完善的操作规程，但有些机构并没有完全照章办事，而是凭感觉、凭习惯办事，凭领导意志办事，致使规章制度沦为摆设。

3. 质量管理指标缺乏

目前我国公益性小额贷款没有或者不能使用质量管理指标体系。一些公益性小额信贷机构已经开发出一套风险管理的工具，包括一系列的信贷风险和绩效评价指标体系，许多公益性小额信贷机构也参加过相关的培训，但是目前还有许多机构不能充分利用这套工具控制贷款风险。此外，除了内部风险管理水平较低外，公益性小额信贷机构还缺乏有效的外部风险监管。适当的外部风险监管，是降低信贷风险的必备手段。目前，公益性小额信贷机构只是作为一种社团组织受到民政部或者工商机构的监管，而没有受到银监会或中国人民银行的监督管理，外部风险监管的缺失，必然影响其健康有序发展。

小额信贷机构的风险控制水平高低，主要取决于借款人信用度。对借款人信用了解越彻底，就越能有效地降低贷款前的逆向选择道德风险。而这需要小额信贷机构有足够的风险评估技术和人才。在这方面，大多数公益性小额信贷机构缺乏专业的金融人才，做到较高水平的风险评估还十分困难。同时，小额信贷机构的风险控制还涉及贷款的担保品和抵押品的问题。一方面农户自身无足够的固定资产可供抵押，缺少有价值的抵押品；另一方面土地作为一种抵押品目前在法律上还存在很多尚未解决的问题。缺乏抵押（担保）品，使得小额信贷机构的贷款风险加大，直接影响其可持续发展。

第四节　公益性小额信贷的商业经营

针对上一节所提到的公益性小额信贷机构发展中所遇到的各种困难，面对公益性小额信贷近乎不成功的发展现实[①]，公益性小额信贷的前景也成为业内广泛讨论的话题。公益性小额信贷机构发展的几种可选道路是什么？我国的公益性小额信贷是否也要走商业化发展道路？商业化是否是公益性小额信贷机构的出路？商业化发展的同时能否保障其社会扶贫功能的实现？这些问题将在下文做简要分析和说明。

一、公益性小额信贷机构转型的模式选择

在不同国家政策法规背景下，成功的公益性小额信贷机构纷纷转型成为更适合自己发展的模式，值得我们借鉴与学习。国际上非政府组织小额信贷转型的经验主要有以下几种：

（一）转型成为小额信贷银行

将非政府组织小额信贷机构转型成为小额信贷银行，成为获准经营和受监管的专门提供小额信贷服务的正规金融机构。国际上第一家专门提供小额信贷的私人商业银行是玻利维亚的团结银行（BANCOSOL），它是由非政府组织 PRODEM 基金会转型而来的。20 世纪 80 年代中后期该基金会运作的小额信贷非常成功，其领导人认识到作为公益性组织可利用的资源很有限，小额

① 中国的公益性小额信贷最初是在 20 世纪 90 年代初国际援助的小额信贷项目。在 20 世纪末至 21 世纪初这个时期，国际援助的小额信贷项目纷纷结束，他们部分转制成为各种专门从事小额信贷扶贫的组织，或依靠传统的群团组织如妇联继续存在，只有少数依然作为项目办公室而存在，能持续且有一定影响力的太少。

信贷项目无法保持高速增长，利息收入远远无法满足资产迅速扩张的需要，尽管做了最大的筹款努力，但是贷款和捐赠远远无法满足需要。于是1992年团结银行从基金会独立出来成为商业银行，1997年成为第一家向股东分发红利的小额信贷银行，如今它依然是玻璃维亚运营最好的银行。类似的成功事例还有：菲律宾农业农村发展中心（CARD）1991年开始运作小额信贷，1997年9月成为菲律宾首家由NGO转变的银行；柬埔寨的地方经济发展机构协会（ACLEDA）建于1992年，期初作为NGO运行小额信贷，2004年转型成为银行，其客户覆盖规模跃居全国第三位。

据王灵俊（2009）的研究，在中国小额信贷发展的同时，联合国开发计划署（UNDP）在中国近邻蒙古国和柬埔寨同时实施了小额信贷项目。今天，在蒙古国的小额信贷项目已经发展成一家世界上著名的小额信贷银行——哈斯银行（Xac Bank）；在柬埔寨的项目也发展成世界闻名的阿克莱达小额信贷银行（ACLEDA Bank）。

（二）公益性小额信贷机构转为非银行类金融机构

公益性小额信贷机构转型为专事小额信贷的非银行类金融机构（NBFIs），这样做，一是可解决合法化问题，二是解决融资来源问题。从法律和管理的角度考虑，改制为非银行金融机构比成为银行更容易得到监管当局的许可。作为金融类贷款公司，并不能向公众动员储蓄，其所提供的服务范围也受到比银行更严格的限制。国际上这类做法的NGO也有很多，尤其是在拉丁美洲（秘鲁、玻利维亚等）、东欧、肯尼亚和乌干达等国家和地区。他们的转型经验表明，尽管成本巨大，但转型为非银行金融机构之后小额信贷机构能提供更好的服务，融资过程也有所改善，长期来看，有利于机构的发展。

（三）与正规金融机构合作开展小额信贷

银行等正规金融机构一般拥有广泛的分支网络，具有提供储蓄、转账等多种服务功能，还有可供投资于系统和技术的资金。公益性小额信贷机构与其合作，可以实现双赢。合作方式除了正规金融机构提供批发贷款外，还包括购买公益性小额信贷机构的贷款资产、对资本金的投资、利用抵押担保杠杆扩大小额信贷机构的贷款倍数等。印度第二大银行（ICICI）在2001年通过向专业小额信贷机构提供批发资金，进入了小额信贷市场。仅仅两年的时间，ICICI银行的小额信贷资产从1,600万美元增长至6,300万美元。目前，该银行正大幅度地向小额信贷领域发展，预计该市场的资产潜力有10亿美元。就我国目前情况而言，中国扶贫基金会和国家开发银行已经多次开展合作，后者为其提供的小额信贷项目批发贷款，并允许转贷款，取得了良好效果。

（四）公益性小额信贷的商业化经营

国际公益性小额信贷商业化发展实践表明，小额信贷机构商业化有利于增强机构的竞争力已经成为一个不争的事实。在国际上，公益性小额信贷机构商业化后吸引了不少商业性银行的投资，如玻利维亚，在小额信贷商业化后吸引了大量的商业性资金进入该领域，提高了小额信贷机构的竞争力。在公益性小额信贷获得大量资金后，便可以获得更多市场份额，开发新的、更加符合农户需求的信贷产品和服务，这些都有利于小额信贷机构增强自身的综合竞争力。商业化并不是小额信贷机构实行财务可持续的保证，只是为小额信贷机构实现财务可持续提供了可能。

在小额信贷的商业化问题上出现了激烈的争论，有人认为为了达到对总体贫困水平产生影响的必要规模，商业化是必要的，但要以保证公益性为前提。也有人认为，公益性小额信贷机构不应追逐利润，并断言商业利益必定牺牲社会正义，会出现“使命的异化”。

关于公益性小额信贷商业化会涉及到高利率问题。在全球范围内，小额贷款的年利率平均约为37%，但最高可达125%。据认为，适当的利率应高于筹集资金的成本10%至15%左右，但一项估计发现，75%的机构收取的利率高于这一水平①。由于当地的商业成本、获得技术的机会较少和其他因素都应反映在内，利率可能有所差别。但是，声称高利率仅仅反映了提供小额金融服务的较高成本因而收费合理的论点，并不完全令人信服，贫困的借款人不应为低效的借贷买单。通过促进竞争和创新这两个提高效率和降低价格的办法，就可以降低利率，而且并不一定会导致小额信贷不可持续。

二、国际小额信贷商业化经营的实践

国际小额信贷自诞生以来，经历了从追求扶贫绩效的纯公益性行为到追求机构可持续发展与扶贫绩效双重目标的发展过程。

最初的小额信贷协会主要是通过政府和各种基金的资助，对贫困人口进行无偿补贴或低息贷款。在该机制下，贫困人口自身没有寻求发展的动力和压力，养成了惰性和依赖心理。与此同时，由于资金的有限性，这些无偿补贴或低息贷款往往没有真正落实到贫困人群手中，而是流向那些社会资本深厚的人群中。这种情况与我国实施的救助式扶贫方式效果相类似。

20世纪70年代后，小额信贷作为一种发展金融的模式，为贫困人口提

① “小额信贷和微型金融在消除贫穷方面的作用”，联合国秘书长2010年8月在联大第65届会议上的报告。

供信贷支持的同时，要求贫困人口承担相应的偿还责任，推动了贫困人口自我发展动力，有助于他们自身能力建设培养，成为一种有效的脱贫方式。但由于小额信贷机构资金来源大多依靠捐赠资金，其可持续发展能力受到限制。

在20世纪90年代后，国际小额信贷机构的目的仍然是消除农村的贫困，但就在这时开始出现了新的变化，更加注重小额信贷机构的可持续性发展，即盈利性，开始实施商业化发展道路。公益性小额信贷机构由非政府组织逐步演化为商业性的金融机构，不仅是小额信贷机构自身发展的需求，同时也是为了更好服务于贫困人口的信贷需求所致。这一阶段的小额信贷机构已经从狭小的机构发展成为金融业务的一部分，从最初关注妇女、贫困人口的金融服务发展成为综合性的金融服务机构。它的主要特点是：覆盖面增加、利率下降、吸收储蓄和可持续发展能力增强。

三、我国公益性小额信贷商业化经营

（一）商业化是必然选择

小额信贷的商业化之所以受到推崇，主要原因在于：（1）财务上完全可持续的小额信贷能够吸引商业资本的加入，这有利于小额信贷机构扩大规模，提高覆盖面。亚洲银行在其《小额信贷的商业化：来自南亚和东南亚的实践》的研究报告中指出：商业化后的小额信贷机构所表现出的盈利能力已经吸引了新机构的进入，并且在某种程度上刺激了部分商业银行缩减其业务规模。（2）追求财务可持续的机构具有“财务硬约束”，缓解了人们对于受到补贴的机构的浪费、低效和腐败的担忧，提高小额信贷机构的公信力。

我国自20世纪90年代以来，曾先后存在过300多个公益性小额信贷项目和机构，其中一些是坚持福利主义性质的组织。它们一般采用的政府或事业单位派人兼职或专职的模式，多以项目的形式存在，以低利率贷款给低收入贫困群体，以政府补贴或外界援助为支撑。这些项目一旦到期，或者没有外援资金跟上时，大部分项目就随之结束或停办。有一些福利主义性质的组织，在外部资金支持短缺的状况下，开始转型为制度主义小额信贷，一些公益性的小额信贷机构，如宁夏盐池县的小额信贷中心转为小额贷款公司。

根据相关研究，世界上好的小额信贷机构在剔除通货膨胀和所有补贴因素的影响下，其资产收益率（ROA）可以达到2.5%，而其权益回报率（ROE）超过全球前10名商业银行16.2%的平均水平，许多拉美的小额信贷机构权益回报甚至超过40%—50%的水平。[①] 而这些实现了财务可持续性发展的小额信贷机构，基本上都是采取了商业化运作模式。

（二）成功案例分析

虽然，公益性小额信贷在中国近20年的发展历程中，因对农村特别是基层农户的金融支持和对普惠金融体系构想的完善而逐渐得到关注，但是在具体实践中还是遇到了诸如运营、管理、资金、法律地位等困难，由此导致公益性小额信贷的行业地位与实际发展情况极度不平衡。有些公益性小额信贷机构通过商业化经营的转型，成功走出困境，并获得较大发展，以下我们介绍中国扶贫基金会小额信贷商业化经营的成功案例。

为了改变小额信贷项目不成功的局面，在2008年，中国扶贫基金会成立了中和农信项目管理有限公司，专门管理实施小额信贷工作。2011年12月19日，中国扶贫基金会小额信贷中和农信项目管理有限公司（以下简称中和农信）年放款额突破10亿元，继2011年8月8日，有效客户突破10万人之后，中和农信小额信贷实现了放款量和有效客户数的“双十”突破，从中国公益性小额信贷机构的领导者，正式迈入国际领先小额信贷机构行列。

1. 资金来源商业化

基金会小额信贷的资金来源主要有从国家开发银行、中国农业银行、北京银行和渣打银行等批发的资金。中国扶贫基金会的总资产从2005年到2009年，增长了11.23倍，平均年增长率为108.87%，说明了中国基金会正在处于迅速的扩张中。特别是2009年总资产比2008年增长了65%，其主要原因是2008年中和农信项目管理有限公司的成立。资产的利用率很高，平均年度资产利用率能达到84.63%，相对平均贷款额度为17.28%。除了2005年和2009年外，衡量机构可持续发展的经营自负盈亏率均大于100%。

中国扶贫基金会小额信贷项目，根据贫困农户的特征设计贷款产品，采用五户联保以及非优惠利率的方式，保证项目能够支持无法从正规金融机构获得贷款的人群。经过十多年的探索，基金会已经总结出一整套标准化的项目运作流程，既能够快速有效的服务贫困人口，又能够防止贷款风险。2010年，中和农信39家分支机构共发放贷款69,215笔，金额5.69亿元，比2009年分别增长67%和106%，平均单笔贷款金额8,222元。截至2010年12月31日，中和农信的总贷款余额为3.89亿元，有效客户67,241户，其中84%

① 焦瑾璞、杨骏：“国际小额信贷发展趋势”，《小额信贷通讯》，2006年。

为女性客户。2011 年 9 月 30 日，中国扶贫基金会小额信贷项目超过 30 天的风险贷款率仅为 0.41%。

2. 机构运作的商业化

首先，在领导战略方面，明确了小额信贷机构可持续发展的战略目标。其次，在人力资源管理方面，为信贷员设计了一套工资与业绩直接挂钩的激励机制。基金会给每位信贷员的底薪不多，其收入一般是与其回收的贷款额度挂钩，款项发放时不给报酬，只有当贷款回收之后才进行收入的提成。这样就大大激励了信贷员工作的责任心和主动性。最后，在信息管理方面，建立了一套及时真实反映小额信贷经营情况的信息管理系统。

3. 成绩与经验

（1）2009 年，由中国扶贫基金会独资成立的“中和农信项目管理有限公司”正式运营，标志着该会小额信贷完成了从项目型向公司型发展的战略转变。2009 年的成功转型，更加坚定了其十五年来不懈追求的建立“山水间的百姓银行”的梦想。

（2）中和农信与中国农业银行的合作尝试，开创了大型商业银行支持非营利性小额贷款机构的先河，是对大型商业银行配对小机构的农村金融服务模式的深入探索。双方的合作整合了大银行的资金优势、小机构的实践经验，运用商业化的运作模式，解决了大银行服务中低收入农户的难题，满足了中国扶贫基金会这样的公益性小额信贷组织融资需求，更重要的是使更多的贫困农户获得了贷款支持，实现大银行、小机构、贫困农户之间的多赢，形成了社会效益和经济效益的长期可持续发展，为农村金融改革和创新提供了实践经验。

（3）小额信贷项目的快速发展和成功实践，赢得了国内外相关机构和组织的充分信任，广泛拓展融资渠道，与该会建立了稳定的合作①。

（4）在贷款总量成倍增长的同时，中和农信依然保持了极高的贷款品质。2009 年，大于 1 天的风险②贷款率为 0.07%，大于 30 天的风险贷款率为 0.05%。

① 2010 年，中和农信继续得到了中国农业银行、渣打银行、国家开发银行、法国达能集团、嘉道理慈善基金会、耐克公司、微软有限公司、摩根大通、拜耳有限公司、美国康宁公司、美国康明斯公司、上海汽车乘用车分公司、花旗集团基金会、赠与亚洲（Give2Asia）等机构和组织的融资、捐款及技术支持。

② 资料来源：中国扶贫基金会 2010 年报数据。

第七章　完善我国小额信贷发展的制度、政策环境

我国的多层次、广覆盖、可持续的小额信贷体系建设是一项复杂的系统工程。小额信贷发展的制度、政策环境的改善和优化是小额信贷体系建设的一个重要条件。为实现我国小额信贷的持续发展，小额信贷相关机构及从业人员要在我国小额信贷体系建设所处的环境条件下，不断努力付出。为此，应加大政府支持小额信贷的力度，为我国小额信贷发展提供适宜的政策、制度环境。

第一节　小额信贷机构筹集资金环境

目前，一般的公益性小额信贷机构主要通过国际组织和相关单位的赠款、国家财政扶贫专项资金，以及少量投资人注入的资金等方式来补充后续资金，这在典型的公益性小额信贷机构中都有所体现①。小额贷款公司的资金来源有三个途径：股东缴纳的资本金、捐赠资金，以及来自不超过两个银行业金融机构的融入资金。资金来源渠道有限、后续资金不足使很多小额贷款公司面临发展困境。小额信贷机构的资金来源，尤其是后续资金的补充，对于机构本身和行业的可持续发展起着关键性作用。

一、资金获得与小额信贷的可持续发展

（一）资金是小额信贷发展前提

我国对非金融机构吸收存款是严厉禁止的，公益性小额信贷机构和小额贷款公司不能向社会公众吸收存款，只能利用借入资金、捐赠资金、上级拨

① 以赤峰市昭乌达妇女可持续发展协会为例。其在UNDP资金330万元基础上，又争取到日本政府130多万元、孟加拉乡村银行69万元、全国妇联15万元、美国格莱民基金会300万元、美国我开公司30万元、美国济困扶贫基金会22万元、世界银行捐助协会15万元。人行赤峰支行课题组。

款进行小额信贷的运作，资金成为小额信贷大规模推广的限制条件。《2011 中国小额信贷机构竞争力发展报告》显示，2009 年左右成立的小额贷款公司几乎没有亏损，毛利率基本为 20% 以上，扣除税、成本工资等，资金利润率大约在 8%—10%。虽然目前经营良好，但因后续资金不足使其不能进一步开展业务成为当前小额贷款公司最大的障碍。小额信贷机构的持续发展需要融资上的突破，只有在有能力筹集足够资金的情况下，小额贷款机构才能发展相应贷款业务。可贷资金短缺的情况下，小额信贷行业是不可能长期发展的。因此，资金的获得是公益性小额信贷机构和商业性小额贷款公司实现可持续发展的前提。

（二）资金来源制约我国小额信贷的可持续发展

2008 年中国人民银行、中国银监会在《关于小额贷款公司试点的指导意见》中规定，“在法律、法规规定的范围内，小额贷款公司从银行业金融机构获得的融入资金余额，不得超过资本净额的 50%”，但一般商业银行不会轻易发放贷款给小额贷款公司。小额贷款公司严禁向内部或外部集资、吸收或变相吸收公众存款，从控制风险角度来讲，这样可以保护公众利益，维护了正规金融秩序。但是禁止小额贷款公司吸收存款，只能运用自有资金以及少量的银行贷款导致很多小额贷款公司面临资本金用完或接近用完①的困境，这既限制了小额贷款公司运用负债手段发挥杠杆作用的效应，同时也提高了小额贷款公司的经营成本。就公益性小额信贷机构而言，其资金来源靠国外和国际组织的资助和国家的部分扶贫贷款，缺乏稳定性和持续性，也为这类机构的持续发展蒙上了一层阴影。

二、小额信贷机构资金环境

（一）资金来源渠道少

为避免吸储带来的系统性金融风险，央行规定商业性小额贷款公司资金来源为自有资金、捐赠资金或单一来源的批发资金形式。②“只贷不存”的政策条件以及对于股东人数规模的控制，会导致其融资渠道单一化、有限化，最终其陷入资金短缺的困境就成为一种必然。因后续资金不足造成的“无米

① 据统计，截至 2011 年 11 月，河北省小额贷款公司资本金已经完全用完的占 56%，使用 80% 以上的达 78%。

② 《关于小额贷款公司试点的指导意见》中规定：“小额贷款公司的主要资金来源为股东缴纳的资本金、捐赠资金，以及来自不超过两个银行业金融机构的融入资金。在法律、法规规定的范围内，小额贷款公司从银行业金融机构获得融入资金的余额，不得超过资本净额的 50%。”

下锅”，成为当前小额贷款公司最大的困扰和烦恼。我国公益性小额信贷机构或项目的资金基本上依靠国内外捐赠，以国际捐赠为主；贷款本金、运作费用、技术支持费用基本依靠捐赠和部分地方政府投入，属于社会公益资金，资金的来源渠道非常有限。

（二）资金来源不稳定、缺乏连续性

小额信贷机构，尤其是公益性小额信贷机构可以通过获得捐助机构的廉价资金或捐赠，支持小额信贷事业进一步发展。但是，因为捐赠者要对捐赠资金的用途、使用条件做严格的考评，捐助者的工作重点也常常发生周期性的改变，实际上这种廉价资源不可能持续地存在，缺乏稳定性。此外，捐助资金数量也远远满足不了客户的需求。

（三）监管严格等限制较多

针对融资难问题，小额信贷机构也在不断进行着各种创新。2011 年 5 月，央行副行长曾公开表示，小额贷款公司可考虑以资产证券化来解决资本金来源不足的问题；2011 年 7 月重庆金融资产交易所上线小额贷款资产收益权凭证，被视为破冰之举；2011 年 11 月安徽省也积极跟进，但到 12 月尚未铺开的试点即被监管层间接叫停[①]，这已不是小额贷款公司融资创新第一次被叫停。监管层对于小额信贷公司的融资创新频频出台限制政策，地方热与监管冷形成鲜明对比。在“只贷不存”的政策条件以及单一的融资渠道下，小额贷款机构资金来源紧张，而监管却趋于严格，这在降低风险的同时也限制了小额信贷机构的规模扩张和发展速度。

（四）资金获得过程中存在身份歧视

公益性小额信贷机构都在当地民政部门登记，有些甚至获得了中国人民银行有关部门同意开展小额信贷扶贫试验的批文，可以从事一定范围内的贷款服务。但公益性小额贷款组织、小额贷款公司等各类小额贷款机构都未能完全获得正式的、合法的金融机构身份，无法吸收储蓄和向正规金融机构融资，甚至小额信贷机构之间的业务合作、资金拆借也受到严重束缚。

三、资金来源渠道及评价

（一）小额信贷机构资金来源简要回顾

第一阶段（1993 年—1996 年），小额信贷资金基本上完全依赖国内外捐赠，以国际捐赠为主；贷款本金、运作费用、技术支持费用基本靠捐赠和部

---

① 银监会指出，“考虑到小额贷款资产证券化存在的风险与问题，银行业金融机构不得参与此项业务，且务必审慎管理与小额贷款公司的业务合作，切实做好风险预警监测与防范工作。”

分地方政府投入。当时捐赠机构的捐赠目标主要是扶贫和社会发展的目标，没有将小额信贷机构的可持续发展作为项目的重点。另外大多数的项目没有后续资金安排，在不可持续的情况下，也难以争取进一步的投资。

第二阶段（1996 年—2000 年），这个阶段是项目小额信贷与非政府组织操作小额信贷共同试验阶段。以国家财政资金和扶贫贴息贷款为资金来源，我国政府机构和农业银行（中国农业发展银行）主导的“政策性小额信贷扶贫项目”开始发展起来。

第三阶段（2000 年—2005 年 6 月），政府开始采用小额信贷的方法开展扶贫，并把小额信贷推广到全国多数贫困地区，我国农村合作金融机构在中央银行支农再贷款的支持下，开始发放小额信用贷款和“农户联保贷款”。这一阶段标志着小额信贷在中国的一个转折点，小额信贷扶贫从由非政府组织、社会团体，主要利用国外资金进行小范围试验转向了以政府和指定银行操作、以使用国内扶贫资金为主，在较大范围内推广。

第四阶段（2005 年 6 月至今），我国小额信贷进入探索“商业性小额信贷”的全新阶段。在农村金融总体改革框架之下，也为了适应农村金融市场开放的政策取向，由私人资本投资的商业性小额信贷机构开始在试点地区出现。截至 2011 年 12 月末，全国共有小额贷款公司 4, 282 家，贷款余额 3, 915 亿元，全年累计新增贷款 1, 935 亿元，实收资本 3, 318. 66 亿元中，多为民间资本。鉴于我国小额信贷发展的良好趋势，外资也不断涌入，成立或注资小额信贷机构。

背景知识 1：外资纷纷加入小额信贷行业

2011 年以来，因为看好中国小额贷款公司的发展前景，外资投资的小额贷款公司相继落户大连、重庆、武汉、沈阳等地，与本土小额贷款公司一道做大市场。小额贷款行业整体不良贷款率不高，有的小额贷款公司坏账率甚至不到 2%，而小额贷款的贷款利率几乎是银行贷款利率的数倍，是低风险、高收益的新兴金融机构。

2011 年 6 月中旬，中国银行四川省分行与富登小额贷款在成都授信首发签约。据了解，此次中国银行总行批准给予富登信贷 1.4 亿元授信支持，是中国银行首次给予外资小额贷款公司的信用授信，具有重要的破冰意义。富登信贷是淡马锡集团旗下富登金控的全资子公司，为四川最大的外资小额贷款公司。

2011 年 5 月底，重庆市渝中区亚联财小额贷款有限责任公司正式开门迎客，该公司由香港亚洲联合财务公司在重庆投资开设，为重庆市首家外商投资小额贷款公司。

2011 年 3 月，首家外商独资小额贷款公司富登小额贷款（湖北）有限公司登陆武汉，目前已对多家微型“企业”发放数十笔贷款。

2011 年 2 月，由法国美兴集团投资成立的美兴小额贷款（四川）公司正式开业，被媒体称为中国首家外资小额贷款公司。该公司注册资金 1 亿元，其股东包括法国美兴集团、世界银行集团国际金融公司、德国复兴信贷银行等多家外资金融机构。据介绍，美兴公司的贷款方式和贷款额度较为灵活，从 1 万到 35 万不等，放款时间最快半天就可以办好。该公司表示，预计全年将发放贷款 2 亿元左右。

资料来源：国际商报 2011 年 07 月 25 日。

（二）小额贷款公司资金来源渠道

1. 小额贷款公司资金来源主要渠道

按照 2008 年人民银行和银监会下发的文件要求，小额贷款公司的资金来源有三个途径：股东缴纳的资本金、捐赠资金，以及来自不超过两个银行业金融机构的融入资金。从银行业金融机构融入资金的余额，不得超过资本净额的 50%。实践中，小额信贷机构通过向银行金融机构取得的资金比例较少。[①] 同一借款人的贷款余额，不得超过小额贷款公司资本净额的 5%，不得向其股东发放贷款。严禁吸收公众存款和非法集资，不得发行债券或彩票，也不能向内部职工、股东集资。当前，部分省市在《指导意见》基础上，对上述规定的比例有所调整。[②]

2. 小额贷款公司资金来源其他渠道

（1）向法人股东定向借款。浙江省工商局新近出台的《浙江省小额贷款公司融资监管暂行办法》（以下简称《办法》），旨在规定小额贷款公司须向工商部门如实申报融资信息，规范开展融资操作。《办法》中还允许小额贷款公司向股东定向借款，放宽了小额贷款公司的融资渠道。但是，部分条款设计可操作性不强，期待实施细则的发布。

（2）本市区域内小额贷款公司间的调剂拆借。《办法》第六条规定本市范围内，各小额贷款公司之间可以进行资金的调剂拆借，并应在调剂拆借资金到账后的五个工作日内，由借入方的小额贷款公司向当地县（市、区）工商部门报备。借入资金到期或提前归还的，应于归还借款后五个工作日内向

① 到 2011 年 9 月末，内蒙古全区的 462 家已开业小额贷款公司只有 63 家成立较早的公司先后从建行、招行、国开行、中信信托、农村合作银行等金融机构融到了资金，融资总额只有 34.85 亿元，只占全部机构资本净额的 8.84%。

② 如浙江等地已做相应调整，参见《浙江省小额贷款公司融资监管暂行办法》。

当地县（市、区）工商部门申办核销手续。

（3）与金融资产交易平台合作，以回购方式开展资产转让业务。《办法》第七条规定小额贷款公司首次开展以回购方式进行资产转让交易的，应在交易的十个工作日前向当地县（市、区）工商部门报备，符合条件的，方可进行资产转让交易。

（4）发行小额信贷权益证券。小额贷款公司通过将信贷资产收益权出售给金融交易所的做市商，做市商再将其证券化后放入交易平台进行公开交易，① 小额贷款公司便可提前获得一定比例的资金收益，加速了资金流动，从而在一定程度上缓解了资金瓶颈问题。

（5）委托贷款。委托贷款是指合格委托人提供资金，并承担全部贷款风险，小额贷款公司作为受托人，根据委托人确定的贷款对象、用途、金额、期限、利率等代为发放并协助收回的贷款。小额贷款公司只收取手续费，不承担贷款风险。合格委托人是指除小额贷款公司股东以外的，以自有合法资金委托并符合下列条件之一，能够识别、判断和承担委托贷款业务相应风险的在小额贷款公司所属县（市、区）域内的法人、自然人或其他组织。

目前，部分省（自治区）已经颁布法规，并开始采用该种方式发放贷款。2011 年 5 月云南省政府颁布《云南省小额贷款公司委托贷款业务试点暂行办法》对此类活动进行规范。上海静安华谊小额贷款公司开始寻找私募基金合作，私募基金在获得银行委托后向客户放款以获得较高收益，小额贷款公司则提供客户来赚取中介费。

（三）公益性小额贷款机构资金来源

目前，中国的公益性小额信贷机构资金主要有基金会募捐、扶贫办拨款和国际扶贫组织的捐赠三方面资金来源。由于国内对于扶贫社这类公益性小额信贷机构没有明确的法律定位，他们面临着制度管理的束缚，不能吸储、不能发理财产品，没有正常的融资渠道。公益类小额信贷资金主要依赖国内外机构的捐款。为了能够不断发展贷款业务，除了以上获得资金来源的途径外，公益性小额信贷机构还有如下一些融资方法可以采纳：

1. 委托贷款

公益性小额信贷机构利用自身经验和优势，通过发放委托贷款扩展业务，取得收入，维持发展。根据中德合作小额信贷发展（KFW）项目的进展情况

---

① 2011 年 7 月 19 日，浙江瀚华小额贷款等三家小额贷款公司近 1 亿元的信贷资产收益凭证（以下简称“小额贷款凭证”）正式在重庆金融资产交易所（下称“重庆金交所”）上线交易。这是小额贷款公司信贷资产首次试水证券化。2011 年 11 月，安徽省也有类似做法。

及合作要求，2011年9月23日，赤峰市昭乌达妇女协会与松山区农村信用合作联社签署了“委托贷款协议”，协议对委托资金的额度、用途、委托期限、委托贷款的办理与发放、贷后管理等，都做了详细的规定。协议的签署意味着该协会新的信贷产品——“城市妇女微笑贷款”投放市场取得实质性进展。

2. 通过P2P平台完成资金补充

社科院主导的扶贫经济合作社是成功利用P2P平台筹集资金，发放贷款的典型。P2P（指个人对个人）金融服务依托互联网技术，强调客户之间的互助合作，能够利用网上互助借贷平台来完成借贷双方之间特定利率下的借贷行为。

河北涞水县成立的扶贫经济合作社收集到农户的直接需求，经过筛选之后与农民签订贷款合同，向其发放贷款；然后，双方合作把借款农民的信息发给合作伙伴——宜信公司，宜信公司把所有这些农户信息发到其P2P信贷平台上，展示给所有已有或潜在出借人；之后，有兴趣的出借人通过宜信的网上流程选定借款人，在线支付出借款项，获得对应的债权；最后，宜信将出借人的资金转入涞水县扶贫社的账户。

P2P模式有利于缓解公益类小额信贷社会组织的资金困难，但仍然无法从根本上解决，杜晓山称：“公益类小额信贷面临困境的根本原因在于没有适宜的合法身份与法律地位、不能够到银行贷款，没有制度性的融资渠道，从目前情况看，P2P也不是稳定的资金来源。

3. 其他筹资渠道

国内首家面向公益性小额信贷组织的“普惠1号”公益性小额信贷批发基金已经公开发行。基金投资方式为批发贷款，委托银行贷出。该基金由中国小额信贷联盟、商务部中国国际经济技术交流中心、北京大学金融信息化研究中心、宜信惠民投资管理（北京）有限公司（以下简称“宜信惠民公司”）联合倡导成立。由宜信惠民公司担任基金企业受托管理人，负责对投资申请、投资对象筛选、审批、委托贷款指令的发出、贷款跟踪管理、风险评估、再投资等全过程的资产管理。

背景知识2：北京市农发扶贫基金会（Funding the Poor Cooperative，FPC）资金来源

北京市农发扶贫基金会是公益性质的机构。其取得的资金，按照用途可分为三类——贷款本金、操作费用和公益资金，按照性质分为三种类型——捐赠资金、委托代管资金和软贷款。

从规模效益来看，FPC还处于初期阶段，整个系统还达不到盈亏平衡的程度，因此所需经费主要靠社会的捐赠和软贷款。孟加拉的格莱明银行资金的来源主要有四个方面：一是自我积累即贷款资金的盈利的积累，同时吸收社会储蓄，从资本周转中得到的赢利；二是借软贷款进行积累；三是社会捐赠；四是辅助扶贫事业开展其他业务，如电话局、商店等，依靠自身积累来扩大规模。由于FPC是私募型基金会，所以它不能像某些慈善机构那样在社会上募捐，只能通过社会关系和其在社会上的影响，得到一些赞助。往往得到的资金、技术与FPC所需要的资金、技术相比很有限。对FPC资金支持力度最大的是杨麟先生和福特基金会。杨麟先生支持的贷款本金最多，福特基金会连续十年为其提供实验项目操作经费和能力建设经费。澳发署、花旗银行、统一集团等机构和德国赫尔玛夫人、白思楠女士、林俊华女士也对FPC提供了重要帮助。以软贷款方式资助FPC的有孟加拉格莱明银行、美国乡村基金会等。正是由于得到上述支持，FPC才得以维持到今天。

资料来源：扶贫经济合作社：《小额信贷扶贫模式在中国的实践》，社会科学文献出版社，2010年。

四、完善小额贷款机构筹集资金环境

从我国近几年小额信贷发展的实践中，可以发现小额信贷机构的资金问题已经成为机构进一步发展的瓶颈。由于缺乏资金，大大限制了小额信贷的覆盖面和覆盖深度，使本应获得金融服务的人群无法获得服务。

（一）扩大资金来源渠道

1. 与传统大型金融机构合作

从国外推行小额信贷的经验来看，小额信贷组织通常与大型商业银行进行合作，以达到一定的规模和覆盖率，实现机构的可持续发展。大型商业银行在资金、技术、管理等各方面具有强大优势，将商业银行引入小额信贷市场，这无疑会减少对小额信贷后续资金来源的制约，有利于金融资源的配置，促进小额信贷市场的良好运转。商业银行可以和小额信贷机构开展各种形式的合作，如通过注资、转贷款、委托贷款等方式将资金补充到小额信贷机构。同时大型商业银行也可以根据各地区经济发展水平的不同和借款人需求的不同，制定合理的小额信贷管理制度、监管激励措施，间接加大小额信贷资金的投放，扩大小额信贷资金的供给，最终使更多农户获得小额信贷的资金支持。

2. 扩大股本金来源，争取国际机构和财政资金支持

《关于小额贷款公司试点的指导意见》中将股东人数限制由原先的不超过5人增至有限责任公司的不超过50名和股份有限公司的不超过200名，为扩大股本金提供了平台。积极引进外资，许多外资机构对于中国农村金融这片

广阔的市场非常感兴趣，如德意志复兴银行和国际金融公司都曾有意入股晋源泰，但由于小额贷款公司身份不明确，一直没有下文。政策的不明朗实际上制约了这方面的合作，央行应尽快明确商业性小额贷款组织定位，为其发展提供良好的政策环境。①

3. 成立小额信贷批发基金

适当放宽小额信贷机构的融资渠道，采用多种方式鼓励小额信贷健康发展，建议国家组成基金会对商业性小额信贷机构提供资金融通，确保小额信贷机构有足够的资金用于借贷。此外，由于商业银行在网络、技术设施、资金渠道和融资市场等方面有明显的优势，可以考虑制定优惠政策引导商业银行为小额信贷机构提供零售和批发贷款，并提供必要的技术支持。对现有的各类小额信贷机构，视具体情况采取区别对待的政策，经过调整、改造及完善，符合条件的，允许合法存在并给予金融支持。

背景知识3：孟加拉国批发式小额信贷机构（PKSF）

国际上成功的模式有孟加拉国批发式小额信贷机构（PKSF），这是一家自主性批发小额信贷机构，受到了国际小额信贷业界的广泛关注和推崇。为了集中管理国内外捐助机构和政府的扶贫资金，并推动小额信贷机构的持续发展，孟加拉国政府于1990年设立了农村就业支持基金会（PKSF）。PKSF仅对符合其标准的合作机构提供能力建设和免于担保的小额信贷批发业务。截至2003年年底，PKSF已接纳189家合作机构，通过他们为213万贫困农户提供了1.65亿美元的小额贷款。PKSF通过现场调查、审计和提交会计报表对合作机构实行监督，并帮助其制定长期发展规划。PKSF这一国家级小额信贷批发基金的设立，促进了小额信贷行业标准和最佳实践的推广，推动小额信贷机构的良性竞争和可持续发展，也大幅度减少了国际和国内用于小额信贷扶贫资金的设计成本。正是由于存在一个有效竞争的小额信贷市场，PKSF的合作机构才能不断创新，提高效率，PKSF自身的持续发展也得到相应保证。

资料来源：根据小额信贷从业资格教材及公开资料整理。

建立农村小额贷款担保基金，担保基金的资金来源于财政扶贫资金，可与金融机构合作，开展比例担保。对于只贷不存的小额贷款公司和组织，资金来源问题最为迫切。促进资金来源多样化，政策上需要明确的界定，使捐赠者、投资者都明白这个机构到底是否合法，该不该捐款、投资，明确了机

① 董静，郑朝阳："小额贷款公司"双赢"道路探索——基于新时期小额信贷的理论与实践"，《经济界》，2008年第5期。

构的身份和运营水平，捐赠者和投资者才能决定投出去的资金是否有效，否则，投资者和捐赠者都不敢来。如果将来小额信贷机构发展得好，还可能像国外那样，可以实现资产转让和资产证券化。

（二）融资相关法规、规定的调整与完善

1. 要放宽小额贷款公司融资比例[①]

建议将小额信贷公司的注册资本与融入资金的比例适当提高到1∶1或者是1∶2，或者根据实际业务能力确定。现在按工商企业的融资比例，现在的资本金是25%，其他贷款，实际上一般工商企业的杠杆率应该是4倍，那么小额贷款公司只有0.5倍，明显地存在着待遇不公的问题。资料显示，我国一些省份在制度创新方面做了多方面的尝试。[②]

2. 出台规范公益性小额贷款机构的文件

建议政府相关部门，在条件成熟时比照2008年银监会23号文件，出台一部关于公益性小额信贷社会组织的规范性文件，对公益性小额信贷组织身份予以界定，对融资渠道予以规范，从根本上解决目前的困局。

3. 修改制定融资担保、委托贷款等相关规定

当然，在小额信贷机构发展的初期，为了防范金融风险和避免一系列社会问题，对于其他形式的融资渠道做了限制。待今后条件成熟时，可以考虑适当放开其他金融产品和服务，例如委托贷款、融资担保等服务，使小额信贷机构能从其他途径获得所需资金。

第二节　小额信贷利率制度环境

2010年，在印度安得拉邦发生的小额信贷危机，有人认为小额信贷机构向客户收取过高利率是发生危机的主要原因。事后，印度中央银行建议小额信贷机构的贷款利率不超过26%，这一事件在全球再次引发了关于小额信贷利率的争论。根据国际上通行的惯例，小额信贷机构要想走上自负盈亏的可

① 部分地区已做调整，如海南省已于2012年7月份出台《关于深入推进小额贷款公司改革发展的若干意见》指出，对于年度考评结果为优秀或良好的小额贷款公司，其融资比例最高可放宽至资本净额的200%。

② 黑龙江省情况，一是在单一股东持股比例上，对于主发起企业最高持股比例由30%提升至40%，对于其他股东持股最高比例由10%提升至20%。股权比例的提升，有利于投资者的投资积极性，有利于公司的治理和决策。对于港澳台地区出资人出资组建的公司，主发起企业最高持股比例提升至60%。

持续经营道路，必须从贷款中收取一定水平的利息来获取足够利润，赚取一定的收益来弥补各种经营成本和资金成本，实现不断发展壮大的目标。贷款利率的高低对于小额信贷机构的可持续发展至关重要，利率问题自然也就成为了小额信贷实现可持续发展的核心问题。

一、小额信贷利率

（一）小额信贷利率高低之辩

对于小额信贷利率的高低向来存在着两种截然不同的观点，一种观点支持小额信贷的高利率，认为为了实现小额信贷的可持续发展，高利率是必需的。另一种观点则反对小额信贷的高利率，认为高利率有悖于小额信贷活动的初衷，与小额信贷机构的宗旨相冲突。

证据显示，在规定利率上限的国家，获得金融服务的机会增长速度较慢。相反，应推动制定政策，通过实施各种措施，例如实行透明定价和消费者教育等规定，提高效率和降低费用，鼓励竞争。例如，柬埔寨采取这些措施后，利率从高于60%降至约30%。[①]

1. 小额信贷应该执行高利率观点

小额信贷机构为了维持其可持续发展，需要实行较高商业利率以覆盖其成本，并从以下几个方面作出解释。

（1）小额信贷的供给方成本较高。商业银行的资金成本较低，而只贷不存的商业性小额贷款机构的资金成本则比较高。优惠资金并不是小额信贷机构长期稳定的资金来源，因此，为了确保借贷营运的可持续性，小额信贷机构就必须通过征收利息的方式来提供资金（尼玛尔·费尔南多，2005）。小额贷款业务需要信贷员与客户面对面的交流，以人与人之间的直接联系来替代正规的财产担保，使得交易成本和管理成本很高。小额信贷业务是一项劳动密集型的工作，相比于正规金融机构的大额贷款，信息的搜集与处理需要大量的人力来完成。小额贷款客户抵御自然灾害风险和市场风险的能力较弱，更容易因天灾人祸或经营失败而丧失还款能力，风险成本较高。

（2）小额信贷的需求方能接受较高的资金价格。首先，中国低收入农户看重的主要是信贷可得性，小额信贷的需求主体可以接受商业化的较高利率。其次，小额信贷商业化较高的利率可形成阻挡非贫困群体侵入的自动机制，高收入农户愿意接受高利率和实际接受高利率的比重都大大低于低收入农户。

① 联合国资本发展基金：“扩大获得金融服务的机会，促进平衡经济增长”，2009年5月。

(3) 低利率导致不可持续。首先，低利率使小额信贷项目和机构经常亏损，致使很多机构都不愿意从事小额信贷服务。其次，低利率减低还款的压力和动力，产生了很大的信用风险，使小额信贷机构在保持其财务、机制、经营等层次的可持续性上面临较大的困难。

(4) 小额信贷供给方掌握定价权。在小额信贷需求远远大于供给的情况下，小额信贷机构倾向于制定较高利率，尤其是在一国在执行严格宏观调控政策之时。因此，小额信贷的利率相比传统贷款应该有较高的溢价水平。

2. 反对高利率的观点

主张这种观点的学者认为，小额信贷的高利率与该组织或机构的宗旨是矛盾的。贷款利率偏高，农户增收压力与还贷压力增大，对小额信贷机构本身发展同样不利，直接造成还贷率降低与农户小额信贷不良资产比例上升。其利率制定应该从农户角度去考虑，使其符合当地经济发展水平，才能真正对农户增收产生明显的效应。小额信贷机构有时能获得低息或附加其他优惠条款的资金，仍然征收如此之高的贷款利息不合理。

3. 利率高低评价

在讨论小额信贷利率的过程中，应注意以下几点：(1) 利率和收益率要有一个可比较的基础。由于资金需求方获得的是短期资金，周转很快，其年化收益率较高，年化利率和借款者的年化收益率比较才能决定利率是高还是低。(2) 根据世界银行估计，小额信贷利率一般在25%才可以实现盈亏平衡，如孟加拉乡村银行（GB）和印度尼西亚人民银行乡村信贷部（BRI），利率通常达到20%—30%。上述比例可以作为一个参考，不同时期、不同地区、不同的社会文化背景下的小额信贷利率不能一概而论。(3) 小额信贷的利率究竟多高为宜，要由供求双方在市场的博弈过程中决定，要考虑借贷双方的收益对比。由于信息不对称，借贷市场的非完全竞争性，相关部门应当适当监管。

（二）利率是小额信贷可持续发展的关键影响因素

回顾我国小额信贷机构近二十年的发展历程，我们会发现小额信贷的发展尤其是公益性的小额信贷可谓发展缓慢，或者说只是在尽力维持，这与利率有很大关系。利率过低，则往往不能覆盖小额贷款机构本身的成本，而利率过高则会超出贷款者的负担水平，形成坏账，小额贷款机构也很难扩大业务。

小额信贷是一种同时具有社会目标和经济目标双重价值的信贷业务，小额信贷利率的确定应遵循双底线原则，既要满足小额信贷机构发展的需要，又要保证小额信贷客户发展的需要，兼顾双方利益才能实现小额信贷可持续发展。利率是小额信贷机构销售自身产品的价格，价格的高低意义重大，决定着机构本身能否生存和发展。从一定程度来说利率是影响可持续发展的关键因素。小额贷款的利率确定、调整、规范等相关问题直接影响着小额信贷机构和行业的可持续发展。

二、小额信贷利率定价分析

（一）影响利率确定的因素

小额贷款机构在确定利率的过程中，通常采用的定价至少考虑以下三种因素：成本、需求、竞争状态。

从成本方面看，小额信贷业务成本的主要构成——贷款利率通常应该至少覆盖资金成本、管理成本和风险成本。从需求方面来看，小额贷款客户能否支付相应的贷款利率。对小额贷款机构的效果评估显示，小额贷款能使客户受益，同时还显示小额信贷客户能够并且确实偿还贷款，在许多情况下，又再次借款。有研究认为，小额信贷机构间的充分竞争是降低小额信贷成本和贷款利率的最有效的方式。在许多竞争性的市场中，小额信贷业的效率得以提高，利率也有所下降。

（二）全成本利率制定公式

实现小额信贷机构可持续发展的贷款定价意味着小额信贷机构的利息、费用收入和投资收益必须覆盖管理费用、贷款损失、包含通货膨胀在内的资金成本和增长所需要的预期资金，这就需要计算小额信贷的全成本利率——Required Rate（RR）。

确定能够持续经营的利率要明确两点：（1）在不考虑补贴的情况下所有费用都必须包含在内；（2）费用估计是基于成熟运营阶段而不是初创阶段。

小额信贷机构为了具备财务可持续能力，必须收取全成本利率，即可覆盖所有贷款成本的利率，这个定价公式也用来计算可覆盖小额信贷机构成本的年利率。全成本利率（RR）的计算公式如下：

$$RR = \frac{AE + LL + CF + K - II}{1 - LL}$$

其中，

AE（管理费用率）＝管理费用/平均贷款余额（AOP）

LL（贷款损失率）＝贷款损失/AOP

CF（资金成本）＝资金成本/AOP

K（资本化率）＝预期资本/AOP

II（投资收益）＝投资收益/AOP

公式中的每一项都是以平均贷款余额的百分比来表示。

（三）小额信贷利率市场化

由于小额信贷发展中其自身的可持续问题，利率市场化观点被提出，认为小额信贷贷款利率由供求双方在市场上通过博弈确定。小额信贷要持续发展就必须走商业化道路，经营上遵循“利率覆盖风险”的原则，即实行能够覆盖金融风险和经营成本的完整利率；政府可以通过改进农村经济金融的基础设施，改善农村信用和金融生态，减少农村金融交易成本，促进农村金融良性竞争来降低利率。

从小额信贷的实践来看，利率市场化是值得肯定的，也是目前的主流观点。越来越多的文献资料表明，市场化利率一方面可以缓解小额信贷的资金来源问题，另一方面可以推动小额信贷可持续发展，促使贷款者更加注重贷款的使用效率，还可以避免其因低利率稀缺性导致的寻租现象的出现。

在利率市场化过程中，应注意如何在财务上对无偿捐赠资金和补贴进行成本处理和调整。对于无偿捐赠资金，由于大部分非营利机构没有明确的产权设置，其使用的贷款本金属于公益信托资金，可视为长期借款，应该计算资金成本，利率可以用银行间同业拆借利率作为参照。对于小额信贷机构获得的补贴，主要包括政府兼职人员工资、房租补贴、交通补贴等政府实物补贴，应该将各种隐形补贴当作成本处理。商务部国际经济交流中心要求其管理的小额信贷机构必须将补贴作为影子成本加以计算，在损益表里专门列出影子成本科目。

三、小额信贷利率的国际经验和中国现状

（一）小额信贷的国际经验

据杜晓山教授在2009年中国小额信贷峰会上的介绍，不同国家小额信贷的利率有很大的差别，全球的平均水平为年利率35%左右。在2005～2006年间，利率最高的5个国家分别为乌兹别克斯坦（83%），墨西哥（65%），乌干达（52%），肯尼亚（51%），加拿大（48%），最低的5个国家为印度（2%），印尼（18%），埃塞俄比亚（18%），斯里兰卡（17%），塞内加尔（16%）。

表7－1揭示了在小额信贷发展相对成熟的国家，小额贷款利率、盈利能力等方面相关情况，通过对比，可以为我们研究中国小额信贷利率的确定提供一些借鉴。

除了以上这些国家，在其他国家，如在阿尔巴尼亚和乌克兰，小额信贷的利率是放开的，且普遍高于一般商业银行的贷款利率，甚至微型贷款的利率也高于小型企业贷款的利率，而且小额信贷业务的存款、贷款利率差也大，

表 7－1 部分国家小额信贷机构小额信贷利率

贷款机构	贷款利率	市场利率	还款率或盈利能力	数据来源
孟加拉国 Grameen 银行	20%	10%	还款率为 96%～100%	所有相关研究皆可见
孟加拉国 BRAC	20%	10%	还款率为 98%	Jahangir and Zeller，1995
马达加斯加 CIDR	36%～48%	14%	还款率为 100%	Zeller，1998
印度尼西亚 Rakayat 银行 Desa 项目	32%～43%	20%左右	实现了盈利	Morduch，1999
印度尼西亚 Badan Kredit Desay 银行	55%	20%左右	实现了盈利	Morduch，1999
玻利维亚 Bancosol 项目	47.5%～50.5%	20%左右	实现了盈利	Morduch，1999
印度尼西亚 BRI	26%～32%	20%左右	还款率为 96.5%	Robinson，1998

资料来源：曹辛欣："小额信贷的利率分析"，《黑龙江对外经贸》，2007 年第 5 期。

利率由各机构本身确定。在乌克兰，一年期存款、贷款利率在 2002 年年底的情况大体是：本国货币存款为 16%～18%，一般贷款 20%～25%，小额贷款（以 MFB 为例）为 26%～36%，贷款利率差距较大。硬通货（美元、欧元）存款利率为 7% ～10%，贷款利率 12%～18%，一般贷款和小额贷款间差别不太大。阿尔巴尼亚银行的一般商业贷款的利率为 15%，小额信贷则为 23%，而非政府组织小额信贷机构的贷款利率则大体在 16%～30%。

（二）中国小额信贷的利率规定

中国是实行小额信贷利率管制的国家，由中央银行制定基准贷款利率，允许金融机构在一定区间内根据市场自主确定具体利率水平。《最高人民法院关于人民法院审理借贷案件的若干意见》规定，民间借贷的利率可以适当高于银行的利率，各地人民法院可根据本地区的实际情况具体掌握，但最高不得超过银行同类贷款利率的 4 倍。超出此限度的，超出部分的利息不予保护。《关于小额贷款公司试点的指导意见》做了与此一致规定，要求小额贷款利率不得超过银行同类贷款利率的 4 倍。

目前，我国广大农村多种多样的小额信贷机构星罗棋布，这些机构基本按照国家政策要求控制在基准利率的 0.9 倍到 4 倍。小额信贷机构根据客户信用状况不同确定不同的利率，其利率水平介于商业银行、农村信用社贷款利率和民间借贷的利率之间。从不同贷款对象执行的利率来看，一般农户贷款利率较低，中小企业和个体工商户贷款利率较高。[①] 农村小额信贷机构利率定价灵活合规，贷款期限以短期为主。据调查，小额贷款公司利率定价主要实行自主定价机制，年利率在百分之十几，与其他国家相比，属于较低水平。

（三）关于利率限制的问题

1. 利率上限带来诸多不良影响

虽然设定利率上限的初衷是好的，但实践中会带来如下不良影响：（1）阻碍新的小额信贷机构和投资者进入小额信贷市场，并使已有的小额信贷机构难以维持生计。设定利率上限导致小额信贷机构减少资金供给量，无助于拓宽困难家庭获得贷款的广度和深度；[②] （2）利率上限还可能降低信贷成本的透明度，因为贷款人会在他们的服务中收取各种复杂的费用以弥补因利率上限的影响而减少的收益；（3）小额贷款比大额贷款更加昂贵，因此设定利率上限可能促使小额放贷机构远离贫困的小额借款客户；（4）设定利率上限将改变小额信贷机构的放贷性质，并使信贷结构向短期贷款倾斜；（5）设定利率上限可能会增加政策风险，如果预期通胀率上升，则长期贷款将会承受更大风险。

2.《关于小额贷款公司试点的指导意见》的规定与现行有关司法解释存在分歧

最高人民法院的这条有关利率的规定只适用于公民之间的借贷关系、公民与法人之间的借贷关系以及公民与其他组织之间的借贷关系。小额贷款公司没有取得金融许可证，不具法律意义上金融机构的法律身份，因而只能认定为一般公司企业。至于企业与企业之间的借贷关系，国家一直以来持反对态度。小额贷款公司向其他企业发放贷款，根据司法解释的规定应视为是企业与企业之间的借贷关系，是无效法律关系，而此产生的利息也是非法所得。因此，《关于小额贷款公司试点的指导意见》的规定与现行有关司法解释存在分歧。

3. 通过机构的充分竞争改变利率上限

我国地方政府金融监管部门在发布有关小额贷款机构管理办法时，将小额贷款机构的贷款利率限制在基准利率的 4 倍以内。而事实上，在宏观调控

---

① 2011 内蒙古小额信贷行业报告。

② 在尼加拉瓜，自 2001 年设定利率上限后，会员机构的贷款增长率从每年的 30% 下降到了 2% 以下；在非洲西部，中央银行 BCEAO 和政府财政部强制实施了 27% 的利率上限，小额贷款机构不再向比较贫困的客户和社区提供服务，将服务集中在服务成本较低的城镇地区，有一些机构还提高了平均贷款规模来提高回报率，从而使小额信贷服务于贫困客户的数量大大减少了。

较为严格时期，很多的正常短期信贷都是超过 4 倍，导致风险的增加。只有当市场中有足够多的贷款提供者，通过充分竞争才能有压力和动力降低利率。一些国家的经验[①]表明，从事小额信贷的机构通过市场充分竞争使利率下降是完全可能的。

四、完善利用利率制度环境的政策建议

（一）建立完善相关法律规定

1. 适时取消小额信贷的贷款利率浮动上限

当市场中有规模足够大的贷款提供者时，竞争机制会使小额信贷机构效率得以提高，逐步放开对存款浮动的管制将不断出现更多的产品、更好的服务和更低的价格，最终降低小额信贷成本和贷款利率。因此，建议通过法律规定形式，放开小额信贷的贷款利率，既可以实现小额信贷机构的可持续发展，也可以解决长期以来正规金融机构不能为贫困人口提供有效信贷服务的问题。在取消利率上限过程中应做到分区域展开，在西部贫困地区、小额贷款公司数量或扶贫项目少的地区上浮比例可加大。

2. 建立借款人保护制度

为了保护消费者不受掠夺性贷款的剥削，政府可以制定消费者保护法或制度，这是一种不会有利率上限消极影响的保障办法。政府应明确要求小额信贷机构向借款人提供有关放款的真实信息，比如，以有效利率衡量的贷款成本、有可比性的、透明的信息。公开披露贷款成本使借款人可以对贷款进行比较选购，刺激贷款人之间的竞争，并督促他们保持高效以不被市场淘汰。[②]

（二）改变管理部门在小额信贷利率市场化过程中的角色

虽然从理论上说，小额信贷利率市场化是我国农村金融今后的必然选择，但因经济发展的地区差异，需要一个渐进式的过程。并且，小额贷款利率市场化实施的所需条件（如较为发达的金融市场环境、完善的金融组织体系、有效的市场监管体系等）也需要一个较长的培育过程。小额信贷利率市场化应该是供需双方多次博弈而达到平衡的过程。在这个开放的博弈过程中，包

---

① 在四个没有利率上限的竞争性市场：玻利维亚、波斯尼亚，柬埔寨和尼加拉瓜，小额信贷行业的贷款回报率从 1997 年的 57% 下降到 2002 年的 31%。经营效率（总管理成本，或称非金融成本，占平均贷款余额的比率）在同期改进，在比率上表现为从 38% 降至 24%。这种下降趋势应首先归功于竞争，竞争的存在刺激了效率的提高。

② 资料来源：CGAP，《捐赠者简报》，总第 18 期。

括小额信贷机构在内的农村金融机构都可以逐渐地成熟起来，政策制定者应着力于为这一过程创造相对公平和宽松的环境，而不宜直接对利率等市场指标直接干涉。

政策制定者们必须营造有利于小额信贷机构发展的环境，制定出可持续降低小额贷款利率的措施，鼓励各类机构进入该行业，为更具竞争力的市场奠定基础。如果政府对小额信贷利率采取的公共政策不明确，将对小额信贷的供给产生不利影响。只有当政府明确表示不对小额信贷设定利率上限时，才能消除重大的政策风险，才能鼓励现有金融机构增加投资和新的金融机构才能进入该市场，才能改善市场竞争。政策制定者可以为国际商业和社会投资者对当地小额信贷机构进行投资，创造一个自由宽松的外部环境。

（三）通过业务创新降低小额信贷机构经营成本

相比银行等金融机构，小额贷款公司属于新生事物，在经营理念、运作模式、管理经验等方面均显不足，加之部分投资人的市场投机心理等因素，公司经营管理的随意性较大，由此导致经营成本相对较高。为了降低小额信贷机构经营成本，从而降低贷款利率，相关部门需要加强小额贷款公司的引导和扶持，完善经营机制，创新经营模式。如通过网络采用新的运作模式降低经营成本，可借鉴 Kiva 网站平台通过网站发布贷款需求，在全球范围内获得资金，通过用 PayPal 做在线支付，与上千家小额贷款机构合作实现终端的贷款发放和审核。通过降低成本来带动小额贷款利率的下调。

第三节　小额信贷的监管政策环境

小额信贷机构发展过程中会面临各种风险，在当前风险分散机制尚不健全、小额信贷机构经营具有很不规范的情形下，对小额信贷机构进行监管十分必要。如何开展对小额信贷机构有效监管，推动小额信贷行业可持续发展日益成为广受关注的热点。鉴于小额信贷公司在小额信贷行业中的特殊地位，我们着重以小额信贷公司为研究对象，分析我国小额信贷机构的监管政策环境。

一、小额信贷的风险与有效监管

（一）农村小额信贷发展中的风险

小额信贷虽然额度小，但是由于其服务对象和服务行业非常复杂，在发展过程中面临多层次的风险，包括自然风险、信用风险、市场风险、法律风险、道德风险等。

1. 自然风险

小额贷款的主要投向是种植业和养殖业的简单再生产和小规模扩大再生产，对自然条件的依赖性强，受自然灾害的影响很大，一旦发生自然灾害，将直接影响农户还贷能力，产生信贷违约风险。这些风险还具有系统性特点，自然灾害一旦发生，影响的不仅仅是单一农户，而是波及整个地区，再加上贷款对象点多面广，贷款机构信贷违约风险剧增，联保机制形同虚设。

2. 信用风险

信用风险是指因借款人发生违约或借款人信用等级下降，无力按照与小额信贷机构所签的合同条款全部或部分偿还债务，造成坏账而产生损失的风险。信贷机构对借款人的信用水平的判断并非完全正确，且借款人的信用水平也会因为一些无法避免的原因而变化，这样信贷机构就面临会有一部分借款人违约的风险，这也是小额信贷中最直接、最主要的风险。

3. 市场风险

市场风险是指因农产品市场需求供给变化而造成损失的可能。随着农产品流通和交易的范围扩大，大量农产品的进口和出口、需求和供给的变化都有可能引起某一区域内农产品市场结构的改变，从而引起产品价格的剧烈波动，大幅度的价格下降，就有可能给满足生产性需求的小额信贷带来损失。

4. 法律风险

由于农户缺乏法律法规知识，存在将多个小额贷款转移给一人使用的现象，形成风险叠加，而且小额贷款分散，农村执法难度大、成本高，因此难以对借款户的不良信用行为给予有效的法律约束。

5. 道德风险

非政府组织性质的小额信贷机构，它们凭借捐助资金建立，机构的经营者和控制者并非最终产权的所有人，机构存在“所有者缺位”的问题，这可能导致管理层面的低效率和经营者的道德风险行为。

我国农村小额信贷可持续发展过程中存在高风险问题，而上述风险中最重要的是自然风险和信用风险。

（二）有效监管对小额信贷可持续发展的保障作用

中国的小额信贷的发展相对还处于一个比较低级的阶段，对小额贷款公司而言，尽管近几年发展迅猛，但每年新增贷款规模仅有2,000多亿元，占金融体系中的比例很小。中国人民银行和银监会在试点方案中都回避了其合法性和监管问题，使其发展受到很大约束。由于处于发展初期，小额信贷机构在贷款规模、资产质量、风险控制体系、吸收存款规模、内部治理结构都存在着这样或那样的问题。建议组建全国和省市级的小额信贷行业协会，发挥地方政府及社会监督等多方面作用，对其进行有效监管，保障小额信贷行业和机构能持续健康发展。

二、小额信贷监管的基本原理

（一）小额信贷监管的原则

1. 灵活性、适时性原则

小额信贷是一种金融创新，政府应采取宽严适中的监管框架、灵活的监管手段，引导和规范小额信贷机构的运行，为其提供发展空间，促进小额信贷机构可持续发展。监管框架设计与本地区的情况及小额信贷机构的实际性质和类别相适应，针对不同类型的小额信贷机构，制定了不同的监管制度，并根据小额信贷行业情况做出灵活、适时的调整。

2. 非审慎监管原则

小额信贷公司和公益性小额贷款机构一般不吸收公共存款，部分小额信贷机构通过融资方式从社会公众那里取得少量资金。多数公益性小额信贷机构可能依赖捐助资金，商业性和可持续性很难得到保证。考虑我国小额贷款机构经营过程中对所在地区产生的系统性风险及监管成本等因素，应该对小额信贷机构实施非审慎性监管。

3. 公平竞争原则

对小额信贷机构监管的目的是要避免小额信贷机构之间的竞争扭曲。促进机构公平竞争并不意味着对所有的小额信贷机构使用相同的规则，不能搞一刀切。不同地区和类型的小额信贷机构资金来源、贷款对象、运作模式会有很大差异，风险的产生与防范不尽相同，为保证不同小额信贷机构公平竞争，在监管过程中可采用不同的监管标准和手段。

（二）小额信贷监管的主体

1. 政府直接监管

一般由中央银行、财政部、银监会等机构履行监管职能，具有强制性，小额信贷机构违反法律时，政府监管部门可以吊销其营业执照。

2. 委托监管

由一个独立的第三方机构如会计事务所或专业的咨询公司、资金批发组织等根据政府监管当局的授权履行监管职能，但是监管当局保持干预的权力。在小额信贷机构数量多而政府监管能力有限时可采取代理监管的方式。

3. 自我监管

由小额信贷行业协会制定最佳操作守则和行业标准，使机构之间互相监督。但是由于行业协会的成员是自愿加入，行业组织缺乏必要的法律支持，无权保证成员遵守规则及关闭无力偿付债务的机构，所以行业自我监管不能取代政府监管。

4. 投资者监督

监管主体是捐资者与出资人，一般是非政府组织，为了保证有效监督，往往伴随着奖励和惩罚机制，如果小额信贷机构经营业绩不佳、公司治理混乱，达不到投资者的要求或标准，就无法获得未来的资金注入。

除上述监管以外，还可以通过合作银行和社会力量对小额信贷进行监督。主管部门、合作银行、小额贷款公司签订三方协议，由合作银行协助主管部门对小额贷款公司资金流向进行监管，或是通过在各小额贷款公司悬挂有奖举报告示牌，实行有奖举报制度，调动社会力量对小额贷款公司进行监管。

(三) 小额信贷的非审慎监管方式

非审慎监管意味着监管当局没有保障被监管机构稳定发展的责任，而只是提供指导原则以及不涉及金融监管当局绝对保障力的指引性标准。非审慎监管适用于非存款类小额信贷机构，因为我国小额信贷机构不吸收公众存款，不需要保护小额存款人。非审慎监管的目标是确保小额信贷作为一种普通商业活动能够以互惠原则合法进行，本质上是为小额信贷机构设计行为准则。

一般来说，非审慎性监管涉及的问题包括：(1) 信贷业务准入；(2) 客户保护；(3) 防止欺诈和金融犯罪，特别是反洗钱；(4) 设立利率上限；(5) 税务和会计处理；(6) 建立公共的信用信息服务；(7) 加强相关立法等。

(四) 小额贷款公司监管相关政策

中国银监会和中国人民银行于2008年5月联合发布的《关于小额贷款公司试点的指导意见》(银监发［2008］23号) 明确了全国试点政策中有关小额贷款公司监管的政策框架：

1. 小额贷款公司的性质为自然人、企业法人与其他社会组织投资设立的，不吸收公众存款的，主要经营小额贷款业务的有限责任公司或股份有限公司。

2. 小额贷款公司的股东人数，有限责任公司不超过50个，股份有限公司应有2－200名发起人；小额贷款公司的注册资本，有限责任公司不低于500万元，股份有限公司不低于1,000万元；单一股东及其关联方持股不得超过小额贷款公司注册资本总额的10%。

3. 小额贷款公司的主要资金来源为股东缴纳的资本金、捐赠资金，以及来自不超过两个银行业金融机构的融入资金；融入资金的余额不得超过资本净额的50%。

4. 小额贷款公司自主选择贷款对象，贷款利率在法定范围内放开。

5. 符合条件的小额贷款公司，可按《村镇银行组建审批指引》和《村镇银行管理暂行规定》规范改造为村镇银行。

6. 关于小额贷款公司的监督管理制度。《关于小额贷款公司试点的指导意见》规定“凡是省级政府能明确一个主管部门（金融办或相关机构）负责对小额贷款公司的监督管理，并愿意承担小额贷款公司风险处置责任的，方可在本省（区、市）的县域范围内开展组建小额贷款公司试点”。这实际上明确了地方政府在承担监管和风险处置责任的前提下，可以自愿参与试点的基本原则；或者反过来说，一个地方政府能否开展试点的前提，取决于其是否能够明确一个主管部门并承担风险处置责任。

从目前情况来看，各地区小额贷款公司试点方案在最重要的监管制度、融资限制、利率政策等方面，均严格遵守《关于小额贷款公司试点的指导意见》有关规定，而在注册资本、股权结构、经营区域等方面各省区因地制宜做出了许多不同规定。总的来说，我国针对小额信贷的政策尚不明确，尚无一个促进该领域平衡增长的综合框架，小额信贷机构并没有完全处于国家政策的监管之下，缺少当地政府和部门的支持。

三、我国小额信贷机构监管主体的选择

（一）小额信贷机构的准金融机构特性

小额贷款公司主要是向农户、小微企业等提供小额贷款的业务。从某种意义上讲，小额贷款公司是用现代组织的形式，从事最为原始的银行业务。小额贷款公司以货币性、信用性资产经营为主，虽然监管部门未把小额贷款公司定性为金融机构，但实质上就是金融机构，因此应由金融监管当局来统一监管。在拉美国家，小额信贷的商业化已经走到了世界的前列，许多实施小额信贷的非政府组织已经转变为正规金融机构，接受系统的金融监管。就公益性小额信贷机构而言，政府和社会从未将他们视为金融机构。但究其本质，我们可将其与小额贷款公司一并看作准金融机构。

（二）小额信贷机构监管主体

小额贷款公司的多重监管主体。《关于小额贷款公司试点的指导意见》规定，申请设立小额贷款公司，经省级主管部门批准后，到当地工商部门申请办理注册手续，并向当地公安机关、银监部门、人民银行报送相关材料，接受监督，小额贷款公司不在银监会监管视野之内。各地依据《关于小额贷款公司试点的指导意见》的要求并结合本地特点对小额贷款公司的监管机构作出了地方性规定。从已出台的地方规章来看，负责小额贷款公司监管的监管

机构包括：金融办、工商部门、中小企业局、经贸委等。当前，对小额贷款公司实施监管的机构是形态各异，而其中以金融办为最多。

公益性小额信贷机构的监管部门不统一[①]。我国公益性小额信贷机构分别由不同的政府部门、社会组织等发起设立，对其监管职能分别由各自主管部门履行。没有适当、有效的监管。这些部门的管理经验和专业化程度有限，而且没有一套统一科学的监管标准，对小额信贷的长远发展和运作难以发挥有效的监管作用。小额信贷机构的监管部门不统一，直接导致没有系统的监管框架对非政府组织小额信贷实施有效的监管。

（三）资金来源决定小额信贷监管的归属权确立

虽然小额信贷机构的客户数量多、资产分布范围广，但其资产总量较小，很少能够对一国或地区的金融体系稳健性产生影响，因此对小额信贷机构实施监管的目标主要是保护资金提供者的利益。因此，对小额信贷机构的监管模式因资金来源不同而异：（1）对于资金全部来源于个人投资或机构捐赠的小额信贷机构，由出资人、捐赠方委托的第三方负责监督，一般情况下政府不直接进行监管，但可通过银行监管部门了解此类机构的业务规模，通过司法部门惩治金融犯罪。（2）资金全部来源于内部成员的互助型机构，由银行监管当局负责，并适用于相对简化的审慎监管框架，如通过设定并监控业务范围、限制贷款期限、设立利率上限等控制风险。（3）资金主要来源于公众存款的机构，纳入银行监管框架（朱乾宇，2010）。

四、完善监管体系，促进小额信贷可持续发展

（一）建立双层监管体制

创新监管体制，实行由中央和省级政府共同监管的双层监管体制，让地方政府在小额信贷监管中发挥更重要的作用。我国各地方经济、社会发展不平衡，金融发展也不平衡，各地小额信贷的自身特点和服务对象也存在差异。银监部门无力全面监管的条件下，地方政府则有着得天独厚的优势，他们更熟悉实际情况，监管成本较低，可以较好地担负起相应工作。

（二）采用三位一体的监管模式

对小额贷款公司减少行政干预，主要利用市场化手段进行行为约束，监

---

① 据 2005 年的一份调查显示，当时已经成立的 16 家 UNDP 项目的非政府组织中，4 家的主管单位为县级人民政府，7 家为扶贫办，其余为外援办，妇联，工会等。儿基会项目的一家组织主管单位为县级人民政府，世行和扶贫基金会下的项目的主管单位为县扶贫办，社科院下 4 家组织 2 家为县政府，2 家为扶贫办，扶贫基金会下辖的机构的主管单位是县扶贫办。

管重点在于防范非法集资、高利贷、暴力催债等引发社会风险行为的发生。在具体的监管工作模式上，采取了三位一体的监管模式。一是政府主管部门监管。政府主管部门依据法律法规，通过现场监管和非现场监管等手段，承担起对小额贷款公司的日常监管职责。二是行业自律。组建行业协会，通过会员之间的相互制约监督、签署公布自律公约等方式，实现行业内部的自律管理。三是投资者监管。主体是捐资者与出资人，一般是非政府组织，为了保证有效监督，往往伴随着奖励和惩罚机制，如果小额信贷机构经营业绩不佳、公司治理混乱，达不到投资者的要求或标准，就无法获得未来的资金注入。

（三）规范小额信贷机构实行准入与退出监管

为了推动小额信贷的商业化运作，相关部门应该加快小额信贷机构发展的研究和评估，可借鉴拉美地区一些国家的经验，由商业银行吸收兼并非政府组织的小额信贷机构，或允许条件成熟的机构及时纳入银行监管框架，使其具备合法地位。对于运作失败的小额信贷项目或机构，要引导其平稳退出市场，以减轻对市场的负面作用。因经营失败或达到转制条件的小额贷款机构，可按照不同渠道退出（朱乾宇，2009）。我国应结合小额贷款公司发展形势，调整准入政策，如增加最低注册资本。辽宁、内蒙古等省区已在小额贷款公司退出机制方面做出探索。各地应结合自身特点，不断完善小额信贷机构退出机制，加强监管，优化小额信贷行业环境。

（四）建立健全小额信贷运营监管、信息披露制度

根据小额信贷机构经营的金融特性，对其进行资金来源和流向的跟踪监测、金融业务的风险评估、经营过程中各种风险的提前预警和及时识别、高级管理人员的资格考核等。监管机构可借鉴评级系统的相关做法，设计对小额信贷的评价体系，使监管者、捐赠人、投资者以及小额信贷的服务对象都能获得有关信息，充分发挥市场的激励约束机制。

（五）建立金融风险防控体系

鉴于小额信贷机构的业务范围被限制在各自县域范围内，以及小额信贷机构资本实力的制约和未来市场需求波动及自然灾害等带来的风险，应建立以下小额贷款风险分担机制：一是建立小额贷款公司、农户、民营企业各参与方共同分担风险的机制。小额贷款公司在向农户或民营企业发放贷款时，应与他们就贷款的用途签订协议，限定其贷款资金的使用去向，贷款必须用于某种特定的农业生产活动或企业经营活动，否则农户或企业将承担一定的责任。二是探索建立小额信贷的风险补偿机制，通过建立风险补偿基金，弥补因自然灾害等不可抗拒因素形成的小额信贷损失。运用各种农村财政资金

建立农业自然灾害保险基金，用于农业遭受自然灾害时弥补贫困农户使用小额贷款进行生产经营时遭受的损失。参加了农业自然灾害保险的农户承受风险的能力较强，他们在使用小额贷款时可适当给以贷款利率优惠，从而鼓励更多的农户参加农业自然灾害保险，形成良性循环，降低参与者的风险。

除了本章介绍的上述小额信贷发展的几项制度政策环境外，良好的信用环境也同样重要。因此，应建立社会征信系统，建立农村企业和个人信用信息库，并在全国范围内联网，实现信息共享；建立信用评级制度，建立健全个人信用的评价指标体系和监督机制；建立与失信惩罚相结合的有效机制，对于不同信用等级的企业和个人给予不同的信用奖惩机制，从而影响小额信贷服务对象的行为。